KB191426

FUNDAMENTALS OF MEDIA EFFECTS, THIRD EDITION

| 제3판 | **미디어 효과의 기초**

: 이론과 연구

제닝스 브라이언트 · 브루스 핀클리어 지음

배현석 옮김

한울
아카데미

Fundamentals of Media Effects (Third Edition)

by Jennings Bryant and Bruce W. Finklea

서문

양극화된 미국 대통령 선거에서 세계적 팬데믹에 이르기까지 최근 몇 년 동안 우리 일상생활에서 늘 존재하는 매스 미디어의 역할이 더욱 부각되었다. 대학생들은 미디어가 그들의 삶에 깊숙이 침투해 있고, 물속의 물고기는 물을 의식하지 못한다는 속담에서처럼, 미디어가 어디에나 존재하기 때문에 본질적으로 미디어가 보이지 않는 환경에 사회화되어 있다. 더구나 오늘날의 전형적인 학부생들은 대중문화에서 미디어 효과에 대한 부정확한 과장에 너무 일상적으로 노출되기 때문에 미디어 효과에 대한 기록을 바로잡는 것이 교양 교육의 점점 더 중요한 부분이 되었다. 오늘날 학생들은 대부분 소셜 미디어와 스마트폰이 없는 시대를 떠올리지 못할 수도 있지만, 미디어 기술과 메시지에 둘러싸여 자랐다는 사실이 그들이 매스 미디어가 자신의 삶에 어떻게 그리고 왜 영향을 미치는지 이해한다는 것을 반드시 의미하지는 않는다.

20년이 넘는 동안, 『미디어 효과의 기초(*Fundamentals of Media Effects*)』의 주된 목표는 학부생들이 이 매우 중요한 주제를 이해하고, 소화하며, 그 가치를 인식할 수 있도록 미디어 효과에 대한 방대한 양의 문헌을 제시하는 것이었다. 이 책은 중요한 매스 커뮤니케이션 이론에 대한 기초적인 이해를 쌓고 주요 연구 분야를 살펴봄으로써 학생들이 미디어 리터러시(media literacy)[1] 능력을 개발하고 더 나은 미디어 제작자, 소비자, 시민이

---

1 '미디어 리터러시'란 미디어 메시지에 접근하고 분석하는 능력뿐만 아니라 정보와 커뮤니케이션의 힘을 사용하여 세상을 변화시키는 창조, 성찰, 행동 능력을 포함하는 확장된 개념의 리터러시이다

되는 데 도움을 줄 수 있다.

　이 책의 이전 판이 출간된 이후로 세상은 상당한 변화를 겪었다. 마찬가지로『미디어 효과의 기초』의 세 번째 판에도 커뮤니케이션 이론, 효과, 심리학의 발전을 강조하는 상당한 업데이트가 이루어졌다.

특별한 기능

　미디어 이론 및 효과 강좌를 가르치는 교수자들을 돕기 위해, 우리는 이 책에 포함된 몇 가지 특별한 기능과 웨이브랜드 출판사(Waveland Press) 웹사이트(waveland.com)의 보충 교수자 자료를 제공한다.

핵심 용어

　각 장에는 학생들이 자료를 완전히 이해하는 데 필요한 핵심 용어가 굵은 글씨체로 표시되어 있으며, 그것에 대한 정의는 함께 제공되는 토론에 나와 있다.

연구 스포트라이트

　4장부터 각 장에는 해당 장과 관련된 주요 연구에 대해 자세히 살펴볼 수 있는 '연구 스포트라이트'가 포함되어 있다. 연구 논문과 유사하게 구성된 '연구 스포트라이트'를 통해 학생들은 가설, 연구 문제, 연구 방법, 표본 및 연구 결과를 더 자세히 볼 수 있다.

문제 은행

　교수자들은 출판사(책의 웹 페이지 참조)로부터 비밀번호를 제공받아 다양한 객관식 문제와 OX문제(워드 및 PDF 형식 모두 사용 가능)를 이용할 수 있다.

파워포인트 슬라이드

　각 장의 파워포인트 슬라이드에는 각 장의 핵심 개념 요약과 주요 그림이 포함되어

（옮긴이 주).

있다.

토론 문제

교수자 자료에는 교수자와 학생 간의 활발한 대화를 유도하고 학생들이 그들의 삶에서 매개 커뮤니케이션(mediated communication)의 역할과 효과에 대해 생각하도록 장려하는 각 장별 토론 문제가 포함되어 있다. 이러한 문제들은 수업 중 연습 문제 또는 온라인 과제로 활용될 수 있다.

감사의 글

제닝스 브라이언트(Jennings Bryant)와 수전 톰슨(Susan Thompson)이 20여 년 전에 이 책의 초판을 집필하기 시작했을 때 그들은 다음과 같은 많은 검토자의 피드백과 조언을 받았다:

- 오스카 패터슨 III(Oscar Patterson III), 노스 플로리다 대학교(North Florida University)
- 조지 콤스톡(George Comstock), 시러큐스 대학교(Syracuse University)
- 대니얼 라이프(Daniel Riffe), 오하이오 대학교(Ohio University)
- 엘리자베스 퍼스(Elizabeth Perse), 델라웨어 대학교(University of Delaware)
- 제임스 위버(James Weaver), 에모리 대학교(Emory University)
- 메리 커사터(Mary Cassata), 뉴욕 주립대학교 버펄로 캠퍼스(SUNY-Buffalo)
- 데이비드 애트킨(David J. Atkin), 클리블랜드 주립대학교(Cleveland State University)
- 마이클 메퍼트(Michael Meffert), 메릴랜드 대학교(University of Maryland)
- 마이크 베이절(Mike Basil), 레스브리지 대학교(University of Lethbridge)
- 존 채핀(John Chapin), 펜실베이니아 주립대학교(Pennsylvania State University)
- 랜딜 요더(Randyll Yoder), 오하이오 대학교
- 도널드 싱글턴(Donald Singleton), 솔즈베리 주립대학교(Salisbury State University)
- 다이앤 퍼노 러메이드(Diane Furno Lumade), 뉴 멕시코 대학교(University of New Mexico)
- 수재나 프리스트(Susanna Priest), 네바다 대학교(University of Nevada, Las Vegas)

두 번째 판 개정 작업을 하는 동안, 우리는 다음의 초판 사용자들로부터도 유용한 피드백을 받았다. 이분들에게도 감사를 드린다:

- 윌리엄 크라이스트(William Christ), 트리니티 대학교(Trinity University)
- 에이셀 모린(Aysel Morin), 이스트 캘리포니아 대학교(East California University)
- 스리람 칼리아나라만(Sriram Kalyanaraman), 노스 캐롤라이나 대학교(University of North Carolina)

수전 톰슨이 은퇴한 후, 브라이언트 박사님과 저는 이 개정판 집필에 착수했으며, 피드백을 제공해 주신 제2판 검토자들과 조기 채택자들에게 깊은 감사를 표한다:

- 에이미 다미코(Amy Damico), 엔디콧 대학(Endicott College)
- 제니퍼 포겔(Jennifer Fogel), SUNY-오스웨고 캠퍼스(SUNY-Oswego)
- 캐롤 워커(Carol Walker), 이스트 스트루즈버그 대학교(East Stroudsburg University)
- 에밀리 에드워즈(Emily Edwards), 노스 캐롤라이나대학교-그린즈버러 캠퍼스(UNC-Greensboro)
- 리드 스미스(Reed Smith), 조지아 서던 대학교(Georgia Southern University)
- 제임스 데니(James Denny), 클리블랜드 주립대학교
- 브루스 드루셀(Bruce Drushel), 마이애미 대학교(Miami University)
- 제임스 로빈슨(James Robinson), 데이턴 대학교(University of Dayton)
- 제시카 마이릭(Jessica Myrick), 인디애나 대학교(Indiana University)
- 글렌 G. 스파크스(Glenn G. Sparks), 퍼듀 대학교(Purdue University)
- 에르난도 로하스(Hernando Rojas), 위스콘신 대학교(University of Wisconsin)
- 베스 오스틴(Beth Austin), 위스콘신 대학교
- 캐롤 앳킨슨(Carol Atkinson), 센트럴 미주리 대학교(University of Central Missouri)
- 마이클 트룹(Michael Throop), 베네딕토회 대학(Benedictine College)
- 조 왓슨(Joe Watson), 베이커 대학교(Baker University)
- 소피 자니케(Sophie Janicke), 아칸소 대학교(University of Arkansas)
- 김대경(Daekyung Kim), 아이다호 주립대학교(Idaho State University)
- 클라리자 루이즈 데 카스티야(Clariza Ruiz De Castilla), 캘리포니아 주립대학교

(California State University)

- 세실리아 우이-티오코(Cecilia Uy-Tioco), 캘리포니아 주립대학교
- 브래들리 본드(Bradley Bond), 샌디에이고 대학교(University of San Diego)
- 패트리샤 에르난데스(Patricia Hernandez), 캘리포니아 침례대학교(California Baptist University)
- 리바 투카친스키(Riva Tukachinsky), 채프먼 대학교(Chapman University)
- 루스 문(Ruth Moon), 워싱턴 대학교(University of Washington)

제닝스 브라이언트 박사님께 정말 깊은 감사를 드린다. 박사님은 은퇴 후에도 이 프로젝트에 열성적으로 참여했다. 이 분야의 거장과 다시 한번 함께 일하게 되어 정말 기뻤다. 10년 넘게 그를 멘토이자 친구로 알고 지낸 것에 대해 고맙게 생각한다. 2020년 말, 그의 사망 소식은 당연히 충격적일 수밖에 없었다. 그분 없이 새 판을 집필하는 기념비적인 작업을 완수할 수 있을지 확신할 수 없었지만, 뛰어난 출판인인 닐 로우(Neil Rowe)의 격려 덕분에 작업을 계속할 수 있었다. 브라이언트 박사님의 말씀과 (가장 중요한) 그의 지혜는 여전히 『미디어 효과의 기초』(3판)에 고스란히 담겨 있으니 안심해도 된다. 저의 바람은 브라이언트 박사님이 이 개정판을 자랑스럽게 여기셨으면 하는 것이다.

또한 웨이브랜드 출판사의 역동적인 듀오인 닐과 캐롤 로우(Carol Rowe)에게도 감사의 말을 전하고 싶다. 그들의 격려와 인내가 없었다면 이 책은 불가능했을 것이다. 제가 할 수 있는 한 최대한 빨리 작업했다고 확신한다(알고 보니 꽤 느리긴 했지만).

이 책을 완성하는 데 걸린 수년 동안 저를 지지해 준 많은 친구와 가족들이 있다. 아내 재키(Jackie)와 딸 하퍼(Harper)에게 수많은 저녁과 주말 동안 사무실에 틀어박혀 집필에 몰두한 저를 참아줘서 고맙다는 말을 전한다. 앞으로 두 사람과 더 많은 자유로운 시간을 즐길 수 있기를 기대한다! 일부 장의 교정을 도와주신 아버지 빌(Bill)에게도 감사드린다. 저스틴(Justin)과 제니퍼 토마스(Jennifer Thomas), 배리(Barry)와 제시카 에반스(Jessica Evans)에게는 그들이 보여준 우정과 지지는 말로 표현할 수 없을 정도로 큰 의미가 있었다는 말을 전하고 싶다. 이번 판에 수록된 장의 초안에 대한 피드백을 제공한 제자들에게도 특별히 고마움을 전한다. 그리고 몬테발로 대학교(University of Montevallo) 커뮤니케이션학과(Department of Communication) 동료들의 격려가 이 프로젝트를 마무리하는 데 큰 도움이 되었다. 여러분 한 사람 한 사람이 저를 더 나은 교수이자 학자로 만

들어주었다.

  마지막으로, 제가 이 책을 완성할 때까지 인내심을 갖고 기다려 준 모든 교수들께도 감사드린다. 여러분을 편집팀의 일원으로 초대한다. 미디어가 우리 사회에 미치는 영향에 대해 학생들에게 가르치시는 교수들의 강의에 『미디어 효과의 기초』가 어떻게 도움이 될 수 있을지 의견과 제안을 보내주기를 바란다.

브루스 핀클리어(Bruce W. Finklea)

차례

제1장

미디어 효과의 이해

그 누가 미디어를 통제하든, 그는 사람의 마음을 통제한다.
— 짐 모리슨(Jim Morrisone), 미국 음악가, 1943~1971

1995년, 루이지애나(Louisiana)주에 사는 열여덟 살 벤저민 다라스(Benjamin Daras)와 열아홉 살 세라 에드먼슨(Sarah Edmonson) 커플은 환각제를 복용한 후 무차별 살인을 일삼는 젊은 2인조 살인범을 다룬 폭력 영화 〈내추럴 본 킬러(*Natural Born Killers*)〉에 푹 빠져들었다. 그들은 하루에 많게는 여섯 번까지 그 비디오를 시청했으며 그 영화의 주연인 미키(Mickey)와 맬로리(Mallory)처럼 되기를 원했다. 영화에서 미키와 맬로리는 단지 전율을 맛보기 위해 무고한 사람을 죽이고 양심의 가책도 느끼지 않으며, 그들의 흉악한 행위에 대한 처벌조차 모면한다.

3월 초 어느 날, 다라스와 에드먼슨은 대마초를 피우고 환각제를 복용한 다음, 몇 개의 총에 총알을 넣고 그레이트펄 데드(Grateful Dead)[1]의 콘서트를 찾아 즐겁게 차를 몰았다. 영화에 나오는 그들의 영웅처럼, 그들 역시 희생자를 물색했다. 그들은 콘서트는 찾지 못했지만, 미시시피(Mississippi)주의 한 시골에서 첫 번째 희생자를 찾았다. 그곳에서

---

1   미국의 록 그룹(옮긴이 주).

다라스는 빌 새비지(Bill Savage)라는 조면기(繰綿機)[2] 관리자를 향해 방아쇠를 당겼다. 첫 번째 총알은 새비지의 어깨를 스쳤지만, 두 번째 총알은 그의 얼굴을 향했고 결국 그는 사망했다(Ahrens, 1995). 그다음 날 루이지애나로 이동한 에드먼슨은 식품점 점원이자 세 아이의 엄마인 팻시 바이어스(Patsy Byers)의 목에 총을 쏘고 그녀를 죽게 내버려둔 채 떠났다. [바이어스는 사지가 마비된 채 2년을 투병하다가, 1997년 에드먼슨의 재판에서 증언을 채록하기로 예정된 날 하루 전에 사망했다(Baldwin, 2010)]. 다라스와 에드먼슨이 자동차 여행을 하며 살인 행각을 벌이는 동안 불행하게도 그들의 삶이 '예술'을 모방한 것이다.[3]

그와 같은 모방 사례가 드물긴 하지만, 보통 이러한 사례는 그것이 가지는 센세이셔널(sensational)한 특성 때문에 언론의 엄청난 주목을 받는다. 이 책을 통해서 알게 되겠지만, 사람들이 매개 커뮤니케이션(mediated communication)을 통해 학습한다는 사실은 엄청난 양의 연구를 통해 밝혀졌으며(Bandura, 1977, 1986, 1994, 2009), 많은 연구자가 미디어 폭력물 시청과 공격적인 행동 증가 간의 인과적 관계를 발견했다(예: Bandura, 1978, 1979, 1982, 1986; Centerwall, 1989; Libert & Schwartzberg, 1977; Williams, 1986). 흥미롭게도 대다수 사람은 폭력적인 영화를 보고 외관상 전혀 나쁜 효과를 나타내지 않는데, 왜 소수의 사람들은 영화에서 본 행위가 아무리 소름 끼친다 하더라도 그것을 실제로 모방하는지를 적절하게 설명해 준 연구는 수십 년 동안 없었다. 그러나 미디어 폭력과 공격성의 관계에 대해 계속해서 더 많은 것이 밝혀지고 있으며, 미디어 폭력이 현실의 폭력으로 이어지는 이유를 설명하는 몇몇 이론도 제안되어 검정(檢定)된 바 있다. 최근에 이루어지고 있는 커뮤니케이션 이론 연구는 왜 어떤 사람들이 다른 사람들보다 미디어 효과에 더 취약한지에 초점을 맞추고 있다.

미디어 폭력물 시청의 효과를 측정하는 것이 미디어 효과 연구의 중요한 측면이기는 하지만, 미디어 효과 연구는 여러 가지 다른 유형의 연구도 망라한다. 사회과학자들은 매스 미디어를 통해 매개되는(mass mediated) 메시지(광고, 선전, 커뮤니케이션 캠페인 등)의 설득력, 새로운 커뮤니케이션 기술의 영향, 노골적으로 성적인 미디어 내용 시청의 효과, 두려움이나 불안감을 유발하는 미디어 내용에 대한 반응, 정치 커뮤니케이션의 효과, 그리고 그 밖의 많은 것에 대해서도 관심을 가지고 있다.

---

2 면화에서 면섬유를 분리하는 기계(옮긴이 주).
3 예술은 실재의 '미메시스(mimesis, 모방)'라는 고대 서구 예술론의 모방 관점을 빗대어 한 표현이다 (옮긴이 주).

이 장은 이 책에서 다루게 될 개념, 이론, 조사 연구에 대한 기초를 제공한다. 이 책은 세 부분으로 나누어져 있다. 1부에서는 역사적 관점에서 미디어 효과의 중요성을 살펴본다. 매스 커뮤니케이션 시대가 도래한 이후에 나타난 미디어 효과(및 미디어 효과에 대한 사회적 관심)에 대한 역사적 증거를 제공하며 필자들 나름대로 정리한 미디어 효과 연구의 역사를 제시한다. 2부에서는 각기 다른 유형의 미디어 효과 연구를 소개하면서 몇몇 기초 개념과 이론을 다룬다. 사회 인지 이론(social cognitive theory), 기폭(priming), 의제 설정(agenda setting), 프레이밍(framing), 배양(cultivation), 이용과 충족(uses and gratifications), 그리고 여러 설득 이론이 각 분야의 관련 연구와 함께 다루어진다. 3부에서는 미디어 폭력, 성적(性的)인 내용, 불안감이나 공포감을 주는 미디어 내용, 정치 커뮤니케이션, 건강 관련 미디어 메시지, 미디어 고정관념과 다양성 재현, 어린이 교육 미디어, 비디오 게임, 인터넷 및 소셜 미디어, 그리고 모바일 커뮤니케이션 기술의 효과를 포함한 미디어 효과 연구의 주요 분야를 다룬다.

이 장에서는 커뮤니케이션 과정에 대한 검토에 이어, 각기 다른 유형의 커뮤니케이션 모델에 대해 논의하기로 한다. 그런 다음 사회과학자들이 미디어 효과를 측정하기 위해 사용하는 양적·질적 방법론과 미디어 효과 연구에 정보를 제공하고 연구의 방향을 이끌어주는 이론들을 살펴본다. 끝으로 오늘날 미디어-포화 사회(media-saturated society)에서 미디어 효과 연구의 중요성에 대해 이야기해 보기로 한다.

1. 커뮤니케이션 과정

커뮤니케이션은 다음 중 하나나 모든 것이 될 수 있다:
다른 사람에 대한 '행동(action)', 다른 사람과의 '상호작용(interaction)',
그리고 다른 사람에 대한 '반응(reaction)'.
— 매쿼일과 윈달(McQuail & Windahl, 1993: 5)

커뮤니케이션은 몇 가지 서로 다른 형태를 띨 수 있다. 커뮤니케이션은 속성상 대인적일 수도 있고, 사적인 커뮤니케이션 미디어 사용을 포함할 수도 있으며, 매스 커뮤니케이션으로 묘사될 수도 있다. 두 사람이 대화를 나누고 있다면, 그들은 '대인 커뮤니케이션(interpersonal communication)'에 참여하고 있다. 사람들이 서로 문자를 보내거나 소셜 미디어나 이메일을 통해 대화를 나눌 때는 '미디어'(또는 '매개') 커뮤니케이션(media or mediated communication)이 발생한다. 뉴스 앵커가 카메라를 보며 말을 하고, 그의 이미지와 목소리가 전국에 산재해 있는 많은 시청자 가정으로 전송될 때는 '매스 커뮤니케이션(mass communication)'이 발생한다.

대인적으로 이루어지거나 미디어를 통해 이루어지거나 매스 미디어 채널을 통해 이루어지는 커뮤니케이션 행위는 '과정'을 포함한다. 아무리 단순한 형태의 커뮤니케이션이라 할지라도, 역사적으로 커뮤니케이션은 송신자가 채널을 통해 메시지를 수신자에게 전달하는 것으로, '대개' 어떤 종류의 효과가 발생하는 것으로 인식되어 왔다. 우리는 재미있는 농담을 들으며 웃고, 슬픈 영화를 보며 운다. 우리는 강의를 듣고 배우거나 혼란을 일으키기도 한다. 이러한 예는 커뮤니케이션이 어떤 종류의 '효과'를 초래하는 원인으로 간주될 수 있음을 보여준다. 커뮤니케이션에 대한 또 하나의 견해는 상징적 상호작용(symbolic interaction)인데, 이 견해에 따르면 의미는 상징(문자일 수도 있고 이미지일 수도 있음)의 사용을 통해 공유된다.

모든 커뮤니케이션이 반드시 효과를 불러일으키는 것은 아니기 때문에 앞 단락에서 '대개'라는 단어를 강조했다. 어떤 커뮤니케이션 효과는 커뮤니케이션이 일어나는 조건, 즉 여러 가지 요인뿐만 아니라 듣거나 읽거나 보는 이들의 상호관계에 좌우된다. 어떤 요인은 메시지에 주의를 기울여야 함에도 메시지에 주의를 기울이지 못하게 만듦으로써 효과를 경감시키거나 완전히 차단해 버릴 수도 있다. 어떤 사람은 작은 소리로 말해서 농담의 핵심을 놓치게 만들 수도 있다. 또 영화보다 데이트에 더 관심이 있어서, 영화 장면에 전혀 주의를 기울이지 못할 수도 있다. 수업 시간 내내 곧 있을 시험에 마음을 뺏겨 방금 들었던 수업에 대해 전혀 감을 잡지 못한 채 강의실을 나갈 수도 있다.

아무리 단순한 형태의 커뮤니케이션이라 할지라도, 심지어 두 사람 간의 커뮤니케이션이라도 좀처럼 단순하지 않으며 보통 '상호작용적(interactional)'이거나 '상호교류적(transactional)'⁴ 차원에서 이루어진다. 대인적인 대화에서는 먼저 말을 한 사람에게 청자(聽者)가 즉각적인 피드백(feedback)을 할 수도 있다. 대화나 토론 과정에서 직접적이거나

---

4 '상호작용적' 모델에서는 커뮤니케이션 참여자들이 송신자와 수신자로서의 역할을 '교환'한다고 (interchange) 보는 반면, '상호교류적' 모델에서는 참여자들이 송신자와 수신자의 역할을 모두 '동시'에 수행한다고 본다(옮긴이 주).

전자적으로 매개되는 송신자와 수신자는 그들 각각의 역할을 반복해서 번갈아가며 바꿀 수도 있다.

이에 반해 매스 커뮤니케이션은 단일 정보원(보통 텔레비전 네트워크와 같은 복합 조직)이 규격화된 동일 메시지를 수천 또는 수백만 명의 사람들에게 전달하는 과정을 포함한다. 수용자 구성원은 보통 이질적이거나 인구통계학적으로 다양하며, 통상 메시지 정보원에게 알려져 있지 않다. 비록 프로그램 웹사이트와 새로운 미디어 기술[특히 상호작용적 텔레비전(interactive television)]이 매스 커뮤니케이션에 새로운 대인적 차원을 제공하기 시작했지만, 보통 네트워크(또는 방송국)와 수용자 사이에 대인적 관계는 발생하지 않는다. 또한 최근 수십 년 동안 인터넷, 휴대폰, 스마트폰의 광범위한 보급으로 매스 커뮤니케이션은 혁명적으로 변했다. 이러한 미디어는 매스 커뮤니케이션에 대한 이전의 생각을 산산조각 내버렸다. 오늘날 소비자들은 텔레비전과 영화 스튜디오에서 제작된 미디어를 소비만 하는 것이 아니라 매스 미디어 생산자이기도 하다. 사람들이 소셜 미디어에서 공유하는 엄청난 양의 정보를 고려해 보라. 마누엘 카스텔스(Manuel Castells)는 이를 "매스 셀프-커뮤니케이션(mass self-communication)"이라고 부른다(Castells, 2007). 패티 팔켄뷔르흐(Patti Valkenburg)가 설명하듯이, "매스 커뮤니케이션처럼 매스 셀프-커뮤니케이션도 잠재적으로 전 세계의 수용자들에게 도달할 수 있지만, 그것은 전형적으로 개인적인 자기-관련(self-related) 정보에 초점을 맞춘다"(Valkenburg, 2017: 6). 이 분야의 연구는 '자기-효과(self-effect)'로 알려져 있는 메시지 생성자 자신에게 미치는 효과도 살펴봄으로써 수신자들의 효과를 살펴보는 전통적인 미디어 효과 이론을 확장한다.

2. 커뮤니케이션 모델

커뮤니케이션 과정과 커뮤니케이션 효과를 이해하기 위해, 일부 학자는 그들의 이론과 커뮤니케이션 행동에 관한 추상적인 개념을 그림으로 설명하기 위한 도식적 모델을 개발했다. 이러한 모델은 여러 커뮤니케이션 유형의 유사점과 차이점을 좀 더 쉽게 식별할 수 있게 해준다. 또한 모델은 각기 다른 커뮤니케이션 과정이 속성상 선형적인지 상호작용적인지 또는 상호교류적인지를 보여주는 데 도움을 준다.

에릭(ERIC) 같은 학술 데이터베이스에서 '커뮤니케이션 모델'이라는 문구를 검색하면 검색 결과물을 수백 개나 찾을 수 있다. 이러한 문구는 워낙 여러 곳에서 사용되기 때문에 학계에서는 다소 진부한 문구가 되어버렸다. 커뮤니케이션 모델은 정신의학 (psychiatry)에서부터 초심리학(parapsychology)[5]에 이르기까지 모든 분야에서 사용되고 있다.

커뮤니케이션 분야에서조차 '커뮤니케이션 모델'이라는 문구는 몇 가지 다른 방식으로 사용될 수도 있다. 이 장에서는 **모델**을 커뮤니케이션과 같은 추상적인 과정을 해석하고 이러한 과정에 대한 이해를 촉진해 주는 도식적 수단으로 정의한다(3장에서 '모델'은 다른 의미로 사용되는데, 강효과 모델, 제한 효과 모델 등과 같은 지배적인 패러다임이나 전반적인 학문적 사상 경향을 기술하기 위해 사용됨).

이 장에서 소개되는 성공적인 도식적 모델은 세 가지 중요한 이점을 제공한다. 즉, 개념을 '조직화'하고(organize) 과정을 '설명'하며(explain) 결과를 '예측'해 준다(predict)(Deutsch, 1966). 이러한 모델은 매우 간단한 것부터 매우 복잡한 것까지 다양한데, 모든 모델은 난해한 개념을 쉽게 이해할 수 있게 하기 위해 만들어졌다. 이러한 모델을 숙지해 두면 이 책에서 미디어 효과에 대한 여러 사례가 기술될 때 도움이 될 수 있을 것이다.

여기에서는 도식적 모델의 두 가지 일반적인 범주, 즉 여러 커뮤니케이션 과정을 기술하는 모델과 특정 종류의 미디어 효과를 분석하는 모델을 살펴볼 것이다. 우리가 제시하는 이러한 예는 학자들이 개발한 많은 커뮤니케이션 모델 가운데 단지 일부에 지나지 않는다.

1) 커뮤니케이션 과정을 묘사하는 모델

많은 도식적 모델이 커뮤니케이션의 여러 과정을 잘 보여주고 있으며, 커뮤니케이션 과정과 이러한 과정을 묘사하는 데 사용되는 모델에 대한 학자들의 이해는 시간이 흐르면서 발전해 왔다. 가장 초기의 모델은 커뮤니케이션을 선형적 과정으로 묘사했는데, 이 절에서 우리는 매스 커뮤니케이션 분야에서 선형적 모델이 지니는 중요성 때문에 이것에 대해 논의해 보기로 한다. 수십 년에 걸쳐 모델들은 커뮤니케이션의 상호작용적 속성과 상호교류적 속성을 강조하기 시작했다.

선형적 모델은 자극-반응 심리학(stimulus-response psychology)의 원리에 기초하는데,

---

5 초감각적 지각, 염력, 죽음 후의 의식의 생존을 비롯한 초상현상(超常現象) 사건을 연구하는 학문을 말한다(옮긴이 주).

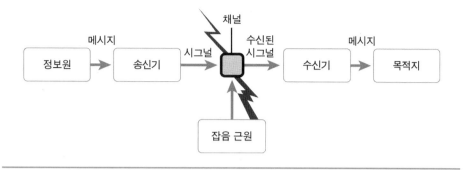

그림 1-1 셰넌과 위버의 모델은 커뮤니케이션을 선형적이고 일방향적인 과정으로 기술한다.
자료: Shannon & Weaver(1949: 7)의 그림을 변경함.

수신자는 커뮤니케이션 정보원(source)에서 비롯되는 메시지(자극)에 영향을 받는다(반응). 이러한 모델은 커뮤니케이션 과정을 한 사람에게서 다른 사람에게 아이디어가 전달되는 일련의 연속적인 선형적 단계로 묘사한다.

셰넌-위버 모델로 불리는 첫 번째 선형적 커뮤니케이션 모델은 텔레커뮤니케이션 과정을 기술하고 있다. 1940년대 벨 전화연구소(Bell Telephone Laboratory) 연구원이었던 클로드 셰넌(Claude Shannon)과 워런 위버(Warren Weaver)는 정보원에서 비롯된 메시지가 송신기를 통과하면서 시그널이 되는 과정을 보여주는 모델을 개발했다(그림 1-1 참조). 잡음(noise), 즉 간섭의 크기에 따라 그 시그널은 수신기를 거쳐 메시지로 복호화된다(decode).

1950년대에 브루스 웨슬리(Bruce Westley)와 맬컴 맥클린 주니어(Malcolm S. MacLean, Jr.)는 셰넌과 위버의 모델을 더욱 발전시키려고 했다. 그들은 텔레커뮤니케이션이 아닌 대인 및 대량 매개 커뮤니케이션과 같은 유형의 커뮤니케이션을 설명하기 위해 송신자-수신자 모델을 개발했다. 여러 버전(version)의 **웨슬리-매클린 모델**(그림 1-2a 및 그림 1-2b 참조)은 '피드백(feedback: 수신자에서 원래 정보원으로 정보가 되돌아가는 흐름)'과 게이트키핑[gatekeeping: 정보를 통제하고 심지어 정보가 목적지에 도달하는 것을 막는 힘을 가진 기제(보통 사람)]을 모델에 포함했다는 점에서 셰넌-위버 모델과 다르다. 예를 들면, 게이트키퍼는 궁극적으로 신문 독자나 뉴스 프로그램의 시청자에게 도달되는 메시지를 통제하고 선택하는 편집인에 해당하는 역할을 하기 때문에, 매스 커뮤니케이션 분야의 많은 사람은 그것을 커뮤니케이션 모델의 중요하고 새로운 차원 가운데 하나로 받아들였다. 물론 커뮤니케이션은 그렇게 단순하고 간단한 과정이 아니다. 이후의 커뮤니케이션 모델은

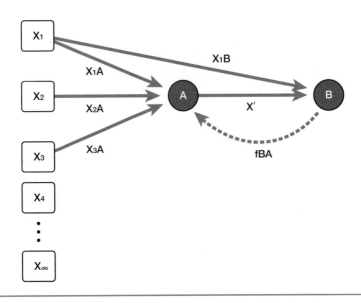

그림 1-2a 웨슬리와 맥클린의 모델: A는 가능한 X들 가운데서 선택하여 B와 커뮤니케이션한다.
자료: Westley & MacLean(1957); AEJMC의 허락을 받고 사용함.

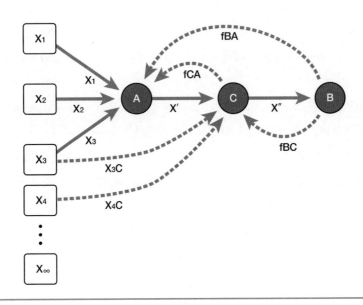

그림 1-2b 웨슬리와 맥클린의 매스 커뮤니케이션 개념 모델: 여기에는 두 번째 유형의 커뮤니케이터인 C (채널 역할)가 들어가 있다.
자료: Westley & MacLean(1957); AEJMC의 허락을 받고 사용함.

점점 더 복잡한 커뮤니케이션 속성을 강조하게 된다.

2) 미디어 효과를 설명하는 모델

학자들은 커뮤니케이션의 전반적인 과정을 기술하는 모델 외에 미디어 커뮤니케이션이 일어날 때 발생할 수 있는 효과를 보여주는 모델도 개발했다. 순수하게 개인적인 효과에서부터 집단이나 심지어 사회 전반에 미치는 영향에 이르기까지 각기 다른 유형과 수준의 미디어 효과를 기술하기 위해 미시분석적 모델과 거시분석적 모델이 모두 사용되었다. 우리는 이 절에서 그러한 모델들 가운데 몇 개를 설명하고자 한다.

개인적 효과. 가장 새롭고 가장 포괄적인 미디어 효과 모델 가운데 하나는 팔켄뷔르흐와 요헨 페테르(Jochen Peter)의 미디어 효과에 대한 차별적 민감성 모델(DSMM: differential susceptibility to media effects model)이다(Valkenburg & Peter, 2013; 그림 1-3 참조). 이 모델의 목적은 "특정 유형의 미디어가 특정 개인에게 어떻게 그리고 왜 영향을 미치는지, 왜 어떤 개인들은 미디어 효과에 특히 민감한지, 그리고 이러한 민감성이 어떻게 증가하거나 감소하는지" 밝히는 것이다(Valkenburg & Peter, 2013: 237). DSMM은 세 종류의 민감성 변인을 제시하는데, '성향적'(dispositional: 젠더, 성격, 태도, 기분과 같은 요인), '발달적'(developmental: 사람들은 그들의 나이에 따른 인지적·정서적 발달 정도에 부합하는 콘텐트(content)[6]를 선호하는 경향이 있음), 그리고 '사회적'(social: 가족, 친구 및 학교의 영향, 문화적 규범) 변인이 그것이다. 그뿐만 아니라 DSMM은 미디어 효과를 매개할 수 있는 미디어에 대한 세 가지 반응 상태도 제시하는데, '인지적'(cognitive: 미디어 내용을 이해하기 위해 얼마나 많은 주의와 인지적 노력을 기울이는지), '정서적'(emotional: 등장인물에 대한 감정이입과 공감),[7] '흥분적'(excitative: 생리적 각성 수준) 반응 상태가 그것이다. 팔켄뷔르흐와 페테르

---

6 '콘텐트'가 표준어이나 일반적으로 콘텐트(contents)는 목차 혹은 목차처럼 어떤 것의 안에 들어 있는 내용물 하나하나를 가리킬 때 쓴다. 콘텐트는 표기는 맞지만 의미가 틀렸다. 실제로 영어권에서도 'contents providers'가 아닌 'content providers', 'online contents'가 아닌 'online content'로 사용된다. 즉, 영어의 'content'를 '콘텐트'로 표기해서는 안 된다. 따라서 본서에서는 잘못된 표기를 바로잡는다는 의미에서 '콘텐트'가 아닌 '콘텐트'로 정확하게 표기하기로 한다(옮긴이 주).

7 '감정(feeling)'과 '정서(emotion)'의 근본적인 차이점은 '감정'은 의식적으로 경험하는 반면, '정서'는 의식적 또는 무의식적으로 나타난다는 점이다. 어떤 사람들은 자신의 정서의 깊이를 이해하지 못한 채 몇 년, 심지어 평생을 보내기도 한다(옮긴이 주).

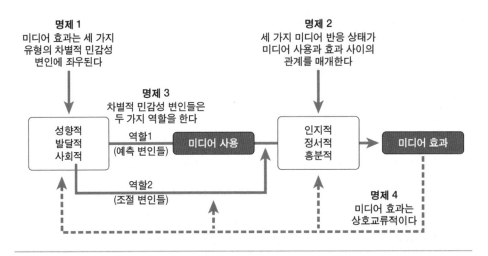

그림 1-3 미디어 효과에 대한 차별적 민감성 모델(DSMM)의 네 가지 명제
자료: Valkenburg & Peter(2013: 226)의 그림을 변경함.

는 오디오 믹싱 콘솔(audio mixing console)의 비유를 사용하여 세 가지 반응 상태 간의 상호작용을 강조한다:

우리의 믹싱 콘솔은 인지적·정서적·흥분적 반응 상태를 나타내는 3개의 슬라이더로 구성된다. DSMM에 따르면, 어떤 미디어 사용 상황에서는 3개의 슬라이더가 모두 높음(high) 위치에 있을 수 있다. 예를 들어, 사람들이 텔레비전에서 자신이 좋아하는 팀의 축구 경기를 시청할 때, 인지적·정서적·흥분적 슬라이더가 높음 위치에 있다고 생각할 수 있다. 사람들이 1인칭 슈팅 게임과 같이 관여도가 높은 컴퓨터 게임을 할 때 비슷한 강도의 몰입(engagement)[8]이 일어날 수도 있다(Nackerg & Peter,Lindley, 2008). 또 다른 미디어 사용 상황에서는 인지 및 정서 슬라이더가 특히 높음 위치에 그리고 흥분 슬라이더는 상대적으로 낮음 위치에 있을 수도 있다. 예를 들면, 슬픈 미디어 내용을 볼 때의 각성(arousal) 정도는 일반적으로 폭력적인 콘텐트를 볼 때보다 낮다(Davydov et al., 2011; Krahé et al., 2011). 또

---

8 'engagement'는 다양한 의미를 포함하고 있는 구성개념으로 일정 기간 관심을 가지고 참여하고 상호작용을 통해 관계를 맺는 일련의 약속된 행동을 의미한다. 따라서 맥락에 따라 '참여', '관여', '상호작용' 등으로 해석하기도 하고, 참여와 상호작용의 대상이 스토리나 게임이면 '몰입'을 의미하기도 한다. 따라서 맥락에 따라 달리 해석되는 'engagement'를 괄호 안에 표기하도록 한다(옮긴이 주).

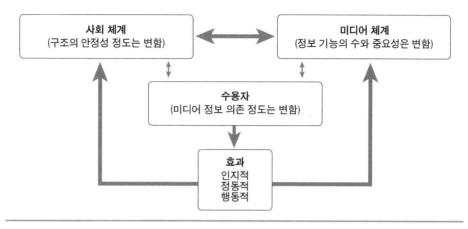

그림 1-4 의존 상태
자료: DeFleur & Ball-Rokeach(1976: 8)의 그림을 변경함.

다른 상황에서는, 예를 들어 남성이 포르노를 볼 때, 흥분 슬라이더가 특히 높음 위치에 있을 수도 있다(Murnen & Stockton, 1997).

다른 증거가 나타날 때까지 DSMM은 인지 슬라이더나 인지 슬라이더와 정서 혹은 흥분 슬라이더가 높을 때 미디어 효과가 가장 분명하고 오래 지속된다고 가정한다(Valkenburg & Peter, 2013: 229).

사회적 효과. 사회적 차원의 미디어 효과 모델의 예로 샌드라 볼-로키치(Sandra J. Ball-Rokeach)와 멜빈 드플러(Melvin DeFleur)가 제시한 **미디어 체계 의존 모델**(media system dependence model)을 선택했다(Ball-Rokeach & DeFleur, 1976). 이 모델은 매스 미디어 체계(정보 체계)와 사회 자체(사회 체계)의 관계에 초점을 맞추고 있다(그림 1-4 참조).

이 모델은 현대사회의 개인들이 뉴스 및 정보의 근원으로서 매스 미디어에 점차 의존하고 있다고 가정한다. 의존 관계의 수준과 미디어 효과의 강도는 사회의 안정성 또는 불안정성과 정보원으로서의 매스 미디어의 사회적 중요도로 결정된다. 미디어, 사회, 수용자 사이의 관계와 상호작용이 미디어 효과와 함께 제시된다. 위기 시의 뉴스는 의존 이론이 실제로 작용하는 좋은 예이다. 위기가 발생할 때마다(예: 2001년 9·11 테러나 2011년 초에 앨라배마주 터스컬루사와 미주리주 조플린을 휩쓸고 지나간 토네이도) 사람들은 정보원으로서 그리고 심지어 안식처로서 뉴스 미디어에 의지한다. 사람들의 미디어 의존은 위기 기간에 증가한다.

이러한 예들은 커뮤니케이션 과정과 매스 커뮤니케이션 효과를 보여주는 데 사용되는 많은 (그리고 점차 증가하는) 도식적 모델 가운데 극히 일부에 지나지 않는다. 이러한 기본 지식을 토대로 우리는 이제 미디어 효과라는 주제로 방향을 돌리기로 한다. 이 장의 마지막 부분에서는 미디어 효과를 측정하거나 평가하는 여러 가지 수단에 대해 논의하고 미디어 효과 연구의 사회적 중요성에 대해 생각해 보기로 한다.

3. 미디어 효과 측정

미디어 효과 연구는 보통 기본적으로 인과관계를 가정한다. 그렇다고 일어나고 있는 사건에 우연이라는 요인이 작용하는 것을 완전히 무시하지는 않는다. 사회과학자는 인과성이라는 개념을 받아들이는 한편, 우연을 설명하기 위해 통계적 도구를 사용한다. 실제로 현대의 커뮤니케이션 학자들은 대부분 원인과 결과가 정확하게 결정되지 못하고 단지 확률적으로 결정될 수 있을 뿐이라는 인과관계에 대한 견해를 받아들인다. 데이비드 페리(David K. Perry)에 따르면,

> 미디어 효과에 대한 논의라면 그 어떤 것도 인과성에 대한 관심을 필요로 한다. 연구자는 하나의 개념이 다른 하나의 개념의 원인이라는 결론을 내리기 전에 반드시 세 가지 사실을 입증해야 한다. 첫째, 추정된 원인과 추정된 결과가 공변(共變)해야, 즉 함께 변해야 한다. 예를 들면, 매개되는 폭력에 많이 노출되는 사람은 덜 노출되는 사람보다 평균적으로 더 또는 덜 공격적인 경향이 있어야 한다. …… 둘째, 추정된 원인은 반드시 추정된 결과에 선행(先行)해야 한다. 끝으로 연구자는 추정 원인과 결과의 관찰된 공변량(covariation)에 대한 (그럴듯한) 대립설명(즉, 제3의 변인)을 반드시 제거해야 한다(Perry, 1996: 25~26).

이 책을 통해서 여러분은 미디어 효과의 증거를 검정하기 위해 수행된 많은 연구 결과를 읽게 될 것이다. 효과 연구는 대부분 양적 연구 방법을 사용하지만, 질적인 방법을 사용한 연구와 두 가지 방법을 함께 사용한 연구도 있다. 여기서는 미디어 효과를 연구하기 위해 사용되어 온 네 가지 조사방법론, 즉 실험실 실험, 설문조사, 현장 실험, 패널 연구를 살펴보기로 한다. 또한 미디어 효과의 존재를 평가할 때 통계적 방법이 지니는 중요성에 대해서도 언급한다. 표 1-1은 미디어 효과 논의에서 사용되는 용어들을 제시

한다.

1) 실험실 실험

실험실 실험은 가장 간단한 형식으로 미디어 효과를 측정하는 방법으로서 지금까지 가장 널리 사용되어오고 있다. 실험을 위해서는 특정 유형의 미디어 내용(폭력적이거나 노골적으로 성적이거나 두려움을 유발하는 것 등)을 보거나 듣거나 읽을 사람 몇 명과 무해한 내용을 보거나 듣거나 읽을 사람이 필요하며, 그런 다음 두 집단의 개별 구성원이 보여주는 어떤 측정 가능한 변화를 비교한다. 질문지에 쓴 참여자의 자기-보고(self-report)나 자동화된 측정 도구(예: 선호도 분석 도구), 참여자의 행동 관찰, 개인이 수행하는 여러 가지 활동 평가, 또는 실험 참여자가 그러한 내용을 보고 있는 동안 이루어지는 어떤 종류의 생리적 측정(예: 혈압, 심장박동 수, 체온)이나 인지적 평가(예: α 및 β 뇌파)가 측정 도구가 될 수 있다.

더욱 복잡한 형태의 실험에는 흔히 통제집단(예: 어떤 미디어 메시지를 읽지 않거나 듣지 않거나 보지 않은 사람들)이 포함된다. 또한 연구자는 복잡한 연구 설계를 이용하여 몇몇 변인의 효과를 동시에 살펴볼 수 있다. 예를 들면, ① 두려움을 유발하는 내용과 그렇지 않은 내용이 ② 각기 다른 나이의(예: 3세, 6세, 9세) ③ 남자 어린이와 여자 어린이에게 미치는 영향을 한꺼번에 살펴볼 수 있다.

로저 위머(Roger D. Wimmer)와 조셉 도미닉(Joseph Dominick)은 미디어 연구에서 실험실 실험이 가지는 네 가지 주요 장점과 두 가지 단점을 지적한 바 있다(Wimmer & Dominick, 1994: 85). 긍정적인 측면에서 실험은 "인과성을 입증하기 위해 사용되는 최고의 사회과학적 조사방법"이다. 특히 결과에 앞서 원인이 보일 수 있도록 변인을 적절한 시간 순서에 따라 제시하고 조작할 수 있다는 점에서 실험은 연구자에게 높은 통제력을 제공한다. 경제적인 면에서도 실험은 다른 대부분의 조사방법에 비해 비용이 적게 든다. 끝으로 실험은 단계별 기법을 사용하기 때문에, 후속 연구자가 다른 조사방법보다 더 쉽게 반복해서 연구할 수 있도록 해준다. 단점으로는 실험실의 인위적인 환경이 연구자가 관찰하고 측정하려는 변인을 포함해 실험 참여자의 행동에 영향을 미칠 수 있다는 점을 들 수 있다. 의도적이건 의도적이지 않건 연구자가 실험 결과에 영향을 줄 때, 실험상의 편향이 발생한다는 점도 또 다른 문제로 지적된다. 많은 연구자는 이중 맹검(double-blind) 실험을 실시하여 이러한 문제를 피하는데, 이중 맹검 실험이란 통제집단

표 1-1 사회과학자들이 사용하는 용어

미디어 효과와 관련된 개념과 이론에 대한 논의에서 여러 가지 용어가 사용될 것이다. 다음의 용어 설명은 매우 유용하다.

이론	현상에 대한 체계적 설명과 예측. 좀 더 공식적으로 말하면, 이론은 내적으로 일관된 체계적인 원칙을 통해 구성개념(construct)과 변인을 연결함으로써 어느 정도 관찰 가능한 현상을 설명하는 일단의 체계적이고도 그럴듯한 일반화이다.
개념	많은 구체적이고 세부적인 사항들에서 이끌어낸 일반적인 아이디어. 예를 들면, '사회계층'은 소득, 교육, 지위, 직업, 존중 같은 세부적인 사항들에서 일반화된 하나의 개념이다.
가설	수집된 경험적 증거로 검정할 수 있는 구체적인 진술이나 제안.
질적 연구 방법	조사자가 숫자에 크게 의존하지 않고 어떤 현상을 설명할 수 있게 해주는 연구 방법. 질적 연구 방법은 연구자가 어떤 현상을 숫자보다는 말을 사용하여 더 종합적으로 해석할 수 있게 해준다.
양적 연구 방법	숫자를 사용하여 어떤 것의 상대적인 양을 설명하는 연구 방법.
삼각검증	미디어 효과에 관한 문제를 해결하기 위해 다양한 유형의 연구 방법을 사용하는 것.
연역적 추론	일반적인 것에서 구체적인 것으로 이론이 검정되는 과정. 연구자는 일반적인 아이디어나 이론으로 시작해서 구체적인 진술, 즉 가설을 제기한 다음, 데이터 수집을 통해 가설을 검정한다.
귀납적 추론	구체적인 것에서 일반적인 것으로 이론이 생성되는 과정. 연구자는 단순한 연구 문제로 시작하여 어떤 구체적인 사례를 기술해 주는 데이터를 수집한 다음, 조사 결과를 토대로 이론을 개발한다.
변인	값(value)이 하나 이상 부여될 수 있는 어떤 것. 예를 들면, 머리카락 색은 검은색, 갈색, 은색, 붉은색 등에 값을 부여할 수 있는 하나의 변인이다.

에는 어떤 참여자가 속해 있는지 그리고 실험집단에는 어떤 참여자가 속해 있는지를 실험 참여자와 연구자가 모르게 하는 것을 말한다.

2) 설문조사

설문조사(survey) 역시 미디어 내용의 효과를 측정하기 위해 자주 사용되는 조사방법이다. 설문조사는 ① 개인의 미디어 노출 유형과 정도(예: 매주 폭력적인 텔레비전 프로그램을 시청하는 시간이나 매주 방문하는 포르노 사이트 수)와 ② 응답자가 자기-보고하는 친사회적(prosocial) 또는 반사회적(antisocial) 행동에 대한 태도와 이러한 행동에 대한 경향을 측정하기 위한 서면 설문지, 전화 인터뷰, 대면(對面) 인터뷰, 또는 웹(Web) 설문조사의 사용을 특징으로 한다. 위의 두 번째 것을 측정하기 위해 연구자는 오랜 시간을 거치면서 정교화되어 온 몇 가지 척도나 목록을 이용할 수 있다. 설문조사는 흔히 모집단

(population)을 대표하는 표본(sample)을 대상으로 이루어지기 때문에, 이러한 연구는 흔히 변인 간의 관계에 영향을 미칠지도 모르는 인구통계학적 또는 사회통계학적 요인을 구체적으로 조사한다.

미디어 효과를 측정하기 위해 설문조사를 사용할 때 한 가지 주의사항이 있다. 만약 페리(Perry, 1996)의 인과관계를 위한 세 가지 기준을 기억하고 있다면, 첫 번째 기준(추정된 원인과 추정된 결과가 반드시 공변해야 함)이 설문조사를 통해 쉽게 수용될 수 있음은 금방 알 수 있을 것이다. 세 번째 기준(대립 원인의 제거)도 설문조사로 어느 정도 해결할 수 있다. 실제로 잘 설계된 설문조사를 사용함으로써 어떤 특정한 미디어 효과의 원인이 되는 서로 다른 여러 기여 인자를 동일한 설문조사에서 평가할 수 있다. 이러한 이유에서 실험을 실시하는 연구자도 실험 참여자를 상대로 자주 설문조사를 한다. 그럼으로써 이들은 일반적으로 실험 조사방법이 제공하는 엄격한 연구 설계를 통해 인과관계를 단정할 수 있기 때문에, 여러 가지 통계적 통제를 사용할 수 있을 뿐만 아니라 대립 원인을 부분적으로 설명해낼 수도 있다. 그러나 페리가 제시한 두 번째 기준(추정된 원인이 추정된 결과에 반드시 선행해야 함)은 미디어 효과를 측정하기 위해 설문조사를 사용할 때 문제가 발생할 가능성이 있는 부분이다. 설문지나 인터뷰를 통해 추정된 원인(예: 폭력적 프로그램을 시청한 시간)과 추정된 결과(예: 신변 안전에 대한 두려움)를 동시에 측정한다면 시간 연속성, 즉 시간 순서 문제를 해결할 수 없다. 시간 순서 문제를 고려하기 위해서 연구자는 흔히 동일한 설문조사(또는 유사한 설문조사)를 여러 차례 실시하거나 측정 도구의 다른 부분을 다른 시기에 측정한다. 그러나 이 같은 통제는 일반적으로 엄격한 연구 설계와 적절하게 수행된 실험에 의한 통제만큼 확실하거나 효과적인 것으로 간주되지 않기 때문에, 만약 설문조사가 유일한 미디어 효과 평가 수단이라면 그러한 절차를 통해 인과관계를 단정하는 것은 문제가 된다. 바꾸어 말하면, 설문조사는 변인 간의 연관이나 관계를 단정하는 데는 매우 좋은 방법이지만, 원인과 결과를 단정하는 데는 그리 강력한 방법이 되지 못한다.

3) 현장 실험

'현장에서', 즉 실제 상황에서 수행되는 실험은 실험실 실험이나 설문조사 연구 방법만큼 미디어 효과 연구에서 많이 사용되지는 않았지만, 몇몇 주요 연구는 이 방법을 사용했다(예: Williams, 1986; Parke et al., 1977). 현장 실험은 실험실에서 이루어지는 실험만큼 높은 물리적 통제가 가능하지는 않지만, 현장에서 통계적 통제를 사용함으로써 연구자는 가외 변인(extraneous variable)[9] 또는 중개 변인(intervening variable)[10]을 더 잘 통제할 수 있다. 현장 실험은 '외적 타당도(external validity)', 즉 어떤 특정 연구의 일반화 가능성 정도가 높다. 조사 참여자의 태도와 행동이 흔히 메마른 실험실 상황이 아닌 실제 상황에서 측정된다. 따라서 조사 참여자의 행동은 좀 더 자연스러운 것으로 간주된다. 어떤 경우, 현장에서 조사를 당하는 사람이 조사를 받고 있다는 사실을 깨닫지 못할 수도 있으며 따라서 더 자연스럽게 행동할 수도 있는데, 이 같은 방법은 윤리적 문제를 야기한다. 현장 실험의 또 다른 장점은 처음 텔레비전을 수신하는 지역에 미치는 텔레비전의 영향과 같은 꽤 복잡한 사회적 상황을 연구하는 방편이 될 수 있다는 것이다.

4) 패널 연구

패널 연구를 하기 위해서 연구자는 각기 다른 시기에 동일한 응답자를 인터뷰하거나 그들에게 설문지를 보내야 한다. 이 방법은 다른 조사방법처럼 미디어 효과 연구에 자주 사용되지는 않지만, 미디어 효과 연구 역사에서 주요한 연구 가운데 하나(Lazarsfeld et al., 1944, 1948)가 이 방법을 사용했다. 패널 연구는 본래 속성상 종단적(longitudinal) 연구로, 동일한 응답자가 한 차례 이상 정보를 제공한다. 이는 응답자들이 반드시 오랜 기간에 걸쳐 확보·유지되어야 함을 의미하며, 이러한 상황은 연구자에게 많은 시간을 요구하고 많은 비용이 필요할 수도 있다. 그러나 패널 연구의 이점은 흔히 이러한 인적·재정적 비용을 능가한다.

---

9 제3의 변인이 다른 두 변인 모두와 각각 관련되어 있을 때 실제로 그 두 변인은 서로 관계가 없더라도 상관관계가 있는 것으로 나타나는데, 이러한 제3의 변인을 가외 변인(extraneous variable)이라고 한다(옮긴이 주).

10 변인 A가 변인 B에 영향을 미치고 변인 B가 변인 C에 영향을 미칠 뿐만 아니라 변인 A가 변인 C에 미치는 직접적 영향이 통계적으로 여전히 유의미할 때 변인 B는 '매개적' 역할을 한다고 간주하는 반면, 변인 A가 변인 C에 미치는 직접적 영향이 통계적으로 유의미하지 않고 오직 변인 B를 통해서만 간접적으로 영향을 미칠 때 변인 B는 변인 A와 C 사이에서 '중개적' 역할을 한다고 간주한다. 통계학자 가운데는 매개 변인(mediating variable)을 상위 개념으로 보고 이러한 매개 변인을 중개 변인, 차단 변인(masking variable), 허위 변인(spurious variable)으로 나누기도 한다(옮긴이 주).

5) 삼각검증

미디어 효과를 측정하기 위한 이러한 주요 조사방법은 제각기 한계점을 가지고 있기 때문에, 연구자는 흔히 미디어 효과 문제나 이슈를 해결하기 위해 몇몇 다른 방법을 활용하려 노력한다. 예를 들면, 관대하고 이타적인 주인공이 등장하는 텔레비전 드라마를 많이 시청하는 것이 시청자의 자선 기부 행위를 증가시키는지 아닌지를 알아보기 위해 실험실 실험, 현장 실험, 또는 설문조사를 이용할 수 있다. 그러나 이 세 가지 방법을 모두 이용하는 것, 즉 삼각검증(triangulation)을 이용하는 것이 훨씬 더 효과적일 것이다. 만약 세 가지 방법을 각각 사용한 개별 연구들의 결과가 유사하다면, 독립적인 조사 결과보다 누적된 조사결과가 훨씬 더 강력할 것이다. 보완적인 조사방법들을 사용하여 미디어 효과 문제에 접근하는(즉, 유사한 연구 문제에 대한 해답을 찾아내기 위해 몇 가지 다른 실험이나 설문조사를 함께 사용하는) 학자를 일컬어 흔히 '체계적인 계획적(programmatic)' 미디어 효과 연구를 수행한다고 한다. 이러한 방법은 동료들 사이에서뿐만 아니라 기자와 정책 수립가들 사이에서도 그들의 연구 결과물의 신뢰도를 엄청나게 높여준다.

4. 기타 미디어 효과 조사방법론

다른 많은 조사방법도 미디어 효과를 이해하고 예측하는 데 유용하다. 그중에서도 다음 두 가지, 즉 내용 분석과 메타-분석은 미디어 효과 연구에서 널리 사용되기 때문에 이것들에 대해 간략하게 살펴보기로 한다.

1) 내용 분석

내용 분석(content analysis)은 이른바 특정 유형의 미디어 효과를 발생시키는 데 기여하는 특정한 미디어 메시지 속성이 존재하는지 존재하지 않는지 또는 그 양은 어느 정도인지를 조사하는 데 흔히 사용된다. 예를 들면, 오락 미디어와 건강 이슈에 대한 공중의 인식 간의 관계에 관한 연구의 일부로 카이저 가족 재단(Kaiser Family Foundation)은 텔레비전상의 성에 관해 몇몇 내용 분석을 의뢰했다. 여기에는 성적 메시지가 만연해 있는 정도, 성에 대한 이야기의 유형, 제시되거나 논의되는 성적 행동의 유형, 성적 위험 또는 책임에 대한 메시지가 언급되는 정도를 평가하는 것이 포함된다(Kunkel et al., 1999). 이 같은 메시지의 특성이 존재 또는 부재하는 것 자체가 미디어 효과의 어떠한 직접적인 증거를 제공하지는 않는다는 점에 유의해야 한다. 그 대신 내용 분석은 친사회적이거나 반사회적인 미디어 효과를 초래할지도 모르는 내용 유형에 대한 유용한 개요를 제공할 수 있다. 효과 자체에 대한 증거를 제공하기 위해서는 내용 분석과 함께 다른 조사방법이 반드시 사용되어야 한다.

2) 메타-분석

이 책을 통해서 여러분은 미디어 효과에 대한 여러 메타-분석의 결과를 보게 될 것이다. 메타-분석은 미디어 효과 연구에서 비교적 새로운 방법이며, 미디어 효과에 대한 어떠한 새로운 '1차적인' 증거도 제공하지 않는다는 점에서 색다르다. 대신 **메타-분석**(meta-analysis)은 어떤 주어진 주제에 관한 수많은 경험적 연구를 통해 이미 존재하는 결과들을 체계적으로 통합하는 하나의 수단이다. 메타-분석은 특정한 연구 영역(예: 고정관념, 포르노그래피, 비디오 게임)에서 미디어로 인해 발생하는 효과의 방향뿐만 아니라 효과에 대한 '큰 그림'을 그리기 위해 통계적 방법을 사용한다. 메타-분석에 사용되는 통계 절차는 비교적 객관적이고 꽤 포괄적이게끔 설계되기 때문에, 잘 수행된 메타-분석은 일단의 미디어 효과 문헌에 대한 분석적인 해석을 제공한다. 따라서 이러한 정보는 전통적인 서술적 문헌 고찰과 결합되어 우리 사회의 미디어 효과에 대한 더 깊은 통찰력을 제공할 수 있다.

3) 통계적 방법

효과 연구는 대부분 **통계학**(statistics), 즉 "데이터를 수집하고 체계화하고 요약하며 분석하기 위해 수학적 모델을 사용하는 과학"(Wimmer & Dominick, 1994: 205)을 이용한다. 통계적 방법은 다음 가설의 예와 같이 '기술적(記述的)'일 수도 있다: "한 달에 미스터리 소설책을 여섯 편 이상 읽는 독자는 미스터리 소설을 읽지 않는 동료보다 문제 해결 과업을 3배 정도 잘 수행했다." 그러나 아마 커뮤니케이션 연구에서는 '추리' 통계(inferential statistics)가 가장 널리 사용될 것이다. 모집단에서 무작위로 추출한 표본은 모집단과 동일한 분포 속성을 띠는 것으로 통계학은 가정한다. 따라서 무작위 표본을 통해 수행된 검정은 명확한 한계 내에서 모집단에 일반화될 수 있다. 통계적 방법은 확률의 법칙(law of probability)에 기초를 둔다. 통계적 방법은 표집오차(sampling error)(예: 어떤 모집단을 대표하지 않는 표본이 우연히 선택되거나 할당되는 것)를 고려한다. 통계적 방법은 확률의 법칙을 토대로 우연에 대비(對備)한다. 그것이 표집오차이건 아니면 다른 어떤 오차이건, 우연에 인한 오차는 전체 오차의 일부가 된다. 연구자는 연구 설계를 통해 미디어 효과의 특정한 원인을 분리해낼 수 있으며, 통계적 방법을 통해 그러한 원인의 강도에 값을 부여할 수 있다.

5. 미디어 효과 이론 개관

> 좋은 이론만큼 실용적인 것은 없다.
> — 커트 루인(Kurt Lewin, 1951: 169)

이론은 미디어 효과 연구의 핵심 구성 요소이다. 이 절, 특히 표 1-2에서는 미디어 효과 연구에 사용되는 가장 두드러진 이론들 가운데 일부와 미디어 효과 이론이 시간이 지남에 따라 어떻게 변화했는지 간략하게 소개한다.

1) 미디어 효과 이론 정의하기

그렇다면 미디어 효과 이론이란 정확히 무엇인가? 미디어 효과 이론에 대한 정의를 발전시키고자 한 학자가 거의 없어서 팔켄뷔르흐와 올리버(M. B. Oliver)는 그들 자신의 정의를 다음과 같이 제시했다(Valkenburg & Oliver, 2020):

우리는 미디어 효과 이론을 미디어 이용과 그것이 개인, 집단, 또는 사회 전체에 미치는 효과를 설명하려는 이론으로 정의한다. 어떤 이론이 미디어 효과 이론으로 분류되려면 최소한 미디어 이용(또는 특정한 매개 메시지나 스토리에 대한 노출)과 이러한 미디어 이용이 개인, 집단, 또는 사회에 불러일으킬 수 있는 잠재적인 변화(즉, 미디어 효과)를 개념화해야 한다 (Valkenburg & Oliver, 2020: 17).

그들은 또한 이 장의 앞부분에서 논의한 미디어 효과에 대한 차별적 민감성 모델과 10장에서 살펴볼 정교화 가능성 모델(ELM: elaboration likelihood model)과 같은 일부 미디어 효과 이론을 미디어 효과 '모델'이라고 부르기도 했다. 그 이유는 이러한 이론들 가운데 일부가 개념과 변인 간의 과정과 관계를 시각적으로 보여주는 그림 모델을 포함하고 있기 때문이다. 그 이론들의 이름에 '이론'이라는 단어가 포함되어 있지는 않지만 그럼에도 많은 커뮤니케이션 모델은 이론이다.

2) "오래도록 유효한" 미디어 효과 이론들

팔켄뷔르흐와 올리버(Valkenburg & Oliver, 2020)는 주목받는 미디어 효과 이론에 대한 계량서지학적 연구들(즉, 학술지에 인용된 것을 조사하는 연구)을 분석한 결과, "지난 수십 년 동안 꽤 잘 유지되어 왔고, 따라서 마땅히 (늘 유효한) '상록수 같은 이론(evergreen theories)'이라 불릴 수 있는" 여섯 가지 이론을 밝혀냈다(Valkenburg & Oliver, 2020: 21).

- 배양 이론(cultivation theory)(Gerbner, 1969)
- 의제 설정 이론(agenda setting theory)(McCombs & Shaw, 1972)
- 혁신의 확산 이론(diffusion of inoovations theory)(Rogers, 1962)
- 이용과 충족 이론(uses & gratification theory)(Katz et al., 1973; Rosengren, 1974)
- 사회 학습/사회 인지 이론(social learning/social cognitive theory)(Bandura, 1986)
- 미디어 체계 의존 이론(Ball-Rokeach & DeFleur, 1976)

이 책 전반에 걸쳐 이러한 이론들이 다양한 종류의 미디어 내용을 연구하는 데 어떻게 사용되었는지 확인할 수 있다. 이 책의 2부에서는 배양 이론, 의제 설정 이론, 이용과 충족 이론, 사회 인지 이론을 포함해 가장 주목받는 몇 가지 상록수 같은 이론들에 대해 훨씬 더 자세하게 살펴본다.

팔켄뷔르흐와 올리버(2020)는 또한 다음과 같은 잘 인용되는 이론을 확인했는데, 이 이론들은 이 책의 후반부 장에서 배우게 될 것이다:

- 2단계 흐름 이론(two-step flow theory)(Lazarsfeld et al., 1948)
- 지식 격차 이론(knowledge gap theory)(Tichenor et al., 1970)

표 1-2 미디어 효과에 대한 주요 이론

의제 설정 이론	이 이론은 특정 주제나 사건에 대한 뉴스 미디어의 보도가 수용자들이 동일한 주제/사건을 얼마나 중요하게 평가하는지에 어떻게 영향을 미칠 수 있는지 설명한다.
배양 이론	이 이론에 따르면, 텔레비전을 시청하는 데 많은 시간을 보내는 사람들은 텔레비전에서 보는 것과 유사한 현실에 대한 관점을 갖게 된다.
혁신의 확산	이 이론은 새로운 아이디어나 기술이 특정 집단 사이에 어떻게, 왜, 얼마나 빨리 확산하는지 설명한다.
정교화 가능성 모델	설득 연구에서 잘 알려진 이론으로, 자극은 중심 경로나 주변 경로를 통해 처리되고 이러한 처리는 사람의 태도가 형성되거나 변하는 방식에 영향을 미칠 수 있다.
프레이밍	이 이론은 매개되는 메시지가 구성되는 방식(즉, 프레임 형성)과 준거 프레임이 수용자의 지각(즉, 프레임 설정)에 어떻게 영향을 미칠 수 있는지를 살펴본다.
지식 격차 이론	이 이론에 따르면, 매스 미디어는 더 높거나 더 낮은 사회경제적 계층에 있는 사람들 사이의 지식 격차를 더 벌릴 수 있다.
제한 용량 모델	이 이론은 수용자의 제한된 인지적 처리 용량이 매개되는 콘텐트를 기억하고 그것과 상호작용하는 방식에 어떻게 영향을 미치는지 연구하는 데 사용된다.
미디어 체계 의존 이론	이 이론에 따르면, 사람들이 자신의 필요를 충족시키기 위해 미디어에 더 많이 의존할수록 미디어가 그들의 삶에서 더 중요해질 것이다. 이렇게 중요성이 높아지면 미디어의 영향을 더 많이 받게 된다.
기폭	이 이론은 미디어가 사람들의 정신 네트워크에서 인지 노드와 관련 감정 및/또는 행동을 어떻게 활성화할 수 있는지 설명하는 데 사용된다.
사회 학습/ 인지 이론	이 이론들은 주로 매스 미디어를 통한 상징적 커뮤니케이션이 인간의 사고, 행동 및 정서에 어떻게 영향을 미치는지 설명하고자 한다. 주요 연구 분야는 관찰 학습 및 이와 관련된 기제이다.
침묵의 나선 이론	이 이론은 사람들이 자신의 견해가 다수의 견해와 다를 때 어떻게 침묵을 유지하는지 설명하는 데 사용된다. 연구에 따르면 매스 미디어는 다수의 견해를 형성하는 데 중요한 역할을 한다.
제3자 효과	이 이론에 따르면, 사람들은 자신보다는 다른 사람이 매개되는 메시지에 더 많은 영향을 받는다고 믿는 경향이 있다.
2단계 흐름 이론	이 이론은 미디어 효과가 어떻게 직접적이라기보다는 간접적일 수 있는지 설명한다. 이른바 의견 주도자의 개인적인 영향력은 미디어의 영향이 더 많은 사람에게 미치게 할 수 있다.
이용과 충족 이론	이 이론은 수용자가 특정한 필요를 충족시키기 위해 특정 유형의 미디어를 적극적으로 소비하는 방법과 이유를 설명하고자 한다.

- 침묵의 나선 이론(spiral of silence theory)(Noelle-Neumann, 1974)
- 기폭 이론(priming theory)(Berkowitz, 1984)
- 제3자 효과(third-person effects)(Davison, 1983)
- 정교화 가능성 모델(Petty & Cacioppo, 1986)

- 프레이밍 이론(framing theory)(Entman, 1993)
- 제한 용량 모델(the limited capacity model)(Lang, 2000)

이러한 주목받는 미디어 효과 이론들에 대한 간략한 설명은 표 1-2를 참조하라.

3) 시간의 흐름에 따른 이론의 변화

미디어 효과를 우리가 더 잘 이해해 감에 따라 미디어 효과 이론도 발전한다. 실제로 한때 인기를 끌었던 많은 이론이 본질적으로 사장되었고, 주로 역사적 중요성 때문에 우리는 그러한 이론들을 언급하거나 배우고 있다. 이 장의 앞부분에서 논의한 셰넌-위버 모델과 마셜 맥루언(Marshall McLuhan)의 미디어 이론이 거기에 해당한다(McLuhan, 1964). 미디어 채널은 그것이 전달하는 메시지보다 더 강력하다는 맥루언의 이론을 간결하게 요약한 "미디어는 메시지다(The medium is the message)"라는 맥루언의 유명한 말을 잘 알고 있을 것이다. 맥루언의 이론은 이 이론을 사용한 연구들이 흔히 설득력 없는 결과가 나오면서 미디어 효과 연구자들 사이에서 외면당했다(Clark, 2012; Valkenburg et al., 2016).

1980년대와 1990년대에 '인지적 전환(cognitive turn)'으로 알려진 미디어 효과 이론의 극적인 변화가 일어났다(Valkenburg & Oliver, 2020). 이 시기 동안 연구자들은 미디어 이용에 관련된 인지 과정을 더 잘 이해하고자 노력했다. 이 시기에 개발된 이론들(예: 기폭 이론, 정교화 가능성 모델, 제한 용량 모델)은 미디어 효과가 간접적이라는 점을 받아들이고 "시청자의 인지적 정신 상태가 미디어 이용과 미디어 이용 결과 사이의 매개 (혹은 중개) 변인으로 작용한다고 주장했다. 실제로 이러한 새로운 이론들은 미디어 이용자의 정신 상태가 미디어 효과를 설명하는 데 중요한 역할을 한다는 사실을 인정했다"(Valkenburg & Oliver, 2020: 22). 확립된 이론들은 또한 인지 과정들을 통합하고자 했다. 예를 들어, 앨버트 밴두라(Albert Bandura)는 학습에 관련된 인지 과정을 더 잘 설명하기 위해 기존의 사회 학습 이론(social learning theory)을 사회 인지 이론(social cognitive theory)으로 수정했다(Bandura, 1986).

더 나아가 팔켄뷔르흐와 올리버는 커뮤니케이션 연구 논문에 이론을 포함하는 것이 수십 년에 걸쳐 크게 증가했다고 지적했다. 학자들은 오늘날의 현대 미디어 환경을 더 잘 이해하기 위해 새로운 이론을 개발하거나 기존 이론을 확장하기 위해 노력해 오고

> ## 현대 미디어 효과 이론의 주요 특징
>
> 팔켄뷔르흐와 올리버는 좀 더 새로운 미디어 효과 이론과 최근에 확장된 기존 이론에서 공통적으로 찾아볼 수 있는 세 가지 주요 특징을 다음과 같이 요약했다(Valkenburg & Oliver, 2020):
>
> - **선택성**(selectivity) 미디어 이용자가 자신이 소비하는 미디어를 선택한다는 점에서 미디어 소스가 아닌 미디어 이용자가 미디어 효과 과정의 중심이다. 팔켄뷔르흐 등(Valkenburg et al., 2016)은 수용자는 특정 미디어를 선택함으로써 자신이 경험할 수도 있는 미디어 효과를 형성하는 데 부분적인 책임이 있다고 지적했다.
>   **예**: 이용과 충족 이론(Katz et al., 1973; Rosengren, 1974) 및 선택적 노출 이론(Knobloch-Westerwick, 2014)
> - **상호교류성**(transactionality) 초기의 선형적 미디어 효과 이론과 달리 현대 이론들은 미디어 이용과 미디어 이용 결과는 흔히 상호적임을 인정한다. 예를 들어, 이러한 이론들은 ① 신념이나 필요와 같은 미디어 이용자의 특정한 특성이 미디어를 선택적으로 소비하게 할 수 있고, ② 특정한 미디어 효과로 이어질 수 있으며, ③ 그러한 효과들은 더욱 선택적 미디어 이용을 촉진할 수 있다고 가정한다.
>   **예**: 사회 인지 이론(Bandura, 1986), 강화 나선 모델(Slater, 2007), 일반 공격성 모델(Anderson & Bushman, 2002, 2018)
> - **조건성**(conditionality) 기본적으로 이 특징은 미디어 효과가 모든 미디어 이용자에게 동일하지 않다는 점을 인정한다. 또한 미디어 효과는 성향적·상황적·사회적 요인에 따라 달라질 수 있다.
>   **예**: 미디어 효과에 대한 차별적 민감성 모델(Valkenburg & Peter, 2013)

있다. 최근의 미디어 효과 이론의 발전에 가장 중요한 측면 가운데 하나는 그러한 이론들이 "미디어 효과의 선택성, 상호교류성 및 조건성을 점점 더 인정한다"는 것이다 (Valkenburg & Oliver, 2020: 28).

6. 미디어 효과 연구의 중요성

우리는 매개되는 수많은 메시지를 매일 수신하는 세계에 살고 있다. 다음 장에서 배우게 되겠지만, 미디어 커뮤니케이션의 효과에 대한 증거뿐만 아니라 효과에 대한 관심은 매스 커뮤니케이션 자체만큼이나 오래되었다. 사람들은 미디어 메시지가 자신과 특히 어린이에게 어떤 영향을 미치는지 항상 알고 싶어 한다. 사람들은 늘 특정한 메시지나 메시지 시스템의 부정적인 효과를 염려하며, 다른 메시지나 메시지 시스템의 잠재적인 친사회적 효과에 대해서도 알고 싶어 한다.

21세기에 접어들면서 매개 커뮤니케이션의 효과에 대한 지식은 더욱 중요해지고 있다. 우리가 매우 정보 지향적이고 정보 의존적이 되는 바람에 어떤 사람은 우리 사회를 '정보사회'라 불렀다. 컴퓨터와 매스 미디어는 우리 사회의 하부구조에서 매우 중요한 부분이다. 오늘날 세계에서 잘못된 것으로 인식되는 것은 상당 부분이 이러저러한 종류의 매스 커뮤니케이션 탓으로 돌려지고 있어, 매스 미디어의 효과는 엄청난 사회적 중요성을 지니게 되었다. 매개되는 폭력, 포르노그래피(pornography), 광고, 비디오 게임, 또는 뉴스의 효과는 이러한 흥미진진하고 중요한 연구 영역의 가장 눈에 띄는 겉면일 뿐이다. 매개 커뮤니케이션의 힘에 대해 아는 것이 우리 모두에게 중요하다는 것을 이 책을 읽어가면서 알게 되기를 바란다. 흔히 우리는 스스로를 정보 시대의 '주권을 가진 소비자(sovereign consumer)'라고 부른다. 그러나 우리의 소비가 유익한 결과를 가져오기를 원한다면, 우리 생활 속에서 미디어 효과에 대해 잘 알고 있어야 한다.

7. 요약

스크린을 통해 시청하는 폭력물의 효과를 측정하는 것이 미디어 효과 연구의 중요한 측면이기는 하지만, 미디어 효과 연구는 다른 많은 유형의 연구도 망라한다. 사회과학자는 매스 미디어를 통해 매개되는 메시지(예: 광고, 선전, 커뮤니케이션 캠페인)의 설득력, 새로운 커뮤니케이션 기술의 영향, 노골적인 성적 표현물 시청의 효과, 두려움이나 불안감을 유발하는 미디어 내용물에 대한 반응, 정치 커뮤니케이션의 효과 등 그 밖의 많은 것에 대해서도 관심을 가지고 있다.

커뮤니케이션은 몇 가지 다른 형태를 띨 수도 있다. 커뮤니케이션은 속성상 대인적일 수도 있고, 개인적 커뮤니케이션 미디어의 사용을 포함할 수도 있으며, 매스 커뮤니케이션으로 기술될 수도 있다. 대인적 채널이나 미디어 채널 또는 매스 미디어 채널을 통해 이루어지는 커뮤니케이션 행위는 과정, 즉 일련의 단계를 포함한다. 아무리 단순한 형태의 커뮤니케이션이라 할지라도, 정보원과 수신자 간의 커뮤니케이션은 상호작용적이거나 상호교류적 형태를 띤다. 대인적 대화의 경우, 수신자는 정보원에게 즉각적인 피드백을 제공한다. 대화나 논의의 과정에서 송신자와 수신자는 그들 각각의 역할을 반복해서 번갈아 맡게 된다. 매스 커뮤니케이션은 동일한 일시적 메시지를 수천 또는 수백만 명의 사람들에게 전달하는 기관 정보원(보통 텔레비전 네트워크와 제작 시설을 함께 가지고 있는 복합 조직)을 하나 이상 포함한다. 수용자 구성원은 이질적이거나 인구통계학적으로 다양하며 메시지원에게 알려져 있지 않다.

학자들은 그들의 이론을 설명하고 커뮤니케이션 과정과 행동에 관한 추상적인 아이디어를 보여주기 위해 모델을 개발해 왔다. 또한 모델은 미디어 효과를 설명하는 데도 사용될 수 있다. 모델은 속성상 선형적이건 상호작용적이건 또는 상호교류적이건 커뮤니케이션의 각기 다른 과정을 보여주는 데 도움이 된다. 성공적인 도식적 모델은 다음과 같은 세 가지 중요한 장점을 제공한다: ① 그것은 개념들을 체계화하고, ② 과정을 설명하며, ③ 결과를 예측한다.

미디어 효과 연구는 기본적으로 인과적 시나리오, 즉 원인과 결과가 있는 시나리오를 가정한다. 사회과학자는 인과성이라는 개념의 중요 구성 요소로서 우연을 설명하기 위해 통계적 방법을 사용한다.

연구자는 흔히 실험실 상황에서 실험 방법을 사용하여 미디어 효과를 측정한다. 다른 조사방법으로는 설문조사, 현장 실험, 패널 연구가 있다. 삼각검증은 미디어 효과 문제를 해결하기 위해 몇 가지 조사방법을 사용하는 것을 말한다. 내용 분석은 특정한 미디어 효과의 원인이라고 주장하는 미디어 메시지의 특정한 속성의 존재, 부재, 또는 크기를 살펴보기 위해 사용된다. 메타-분석은 어떠한 주제에 관한 수많은 경험적인 연구를 통해 밝혀진 기존의 결과들을 체계적으로 통합하는 데 유용하다. 미디어 효과 연구는 대부분 통계적 방법을 사용한다.

이론은 미디어 효과를 이해하는 핵심 구성 요소이다. 일부 미디어 효과 연구는 오랜 시간을 견뎌냈으며 여전히 많이 인용되고 있다. 그러나 미디어 효과에 대한 우리의 이해가 발전함에 따라 이론들도 그에 맞춰 조정되었다.

오늘날 세계에서 잘못된 것으로 인식되는 것은 상당 부분이 매스 커뮤니케이션 탓으로 돌려지고 있어, 매스 미디어의 효과는 엄청난 사회적 중요성을 지니게 되었다. 미디어 효과 이슈는 무엇보다도 큰 사회적 중요성을 지니는 이슈가 되었다. 미디어 효과에 대한 기본적인 지식은 정보시대에 남보다 앞서 나가는지를 판단하는 데 필요한 기준이다.

제2장

미디어 효과에 대한 역사적 증거

신사 숙녀 여러분, 저는 오슨 웰스입니다. 〈우주 전쟁〉이 원래 의도했던 대로
할로윈 시즌에 맞춘 특집 방송 이상의 의미가 없다는 점을 확실히 하기 위해
특별히 이렇게 나온 것입니다. 즉, 이것은 머큐리 극장의 자체 라디오 버전으로
침대 시트를 두르고 덤불에서 튀어나와 "부우!"라고 외치는 것과 같습니다.
— 1938년 10월 30일에 방송한 〈우주 전쟁(*War of Worlds*)〉 끝부분에서 한
오슨 웰스(Orson Welles)의 맺음말

15세기 중반에 요하네스 구텐베르크(Johannes Gutenberg)가 인쇄기를 개발한 이래로
사람들은 매스 미디어가 수용자에게 중요한 영향을 미친다고 생각해 왔다. 때로는 특정
한 미디어 내용에 광범위하게 노출된 후 나타나는 여론이나 행위의 뚜렷한 변화를 역사
적 증거들을 이용하여 연대순으로 기록했다. 또 어떤 때는 미디어 효과가 덜 명백하게
드러나긴 하지만, 사람들에게 미치는 미디어 효과를 '우려'하는 비평가들의 목소리가 매
스 미디어에 대한 여러 가지 반대 운동을 촉발시키기도 했다. 자기 자신이 아닌 일반화
된 '타자(generalized others)'에 대한 우려는 **제3자 효과**(third-person effects)로 체계적으로
설명되는데, 개인들이 자신보다 다른 수용자 구성원이 설득적이거나 폭력적이거나 불
유쾌한 미디어 내용에 더 영향을 받기 쉽다고 생각할 때 제3자 효과가 발생한다고 한다
(Davison, 1983).

이 장은 역사적인 미디어 효과에 대한 우려와 인쇄기가 개발된 이래로 미디어가 의견
과 행위에 미치는 실제 영향에 대한 역사적 증거를 살펴보기로 한다. 또한 미디어 효과
가 과학적으로 측정되기 이전과 미디어 효과에 대한 과학적인 측정이 학문적 연구 분야
가 되고 난 이후의 미디어 효과에 대한 대중의 우려를 보여주는 사례도 선별하여 살펴

보기로 한다.

미디어 효과의 존재는 궁극적으로 인과적 관점을 필요로 하는데, 커뮤니케이션 미디어를 통해 전달되는 어떤 종류의 메시지가 가장 흔한 '원인'이다. 사회과학자와 행동과학자는 실험을 시작할 때 외부 영향을 최소화하고 개인에게 미치는 영향을 정확하게 측정하기 위해 일반적으로 엄격한 통제를 실시한다. 이렇게 함으로써 그들은 개인에게 미치는 실제 미디어 효과를 여러 가지 방법으로 평가할 수 있다. 이에 반해 역사학자는 대개 기록된 의견과 행동에 나타난 효과가 명백하고 강력할 때만 미디어를 포함하는 인과관계를 평가하는 것으로 제한되어 있다.

더욱이 사회과학자와 행동과학자는 개인을 흔히 한 번에 한 사람씩 실험 처치하거나 조사함으로써 미디어 효과에 대한 증거를 축적하는 데 반해, 역사학자는 때때로 공적 기록과 같은 데이터를 취합하여 살펴봄으로써 사회적인 수준의 효과에 초점을 맞춘다. 여기서 인용할 여러 역사적인 사례들은 '사람이 개를 무는 것'과 같은 개별적이고 유리된 사례라기보다는 수많은 사람 사이에 일어나는 효과에 대한 증거를 제공한다는 점에서 주목할 필요가 있다. 우리는 사람들의 흥밋거리가 된다는 이유 때문에 뉴스 가치를 지닐 수도 있는 특이한 미디어 사건보다는 미디어 영향의 주요 경향을 강조할 것이다.

많은 학자들은 역사적 사례가 인과관계에 대한 적절하고 과학적인 증거를 제공해 주지 않는다고 주장할지도 모른다. 시카고 대학(University of Chicago)의 한 사회과학자는 다음과 같이 주장했다:

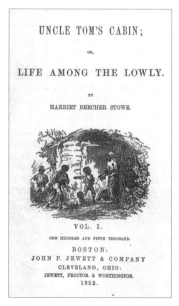

사례 연구와 일화 수집은 일반화에 대한 증거를 제공하지 않는다. 오히려 그것들은 예시를 제공하는데, 만약 저자나 다른 사람이 결과적으로 이러한 예시를 증거로 받아들이게 된다면 이것 때문에 판단을 그르칠 수 있다(Stouffer, 1942: 144).

이러한 주장에 대한 대답으로 우리는 역사적 방법이 다른 조사방법과 다르다는 점을 강조한다. 역사학자는 우세한 증거, 보통 인과관계를 암시하는 동시에 발행하는 영향의 징후들을 찾는다. 예를 들

『톰 아저씨의 오두막』은 여론이 노예해방운동을 찬성하는 쪽으로 움직이게 하는 데 큰 영향을 준 것으로 인정되고 있다.

면, 해리엇 비처 스토우(Harriet Beecher Stowe)의 『톰 아저씨의 오두막(*Uncle Tom's Cabin*)』 (1852) 같은 책은 많은 판매 부수와 당시 그 책의 영향을 논의한 작가와 연설가들 덕분에 영향력이 있는 책으로 알려져 있다. 미디어의 효과가 없거나 매우 적다는 많은 사례가 역사학자의 레이더 스크린에 결코 걸려들지 않을 수도 있음을 기억해야 한다.

나중에 소개되겠지만, 특히 두려움이나 불안감을 유발하는 미디어 내용물과 설득 메시지에 사람들이 반응을 보였을 때처럼, 미디어가 의견과 행동에 분명히 영향을 미치는 것처럼 보이는 두드러진 사례를 우리는 현대 역사를 통해 꽤 많이 찾아볼 수 있다. 미디어 효과에 대한 대중의 높은 관심을 보여주는 역사적 증거 또한 풍부할 뿐만 아니라 다양하다. 대중, 특히 어린이에게 미치는 해로운 영향을 우려해서 사람들이 폭력적이거나 노골적으로 성적인 내용물을 반대하는 것처럼, 권력가들의 언론 탄압 사례도 대중에게 미치는 미디어의 강력한 효과를 그들이 얼마나 우려하는가를 보여주는 증거라고 할 수 있다.

1. 미디어 효과에 대한 역사적 우려

오늘날 미디어 효과 연구는 양적인 실험 측정을 강조함으로써, 미디어 역사에 대한 연구와 미디어 효과에 대한 연구 간에 존재하는 명백한 연결고리가 모호해졌다. 과학적 효과 연구자들처럼 많은 미디어 사학자들도 미디어 효과의 증거를 찾고 있다. 그러나 사학자의 실험실은 과거, 즉 인간이 맨 처음 서로 커뮤니케이션하기 위해 미디어를 사용한 이후의 수천 년이라는 시간이다. 따라서 사학자의 연구 주제는 지금까지 존속하는 기록을 통해서만 이야기될 수 있다.

처음에는 오직 사회의 엘리트만 인쇄된 글이 미치는 잠재적인 사회적 영향을 인지했음을 역사적 증거는 보여준다. 많은 지도자가 문자 해독력과 독서가 대중에게 미치는 영향을 두려워한 나머지 출판물을 통제하려 했으며, 따라서 반대 목소리를 침묵시켰다. 미디어의 영향에 대한 두려움은 오늘날도 많은 전체주의 사회에 아직 남아 있는데, 이러한 사회의 지도자들은 그들의 권력을 유지하기 위해 미디어를 억압하고 통제한다.

19세기에는 새로운 기술과 문자 해독력의 확산이 주목할 만한 새로운 형태의 커뮤니케이션, 즉 매스 커뮤니케이션의 발전을 가능하게 해주었다. 그 시기 이후 강력한 미디어 효과에 대한 우려는 사회의 교육받은 엘리트들에게서뿐만 아니라, 대통령에서부터 부모에 이르는, 지식 계급에서부터 이제 막 배우기 시작한 학생에 이르는, 모든 계층의 개인과 집단에게도 표출되었다. 이처럼 미디어 메시지의 해로운 사회적 영향에 대한 우려를 보여주는 역사적 사례는 입법가와 공공정책의 결정에 영향을 미치며 수많은 학자들의 관심을 이끌어낼 만큼 대단했다.

언론의 메시지가 수용자에게 미치는 힘 때문에 언론 통제를 시도한 많은 사례를 서양의 역사를 통해 찾아볼 수 있다. 언론 통제는 정보 유포 금지나 검열, 선전의 사용, 편집인 또는 기자에 대한 물리적 폭력 등 여러 가지 형태를 띠었다. 정부 관료와 성직자 등이 언론을 통제했다. 여기에서는 미디어 효과에 대한 우려 때문에 신문 또는 다른 미디어에 대한 저항운동이 야기되었던 사례 중 역사적으로 좀 더 기억에 남는 몇 가지를 간략하게 살펴보기로 한다.

1) 미디어 효과에 대한 우려로 인한 억압

권력자들이 매스 미디어 메시지를 억압하기 위해 필요 이상의 조치를 취했던 사건은 대중에게 미치는 강력한 미디어 효과에 대한 우려를 보여주는 가장 강력한 사례이다. 인쇄기가 등장한 직후, 종교 엘리트와 정부 엘리트들은 인쇄된 글의 위력을 우려했다. 그들은 자신의 목적을 위해 신문을 이용했으며 반대 견해의 글이 출판되는 것을 막기 위해 검열 조치를 취했다. 예를 들면, 16세기 중반 천주교회는 프로테스탄트의 자료 유포를 금지하려 했다. 금서 목록에는 프로테스탄트의 책 외에 포르노그래피, 점성술 서적, 저항적인 정치적 작품도 포함되었다. 마르틴 루터(Martin Luther) 같은 프로테스탄트 지도자들은 교황을 무시했으며 인쇄기를 사용하여 종교개혁(Reformation) 서적을 대중에게 유포했다. 이러한 종교개혁 서적이 유럽 전역의 인쇄소에 유포됨에 따라, 허가 없이 미디어를 사용한 반역자에게 엄청난 반격이 가해졌다. 이러한 선전을 유포한 인쇄업자는 흔히 감옥에 갇히거나 화형에 처해졌다.

16세기 초 영국의 헨리 8세는 인쇄된 글에 대한 우려가 지나친 나머지 성실법원(星室法院, Court of the Star Chamber)을 만들어 왕권을 모욕하는 자료를 발행하는 사람을 박해했다. 또한 헨리 8세는 영국 언론을 엄격한 통제하에 묶어두는 허가제를 강력히 요구했다.

1700년대 말 미국에서는 벤저민 프랭클린 배시(Benjamin Franklin Bache)의 ≪필라델피아 오로라(*Philadelphia Aurora*)≫가 공화주의(Republicanism) 운동을 주도했다. 그의 선동

적인 글은 여론을 자극했으며 여러 가지 주목할 만한 반응을 불러일으켰다:

재무부 장관인 올리버 월코트(Oliver Wolcott)는 어떤 경우든 반역 혐의로 ≪오로라≫를 조사하겠다고 위협했으며, 연방주의자(Federalist)인 하원 대변인 조너선 데이턴(Jonathan Dayton)은 배시의 하원 발언권을 금지했다. 연방주의자 편집인과 정치인들은 글과 말로 그를 공격했고, 연방주의자 상인들은 ≪오로라≫에 대해 광고 거부운동을 했으며, 그들의 상점에 그 신문이 들어오지 못하도록 금지시켰다. 또 정부는 배시를 선동 혐의로 재판에 회부했으며 사람들과 폭도들은 그에게 물리적 공격을 가했다(Solan, 1998: 130~131).

배시 같은 반대파의 목소리를 통제하기 위해 연방주의자들은 미국 역사상 가장 압제적인 법인 1798년 선동법(Sedition Act of 1798)을 통과시켰다. 프랑스 혁명 시기에 신문이 친(親)프랑스적인 발언을 하는 것을 막기 위해 그 법이 통과되었다. 알렉산더 애디슨(Alexander Addison) 판사는 1799년 1월 1일 자 ≪컬럼비안 센티널(Columbian Centinel)≫에 "사람들에게 신문 지휘권을 주는 것은 그들에게 국가 지휘권을 주는 것이다. 왜냐하면 모든 것을 지휘하는 여론 지휘권을 그들에게 주기 때문이다"라고 쓴 바 있다(Sloan, 1998: 119).

1799년, 연방주의자들은 1600년대 초 최초의 식민주의자들이 미국 해안에 첫발을 들여놓은 이래로 미국 공중의 삶의 기본적인 요소가 된 한 가지 사실을 깨닫게 되었다. 여론은 공공정책의 기초였으며 신문은 공공정책에 필요한 토론장을 제공하는 수단이었다(Sloan, 1998: 119).

1830년대부터 남북전쟁(Civil War) 때까지 많은 사람이 노예 폐지론자가 전하는 메시지의 강력한 효과를 우려했다. 미국 남부 사람들은 그 같은 자료가 노예 폭동을 촉진할 것으로 믿었기 때문에, 그것이 출판·배포되는 것을 격렬하게 반대했다. 앤드루 잭슨(Andrew Jackson) 대통령은 노예해방에 관한 선동적인 자료가 우편을 통해 배포되는 것을 금지하는 법을 의회가 통과시키도록 촉구했다.

제1차 세계대전 동안 의회는 1917년 첩보활동법(Espionage Act of 1917)과 1918년 선동법(Sedition Act of 1918)을 통과시켰다. 이 법들은 미국 정부를 비판하거나 적국(敵國)을 지지하는 정보를 출판하는 것을 불법으로 규정했다. 미국 정부는 전쟁에 반대하는 발언이 미칠 효과를 우려했다.

2) 미디어 효과로서 폭도의 폭력

미디어의 효과에 대한 우려로 인한 탄압을 보여주는 또 하나의 역사적인 지표는 선동적인 자료를 싣거나 보여줄 때 나타나는 반응으로, 매스 미디어 사무실이나 편집인에 대한 폭도의 폭력 사태를 들 수 있다. 역사는 언론을 향한 이 같은 폭력으로 가득 차 있다(Nerone, 1994). 역사상 가장 악의적인 폭도 가운데 하나는 1812년 전쟁(War of 1812)에 미국이 개입하는 것을 반대한 급진적인 연방주의자 신문인 볼티모어 ≪페더럴 리퍼블리컨(*Federal Republican*)≫ 편집인을 공격했다. 몇 사람이 죽었고 편집인 1명은 평생 불구자가 되었다.

인종 관련 메시지 표현에 대한 폭도의 행동을 보여주는 사례는 많다(Grimsted, 1998). 노예해방운동 기간, 한 폭도는 일리노이(Illinois)주에서 일라이저 러브조이(Elijah Lovejoy)를 공격해 죽였다. ≪더 노스 스타(*The North Star*)≫의 흑인 편집인인 프레더릭 더글러스(Frederick Douglass)는 지속적으로 괴롭힘을 당했으며, 심지어 그의 견해에 반대하는 사람들이 그의 집을 불태우기도 했다. 1950년대와 1960년대 인권운동 기간, 미시시피주의 편집인인 헤이즐 브래넌 스미스(Hazel Brannon Smith)는 흑인에 대한 부당한 인종 대우에 반대하는 의견을 피력한 결과, 지역 주민과 지역 정부 관료들로부터 엄청난 반대에 직면했다. 한 백인 시민 협의회는 지역 업계가 그녀의 신문에 광고를 싣는 것을 중단할 것을 촉구했고 독자들은 구독을 취소했으며 한 백인 관리는 그녀를 상대로 명예훼손 소송을 제기했는데, 이 모든 것이 흑인에 대한 부당한 처우에 반대하는 그녀의 입장에 대한 반발이었다(Davies, 1998).

인종 문제와 관련된 모든 폭도 사건이 신문과 관련된 것은 아니었다. 영화에 대한 반응으로 폭도 행위가 발생한 사례도 있었다. 20세기 초, 영화 〈국가의 탄생(*The Birth of a Nation*)〉 개봉은 정서와 논쟁을 자극함으로써 인종 폭동과 흑인에 대한 폭도 행위를 불러일으켰다. 미국 영화의 아버지 D. W. 그리피스

프레더릭 더글러스는 ≪더 노스 스타≫의 편집인으로 일하면서 폭도들의 폭력의 표적이 되었다.

(D. W. Griffith)가 제작한 이 영화는 남북전쟁, 남부 연맹 여러 주의 미합중국으로의 재편입, 백인 지상주의적 관점을 지닌 백인 우월주의 단체 쿠 클럭스 클랜(KKK: Ku Klux Klan)의 등장을 다루었다.

3) '저속한' 내용물에 대한 공중의 우려

미디어 폭력과 노골적인 성적 표현물의 나쁜 영향에 대한 공중의 우려는 20세기에만 한정된 것이 아니다. 19세기 초 영국에서는 새로운 유형의 저널리즘이 출현했는데, 미국의 페니 페이퍼(penny paper)는 곧 이것을 모방하는 데 성공했다. 영국에서는 체포된 도둑, 주정꾼, 매춘부, 기타 범법자들의 행동과 사회 하층민 생활에 대한 신문의 해학적인 기사가 독자들 사이에서 엄청난 인기를 끌었지만, 사회 비평가들에게는 따가운 비판을 받았다. 1833년, 미국 뉴욕에서 ≪더 선(The Sun)≫이 등장해 뉴욕 시(New York City) 즉결 재판소에서 일어나는 일을 기사로 다루자 영국에서와 같은 반응이 일어났다. 이러한 기사는 열성 독자에게는 매우 인기가 있었지만, 많은 사람은 폭력, 섹슈얼리티(sexuality),[1] 부당한 행동을 강조한 이 신문을 비판했고, 그러한 내용이 (증가하는) 무고한 독자 대중에게 미치는 영향을 우려했다.

성공한 두 번째 페니 페이퍼인 제임스 고든 베닛(James Gordon Bennett)의 ≪더 뉴욕 헤럴드(The New York Herald)≫도 인기는 대단했지만, 활자를 통해 경쟁자를 조롱하는 그의 버릇과 (19세기의 기준으로 보았을 때 결코 존경받을 수 없는) 언어 때문에 그리고 스캔들이나 불법적인 성 또는 살인 사건 같은 세상을 깜짝 놀라게 하는 재판 사실을 광범위하게 보도했기 때문에, 거의 시작부터 논란을 불러일으켰다. 경쟁자와 반대자들은 활자를 통해 그리고 실제로 그를 쓰레기 취급했다. 몇몇 경우 화가 난 독자들이 뉴욕 거리에서 그에게 물리적인 공격을 가하기도 했다. 베닛에 대한 '도덕 전쟁(moral war)'은 사회가 저속한 것으로 간주하는 인쇄물에 대한 사회의 우려를 보여주는 19세기의 좋은 사례이다. 저명인사들은 이 신문과 이 신문에 광고를 게재하는 회사에 대한 불매운동을 요구했다.

≪더 선≫, ≪더 뉴욕 헤럴드≫, 기타 페니 페이퍼들의 선정적이고 때로는 자극적인

---

1   '섹스'가 보통 생물학적 성 구별이나 직접적 성행위를 뜻하는 반면, '섹슈얼리티'은 성적인 것 전체를 말한다. 성적 욕구, 성적 행동, 성적 현상, 성적 심리나 성적 본능을 의미하면서 성 문화적인 것, 제도나 관습에 의해 규정되는 사회적 요소까지를 포함한다(옮긴이 주).

뉴스뿐만 아니라 읽기 쉬운 스타일은 그들에게 인기와 이윤을 가져다주었다. 특히 ≪더 뉴욕 헤럴드≫의 기법을 다른 신문도 모방하기 시작했다. 새로운 유형의 저널리즘이 등장하자, 비평가들은 사회에 미치는 부정적인 효과에 대해 계속해서 불만을 제기했다. 1847년, 한 논평가는 부도덕성의 전달자가 된 정기간행 신문의 한심한 작태에 대해 불만을 토로했다. '사악한 저작물(Pernicious Literature)'이란 제목의 기사는 신문 개혁을 통해 이 같은 '오염'의 심각한 영향을 피하자고 촉구했다.

> 우리 시대와 우리 사회에서 사람을 가장 놀라게 하는 악(惡) 가운데 하나는 인쇄기에서 매일 흘러나오는 출판물의 유해한 경향이다. 연보(年報), 소책자, 가족 신문의 형태로 전국 방방곡곡에 널리 뿌려지는 부도덕하고 반사회적인 글은, 만약 나라 전체를 오염시키고 국가의 자유로운 관습을 파멸로 몰아갈 감각적이고 이기적인 마음의 기반을 무너뜨리지 않는다면, 수천 명의 사람들에게 수치심과 비참한 심정을 느끼게 해줄 타락의 씨앗을 심을 것이다. …… 이러한 상황에서 세속적인 신문은 반드시 스스로 개혁해야 한다. …… 개혁이 이루어지지 않는다면 신문의 이러한 정신과 대중의 저속한 욕망은 순환적인 영향을 미쳐, 하나가 다른 하나를 자극하고 결국 둘이 힘을 합쳐 선한 사람들의 불안함을 자극할 부도덕함의 소나기를 뿌릴 것이다(U. S. Catholic Magazine, 1847: 46, 48).

20세기 초 영화가 인기를 끌기 시작하면서, 폭력적이고 노골적으로 성적인 영화가 청소년들에게 미치는 부정적인 영향에 대한 공중의 우려는 페인 재단(Payne Fund) 연구를 촉발시켰다. 이 연구는 영화가 청소년의 비행, 태도, 기타 요인에 미치는 영향을 살펴보았다.

1950년대에 프레드릭 워덤(Fredric Wertham)의 『순진한 사람들에 대한 유혹(*The Seduction of the Innocent*)』(1954)은 반(反)만화 정서를 표현했으며, 이로 인해 청소년 비행 조사를 위한 상원 소위원회(Senate Subcommittee to Investigate Juvenile Delinquency) 회의에 만화책 내용이 포함되었다. 만화 산업은 정부의 개입을 피하기 위해 자율 규제 조치를 취했다. 미국 만화·잡지 협회(Comics Magazine Association of America)가 설립되었으며 만화 윤리 규정 위원회(Comic Code Authority)가 만들어져 생생한 폭력 묘사와 호색적 묘사를 금지했다.

좀 더 최근에 『호밀밭의 파수꾼(*The Catcher in the Rye*)』 같은 소설, <내추럴 본 킬러> 같은 영화, 음악 녹음물, 심지어 비디오 게임도 수용자들이 잔인한 폭력 행위를 저지르도록 영향을 미치거나 '모방 범죄'를 야기한다는 비난을 받고 있다. 텔레비전과 영화의 폭력적이고 성적인 내용이 미치는 나쁜 영향에 대한 우려 때문에 헤아릴 수 없이 많은 연구와 정부가 후원하는 조사가 이루어졌다. 이 같은 내용물의 효과에 대한 논의는 오늘날까지 격렬하게 이어지고 있다.

대량 매개되는 메시지의 초자연적 효과에 대한 우려도 있었다. 예를 들어, 테네시(Tennessee)의 한 가톨릭 학교는 책에 있는 주문(呪文)을 읽으면 악령이 나타날 수 있다고 주장하면서 도서 문제 제기와 도서 금지의 빈번한 대상이었던『해리 포터(*Harry Porter*)』시리즈를 금지했다(Quinn, 2019).

2. 매스 미디어로 인한 행동 및 의견 변화에 대한 역사적 증거

다른 한계점들 가운데서도 특히 대립 원인을 통제하거나 제거하는 데 따르는 어려움 때문에 역사적인 맥락에서 실제 미디어 효과를 실증적으로 증명하는 것은 불가능하다. 그러나 서방의 역사를 보면 미디어 효과에 대한 좀 더 일반적이고 일화적인 조사[2]는 풍부하다. 이 같은 효과에는 새로운 커뮤니케이션 기술의 도입 이후 일어난 사회 변화, 개인과 집단이 특정한 목적을 달성하기 위해 매개되는 메시지를 사용하는 많은 사례, 수용자에게 다소 바람직하지 않은 영향을 주는 미디어 메시지의 힘에 대한 두려움 때문에 시민들이 취한 행동 사례가 포함된다. 미디어 효과가 과학적으로 연구되고 분석적으로 측정되기 오래전부터 이미 미디어 효과는 가정되었고 느껴졌고 목격되었으며 기록되었다.

1) 인쇄 신문의 효과

새로운 미디어 기술이 개발되고 사회적·문화적 수준에서 꽤 강력한 효과에 대한 증거가 나타남에 따라, 사학자들은 오랜 기간에 걸쳐 그것을 살펴왔다. 많은 연구가 인쇄기 출현과 그것이 불러일으킨 많은 사회적 변화를 조사했다(Eisenstein, 1979, 1983; Febvre &

---

2   '일화적인 조사(anecdotal examination)'란 개인의 경험을 직간접적으로 조사하는 것을 말한다(옮긴이 주).

Martin, 1984). 인쇄기, 신문, 활자의 도입으로 더 많은 책이 등장했고 가격은 떨어졌으며 글을 읽고 쓸 수 있는 사람이 많아졌다. 사회적 충격은 엄청났다. 독자층이 약 100년 만에 소수의 선택된 엘리트에서 대중 다수로 폭발적으로 확대되었다. 1500년에는 서유럽 전체에 250개 이상의 출판사가 설립되어 약 3만 5000종의 출판물 1500~2000만 부 정도가 출판되었다(Fabvre & Martin, 1984). 혁신의 확산에 관한 역사적 연구들은 전신과 축음기 같은 새로운 미디어 기술의 확산을 살펴보았으며 새로운 기술 사용의 사회적 효과에 대해서도 연구했다(Hyde, 1994). 다른 역사적 연구들은 새로운 미디어 기술이 불러일으킨 사회적 과정의 역동성과 변화를 살펴보았다(Marvin, 1988; Pool, 1977).

2) 여론에 미치는 미디어 효과

남북전쟁이 일어나기 전 수년 동안, 노예해방을 지지하는 신문의 영향은 신문(이 경우, 대안 신문)이 여론을 바꾸는 힘을 지니고 있음을 보여준다. ≪프리덤스 저널(*Freedom's Journal*)≫, ≪더 컬러드 아메리칸(*The Colored American*)≫, ≪노스 스타≫ 같은 흑인계 신문은 흑인들의 대의명분을 알렸고 노예제도를 공격했으며 북부 지역에 노예해방 정서가 고조되는 데 기여했다. 결국 이 같은 신문의 내용은 흑인들을 교육했고 동원했고 동기화했으며, 미국 북부 지역 사람들에게 인간 노예제도에 대해 훨씬 덜 관용적이고 흑인의 권리에 대해 더 동정적인 태도를 심어주었다.

군나르 뮈르달(Gunnar Myrdal)[3]은 『미국의 딜레마(*An American Dilemma*)』에서 흑인계 신문을 흑인을 위한 가장 중요한 교육 기관이라 불렀다. 정치적·경제적·문화적 전투가 벌어질 수 있는 가장 유력한 장소 가운데 하나인 흑인계 신문은 흑인의 경험, 즉 흑인의 삶과 관심사, 그리고 업적을 말할 수 있는 하나의 수단을 제공했다. 그것은 흑인이 그들의 견해를 말하고 흑인에 관한 이슈를 논의하는 토론장이었다. 더욱이 흑인의 업적을 다루는 것은 자부심과 진보감, 정체성 및 미래에 대한 희망을 심어주었다. 또한 정규 교육이 흑인에게 금지되었던 시기에 지적 발전을 위한 교육자이자 도우미였으며, 중요한 정치적 기능을 수행했다. 즉, 흑인계 신문은 흑인이 그들의 정치적 잠재력을 이해하고, 그런 다음 그러한 잠재력을 발

---

3   1898년 스웨덴에서 태어난 경제학자로 1974년 노벨상을 수상했다(옮긴이 주).

견할 수 있도록 도와주었다. 흑인 편집인은 정보에 따라 어떻게 행동할지 독자들을 지도하면서, 그들에게 정보를 제공했고 그들을 고무했고 통합했으며 결집시켰다(Dicken-Garcia, 1998: 154).

역사는 여론에 영향을 미치기에 충분할 만큼 강력함을 지닌 미디어 메시지에 대한 수많은 사례를 제공한다. 새롭게 형성된 미합중국에서 "연방주의자 논고(The Federalist Papers)"라는 제하의 일련의 기사가 ≪뉴욕 인디펜던트 저널(New York Independent Journal)≫에 게재되었고 광범위하게 재인쇄되었다. 알렉산더 해밀턴(Alexander Hamilton), 제임스 매디슨(James Madison), 존 제이(John Jay)가 쓴 이 논고들은 새로운 형태의 입헌 정부 채택에 지지를 이끌어낸 공로를 인정받았다(Bent, 1969).

남북전쟁 기간 전의 또 다른 사례로는 『톰 아저씨의 오두막』이 있는데, 이것에 대해서는 앞에서 언급한 바 있다. 역사가들은 일반적으로 스토우의 고전적인 소설이 남북전쟁 이전 미국에서 노예해방운동의 불을 지피는 데 도움을 주었으며 남부 지역의 여론이 노예제도 존속에 반대하는 쪽으로 돌아서도록 도움을 주었다는 데 동의한다.

스토우의 소설 『톰 아저씨의 오두막』은 원래 노예해방주의 신문인 ≪내셔널 에라≫(National Era)에 1852년부터 1853년까지 연재되었다. 이 소설은 당시 가장 널리 읽힌 작품이었다. 책으로 출판된 지 몇 달 만에 30만 부가 팔렸다. 이 소설은 노예제도가 없어져야 한다는 요구를 증대시킨 가장 중요한 글이자 단 하나밖에 없는 글이었다(Dicken-Garcia, 1998: 155).

거의 같은 시기에 출판된 몇몇 다른 작품도 궁극적으로 19세기와 20세기의 사상과 행동에 중요한 영향을 미쳤다. 이러한 책 가운데는 1848년 출간된 칼 맑스(Karl Marx)와 프리드리히 엥겔스(Friedrich Engels)의 『공산주의자 선언문(Communist Manifesto)』, 찰스 다윈(Charles Darwin)의 『종의 기원(Origin of Species)』, 1859년에 출판된 존 스튜어트 밀(John Stuart Mill)의 『자유론(On Liberty)』이 있다(Cowley & Smith, 1939).

남북전쟁 이후 윌리엄 트위드(William Tweed)와 그의 정치 조직인 태머니파(Tammany Ring)[4]는 뉴욕 시 정부를 통제했으며 결국 시 금고에서 수억 달러를 훔쳤다. ≪뉴욕 타임스(New York Times)≫의 삽화가인 토머스 내스트(Thomas Nast)의 날카로운 풍자만화는 궁극적으로 태머니파의 수장이 자리에서 물러나도록 여론을 모으는 데 강력한 힘을

발휘했다. 트위드파(Tweed Ring)와 시 정부의 부패에 맞서 ≪뉴욕 타임스≫가 행한 성
공적인 개혁 운동은 곧이어 나타난 미국의 폭로 저널리즘 시대의 발판을 마련해 주었다
(Bent, 1969).

1800년대 말, 선정적인 옐로우 저널리즘(yellow journalism)으로 조셉 퓰리처(Joseph
Pulitzer)와 윌리엄 랜돌프 허스트(William Randolph Hearst)가 소유한 두 신문의 발행 부수
(100만 부 이상)가 엄청나게 증가했다. 이는 효과 그 자체는 아니라 할지라도, 미디어의
강력한 효과성(effectiveness)[5]을 보여주는 증거이다. 특히 미국 전투함 메인(Maine)호가
아바나(Havana) 근처에서 원인 모를 폭발 사고로 침몰한 후, 쿠바에서 스페인 사람들의
잔악 행위에 대한 허스트의 비난이 여론의 방향을 바꾸어 스페인-미국 전쟁(Spanish-
American War)을 야기했다고 일부 역사가는 주장했다.

> 허스트는 "온 나라가 전쟁의 열기로 진동하다!"와 같은 맹목적이고 애국주의적인 헤드라인
> 으로 여론을 자극하고 궁극적으로 전쟁을 시작하게 한 것으로 평가받고 있다. 허스트가 이
> 같은 모호한 평가를 받을 만하건 하지 않건, 그는 분명 그의 신문이 미국의 개입에 도움을
> 주었다고 믿었으며 실제로 발행인란(masthead)[6] 옆의 박스 안에 "당신은 이 신문의 전쟁(the
> journal's war)을 어떻게 생각하십니까?"라는 질문을 이틀 동안 실었다(Hoff, 1998: 247).

20세기에 들어 여론에 미치는 강력한 미디어 효과를 보여주는 흥미로운 두 사례는 스
탠더드 정유회사(Standard Oil Company)의 거두인 존 록펠러(John D. Rockfeller)에 대한 공
중의 인식이 변화되는 데 커다란 영향을 미쳤다. 이러한 변화는 20세기로 전환될 무렵
잡지 저널리스트들이 많은 사회악을 폭로하고 통렬한 기사를 연속적으로 썼던 '폭로
(muckraking)'[7] 시기, 즉 진보 시대(Progressive era) 동안의 글이 남긴 결과였다. 폭로 저널

---

4 뉴욕 시의 태머니 홀(Tammany Hall)을 본거지로 하는 민주당 단체로, 흔히 뉴욕 시 행정의 부패와
   보스 정치의 비유로 쓰인다(옮긴이 주, 네이버 영한사전에서 인용·수정).
5 '효과성'이란 '효과를 불러일으킬 수 있는 능력 또는 힘(capacity or power to bring about an effect)'
   을 말한다(옮긴이 주).
6 신문·잡지의 명칭, 발행 장소, 발행인, 날짜 따위를 인쇄하는 난(옮긴이 주).
7 시어도어 루즈벨트(Theodore Roosevelt) 대통령은 이러한 저널리스트를 '폭로자(muckraker)'라고 불렀
   는데, 그는 이러한 저널리스트를 존 버니언(John Bunyan)의 소설 『천로역정(天路歷程, Pilgrim's
   Progress)』의 등장인물인, 퇴비나 오물을 긁어모으면서 일을 하는 동안 고개를 들지 않는 한 남자에
   비유했다.

스탠더드 정유회사에 대한 아이다 타벨의 심층조사 보도는 석유 독점을 무너뜨리고 록펠러를 미국에서 가장 경멸받는 사람 가운데 하나로 만든 것으로 평가된다.

리스트 아이다 타벨(Ida Tarbell)은 경쟁자를 능가하기 위해, 록펠러를 몰인정하고 떳떳하지 못한 방법을 사용한 자본주의자로 묘사했다. 그 당시 록펠러를 헐뜯는 뉴스 만화와 기사를 통해 입증되듯이, ≪맥클루어스 매거진(McClure's Magazine)≫에 게재된 타벨의 기사는 이윽고 엄청난 부자가 된 록펠러를 미국 사람들이 가장 혐오하는 사람 가운데 한 사람으로 만들었다. 아이러니하게도 몇 년 후 록펠러는 자신의 공적 이미지를 개선하기 위해 PR(public relations) 전문가인 아이비 리(Ivy Lee)를 고용했다. 리는 록펠러의 자선 활동이 신문과 공중의 눈에 좀 더 잘 띄게 만들었고, 할아버지 같고 유쾌하고 사랑스러우며 친절한 노인으로 보이게 했으며, 약탈적인 재계인으로 간주했던 그전의 여론을 호의적으로 바꾸는 데 공헌했다. 미디어가 준 것을 미디어가 가져간 격이다!

진보 시대에 폭로 저널리스트가 쓴 글은 여론을 자극하고 사회 변화를 촉진했다는 평가를 받았다. 링컨 스테펀스(Lincoln Steffens)의 기사는 지역 부패에 초점을 맞추었고 좀 더 나은 시 정부를 요구했다. 귀에 거슬리는 논설을 게재했던 ≪레이디스 홈 저널(Ladies' Home Journal)≫과 1905년 "위대한 미국인의 사기(詐欺)"라는 제목으로 일련의 기사를 게재했던 ≪콜리어스 위클리(Collier's Weekly)≫가 특허 약품 광고주를 비판하는 캠페인을 선두에서 이끌었다. 이 기사들은 '진실한 광고' 캠페인이 벌어지는 데 기여했고, 이는 결국 연방거래위원회(FTC: Federal Trade Commission)와 상거래 개선 협회(BBB: Better Business Bureau)의 설립으로 이어졌다. 시카고 정육 산업의 끔찍한 위생 상태에 대한 업턴 신클레어(Upton Sinclair)의 폭로는 1907년 청결식약법(Pure Food and Drug Act of 1907)의 통과로 이어진 정부의 조사를 불러왔고, 이 법에 따라 식약청(Food and Drug Administration)이 설립되었다. 그 밖에도 결집된 미디어의 노력은 노사 관계 향상, 아동 노동법, 근로자 보상법, 일반적인 사회 개혁 조치를 촉진했다.

3) 강력한 효과: 미디어 내용에 대한 광범위한 공포 반응

현대적 의미에서 공포 반응이란 (특히 어린이에게) 두려움을 유발하는 괴물이나 초자연적인 존재 또는 실제 사건에 대한 미디어의 표현에 의해서 일어나는 것을 말한다. 두려움이나 불안감을 유발하는 미디어 내용의 효과는 13장에서 소개되는데, 조앤 캔터 (Joanne Cantor)의 연구는 현대적 연구의 전형이다. 그녀의 연구와 몇몇 유명한 그녀 제자들의 연구는 무서운 영화나 텔레비전 프로그램 또는 불안감을 주는 뉴스 보도에 대한 어린이의 공포 반응 측정에 초점을 맞추었다. 이러한 실험은 각기 다른 연령대의 어린이에게 두려움을 유발하는 프로그램 내용의 종류와 부모가 자녀에게 두려움을 유발하는 프로그램 내용의 효과를 경감시킬 수 있는 방법에 대한 많은 지식을 이끌어냈다.

미디어 역사는 두려움이나 불안감을 유발하는 미디어 내용이 사회에 미치는 강력한 효과에 대한 수많은 선례를 제공한다. ≪더 뉴욕 헤럴드≫는 1874년 11월 9일 독자들을 놀라게 하는 장난 기사를 게재했고, 이것은 독자의 히스테리적인 반응을 유발했다. 코너리(T. B. Connery) 기자는 센트럴 파크(Central Park) 동물원의 동물들이 안전하게 관리되어야 하는데도 그렇지 못하다고 생각했고, 그래서 그는 동물들이 우리를 탈출했다고 기사를 꾸며냈다. 그는 "팔다리가 잘리고 짓밟히고 다친 사람의 수가 모든 연령대에 걸쳐 200여 명에 이르는데, 알려진 바에 의하면 그중 60여 명은 중태라고 하며 이들 가운데 3명은 오늘 밤을 넘기기 어려울 것이라고 한다. 야생 육식 동물 12마리가 아직 잡히지 않았으며 그들이 숨어 있는 장소도 아직 확실하게 밝혀지지 않고 있다 ……"라고 썼다(Hoff, 1998: 239). 이 기사의 마지막 문단은 이 기사가 '순전히 꾸며낸 이야기'이며 '심한 장난'이라는 것을 분명히 했지만, 기사 전체를 읽은 사람은 아무도 없었다. 많은 사람이 사람을 죽인 동물을 사냥하기 위해 총을 가지고 거리로 나왔다.

1835년의 달에 관한 엄청난 장난

최초의 페니 페이퍼인 뉴욕의 ≪더 선≫은 1835년 하나의 장난을 꾸몄는데, 이 장난이 독자들을 매우 불안하게 하면서도 즐겁게 해준 덕분에 발행 부수가 그 당시로서는 세계 최대인 1만 9000부로 늘어났다. 리처드 애덤스 록(Richard Adams Locke)은 영국의 한 천문학자가 거대한 망원경을 통해 달에서 생명체를 발견했다고 썼다. 독자들은 그 기사의 재판(再版)을 요청했고 전 세계의 다른 신문도 그 기사를 재발행했다. 기독교 단체의 여성들은 달의 생명체를 기독교로 개종하기 위한 달나라 여행에 대해 이야기했다. 에드거 앨런 포우(Edgar Allan Poe)는 그러한 장난이 "전반적으로 미국이나 유럽에서 만들어진 어떤 유사한 허구가 불러일으킨 센세이션(단지 대중적인 센세이션)보다 더 엄청난 센세이션을 불러일으켰다는 점에서 대히트였다"라고 말했다(Poe, 1902: 134).

오슨 웰스(팔을 올린 사람)가 머큐리 극장 멤버들과 함께 〈우주 전쟁〉 리허설을 하고 있다. 이 방송은 많은 청취자를 놀라게 했으며 일부 청취자는 화성의 침공을 피해 집을 떠나기도 했다. 그러나 최근 조사에 따르면, 이 방송으로 인한 공황 상태는 당초 생각했던 것보다 규모가 더 작은 것으로 나타났다.

　　미디어 내용에 대한 공포 반응을 보여주는 가장 널리 알려진 역사적 사례는 〈우주 전쟁(*War of the Worlds*)〉의 방송 사례이다. 1938년 할로윈(Halloween) 전날 밤, 오슨 웰스(Orson Welles)와 CBS 라디오 네트워크의 머큐리 극장(Mercury Theatre)은 웰스(H. G. Wells)의 공상과학 공포물인 『우주 전쟁』을 각색한 프로그램을 방송했는데, 이 공포물은 화성인이 지구에 침입하여 독가스로 수백만 명을 죽였다는 내용으로 구성되어 있다. 많은 청취자는 이 프로그램이 시작될 때 다른 프로그램을 즐기고 있다가, 방송 내용이 허구라는 사실을 알리는 발표가 있은 후에 라디오 다이얼을 머큐리 극장 방송으로 돌렸다. CBS는 이 방송이 진행되는 동안 다음과 같이 네 차례에 걸쳐 그러한 사실을 알렸지만, 일은 벌어지고 말았다.

① 방송이 시작될 때(이때는 대부분의 사람들이 청취하고 있지 않았음), ② 8시 35분경, 스테이션 브레이크(station break) 전(이때는 정신적 공황 상태에 빠진 사람들이 대부분 더 이상 방송을 듣지 않고 도망을 가고 있었음), ③ 스테이션 브레이크 직후, ④ 방송이 끝날 때. 더욱이 이 방송의 가장 무서운 부분은 스테이션 브레이크 전이었다는 점을 기억할 필요가 있다. 따라서 방송 내용이 허구라는 사실 발표를 듣지 못한 청취자들이 두려움에 휩싸일 기회는 충분했다(Lowery & DeFleur, 1995: 51).

그 당시, 약 100만 명이 두려움을 느낀 것으로 추정되었다(Cantril, 1940). 그들 가운데 일부는 실제로 공황 상태에 빠져 사악한 침입자들을 피해 달아나기 위해 집을 떠났다(Cantril, 1940; Schwartz, 2015). 그러나 사건에 대한 좀 더 최근의 조사에 따르면, 일부 청취자는 이 라디오 방송을 듣고 (잠시나마) 겁을 먹었을 수는 있지만 공황 상태에 빠진 청취자의 수는 방법론적으로 결함이 있는 원래 추정치보다 훨씬 더 적었다(Schwartz, 2015). 실제로 극심한 공포에 대한 선정주의와 과장 보도의 상당 부분은 신문이 주도한 것이었다(Pooley & Socolow, 2013).

실제 공황 상태는 원래 생각했던 것보다 그 규모가 훨씬 더 작았지만(그리고 이 전설적인 사건을 윤색하여 다시 만든 이야기에 쓰인 것보다도 분명 그 규모가 더 작았지만), 이 방송은 청취자들이 당시에는 여전히 새로운 형태의 매스 미디어였던 라디오의 작동 방식에 이미 얼마나 익숙해져 있었는지 보여준다. 슈워츠(A. B. Schwartz)는 허구적 프로그램 청취자들은 프로그램이 시작된 후 30분이 되는 시점에 스테이션 브레이크(station break)[8]가 있을 것으로 예상했지만 대본이 제대로 작성되지 않은 탓에 스테이션 브레이크가 뒤로 밀렸음을 지적했다(Schwartz, 2015). 이미 이 방송이 실제 속보라고 믿었던 사람들은 스테이션 브레이크가 평소대로 8시 30분에 시작되지 않자 더욱더 확신했을 가능성이 있다.

청취자들이 실제로 공황 상태에 빠지지 않았다고 하더라도, 청취자들이 무섭고 긴장감이 넘치는 방송을 즐기려면 일반적인 라디오 방송과 긴급 뉴스 속보에 대한 이해와 친숙함이 필요했다. 스콘스(J. Sconce)는 다음과 같이 설명했다:

---

8 정규 프로그램과 프로그램 사이에 있는 방송국 전용 안내 고지 시간을 말한다. 예를 들면, 바로 이어서 어떤 프로그램이 방송될지 짧게 언급 해주거나 방송국의 브랜드 로고송이 나가는 식이다(옮긴이 주).

청취자가 전자식 뉴스 취재와 전파(傳播)가 어떻게 작동하는지 이해하고, 네트워크 방송 전송 중단의 사회적 중요성을 인식하며, 무엇보다도 국가 차원의 권위이자 사회적 감시 수단으로서 라디오의 새로운 존재감을 믿고 거기에 시간과 노력을 투자하는 경우에만 공포를 실감할 수 있다(Sconce, 2000: 112).

4) 설득 메시지의 효과에 대한 증거

역사를 통해 사람들은 다른 사람을 설득하는 미디어 메시지의 위력을 확신하게 되었다. 광고는 미디어 효과에 대한 가정을 근거로 하기 때문에, 이러한 유례없는 인식은 미국 미디어 체계의 발전에 큰 영향을 미쳤다. 신문이 대량으로 발행되기 오래전부터 광고는 주요 수익 기반이었다. 해가 거듭될수록 광고 수익은 신문, 잡지, 나중에는 상업 라디오와 텔레비전의 생명줄이 되었다.

다른 유형의 설득 메시지도 역사를 통해 중요하고 효과적인 것으로 입증되었다. 17세기 유럽에서는 인쇄에 관해 당국의 엄격한 제한이 있었음에도, 새로운 아이디어와 배교적(背敎的) 견해가 인쇄되었다. 계몽운동(Enlightenment)과 같은 지적(知的) 운동은 18세기 유럽에서 사상 혁명을 야기했다. 인쇄물에 대한 제한도 다소 완화되었다. 글을 읽고 쓸 수 있는 중산층이 등장했으며, 볼테르(Voltaire), 장-자크 루소(Jean-Jacques Rousseau) 등의 작품은 사람들이 좀 더 개인적인 자유를 추구하고 전제정치에 도전하게끔 마음을 움직일 수 있는 설득력을 가지고 있었다.

16세기와 17세기 초, 귀족과 투자자들은 인쇄물의 영향력을 인식하기 시작했다. 미국의 식민화를 촉진하는 많은 책과 팸플릿, 그리고 소책자가 이 당시와 식민 기간 내내 유포되었다. 『다양한 항해(*Divers Voyages*)』(Hakluyt, 1582, 1850), 『새로 발견된 땅 버지니아에 대한 간략하고 진실한 보고서(*A Brief and True Report of the Newfound Land of Virginia*)』(Hariot, 1590, 1972), 『신성 브리타니아(*Nova Britannia*)』(Johnson, 1609), 『뉴잉글랜드에 대한 기술(*The Description of New England*)』(Smith, 1616), 『메릴랜드에 대한 언급(*A Relation of Maryland*)』(1635, Hall & Jameson, 1910), 『펜실베이니아 지방에 대한 일설(*Some Account of the Province of Pennsylvania*)』(Penn, 1681) 같은 초기 인쇄 책자들은 식민화의 장점을 약술하고 있으며, 미국에서의 삶을 호의적으로 설명하고 있다. 만약 신세계의 인구 증가가 어떤 증거 자료가 된다면, 이러한 식민지를 촉진하기 위한 작품과 광고 문구들은 강력한 미디어 효과를 발휘했다고 할 수 있다(Thompson, 1998).

아메리카 개척지에서 편집인들은 신문을 이용해서 그들 지역의 성장을 촉진하고 정착민을 끌어들였다. 19세기 내내 개척자들이 서부로 이동함에 따라, 새롭게 형성되는 크고 작은 도시에 신문이 등장했다. 개척지 편집인들은 인구를 늘리고 경제 성장을 도모하기 위해 그들이 행한 촉진 활동 때문에 '도시 촉진자(town booster)'라고 불렸다. 그들의 노력은 효과가 있음이 증명되었다. 한 역사가는 캘리포니아의 골드 러시(gold rush)를 "역사상 가장 효과적인 촉진 캠페인 가운데 하나"라 불렀다(Huntzicker, 1998: 198에서 재인용). 19세기 후반, 미시시피 강 서부에서 발행된 신문 수는 50종 미만에서 650종 이상으로 늘어났다.

19세기 중반 미국에서는 바넘(P. T. Barnum)과 프로모션(promotion)이 동의어처럼 사용되었다. PR의 '아버지'인 아이비 리와 에드워드 버네이스(Edward Bernays)의 시대 훨씬 이전에 바넘은 성공적인 홍보 캠페인 기술에 통달했다. 스웨덴 가수 제니 린드(Jenny Lind)는 유럽에서는 유명했지만, 남북전쟁 기간 내내 미국에는 알려져 있지 않았다. 바넘은 보도 자료를 만들고 편집인에게 편지를 보냈으며 팸플릿을 만들었고 심지어 작곡 경연 대회를 후원하기도 했다. 그래서 1850년 린드가 뉴욕에 도착했을 때는 열광적인 팬이 4만 명 이상 모여 부두에서 그녀를 환영했다(Hume, 1977; Applegate, 1998). 또 다른 예로, 바넘은 자신의 점보 코끼리(Jumbo the Elephant) 구입을 성공적으로 홍보함으로써, 점보를 전시한 첫 주에 이미 런던에서 미국으로 그 코끼리를 사서 운반하는 데 든 비용 3만 달러를 만회했다(James, 1982; Applegate, 1998).

20세기에 일어난 두 차례의 세계대전 기간, 미국 정부는 참전을 지지하는 선전을 널리 전파하기 위한 조치를 취했다. 제1차 세계대전 때 우드로 윌슨(Woodrow Wilson) 대통령은 공공정보위원회(CPI: Committee on Public Information)를 구성했는데, 이 위원회는 선전과 후원 활동에 관여했다. 폭로 저널리스트 조지 크릴(George Creel)의 지휘하에 CPI는 기사, 광고, 보도 자료, 영화를 만들고 참전 노력을 전국에 널리 알리기 위해 연사를 고용했다. 제2차 세계대전 기간 '공공 정보' 작업에 참여한 많은 학자는 현대 미디어 효과 연구의 창시자가 되었다.

1930년대 말, 많은 신문이 교통안전을 촉진하기 위한 캠페인을 대대적으로 시작했으며, 그 결과 교통사고 사망자 수가 엄청나게 줄었다. 초창기 신문의 한 캠페인은 '안전하고 건전한' 독립기념일을 조성하는 데 성공했다. 신문 편집인인 제임스 킬리(James Keeley)는 이러한 개혁 운동을 주도한 사람으로 평가되고 있다(Bent, 1969).

1899년 7월 4일 저녁 그가 심하게 아픈 한 어린 여자아이 옆에 있었을 때, 바깥에서 들려오는 우레 같은 거대한 폭죽 소리에 그 아이가 불안해하자, 그는 그의 사무실에 전화를 걸어 30개 도시에서 발생한 희생자와 사고에 대한 수치를 수집했다. 그 결과 국경일 축하 행사 때 스페인-미국 전쟁 때보다 더 많은 사람이 고통을 받고 죽는 것으로 나타났다. 그다음 해 ≪트리뷴(*Tribune*)≫은 건전한 독립기념일을 요구하면서 통계표를 제시했고, 그 후 사망률과 사고율이 10분의 9 이상 줄 때까지 다른 신문도 뒤를 따르기로 했다(Bent, 1969: 220).

3. 요약

1450년, 인쇄기가 등장한 이래 사람들은 매스 미디어 커뮤니케이션이 수용자에게 미치는 잠재적 영향력을 인정해 왔다. 사회의 엘리트뿐만 아니라 모든 계층의 사람이 강력한 미디어 효과를 우려했다. 이러한 우려는 입법가에게 영향을 주었고 공공정책을 결정했으며 학자들의 관심을 끌었다.

역사는 미디어 효과에 대한 사례로 가득 차 있다. 이러한 사례에는 새로운 미디어 기술의 확산으로 인한 변화, 권위자들에 의한 신문 탄압, 폭력적이거나 노골적인 성적 표현물에 대한 공중의 반응, 선동적인 자료 제작자들에 대한 반응, 두려움을 유발하는 미디어 내용에 대한 반응이 포함되어 있다. 역사를 통해 많은 성공적인 홍보 및 광고 캠페인이 수용자를 설득하는 미디어 커뮤니케이션의 위력을 증명해 주고 있다.

제3장

과학적인 미디어 효과 연구의 역사

잡힐 듯 잡히지 않는 매혹이
매스 미디어 효과를 연구하려는
모든 노력을 에워싸고 있다.
— 폴 라자스펠드(Paul F. Lazarsfeld), 1949

앞 장이 매개 커뮤니케이션의 효과가 강력하다는 인상을 주기는 했지만, 역사는 매개 커뮤니케이션이 행동을 유발하는 것처럼 보이는 사례를 기록하는 쪽으로 편향되어 있다. 매개 커뮤니케이션이 원인이 되는 주요 반응은 찾아내기가 훨씬 더 수월하다. 개인의 매우 상세한 일기나 일부 신빙성 있는 사담(私談)을 제외하고, 역사가들이 제한된 미디어 효과의 사례를 확인하는 것은 쉽지 않다.[1]

19세기 말에 이루어진 몇몇 심리학 및 사회학 연구는 매스 미디어에 관한 연구를 포

---

[1] 어렵지만 불가능한 것은 아니다. F. L. 모트(F. L. Mott)는 자신이 수행한 연구에서 "캠페인 기간 대다수 신문의 지지와 선거 승리 간에 긍정적이든 부정적이든 아무런 상관관계를" 발견하지 못했다(Mott, 1944: 356). 제한된 효과를 주장하는 또 다른 사례로 아이제이어 토머스(Isaiah Thomas)의 『인쇄의 역사(History of Printing)』가 있는데, 이 책은 미국 헌법의 승인에 찬성하거나 반대하는 신문 수를 주(州)별로 합산하여 제공했다. 일부 경우에서 신문은 투표 결과에 거의 또는 전혀 효과를 미치지 못한 듯했다. 예를 들면, 델라웨어(Delaware)에서 헌법의 채택에 찬성한 신문은 하나도 없었고 두 신문은 반대를 했지만, 델라웨어는 헌법을 받아들인 최초의 주였으며 그것도 투표에서 만장일치로 채택했다.

함하고 있었고 더 정교해진 많은 후속 연구의 이론적 기초를 예시해 주긴 했지만, 미디어 효과 연구는 단언컨대 20세기에 등장했다. 1960년 이후 미국 전역의 주요 연구 중심 대학교에 매스 커뮤니케이션 대학원 프로그램이 생겨났으며, 미디어 효과 연구는 급속도로 성숙되고 다양화되었다. 연구자들은 이제 설득, 미디어 폭력, 성적 표현물, 공포 반응, 의제 설정, 새로운 커뮤니케이션 기술, 이용과 충족, 배양 효과 연구 등 여러 하부 연구 분야에서 미디어 효과의 증거를 찾고 있다.

몇몇 커뮤니케이션 학자는 매우 훌륭한 커뮤니케이션에 대한 역사적 연구를 수행했다(Dennis & Wartella, 1996; Heath & Bryant, 2000; Rogers, 1994; Simonson & Park, 2015b). 카츠(E. Katz)는 개념적 관점에서 미디어 효과 연구의 전통을 살펴보았고, 미디어 효과 연구의 이슈들에 대한 흥미로운 분석을 제공했으며, 여러 효과 이론 사이의 주요 연결점을 제안했다(Katz, 1980, 1983).

이 장은 미디어 효과 연구의 역사에 관한 장이다. 우리는 미디어 효과에 대한 우리의 지식을 상당히 늘려준 몇몇 개척자와 더 최근의 미디어 효과 학자들에 대해서도 이야기한다. 강효과, 제한 효과, 그리고 각기 다른 효과 수준의 개념에 대해서도 논의한다. 마지막으로 앞으로 미디어 효과에 대한 지식을 향상하기 위한 몇 가지 제안을 한다.

1. 미디어 효과 연구의 초창기

심리학, 사회학, 사회심리학 분야에서 19세기와 20세기 초에 이루어진 몇몇 연구는 특정한 매스 미디어의 효과를 살펴보았다. 일부 연구는 속성상 철학적이며, 매스 미디어 수용자에 대한 사회적 효과를 통제된 설계나 실험실 상황에 격리시키기보다는 매개 커뮤니케이션이 수용자와 여론에 미치는 영향에 대한 논평을 제시했다. 소수의 실험 연구는 보통 미디어 노출 때문에 발생한 육체적 또는 심리적 효과를 매우 구체적으로 측정하는 데 초점을 맞추었다.

우리는 두 가지 이유에서 이러한 연구들을 인용한다. 매스 미디어를 강조했으며 후일 미디어 효과 연구의 이론적 토대가 된 아이디어를 소개했기 때문에, 이러한 연구들은 20세기에 들어 시작된 매스 미디어 효과 연구의 선구자로 간주되어야 한다. 그뿐 아니라 선구적 연구들 가운데 두 선구적 연구는 미심쩍은 매스 미디어 커뮤니케이션의 강효과 모델과 제한 효과 모델이 거의 동시에 개발되었음을 보여준다.

19세기 말 ≪미국 사회학 저널(*American Journal of Sociology*)≫에 게재된 2편의 논문은 수용자에게 미치는 매개 커뮤니케이션의 힘에 대한 초기의 견해가 서로 달랐음을 보여 준다. 이 논문들은 다음 세기에는 사회과학자들이 이론 형성과 통제된 실험 분야에 더욱 전념하게 될 것이라는 아이디어를 제시했다. 이 두 논문에서 '제한 효과' 입장이 '강효과' 입장보다 먼저 나왔다는 점은 흥미롭다. 젠크스(J. W. Jenks)는 여론 형성에 미치는 신문의 영향력에 대해 의문을 제기했으며, 수용자 구성원의 개인적인 차이가 커뮤니케이션의 영향력을 완화시킨다는 의견을 제시했다(Jenks, 1895):

아마도 신문의 영향이 비교적 적은 주된 이유 중 한 가지는 신문이 사적 이익 동기에서 운영되며 신문의 의견이 신문 판매와 광고에 어느 정도 영향을 미치느냐에 따라 신문의 정책이 주로 결정된다는 사실을 사람들이 알고 있다는 것이다. …… 우리 모두는 이전의 편견에서 형성된 자신의 의견을 가지고 있고, 이러한 이전의 편견과 일치하는 사실과 주장을 무의식적으로 선택하며, 따라서 우리 자신의 신념에 순응하는 경향이 있다. …… 25%도 안 되는 성인 투표자들이 공적으로 문제가 되는 사실에 대해 공정한 검토를 충분히 거친 후 이러한 문제에 대한 의견을 신중하게 결정한다고 말하는 것이 아마 지나친 것은 아닐 것이다. 따라서 여론은 센스와 난센스, 감성, 편견, 그리고 시민에게 작용하는 여러 종류의 영향에서 형성된 분명한 감성의 혼합물인데, 이러한 영향은 아마도 판단력에 영향을 미치기보다는 주로 감성에 영향을 미친다(Jenks, 1895: 160).

야로스(V. S. Yarros)는 여론 기관 역할을 하는 신문의 위력을 강조함으로써 반대 견해를 취했지만, 그 당시 신문들 대부분의 특징이었던 "부정직한 행위, 선정주의, 비정함"을 개탄했다(Yarros, 1899: 374). 또한 많은 편집인이 너무 무능함에도 불구하고 그들이 (아무런 의심이 없는) 공중에게 너무 큰 힘을 행사하는 것을 유감으로 여겼다:

편집인은 권위자의 도움을 받는 것을 기쁘게 생각하지만, 자신의 지위에 대해 적대적인 생각을 가지는 권위자가 있다는 것을 알고도 두려워하거나 당황하지 않는다. 편집인은 학자와 전문가의 성숙된 의견을 최소한의 책임감도 찾아볼 수 없을 정도로 무례하게 다루고 멸시한다. 편집인은 무책임하다. 신중하고 능력 있는 소수의 사람들은 편집인의 무지와 뻔뻔함을 비웃을 수도 있지만, 약삭빠름을 재능으로, 그리고 목청 돋운 주장을 지식으로 잘못 생각하는 많은 사람의 값싼 갈채는 풍성한 보상을 가져다준다. 편집인과 논쟁하는 것은 큰 실수다.

마지막으로 말을 하는 사람은 항상 편집인이며 그가 말할 수 있는 공간은 무한하다. 편집인은 남의 눈을 속이고 논점을 교묘히 피하며 이슈를 혼란스럽게 하는 데 능숙하다. 사생활에서는 편집인이 지적으로나 도덕적으로 대수롭지 않을 수도 있다. 그러나 그는 그가 모든 일을 과실 없이 다루는 태도와 그의 생각에 동의하지 않는 용감한 사람을 공격하는 무기인 확신을 그의 독자들에게 강요한다. 일반 신문 독자들은 반복과 과장에 쉽게 무너진다. 독자들은 논설의 '우리'라는 표현 뒤에 숨어 있는 신비스러운 힘 때문에 매일 신문에 인쇄되어 있는 것을 믿는다. 독자들의 감성과 관념은 이러한 힘 때문에 생겨나게 되는데, 그들은 이러한 사실을 의식조차 하지 못한다(Yarros, 1899: 375).

여론을 이끌거나 반영하는 신문의 힘에 대한 논쟁(이것은 의제 설정 가설에 대한 오늘날 찬반 논쟁의 전신일 뿐만 아니라 1950년대 대중문화에 대한 논쟁에서 등장한 거울과 램프 비유[2]의 선구자 격임)은 오늘날도 계속되고 있다. 20세기에 들어 ≪미국 사회학 저널≫과 기타 학술지에 게재된 논문들은 이러한 논쟁을 계속했다(Angell, 1941; Orton, 1927; Park, 1941; Shepard, 1909).

초기의 몇몇 실험 연구도 (특히 오락물 분야의) 현대 미디어 효과 연구의 선구자로 불릴 만한 가치를 지니는데, 이러한 연구들로는 음악이 주목(注目)에 미치는 효과에 대한 연구(Titchener, 1898), 음악이 흉부 호흡에 미치는 효과에 대한 연구(Foster & Gamble, 1906), 혈액 순환 및 호흡의 변화 기록으로 측정한 음악 즐김에 대한 연구(Weld, 1912)가 있다. 정신적 과정으로서 유머(humor)의 성격과 근원 그리고 유머의 기능을 실험적이기보다는 이론적으로 살펴본 또 다른 초기 연구도 있다(Kline, 1907).

프랜시스 펜턴(Frances Fenton)의 박사 학위논문은 미디어 폭력물 소비가 행위에 미치는 효과에 대한 연구 가운데 가장 초창기 (아마도 최초) 연구에 속한다. 이 연구의 결과를 요약한 글이 ≪미국 사회학 저널≫ 1910년 11월호와 1911년 1월호에 소개되었다. 반사회적 활동에 대한 신문 기사가 독자에게 암시적인 힘을 지니고 있다는 대중의 생각은 그녀의 논문이 발표되기 전에 이미 확고하게 정착되어 있었다고 펜턴은 지적했다(논문 목록을 보려면, Fenton, 1910: 345, 350 참조). 그녀는 '암시(suggestion)'를 다음과 같이 정의했다:

---

2 에이브럼스(Abrams)는 자신의 저서 『거울과 램프: 낭만주의적 이론과 비판적 전통(*The Mirror and the Lamp: Romantic Theory and the Critical Tradition*)』(1953)에서 예술을 모방적 '거울'로서의 예술과 표현이 풍부한 '램프'로서의 예술로 구분한 바 있다(옮긴이 주).

아이디어, 이미지, 충동적인 경향, 또는 어떠한 종류의 자극이 외부에서 신경구조나 성향의 구성 조직 안으로 들어가며, 때로는 어느 정도 의식이 집중된 채 또 어떤 때는 전혀 집중되지 않은 채, 이미지나 신경 세트(neural set)와 유효하지만 인식되지 않는 관계나 유사성을 가지는 자극의 중개에 의해 행동으로 바뀌는 과정으로, 그러한 과정 속에서는 암시된 행위의 결과를 대부분 또는 전적으로 예상하지 못한다(Fenton, 1910: 364~365).

펜턴은 '암시의 심리학을 토대로' 범죄 및 반사회적인 활동에 관한 신문 기사를 읽는 것과 뒤이어 일어나는 범죄적이거나 반사회적인 행동 간에 직접적인 인과관계를 가정할 수 있을 것이라고 주장했다. 펜턴은 사람들이 신문 기사에서 아이디어를 얻은 후 모방 범죄나 반사회적인 행동을 저지른 여러 경우를 확인했다고 자신의 논문에서 얘기했다. 지면 부족으로 그 학술지는 사례들의 성격을 기술한 요약 제목만 포함했는데, 이러한 제목들은 "광범위한 지역과 많은 다른 소스에서 수집된, 반사회적인 활동에 대한 신문의 암시적인 영향을 보여주는 많은 직간접적인 증거"에 해당한다고들 말했다(Fenton, 1911: 557~558).

펜턴은 비록 다음과 같은 점을 강조했지만 발행 부수가 많은 몇몇 '옐로우' 페이퍼에 나타난 그 같은 (반사회적 활동에 관한) 자료의 양도 측정했다:

이러한 측정을 한 것은 신문에 게재된 반사회적인 문제에 관한 실제 기사의 양이 범죄 증가와 직접적인 관계가 있다고 알려져 있기 때문이거나 우리가 이 둘의 변화가 서로 일정한 관계를 가지고 있음을 보여주는 어떠한 증거를 가지고 있기 때문은 아니다(Fenton, 1911: 539).

2. 강력한 효과의 개념

강력한 미디어 효과에 대한 역사적 편견과 미디어의 영향에 대한 우려 때문에, 20세기에 이루어진 초창기 과학적 효과 연구에서 많은 사람이 강력한 효과를 가정했다는 사실은 놀라운 일이 아니다. 사회과학자들은 제1차 세계대전 기간에는 군대의 선전을 그리고 전후에는 회사의 선전(광고 및 PR의 형태)을 우려했다.

(대부분의 사회과학자를 포함한) 미국 사람들은 대부분 매스 미디어, 특히 영화나 라디오 같은 전자 미디어가 수용자에게 믿을 수 없을 정도로 강력한 영향력을 가지고 있다

고 믿었다. 예를 들어, 라디오가 전국의 거실에 대중음악을 제공하면서 그 영향에 대한 부모와 교사의 우려가 커졌다.

> 당시 팝 음악인 재즈는 남성들에게 성적으로 매우 자극적인 것으로 여겨졌기 때문에 젊은 여성들은 보호자 없이는 재즈 팬과 데이트하지 말고, 재즈 팬이 타고 있는 차에는 절대 타지 말라는 주의를 받았다(Valkenburg & Piotrowski, 2017: 29).

(아무런 의심이 없는) 수용자에게 미치는 미디어 메시지의 거대한 힘은 다음과 같이 다채로운 방식으로 표현되었다: 매스 미디어는 위험한 총알처럼 메시지를 발사하거나 강한 약이 피하주사기를 통해 흘러들어가듯 메시지를 주사했다. 이러한 표현은 강력한 미디어 효과에 대한 '탄환' 또는 '피하주사' 이론의 근원이 되었다.

캐리(J. W. Carey)는 탄환 이론을 다음과 같이 잘 요약했다:

> '재즈 시대'가 대공황(Depression)으로 바뀌자, 그 시대의 상징이었던 정치와 문화의 대중운동과 오슨 웰스의 라디오 방송 〈우주 전쟁〉의 예에서 볼 수 있는 특별하고도 놀랄 만한 일련의 사건이 선전과 미디어에 대한 두려움을 확인시켜 주었다. 표준 역사에서는 이러한 두려움, 놀람, 비탄, 정치적 선언, 그리고 소수의 경험적 연구들이 '피하주사 모델(hypodermic-needle model)'이나 '탄환 이론(bullet theory)' 또는 '무제한 효과(unlimited effects)'로 간단히 정리되고 말았는데, 왜냐하면 이것들은 다음과 같은 하나의 공통된 결론으로 수렴되었기 때문이다: 미디어, 특히 라디오와 영화처럼 읽고 쓸 줄 몰라도 이용 가능한 새로운 미디어는, 집합적으로 평범한 사람들의 신념과 행동을 결정하는 비상한 힘을 지니고 있다(Carey, 1996: 22).

초기 이론가들은 19세기에서 20세기 초에 이르는 동안 사회의 놀라운 변화와 그것이 대중에게 미치는 영향에 초점을 맞추었다. 블루머(H. G. Blumer)는 대중 행동의 중요성에 주목하면서 다음과 같이 적었다:

> (20세기 초의 도시화와 산업화 때문에) 대중 행동의 강도와 중요성이 더 커졌다. 이는 사람들을 그들의 지역 문화와 지역 집단 환경에서 떼어놓는 요인이 작용했기 때문이다. 이주, 거주지의 변화, 신문, 영화, 라디오, 교육, 이 모든 것이 개인들을 관습적인 정신적 지주에서 분

리시켜 더 넓은 세상으로 떠다민다. 이러한 세상에 직면한 개인들은 대체로 남의 도움을 받지 않는 선택을 토대로 적응하지 않을 수 없었다. 그들의 선택이 한곳에 모여, 대중은 강력한 세력이 되었다. 때때로 대중의 행동은, 특히 흥분된 상황에서는, 군중 행동에 가깝다. 이러한 때에는 자극적인 소구에 영향을 받을 가능성이 있다. 즉, 원초적인 충동, 혐오감, 증오심을 자극하는 소구가 신문이나 라디오에 등장할 때, 이러한 소구에 영향을 받기 쉽다(Blumer, 1951: 187~188).[3]

초창기 책들은 매스 커뮤니케이션 메시지가 수용자에게 엄청난 위력을 발휘한다는 탄환 또는 피하주사 이론[4]을 받아들였다. 그러한 책의 예로는 월터 리프먼(Walter Lippmann)의 『여론(*Public Opinion*)』(1922), 해롤드 라스웰(Harold Lasswell)의 『세계대전에서의 선전 기법(*Propaganda Technique in the World War*)』(1927), G. G. 브런츠(G. G. Bruntz)의 『연합 선전과 1918년 독일 제국의 붕괴(*Allied Propaganda and the Collapse of the German Empire in 1918*)』(1938)가 있다. 실제로 한 미디어 사학자는 저널리스트 리프먼의 『여론』을 "근대적인 커뮤니케이션 연구 역사의 시발점이 되는 책"이라 불렀다(Carey, 1996: 28).[5] 또 다른 저명한 미디어 학자는 이 책을 선구적인 의제 설정 연구 저서로 보았다(Rogers, 1994). 이 고전적인 저서에서 리프먼은 제1차 세계대전 동안 행해진 선전에 대한 그의 경험을 회상했다. 이 책은 "공중이 민주 사회에서 선전의 역할을 이해하는 데 중요한 지적(知的) 영향"을 미쳤다(Rogers, 1994: 236). 리프먼은 수용자의 주요 이슈 인식에 영향을 미치는 뉴스 미디어의 역할을 강조했다.

탄환 이론은 페인 재단(Payne Fund)이 1929년부터 1932년까지 후원한 연구의 기초 역할을 했다. 이러한 연구들은 영화가 어린이에게 미치는 영향을 측정했고 다음과 같은

---

3 원래 1939년에 블루머가 쓴 표현을 두고 데니스 매퀘일(Denis McQuail)은 "집단 행위 사회학의 관점에서 대중의 개념을 바라본 유일한 표현으로서, 대중에 대한 가장 유력한 표현"이라고 불렀다(McQuail, 1972: 100).

4 그러나 아무도 이러한 용어를 사용하지 않았다. 많은 사람들은 라스웰이 '피하주사'라는 문구를 썼다고 말하지만, 라스웰의 글을 다시 읽어보면 그가 이 같은 문구를 전혀 사용하지 않았음을 알 수 있다(Chaffee & Hochheimer, 1985).

5 캐리는 다음과 같이 적었다. "리프먼은 미디어 문제를 도덕·정치·자유의 문제에서 심리학과 현상학의 문제로 재정의했다. 그는 선전 분석의 전통을 확립한 동시에 이러한 문제를 규범적인 정치 이론이 아닌 인간 심리학의 틀에서 바라봄으로써 『여론』이 출판된 후 약 20년 동안 이 분야를 지배한 효과 연구의 전통을 새롭게 열었다"(Carey, 1996: 30).

영화에 대한 어린이들의 반응은 1920년대 후반과 1930년대 초반의 패인 재단 연구의 초점이었다.

사실을 발견했다:

> 하나의 교육 수단으로서 영화는 정보를 전하고, 사회적 가치를 지닌 대상물에 대한 태도에 영향을 미치고, 적든 크든 정서에 영향을 미치며, 수면 방해를 불러일으켜 건강에 다소 영향을 미치고, 어린이의 행동 패턴에도 심각한 영향을 미치는 비상한 힘을 지니고 있다(Charters, 1933: 43).

그러나 패인 재단 연구는 궁극적으로 관객에게 미치는 보편적인 효과보다는 영화로 인한 미디어 효과의 조건성을 인정했다.

> 영화가 영향력을 행사한다는 것은 의심의 여지가 없다. 그러나 우리의 견해는 이러한 영향은 특정 어린이와 특정 영화에만 국한된다는 것이다. 같은 그림이 서로 다른 어린이들에게 정반대의 영향을 미칠 수도 있다. 따라서 우리가 실시한 것과 같은 일반적인 설문조사에서는 순효과가 작게 나타난다(Charters, 1933: 16).

3. 제한된 미디어 효과의 개념

대공황이 끝난 후(경험적인 연구를 통해 매스 미디어의 효과가 처음에 생각했던 것만큼 강력하지 않음이 밝혀지기 시작한 때)에도 피하주사 이론이 여전히 지배적이었다. 사회를 바라보는 견해도 사회가 매스 미디어의 전지전능한 메시지를 수신하는 조각화된(fragmented) 개인으로 구성되어 있다는 입장에서 그룹 내에서 상호작용을 하는 개인들로 구성되어 있어 미디어 메시지의 효과를 제한한다는 입장으로 바뀌었다. 컬럼비아 대학교(Columbia University) 응용사회연구소(Bureau of Applied Social Research)의 폴 라자스펠드(Paul Lazarsfeld)와 미 전쟁부(U. S. War Department)에서 일한 칼 호브런드(Carl Hovland) 같은 사회과학자들은 매스 미디어가 수용자 개인에게 단지 제한된 효과만을 미칠 뿐이라고 지적했다(Carey, 1996).

> 수용자 구성원인 개인이 선유성향적(predispositional) 요인이나 매개 요인 덕분에 매스 미디어에 내재된 (발생할 수 있는) 악영향에서 보호되고 있다는 사실도 발견되었다. …… (소수의) 어떤 개인은 어떤 (드문) 상황에서 매스 미디어의 직접적인 영향을 받았다. 그렇지 않을 경우, 미디어 선전과 대중문화는 일반적인 저항 심리와 사회집단 네트워크가 만든 보이지 않는 차폐물에 갇혀 있었다(Carey, 1996: 23).

제한 효과 모델(limited effects model)은 1960년 조셉 클래퍼(Joseph Klapper)의 저서인 『매스 커뮤니케이션의 효과(*The Effects of Mass Communication*)』의 출판으로 확고히 자리 잡게 되었다. 컬럼비아 대학교 박사 논문을 토대로 한 이 고전적인 저서는 1920년대부터 1950년대까지 이루어진 미디어 효과 연구 수백 편을 자세하게 살펴보았으며 매스 미디어 효과에 대한 포괄적인 일반화를 시도했다. 클래퍼는 이 분야의 연구들이 새로운 접근방법, 즉 개인에게 미치는 매스 미디어 메시지의 효과를 제한하는 특정 요인을 강조하는 '현상론적 접근방법(phenomenistic approach)'을 취할 것을 요구했다.

> 널리 알려진 문구를 빌려 표현하자면, 미디어가 사람들에게 무엇을 했느냐 하는 쪽에서 사람들이 미디어를 가지고 무엇을 했느냐 하는 쪽으로 관심사가 바뀌었다. 그래서 정보원에서 수신자로 관심과 주목이 바뀌었고, 커뮤니케이션 과정에서 힘의 중심이 재배치되었다. 즉, 수용자가 제작자를 통제한다는 것이다. 특별한 문제점(폭력과 포르노가 가장 잘 알려진 예

임)과 일부 특별한 집단(주로 어린이)에 대한 관심을 제외하고는 직접적인 효과와 선전에 대한 관심은 시들어버렸다(Carey, 1996: 23~24).

4. 각기 다른 수준의 효과

연구자들은 동일한 미디어 표현물에 대한 개인들의 서로 다른 반응에 관한 실험에 초점을 맞추기 시작했다. 학자들은 머지않아 수용자가 매스 미디어 메시지에 의해 조작되는 수동적인 피해자라기보다는 개인적 차이와 환경적 요인이 매스 미디어 효과 과정에 중요한 매개 요인으로 작용한다는 사실을 깨달았다.

연구자들은 행동주의, 동기화, 설득, 조건화에 관한 실험을 통해 습관 형성 과정과 학습 과정을 조사할 수 있었다. 개인의 인성 특성과 심리적인 구조의 차이는 사람들이 자라난 사회적 환경에 영향을 받는 것으로 드러났다. 더욱이 인간의 지각에 대한 연구들은 개인의 가치, 필요(need), 신념, 태도가 환경에서 자극이 선택되는 방식과 어떤 개인의 준거 틀(frame of reference) 내에서 그러한 자극에 의미가 부여되는 방식을 결정하는 데 도움을 주는 수단이라는 것을 보여주었다(Heath & Bryant, 2000: 347).

심리학과 사회학에 이론적 기반을 둔 연구들은 수용자들이 그들의 성향, 관심, 태도, 사회적 범주, 그리고 다른 많은 요인에 따라 미디어 메시지에 선택적 주목(selective attention)을 기울인다는 사실을 확인했다. 미디어 메시지에 대한 개인의 지각과 그 메시지를 기억하는 것에 영향을 미치는 유사한 변인도 발견했다. 이러한 개념들은 후에 선택적 노출(selective exposure), 선택적 지각(selective perception), 선택적 파지(selective retention), 사회적 범주 관점(social category perspective)으로 정의되었는데, 사회적 범주 관점은 유사한 인구통계학적 특성을 가지고 있는 사람들이 미디어 메시지에 비슷하게 반응한다고 가정한다.

1960년대 이후 수십 년 동안, 매스 커뮤니케이션학으로 성장해 온 매스 미디어 연구는 미국 전역의 연구 중심 대학에서 확고히 자리를 잡게 되었다. 특정한 새로운 이론과 연구 결과물은 제한 효과 패러다임에 딱 들어맞지 않았다. 따라서 역사는 수정되어 중효과와 강효과가 실제로 가능함을 보여주는 새로운 연구들을 받아들이게 되었다(Ball-Rokeach et al., 1984a, 1984b; Blumer & McLeod, 1974; Maccoby & Farquhar, 1975; Mendelsohn, 1973; Noelle-Neumann, 1973).

오랫동안 많은 연구가 각기 다른 수준의 미디어 효과를 보여주었다. 에서(F. Esser)가 지적했듯이, 강하거나 약한 효과를 뒷받침하는 연구는 미디어 효과 연구의 다양한 단계에서 찾을 수 있다(Esser, 2008). 처음부터 미디어 커뮤니케이션이 수용자들에게 미치는 '상당한' 효과를 보여주는 강력한 증거들이 대부분 과학적 방법과 전통적인 통계 모델을 토대로 쌓였다. 이러한 역사를 상세하게 기술하기 위해서는 매스 미디어 효과 분야에서 명료화 작업, 표준화 작업, 그리고 추가적 연구가 분명하고도 시급하게 필요하다 (Thompson & Bryant, 2000).

미디어 효과 연구자들은 경계의 기준선도 없이 흔히 효과의 위력에 대해 질적 판단을 내려왔다. 이러한 질적 판단을 토대로, 여러 종류의 미디어 효과가 발생하지만 그 영향은 제한적인 것에서부터 매우 강력한 것에 이르기까지 다양하다고 주장하는 연구의 역사가 시작되었다. 더욱이 연구자들은 처음부터 이것을 인정했고 대부분은 이것을 주장했다.

5. 상호교류적 효과 또는 절충된 효과

우리는 현재 상호교류적 혹은 절충된(negotiated) 미디어 효과를 조사하는 연구 단계에 와 있다(McQuail, 2010). 보더러(P. Vorderer) 등은 미디어와 개인 간의 상호교류를 다음과 같이 요약한다(Vorderer et al., 2020):

미디어는 사회적 현실에 대한 이미지를 제시하지만 개인적인 경험이나 사회적 환경과 같은 다른 의견 형성의 원천들과 경쟁한다. 이러한 다른 원천들은 개인에게 미치는 미디어의 영향력에 대한 저항을 만들어낼 수 있다. 그러나 미디어 이용자는 미디어가 제공하는 견해를 채택할지를 자유롭게 결정할 수 있는 것으로 보인다. 의미가 직접 전달되는 대신, 이용자는 미디어가 제공하는 것과 자신이 믿고 싶은 것 사이에서 절충한다. 이러한 접근 방식은 미디어와 이용자 모두에게 강력한 힘을 부여한다는 점에서 이전 접근 방식과 크게 다르다(Vorderer et al., 2020: 8).

미디어 효과의 위력이나 한계에 대한 격렬한 토론은 오늘날까지 여전히 이어지고 있지만, 이 분야의 지식은 계속해서 향상되고 있다. 예를 들면, 미디어의 효과는 인지적(생각이나 학습에 영향을 미치는)이거나 행동적(행동에 영향을 미치는)이거나 감정적(태도와 정서에 영향을 미치는)일 수도 있음을 발견했다. 효과는 직접적일 수도 있고 간접적일 수도 있으며, 단기적이거나 장기적이거나 지연될 수도 있다. 또한 효과는 독립적(self-contained)이거나 누적적일 수도 있다.

전반적으로 현대 미디어 효과 연구에서 학자들은 효과가 존재하는지보다는 미디어 효과와 관련된 기본 기제를 이해하고 어떤 사람이 미디어 효과에 더 민감한지를 밝혀내는 데 더 중점을 두고 있다(Valkenburg & Piotrowski, 2017). 개인적 차이, 심리적 요인, 환경적 요인, 사회집단의 특성에 따라 수용자가 미디어 메시지를 특정한 방식으로 인지하고 이러한 메시지에 특정한 방식으로 반응한다는 것도 알아냈다. 그럼에도 앞으로 찾아내야 할 것은 여전히 많다.

6. 몇몇 미디어 효과 연구의 개척자들

제1차 세계대전이 끝나자, 몇몇 연구소에 있던 다양한 학문 분야의 혁신적인 학자들은 새롭게 등장한 매스 커뮤니케이션의 효과에 관한 과학적 연구 분야를 조사하기 위해 선구적인 연구를 수행했다. 저널리즘이나 매스 커뮤니케이션 전공이 아닌 이들은 주로 시카고 대학교(University of Chicago), 컬럼비아 대학교, 예일 대학교(Yale University) 출신이었다.

1) 칼 호브런드

칼 호브런드(Carl Hovland)는 제2차 세계대전 기간 훈련용 영화가 미국 병사들에게 미치는 효과에 대해 연구했으며(Hovland, Lumsdaine, & Sheffield, 1965), 나중에는 태도 변화에 대한 미디어 효과를 살펴보는 실험 연구를 지휘했다.[6] 호브런드의 엄격한 실험 연구

---

6 호브런드의 미국 육군 연구가 제한된 미디어 효과를 보여주었다는 표준 역사를 상기할 필요가 있다. 그러나 제한적인 효과는 단지 태도 변화에 해당되는 것으로, 군인들에게 보여준 영화는 학습에 훨씬

설계는 후대의 많은 미디어 효과 연구의 모델이 되었다. 미국의 '유력한' 매스 커뮤니케이션 연구자였던 윌버 슈람(Wilbur Schramm)은 호브런드의 연구단이 1945년부터 1961년까지 "단일 기관으로서는 그 누구보다도 이 분야에 …… 큰 기여"를 했다고 말했다 (Schramm, 1997: 104).

2) 폴 라자스펠드

폴 라자스펠드(Paul F. Lazarsfeld)는 수학 분야에서 박사 학위를 취득했지만, 사회심리학, 심리학, 사회학, 그리고 매스 커뮤니케이션에도 관심을 가졌고 그의 연구 관심 분야는 다양했다. 라자스펠드와 (컬럼비아 대학교에 있는) 그의 연구소는 라디오 효과 연구 분야에서 개척자 역할을 했으며 대인 커뮤니케이션이 매스 미디어 효과의 주요 매개 요인이라는 생각을 처음으로 내놓았다. 1940년대에 라자스펠드와 동료들은 대통령 선거 캠페인 동안 매스 미디어가 여론에 미치는 영향을 조사했다. 그들은 매스 미디어가 원래 그리고 저절로 어느 정도 영향을 미치는 것으로 드러나긴 했지만, 사람들은 대부분 신문이나 잡지에서 읽거나 라디오에서 들은 것보다는 대인 접촉을 통해 주로 영향을 받는다는 사실을 발견했다.[7] 매스 미디어를 매우 많이 이용하는 특정한 개인, 즉 연구자들이 '의견 주도자(opinion leader)'라고 부른 사람들은 지역사회에서 (자신들을 이끌어주기를 바라는) 다른 사람들에게 정보를 전달하는 것으로 드러났다. 이러한 연구 결과는 매스 커뮤니케이션의 2단계 흐름 모델(two-step flow model) 확립으로 이어졌는데, 2단계 흐름 모델은 미디어 효과가 대인 커뮤니케이션에 의해 수정되는 것으로 보았다. 후속 연구들은 2단계 흐름 모델을 다단계 흐름 모델로 확장했다:

후속 연구들은 정보를 적게 가진 수용자를 위해 뉴스 사건을 해석해 줄 때처럼 의견 주도자의 영향이 항상 '하향적'이지는 않다는 결론을 내렸다. 의견 주도자는 다른 의견 주도자와 '수평적'으로 정보를 공유하며, 미디어 게이트키퍼(즉, 신문 편집인과 라디오 프로그램 제작

더 강력한 효과가 있는 것으로 증명되었다. 즉, 군인들은 영화를 통해 많은 것을 배웠다.

7   좀 더 최근의 연구 결과들(Blumer & McLeod, 1974; McLeod & McDonald, 1985; Ranney, 1983)은 정치 커뮤니케이션 과정에서 매스 미디어의 영향이 『사람들의 선택(The People's Choice)』의 연구 결과가 제시하는 것보다 더 크다는 의견을 제시했다.

자)에게 '상향적'으로 커뮤니케이션하는 것으로 밝혀졌다. 대인 커뮤니케이션에 대한 후속 연구들은 어떤 조직, 종교, 또는 사회집단과의 개인적 동일시(identification)가 개인이 선택하는 미디어 내용의 유형에 강한 영향을 미친다는 것을 보여주었다. …… 집단 규범은 분명 유사하고 공유되는 신념, 태도, 의견, 관심사를 토대로 하는 일종의 '사회적 현실' 점검(social reality check)을 제공하는데, 이러한 신념, 태도, 의견, 관심사는 그 집단의 관점과 반대되는 매개 메시지에 대해 방어벽을 구축하려는 경향이 있다. 마찬가지로 집단과 일치되거나 집단이 제공하는 매개 메시지는 보통 현상 유지의 강화를 수반하거나 현상 유지를 강화하는 데 이용된다(Heath & Bryant, 2000: 349~350).

3) 해롤드 라스웰

해롤드 라스웰

해롤드 라스웰(Harold Lasswell)은 미디어 효과 연구에 많은 기여를 했는데, 그 가운데 가장 주목할 만한 것은 그의 다섯 질문 모델[five-question model: "누가 어떤 채널을 통해 누구에게 무엇을 말해서 무슨 효과를 가져왔나?"(Who says what in which channel to whom with what effects?)](Laswell, 1948)과 선전에 대한 연구, 그리고 매스 커뮤니케이션이 사회에 봉사하는 세 가지 중요한 기능(환경 감시, 환경 속에서 일어나는 사건에 대한 사회의 반응들의 상관관계, 문화유산 전승)을 밝힌 것이다.[8] 로저스(E. M. Rogers)는 라스웰이 커뮤니케이션 연구에 기여했다고 생각하는 다섯 가지 중요한 이유를 다음과 같이 나열했다(Rogers, 1994: 232~233):

① 다섯 질문 모델은 커뮤니케이션 연구에서 효과 측정이 강조되는 결과를 초래했다. 라스웰과 동시대 학자인 라자스펠드는 커뮤니케이션 효과에 대한 이러한 초점을 구체화하기 위해 매우 많은 일을 했다.
② 그는 내용 분석 방법을 개척했으며 실질적으로 커뮤니케이션 메시지(예: 선전 메시지와

---

8   라이트(Wright, 1960)는 매스 미디어의 또 하나의 중요한 기능으로 '오락'을 추가했다.

신문의 논설)에 대한 질적·양적인 측정 방법을 처음으로 찾아냈다.

③ 정치 선전과 전시(戰時) 선전에 대한 그의 연구는 초기 커뮤니케이션 연구의 대표적 유형을 보여주었다. 선전이라는 용어는 후에 부정적인 어감을 가지게 되며, 오늘날에는 훨씬 더 많은 정치 선전이 존재하는데도 그다지 많이 사용되지 않는다. 선전 분석은 전반적인 커뮤니케이션 연구에 흡수되었다.

④ 그는 프로이트(Freud)의 정신분석 이론을 미국의 사회과학에 도입했다. 라스웰은 정치 지도자에 대한 그의 정신분석 연구처럼 프로이트의 이론을 정치적 분석과 통합했다. 그는 내용 분석을 통해 프로이트의 이드(id)-자아(ego)-초자아(superego)를 정치학 문제에 적용했다. 본질적으로 그는 '개인 내적(intraindividual) 프로이트 이론'을 사회적 수준에 이용했다.

⑤ 그는 사회과학의 지식과 공적 조치를 통합하려는 학문 간 연계 움직임의 결과인 정책학이 수립되는 데도 도움을 주었다. 그러나 사회과학은 일반적으로 사회과학을 공공정책 문제와 통합하여 공공정책 문제에 응용하려는 시도에 반대한다.

4) 커트 루인

사회심리학자인 커트 루인(Kurt Lewin)은 집단 커뮤니케이션의 역동성에 관해 선구적인 연구를 수행했다. 아이오와 대학교(University of Iowa)에 재직하는 동안, 처해 있는 집단의 조건이 다름에 따라 수용자에게 미치는 설득력이 얼마나 차이가 나는지를 살펴보기 위해 커뮤니케이션 실험을 실시했다. 실험 가운데 가장 널리 알려진 '췌장(膵臟) 연구'에서 분비선 부위의 고기로 요리한 음식을 가족에게 주는 것을 꺼린 주부 집단들은 강연이나 토론 그룹에 참여함으로써 소의 심장, 췌장, 간, 콩팥의 장점을 알게 되었다. 토론 그룹에 참여하는 것이 주부의 태도를 바꾸는 데(분비선 부위의 고기로 요리한 음식을 가족에게 주게 하는 데) 훨씬 더 효과적인 것으로 입증되었다.

로저스는 루인의 "가장 훌륭한 학문적 영향은 그에게 가르침을 받은 뛰어난 제자들을 통해서" 나타났다고 말했다(Rogers, 1994: 354). 그의 제자들 가운데 한 사람인 리온 페스팅거(Leon Festinger)는 한 아파트 단지에 살고 있는 기혼 학생들의 커뮤니케이션 네트워크를 밝히기 위한 연구를 수행했다(Festinger, Schachter, & Bach, 1950). 그 후 페스팅거는 그의 유명한 인지 부조화 이론(cognitive dissonance)을 발전시켰는데, 이 이론에 따르면 태도와 행동이 갈등을 일으킬 때마다 사람들은 그러한 갈등을 해소하기 위해 인지를 조

절한다고 한다.[9]

5) 새뮤얼 스타우퍼

새뮤얼 스타우퍼
자료: Ann S. Bisconti.

폴 라자스펠드는 그의 컬럼비아 대학교 투표 연구 보고서가 새뮤얼 스타우퍼(Samuel A. Stouffer)의 "뛰어난 설문조사 분석 절차에서 많은 도움을 받았기" 때문에 그에게 그 보고서를 헌정했다(Lazarsfeld, 1962: xxi). 또한 그는 제2차 세계대전 후 예일 대학교에서 실시된 태도와 커뮤니케이션에 관한 칼 호브런드의 연구에 미친 스타우퍼의 영향에 대해서도 치하했다. 스타우퍼는 사회적 연구에 경험적 연구, 특히 설문조사 연구와 정확한 통계 방법 사용을 개척했다. 그는 제2차 세계대전 동안 미 육군 정보 및 교육 분과를 위한 연구를 이끌었다.

전쟁 후 스타우퍼는 커뮤니케이션 미디어에 관한 연구를 실시했지만, 이러한 연구는 미디어의 효과성을 더 많이 다루었기 때문에 흔히 효과 연구라 불리지는 않는다.[10] 미디어 효과 연구의 역사에서 그의 중요성은 경험적 연구에 대한 전문성, 호브런드 및 라자스펠드와 같은 초기 커뮤니케이션 연구자들에게 미친 영향, 그리고 커뮤니케이션 연구는 엄격한 경험적 기준에 충실해야 한다는 그의 고집에 있다. 1942년에 쓴 "한 사회학자가 커뮤니케이션 연구에 주목하다"라는 제목의 글에서 스타우퍼는 영화가 어린이에게 미치는 효과를 조사한 (유명한 페인 재단 연구 가운데 하나인) 피터슨 및 서스톤(Peterson & Thurstone, 1933)의 철저한 조사방법에 대해 다음과 같이 칭찬을 아끼지 않았다:

특정한 영화가 사회적 태도에 미치는 효과를 다룬 서스톤과 피터슨의 연구는 커뮤니케이션

---

9 로저스는 다음과 같은 인지부조화의 사례를 제공했다(Rogers, 1994: 352). "부조화의 한 가지 효과는, 어떤 개인이 갈등을 일으키게 하는 메시지에 대해 노출을 피하려고 한다는 것이다. 예를 들면, 어떤 사람이 일단 새로 차를 산 이상, 그 사람은 경쟁 차의 광고를 피하는 경향이 있다."

10 한 연구는 뉴스원으로서의 라디오와 신문의 장점을 각각 살펴보았으며 여러 계층과 집단에서 존재하는 신문 또는 라디오에 대한 선호도를 밝혔다. 또 다른 연구는 라디오가 신문의 발행 부수에 미치는 효과에 대해 조사했다. 이 두 연구는 모두 라자스펠드의 『라디오와 인쇄지면(Radio and the Printed Page)』(1940)에 소개되어 있다.

연구 분야에서 이루어진 실험 연구의 한 고전적인 사례이다. …… 그 후로 서스톤과 피터슨의 연구와 어느 정도 유사한 연구가 몇 편 있었지만, 이 정도의 연구가 더 이상 없었다는 것은 놀라운 일이다. …… 영화 1편이 측정 가능할 뿐만 아니라 어린이에게 지속적인 효과를 미친다는 사실을 이 실험 연구가 입증했는데도, 누군가가 이를 의심하지 않았던가? (영화가 어린이에게 영향을 미친다는) 사실을 명백히 입증하기 위해 왜 많은 돈과 시간을 낭비할까? 여기에는 두 가지 이유가 있다. 첫 번째 이유는 서스톤이 효과의 방향(기존의 가치와 맞는지 아니면 맞지 않는지)은 상식을 토대로 항상 예측 가능하지는 않음을 보여주었기 때문이다. 도박꾼을 미화하는 영화는 어린이들에게 도박이 나쁜 짓이라는 것 이상을 생각하게 만드는 예측하지 못한 효과를 지니고 있었다. 두 번째 이유는 영화 1편의 효과는 오랜 기간 지속된다는 점과 영화들이 조합(調合)되었을 때는 상호 강화 효과를 지니고 있음을 서스톤과 피터슨이 증명할 수 있었기 때문이다. 그들은 흥미로운 수백 가지 질문에 모두 답하지는 않았다. 어떤 어린이가 가장 많이 영향을 받았는가? 영화에 등장하는 장면 중 어떤 종류의 장면이 가장 큰 영향을 미쳤는가? 단일 차원의 태도에 영향을 미치는 효과와 다차원의 태도에 영향을 미치는 효과에 차이가 있는가? 이 같은 질문에 답하기 위해서는 추가 연구가 필요하며 서스톤과 피터슨의 방법은 이러한 질문에 답할 수 있는 방법을 보여주고 있다(Peterson & Thurstone, 1933: 138~141).

스타우퍼는 조사 대상 집단 간 차이를 설명해 줄 수 있는 교육 정도, 나이, 또는 수용자들의 차이 같은 변인, 즉 미디어 효과를 매개할 수도 있는 변인의 통제가 중요하다고 강조했다. 연구자가 교란 변인(confounding variable)[11]을 통제하지 않는 것은 통제집단과 실험집단을 "구별하는 모든 요인이 통제되기를 단지 희망하고 기도하는 것과 같다"고 그는 경고했다(Stouffer, 1942: 139).

끝으로 1942년 스타우퍼는 자신의 경험적 연구에 대한 전문성과 통찰력 덕분에, 21세기에도 계속해서 커뮤니케이션 연구자들을 괴롭히는 문제(즉, 매스 미디어 커뮤니케이션의 누적 효과를 정확히 측정하는 것)를 확인할 수 있었다.

---

11 가외 변인 가운데에는 독립 변인과 종속 변인을 모두 설명하는 허위 변인과 두 변인 모두에 영향을 미치나 이들 간의 공변을 설명하지 못하는 교란 변인이 있다. '혼란' 또는 '혼동' 변인으로 불리기도 한다(옮긴이 주).

누적 효과, 즉 특정 커뮤니케이션 미디어에 1년 동안 노출되는 것을 측정하는 실험 연구를 설계하는 것은 어려운 문제이다. …… 커뮤니케이션 분야에서 여러 작은 자극의 누적 효과를 평가하는 것은 그만큼 더 중요하다. 왜냐하면 바로 그렇게 함으로써 커뮤니케이션 미디어가 그들의 주요한 효과를 발휘한다는 믿음에는 충분한 근거가 있기 때문이다. 청량음료 광고는 기분을 상쾌하게 해주는 짧은 휴식을 제공할 수도 있지만, 수백 개 심지어 수천 개 광고는 분명 그에 상응하는 수만큼 많은 다른 사회적 상황에 처해 있는 소비자들을 상대로 제품을 팔 수 있도록 도와준다(Stouffer, 1942: 141~142).

6) 더글러스 와플스

더글러스 와플스(Douglas Waples)는 시카고 대학교의 도서관학 대학원(Graduate Library School) 교수였다. 1940년, 라자스펠드가 컬럼비아 대학교에서 라디오 연구를 수행할 때와 같은 시기에 와플스, 버나드 베럴슨(Bernard Berelson), 프랭클린 브래드쇼(Franklin Bradshaw)는 인쇄 미디어의 효과에 관한 그들의 저서 『읽기가 사람들에게 행하는 것(What Reading Does to People)』을 출판했다. 이 저서는 태도 변화에 미치는 인쇄 미디어의 효과에 대해 많은 것을 밝혀냈다:

연구는 읽기가 태도를 변화시킬 수 있음을 반복해서 보여주었다. 또한 읽는 이들의 특성과 특정한 내용 요소가 읽기의 효과를 변화시킬 것이라는 점을 보여주었다. 예를 들면, 효과는 독자들이 이미 주제에 대해 알고 있는지 그렇지 않은지에 따라 다르게 나타난다. 독자들이 본문에서 논의된 이슈의 복잡성과 그 이슈의 반대 의견에 대해 아는 게 적을수록, 그들의 태도 변화는 더 많이 일어날 것이다(Waples, Berelson, & Bradshaw, 1940: 108~109).

더욱 중요한 것은 와플스가 앞에서 논의한 다섯 질문의 가장 초기 발표 버전을 제공했다는 것이다. 실제로 항상 라스웰이 처음 사용했다고 알려져 있는 이 모델의 정확한 출처는 역사 속에 묻혀 버렸을 수도 있다. 라스웰의 버전이 발표되기 6년 전인 1942년 ≪미국 사회학 저널≫에 게재된 와플스의 논문은 다음과 같은 인용문으로 시작된다: "'누가' '어떤 미디어'로 '어떤 조건'하에서 '무엇'을 '누구'에게 커뮤니케이션해서 '어떤 효과'가 발생했나?(Who communicates what to whom by what medium, under what conditions, and with what effects?)"(Waples, 1942: 907). 그렇다면 정말 누가 그것을 먼저 말했을까? 로저스는 와플스도 참석한 1940년 록펠러 커뮤니케이션 세미나(Rockefeller Communication Seminar)에서 라스웰이 다섯 질문 모델("누가 어떤 채널을 통해 누구에게 무엇을 말해서 무슨 효과를 가져왔나?")을 처음 사용한 것이라고 했지만, 그 인용구는 꽤 상세한 학회 발표 논문들 어디에도 기록되어 있지 않다(Rogers, 1994).[12] 결국 와플스의 1942년 논문에서 그가 라스웰을 인용했는지, 자신의 말을 인용했는지, 아니면 다른 누군가의 말을 인용했는지 분명하지 않다. 역사가들이 이 문제를 해결하기 더 어렵게 만드는 것은 두 학자 가운데 누구도 1942년의 글이나 1948년의 글에서 그 문구의 출처를 밝히지 않았다는 점이다.

그 문구를 누가 먼저 말했는지 밝히는 것보다 와플스의 인용문 내용, 즉 "어떤 조건하에서"라는 문구가 포함된 점이 더 중요하다. 라스웰의 글 어디에도 없는 이 문구는 다양한 수준에서 미디어 효과를 분류하는 데 필수적인 커뮤니케이션 과정을 더 정교하게 해준다. 와플스는 그 인용문에 이어, "일정한 시간적 간격을 두고 제기되는 이러한 복잡한 질문에 대해 믿을 만한 대답을 해줄 수 있다면, 그것은 커뮤니케이션을 통한 사회 변화의 과정을 매우 분명하게 설명할 수 있을 것이며 곧 닥쳐올 변화들도 간단하게 예측할 수 있을 것"이라고 적었다(Waples, 1942: 907).

7) 윌버 슈람

윌버 슈람(Wilbur Schramm)은 미디어 효과만을 전문적으로 다루지는 않았다. 실제로 그의 주요 관심 영역 가운데 하나는 국제 커뮤니케이션과 제3세계 개발도상국에서의 매스 커뮤니케이션의 역할이었다. 그러나 미디어 효과를 포함한 매스 커뮤니케이션 연구를 정리하고 커뮤니케이션 연구의 정당성을 부여했다는 점에서 그의 중요성은 결코 간과될 수 없다.

윌버 슈람
자료: University of Illinois Archives.

슈람은 이른바 최초의 커뮤니케이션학 교수였다. 그의 연구소는 최

---

12 이 학회의 회보는 미 의회 도서관(Library of Congress)에 있는 라이먼 브라이슨(Lyman Bryson)의 논문집에 포함되어 있다(Rockefeller Foundation, "Needed Research on Communications Conference," "Public Opinion and the Emergency," and "Memorandum on Communications Conferences," U.S. Library of Congress: Papers of Lyman Bryson, Box 18, October 17, 1940, November 1, 1940, and January 18, 1941).

초의 커뮤니케이션 연구소였고 그가 개설한 박사 학위 과정에서 처음으로 박사 학위가 수여되었다. 또한 슈람은 세계에서 처음으로 커뮤니케이션이라는 학문집단('분과')의 의장을 맡았다(Rogers & Chaffee, 1997: 7).

슈람은 아이오와 대학교 저널리즘 스쿨 학장으로 재직하던 동안 최초의 매스 커뮤니케이션 박사 학위 과정을 1943년에 개설했다. 그로부터 3년 뒤, 그는 1940년대와 1950년대에 탄생한 몇 개의 커뮤니케이션 연구소 가운데 하나인 아이오와 대학교 수용자 연구소(Bureau of Audience Research)를 설립했다. 이 연구소는 라자스펠드의 컬럼비아 대학교 응용사회연구소를 본떠서 만들어졌다.

8) 버나드 베럴슨

또 다른 미디어 효과 연구의 개척자인 버나드 베럴슨(Bernard Berelson)은 와플스의 시카고 대학교 동료로, 도서관 대학 학장으로 재직한 바 있으며 나중에는 컬럼비아 대학교와 그곳의 응용사회연구소에서 라자스펠드의 동료가 되었다. 그는 라자스펠드와 함께 고전적인 투표 연구인『사람들의 선택(The People's Choice)』을 썼다.

베럴슨은 연구의 계통적 조직화를 제안함으로써, 아마도 매스 커뮤니케이션 효과에 대한 포괄적인 일반화를 시도한 최초의 연구자일 것이다(Berelson, 1948):

어떤 종류의 '조건'하에서 어떤 종류의 사람들의 주의를 끄는 어떤 종류의 '이슈'에 관한 어떤 종류의 '커뮤니케이션'은 어떤 종류의 '효과'를 갖는다. 이러한 공식화는 이러한 과정에 포함되는 다섯 가지 주요 요인(또는 요인군)을 밝히며, 이 분야의 이론 주제는 바로 이러한 변인들의 상호관계다. 현재 연구자들은 단지 전체 그림의 일부(작은 부분)만을 채울 수 있지만 주요 변인의 개발과 이러한 변인들에 대한 가설 및 일반화의 계통적 조직화는 올바른 방향으로 가는 단계이다(Berelson, 1948: 172).

베럴슨의 관심사는 전반적인 미디어 효과라기보다는 커뮤니케이션 효과가 여론에 미치는 영향이지만, 그의 계통적 조직화는 다른 미디어 효과 연구에도 적용될 수 있을 것이다. 1950년에 그는 매스 커뮤니케이션 효과에 대한 중요하고도 포괄적인 이론 개발이라는 점에서 고려되어야 할 연구들을 통해 드러난 많은 복잡한 결과들에 주목했다:

커뮤니케이션의 효과는 다양하다. 그것은 단기적이거나 장기적일 수도 있다. 그것은 현재적(顯在的)이거나 잠재적일 수도 있다. 그것은 강하거나 약할 수도 있다. 그것은 커뮤니케이션 내용의 어떠한 측면에서도 비롯될 수 있다. 그것은 심리적·정치적·경제적, 또는 사회적인 것으로 간주될 수 있다. 그것은 의견, 가치, 정보 수준, 기술, 취향, 행동에 영향을 미칠 수도 있다. …… 커뮤니케이션 효과의 다양성과 복잡성 때문에 이러한 토픽은 아마 커뮤니케이션 연구에서 가장 무시된 대표적인 영역이다(Berelson & Janowitz, 1950: 395).

9) 조셉 클래퍼

1960년, 라자스펠드의 제자인 조셉 클래퍼(Joseph Klapper)는 여전히 가치 있는 그의 고전적인 저서 『매스 커뮤니케이션의 효과』(1960)를 출간했다. 이 책에서 클래퍼는 매스 미디어 메시지의 효과에 대한 "요점만을 추려"(Klapper, 1960: 7) 몇 가지 포괄적인 일

클래퍼의 일반화

① 매스 커뮤니케이션은 보통 수용자 효과의 필요하고도 충분한 원인으로 기능하는 것이 아니라 매개 요인과 영향들 사이에서 그리고 그것들의 결합을 통해서 기능한다.
② 이러한 매개 요인은 대단한 힘을 가지고 있어서 기존의 조건을 강화하는 과정에서 통상 매스 커뮤니케이션을 유일한 원인이 아닌 기여 인자로 만들어버린다. 문제의 조건(그것이 수용자 구성원의 투표 의도이든지, 비행을 저지르려 하거나 비행을 멀리하려는 경향이든지 아니면 삶과 삶의 문제를 바라보는 일반적인 정향성이든지)과 무관하게, 그리고 그러한 문제의 효과가 사회적인 것인지 개인적인 것인지에 관계없이, 미디어는 변화시키기보다는 강화하는 경향이 있다.
③ 매스 커뮤니케이션이 변화의 기능을 수행하는 경우, 다음과 같은 두 가지 조건이 존재하는 경향이 있다:
   a. 매개 요인이 작동하지 않은 것으로 드러나거나 미디어의 효과가 직접적인 것으로 드러나는 경우
   b. 일반적으로 강화를 지지하는 매개 요인이 변화를 지지하지 않을 수 없는 것으로 드러나는 경우
④ 매스 커뮤니케이션이 직접적인 효과를 불러일으키는, 즉 직접적으로 그리고 저절로 특정한 정신물리학적인 기능을 수행하는 듯 보이는 특정 기타 상황도 존재한다.
⑤ 기여 인자로서 또는 직접적인 효과를 발생하는 인자로서 매스 커뮤니케이션의 효능(efficacy)은 미디어와 커뮤니케이션 자체의 여러 측면 또는 [텍스트(text)의 구조, 정보원 및 미디어의 속성, 기존 여론의 동향 등을 포함하는] 커뮤니케이션 상황의 여러 측면의 영향을 받는다.

반화를 제시했다. 클래퍼의 저서에 대한 서평에서 윌버 슈람은 그 책이 새로운 연구를 포함하지는 않았지만 대신 클래퍼의 초기 연구 중 일부를 모아 재합성하고 업데이트 했다고 적었다: "따라서 이 책의 영향력은 새로움이 아니라 수많은 연구 증거를 한데 모아, 한 사람이 종합적으로 검토하고 정리해서, 명쾌하고 합리적으로 제시한 데 있다"(Schramm, 1961: 321).

클래퍼가 "매스 커뮤니케이션의 효과와 잠재력을 맹목적으로 경시하는 극단적 경향"을 보이는 중대한 위험에 대해 반복해서 경고했음에도(Klapper, 1960: 252), 클래퍼의 아이디어들은 불행하게도 시간이 흐르면서 효과에 관여하는 매개 요인을 밝혀줄 '현상론적 접근'을 촉진한 '제한 효과' 개념으로 크게 축소되었다.

클래퍼의 일반화는 대개 간과되거나 부분적으로만 인용되었다. 대부분의 경우, 클래퍼의 첫 번째와 두 번째 일반화만이 인용되는데, 이것들이 미디어 커뮤니케이션의 제한적이거나 간접적인 효과(indirect effect)를 보여주는 많은 연구에서 두드러지게 인용되는 것은 놀라운 일이 아니다. 미디어 커뮤니케이션의 직접적인 효과가 실제로 가능하다고 강조하는 일반화 ③, ④, ⑤는 표준 역사에서 무시되었다.

10) 앨버트 밴두라

앨버트 밴두라
자료: Chuck Painter/Stanford News Service.

클래퍼의 책(1960)이 출판된 다음 연대인 1970년대에는 매스 미디어 효과의 이해에 상당한 함축성을 지닌 심리학 이론들이 나타났다. 앨버트 밴두라(Albert Bandura)의 이론들(사회 학습 이론과 그 후의 사회 인지 이론)은 커뮤니케이션 연구자들을 위한 대안적인 연구 방향을 열어주었다(Bandura, 1973, 1991).[13] 1970년대 이후의 학자들은 태도 변화에 미치는 매스 커뮤니케이션의 효과에 주로 초점을 맞추기보다는 더 복잡한 행동적 반응, 인지 패턴의 변화, 학습 및 지식에 대한 미디어의 효과를 연구하기 시작했다(Becker, McCombs, & McLeod, 1975; Chaffee,

---

13 밴두라는 1960년대에 어린이와 10대를 대상으로 영화나 텔레비전에 등장한 모델의 행동 관찰에 의한 반사회적 행동 학습에 대한 연구를 시작했다(Bandura, 1965; Bandura, Ross, & Ross, 1963; Bandura & Walters, 1963 참조).

1977; Clarke & Kline, 1974). 이러한 연구 결과들 가운데 가장 중요한 것들에 대해 이후의 장들에서 논의하기로 한다.

사회 학습 이론은 시청자들이 그들의 환경적·인지적 선유성향을 바탕으로 매스 미디어에서 본 행위를 어떻게 배우고 본뜨는지 설명한다. 이 이론은 폭력 영화 관람과 지배적인 미디어로 빠르게 부상하는 텔레비전의 폭력물 시청이 특히 어린이에게 미치는 영향을 조사하는 연구의 근거를 제공했다.

11) 개척자들의 유산

1960년대 이후 매스 커뮤니케이션 연구가 꽃을 피우고 미디어 효과에 관심이 있는 학자들을 많이 끌어들이기 시작함에 따라, 다양한 미디어 효과 연구 분야가 새롭게 탄생하거나 성숙해졌다. 여기에는 매스 커뮤니케이션의 누적 효과를 측정하려는 배양 효과 분석과 다른 사회학적 조사방법들, 매스 미디어가 특정 이슈에 대한 공중의 자각을 불러일으키는 원인이 된다는 의제 설정 가설을 검정하기 위한 연구, 수용자들이 특정 매스 미디어를 사용하는 이유를 살펴보기 위한 연구, 그리고 다른 많은 미디어 효과 영역이 포함된다.

7. 효과 연구의 미래

2020년대 이후의 미디어 효과 연구자들이 해결해야 할 과제는 많지만, 이 장 시작 부분의 인용문에서 라자스펠드가 언급한 것처럼 만약 학자들이 계속해서 이러한 문제를 해결하는 데 "잡힐 듯 잡히지 않는 매혹"을 느낀다면 그것은 결국 해결될 것이다. 수십 년 동안 수행되어 온 미디어 효과 연구들을 토대로 한 팔켄뷔르흐 등의 메타-분석 결과는 효과의 크기가 일반적으로 작거나 중간 정도임을 보여주었다(Valkenburg et al., 2016). 그러나 일부 사람들은 강한 미디어 효과를 경험한다는 일화적이고 경험적인 증거도 있는데, 이는 "미디어 효과에 대한 민감성에 개인차가 심함"을 시사한다(Valkenburg et al., 2016: 317). 미디어 효과를 메타-분석한 연구들은 일반적으로 거시적 수준의 효과에 초점을 맞추는데, 이는 크고 다양한 집단에서 미디어 효과 크기가 제한적으로 나타나며 "더 미묘하지만 강력한 개인차"가 강조되지 않을 수도 있음을 의미한다(Valkenburg et al.,

2016: 317). 미디어 효과의 차별적 민감성 모델(Valkenburg & Peter, 2013)과 같은 좀 더 새로운 이론은 이러한 차이점과 이러한 차이가 어떻게 미시적 또는 개인 수준의 효과를 불러일으킬 수 있는지에 초점을 맞춘다. 또한 보더러 등(Vorderer et al., 2020)은 "커뮤니케이션 연구에서는, 적어도 미디어 메시지와 과정은 어떻게든 특정한 인지적 변화나 태도 변화 혹은 행동 변화와 인과적으로 연결되어 있거나 아니면 현상 유지를 강화하는 방식"에 초점을 맞추는(Vorderer et al., 2020: 3) 사회심리학적 미디어 효과 모델 내에서는, 거시적 수준의 미디어 효과는 대체로 관심 밖으로 밀려났다"고 지적했다(Vorderer et al., 2020: 12).

한편, 일부 더 오래된 이론은 업데이트되고 확장되고 있는데, "부분적으로는 뉴 미디어 환경의 급속한 변화로 인해 미디어와 수용자 간의 관계가 주로 익명적이고 일방향적이었던 시기에 비롯된 이론에 대한 재고가 요구되기 때문이다"(Valkenburg & Oliver, 2020: 28). 현대의 미디어 효과 학자들은 또한 미디어 기술의 발전과 미디어 멀티태스킹(multitasking)의 향상이라는 측면에서 '미디어 이용'이라는 개념을 재개념화하고 있다. 예를 들어, 좋아하는 넷플릭스(Netflix) 프로그램을 스마트 TV에 스트리밍(streaming)하면서 동시에 소셜 미디어에 반응을 게시하고, 온라인 커뮤니티에서 다른 팬들과 상호작용하며, 아이엠디비(imdb.com)에서 배우에 대한 정보를 검색할 수도 있다.

미디어 효과 연구자들은 끊임없는 기술 발전에 적응해야 한다. 우리의 상시적인 기술 사용과 매스 미디어가 우리의 일상생활에 지속적으로 통합되면서 우리는 이전 세대와는 다른 경험을 하게 되었다. 오늘날의 미디어 소비자는 영구적으로 온라인에 있고 영구적으로 연결되어 있다(Vorderer et al., 2018).

미디어와 미디어 메시지 시스템은 이제 어디에서나 이용 가능하며, 노출은 언제든지 발생할 수 있으며 이는 매스 커뮤니케이션과 (매개된) 대인 커뮤니케이션 모두에 영향을 미친다…. 그 결과, 미디어 이용과 미디어 효과는 이제 언제, 어디서나, 그 어떤 종류의 콘텐트와 관련해서도 구체적으로 드러날 수 있게 되었다(Vorderer et al., 2020: 11).

연구자들은 상시적으로 연결되어 있는 상태에 있으면 어떤 효과가 나타날 수 있는지 이해하기 위해 계속 노력하고 있다. 실제로 보더러 등은 "상시 접속 환경에서의 미디어 효과 연구는 이제 시작 단계에 불과하다"고 말했다(Vorderer et al., 2020: 12). 상당수의 이전 연구는 미디어 효과를 이해하기 위해 자기-보고된 데이터에 의존한 반면, 현대의 연구는 얼굴 판독기, 시선 추적기 및 기능적 자기공명영상(fMRI: function magnetic resonance imaging)을 포함해 미디어 효과를 연구하기 위한 새로운 기법과 기술을 포함하고 있다. 이 책의 나머지 부분에서 이러한 연구들 가운데 많은 것을 읽을 수 있을 것이다 (Valkenburg & Oliver, 2020).

미디어 효과 연구의 또 다른 새로운 연구 영역은 자기-효과(Valkenburg, 2017)로 알려진 영역인데, **자기-효과**(self-effects)란 매개되는 메시지가 메시지 작성자 자신에게 미칠 수 있는 효과를 말한다. 예를 들어, 트위터(Twitter)에서 의견을 표현하거나 인스타그램(Instagram)에 사진을 업로드하는 것은 그 콘텐츠를 보는 다른 사람에게 영향을 미칠 뿐만 아니라 그러한 커뮤니케이션 행위는 자신에게도 영향을 미칠 수 있다! 더욱이,

> 자신의 인지, 신념, 태도와 일치하는 미디어 내용을 선택하는 개인의 경향을 고려할 때, 자기-생성적(self-generated)[14]이고 메시지 생성자 자신의 신념에서 비롯된 메시지는 그 메시지의 수신자보다 메시지 생성자 자신에게 더 큰 영향을 미칠 수도 있다. 앞으로는 수신자와 메시지 생성자 자신 모두에게 미치는 메시지의 효과와 효과성을 조사하고 비교하는 커뮤니케이션 연구가 분명히 필요하다(Valkenburg & Oliver, 2020: 30).

8. 요약

19세기 후반에 이루어진 몇몇 심리학 및 사회학 연구들은 매스 미디어에 관한 연구를 포함했고, 더 정교해진 많은 후속 연구의 이론적 기초를 예시해 주긴 했지만, 미디어 효과 연구는 단언컨대 20세기에 등장했다.

프랜시스 펜턴의 박사 학위논문은 미디어 폭력물 소비가 행위에 미치는 효과에 대한 연구 가운데 가장 초창기 (아마도 최초) 연구에 속한다. 이 연구의 결과를 요약한 글이 ≪미국 사회학 저널≫ 1910년 11월호와 1911년 1월호에 소개되었다. 반사회적 활동에 대한 신문 기사가 독자에게 암시적인 힘을 지니고 있다는 대중의 생각은 그녀의 논문이 발표되기 전에 이미 확고하게 정착되어 있었다고 펜턴은 지적했다.

---

14 '자기-생성적'이란 메시지가 외부 소스나 다른 사람에 의해 만들어진 것이 아니라 자기 자신이 직접 만들어낸 것을 의미한다(옮긴이 주).

20세기에 이루어진 초창기 과학적 효과 연구에서 많은 사람이 강력한 효과를 가정했다. 수용자에게 미치는 미디어 메시지의 강력한 효과는 총알이 발사되거나 약을 주사하는 것에 비유되었는데, 이러한 비유는 강력한 미디어 효과에 대한 '탄환' 또는 '피하주사' 이론의 근원이 되었다.

대공황이 끝난 후(경험적인 연구를 통해 매스 미디어의 효과가 처음에 생각했던 것만큼 강력하지 않음이 밝혀지기 시작한 때)에도 피하주사 이론이 여전히 지배적이었다. 사회를 바라보는 견해도 사회가 매스 미디어의 전지전능한 메시지를 수신하는 조각화된 개인으로 구성되어 있다는 입장에서 그룹 내에서 상호작용을 하는 개인들로 구성되어 있어 미디어 메시지의 효과를 제한한다는 입장으로 바뀌었다. 컬럼비아 대학교 응용사회연구소의 폴 라자스펠드와 미 전쟁부에서 일한 칼 호브런드 같은 다른 사회과학자들의 연구는 매스 미디어가 수용자 개인에게 단지 제한된 효과만을 미칠 뿐이라고 지적했다.

제한 효과 모델은 1960년 조셉 클래퍼의 저서인 『매스 커뮤니케이션의 효과』의 출판으로 확고히 자리 잡게 되었다. 클래퍼는 미디어 효과에 대한 포괄적인 일반화를 시도했는데, 흥미롭게도 5개의 일반화 가운데 2개만이 간접적인 효과를 언급했다.

연구자들은 동일한 미디어 표현물에 대한 개인들의 서로 다른 반응에 관한 실험에 초점을 맞추기 시작했다. 학자들은 머지않아 수용자가 매스 미디어 메시지에 의해 조작되는 수동적인 피해자라기보다는 개인적 차이와 환경적 요인이 매스 미디어 효과 과정에 중요한 매개 요인으로 작용한다는 사실을 깨달았다.

특정한 새로운 이론과 연구 결과물은 제한 효과 패러다임에 딱 들어맞지 않았다. 따라서 역사는 수정되어 중효과와 강효과가 실제로 가능함을 보여주는 새로운 연구들을 받아들이게 되었다. 처음부터 미디어 커뮤니케이션이 수용자들에게 미치는 '상당한' 효과를 보여주는 강력한 증거들이 대부분 과학적 방법과 전통적인 통계 모델을 토대로 쌓였다.

미디어 효과 연구자들은 경계의 기준선도 없이 흔히 효과의 위력에 대해 질적 판단을 내려왔다. 미디어 효과의 위력이나 한계에 대한 격렬한 토론은 오늘날까지 여전히 이어지고 있지만, 이 분야의 지식은 계속해서 향상되고 있다.

미디어 효과의 미래와 관련하여 연구자들은 일부 사람들을 미디어 효과에 더 민감하게 만드는 변인들을 계속해서 탐구할 것이다. 특히 기술이 발전함에 따라, 이 분야는 기존 미디어 효과 이론을 업데이트하고 새로운 이론을 개발하고 검정해 왔으며 앞으로도 계속 그럴 것이다. 연구자들은 또한 우리가 스스로 메시지를 생성할 때 발생하는 자기-

효과를 계속해서 탐구할 것이다. 궁극적으로 미디어 효과에 대한 학문적 연구는 "인간 경험의 더 미묘한 차이와 그것이 커뮤니케이션 기술과 교차하는 지점을 반영하는" 방향 으로 계속 나아갈 것이다(Valkenburg & Oliver, 2020: 30).

제2부

이론 및 개념

제4장

사회 인지 이론

사회 인지 이론은 환경적 사건, 개인적 요인, 행동, 이 모든 것이
서로 상호작용적인 결정 요인으로 작용하는 상호작용적 인과 모델을 받아들인다.
— 앨버트 밴두라(Albert Bandura), 1986

오랜 기간 심리학자들(특히, 사회심리학자)은 사람들이 왜 특정한 방식으로 행동하는지에 대해 여러 가지 이론을 내놓았다. 어떤 학자는 행동이 사람의 동기화에 입각해 있다고 말하는 한편, 어떤 학자는 행동이 외적인 자극과 차후의 강화에 대한 반응이라고 말한다. 한편 사람들이 처한 상황마다 각기 다르게 반응한다고 보는 학자도 있는데, 이들은 사람과 상황 간의 상호작용이 어떤 특정한 행동을 불러일으킨다고 생각한다.

사회심리학과 행동심리학의 이 같은 이슈들이 미디어 효과 교재에 등장하는 것이 이상하게 보일 수도 있다. 그러나 이후의 장들에서 보겠지만, 매개 커뮤니케이션의 효과에 대한 연구는 커뮤니케이션, 심리학, 인류학, 사회학 같은 사회과학 연구 분야의 전문화된 영역이다. 한 이론이 비판적 시각에서 아주 면밀한 조사가 이루어진 미디어 폭력 분야의 이론을 포함해 많은 미디어 효과 문헌을 탄탄하게 뒷받침하고 있다. 이런 이유에서 '사회 인지 이론'이라 불리는 이 중요한 이론에 대해 잘 아는 것은 미디어 효과의 기본적 이해에 필수적이다.

사회 인지 이론(SCT: social cognitive theory)은 특정한 행동을 불러일으키는 인간의 인지(즉, 정신적 기능)에 대한 분석을 가능하게 해주는 기본 틀을 제공한다. 사회 인지 이론은

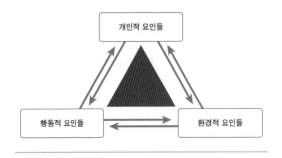

그림 4-1 삼원 상호 인과관계에 대한 이 그림은 개인적·행동적·환경적 요인이 서로 양 방향으로 영향을 주고받으면서 인간의 사고와 행동을 결정하는 방식을 강조해서 보여 준다.

자료: Bandura(2001: 266).

인간의 사고와 행동을 '삼원 상호 인과관계(triadic reciprocal causation)' 과정으로 설명한다 (Bandura, 1994, 2009; 그림 4-1 참조). 이것은 사고와 행동이 동시에 또는 다른 시간에 일정 하지 않은 강도로 상호작용하고 상호 영향을 주는 세 가지 요인에 의해 결정됨을 의미 하는데, 세 가지 요인은 ① 행동, ② 인지적·생물학적 속성(예: IQ, 성별, 키, 혹은 인종)과 같은 개인적 특성, ③ 환경적 요인이나 사건을 말한다.

앨버트 밴두라의 매스 커뮤니케이션의 사회 인지 이론과 이보다 앞선 사회 학습 이론 은 (폭력적이고 두려움을 유발하고 성적이며 설득적인 미디어 형식의 효과를 살펴보는 분야를 포 함해) 몇몇 미디어 효과 연구 분야의 많은 연구에 토대 역할을 한다. 이러한 개념들은 많 은 다른 미디어 효과 이론 및 가설의 공통분모로 이용되기 때문에, 미디어 효과 연구자 들이 밴두라의 이론을 이해하는 것은 필수적이다.

이 장에서는 인간 특유의 인지적 특성, 관찰 학습의 역동성, 모델링 효과, 미디어 내 용을 통한 학습을 포함해 사회 인지 이론의 여러 차원을 살펴본다. 이 이론은 매스 미디 어의 친사회적 효과, 사회적 촉진이나 설득, 상징적 모델링(symbolic modeling)을 통한 아 이디어나 메시지 또는 신념의 확산을 설명하는 기본 틀을 제공한다. 이 장의 전반적인 목적은 사회 인지 이론에 대한 설명을 제공하는 것이지만, 이 이론에 상당히 의존하는 주요 연구들에 대해서도 논의한다.

1. 인간의 독특한 특성

사회 인지 이론의 핵심적인 측면은 사람들이 행위 주체성(agency)을 가지고 있다는 점 에 대한 강조이다. 크르크마르(M. Krcmar)가 언급한 대로,

우리는 능동적이고, 자기-조절적이고, 자기-조직적(self-organizing)이며, 환경 변화에 의도적으로 그리고 반사적으로 적응한다. 행위 주체성에 대한 이러한 이해는 매우 중요하다…. 우리의 환경이 학습 및 행동 과정을 돕는 데 매우 필요한 입력 정보를 많이 제공하긴 하지만, SCT는 정보 처리와 인간의 동기 부여가 수행하는 중요한 측면을 강조한다. 즉, 우리 외부의 요인이 우리 행동에 영향을 줄 수도 있지만, 우리 행동의 근원은 우리 내부에 있다. 인간은 단순한 모방자도 아니며, 또한 자동화된 기계 같은 존재도 아니다(Krcmar, 2020: 101).

물론 많은 동물이 학습 능력을 지니고 있지만, 인간은 다른 동물과 구분되는 몇몇 독특한 인지적 특성을 가지고 있다. 사회 인지 이론은 '상징화', '자기-조절', '자기-성찰', '대리' 능력이라고 알려진 인간 특성의 중요성을 강조한다(Bandura, 1994, 2009).

1) 상징화 능력

인간 커뮤니케이션은 여러 가지 상징으로 구성되어 있는 언어라는 공유된 의미 체계에 기초를 두고 있다. 이러한 상징은 하나의 개념적 수준 이상에서 나타나는데, 예를 들면 알파벳 글자는 단어를 구성하는 데 사용되는 상징이며, 단어는 특정한 대상물, 생각, 또는 아이디어를 나타내기 위한 상징으로 이용된다. 이러한 상징을 이해하고 사용하는 상징화 능력(symbolizing capacity) 덕분에 사람들은 관찰한 경험을 저장·처리해서 미래의 행동과 결정을 이끌어주는 인지 모델(cognitive model)로 바꿀 수 있다.

2) 자기-조절 능력

자기-조절 능력(self-regulatory capacity)은 동기화(motivation)와 평가(evaluation)라는 개념을 포함한다. 사람은 특정한 목적을 달성하도록 스스로를 동기화하는 능력을 가지고 있다. 사람은 자신의 행동을 평가하고 그에 따라 대응하는 경향이 있다. 이렇게 해서 행동은 '자기-주도적(self-directed)'이고 '자기-조절적'이 된다.

예를 들어, 한 젊은 부부가 아기의 정서적 필요(need)[1]와 물질적 필요 모두를 충족시

---

1   'need'는 인간의 생존에 '필요'로 하는 혹은 '요구'되는 것으로 음식, 물, 피난처와 최저 생활 유지에 필요한 기초 생필품 등이 있다. 이에 비해 'want'는 사람들이 갖고 싶어 하거나 바라는 모든 것을 말한

켜 주려는 목표를 달성하려는 동기를 가지고 있다고 해보자. 만약 그들이 그러한 목표를 달성하는 데 필요한 돈을 충분히 벌지 못할 거라는 것을 알게 된다면, 그들은 그 상황을 평가해서 더 많은 돈을 벌 수 있는 일자리를 찾으려 할 수도 있다. 그런 다음 그들은 자신들이 집에 없기 때문에 아기의 정서적 필요가 충족되지 않을 것이라는 점을 깨달을 수도 있다. 이 경우 두 사람 가운데 한 사람은 자녀와 더 많은 시간을 보내기 위해 집에서 할 수 있는 사업을 시작하려 할 수도 있다. 두 경우 가운데 어떤 경우든, 이 부부는 하나의 공통된 동기나 목표에 대한 반응으로 그들의 행동을 평가하고, 조절하며, 이끌어 갔다.

3) 자기-성찰 능력

자기-성찰 능력(self-reflective capacity)은 사고 검증(thought verification) 과정을 수반한다. 이것은 자신의 생각이 올바른지를 확실히 하기 위해 자기-점검(self-check)을 수행할 수 있는 사람의 능력이다. 밴두라는 사고 검증에 사용되는 네 가지 자기-성찰 '양식'(즉, 행동적, 대리적, 사회적, 논리적 양식)을 확인했다(Bandura, 1986, 1994, 2009).

'행동적(enactive)' 양식을 통해 사람들은 생각과 행동 결과 간의 일치를 평가한다. 예를 들어, 한 어린 소녀는 자신이 올림픽 체조선수가 될 잠재력을 지니고 있다고 생각할 수도 있지만, 첫 체조 수업에서 자신은 재주가 없어 희망이 없다는 것을 알게 된다. 체육 선생님은 학교 공부에 집중하고 운동은 잊어버리라고 격려한다. 이 경우 그녀의 행동은 그녀의 생각이 옳다고 검증해 주지 않으며 그녀는 자신의 생각을 재평가해야만 한다. 그러나 만약 그 소녀가 체조에 타고난 재능을 보여준다면, 그 강사는 열심히 노력하면 언젠가 올림픽 출전이 가능할지도 모른다고 말해줄 수도 있다. 이 시나리오에서는 그 소녀의 행동이 자신의 생각을 확증하고 검증해 준다.

'대리적(vicarious)' 양식을 통해서는 다른 사람의 경험과 그러한 경험의 결과에 대한 관찰이 생각의 정확함을 확인해 주거나 반박한다. 아마도 위의 예에서 체조선수가 되려고

다. 'need'는 일반적으로 필요로 하는 것(necessity)을 의미하고, 'want'는 일반적으로 원하는 것(desire)을 의미한다. 다시 말해, 'need'는 'desire'나 'want'보다 더 근본적이고 필수적인 요구를 나타낸다고 할 수 있다. 지금까지 구분 없이 흔히 모두 '욕구'로 번역해 왔으나, 여기서는 구별해서 'need'는 '필요' 또는 '필요성'으로, 'want'는 '욕구'로, 'desire'는 '강한 욕구'로 옮긴다(옮긴이 주).

많은 연구가 직접 대면하거나 어떤 종류의 화면을 통해 다른 사람들을 봄으로써 그들의 행동을 학습하고 모델링할 수 있는 인간의 능력을 강조했다. 예를 들면, 이 가족은 요가 비디오를 보면서 요가를 배우고 있다.

한 그 소녀는 체육관에 들어설 때 올림픽 경기에 출전하기 위해 평소 훈련을 소화 중인 한 세계적 수준의 체조선수를 보게 된다. 체육관에 등록을 하고 수개월 혹은 수년 동안 매일 노력하고 있는 올림픽 출전 체조선수를 본 후, 그 소녀는 재능과 노력이 결합되면 그녀의 큰 꿈이 실현 가능하다는 것을 알게 된다.

'사회적(social)' 검증을 사용하여 사람들은 자신의 신념을 다른 사람이 믿는 것과 비교하며, 그러한 비교를 통해 자신의 생각이 옳은지 판단한다. 예를 들면, 한 소녀가 대학에 진학하여 새로운 사고방식과 관습을 경험하게 되면 전에는 생각할 수 없었던 것을 할 수도 있다. 그 소녀가 술을 마시지 않는 침례교 가정에서 대학에 진학하기 전까지는 학교에 다니지 않고 집에서 공부했다고 생각해 보자. 그녀는 대학교에서 그녀의 신념을 바꾸라고 부추기는 다른 많은 친구를 만나게 된다.

자기-성찰 능력 중 마지막 사고 검증 양식인 '논리적(logical)' 양식은 이전에 습득된 추론 법칙을 사용하여 검증하는 것을 의미한다. 아마 그 소녀는 엄격한 종교적 가정교육 속에서 세워진 규칙들이 학교에서의 인기보다 그녀에게 더 중요하다고 결심할 수도 있다. 그녀는 그러한 규칙을 어기고는 나중에 후회했던 때를 기억하면서, 술을 마시지 않기로 하고 그녀와 비슷한 관점을 가진 친구를 찾기로 한다.

4) 대리 능력

직접적인 경험 없이도 학습할 수 있는 능력인 대리 능력(vicarious capacity)은 매스 미디어 메시지의 잠재적인 사회적 영향(좋든 나쁘든)을 강조한다. 긍정적인 사회적 영향의 한 예로, 대리 능력은 어떤 사람에게 친사회적인 행동을 보여주는 텔레비전 프로그램을 시청함으로써 모든 종류의 이로운 것들을 배울 수 있게 해준다. 대리 능력의 부정적 측면은 사람들이 (텔레비전을 보지 않았으면) 노출되지 않았을지도 모르는 어떤 반사회적인 행동을 목격함으로써 그러한 행동을 배울 수도 있다는 것이다.

사회적 학습은 대부분 사람들이 당면해 있는 환경 속의 본보기들로부터 의도적으로 혹은 비의도적으로 이루어진다. 그러나 인간의 가치, 사고 양식, 행동 패턴에 대한 엄청난 양의 정보가 매스 미디어의 상징적 환경 속에 있는 광범위한 모델링으로부터 얻어진다(Bandura, 2009: 98).

2. 관찰 학습과 모델링

사회 학습 이론과 사회 인지 이론은 **관찰 학습**(observational learning) 개념을 매우 강조한다. 사람은 다른 사람의 행동과 그러한 행동의 결과를 관찰하며 배운다. 그런 다음 학습된 행동은 관찰자에 의해 재연될 수 있다.

1) 모델링

행동 재연(behavior reenactment) 현상을 일컫는 **모델링**(modeling)은 네 가지 구성 과정을 포함하는데, '주목', '파지', '운동 재현', '동기 부여'가 그것이다(Bandura, 1986, 1994). 골프 스윙을 배우는 것과 같은 관찰 학습의 간단한 예를 사용하여 이러한 과정을 설명할 수 있다.

주목(attention). 사람이 어떠한 행동을 성공적으로 본뜨기(model) 위해서는 반드시 그러한 행동에 주목하고 그것을 정확하게 지각해야 한다. 골프를 처음 시작하는 사람은 반드시 강사의 행동에 주목하고 가르침에 귀를 기울여야 한다. 한마디로 말해 본뜰 행동에 면밀한 주의를 기울여야 하는 것이다.

파지(retention). 본뜬 행동이 다시 사용되려면 반드시 기억되거나 파지(把持)되어야 한다. 영구 기억(permanent memory)은 나중에 행동으로 전환될 수 있는 상징적 표상

골프 클럽을 휘두르는 제대로 된 기술을 배우는 것과 같은 행동 모델링 과정에는 주목, 파지, 운동 재현 및 동기 부여의 네 가지 과정이 포함된다.

(symbolic representation)을 통해 그러한 정보를 저장한다. 초보 골퍼는 강사의 시범 및 교정과 더불어 강사의 지적 사항은 물론 TV에서나 실제로 본 다른 골퍼의 동작도 반드시 이해하고 기억해야 한다.

운동 재현. 초보자는 성공적인 스윙을 하는 것과 관련된 모든 단계를 '죄다 생각해내야' 하기 때문에, 처음에는 운동 재현(motor reproduction)이 어렵고 심지어 그릇될 수도 있다. 그러나 본뜬 스윙을 연습함에 따라 이러한 인지 과정은 덜 지루해진다. 만약 초보자가 필요한 구성 기술을 모두 갖추고 있다면, 관찰 학습은 훨씬 더 빠른 속도로 일어난다. 바꾸어 말하면 그 초보자의 타고난 운동 능력이나 뛰어난 운동 기억(motor memory)은 본뜬 스윙 동작을 완전히 숙지하는 데 걸리는 시간을 대부분 결정한다.

동기 부여(motivation). 관찰 학습 및 모델링의 마지막 과정은 동기 부여인데, 이 맥락에서 동기 부여는 단순히 관찰된 동작이나 행동을 수행하고자 하는 것을 말한다. 동기 부여는 모델링된 행동을 사용하기로 한 결정의 주요 요인이 된다. 그런데 사람들은 자신이 배우는 행동을 모델링하고자 늘 동기화되는 것은 아니다. 앞에 나온 골퍼의 예를 다시 들어보면, 그 초보 골퍼는 그 강사가 욘 람(Jon Rahm)만큼 공을 멀리 치지 못한다는 것을 알지도 모른다. 또한 그 두 사람이 공을 칠 때 서는 자세도 다르고, 골프채를 쥐는 법도 다르며, 몸 움직임도 다르다는 것을 알 수도 있다. 이 경우 그 초보자는 골프를 더잘 치는 람의 스윙을 본뜨려 할 수도 있다. 또 하나의 가능성은 골프장 이용료와 카트(cart) 사용료가 너무 비싸고 람의 스윙과 같은 스윙을 터득하는 데 너무 많은 시간과 비용이 필요하다는 점을 깨달은 후, 자신이 새롭게 배운 것을 활용하지 않을 수도 있다는 것이다. 더욱이 동기 부여는 **자기-효능감**(self-efficacy), 즉 어떤 행동이나 동작을 수행할 수 있는 자신의 능력에 대한 믿음의 영향을 받는다. 그 초보 골퍼가 자신이 대단한 선수가 될 수 있는 기술을 갖추고 (혹은 개발할 수) 있다고 믿는다면 골프를 계속하고자 더욱더 동기화될 것이다.

어떤 모델링 사례는 (아무런 해를 주지 않는) 골프 스윙보다 훨씬 더 중대한 결과를 초래하는 행동으로 이어진다. 각기 다른 학습 상황이 이 네 가지 구성 부분의 중요성을 결정한다. 예를 들어, 젊은 인턴이 수술하는 법을 배우고 있거나 물을 두려워하는 어린이가 수영을 배우고 있다고 생각해 보자. 각각의 경우 본뜬 행동을 실제로 '운동 재현하는' 것은 매우 큰 중요성을 지닌다. 비록 그 외과 의사와 수영 선수가 주의를 기울이고 무엇을 해야 할지 기억했다 하더라도, 학습한 행동을 재현할 수 있는 능력은 삶과 죽음의 차이를 의미할 수 있다. 더욱이 다양한 상황도 학습 과정의 '동기 부여'에 영향을 미친다. 외국어를 배우는 두 사람의 상황을 비교해 보자. 학위 요건을 충족하기 위해 프랑스어를 배우는 미국 학생의 동기 부여 수준은 미국에서 일자리를 구하기 위해 영어를 배우는 프랑스 이민자의 동기 부여 수준과 같지 않을 것이다.

다음의 세 가지 유형의 상황은 사람이 학습된 행동을 본뜨도록 동기화하는 유인(incentive)을 제공한다: ① 학습된 행동의 직접적인 수행을 통한 긍정적인 결과, ② 다른 사람의 행동과 그러한 행동으로 인한 결과 관찰, ③ 개인적인 가치 또는 행동의 기준을 토대로 한 평가(Bandura, 1989, 1994). 예를 들면, 〈블루스 클루스(*Blue's Clues*)〉에서 노래를 배운 후 부모 앞에서 그 노래를 불러 많은 칭찬과 격려를 받은 한 프리스쿨(preschool) 어린이[2]는 앞으로도 그러한 학습된 행동을 본뜨도록 동기화된다. 이 경우 어린이는 학습된 행동을 수행했으며 결과를 직접 경험했다.

니켈로디온(Nickelodeon)[3]의 인기 프로그램인 〈블루스 클루스〉는 좀 더 대리적인 두 번째 유형의 동기화 상황의 좋은 예이다. 이 프로그램에는 실제 사람 등장인물인 스티브(Steve)가 만화 등장인물인 블루(Blue)의 미스터리 메시지를 풀기 위해 노력한다. 그들이 노래를 부르고 게임을 하는 동안 3개의 단서가 발견되고, 그런 다음 스티브는 의자에 앉아 그 문제를 곰곰이 생각하고 미스터리를 해결한다. 따라서 스티브의 방식이 항상

2　미국에서 유치원에 입학하기 전 어린이를 위한 교육 프로그램 또는 시설에 다니는 어린이로 3~5세 사이에 해당한다(옮긴이 주).
3　미국의 어린이 전문 케이블 텔레비전 채널(옮긴이 주).

성공적임을 본 어린 시청자는 자기 자신의 문제를 풀어야 하는 상황에 처할 때마다 스티브처럼 '생각하는 의자(thinking chair)'에 앉아서 생각하는 행동을 본뜨려 할 것이다. 사회 인지 이론 연구자들은 이러한 유형의 대리 강화를 흔히 연구해 왔다. TV 프로그램의 어떤 등장인물이 그들의 행동으로 인해 긍정적인 결과를 경험하는 것을 보는 것은 시청자가 그 행동을 모델로 삼도록 동기화할 수 있다. 반대로 어떤 등장인물이 부정적인 결과를 경험하는 것을 보는 것은 시청자가 그들의 행동을 모델로 삼지 않도록 동기화할 수 있다(Krcmar, 2020). 그러나 때로는 TV에서 관찰된 부정적으로 강화된 행동(예: 일회성 성관계를 가진 것에 대해 후회를 표현하는 등장인물)이 여전히 시청자에 의해 모델링될 수도[4] 있다(Nabi & Clark, 2008).

세 번째 동기화 상황의 예를 살펴보기 위해, 한 어린 소년이 재방송되는 〈어벤져스 (Avengers)〉에서 본 폭력을 흉내 내려 한다고 생각해 보자. 아마 그 소년은 어느 누구에게도 육체적인 해를 끼치는 것을 원하지 않는 감수성 있는 어린이이며 폭력은 나쁘다는 이야기를 듣고 자랐다. 그러나 캡틴 아메리카(Captain America)를 흉내 냈던 그는 다른 어린이들에게 강한 인상을 남기며 보육원에서 인기가 매우 높아진다. 어느 날 그가 점프를 해서 친구를 조금 세게 차자 그 친구는 길바닥에 쓰러지면서 팔이 부러진다. 그 장면은 끔찍해서 피가 묻은 뼈는 살갗을 뚫고 나오고 팔은 부러진 채 흔들거린다. 친구를 찬 그 소년은 망연자실한다. 일주일 동안 울고 난 다음 그는 다시는 캡틴 아메리카를 흉내 내지 않는다. 이 경우 그 소년은 끔찍한 결과를 목격했기 때문에, 그러한 폭력적인 행동을 모델링 하지 않는 쪽으로 동기화된다. 그의 내면화된 행동 기준은 더욱 엄격해진다.

2) 추상적 모델링

관찰된 행동을 모델링하는 것은 "흔히 오해하는 것처럼 단순한 행동 모방 과정이 아니다"(Bandura, 2009: 101). 오히려 과거에 학습된 행동 규칙은 삶의 새로운 상황을 위한 '안내자' 역할을 한다(Bandura, 1994). 이러한 규칙은 흔히 새로운 상황에서 의사 결정을 위한 추상적인 기본 틀을 제공한다. 바꾸어 말하면, 기존의 행동 기준은 각각의 새로운 상황에 완벽하지도 불변적이지도 않다. 사람은 자신의 과거 경험이나 다른 사람의 관찰

---

4   교육적 오락물 연구에서 이렇듯 수용자가 긍정적 역할 모델이 아닌 부정적 역할 모델의 행동을 따르는 것을 '아치 벙커 효과(Archie Bunker effect)'라고 한다(옮긴이 주).

된 경험의 결과에 이끌릴 뿐이다.

추상적 모델링(abstract modeling)을 통해 학습은 관찰된 행동의 단순한 흉내보다 더 높은 수준에 이르게 된다. 새로운 상황은 과거에 학습된 행동의 규칙을 토대로 새로운 행동을 만들어낸다. 이러한 행동은 앞으로 다른 상황에 응용하기 위해 스스로 학습되고 기억 속에 저장된다.

추상적 모델링의 사용은 많은 실용적인 이점을 제공한다(Bandura, 1986, 1994; Rosenthal & Zimmerman, 1978). 사람들은 자기 자신의 동기화와 행동 그리고 다른 사람의 동기화와 행동을 판단하기 위한 개인적인 기준을 습득한다. 또한 추상적인 모델링은 비판적인 사고와 커뮤니케이션 기술을 증대시킨다. 비틀즈(Beatles)나 다른 예술가의 창의성을 예로 들어보자. 폴 매카트니(Paul McCartney)는 흔히 그와 존 레논(John Lennon)은 다른 음악 그룹이나 가수의 작품을 흉내 내려고 노력하는 동시에 그들의 개인적 지식, 경험, 기호에서도 끌어냈다고 말했는데, 그 결과 그들은 그들의 대중음악에 그들 자신만의 색깔을 입혔다. 그들은 '추상적인 모델링'을 수행하고 있었던 것이다.

3. 모델링의 효과

때때로 사람은 자신의 기존 행동 패턴과 어떤 점에서 상충하는 행동을 관찰하거나 상충하는 정보를 수신한다. 이 같은 상황은 두 가지 결과, 즉 억제 효과 및 탈억제 효과와 연관된다(Anderson et al., 2003; Bandura, 1973, 2009; Berkowitz, 1984; Malamuth & Donnerstein, 1984; Zillmann & Bryant, 1984). 내적인 갈등은 기존의 행동을 수행하려는 동기를 재검토하게 만든다.

1) 억제 효과

억제 효과(inhibitory effect)와 **탈억제 효과**(disinhibitory effect)에 대한 연구는 대부분 위반 행동, 공격적 행동, 또는 성적 행동을 살펴보았다(Berkowitz, 1984; Liebert, Sprafkin, & Davidson, 1982; Malamuth & Donnerstein, 1984; Zillmann & Bryant, 1984). 각각의 경우 사람들이 사회의 공식적인 벌이나 자신의 양심의 질책과 같은 결과에 대한 두려움으로 비난받을 만한 행동을 억제할 때 억제 효과가 발생한다.

억제 효과는 새로운 정보나 새로운 행동의 관찰이 사람들에게 이전에 배운 대로 행동하는 것을 '억제' 또는 '구속할' 때 일어난다. 탈억제 효과는 이전에 학습된 어떤 행동에 대한 내적 구속력을 '억제하지 않거나' 없애버린다. 어떤 흡연자는 그가 좋아하는 (평생 담배를 피운) 아저씨가 폐기종(肺氣腫)[5]으로 몹시 고통받으면서 죽어가는 것을 본다면 자신의 행동을 바꾸려 할지도 모른다. 그는 억제 행동을 경험한다. 반면에 술과 담배를 정말 금기시하는 엄격한 집안에서 자란 한 10대 소녀가 있다고 생각해 보자. 그 후 그녀는 대학에 가고 술 마시고 담배를 피우는 다른 친구를 사귀게 된다. 그녀의 기존 도덕관은 더 약화되어 간다. 그녀가 처음 맥주를 마시겠다고 결심할 때, 그녀는 탈억제 효과를 경험한다.

억제 효과에 대한 또 다른 예로, 대학교 신입생 2명이 첫 학기에 커뮤니케이션 개론 과목을 수강한다고 상상해 보자. 이 두 학생은 친구다. 한 학생은 공부를 하는 동안 텔레비전을 보는데, 이것은 그녀가 고등학교를 다닐 때 생긴 습관이다. 그녀는 광고가 방송되는 동안 책을 읽는다. 다른 학생은 혼자 방에 틀어박혀, 집중해서 책을 읽으며 공부한다. 조용히 혼자서 공부하는 이 학생은 첫 번째 시험에서 'A'학점을 받은 반면 다른 학생은 'F'학점을 받는다. 처음의 충격을 벗어난 F학점을 맞은 학생은 자신의 평상시 행동을 '억제'하고, 책을 읽고 공부하는 동안은 친구의 행동을 모델로 삼기로 한다.

2) 탈억제 효과

밴두라와 동료들의 1963년 연구는 탈억제 효과의 아주 좋은 사례를 제공한다. 연구자들은 유아원 어린이들에게 한 어른이 (공기가 든 비닐 펀치 백을 치는 것과 같은) 공격적인 행동을 하는 장면이 들어 있는 영화를 보여주었다. 이 영화를 본 어린이들은 나중에 그러한 공격적인 행동을 모방했다. 더욱이 연구자들은 폭력적인 영화를 본 어린이들이 과거에 배운 '다른' 공격적인 행동, 즉 영화에서 보여주지 않은 폭력적인 행동을 하는 것에 대해 덜 억제된다는 것을 확인했다(Bandura, Ross, & Ross, 1963a). 따라서 그 영화는 그것을 본 어린이들에게 '탈억제' 효과를 미쳤다.

---

[5] 호흡 시 폐포의 개폐를 조절하는 섬유가 파괴되어 폐포가 과잉으로 늘어난 만성 폐질환(옮긴이 주).

영화에 의해 매개되는 폭력적인 모델의 모방

Albert Bandura, Dorothea Ross, & Sheila A. Ross(1963) *Journal of Abnormal and Social Psychology, 66*(1), 3~11.

1963년에 발표된 이 고전적인 연구에서 밴두라와 동료들은 영화의 공격적인 행동을 시청하는 것이 어린이들로 하여금 영화에 묘사된 그러한 행동을 모방하게 만드는지를 알아보기 위해 어린이들을 조사했다.

실험 참여자

이 연구는 스탠퍼드 대학교(Stanford University) 부설 유아원에 다니는 3~5세(평균 연령 4년 4개월)의 어린이 96명(남자 어린이 48명, 여자 어린이 48명)을 대상으로 이루어졌다.

실험 절차

실험 참여자들을 세 실험집단과 하나의 통제집단으로 나누었다(각 24명). 첫 번째 실험집단은 실제 사람 모델의 공격적인 행동을 보았다. 두 번째 집단은 앞의 모델들이 공격적인 행동을 하는 것을 영화로 보았다. 세 번째 집단은 공격적인 만화 캐릭터가 등장하는 영화를 보았다. 통제집단은 공격적인 모델에 노출되지 않았다.

두 성인(남자 1명, 여자 1명)이 실제 공격적인 행동을 하는 모델이자 영화에서 공격적인 행동을 하는 모델 역할을 했다. 동일한 성의 모델이나 반대 성의 모델에 노출되게 하려고 어린이들을 성별로 다시 나누었다. 만화영화 조건에서는 검은 고양이 복장을 한 여성 모델이 보보(Bobo) 인형에게 신체적 공격을 가했고, 고음의 애니메이션 목소리로 언어적 공격도 가했다. 이 조건은 실제 인물과 동떨어진 인물이 연기할 경우 본보기(example)의 힘이 약해지는지 테스트하기 위해 포함되었다.

실제 사람 모델의 공격적 행동을 보게 될 실험 참여자들은 개별적으로 실험실로 안내되었다. 실험자가 실험실 밖 복도에 있던 모델을 실험실로 안내했다. 실험 참여자는 실험실 한쪽 구석에 있는 작은 테이블에 앉아 있었는데, 그 테이블에는 감자 무늬 프린트, 여러 색깔의 사진 스티커, 색종이가 놓여 있었다. 실험자는 어린이들에게 그 재료를 사용하여 그림을 만드는 법을 보여주었다. 실험자는 그 모델을 방으로 안내해 조립식 장난감 세트와 나무망치 그리고 공기가 주입된 5피트 높이의 보보 인형이 있는 또 다른 테이블로 데려갔다. 실험자는 어린이들에게 여기가 그 모델의 놀이 구역이라고 말했다. 그 모델이 앉은 후, 실험자는 그 방을 떠났다.

그 모델은 조립식 장난감 조립을 시작함으로써 실험 세션을 시작했지만 곧 보보 인형으로 주의를 돌려, 인형에게 주먹을 날리고, 인형 위에 앉아 때리고, 나무망치로 인형 머리 부분을 계속 때리고, 인형을 공중으로 내던지고 발로 차며 방 여기저기를 돌아다니기 시작했다. 그러한 연속적인 공격 행동은 세 차례 반복되었다. 인형을 공격하면서 그 모델은 "코를 내려쳐", "때려 눕혀", "발로 차", 혹은 "펑"과 같은 언어적으로 공격적인 말을 했다.

공격적인 모델이 등장하는 영화를 보게 될 실험 참여자들 역시 개별적으로 실험실로 데려간 후 그림을 만들 수 있는 재료가 놓여 있는 테이블에 앉게 했고, 그들이 그림 만들기 작업을 하는 동안 테이블에서 6피트 정도 떨어져 있는 스크린을 통해 영화를 보게 될 것이라고 말해주었다. 아이들은 방에서 혼자 10분 분량의 영화를 보았다. 첫 번째 실험 조건에 등장한 모델이 이 영화에도 등장했다. 영화에서도 위의 실험 조건에서 인형에게 보여준 것과 똑같은 공격적인 행동을 했다.

만화영화를 보게 될 실험 참여자들도 개별적으로 방으로 데려간 후 그림 만들기 작업을 할 재료가 준비되어 있는 테이블에 앉게 했다. 그런 다음 실험자는 테이블에서 약 3피트 떨어져 있는 텔레비전에 다가가 "내가 컬러 TV를 틀어줄 거야"라고 말하고는 만화영화를 틀어주었다.

각 실험 조건에 노출된 후, 실험자는 실험 참여자를 아주 멋진 장난감들이 있는 대기실로 데려간 후 장난감을 가지고 놀아도 된다고 말했다. 이 실험에는 공격적인 성향을 테스트하기 위해 실험 참여자에게 좌절감을 안겨주는 상황이 포함되었다. 실험 참여자가 장난감에 가지고 놀자마자 실험자는 이것들은 최고의 장난감이어서 다른 몇몇 어린이들을 위해 남겨두기로 했다고 말했다. 실험자는 실험 참여자가 인접한 방(실제 실험실)에 있는 어떤 장난감이든 가지고 놀 수 있다고 말했다.

실험실에 있는 장난감들은 3피트 크기의 보보 인형, 나무망치와 나무못 꽂는 판, 2개의 다트 총(dart gun), 천정에 매달려 있는 색깔이 칠해져 있는 테더 볼(tether ball), 그리고 찻잔 세트, 크레용과 색종이, 공, 여자 인형 2개, 곰 인형 3개, 자동차와 트럭, 플라스틱으로 만든 농장 동물을 포함한 비공격성 장난감으로 구성되어 있었다. 각 참여자가 20분 동안 실험실에 머무는 동안 연구자들이 옆방에서 단방향 거울(one-way mirror)을 통해 관찰했다.

공격적 행동은 총 공격성, 모방적 공격성, 나무망치 공격성, 보보 인형 위에 앉기(이 범주는 총 공격성 점수에 포함되지 않았음), 비모방적 공격성, 공격적인 총놀이의 여섯 가지 범주로 점수가 매겨졌다. (QR 코드를 스캔하면 참가자들이 보보 인형과 상호작용하는 실제 영상을 볼 수 있다.)

실험 결과

실험 결과, 실제 사람 모델을 본 참여자와 영화에 등장한 모델을 본 참여자들의 총 공격성에는 차이가 없는 것으로 나타났다. 세 실험집단 모두 통제집단보다 훨씬 더 공격적이었다. 세 실험집단은 통제집단보다 훨씬 더 모방적인 신체적·언어적 공격 행동을 보여주었다. 영화 속 사람의 공격적 행동 묘사에 노출되는 것이 더 공격적인 행동을 끌어내고 공격적인 행동을 하게 하는 데 가장 영향력이 큰 것으로 나타나, 실제 사람의 공격 행동을 본 조건에서보다 훨씬 더 강했다. 영화와 만화영화의 모델에 노출된 참여자는 통제집단 참여자보다 거의 2배나 더 높은 공격성을 보였다.

연구자들은 남자아이가 여자아이보다 더 큰 총 공격성, 모방 공격성, 더 공격적인 권총 놀이, 더 비모방적인 공격 행동을 보였음에 주목했다. 모델의 성별이 사회적 학습을 촉진하는 데 어느 정도 영향을 미치는 것으로 나타났다.

이 실험에서는 아무런 강화(reinforcement)도 없이 관찰을 통해 행동이 학습되었다. 성인의 공격성에 노출되는 것이 공격적인 반응 학습을 촉진했음은 물론 억제 반응을 약화했다. 이 조사 결과는 누군가가 공격성을 표출하는 것을 보는 것이 시청자에게 카타르시스를 느끼게 해줌으로써 공격적 충동을 완화할 수 있다고 주장한 당시의 지배적인 학설을 반박했다.

탈억제 기법. 많은 종류의 행동이 사회적으로 용인되지 않는다. 살인, 강간, 타인에 대한 물리적 폭력, 기타 범죄행위는 억제되어야 할 극단적인 충동의 예들이다. 이보다 덜 센세이셔널한 행동들 역시 그러하다. 비난받을 만한 행동을 하는 사람은 흔히 그들의 행동을 스스로 정당화하기 위해 인지적 기법을 사용한다는 것을 연구들은 보여주었다. 바꾸어 말하면 설사 그들의 행동이 그들의 내적인 도덕 기준과 상충한다고 할지라도, 그들은 어떤 특정한 방식으로 행동하는 것을 억제하는 힘을 상실한다(즉, 탈억제적이 된다). 연구자들은 다음의 여덟 가지 인지적 기법을 확인했는데, 도덕적 정당화, 면책용 비교, 완곡한 이름 붙이기, 책임의 전위(轉位), 책임의 분산, 행동의 결과 왜곡, 비인간화, 책임 돌리기가 그것이다(Bandura, 2009).

첫 세 가지 기법(도덕적 정당화, 면책용 비교, 완곡한 이름 붙이기)은 인지적·도덕적 재구성이라는 점에서 여덟 가지 기법 가운데 가장 강력한 것이다. 이는 바람직하지 않은 행동을 바라보는 방식을 실제로 바꾸거나 재구성할 수도 있음을 의미한다. 비난받을 만한 행동이 탈억제 기법 사용을 통해 '용인될' 수 있을 뿐만 아니라 실제로 '바람직한' 것으로 보일 수도 있다. 이 같은 재구성의 예로 앞서 언급한 사례(엄격한 부모 밑에서 자란 여대생이 친구와 맥주를 마시기로 결정한 일)를 생각해 보자. 분명 이 여학생은 맥주를 마시는 것이 바람직한 행동으로 보이게 만든 인지적·도덕적 재구성을 어느 정도 경험했을 수도 있다.

도덕적 정당화(moral justification)는 비난받을 만한 행동이 도덕적이거나 고상하거나 더 고귀한 목적에 도움이 되며, 따라서 정당화될 수 있다고 믿을 때 일어난다. 이 같은 경우 행동에 대한 구속력이 사라지거나 완화된다. 위반 행위를 하는 사람은 속으로 더 큰 선을 행한다고 생각한다. 전쟁 동안 자유 보호라는 '더 큰 선(善)'을 위해 공격 행위를 정당화하는 군인들은 도덕적 정당화가 좋은 예이다. 더 흔한 예는 행실이 나쁜 아이를 때리는 어머니의 도덕적 정당화이다.

면책용 비교(exonerative comparison)란 자신의 나쁜 행동을 사회의 더 큰 선을 위한 행동과 비교하는 것을 말한다. 현대판 로빈 후드(Robin Hood)형 도둑은 도둑질한 것을 가난한 사람에게 나누어준 로빈 후드에게 자신을 비교하면서 자신의 도둑질에 면죄부를 줄 것이다.

완곡한 이름 붙이기(euphemistic labeling)는 비난받을 만한 행동을 위장할 수 있는 수단을 제공할 뿐만 아니라 심지어 이러한 행동을 훌륭하거나 적어도 용인될 수 있는 것으로 만들 수도 있다. 예를 들면, 공부를 하는 동안 텔레비전을 보는 여학생은 텔레비전 시청을 '오락적'(또는 분별없는) 경험이라기보다는 완곡하게 '교육적' 경험으로 간주할 수도 있다. 그녀는 텔레비전을 보는 것이 시사 사건을 놓치지 않도록 해주기 때문에 교재를 읽어야 하는 과제만큼 중요하다고 확신한다. 그리고 담배를 피우기 시작한 10대 소녀는 그러한 행동을 건강을 해치는 위험한 행동이자 나쁜 습관으로 보기보다는 마음속으로 완곡하게 '멋있는' 행동이라거나 '섹시한' 행동이라 부른다.

쇼타임(Showtime) 시리즈물 ⟨덱스터(*Dexter*)⟩는 앞의 세 가지 도덕적 이탈(moral disengagement)[6] 기법에 크게 의존한다(Finklea, 2011b). 드라마의 주인공 덱스터 모건(Dexter

Morgan)은 연쇄살인범들만 골라 죽이는 연쇄살인범이다. 그는 어떻든 정의를 저버린 연쇄 살인범을 살해하는 것만은 용납하는 도덕률에 의존하여 도덕적 정당화와 면책용 비교를 모두 이용한다. 덱스터의 살인은 다른 연쇄살인범이 더 많은 사람을 살해하는 것을 막아주기 때문에 더 큰 선에 이바지한다는 것이다. 더욱이 덱스터는 다른 연쇄살인범을 살해하는 것을 "쓰레기를 내다 버리는 것"으로 묘사함으로써 완곡한 이름 붙이기를 사용한다. 이 시리즈물에 사용된 도덕적 이탈 기법은 시청자들에게 덱스터가 자신의 행동을 어떻게 정당화하는지 보여줄 뿐만 아니라 시청자들이 덱스터가 '좋은 사람'이라고 성원을 보내도록 도울 수도 있다.

다음 두 가지 탈억제 기법은 잘못된 행동의 책임을 위반 행위를 하는 사람이 아닌 다른 사람이 지게 한다. **책임의 전위**(displacement of responsibility)는 권한을 갖고 있는 사람이 다른 사람에게 비난받을 만한 행동을 하도록 지시하고 자신이 그러한 행동에 대한 책임을 질 때 발생한다. **책임의 분산**(diffusion of responsibility)이란 위반 행위를 하는 사람이 집단 내에서 행동하기 때문에 차후의 위반 행위에 대해 개인적인 책임감을 느끼지 않는 것을 말한다. 앞에서 든 참전 군인들의 사례는 위와 같은 두 기법이 사용되는 매우 좋은 사례이다.

또 다른 기법인 **행동의 결과 무시 또는 왜곡**(disregard or distortion of the consequence of action)이란 자신의 행동이 불러일으킬 수 있는 해로움을 전혀 생각하지 않거나 그러한 행동이 단지 아주 작은 해를 미칠 뿐이라는 생각을 가지고 행동하는 상황을 말한다(Brock & Buss, 1962, 1964). 친구의 무모한 제의를 받아들여 가게 창에 벽돌을 던지는 10대 소년은 그 순간의 짜릿한 기분(나쁜 짓을 '벌을 받지 않고 해내기' 위해 무모한 도전에 응한다는 생각)만을 신경 쓴다. 그는 깨진 창문을 갈아야 하는 딱한 가게 주인은 생각하지 않는다.

마지막 기법인 **비인간화**(dehumanization)와 **책임 돌리기**(attribution of blame)는 피해자에 대한 위반 행위자의 태도에 초점을 맞춘다. 비인간화는 어떤 사람이 사람다움을 잃고 짐승과 다를 바 없는 것으로 간주될 때 발생한다. 나치 군인들은 제2차 세계대전 동안 유대인을 비인간화했고, 그 결과 그들은 아무런 양심의 가책 없이 입에 담지 못할 잔악 행동을 저지를 수 있었다. 노예해방운동 이전의 미국에서는 많은 백인이 흑인을 비인간

---

6 '도덕적 이탈'이란 특정 맥락에서 윤리적 기준이 자신에게 적용되지 않는다는 것을 스스로 확신시키는 과정을 의미한다(옮긴이 주).

화했고 투표를 하지 못하게 했으며 백인은 알고 있는 혜택을 흑인은 누리지 못하게 했다. 호전적인 백인은 평화적인 노예해방 시위대를 공격했으며 책임을 자기 자신이 아닌 시위대나 그러한 상황에 돌림으로써 그들의 적대 행위를 정당화했다. 즉, 그들은 시위대가 혼란을 불러일으켜서 그들이 적대 행위를 하게끔 '자극'했다고 비난했다.

4. 미디어 내용을 통한 학습과 모델링

1970년대에 공포 영화 〈조스(*Jaws*)〉가 극장에서 상영되었을 때, 전국(미국)의 관객은 보안관이 마침내 괴물 상어를 명중시켜 죽이자 실제로 갈채를 보냈다. 많은 사람이 이 영화를 보고 상어의 습격이 두려워 여름 해변 휴양지에서 바다에 발을 담그기를 망설였다고 뉴스는 보도했다. 영화 〈어벤져스: 인피니티 워(*Avengers: Infinity War*)〉의 결말에 싸노스(Thanos)가 우주의 모든 생명체의 절반을 절멸하면서 우리가 가장 좋아하는 수퍼히어로들이 먼지로 변해 날아가는 장면을 기억하는가? 그 장면은 관객의 '가슴을 벅차게' 한 장면들 가운데 하나이다. 그다음에 〈어벤져스: 엔드게임(*Avengers: Endgame*)〉의 결말에서 그 영웅들이 돌아오자 일부 영화 관객은 흥분을 감추기 어려웠고 토니 스타크(Tony Stark)가 죽을 때는 눈물을 흘렸다.

이러한 사례들이 보여주듯이, 영화 속 등장인물이 어떤 강한 감정을 표출하거나 어떤 강력한 행동을 하는 것을 볼 때 사람들은 영향을 받거나 '각성된다'. 그것을 본 사람들은 유사한 경험과 감정을 기억하며, 이러한 생각과 이미지는 자기-각성을 촉발하는 단서 역할을 한다(Bandura, 1992; Wilson & Cantor, 1985).

이 같은 각성 경험은 속성상 항상 순식간에 스쳐 지나가는 것은 아니다. 몇몇 연구는 수용자가 그들을 각성시키는 (감정을 자극하는) 내용을 본 후 때때로 지속적인 정서적 반응, 태도, 행동을 개발한다는 것을 보여준 바 있다. 〈조스〉의 거대한 식인 백상어에 대한 생생한 기억 때문에, 많은 사람이 수년 동안 바다에 몸을 담그지 못했으며 용감하게 파도를 즐기는 사람도 조심스럽고 불안해했다. 그보다 10년 전, 앨프리드 히치콕(Alfred Hitchcock)의 〈사이코(*Psycho*)〉에 나오는 샤워 장면은 많은 사람이 샤워 커튼을 걷어 젖히고 목욕을 하는 것이 훨씬 더 안전하다고 생각하도록 만들었다.

이 같은 공포 반응의 사례는 많이 있으며 사람들은 미디어 내용에서 다른 반응도 배우며 그들 가운데 일부는 지속적이라는 것을 연구들은 보여주었다. 영화에서 표현되는 대처 기술은 사람들의 두려움과 공포증을 줄여주고 참을 수 있게 해줌으로써 그들이 그러한 두려움과 공포증에 대처할 수 있도록 도와준다(Bandura, 1982). 수용자들은 영화의 등장인물이 싫어하는 것은 싫어하고 등장인물을 즐겁게 해주거나 만족스럽게 해주는 것은 좋아하게 된다(Bandura, 1986; Duncker, 1938).

1) 탈억제 기법의 시청

미디어 효과 연구자들은 폭력적으로 행동하고 (앞부분에서 논의했던) 탈억제 기법을 사용하는 텔레비전과 영화의 등장인물을 수용자들이 볼 때 일어나는 일에도 관심이 있다. 수용자들은 어떠한 반응을 보일까? 그들은 어떤 영향을 받을까?

피해자를 해치고 탈억제 기법을 하나 이상 사용하는 텔레비전이나 영화의 등장인물을 볼 때, 수용자들이 타인에게 고통을 주거나 타인을 처벌할 가능성이 더 높다는 것을 연구들은 보여준다. 남에게 해를 주는 수용자의 행동은 스크린에서 묘사되는 용인되는 사회적 행동과 연관되어 있다(Bandura, Underwood, & Fromson, 1975).

2) 현실의 사회적 구성, 배양 및 고정관념의 효과

우리 주변 세계에 대한 우리의 이해 가운데 직접적인 경험에서 비롯되는 것은 극히 일부에 지나지 않는다. 현실에 대한 우리의 지각은 우리의 직접적인 지식 외에도 매스 미디어에서 볼 수 있는 것을 포함해 다른 사람과의 상호작용을 통해서도 생겨나면서, 공유된 현실이 만들어진다. 학자들은 이것을 **현실의 사회적 구성**(social construction of reality)이라 부른다. 매스 미디어 속 등장인물은 현실 세계의 실제 상황을 항상 반영하는 것은 아닌 '현실'에 살고 있다. 연구에 따르면, 과도한 미디어 내용 소비로 인해 시청자의 지각과 믿음이 현실 세계가 아닌 화면에 묘사된 매개된 세계와 일치하게끔 형성될 수 있는 것으로 나타났다. 8장에서 보게 되겠지만, 그와 같은 효과와 관련된 연구 전통을 **배양**(cultivation) 효과 연구라고 한다.

상당수의 이러한 연구들은 텔레비전 프로그램을 조사했다. 시청자의 지각을 바꾸는 텔레비전의 힘에 대한 가장 좋은 예 가운데 일부는 일반 텔레비전 시청자에게 자신이 탄 비행기가 추락할 가능성이나 폭력 범죄의 피해자가 될 가능성을 추정하도록 요청할 때 드러난다. 그와 같은 사건은 현실 세계에서는 극히 드물지만 매개된 세계에서는 자주 발생한다. 대부분의 사람들, 특히 특정한 유형의 텔레비전 프로그램을 많이 시청하는 사람은 추락하는 비행기에 타거나 어떤 범죄의 희생자가 될 가능성을 대체로 '과대평가'한다.

일부 연구는 텔레비전에서 고정관념화된(stereotyped) 묘사 때문에 시청자가 오개념(misconception)[7]을 가지는 경향이 있음을 보여주었다. 사회 인지 이론은 매개된 고정관념에 노출되면 그러한 미디어 내용에서 관찰된 것과 일치하는 효과가 발생한다고 가정한다(Krcmar, 2020). 예를 들어, 버컬-로스퍼스(N. L. Buerkel-Rothfuss)와 메이스(S. Mayes)는 주간(畫間) 연속 드라마, 즉 '소프(soap)'의 에피소드를 매주 평균 7편 시청하는 대학생 290명을 조사했다(Buerkel-Rothfuss & Mayes, 1981). 이 학생들은 특정 직업(예: 의사, 변호사, 사업가, 노동자, 주부), 건강 관심사(예: 신경 쇠약, 대수술, 낙태), 기타 세상의 이슈 및 위기(예: 정사, 행복한 결혼, 이혼)의 존재나 발생에 대해 평가하도록 요청받았다. 학생들은 남녀 각각 10명 가운데 몇 명이 그러한 범주에 포함될 수 있을지를 평가했다. 연구자들은 지능, 성, 나이, 자기-개념(self-concept) 같은 요인을 '통제'했다. 즉, 어떠한 과장된 평가도 시청 이외의 다른 요인에서 비롯되지 않았다는 것을 확신할 수 있도록 연구를 설계했다. 연구자들이 예상한 대로, 주간 연속 드라마를 시청한 학생 대부분은 적게 시청하거나 전혀 시청하지 않은 학생보다 현실 세계와 텔레비전 세계가 유사한 것으로 지각하는 경향이 있었다. 학생들은 의사와 변호사의 수, 혼외정사와 이혼의 수, 사생아 출산과 낙태의 수, 현실 세계보다 드라마 속에서 훨씬 더 빈번히 일어나는 다른 사건의 발생 빈도를 실제보다 과대평가했다.

벰-모라위츠(E. Behm-Morawitz)와 매스트로(D. E. Mastro)는 청소년 영화와 젠더(gender)[8] 묘사에 대한 내용 분석을 수행했다(Behm-Morawitz & Mastro, 2008). 내용 분석 결과, 여성 등장인물은 사회적으로 더 공격적인 것(예: 집단 괴롭힘, 소문 퍼뜨리기, 중상모략 등)으로 나타났다. 그런 다음, 그들은 대학생을 대상으로 젠더 역할에 대한 신념과 청소년 영화를 얼마나 자주 보는지에 대해 설문조사를 실시했다. 사회 인지 이론이 예측하듯이, 설

7　학습자가 학습 전에 스스로의 경험을 가지고 형성한 개념을 '선개념(preconception)'이라 하며, 이러한 선개념이 학습 후에 올바른 개념으로 형성되지 못하고 학습 후에도 자신의 인지 구조 속에 잘못된 개념으로 형성되어 변치 않는 것을 '오개념'이라 한다(옮긴이 주).

8　'성(sex)'은 타고난 생식기에 따라 남녀의 성을 규정짓는 반면, '젠더(gender)'는 인간이 성장하면서 사회, 문화, 주위 환경에 따라 자신을 나타내는 성, 즉 남녀의 주체성을 의미한다(옮긴이 주).

문조사 결과는 청소년 영화를 보는 것이 젠더 역할과 여성의 우정에 대한 부정적인 고정 관념을 갖는 것과 연관되어 있음을 시사했다. 루소(A. Rousseau)와 에거몬트(S. Eggermont)는 성적으로 대상화하는[9] TV 프로그램을 시청한 미성년 청소년이 대상화된 데이팅 스크립트(dating script)[10]에 동의할 가능성이 더 높았으며, 이는 결과적으로 자기-대상화(self-objectification)[11]를 야기하고 일반적으로 여성을 대상화하는 원인으로 작용했다. 이러한 결과들은 모델링 효과를 분명히 보여준다(Rousseau & Eggermont, 2018).

3) TV, 영화 및 비디오 게임의 폭력 시청의 효과

대부분의 미디어 효과 연구는 오랜 기간에 걸쳐 텔레비전 프로그램이나 영화의 폭력 장면을 시청함으로써 공격적인 행동을 학습하는 것과 같은 대리 능력에서 비롯되는 부정적인 효과를 조사했다. 비디오 게임은 또 다른 관심 영역인데, 예를 들면, 크르크마르 등(Krcmar et al., 2010)은 사회 인지 이론을 사용하여 현실감 넘치는 비디오 게임이 공격성에 미칠 수 있는 효과를 연구했다. 연구 결과에 따르면, 현실감 넘치는 폭력 게임을 한 참여자들은 신체적으로나 언어적으로 더 공격적인 것으로 나타났다. 비디오 게임 폭력의 영향은 18장에서 더 자세히 논의된다.

연구자들은 폭력적인 프로그램을 시청하는 수백만 명의 시청자들은 그 같은 폭력적인 행동을 모방하고 싶은 마음이 생기지 '않음'을 지적한다. 이는 어떤 사람의 성향(또는 폭력적 행동에 대한 선유성향),[12] 정신 상태, 정서적 안정성, 개인적 상황 같은 개인적인 요인이 그 사람이 폭력적인 내용을 본 후 폭력을 휘두를지 여부를 결정하는 데 중요한 역

---

9 '성적 대상화(sexual objectification)' 또는 '성적 객체화(性的 客體化)'란 타인을 성적 쾌락을 충족하기 위한 수단으로써 인격이나 감정이 없는 물건처럼 취급하는 행위를 말한다(옮긴이 주).

10 '데이팅 스크립트'란 우리가 심지어 새로운 누군가와 데이트할 때에도 반복하는 데이트 및 관계 습관, 루틴 및 패턴을 말한다(옮긴이 주).

11 '자기-대상화'란 신체적 자기(physical self)를 제3자의 시선으로 객관화하여 바라보고 자신에 대한 타인의 관점을 중시하는 것을 의미한다(옮긴이 주).

12 심리학에서 '성향(disposition)'은 개인의 일반적인 기분, 태도, 또는 기질을 의미한다. 이것은 다양한 상황에서 그들의 전형적인 사고, 감정, 행동 방식을 반영한다. 이에 비해, '선유성향(predisposition)'은 흔히 내재된 특성이나 이전 경험으로 인해 특정 방식으로 반응하는 경향이나 성향을 나타낸다. 이것은 개인의 특성이나 환경적 요인을 기반으로 특정한 태도, 행동, 또는 조건을 개발할 준비가 되어 있거나 민감하다는 것을 나타낸다(옮긴이 주).

할을 함을 시사한다. (미디어 효과에서 개인적 요인의 역할을 살펴본 1장에서 소개된 미디어 효과에 대한 차별적 민감성 모델을 상기해 보라.)

　사회과학자들은 좀 더 미묘한 미디어 효과, 즉 누구에게도 해나 상처를 수반하지 않는 엄격하게 통제된 실험을 통해 측정할 수 있는 미디어 효과에 관심을 가진다. 연구들 대부분은 '인지적', '정동적(affective)',[13] 혹은 '행동적' 미디어 폭력의 효과를 확인하는 데 집중했다. 이러한 각각의 효과에 대해서는 미디어 폭력에 관한 11장에서 논의하기로 한다.

4) 매스 미디어에서 유익한 것 학습하기

　점차 증가하고 있는 어린이 텔레비전 프로그램에 관한 연구들이 희망적인 연구 결과를 내놓고 있다(교육적 효과에 관한 17장 참조). 이 연구들은 많은 어린이 텔레비전 프로그램이 '친사회적'이거나 긍정적인 학습 효과를 지니고 있음을 보여주었다. 일반적으로 연구들은 〈세서미 스트리트(Sesame Street)〉 같은 교육적이고 비폭력적인 프로그램 시청을 통해 어린이들이 문해력, 과학, 수학 능력을 향상하고, 긍정적인 사회적 행동을 배우며, 상상력을 높이고 문제 해결 기술을 개발한다는 것을 보여주었다(Fisch, 2001; Fisch & Trugellio, 2001).

　미국(Wright & Huston, 1995; Wright, Huston, Scantlin, & Kotler, 2001)과 다른 나라(UNICEF, 1996; Brederode Santos, 1993; Ulitsa Sezam Department of Research & Content, 1998)에서 이루어진 〈세서미 스트리트〉에 대한 연구들은 비시청자에 비해 시청자가 인지적 기술 및 다른 친사회적 효과라는 측면에서 긍정적인 이득을 얻었음을 보여준다. 종단적 연구들은 프리스쿨 어린이들이 〈세서미 스트리트〉를 시청함으로써 특히 학업 성적과 읽기 능력면에서 얻은 긍정적인 효과가 초등학교 진학 이후(Kearney & Levine, 2019; Zill, 2001; Zill,

---

13　'정동(affect)'은 심리학에서 감정(feeling)이나 기분(mood)의 단순한 상태를 넘어서 신체적·심리적·사회적 차원에서 발생하는 역동적인 감정의 흐름과 변화를 포함한다. 개인의 내면 상태뿐만 아니라 타인과의 관계, 사회적 맥락, 문화적 영향 등을 포괄하는 광범위한 개념이다. 심리학, 사회학, 문화 연구 등에서 감정의 복잡성과 다차원성을 강조하기 위해 사용된다. '감정적'이 주로 개인의 주관적 경험을 가리킨다면 '정동적'은 그 감정이 발생하고 전파되는 과정, 그리고 그것이 미치는 영향까지 포함하는 더 넓은 개념이다. 예를 들어, '정동적 노동'이란 '감정 노동'을 넘어 노동자의 감정이 사회적·경제적 맥락에서 어떻게 형성되고 영향을 미치는지를 분석하는 데 사용된다(옮긴이 주).

Davies, & Daly, 1994)뿐만 아니라 심지어 고등학교까지(Anderson et al., 1998) 지속함을 보여주었다.

또한 연구들은 〈바니와 친구들(*Barney and Friends*)〉(Singer & Singer, 1994, 1995, 1998), 〈걸라 걸라 섬(*Gullah Gullah Island*)〉과 〈알레그라의 창(*Allegra's Window*)〉(Bryant et al., 1997; Mulliken & J. A. Bryant, 1999), 〈블루스 클루스〉(Anderson et al., 2000; Bryant et al., 1999), 〈미스터 로저스의 이웃 사람들(*Mister Rogers' Neighborhood*)〉과 〈디 일렉트릭 컴퍼니(*The Electric Company*)〉(Rice, 1984; Rice & Haight, 1986; Ball & Bogatz, 1973; Ball, Bogatz, Karazow, & Rubin, 1974), 〈사자들 사이에서(*Between the Lions*)〉(Linebarger, 2000), 〈무지개 읽기(*Reading Rainbow*)〉(Leitner, 1991), 〈스퀘어 원 TV(*Square One TV*)〉(Hall, Esty, & Fisch, 1990; Hall & Fisch et al., 1990), 〈3- 2-1 콘택트(*3-2-1 Contact*)〉(Cambre & Fernie, 1985; Johnston, 1980; Johnston & Luker, 1983; Wagner, 1985) 같은 프로그램의 유익한 효과도 발견했다. 좀 더 최근 연구들에서는 〈대니얼 타이거의 이웃집(*Daniel Tiger's Neighborhood*)〉(Rasmussen et al., 2019), 〈PEG+CAT〉(Pasnik et al, 2015), 〈오드 스쿼드(*Odd Squad*)〉(Tiu et al., 2015), 〈모자 속 고양이는 그것에 대해 많은 것을 알고 있다!(*The Cat in the Hat Knows a Lot About That!*)〉(Grindal et al., 2019)와 같은 프로그램 시청이 유익하다는 것이 밝혀졌다. 어린이를 위한 교육 프로그램의 긍정적 이득은 부모나 보호자가 어린이와 함께 프로그램을 보고 프로그램의 메시지를 강화할 때 커진다(예: Fisch et al., 2008; Singer & Singer, 1983; Wright et al., 1990).

니켈로디온 프로그램인 〈걸라 걸라 섬〉과 〈알레그라의 창〉에 대한 2년간의 평가에서 이들 프로그램을 규칙적으로 시청한 어린이는 시청하지 않은 어린이보다 훨씬 쉽게 문제를 풀고 더 유연한 사고를 할 수 있는 것으로 드러났다. 그 밖에도 규칙적으로 시청한 어린이는 비시청 어린이보다 적절한 사회적 행동을 더 많이 배웠으며(Bryant et al., 1997), 세 가지 유형의 문제 해결 과제를 더 잘 수행했다(Mulliken & J. A. Bryant, 1999).

닉 주니어(Nick, Jr: 미취학 어린이들을 위한 니켈로디온의 네트워크)의 교육 프로그램인 〈블루스 클루스〉를 2년 동안 평가한 연구에서도 비시청자와 비교했을 때 시청자에게서 유익한 효과를 발견했다(Anderson et al., 2000; Bryant et al., 1999). 표준화된 코프먼(Kaufman) 테스트의 비언어적 문제 해결 영역과 재미없는 수수께끼 해결 영역에서 〈블루스 클루스〉 시청자의 점수가 더 높았는데, 이러한 차이는 통계적으로 유의미했다.

언어 발달, 문해력, 수학 및 문제 해결, 과학 및 기술, 공민(公民), 사회과목 분야에서도 교육 프로그램 시청자에게서 긍정적인 효과가 나타났다(Fisch, 2002).

5) 사회 인지 이론과 건강 캠페인

사회 인지 이론의 또 다른 실제 적용 사례는 건강 캠페인이다(Krcmar, 2020). 캠페인은 흔히 모델링과 대리 강화(vicarious reinforcement)[14]를 사용하여 건강 관련 결정 및 행동에 대한 개인의 자기-효능감 지각을 변화시킨다. 캠페인에는 유방 자가 검진과 같은 긍정적인 행동을 보여주는 유명인사나 배우가 등장할 수 있다(Anderson, 2000). 이러한 유형의 캠페인 메시지는 개인의 지각된 자기-효능감(Anderson, 1995)과 행동 수행 의도(Anderson & McMillion, 1995)를 높이는 것으로 나타났다.

또한 연구에 따르면, 사회 인지 이론을 기반으로 한 이메일 개입(intervention)[15]은 유방암 생존자들이 신체 활동을 하게 하는 데 도움을 줄 수 있는 것으로 나타났다(Hatchett et al., 2013). 사람들이 실내 태닝(tanning)을 선택하는 이유와 그러한 이유에 대한 정보가 피부암 예방 메시지를 개발하는 데 어떻게 활용될 수 있는지를 더 잘 이해하기 위해 사회 인지 이론이 사용되기도 했다(Noar et al., 2015).

5. 사회적 촉진 혹은 설득

광고 캠페인이나 다른 설득 노력은 본뜨는 행동의 또 다른 예인 사회적 촉진을 보여주는 탁월한 사례들이다. 사회적 촉진은 새로운 행동 학습을 수반하지 않으며, 따라서 관찰 학습 및 탈억제와는 다르다. **사회적 촉진**(social prompting)은 이미 학습된 어떤 특정한 방식으로 행동하도록 사람들에게 '유인(誘因)'을 제공하는 것을 의미한다.

사람들은 대부분 새로운 제품이 큰 이점이나 유인을 제공하는 것을 보여주지 않는다면 당연히 그 새 제품을 써보려 하지 않는다. 치약을 예로 들면, 새롭게 출시된 치약이 치아를 희게 만들어준다며 (광고 모델의 행동에서 암시되듯이) 아름다운 미소와 사랑과 행복을 약속한다면 시청자들은 사용하던 치약을 그 브랜드로 바꾸고 싶어 할지도 모른다.

---

14 '대리 강화'는 동일한 행동에 대해 보상을 받는 다른 사람들을 관찰한 결과 특정 행동의 빈도가 증가할 때 발생한다(옮긴이 주).

15 (해나 위험을 방지하거나 기능을 향상하기 위해) 특히 조건이나 과정의 결과나 과정에 끼어드는 행위를 말한다(옮긴이 주).

이 기법은 같은 범주의 다른 제품에 비해 실질적인 이점이 거의 없는 제품의 광고에서 지나치게 자주 사용되는 것을 볼 수 있다.

1) 설득을 야기하는 많은 영향 인자들

사회 인지 이론에 따르면, 인간 행동을 결정하는 많은 영향은 그 강도가 서로 다르다고 한다. 어떤 새로운 행동의 설득이나 모델링 또는 채택의 모든 사례들을 설명해 주는 단 하나의 패턴이 존재하지는 않는다. 사람들은 때로는 그들이 텔레비전에서 본 것에 영향을 받고, 때로는 대인 커뮤니케이션에 설득되며, 때로는 둘 모두에 조금씩 영향을 받거나 설득당한다. 행동이 영향을 받는 모든 경우, 외부 요인과 개인적 특성의 결합이 작용한다. 그러한 결합의 역동성은 사람마다 다르다. 효과 연구 전통을 특징지었던 3장의 간접적 영향 가설을 기억할 것이다. 제한 효과 가설은 지역사회에서 의견 주도자라 불리는 영향력 있는 사람이 매스 미디어에 영향을 받는다고 보았다. 그런 다음 의견 주도자는 개인적 접촉을 통해 대다수 다른 사람에게 영향을 미친다.

상당수의 증거가 미디어가 행동의 변화를 일으키기보다는 행동의 변화를 단지 강화할 '뿐'이라는 것을 그대로 보여주고 있다. 또한 어떤 경우에는 미디어가 변화를 '일으키며'(Bandura, 1986; Libert et al, 1982), 시청자에게 직접적인 효과를 미친다는 것(Watt & van den Berg, 1978)도 연구들은 보여주었다. 궁극적으로 개인의 행동을 결정하는 다른 소스의 영향이 그런 것과 마찬가지로, 미디어의 영향도 강도에서 차이가 있다(Bandura, 1994).

6. 새로운 미디어에 사회 인지 이론 적용하기

요즘 소셜 미디어에서는 바이럴 챌린지(viral challenge)[16]를 흔히 볼 수 있다. ALS[17] 연

---

16 사람들의 참여와 소문 퍼뜨리기를 장려하는 재미있고 매력적이며 공유 가능한 활동을 만드는 것과 관련된 일종의 소셜 미디어 마케팅 전략을 말한다(옮긴이 주).

17 '근위축성 측색 경화증(ALS: amyotrophic lateral sclerosis)'은 퇴행성 신경 질환으로 대뇌 및 척수의 운동신경원이 선택적으로 파괴되기 때문에 '운동신경원 질환'이라고 하며 '루게릭병'이라고도 한다(옮긴이 주).

구 기금 마련을 위한 얼음물 덮어쓰기 챌린지(ice bucket challenge)[18](Sifferlin, 2014)나 마이클 머피 중위 기념 장학재단(Lt. Michael P. Murphy Memorial Scholarship Foundation) 기금 마련을 위한 머피 챌린지(Hughes, 2019)와 같은 일부 챌린지는 머리 위로 얼음물 한 양동이를 붓거나 운동을 하는 것과 같은 안전한 행동을 따라 하도록 장려한다. 그러나 악명 높은 세제 먹기 챌린지(Tide Pod Challenge)(Bever, 2018)와 같은 일부 바이럴 챌린지는 사람들이 위험한 행동을 하도록 부추기기도 한다. (두말할 필요도 없이 제발 세제는 먹지 말기 바란다!)

새로운 미디어 기술이 확산하면서 커뮤니케이션 미디어가 행동에 미치는 영향력이 훨씬 더 커졌다. 크르크마르(Krcmar, 2020)는 가상 현실(VR: virtual reality), 비디오 게임, 소셜 미디어 및 기타 온라인 콘텐트와 같은 좀 더 새로운 미디어가 연구자들에게 사회인지 이론을 연구할 수 있는 새로운 환경을 제공한다고 말했다. 인스타그램과 페이스북(Facebook) 같은 플랫폼의 시각적 요소(즉, 사진 및 동영상)에 관한 상당수의 초기 연구는 기존 미디어에서 발생하는 것과 유사한 효과가 발생한다고 보고했다. 페이스북의 정치적 게시물에 대한 노출은 정치적 효능감(political efficacy)[19] 증가와 관련이 있었다(Velasquez & LaRose, 2015). 또한 히스패닉계 미국인을 대상으로 한 연구는 다른 사람의 행동과 경험을 관찰하고, 더 많은 소셜 미디어 이용에 참여하고, 정치적 이유에서 소셜 미디어를 이용하는 것에 대해 자신감을 느끼는 것이 온라인에서 정치적 의견을 표현하고 오프라인에서 정치적 기회에 참여할 가능성을 더 높여준다는 사실을 확인했다(Velasquez & Quenette, 2018). 체중 감량에 대한 다른 사람들의 온라인 메시지를 본 시청자는 스스로 체중 감량을 할 수 있다는 자기-효능감이 향상되었다(Sarge & Knobloch-Westerwick, 2013). 소셜 미디어에서 사진을 본 청소년기 소녀들을 대상으로 한 연구에서도 모방과 모델링의 증거가 확인되었다(Kleemans et al., 2018). 사진, 특히 조작된 사진을 본 소녀들은 자신의 신체 이미지에 대한 부정적인 감정이 커짐은 물론 사진 속 사람들

---

18 보스턴 칼리지(Boston College) 졸업생인 피트 프레이츠(Pete Frates)가 2012년 3월에 루게릭병으로 진단되자 절친인 코리 그리핀(Corey Griffin)이 아픈 친구와 다른 루게릭병 환자들을 위한 모금 활동을 목적으로 시작되었다. 얼음물을 덮어쓰면 비록 짧은 시간이지만 근육이 오그라들면서 마치 마비가 일어날 때와 고통을 느낀다는 것인데, 그 고통을 함께 나눈다는 의미가 담겼다고 한다(옮긴이 주).

19 정치학에서 '정치적 효능감'이란 정부를 변화시킬 수 있다는 시민들의 신뢰와 정치 문제를 이해하고 영향을 미칠 수 있다는 믿음을 의미한다(옮긴이 주).

처럼 보이고 싶은 욕구도 강해졌다.

앞 단락에서 언급한 것과 같은 연구에 따르면, 소셜 미디어는 텔레비전, 영화 등 기존 미디어와 유사한 방식으로 기능한다. 그러나 일부 증거는 소셜 미디어의 효과가 더 강할 수 있음을 보여준다(Krcmar, 2020). 소셜 미디어의 효과가 더 강한 이유를 이해하려면 그러한 유형의 커뮤니케이션 행위가 기존 미디어와 어떻게 다른지 이해해야 한다. 밴두라(Bandura, 2009)는 그 차이점을 다음과 같이 요약했다:

투입(input) 측면에서 커뮤니케이션 수단은 관심의 대상이 되는 행동과 인과적으로 관련되어 있는 요인들에 맞게 개인적으로 맞춤화된다. 맞춤화된 커뮤니케이션 수단은 일반적인 메시지보다 더 관련 있으며, 더 믿을 만하고, 더 잘 기억되며, 행동에 더 효과적으로 영향을 미치는 것으로 여겨진다(Kreuter, Strecher, & Glassman, 1999). 행동 지도(指導) 측면에서 상호작용적인 기술은 바람직한 변화를 일으켜 결실을 보게 하는 데 필요한 행동 지도 유형과 수준을 개인에 맞게 맞춤화하는 편리한 수단을 제공한다. 인구-기반(polpulation-based) 접근 방법에서 커뮤니케이션 수단들은 정보를 제공하고, 역량과 동기를 부여하여 개인적 변화와 사회적 변화를 유도하도록 설계된다. 사회적 연결 기능을 수행함에 있어 커뮤니케이션 미디어는 사람들이 원할 경우 그들의 집으로 고도의 개인화된 지도를 제공하는 상호작용적인 온라인 자기-관리 프로그램에 사람들을 연결해 줄 수 있다(Bandura, 2009: 113).

우리는 온라인 소셜 네트워크에 누구를 포함할지(친구, 가족, 심지어 우리가 가장 좋아하는 유명인사까지) 선택할 수 있기 때문에 그들과 동일시할 가능성이 더 높으며, 밴두라(Bandura, 2009)는 동일시가 행동 모델링에 중요한 역할을 한다고 지적했다. 크르크마르(Krcmar, 2020)는 소셜 미디어의 자기-선택(self-selecting) 측면이 모델링의 결과를 높일 수 있을 것으로 추측했지만, 이 아이디어는 아직 실증적으로 검정되지 않았다고 지적했다.

모델링 및 모방 효과는 가상 현실 및 비디오 게임 연구에서도 관찰되었다. 다운스(E. Downs)와 올리버는 골프 비디오 게임이 플레이어의 골프 효능감과 실제로 퍼팅을 하는 데 영향을 미친다는 사실을 확인했다(Downs & Oliver, 2016). 한편 폭스(J. Fox)와 베일린슨(J. N. Bailenson)은 몰입형(immersive) 가상 환경과 가상 아바타(avatar) 동일시가 건강 행동 변화에 미치는 영향을 연구했다(Fox & Bailenson, 2009). 참여자들이 그들을 촬영해 완성한 그들 자신과 닮은 아바타를 볼 때, 그들은 다른 사람을 닮은 아바타를 본 사람들보다 자발적으로 운동에 참여할 가능성이 더 높다는 사실이 확인되었다. 또한 참여자들은

가상 현실은 연구자에게 사회 인지 이론과 모델링 효과를 연구할 수 있는 새로운 방식을 제공한다.

자신과 닮은 아바타가 단순히 서 있는 것이 아닌 달리는 모습을 본 경우 운동할 가능성이 더 높았다. 이 장의 앞부분에서 논의한 것처럼, 가상의 자기를 보는 것은 대리 강화 효과를 제공했다.

7. 상징적 모델링을 통한 확산

미디어 효과 연구의 중요한 영역 가운데 하나로 사회나 대규모 집단의 사람들을 통한 혁신(새로운 기술, 도구, 행동, 농업 기술)의 확산에 대한 연구가 있다. 커뮤니케이션 학자인 에버릿 로저스(Everett Rogers)는 **혁신의 확산**(diffusion of innovation)이라 불리는 분야에서의 학문적 업적으로 유명하다(Rogers, 1983).

이 분야의 연구에 따르면, 혁신의 성공적인 확산은 매번 유사한 패턴, 즉 S형 분포 곡선을 나타낸다고 한다. 이것은 일정 기간에 걸쳐 나타나는 정규 종형 곡선이다. [일부 연구는 정보 및 커뮤니케이션 기술의 대량 사용을 통한 확산이 볼록한 r-곡선을 따라 발생할 수도 있음을 보여준다(예: Danowski et al., 2011)].

사회 인지 이론은 혁신의 확산을 상징적 모델링, 설득, 사회적 촉진, 동기화라는 각도에서 고찰하고 있다. 다음과 같은 세 가지 주요 사건이 확산 과정을 규정한다:

① 사람들이 어떤 혁신(새로운 행동, 도구, 제품 등)에 대해 알게 될 때

② 사람들이 혁신을 채택하거나 새로운 행동을 할 때

③ 사람들이 사회적 네트워크 내 다른 사람과 상호작용하면서 그들이 그러한 새로운 행동을
채택하도록 권하거나 그러한 행동을 채택하기로 한 그들 자신의 결정을 확인할 때

혁신의 확산 연구는 새로운 행동 채택 과정에서 미디어의 영향과 대인적 영향의 각기
다른 강도를 살펴본다. 텔레비전의 상징적 세계는 시청자 대중에게 동시에 방송된다.
위성 텔레커뮤니케이션은 텔레비전 프로그램을 전 세계 다른 나라에 있는 시청자 수
백만 명에게 전송한다. 사회 변화는 (여러 가지 행동, 스타일, 아이디어를 본뜨는 시청자들이
살고 있는) 사회 전반에 미치는 텔레비전의 영향으로 일어난다(Bandura, 1986; Singhal &
Rogers, 1989; Winett et al., 1985).

8. 사회 인지 이론의 한계점

지금까지 우리는 사회 인지 이론의 유용성과 인간 행동에 미치는 매개되는 커뮤니케
이션의 효과를 이해하고자 하는 연구에 이 이론이 폭넓게 적용되는 것에 대해 알아보았
다. 그러나 크르크마르(Krcmar, 2020)는 이 이론의 광범위한 적용 가능성이 강점'이자' 약
점일 수 있다고 지적했다. 그녀는 이 이론이 다양한 미디어 기술과 콘텐트에 적용될 수
있으며 모든 행동을 연구하는 데 사용될 수 있음을 인정했다. 그뿐 아니라 주목, 파지,
동기 부여, 모델링, 모델과의 동일시, 대리 강화 등이 이론의 많은 요소를 쉽게 검정할
수도 있다.

이 장의 앞부분에서 개략적으로 설명했듯이, 사회 인지 이론은 삼원 상호 인과관계
과정, 즉 인지적·행동적·환경적 요인 간의 상호작용을 통해 인간 행동을 탐구한다. 연구
자들은 그 과정에서 많은 변인을 발견하긴 했지만,

이 이론 자체는 관찰된 행동이 모델링되는 정확한 기제에 대해 다소 불가지론적이거나[20] 적

---

20 '불가지론(不可知論, agnosticism)'이란 몇몇 명제(대부분 신의 존재에 대한 신학적 명제)의 진위를 알
수 없다고 보는 철학적 관점 또는 사물의 본질은 인간에게 있어서 인식 불가능하다는 철학적 관점을
말한다. 여기서는 정확한 기제를 알 수 없거나 특정할 수 없다는 입장을 나타낸다(옮긴이 주).

어도 모호하다…. 따라서 목격된 행동을 실행된 행동으로 옮기는 데 관여하는 기제를 추가로 명확히 한다면 이 이론의 정확성이 향상될 것이다(Krcmar, 2020: 109).

크르크마르(Krcmar, 2020)가 개략적으로 설명한 이 이론의 다른 한계로는 이 이론이 설명할 수 있는 것과 설명할 수 없는 것에 대한 명확한 경계가 없다는 점과 다른 변인들(예: 동일시)은 대체로 무시하면서 소수의 변인(예: 대리 강화, 모방)에만 초점을 맞춘 연구라는 점이 포함되어 있다. 크르크마르는 앞으로의 연구가 좀 더 새로운 변인들이 기존의 이론 모델과 어떻게 연결되는지 살펴볼 것을 촉구했다.

9. 요약

앨버트 밴두라의 사회 인지 이론은 하나의 주요한 독자적인 미디어 효과 이론일 뿐만 아니라, 많은 다른 미디어 효과 이론의 구성 요소 역할을 한다. 사회 인지 이론은 특정한 행동을 야기하는 인간의 인지를 분석하고 어떤 사람이 학습을 할 때 작동되는 정신적 과정을 설명하기 위한 기본 틀을 제공한다. 사회 인지 이론은 삼원 상호 인과관계 과정, 즉 인지적·행동적·환경적 요인 간의 상호작용을 살펴봄으로써 행동을 설명한다.

사회 인지 이론은 인간을 다른 동물과 구분해 주는 몇몇 독특한 인지적 특성의 중요성을 강조한다. 이러한 특성으로 상징화 능력, 자기-조절 능력, 자기-성찰 능력, 대리 능력을 들 수 있다. 자기-성찰 능력은 사고 검증에 사용되는 각기 다른 네 가지 양식, 즉 행동적, 대리적, 사회적, 논리적 양식을 포함한다.

핀클리아(Finklea)는 "사회 인지 이론으로 인해 우리는 미디어를 진정한 교육 도구로 볼 수 있다. 관찰 학습은 대면 교육 못지않게 영향력이 클 수 있다. 미디어가 포화된(media-saturated) 세상은 어린이부터 노인까지 다양한 수용자를 위한 학습 콘텐트를 만들어낸다"고 말한다(Finklea, 2017a: 934). 관찰 학습과 모델링은 사회 인지 이론의 핵심 요소이다. 다른 사람의 행동과 그러한 행동의 결과를 관찰할 때, 사람들은 자신이 관찰한 것을 통해 배울 수도 있다. 모델링은 학습된 행동을 재연하는 것으로 4개의 구성 과정, 즉 주목, 파지, 운동 재현, 동기화를 포함한다.

삶의 새로운 상황은 사람들에게 과거에 학습된 행동의 규칙을 새로운 상황에 적용할 것을 요구한다. 추상적 모델링은 학습된 행동의 단순한 모방 이상의 더 높은 수준으로 학습을 끌어올려주며, 따라서 많은 실용적인 이점을 제공한다.

사람들이 기존의 행동 패턴이나 행동 원칙과 상충하는 행동을 관찰하거나 상충하는 정보를 수신할 때, 내적인 갈등은 기존의 행동을 수행하기 위한 동기화를 재검토하게 만든다. 사람들이 결과에 대한 두려움 때문에 비난받을 만한 행동을 자제할 때, 억제 효과가 발생한다. 탈억제 효과는 이전에 학습된 특정 행동에 대한 내적 억제력을 없애준다.

비난받을 만한 행동을 하는 사람은 흔히 그들의 행동을 정당화하기 위해 인지적 기법을 사용한다. 탈억제 기법으로는 여덟 가지가 있는데 도덕적 정당화, 면책용 비교, 완곡한 이름 붙이기, 책임 전위, 책임 분산, 행동의 결과 왜곡, 비인간화, 책임 돌리기가 그것이다.

시청자들은 스크린에서 본 많은 것에 영향을 받거나 각성된다. 일부 각성 경험은 속성상 일시적이지 않다. 공포 반응, 대처 기법, 호불호(好不好)는 미디어 등장인물에게서 학습되며 그 결과는 오래 지속할 수 있다.

사회 인지 이론은 인지, 관찰 학습, 모델링을 통해서 배양 효과, 기폭 효과, 친사회적 효과를 설명하는 데 도움을 준다. 매스 미디어에서 비롯되는 많은 설득 효과나 사회적 촉진의 기초는 사회 인지 이론에서 발견될 수 있는데, 사회 인지 이론은 새로운 행동을 본뜨거나 새로운 아이디어를 채택하게 하는 동기화나 영향이 역동적이며 대개 외적 요인과 개인의 인지 및 특성이 결합된 것이라고 본다. 또한 연구자들은 소셜 미디어, 가상현실, 비디오 게임과 같은 새롭게 등장하는 미디어에 대한 연구에 사회 인지 이론이 어떻게 적용될 수 있는지 살펴보고 있다.

혁신의 확산 연구 역시 그것의 개념적 기초를 사회 인지 이론에서 찾는다. 사회나 대규모 집단을 통한 혁신의 확산은 상징적 모델링, 설득 또는 사회적 촉진, 동기화를 통해서 설명된다. 성공적인 혁신의 확산은 다음의 세 단계를 필요로 하는데, 혁신에 대해 알기, 혁신의 채택, 초기 채택 후 사회적 네트워크의 발전이 그것이다.

종합하면, 사회 인지 이론은 인간 행동을 더 잘 이해하기 위해 자주 사용되는 이론이 되었다. 이 이론의 폭넓음은 강점이자 약점으로 볼 수 있다. 그러나 그러한 약점은 미래의 연구자들에게 믿을 수 없을 정도로 유용한 이 이론을 탐구하고 향상할 수 있는 기회를 제공한다.

제5장

기폭

서로 관련이 있는 개념들은 정신적인 네트워크로 연결되어 있어서
한 개념이 활성화되면 그것과 관련된 개념들도 활성화된다고 가정한다.
— 앨버타 대학교(University of Alberta)의
『인지과학사전(*Cognitive Science Dictionary*)』, 1998

가족 가운데 누군가가 한때 암 투병을 하다가 전통적인 치료를 통해 암을 극복했다고
가정해 보자. 몇 년 후, 한 텔레비전 뉴스와 타블로이드(tabloid) 신문에서 할리우드
(Hollywood) 스타가 여러분의 가족이 걸렸던 것과 같은 암으로 고통을 겪고 있다고 보도
한다. 아마 여러분은 치료에 대해 궁금해하는 등 그 스타가 암으로 고통 받고 있다는 기
사를 읽는 데 더 관심이 있을 것이다. 그 질병과 싸운 누군가에 대한 개인적 경험 때문
에 여러분은 이미 그 특정한 종류의 암에 대한 어떤 정보를 기억 속에 저장해 놓고 있다.
여러분의 기억은 그 새로운 정보에 의해 활성화되었을 것이다.

기폭(priming) 연구는 미디어 소비자의 마음속에 저장되어 있는 관련된 개념들의 활성
화에 대한 연구다. 기폭 연구는 대개 미디어 메시지로부터 정보를 받아들임으로써 발생
하는 기폭 활성화를 조사한다. 예를 들면, 많은 기폭 효과 연구는 정치적 이슈와 관련된
미디어 내용을 살펴보았으며 그러한 내용에 노출되는 것이 대통령직 수행 평가나 다른
여론 척도에 어떻게 영향을 미치는지를 조사했다. 이러한 연구의 경우 미디어는 수용자
의 마음속에 있는 어떤 정보를 '기폭한다고' 하는데, 이로 인해 수용자는 어떤 이슈에 더
큰 중요성을 부여하거나(즉, 의제 설정에 관한 6장 참조) 심지어 중요한 문제에 대한 그들

의 판단에 영향을 받을 수 있다(즉, 설득에 관한 10장 참조).

위의 미디어 내용 시청 사례를 생각해 보라. 그 같은 내용이 시청자의 마음속에 어떤 정신적 연상(mental association)을 촉발한다고 생각하는가? 미디어 폭력이 시청자들에게 그들의 기억에 저장되어 있는 화가 나는 생각이나 비판적인 생각을 연상시키는가? 더욱 중요한 것으로, 매개되는 폭력의 시청과 그것이 유발하는 정신적 연상이 시청자들에게 스스로 범죄 행동을 저지를 가능성을 더 높여주는가?

미디어 효과가 실제로 발생할 때 나타나는 심리적 과정과 관련된 질문뿐만 아니라 이러한 종류의 질문도 미디어 효과에 대한 많은 사회과학 연구의 핵심을 이룬다. 인지 연구는 통상 (때때로 장기적 함의를 지니는) '단기적' 미디어 효과를 살펴본다. 역사적으로 인지 연구는 '현실 세계'의 미디어 폭력 이슈에 대한 일반화를 희생시킨 채, 탄탄한 실험 설계와 엄격한 통제를 사용하여 엄격성과 구체성을 기한다.

이 장에서는 기억과 기폭의 네트워크 모델의 이론적 토대를 살펴본다. 또한 매개 커뮤니케이션으로 인한 기폭 효과를 측정한 몇 가지 중요한 연구를 검토할 것이다. 이 장에서는 기폭 기제와 기폭의 활성화를 밝혀낼 수 있는 요인에 대한 설명에 이어, 기폭 이론의 개념적 토대를 살펴보고 기폭 효과를 높여주는 변인들을 탐구한다. 마지막으로 우리는 몇 가지 주요 연구 분야에서 기폭과 관련된 최근 연구를 고찰한다.

1. 접근성

기폭에 대해 구체적으로 논의하기 전에 접근성과 관련된 개념에 대해 간략하게 설명하고자 한다. 간단히 말하면, **접근성**(accesibility)은 어떤 개념이 사람의 기억에서 얼마나 쉽게 활성화되는지를 나타낸다(Ewoldsen & Rhodes, 2020). 의미 기억 모델(models of semantic memory)[1]이라고도 알려진 기억 네트워크 모델(network models of memory)은 누군가의 기억 속 개념들을 상호 연결된 노드들의 네트워크로 설명하는데, 여기서 각 노드(node)[2]는 특정 개념을 나타낸다. 여러분의 고등학교 시절의 기억을 예로 들어보자. 주

---

1 '의미 기억'은 경험이 배제된 단순한 지식적인 기억으로 명시적 기억(explicit memory)의 일종이다. 의미 기억은 인간이 평생 축적해 온 일반적인 세계 지식을 의미한다(옮긴이 주).

2 '노드'는 특정 지식 개념을 나타내는 메모리 범주에 대한 용어이다. 노드는 기억과 관련된 이전에 저

(主) 노드인 '고등학교' 노드는 관련된 수업, 견학, 과외 활동, 친구, 졸업 등의 노드로 분기된다. 고등학교에 대해 생각하지 않을 때 해당 노드는 휴식 중인 비활성 상태가 된다. 그렇지만 친구가 고등학교 시절 경험을 언급하면 고등학교 노드가 활성화될 수 있다. 이 예에서 여러분은 곧 다른 것에 대해 생각하게 될 것이므로 해당 개념에 대한 접근성은 일시적일 가능성이 높다. 그러나 더 자주 활성화되는 개념의 경우, 접근성이 만성적이 될 수 있다(Wyer, 2004).

기억 네트워크 모델은 기억을 상호 연결된 노드들의 망(網)으로 설명한다. 각 노드는 사람의 기억 속에 있는 서로 다른 개념을 나타낸다.

나아가 유올슨(D. R. Ewoldsen)과 로즈(N. Rhodes)는 노드들이 상호 연결되어 있기 때문에 에너지가 연상 경로(associative pathway)를 따라 한 노드에서 다른 관련 노드로 확산할 수 있지만, 이러한 경로들의 강도는 서로 다를 수 있다는 점에 주목했다(Ewoldsen & Rhodes, 2020). 예를 들어, 더 강한 경로는 노드들 사이에 더 큰 에너지를 전달할 수 있다.

전형적인 예로 '의사' 노드가 기억에서 활성화되면 의사와 간호사는 매우 밀접하게 연관되어 있을 가능성이 높기 때문에 활성화가 '의사' 노드에서 '간호사' 노드로 이동하는 것을 들 수 있다. 이 경로의 강도가 높다고 가정할 때, 만약 의사 노드가 활성화되면(예: 활성화 임계값에 도달) 에너지가 '간호사' 노드로 이동해, '간호사' 노드가 활성화되거나 활성화 임계값에 가까워져 '간호사' 노드가 활성화되는 것이 더 쉬워질 수도 있다. '의사' 노드에서 '간호사' 노드로 퍼지는 에너지는 시간이 지나면 소멸된다. 따라서 활성화 확산(spreading activation)은 '간호사' 노드에 대한 접근성을 일시적으로 높이는 효과가 있다. 이것을 일반적으로 '기폭'이라고 한다(Ewoldsen & Rhodes, 2020: 84)

장된 정보에 기억을 연결한다(옮긴이 주).

2. 기폭의 활성화

미디어 효과라는 맥락에서 기폭은 매개 커뮤니케이션 노출이 미디어 소비자의 마음속에 저장되거나 '보관되어' 있는 관련된 생각을 활성화할 때 발생한다. 기억 네트워크 모델에서는,

어떤 자극(즉, 매개되는 메시지)의 제시는 그 자극의 정신적 표상(mental representation)과 연결된 연관 경로를 따라 휩쓸고 지나가는 활성화 '파동'을 촉발한다. 그와 같은 '활성화 확산'의 각 에피소드는 사용된 경로를 강화하는 효과가 있는 반면, 방치된 링크와 기억은 시간이 지나면서 계속 휴면 상태로 남아 쇠약해진다. 따라서 쉽게 떠오르는 구성체들(constructs)과의 수많은 강력한 링크를 보유한 노드는 접근성이 낮은 노드보다 인출되어(retrieve) 사용될 가능성이 더 높다(Marquis, 2016: 1237).

그와 같은 내용을 본 후 일정 기간 사람들은 그 내용에 대해 생각하거나 관련된 생각을 하거나 기억할 가능성이 높다. 어떤 경우는 관련된 생각이나 기억이 그 미디어 내용, 즉 **자극**(stimulus)과 영구적으로 연관된다(Fiske & Taylor, 1991).

예를 들어, 미국의 인종 갈등에 관한 기사를 다루는 네트워크 뉴스 방송을 본 시청자는 조부모나 증조부모의 민권 운동 당시 시위에 관한 이야기를 기억하게 할 수도 있다. 인종 관계에 관해 이미 획득한 지식은 뉴스 방송에서 수집된 새로운 정보와 연관될 것이다. 뉴스 기사에 대한 시청자의 관심과 반응은 기존 지식과 이전 경험의 영향을 받을 가능성이 있다. 예를 들어, 어린 시절에 들은 이야기가 상당한 불안을 불러일으켰다면, 현재의 인종적 긴장에 관한 뉴스 보도는 그와 같은 감정을 떠올리게 할 수도 있을 것이다. 즉, 그 뉴스 방송은 특정한 반응을 '기폭했다'.

기폭을 미디어에 적용하면, 그것은 처리된 내용과 관련된 사람들의 이후 행동이나 판단에 미디어 내용이 미치는 효과를 말한다. …… 기폭의 경우 기폭제가 되는 사건의 효과는 시간의 제약을 받는다는(time bound) 것을 이해하는 것은 중요하다. 예를 들어, 폭력에 초점을 맞춘 미디어 기폭 연구는 흔히 기폭 효과가 빨리, 흔히는 실험실에서 실험을 하는 동안에도, 사라짐을 자주 발견한다(Roskos-Ewoldsen et al, 2009: 74~75).

기폭의 활성화는 또한 사람들의 행동에도 영향을 미쳐 사람들에게 어떤 방식으로 행동하거나 반응하도록 할 수 있으며, 그래서 때로는 바람직하지 않은 결과를 초래할 수도 있다. 대부분의 사람들에게 기폭 효과는 보통 시간이 지나면서 줄어드는 가벼운 반응만을 야기할 뿐이며 심지어 별 주목을 끌지 못하고 지나갈 수도 있다. 그런데도 기폭 효과에 대한 전반적인 증거는 상당히 많다. 활성화의 강도, 촉발된 생각의 유형, 활성화의 행동적 결과는 많은 조건적인 요인에 달려 있다.

3. 기폭 효과의 특징과 경계 조건[3]

미디어 기폭에 대한 방대한 연구를 통해 기폭 효과의 세 가지 공통된 특성이 밝혀졌다(Ewoldsen & Rhodes, 2020). 첫째, 기폭 효과는 시간이 지남에 따라 소멸된다. 최근의 기폭제는 더 오래된 기폭제보다 행동과 판단에 더 큰 영향을 미친다(Higgins et al., 1985). 추가적인 활성화 없이 충분한 시간이 지나면 노드는 휴지(休止) 상태로 돌아가며, 그 시점에서는 더 이상 기폭되지 않는다. 일반적으로 기폭 효과는 기폭제에 노출된 후 대략 15~20분 이내에 사라지는 것으로 나타났다. 그러나 정치적 기폭 효과는 훨씬 더 오래, 때로는 몇 주 또는 몇 달 동안, 지속할 수도 있다. 이러한 유형의 장기적인 기폭은 지속적인 정치 뉴스 보도로 인해 기폭된 개념에 장기간에 걸쳐 지속적으로 접근 가능해지기 때문에 발생할 수도 있다(Price & Tewksbury, 1997).

둘째, 더 많은 인지적 에너지를 필요로 하는 더 강한 기폭제는 개인의 행동과 판단에 더 강한 영향을 미치는 경향이 있다(Higgins et al., 1985). 유올슨과 로즈(Ewoldsen & Rhodes, 2020)에 따르면, 기폭제의 강도는 지속시간(예: 기폭제에 5분 노출 대 30초 노출)이나 빈도(예: 짧은 시간 내에 기폭제에 한 번 노출 대 반복 노출)를 통해 조작될(manipulate)[4] 수 있다.

생생함(vividness) 역시 기폭에 영향을 미칠 수도 있는데, 매우 생생한 묘사로 인해 기폭 효과가 더 강해질 수 있다(Riddle, 2010). 중요한 것은 기폭제 강도의 선형적인 증가가 기폭 효

3　'경계 조건(boundary condition)'이란 어떤 이론이나 모델이 적용될 수 있는 한계 또는 제한 조건, 즉 특정 효과가 나타나기 위해 충족되어야 하는 필수 조건을 의미한다(옮긴이 주).
4　여기서 '조작'이란 실험 연구에서 독립 변인에 변동을 가하는 것을 의미한다.

과의 선형적인 증가로 이어지지는 않는다는 것이다(Ewoldsen & Rhodes, 2020: 90).

기폭 효과의 세 번째 특징은 상황이 모호할 때 흔히 기폭제가 더 큰 효과를 발휘한다는 것이다(Roskos-Ewoldsen, 1997). 아렌트(F. Arendt)는 범죄 뉴스에서의 인종 고정관념과 그것이 낯선 이의 표정에 대한 이후 판단에 미치는 기폭 효과를 조사했다(Arendt, 2017). 일부 참여자들은 '검은 피부색의 범죄자'라는 고정관념을 기폭하는 범죄 기사를 읽은 한편, 통제집단은 인종에 대한 언급이 없는 범죄 기사를 읽었다. 나중에 참여자들에게 낯선 이의 표정 이미지를 보여줬을 때, 어두운 피부의 낯선 이에게서 기폭 효과(즉, 낯선 이에게서 지각된 위협)가 확인되긴 했는데, 그것은 표정이 모호할 때만 그러했다. 표정이 모호하지 않은 상황은 다양한 해석의 여지를 거의 남기지 않지만, 모호한 행동은 다양한 방식으로 해석될 수 있다. 그리고 "사회적 행동의 상당수가 모호함을 고려할 때, 기폭 효과는 우리의 일상생활에서 꽤 자주 발생할 수 있다"(Ewoldsen & Rhodes, 2020: 90).

모이(P. Moy) 등은 기폭 효과의 네 가지 '경계 조건'을 다음과 같이 개략적으로 설명했다(Moy et al., 2016): ① 최근성(recency: 최근에 경험한 정도)과 ② 기폭제에 대한 반복된 노출, 그리고 기폭제의 ③ 적용성(applicablity)[5]과 ④ 주관적 관련성(subjective relevance). '최근성'과 관련하여 모이와 동료들은 "사람들의 마음속에 있는 기폭된 정보에 대한 접근성은 시간이 지나면서 약화하여 나중에 표적 자극(target stimulus)[6]에 그 정보를 적용할 가능성이 낮아진다"고 지적했다(2016: 6). '반복'은 단순히 사람의 기억 속에 있는 특정 노드가 기폭되는 빈도를 나타낸다. 해당 노드가 더 자주 활성화될수록, 동일한 노드가 이후의 자극에 반응하여 활성화될 가능성은 더 높아진다. 기폭제에 대한 노출은 기폭 효과를 촉발할 만큼 충분히 최근에 그리고 자주 발생해야 한다.

연구에 따르면, 관련 기억에 대한 접근은 기폭 현상의 일부만 설명할 뿐으로, 관련된 지식 구성체(knowledge construct)[7]의 적용도 발생한다(Althaus & Kim, 2006). 표적 자극을

---

5   활성화된 개념이나 정보가 현재 상황이나 판단에 얼마나 적절하게 적용될 수 있는지를 의미한다(옮긴이 주).

6   기폭 효과를 측정하거나 관찰하기 위해 사용되는 자극을 말한다. 이는 기폭제 제시 후에 참가자들이 그것에 반응하는 대상이다. 예를 들어, '의사'라는 단어에 노출된 후 '간호사'라는 단어(표적 자극)를 더 빠르게 인식할 수 있다. 이는 '의사'라는 기폭제가 의료 관련 개념에 대한 접근성을 높여 관련된 표적 자극의 처리를 촉진하기 때문이다(옮긴이 주)

7   개인의 인지 구조 내에서 조직화된 지식 체계를 의미한다(옮긴이 주).

평가하는 데 '적용 가능하려면' 기폭된 개념이 표적 자극과 겹치거나 유사한 특징을 가지고 있어야 한다(Price & Tewksbury, 1997; Tewksbury, 2020). 마지막 조건인 '주관적 관련성'은 적용성과 유사하지만 기폭의 주관적 구성 요소를 강조한다(Moy et al., 2016: 6). 즉, "사람들이 기폭된 구성체가 주어진 표적 자극과 어떻게 관련되는지 알지 못한다면 사람들은 그것을 평가에 적용할 수 없다고 생각할 것이다"(Moy et al., 2016: 6). (마지막 두 경계 조건은 다음 절에서 더 자세하게 설명할 것이다.)

　그러나 단순히 이 네 가지 경계 조건을 충족한다고 해서 기폭 효과가 발생한다는 보장은 없다. 당연히 지각의 개인차로 인해 기폭 활성화 강도는 사람마다 상당히 다르다(Bargh & Chartrand, 2000). 미디어 기폭제의 영향력에 영향을 미칠 수 있는 다른 요인으로는 정치적 관여(political involvement)와 태도, 인지 양식(cognitive style),[8] 성격 특성 등이 있다(자세한 내용은 Moy et al., 2016 참조).

4. 기폭 모델

　기폭 효과를 설명하기 위해 몇 가지 모델이 개발되었다. 접근성-적용성 모델(AAM: accessibility-applicability model)(Price & Tewksbury, 1997; Tewksbury, 2020)과 인지적 신연상 모델(Berkowitz, 1984, 1990, 1994, 1997)은 모두 이 장의 앞부분에서 설명한 기억 네트워크 모델을 기반으로 하고 있다. 이러한 전반적인 네트워크를 '기억'이라고 할 수 있다. 온라인으로 영화를 보거나 뉴스 기사를 읽을 때 처리되는 정보는 이 네트워크를 통해 특정 경로에 자극을 촉발하거나 특정 경로를 활성화한다. 과거 경험에서 얻은 개인의 생각이나 감정이 '기억되고' 새로운 정보와 연관된다. 이러한 아이디어와 생각은 개인의 행동에 영향을 미칠 수 있는 다른 관련된 아이디어를 자극할 수도 있다.

　인지적 신연상 모델과 일반 공격성 모델은 모두 공격성의 기폭을 살펴보는 데 사용되는 주요 모델이다(Anderson & Bushman, 2002, 2018; Anderson et al., 2007; Bushman & Anderson, 2002). 반면 AAM은 정치 커뮤니케이션을 연구하기 위해 개발되었지만, 다른 유형의 메시지에도 적용될 수 있다.

8　개인이 환경에 대해 인식하고 반응하는 양식을 말한다(옮긴이 주).

학자들은 계속해서 기폭과 관련된 이론을 발전시켜 가고 있지만(예: Hoewe, 2020; Lee et al., 2020; Lee & McLeod, 2020), 우리는 무엇보다 기폭의 세 가지 주요 모델에 초점을 맞출 것이다. 추가적으로 우리는 정신 모델이 기폭에 어떤 역할을 할 수 있는지에 대해서도 논의할 것이다.

1) 접근성-적용성 모델

공격성의 기폭을 설명할 수 있는 모델은 여러 가지가 있지만, 유올슨과 로즈는 정치적 기폭 효과를 충분히 설명할 수 있을 정도로 개발된 기폭 모델은 단 하나뿐이라고 말한다(Ewoldsen & Rhodes, 2020). 프라이스(V. Price)와 튝스버리(D. Tewksbury)가 원래 개발한 **접근성-적용성 모델**(AAM: accessibility-applicability model)이 바로 그것이다(Price & Tewksbury, 1997). 이 모델은 기폭 외에도 의제 설정 및 프레이밍을 연구하는 데에도 사용되었으며, 이것들에 대해서는 다음 두 장에서 자세히 알아볼 것이다. 더욱이 AAM은 정치 영역을 넘어서 기폭 효과를 연구하는 데도 사용될 수 있다.

간단히 말해서, AAM은 자극의 두드러진 속성에 노출되는 것이 사람의 장기 기억(long-term memory)에 저장된 만성적·일시적, 그리고 적용 가능한 구성체들을 어떻게 활성화할 [다시 말해서 활성 생각(active thought)이라고도 알려진 단기 기억(short-term memory)이나 작업 기억(working memory)[9]으로 이동시킬] 수 있는지 잘 보여준다. "기본적인 수준에서 매개되는 자극을 해석하고 그러한 자극에 반응하는 데 사용하기 위해 활성화되는 구성체들은 당면한 메시지와 과제에 가장 쉽게 접근할 수 있고 가장 적용 가능한 구성체들이다"(Tewksbury, 2020: 5). 일단 활성 생각 상태에 들어가면, 그러한 구성체들은 관련성을 평가받는다. 그런 다음, 관련성이 있다고 판단된 구성체는 해당 자극의 두드러진 속성을 평가하는 데 사용된다. (AAM에 대한 도식은 그림 5-1을 참조하라.)

앞에서 논의한 것처럼, 기폭은 개인의 기억 속에 있는 매스 미디어로부터 기폭된 정보에 대한 접근성이나 빈도를 고려하는 네트워크 모델로 설명되어 왔다. 그러나

---

9 '단기 기억'과 '작업 기억'을 동일하게 보는 경우도 있고, '작업 기억'은 '단기 기억에서 '장기 기억' 으로 발전해 가는 중간 단계로 보는 경우도 있다. 후자의 관점에서 보면, '단기 기억'은 가공 없이 정보를 그대로 기억·유지하는 기억이고, '작업 기억'은 정보의 조작(작업)이 수반되는 기억이다. 즉, '단기 기억'이 짧은 기간 남아 있는 기억이라면, '작업 기억'은 정보를 유지하고 사용하는 것까지 의미한다(옮긴이 주).

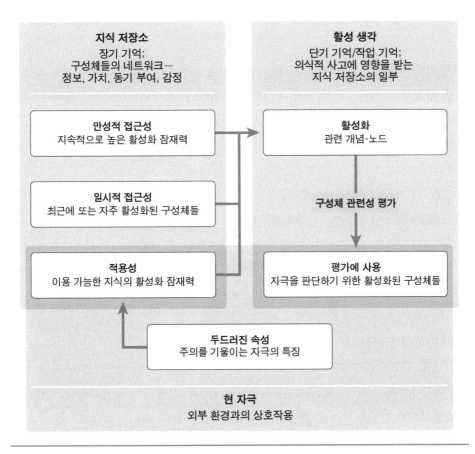

지식 저장소
장기 기억;
구성체들의 네트워크—
정보, 가치, 동기 부여, 감정

활성 생각
단기 기억/작업 기억;
의식적 사고에 영향을 받는
지식 저장소의 일부

만성적 접근성
지속적으로 높은 활성화 잠재력

활성화
관련 개념-노드

일시적 접근성
최근에 또는 자주 활성화된 구성체들

구성체 관련성 평가

적용성
이용 가능한 지식의 활성화 잠재력

평가에 사용
자극을 판단하기 위한 활성화된 구성체들

두드러진 속성
주의를 기울이는 자극의 특징

현 자극
외부 환경과의 상호작용

그림 5-1 프라이스와 툭스버리(1997)의 접근성-적용성 모델
자료: Price & Tewksbury(1997: 186)를 변형함.

AAM은 또한 미디어 소비자의 마음속에서 그와 같은 정보의 적용성도 포함한다(Price & Tewksbury, 1997; Scheufele & Tewksbury, 2007; Tewksbury, 2020 참조).

적용성은 정보가 현재 상황과 관련된 정도에 대해 의도적으로 판단하는 것을 의미한다. 분명히 기폭된 정보가 관련성이 없다면 정치적 판단을 내릴 때 그것을 사용해서는 안 된다. 프라이스와 툭스버리의 모델 내에서 미디어에 의해 활성화되고 현 상황에 적용 가능한 것으로 판단되는 구성체는 메시지가 프레이밍되거나 해석되는 방식에 영향을 미친다. 반면, 미디어에 의해 활성화되어 현 상황에 적용 가능하지 않다고 판단되는 구성체는 작업 기억으로 가져오지 않지만, 미디어에 의해 이러한 구성체들이 활성화된다는 것은 그것들이 기폭제로 작용할 수 있음을 의미한다(Ewoldsen & Rhodes, 2020: 92).

튝스버리는 미디어 학자들(및 학생들)에게 "어떤 구성체의 관련성에 대한 적극적인 평가는 활성화로 이어지는 적용성 과정과 비슷하게 들릴 수도 있지만 그것과는 다르다"(Tewksbury, 2020: 8)는 점에 유의할 것을 제안한다. 숄(R. M. Scholl) 등은 다음과 같은 유용한 설명을 제공한다(Scholl et al., 2016):

> 적용성은 자극과 기억 속 구성체들 간의 매우 거칠고 단순한 매칭 과정(matching process)인 반면, 관련성 판단은 좀 더 신중하고 의식적이다. "소는 무엇을 마시나요?"라는 질문을 예로 들어보자. 적용성은 대부분의 사람들이 우유와 자극진술문의 다른 두 단어 사이의 기억 내 연상적 연결 때문에 "우유"라고 대답하고 싶게 만드는 것이다. 그러나 사람들은 대부분 관련성 판단 때문에 우유라는 반응을 어떻게든 억제한다(Scholl et al., 2016: 75).

2) 인지적 신연상

인지적 신연상(cognitive neoassociation)이라는 개념은 기억 현상의 일부를 설명하려는 사회심리학적 관점을 토대로 한다(Anderson & Bower, 1973; Landman & Manis, 1983). 인지적 신연상은 기억 네트워크 모델을 기반으로 폭력적인 미디어 내용에 노출되면 사람의 기억에 적대감이나 공격성과 관련된 개념이 활성화된다는 가설을 내세운다. 이러한 개념들이 활성화될 때 개인은 모호한 행동을 공격적인 것으로 해석하고 공격적인 행동으로 반응할 가능성이 높다. 바꾸어 말하면, "폭력적인 미디어 내용으로 기폭된 사람들은 기폭이 일어난 이후에 누군가가 그들을 자극할 때 적대적으로 반응할 가능성이 더 높다"(Ewoldsen & Rhodes, 2020: 90).

더욱이 정서와 연결된 아이디어는 연관된 감정과 반응을 촉발한다. 예를 들면, 공격성에 노출되는 것은 화나 심지어 어떤 상황에서는 공격적 행위를 불러일으킬 수 있음을 연구들은 보여주었다(Berkowitz & Heimer, 1989). 우울한 '생각'은 실제로 우울한 '감정'을 야기할 수 있다(Velten, 1968).

게다가 수용자는 그들이 보고 있는 것과 유사한 의미가 담긴 생각이나 '의미론적으로' 유사한 생각을 할 가능성이 있다. 간단히 말하면, 기폭된 아이디어는 의미적으로 관련된 생각을 활성화한다(Collins & Loftus, 1975). 예를 들면, 어떤 영화의 러브 신(love scene)

을 보는 것은 수용자들에게 그들의 삶에서 유사한 순간을 기억하게 하고 그러한 사건과 연관된 정서를 기억해내게 만든다.

흥미롭게도 인지적 신연상은 미디어 효과가 어떻게 우리의 꿈까지 확장될 수 있는지 살펴보는 데에도 사용되었다. 밴 덴 벌크(J. Van den Bulck) 등은 폭력적이거나 성적인 미디어를 시청한 사람들이 각각 폭력적이거나 성적인 꿈을 꾸는 경향이 더 높다는 것을 확인했다(J. Van den Bulck et al., 2016).

3) 일반 공격성 모델

일반 공격성 모델(GAM: General Aggression Model)은 인지적 신연상 모델을 광범위하게 확장한 것이다(Anderson & Bushman, 2002, 2018; Anderson et al., 2007; Bushman & Anderson, 2002). 각성과 정동(affect)을 네트워크 프레임워크에 통합한 GAM은 기폭을 공격적인 행동에 영향을 미칠 수 있는 3단계 과정으로 설명한다.

개인의 통제를 넘어서는 자동 반응(automatic response)인 첫 번째 단계는 상황 변인(예: 좌절, 고통, 매개되는 폭력)에 노출되어 적대적인 생각, 기억 및 감정이 기폭될 때 각성이 높아지는 단계이다. 두 번째 단계는 시청자의 마음속에서 상황에 대한 1차 평가나 해석이 이루어지는 단계인데, 이 역시 자동적인 과정인 경향이 있다. 세 번째이자 마지막 단계는 시청자가 해당 기폭제에 대한 반응에 대해 더 주의 깊고 신중하게 생각하는 2차 평가가 이루어지는 단계이다. 이 세 번째 단계는 개인이 그 상황에 적용할 수 있는 다양한 행동을 신중하게 고려하므로 1차 평가를 대체할 수 있다.

예를 들어, 폭력적인 영화를 보는 것은 마음속에 공격적인 생각을 기폭할 수 있는데, 이는 이후의 자극에 공격적으로 반응할 가능성을 더 높일 수 있다. 그러한 영화를 본 후 영화관 주차장에서 누군가의 차가 여러분 차를 가로막고 있다고 상상해 보라. 여러분의 자동 반응/1차 평가는 상대방 운전자에게 소리를 지르는 것일 수도 있지만, 2차 평가 결과, 적대적인 방식으로 보복하지 않기로 마음을 먹을 수도 있을 것이다.

4) 정신 모델

일부 학자들은 AAM, 인지적 신연상 및 GAM 외에도 기억의 정신 모델들(mental models)을 사용하여 기폭 효과, 특히 더 장기간 지속되는 기폭 효과를 설명할 수 있다고 제안했다(예: Roskos-Ewoldsen et al., 2009). 기폭 효과를 설명하기 위해 정신 모델을 사용하는 것은 기억 네트워크 모델에 대한 대안을 제공한다. 정신 모델들이 기폭에 어떤 역할을 하는지 이해하려면 먼저 몇 가지 용어들에 대해 논의할 필요가 있다. 이 절과 이후 장들에서 여러분은 '스키마'와 '정신 모델'에 대한 언급을 보게 될 텐데, 이것들은

> 우리가 매개되는 환경을 포함하여 우리의 물리적·사회적 환경과 상호 작용하면서 만들어내는 두 가지 광범위한 인지 구조의 범주로, 이러한 구조들은 우리가 기억에서 인출하여 직접 그리고 미디어를 통해 경험하는 사람, 사물, 사건을 해석하는 데 사용된다(Busselle, 2017: 1753).

로스코스-유올슨(D. R. Roskos-Ewoldsen) 등(Roskos-Ewoldsen et al., 2009)에 따르면, 이러한 인지 구조들로는 '추상성'의 정도에 따라 (가장 추상적인) 스키마부터 정신 모델, 그리고 (가장 덜 추상적) 상황 모델이 있다.

스키마(schema)는 "어떤 개념이나 자극의 속성 그리고 그러한 속성들 간의 관계를 포함해 그 개념이나 자극의 종류에 대한 지식을 표상하는 인지 구조이다"(Fiske & Taylor, 1991: 98). 예를 들어, 대학 강의실에 대한 스키마에는 여러 줄의 책상, 화이트보드, 교탁, 프로젝터가 포함될 수도 있을 것이다. 정신적 스크립트(mental script)[10]와 고정관념 역시 스키마들, 즉 스키마타(schemata)의 한 종류이다.

정신 모델(mental model)은 어떤 사건, 상황, 또는 대상에 대한 덜 추상적인 정신적 표상이다(van Dijk & Kintsch, 1983). 정신 모델에는 과정이나 대상이 어떻게 기능하는지에 대한 지식이 포함되어 있다(Medin et al., 2001). 예를 들어, 강의실의 프로젝터 작동 방식에 대한 정신 모델에는 컴퓨터, 케이블, 프로젝터 및 화면에 투사되는 이미지가 포함될 수 있을 것이다. 정신 모델에는 또한 컴퓨터가 케이블을 통해 프로젝터(렌즈를 통해 이미지의 초점을 맞춰 스크린에 초점이 맞춰진 것처럼 보이게 함)로 데이터를 전송하는 과정에 대한 정보가 포함될 수도 있다.

정신 모델 접근법의 주요 측면은 외부 사건, 상황, 또는 대상과 그것들에 대해 우리가 구성한 정신적 표상 사이에 어느 정도 유사성이 존재한다는 것이다(Johnson-Laird, 1983,

---

10 '정신적 스크립트'란 특정 상황에 대한 행동이나 반응 뒤에 숨은 생각을 말한다(옮긴이 주).

정신 모델의 특징

- 정신 모델의 첫 번째 특징은 '변경 가능하다는' 것이다. 이는 레고(Lego) 블록을 사용하여 다양한 모양을 만들 수 있는 것과 유사하게 정신 모델의 부품이 상호 교환 가능하다는 것을 의미한다. 예를 들어, 디즈니 플러스(Disney+)에서 새로운 〈스타 워즈(*Star Wars*)〉시리즈를 시청하는 사람은 〈스타 트렉(*Star Trek*)〉의 커크(Kirk) 선장이 제다이 마스터(Jedi master)[11] 대신 어떻게 행동할지 상상할 수도 있을 것이다. "상황과 정신 모델의 가변성은 이 모델의 가능한 결과에 대한 추론을 개발하거나 이 모델의 작동 방식을 결정하는 데 중요한데, 이것은 역동적인 정신적 표상을 사용한 시뮬레이션 '실행'을 필요로 한다"(Roskos-Ewoldsen et al., 2009: 86).

- 정신 모델의 두 번째 특징은 그것이 '역동적이라는' 것인데, 이는 (미디어 이용의 경우) 미디어 소비자가 이를 제어하고 조작하여 서로 다른 시나리오를 테스트하고, 추론하며, 미디어 내용에 포함되어 있을 수도 있고 포함되어 있지 않을 수도 있는 정보로부터 결론을 도출할 수 있음을 의미한다.

  예를 들어, 영화 시청자는 편집 기술, 의상, 음악, 대화 등의 영화적 특징을 단서로 사용하여 앞으로의 사건을 예측하고 이전 사건에 대해 추론할 수 있다. 영화 제작자가 예상과 다른 정보를 전면에 내세우면 시청자는 그러한 정보가 제시되는 이유를 찾으려고 노력한다. 이러한 예측은 시청자가 영화를 보면서 생성하는 상황 모델의 조작을 통해 생성된다(Roskos-Ewoldsen et al., 2009: 86).

- 정신 모델의 세 번째 특징은 '맥락화되어 있다는' 것인데, 이는 정신 모델이 시간이라는 상황 속에 놓여 있음을 의미한다. 시간이 조금 지나면, 특정 정신 모델의 적용성은 사라질 것이다.

  그러나 중요한 것은 정신 모델의 적용성의 시간 프레임은 기억 네트워크 모델 내에서 노드 활성화를 기록하는 시간 프레임과 많이 다르다는 것이다. 즉, 정신 모델은 며칠 또는 몇 주가 지난 후에 적용될 수도 있다(Roskos-Ewoldsen et al., 2009: 86).

1989; Norman, 1983). 정신 모델의 또 다른 주요 특징은 가변적이고, 역동적이며, 맥락화되어 있다는(즉, 시간의 제약을 받는다는) 것이다.

마지막으로 **상황 모델**(situation model)은 특정한 유형의 정신 모델로, 가장 덜 추상적인 인지 구조이다. 어떤 사람은 매스 미디어에서 본 어떤 특정한 이야기나 에피소드를 표상하기 위해 기억 속에 상황 모델을 만드는 반면, 어떤 사람은 여러 관련된 이야기나 에피소드를 토대로 정신 모델을 만든다. "상황 모델은 수용자들(독자, 시청자, 또는 청취자)이 어떤 이야기의 특정 시점에서 현재 전개되는 상황을 어떻게 표상하는지 설명하기 때문에 내러티브 처리 및 이해와 특히 관련이 있다"(Busselle, 2017: 1757).

정신 모델들은 기폭의 활성화처럼 시간의 제약을 받지만, 기폭의 네트워크 모델보다는 더 오랜 기간 존재한다. 따라서 정신 모델은 수 주 혹은 심지어 수개월 지속하는 정치 커뮤니케이션의 기폭 효과를 설명할 수 있다. 그러나 어느 시점에는 매스 미디어를 통한 개념의 반복된 기폭은 기폭 효과가 아닌 배양 효과의 단계로 넘어간다. [정신적 개념에 대한 '만성적 접근성'과 배양 이론과의 연관성에 대한 추가적인 논의는 Ewoldsen & Rhodes(2020)을 참조하라. 또한 스키마 및 정신 모델에 대한 자세한 설명은 Busselle(2017)을 참조하라.]

5. 폭력적 내용으로 인한 기폭 효과를 높이는 변인들

미디어 폭력이 공격적인 행동, 생각, 정서에 미치는 영향에 관한 연구가 광범위하게 진행되었다. 연구에 따르면, 비디오 게임과 TV 폭력은 특히 단기적으로 사람들의 행동에 영향을 미칠 수 있는 것으로 나타났다(Huesmann et al., 2013). 그러나 일반적으로 말해서 공격적인 생각을 '기폭하는 것'과 '실제 공격성을 보여주는 것' 간의 연관성은 미약하긴 하지만 특정한 변인이 존재할 때는 상당히 강화된다. 연구들을 통해 다음과 같은 **중개 변인**, 즉 그것이 존재할 때 인과 현상을 강화하고 인과 현상의 촉매제 역할을 하는 변인의 존재가 밝혀졌다:

① 커뮤니케이션의 지각된 의미
② 목격된 공격성에 대한 지각된 정당화 가능성
③ 수용자가 등장인물과 동일시하는 정도
④ 매개 커뮤니케이션의 지각된 현실감
⑤ 이전 경험의 자극

---

11 제다이 마스터는 제다이의 계급이며 제다이 평의회가 오랜 기간 동안 특출난 공을 세운 인물들에게 내리는 칭호이다(옮긴이 주).

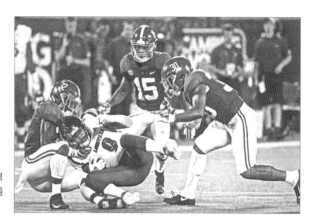

신체 접촉이 많은 스포츠는 적대감과 공격적 행동에 대한 생각을 기폭할 잠재력을 가지고 있다.

1) 지각된 의미

버코위츠(L. Berkowitz)와 앨리오토(J. T. Alioto)는 남성 실험 참여자들을 화나게 한 다음 그들에게 프로 권투시합이나 프로 미식축구 경기를 보여주었다(Berkowitz & Alioto, 1973). 참여자들에게는 이러한 경기를 두 가지 방식 가운데 하나로 해석할 수 있는, 즉 운동선수들이 상대를 해칠 의도를 가지고 있었다고 해석하거나 아무런 감정 없이 직업적으로 하는 일을 했을 뿐이라고 해석할 수 있는, 정보를 제공했다. 그 경기를 본 후 참여자들에게 앞서 그들을 화나게 했던 사람에게 전기 충격을 가할 수 있는 기회를 주었다. 운동선수들이 상대방을 해칠 의도를 가지고 있다고 믿는 참여자는 전기 충격을 더 많이 가함으로써 더 공격적인 생각으로 '기폭' 되었음을 보여주었다.

2) 지각된 정당화 가능성

매개되는 폭력을 시청하는 사람의 행동은 그들이 보는 상황의 '결과'에도 영향을 받는다는 것을 연구들은 보여주었다. 수용자는 그들이 텔레비전이나 영화의 등장인물과 유사하게 행동한다면, 텔레비전이나 영화에서 일어나는 일이 자신에게도 일어날 수 있다고 믿는다는 것을 많은 연구는 보여주었다(Bandura, 1971; Comstock, 1980; Comstock et al., 1978; Huesmann, 1982). 공격자가 그러한 행동의 결과로 고통을 당하는 것을 본다면, 그러한 공격적 행동을 모방할 가능성은 더 낮다(Bandura, 1965, 1971). 또한 수용자가 폭력의 심각하고 불행한 결과를 떠올리게 될 때도 공격성은 억제된다.

고랜슨(R. Goranson)은 화가 난 참여자들에게 권투시합에서 한 선수가 심하게 맞는 영화를 보게 한 후, 그들을 화나게 한 동료 실험자들에게 벌을 줄 수 있는 기회를 주었다(Goranson, 1969). 한 참여자 집단에게는 맞은 선수가 상처 때문에 사망했다는 이야기를 해주었고, 다른 한 집단에게는 이러한 정보를 주지 않았다. 그 선수가 죽었다고 생각한 참여자 집단은 다른 집단에 비해 그들을 화나게 한 실험자에게 벌주는 일을 더 자제했다.

3) 등장인물 동일시

연구에 따르면, 미디어 등장인물과의 동일시는 기폭 효과를 높여준다고 한다. 한 연구에서 연구자들은 세 집단의 남성 참여자들을 화나게 한 다음 권투시합 영화를 보여주었다(Turner & Berkowitz, 1972). 첫 번째 집단에게는 그들 스스로를 승자인 것처럼 생각하라고 했고, 두 번째 집단에게는 그들 스스로를 주심으로 생각하라고 말했다. 그리고 마지막 집단에게는 어떠한 지시도 하지 않았다. 각 집단에서 참여자 절반에게는 승자가 상대방 선수를 가격할 때마다 '때리다'라는 단어를 생각하도록 지시했다. 영화를 본 후, 각 참여자에게 자신을 화나게 했던 사람에게 충격을 가할 수 있는 기회를 주었다. 자신을 승자라고 상상하고 펀치를 날릴 때마다 '때리다'라는 단어를 떠올린 집단의 사람들이 가장 심한 충격을 가했다.

연구자들은 기폭 효과를 야기하는 데에서 동일시의 강도를 설명하기 위해 다양한 가설을 제기했다. '때리다'라는 단어는 과거의 호전적인 경험을 되살리는 기억에 대한 단서 역할을 했을 수 있다. 그와 같은 기억의 자극은 그러한 기억과 연관된 생각 및 감정과 함께 공격성을 높일 수도 있을 것이다.

영화의 공격적인 등장인물과 자신을 동일시하는(즉, 스스로를 등장인물이라고 생각하는) 수용자는 폭력적인 사건을 시청할 때 특히 공격과 관련된 생각을 하는 경향이 있을 수 있다. 그들은 영화 속의 공격적인 인물과 함께 영화 속의 피해자를 마음속으로 때리게 되고, 그러면 이러한 공격과 관련된 생각은 공격과 관련된 정신적 네트워크를 비교적 강하게 기폭한다(Jo & Berkowitz, 1994: 54).

4) 지각된 현실감

미디어가 묘사하는 내용의 지각된 현실감도 기폭 효과의 강도를 강화한다. 연구에 따르면, 기폭 효과는 수용자가 '허구의' 이벤트가 아닌 '실제의' 이벤트를 목격하고 있다고 믿을 때 가장 강하다고 한다. 한 연구에서 연구자들은 화가 난 참여자들에게 전쟁 영화를 보여주고, 그 가운데 절반에게만 그것이 허구적인 영화라고 이야기해 주었다(Berkowitz & Alioto, 1973). 나머지 절반에게는 그 영화가 실제 전투 장면이라고 이야기해 주었다. 그 후 자신을 화나게 한 참여자에게 전기 충격을 가할 수 있는 기회를 주었을 때, 실제 전투라고 믿은 집단의 참여자들이 더 오랫동안 전기 충격을 가했다. 5학년과 6학년 어린이 집단을 대상으로 한 연구도 유사한 결과를 보여주었다(Atkin, 1983). 첫 번째 집단의 어린이들은 뉴스에서 실감 나게 보도되는 싸움 장면을 시청했다. 두 번째 집단의 어린이들은 공상 오락물 속의 싸움 장면을 시청했다. 그리고 통제집단은 평범한 광고물을 시청했다. 그런 다음 조사했을 때, 첫 번째 집단이 다른 두 집단에 비해 공격성 지수가 훨씬 더 높은 점수를 기록했다.

5) 이전 경험의 기억

기폭 효과를 높여주는 것으로 확인된 또 하나의 요인은 '사전 학습(prior learning)' 또는 '기억된 경험(remembered experiences)'이다. 수용자들이 폭력 행동을 볼 때, 그들은 의미적으로 유사한 생각이나 느낌을 가졌던 다른 경우를 기억한다. 이러한 기억은 신경 네트워크를 재활성화하고 기폭 효과를 강화한다.

6. 기폭 연구의 주요 영역

미디어 효과 연구자들은 기폭 효과, 특히 미디어 폭력물 노출로 인한 기폭 효과를 계속해서 연구하고 있다. 연구자들은 주로 텔레비전과 영화의 폭력적 내용에 초점을 맞추곤 했지만, 좀 더 최근에는 비디오 게임과 아바타의 영향을 살펴보고 있다. 한편, 정치적 기폭은 영화와 텔레비전 그리고 웹사이트가 정치적 정보를 어떻게 기폭하는지를 조사하는 것으로 바뀌었다. 또한 최근 많은 연구가 미디어 내용의 인종 고정관념에 대한 기폭을 살펴보았다(Roskos-Ewoldsen et al., 2009).

1) 비디오 게임과 아바타

연구들은 폭력적인 비디오 게임이 공격성을 기폭하지만 그것은 단기간에 그친다는 것을 보여주었다(예: Anderson, 2004; Anderson & Dill, 2000; Anderson & Murphy, 2003; Carnagey & Anderson, 2005; Uhlmann & Swanson, 2004). 다른 연구들은 그와 같은 연관성을 확인하지 못했다(Cooper & Mackle, 1986; Graybill, Kirsch, & Esselman, 1985; Scott, 1995). 그 같은 기폭 연구를 메타-분석한 3편의 연구는 비디오 게임의 폭력이 공격성과 기억 속의 공격성과 관련된 개념을 기폭한다는 것을 확인했다(Anderson & Bushman, 2001; Roskos-Ewoldsen et al., 2007; Sherry, 2001). 다른 연구자는 2001년에 이루어진 2편의 메타-분석이 종단적인 연구를 포함하지 않았음에 주목했다(Dill & Dill, 1998). (비디오 게임의 효과에 대한 자세한 내용은 18장을 참조하라.)

사회과학자들이 확인한 그러한 연구의 또 다른 문제는 이용 가능한 게임의 종류가 매우 다르며, 각각의 종류는 잠재적으로 초래하는 효과도 서로 다르다는 것이다. 예를 들어, 윌리엄스(D. Williams)와 스코릭(M. Skoric)은 폭력적인 비디오 게임 〈애쉬론즈 콜 2(*Asheron's Call 2*)〉을 선택했는데, 이 게임은 다가오는 괴물을 반복해서 죽이는 장면을 포함하고 있다(Williams & Skoric, 2005). 그들은 시간이 흐르면서 플레이어들이 공격성을 어떤 사회적 상황에서 취하는 대응조치로 인정하게 될 것이라는 가설을 설정했다. 그들은 참여자들이 한 달이 넘는 동안 게임을 한 것이 그 기간 동안 '친구와 다툰' 적이 있느냐는 질문에 대한 참여자의 대답을 예측해 주지 않는다는 것을 확인했다. 따라서 "이러한 폭력적인 비디오 게임에 의해 야기되는 공격성과 관련된 강한 효과는 발견되지 않았다"(Williams & Skoric, 2005: 228).

가상 아바타는 사용자의 행동과 판단을 기폭하는 능력에 대한 연구의 대상이 되었으며, 이러한 연구는 늘어나고 있는 추세다(Peña, 2011). 페냐(J. F. Peña,) 등은 가상 상황의 아바타 사용이 부정적인 태도와 생각을 기폭할 수 있음을 확인했다(Peña et al., 2009). 그들의 연구는 두 차례의 실험으로 구성되었다. 첫 번째 실험에서 검은 망토를 두른 아바타를 사용하는 사람은 흰 망토를 두른 아바타를 사용하는 사람에 비해 더 부정적인 의도와 태도 그리고 더 낮은 집단 결속력을 보여주었다. 두 번째 실험에서 연구자들은 일부 실험 참여자들에게는 KKK 회원 복장을 한 아바타를 사용하고 다른 참여자들에게는 의사 복장을 한 아바타를 사용하게 했다. 그들은 KKK 아바타가 더 공격적인 생각을 기폭했고 긍정적인 생각을 억제할 수 있음을 확인했다. 페냐와 동료들의 또 다른 연구(Peña et al., 2012)는 사회적 고정관념이 아바타에 의해 기폭될 수 있음을 확인했다. 이 연구에서 그들은 일부 참여자들에게는 정장을 입은 아바타를 배정했고, 다른 참여자들에게는 화려한 옷차림을 한 아바타를 배정했다. 그들은 두 집단이 상당히 다른 언어를 사용하는 것을 관찰했다. 정장을 입은 아바타를 사용하는 사람들은 책, 숫자, 교육에 대해 더 많이 이야기한 반면, 화려한 옷을 입은 아바타를 사용하는 사람들은 옷, 미용, 오락, 스포츠에 관해 토론할 가능성이 더 높았다. 이 연구는 또한 정장을 입은 아바타를 교수로, 화려한 옷을 입은 아바타를 수퍼모델로 명명하는 것이 고정관념적 언어 사용을 촉진할 수 있음을 확인했다.

비디오 게임의 기폭 효과에 대한 연구 외에, 좀 더 새로운 커뮤니케이션 기술의 기폭 효과를 조사한 연구는 상대적으로 적다. 연구에 따르면, 온라인에서 본 사진과 텍스트는 나중에 낯선 사람의 소셜 미디어 프로필을 볼 때 인종 고정관념을 기폭할 수 있는 것으로 나타났다(Northrup & Dillman Carpentier, 2015). 다른 연구에서는 웹사이트에서 성적인 단서가 포함된 배너와 사이드바 광고를 보는 것이 사람들의 소셜 미디어 프로필을 볼 때 그들의 성적 특성에 대한 평가를 기폭하는 것으로 나타났다(Dillman Carpentier, Northrup, & Parrott, 2014; Dillman Carpentier, Parrott, & Northrup, 2014). 유올슨과 로즈는 이러한 연구들은 "기폭이 온라인 환경에서 꽤 새로운 방식으로 발생할 수 있음을 확실히 보여주었다"고 결론지었다(Ewoldsen & Rhodes, 2020: 94).

2) 고정관념

고정관념 기폭에 관한 연구는 계속해서 증가하고 있다. 미디어 내용이 정신 건강(Holman & McKeever, 2017), 젠더(Hansen & Hansen, 1988), 인종 고정관념(예: Arendt, 2017; Dalisay & Tan, 2009; Oliver et al., 2007)과 같은 다양한 고정관념을 기폭할 수 있음을 많은 연구는 보여주었다.

산후 정신 질환에 대한 미디어의 기폭제들은 임산부들 자신의 건강 위험에 대한 태도에 영향을 미칠 수 있다(Holman & McKeever, 2017). 남성과 여성을 고정관념에 입각해 묘사하는 뮤직 비디오는 여성이 덜 지배적인 것과 같은 젠더 고정관념을 기폭할 수 있다 (Hansen & Hansen, 1988).

인종 고정관념 기폭은 미디어 학자들로부터 상당한 관심을 받았다. 한 연구에서 일부 참여자들은 아프리카계 미국 여성에 대한 세 가지 서로 다른 고정관념(유모, 부정한 여자, 혹은 웰페어 퀸[12])을 포함하고 있는 비디오 세그먼트(segment)를 보았다. 그런 다음, 그들에게 모의 취업 면접 중인 단정한 아프리카계 미국 여성을 평가하도록 요청했다. 특정한 고정관념을 포함하고 있는 비디오를 본 사람은 보지 않은 사람보다 그 면접자를 기술하는 데 고정관념과 일치하는 형용사를 사용하는 경향이 더 강했다(Monahan et al., 2005). 흑인 여성에 대한 고정관념 기폭을 살펴본 또 다른 연구는 이 장의 '연구 스포트라이트'를 참조하라.

달리세이(F. Dalisay)와 탄(A. Tan)은 아시아계 미국인에 대한 묘사가 아시아계와 아프리카계 모두에 대한 시청자의 판단에 영향을 미치는지 그리고 시청자들이 소수자 우대 정책(affirmative action)을 지지하는 경향이 있는지 알아보기 위해 그러한 묘사를 조사했다(Dalisay & Tan, 2009). 텔레비전 프로그램들은 대개 아시아계 미국인을 열심히 일하고 사업과 기술에 능한 사람으로 묘사함을 연구들은 보여주었다. 그 연구는 아시아계 미국인에 대한 긍정적인 묘사를 시청하는 것이 그들에 대한 더 긍정적인 지각으로 이어졌고, 아프리카계 미국인에 대해서는 더 부정적인 고정관념적 지각으로 이어졌음을 확인했다. 아시아계 미국인에 대한 긍정적인 묘사는 소수자 우대 정책에 대한 더 낮은 지지와 연관되었다.

---

12 'welfare queen'이란 어쩔 수 없이 복지 수혜를 받는 것이 아니라 게을러서 스스로 노력하지 않고 복지 수혜만 누리는 여성을 경멸하며 부르는 말이다(옮긴이 주).

유모, 부정한 여자, 그리고 다른 통제 이미지로 기폭하기: 매개되는 고정관념이 아프리카계 미국 여성에 대한 지각에 미치는 영향에 대한 조사

Sonja M. Brown Givens & Jennifer L. Monahan (2005) *Media Psychology, 7*(1), 87~106.

조사 참여자들은 비디오를 통해 유모, 부정한 여자, 혹은 아프리카계 미국 여성에 대한 비고정관념적 이미지를 본 후, 아프리카계 여성과 백인 여성에 대한 모의 면접을 관찰했다. 아프리카계 여성 피면접자는 ('진실한'과 같은) 긍정적인 용어보다 ('공격적인'과 같은) 부정적인 용어와 더 쉽게 연관되었다. 부정한 여자라는 고정관념이 담긴 비디오를 시청한 참여자는 ('어머니 같은'과 같은) 긍정적이거나 부정적인 유모 관련 용어보다는 ('성적인'과 같은) 부정한 여자 관련 용어로 아프리카계 여성 피면접자를 연관 짓는 경향이 더 강했다.

가설
H1a: 아프리카계 미국 여성을 평가할 때 부정적인 단어에 대한 반응시간은 더 빠르고 긍정적인 단어에 대한 반응시간은 더 느릴 것이다.
H1b: 백인 여성을 평가할 때 긍정적인 단어에 대한 반응시간은 더 빠르고 부정적인 단어에 대한 반응시간은 더 느릴 것이다.
H2a: 아프리카계 미국 여성에 대한 고정관념적 묘사에 노출되는 것이 다른 아프리카계 미국 여성에 대한 고정관념과 일치하는 판단을 초래할 것이다.
H2b: 아프리카계 미국 여성에 대한 고정관념적 묘사를 시청한 후 고정관념과 일치하지 않는 단어보다 일치하는 단어에 대한 반응시간이 더 빠를 것이다.

연구 방법
스피치 커뮤니케이션 기초 과목을 수강하는 학부생들이 이 연구에 참여했다. 182명의 학생 가운데 70%가 18~21세였고, 158명이 자신을 백인으로, 13명은 흑인으로, 2명은 히스패닉계로, 8명은 아시아계로, 1명은 '기타'로 분류했다.

참여자들은 유모(아기를 키우는 흑인 여성), 부정한 여자(성적으로 공격적인 아프리카계 미국 여성), 혹은 고정관념이 없는 통제 조건(아프리카계 미국 여성이나 그들의 성적 관심에 대한 언급이 없음) 가운데 하나를 보여주는 3분짜리 영화 비디오 클립을 시청했다. '유모' 비디오 클립은 1959년 영화 〈슬픔은 그대 가슴에(*Imitation of Life*)〉에서 가져온 것이었고, '부정한 여자' 비디오 클립은 도로시 댄드리지(Dorothy Dandbridge)[할리 베리(Halle Berry) 분]의 일대기를 그린 1999년 영화에서 가져왔다. 통제 조건의 비디오 클립은 영화 〈베터 오프 데드(*Better off Dead*)〉에서 가져온 것으로, 여기에는 잔디밭에서 조간 신문을 집는 데 어려움을 겪는 중년 백인 남성이 등장한다.

비디오테이프들 가운데 하나를 시청한 후, 참여자들은 3분짜리 모의 취업 면접 테이프 2편 가운데 하나를 지켜보았다. 피면접자 1명은 흑인 여성이었고 다른 1명은 백인 여성이었다. 피면접자들이 면접자의 질문에 달리 반응하지 않도록 많은 주의를 기울였다.

모두 40개의 형용사 목록을 만들었는데, 8개는 고정관념적으로 긍정적인 것이었고(진실한, 우호적인, 지적인과 같은), 9개는 고정관념적으로 부정적인 것이었고(공격적인, 적대적인, 게으른), 8개는 유모 고정관념과 관련된 것이었으며(어머니 같은, 충성스러운, 헌신적인), 9개는 부정한 여자 고정관념과 관련된 것이었다(성적인, 유혹하는, 에로틱한). 나머지 것은 그냥 채우기 용으로 사용되었다(부끄러워하는, 재미있는, 체계적인 등).

참여자들에게 그러한 성격 특성들이 인터뷰 테이프에서 그들이 관찰한 사람과 맞는지 물었고, 그들이 각 형용사에 반응하는 속도도 측정하여 1000분의 1초 단위로 기록했다. 참여자들은 또한 판매 대리인 직에 아프리카계 여성이나 백인 여성이 적합한지를 묻는 40개 항목에도 대답했다.

연구 방법

아프리카계 미국 여성 피면접자를 본 참여자는 긍정적인 단어보다 부정적인 단어에 훨씬 더 빨리 반응했으며, 백인 여성 피면접자를 본 참여자는 부정적인 단어보다 긍정적인 단어에 훨씬 더 빨리 반응했다. 가설 H1a와 1b는 지지되었다.

H2a는 지지되지 않았지만, H2b는 부분적으로 지지되었다. 아프리카계 여성 피면접자를 평가할 때, 부정한 여자로 기폭하는 영상을 본 참여자는 유모와 관련된 용어보다 부정한 여자와 관련된 용어에 훨씬 더 빨리 반응했다. 유모로 기폭하는 영상을 본 참여자는 부정한 여자와 관련된 용어보다 유모와 관련된 용어에 더 빨리 반응했으나, 그 차이는 통계적으로 유의적이지 않았다.

발렌티노(N. A. Valentino) 등은 정치적 맥락에서 "인종 기폭 이론(racial priming theory)은 뉴스 보도, 정치 광고, 또는 후보자 연설에 포함되어 있는 미묘한 단서가 인종적 태도를 활성화하여 후보자 평가나 정책 의견에 대한 영향을 증가시킨다고 가정한다"고 말했다(Valentino et al., 2018: 759). 돔키(D. Domke) 등은 이민 뉴스 기사가 프레임되는 방식(즉, 경제적 영향에 초점을 맞추는 것 대 이민의 윤리적 이슈에 초점을 맞추는 것; 또한 7장 참조)이 기사에서 히스패닉계가 언급되지 않았음에도 히스패닉계에 대한 인종 고정관념 기폭에 영향을 미친다는 사실을 확인했다(Domke et al., 1999). 딕슨(T. L. Dixon)은 흑인 용의자를 언급하는 뉴스를 시청한 실험 참여자가 동일한 범죄를 다루지만 인종을 언급하지 않은 뉴스를 시청한 참여자에 비해 사형에 대해 더 강한 지지를 보인다는 사실을 확인했다(Dixon, 2006). 딕슨은 또한 범죄 뉴스 기사에서 경찰관과 범죄자의 인종이 드러나지 않을 때 뉴스 다시청자는 뉴스 소시청자보다 경찰관은 백인으로, 범죄자는 흑인으로 생각하는 경향이 더 강함을 보여주었다(Dixon, 2007).

기폭 연구자들은 또한 이미 매우 쉽게 접근할 수 있는 개인의 인종 고정관념이 더 이상 기폭될 수 있는지 이해하려고 노력해 왔다. 바그(J. A. Bargh) 등은 만성적으로 접근 가능한 구성체들이 기폭되어 개인의 기억 속에서 훨씬 더 쉽게 접근 가능해질 수 있음을 확인했지만, 그것은 실험실 환경에서 이루어진 연구였다(J. A. Bargh et al., 1986). 유올슨과 로즈는 다음과 같이 언급했다:

문제는 본질적으로 미묘한 그와 같은 효과가 미디어 맥락에서 입증될 수 있는지다. 특히, 미국 백인에게는 아프리카계 미국인에 대한 인종적 태도가 기억에서 매우 쉽게 접근 가능한 경향이 있다. 이러한 이미 만성적인 인종 고정관념이 기폭될 수 있을까?(Ewoldsen & Rhodes, 2020: 93)

연구에 따르면, 정치인들은 캠페인에서 매우 쉽게 접근할 수 있는 인종적 고정관념을 강조하려 한다. 메싱(S. Messing) 등은 2008년 대선 당시 매케인(McCain) 캠페인에 사용된 버락 오바마(Barack Obama)의 사진을 분석했다(Messing et al., 2015). 그들의 내용 분석에 따르면, 매케인의 캠페인에서는 특히 오바마와 범죄 문제에 대해 이야기할 때 더 어두운 피부색의 오바마를 보여주는 사진을 사용한 것으로 나타났다. 그러나 미디어가 실제로 인종차별적 태도를 기폭할 수 있는가? 연구들에 따르면, 미디어는 기폭을 통해 그러한 만성적인 태도에 대한 접근성을 높일 수 있다고 한다(Luttig & Callaghan, 2016; Messing et al., 2015).

발렌티노 등은 미묘한 인종적 단서가 인종적 태도를 기폭하지만 사람들이 특정 정치 후보나 정책에 찬성하거나 반대하는 인종차별적 주장에 직면할 때 그러한 태도가 억제될 것이라고 예측한 인종 고정관념에 대한 이전 연구들을 요약해서 소개했다(Valentino, et al., 2018). 그러나 발렌티노 등은 인종과 관련된 정치적 수사(修辭)의 규범에 변화가 있음을 강조하면서 그러한 핵심 가정은 더 이상 유효하지 않다는 사실을 확인했다. 그들의 연구 결과에 따르면,

이전 연구에서 밝혀진 것처럼, 인종 갈등을 언급하거나 심지어 아프리카계 미국인을 공개적으로 폄하하는 발언조차도 사람들의 인종적 태도가 정책과 정치인에 대한 평가를 예측하는 데 미치는 영향력을 줄이지 못했다…. 많은 실험 참여자가 흑인 미국인을 명백히 경멸하는 정치적 주장을 별다른 고민 없이 거부하지 않았다…. 현재 많은 백인은 자신들을 궁지에 몰린, 심지어는 사회적으로 혜택을 받지 못하는 집단으로 여기고 있으며, 이는 강한 내집단 (in-group) 정체성과 외집단(out-group)을 향한 적대적인 표현을 더 용인하는 것으로 이어졌다(Valentino, et al. 2018: 768).

3) 정치적 정보

정치 뉴스 보도 분야의 연구들은 대개 미디어가 특정한 판단을 내리도록 기폭하는지 살펴보기 위해 특정 이슈에 대한 미디어 보도와 수용자들의 이후 대통령직 수행 평가에 초점을 맞추었다. 한 유명한 연구에서 연구자들은 1986년 이란-콘트라(Iran-Contra) 스캔들 전과 후 로널드 레이건(Ronald Reagan) 대통령에 대한 사람들의 의견을 살펴보았다. 당시 미국은 이란에 무기를 팔아서 생긴 수익금을 중앙아메리카 콘드라 반군에게 주었다. 이 사건이 있기 전 레이건 대통령에 대한 전반적인 평가는 국내 이슈에 영향을 받았으나, 이 사건 이후 사람들은 외교문제 이슈, 특히 중앙아메리카에서의 외교문제를 토대로 레이건 대통령을 평가했다(Krosnick & Kinder, 1990). 한 연구는 2008년 대통령 예비선거에 앞서 전화 설문조사를 실시했다. 응답자들은 그들의 후보자 선택에 대한 질문을 받기에 앞서 이라크 전쟁과 그 당시 대통령(부시)에 대해 생각하도록 기폭되었다. 그러한 기폭으로 인해 버락 오바마에 대한 지지가 2배 이상 증가했으며 공화당 선두 주자였던 매케인에 대한 지지는 줄어들었다(Cassino & Erisen, 2010). 한국에서 이루어진 한 연구

연구에 따르면, 정치적 올바름이라는 규범으로 사람들을 기폭한 결과 도널드 트럼프에 대한 지지가 더 높아진 것으로 나타났다. 연구들은 또한 이른바 '가짜 뉴스'에 대한 트윗으로 사람들을 기폭하면 뉴스 미디어에 대한 신뢰도가 더 낮아지고 실제 뉴스 기사를 식별하는 정확도도 더 떨어짐을 보여주었다.

또한 텔레비전 뉴스 보도가 대통령 평가에 영향을 미친다는 것을 확인해 주었다. 그러나 이 연구자들은 기폭이 주로 보도의 빈도가 아닌 최근성으로 인해 발생한다고 지적했다(Kim et al., 2010).

좀 더 최근에는 '가짜 뉴스(fake news)'라는 표현이 2016년 도널드 트럼프(Donald Trump)와 힐러리 클린턴(Hillary Clinton) 간의 대통령 선거전 전후로 정치 분야에서 널리 사용되게 되었다. 트럼프는 자신에게 부정적인 인상을 줄 수 있다고 생각하는 실제 이야기를 흔히 가짜 뉴스라고 낙인찍었지만, 적극적으로 허위 조작 정보(disinformation)를 퍼뜨리는 캠페인들은 소셜 미디어를 문자 그대로의 가짜 뉴스(즉, 독자를 오도하려는 의도로 쓰인 노골적인 거짓 이야기)로 가득 채웠다. 가짜 뉴스에 대한 논의는 온라인, 대면 상황, 그리고 뉴스 미디어에서 흔히 볼 수 있는 일이었다. 정치 지도자, 저널리스트 및 활동가의 가짜 뉴스에 대한 트윗으로 기폭된 사람들은 이후에 기폭되지 않은 참여자들에 비해 뉴스 미디어에 대한 신뢰도가 더 낮았고 실제 뉴스 기사를 식별하는 정확도도 더 떨어짐을 연구자들은 확인했다(Van Duyn & Collier , 2018).

2016년 대선 캠페인에 대한 추가 연구에 따르면, 정치적 올바름(PC: political correctness)[13]

---

13 '정치적 올바름'이란 차별적이거나 배타적인 언어나 행동을 피하고, 소수자나 사회적 약자를 배려하는 표현을 사용하는 태도를 의미한다. 여기에서는 '정치적 올바름'이 일종의 사회적 압력이나 제약으로 인식되었을 가능성을 암시한다. 트럼프의 '거침없고 종종 정치적으로 올바르지 않은 커뮤니케이션 스타일'이 이러한 압력에 대한 반발로 지지를 얻었다는 것을 시사한다. 기폭 효과로서의 정치적 올바름에 대한 이러한 연구 결과는 '정치적 올바름'에 대한 인식이 오히려 그것을 거부하는 후보에 대한 지지를 강화할 수 있다는 역설적인 현상을 보여준다(옮긴이 주).

이라는 규범이 당시 후보였던 트럼프에 대한 지지를 높이는 기폭제 역할을 할 수 있으며, 트럼프의 뻔뻔하고 흔히 정치적으로 옳지 않은 커뮤니케이션 방식은 그의 캠페인과 이후 대통령 재임 기간의 전형적인 특징이 되었다. 콘웨이(L. G. Conway) 등은 사람들이 정치적 올바름에 대해 생각하도록 기폭되었을 때 트럼프에 대한 지지는 크게 증가한 반면, 클린턴에 대해서는 그 반대의 경우가 나타났음을 확인했다(Conway et al., 2017). 더욱이 정치적 올바름 규범에 더 부정적으로 반응하는 사람들은 자신의 정치적 이념을 통제하더라도(즉, 자신의 정치적 이념과 상관없이)[14] 트럼프를 더 많이 지지하는 것으로 나타났다. 콘웨이와 동료들은 "긍정적인 커뮤니케이션의 양을 전반적으로 늘리기 위해 고안된 규범이 그 규범을 드러내놓고 어기는 극도로 부정적인 언어를 사용하는 정치인에 대한 지지를 증가시킴으로써 사실상 역효과를 낳을 수 있다"고 결론내렸다(Conway et al., 2017: 244).

뉴스 미디어뿐만 아니라 오락 미디어도 정치적 관심에 대한 기폭제 역할을 할 수 있다. 특히 프라임타임 범죄 드라마 시청은 현실 세계의 범죄에 대한 사람들의 우려를 보여주는 중요한 지표이며, 그러한 기폭제들은 사람들이 범죄 문제를 다루는 대통령의 업무 수행을 토대로 대통령을 판단하게 한다(Holbrook & Hill, 2005).

다큐멘터리 영화 〈화씨 9-11(*Fahrenheit 9-11*)〉에 대한 한 연구는 이 영화를 보는 것이 조지 부시(George W. Bush) 대통령에 대한 사람들의 평가에 상당한 영향을 주었음을 보여주었다(Holbert & Hansen, 2006). 이 연구는 양면성(긍정적인 평가와 부정적인 평가 모두가 존재하는 것)이 때때로 유권자, 특히 정치적 무당파의 마음속에 존재함을 확인했다. 실험 참여자들에게 그 영화의 강력한 반(反)부시 메시지를 보여주었을 때, 스스로를 공화당 지지자, 민주당 지지자, 무당파라고 밝힌 사람들은 서로 달리 반응했다. 민주당 지지자와 무당파는 양면성이 줄어들었으며, 양면성이 더 증가한 공화당 지지자보다 부시 대통령에 대해 더 부정적인 태도를 보였다.

영화와 범죄 드라마 외에 심야 토크 쇼도 정치적 기폭의 소스 가운데 하나다. 모이 등(Moy et al., 2006)은 후보자의 방송 출연이 시청자 평가의 기폭제로 작용하는지 조사했다. 그들은 조지 부시 후보가 〈데이비드 레터맨 쇼(*The Late Show with David Letterman*)〉에 출연한 후 이 쇼의 시청자는 비시청자보다 그의 성격 특성을 토대로 그를 평가할 가능

---

14 괄호 안은 옮긴이가 첨가한 것이다(옮긴이 주).

성이 더 높음을 확인했다.

투표자의 기존 정치 지식과 정치 관여도(political involvement)[15]도 미디어 기폭에 영향을 미친다. 모이 등(Moy et al., 2016)은 이러한 일련의 연구를 다음과 같이 요약했다:

일반적으로 정치 관여도는 정치적 기폭 효과에 대한 시민들의 민감성을 감소시키는 경향이 있다. 정치에 대한 탄탄한 지식과 심도 있는 논의는 그들을 그러한 기폭제들을 의도적으로 거부하고 자신의 기본적인 평가 기준을 고수하게 만드는 것으로 보인다. 전반적으로 정치에 관심이 많은 사람들 사이에서 일반적으로 기폭 효과가 더 작게 나타난다. 그러나 정치 관여도가 다른 특성들과 상호작용하는 방식을 고려할 때 효과는 더 복잡해질 수 있다. 기폭 정보를 제공하는 미디어 소스에 대한 높은 수준의 신뢰와 결합할 때 정치 지식은 '더 강한' 기폭 효과로 이어진다. 왜냐하면 사람들은 해당 기폭제의 소스를 기꺼이 신뢰하고 기폭된 개념을 기존의 신념 및 태도와 통합할 수 있을 것이기 때문이다(Moy et al., 2016: 6).

7. 요약

기폭 이론은 콘텐트가 이후의 태도, 행동 및 판단에 미치는 영향을 설명하는 믿을 만하고 효과적인 이론적 기초가 되었다. 기폭은 미디어 폭력의 영향, 후보 평가에 미치는 정치 보도의 영향, 소수자에 대한 고정관념적 묘사 등을 설명하는 데 도움을 준다.

기폭 연구는 미디어 효과 연구에서 인기 있는 분야로 정보 처리의 인지적 구성 요소를 살펴보며, 기폭은 매개 커뮤니케이션 노출이 수용자 마음속의 관련된 생각을 활성화할 때 발생한다. 바꾸어 말하면, 미디어 내용은 해당 기폭제와 관련된 과거에 습득된 개념, 생각, 학습, 또는 지식의 방아쇠 역할을 한다. 해당 기폭제를 경험한 사람은 그렇지 않은 사람보다 시청 후 일정 기간 그 내용에 대해 생각하고 또한 비슷한 생각에 대한 기억을 되새길 가능성이 더 높다. 대부분의 사람에게 기폭 효과는 시간이 흐르면서 줄어들거나 눈에 띄지 않고 지나쳐버릴 수도 있는 가벼운 반응을 불러일으킨다. 미디어 폭

---

15 '관여도'는 일반적으로 메시지 혹은 특정 주제에 대한 개인의 인지적 관심 정도를 말하며, 특정 주제에 대한 관여도는 개인의 태도, 신념, 가치 등에 의해 형성되며 다양한 형태의 관련된 행동에 영향을 주는 것으로 알려져 있다(옮긴이 주).

력이 일으키는 기폭 효과는 흔히 매우 빨리 사라지는 반면, 정치적인 기폭 효과는 수 주 혹은 수개월 동안 지속할 수 있다.

학자들은 기폭 효과의 세 가지 주요 특징을 확인했다. 첫째, 기폭 효과는 시간이 지남에 따라 사라진다. 둘째, 더 많은 정신적 에너지를 필요로 하는 기폭제와 같은 더 강한 기폭제는 더 강력한 효과를 야기한다. 셋째, 기폭제는 사람들이 모호한 상황이나 행동에 대한 판단을 내릴 때 강력한 영향을 미친다.

미디어 폭력의 기폭을 조사하는 연구들은 대부분 두 가지 모델(인지적 신연상 모델이나 일반 공격성 모델) 가운데 하나를 기반으로 했다. 정치적인 기폭은 매스 미디어로부터 기폭된 정보에 대한 접근성이나 빈도를 고려하는 AAM, 즉 접근성-적용성 모델에 의해 추가적으로 설명된다.

기폭 효과를 설명하기 위해 정신 모델을 사용하는 것은 기억 네트워크 모델에 대한 대안을 제공한다. 정신 모델은 기폭의 활성화처럼 시간의 제약을 받지만, 기폭의 네트워크 모델보다는 더 오랫동안 존재한다. 따라서 정신 모델은 수 주 혹은 심지어 수개월 동안 지속하는 정치 커뮤니케이션의 기폭 효과를 설명할 수 있다. 그러나 확실하지는 않지만 어느 시점에는 매스 미디어를 통한 개념의 반복된 기폭은 기폭 효과가 아닌 배양 효과의 단계로 넘어간다.

미디어 효과 연구는 기폭 효과, 특히 공격성과 관련된 생각의 기폭에 대한 강력한 증거를 보여주었지만, 공격적인 생각의 기폭과 실제 공격성 표현 간의 연관성은 특정한 변인들이 존재하지 않는다면 특별히 강하지는 않다. 이러한 변인으로는 다음과 같은 것들이 있다: ① 커뮤니케이션의 지각된 의미, ② 목격된 공격성의 지각된 정당화 가능성, ③ 수용자가 등장인물과 동일시하는 정도, ④ 매개 커뮤니케이션의 지각된 현실감, ⑤ 이전 경험의 자극.

최근, 미디어 효과 연구자들은 계속해서 기폭 효과, 특히 미디어 폭력에 노출됨으로써 발생하는 기폭 효과를 연구하고 있지만, 그 범위가 텔레비전과 영화에서 비디오 게임, 아바타 및 소셜 미디어로 확대되었다. 많은 연구가 최근 몇 년간 미디어 내용의 인종 고정관념에 대한 기폭을 살펴보았다. 정치적 기폭은 뉴스 보도가 정치인에 대한 이후의 평가에 어떤 영향을 미칠 수 있는지 살펴보았다. 좀 더 최근의 연구는 소셜 미디어와 정치적 올바름 규범이 어떻게 투표자들을 기폭할 수 있는지에 대해서도 조사했다.

제6장

의제 설정

우리 가운데 소수가 저녁 뉴스 방송에 내보낼 내용을 결정하는데,
그건 ≪뉴욕 타임스≫, ≪워싱턴 포스트≫, ≪월 스트리트 저널≫도 마찬가지다.
정말로 이러한 놀라운 힘을 가지고 있는 우리는 소수에 불과하다. …
그리고 우리가 접할 수 있는 것들[뉴스 기사]은
이미 우리 통제 범위 밖에 있는 사람들에 의해 선별되고 또 선별된다.
— 월터 크론카이트(Walter Cronkite)
〈CBS 이브닝 뉴스(*CBS Evening News*)〉 앵커(1962~1981년)

뉴스는 우리가 사회 구성원으로서 무엇을 생각해야 할지를(what to think) 우리에게 말해주는가? 아니면 자주 인용되는 커뮤니케이션 학자 버나드 코헨(Bernard Cohen)의 말처럼, 뉴스는 "무엇에 대해서 생각해야 할지(what to think about)" 말해주는 데 "놀랄 만큼 성공적"인가(Cohen, 1963: 13)? 뉴스 미디어가 특정한 이슈에 부여하는 중요성과 공중이 그 이슈에 부여하는 중요성 간의 강한 연관성은 **의제 설정**(agenda setting)이라 불리는 커뮤니케이션 효과의 한 종류를 보여준다. 이 장에서 배우게 되겠지만, 의제 설정 연구는 뉴스 미디어가 어떻게 우리에게 무엇에 대해 생각해야 할지, 그것에 대해 어떻게 생각해야 할지, 그리고 뉴스 기사들을 어떻게 연관 지어야 할지를 알려줄 수 있는지 설명한다.

50년이 넘는 동안, 뉴스 미디어는 공중의 의제를 설정한다는 것을 많은 연구가 보여주었으며, 미디어 효과 연구자들은 최근에 와서야 의제 설정 이슈를 설득력 있게 다루기 어렵게 만든 경험적 문제를 해결할 수 있었다. 수년 동안 의제 설정을 비판해 온 사람들은 의제 설정 연구자들이 사용한 방법이 미디어 의제와 공중의 의제 간에 존재하는 '관계'를 보여줄 뿐이라고 지적했다. 두 의제 간에는 인과적 방향이 성립될 수 없다고 그들은 말했다.

정밀한 통계방법을 사용함으로써 인과적 방향은 이제 훨씬 더 분명해졌다. 의제 설정 효과는 연구자들이 특정 이슈에 대한 미디어 보도가 있기 전과 있은 후의 여론을 측정할 수 있을 때만 분명히 나타난다. 이러한 이유에서 선거 캠페인은 선거 캠페인의 주기성(週期性)과 의제 설정 연구 설계를 적합하게 해주는 특성 때문에 연구자들 사이에서 인기가 있었다.

처음에 의제 설정 연구는 여러 이슈와 사건에 대한 사람들의 지각 형성에 뉴스 미디어가 미치는 영향을 꽤 포괄적으로 조사했다. 1968년, 미국 대통령 선거 캠페인 기간의 공공 이슈에 대한 첫 연구(McCombs & Shaw, 1972)가 이루어진 이후 연구들은 뉴스 기사와 공중이 느끼는 이슈의 현저성(salience) 간의 강한 일치도를 확인해 주었다. 이것은 1차 의제 설정(the first level of agenda setting)으로 알려져 있다. 이후 학자들은 의제 설정의 추가적인 수준을 확인했으며, 이에 대해서는 이 장에서 자세히 논의할 것이다.

지난 수십 년에 걸쳐 학자들은 누가 미디어 의제를 설정하는가에 대한 연구를 지속해 왔다. 매일 무수히 많은 뉴스 기사가 전 세계에서, 전국에서, 개별 권역 및 주에서, 지역에서 발생한다. 뉴스 전문가들은 아마 그날의 '모든' 뉴스를 일일이 살펴보고 정리한 후 공중에게 전달할 수는 없을 것이다. 지면과 시간의 제약이 그것을 허락하지 않는다. 그 대신, 저널리스트와 뉴스 편집인은 어떤 기사를 취재할지, 어떤 기사를 내보낼지, 어떤 기사를 무시할지 결정해야 한다. 이와 같은 결정을 내리면서 뉴스 전문가는 뉴스 소비자를 위해 예외 없이 '의제를 설정한다'. 그들은 뉴스가 그들의 수용자에게 얼마나 중요한지에 대한 지각을 토대로 뉴스 가치를 가늠한다.

미디어 전문가가 뉴스 정보의 흐름을 통제하는 것은 **게이트키핑**(gatekeeping)이라 불리는 매우 중요하고도 강력한 기능으로, 이 장의 첫머리에 나오는 전설적인 뉴스 앵커 월터 크론카이트(Walter Cronkite)의 인용문에서 강조된 바 있다. 간단히 말해, 저널리스트, 편집인, 방송인은 매일 일정량의 뉴스가 공중에게 '전달되는' 것은 허용하지만, 시간과 지면의 제약 때문에 그들은 문을 닫고 대부분의 정보가 뉴스 소비자에게 흘러가는 것을 차단하지 않을 수 없다.

저널리스트가 의제를 설정하는 방법을 연구하는 것 외에 뉴스 소비자가 실제로 의제 설정에 어떤 역할을 할 수 있는지, 그리고 '의제 선별 혼합(agenda melding)'이라는 과정을 통해 다양한 의제를 결합하는 방법을 살펴보는 연구도 있다. 연구자들은 또한 특정 뉴스 미디어가 다른 뉴스 미디어의 의제를 설정할 수 있는 '미디어 간(間) 의제 설정(intermedia agenda setting)' 개념도 연구했다.

의제 설정 연구가 직면한 가장 최근의 문제 가운데 하나는 뉴스원의 수가 증가하고 소비자 측의 뉴스 선택성의 역할이 커지는 것이다. 간단히 말해서, 공중이 선택할 수 있는 미디어 선택지가 너무 많을 때 미디어가 공중을 위한 의제를 설정할 수 있는가? 의제 설정 연구 초기에는 텔레비전 방송국이 소수에 불과했고 여전히 많은 사람이 신문을 읽었다. 오늘날 전통적인 텔레비전 네트워크[(예: ABC, CBS, NBC)와 신문(예: ≪뉴욕 타임스≫, ≪워싱턴 포스트(The Washington Post)≫]에서부터 케이블 뉴스 채널(예: MSNBC, CNN, Fox News) 및 온라인 뉴스 매체[예: 허핑턴 포스트(Huffington Post)와 버즈피드 뉴스(Buzzfeed News)]에 이르기까지 뉴스 기관의 수가 계속해서 증가하고 있다. 뉴지(Newsy)와 NBC 뉴스 나우(NBC News Now) 같은 스트리밍 뉴스 플랫폼과 뉴스 관련 팟캐스트(podcast)도 이 대열에 합류했다. 소셜 미디어는 또한 뉴스 몰입도(engagement)를 높이며(Oeldorf-Hirsch, 2018), 온라인 플랫폼과 의제 설정 효과의 교차 지점을 연구자들은 적극적으로 살펴보고 있다(예: Conway-Silva et al., 2018; Feezell, 2017; McCombs et al. al., 2014; Ragas et al., 2014; Valenzuela et al., 2017).

이 장은 의제 설정의 개념적 토대를 알아보는 것으로 시작하며, 의제 설정 연구의 역사도 간략하게 살펴본다. 그리고 속성 의제 설정과 같은 의제 설정 연구의 최근 경향과 미디어 간 의제 설정을 포함해 누가 미디어 의제를 설정하는지 조사하는 연구도 살펴본다. 우리는 또한 의제 설정 이면의 심리학에 대한 우리의 이해가 높아지고 있는 것에 대해서도 살펴볼 것이다. 이 장은 현대 미디어 환경 속에서의 의제 설정을 살펴보는 것으로 마무리된다.

1. 개념적 뿌리

공중의 의제를 설정하는 언론의 역할을 기술한 것은 버나드 코헨이 처음은 아니었다(Cohen, 1963). 그 개념은 20세기 초 유명한 신문 칼럼니스트이자 사회평론가였던 월터 리프먼(Walter Lippmann)에게로 거슬러 올라간다. 리프먼의 저서 『여론(Public Opinion)』(1922)은 매스 커뮤니케이션학 역사상 가장 영향력 있는 비학술 저서로 불려왔다(Carey, 1996). 리프먼은 뉴스 미디어가 세계에 대한 공중의 지각을 어떻게 형성하는지에 대해 글을 썼다. 그는 뉴스 미디어가 만들어내는 현실의 모습은 실제 현실에 대한 단순히 '반영'에 지나지 않으며, 따라서 때때로 왜곡된다는 점을 강조했다. 뉴스 미디어가 보여주는 세계상은 뉴스 소비자에게 의사-환경을 만들어준다고 리프먼은 말했다. '실제' 환경 외에 **의사-환경**(pseudo-environment)도 존재하며 사람들은 미디어가 만들어낸 이러한 의사-환경에 반응한다. "왜냐하면 실제 환경은 직접 알기에는 너무 크고 복잡하며 순식간에 지나가 버리기 때문이다"(Lippmann, 1922: 16).

다른 학자들도 1970년대 초 의제 설정 개념에 대한 경험적 평가가 있기 전에 그들의 글에서 의제 설정 개념을 기술했다. 1958년, 노턴 롱(Norton Long)은 다음과 같이 썼다:

> 어떤 의미에서 신문은 지역의 의제를 설정하는 주요 발의자다. 신문은 사람들 대부분이 이야기하게 될 것, 사람들 대부분이 사실이라고 생각하게 될 것, 사람들 대부분이 문제처리 방식으로 여기게 될 것을 결정하는 데 중요한 역할을 한다(Long, 1958: 260).

이듬해에 커트 랭(Kurt Lang)과 글래디스 랭(Gladys Lang)은 다음과 같이 썼다: "매스 미디어는 특정한 이슈에 대한 주목을 강요한다. 그것은 정치인의 공적 이미지를 형성한다. 그것은 대중이 무엇에 대해 생각해야 하고, 무엇에 대해 알아야 하고, 무엇에 대한 느낌을 가져야 하는지를 시사해 주는 대상물을 계속해서 제시하고 있다"(Kurt Lang & Gladys Lang, 1959: 232).

1) 인지 패러다임

1960년대와 1970년대에 연구자들은 의제 설정 효과를 설명하는 데 설득 패러다임(persuasion paradigm)을 사용하기를 거부하고 새롭게 등장하는 인지 패러다임(cognitive paradigm)에 주목하기 시작했다. 코시키(G. M. Kosicki)에 따르면,

> 의제 설정은 겉으로 보기에 분명히 단순하고 설명하기 쉬우며 직관적으로 매력 있는 가설을 가지고 있어 얼마 동안은 옳은 듯 보였다. '사람들에게 무엇을 생각해야 할지 말해주는 것'에서 '사람들에게 무엇에 대해 생각해야 할지 말해주는 것'으로 기본적인 연구 문제를 '재구성하는 것'은 겉으로 보기에 설득 패러다임의 거부이다(Cohen, 1963). 외관상으로는 사소해 보이지만, 영리한 이러한 국면 전환은 주목의 초점을 설득에서 무언가 새로운 것으로 돌려놓았다. 이 모델의 이러한 신선함은 분명한 매력이다. 이것은 설득에서 다른 인지적 요인들로의 이동뿐만 아니라(Becker & Kosicki, 1991) 특정한 종류의 인지적 요인, 즉 이슈 의제로 이

동함을 보여준다(Kosicki, 1993: 231).

인지 패러다임에서는 세 가지 기본적인 요인(사람의 행동, 사람의 인지 능력, 사람들이 노출되는 환경적 사건들)이 양방향으로 서로 영향을 미친다. "상호 간의 인과성은 사람들에게 자기 관리(self-direction)[1]의 한계를 설정할 기회뿐만 아니라 그들 삶 속의 사건들을 어느 정도 통제할 수 있는 기회를 제공한다. 영향의 양방향성 때문에 사람들은 환경의 산물이자 환경의 생산자이다"(Bandura, 1994: 61).

좀 더 최근에 학자들은 의제 설정 효과의 심리학에 다시 주목하기 시작했다. 여기에는 **정향 필요성**(NFO: need for orientation)의 역할이 포함되는데, 정향 필요성은 인지 지도 작성(cognitive mapping)[2]이라는 아이디어를 기초로 한다. 사람들의 NFO는 어떤 이슈가 관련성이 있다고 생각하는지와 해당 이슈에 대한 불확실성의 정도에 의해 결정된다.

예를 들어, 만약 여러분이 학교 활동에 매우 적극적으로 관여하고 있다면, 다가오는 학생회 선거가 여러분과 매우 관련이 있다고 여기겠지만 학생회 회장에 출마하는 후보자에 대한 정보가 많지 않을 수도 있다(즉, 불확실성이 매우 높음). 이럴 경우, 여러분의 NFO는 높아질 것이다. 결과적으로 여러분은 아마도 대학 신문에서 후보자들에 대한 기사를 읽거나 캠퍼스 뉴스 방송에서 후보자들에 대한 기사를 볼 가능성이 더 높을 것이다. NFO가 높을수록 사람들은 매스 미디어에 의지할 확률이 높아질 것이다. 의제 설정이 일어난다면, 사람들은 미디어 보도에서 발견한 이슈와 속성에 유사한 중요성을 부여하고 해당 정보를 사용하여 후보자들을 평가하도록 기폭될 것이다(McCombs & Valenzuela, 2021). NFO에 대해서는 이 장의 뒷부분에서 더 자세히 논의할 것이다.

2) 기폭

연구자들은 기폭을 의제 설정의 결과 가운데 하나로 여기기 때문에 기폭은 의제 설정 현상과 연결된다(Chernov & McCombs, 2019). 모이 등(Moy et al., 2016)은 이러한 연관

---

1 '자기 관리'란 학습과 관련된 목표를 설정하고, 그러한 목적을 달성하기 위해 계획을 세우고, 독자적으로 시간과 노력을 관리하며, 독자적으로 학습의 질과 학습 경험을 통해 얻은 어떤 산물을 평가하는 능력을 말한다(옮긴이 주).
2 '인지 지도'란 개인이 특정 환경이나 장소에 대한 정신적 이미지나 인식 구조를 나타낸다(옮긴이 주).

성을 다음과 같이 설명한다: "일부 이슈를 사람들의 마음속에서 더 두드러지게(salient) 만듦으로써(의제 설정) 매스 미디어는 사람들이 정치 후보나 기타 이슈에 대해 판단할 때 고려하는 사항에 영향을 미칠 수 있다(기폭)"(Moy et al., 2016: 5~6). 또한 맥콤스(M. E. McCombs)와 발렌수엘라(S. Valenzuela)는 "공중들 사이에 이슈나 기타 요소의 현저성을 야기하는 의제 설정 효과와 그에 따른 특정 공인(公人)에 대한 '의견' 표현 간의 연관성을 미디어 기폭(media priming)이라고 한다"고 언급했다(McCombs & Valenzuela, 2021: 138).

사람들은 모든 것에 주의를 기울일 수는 없기 때문에 기폭은 중요하다. 사람들은 판단을 내릴 때 저장된 정보를 포괄적으로 분석하기보다는 직관적인 지름길(intuitive shortcut)[3]을 자주 사용한다.

> 시민들은 자신의 마음속에 있는 두드러진 대상과 속성의 의제, 즉 상당 정도 뉴스 미디어에 의해 설정된 의제에 의존한다. 이러한 의제가 의견의 기반이 되는 기준들(때로는 단 하나의 기준)을 결정한다(McCombs & Valenzuela, 2021: 138).

2. 연구 전통

1972년, 노스 캐롤라이나 대학교(University of North Carolina)의 두 학자, 맥스웰 맥콤스(Maxwell McCombs)와 도널드 쇼(Donald Shaw)는 채플 힐(Chapel Hill) 연구로 알려진 연구에서 의제 설정에 관한 리프먼의 아이디어를 최초로 실증적으로 검정했다.

1968년, 베트남전을 둘러싼 갈등 고조, 흑인들의 인권 투쟁, 권위에 대한 미국 청소년들의 반항 및 약물 남용이 심각한 문제로 대두되었다. 대통령이 되려는 로버트 케네디(Robert F. Kennedy)의 노력은 그가 캘리포니아에서 한 암살범에 의해 암살됨으로써 비극으로 끝났다. 그를 대신해 휴버트 험프리(Hubert H. Humphrey)가 공화당의 리처드 닉슨(Richard M. Nixon)과 무소속 후보인 조지 월러스(George C. Wallace)를 상대로 민주당 대통

---

3 개인이 최소한의 노력으로 신속하게 결정을 내리기 위해 사용하는 인지적인 경험적 방법 또는 정신적 지름길을 말한다. 이러한 지름길은 광범위한 숙고나 분석보다는 직관과 빠른 판단에 의존하며 과거의 경험, 정서, 사회적 영향을 기반으로 하는 경우가 많고 지각, 판단, 행동 등 의사 결정의 다양한 측면에 영향을 미칠 수 있다(옮긴이 주).

첫 번째 의제 설정 연구는 1968년 대통령 선거에 앞서 수행되었는데, 이 선거에서는 시카고에서 캠페인 퍼레이드 중인 사진 속의 공화당 후보 리처드 닉슨이 백악관의 주인이 되었다.

령 후보가 되었다.

이러한 요동치는 사회 분위기 속에서 미국이 새로운 행정부 수반을 선출하려고 준비하고 있을 때, 맥콤스와 쇼는 캠페인 보도가 이슈의 중요성에 대한 공중의 지각에 미치는 영향을 검정하기 위한 연구를 설계했다(McCombs & Shaw, 1972). 이 연구는 투표자들이 이 캠페인의 주요 이슈라고 말한 것과 응답자들이 이용한 매스 미디어의 실제 내용을 비교했다. 1968년 대통령 선거가 실시되기 전에 연구자들은 아직 후보자를 확정하지 않은 채플 힐 유권자들에게 후보자의 말과 상관없이 주요 이슈를 개략적으로 말해달라고 요청했다. 응답자들이 지목한 이슈들(외교 정책, 법과 질서, 재정 정책, 인권, 공공 복지)은 해당 이슈가 주요 이슈라고 말한 응답자들의 비율에 따라 순위가 매겨졌다.

채플 힐 연구자들은 지역 뉴스 미디어의 내용을 하나의 측정된 독립 변인으로 사용했으며 종속 변인, 즉 '이슈의 현저성'을 토픽 보도와 비교했다. 연구자들은 미디어의 관심을 가장 많이 받는 이슈를 확인하기 위해 캠페인 기간인 3주 동안 지역 신문, 텔레비전 및 라디오 방송국의 내용을 분석했다. 맥콤스와 쇼는 미디어 내용과 응답자들이 지목한 관심사들을 비교한 결과, 그 둘의 의제가 거의 동일함을 확인했다. 미디어가 이슈를 강조하는 것과 해당 주제의 현저성에 관한 유권자의 판단 사이에는 매우 높은 상관관계가 있었다.

최초의 의제 설정 연구가 있은 후 수십 년 동안 수백 편의 연구가 이루어진 것으로 보아 커뮤니케이션 연구자들 사이에 의제 설정 연구가 불이 붙었다고 말할 수도 있을 것 같다. 실제로 구글(Google)의 인용 분석 서비스에 따르면, 의제 설정은 10,100회 이상 인용되었다(Valkenburg & Oliver, 2020). 맥콤스와 쇼(McCombs & Shaw, 1993)는 많은 연구 결과를 검토한 결과, 의제 설정 연구가 4단계에 걸쳐 발전했음을 확인했는데, ① 1972년에 이루어진 그들의 최초 연구 발표 단계, ② 조건적 상황에 대한 반복 연구 및 조사 단계, ③ 원래 의제 설정 아이디어가 후보자 특성 영역 및 기타 정치적 측면으로 확대되는 단계, ④ 미디어 의제 소스에 초점을 맞춘 단계가 그것이다. 다섯 번째 단계는 2000년대 초에 연구자들이 의제 설정 효과를 일으키는 정보 처리의 심리학적 과정을 조사하는 데 초점을 맞추면서 시작되었다. 이것에 대해서는 이 장의 뒷부분에서 논의하기로 한다(자세한 내용은 McCombs & Stroud, 2014 참조).

레이 펑크하우저(Ray Funkhouser)는 채플 힐 연구를 반복 연구한 결과, 1960년대 여론 동향이 그 기간에 보도된 뉴스 미디어의 이슈 보도와 강하게 일치했음을 확인했다(Funkhouser, 1973). 펑크하우저는 미국에서 가장 중요한 문제에 관해 실시한 갤럽(Gallup) 여론조사 결과를 이용하여 여론을 평가했다. 그는 미디어 의제를 측정하기 위해 ≪타임(Time)≫, ≪뉴스위크(Newsweek)≫, ≪유에스 뉴스 & 월드 리포트(U. S. News and World Report)≫의 내용을 분석했다. 그런 다음 그는 '실제' 현실과 현실에 대한 공중 및 미디어 측의 '지각' 간의 일치를 가늠하기 위해 이러한 결과를 다른 통계(예: 베트남전에 참전한 미국 군인 수, 캠퍼스에서 벌어진 시위나 인권을 위한 시위 횟수)와 비교했다. 그는 어떤 이슈에 대한 미디어의 보도량과 그 이슈에 대해 공중이 지각한 중요성 간에 높은 상관관계를 확인했다. 또한 그는 미디어 보도가 항상 이슈와 상황의 실제 현실을 나타내주지 않는다는 것도 확인했다.

맥콤스와 쇼의 두 번째 연구는 1972년 대통령 선거 캠페인 기간에 그와 같은 효과가 나타난 이유를 밝히기 위해 의제 설정 효과와 조건적 상황의 인과관계 방향을 살펴보았다(Shaw & McCombs, 1977). 의제 설정의 단기 효과를 밝히기 위해 노스 캐롤라이나 주 샬럿 지역 투표자(Charlotte)를 대상으로 선거 전과 후에 설문조사를 실시했다. 연구자들은 세상에 대한 정향 필요성이 더 강한 투표자와 매스 미디어를 다른 사람보다 더 자주 이용하는 투표자가 뉴스 미디어 의제와 일치하는 의제를 가지고 있을 가능성이 높다는 사실을 확인했다. 인과관계에 관해 연구자들은 언론의 의제 설정 영향을 지지하는 증거를 찾았다고 주장했지만, 그러한 증거가 압도적이지는 않았다.

인과관계의 방향에 대해 더 강력한 증거를 제공하기 위해 실시한 후속 의제 설정 연구는 녹화된 네트워크 텔레비전 뉴스를 기사의 위치와 기사에 대한 강조를 조작해서 바꿀 수 있는 실험실 상황에서 수행되었다(Iyengar et al., 1982). 일주일 동안 조사 참여자들은 매일 변경된 뉴스를 시청했는데, 조사 참여자들은 그것이 변경되지 않은 실제 뉴스인 줄 알고 있었다. 참여자들은 두 집단으로 나누어졌다. 한 집단에게는 미국 국방력의 취약성을 강조한 뉴스를 보여주었고, 다른 집단에게는 이러한 특정 기사가 포함되지 않은 뉴스를 보여주었다. 연구자들은 참여자를 대상으로 실험이 있기 전과 후에 설문조사를 실시한 결과, 통계적으로 유의미한 의제 설정 효과를 발견했다. 실험을 실시한 주 종반에 '취약한 국방력'에 관한 기사를 보았던 집단은 그 기사를 보지 않은 집단보다 국방 이슈를 훨씬 더 높게 평가했다(Iyengar et al., 1982). 후속 실험 연구들도 매스 미디어의 의제 설정 효과에 경험적 증거를 추가로 제공했다(Iyengar & Kinder, 1987; Wanta, 1988).

세 번째 단계의 의제 설정 연구는 1976년 대통령 선거 캠페인 기간에 시작되었는데, 이 연구에서는 후보자 특성 의제와 정치적 관심이라는 대안 의제를 살펴보았다(Weaver et al., 1981). 연구자들은 투표자가 후보자의 특성과 미디어에 묘사되는 후보자의 이미지를 어떻게 지각하는가에 대한 동태적 분석을 했다(McCombs, 1992). 6개 지역(미국 북동부 지역 세 곳과 중서부 지역 세 곳)의 투표자들이 의제 설정 과정에 작동하는 조건적 요인(contingent factor)을 평가하기 위한 종단적 연구에 참여했다. 투표자의 직업, 교육 수준, 지리적 위치가 선거 캠페인 기간 동안 미디어가 투표자의 이슈 의제를 설정하는 정도에 영향을 미치는 것으로 드러났다.

네 번째 단계는 연구자들이 미디어 의제의 소스를 조사하기 시작했던 1980년대에 시작되었다. 매일 미디어 의제를 만들어내는 여러 영향이 확인되었다(Shoemaker & Reese, 1991, 1996, 2014). 뉴스 조직 및 외부 조직과 관련된 사회학적 요인, 일상적인 미디어 업무 과정, 이념적 관심사, 기자와 편집인 간의 개인차가 그러한 것들이다. 이 단계와 의제 설정 효과의 심리학에 초점을 맞춘 다섯 번째 단계에 대해서는 이 장의 뒷부분에서 더 자세히 논의할 것이다.

3. 2차 및 3차 의제 설정 그리고 그 이상

맥콤스와 쇼(McCombs & Shaw, 1972)의 채플 힐 연구는 이슈 현저성에 대한 수용자의 지각이 뉴스 기관들이 해당 이슈에 부여한 중요성을 반영하는 1차 의제 설정 효과를 조명했다. 채플 힐 연구 이후 수십 년 동안 의제 설정 연구는 확장되었으며 미디어 효과 연구자들은 다양한 수준의 의제 설정 효과를 밝혀냈다.

1) 2차 의제 설정 효과

속성 의제 설정(attribute agenda setting)이라고도 불리는 2차 의제 설정(the second level of agenda setting)은 어떤 대상이나 이슈의 특정 속성의 현저성이 미디어 소스에서 공중에게 어떻게 전달하는지 설명한다. 맥콤스가 간단하게 말했듯이, "매스 미디어에서 두드러지는 속성은 공중의 마음에서도 두드러지는 경향이 있다"(McCombs, 2014: 62). 속성 의제 설정은 여러 면에서 프레이밍 연구와 매우 닮았다(7장 참조). 연구자들은 미디어 기사와 관련된 서로 다른 요소의 속성, 예를 들면 이슈 보도의 속성, 후보자의 속성, 혹은 후보자 이미지의 속성을 조사한다. 사람들은 언론이 귀인(歸因)[4]하라고 하는 것을 후보자들에게 귀인하는 경향이 있음을 연구들은 보여주었다(예: Becker & McCombs, 1978; Kim & McCombs, 2007; King, 1997; McCombs, Lopez-Escobar, & Llamas, 2000). 뉴스 미디어가 이슈의 속성을 다루는 방식 또한 투표자들에게 영향을 미치는 것으로 드러났다(예: Takeshita & Mikami, 1995).

김(K. Kim)과 맥콤스의 한 속성 의제 설정 연구는 후보자 속성 묘사가 2002년 텍사스(Texas) 주지사 및 미 상원의원 선거에서 투표자에게 큰 영향을 미쳤음을 확인했다(Kim & McCombs, 2007). 이 연구자들은 텍사스주, 오스틴(Austin)에서 발행되는 한 일간지를 내용 분석한 결과, "일반적인 정치적 기술(記述), 이슈에 대한 구체적인 입장, 개인적 자질 및 특성, 신상 정보, 캠페인 활동, 지지와 보증"을 포함해 그 신문에서 크게 다루어진 속성들을 확인했다(Kim & McCombs, 2007: 303). 그런 다음 그들은 그 지역 거주자들을 대상으로 전화 설문조사를 실시했다. 그 신문을 읽은 사람의 판단이 그 신문에서 후보자 속성에 관해 읽은 내용에 더 많이 영향을 받는 경향이 있는 것으로 나타났다. 또한 우(H. D. Wu) 및 콜먼(R. Coleman)의 2차 의제 설정에 관한 연구는 2004년 미국 대선에 초점을 맞추었다(Wu & Coleman, 2009). 이 연구자들은 후보자를 기술하는 속성이 후보자에 대한

---

4   귀인이란 특정 행동이나 사건의 원인을 어떤 대상이나 요인에 돌리는 것을 의미한다. 예를 들어, 언론이 한 후보를 '강력한 지도자'로 묘사하면 사람들은 그 후보를 강한 리더십을 가진 사람으로 생각할 가능성이 높아진다(옮긴이 주).

투표자의 지각에 큰 영향을 미쳤으며, 실제로 그들의 투표 의도를 예측했음을 확인했다. 이 연구는 또한 후보자 이미지에 대한 부정적인 미디어 보도가 긍정적인 보도보다 공중에게 더 영향을 미친다는 점을 확인해 주었다.

당파적 미디어와 속성 의제 설정 효과도 연구되었다. 맥콤스와 스트라우드(N. J. Stroud)가 언급했듯이, "당파적 미디어는 2차 의제 설정에서 특히 영향력이 있을 수도 있다(McCombs & Stroud, 2014). 당파적 미디어는 유사한 이슈를 다룰 수도 있지만(1차) 해당 이슈에 대해 상당히 다른 견해나 관점을 제시할 수도 있다(2차)"(McCombs & Stroud, 2014: 83). 예를 들어, MSNBC, CNN 및 폭스 뉴스(Fox News)의 기후 변화 보도의 차이점을 연구한 펠드먼(L. Feldman) 등은 해당 이슈에 대한 수용자들의 태도가 그들이 시청한 케이블 뉴스 채널과 일치한다는 것을 찾아냈다(즉, MSNBC 또는 CNN 시청은 지구 온난화를 더 잘 받아들이는 것과 연관된 반면, 폭스 뉴스 시청은 그 반대였다; Feldman et al., 2012).[5] 머디먼(A. Muddiman) 등은 또한 케이블 뉴스와 이라크 전쟁에 대한 연구에서 속성 의제 설정 효과를 관찰했다(Muddiman et al., 2014). 한편 카마지(L. Camaj)는 정향 필요성, 선택적 노출(즉, 정치적으로 생각이 비슷한 뉴스 미디어를 선택하는 것) 및 속성 의제 설정 효과를 통합한 연구를 수행했다(Camaj, 2014). 그녀의 연구 결과는 정당 소속감(party affiliation)이 분명하고 정치에 더 관심이 많은 사람들은 특히 텔레비전과 라디오에서 이념적으로 유사한 뉴스원을 찾고 그러한 뉴스원의 속성 의제를 채택할 가능성이 더 높음을 보여준다. 더욱이 그러한 의제에서 속성의 현저성은 기존 태도를 강화할 가능성이 더 높다.

2) 3차 의제 설정 효과

네트워크 의제 설정 모델(network agenda setting model)이라고도 알려진 3차 의제 설정 (the third level of agenda setting) 효과는 뉴스 미디어가 대상 또는 속성의 네트워크(즉, 이 둘의 조합)를 공중에게 어떻게 전달하는지 조사한다(Guo, 2012, 2013; Guo et al., 2012). 완타 (W. Wanta)와 알카제미(M. F. Alkazemi)는 1차와 2차 의제 설정을 기반으로 3차 의제 설정 효과가 어떻게 구성되는지 다음과 같이 설명한다:

---

5 펠드먼 등의 내용 분석에 따르면, 폭스는 CNN과 MSNBC보다 기후 변화에 대해 더 무시하는 듯한 태도를 취했으며, 기후 변화와 관련해 인터뷰한 사람들을 보더라도 기후 변화를 믿는 사람들보다 기후 변화를 의심하는 사람들의 비율이 더 높았다(옮긴이 주).

따라서 1차 의제 설정인 대상들의 의제(agenda of objects)는 미디어가 뉴스 소비자에게 무엇에 '대해' 생각해야 할지(what to think *about*) 알려준다는 것을 기본 전제로 했다. 한편, 2차 의제 설정인 속성들의 의제(agenda of attributes)는 미디어가 뉴스 소비자에게 뉴스에 대해 '어떻게' 생각해야 할지(*how* to think about) 알려줄 수 있다는 것을 기본 전제로 한다. 마지막으로 3차 의제 설정은 뉴스 소비자에게 뉴스 항목들(news items)[6]을 '어떻게' 연관 지어야 할지(how to *associate*) 알려준다(Wanta & Alkazemi, 2017: 21).

나아가 맥콤스 등(McCombs et al., 2014)은 다음 사항을 강조한다:

[처음의 두 의제 설정은] 대상과 대상의 속성을 별개의 분리된 요소로 취급한다. 당연하게도 대상과 대상의 속성은 실제로 미디어 메시지와 공중의 생각 및 대화 속에 함께 묶여 있다. 리프먼의 "우리 머릿속의 그림(the pictures in our heads)" 개념은 다음과 같은 질문을 제기한다: 미디어는 통합된 그림의 현저성을 어느 정도까지 전달할 수 있는가?(McCombs et al., 2014: 792)

이전의 의제 설정 연구는 대상 또는 속성의 순위 목록에 초점을 맞춘 반면, 네트워크 의제 설정 모델은 "뉴스 미디어가 실제로 서로 다른 대상과 속성들을 묶을 수 있고 이러한 요소들의 묶음을 공중의 마음속에서 동시에 두드러지게 만들 수 있음"을 보여준다(Guo et al., 2012: 55). 나아가 이 모델은 뉴스 미디어가 특정 요소들을 함께 언급할수록, 수용자는 해당 요소들이 서로 연결되어 있다고 지각할 가능성이 더 높다는 가설을 제기한다.

궈(L. Guo)와 맥콤스는 앞의 절에서 논의한 텍사스주 선거에 대한 김과 맥콤스의 2007년 연구에서 수집된 데이터를 재분석하여 이러한 3차 의제 설정을 처음 연구했다(Guo & McCombs, 2011). 궈와 맥콤스는 후보자들의 속성에 대한 미디어와 공중의 의제 모두에 대해 소셜 네트워크 분석을 수행했다. 그들의 연구 결과는 미디어와 공중의 네트워크 의제들 사이에 상당한 상관관계가 있음을 보여주었다.

바고(C. J. Vargo) 등은 2012년 대선 기간에 당시 대통령이었던 버락 오바마와 그의 경

---

6   여기서 '뉴스 항목'이란 뉴스에서 보도된 각종 사건이나 주제들을 가리키는 용어이다(옮긴이 주).

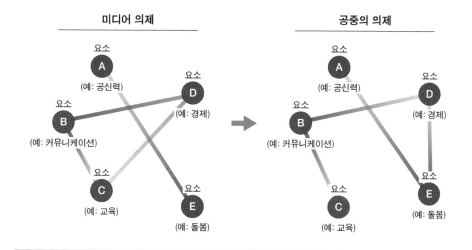

미디어 의제	공중의 의제
요소 A (예: 공신력) 요소 D (예: 경제) 요소 B (예: 커뮤니케이션) 요소 C (예: 교육) 요소 E (예: 돌봄)	요소 A (예: 공신력) 요소 D (예: 경제) 요소 B (예: 커뮤니케이션) 요소 C (예: 교육) 요소 E (예: 돌봄)

그림 6-1 네트워크 의제 설정 모델
자료: Guo(2012: 619)를 변경함.

쟁자였던 공화당의 미트 롬니(Mitt Romney) 지지자들의 네트워크 의제를 주류 뉴스 미디어와 틈새 뉴스 미디어의 트위터상 네트워크 의제와 비교 연구했다(Vargo et al., 2014). 3,800만 개의 공개 트윗을 분석한 결과, 그들은 뉴스 미디어가 오바마와 롬니를 논의할 때 다양한 선거 이슈를 연관 짓는 방식이 그들의 지지자가 그러한 이슈들에 대해 말하는 방식과 긍정적인 상관관계가 있다는 사실을 찾아냈다. 또한 다른 연구에서는 뉴스 미디어와 정치 캠페인 메시징(messaging)[7] 모두 캠페인 이슈 '소유권(issue ownership)'[8]을 확고히 하는 네트워크 의제를 공중에게 전달할 수 있는 것으로 나타났다(Guo & Vargo, 2015).

속성은 2차 및 3차 의제 설정에 핵심적인 역할을 한다. 속성은 기본적으로 '인지적'일 수도 있고 '정동적'일 수도 있다. 속성이 '인지적'이라 함은 미디어 사용자가 특정 이슈나 후보 그리고 그러한 이슈나 후보의 속성에 대해 생각한다는 것을 의미하고, 속성이 '정

---

7 '메시징'은 정치 캠페인에서 핵심 요점, 주제 및 입장을 공중에게 전달하기 위해 사용하는 전반적인 커뮤니케이션 전략 또는 프레임워크를 의미한다. 이는 개별 메시지뿐만 아니라 유권자와 소통하고 공중의 인식을 형성하는 데 사용되는 더 넓은 접근 방식, 전술 및 기술을 포함한다(옮긴이 주).

8 '이슈 소유권'은 유권자가 특정 이슈를 해결하는 데 가장 유능한 정당으로 인식하는 경우 정당이 그 이슈를 소유한다는 정치학의 개념이다. 이 개념에 따르면, 정당이 소유한 이슈가 선거 캠페인에서 중요한 역할을 하면 정당이 더 나은 결과를 얻을 수 있다(옮긴이 주).

1~3차 의제 설정 훑어보기

1차 의제 설정(전통적 의제 설정)
뉴스에서 어떤 이슈가 더 많이 다루어질수록, 수용자는 그 이슈를 더 중요하게 생각할 것이다. 1차 의제 설정에서 뉴스 미디어는 수용자에게 '무엇에 대해 생각해야 할지' 알려준다.

2차 의제 설정(속성 의제 설정)
미디어는 특정 이슈나 대상에 대한 속성을 공중에게 전달한다. 2차 의제 설정에서 뉴스 미디어는 수용자에게 '어떤 이슈에 대해 어떻게 생각해야 할지' 알려준다.

3차 의제 설정(네트워크 의제 설정)
속성 의제 설정이 하나의 특정 이슈나 대상에 대한 현저성을 전달하는 반면, 네트워크 의제 설정은 대상과 속성들의 '묶음'이 지니고 있는 현저성을 전달한다. 3차 의제 설정에서 미디어는 수용자에게 '뉴스 기사들을 어떻게 연관 지어야 할지' 알려준다.

동적'이라 함은 미디어 사용자가 그러한 속성들이 묘사되는 톤(tone)에 주목한다는 것을 의미한다. 만약 미디어가 후보나 이슈를 부정적이거나 긍정적인 톤으로 묘사하면, 미디어는 단순히 투표자들이 무엇에 대해 생각해야 할지(what voters think about)가 아닌 투표자들이 어떻게 생각해야 할지(how voters think)에 영향을 미칠 수 있다. 이로 인해 뉴스 기사의 프레이밍(framing)은 매우 중요하다. 저널리스트는 기사를 어떤 특정한 관점으로 '프레임하기' 위해 다양한 정보원으로부터 얻은 특정한 관점이나 심지어 특정한 단어를 사용할 수도 있다. 프레임은 "사람들이 어떤 이슈를 어떤 특정한 방식으로 생각하도록 유도한다"(Tewksbury & Scheufele, 2009: 19). 프레이밍에 대해서는 7장에서 더 자세히 논의할 것이다.

3) 의제 선별 혼합

맥콤스와 쇼의 중요한 채플 힐 연구가 시작된 지 50년이 지났지만 의제 설정 연구에 대한 관심은 계속 높아지고 있으며 학자들은 이 이론을 확장하기 위해 계속해서 새로운 방법을 찾고 있다(Vargo, 2018). 그러한 방법들 가운데 하나는 수용자가 소비하는 미디어 의제를 선택하는 데 있어 수용자 자신이 하는 역할을 고려하는 것이다. 이것은 **의제 선별 혼합**(agenda melding)[9]으로 알려져 있는데, 맥콤스 등(McCombs et al., 2014)은 이를 "우

리가 다른 사람들을 포함한 다양
한 소스로부터 의제들을 선별적
으로 혼합하여 우리의 경험과 선
호에 부합하는 세계상을 만들어
내는 사회적 과정"이라고 정의했
다(McCombs et al., 2014: 794). 의제
선별 혼합에 대한 연구에서 쇼와
위버(Shaw & Weaver, 2014)는 전통
적인 주류 뉴스 미디어를 '수직적
미디어(vertical media)'라고 불렀는

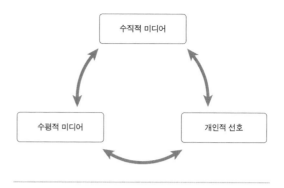

그림 6-2 의제 선별 혼합 모델
자료: McCombs(2014: 795)를 변경함.

데, 이런 미디어는 가능한 많은 수용자에게 정보를 전송한다. 반대로, 틈새 미디어(niche media)는 '수평적 미디어(horizontal media)'라고 불렀는데, 이런 미디어는 좀 더 작은 규모의 특정한 수용자들에게 다가가려고 노력한다. 예를 들어, 여러분은 전통적인 미디어[예: <NBC 나이틀리 뉴스(*NBC Nightly News*)>와 ≪USA 투데이(*USA Today*)≫]의 의제를 여러분의 개인 관심사에 맞는 틈새 미디어(예: 블로그, 케이블 뉴스 프로그램, 팟캐스트)의 의제와 결합할(combine) 수도 있다. 맥콤스 등은 의제 선별 혼합 과정을 "너무 은밀하고 개인적이어서 우리가 그것을 하고 있다는 사실조차 인식하지 못하는" 과정이라고 기술한다(McCombs et al., 2014: 794).

연구들은 정치적 소속감(political affiliation)이 사람들의 의제 선별 혼합 방식에 영향을 미칠 수 있음을 보여주었다. 2012년 미국 대선에 대한 한 연구는 민주당 지지자와 공화당 지지자는 의제들을 서로 다르게 선별 혼합한다는 것을 확인했다(Vargo et al., 2014). 이 연구에서 민주당 지지자들은 수직적 미디어 소스의 의제를 선별 혼합한 반면, 공화당

---

9 '의제 선별 혼합'은 개인이 어떻게 집단에 합류하고 일관성 있는 사건들에 대한 그림을 그려내기 위해 자신의 의제를 집단의 의제와 섞는(blend) 데에 중점을 둔다. 집단과 커뮤니티는 '집합된 이슈 의제(collected agenda of issues)'를 나타내며 개인은 '어떤 의제를 채택함으로써 어떤 집단에 합류'한다. 실제로 '의제 선별 혼합'은 조사 참여자가 뉴스를 수집하기 위해 여러 소스를 사용하는 정도와 온라인 및 오프라인에서 집단과 뉴스를 공유하고 토론하는 정도로 측정된다(Shaw et al., 1999; Shaw et al., 2006). 흔히 '의제 융합'이라고 번역하기도 하나 '융합'이란 둘 이상이 섞여 하나가 되는 것을 의미하며, 서로 다른 의제들이 섞여 하나의 의제가 되지는 않으므로 개인의 의제와 집단의 의제가 섞여 혼합됨을 뜻하는 'melding'과는 전혀 다른 의미로 오역이라 할 수 있다. 다시 말해 'agenda melding'은 'agenda melting'(의제 융합)이 아니라는 뜻이다(옮긴이 주).

지지자들은 수평적 미디어 소스의 의제를 선별 혼합한 것으로 나타났다. 영향력 있는 정치 저널리스트와 트위터 블로거의 경우 그들의 정치적 소속감에 따라 의제 선별 혼합에도 차이가 있다(Hedding & Ripka, 2018).

4. 의제 설정의 심리학

연구자들은 의제 설정의 여러 조절 변인(moderating variable)[10](예: 미디어 신뢰 및 인지 필요성)을 확인했지만, 가장 중요한 기본 개념 가운데 하나는 정향 필요성이다. **정향 필요성**(NFO)이란 "미디어 의제에서 공중의 의제로의 현저성 전이(transfer of salience)에 대한 심리학적인 설명을 제공한다"(McCombs & Valenzuela, 2021: 74). 일반적인 말로 표현하면, NFO는 사람들이 익숙하지 않은 환경에 처할 때마다 상황을 파악하기 위해 어떻게 노력하는지를 설명한다. 의제 설정 연구에서 NFO는 "뉴스의 주제에 대한 '불확실성'과 사람들이 해당 주제에 대한 뉴스가 얼마나 '관련 있다'고 생각하는지의 조합으로 정의된다"(McCombs & Stroud, 2014: 70). 관련성(relevance)은 개인의 NFO를 결정할 때 가장 먼저 고려되는 요소이다. 누군가가 특정 이슈를 자신과 관련된 것으로 보지 않는다면, 그 사람의 NFO는 낮다. 그러나 해당 이슈가 관련성이 있다고 지각되면, 불확실성의 수준을 반드시 살펴보아야 한다.

"높은 관련성과 높은 불확실성은 높은 정향 필요성을 규정하는데, 이것은 미디어 의제와 공중의 의제 간의 가장 높은 수준의 일치를 예측하는 이론적 조건이다"(McCombs & Valenzuela, 2021: 78). 사람들이 어떤 주제에 대해 충분한 정보를 가지고 있다고 믿을 때, 그들의 불확실성은 낮다. 공중과 관련된 이슈이지만 그 이슈에 대한 여론이 안정적일 경우, 사람들은 중요한 변화를 감지하기 위해 뉴스를 모니터한다. "관련성이 높고 불확실성은 낮은 이러한 조건에서는 정향 필요성이 중간 정도이다"(McCombs & Valenzuela, 2021: 75). 예를 들어, 보건 의료 서비스 개혁의 복잡성과 중요성은 많은 사람에게 높은 관련성과 높은 불확실성을 초래했다. "이론적인 용어로 말하면, 그러한 시민들은 정향

---

10 '조절 변인(moderator)'이란 독립 변인 A와 종속 변인 C 사이에서 일종의 상호작용 효과를 미치는 제3의 변인 B를 말하는 것으로, 예를 들면 광고물에 대한 소비자 반응은 그들의 연령이나 소득 수준에 의해 조절될 수 있다(옮긴이 주).

필요성이 매우 높았다고 할 수 있다"(McCombs & Valenzuela, 2021: 76).

중요한 것은 이슈의 현저성이 단순히 보도 빈도로 인해 뉴스 소비자의 마음속에서 이슈에 더 쉽게 접근할 수 있게 된 결과가 아니라는 점을 NFO 연구가 강조한다는 점이다. "이슈에 대한 개인의 인지적 관여, 특히 이슈의 관련성에 대한 각 개인의 지각과 이슈에 대한 추가 정보에 대한 강한 욕구가 미디어의 의제 설정 효과의 강도를 조절한다(moderate)" (McCombs & Stroud, 2014: 73).

1) 의제 설정 효과의 이중 경로 모델

수십 년 동안 의제 설정 효과를 설명하는 데 사용된 기본 기제는 인지적 접근성(cognitive accessibility)이었는데, 이것은 이슈에 대한 판단이 미디어에 의해 최근에 활성화된 개인의 기억 속에 있는 구성체들의 결과라는 것을 의미한다(5장의 논의 참조). 그러나 최근 연구에서는 접근성이 의제 설정에 핵심적인 역할을 하지 않는 것으로 나타났다. NFO에 대한 연구 외에도 학자들은 의제 설정 효과를 이해하기 위한 이중 과정(dual-process) 접근법을 개발했다(자세한 내용은 Stoycheff et al., 2018 참조).

주변적 의제 설정과 중심적 의제 설정. 우리가 알고 있듯이, 수용자는 독특한 개인들로 구성되어 있으며 각 개인은 뉴스 기사에 다양한 방식으로 반응할 수 있다. 개인이 다양한 이슈에 어떻게 반응하는지는 개인의 상황에 의해 결정된다(McCombs, 1999). 따라서 의제 설정 효과는 주변 경로(peripheral route)나 중심 경로(central route)를 통해 발생할 수 있다. (이러한 인지 처리 경로는 10장에서 자세히 논의되는 정교화 가능성 모델에서 가져온 것이다.) 이 두 경로 가운데 어느 것이 활성화되는지를 이해하는 열쇠는 '개인적 관련성'이다. 벌코우(K. Bulkow) 등이 설명했듯이, "모든 이슈가 모든 수용자에게 같은 개인적 의미를 갖는 것은 아니기 때문에 어떤 사람은 주변 경로를 통해 처리하고 또 어떤 사람은 중심 경로를 통해 처리할 것이다"(Bulkow et al., 2013: 5).

벌코우 등(Bulkow et al., 2013)은 참여자들이 실험을 위해 생성된 뉴스 웹사이트와 어떻게 상호작용하는지 조사했다. 그들은 또한 참여자들을 대상으로 뉴스 속의 이슈들에 대한 개인적 관여도와 시간이 지남에 따라 뉴스에서 다뤄진 이슈들의 중요성에 대한 판단을 측정하기 위해 설문조사를 실시했다. 이 연구에서 어떤 이슈가 자신과 관련 없다고 생각하는 사람들은 주변 단서(peripheral cue, 예: 기사가 웹사이트에 배치되는 위치, 문제가 보고되는 빈도, 뉴스 기사를 핵심어 위주로 훑어보는 것)에 더 의존하여 의견을 형성하는 것으로 나타났다. **자동적**(automatic) 또는 **주변적 의제 설정**(peripheral agenda setting)의 효과는 덜 지속적이고 덜 안정적이다. 반대로, 이슈가 자신과 관련 있다고 생각하는 사람들은 더 많은 정보를 알기 위해 더 많은 인지적 노력(예: 기사를 더 자세히 읽고 이어서 그 이슈에 대한 추가적인 기사를 읽는 것)을 기울인다. **숙고적**(deliberate) 또는 **중심적 의제 설정**(central agenda setting)의 효과는 시간이 지남에 따라 더 안정적이고 더 지속적이다. 이(N. Y. Lee)의 연구도 숙고적 경로를 사용한 사람들에게 더 강한 의제 설정 효과가 나타남을 보여 주었다(Lee, 2021).

벌코우 등(Bulkow et al., 2013)은 정보가 주변 경로를 통해 처리되었는지 중심 경로를 통해 처리되었는지에 관계없이 결과적으로 발생하는 의제 설정 효과는 같을 수 있다고 지적했다.

우리의 연구 결과에 따르면, 처음에는 어떤 이슈에 큰 중요성을 부여하지도 않았고 그 이슈와 관련된 보도에 많은 주의를 기울이지도 않았던 관여도가 더 낮은 사람들도, 미디어가 해당 이슈를 충분히 강하게 강조하면, 그 이슈에 대한 관여도가 높고 그 이슈에 선입견을 가지고 있으며 그 이슈를 주의 깊게 살펴본 사람들만큼 그 이슈를 중요하게 평가하는 것으로 나타났다.

이러한 관점에서 볼 때, 의제 설정은, 이 이론이 처음 만들어졌을 때의 핵심 아이디어대로, 특정 시점에 미디어가 중요하게 여기는 이슈에 대해 관여자와 비관여자의 판단을 일치시켜 여론을 동질화한다. 따라서 의제 설정은 수용자들의 시야를 그들의 개인적 삶을 넘어 사회 전반의 문제로 넓힌다(Bulkow et al., 2013: 17).

의제 단서 제공 및 의제 추론. 핀그리(R. J. Pingree)와 스토이체프(E. Stoycheff)는 의제 설정 효과를 이해하기 위한 또 다른 이중 과정 모델을 개발했다(Pingree & Stoycheff, 2013). 그들이 개발한 모델의 두 가지 핵심 기제는 **의제 단서 제공**(agenda cueing)과 **의제 추론**(agenda reasoning)[11]이다. 핀그리와 스토이체프는 의제 단서(agenda cue)[12] 제공을 "의

---

11 '의제 추론'이란 뉴스 기사의 내용을 통해 학습한 특정 문제가 왜 중요한지에 대한 근거가 수용자에게 미치는 영향을 말한다(Agenda reasoning is the influence of reasons for the importance of problems learned from the content of news stories)(옮긴이 주).

제에 반응할 때 지각된 뉴스 의제를 인지적 지름길(cognitive shortcut)[13]로 사용하는 것"으로 정의한다. 의제 단서를 받아들임으로써 수용자들은 문제들의 우선순위를 정하는 어려운 작업을 사실상 저널리스트에게 위임한다"(Pingree & Stoycheff, 2013: 853). 그들은 의제 단서 제공이 **게이트키핑 신뢰**(gatekeeping trust)에 뿌리를 두고 있다고 주장한다. 맥콤스와 스트라우드(McCombs & Stroud, 2014)는 게이트키핑 신뢰를 "저널리스트들이 이슈의 중요성을 판단하기 위해 '힘든 작업(heavy lifting)'을 수행했으며 그들의 뉴스 판단은 이슈의 중요성을 판단할 때 유용한 인지적 지름길이 된다는 인식"으로 정의했다(McCombs & Stroud, 2014: 78). 게이트키핑에 높은 신뢰감을 보이는 사람들은 뉴스 미디어가 이슈 중요성을 신중하게 평가하여 신뢰할 수 있는 인지적 지름길을 제공한다고 믿는다(McCombs & Valenzuela, 2021). 한편, 의제 추론을 사용하는 개인은 이슈의 중요성을 판단하기 위해 뉴스의 구체적인 내용을 조사한다. 의제 추론은 "특정 문제의 상대적 중요성을 결정하는 데 관련이 있다고 여겨지는, 기억에서 떠올린 이유들을 인지적으로 노력하여 처리하는 것이다"(Pingre & Stoycheff, 2013: 856).

의제 단서에 대한 노출을 뉴스 기사의 내용에 제시되어 있을 수도 있는 의제 이유(agenda reason)[14]와 분리하기 위해 핀그리와 스토이체프는 실제 기사가 아닌 이전 주(週)의 뉴스 보도에 대한 요약본을 사용했다(Pingree & Stoycheff, 2013). 이 요약본에는 각 주제가 얼마나 많이 다루어졌는지 나타나 있었다. 이 연구자들은 톱 기사를 실업이나 국가 부채 가운데 하나로 조작했지만, 각 조건에서 해당 톱 기사가 그 주의 전체 뉴스 보도 가운데 23%를 차지했다고 말해주었다. 의제 추론을 테스트하기 위해 이 연구자들은 같은 요약본을 사용했지만 국가 부채나 실업이 왜 톱 기사인지 뒷받침하는 이유를 제시하는 몇 단락의 정보도 포함했다. 이 연구의 결과는 의제 단서에만 노출된 참여자들, 특히 높은 게이트키핑 신뢰를 보여준 참가자들에게서 유의미한 의제 설정 효과가 발생했음을 확인했다. 반면, 게이트키핑 신뢰가 낮은 집단의 경우 의제 이유가 제시될 때 의제 설정 효과가 더 강하게 나타났다.

---

12 개인이 해당 보도에 대한 실제 노출 여부와 관계없이 미디어가 문제를 자주 다루었다고 인식하는 경우를 말한다(옮긴이 주).

13 '인지적 지름길'이란 사람들이 더 효율적인 의사 결정을 내리기 위해 사용하는 자동 사고 패턴을 말한다. 스트레스와 복잡한 시간 제한 의사 결정에 대응하여 자주 사용되며, 때로 인지적 지름길을 사용하는 것이 유익할 수도 있고 심지어 반드시 필요할 수도 있다(옮긴이 주).

14 어떤 특정한 주제나 이슈가 왜 중요하게 여겨지는지에 대한 근거나 이유를 의미한다(옮긴이 주).

좀 더 최근의 연구에서는 전통적인 뉴스의 의제 단서의 영향과 트위터의 의제 단서의 영향을 비교했다(Stoycheff et al., 2018). 이전 연구와 마찬가지로 이 실험도 주류 미디어의 기사 요약본이나 트위터의 인기 토픽 요약본을 사용했다. 이 연구자들은 뉴스와 트위터 단서가 실제 콘텐트에 노출되지 않고도 상당한 의제 설정 효과를 일으킨다는 것을 확인했다. 이 연구에서는 또한 의제 단서에 대한 일회성 노출이 참여자에게 일주일 동안 조작된 뉴스 콘텐트에 노출된 고전적인 의제 설정 실험에서 확인된 효과의 78%만큼 강력한 효과를 일으켰음을 확인했다. 이러한 연구 결과를 바탕으로 스토이체프 등(Stoycheff et al., 2018)은 다음과 같이 결론 내렸다:

> 의제 단서 제공은 이 [의제 설정] 과정에서 작동하는 지배적인 기제일 수도 있다. 바꾸어 말하자면, 미디어가 어떤 이슈에 초점을 맞추고 있다고 지각하는 것만으로 의제 설정 효과의 대부분을 견인할 수도 있으며, 해당 보도의 내용은 보조 역할만 할 뿐이다(Stoycheff et al., 2018: 197).

의제 설정 효과가 어떻게 발생하는지에 관계없이, 맥콤스(McCombs, 2014)는 "미디어가 그리는 그림에서 두드러지는 요소들이 공중의 그림에서도 두드러지게 될 뿐만 아니라 특히 중요한 것으로 여겨진다는 것이 핵심적인 이론적 아이디어임"을 우리에게 상기시킨다(McCombs, 2014: 39).

2) 종합 효과와 개별 효과

이제 여러분은 의제 설정 효과가 공중이 어떻게 영향을 받는지의 측면에서 이야기된다는 점을 알았을 것이다. 이러한 연구들에서 "'공중'은 모든 공중 구성원을 하나의 동질적인 단위로 취급하면서 … 하나의 종합된 전체로 개념화된다"(Guo, 2017: 27). 그러나 개인 수준에서 효과를 측정해 보는 것은 어떤가?

맥콤스와 스트라우드(McCombs & Stroud, 2014)는 "의제 설정의 심리학에 초점을 맞추는 것은 개인 수준의 효과에 초점을 맞출 것을 우리에게 요청한다. 개인 수준에서는 개인이 자신의 관심사에 따라 정보를 선택하더라도 의제 설정이 '여전히 발생할 수' 있다"고 주장했다(McCombs & Stroud, 2014: 81). 개인 수준에서 의제 설정을 연구하려는 시도가 몇 차례 있었다. 궈(Guo, 2017)는 "그러한 연구들이 각기 다른 결과, 심지어 반대되는 결과를 보여주었다. 이러한 새로운 미디어 환경에서 뉴스 미디어가 개인 수준에서 의제 설정 영향력을 미칠 수 있는지는 여전히 논란의 여지가 있다"고 요약했다(Guo, 2017: 34~35).

5. 현대 미디어 환경에서의 의제 설정

채플 힐 연구 이후, 미디어 환경은 급격하게 변했다. 케이블 뉴스 채널, 온라인 뉴스 미디어, 소셜 미디어 등이 폭발적으로 증가한 오늘날의 조각화된 미디어 환경에서도 의제 설정이 여전히 적용 가능한가? 많은 연구 결과는 가능함을 보여준다. 인터넷과 소셜 미디어는 세기가 바뀌면서 많은 학문적 관심을 받아왔다. 이러한 연구들은 현재의 변화된 상황에서 어떻게 뉴스 의제가 형성되는지를 조사하는 **의제 형성**(agenda building)과 미디어가 다른 미디어의 뉴스 보도에 어떻게 영향을 미치는지 살펴보는 **미디어 간 의제 설정**(intermedia agenda setting)을 이해하는 데 중요하다.

1) 온라인 환경에서의 의제 설정

의제 설정 연구자들은 20년 넘게 온라인 뉴스 보도의 다양한 효과를 탐구해 왔다. 왕 (T. L. Wang)은 특정 집단에게는 인종차별 관련 기사가 포함된 온라인 신문을 보여주고, 다른 집단에는 인종차별 관련 기사가 포함되지 않은 온라인 신문을 보여주는 실험을 했다(Wang, 2000). 인종차별 기사를 읽은 집단은 이후 인종차별을 중요한 공공 문제로 인식했다. 알트하우스(S. L. Althaus)와 튝스버리는 ≪뉴욕 타임스≫의 온라인판 독자를 인쇄판 독자와 비교했다(Althaus & Tewksbury, 2002). 5일 동안 일부 독자들은 이 신문의 인쇄판을 살펴보았고 다른 독자들은 온라인판을 살펴보았다. 두 집단 모두 의제 설정 효과를 경험했지만, 중요한 이슈에 대한 지각은 달랐는데, 이는 인쇄판과 온라인판의 중요 이슈의 차이와 일치했다.

좀 더 최근에는 학자들이 의제 설정 효과를 연구하기 위해 소셜 미디어에 관심을 돌렸다. 이전에 논의한 바와 같이, 스토이체프 등(Stoycheff et al., 2018)은 트위터에서 의제 설정 단서에 노출되면 강력한 효과가 발생할 수 있음을 확인했다. 페이스북의 의제 설정에 대한 코워트(H. Cowart)의 연구에 따르면, 누군가가 어떤 이슈에 대해 더 많은 게시물을 볼수록 해당 이슈를 중요하게 생각할 가능성이 더 높았다(Cowart, 2020). (이 연구를 더 자세하게 살펴보려면 '연구 스포트라이트'를 참조하라.) 피젤(J. T. Feezell)도 페이스북의 정치적 콘텐트에 노출되면 의제 설정 효과가 발생할 수 있음을 확인했는데, 정치적 관심도가 낮은 사람들에게서 그 효과가 가장 큰 것으로 나타났다(Feezell, 2018).

2) 의제 형성

미디어 의제를 설정할 수도 있는 뉴스원에 대한 연구는 계속해서 학자들의 관심을 끌어왔다(Vargo, 2018; Wanta et al., 1989). 의제 설정 연구자들은 흔히 양파 껍질 벗기기 비유를 사용해 미디어 의제 설정 과정을 설명했다(예: McCombs, 2014; McCombs & Valenzuels, 2021; Ragas & Tran, 2019).

> 양파의 동심원 형태의 층들은 양파의 핵심인 미디어 의제 형성에 작용하는 수많은 영향을 나타낸다. 이 비유는 또한 바깥쪽 층의 영향이 차례로 양파의 중심부에 더 가까운 층의 영향을 받는 이 과정의 순차적 특성을 잘 보여준다(McCombs & Valenzuela, 2021: 111).

슈메이커(P. J. Shoemaker)와 리스(S. D. Reese)의 영향 위계 모델(hierarchy of influences model)은 뉴스 보도를 형성하는 다섯 가지 수준을 찾아냈다(Shoemaker & Reese, 1996, 2014). 여기에는 가장 작은 수준인, 저널리스트 자신의 개인적 특성에서부터, 미디어 작업의 일상적 관행, 조직 수준의 관심사, '미디어 외부의(extramedia)' 힘(예: 공중관계, 강력한 정보원, 또는 수용자)을 거쳐, 가장 큰 수준인 더 큰 사회 체계가 포함된다. 리스와 슈메이커(Shoemaker & Reese, 2016)는 조직과 사회 전체 사이의 수준에서 기능하는 "경제적·정치적·문화적 요인들의 상호작용"에 주목하면서 '미디어 외부의' 힘의 개념을 "사회 제도"로 정교하게 다듬었다(Shoemaker & Reese, 2016: 402).

몇몇 연구는 미국 대통령이 뉴스 미디어 의제에 미친 영향에 초점을 맞추었다. 특히 이러한 연구들은 대통령의 연두교서가 미칠 수 있는 영향을 측정하기 위해 연두교서가

---

15 '시각적 위계'란 특정 중요도 순서에 따라 콘텐트를 훑어보는 사람의 시선을 안내하는 방식으로 디자인 내 요소의 배열 또는 구성을 의미한다. 이것은 사용자가 제시된 정보를 탐색하고 이해하는 데 도움이 되는 명확하고 논리적인 구조를 만드는 것이다(옮긴이 주).

무엇에 대해 생각해야 하는가:
소셜 미디어 맥락에서의 의제 설정의 적용성

Holly Cowart (2020) *The Agenda Setting Journal*, 4(2), 195~218.

이 연구에서 코워트는 의제 설정이 미국의 페이스북 사용자들에게 어떤 영향을 미치는지 조사했다. 연구 참여자들은 실험용 모의 페이스북 피드를 본 다음 특정 이슈들의 중요성에 대한 질문에 답했다.

가설

H1: 소셜 미디어 뉴스 피드의 뉴스 기사에서 반복적으로 제시되는 이슈는 해당 뉴스 피드에서 덜 자주 제시되는 이슈보다 더 중요한 것으로 인식될 것이다.

H2: 뉴스 피드에 이슈가 나타나는 순서는 지각된 이슈 중요성에 영향을 미칠 것이다.

H3: 지지(좋아요)를 더 많이 받은 게시물의 이슈는 지지를 더 적게 받은 게시물의 이슈보다 더 중요한 것으로 지각될 것이다.

연구 방법

이 연구에는 미국 남부의 한 대규모 공립 대학교과 퀄트릭스(Qualtrics)의 전국 전문가 표본에서 모집된 379명이 참여했다. 참여자들에게 연구 참여 대가로 5달러를 제공했다.

본 조사에서 어떤 두 가지 뉴스 이슈를 사용할지, 어떤 뉴스 소스를 사용할지 결정하기 위해 예비조사를 실시했다. 예비조사에서는 페이스북 게시물이 얼마나 많은 '좋아요'를 받아야 높은 지지를 받는지도 확인했다. 이 예비조사의 결과는 연구의 전체 결과에 포함되지 않았다.

본 실험에서는 3 × 2 × 2 디자인을 사용했다. 테스트 된 독립변인은 반복, 스토리 순서, 지지였다. 종속변인은 이슈 중요도였다. 예비조사 데이터에서 선택된 두 뉴스 주제는 베이비 파우더(baby powder)와 암의 연관성 및 알레포(Aleppo)에서 벌어진 전쟁이었다. 그런 다음, 코워트는 예비조사에서 확인된 12개 뉴스 미디어 가운데 하나에서 게시된 것처럼 보이도록 각 주제에 대해 12개의 게시물을 만들었다.

그 게시물들은 세 가지 수준의 반복(낮음, 중간, 높음), 두 가지 다른 스토리 순서 및 두 가지 지지 수준을 갖춘 12개의 실험용 모의 페이스북 피드를 만드는 데 사용되었다. 더 현실감 있는 페이스북 경험을 만들어내기 위해 뉴스 게시물과 뉴스가 아닌 게시물을 뒤섞었다. 높은 지지 범주에 있는 게시물에는 218~550개의 '좋아요' 수가 무작위로 주어졌고, 낮은 지지 범주에 있는 게시물에는 0~217개 사이의 '좋아요' 수가 무작위로 주어졌다. 게시물에는 댓글(다른 변인으로 작용할 수 있음)이 포함되지 않았으며, 참여자들은 게시물에 댓글을 달 수 없었다. 또한 링크가 무력화되어 참여자들은 페이스북에서만 게시물을 볼 수 있었다.

측정

참여자들은 무작위로 배정되어 3분 동안 12개의 모의 페이스북 뉴스 피드 가운데 하나를 보았다. 그들은 베이비 파우더와 암의 연관성 및 알레포 전쟁에 대한 질문에 대한 응답을 7점 라이커트(Likert) 척도(개인의 동의 또는 부동의 수준을 측정)로 순위를 매겼다. 그리고 특정 주제가 '중요한 이야기'인지, '중요하지 않은 이야기'인지, '공중이 관심을 가져야 할 문제'인지 참여자들에게 물었다.

연구 결과

실험을 마친 379명의 참여자 가운데 11명은 주의력 확인(attention-check) 질문에 실패하여 데이터 분석에서 제외되었다. 따라서 최종 분석에는 368명의 응답이 포함되었다. 인구통계학적 데이터에 따르면, 표본의 94%가 18~23세였고, 나머지 6%는 24~35세였다. 표본은 주로 여성(73%)과 백인(75%)이었다.

가설 1은 지지되었다. 결과는 두 이슈에 대해 낮은 반복 범주와 중간 및 높은 반복 범주 사이의 통계적 유의성을 보여주었다.

가설 2는 지지되지 않았다. 데이터는 지각된 이슈 중요성에 대한 스토리 순서의 통계적 유의성을 보여주지 않았다. 마찬가지로 가설 3도 지지되지 않았다. 데이터는 각 이슈에 대한 높은 지지 범주와 낮은 지지 범주 사이에서 지각된 이슈 중요도는 통계적으로 유의적이지 않았다.

인구통계학적 데이터 분석에 따르면, 젠더는 알레포 이슈에 대한 기사 중요성 순위에 중요한 요인이었지만 베이비 파우더와 암의 연관성에 대해서는 그렇지 않은 것으로 나타났다. 남성은 여성보다 알레포를 라이커트 척도로 약 1/3점 더 높게 평가했다. 암 순위는 남성과 여성 사이에서 더 유사했다. 그 밖에 민족성은 암 이야기의 반복과 이슈 중요성 사이의 관계에 영향을 미쳤다.

전반적으로 이 연구는 다음과 같은 사실을 확인했다: "콘텐트의 반복이 소셜 미디어 사용자가 어떤 이슈가 얼마나 중요하다고 생각하는지에 영향을 미친다…. 따라서 반복에 관한 이 연구의 결과는 의제 설정 이론을 뒷받침한다"(Cowart, 2020: 213). 가설 2가 지지되는 않은 것과 관련하여 코워트는 다음과 같이 결론 내렸다: 인쇄 뉴스와 온라인 뉴스 모두에 적용되는 '시각적 위계(visual hierarchy)'[15] 규칙이 "단순히 소셜 미디어에서는 그대로 적용되지 않을 뿐이다. 가장 중요한 뉴스 기사가 신문의 상단부, 방송의 첫 부분, 심지어 웹 페이지 상단에 나타난다는 생각이 소셜 미디어에는 해당되지 않는다"(Cowart, 2020: 212). 가설 3에 대해 코워트는 '좋아요'가 반복이나 스토리 순서보다 시각적으로 덜 두드러지고 참여자들이 실험하는 동안 콘텐트와 상호작용하는 방식으로 인해 그러한 차이를 알아차리지 못할 수도 있는 가능성 등 결과에 영향을 미칠 수 있는 몇 가지 요인을 제시했다.

발표되기 한 달 전과 발표된 지 한 달 후에 뉴스 미디어가 두드러지게 다룬 이슈를 확인했다.

완타(W. Wanta) 및 푸트(J. Foote)는 미국 3대 네트워크의 여러 이슈에 대한 뉴스 보도를 비교하기 위해 시계열 분석을 사용해 그러한 이슈들과 관련된 대통령 문서들을 조사했다(Wanta & Foote, 1994). 연구자들은 16가지 이슈를 확인하고 이들을 4개 집단으로 분류했는데, 국제문제, 경제, 사회문제, 사회적 이슈가 그것이다. 그들은 경제를 제외한 모든 범주에서 미디어 보도와 그러한 이슈들에 대한 대통령의 강조 간에 유의적인 상관관계를 확인했다. 이 연구의 또 다른 중요한 연구 결과는 미디어 보도가 대통령의 영향을 매우 자주 받는다는 점이었다. 바꾸어 말하면 대통령의 이슈 의제는 미디어 의제에 강력한 영향을 미친다는 것이다. 뉴스 미디어는 검토된 이슈 16개 가운데 단지 3개에 대해서만 대통령에게 영향을 미친 것 같았는데, 동서 관계, 범죄와 마약, 환경 문제가 그것이다.

야오(Q. Yao) 등의 최근 연구는 환경 이슈에 관한 수십 년간의 대통령의 의견과 여론, 뉴스 보도, 정책 결정을 조사했다(Yao et al., 2020). 그들은 대통령의 환경 의제가 언론의 의제를 주도하고, 이것이 다시 공중의 의제를 설정한다는 사실을 확인했다. 그들은 공중 의제가 대통령의 의제에 영향을 미친다는 증거는 찾지 못했다. 다른 연구에 따르면, 집권당이 특정 이슈를 '소유할' 때 미디어 보도에 대한 대통령의 영향력이 더 크다는 사실이 밝혀졌지만, 어떤 이슈에 대한 공중의 강한 관심은 대통령의 영향력을 감소시킨다(Boydstun et al., 2017).

미디어 의제에 미치는 다른 영향도 존재한다. 공중관계 보도자료, 정치 광고, 웹사이트는 다른 뉴스 미디어의 의제를 설정하는 역할을 한다(Boyle, 2001). 예를 들어, 구(G. Ku) 등은 정치 캠페인 웹사이트에서 의제 설정 효과에 대한 증거를 발견했다(Ku et al., 2003). 이(S. Y. Lee) 및 라이프(D. Riffe)는 보도자료가 ≪뉴욕 타임스≫와 ≪월 스트리트 저널≫의 보도에 영향을 미친다는 사실을 확인했다(Lee & Riffe, 2017). 그뿐 아니라 유가(油價)와 같은 현실 세계의 이슈도 뉴스 의제에 영향을 미칠 수 있다(Alkazemi & Wanta, 2018).

의제 형성에서 뉴스 수용자의 역할을 살펴보는 연구가 점점 늘어나고 있다. 설스(K. Searles)와 스미스(G. Smith)는 공중의 의제와 2008년 미국 경제 붕괴에 대한 케이블 뉴스 보도 간의 상호 영향을 확인했다(Searles & Smith, 2017). 수용자 행동에 대한 다른 연구에서는 온라인 검색(Ragas et al., 2014)과 온라인 수용자 피드백(Lee & Tandoc, 2017)이 뉴스 보도에 영향을 미칠 수 있음이 확인되었다.

연구들은 소셜 미디어가 의제 형성에 어떤 영향을 미치는지도 조사했다. 정치부 기자에 대한 파멜리(J. H. Parmelee)의 연구에 따르면, 정치부 기자들은 정치 지도자의 트윗을 사용해 기사 아이디어를 떠올리고, 기사에 대한 정보를 구하고, 인용하고, 다양한 관점을 가진 더 넓은 범위의 소스에 접근하고, 배경 정보를 발견하며, 정보를 재확인했다(Parmelee, 2014). 베인(K. C. Bane)은 전통적인 인쇄 미디어(예: ≪뉴욕 타임스≫ 및 ≪워싱턴 포스트≫)와 웹 전용 대안 미디어(예: 버즈피드 뉴스 및 허핑턴 포스트)가 보도에 트윗을 어떻게 활용하는지 비교했다(Bane, 2019). 연구 결과에 따르면, 인쇄 기사와 온라인 기사 모두에 인용된 압도적인 다수의 트윗이 의견이나 반응에 기반했지만 온라인 전용 미디어는 인쇄 미디어보다 트윗을 사용해 사실을 수집할 가능성이 더 높았다. 버즈피드 뉴스와 허핑턴 포스트도 기사에서 신문보다 더 높은 비율로 트윗을 인용했고, 트윗을 인용한 기사에는 인쇄 기사보다 2배나 많은 트윗이 포함되었다. 두 유형의 미디어 간의 또 다른 차이는 인쇄 미디어에서 사용하는 트윗의 대다수는 공식 출처에서 나온 반면, 온라인 미디어에서는 비공식적인 출처를 더 많이 인용했다는 것이다. 이러한 연구 결과는 트위터상의 비공식적인 소스가 웹 전용 대안 미디어에서 강력한 목소리를 낼 뿐만 아니라 "공식 출처가 더 이상 모든 미디어에 걸쳐 주된 의제 형성자가 아닐 수도 있음"을 시사한다(Bane, 2019: 203).

미디어 간 의제 설정. 의제 형성에 대해 가장 많이 연구된 측면 가운데 하나는 미디어가 다른 뉴스원의 의제를 설정하는 데 하는 역할이다. 예를 들어, 이전 연구에서는 ≪뉴욕 타임스≫가 다른 신문과 텔레비전 뉴스 방송의 의제를 설정하는 데 핵심적인 영향력을 행사하는 것으로 나타났다(Gilbert et al., 1980; Golan, 2006; Reese & Danielian, 1989; Shaw & Sparrow, 1999). 미디어 간 의제 설정을 연구하는 현재의 학자들은 전통적인 미디어와 온라인 미디어 간의 영향에 초점을 맞추는 경향이 있다.

커뮤니케이션 연구자들은 대통령 후보들이 어떻게 트위터를 사용하여 미디어와 공중의 의제에 영향을 미치는지 조사했다. 연구자들은 2016년 미국 대선을 살펴보았다. 연구 결과에 따르면, 도널드 트럼프의 트위터 사용은 미디어와 공중의 의제 모두에 영향을 미쳤다(Lee & Xu, 2018; Wells et al., 2016). 트윗은 저널리스트뿐만 아니라 일반 공중도 이용할 수 있기 때문에 트윗은 "미디어를 통해서뿐만 아니라 직접적으로도 공중에게 영향을 미칠 수 있는 기회가 있다"는 점을 기억하는 것 또한 중요하다(Parmelee, 2014: 446).

전반적으로, 많은 연구가 전통적인 미디어와 소셜 미디어 간의 상호적이고 역동적인 미디어 간 의제 설정 관계를 보여주는 강력한 증거를 찾아냈다(예: Conway et al., 2015; Conway-Silva et al., 2018; Neuman et al., 2014; Valenzuela et al., 2017). 예를 들어, 대통령 예비 선거 기간의 신문 보도와 트위터 콘텐트에 대한 연구에서 연구자들은 둘 사이의 "공생 관계(symbiotic relationship)"를 발견했다(Conway et al., 2015; Conway-Silva et al., 2018). 그러나 여러 연구에 따르면, 전통적인 미디어는 여전히 의제 설정에 더 강력한 영향력을 행사하는 것으로 나타났다(Conway et al., 2015; Conway-Silva et al., 2018; Guo & Vargo, 2015; Stoycheff et al., 2018). 그러나 일부 연구들이 반대되는 증거를 제시했다는 점에 유의해야 한다(예: Valenzuela et al., 2017).

연구자들은 전통적 미디어, 당파적 미디어, 그리고 새롭게 등장하는 미디어의 온라인 뉴스에서의 미디어 간 의제 설정 효과도 조사했다. 바고와 궈(Vargo & Guo, 2017)는 다양한 미디어 간의 상호적 관계를 관찰했다. 미디어 선택의 폭이 넓어졌음에도 미디어 전반의 의제는 유사했으며, 이는 "오늘날 사회에서 가장 중요하고 중심적인 이슈가 무엇인지에 대해 다양한 미디어 조직 사이에 여전히 의견이 일치됨"을 시사한다(Vargo & Guo, 2017: 1047). 그러나 그들의 조사 결과에 따르면, 당파적 온라인 미디어가 전통적인 미디어보다 전반적인 미디어 의제 설정에 더 큰 역할을 하는 것으로 나타났다. 전통적인 미디어(예: ≪뉴욕 타임스≫ 및 ≪워싱턴 포스트≫)는 비록 전반적인 미디어 간 의제 설정 효과에서는 주도적인 역할을 하지는 않았지만 보건 의료 주제에 관한 다른 미디어의 의제를 설정했다. 바고와 귀는 건강보험개혁법(Affordable Care Act)이 그들의 연구가 진행되는 동안 계속해서 헤드라인을 장식했으며 대부분의 다른 미디어는 그 법과 그 법의 함의에 대한 ≪뉴욕 타임스≫와 ≪워싱턴 포스트≫의 보도를 따랐다고 지적했다. 이러한 연구 결과는 전통적인 미디어가 지속적으로 보도하는 기사의 경우 더 큰 의제 설정 효과를 유발한다는 바고 등(Vargo et al., 2015)의 입장을 뒷받침한다. 또한 스턴(S. Stern) 등은 시간이 지남에 따라 특정 주제에 대한 정서가 미디어 네트워크 전체에 어떻게 전파되는지 조사했다(Stern et al., 2020). 그들은 전통적인 주류 뉴스 미디어가 정서의 '선도자'로 인식되어 다른 미디어가 기사를 보도하는 방식에 영향을 미칠 가능성이 더 높다는 사실을 확인했다.

커뮤니케이션 및 미디어 연구자들은 현대 미디어 환경이 어떻게 지속적으로 진화하고 있는지 살피면서 온라인 환경에서 의제 설정과 의제 형성에 대한 영향을 계속해서 연구할 것이다. 나아가 학자들은 선택의 범위가 넓어진 디지털 세계에서 공중의 의제를 이해하기 위한 새로운 틀 개발에 착수하고 있다(Bentivegna & Artieri, 2020).

6. 요약

월터 리프먼은 자신의 저서 『여론』(1922)에 의제 설정 과정을 처음으로 기술했다. 그는 세계에 대한 공중의 지각을 형성하고 각 뉴스 소비자에게 이른바 "우리 머릿속의 그림"이라고 하는 의사-환경을 만들어내는 뉴스 미디어의 책임에 관해 썼다. 의제 설정에 관한 리프먼의 아이디어는 맥스웰 맥콤스 및 도널드 쇼의 채플 힐 연구(1972)에서 처음으로 실증적으로 검정되었는데, 이 연구는 캠페인 보도가 이슈의 중요성에 대한 공중의 지각에 미치는 영향을 검정했다.

의제 설정은 언론이 "무엇을 생각해야 할지를 사람들에게 말해주는 데에는 상당 기간 성공적이지 않을 수도 있지만 무엇에 '대해서' 생각해야 할지를 말해주는 데에는 놀랄 만큼 성공적"이라는 코헨의 인용문을 통해 흔히 설명된다. 최근 연구는 매스 미디어가 또한 사람들이 무엇을 생각해야 할지를 말해주는 데도 성공적임을 보여주는 '2단계 의제 설정 효과'를 확인했다.

채플 힐 연구에 이어 수백 편의 의제 설정 연구들이 이루어졌으며, 의제 설정은 오늘날에도 계속해서 인기 있는 연구 분야 가운데 하나이다. 전통적인 의제 설정은 언론이 무엇에 '대해서' 생각해야 할지 알려주는 데에는 놀랄 만큼 성공적이라는 코헨의 인용문을 통해 흔히 설명된다. 연구들은 매스 미디어는 또한 어떤 특정한 속성의 현저성을 높임으로써 사람들이 '어떻게' 생각할지를 알려주는 데도 성공적임을 보여주는 2차 의제 설정 효과도 확인했다. 한편, 3차 의제 설정에서는 뉴스 보도에서 볼 수 있는 대상과 속성의 '묶음'이 어떻게 공중에게 전달될 수 있는지 살펴본다. 따라서 그것은 수용자들에게 뉴스 기사들을 어떻게 연관 지을지 알려준다.

처음에 의제 설정 연구는 세계에 대한 사람들의 지각을 형성하는 데 미친 뉴스 미디어의 영향을 조사했다. 나중에 의제 설정 연구는 발전하여 다음과 같은 질문을 제기한다: 누가 미디어 의제를 설정하는가? 미디어 전문가의 뉴스 정보 흐름 통제는 중요한 기능 가운데 하나로 게이트키핑이라 불린다. 연구자들은 2000년대에 의제 설정 이면의 심리학을 조사하는 새로운 조사 단계를 시작했으며, 여러 연구팀이 의제 설정을 설명하기 위해 새로운 이중 경로 모델을 제시했다. 의제 설정 이론을 확장하고 있는 다른 영역으로는 의제 형성, 미디어 간 의제 설정 및 의제 선별 혼합이 있다.

의제 설정과 관련된 이러한 모든 새로운 발전에도, 기본 원리는 여전히 의제들 사이의 현저성의 전이이다(McCombs & Valenzuela, 2021).

선거 캠페인 동안 사회적·정치적 이슈에 대한 공중의 주목에 미치는 뉴스 미디어의 영향에 대한 빈약한 가설에서 시작된 의제 설정은 확장되어 이러한 효과에 대한 심리적 과정, 커뮤니케이션 의제를 형성하는 영향들, 메시지 속의 특정 요소가 미치는 영향, 그리고 이러한 의제 설정 과정의 다양한 결과를 포함한다. 전통적인 뉴스 미디어를 넘어 확장된 의제 설정 이론은 과다할 정도로 늘어나는 커뮤니케이션 채널을 통해 공공 문제에 대한 정보 흐름이 미치는 영향을 상세히 보여주는 지도가 되었다(McCombs & Valenzuela, 2021: xiv).

제7장

프레이밍

사회 세계는 … 잠재적 현실들의 만화경과 같다.
관찰한 것에 프레임을 씌우고 분류하는 방식을 바꿈으로써
그러한 현실들 가운데 어떤 것이든 쉽게 펼쳐져 보일 수 있다.
— 머리 에들먼(Murray Edelman), 1993

뉴스 소비자들은 뉴스 미디어가 쏟아내는 기사의 홍수 속에 살고 있다. 우리는 부분적으로 우리가 읽고 보고 듣는 정보를 토대로 태도와 의견을 형성하고 판단을 내린다. 의제 설정에 관한 앞 장에서 우리는 매스 미디어가 우리의 이슈 의제를 설정해 주는, 즉 우리에게 무엇에 대해 생각할지 알려주는, 힘을 지니고 있다는 것을 배웠다. 매스 미디어는 또한 그러한 정보를 제시하는 방식도 결정하는데, 이것은 우리가 생각하는 방식에 영향을 미칠 수 있다.

미디어 효과 연구자들은 저널리스트들이 뉴스 기사를 구성하는 방식과 그들의 선택이 미디어 소비자들에게 미치는 영향을 조사했다. 여러분은 속성 의제 설정이 미디어가 시청자들에게 '무엇'에 대해 생각해야 할지 알려줄 뿐만 아니라 그것에 대해 '어떻게' 생각해야 할지도 알려주는 미디어에 초점을 맞춘다는 앞 장의 내용을 기억할 것이다. 이러한 과정에 관한 연구는 **프레이밍**(framing)이라 불리는 연구 분야로 발전했다. 일부 미디어 효과 연구자들은 프레이밍 연구가 의제 설정 연구 및 기폭 효과 연구와 이론적으로도 그리고 실험적으로도 구별되어야 한다고 믿고 있으며, 따라서 프레이밍은 이 책에서 별도의 장으로 다뤄지게 되었다.

이 장에서는 프레이밍 이론, 프레이밍의 효과, 프레임 형성 및 프레임 설정 접근방법, 그리고 프레임 유형에 대해 살펴본다. 그런 다음, 우리는 최근의 관련 연구와 프레이밍 연구를 위한 앞으로의 방향도 살펴본다.

1. 프레이밍 이론의 기초

프레이밍 이론은 심리학과 사회학에 그 뿌리를 두고 있다. 심리학 지향적인 연구는 통상 개인에 대한 미시적 수준의 연구라는 특징을 보여온 반면, 사회학 지향적인 연구는 사회에 대한 거시적 수준의 연구로 발전해 왔다.

툭스버리와 슈펄리(D. A. Scheufele)에 따르면(Tewksbury & Scheufele, 2020), 프레이밍의 심리학적 관점은 셰리프(M. Sherif)의 '준거 프레임(frames of reference)'에 관한 연구(Sherif, 1967)와 전망 이론(Kahneman, 2003; Kahneman & Tversky, 1979, 1984)에서 나왔다. 사람들은 특정한 준거 프레임 안에서 판단을 내리고 세상을 지각하며, 이러한 준거 프레임은 개인의 판단과 지각에 영향을 주게끔 구성될 수 있다. **전망 이론**(prospect theory)은 지각은 주어지는 정보의 준거점(point of reference)에 좌우된다는 점을 강조함으로써 이러한 아이디어를 확장한다. 바꾸어 말하면, 어떤 메시지를 다른 방식으로 프레임하면 그 메시지에 대한 해석도 달라진다는 것이다.

프레이밍에 대한 사회학적 접근은 귀인 이론(Heider, 1959; Heider & Simmel, 1944)과 프레임 분석(Goffman, 1974)에서 비롯되었다. **귀인 이론**(attribution theory)은 사람들은 무엇이 다른 사람들을 특정한 방식으로 행동하게 만드는지에 대한 판단을 내림으로써 사회적 현실에 대한 지각을 단순화한다고 주장한다. 그들은 그들이 관찰하는 행동의 원인을 개인적·사회적, 또는 환경적 요인 탓으로 돌린다(Tewksbury & Scheufele, 2020). **프레임 분석 이론**(frame analysis theory)은 사람들은 단순히 행동의 원인을 어떤 것의 탓으로 돌릴 뿐만 아니라, 정보를 "기본 틀(primary framework)"(Goffman, 1974: 24)이라 불리는 마음속 스키마로 분류하기 위해 사회적으로 공유되는 의미에 의존하기도 한다. "기본 틀은 인간이 새로운 정보를 분류하기 위해 사용하는 비교적 안정적이고 사회적으로 공유되는 범주 체계로 흔히 기술된다"(Tewksbury & Scheufele, 2020: 52). 이러한 기본 틀은 사회에서 중요한 정보 처리 도구 역할을 한다. 사회의 메시지와 미디어 메시지 모두 특정한 틀을 흔히 사용하여 수용자의 해석에 영향을 미친다.

2. 프레이밍과 유사 개념 구별하기

프레이밍 연구의 핵심 아이디어는 뉴스 프레임이 수용자가 이슈와 사건을 어떻게 해석할 수 있는지를 제안한다는 것이다. "프레임이 가장 강력하게 작용할 때, 그것은 사람들이 어떤 이슈를 특정한 방식으로 생각하게끔 유도한다"(Tewksbury & Scheufele, 2009: 19). 나아가 뉴스 프레임은 수용자의 태도, 신념 및 행동에 상당한 영향을 미칠 수 있다. 뉴스 소비와 정보 처리의 다른 과정들(즉, 정보 효과, 의제 설정 및 설득)은 "프레이밍 효과와 적어도 약간은 비슷하며 프레이밍과 병행하여 발생할 가능성이 매우 높다"(Tewksbury & Scheufele, 2020: 53). 아래 논의에서는 프레이밍을 이러한 다른 개념들과 구별한다.

1) 정보 효과

어떤 뉴스 기사가 전에 한 번도 보도된 적이 없는 이슈에 대한 정보를 포함하고 있다면, 사람들은 그러한 정보 제시 방식을 통해 그 이슈에 대해 알게 될 것이다. 학습된 정보는 사실, 수치, 이미지 등이 될 수 있다. 프레임은 수용자에게 영향을 미칠 수 있는 개념들 간의 연관성을 구축하면서 그러한 정보를 통합한다. 사람들이 그 뉴스가 다루는 특정 이슈에 대해 이미 생각을 정했다면, 기사가 프레임되는 방식이 사람들이 그 이슈에 대해 다시 생각하게 하거나 제시되고 있는 정보에 어떤 식으로든 반응하게 만들 수도 있다. 또 어떤 경우 수용자들이 이미 특정한 프레임을 가지고 있다면, 뉴스 기사에 프레임이 존재한다는 것만으로도 그들에게 영향을 미칠 수 있다. 툭스버리와 슈펄리(Tewksbury & Scheufele, 2020)는 "매우 효과적인 프레임은 어떤 텍스트 안에서 의미를 부여하기 위해 뒷받침하는 주장을 필요로 하지 않는다. 프레임 효과는 문화에 기반한 의미, 규범 및 가치에 의존할 수 있다"(Tewksbury & Scheufele, 2020: 53).

예를 들면, 사이먼(A. Simon)과 제릿(J. Jerit)은 새로운 낙태 시술에 대한 뉴스 기사를 접한 사람들이 '아기(baby)'와 '태아(fetus)'라는 단어만 바꿈으로써 그 기사를 프레임한 방식에 영향을 받았음을 확인했다(Simon & Jerit, 2007). '아기'로 언급된 버전의 뉴스 기사를 읽은 사람들은 그 새로운 낙태 시술에 대한 규제를 더 지지하는 경향이 있었다. '태아'와 '아기'라는 단어를 똑같이 사용한 뉴스 기사를 읽은 사람들도 마찬가지로 낙태 시술 규제를 지지하는 프레이밍 효과를 보였다. 그러나 '태아'라는 단어만 사용한 버전의 기사를 읽은 사람들은 그 새로운 시술에 대한 규제를 지지하지 않는 경향이 더 강했다. 이예는 단 하나의 단어가 복잡한 주제에 대한 사람들의 생각과 태도에 영향을 미치는 프레임으로 기능할 수 있다는 사실을 강조해서 보여준다(Tewksbury & Scheufele, 2020).

튜스버리와 슈펄리는 정보 효과와 프레이밍 효과의 차이점을 다음과 같이 요약했다:

정보 효과는 사람들이 어떤 이슈와 그 맥락에 대한 신념과 인상을 갖게 되는 과정에서 발생한다. 프레이밍 효과는 어떤 문구, 이미지, 또는 진술이 이슈를 특정 신념과 연결시켜, 그러한 신념이 그 이슈의 발생 원인, 함의 및 처리 방안을 해석하는 데 필요한 개념들을 함께 전달할 때 발생한다. 뉴스 기사들은 흔히 프레이밍 효과와 정보 효과를 모두 불러일으킬 가능성이 매우 높지만, 사이먼과 제릿(Simon & Jerit, 2007)의 연구가 잘 보여주듯이 어떤 뉴스 기사는 아마도 둘 가운데 하나의 효과만 보여줄 수도 있을 것이다(Tewksbury & Scheufele, 2020: 53).

2) 의제 설정 효과

의제 설정에 관한 6장에서 우리는 뉴스 미디어의 특정 이슈 보도가 공중의 의제를 설정한다는 것, 즉 공중이 마음속으로 그러한 이슈를 중요하게 생각하도록 만든다는 것을 배웠다. 프레이밍은 흔히 2차(즉, 속성) 의제 설정과 비교된다. 위버(D. H. Weaver)는 의제 설정과 프레이밍에 대해 다음과 같이 썼다: 의제 설정과 프레이밍 모두 생각의 방식에 초점을 맞추고 있긴 하지만, "프레이밍은 2차 의제 설정(대상의 속성의 현저성)보다 (도덕적 평가, 인과적 추론, 원칙에 대한 소구, 문제 처리에 대한 권고 같은) 더 넓은 인지 과정을 포함하는 것 같다"(Weaver, 2007: 146).

프레이밍 이론가들은 프레이밍은 수용자가 정보나 아이디어를 특정한 방식으로 적용하도록 유도함으로써 뉴스 속 특정 이슈로의 단순한 '접근성'을 뛰어넘는 것이라고 지적하면서 프레이밍 효과와 의제 설정 효과를 구별한다. 튜스버리와 슈펄리(Tewksbury & Scheufele, 2020)가 언급하듯이, 프레이밍 연구자들은

프레임의 주된 효과는 어떤 이슈에 특정한 정보나 이미지 또는 아이디어를 '적용 가능하게' 하는 것이라고 제안한다. 따라서 의제 설정과 프레이밍 간의 심리학적 차이의 근간은 이러한 접근성/적용성의 구별에 있다. 브루어, 그라프 및 윌낫(Brewer, Graf, & Willnat, 2003)은 잠재적으로 관련 있는 개념에 대한 접근성만 높이는 정보 기폭제는 수용자들이 자신의 판단에 그러한 고려 사항을 사용하게 하는 데 실패했음을 입증했다. 오히려 프레임이 암시하는 이슈와 개념 간의 연관성이 수용자에게 실질적인 영향을 미치는 것처럼 보였다. 이러한 결과는 프레이밍 효과를 이해하는 데는 적용성이 우선임을 뒷받침한다.

어쩌면 아이러니하겠지만 프레이밍과 의제 설정의 차이를 이해하는 가장 좋은 방법은 일상적인 정보 처리에서 접근성과 적용성이 밀접하게 연관되어 있음을 인식하는 것이다…. 다른 모든 조건이 동일할 때 어떤 구성체에 대한 접근성은 해당 구성체가 일부 정치적 이슈를 해석하는 데 사용될 가능성과 긍정적으로 연관되어 있다. 마찬가지로 어떤 구성체가 어떤 이슈에 더 적용 가능할수록, 사람들이 그 이슈에 대해 생각할 때 그것을 사용할 가능성이 더 높다. 따라서 당연히 접근 가능할 뿐만 아니라 적용도 가능한 구성체가 사용될 가능성이 훨씬 더 높다[이 상황에서 이 두 과정 간의 관계가 가산적(additive)[1]인지 상호작용적인지는 불분명하다](Tewksbury & Scheufele, 2020: 54~55).

3) 설득 효과

일부 프레이밍 연구는 뉴스 프레임의 기원이나 진화에 초점을 맞추고 있기 때문에, 프레이밍 연구자들은 또한 프레이밍 연구와 설득 연구를 구분한다. 설득 연구는 수용자가 대개 설득적 소구와 의도(intent)가 포함되어 있는 것으로 인식하는 설득 정보의 제시

---

1   여기서 '가산적'이라 함은 접근성과 적용성 간의 관계가 어떤 상호작용적 효과도 없이 단순히 합산되거나 결합할 수도 있음을 의미한다. 따라서 '가산적' 관계는 두 과정이 어떤 구성체가 사용될 가능성에 독립적으로 기여하는 상황을 시사한다(옮긴이 주).

를 포함한다. 이에 반해, 뉴스 프레임은 저널리스트가 자신의 기사에 포함할 단어, 세부 사항, 이미지 등을 선택함으로써 형성되는데, 연구에 따르면 뉴스 소비자는 뉴스 프레임의 존재와 영향 모두를 인식하지 못하는 것으로 나타났다(예: Tewksbury et al., 2000). "결과적으로 설득의 수용자와 프레임의 수용자가 경험하는 메시지 처리 과정은 매우 다를 가능성이 있다"(Tewskbury & Scheufele, 2020: 54).

설득 연구와 프레이밍 연구 간의 또 다른 중요한 차이는 측정되는 효과다. 설득 연구자는 설득 메시지에 노출됨으로써 일어나는 '태도' 변화를 측정하려 한다. 프레이밍 연구자는 뉴스 정보에 대한 수용자의 '해석'을 발견하고자 한다(Tewksbury et al., 2000).

요약하자면, 정보 효과, 설득 효과, 의제 설정 효과 및 프레이밍 효과 간의 관계를 살펴보는 가장 좋은 방법은 뉴스 메시지 노출로 인해 네 가지 효과가 모두 발생할 수 있다는 점을 관찰하는 것이다. 그것들은 별개의 과정들이며 동시에 작동하여 뉴스 노출의 최종 결과를 함께 결정할 가능성이 매우 높다(Tewksbury & Scheufele, 2020: 55).

3. 프레임 형성과 프레임 설정

프레이밍 연구는 두 가지 유형이 있다. 첫 번째 유형의 연구는 뉴스 전문가에 의해 프레임이 형성되는 방식을 조사하는데, 이러한 연구를 **프레임 형성**(frame building) 연구라 부른다. 두 번째 유형의 연구는 뉴스 프레임이 수용자에게 미치는 효과를 조사하는데, 이것은 **프레임 설정**(frame setting) 연구라 부른다.

1) 프레임 형성

프레임 형성을 조사하는 연구는 프레임이 저널리스트, 정치인, 문화에 의해 구성되는 방식에 초점을 맞춘다. 엘리트들이 정보를 제시하는 방식, 즉 미디어가 정보를 사건 및 대중문화와 연관 지어 제시하는 방식으로 인해 이슈들은 특정한 방식으로 프레임된다(Scheufele & Nisbet, 2007).

뉴스 보도 과정에 대한 연구는 저널리스트들이 기사를 보도하는 방식에 영향을 줄 수 있는 다섯 가지 요인을 확인했는데, 여기에는 그들이 제시하는 정보를 프레임하는 방식이 포함된다(Tewksbury & Scheufele, 2009). 저널리스트는 다음 요인들에 영향을 받을 수도 있다(Shoemaker & Reese, 1996; Tuchman, 1978):

- 사회의 규범과 가치
- 뉴스 조직의 압력과 제약
- 이익집단이나 정책 입안자의 압력
- 직업상의 일상적 작업 방식
- 저널리스트 자신의 정치적 정향성이나 이념

사회의 엘리트들(이익집단, 정치인, 정부 기관)은 일상적으로 미디어가 다루는 이슈를 프레임하려 한다(Gamson & Modigliani, 1987; Miller et al., 1998; Nisbet et al., 2003; Nisbet & Huge, 2006; Scheufele, 1999). 연구는 엘리트들이 때로는 저널리스트가 이슈를 프레임하는 방식에 성공적으로 영향을 미치기도 하지만(예: Andsager, 2000) 때로는 그렇지 못하다는 것을 보여주었다(예: Miller et al., 1998). 예를 들어, 정치 후보자의 보도 자료와 후속 뉴스 보도의 프레임 형성에 대한 더 이전의 연구에 따르면, 후보자들은 저널리스트가 동일한 프레임을 사용하게 하는 데 중간 정도의 성공만 거둔 것으로 나타났다(Miller et al., 1998). 정치 후보의 프레임 형성 노력에 대한 좀 더 최근의 연구는 캠페인 동안 소셜 미디어 사용과 팔로어의 게시물 참여(engagement)[2]에 미치는 영향을 살펴보았다(예: Sahly et al., 2019).

우리를 둘러싸고 있는 문화 또한 저널리스트가 이슈를 프레임하는 방식에 일정 역할을 한다. 저널리스트는 그들이 일하는 문화의 일부이며, 그들의 기사는 그러한 문화를 반영한다. 이로 인해, 프레임은 "흔히 눈에 띄지 않고 암시적이며, 남모르게 영향을 미친다"(Van Gorp, 2007: 63). 예를 들면, 미국에서 저널리스트들은 문화적인 정교분리(政敎分離) 운동을 진지하게 받아들여 왔기 때문에 기사를 종교적 관점에서 프레임하지 않는다.

마지막으로 비유적 언어(예: 직유, 은유, 유추)가 프레임 형성의 원인이 될 수 있다(Burgers et al., 2016). 은유는 "사람들에게 정치적 이슈를 자신의 경험과 연결하는 수단"

---

2 여기서 '참여'란 '좋아요'를 누르거나 댓글을 달거나 공유하는 등 게시물과의 상호작용 및 반응을 의미한다(옮긴이 주).

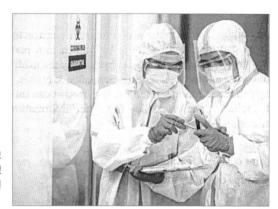

뉴스 미디어는 코로나 19 팬데믹 동안 그들의 보도를 프레임하기 위해 흔히 '전쟁' 은유를 사용했다. 의사와 간호사는 바이러스와의 '싸움'의 '최전선'에 있는 것으로 자주 묘사되었다.

을 제공한다(Brugman et al., 2017: 183). 튝스버리와 슈펄리(Tewksbury & Scheufele, 2020)는 비유적 언어는 어떤 이슈에 적용할 수 있는 배경 개념을 요약하기 위해 사용될 수 있으며, 또한 비유적 언어는 수용자가 그 이슈에 대해 생각하는 새로운 방식을 암시할 수도 있다고 말한다. "뉴스 프레이밍 연구에서 가장 중요한 것은 비유적 언어가 어떤 이슈에 대한 새로운 정보와 주장을 명시적으로 제시하지 않고도 그 이슈에 대한 수용자의 해석에 영향을 미칠 수 있다는 점이다. 즉, 그와 같은 프레임들은 정보 효과를 일으키지 않으면서 적용성에 영향을 미친다"(Tewksbury & Scheufele, 2020: 57). 이러한 프레임 유형들의 예로 유전자 변형 식품의 기원과 함의를 프레임하기 위해 '프랑켄푸드(Frankenfood)'[3] 은유를 사용하는 것을 들 수 있다(Hellsten, 2003). 좀 더 최근에는 코로나 19(COVID-19) 팬데믹 보도에 '전선(戰線)', '전투', '싸움', '패배'와 같은 단어가 쓰임으로써 '전쟁' 은유가 많이 사용되었다(Wicke & Bolognesi, 2020; Zheng, 2020).

2) 프레임 설정

프레임은 사람들이 마음속에서 네 가지 결과(이슈 정의, 이슈의 원인 규명, 이슈의 함의 주목, 이슈 처리 방식)를 초래할 수 있는 연관 작업을 하는 데 영향을 미칠 수 있다(Entman, 1993; Tewksbury & Scheufele, 2009).

---

3 '프랑켄푸드'란 영국의 공상 과학 소설에 나오는 주인공 프랑켄슈타인(Frankenstein)과 음식(food)을 합성한 용어로 유전자 조작을 통해 개발된 농산물을 뜻한다(옮긴이 주).

프레임은 인지적으로(즉, 사람들이 어떤 이슈에 대해 '생각하는' 방식에) 혹은 정동적으로(즉, 사람들이 어떤 이슈에 대해 '느끼는' 방식에) 영향을 미칠 수 있다. 그것은 전적으로 어떤 기사가 구성되는 방식, 즉 그것이 엘리트 정책 입안자들 사이의 갈등에 초점을 맞추는지, 특정 정책 변화가 사람들에게 미치는 결과에 초점을 맞추는지, 아니면 인간적 흥미(human interest)에[4] 초점을 맞춤으로써 사람들의 정서를 자극하는지에 좌우된다(Price et al., 1997).

한 연구에서 연구자들은 사람들에게 리드(lead), 즉 시작하는 문장과 제목만 다른 것 외에는 동일한 2편의 기사를 보여주었다. 한 기사의 제목과 리드(즉, 시작하는) 문단은 돼지를 사육하는 대규모 농장의 경제적 이득을 지지한 반면, 다른 기사는 그 같은 농장에 대한 심각한 환경적 우려를 지적했다. 그 농장의 경제적 이득에 대해 읽은 참여자들은 농장을 지지했으며, 그 농장과 관련된 환경 문제에 대해 읽은 참여자들은 농장을 지지하는 정도가 훨씬 낮은 경향을 보여주었다. 그 기사가 프레임되는 방식은 대규모 돼지 농장에 대한 사람들의 의견에 상당한 영향을 미쳤을 뿐만 아니라, 그 효과도 사람들이 그 기사를 읽은 지 수 주 후까지 지속되었다(Tewksbury et al., 2000).

그와 같은 연구는 저널리스트가 오직 이슈의 한 측면에만 초점을 맞추지 말고 이슈의 모든 측면을 제시해야 하는 그들의 의무를 진지하게 받아들일 필요가 있음을 분명하게 보여준다. 또한 그러한 연구는 기자들이 기사를 프레임하는 방식을 통해 공중에게 영향을 미칠 수 있는 힘이 있다는 것을 보여주는 증거이기도 하다.

또 다른 연구는 사람들에게 서로 다른 방식으로 프레임된 기사를 보여줌으로써 KKK에 대한 관용도를 테스트했다. 집회를 언론의 자유 측면에서 프레임한 기사를 읽은 사람은 공공질서의 측면에서 집회를 프레임한 기사를 읽은 사람보다 KKK의 연설과 집회에 대해 훨씬 더 관용적이었다(Nelson et al., 1997).

또한 연구들은 수용자의 개인 차이가 프레임된 정보의 힘에 영향을 미친다는 것을 보여주었다. 어떤 토픽에 대해 특정한 신념과 태도, 즉 '스키마'를 가지고 있는 사람은 그 같은 기존의 스키마를 가지고 있지 않은 사람보다 그 토픽에 관한 새로운 정보를 더 잘 받아들이는 경향이 있다(Rhee, 1997; Shen, 2004). 사람들은 그들의 개인적 지식, 경험, 태

---

4   저널리즘에서 '인간적 흥미' 기사는 사람이나 반려동물 등에 대해 정서적인 방식으로 다루는 특집 기사로, 독자와 시청자의 흥미, 공감, 또는 동기를 유발하는 방식으로 사람과 그들의 문제, 고민 또는 성취를 소개한다. 인간적 흥미 기사는 연성 뉴스(soft news)의 일종이다(옮긴이 주).

도에 따라 뉴스 기사에 달리 반응한다. 예를 들면, 수년간 1형 당뇨병(Type 1 diabetes)[5]을 알았던 사람은 새로운 1형 당뇨 치료법에 대한 정보를 받아들일 것이다. 그들은 그러한 정보에 주의를 기울이고 아마도 자가면역 장애에 대한 그들의 기존 스키마를 토대로 그 정보를 저장할 것이다.

연구들은 프레임이 태도(태도 형성이나 태도 변화)(Brewer, 2002; Nelson & Oxley, 1999)와 때로는 행동(예: Borah, 2014; Boyle et al., 2006; Valentino et al., 2001;)에 영향을 미칠 수 있음을 보여주었다.

프레이밍 효과 연구는 대부분 단기적 평가에 초점을 맞추었으며, 그런 이유에서 그러한 연구는 기폭 효과 연구와 닮았다. 프레이밍 이론가들은 사람들이 프레임에서 습득한 정보를 적용하는 것을 보여줄 수 있는 가장 좋은 방법은 종단적 연구를 실시하는 것이라고 지적한다(Price & Tewksbury, 1997; Tewksbury & Scheufele, 2009). 이러한 연구들은 프레임에 노출된 지 수 주 혹은 수개월 후에 그 프레임의 적용성을 테스트할 것이며, 그런 점에서 기폭 효과 연구와 다를 것이다.

바덴(C. Baden)과 레흘러(S. Lecheler)가 제시한 프레임 설정 모델은 지식이 프레임 효과가 얼마나 오래 지속되는지에 가장 큰 영향을 미치는 조절 변인임을 시사한다(Baden & Lecheler, 2012). 본질적으로 새로운 정보를 처리할 충분한 지식과 적용성 신념(applicability belief)[6]을 가진 사람들이 지속적인 프레임 설정 효과를 경험할 가능성이 가장 높다. 단 이러한 지식의 밀도[7]가 너무 높지 않아 프레임이 새로운 개념을 제시할 수 있을 정도여야 한다. 이 모델이 예측하는 것은 지속적인 프레임 효과를 위한 이른바 '골디락스 존(Goldilocks zone)'[8]이라고 할 수 있다. 즉, 지식이 너무 적거나 너무 많으면

---

5 췌장에서 인슐린이 만들어지지 않아 당뇨병이 생기는 경우를 '1형 당뇨병'(소아당뇨병, 인슐린 의존성 당뇨병)이라고 한다(옮긴이 주).

6 '적용성 신념'이란 특정 정보나 프레임이 개인의 경험이나 상황에 얼마나 관련이 있다고 느끼는지를 나타낸다. 즉, 사람들이 어떤 정보가 자신의 삶이나 신념 체계와 얼마나 잘 연결되는지를 평가하는 과정에서 형성되는 믿음을 말한다(옮긴이 주).

7 여기서 '밀도 있는 지식(dense knowledge)'이란 특정 주제에 대한 정보가 매우 풍부하고 포괄적인 지식을 의미한다. 즉, 어떤 주제에 대해 많은 세부 사항을 깊이 있게 이해하고 있는 상태를 말한다(옮긴이 주).

8 '골디락스 존'이란 너무 차갑지도 않고 뜨겁지도 않은 적당한 온도의 지대라는 의미이다. '골디락스'라는 말의 어원은 19세기 영국의 동화인 『골디락스와 곰 세 마리(Goldilocks and the Three Bears)』에서 왔다(옮긴이 주).

지속적인 효과로 이어지지 않지만 중간 수준의 지식은 지속적인 효과로 이어지기에 딱 알맞다는 것이다. 프레임에 대한 반복적 노출의 영향을 살펴본 레홀러 등(Lecheler et al., 2015)의 후속 연구는 이 모델을 지지했다.

4. 프레이밍 연구

많은 프레이밍 연구자가 최근 수십 년 동안 프레이밍 연구가 급격히 증가했다는 점에 주목했다. 당연히 여기서 모든 연구를 검토할 수는 없지만, 프레임 연구자들의 많은 관심을 받는 몇 가지 영역에 대한 개요를 제공하고자 한다.

1) 프레이밍과 전쟁

전쟁에 대한 프레이밍은 인기 있는 연구 분야였으며, 많은 연구가 프레임 형성과 이라크 전쟁을 살펴보았다. 이라크 전쟁이 일어나기 전까지 폭스 뉴스와 CNN은 ABC, CBS, NBC, CNBC, 공영 라디오 및 텔레비전과 비교할 때 전쟁 찬성(pro-war) 프레임을 사용할 가능성은 더 높았고 전쟁 반대(anti-war) 프레임을 사용할 가능성은 더 낮았다. 전반적으로 모든 뉴스 조직이 부시 행정부의 프레이밍과 일치하는 프레임을 사용했다 (Harmon & Muenchen, 2009). 또 다른 프레임 형성 연구는 미군 병사가 이라크 재소자를 학대한 아부 그라이브(Abu Ghraib) 교도소 사건에 대한 ≪워싱턴 포스트(*Washington Post*)≫의 보도를 조사했다. 이전 연구들(Bennett et al., 2006, 2007)은 ≪워싱턴 포스트≫ 가 그 사건을 소수의 나쁜 사람에 의해 자행된 보기 드문 범법행위['소수의 썩은 사과(a few bad apples)' 프레임 사용]의 예라는 부시 행정부의 프레이밍을 받아들였으며, 행정부의 정책은 그 스캔들과 아무런 관계가 없음을 시사했다. ≪워싱턴 포스트≫를 내용 분석한 포포라(D. V. Porpora) 등은 이전 연구와 반대되는 증거를 찾아냈다(Porpora et al., 2010). 그들은 이 신문이 역프레이밍(counterframing)을 했다고 말했다. 이 연구자들은 '학대'와 '고문'이라는 단어의 사례를 코딩한 이전 연구가 조사하는 동안 ≪워싱턴 포스트≫ 의 내용을 충분히 깊이 파헤치지 못했다고 결론 내렸다. 좀 더 최근에 스피어(I. Speer)도 ≪뉴욕 타임스≫가 백악관이 선호하는 '테러와의 전쟁(War on Terror)' 프레임을 피하고 군부의 '분란전(insurgency)'[9] 프레임을 사용하는 것을 선호한다는 사실을 확인했다(Speer,

2017).

이라크 전쟁에 대한 프레이밍은 또한 나라마다 달랐다. 연합국(예: 미국과 영국)의 온라인 뉴스 미디어는 '이라크 재건(rebuilding of Iraq)' 프레임을 선호한 반면, 이집트와 카타르의 아랍 미디어는 '군사적 충돌(military conflict)'과 '전쟁 폭력(violence of war)' 프레임을 강조했다(Dimitrova & Connolly-Ahern, 2007). 슈왈브(C. B. Schwalbe)와 동료들은 전쟁이 시각 미디어를 통해 어떻게 프레임되는지 조사했다. ≪타임≫, ≪뉴스위크≫, ≪U.S. 뉴스 & 월드 리포트≫는 일반적으로 반전 시위, 파괴, 이라크 군대에 대한 이미지는 피하면서 갈등, 정치인, 인간적 흥미에 초점을 맞춰 미국 중심의 관점에서 이 전쟁을 프레임했다(Schwalbe, 2013). "독자들이 보지 못하는 것이 그들이 보는 것만큼이나 의미심장할 수 있다. 전쟁의 가혹한 실상을 보여주지 않는 것은 독자들에게 적군과 비전투원 모두를 비인간화하는 한쪽으로 치우치고, 순화된(sanitized) 관점을 심어줄 수 있다"(Schwalbe, 2013: 254). 이 전쟁이 발발했을 때의 시각적 프레이밍에 관한 이전 연구는 시각적 프레임이 충격과 두려움, 점령군, 영웅, 승리, 통제라는 다섯 가지 범주를 순차적으로 거치면서 매주 어떻게 바뀌었는지 밝혀냈다(Schwalbe et al., 2008). 시각적 프레이밍의 효과에 대한 자세한 내용은 이 장의 '연구 스포트라이트'를 참조하라.

2) 프레이밍과 정치

정치는 프레이밍 연구자들에게 인기 있는 또 하나의 주제이다. 뉴스의 당파적 갈등 프레임에 노출되면 수용자들이 당파적 노선에 따라 양극화될 수 있음을 연구는 보여준다(Han & Yzer, 2020). 학자들은 미디어가 정치 후보자를 어떻게 프레임하는지 그리고 후보자의 캠페인이 프레임 형성에 어떻게 관여하는지도 살펴보았다. 엔트먼(R. M. Entman)은 2008년 대통령 선거 캠페인 동안 세라 페일린(Sarah Palin)에 대한 뉴스 프레임을 연구했다(Entman, 2010). 그는 편향된 프레임의 증거를 찾았으며, 프레이밍 이론을 확장해 뉴스 보도의 편향에 대한 체계적인 연구도 프레이밍 연구에 포함했다. "편향된 프레이밍은 현실 세계에서 일어나는 일들, 문화적 규범, 저널리즘 의사결정 규칙

---

9 '분란전(紛亂戰)'이란 어떤 권위(예: 국가 따위)에 대한 반란으로서, 그 반란 수행자가 교전단체로 인정받지 않는 경우를 말한다. 분란을 진압하는 군사행동을 대분란전(counter-insurgency)이라고 한다. 모든 반란이 분란의 형태인 것은 아니며, 시민불복종 같은 비폭력 반란도 존재한다(옮긴이 주).

젠더 및 민족성에 대한 정체성 프레임들은 카멀라 해리스가 조 바이든의 러닝메이트로 지명된 후에는 유권자들에게 거의 영향을 미치지 않았지만 취임 후에는 해리스 부통령과 바이든 대통령 모두에 대한 지지를 높여주었다.

(journalistic decision rules)[10]과 뉴스를 조정하기 위해 경쟁하는 엘리트들의 때로는 능숙한 때로는 서툰 노력이 상호작용한 결과이다"(Entman, 2010: 389).

2008년 민주당 예비선거에서 힐러리 클린턴이 감정을 드러내 보인 일이 있고 난 뒤[11] 뉴스 미디어가 그녀를 어떻게 프레임했는지에 대한 연구에 따르면, 그녀는 여성 유권자에게 호소하는 전략가이자 전국 캠페인의 압박을 견딜 수 없는 사람으로 프레임된 것으로 나타났다(Curnalia & Mermer, 2014). 이 논문의 저자들은 "프레임은 여성 후보자가 직면하는 젠더 이중 구속(double bind)[12]을 드러내 보여주는데, 그러한 이중 구속은 여성이 승리하려면 여성스러워야 하지만 동시에 여성성(femininity)을 드러내는 것 자체가 그들이 성공할 수 있는 후보자가 아니라는 증거임을 시사한다"고 지적했다(Curnalia & Mermer, 2014: 26). 좀 더 최근의 프레이밍 연구에서는 2016년 대선 당시 클린턴에 대한 밈(meme)[13]을 조사했는데, 그녀를 약하고, 아프고, 부정직하고, 신뢰할 수 없으며, 자격

---

10 기자나 편집자가 뉴스를 다룰 때 따르는 기준이나 규칙을 의미한다. 이 규칙은 어떤 뉴스가 보도될지, 어떤 방식으로 보도될지, 어떤 정보가 강조되거나 생략될지를 결정하는 데 사용된다(옮긴이 주).

11 2008년 1월 7일, 미국 대선 민주당 후보 경선에서 버락 오바마 상원의원의 '검은 돌풍'에 밀려 지지율이 가라앉고 있는 힐러리 클린턴 상원의원이 끝내 눈물을 보인 사건을 말한다(옮긴이 주).

12 '이중 구속' 혹은 '이중 메시지(double message)'는 하나가 다른 하나를 부정하는 둘 이상의 모순된 메시지를 개인이나 집단이 받게 되는 의사소통상의 딜레마를 말한다. 몇몇 상황에서, 특히 가족이나 관계 속에서 이것은 정서적으로 고통을 줄 수 있다(옮긴이 주).

13 1976년, 동물학자 리처드 도킨스(Richard Dawkins)가 저서 『이기적 유전자(The Selfish Gene)』에서 처음 제시한 학술 용어인 '밈'에서 파생된 개념으로, 밈은 마치 인간의 유전자(gene)와 같이 자기-복제적 특징을 가지고 번식해 대를 이어 전해져 오는 종교나 사상, 이념 같은 정신적 사유를 의미했다.

이 없는 사람으로 묘사하기 위해 젠더화된(gendered)[14] 프레임이 사용된 것으로 나타났다(Nee & De Maio, 2019).

연구자들은 또한 카멀라 해리스(Kamala Harris)가 조 바이든(Joe Biden)의 러닝 메이트(running mate)로 지명되었을 때와 그녀가 부통령으로 취임한 후에 프레임 설정 효과를 연구했다. 해리스는 미국 부통령으로 선출된 최초의 여성이자 최초의 흑인 및 아시아계 미국인으로 역사에 남았다. 뉴스 보도의 상당 부분은 그녀의 젠더와 다민족적 배경을 강조했다. 흥미롭게도 그러한 정체성 프레임은 그녀가 러닝 메이트로 지명된 후에는 바이든-해리스 후보 조합에 대한 태도에 거의 영향을 미치지 않았다. 그러나 해리스가 취임한 후, 그녀를 (젠더로만) 여성 혹은 (인종 및 젠더 모두로) 흑인 여성으로 프레임하는 헤드라인은 그녀와 바이든 대통령 모두에 대한 지지를 높여주었다(Clayton et al., 2022).

살리(A. Sahly) 등은 도널드 트럼프와 힐러리 클린턴이 2016년 대선 기간에 소셜 미디어상의 프레임 형성에 어떻게 관여했는지, 그리고 그것이 수용자 참여(engagement)[15]에 어떤 영향을 미쳤는지 조사했다(Sahly et al., 2019). 트럼프의 트위터 콘텐트와 페이스북 콘텐트 간에는 프레이밍에 차이가 있었다. 트위터에서 트럼프는 상대를 공격할 때 도덕성과 책임 프레임을 자주 사용했다. 그는 또한 클린턴보다 더 부정적인 정서적 프레임을 사용했다. 그러나 트럼프의 페이스북 게시물은 더 긍정적인 프레임으로 바뀌었다. 한편 클린턴의 트위터 콘텐트와 페이스북 콘텐트는 비슷했는데, 둘 모두 갈등과 긍정적인 정서 프레임에 초점을 맞추었다. 수용자 참여와 관련하여, 갈등 및 도덕성 프레임 사용은 두 후보 모두의 경우 더 많은 리트윗으로 이어졌다. 정서적인 프레임 사용은 트위터의 '마음에 들어요(favorite)'[16] 수는 증가시켰으나 페이스북의 댓글 수는 감소시켰다. 살리와 동료들은 이러한 연구 결과가 타당한 것으로 보면서 그 이유를 다음과 같이 설명했다:

이것이 1990년대 후반에서 2000년대 초반에 '패러디되고 변조되며 퍼지는 작품 속 문화 요소'라는 의미로 확대되어, 인터넷이 보급된 뒤 폭발적으로 늘어나는 새로운 방식의 문화 전파 현상을 나타내게 되었다(옮긴이 주).

14 '젠더화된' 태도와 행동이란 전통적인 젠더 역할과 고정관념의 영향을 받거나 형성되는 태도와 행동을 의미한다(옮긴이 주).

15 수용자가 특정 콘텐트나 미디어와 상호작용하는 정도를 의미한다(옮긴이 주).

16 2015년 11월, 트위터는 2006년부터 사용자들이 관심 있는 게시물을 표시할 때 써오던 '마음에 들어요(favorite)' ★ 버튼을 '좋아요(like)' ♥ 버튼으로 시스템 기능을 변경한다고 발표했다(옮긴이 주).

'마음에 들어요' 누르기는 수용자가 어떻게 '느끼는지'를 표현하는 즉각적 활동인 반면, 댓글 달기는 수용자가 어떻게 '생각하는지'를 표현하는 숙고 끝에 하는 활동이다. 그러한 결과는 정서적 프레이밍이 즉각적인 참여를 유도하는 데는 효과적일 수 있지만, 캠페인 담당자가 토론과 심사숙고를 요하는 참여를 끌어내고자 한다면 역효과를 낼 수 있음을 시사한다. 이것은 캠페인 전략가가 정서적 프레이밍을 형성할 때 예상되는 수용자 참여 방식을 고려해야 함을 시사한다(Sahly et al., 2019: 10).

3) 프레이밍과 사회적 이슈

많은 프레이밍 학자가 인종 관계와 이민 같은 사회적 이슈의 프레이밍을 조사했다. 2014년, 미주리(Missouri)주 퍼거슨(Ferguson)에서 흑인 10대 소년 마이클 브라운(Michael Brown)이 대런 윌슨(Darren Wilson) 경관의 총에 맞아 사망했다. 브라운의 죽음 이후 벌어진 시위는 미디어에 광범위하게 보도되었다. 뉴스 미디어는 시위자들을 문제를 일으키는 사람으로 프레임했고, 저널리스트들은 당시 심한 비판을 받았음에도 계속해서 경찰과 지역 지도자들을 공식 정보원으로 활용했다(Blackstone et al., 2017). "그러나 그러한 정보를 프레임하는 과정에서 연구 대상 뉴스 조직의 트윗 가운데 10%는 그러한 정보를 잠재적으로 신뢰할 수 없거나 의심스러운 것으로 제시했다"(Blackstone et al., 2017: 610). 한편, 아프리카계 미국인 수용자를 대상으로 하는 온라인 뉴스원들은 인종 차별 프레임을 활용한 반면, 일반 수용자를 대상으로 하는 온라인 미디어들은 갈등 프레임을 사용하여 시위자와 경찰 사이의 긴장을 강조했다(Riddle et al., 2020).

이민은 프레임 연구에서 많은 관심을 받아온 또 다른 사회적 이슈이다. 한 최근 연구에 따르면, 이민에 대한 보도에서는 갈등 프레임이 가장 지배적이었으며, 인간적 흥미 프레임을 사용한 기사는 친-이민 톤을 띨 가능성이 더 높은 것으로 나타났다(Kim & Wanta, 2018). 이민에 대한 시각적 프레이밍을 조사한 한 연구에서 정치적 프레임(예: 정치인을 보여주는 사진)은 부정적인 정서를 증가시켰고, 이는 부정적인 태도로 이어졌다(Parrott et al., 2019). 한편, 인간적 흥미 위주의 시각적 프레임(예: 이민자와 난민을 일반인으로 보여주는 사진)은 이민에 대한 긍정적인 정서를 증가시켰고 긍정적인 태도를 강화했다. (이 연구에 대한 자세한 내용은 이 장의 '연구 스포트라이트'를 참조하라.)

연구자들은 또한 프레이밍이 어떤 사회적 이슈에 대해 알게 된 후 도움을 주려는 의향(willingness to help)에 어떤 영향을 미칠 수 있는지 조사했다. 코겐(L. Kogen)과 딜리플

미국 뉴스 미디어의 이민자와 난민 묘사:
시각적 프레이밍과 그것이 정서와 태도에 미치는 영향

Scott Parrott, Jennifer Hoewe, Minghui Fan, & Keith Huffman (2019) *Journal of Broadcasting and Electronic Media, 63*(4), 677~697.

이 연구에서 연구자들은 이민 관련 보도에 두드러지게 사용된 시각적 프레임을 알아내기 위해 50개 주 전체에 있는 뉴스 미디어가 트위터에 공유한 이민자와 난민 뉴스 사진을 조사했다. 그런 다음, 패롯과 동료들은 이미지가 이민자와 난민에 대한 사람들의 정서와 태도에 어떤 영향을 미치는지 알아보기 위해 실험을 수행했다.

연구 문제 및 가설

RQ1: 뉴스 미디어가 소셜 미디어 플랫폼인 트위터를 통해 이민자와 난민에 대한 정보를 전달하기 위해 사용하는 사진에는 어떤 프레임이 나타나 있는가?

H1a: 이민자 및 난민과 관련하여 인간적 흥미를 끄는 시각적 프레임을 접한 개인은 정치적 시각적 프레임을 접한 개인에 비해 더 긍정적인 정서적 반응을 보여줄 것이다.

H1b: 이민자 및 난민과 관련하여 정치적인 시각적 프레임을 접한 개인은 인간적 흥미의 시각적 프레임을 접한 개인에 비해 더 부정적인 정서적 반응을 보여줄 것이다.

H2a: 부정적인 정서는 ① 이민자와 난민의 위협에 대한 지각 증가와 ② 이민자와 난민이 미국에 거주하는 것을 허용하려는 의지 감소로 이어질 것이다.

H2b: 긍정적인 정서는 ① 이민자와 난민의 위협에 대한 지각 감소와 ② 이민자와 난민이 미국에 거주할 수 있도록 허용하려는 의지 증가로 이어질 것이다.

RQ2: 인간적 흥미 프레임이나 정치적 프레임이 위협에 대한 지각이나 이민자와 난민이 미국에 거주하도록 허용하려는 의향에 직접적인 영향을 미치는가?

연구 1

연구자들은 먼저 발행 부수와 트위터 팔로어 수를 기준으로 각 주에서 가장 큰 지역 뉴스 미디어에 대한 트위터 핸들(handle)[17] 목록을 작성했다. 그런 다음, 트위터의 고급 검색 기능을 사용하여 '이민자' 또는 '난민'이라는 단어를 사용하는 미디어의 트윗을 찾았다. 그 결과, 해당 검색어가 포함된 트윗 5,833개를 찾아냈다. 그 가운데 1,791개의 트윗에 사진이 포함되어 있었다. 전반적인 분석을 위해 표본에서 무작위로 선택된 802장의 사진을 살펴보았다.

연구 결과
RQ1에 답변하기 위해 기술 통계를 사용했다. 사진 가운데 정치인이 317장(40%)에 등장했고, 이민자나 난민이 일상생활의 모습으로 등장한 사진은 243장(30%)에 그쳤다. 정치 집회 사진은 90회(11%) 등장했다. 법 집행기관과 체포된 이민자 또는 난민의 이미지는 거의 나타나지 않았다.

연구 2
미캐니컬 터크(Mechanical Turk)[18]를 통해 300명의 참여자를 모집했다. 대다수(54%)가 여성이었고, 연령은 18세부터 72세까지 다양했다. 모든 참여자는 미국에 기반을 두고 있었다. 242명(80.7%)은 백인, 16명(5.3%)은 아프리카계, 16명(5.3%)은 히스패닉계, 15명(5%)은 아시아계/태평양 도서민계, 4명(1.3%)은 아메리카 원주민이라고 자신의 인종을 밝혔고, 1명(0.3%)은 다른 인종/민족을 선택했다. 전체 참여자 중 12명(4%)이 이민자 또는 난민이라고 답했다.

연구 방법
참여자들은 정치인이나 이민자, 난민의 일반 사진이 포함된 트윗 3개를 무작위로 평가하도록 배정되었다. 사진을 제외하고 다른 모든 트윗 콘텐트(예: 뉴스 조직, 트윗 텍스트, 좋아요 수 및 리트윗 수)는 동일했다. 각 트윗은 미국에 재정착할 수 있는 허가를 구하거나 허가를 받는 이민자나 난민에 관한 내용이었다.
　참여자들은 긍정적이고 부정적인 정서, 미국 이민 정책에 대한 태도, 난민이나 이민자의 위협에 대한 지각, 정치 이념을 측정하기 위한 질문에 답변했다. 조작 점검에 실패한 3명의 참여자의 데이터는 삭제되었다. 참여자들의 반응은 SPSS를 이용해 분석되었다.

연구 결과
연구 결과, 인간적 흥미 프레임에 노출된 참여자는 정치적 프레임이 포함된 트윗을 본 참여자보다 긍정적인 정서는 더 많이 그리고 부정적인 정서는 더 적게 경험할 가능성이 유의미하게 더 높은 것으로 나타나, H1a는 지지되었다. 부정적인 정서는 더 많은 난민과 이민자의 미국 입국이 허용되기를 바라는 정도의 감소와 위협에 대한 지각 증가를 예측함으로써, H2a도 지지되었다. 반대로, 긍정적인 정서는 더 많은 이민자와 난민의 미국 입국이 허용되기를 더 많이 바라는 정도와 위협에 대한 지각 감소를 예측하여, H2b도 지지되었다. RQ2의 경우, 정책 태도와 위협 지각에 대한 직접적인 영향은 유의적이지 않았다.

> 종합적으로 볼 때, 이 연구는 저널리스트가 이주를 다루는 방식, 특히 사진을 통해 강조하는 정보가 실제로 이러한 이슈에 대한 수용자의 해석에 영향을 미친다는 것을 보여준다 (Parrott et al., 2019: 691).

레인(S. Dilliplane)은 어떤 이슈(예: 아프리카의 말라리아)를 해결할 수 없는 것으로 프레임하면 공감(sympathy)을 증가시켜 문제 해결에 도움을 주려는 의향을 높인다는 사실을 확인했다(Kogen & Dilliplane, 2019). 반대로 그 이슈를 해결할 수 있는 것으로 프레임하는 것은 지각된 효능감(perceived efficacy)을 증가시켰고, 이것 역시 도움을 주려는 의향을 높였다. 파월(T. E. Powell) 등은 유럽 난민 위기에 관한 텍스트-기반 기사와 뉴스 동영상 간의 다중 양식(multimodal) 프레이밍 효과를 조사했다(Powell et al., 2018). 사용된 프레임(예: 피해자로서의 난민 대 침입자로서의 난민)에 관계없이 그 기사들은 뉴스 동영상보다 도움을 주려는 더 강한 의도(예: 후원금 내기, 이야기 공유, 청원서 서명)를 불러일으켰다.

홍미롭게도 테일러(M. Taylor)와 건비(K. Gunby)는 사회 운동을 부정적으로 프레임하는 것이 나쁜 것이 아닐 수도 있다고 제안했다(Taylor & Gunby, 2016). 오히려 부정적으로 프레임된 기사에는 사회 운동에 대한 심층적인 보도가 포함될 가능성이 더 높다는 것이다.

---

17 트위터 '핸들'이란 '@' 기호로 시작하는 사용자의 고유한 아이디를 말한다(옮긴이 주).
18 '아마존 미캐니컬 터크'는 요청자가 인간 지능 작업(HIT: human intelligence task)으로 작업을 게시하는 포럼이다. 작업자는 HIT를 완료한 후 보상을 받을 수 있다(옮긴이 주).

5. 프레이밍 연구의 미래

수십 년에 걸친 프레이밍 연구에도 아직 답해야 할 질문이 많이 남아 있다. 여기에는 다양한 유형의 프레임에 대한 질문, 오늘날 미디어 환경에서의 프레임 배급과 프레임 선택에 관한 문제, 정보 효과와 프레이밍 효과 분리하기, 프레이밍 연구에서 용어 재정의하기가 포함된다.

1) 프레임의 유형

연구자들은 특정 유형의 프레임이 수용자 반응에 미치는 영향을 조사해 왔다. 이러한 프레임들로는 획득(gain) 대 손실(loss) 프레임, 일화적(episodic) 대 주제적(thematic) 프레임(즉, 뉴스가 어떤 특정한 사건이나 특정한 사례의 측면에서 보도되는 '일화적' 프레임 대 뉴스가 더 폭넓은 패턴, 경향 및/혹은 이슈들을 제시하면서 더 일반적 맥락 속에서 보도되는 '주제적' 프레임), 전략(strategy) 대 이슈(issue) 프레임, 혹은 인간적 흥미(human interest), 갈등(conflict) 및 경제적 결과(economic consequences) 프레임과 같은 것들이 있다"(자세한 내용은 Tewksbury & Scheufele, 2020 참조).

툭스버리와 슈펄리(Tewksbury & Scheufele, 2020)는 프레이밍 연구에서 일반적으로 사용하는 귀납적 접근법으로 인해 각각의 연구가 해당 연구에서만 독특하게 볼 수 있는 프레임을 찾아내는 경우가 많다고 지적했다. 그들은 이것이 **매스터 프레임**(master frame), 즉 문화 속에 존재할 수도 있는 여러 이슈에 동시에 적용될 수 있는 프레임의 가능성을 무시한다는 점에서 프레이밍 연구를 제한하는 결과를 초래한다고 주장한다(Snow & Benford, 1992).

2) 프레임 배급

앞에서 기술한 것처럼, 프레이밍 연구는 통상적으로 프레임 형성이나 프레임 설정 범주로 나누어진다. 그러나 뉴스 전파(傳播) 기술 발전으로 인해 프레이밍 연구의 세 번째 영역이 될 가능성이 있는 분야가 새로 생겨났는데, **프레임 배급**(frame distribution)이[19] 그 것이다(Tewksbury & Riles, 2018). 프레임 형성과 프레임 설정 사이에서 프레임 배급은 저널리스트가 보도한 기사의 프레임이 수용자에게 도달하고, 그런 다음 수용자는 그 프레임의 요소를 적절하게 적용하여 새로운 메시지에 통합할 수 있는 다양한 방식을 기술한다(Moy et al., 2016; Tewksbury & Riles, 2018; Tewksbury & Scheufele, 2020).

수용자는 뉴스 기사에 댓글을 달고 소셜 미디어에서 기사를 공유함으로써 저널리스트나 이슈 옹호자(issue advocates)[20]가 의도한 원래의 프레임을 공유할 수 있는 기회를 얻을 수 있다. 그러나 이것은 수용자에게 정보를 새로운 방식으로 재프레임할(reframe) 수 있는 기회를 제공하기도 한다. 예를 들어, 홀튼(A. Holton) 등은 온라인 건강 기사의 프레이밍과 독자 댓글을 분석한 결과, 독자의 댓글이 기사에 사용된 프레임을 반영하지 않는다는 것을 확인했다(Holton et al., 2014).

나아가 튝스버리와 라일스(J. M. Riles)는 소셜 미디어 플랫폼이 사회의 권력 균형을 재편할 수 있다고 제안했다(Tewksbury & Riles, 2018). "가장 넓은 소셜 네트워크를 가진 사람이나 대규모 교차 네트워크(intersecting network)의 허브에 있는 사람은 프레이밍 과정에 더 많은 영향력을 행사할 수 있다. 그들은 자신이 선호하는 프레임을 선택해서 전파할 수 있는 새로운 힘을 얻게 되었다"(Tewksbury & Riles, 2018: 157). 소셜 미디어의 해시태그(hashtag)는 프레임 배급 수단이 될 수 있으며 수용자에게 프레이밍 과정에 참여할 수 있는 기회를 제공한다(자세한 내용은 Borah, 2018 참조). 그러나 소셜 미디어 환경에서 프레임이 뉴스 기사에서 개인 커뮤니케이션으로 어떻게 바뀌는지에 대해서는 여전히 많은 의문이 남아 있다(Tewksbury & Scheufele, 2020).

3) 프레임 선택

다른 여러 장에서 논의한 것처럼, 수용자는 미디어를 소비할 때 적극적인 역할을 한다. 프레이밍과 관련해서 선택적 노출이 뉴스 보도의 특정 프레임 노출에 미치는 데 영향에 대한 연구는 제한적이다(Tewksbury & Riles, 2018). 수용자는 자신이 소비하고 싶은 미디어를 선택할 수 있는 권한을 그 어느 때보다 더 많이 가지고 있으며, 이전 연구에 따

---

19 '전파(dissemination)'는 주로 뉴스 생산자(저널리스트, 뉴스 조직)에 의한 정보 확산을 강조하는 반면, '배급(distribution)'은 수용자가 해당 정보를 수용하고 활용하는 데 중점을 둔다. 'distribution'이 '배포'로 번역되기도 하나 '배포' 역시 정보, 자료, 또는 콘텐트를 전파하거나 전파하는 맥락에서 더 일반적으로 사용되기 때문에 여기서는 '배급'으로 옮기기로 한다(옮긴이 주).

20 '이슈 옹호자'란 특정 이슈에 대해 강력하게 지지하고 이를 공중에게 알리기 위해 활동하는 사람들을 말한다(옮긴이 주).

르면 사람들은 정치적 신념 때문에 다른 뉴스 미디어보다 특정 뉴스 미디어를 선택하는 것으로 나타났다(예: Iyengar & Hahn, 2009). 트러슬러(M. Trussler)와 소로카(S. Soroka)는 정치에 관심이 있는 독자들은 부정적으로 프레임되고 전략적인 정치적 프레임[예: '경마 중계(horse race)'와 정치의 갈등 중심 측면에 초점을 맞춘 프레임]을 포함하는 기사를 선택할 가능성이 더 높다는 사실을 확인했다(Trussler & Soroka, 2014). 프레이밍과 온라인 뉴스 선택에 대한 이전 연구는 기사 헤드라인에 사용된 프레임이 독자의 선택에 영향을 미침을 시사했다(Zillmann et al., 2004). 그 연구에서 참여자들은 갈등과 고통 프레임을 활용한 헤드라인이 포함된 기사를 읽는 데 더 많은 시간을 보냈는데, 연구자들은 그러한 특정 프레임이 가지고 있는 강한 호소력을 그 이유로 꼽았다.

툭스버리와 슈펄리는 수용자의 선택성이 증가하면 정치, 사회문제, 정책에 대한 논의에 사용되는 프레임의 수가 더 줄어들 수 있다고 경고한다(Tewksbury & Scheufele, 2020): "수용자들이 비교적 좁은 범위의 프레임을 포함하고 있는 기사를 선택할 가능성이 더 높아진다면, 특정 이슈나 정책을 옹호하는 사람들과 저널리스트 모두 사용할 수 있는 도구가 더 적어지게 될 것이고, 이는 정책 선택지와 정책적 조치의 범위가 좁아지는 결과를 초래할 것이다"(Tewksbury & Scheufele, 2020: 63).

4) 프레이밍 효과와 정보 효과 분리하기

프레이밍에 관한 방대한 문헌 전반에 걸쳐 많은 연구가 프레이밍 효과와 정보 효과를 명확히 구별하지 못하고 있다(Cacciatore et al., 2016). 이 문제는 부분적으로 **외적 타당도**(external validity: 연구 결과가 현실 세계에 일반화될 수 있는 정도) 및 **내적 타당도**(internal validity: 연구자가 연구 중인 인과관계가 다른 변인의 영향을 받지 않는다고 확신하는 정도)와 관련이 있다.

현실 세계에서는 프레이밍과 콘텐트가 밀접히 연관되어 있지만, 이것은 연구 측면에서 보면 프레이밍 효과와 정보 효과를 교란한다(confound)(Tewksbury & Scheufele, 2020). 연구에 프레임과 정보 내용 조작이 모두 포함되면, 외적 타당도는 높지만 내적 타당도는 제한된다. 불행하게도 이러한 연구들은 프레이밍 효과가 정보 효과에 의해 오염되지 않았음을 제한적으로 보장할 수 있을 뿐이다. 예를 들어, NASA의 화성 유인 탐사 계획의 과학적 이득에 대한 기사와 탐사 임무의 높은 비용과 위험에 대한 기사를 비교한 미디어 보도 연구를 상상해 보라. 그 기사들은 다양한 사실과 주장을 포함하고 있을 것인데, 이는 이 연구가 그러한 정보 제시 방식과 더 관련이 있고 프레이밍과는 관련이 더 적음을 의미할 것이다.

반면에 내용 조작이 아닌 프레임 조작을 포함하는 연구들은 외적 타당도는 제한적이지만 내적 타당도는 높다. 이러한 유형의 연구는 '순수한' 프레이밍 효과를 분리할 수 있다. 이러한 유형의 효과를 연구하기 위해 연구자들은 기사들이 프레임만 바뀌었을 뿐이지 포함된 정보는 똑같음을 보장해야 할 것이다. 프레이밍 효과와 정보 효과를 구별할 수 있는 능력은 앞으로의 프레이밍 연구의 핵심이다(Tewksbury & Scheufele, 2020).

5) 더 정확한 프레이밍 용어

이 장의 앞부분에서 우리는 프레이밍을 유사한 개념과 비교한 바 있다. 매스 커뮤니케이션 학자들 사이에서 의제 설정, 프레이밍, 기폭의 유사점과 차이점에 대한 논쟁이 계속되고 있다. 어떤 학자들은 프레이밍과 기폭이 의제 설정의 하위 범주에 포함되어야 한다고 말한다(예: Ghanem, 1997; McCombs, 2014). 또 어떤 학자들은 이 세 연구 영역이 서로 구별되어야 한다고 주장한다(예: Chernov & McCombs, 2019; Scheufele, 2000, 2004; Scheufele & Tewksbury, 2007).

의미상의 유사성으로 인해 프레이밍을 기폭 및 의제 설정과 명확히 구별하기가 어렵다. 기폭과 의제 설정은 하나가 다른 하나에 미치는 적극적인 영향, 즉 미디어 효과를 나타내는 문구이다. 이에 비해 '프레이밍'은 어떤 것을 특정한 관점에서 바라보거나 어떤 것을 특정한 방식으로 말하는 활동이다. 대부분의 프레이밍 연구가 뉴스 프레임의 효과를 검정하지만, 그것이 어떤 종류의 효과를 의미하지는 않는다. 바꾸어 말하면, 사람들은 매스 미디어에 의해 '기폭'될 수 있고 그들의 의제가 '설정'될 수 있지만, 매스 미디어 소비자가 (범죄에 프레임되는, 즉 범죄 누명을 쓰는 것을 제외하고는) '프레임'될 수는 없다. 프레이밍이라는 용어는 효과가 아닌 선행하는 활동을 일컬을 뿐이다.

캐치어토리(M. A. Cacciatore) 등에 따르면, 프레이밍과 정보 효과를 더 효과적으로 구별하는 한 가지 방법은 프레이밍 연구에서 더 정확한 용어를 사용하는 것이다(Cacciatore et al., 2016). 그들은 '프레이밍'을 총칭하는 용어로 사용하는 것을 포기할 것을 제안한다. 나아가 그들은 프레이밍 연구의 초점을 (이슈의 특정 측면이 어떻게 강조될 수 있는지 혹은 강조되지 않을 수 있는지 조사하는) **강조 프레이밍**(emphasis framing)에서 벗어나 (등위적인 정보 제시에서의 차이를 조사하는) **등위 프레이밍**(equivalence framing)에 다시 맞추라고 권고한다. 등위 프레임은 논리적으로 등위적인 문구(예: 실업률 5% 또는 고용률 95%)의 표현[21]을 조작하는 반면, 강조 프레임은 커뮤니케이션 내용을 조작한다. 강조 프레임은 논리적으로 등위적이지 않으며, 서로 다른 (그러나 잠재적으로 관련성 있는) 고려 사항을 제시한다. 예를 들어, 어떤 강조 프레임이 사용되는지에 따라(예: 법과 질서, 경찰의 폭력, 혹은 인종) 뉴스 기사에는 서로 다른 정보가 포함되거나 제외될 수 있으며, 이것은 뉴스 소비자들 사이에 서로 다른 해석으로 이어질 수 있다(Fridkin et al., 2017).[22]

맥콤스(McCombs, 2014)는 강조 프레이밍은 속성 의제 설정과 동의어이지만 등위 프레이밍은 프레이밍 연구에서만 독특하게 볼 수 있다고 주장한다. 맥콤스는 "수사적 프레임(rhetorical frames)"이라는 용어를 사용해 등위 프레임을 설명한다.

등위/수사적 프레임의 전형적인 예는 '컵에 물이 반이나 차 있다'는 표현 대(對) '컵에 물이 반이나 비어 있다'는 표현이다. 속성 의제 설정의 측면에서 보면, 이 두 프레임은 동일하며 둘 다 컵에 있는 물의 양을 50%로 기술하고 있다. 수사적 프레임의 측면에서 보면, 이 둘은 매우 다르다(Chernov & McCombs, 2019: 74~75).

프레이밍에 대한 더 협의적인 정의가 더 잘 받아들여지고 있지만,[23] 체르노브(G. Chernov)와 맥콤스는 프레이밍 이론의 뿌리가 여러 갈래이기 때문에 "학자들이 현재 연구 현장에 존재하는 유사한 개념화와 방법론들을 조화시키는 것을 허용하지 않을 수도 있다"고 지적한다(Chernov & McCombs, 2019: 75).

---

21 그 밖에 '이득(gains)' 대 '손실(losses)', '차 있는(full)' 대 '비어 있는(empty)', '지방(fat)' 대 '무지방(fat-free)' 등의 예가 있다(옮긴이 주).

22 좀 더 부연해서 설명하면, 등위 프레이밍 연구는 동일한 정보를 다른 방식으로 제시할 때 나타나는 효과를 연구하며, 논리적으로 동등한 정보를 다르게 표현한다(예: 5% 실업률 대 95% 고용률). 정보의 내용은 같지만, 표현 방식만 다르기 때문에 순수한 프레이밍 효과를 측정하기에 더 적합하다. 이에 반해, 강조 프레이밍 연구는 이슈의 특정 측면을 강조하거나 강조하지 않는 방식을 연구하며, 서로 다른 정보나 관점을 제시한다(예: 경찰 폭력 사건을 법질서 관점, 경찰 폭력 관점, 또는 인종 관점에서 보도). 각 프레임은 다른 정보를 포함하거나 배제할 수 있는데, 이는 프레이밍 효과와 정보 효과가 혼재될 수 있어, 순수한 프레이밍 효과를 측정하기가 어렵다(옮긴이 주).

23 앞에서 논의된 등위 프레이밍에 초점을 맞추는 것을 의미한다. 즉, 논리적으로 동등한 정보를 다르게 표현하는 방식에 대한 연구에 집중함으로써 프레이밍을 다른 개념(예: 기폭, 의제 설정)과 더 명확히 구분하려는 시도를 말한다(옮긴이 주).

6. 요약

프레이밍 이론은 심리학과 사회학에 뿌리를 두고 있다. 연구들은 개인에 대한 미시적 수준의 연구(심리학적 전통)와 사회에 대한 거시적 수준의 연구(사회학적 전통)로 구분된다. 오랫동안 미디어 효과 연구자들은 정보를 프레이밍하는 것과 관련된 힘과 프레이밍이 미디어 소비자의 마음에 미칠 수 있는 영향에 관심을 집중해 왔다. 개념적 중복이 있을 수 있지만, 프레이밍 연구는 이론적으로나 실험적으로나 의제 설정 연구 및 기폭 효과 연구와 구별될 수 있다.

프레이밍은 지식, 설득, 혹은 의제 설정을 포함해 몇 가지 유형의 효과를 초래할 수 있다. 프레이밍 연구는 대개 객관성을 유지해야 하는 저널리스트가 만든 뉴스를 다루며, 수용자는 보통 그러한 정보가 그들을 설득할 것이라거나 최소한 그들이 특정 이슈를 지각하는 방식에 영향을 미칠 수도 있을 것이라고 생각하지 않는다.

일반적으로 프레이밍 연구는 두 가지 유형으로 나뉜다. 첫 번째 유형인 프레임 형성 연구는 뉴스 전문가가 프레임을 형성하는 방식을 살펴본다. 두 번째 유형인 프레임 설정 연구는 뉴스 프레임이 수용자에게 미치는 효과를 살펴본다.

프레이밍 연구자들은 미래를 내다보면서 끊임없이 변화하는 미디어 환경에서 프레임 유형과 프레임이 배급되고 선택되는 방식을 계속해서 밝혀내고 있다. 일부 학자들은 또한 프레이밍에 대한 더 협의적인 정의로 복귀할 것과 해당 분야 내에서 더 정확한 용어를 사용할 것을 요구하고 있다.

제8장

배양

사람들이 이야기에 노출되는 것과 세상에 대한 믿음에 노출 되는 것 사이에
관계가 있을 수 있다고 느낄 때, 그들은 배양 효과의 가능성을 인식한다.
— 마이클 모건(Michael Morgan),
제임스 섀나한(James Shanahan),
낸시 시뇨리엘리(Nancy Signorielli), 2017

여러분은 텔레비전을 많이 시청하는가? 배양 효과 연구는 지난 몇십 년에 걸쳐 만약 당신이 텔레비전을 많이 본다면 미국에서의 범죄 발생률을 현실에서 발생하는 범죄 빈도보다 지나치게 과장해서 추정할 가능성이 높음을 보여주었다. 당신은 아마 텔레비전을 많이 보지 않는 사람보다 범죄의 희생자가 될 것을 더 두려워할 것이다.

매스 미디어를 통해 매개되는 오락물이 등장한 이래로 사람들은 특히 가장 취약한 인구 계층인 어린이들에게 미치는 강력하고도 해로운 미디어 효과를 우려해 왔다. 그 결과, 미디어 효과 전통은 가장 성과가 많았고 사회적으로 중요하며 매우 정밀한 조사가 이루어지는 매스 커뮤니케이션 연구 분야 가운데 하나이다.

텔레비전이 가정의 터줏대감이 되기 전인 1920년대와 1930년대에는 장편영화가 미국 전역의 영화관에서 수백만 관객들의 가슴을 설레게 했다. 그러나 때때로 폭력적이고 노골적으로 성적인 영화 내용 때문에 공중의 우려를 불러일으켰다. 페인 재단은 사회과학자들을 불러 모아 미국 청소년들에게 미치는 영화의 효과를 연구하게 했는데, 폭력과 술로 가득 찬 영화가 어린이들에게 부정적인 영향을 미치고 있다는 연구 결과에 미국인들은 놀라워했다.

텔레비전이 미국인의 생활 속에 깊이 파고들자, 미디어의 부정적인 효과에 대한 불안감은 공중의 의제와 정치적 의제로 두드러지게 다루어지기 시작했다. 1960년대와 1970년대에 미국의 대통령들은 위원회를 구성하여 텔레비전 폭력을 연구하고 그것이 청소년들에게 미치는 효과를 평가하게 했다.

오랜 기간에 걸쳐 다양한 연구 결과가 도출되었지만, 많은 연구는 텔레비전 폭력물 시청과 (텔레비전에서 묘사되는 것에 더 가깝게) 현실에 대한 왜곡된 이미지를 갖게 되는 것 간의 연관성이 단순한 공중의 우려가 아님을 보여주었다.

1. 문화 지표 프로젝트

배양 이론은 텔레비전이 시청자에게 미치는 영향을 설명하기 위한 하나의 시도로 등장했다. 배양 효과 연구 전통은 문화 지표 프로젝트(Cultural Indicators Project)라 불린 미디어 폭력 연구 프로젝트에서 시작되었는데, 이 프로젝트는 1960년대 펜실베이니아 대학교(University of Pennsylvania)의 커뮤니케이션 학자인 조지 거브너(George Gerbner, 1919~2005)가 이끌었다. 문화 지표 프로젝트는 미디어 메시지가 사회에 미치는 영향을 설명하기 위해 세 영역에서 수행되었다. 첫 번째는 **제도적 과정 분석**(institutional process analysis)으로, 미디어 메시지의 제작, 관리, 배급을 조사했다. 두 번째는 **메시지 체계 분석**(message system analysis)으로, 젠더 역할, 소수자 묘사, 특정 직업이 묘사되는 방식과 같은 미디어 내용의 이미지를 조사했다. 마지막으로 **배양 분석**(cultivation analysis)에서는 "텔레비전 시청과 현실 지각 간의 관계를 분석하여 이러한 메시지와 메시지 체계가 사회에 미치는 영향"을 조사했다(Busselle & Van den Bulck, 2020: 69).

간단히 말해, **배양 이론**(cultivation theory)은 텔레비전 다시청자(heavy viewer)가 오랜 시간에 걸쳐 텔레비전에서 보는 것과 유사한 세계, 일반적으로 폭력과 범죄로 가득한 '비정한' 세계에 대한 관점을 계발, 즉 배양한다고 제안한다. 배양 효과 연구자들은 이를 **비정한 세계 증후군**(mean world syndrome)이라고 부른다.

이 프로젝트가 시작된 이래로 배양 효과 연구는 확대되어 미디어 폭력 이외에도 많은 주제를 다루게 되었다. 연구자들은 이제 장기적인 텔레비전 시청과 그것이 수용자에게 심어주는 지각, 가치, 태도 간의 관계를 조사하고 있다.

배양 효과 연구는 통상 두 가지 연구 방법, 즉 세상에 대한 시청자의 지각을 평가하기

텔레비전을 많이 보는 사람은 텔레비전을 적게 보는 사람보다 현실에서 범죄가 발생하는 빈도를 과대평가하고 이 세상을 더 위험한 곳으로 보는 경향이 있다.

위한 텔레비전 프로그램의 내용 분석과 설문조사 방법을 사용했다. 연구자들은 폭력과 관련된 배양 효과를 측정하면서 세상에 폭력과 위험이 횡행해 있는 정도에 대한 지각을 측정하는 도구로서 비정한 세상 지수(Mean World Index)를 개발했다(Signorielli, 1990). 다양한 인구통계학적 집단들 사이에서 텔레비전 다시청자는 소시청자(light viewer)보다 비정한 세상 지수에서 일관되게 높은 점수를 기록했다.

텔레비전의 '상징적 세계'는 객관적인 현실과 매우 다르며, 이러한 불일치는 배양 효과 연구자의 주요 관심사였다. 텔레비전이 표현하는 왜곡된 현실에 대한 사례는 많다. 네트워크 텔레비전 프로그램에 대한 분석은 TV 등장인물들이 대부분 젊고 활력이 넘치며 매력적임을 보여주었다. 노인(65세 이상)이 주연 또는 주요 배역으로 등장하는 프로그램은 거의 없으며, 나이 많은 사람이 등장할 때는 흔히 아프거나 죽어가는 사람으로 묘사된다. 말할 필요도 없이 텔레비전은 오늘날 미국 사회의 노인 인구의 실제 비율, 상황, 또는 건강 상태를 정확하게 반영하지 않는다.

폭력적인 범죄는 텔레비전이 현실을 왜곡한다는 것을 보여준 가장 명백한 사례이다. 대부분의 프로그램에서 엄청난 양의 총격전, 주먹싸움, 격투 장면 및 빠른 속도의 추격전이 표준이 되다시피 등장하는 것을 볼 때, 1주 동안 텔레비전 프로그램에 등장하는 주연의 절반 이상이 폭력 행동과 관련되어 있다는 것은 놀라운 일이 아니다. FBI의 범죄 통계를 보면, 실제 상황은 전혀 다르다. 1년에 미국 전체 인구의 1% 미만이 실제 범죄 행위의 피해자가 된다고 한다.

특정 집단의 사람들 가운데서도 다시청자가 그들이 텔레비전에서 보는 것과 동일한 왜곡된 현실상을 배양하는 경향이 있음을 연구들은 보여주었다. 다시청자는 노인의 건강 상태를 보여주는 사례와 범죄 행위의 빈도에 대한 사례들을 이용하여 노인의 건강 상태는 물론 미국 인구 가운데 차지하고 있는 노인의 수를 '과소평가할' 뿐만 아니라 현실의 범죄 통계를 일관되게 '과대평가하는' 경향이 있다.

문화 지표 프로젝트가 시작된 이후 연구들은 대부분 배양 효과에 관한 낮은 수준의 통계적 증거를 보여주었을 뿐이지만, 이 같은 연구 결과들의 일관성은 배양 이론을 뒷받침해 주었다. 거브너와 동료들은 상관계수가 낮고 효과의 크기가 작음에도, 배양 효과가 사회에 대해 상당한 함의를 지니고 있다고 주장했다. 그들은 사회에 미치는 배양 효과를 지구 기온 변화가 기후에 미치는 영향에 흔히 비유했고 여전히 그렇게 비유하고 있다. 즉, 그들은 아주 작은 온도 변화가 또 다른 빙하시대를 몰고 올 수 있을 것이라고 말했다(Morgan et al., 2009).

배양 과정이 어떻게 발생하는지를 설명해 주는 경험적 증거가 부족하기 때문에, 배양 효과는 보통 공식적인 미디어 효과 '이론'이라기보다는 '가설'이라고 표현되곤 했다. 특히 초기 연구들은 배양 효과의 심리적인 차원, 즉 텔레비전 시청자가 사회적 현실에 대한 그들의 관점 구성을 어떻게 배우는지를 보여주지 못했다.

오랜 기간에 걸쳐 이루어져 온 미디어 효과에 대한 설명은 대부분 인지 심리학 이론에 확고하게 근거해 왔다. 이러한 전통에 따라 훈련을 받은 미디어 효과 연구자들은 거브너와 동료들의 연구에 인지 과정에 대한 강조가 결여되어 있다고 비판했다(Bryant, 1986; Hawkins & Pingree, 1990; Potter, 1994). 비판의 상당 부분이 건설적인 것들이어서, 거브너와 다른 배양 효과 연구자들은 그러한 비판을 토대로 배양 가설에 대한 그들의 설명을 수정하고 향상했다(자세한 내용은 Morgan et al., 2017 참조). 이후의 연구들은 이러한 빈 공간을 채우고 비판에 답하기 시작했다. 최근에 슈럼(L. J. Shrum)과 다른 연구자들은 배양 효과의 심리적인 측면과 존재하는 매개 요인들을 조사하기 위해 많은 노력을 기울였다(Shrum, 1995, 1999, 2007).

연구들은 수용자의 어떤 특성이 배양 효과를 더 또는 덜 뚜렷하게 하는 경향이 있음을 보여주었다. 예를 들면, 교육 수준은 배양 효과를 매개하는 것으로 드러났다. 다시청자 가운데 교육 정도가 높은 사람의 경우, 텔레비전이 그들의 세계관에 영향을 줄 가능성은 더 낮다. 나이 역시 인지 필요성(need for cognition)처럼 또 다른 매개 요인인 것으로 드러났다.

이 장의 나머지 부분에서는 배양과 관련된 개념 및 비판 외에도 서로 다른 수준의 배양 효과를 이해하는 데 도움을 주는 모델을 포함해 배양 분석 연구 영역을 자세히 살펴본다. 결론부에서는 장르별 효과를 포함해 일부 가장 최근의 배양 연구에 대해 논의한다.

2. 개념과 비판

배양 효과 신봉자들은 텔레비전은 "이미지 도매 배급업자(wholesale distributor of images)"로 다른 매스 미디어와 다르다고 주장한다(Morgan & Signorielli, 1990: 13). 텔레비전은 우리 시대의 '위대한 이야기꾼(great storyteller)'이다. 프로그램은 모든 사람에게 어필하기 위해 제작된다. 심지어 매우 어린 시청자들조차도 즐거움을 주는 텔레비전 프로그램에 쉽게 사로잡히게 되는 것을 볼 수 있다.

이 연구자들에 따르면, 미국이라는 국가를 구성하고 있는 다양한 공중[조지아(Georgia)주의 집단 주택에 살고 있는 가난한 어린이들, 뉴욕의 고급 주택 지역에 살고 있는 부유한 가족들, 미국 중부에 살고 있는 농장 가족들, 서부 해안 지역에 있는 대학교 캠퍼스의 여학생 클럽에 살고 있는 여대생들]은 텔레비전을 시청할 때, 모두 유사한 메시지를 수신하기 때문에 더 비슷하게 생각하는 경향이 있다. 오락적인 액션 프로그램부터 뉴스 프로그램에 이르기까지 모든 텔레비전 프로그램은 때때로 신화(神話), '사실', 또는 이데올로기라 불리는 유사한 반복 패턴을 가지고 있다. 이러한 패턴은 세상에 대한 시청자들의 지각에 영향을 미치는 것으로 간주된다. 이러한 텔레비전 프로그램의 전반적인 패턴에 장기적으로 노출되는 것은 "시청자 대부분이 꾸준하고 확고하게 주류를 지향할" 가능성을 매우 높여준다 (Gerbner et al., 1994: 25).

'주류화'와 '공명'은 배양 효과 분석의 기반을 구성하는 두 주요 개념이다. **주류화**(mainstreaming) 개념은 지배적인 태도, 신념, 가치, 관행이 문화 속에 존재하며 또한 "TV 시청은 이질적인 수용자들을 하나로 모으는 경향이 있다"고 가정한다(Morgan et al., 2017: 311). (다양한 상황의 결과, 젠더 역할, 소수자 묘사 등에 관한 패턴과 같은) 패턴들이 다양한 종류의 텔레비전 프로그램을 통해서 나타나는데, 이러한 패턴들은 텔레비전에서 반복적으로 표현되는 일단의 '주류적인' 태도, 신념, 가치가 된다. 다시청자는 유사한 주류 견해를 배양하는 경향이 있다. 배양 효과 연구자인 낸시 시뇨리엘리(Nancy Signorielli)와 마이클 모건(Michael Morgan)은 주류화를 다음과 같이 정의했다:

주류화란 서로 다른 요인 및 영향에서 생겨난 다양한 관점과 행동의 차이점을 다시청이 흡수하거나 압도해 버리는 것을 의미한다. 바꾸어 말하면, 서로 다른 시청자 집단의 반응에서 발견되는 차이점, 즉 이러한 시청자 집단의 다양한 문화적·사회적·정치적 특성과 연관된 차이점이 이러한 집단 속에 있는 다시청자들의 반응에서는 줄어들거나 심지어 없어져 버린다 (Signorielli & Morgan, 1996: 117).

공명(resonance)은 현실 세계의 사건들이 텔레비전에서 묘사되는 왜곡된 현실의 이미지를 지지할 때 발생한다. 직접적인 경험이 텔레비전의 메시지와 일치될 때, 그 메시지는 강화되고(즉, '공명'을 일으키고) 배양 효과는 증폭된다. 예를 들면, 범죄를 두려워하는 경향이 매우 높은 다시청자는 범죄 발생률이 높은 도심에 사는 사람들임을 한 연구는 보여주었다(Morgan, 1983).

배양의 개념이 텔레비전과 텔레비전을 시청하는 공중이 역동적 과정 속에서 '상호작용한다'고 가정하는 것을 배양 효과 연구자들은 강조한다. 사람들이 텔레비전에서 본 메시지를 배양하는 정도는 여러 요인에 좌우된다. 어떤 사람은 성격 특성, 사회적 배경, 문화적 관습, 심지어는 과거 텔레비전 시청 경험 때문에 배양에 더 민감하게 영향을 받는다. 거브너 등(Gerbner et al., 1994)은 상호작용 과정을 다음과 같이 설명했다:

> 시청자의 젠더나 나이 또는 계층이 관점의 차이를 만들기는 하지만, 텔레비전 시청 역시 유사하면서도 상호작용하는 차이를 만들 수 있다. 예를 들어, 텔레비전 시청은 어떤 특정 사회 계층의 여성 청소년 구성원이 되는 것이 무엇을 의미하는지 규정하는 것을 도와줄 수도 있다. 이러한 상호작용은 (배양처럼) 유아기부터 시작되어 요람에서 무덤까지 계속되는 연속적인 과정이다(Gerbner et al., 1994: 23).

배양 효과 연구자들은 텔레비전 노출을 시간의 관점에서 정의한다. 그들은 텔레비전 메시지가 속성상 비교적 '획일적'이며 텔레비전 시청은 '비선택적'이라고 가정한다. 바꾸어 말하면 여러 유형의 텔레비전 프로그램(만화, 드라마틱한 영화, 범죄 프로그램)의 서사 구조는 캐스팅, 액션, 기타 요인들의 관점에서 서로 닮아 있다. 이런 의미에서 학자들은 메시지가 획일적이라고 말한다. 비선택적인 시청 개념은 '의례화된 시청(ritualized viewing)' 또는 습관적인 시청(정해진 시간에 텔레비전을 시청하고 그 시간에 방송되는 프로그램이 무슨 프로그램이건 그것에 몰두하는 것)이라는 아이디어를 기반으로 하고 있다. "반드시 보아야 할 TV(Must See TV)"라고 불리면서 장기간에 걸쳐 방송된 NBC 프로그램들처럼 일부 네트워크는 습관적 시청을 적극적으로 조장한다. 물론 DVR과 [넷플릭스, 훌루(Hulu), 파라마운트 플러스(Paramount+) 같은] 스트리밍 서비스로 인해 의례화된 시청이라는 개념을 점차 흔치 않은 개념이 되고 있다.

앞서 언급한 것처럼, 많은 학자가 복잡한 심리적 과정이 배양 효과의 이론적 기초를 형성해야 한다고 주장했다. 그러나 초기 연구는 대부분 텔레비전 시청과 사회적 현실에 대한 신념 간의 연관성을 '단순히 보여주기'보다 배양 효과를 '설명하는' 인지 구성 요소를 규명하는 노력을 기울이지 않았기 때문에 비판받았다(Hawkins & Pingree, 1990; Potter, 1993). 또한 비평가들은 배양과 관련되어 있는 인지 기제가 사회 학습 이론의 기제와 어떻게 비슷한지도 조사해야 한다고 지적했다(Bryant, 1986). 많은 학자가 배양 효과 연구

텔레비전의 범죄 수사물에는 살인, 성폭행 등 폭력 범죄가 등장하는 경우가 많다. (이 사진의 〈NCIS: 뉴올리언스(*NCIS: New Orleans*)〉와 같은) 〈NCIS〉 프랜차이즈[1]의 에피소드들은 대부분 소름 끼치는 범죄 현장을 묘사하는데, 이는 현실의 폭력에 대한 생각을 배양하게 하는 원인이 될 수 있다.

결과의 통계적 통제와 해석에 대해 우려를 나타냈다(Hirsch, 1980; Hughes, 1980; Wober, 1978). 다른 학자들 역시 배양 효과 연구에서 효과의 인과적 순서에 대해 의문을 제기했으며, 이론 정립의 특정 부분에 대해서도 이의를 제기했다(Doob & Macdonald, 1979; Zillmann, 1980).

슈럼은 배양 이론이 "초기의 비판에도 살아남았으며, 그 긴 지속성과 편재성은 틀림없이 그것의 타당성을 보여주는 강력한 증거이다. 이 이론에 대한 검정은 다양한 이론적 관점(문화적·사회적·심리적)에서 이루어졌으며 수렴되는 결과들은 배양이 강력한 이론적 토대를 기초로 하고 있음을 시사한다"고 결론 내렸다(Shrum, 2017: 304).

3. 배양의 이론적 기초

배양 이론은 텔레비전이 전 세계 사람들에게 공유된 의미와 메시지의 주요 소스가 되었다고 가정한다. 텔레비전은 현대사회에 살고 있는 사람들을 위한 다양한 기능을 지닌 미디어로 발전해 왔다. 시뇨리엘리와 모건에 따르면,

따라서 텔레비전은 우리 국민의 (그리고 나아가 전 세계인의) 가장 흔하고 변함없는 학습 환

---

1 '콘텐트 프랜차이즈'란 이야기가 하나의 미디어에서 다른 미디어로 확장된다는 것을 의미하기도 하지만, 미디어 내부에서도 이야기들이 다시 쓰이는 방식을 통해 이야기 자체가 확장되는 것을 의미한다(옮긴이 주).

경이 되었다. 그러나 텔레비전은 무엇보다도 우리의 이야기꾼이다. 텔레비전은 대중문화의 주류를 형성하는 이미지의 도매 배급업자가 되었다. 텔레비전 세계는 우리에게 삶(사람, 장소, 노력, 권력, 운명)을 보여주고 말해준다. 텔레비전은 선과 악, 기쁜 일과 슬픈 일, 강자와 약자를 보여주며, 우리에게 누가 또는 무엇이 성공이고 무엇이 실패인지를 알려준다 (Signorielli & Morgan, 1996: 114).

모건과 시뇨리엘리의 표현에 따르면, 배양 효과 분석은 "(개인의 신념이나 행동의 단기적이고 극적인 변화가 아닌) 세대들이 사회화되는 방식의 점진적이고 장기적인 변화와 변형을 이해하려 한다"(Morgan & Signorielli, 1990: 19).

거브너와 동료들은 배양 효과의 이론적 기초가 서로 다른 유형의 미디어 효과 연구의 이론적 기초와 다른 점을 다음과 같이 설명했다:

전통적인 효과 연구는 기본적으로 선택적 노출 및 노출된 사람과 그렇지 않은 사람 간의 측정 가능한 차이를 통해 특정한 정보적·교육적·정치적 노력 또는 마케팅 노력을 평가한다. 그러한 전통에 깊이 빠져 있는 학자들은 배양 효과 분석이 선택적 시청보다는 전적인 몰두를 강조하고, 잔존해 있는 문화적 차별화 및 변화의 소스보다는 널리 퍼져 있는 관점의 유사성을 강조하는 것을 받아들이기 어려울 것이다. …… 배양 이론은 엄청나게 다양한 개념적 경향 및 역경향 속에서 텔레비전 주류의 지속적이고 널리 퍼져 있는 견인력을 발견한 연구 결과를 기초로 하고 있다. 다양한 배경을 가진 다시청자의 폭넓은 관점의 공유에 초점을 맞추기 위해서는 전통적인 미디어 효과 연구와는 다른 텔레비전의 독특한 역동성에 적합한 이론적·방법론적 접근이 필요하다(Gerbner et al., 1994: 20~21).

1) 1차 및 2차 판단

다른 연구자들은 심리적 과정이 배양 과정의 기초가 되며, 따라서 '인지 패러다임(cognitive paradigm)'이 이론적 기반 역할을 해야 한다고 주장한다. 호킨스(R. P. Hawkins)와 핀그리(S. Pingree)가 1차 및 2차 판단에 기초한 1차 및 2차 배양 효과를 도입하면서 배양이 어떻게 작동하는지 이해하는 데 큰 돌파구가 마련되었다(Hawkins & Pingree, 1981, 1990). **1차 판단**(first-order judgment)은 범죄 피해자가 될 사람의 비율이나 노동 인구 가운데 경찰, 의사, 변호사의 비율 등 빈도와 관련된 정량화할 수 있는 개념을 측정한다. 버셀(R. Busselle)과 밴 덴 벌크(J. Van den Bulck)는 연구자들이 1차 판단을 어떻게 정량화하는지 다음과 같이 설명했다(Busselle & Van den Bulck, 2020):

첫째, 설문조사 응답자나 실험 참여자에게 현실 세계가 어떤 모습이라고 생각하는지 실제 수치를 추정해 달라고 요청한다. 둘째, 거브너가 TV 폭력의 인구통계를 도표화한 폭력 프로파일(violence profile)을 개발할 때 했던 것처럼, 내용 분석을 사용해 그들의 그러한 생각이 어느 정도 TV의 현실(TV's reality)의 일부를 구성하는지 정량화할 수 있다. 셋째, 연구자들은 현실 세계의 실제 인구통계를 확인할 수 있다. 따라서 1차 판단을 통해 텔레비전과 현실 세계를 비교하고 시청자의 지각이 TV의 현실과 실제 현실 가운데 어느 쪽과 유사한지 살펴볼 수 있다(Busselle & Van den Bulck, 2020: 73).

반면에 **2차 판단**(second-order judgment)은 태도와 신념을 말하는데, 세상이 비정하고 폭력적인 곳이라는 믿음이나 다른 사람을 신뢰할 수 있는지에 대한 태도가 그 예다.

호킨스 및 핀그리(Hawkins & Pingree, 1982)는 배양 과정은 '학습'과 '구성(construction)'을 포함한다는 이론을 제시했다. 시청자는 텔레비전을 보고 텔레비전의 내용을 지각하고 기억함으로써 학습한다. 시청자는 텔레비전에서 본 것을 기초로 현실 세계에 대한 관점을 구성한다. 연구자들은 1차 판단이 사람의 기억에 저장된 다음 2차 판단을 내리는 데 사용된다고 가정했지만(Hawkins & Pingree, 1981), 당시에는 이 학습 모델을 뒷받침할 증거가 거의 발견되지 않았다(Shrum, 2017). 그러나 이것을 뒷받침하는 연구도 일부 있다(Schnauber & Meltzer, 2016 참조).

2) 배양 효과의 접근성 모델

슈럼은 "판단 형성에 기억이 하는 역할을 설명하는 과정을 살펴봄으로써 1차 및 2차 퍼즐"을 해결했다는 평가를 받는다(Busselle & Van den Bulck, 2020: 74). 슈럼(Shrum, 1995, 2009)의 배양 효과의 접근성 모델(accessibility model of cultivation effects)에는 두 가지 일반적인 명제가 있다:

• 첫째, TV를 시청하면 구성체와 TV 프로그램에서 자주 볼 수 있는 전형적 사례들에 대한 접근성이 높아진다. 즉, 기억해내기가 쉬워진다.

- 둘째, 일반적으로 정확하게 답변하기 어려울 뿐만 아니라 연구 참여자에게 그다지 중요하지 않다고 생각되는 사회적 현실에 대한 판단은 휴리스틱 처리(heuristic processing)[2]를 통해 내려진다.

슈럼(Shrum, 1995, 1999, 2007)은 즉석 질문을 받을 때 수용자들은 그들이 기억하는 텔레비전의 이미지와 메시지를 쉽게 이용한다는 사실을 확인했다. 이러한 기억은 '가용성 휴리스틱(availability heuristic)'[3]하에서 작동하는데, 이것은 그러한 기억이 수용자에게 인지적 지름길(cognitive shortcut)을 제공한다는 의미이다. 여러 연구에서 슈럼은 텔레비전 다시청자가 사회적 현실에 대한 질문에 빨리 대답하는 경향이 있음을 확인했는데, 이는 그들이 그러한 인지적 지름길로 인해 답변에 더 쉽게 접근한다는 것을 보여준다. 버셀과 밴 덴 벌크는 다음과 같이 요약했다:

> 우리 대부분은 여성 의사 비율에 대한 미리 준비된 판단이나 기타 일반적인 '1차' 추정치를 갖고 있지 않다. 이것은 배양 연구자가 연구 참여자들에게 추정치를 말해달라고 요청할 때 응답자 또는 참여자가 추정치를 '기억해내는' 것이 아니라 추정치를 '생성해야' 함을 의미한다…. 슈럼은 다시청자들이 특정 사건에 대한 텔레비전 묘사를 많이 본다면 그러한 사건을 더 쉽게 기억해내거나 상상할 수 있을 것이라고 주장했다(Busselle & Van den Bulck, 2020: 74).

추가 연구는 범죄 드라마나 다른 TV 장르를 더 많이 보는 사람이 그들의 기억에 그러한 특정한 장르의 장면과 메시지를 저장할 가능성이 더 높으며, 그들을 둘러싸고 있는 사회 세계에 대한 판단을 내릴 때 그들은 그러한 기억에 접근하기 쉽다는 것을 보여주었다(Shrum, 2002).

---

2   '휴리스틱'이란 불충분한 시간이나 정보로 인해 합리적인 판단을 할 수 없거나, 체계적이면서 합리적인 판단이 굳이 필요하지 않은 상황에서 사람들이 빠르게 사용할 수 있게 좀 더 용이하게 구성된 간편 추론의 방법을 말한다. 따라서 '휴리스틱 처리'는 사람들이 더 많은 인지가 필요한 분석적 정보 처리와 달리 사용 가능한 정보를 기반으로 즉각적인 결정과 결론을 내릴 때 발생한다(옮긴이 주).
3   '가용성 휴리스틱'이란 사람들이 자주 떠오르는 기억에 따라 판단하게 되는 현상의 빈도나 확률로, 실제 나타나는 현상이나 정보에 의해 판단하지 않고 과거의 축적된 경험을 통해 직관적으로 판단하는 것을 의미한다(옮긴이 주).

게다가 시청자들은 일반적으로 자신의 기억의 출처에 대해 생각하지 않는다. 그 결과, 그들은 TV에서 시청한 내용에 대한 기억을 자동적으로 걸러내지 못한다. 그러나 사람들이 정보를 더 주의 깊게 처리하거나 기억해낸 정보의 출처에 대해 생각해 보도록 유도하면 1차 배양 효과는 제거된다(Shrum, 1997, 2001; Shrum et al., 1998).

브래들리(S. D. Bradley)의 연구 결과는 슈럼의 배양 효과의 휴리스틱 모델을 지지했는데, 그의 연구에서는 정보를 체계적으로 처리할 수 있는 능력이 배양 효과를 사라지게 할 수 있는 것으로 드러났다(Bradley, 2007). 예를 들면, TV의 예가 아닌 예로 사람들을 기폭한 다음 그들에게 보통 배양 효과 연구자들이 제기하는 질문에 답하기 전에 신중하게 생각하고 질문에 정확하게 답하려 노력해 보라고 요청하는 것이 심지어 텔레비전 다시청자들 사이에서도 배양 효과를 상당히 감소시킨다. 또한 사람들은 전화 조사보다 우편 설문조사에 응할 때 배양 효과 연구자들의 질문에 더 신중하게 생각하는 경향이 있다(Shurum, 2007). 배양 효과는 전화 설문조사에 응하는 사람들 사이에서 가장 강했다.

3) 배양 효과의 온라인 처리 모델

접근성 모델은 기억-기반 판단(예: 범죄나 노동 인구의 인구통계에 대한 추정)을 이해하는 데 도움을 주지만, 태도, 신념, 또는 가치에 대한 판단을 설명해 주지는 않는다. 2차 판단은 1차 판단처럼 기억에 저장되지 않고 사람들이 미디어 내용을 소비하는 동안 (인터넷상에서의 처리라는 의미가 아닌 실시간에 이루어지는 처리라는 의미의) '온라인 처리 과정(online processing)'을 통해 형성된다. 슈럼은 그 과정을 다음과 같이 설명한다:

온라인 판단은 실시간으로 처리되는 정보를 이용해 자발적으로 새로운 판단을 구성하거나 (예: 새로운 태도 형성) 기존 판단을 업데이트할(예: 태도 변화) 때 이루어진다. 이러한 일반적인 과정은 배양 과정과 일치한다. 즉, 텔레비전을 시청하면서 프로그램 내용의 전반적인 '메시지'뿐만 아니라 특정 정보도 접할 때 사람들은 그 TV 메시지를 반영하는 방식으로 자신의 신념, 태도 및 가치를 구성하거나 업데이트할 수 있다. 이렇듯 온라인 처리 과정은 전형적인 설득 과정과 비슷하다. 설득력 있는 커뮤니케이션(TV 메시지)은 태도를 효과적으로 변화시킨다(Shrum, 2017: 303~304).

나아가 슈럼(Shrum, 2004)은 태도와 신념에 미치는 배양 효과는 설득의 두 경로, 즉 '중심' 경로와 '주변' 경로 가운데 하나의 결과일 수 있다고 말했다[10장의 정교화 가능성 모델 (ELM)에 대한 설명 참조]. 슈럼에 따르면, "'시청하는 동안' 정보 처리에 대한 동기가 강하거나 처리 능력이 좋을수록 배양 효과가 높아진다"(Shrum, 2004: 337). 슈럼과 동료들이 수행한 몇몇 연구는 온라인 처리를 통해 2차 판단에 영향을 미치는 이 TV 시청 모델을 뒷받침한다(Shrum, 2017). 예를 들면, TV 시청량은 물질주의적 가치관과 상관관계가 있는 것으로 나타났다(Shrum et al., 2005). 시청하는 동안 처리하고자 하는 동기가 더 강하고 처리 능력이 더 좋은 참여자의 경우 효과가 더 강했는데, 이는 ELM 설득 연구와 일치한다. 이후의 연구는 실험 연구를 통해 (비물질주의적 프로그램에 비해) 물질주의적 프로그램을 시청한 후 물질주의 수준이 증가한다는 점과 그 프로그램에 더 몰입한 참여자들에게서 그 효과가 더 강했음을 확인함으로써 그러한 결과를 재현했다(Shrum et al., 2011).

4. 배양 연구의 다른 영역들

배양 효과 연구자들은 계속해서 위와 같은 비판에 대응하며 배양 효과에 대한 증거를 수집하고 있다. 연구자들은 연구 대상 지역을 확대해 세계 곳곳의 나라들을 포함했다. 또한 학자들은 특정 장르의 TV 프로그램의 배양 효과와 몰아보기의 배양 효과를 연구하는 것을 포함해 오늘날 진화하는 미디어 환경에서 배양이 어떻게 이루어질 수 있는지도 계속해서 살펴보고 있다.

1) 전 세계의 배양 연구

연구자들은 미국에서 텔레비전 프로그램을 상당량 수입하는 국가에서의 배양 효과를 살펴보았다. 연구 결과는 차이가 있지만, 대부분이 텔레비전 시청과 문화적 맥락 간의 상호작용을 보여주고 있다. 연구들은 대부분 폭력에 대한 태도, 가치, 사회적 고정관념, 다른 관심 영역이 텔레비전이 보여주는 왜곡된 현실상과 유사하게 배양된다는 점을 보여준다. 스웨덴(Reimer & Rosengren, 1990), 아르헨티나(Morgan & Shanahan, 1995), 일본(Saito, 1991)은 이 같은 배양 분석의 초점이 되었던 몇몇 국가들이다.

호주에서 핀그리와 호킨스(Hawkins & Pingree, 1981)는 미국에서 수입한 텔레비전 프로그램에 대한 노출 정도가 높은 학생이 호주를 살기 위험한 장소로 평가하는 경향이 있음을 확인했다.

한국에서의 한 연구는 미국 텔레비전 프로그램에 대한 노출 수준이 높은 한국 여성은 결혼, 의복, 음악에 대해 진보적인 견해를 가지고 있는 경향이 높았지만, 미국 프로그램을 많이 시청하는 한국 남성은 한국의 전통적인 문화 가치를 지지했으며 미국에 대해 적대감을 표했음을 확인했다(Kang & Morgan, 1988). 한국에서 더 최근에 실시된 한 연구는 특정 텔레비전 드라마 시청의 배양 효과와 독신 성인의 수 및 결혼한 가족의 자녀 수에 대한 사람들의 지각을 조사했다. 진 및 정(Jin & Jeong, 2010)은 독신자와 자녀 수가 적은 가정의 삶을 긍정적으로 묘사한 드라마를 많이 시청하는 사람이 미혼 한국인의 수와 자녀가 없는 기혼 부부의 수를 과대평가하는 쪽으로 배양되는 경향이 있음을 확인했다.

일본에서 사이토(S. Saito)는 가장 보수적인 시청자들을 제외하고는 텔레비전 다시청자가 사회 속의 젠더에 대해 더 전통적인 견해를 가지고 있음을 확인한 반면(Saito, 2007), 한국에서는 다시청자가 가족 가치와 사회 속의 여성에 대해 더 진보적인 견해를 배양한 것으로 나타났다(Kang & Morgan, 1988).

연구자들은 한국과 인도에 수출된 미국 텔레비전 프로그램을 많이 시청한 양 국가의 사람들이 그렇지 않은 사람들에 비해 박탈감을 더 많이 느낀다는 것을 확인했다(Yang et al., 2008). 자신의 개인적 삶에 더 큰 불만을 드러낸 인도 다시청자처럼 한국 다시청자도 한국 사회에 대한 불만이 더 심했다.

이스라엘에서 이루어진 연구에서는 미국 프로그램을 많이 시청하는 사람은 미국 사람의 특정 직업에 대한 평가를 그들이 텔레비전에서 본 것에 부합되게 평가하는 경향이 있었던 반면, 이스라엘 프로그램을 시청한 사람은 그렇지 않았다(Hestroni, 2008; Hestroni et al., 2007).

앞에서 언급했듯이, 세계 곳곳의 연구 결과들은 배양 효과에 관해 엇갈린 결과를 보여주었다. 예를 들어, 트리니다드(Trinidad) 사람들을 대상으로 한 최근 연구에서는 픽션, 뉴스, 리앨러티 쇼(reality show)와 현실 세계의 범죄에 대한 두려움 사이에 아무런 관련이 없는 것으로 나타났다(Chadee et al., 2019).

2) TV 장르의 배양 효과

배양 연구는 공중파 텔레비전 채널이 몇 개밖에 없던 시절에 시작되었다. 그 후 1980년대와 1990년대에 케이블 TV와 위성 서비스가 폭발적으로 증가했고, 현재는 넷플릭스, 피콕(Peacock), 디즈니 플러스(Disney+)와 같은 스트리밍 서비스가 붐을 일으키면서 텔레비전 세계는 크게 변했다. 이러한 방대한 선택지는 "가장 인기 있는 장르의 내용이 더 많이 제공될 뿐 아니라 더 많이 이용될 수 있는 기회와 시청자가 좋아하는 장르에 소비를 집중할 수 있는 기회를 제공했다"(Busselle & Van den Bulck, 2020: 75). 더욱이 일부 연구자들은 장르에 따른 차이 때문에 장르별 배양 연구가 중요하다고 주장한다(Bilandzic & Busselle, 2008; Bilandzic & Rössler, 2004).

연구자들은, 몇 가지만 예를 들자면, 주간(畫間) 토크 쇼(Woo & Dominick, 2001), 리앨러티 TV(Jahng, 2019; Riddle & De Simone, 2013), 텔레비전 뉴스(Lee & Niederdeppe, 2011), 로맨틱 드라마와 영화(Lippman et al., 2014; Timmermans et al., 2019), 의료 드라마(Cho et al., 2011; Chung, 2014; Quick, 2009), 범죄 관련 프로그램(Ceonen & Van den Bulck, 2016) 등 다양한 장르를 연구했다.

샤러(E. Scharrer)와 블랙번(G. Blackburn)은 장르별 프로그램 노출과 수용자의 남성성(masculinity)에 대한 지각을 연구했다(Scharrer & Blackburn, 2018a). 스포츠, 리앨러티 TV, 경찰/탐정 드라마 시청자의 경우, 시청량보다는 장르 시청이 남성과 여성 모두의 전통적이고 고정관념적인 남성적 젠더 역할에 대한 지지와 더 강하게 연관되어 있었다. 이에 반해, 시트콤을 많이 시청하는 남성과 여성 사이에는 차이가 있었다. 여성은 전통적인 남성다움을 덜 지지한 반면, 남성은 특히 성의 중요성과 여성성(femininity)을 기피하는 것과 관련하여 전통적인 남성적 젠더 규범을 지지할 가능성이 더 높았다.

배양 효과는 〈16세 미혼모(16 and Pregnant)〉, 〈10대 엄마(Teen Mom)〉, 〈저지 쇼어(Jersey Shore)〉, 〈카다시안 가족 따라잡기(Keeping up with the Kardashians)〉, 〈진짜 주부들(Real Housewives)〉 및 〈리얼 월드(Real World)〉 프랜차이즈와 같은 리앨러 TV의 하위 장르인 '다큐소프(docusoaps)'[4]나 '관찰 예능(surveillance)' 프로그램에 대한 연구에서도 확인되었다. 다큐소프를 시청하는 것은 언어적 공격성과 신체적 공격성 모두를 용인하는 정도를 예측했다(Scharrer & Blackburn, 2018b). 더욱이 이러한 유형의 프로그램을 많이 보는 시청자들은 실제 여성이 실제 남성보다 험담이나 말다툼과 같은 나쁜 행동에 더 많이 관여한다고 생각할 가능성이 더 높았다(Riddle & De Simone, 2013). 또한 다시청자들은 불륜과 이혼의 만연과 연애 관계에서 섹스에 대한 강조(예: 첫 데이트에서 섹스하기,

---

4   미국에서는 낮 시간대 연속 드라마를 '소프 오페라(soap opera)'라고 부르기 때문에 '다큐소프'는 다큐멘터리와 소프 오페라, 즉 주간 연속 드라마의 합성어이다(옮긴이 주).

TV에서 가장 오랫동안 방송된 의료 드라마인 〈그레이 아나토미〉는 건강 문제에 대한 시청자의 지각에 미치는 영향을 살펴보는 몇몇 배양 연구의 대상이었다. 이 드라마가 의사들의 애정 생활을 강조한 만큼 애정물을 통한 배양 효과도 연구되었다.

여러 섹스 파트너 두기 등)를 과대평가할 가능성이 더 높았다.

텔레비전 뉴스에 많이 노출되는 시청자가 청소년 범죄가 증가하고 있다는 지각을 배양한 것으로 나타났다(Goidel et al., 2006). 리얼리티 범죄 프로그램을 시청하는 사람들은 범죄가 전반적으로 증가하고 있다는 지각을 보여주었으며 또한 실제 사례보다 더 많은 수의 청소년이 폭력적인 범죄를 저지르고 있는 것으로 지각했다.

범죄 드라마 다시청에 관한 다른 연구는 그것이 사회에서 벌어지는 범죄에 대한 우려로 이어진다는 것을 보여주었다(Busselle, 2003; Holbrook & Hill, 2005). 또 다른 연구는 텔레비전의 범죄 프로그램을 많이 시청하는 것이 사형제도에 대한 지지와 관련되어 있음을 확인했다(Holbert et al., 2004). 리들(K. Riddle)은 범죄 드라마가 범죄를 생생하게 묘사하는 것이 현실 세계에 범죄가 만연해 있는 정도를 더 높게 평가하는 것과 연관되어 있음을 확인했다(Riddle, 2010). 그레이브(M. Grabe)와 드루(D. G. Drew)는 논픽션 프로그램(뉴스 및 리얼리티 경찰 프로그램)에 노출되는 것이 범죄 드라마를 시청하는 것보다 실제 범죄의 피해자가 될 가능성에 대한 배양 효과를 더 높여주는 것을 확인했다(Grabe & Drew, 2007).

의학 드라마[예: 〈그레이 아나토미(Grey's Anatomy)〉, 〈ER〉, 〈하우스(House)〉]에 대한 연구들은 다시청자가 심혈관 질환과 암 같은 만성 질환의 심각성과 치료의 중요성을 과소평가할 가능성이 더 높다는 사실을 확인했다(Chung, 2014). 〈그레이 아나토미〉를 현실감 있다거나 신뢰할 수 있다고 지각하는 것은 이 드라마 시청 빈도와 실제 의사가 용기 있다고 믿는 것 간의 관계를 매개했다(Quick, 2009; 이 연구에 대한 자세한 내용은 이 장의 '연구 스포트라이트' 참조). 일반적으로, 지각된 현실감은 더 큰 배양 효과와 관련이 있다(자세한 내용은 Busselle & Van den Bulk, 2020 참조).

〈그레이 아나토미〉 시청이 의사와 환자의 만족에 대한 지각에 미치는 효과

Brian L. Quick (2009) *Journal of Broadcasting and Electronic Media, 53*(1), 38~55.

이 연구는 〈그레이 아나토미〉 시청이 실제 의사에 대한 시청자의 태도와 신념에 미칠 수 있는 효과를 조사했다. 배양 이론은 주로 광범위한 상황(즉, 전반적인 텔레비전 시청)에서 사용되어 왔다. 그러나 퀵(Quick)은 단일 시리즈물 시청의 배양 효과를 조사했다. TV에 등장하는 의사는 흔히 위험한 수술을 집도하고 색다른 치료를 시도하는 것으로 묘사되기 때문에, 퀵은 텔레비전상의 의사는 흔히 용기 있는 사람으로 비친다는 데 주목했다. 그러나 TV 의사들에 대한 그러한 느낌이 현실 세계의 의사에게도 그대로 옮겨지는가? 수용자가 직접 경험할 기회가 거의 없는 분야(예: 병원 응급실의 일상 활동)를 보여주는 프로그램을 시청한 후의 배양 효과가 더 크다는 것을 확인한 연구를 인용하면서, 퀵은 다음과 같은 가설과 연구 문제를 제시했다.

가설 및 연구 문제

H1: 〈그레이 아나토미〉를 시청하는 것은 이 프로그램에 대한 지각된 공신력과 긍정적으로 연관되어 있을 것이다.

H2: 〈그레이 아나토미〉에 대한 지각된 공신력은 현실 세계의 의사에 대한 지각된 용감함과 긍정적으로 연관되어 있을 것이다.

H3: 〈그레이 아나토미〉 시청은 현실 세계의 의사에 대한 지각된 용감함과 긍정적으로 연관되어 있을 것이다.

RQ1: 〈그레이 아나토미〉에 대한 지각된 공신력은 〈그레이 아나토미〉 시청과 현실 세계의 의사에 대한 지각된 용감함 간의 관계를 매개하는가?

H4: 실제 의사에 대한 지각된 용감함은 현실 세계의 의사에 대한 환자의 만족감과 긍정적으로 연관되어 있을 것이다.

연구 방법

269명이 (특히 〈그레이 아나토미〉의 두 번째 시즌과 세 번째 시즌의 첫 5편의 에피소드에 대한) 텔레비전 시청 습관과 의사에 대한 신념을 조사하는 지필 설문 연구에 참여했다.

〈그레이 아나토미〉를 선택한 이유는 이 드라마가 인기 있기 때문이었다. 2005~

2006 시즌 동안 주당 평균 1990만 명의 시청자가 이 드라마를 시청했는데, 이는 그 시즌 시청률 랭킹 5위에 해당하는 것이었다.

시청 습관을 측정하기 위해 참여자들은 표본에 속해 있는 35편의 에피소드 가운데 몇 편을 시청했는지에 대한 2개의 질문에 대답했다. "〈그레이 아나토미〉와 같은 병원 드라마 속의 이미지와 줄거리는 일반적으로 '현실적이다/공신력 있다/믿을 만하다'"는 문장에 대한 동의 정도를 5점 척도에 표시하게 함으로써 공신력을 측정했다. '영웅적인(heroic)', '용감한(brave)', '용기 있는(courageous)', '멋진(brilliant)'과 같은 다섯 가지 특성을 5점 척도로 평가하게 함으로써 의사의 용감성을 평가하게 했다. 마지막으로 다음 두 질문을 통해 환자 만족도를 측정했다: ① "일반적으로 나는 나의 의사에게 만족한다"와 ② "평균적으로 나의 의사는 나의 건강 필요성을 충족시킨다." 환자 만족도 역시 5점 척도로 평가되었다.

연구 결과

참여자들은 〈그레이 아나토미〉두 번째와 세 번째 시즌 동안 평균 13편의 에피소드를 시청했다. 78명의 참여자는 32편 모두를 시청한 반면, 95명은 1편도 보지 않았다. 분석 결과, 〈그레이 아나토미〉를 시청하는 것은 이 프로그램에 대한 지각된 공신력과 긍정적으로 연관되어 있을 것이라는 H1은 지지되었다. H2 역시 지지되었다. 이 드라마가 공신력 있다는 믿음은 현실 세계의 의사가 용감하다는 지각과 긍정적으로 관련되어 있었다. 그러나 H3은 지지되지 않았다. 단순히 〈그레이 아나토미〉를 많이 본다는 것이 현실 세계의 의사의 용감함에 대한 지각과 긍정적으로 관련되어 있지는 않았다. 따라서 RQ1에 대한 대답은 "그렇다"이다. 지각된 공신력은 실제로 의사들이 용감하다는 생각을 배양하는 데 핵심적인 요인인 것 같다. 마지막으로 H4도 지지되었다. 현실 세계의 의사들이 용감하다고 지각하면 할수록, 의사에 대한 그들의 만족도도 더 높았다.

전반적으로 연구 결과는 배양 이론을 지지한다. 이 연구는 배양 효과를 촉진하는 데 있어 지각된 공신력의 중요성을 강조해서 보여줌으로써 배양 효과 연구에 기여하고 있다. 또한 이 연구는 배양 효과가 단지 하나의 시리즈물을 시청해도 발생한다는 것을 보여주었다.

티머만스(E. Timmermans) 등은 18~25세의 젊은이들이 애정물[예: <프렌즈(Friends)>, <뉴 걸(New Girl)>, <내가 그녀를 만났을 때(How I Met Your Mother)>, <가십 걸(Gossip Girl)>, <섹스 앤드 더 시티(Sex and the City)>, 그리고 자주 연구되는 <그레이 아나토미>]에 노출되는 것과 현실에서 독신이나 미혼으로 지내는 것의 두려움을 연구했다(Timmermans et al., 2019). 횡단적 표본(cross-sectional sample) 전체를 분석한 것에서는 애정물 시청과 독신이나 미혼으로 지내는 것의 두려움 사이에 유의적인 관계가 나타나지 않았지만, 미혼이나 독신으로 지내는 여성의 경우에는 유의적인 관계가 존재했다.

관계를 맺고 있다는 것은 애정물 노출이 미혼이나 독신으로 지내는 것에 대한 자기-보고된 두려움에 미치는 배양 효과에 여성이 남성보다 더 취약하지 않도록 '보호해 주는' 것으로 나타났다…. 이 연구에 보고된 조절 효과는 배양 연구에 대한 심리적 처리 접근 방식의 관점에서 타당해 보인다. 즉, 개인적 관련성으로 인해 자신을 독신 등장인물과 동일시하고 독신으로 지내는 것에 대한 정보를 처리할 가능성이 높은 사람들의 경우, 그러한 관계가 가장 강하게 나타난다(Timmermans et al., 2019: 166).

이러한 결과는 이 장의 앞부분에서 논의한 배양 연구에서 '공명' 개념을 뒷받침한다.

3) 진화하는 미디어 환경에서의 배양

2020년대 이후의 배양 연구는 특히 점점 더 많은 가구가 계속해서 코드 커팅(cord-cutting), 즉 케이블 또는 위성 서비스 가입을 철회하면서 스트리밍 서비스의 인기가 높아지고 있는 점을 고려할 필요가 있다. 사실 우리가 텔레비전을 시청하는 방식은 지난 수십 년 동안 극적으로 변해왔다. VCR에서 DVR과 DVD를 거쳐 스트리밍에 이르기까지 우리가 TV를 시청하는 방식은 몇 년 전과 매우 다르다. 사실 우리 가운데 많은 사람이 실제 텔레비전이 아닌 휴대폰, 태블릿, 노트북에서 'TV를 시청'하는데, 이는 앞으로의 배양 연구자들에게 방법론적으로 해결해야 할 과제가 될 수 있을 것이다. 결국 "거브너와 그의 연구 참여자들에게 '텔레비전'이라는 단어의 의미는 오늘날의 연구자와 연구 참여자들이 생각하는 의미와는 달랐다"(Busselle & Van den Bulck, 2020: 77).

텔레비전 시청의 기술적 변화에 더해 최근 몇 년간 몰아보기(binge watching)가 더욱 일반화되었다. 넷플릭스에서 몰아보기가 이루어지는 인기 프로그램에 대한 최근 연구에서 이러한 프로그램에 노출되는 것은 '비정한 세상'에 대한 지각의 증가 및 다른 사람들이 이타적일 것이라는 믿음의 감소와 정적인 관련이 있었다(Krongard & Tsay-Vogel, 2020).

비디오 게임은 배양 연구자들이 살펴보아야 할 또 다른 영역이다. 〈애쉬론즈 콜 2〉 플레이어들은 상당한 배양 효과를 경험한 것으로 나타났다(Williams, 2006). 이 게임을 한 연구 참여자들은 이 게임을 하지 않은 통제집단 참여자들보다 현실에서 무장 강도가 발생하는 경향을 과대평가할 가능성이 더 높았다. 〈그랜드 쎄프트 오토 IV(GTA IV: Grand Theft Auto IV)〉 플레이어들은 이 게임을 하지 않는 사람들보다 자동차 사고와 약물 과다 복용으로 사망하는 사람이 더 많다고 추정할 가능성이 더 높은 것으로 나타났는데, 이것은 1차 배양 효과의 증거이다(Chong et al., 2012). 그러나 2차 효과를 보여주는 연구는 거의 없었다. 실제로 연구자들은 역배양 효과(counter-cultivation effect)를 확인했다. 즉, 비디오 게임에 차량 절도가 만연해 있음에도 〈GTA IV〉를 플레이하는 사람들은 통제집단에 속한 사람들보다 현실 세계에서는 차량 절도가 어렵다고 생각할 가능성이 더 높은 것으로 나타났다. 이 분야의 다른 연구에서는 적대적인 성차별(sexism), 대인 공격성, 강간 신화(rape myth) 수용을 조사했다(Fox & Potocki, 2016).

연구자들은 인터넷의 배양 효과 가능성도 살펴보고 있다. 한 연구에서는 텔레비전에서 뉴스를 시청한 사람들에 비해 온라인에서 뉴스를 이용하는 사람들에게서는 배양 효과가 거의 지지되지 않았다(Roche et al., 2016). 그러나 소셜 미디어에 대한 연구는 배양 연구자들에게 더 고무적인 결과를 보여주었다. 차이-보겔(M. Tsay-Vogel) 등은 5년 간의 페이스북 이용을 연구한 결과, 페이스북을 이용하면 프라이버시 보호에 대해 더 느슨한 태도를 갖게 되어, 결과적으로 온라인과 오프라인 모두에서 사용자의 자기-공개(self-disclosure)가 증가했음을 확인했다(Tsay-Vogel et al., 2018). 좀 더 최근에 스타인(J.-P. Stein) 등은 사회적 비교 이론(social comparison theory)[5]과 함께 배양 이론을 인스타그램 이용과 신체 이미지 연구에 접목했다(Stein et al., 2021). 그들의 연구 결과에 따르면, 공개 콘텐트(public content)(예: 친구나 가족의 게시물이 아닌 콘텐트)를 보는 것은 (특히, 여성

---

5 사회 심리학자인 레온 페스팅거(Leon Festinger)가 1954년에 처음 제안한 이 이론은 개인이 정확한 자기-평가를 얻기 위해 노력한다는 믿음에 기반을 두고 있다. 이 이론은 개인이 다른 사람과 자신을 비교하여 자신의 의견과 능력을 평가함으로써 이러한 영역에서 불확실성을 줄이고 자아를 정의하는 방법을 배우는 방법을 설명한다(옮긴이 주).

사이에서) 모르는 사람의 체중에 대한 더 엄격한 판단과 (남성과 여성 모두에게서) 섭식 장애 위험 증가와 상관관계가 있는 것으로 나타났다. 흥미롭게도 인스타그램에서 공개 콘텐트를 많이 둘러보는 것은 자신의 신체에 대한 불만이 높아지는 것과는 관련이 없었다. 이는 젊은 소셜 미디어 이용자들은 "자기-평가(self-evaluation)를 위한 방편으로 친구와 동료의 프로필을 선호하는 반면, 공개 인스타그램 프로필을 둘러보는 것은 다른 사람들에 대한 미래의 인상을 수정하는 데 도움이 될 수도 있기 때문일 것"이라고 이 연구자들은 추측한다(Stein et al., 2021: 94).

TV 스트리밍부터 비디오 게임, 소셜 미디어에 이르기까지 이러한 연구들은 미디어 소비의 대부분이 기존의 TV에서 이루어지지는 않더라도 스크린에서 이루어진다는 사실을 강조해서 보여준다. 배양 연구가 처음 시작된 이후에 일어난 미디어 소비의 이러한 진화에도 불구하고,

적어도 자신들의 삶에서 중요한 발달이 일어나는 동안에는 오늘날 상당수의 시민은 모양과 크기가 다양하고 어디에나 존재하는 스크린으로 공통된 메시지를 제공하는 매개 환경에 둘러싸여 있다고 가정해야 한다. 더욱이 그러한 메시지는 수천 개의 서로 다른 채널에 분산되어 있지만 사회적 현실의 중요한 측면과 관련하여 상대적으로 동질적일 수도 있다(Busselle & Van den Bulk, 2020: 77).

배양 효과 연구자들은 미디어 오락물 선택에 다양성이 있음에도 소유권 집중 때문에 미디어어와 채널은 계속해서 서로 유사해질 것이라고 지적한다. 그럼에도 배양 효과 연구는 이러한 새로운 미디어 기술에서 비롯되는 메시지의 영향에 대한 조사로 그 지평을 넓혀가야 할 것이다.

5. 요약

간단히 말해 '배양' 이론은 텔레비전 다시청자가 오랜 기간에 걸쳐 그들이 텔레비전에서 본 것, 즉 일반적으로 폭력과 범죄로 가득 찬 '비정한' 세상과 유사한 세계에 대한 관점을 개발한다고 제안한다. (하지만 연구자들은 다른 형태의 미디어 소비로 인한 배양 효과와 다른 변인들 연구를 통한 배양 효과도 발견했다.) 배양 효과 연구는 통상 두 가지 연구 방법,

즉 텔레비전 프로그램의 내용 분석과 세계에 대한 시청자의 지각을 평가하기 위한 설문 조사 방법을 사용한다. 텔레비전의 '상징적' 세계는 객관적 현실과 매우 다른데, 이러한 차이가 배양 효과 연구자들의 주된 관심사였다. 폭력적인 범죄는 텔레비전이 현실을 왜곡하는 것을 가장 분명하게 보여주는 예이다. 연구는 특정 집단에 속하는 텔레비전 다시청자는 그들이 텔레비전에서 보는 것과 동일한 왜곡된 현실상을 배양하는 경향이 있음을 보여주었다.

문화 지표 프로젝트가 시작된 이후, 연구들은 대부분 단지 낮은 수준의 통계적 증거만을 보여주긴 했지만 그와 같은 일관된 연구 결과는 배양 이론을 신뢰할 수 있게 해주었다. '주류화'는 배양 효과 분석의 바탕이 되는 주된 개념 가운데 하나이며, 다른 하나는 '공명'이다.

오랫동안 미디어 효과에 대한 설명은 대부분 인지 심리학 이론에 기반을 두었다. 심리학적 전통 속에서 훈련받은 미디어 효과 연구자들은 흔히 배양 효과 연구자들이 작동하고 있는 기본적인 과정을 설명하지 못한다고 비판했지만, 학자들은 인지 심리학과 설득의 측면에서 이러한 과정을 설명하기 시작했다. 연구들은 1차 및 2차 판단을 설명하는 모델을 포함해 배양과 관련된 인지적 처리 과정을 탐구했다.

연구자들은 미국 텔레비전 프로그램을 상당히 많이 수입하는 국가에서 배양 효과를 조사했다. 연구 결과들은 서로 차이가 있긴 하지만, 대부분 텔레비전 시청과 문화적 맥락 간의 상호작용이 존재함을 보여주었다.

좀 더 최근의 연구는 범죄나 의학 드라마와 리얼리티 프로그램 같은 특정 텔레비전 프로그램 장르에 많이 노출됨에 따른 배양 효과를 살펴보았다. 배양 연구자들은 또한 소셜 미디어, 비디오 게임 및 그 외 다른 형태의 미디어상에서의 배양을 연구하는 새로운 방법도 찾고 있다.

제9장

이용과 충족

텔레비전: 선생님! 어머니! 비밀 연인!
— 호머 심슨(Homer Simpson), 〈심슨 가족(The Simpsons)〉

유행하게 될 새로운 스타일의 비키니에 관심이 있는 한 젊은 여성이 식료잡화점 가게 계산대에서 ≪코스모(*Cosmo*)≫ 최신호를 집어 든다. 나이가 훨씬 더 많고 원예에 매우 관심이 많은 다른 한 여성은 봄에 심을 식물의 배열에 대한 조언을 구하기 위해 ≪베터 홈스 앤드 가든스(*Better Homes and Gardens*)≫의 최신호를 고른다. 그리고 이 여성의 13살 난 손녀는 표지에 저스틴 비버(Justin Bieber)의 사진이 있는 자신이 좋아하는 10대 잡지 최신호를 사달라고 조른다.

일요일 저녁 텔레비전 앞에서 한 부부와 자녀가 보고 싶은 프로그램을 두고 서로 옥신각신하고 있다. 아버지는 자신의 퀴즈 지식을 뽐내기 위해 (그리고 아이들이 시청하면서 무언가를 배우기를 바라며) 〈제퍼디!(*Jeopardy!*)〉를 보고 싶어 한다. 어머니는 주방 리모델링에 대한 아이디어를 얻기 위해 HGTV의 주택 개조 프로그램을 보고 싶어 한다. 한 자녀는 학교에서 겪은 안 좋았던 일을 잊기 위해 〈네모바지 스폰지밥(*SpongeBob SquarePants*)〉을 시청하고 싶어 한다. 다른 자녀는 저녁 시간에 공상과학 모험을 즐기기 위해 디즈니 플러스가 스트리밍 중인 새로운 스타 워즈(Star Wars) 시리즈의 최신 에피소드를 보고 싶어 안달이 났다.

이러한 예들은 사람들이 여러 가지 개인적인 필요를 충족시키기 위해 특정 종류의 미디어 내용을 추구한다는 것을 잘 보여준다. 사람들의 행동은 미디어 내용물을 선택할 때 혼히 목적 지향적이며, 그들의 선택은 어떤 프로그램을 시청하거나 어떤 잡지를 읽거나 특정 사이트를 방문함으로써 그들이 얻기를 기대하는 만족을 토대로 한다.

이용과 충족 접근방법은 수용자의 개인적 차이가 사람들에게 각기 다른 메시지를 추구하게 하고, 메시지를 다르게 이용하게 하며, 메시지에 대해 다르게 반응하게 만든다고 가정한다. 많은 사회적·심리적 요인으로 인해 수용자는 서로 다른 미디어 내용물을 선택할 뿐만 아니라 특유하지는 않다고 하더라도 서로 다른 미디어 효과를 경험한다. 이 접근방법은 사람들의 사회적·심리적 구성이 미디어 메시지 자체만큼이나 어떤 특정한 효과를 초래하는 원인이 된다고 가정한다.

이용과 충족(U&G: uses and gratifications) 연구는 매스 미디어가 수용자에게 미치는 직접적인 효과에 초점을 맞추기보다는 '시청자의 동기화와 행동', 즉 그들이 '어떻게' 그리고 '왜' 미디어를 이용하는지 조사한다. 이용과 충족 연구는 언제나 시청자가 그들의 개인적인 필요를 충족시키기 위해 능동적으로 프로그램이나 미디어 내용을 선택한다고 가정한다.

이 장에서는 미디어 효과에 대한 U&G 접근방법을 살펴본다. 사회에서 매스 미디어의 기능을 간략히 살펴본 다음, U&G 연구를 역사적으로 추적한다. U&G의 몇몇 기본적인 가정과 비판, 그리고 이용과 효과를 설명하는 데 사용되는 커뮤니케이션 모델에 대해 논의한다. 또한 소셜 미디어, 팟캐스트, 의사-사회적 현상과 같은 U&G 연구의 몇 가지 영역도 살펴볼 것이다.

1. 매스 미디어의 사회적 기능

사람들이 미디어를 이용하는 이유를 이해하기 위해서는 사회가 왜 미디어를 이용하는지 살펴보는 것이 도움이 될 수 있다. 라스웰(Lasswell, 1948)은 미디어가 사회에서 수행하는 세 가지 주요 기능을 확인했다. 첫째, 미디어는 '환경 감시(surveying the environment)'를 통해 시청자를 둘러싸고 있는 세상에서 어떤 일들이 벌어지고 있는지를 지속적으로 일깨워준다. 둘째, 전반적인 환경의 여러 구성 요소에 대한 개관을 제공함으로써 미디어는 환경 전체를 이해할 수 있도록 도와준다. 이러한 두 번째 기능, 즉 '환경 구성 요소들의 상관'(correlation of environmental parts) 기능은 수용자에게 주변 세계에 대해 좀 더 정확한 관점을 형성할 수 있게 해준다. 끝으로, 미디어 메시지는 새로운 세대로의 '사회 규범 및 관습 전승(transmitting social norms and customs)' 기능을 수행한다. 사회적 유산의 전승은 강력한 기능이라 할 수 있다. 예를 들면, 미국에서 제작된 프로그램을 수신하여 시청하는 전 세계 여러 국가의 시청자들은 서방의 문화 제국주의, 즉 서방의 사회적 규범을 매우 다른 문화적 규범을 지니고 있는 시민들에게 강요하는 것에 대해 불만을 토로했다.

학자들은 매스 미디어의 몇 가지 다른 기능도 확인했다. 라이트(C. R. Wright)는 '오락(entertainment)' 기능을 추가했는데, 이것에 대해서는 이 장 후반부에 더 자세하게 논의할 것이다(Wright, 1960). 많은 사람이 개인적으로 즐기기 위해 매스 미디어를 이용하는 것을 중요한 기능으로 인정한 것이다. 또 하나의 기능은 '의사-사회적 상호작용(parasocial interaction)'인데(Horton & Wohl, 1956), 이것은 시청자가 텔레비전 유명인사[예: 토크 쇼 진행자 지미 키멀(Jimmy Kimmel)과 켈리 클락슨(Kelly Clarkson) 혹은 뉴스 앵커 호다 코트비(Hoda Kotb)와 레스터 홀트(Lester Holt)]와 영화 등장인물을 매우 자주 접하기 때문에 그들과 개인적 연계감(personal connection)을 느끼는 현상을 기술한다. 또 다른 기능인 '도피(escapism)'는 텔레비전 오락물이 시청자에게 실제 생활의 문제점에서 도피할 수 있도록 해준다고 가정한다(Pearlin, 1959). 관련된 다른 기능으로는 '불안 감소(anxiety reduction)' (Mendelsohn, 1963)와 '놀이(play)'(Stephenson, 1967)가 있는데, 이 두 가지 도피 기능은 수용자가 실제 생활의 압박과 긴장을 제쳐두고 환상적인 내용을 즐기게 함으로써 즐거움을 경험할 수 있게 해준다.

2. U&G 연구: 간추린 역사

U&G 분야에서 이루어진 연구는 대부분 사람들이 왜 특정 유형의 미디어를 소비하는지 그 이유를 살펴본다. 이러한 연구들은 미디어가 사람들'에게' 무엇을 하는지(what the media do *to* people)에 초점을 맞추는 대신, 사람들이 미디어'로' 무엇을 하는지(what people do *with* the media) 물어본다(Klapper, 1963; Rubin, 2009).

1940년대에 이루어진 일련의 연구는 사람들이 특정 라디오 프로그램을 듣는 동기와 신문을 읽는 동기를 밝혀내려고 했다. 일부 학자는 '이용과 충족'이란 문구가 사용되기 전에 그들의 초기 경험적 연구에 '기능주의(functionalism)' 혹은 '기능적 분석(functional analysis)'이라는 명칭을 사용하여 연구를 수행했다(Berelson, 1949; Herzog, 1940, 1944; Lazarsfeld, 1940). 이 연구자들은 미디어 내용의 효과보다 수용자의 동기에 더 관심이 있었으며, 그들의 연구 결과는 숨겨진 사실을 밝혀주었다. 그들은 라디오 퀴즈 프로그램이 청취자에게 어떠한 어필을 하는지 측정하기 위해 ① 라디오 퀴즈 프로그램을 조사했고, ② 여성들이 주간 시리즈물의 청취로 어떠한 충족을 얻었는지 찾아내기 위해 주간 시리즈물을 조사했으며, ③ 독자의 동기를 측정하기 위해 신문 구독을 조사했다. 그 결과, 청취자는 퀴즈 프로그램의 교육적 어필에서부터 주간(書間) 시리즈물이 제공하는 정서적 휴식(relaxation)에 이르기까지 여러 가지 이유에서 프로그램을 즐긴다는 사실을 그들은 밝혀냈다.

1970년대에 이르자, 연구자들은 여러 가지 미디어 이용 동기를 분류하기 시작했다(Katz et al., 1973). 필요(needs)는 사회적·심리적 요인과 관련되어 있는 것으로 밝혀졌다. 시청자들은 그들 자신, 그들과 친한 사람, 또는 사회 전반을 더 잘 이해하기 위해 미디어를 이용했다. 또한 사람들은 개인의 지위를 높이고 관계를 강화하기 위해 미디어를 이용하기도 했다.

다른 연구자들은 그들 자신만의 수용자 충족 유형을 개발했다(McQuail et al., 1972). 그들은 사람들이 기분을 전환하고, 사적인 관계에 대한 필요성을 충족하고, 개인의 정체성을 강화하며, 그들 주변 세상에서 벌어지고 있는 일들을 계속해서 추적하기 위해 텔레비전을 이용한다는 사실을 확인했다.

로젠그렌(K. E. Rosengren)과 윈달(S. Windahl)은 미디어 이용과 효과가 서로 연계되어야 한다는 의견을 가장 먼저 제시한 사람 가운데 하나이다(Rosengren & Windahl, 1972). 그들은 특정한 충족이 어떤 효과를 미치는지, 즉 미디어의 특정한 이용이 어떤 효과를 미치는지 조사할 것을 제안했다. 사람들은 대리 경험과 도피 또는 관여나 상호작용 같은 특정한 필요를 충족하기 위해 미디어에 의존한다. 다른 연구자들 역시 두 연구 영역을 통합하는 것이 논리적이며 도움이 될 것이라는 의견을 제시했다. 이 연구 영역들은 각각 개인 또는 사회적 수준에서 매스 커뮤니케이션의 결과들(태도, 지각, 혹은 행동의 변화)을 살펴보았다는 점에서 서로 유사하다.

1970년대 중반 이후 수행된 연구들 덕분에 매스 미디어의 이용과 효과에 대한 이해도가 더 높아졌다. 예를 들면, 그린버그(B. S. Greenberg)와 루빈(A. M. Rubin)은 시청 동기가 사람의 나이에 따라 변한다는 것을 확인했다(Greenberg, 1974; Rubin, 1979). 습관적인 시청자(habitual viewers)는 대부분 뉴스보다는 코미디를 시청하는 것을 좋아했으며, 자극 (excitement)을 추구하는 시청자는 대부분 액션이나 모험(action/adventure) 프로그램을 시청하는 경향이 있었다. 이 두 연구를 토대로 그리고 통일성이 없다는 비판에 답하기 위해 이용과 충족 연구자들은 시청자의 동기를 측정할 때 기존과 달리 유사한 척도들을 적용해 왔다. 대부분의 U&G 학자들이 받아들이는 수용자의 미디어 이용 동기는 다음과 같다: 학습, 습관, 교제, 각성, 휴식, 도피, 또는 시간 보내기(Rubin, 1994).

3. U&G의 가정

U&G 관점의 핵심에는 몇 가지 기본적인 가정이 존재한다. 학자들은 1974년 이러한 가정의 대부분을 확인했다. 그 후 다른 학자들(예: Palmgreen, 1984; Palmgreen et al., 1985; Rubin, 1986, 2002; Rubin & Windahl, 1986)이 미디어 수용자에 대해 더 많은 것을 알게 됨에 따라, U&G 본래의 가정 목록에 다른 가정이 추가되었다. 루빈(Rubin, 2009)은 이러한 가정들을 간결하게 정리했다.

1) 능동적인 수용자

U&G 연구는 수용자들이 커뮤니케이션 과정에 능동적으로 참여하며 수용자의 능동성은 수용자마다 다르다고 가정한다. 수용자들의 커뮤니케이션 행동은 동기화되어 있고, 목적이 있으며, 목표 지향적이다. 수용자들은 개인적 동기 부여, 목적, 필요를 토대

U&G 접근방법은 미디어 이용자들이 개인적 동기 부여와 필요를 토대로 미디어 내용을 선택하는 능동적인 수용자라고 가정한다. 이 접근방법은 또한 미디어 내용은 선택, 주목, 이용을 놓고 다른 형태의 커뮤니케이션과 경쟁한다고 가정한다.

로 미디어를 선택하며 이러한 요인들은 그들이 실제로 보고 듣는 것에 영향을 준다.

추가 연구들은 미디어에 대한 수용자 관여도(involvement)를 조사했다(Rubin & Perse, 1987). 연구 결과, 개별 수용자들은 시청 시점에 따라 능동적 미디어 활동 수준, 관여도, 시청 이유에 변화가 있는 것으로 나타났다. 예를 들면, 기분 전환(diversion)이 동기인 시청자들은 볼거리를 찾을 때 특별하게 능동적이지 않지만, 뉴스 프로그램을 시청할 때 시청자들은 적극적으로 정보를 추구한다(Levy & Windahl, 1984).

2) 충족을 위한 미디어 이용

이 관점은 시청자들이 여러 가지 이유에서, 즉 때로는 그들의 관심을 끌거나 그들을 난처하게 만드는 무언가에 대한 정보를 얻기 위해 때로는 즐길 목적으로, 미디어를 이용한다는 것을 강조한다. 미디어 이용이나 선택의 목적은 언제나 수용자의 필요(needs)나 욕구(wants)를 충족시키기 위한 것이다.

핀(S. Finn)은 미디어 이용 동기는 두 가지 동기, 즉 적극적 동기(proactive motive)와 수동적 동기(passive motive)로 구분될 수 있다고 설명한다(Finn, 1992). 관심을 갖고 있는 특정 주제에 대해 더 알기 위해 특정 텔레비전 프로그램을 시청하거나, 특히 즐기기 위한 목적으로 어떤 영화를 보거나, 학교나 직장 프로젝트 수행에 필요한 정보를 찾기 위해 인터넷을 사용하는 것이 적극적인 동기의 예이다. 바꾸어 말하면, 미디어 이용자는 자신의 욕구, 필요, 동기를 바탕으로 미디어에서 무언가를 적극적으로 추구한다. 용어 자체가 암시하듯이, 수동적 동기란 내키지 않는 (수동적인) 미디어 사용을 말한다. 예를 들면, 우리는 때때로 단순히 텔레비전이 거기 있기 때문에 텔레비전을 켜서 그냥 '텔레비전에 나오는 것을 본다'. 정보가 되었든 오락물이 되었든 우리가 어떤 특별한 것을 적극적으로 추구하지 않을 때도 있다. 이것이 우리가 즐기지 않는다거나 무언가를 배우지 않는다는 것을 의미하지는 않는다(너무 즐기거나 잘 배울 수도 있다). 그것은 단지 어떤 특정한 적극적 동기를 가지고 시청을 시작하지 않았음을 의미할 따름이다.

미디어 이용 정향성은 의례적이거나 도구적인 것으로 나누어질 수 있다(Rubin, 1984). **의례적 이용**(ritualized use)은 시간을 보내거나 세상사에서 주의를 돌리기 위해 습관적으로 미디어를 이용하는 것을 말한다. **도구적 이용**(instrumental use)은 능동적이고 목적 지향적인 미디어 이용을 특징으로 한다. 뉴스와 정보를 원하기 때문에 뉴스 프로그램이나 다큐멘터리 프로그램을 시청하는 것이 도구적 미디어 이용의 한 예이다. 큰 경기를 하기에 앞서 마음을 안정시키기 위해 좋아하는 음악을 듣는 것도 또 하나의 예이다.

3) 사회적 요인과 심리적 요인

많은 사회적 요인과 심리적 요인이 사람들의 커뮤니케이션 행동을 매개한다. 어떤 사람이 뉴스나 드라마를 시청할 때, 그 사람의 반응은 개인의 성격, 사회적 상황, 심리적 성향 등에 따라 달라진다. 예를 들면, 특별하게 활동적이지 않은 사람과 혼자 사는 사람은 미디어에 대한 의존도가 상당히 높다는 사실이 확인되었다(Perse & Rubin, 1990; Rubin & Rubin, 1982).

4) 경쟁, 매개 및 조절

미디어는 우리의 필요나 욕구를 충족시키기 위한 선택, 주목 및 이용을 놓고 (대인 상호작용이나 심지어 다른 형태의 미디어와 같은) 다른 형태의 커뮤니케이션과 경쟁한다. 시청자가 미디어 메시지에 영향을 받기 위해서는 반드시 그 메시지에 주목해야 한다. 개인의 선택과 개인적 차이는 미디어 효과를 완화하는 강력한 영향원이다. 사람들의 주도적 결정이 미디어 이용의 패턴과 결과를 매개한다. 예를 들어, 만약 당신이 내년에 〈아메리칸 아이돌(*American Idol*)〉 오디션에 참가할 계획이라면, 당신은 이번 시즌의 이 프로그램은 물론 관련된 재능 경쟁 프로그램[예: 〈더 보이스(*The Voice*)〉, 〈아메리카 갓 탤런트(*America's Got Talent*)]의 모든 에피소드를 시청할 확률이 높다. 반면에 개인의 충분한 주도력 결여는 미디어 메시지의 영향이 더 강해지는 결과를 초래한다.

게다가 미디어 이용 동기 역시 효과를 조절할(moderate) 수 있다. 예를 들어, 오락 동기와 시간 보내기 동기는 리얼리티 TV에 대한 호감도를 예측할 수 있으며(Papacharissi & Medelson, 2007), 관음증 동기는 리얼리티 쇼를 더 즐기는 것과 관련이 있었다(Nabi et al., 2006). 시에(G.-X. Xie)와 리(M. J. Lee)는 각성 동기가 자극적인 영화 예고편을 더 즐기는 것과 관련이 있음을 확인했다(Xie & Lee, 2008). 크르크마르(Krcmar, 2017)는 "동기가 효과를 매개할(mediate) 수 있지만, 그것은 다시 효과에 의해 강화될 수 있다"고 결론지었다 (Krcmar, 2017: 2001).

4. U&G에 대한 비판

루빈(Rubin, 1994)은 이용과 충족에 관한 문헌들을 검토한 결과, 이 접근방법에 대한 몇 가지 비판을 확인했다. 일부 비판은 초기 연구 결과들을 겨냥한 것이었다. 몇몇 이슈에 관한 비판에 답하기 위해 추가 연구가 이루어졌다.

1) 지나치게 개인주의적

U&G 연구에 대한 초기의 비판은 개인의 차이에 초점을 맞추는 것이 연구 결과를 다른 사람이나 사회 전반에 확대 적용하기 어렵게 만든다는 것이었다(Carey & Kreiling, 1974; Elliott, 1974; McQuail, 1979). 그러나 반복 연구들의 일관된 결과는 (시청자 동기 척도의 표준화를 포함해서) 결과의 일반화에 기여했다.

2) 연구 결과의 통합성 결여

수용자의 이용과 충족을 기술하기 위해 개발된 여러 가지 분류 유형들을 통합하기가 어렵다는 비판이 처음에 있었다(Anderson & Meyer, 1975; Swanson, 1979). 1970년대 이후, 분류 유형의 일관성을 꾀하기 위해 노력한 결과, 차이가 여전히 존재하기는 하지만 좀 더 체계적인 범주화가 이루어졌다. 해리다키스(P. Haridakis)와 험프리스(Z. Humphries)는 "사람들이 TV를 시청할 때와 기능과 속성이 다른 소셜 미디어를 사용할 때, 또는 뉴스를 볼 때와 시트콤이나 생생한 공포 영화를 볼 때 그 동기가 정확히 같을 거라고 예상하는 것은 신뢰성을 깨뜨릴 것"이라고 말하면서, 다양한 분류 유형이 "이 관점의 강점으로 입증되었으며 다양한 미디어가 어떻게 그리고 왜 선택되고 사용되는지에 대한 우리의 이해를 넓혀주었다"고 주장한다(Haridakis & Humphries, 2019: 141).

크르크마르는 "미디어마다 이용 동기가 서로 다르다는 것은 분명한 사실이지만, 이를 더 넓은 수준에서 통합하려는 시도가 거의 없는 상태에서 분류 유형을 만들어내는 것은 이용과 충족을 하나의 의미 있는 접근방법으로 발전시키는 데 거의 도움이 되지 않을 수 있다"고 경고한다(Krcmar, 2017: 1999).

3) 핵심 개념들의 의미의 차이

일부 연구자는 필요, 동기, 행동과 같은 핵심 개념들이 명확하게 설명되지 않았다고 주장했다(Anderson & Meyer, 1975; Blumer, 1979; Elliott, 1974). 1970년대 이후, 이러한 개념들에 대한 연구가 이루어졌고 좀 더 명확하게 설명되긴 했지만, 이러한 비판은 지금도 여전히 어느 정도 타당성을 지니고 있다.

다른 비평가들은 이용과 충족 연구자들이 동기, 이용, 충족과 같은 여러 개념에 대해 정의를 각기 다르게 내리고 있다고 지적했다(Elliott, 1974; Swanson, 1977, 1979). 연구자가 어떤 핵심 개념을 서로 달리 정의할 경우, 연구 간 비교가 어려워진다. "따라서 개념을 명확히 하려는 노력 없이는 연구들을 통합하기가 쉽지 않다"(Krcmar, 2017: 2000).

4) 능동적인 수용자와 자기-보고의 사용

U&G는 일반적으로 "수용자들이 능동적이고 동기화된 미디어 이용자일 뿐만 아니라 그러한 동기에 접근할 수 있다"고 가정한다(Krcmar, 2017: 2000). 이러한 관련된 두 개념은 지각된 정확성과 일관성의 부족으로 비판을 받아왔다(Elliott, 1974; Strizhakova & Krcmar, 2003; Swanson, 1977, 1979). 대부분의 경우, 연구들은 타당도가 검증된 척도(Rubin, 1979, 1981), 실험 방법(Bryant & Zillmann, 1984) 및 기타 방법을 사용함으로써 그러한 비판에 대응해 왔다.

다른 비판자들은 자기-보고가 개인적인 해석과 지각에 영향을 받을 수도 있다는 점을 지적했다(Babrow, 1988). 더욱이 이용자들은 자신의 미디어 이용 동기를 식별하지 못할 수도 있다. 스트리자코바(Y. Strizhakova)와 크르크마르는 우리의 행동은 의식적 요인과 무의식적 요인 모두에 의해 동기화되며, 이는 우리의 미디어 이용 동기를 우리가 알지 못할 수도 있음을 의미한다고 주장한다(Strizhakova & Krcmar, 2003). 능동적인 수용자에 대한 가정과 자기-보고 측정 모두 U&G 연구에 대한 비판으로 남아 있다(Krcmar, 2017).

5. 이용과 효과를 설명하는 모델

많은 비판에 대응해 연구자들은 U&G의 개념적 기반을 계속해서 다듬어왔다. 개인 수준의 미디어 이용과 효과를 설명하고자 시도하는 몇 가지 모델이 U&G 연구에 통합되었는데(Papacharissi, 2009), 기대치 모델(Palmgreen & Rayburn, 1982), 충족 추구 및 수용자 능동성 모델(Rubin & Perse, 1987), 이용 및 의존 모델(Rubin & Windahl, 1986)이 그것이다.

1) 기대치 모델

기대치 모델(expectancy-value model)에서는 미디어 이용을 처음에 기대하는 결과 외에도 추구하는 충족과 획득하는 충족의 관점에서 살펴본다. 팜그린(P. Palmgreen)과 레이번 (J. D. Rayburn)은 이 모델이 사람의 행동, 의도, 태도를 2개의 독립된 구성 요소인 기대와 평가의 함수로 설명한다고 말했다(Palmgreen & Rayburn, 1982). '기대(expectancy)'는 "어떤 태도가 어떤 특정한 속성을 가지고 있을 가능성 또는 어떤 행동이 어떤 특정한 결과를 갖게 될 가능성"으로, '평가(evaluation)'는 "어떤 태도나 행동의 결과에 대한 긍정적이거나 부정적인 정동(affect)의 정도"라고 그들은 정의했다(Palmgreen & Rayburn, 1982: 562~563). 예를 들면, 사람들은 자신이 지지하는 후보가 이길 것을 기대하면서 대통령 후보 토론 프로그램에 채널을 맞추지만, 결과적으로는 자신이 반대하는 후보가 훨씬 더 토론을 잘하는 것을 보게 될지도 모른다. 그들은 자신이 지지하는 후보에 대한 태도를 바꿀 수도 있고 바꾸지 않을 수도 있는데, 이러한 결정은 후보자의 토론 성과에 대한 평가를 토대로 할 것이다.

위의 예가 잘 보여주고 있듯이, 사람들이 미디어 이용을 통해 얻으리라고 기대하는 충족이 항상 획득하는 충족과 같지는 않다. 예를 들어, 사회적 동기를 가지고 텔레비전을 시청하는 사람들은 때때로 TV를 시청한 후 더 외로움을 느끼게 된다는 연구 결과가

대통령 선거 토론회를 보는 시청자들은 각 후보의 성과를 평가할 기회를 얻게 된다. 그러한 평가는 시청자의 원래 기대와 일치할 수도 있고 그렇지 않을 수도 있다.

있는데, 이는 그들이 바랐던 것과는 정반대이다(Perse & Rubin, 1990). 따라서 U&G 연구는 **추구하는 충족**(gratification sought)(즉, 시청 동기)과 **획득하는 충족**(gratification obtained)(즉, 시청 결과)을 다음과 같이 구별한다:

> 추구하는 충족은 우리가 미디어를 이용하기 전에 이미 가지고 있는 것으로, 시간을 보내고 싶고, 사회적 동료애를 느끼고 싶으며, 무언가를 배우고 싶어 하는 것 등이다. 획득하는 충족은 미디어 이용의 결과로 생기는 것으로, 생리적 각성을 경험했거나, 지루함이 완화되었거나, 지루함이 악화한 것 등이다(Krcmar, 2017: 1999).

한 이전 연구는 획득하는 충족(미디어 이용이 어떤 식으로든 충족감을 준다는 의미를 내포하는 용어)이 반드시 이용자에게 즐거움이나 보상을 주지 않을 수도 있다는 점에 주목했다(Nabi et al., 2006). 크르크마르는 "좀 더 정확히 개념화하면 '추구하는' 충족과 '획득하는' 충족을 단지 '필요(needs)'와 '결과(outcomes)'로 생각해야 할 수도 있다"고 제안한다(Krcmar, 2017: 1999). (U&G 비판자들은 그러한 차이를 높이 평가할 것이라는 점에는 의심의 여지가 없다.)

2) 충족 추구 및 수용자 능동성 모델

충족 추구 및 수용자 능동성 모델(gratification-seeking and audience activity model)[1]에서는

여러 요인과 요소가 이용 및 효과 과정에 영향을 미치게 된다. 시청자의 태도뿐만 아니라 시청자가 추구하는 특정한 종류의 충족이 메시지의 내용에 대한 시청자의 주목을 결정한다. 시청자의 생각, 정서, 또는 행동에 미치는 효과는 메시지에 대한 시청자의 관여도와 행동적 의도(intention)에 좌우된다(Rubin & Perse, 1987). 예를 들면, 천식을 앓고 있는 사람은 그렇지 않은 사람보다 천식 치료제 광고에 더 주목할 것이다.

3) 이용 및 의존 모델

연구는 미디어에 대한 의존이 두 가지 주요 요인의 결과물임을 보여주었다. 여기서 두 가지 요인이란 충족을 획득하기 위한 시청자의 동기와 시청 대안의 이용가능성을 말한다. 이들 각 요인은 많은 사회적·심리적 특성에 영향을 받을 수 있다. 예를 들면, 건강이 좋지 못해 이동이 제한된 사람은 여러 종류의 활동을 즐기는 건강한 사람보다 오락과 기분 전환을 위해 텔레비전 같은 미디어에 의존할 가능성이 더 높을 것이다. 더욱이 만약 그 사람이 집에서 노트북, 태블릿, 비디오 게임 등과 같은 미디어 대안을 이용할 수 없다면, 그 사람이 텔레비전에 의존하게 될 가능성은 더 높아질 것이다. 반대로, "다양한 커뮤니케이션 채널을 가지고 있고 이를 기꺼이 이용하려는 사람은 어떤 특정 채널에 덜 의존할 것이다"(Papacharissi, 2009: 139).

이용 및 의존 모델(uses and dependency model)(Rubin & Windahl, 1986)은 어떤 미디어 체계의 특정 요소(예: 미디어 체계 그 자체, 사회구조, 매우 개인적인 동기를 초래하는 개인적 차이)가 사람들에게 그 미디어를 이용하고 그것에 의존하게 만든다고 보고 있다. 미디어에 대한 의존은 그것 자체가 효과를 초래할 수도 있다. 예를 들면, 그와 같은 의존으로 태도 변화가 일어나고 일어난 태도 변화가 이 모델의 다른 요소에 영향을 줄 수도 있을 것이다.

미디어에 대한 의존도가 높으면 높을수록, 미디어가 시청자에게 영향을 미칠 가능성은 더욱 높다. 밀러(M. M. Miller)와 리스는 정치적 효과에 대해 연구한 결과, 특정 미디어에 의존하지 않는 사람보다 의존하는 사람들 사이에서 효과가 발생할 가능성이 더 높다

---

1 레비와 윈달(Levy & Windahl, 1984)은 '수용자 능동성'을 수용자의 미디어 선택성(selectivity), 미디어에의 관여도(involvement), 미디어의 효용성(utility)을 포함하는 하나의 구성개념으로 보았다(옮긴이 주).

는 사실을 확인했다(Miller & Reese, 1982).

6. 오락을 위한 미디어 이용

분명 우리는 오락을 위해 미디어를 자주 이용하며 미디어 오락에 대한 과학적 연구는 최근 수십 년 동안 상당히 발전해 왔다(Raney & Bryant, 2020). 오락 미디어를 이용하는 사람들의 동기에 대한 연구는 주로 U&G와 선택적 노출 이론을 통해 이루어져 왔다. 이 두 가지 연구 전통 모두 우리의 오락과 즐김(enjoyment)[2]에 대한 필요를 이해할 수 있는 통찰력을 제공한다.

레이니(A. Raney)와 브라이언트에 따르면, 오락 미디어를 선택하는 동기는 근본적 필요와 상황적 필요라는 두 가지 범주로 분류될 수 있다(Raney & Bryant, 2020). **근본적 필요** (fundamental needs)는 진화적·생물학적·심리적 과정에서 발생하는 기본적인 인간의 필요와 연결되어 있다. 여기에는 '놀이', 삶의 균형, 자율성, 역량 및 관계성(relatedness)에 대한 필요가 포함된다. 레이니와 브라이언트는 인간의 진화로 인해 우리는 "2차 현실 (secondary realities)"[3]에서 안전하게 상상 놀이를 할 수 있게 되었다고 설명한다(Raney & Bryant, 2020: 325).

> 즉, 미디어 오락은 현실에 대한 우리의 지각을 일시적으로 전환하는데, 그동안 우리는 환희, 실망, 도전, 어려움, 보람으로 가득 찬 이야기 세계로 들어가게 된다. 이렇게 안전하고 통제된 2차 환경 속에서 '놀이'를 함으로써 우리는 물질적이고 실존적인 문제와 부족함에 대처하고 보완하는 방법을 배운다(Raney & Bryant, 2020: 325~326).

더욱이 미디어 오락을 선택하는 것은 우리의 환경을 변화시켜 더 긍정적인 생각과 감정을 키울 수 있게 해줌으로써 더 나은 삶의 균형을 이루는 데 도움을 줄 수 있다(Vorderer & Hartmann, 2009). 오락 미디어 소비는 자율성(어떤 콘텐트를 접할지 자유롭게 선택하는 것), 역량(그 콘텐트를 이해하는 것) 및 관계성(등장인물과 관계를 맺는 것)에 대한 우리의 필요를

---

2 즐김은 '과정'에, 즐거움(pleasure)은 '결과'에 방점이 있다(옮긴이 주).
3 주로 현실 세계와는 다른, 가상의 세계나 상상의 세계를 의미한다(옮긴이 주).

충족시킨다.

레이니와 브라이언트(Raney & Bryant, 2020)는 근본적인 필요 외에 기분 조절, 도피, 회복, 학습, 사회적 유용성을 포함하는 다양한 **상황적 필요**(situational needs)에 대해서도 간략하게 설명한다. 우리 모두는 때때로 기분 나쁜 경험을 하는데, **기분 관리 이론**(mood management theory)은 우리가 나쁜 기분을 누그러뜨리고 긍정적인 기분은 오래 유지하기 위해 흔히 특정 미디어 내용을 선택하는 방식을 설명한다(Zillmann, 1988b). 이 이론은 또한 어떤 콘텐트가 어떤 특정한 방식으로 우리의 기분에 영향을 미치는지 우리가 학습한다고 설명한다. 예를 들어, 운동선수들은 경기 전에 신나는 노래로 구성된 특별한 목록을 가지고 있을 수도 있다. 혹은 수업 프로젝트로 인해 스트레스를 받는 학생은 걱정을 떨쳐버리기 위한 한 방편으로 자신이 좋아하는 시트콤을 시청하면서 휴식을 취할 수도 있다.

우리는 피하고 싶은 것'에서' 벗어나거나 원하는 미디어 세계'로' 도피하기 위해 미디어를 이용할 수도 있다. 헤닝(B. Henning)과 보더러는 도피 동기 세 가지를 확인했는데, 직장에서 받는 스트레스나 일과 삶의 균형 문제와 같은 사회적 동기, 부정적인 사회적 상황으로 인한 사회-심리적 동기, 그리고 '할 일이 없는 상태'와 같은 개인-심리적 동기(사회적 상황에 의해 발생하지 않은 동기)가 그것이다(Henning & Vorderer, 2001).

회복(recovery)은 미디어 이용의 또 다른 동기로, 스트레스의 원인에서 벗어나 휴식을 취하고 행동을 통제하며 내적 자원(internal resource)[4]을 마련할 수 있게 해준다(Raney & Bryant, 2020). 우리는 또한 학습을 위해 미디어 오락을 사용하기도 한다. 예를 들어, 아이들은 〈세서미 스트리트〉와 같은 재미있는 프로그램을 시청하는 동안 즐거움을 얻는 동시에 문자, 숫자 및 기타 다양한 개념을 배운다. 일례로 우리는 가끔 〈제퍼디!〉나 〈휠 오브 포춘(*Wheel of Fortune*)〉 같은 게임 쇼에 출연한 참가자가 진행자에게 어렸을 때 이 쇼를 보면서 영어를 배웠다고 고백하는 경우를 볼 수 있다!

마지막으로 우리는 사회적 효용(social utility)[5]을 위해 오락 콘텐트를 소비한다. 레이니

---

4 개인이 미디어 소비를 통해 활용하거나 마련할 수 있는 심리적 또는 정서적 예비 자원을 의미한다 (옮긴이 주).
5 즉각적인 개인 이익을 넘어 사회적 연결로부터 가치를 도출하는 개인의 능력을 의미한다. 이는 사회적 연결이 개인에게만 제공되지 않는 집단적 혜택을 가져올 수 있음을 의미한다. '사회적 유용성'이라고도 한다(옮긴이 주).

와 브라이언트(Raney & Bryant, 2020)는 미디어가 흔히 등장인물의 사회적 삶과 내면의 생각에 초점을 맞춘다고 지적한다. "이로 인해 수용자들은 끝없이 쏟아지는 사회적 정보(social information)[6]를 접하게 된다. 때로 우리는 그러한 사회적 정보의 흐름을 적극적으로 처리하기 위해 오락을 소비하려는 특별한 동기를 갖기도 한다"(Raney & Bryant, 2020: 328) 우리의 오락물 선택은 우리 자신 및 다른 사람과 관련된 많은 다른 필요에 이끌려 이루어질 수도 있다. 레이니와 브라이언트는 이러한 필요들에 대한 몇 가지 예를 나열했는데, 자존감을 높이기 위해 리얼리티 TV를 몰아보거나,[7] 다음 날 시청한 드라마에 관한 이야기를 동료와 나누기 위해 인기 프로그램을 시청하거나, 사랑하는 사람의 암 진단에 대처하는 데 도움을 받기 위해 드라마를 시청하는 것 등이 그것이다.

오락을 위한 미디어 이용에 대한 많은 연구는 (즐거움에 기반한) **쾌락 추구적 동기**(hedonic motivation)와 그에 따른 즐김에 초점을 맞춰왔다. 하지만 학자들은 **행복 추구적 동기**(eudaimonic motivation)[8]로 알려진 연결성(connectedness), 의미성(meaningfulness),[9] 웰빙(well-being)[10]과 관련된 결과를 살펴보기 시작했다(자세한 내용은 Raney et al., 2020 참조).

7. 21세기의 U&G 연구

세기가 바뀌면서 U&G 연구가 뉴 미디어 환경에 맞게 바뀌어야 한다는 요구가 나타

---

6 사회적 상황을 이해하는 데 필요한 정보를 말한다(옮긴이 주).

7 리얼리티 TV 시청과 자존감의 관계는 주로 사회적 비교 이론의 하향 비교와 관련이 있다. 리얼리티 프로그램은 흔히 참가자들의 실수나 어려움을 보여주기 때문에, 시청자는 자신을 그들과 비교하며 상대적으로 우월감을 느끼거나 자신의 삶에 대해 긍정적인 평가를 내릴 수 있다(옮긴이 주).

8 '유다이모니아(eudaimonia, 그리스어: εὐδαιμονία)'는 유데모니아로 표기되기도 하며, 문자 그대로 '좋은 정신(good spirit)' 상태를 뜻하는 그리스어로, 일반적으로 영어권에서는 '행복(happiness)' 또는 '복지(welfare)'로 번역한다(옮긴이 주).

9 단순한 즐거움을 넘어서 삶의 의미나 목적을 느끼게 하는 깊은 경험을 의미한다. 이는 감정적으로나 지적으로 충만함을 제공하며, 개인이 자신과 세상과의 관계를 더 깊이 이해하게 만드는 콘텐츠와 관련 있다. 예를 들어, 감동적이거나 영감을 주는 이야기를 접했을 때 느끼는 의미 있는 경험을 포함할 수 있다(옮긴이 주).

10 '웰빙'에는 행복뿐만 아니라 전반적인 삶의 질을 포괄하는 더 넓은 개념으로, 여기에는 신체적 건강, 사회적 관계, 목적의식 등의 요소가 포함된다. '안녕감'이나 '행복감' 등으로 번역되기도 하나 적절한 번역은 아니어서 그냥 '웰빙'으로 옮긴다(옮긴이 주).

많은 연구가 소셜 미디어 이용과 충족에 초점을 맞춘
다. 다양한 소셜 미디어 앱을 이용하는 동기로는 오락,
자기-표현, 사회적 상호작용, 시간 보내기 등이 있다.

나기 시작했다. 예를 들어, 순다르(S. S. Sundar)와 림페로스(A. M. Limperos)는 기술 혁신
으로 인해 우리가 미디어와 상호작용하는 방식(예: 온라인 가상 투어)이 바뀌었고, "이것
은 결과적으로 이용자들이 미디어 이용을 통해 충족하고자 하는 새로운 필요를 배양했
다"고 제안했다(Sundar & Limperos, 2013: 521). U&G 연구는 흔히 사회적·심리적 필요를
살펴보았지만, 순다르와 림페로스는 기술-주도적 필요와 함께 삼각검증되어야[11] 한다고
주장한다. U&G 연구자들은 MAIN 모델(Sundar, 2008)[12]을 사용하여 양식(M: modality), 행
위 주체성(A: agency), 상호작용성(I: interactivity) 및 탐색 가능성(N: navigability)이라는 공
통된 기술적 어포던스(affordance)[13]가 뉴 미디어 특유의 새로운 충족을 가져다줄 수 있다

---

11 '삼각검증(triangulation)'은 캠벌(Campbell)이 제안한 것처럼 어떤 한 주제를 규명하기 위해서 서로
    다른 세 가지의 조작적 정의에 입각한 자료수집 방법을 동원하는 것을 의미하기도 하지만(이 책 1장
    참조), 덴진(Denzin)은 이 개념을 확장하여 자료의 삼각검증, 연구자의 삼각검증, 이론의 삼각검증,
    방법론적 삼각검증으로 삼각검증의 유형을 분류하기도 한다(옮긴이 주).
12 순다르는 10년간 다양한 디지털 미디어를 대상으로 연구한 결과, 양식, 행위 주체성, 상호작용성, 탐
    색 가능성이라는 네 가지의 광범위한 어포던스가 중요한 심리적 효과를 보여준다는 사실을 밝혀냈
    다. 이 모델에 따르면, 이러한 어포던스는 대부분의 디지털 미디어에 어느 정도 존재하며, 웹 사이트
    의 신뢰도에 대한 강력한 첫인상과 관련된 디자인 측면 또는 표면적 특성의 기초가 되는 구조적 특징
    이기 때문에 신뢰도 평가와 관련된 인지적 휴리스틱의 단서가 될 수 있는 가능성이 높아 보인다고 한
    다(옮긴이 주).
13 '어포던스'는 사용자의 능력에 따라 사용자가 객체로 수행할 수 있는 것을 말한다. 따라서 어포던스
    는 물리적 객체나 사용자 인터페이스와 같은 객체의 '속성'이 아니다. 대신 어포던스는 사용자와 객
    체 간의 관계 속에서 정의된다. 즉, 문은 손잡이에 손을 뻗으면 열릴 수 있지만 유아의 경우 손잡이에
    손을 뻗을 수 없다면 문은 열리지 않는다. 어포던스는 본질적으로 사용자와 객체 간의 관계 속에서
    의 행동 가능성을 의미한다(출처: https://www.interaction-design.org/literature/topics/affordances)
    (옮긴이 주).

고 조언한다(Rathnayake & Winter, 2018; Sundar & Limperos, 2013). 예를 들어, 윌도르프-허쉬(A. Oeldorf-Hirsch)와 순다르는 사람들이 사진을 편집하고 빠르게 업로드할 수 있는 것과 같은 웹 사이트의 기술적 어포던스로 인해 부분적으로 온라인으로 사진을 공유하려는 동기가 생긴다는 것을 확인했다(Oeldorf-Hirsch & Sundar, 2016).

최근 몇 년 동안, 더 많은 U&G 연구가 인터넷에 기반한 미디어 이용에 초점을 맞추었다(Lev-On, 2017). 많은 연구가 소셜 미디어를 조사했지만, TV 몰아보기, 팟캐스트 청취 등 다른 많은 형태의 미디어 이용에 대한 연구도 이루어졌다. 일부 연구는 제3자 효과, 배양, 의사-사회적 상호작용과 같은 다른 영역으로 U&G 연구를 확장했다.

1) 인터넷과 소셜 미디어

U&G와 인터넷 이용에 대한 연구에서 고 등(Ko et al., 2005)은 정보 추구 동기가 강한 사람이 사회적 상호작용 동기가 강한 사람보다 웹사이트를 통해 다른 사람과 상호작용할 가능성이 더 높다는 사실을 확인했다. 또 다른 연구는 인터넷을 이용하고자 동기화되어 있는 사람이 다른 사람보다 인터넷에 더 의존적이라는 사실과 동기화와 인터넷 의존은 그들이 인지적으로 그리고 정동적으로 얼마나 관여되었는지에 의해 매개된다는 사실을 확인했다(Sun et al., 2008).

2008년, U&G 연구는 소셜 네트워킹 사이트, 주로 페이스북에 초점을 맞추기 시작했다(Lev-On, 2017). 박(N. Park) 및 이(S. Lee)는 대학생들을 대상으로 페이스북 이용 동기를 조사한 결과, 오락, 관계 유지, 자기-표현, 커뮤니케이션이라는 네 가지 동기를 밝혀냈다(Park & Lee, 2014). 인상 관리[impression management: 다른 사람들이 자신에게 긍정적인 인상을 갖도록 자신의 온라인 페르소나(persona)[14]를 제어하는 능력] 또한 페이스북 이용을 예측하는 중요한 요인이었다. 페리스(A. L. Ferris)와 홀렌보(E. E. Hollenbaugh)는 U&G와 페이스북 의존성을 조사했다(Ferris & Hollenbaugh, 2018). 가상 커뮤니티(virtual community)가 페이스북 이용 동기인(즉, 온라인에서 사람들과 새로운 관계를 발전시켜야겠다는 필요를 가진) 사람들이 페이스북에 가장 많이 의존했다.

오잰(M. Ozanne) 등은 페이스북 게시물에 '좋아요'를 누르는 것이 오락, 유대(bonding),

---

14 '페르소나'란 개인이 사회생활 속에서 사람들로부터 비난받지 않기 위해 겉으로 드러내는, 자신의 본성과는 다른 태도나 성격, 사회의 규범과 관습을 내면화한 것을 말한다(옮긴이 주).

자기-동일시(self-identification) 및 정보/발견과 같은 다양한 동기에 의해 이끌린 행동임을 확인했다. 페이스북 이용자들은 때때로 자기-보호(self-protection)[15]의 일환으로 게시물을 '공유하기'보다는 '좋아요'를 누르도록 동기화된다(Ozanne et al., 2017). 예를 들어, 해당 게시물을 자신의 프로필에 공유하면 부정적인 결과가 발생할 수도 있는 경우 이용자들은 대신 게시물에 '좋아요' 누르기를 선택할 수 있다.

알하배쉬(S. Alhabash)와 마(M. Ma)는 대학생들의 인스타그램, 스냅챗(Snapchat), 페이스북 및 트위터 이용 동기를 조사했다(Alhabash & Ma, 2017). 네 가지 플랫폼 전반에 걸쳐 소셜 네트워크 사이트를 이용하게 된 가장 큰 동기는 오락과 편의성이었다. 다른 동기화 요인으로는 자기-기록(self-documentation), 사회적 상호작용, 미디어의 매력 및 정보 공유가 있었다. 인스타그램에 대한 추가 연구에서는 감시/타인에 대한 지식, 기록, 멋짐, 창의성과 같은 다른 이용 동기도 확인되었다(Sheldon & Bryant, 2016). 연구자들이 인스타그램 이용 관련 조사에서 밝혀낸 또 다른 동기화 요인은 포모(FOMO: fear of missing out)[16]이다. 배리(C. T. Barry) 등은 포모가 인스타그램에 대한 더 높은 수준의 참여(engagement)와 연결되어 있음을 확인했다(Barry et al., 2019). 또한 더 높은 수준의 포모를 경험한 사람은 인스타그램에서 더 많은 연결을 맺고 더 많은 해시태그(hashtag)를 사용했는데, 이것은 다른 인스타그램 이용자와 더 많은 연결을 맺기 위한 노력의 일환이었을 것이라고 저자들은 말했다.

2) 텔레비전

기술 발전(예: 스마트 TV와 스트리밍 서비스)으로 인해 많은 사람이 TV 콘텐츠를 소비하는 방식이 바뀌었다. 로츠(A. D. Lotz)는 이제 텔레비전은 "탈네트워크(post-network)" 시대에 있다고 말하는데, 이것은 "이제 점점 더 시청자들이 풍부한 선택지 중에서 무엇을, 언제, 어디서 볼 것인지 선택하는 것"을 의미한다(Lotz, 2014: 28). 테퍼틸러(A. Tefertiller)와 쉬언(K. Sheehan)은 탈네트워크 시대에 TV(스트리밍이든 기존의 TV이든)를 시청하는 다섯 가지 동기를 확인했는데, 스트레스 관리, 습관적인 시청, 정보 추구, 사회적 상호작

---

15 '자기-보호'는 자존감이나 타인의 존경을 잃지 않기 위해 고안된 모든 전략적 행동으로, 위험을 회피하는 성향을 조장하며 흔히 자기-향상(self-enhancement)과 대비된다(옮긴이 주).
16 '포모'란 유행에 뒤지는 것 같아 두려움과 스트레스를 받는 상태를 말한다(옮긴이 주).

용, (가장 주목할 만한) 마음을 편안하게 해주는 오락의 필요성이 그것이다(Tefertiller & Sheehan, 2019). 이 연구는 루빈(Rubin, 1984)의 도구적 시청과 의례적 시청 개념을 뒷받침하면서 뚜렷이 구별되는 두 가지 시청 패턴이 나타나는 것에 주목했다:

> 마음을 편안하게 해주는 오락을 즐기기 위한 텔레비전 이용, 높아진 선택성과 주의력, 스트리밍 기술 사용으로 주로 특징지어지는 도구적 시청자는 습관적으로 텔레비전을 시청하고 (이보다는 정도가 덜 하지만) 스트레스를 줄이기 위해 텔레비전을 시청하는 의례적인 시청자와 다르다. 의례적인 시청자는 젊고 시청하는 동안 주의를 덜 기울이는 반면, 도구적 시청자는 스트리밍 기술을 사용하여 대본이 있는(scripted) 오락물을 찾을 가능성이 더 높다.[17] 스트리밍 기술은 오락을 목적으로 특정 프로그램을 찾는 것과 관련되어 있는데, 이는 기술 자체가 수용자의 능동성과 충족 추구 과정에 영향을 미침을 시사한다(Tefertiller & Sheehan, 2019: 611).

연구자들은 또한 몰아보기의 동기도 살펴보았다. 몰아보기를 적게 하는 시청자는 오락 필요성에 의해 동기화되는 반면, 몰아보기를 많이 하는 시청자는 오락과 시간 보내기에 의해 동기화되었다(Sung et al., 2018; 이 연구에 대한 자세한 내용은 이 장의 '연구 스포트라이트' 참조). 리들 등(Riddle et al., 2018)은 감수성 이론(sensitivity theory)[18] 및 U&G와 함께 미디어 효과에 대한 차별적 민감성 모델(DSMM, 1장 참조)을 사용하여 몰아보기의 중독 가능성을 연구했다. 젊은 성인들(young adults)[19]은 의도적인 몰아보기도 하고 의도하지 않은 몰아보기도 한다. 충동성(impulsivity)은 의도하지 않은 몰아보기와 관련이 있었는데, 이러한 의도하지 않은 몰아보기는 중독 증상과 상관관계가 있었다.

연구자들은 초점 집단을 사용하여 대학생들의 리얼리티 텔레비전 프로그램 이용 및 충족에 대해 조사하기도 했다(Lundy et al., 2008). 그들은 학생들이 대부분의 경우 리얼러

---

17 '도구적 시청자들'은 오락과 휴식을 목적으로 하면서도 선택적이고 주의 깊은 시청을 하는 경향이 있어, 잘 짜인 스토리라인을 가진, 즉 드라마, 시트콤, 영화와 같은 대본이 있는 콘텐츠를 선호하는 경향이 있다(옮긴이 주).

18 '감수성 이론'은 사람들이 원하는 강화(reinforcement)의 유형과 만족을 위해 필요한 강화의 양이 모두 다르다고 주장한다(옮긴이 주).

19 미국에서는 대체로 18세에서 34세 사이를 의미한다. 18~24세를 'younger young adults'로, 25~34세를 'older young adults'로 구분하기도 한다(옮긴이 주).

우리는 왜 탐닉하는가? 몰아보기의 동기 탐색하기

Yoon Hi Sung, Eun Yeon Kang, & Wei-Na Lee (2018) *Journal of Broadcasting and Electronic Media, 62*(3), 408~526.

최근 몇 년 동안 몰아보기가 증가했다는 점에 주목하면서 이 연구자들은 몰아보기 행동에 대한 통찰력을 제공하고, 사람들이 몰아보기를 하도록 동기화하는 요인들을 확인하며, 이러한 요인들이 시청 경험에 어떤 영향을 미치는지 알아보기 위해 이 탐색적 연구를 수행했다.

이 연구자들은 극단적인 미디어 이용과 텔레비전 시청에 관한 관련 연구를 검토한 후 다음과 같이 지적했다: "사람들은 일상의 단조로움에서 벗어나기 위해, 즐김을 증진하기 위해, 그리고/또는 사회적 상호작용을 강화하기 위해 프로그램 몰아보기를 할 수 있다. 이러한 동기들은 과거 문헌에서 확인된 일반적인 TV 시청 동기와 겹친다. 그러나 몰아보기에 대한 이러한 관찰을 확인하려면 추가적인 경험적 증거가 필요하다"(Sung, Kang & Lee, 2018: 412). 따라서 이 연구자들은 다음 두 가지 연구 문제를 제시했다.

연구 문제
RQ1: 몰아보기 행동과 유의미한 관련이 있는 동기화 요인은 무엇인가?
RQ2: 몰아보기 정도에 따라 동기화가 달라지는가?

연구 방법
이 연구자들은 미국 남서부에 있는 한 대학교의 참여자들을 대상으로 온라인 설문조사를 실시했다. 설문조사에는 세 가지 주요 부분이 포함되었다:

1. 일반적인 TV 시청 행동. 이 부분은 참여자들이 평일 평균 TV를 시청하는 데 보낸 시간을 측정했다.
2. 몰아보기 관련 행동. 이 부분에는 참여자가 한 번에 시청한 프로그램의 에피소드 수, 사람들이 몰아보기를 한 시간(시간 단위), 한 달에 얼마나 자주 몰아보기를 했는지에 대한 질문이 포함되었다. 이 부분에서는 참여자들이 '프로그램이 내 관심

을 끌었다', '내 마음은 프로그램에만 집중하고 다른 것은 생각하지 않았다', '프로그램을 보는 것이 편안했다' 등과 같은 진술문에 동의하는 정도를 통해 미디어 몰입(transportation)도 측정했다. 또한 몰아보기를 하는 시청자들은 어떤 플랫폼(예: 웹사이트 또는 스트리밍 서비스)을 몰아보기에 자주 사용하는지, 몰아보기를 하는 요일, 가장 좋아하는 몰아보기 프로그램 유형, 최근에 몰아보기를 한 TV 프로그램에 대한 질문에 답변했다.

3. 몰아보기에 대한 동기. 이 연구자들은 텔레비전 시청 동기 척도를 적용했다. 이 연구에는 시간 보내기, 습관, 휴식, 정보/학습, 오락/즐김, 도피, 사회적 상호작용이라는 일곱 가지 동기가 포함되었다.

불완전한 설문조사 응답을 제외한 결과, 표본(n = 292)은 대부분 여성(76.4%)이었고, 거의 모든 표본이 19세 이하(50%) 또는 20대(48.3%)였다. 응답자의 대다수는 백인(59.4%)이었고, 아시아계/태평양 도서민계(18.2%), 히스패닉계/라틴계(17.8%), 아프리카계 미국인(1.7%), '기타'(2.7%)가 그 뒤를 이었다.

연구 결과

몰아보기 행동에 대한 조사 결과, 연구 참여자의 24.3%는 한 번 시청할 때 하나의 에피소드만 시청했고, 58.6%는 2~3편의 에피소드를, 13.7%는 4~5편의 에피소드를, 3.4%는 6편 이상 시청했다. 몰아보기 시간은 1~3시간 시청이 압도적으로 많았고(76.5%), 3~5시간 시청은 11.8%에 그쳤다. 몰아보기 빈도를 분석한 결과, 월 2~3회 시청이 37.6%, 월 1회 28.5%, 월 4~5회 18.6%, 월 6회 이상 15.4%로 나타났다.

주말에 몰아보기를 하는 사람이 가장 많았고(56%), 혼자서 몰아보기를 한 사람이 압도적으로 많았다(83.3%). 추가 분석에 따르면, 넷플릭스와 훌루 같은 스트리밍 서비스가 몰아보기에 가장 많이 사용되는 방법(91.9%)이었고, 몰아보기 상위 10편의 프로그램은 모두 시즌-기반 드라마였다[예: 〈그레이 아나토미〉, 〈오렌지 이즈 더 뉴 블랙(Orange is the New Black)〉, 〈브레이킹 배드(Breaking Bad)〉]. 이 연구자들은 에피소드에서 에피소드로 그리고 시즌마다 계속 이어지는 스토리 라인(story line)이 시청자들의 지속적인 시청을 유도할 수 있다는 점에 주목했다.

이 연구자들은 몰아보기를 한 번 시청에 2편 이상의 에피소드를 시청하는 것으로 정의하면서 참가자의 75.8%를 몰아보기 시청자로 분류했다. 연구 결과는 또한 이용

자가 더 많은 에피소드를 시청할수록 더 자주 몰아서 시청하고 프로그램에 대한 몰
입(engagement)을 더 많이 경험하는 것으로 나타났다.

RQ1과 관련하여, 연구된 일곱 가지 동기 중 오락만이 몰아보기 행동의 중요한 예측
변인이었다. 즉, 즐거움을 얻고자 하는 강한 욕구가 참여자들의 몰아보기 동기임을 의
미한다.

그런 다음, 이 연구자들은 에피소드 수, 시간, 빈도 및 몰아보기 중에 경험하는 몰입
에 대한 응답을 기준으로 참가자들을 약한 또는 강한 몰아보기 범주로 묶은 다음, 각
집단의 몰아보기 동기를 분석했다. RQ2는 몰아보기 정도에 따라 동기가 달라지는지
물었다. 오락은 약한 몰아보기 범주에 속한 사람들에게 유일하게 중요한 동기였다. 그
러나 강한 몰아보기 집단의 경우 오락과 시간 보내기가 중요한 동기화 요인이었다.

티 프로그램을 보는 데 많은 시간을 소비하는 것에 당황해한다는 것을 알아냈다. 학생
들은 그와 같은 프로그램을 시청하는 것이 삶의 압박에서 벗어나 프로그램에 출연하는
사람들의 삶을 통해 그런 삶을 대신 살 수 있는 아주 좋은 기회가 된다고 강조했다. 학
생들은 리앨러티 프로그램을 시청할 때는 프로그램에 온갖 주의를 기울일 필요가 없기
때문에 다중작업을 하면서 볼 수 있다는 편리함이 시청을 통해 얻는 중요한 충족이라고
말했다. 학생들은 다른 학생이 있는 가운데 그러한 프로그램을 시청하고 나중에 그 프로
그램에 대해 이야기하는 것을 즐긴다고 말했다. 초점 집단을 이용한 또 다른 연구
(Barton, 2009)는 출연자 간의 경쟁을 다루는 리앨러티 프로그램을 조사한 결과, 사람들은
사회적 수준이 아닌 개인적 수준에서 충족감을 얻기 위해 그러한 프로그램을 시청하는
것으로 나타났다.

3) 기타 미디어 이용

U&G 연구자들은 증강 현실(augmented reality) 비디오 게임, 라이브 블로그 읽기, 팟캐
스트 듣기를 포함한 다른 형태의 미디어 이용도 조사했다.

많은 연구가 U&G를 사용해 사람들이 위치-기반 증강 현실 게임인 〈포켓몬 고(*Poké
mon Go*)〉[20]를 플레이하는 이유를 살펴보았다(자세한 내용은 Hamari et al., 2019 참조). 연구

들은 전반적으로 도전 과제, 경쟁, 다른 사람과 어울리기(socializing), 야외 활동, 향수가 이 게임을 통해 추구하고 획득하는 강력한 충족임을 보여주었다. 〈포켓몬 고〉에 대한 인앱(in-app) 구매 의도도 유사한 충족과 게임을 재사용하려는(즉, 계속해서 플레이하려는) 의도에 의해 동기화된다.

많은 사람이 라이브 블로그(live blog)[21]를 통해 뉴스를 읽는다. 팬틱(M. Pantic)은 사람들이 블로그를 읽는 동기가 무엇인지 이해하기 위해 연구를 수행했다(Pantic, 2020). 연구 결과, 현시대의 특징인 즉시성(immediacy)과 편리함(convenience)이라는 두 가지 충족이 라이브 블로그를 읽는 주요 동기로 확인되었다. U&G 연구의 전통적인 동기인 정보 추구는 3위를 차지했다.

오디오-기반 미디어에 대한 U&G 연구도 이루어졌다. 퍽스(L. G. Perks)와 터너(J. S. Turner)는 초점 집단(focus group)을 사용해 팟캐스트 소비의 U&G를 살펴보았다(Perks & Turner, 2019). 그들의 연구 결과는 새로운 유형(예: 맞춤형 경험 및 멀티태스킹)과 확장된 기존 유형(예: 의사-사회적 상호작용 및 사회적 충족)을 모두 확인했다. 퍽스 등(Perks et al., 2019)은 팟캐스트 청취 동기를 더 잘 이해하기 위한 척도도 개발했다. 그들은 팟캐스트 청취에 있어 네 가지 포괄적인 주요 요인, 즉 (자신의 필요에 맞게) 에듀테인먼트(edutainment)[22] 조절, 스토리텔링 몰입(transportation), 사회적 참여(social engagement) 및 멀티태스킹을 확인했다. 간단히 말해, 이러한 동기들은 팟캐스트 청취자가 교육적이고 재미있는 콘텐츠와 해당 콘텐츠에 대한 조절을 원한다는 것을 보여준다. 팟캐스트 청취자는 시간이 더 빨리 지나가게 하는 몰입감 있는 내러티브를 원하며, 자신이 들은 내용을 다른 사람과 공유하기를 원한다. 마지막으로 그들은 팟캐스트 청취가 "오늘날 시간에 쫓기고 미디어가 풍부한 우리의 삶에 자연스럽게 어우러지고 쉽게 자리 잡기를" 원한다(Perks et al., 2019: 628).

---

20 우리나라에선 '포켓몬'이라고 쓰지만 합성하는 두 단어(pocket과 monster)의 앞 단어의 끝과 뒷 단어의 시작이 자음이면 자음 하나를 탈락하고 붙여 쓰기 때문에 영어권에선 '포케몬' 혹은 '포키몬'으로 적고 발음한다(옮긴이 주).

21 '라이브 블로그'란 라이브 텔레비전이나 라이브 라디오와 유사하게 진행 중인 이벤트를 롤링 텍스트(rolling text)로 제공하기 위한 블로그 포스팅을 말한다(옮긴이 주).

22 'education'과 'entertainment'의 합성어이다(옮긴이 주).

4) U&G를 다른 이론 및 효과와 연결하기

U&G 연구는 몇몇 다른 매스 미디어 이론 및 개념과 함께 연구되었다. 연구자들은 U&G 관점에서 제3자 효과를 살펴보았다. **제3자 효과**(third-person effect)는 미디어 내용이 그들 자신에게 직접 영향을 미치기보다 다른 사람에게 더 영향을 미친다고 미디어 소비자가 지각할 때 발생한다. (예를 들면, 폭력적인 영화를 보는 것이 당신이 공격적으로 행동하는 데 영향을 미치느냐는 질문을 받을 때, 당신은 아마 "그렇지 않다"고 대답하겠지만, 그러한 영화가 다른 사람이 공격적으로 행동하는 데 영향을 미치느냐는 질문을 받을 때는 아마 "그렇다"고 대답할 가능성이 더 높다.) 배닝(S. A. Banning)은 공익 캠페인에 대한 지속적인 노출이 제3자 효과로 이어진다는 것을 확인하면서, 다른 연구들도 이용과 충족이 제3자 효과를 야기한다는 연관성을 증명할 수 있을 것이라고 밝혔다(Banning, 2007). 해리다키스와 루빈(Haridakis & Rubin, 2005) 역시 이용과 충족을 제3자 효과와 연결했다.

확장된 또 다른 분야는 **의사-사회적 상호작용**(parasocial interaction), 즉 미디어 소비자가 미디어 유명인사를 낯설게 느끼기보다는 친구에 더 가깝게 느끼는 것과 관련되어 있다. 한 연구에서는 토크-라디오 프로그램 청취자들이 프로그램 진행자와 의사-사회적으로 상호작용하고 있으며, 이러한 행동은 그들이 프로그램을 청취하는 빈도와 청취할 계획을 세우고 청취하는지를 예측하는 것으로 나타났다(Rubin & Step, 2000). 청취자들은 또한 프로그램 진행자를 영향력 있는 의견 주도자로 본다는 사실도 드러났다. 의사-사회적 상호작용은 또한 더 큰 휴식 효과 및 정서적 스트레스 감소와 상관관계가 있는 것으로 나타났다(Madison & Porter, 2015). 이 개념에 대해 더 자세히 알아보려면 '의사-사회적 현상'에 관한 사이드바를 참조하라.

여러 번의 노출을 통해 형성된 의사-사회적 애착(attachment)은 '의사-사회적 관계(parasocial relationship)'로 알려져 있다. 의사-사회적 관계는 사람들이 슬픔과 사랑하는 사람의 상실에 대처하는 데 도움이 되는 것으로 나타났다(Stever, 2016). 미디어 등장인물에 대한 의사-사회적 애착이 비정상적이고 건강하지 않다고 생각하더라도 걱정할 필요는 없다. 진화 이론과 수십 년에 걸친 연구에 따르면, 이것은 정상적이고도 당연한 현상이다(Stever, 2016). (의사-사회적 애착 연구에 대한 더 자세한 내용은 Liebers & Schramm, 2019 참조하라.)

다른 연구자들은 이용과 충족을 배양 효과(Bilandzic & Rossler, 2004), 정보 처리(Eveland, 2004), 적극적인 수용자의 텔레비전 노출에 대한 통합 모델(Cooper & Tang, 2009), 사회적 다른 사람과 사회적으로 연결되고자 하는 것은 인간 본성의 일부이다. 이런 일은 텔레비전에서 우리가 보는 사람들과도 일어날 수 있다. 이러한 애착(attachment)을 '의사-사회적 상호작용(PSI: parasocial interaction)' 또는 '의사-사회적 관계(PSR: parasocial relationship)'라고 한다.

텔레비전이 이러한 유형의 애착을 형성할 수 있는 한 가지 측면은 때로로 뉴스 앵커나 토크쇼 진행자와 같은 TV에 출연하는 사람들이 우리에게 직접 이야기하는 것처럼 보인다는 것이다. 때로는 가상의 인물이 카메라에 대고 말을 하거나 카메라를 보고 아는 체하기도 한다(이것을 '제4의 벽'[23]을 허문다고 함). 이는 〈오피스(The Office)〉, 〈팍스 앤드 레크리에이션(Parks and Recreation)〉, 〈애봇 초등학교(Abbott Elementary)〉와 같은 '모큐멘터리(mocuentary)'[24] 스타일 코미디에서 흔히 볼 수 있다. 때로는 우리와 상호작용하지 않는 것처럼 보이는 가상의 인물에 대한 애착을 형성할 수도 있다.

연구자들은 60년 이상 의사-사회적 애착을 조사해 왔지만, 디블(J. L. Dibble) 등은 연구자들이 때때로 PSI와 PSR 현상을 명확하게 구별하지 못한다고 지적했다. "의사-사회적 상호작용은 시청하는 동안에만 발생할 수 있는 일종의 가짜 상호 인식을 의미한다. 이에 반해, 의사-사회적 관계는 시청 중에 시작될 수 있지만 미디어 노출 상황을 넘어 더 장기적으로 발전하는 관계를 의미한다"(Dibble et al., 2016: 25).

연구자들이 연구한 또 다른 의사-사회적 현상은 그러한 관계가 끝날 때 일어나는 일이다. 이를 '의사-사회적 결별(PSBU: parasocial breakup)'이라고 한다. 이것은 TV 프로그램의 등장인물이 사망하거나 시리즈가 끝날 때 흔히 발생한다. 연구에 따르면, PSBU는 실제 대인 관계나 연인 관계의 결별에서 느끼는 것과 같은 부정적인 정서를 유발할 수 있다고 한다.

자본 이론(social capital theory)(Phua & Kim, 2017)과 연결했다.

8. 요약

이용과 충족 연구는 시청자들의 동기와 행동, 즉 그들이 왜 그리고 어떻게 미디어를 사용하는지를 살펴본다. 커뮤니케이션 학자들은 미디어 이용 및 효과를 설명하는 몇 가

---

23 '제4의 벽(fourth wall)'은 무대는 4개의 벽으로 막힌 하나의 방으로 되어야 하며, 여기에 하나의 벽이 관객들을 위해 제거된 것이라는 것으로, 관객과 배우 사이의 가상의 '벽'을 의미한다(옮긴이 주).

24 다큐멘터리 스타일로 제작된 픽션 작품으로, '모의(mock)'와 '다큐멘터리(documentary)'의 합성어이다(옮긴이 주).

지 다른 모델을 개발했는데, 기대치 모델, 충족 추구 및 수용자 능동성 모델, 이용 및 의존 모델이 그것이다.

U&G 관점의 핵심에는 몇몇 기본 가정이 자리하고 있다. U&G 관점은 시청자들이 그들의 개인적 필요를 충족시키는 데 사용할 프로그램이나 미디어 내용물을 항상 능동적으로 선택한다고 가정한다. U&G 관점은 또한 수용자들이 능동적이지만 개인마다 차이가 있고, 특정한 충족을 위해 미디어 이용을 추구하며, 수용자나 이용자의 반응은 사회적·심리적 요인이나 필요에 따라 달라진다고 가정한다.

U&G 연구의 몇몇 구성 요소와 특성은 오랜 기간 비판을 받아왔다. 더 많은 비판을 받고 있는 것으로는 지나치게 개인주의적이고 쉽게 일반화될 수 없는 연구 결과, 연구 결과들 간의 통합성 결여, 핵심 개념들 사이의 명확성 결여, 능동적인 수용자 개념 및 자기-보고 척도의 정확성 결여가 있다. 통합성이 결여되어 있다는 비판에 대한 대응으로, 대부분의 U&G 연구자들은 현재 다음과 같은 수용자의 미디어 이용 동기를 받아들인다: 학습, 습관, 동료 의식, 각성, 휴식, 도피, 시간 보내기.

최근 수십 년 동안 연구자들은 근본적 필요와 상황적 필요 사이의 차이점을 지적하면서 오락을 위한 미디어 이용을 광범위하게 조사해 왔다. 많은 연구가 소셜 미디어를 살펴보았으며, 텔레비전 몰아보기, 팟캐스트 듣기, 블로그 읽기에 대한 연구도 이루어졌다. 연구자들은 U&G 관점에서 제3자 효과와 의사-사회적 상호작용을 살펴보았다. 최근에는 새로운 커뮤니케이션 기술을 포함하는 연구도 많이 이루어졌다. 새로운 기술로 가능해진 행위 주체성, 상호작용성, 탐색 가능성은 진화하는 미디어 환경에서 새로운 동기와 충족으로 이어진다.

제10장

설득

진정한 설득자는 우리의 욕망, 우리의 두려움, 무엇보다 우리의 허영심이다.
솜씨 좋은 선전가는 이러한 우리 내부의 설득자를 자극하고 조종한다.
— 에릭 호퍼(Eric Hoffer),
『정신의 열정적 상태(*The Passionate State of Mind*)』, 1955

매스 커뮤니케이션 설득 연구는 수용자의 태도 형성 및 변화 과정과 태도 변화를 토대로 한 행동의 변화를 조사한다. 설득 연구의 뿌리는 아주 오랜 옛날로 거슬러 올라가며 근대 커뮤니케이션학에서 연구가 가장 많이 이루어지는 분야 가운데 하나이다.

일반 수용자에게 영향을 미치는 데 어느 정도 이해관계가 있는 개인이나 단체라면 누구나 이러한 특정 커뮤니케이션 연구 분야가 제공하는 혜택을 입는다. 광고대행사, 소비자 제품 제조회사, 정치인, 공공 서비스 기관은 그들의 실질적인 이익을 위해 연구 결과를 이용하는 몇 안 되는 집단이다. 설득 영향에 대한 지식은 조작 대상이 되는 것으로부터 자신을 보호하려는 소비자, 투표자, 기타 수용자 구성원에게도 중요하다.

설득 연구는 한 가지 중요한 점에서 다른 미디어 효과 연구 영역과 다르다. 그것은 설득 메시지가 대부분 의도적이라는 점이다. 즉, 설득 메시지는 '의도하는 효과'를 얻기 위해 고안된다. 예를 들어, 하(Ha, 2020)는 광고를 "의도적인 설득 시도"라고 했다(2020: 275). 다른 효과 연구 영역에서 미디어 효과(예: 폭력물 시청 후의 공격적인 행동)는 보통 '의도하지 않은' 것이다. 공포 영화를 본 후의 공포 반응과 미디어 이용을 통해 얻은 특정한 충족 같은 사례들이 의도하지 않은 효과에 대한 예외가 될 수 있을 것이다.

텔레비전 광고부터 화려한 잡지
레이아웃, 타임스 스퀘어(Times
Square)의 디지털 광고판에 이르
기까지 광고의 목표는 설득이다.

설득은 태도 변화라는 특정한 과정을 수반한다. 심리학자인 페티(R. E. Petty)와 캐시오포(J. T. Cacioppo)는 수용자들이 설득당할 때 그들이 경험하는 과정을 설명하기 위해 인기 있는 모델을 개발했다. 그들의 정교화 가능성 모델은 2개의 분리된 '설득 경로'나 설득이 일어나기 전에 반드시 건너야 하는 2개의 다리 가운데 하나를 보여준다(Petty & Cacioppo, 1981, 1986b; Petty & Wegener, 1999; Petty et al., 2009).

설득 연구와 연관된 연구 전통을 살펴본 후, 설득 과정에서 태도, 정서, 행동의 중요성에 대해 논의할 것이다. 그런 다음, 태도와 행동을 연결하는 모델을 포함한 여러 설득 모델에 대해 살펴본다. 끝으로 우리는 설득 연구의 최근 추이를 살펴본다.

1. 연구 전통

20세기 초에 라디오가 인기를 끌자, 심리학자와 사회학자들은 매스 미디어의 설득력을 조사하기 시작했다. 3장에서 논의했듯이, 존경받는 사회과학자 해럴드 라스웰(Lasswell, 1927)은 제1차 세계대전 동안 선전 메시지가 수용자에게 '강력한' 효과를 발휘했음을 확인했다.

제1차 세계대전과 제2차 세계대전 사이에 발생한 몇몇 사건은 대중에게 미치는 미디어의 위력을 보여주는 증거를 추가로 제공했다. 1929년에 월 스트리트(Wall Street) 주가 폭락 뉴스는 미국 전역에 공황을 불러일으켰고, 1938년에 오슨 웰스의 방송 프로그램 〈우주 전쟁〉(2장에서 자세히 논의되었음)은 히스테리 증상을 초래했으며, 끝으로 (아마

칼 호브런드
자료: Katharine Walvick.

가장 중요한 것으로) 독일에서 아돌프 히틀러(Adolf Hitler)의 권력 부상은 대중 설득의 놀랄 만한 잠재력을 분명히 보여주었다.

제2차 세계대전 동안 칼 호브런드는 설득 메시지가 태도 변화에 미치는 효과를 계속해서 조사했다(3장 참조). 훈련용 영화를 본 군인을 대상으로 한 그의 연구는 군인들이 영화에서 새로운 정보를 습득하긴 하지만, 태도와 행동의 변화에 영향을 미치는 데 영화의 설득력은 상당히 제한적이라는 사실을 분명히 보여주었다. 호브런드는 설득이 이러한 효과를 조정하는 많은 변인과 조건적 관계에 있다는 사실을 확인했다(Hovland, Lumsdaine, & Sheffield, 1949).

제2차 세계대전이 끝난 후에도 호브런드는 예일 대학교(Yale University)에서 설득에 관한 연구를 계속했다. 그의 연구의 우선 관심사는 설득 과정에 작용하는 조절 변인(moderator)을 밝혀내는 것이었다. 호브런드는 성공적인 설득은 세 가지 중요한 단계로 이루어지는 과정을 포함한다는 것을 확인했는데, 세 단계는 다음과 같다: 첫째, 청취자는 반드시 메시지에 주목해야 한다; 둘째, 청취자는 반드시 그 메시지를 이해해야 한다; 셋째, 청취자는 반드시 그 메시지를 받아들여야 한다. 그는 메시지의 설득력에 영향을 주는 많은 변인을 밝혀냈다. 이러한 변인 가운데는 메시지원(message source)의 공신력(credibility), 메시지의 어필 유형(예: 두려움을 불러일으키는가 아니면 동기 부여를 하는가), 제시되는 주장의 순서(예: 한쪽 측면만을 제시하는 주장과 양측 측면 모두를 제시하는 주장의 각기 다른 설득력), 수용자와 특정 집단과의 동일시, 수용자의 성격 특성 등이 있다.

초기의 강력하고 직접적인 미디어 영향에 대한 증거의 상당수는 최상의 연구 설계를 기초로 한 것은 아니었다. 예를 들면, 선전 메시지를 수신하기 '전' 사람들의 태도를 측정하려는 노력은 거의 이루어지지 않았는데, 그것은 선전 메시지 때문에 실제로 태도 변화가 일어났음을 입증하는 데 매우 중요한 요인이다.

사회과학자들은 1940년대와 1950년대에 더 엄격한 경험적 방법을 사용하여 설득 메시지의 효과에 대한 연구를 계속했다. 하이먼(H. Hyman)과 쉬츨리(P. Sheatsley)는 태도 변화에 성공하기 위해서 설득 메시지는 반드시 특정한 심리적 장벽을 극복해야만 한다는 사실을 확인했다(Hyman & Sheatsley, 1947). 다른 사회과학자들은 미디어의 설득 캠페인 메시지가 1940년 대통령 선거에서 후보자에 대한 투표자의 선호도를 바꾸는 데 거의 영향을 미치지 않았다고 보고했다(Lazarsfeld, Berelson, & Gaudet, 1948).

폴 라자스펠드

라자스펠드와 동료들은 미디어 메시지가 주로 사람의 의견을 변화시키기보다는 기존의 태도를 강화하는 데 기여한다는 사실을 확인했다. 미디어 메시지는 시사 문제에 대한 지식 덕분에 존경을 받는 지역사회의 특정 구성원들에게 영향을 미치는 것 같았다. 위 연구자들이 **의견 주도자**(opinion leader)라고 부른 이들은 지역사회에 있는 다른 사람의 태도를 변화시키는 데 개인적인 영향을 미쳤다. 따라서 이러한 미디어의 영향을 두고 그들은 **2단계 흐름**(two-step flow) 또는 **간접 효과**(indirect effect)라고 불렀다. 즉, 미디어 메시지는 먼저 의견 주도자에게 영향을 미쳤고, 그다음 의견 주도자가 개인적인 커뮤니케이션을 통해 지역사회 내 다른 사람에게 영향을 미쳤다(Katz & Lazarsfeld, 1955).

커뮤니케이션 학자들은 매스 미디어를 통해 매개되는 메시지가 수용자들에게 어느 정도의 설득력을 갖는지에 대해 오랜 기간 논의해 왔다. 최근 연구들은 대부분 설득은 단순히 자극-반응(S-R) 유형의 상황이 아니라 수신자의 '수용성(receptivity)', 즉 수신자가 메시지를 기꺼이 수신하려는 마음이 강조되는 더 복잡한 과정임을 보여주었다.

2. 태도, 정서, 행동, 그리고 설득

설득 과정을 이해하기 위해서는 반드시 **태도**(attitude)라는 개념을 이해해야 한다. 어떤 사람의 태도란 그 사람의 "어떤 대상물에 대한 추상적인 평가"라고 정의할 수 있다(Chaiken et al., 1996: 702). 다른 학자들은 태도를 "어떤 대상에 대해 일관되게 호의적이거나 비호의적인 방식으로 반응하도록 학습된 선유성향"으로 정의했다(Fishbein & Ajzen, 1975). 이와 유사한 것으로 "다른 사람, 대상 및 이슈를 호의적이거나 비호의적으로 평가하는 사람들의 일반적인 선유성향"이라는 정의가 있다(Petty et al., 2009: 127). 태도에는 유연한 안정성이 있다. 다시 말해, 일관적이지만 경직되어 있지는 않다(Dillard, 1993). 태도는 변화에 맞춰 적응할 수 있다.

현대의 연구들은 대부분 설득 과정에서 태도의 역할을 매우 중시한다. 태도는 매우 중요한 새로운 설득적인 정보의 획득과 그 이후의 행동 변화 사이에 위치하는 지극히 중요한 매개 변인(mediator)으로 간주된다. 만약 새로운 정보가 어떤 사람의 태도를 변화시킨다면, 행동 변화가 일어날 가능성이 더 높다.

실질적으로 무엇이 태도 변화를 야기하는가? 어떠한 내면적 과정이 작용하는가? 사람들은 보상을 얻거나 벌을 피하기 위해 그들의 태도와 행동을 바꾸도록 동기화되는가 아니면 다른 이유에서 그러한 변화를 일으키는가?

이러한 복잡한 과정을 설명해 주는 것 가운데 하나가 **인지 부조화 이론**(theory of cognitive dissonance)이다(Festinger, 1957). 이 이론을 이해하는 최상의 방법은 이론의 각 요소를 정의하는 것이다. '인지적'이란 용어가 정신적 과정, 즉 사고(思考)를 기술하는 데 사용된다는 사실은 이미 알고 있을 것이다. 여기서 '부조화'란 '일치되지 않는' 어떤 것을 말한다. 인지 부조화는 태도와 행동이 서로 일치되지 않을 때 일어난다. 예를 들면, 건강상의 이유로 식습관을 바꾸지 않으면 안 되는 사람은, 과거의 식사법이 '건강한' 식사법이라고 생각했을지라도, 자신의 태도를 상당 정도 조정하지 않으면 안 된다. 페스팅거의 인지 부조화 이론에 따르면, 이러한 불일치는 사람들에게 반드시 해소되어야 할 불안감을 야기한다고 한다. 그것을 해소하는 방법은 태도를 행동과 일치시키는 것이다. 곧 새로운 식사법이 과거의 식사법보다 더 건강한 것이라고 믿게 된다.

예를 들면, 이민자에 대한 태도가 부정적인 사람이 있다고 가정해 보자. 아마 이 사람은 오랜 기간 이민자들에 대해 강한 편견을 지니고 있을 것이며, 심지어 이민자들을 놀리고 조롱하기까지 했을 것이다. 그와 같은 행동은 동료, 고객, 또는 부하 직원이 다른 나라에서 왔을 수도 있는 그의 직장에서는 용납되지 않을 것이다. 그는 심지어 미국으로 이민 온 몇몇 동료를 좋아하고 존경하게 될 수도 있는데, 이는 그의 태도와 행동 간의 부조화를 심화시킨다. 그는 이민자들에 대해 계속해서 편협한 태도를 보이기보다는 그러한 태도를 바꿈으로써 인지 부조화를 완화할 수도 있을 것이다.

많은 사회과학자는 태도의 정동적(affective) 요소와 정서 간의 연관성을 강조한다. 정서적 소구(appeal)를 담고 있는 설득 메시지는 강력할 수 있다. 연구자들은 정서가 태도 형성과 변화에 매우 중요하다는 사실을 확인했다(Jorgensen, 1998). 사람들의 행복하거나 슬픈 상태는 그들의 태도에 대한 자신감을 결정할 수 있고, 따라서 설득 과정에 영향을 줄 수 있다(Briñol et al., 2007; DeSteno et al., 2000; DeSteno et al., 2004).

다양한 정서(예: 자부심, 희망, 분노, 죄책감, 즐거움)가 설득력에 미치는 영향을 연구해왔지만, 정서와 설득에 대한 연구는 대부분 두려움 소구(fear appeal)의 영향을 살펴보았다(Nabi, 2020). 나비(R. L. Nabi)에 따르면, 연구자들은 여전히 두려움이 의사 결정에 어떻게 영향을 미치는지 그 과정을 조사하고 있으며, 지금까지 "그 과정을 정확하게 담아낸다는 인정을 받은 두려움 소구 모델은 없다…. 그럼에도 증거는 공포와 태도, 행동 의도 및 행동 변화 간의 정적인 선형적 관계를 뒷받침한다"(Nabi, 2020: 168).

3. 설득 모델 및 이론

오랜 기간에 걸쳐 많은 연구자가 설득 과정을 설명하기 위해 여러 가지 모델을 개발했다. 그 가운데서도 특히 정교화 가능성 모델을 강조하려고 하는데, 이 모델은 매개 커뮤니케이션 형식을 통한 설득 과정에 대한 가장 포괄적인 설명 가운데 하나이다. 그러나 정교화 가능성 모델은 설득을 이해하는 하나의 방법일 뿐이다. 따라서 우리는 우리가 매개되는 메시지에 어떻게 영향받는지 이해할 수 있게 해주는 다른 이론도 살펴볼 것이다.

1) 맥과이어의 커뮤니케이션/설득 행렬 모델

맥과이어(W. J. McGuire)는 '입력(input)'과 '출력(output)' 변인을 밝혀냄으로써 설득 효과를 설명하는 모델을 소개했다(McGuire, 1985, 1989, 2013). 입력, 즉 독립 변인에는 메시지원, 메시지, 채널, 수신자, 최종 목표(destination)가 포함된다. 애트킨(C. K. Atkin)과 프레이무스(V. Freimuth)가 공공 커뮤니케이션 캠페인 지침에 대한 논의에서 언급했듯이, 처음의 세 입력 변인(즉, 메시지원, 메시지, 채널)은 수용자를 설득하거나 수용자에게 영향을 미치려는 사람 또는 집단에 의해 통제되는 변인이다. 수신자의 특성을 조작할 수는 없지만, "개인의 배경 속성, 능력 및 선유성향에 대한 세심한 이해는 설득 메시지의 효과성을 높인다"(Atkin & Freimuth, 2013: 55). 최종 목표는 마지막 입력 변인이다. 이것은 예방 대 중단, 즉각적 변화 대 장기적 변화와 같이 설득 메시지가 미치고자 하는 영향의 유형을 나타낸다.

맥과이어의 행렬 모델

커뮤니케이션 메시지의 설득력에 영향을 미치는 변인

입력 변인(커뮤니케이터에 의해 통제)

메시지원	채널	메시지	수신자	최종 목표

출력 변인(수신자에 의해 통제)

노출	주목	관심	이해
조성	습득	동의	기억
인출	결정	행동	통합
전도			

출력 변인은 수용자들에 의해 통제되는 종속 변인이다. 이러한 변인으로는 ① 정보에 대한 노출, ② 정보에 대한 주목, ③ 메시지에 대한 호감 혹은 관심 유지, ④ 메시지 이해, ⑤ 관련된 인지 생성, ⑥ 새로운 기술 습득, ⑦ 메시지에 대한 동의 및 태도 변화, ⑧ 기억에 메시지 및 새로운 태도 저장, ⑨ 필요시 저장된 정보 인출, ⑩ 새로운 태도에 따른 행동 결정, ⑪ 행동 실행, ⑫ 해당 행동에 대한 행동 후 인지 통합, ⑬ 전도(다른 사람들에게 유사하게 행동하라고 전하기)가 있다.

한 연구에서 연구자들은 맥과이어의 행렬 모델을 사용해 사법적 처분도 받지 않고 치료도 받지 않은 채 파트너를 학대하는 약물 사용 남성들을 대상으로 하는 마케팅 캠페인을 개발했다(Mbilinyi et al., 2008). 그 캠페인의 목표는 그러한 남성들이 자신의 행동에 대해 이야기하고, 치료 선택지에 대해 알아보고, 자발적으로 치료를 시작하도록 설득하는 것이었다.

맥과이어의 모델은 몇 가지 단점이 있다(Petty & Priester, 1994). 첫째, 실제로 어떤 새로운 태도로 '대체되는' 과정에 관한 세부 설명이 미흡하다. 둘째, 이 모델은 입력 변인과 출력 변인이 '연속적'이라고 가정한다. 즉, 변인들이 설득 효과를 발휘하기 위해서는 반드시 나열된 순서대로 일어나야 한다는 것이다. 그러나 이후의 연구는 설득이 이루어지기 위해 이 변인들이 반드시 연속적으로 일어날 필요는 없음을 보여주었다. 새로운 정보의 획득(혹은 학습)과 기억은 서로 독립적이며, 심지어 설득 과정에서 불필요한 단계인 것으로 밝혀졌다(Greenwald, 1968; McGuire, 1985; Petty & Cacioppo, 1981). 예를 들면, 어떤 사람은 새로운 정보를 획득해서 학습하지만 자신의 태도 변화를 거부하고, 또 어떤 사람은 그 정보를 이해하지 못하여 그릇되게 배우지만 자신의 태도를 의도한 대로 바꿀지도 모른다.

2) 인지 반응 이론

앞에 나온 행렬 모델의 단점을 극복하기 위해 몇몇 학자들이 **인지 반응 이론**(cognitive response theory)을 개발했다(Greenwald, 1968; Petty, Ostrom, & Brock, 1981). 이 이론에 따르면, 수용자는 단순히 새로운 메시지를 학습했다고 해서 새로운 태도를 받아들이지는 않는다. 새로운 태도의 수용은 메시지에 대한 인지적 반응, 즉 자신이 메시지에 대해 '생각하는' 바에 좌우된다. 어떤 메시지에 대해 생각했던 것에 대한 기억이 그 메시지 자체에 대한 기억보다 훨씬 더 중요하다. 다시 말해, 설득 메시지에 대해 호의적으로 생각할 경우에는 그러한 소구에 대해 동의하게 되지만, 설득 메시지가 권장하는 내용에 대해 호의적으로 생각하지 않을 경우에는 수신자의 태도를 바꾸는 데 효과적이지 않다.

이후에 학자들은 단순히 "생각을 하게 하는 것만으로는 판단에 영향을 미치기에 충분하지 않으며, 오히려 그러한 생각에 대한 확신도 있어야 한다"고 주장했다(Briñol & Petty, 2009). **자기-타당화 이론**(self-validation theory)(Petty et al., 2002)[1]은 설득은 사람들이 설득 메시지에 대한 반응으로 자신의 사고에 대해 가지고 있는 '확신(confidence)'의 크기에 좌우된다고 가정한다. 사람들이 설득 메시지에 대해 호의적으로 생각할 때, 자신의 생각의 타당성(validity)에 대한 확신이 커지면 설득 효과가 증가하지만, 자신의 생각의 타당성에 대한 의심이 커지면 설득 효과는 감소한다. 반대로 사람들이 설득 메시지에 대해 호의적으로 생각하지 않을 때, 자신의 생각의 타당성에 대한 확신이 커지면 설득 효과가 감소하지만, 자신의 생각의 타당성에 대한 의심이 커지면 설득 효과는 증가한다(Briñol & Petty, 2004; Petty et al., 2002).

그러나 어떤 경우에는 수용자가 메시지의 내용에 대해 신중하게 생각하지 않는데도 설득이 이루어지는 것을 볼 수 있다. 인지 반응 이론은 이 같은 경우를 설명하지 못했다(Petty, Cacioppo, & Goldman, 1981).

---

1 '자기-타당화'란 자신의 생각이나 태도를 스스로 확인하고 유효하다고 인정하는 과정을 의미한다(옮긴이 주).

3) 정교화 가능성 모델

페티와 캐시오포(Petty & Cacioppo, 1981, 1986a, 1986b)는 인지 반응 이론을 확장해, 사람들이 설득 메시지를 수용할 때 발생하는 과정을 설명해 주는 하나의 이론적 모델을 개발했다. 그들의 **정교화 가능성 모델**(ELM: elaboration likelihood model)은 사람들이 어떤 설득 메시지를 인지적으로 정교화할, 즉 매우 신중히 생각할 가능성을 밝힘으로써 설득 과정을 설명한다.

이 모델은 설득이 일어나기 위해서 거치게 되는 2개의 다른 경로, 즉 중심 경로와 주변 경로를 제시한다. **중심 경로**(central route)를 통한 설득은 지지되는 입장이나 설득 메시지의 장점을 판단하기 위한 수용자의 인지적 노력을 상당히 요구한다. 메시지 수신자는 이야기를 경청한 다음 그 정보를 과거 경험과 사전 지식에 비추어 평가한다. 이러한 과정 동안 메시지에 대한 의견(찬성 또는 반대하는)을 형성하며 이는 설득 메시지의 성공을 결정하는 데 중요한 역할을 한다. 예를 들면, 국내외 주요 이슈에 관한 논의를 다루는 뉴스 보도는 보통 시청자나 독자에게 엄청난 인지적 처리를 요구한다. 어떤 이슈의 특정한 측면을 지지하는 사람이 독자나 시청자가 특정한 입장을 지지하도록 설득하느냐 하지 못하느냐는 그 정보의 중심 경로 처리에 달려 있다.

앞에서 언급한 것처럼, 중심 경로는 수용자의 상당한 인지적 노력을 필요로 한다. 그 결과, 중심 경로를 통한 태도 변화에는 몇 가지 공통된 특성이 있는데 ① 접근성, ② 지속성(persistency), ③ 행동의 예측성(predictability), ④ 변화에 대한 내성(resistance)을 포함한다(Petty & Priester, 1994). 바꾸어 말하면, 장기적 태도 변화에서는 중심 경로를 통한 설득이 더 성공적인 것으로 나타났다.

주변 경로(peripheral route)를 통한 설득은 여러 방식으로 일어날 수 있는데, 이러한 방식들은 상당한 인지적 노력을 수반하지는 않는다. 메시지의 상황에 포함되어 있는 '단순 단서(simple cue)'가 정보를 처리하고 이해하기 위한 의도적 노력보다 태도 변화의 더 큰 원인일 수 있다. 예를 들면, 텔레비전 광고에 나온 푸른 산에 있는 고요하고 수정같이 맑은 호수처럼 편안한 느낌을 주는 장면이 시청자에게 광고가 팔려고 하는 산처럼 신선한 향을 지닌 세제를 연상시켜 유쾌하고 만족스러운 기분을 경험하게 만들지도 모른다. 광고가 그 세제를 연상시키는 어떤 특정한 정서적 반응(유쾌하고 만족스러운 기분)을 조건화했기 때문에, 시청자는 그 제품을 써보도록 설득된다.

특정한 제품을 판매하기 위해 '전문가를 이용하는 것'은 주변 경로를 통한 설득의 또

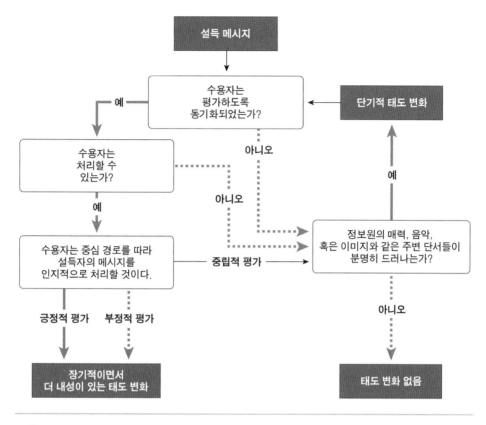

그림 10-1 정교화 가능성 모델
자료: Petty & Cacioppo(1986)의 그림을 변형함.

다른 예이다. "많은 의사가 이 진통제를 사용한다", "많은 병원이 이 브랜드를 사용한다", "많은 치과 의사가 이 칫솔을 추천한다"와 같은 표현은 모두 설득에 이르는 지름길로 효과적으로 가기 위해 사용되는 단서들이다. 시청자는 전문가가 옳을 것이라고 추론한다. 따라서 그 메시지는 진실한 것으로 판단되고 시청자는 그 제품을 사용하도록 설득된다(Chaiken, 1987).

주변 경로의 또 다른 예(例)인 '편승 효과(bandwagon effect)'는 1930년대에 선전분석연구소(Institute for Propaganda Analysis) 학자들이 밝혀낸 것이다(Lee & Lee, 1939). 수용자는 다른 많은 사람이 이미 어떤 연설가의 입장을 지지한다고 믿게 되었다. 그리고 매우 많은 사람이 동의하고 있기 때문에 그 연설가의 메시지는 사실임에 틀림없다고 추론했다. 이 같은 추론은 연설가의 메시지가 틀림없다는 단서 역할을 했고 편승 효과가 발생했다

> ### 정교화 가능성 모델의 예측
>
> - **정교화 가능성이 높을 때**(예: 메시지가 수용자와 개인적 관련성이 있을 때, 주의가 산만하지 않을 때), 사람들은 메시지를 들으려고 동기화되며, 정보를 처리하고 평가한다. 이 같은 상황에서 주변 단서 변인이 영향을 미칠 가능성은 적다.
> - **정교화 가능성이 낮을 때**(예: 메시지와 개인적 관련성이 낮거나 주의가 매우 산만할 때), 주변 변인의 중요성이 상당히 크다. 이 같은 상황에서는 수용자가 메시지를 신중히 처리하도록 동기화되거나 신중히 처리할 가능성이 없다.
> - **정교화 가능성이 중간 정도일 때**(예: 수용자가 이슈에 대해 어느 정도 지식은 가지고 있지만 개인적인 관련성이 있는지에 대해서 확신할 수 없을 때), 수용자는 메시지를 처리해야 할지를 판단하기 위해 메시지의 맥락을 평가할 수도 있다. 이러한 맥락적 구성 요소의 예로는 메시지원의 공신력이나 매력 같은 것을 들 수 있다.

(Axson et al., 1987).

주변 경로 설득은 단기적 태도 변화에 성공적인 것으로 드러났는데, 일정 시간이 지나면 주변 단서의 강도는 약화된다. 예를 들면, 어떤 사람의 기분과 감정은 변하거나, 단서들이 특정 메시지와 더 이상 연관되지 않을 수도 있다. 공격에 대한 저항과 지속성(durability)이라는 측면에서 주변 경로를 통해 일어나는 태도 변화는 중심 경로를 통해 발생하는 태도 변화에 비해 훨씬 더 약했다(Petty & Cacioppo, 1986a).

누군가가 인지적 노력을 기꺼이 기울이려는 정도에 따라 설득 과정에서 중심 경로와 주변 경로 중에 어느 쪽이 더 영향력이 있는지가 결정된다. 생각하는 정도는 '정교화의 연속선'을 따라 높은 수준에서 낮은 수준까지 달라질 수 있다. 이 연속선을 따라 생각하는 정도가 달라지면 중심 경로와 주변 경로의 영향력 사이에 상쇄 작용이 일어난다(Petty & Wegener, 1999). 정신적 정교화(설득 메시지의 신중한 처리) 가능성이 증가할 때는 중심 경로를 통한 설득이 지배적이다. 반대로 정신적 정교화 가능성이 감소할 때는 설득 과정에서 주변 경로를 통한 설득이 더 중요해진다. [페티와 웨거너(D. T. Wegener)는 중심 및 주변 과정이 이 연속선을 따라 대부분의 지점에서 동시에 발생하고 공동으로 판단에 영향을 미친다는 점을 인정했지만 두 별개의 경로의 상대적인 영향을 더 강조한다는 점에 유의해야 한다(Petty & Wegener, 1999).]

동기화하는 변인. 중심 경로를 통한 설득의 힘으로 인해 연구자들은 어떤 메시지에 대해 사람들이 신중하게 생각하도록 동기화하는 변인을 조사하게 되었다. 가장 중요한 변인 가운데 하나는 메시지와의 '개인적 관련성(personal relevance)'이다(Brickner et al., 1986; Leippe & Elkin, 1987; Petty et al., 1992).

정보가 수용자와 개인적으로 관련되어 있다고 지각될 때, 그들은 그 정보를 더 신중히 처리할 것이다. 이럴 경우 강한 주장은 설득력이 더 커지지만, 약한 주장은 설득력이 더 약해진다(Petty & Cacioppo, 1979). 한 연구는 단순히 3인칭 대명사인 '그' 또는 '그녀' 대신에 2인칭 대명사인 '당신'을 사용함으로써 개인적 관련성을 높일 수 있음을 확인했다. '당신'이라는 표현을 포함하고 있는 메시지를 수신한 사람이 메시지를 더 신중하게 듣고 처리하는 것으로 드러났다. 정보를 더 신중하게 처리한 사람은 강한 주장에는 더 설득되는 데 반해 약한 주장에는 덜 설득되었다(Burnkrant & Unnava, 1989). 유방암 검진에 관한 건강 관련 메시지에 대한 연구에서는 맞춤형 메시지가 메시지의 지각된 개인적 관련성을 증가시키기 때문에 일반적인 메시지보다 맞춤형 메시지가 더 효과적인 것으로 나타났다(Jensen et al., 2012).

연구자들은 수용자가 메시지에 대해 신중히 생각하게 하는 데 필요한 동기화를 제공하는 다른 변인도 확인했다. 이러한 변인 가운데는 수용자에게 더 많은 사고 처리(thought processing)를 유발하기 위해 메시지에서 주장하기보다는 질문 형식으로 말하는 것이 포함된다(Howard, 1990; Petty, Cacioppo, & Heesacker, 1981; Swasy & Munch, 1985). 예를 들면, 캠페인 광고 말미에 "아무개에게 투표하라"고 말하는 대신, 주장을 제시한 다음 말미에 "아무개에게 투표해야 하지 않겠습니까?"라고 말하는 것이 더 효과적이다.

메시지의 개인적 관련성을 높이는 또 다른 방법은 메시지를 어떤 사람의 가치나 자기-지각(self-perception)[2]과 일치되게 프레이밍하는 것이다(Petty & Wegener, 1998; 자세한 내용은 Petty et al., 2000 참조). 한 연구에서 연구자들은 학생들이 외향적인 성격인지 내성적인 성격인지 확인하기 위한 조사를 실시했다. 내성적인 학생에게는 "당신은 많은 관객 사이에서 부대끼지 않고도 영화관에서 누릴 수 있는 모든 호사를 누릴 수 있을 것"이라고 약속하는 VCR 광고를 보여주었다. 반면에 외향적인 학생에게는 "당신은 당신 집안에서 열리는 파티건 집밖에서 열리는 파티건 파티의 스타가 될 것"이라고 약속하는 광고를

---

[2] 우리 자신, 우리의 특성, 우리가 가진 특성에 대해 내리는 판단에 대해 우리가 갖고 있는 견해를 말한다. 자기-지각에는 자기-개념(self-concept: 우리가 누구인지에 대해 머릿속에 갖고 있는 이미지)과 자존감(self-esteem: 우리가 소유한 특성을 판단하는 방식)이 포함된다(옮긴이 주).

광고에서 매력적인 대변인을 사용하는 것은 주변 단서로 작용하여 메시지의 설득 소구력에 영향을 미칠 수 있다.

보여주었다(Wheeler et al., 2005: 789). 설득 메시지 내용을 개인의 자기-지각과 일치시킴으로써 메시지의 설득력은 주장의 질에 따라 높아지거나 줄어들었다.

  '주변 단서' 변인. 많은 변인이 주변 경로에 의한 설득 과정에 영향을 미치는 것으로 밝혀졌다. 연구자들에 따르면, **주변 단서**(peripheral cue)는 "어떤 대상이나 이슈의 장점에 대해 애써 깊이 생각해 보지 않은 상태에서도 호의적이거나 호의적이지 않은 태도가 형성될 수 있게 해주는 설득 상황의 한 특징"으로 정의할 수 있다(Petty et al., 2009: 141). 정신적 정교화(어떤 메시지에 대한 신중한 인지적 처리)의 가능성이 줄어듦에 따라, 주변 단서는 더 강력한 효과를 발휘하게 된다. 페티와 프리스터(J. R. Priester)는 연구 결과들을 검토한 결과, 다음과 같은 단순 단서 구실을 하는 몇 가지 변인을 확인했다(Petty & Priester, 1994):

① 메시지원의 호감도(likability)나 매력
② 메시지원의 공신력
③ 메시지에 포함된 주장의 수
④ 주장의 길이

⑤ 얼마나 많은 사람이 그 입장에 동의하는지에 대한 시청자의 지각 정도(편승 효과로도 알려져 있음)

변인의 역할. 설득이 이루어지기 위해서는 세 가지 요인이 존재해야 한다. 즉, '메시지원'이 반드시 '수신자'에게 설득 '메시지'를 전달해야 한다. 설득 과정에 영향을 미치는 변인은 각기 다른 역할을 할 수도 있으며, 이러한 세 가지 요인 가운데 어떤 것에 영향을 미칠 수도 있다.

메시지원 요인 변인 가운데는 메시지원의 매력이나 공신력과 같은 특성이 포함될 수 있다. 한 연구는 이 같은 변인들이 정교화 가능성이 낮을 때는 주변 단서 역할을 하지만, 정교화 가능성이 높을 때는 주장 자체의 질(質)만큼 중요하지는 않다는 점을 보여주었다 (Petty, Cacioppo, & Goldman, 1981). 이 같은 변인들은 주장의 강도에 따라 설득 가능성을 높이거나 낮추기도 한다(Heesacker et al., 1983; Moore et al., 1986; Puckett et al., 1983). 매력적인 메시지원이나 전문가 메시지원은 강력한 주장을 더욱 강력하고 설득적으로 만들었지만, 약한 주장은 더욱 약하고 심지어 덜 설득적이게 만들었다.

메시지원 공신력에 대한 한 연구에서 연구자들은 실험 참여자에게 새 진통제에 대한 강하거나 약한 주장을 보여주었다. 그 설득 메시지를 보여준 후 참여자에게 정보원이 ① 그와 같은 제품에 대해 연구하는 연방 기관이거나 ② 14살 된 학생의 수업 리포트라고 말해주었다. 그 메시지가 매우 공신력 있는 정보원으로부터 나온 것으로 믿은 사람은 메시지의 주장이 강할 때 더 호의적인 태도와 함께 설득의 증거를 보여주었다. 그리고 공신력 있는 정보원의 메시지에 담긴 주장이 약할 때는 덜 호의적인 태도와 함께 더 낮은 설득 가능성을 보여주었다(Tormala et al., 2006).

ELM에 따르면, 설득 변인은 각기 다른 이유로 그리고 각기 다른 조건 아래서 중심 경로나 주변 경로에 영향을 미칠 수 있다. 따라서 특정 변인이 반드시 두 경로 가운데 오로지 하나와만 연관되는 것은 아니다. 이를 **다중 역할 공준**(multiple roles postulate)[3]이라고 한다(Dillard, 2020; Petty & Weneger, 1999). 슈(Q. Xu)가 언급했듯이, "전문가 정보원은 주변

---

3 특정 변인(예: 설득 변인)이 하나의 경로(중심 경로 또는 주변 경로)에만 국한되지 않고, 다양한 역할을 할 수 있다는 이론적 가정을 의미한다. 즉, 설득 변인은 상황에 따라 중심 경로나 주변 경로 중 어느 경로에서든 영향을 미칠 수 있으며, 그 역할이 고정되지 않고 여러 가지로 변할 수 있다는 개념이다. 그리고 '공준'이란 영역별로 자명하게 받아들여지는 가정을 일컫는 말로 현대에 들어서는 '공준'과 '공리(axiom)'가 같은 의미로 쓰는 경우가 일반적이다(옮긴이 주).

적 처리가 이루어지는 경우 '전문가는 옳다(expert is correct)'는 휴리스틱을 활성화하는 단서 역할을 할 수 있다. 또한 전문가 정보원은 개인이 메시지에 더 많은 관심을 기울이도록 유도할 수 있기 때문에 더 심층적인 처리를 이끌어낼 수 있다"(Xu, 2017: 421).

메시지 요인으로 간주될 수 있는 변인에는 메시지에 포함된 모든 정보적 아이템이 포함될 수 있을 것이다. 정교화 가능성이 낮을 때는 메시지 속의 정보적 아이템이 주변 단서 역할을 한다. 정교화 가능성이 높을 때, 아이템은 신중하게 처리되며 단순히 주변 단서가 아니다. 연구들은 낮은 정교화 가능성 조건과 높은 정교화 가능성 조건 각각에 어떤 입장을 지지하는 약한 주장을 첨가할 경우, 각기 다른 결과가 초래됨을 보여주었다. 정보적 아이템이 주변 단서일 때 약한 지지 주장의 첨가는 설득이 이루어질 가능성을 높여주지만, 정보적 아이템이 주장 그 자체로서 설득력이 있는 것으로 평가될 때 약한 주장의 첨가는 설득에 영향을 미칠 가능성이 낮다(Alba & Marmorstein, 1987; Petty & Cacioppo, 1986a).

메시지가 수신되는 시점의 사람의 기분(mood)은 수용자 요인의 한 예가 될 수 있다. 페티, 슈만(D. Schumann) 등의 한 실험 연구는 수신자의 기분이 설득 과정에 영향을 미치는 몇 가지 방식을 보여주었다(Petty, Schumann, et al., 1993). 피험자들은 텔레비전 프로그램 2편(유쾌한 시트콤과 중립적인 다큐멘터리) 가운데 하나를 시청하는 동안 한 제품 광고를 보았다. 높은 관여, 즉 높은 정교화 가능성 조건에 있는 피험자에게는 그들이 나중에 광고 속의 제품 가운데 무료 선물 하나를 선택할 수 있을 것이라고 말해주었다. 낮은 관여, 즉 낮은 정교화 가능성 조건에 있는 피험자에게는 광고 속의 제품이 아닌 다른 제품 가운데 하나를 무료 선물로 선택할 수 있을 것이라고 말해주었다. 실험 결과, 유쾌한 시트콤 시청이 피험자의 기분을 더 긍정적으로 평가하게 했을 뿐만 아니라 광고 제품에 대해서도 더 긍정적으로 평가하게 만든 것으로 드러났다. 이것은 높은 관여와 낮은 관여 조건 모두에 해당되었지만, 정교화 가능성이 낮을 때보다 높을 때 광고 제품에 대해 더 긍정적인 생각을 한다는 점에는 주목할 필요가 있다. 일반적으로 말해서 기분은 관여도(정교화 가능성)가 낮을 때 사람들의 태도에 직접적으로 영향을 미치는 경향이 있지만, 관여도가 높을 때 기분이 태도에 미치는 영향은 긍정적인 사고를 한 총횟수에 좌우되었다.

4) 휴리스틱-체계적 모델

사람들이 설득력 있는 메시지와 정보를 처리하는 방법을 이해하는 데 도움을 주는 또 다른 이중 과정 모델은 **휴리스틱-체계적 모델**(HSM: heuristic-systematic model)이다(Chaiken, 1980, 1987; Chen & Chaiken, 1999). ELM과 마찬가지로 HSM은 휴리스틱 방식과 체계적 방식이라는 두 가지 인지 처리 방식을 제안한다. **체계적 처리**(systematic processing)는 ELM의 중심 설득 경로와 유사하며 사고, 분석 및 더 많은 인지적 노력을 필요로 한다. **휴리스틱 처리**(heuristic processing)는 덜 분석적이며 인지적 노력을 덜 필요로 한다. 이 방식에서는 인지적 휴리스틱(즉, 정신적 지름길)이 기억에서 활성화된다. 이러한 경험적 방법을 통해 사람들은 많은 인지적 노력 없이도 신속하게 판단을 내릴 수 있다. "예를 들어, 사람들이 심층적인 처리를 하도록 동기화되지 않을 때 설득 메시지의 길이는 '긴 건 더 낫다는 의미야(length implies strength)'라는 휴리스틱을 촉발해 호의적인 태도로 이끄는 단서 역할을 할 수 있다"(Xu, 2017: 422). 이러한 두 처리 방식은 상호 배타적이지 않으며, HSM의 기본 가정은 휴리스틱 과정과 체계적 과정이 동시에 발생한다는 것이다.

주목할 만한 HSM의 또 다른 측면은 **정보 충분성 원칙**(information sufficiency principle)인데, 이것은 판단을 내릴 때 메시지 처리가 왜 일어나는지 그리고 어느 정도 일어나는지를 설명한다. 기본적으로 이 원칙은 최소한의 인지적 노력을 기울이고자 하는 욕구와 올바른 판단을 내리고자 하는 욕구 사이의 동기적 균형 행위를 기술한다. 딜러드(J. P. Dillard)는 이를 다음과 같이 요약했다: "충분성 임계점은 정확성에 대한 욕구가 이와 상반된 인지 경제(cognitive economy)[4]에 대한 욕구와 균형을 이루는 지점이다. 다시 말해, '이 정도면 충분하다'고 여기는 지점이다"(Dillard, 2020: 116). 예를 들어, 누군가가 자신의 판단에 대한 실제 확신의 정도가 자신이 바랐던 확신의 정도보다 낮을 때, 그 사람은 그러한 격차를 줄이고 더 확신하는 판단에 도달하기 위해 체계적 처리를 할 가능성이 더 높다. 반면, 어떤 사람의 실제 확신의 정도가 자신의 판단에 대해 바랐던 확신의 정도와 같거나 더 높을 때, 그 사람은 휴리스틱 처리를 할 것이다. '이 정도면 충분하다고 여기는 지점'에 도달했기(또는 그 지점을 지났기) 때문에 추가적인 정신적 노력을 기울일 필요가 없다.

---

4   신경과학과 심리학 등에서 다루는 인지 경제성 원리(cognitive economic theory) 또는 인지 경제 모델은 인지 및 지각은 처리 과정에서 사용되는 에너지(비용)와 이에 따른 경제적 결과(효율)를 고려한다는 이론이다(옮긴이 주).

5   중심 경로가 우세한 상황에서도 주변 경로가 전혀 작동하지 않는 것은 아니며, 반대로 주변 경로가 우세한 상황에서도 중심 경로가 무시되지 않는다는 것이다. 특정 상황에서는 중심 경로가 더 효과적일 수 있지만, 두 경로는 상호작용하며 동시에 작용할 수 있는 가능성을 인정하는 것이다. ELM은 이

정교화 가능성 모델과 휴리스틱-체계적 모델 비교

ELM과 HSM은 매우 유사해 보일 수 있으며 여러 면에서 그렇다. 그러나 두 모델 사이에는 큰 차이점도 있다. 슈(Xu, 2017)는 이러한 유사점과 차이점을 다음과 같이 요약했다:

유사점

1. "두 모델 모두 설득은 질적으로 다른 두 가지 정보 처리 방식을 통해 달성될 수 있다고 주장하며 … [그리고] 한 가지 방식은 다른 방식보다 노력이 더 필요하고, 더 많은 숙고를 수반하며, 더 많은 인지적 자원을 소비한다"(Xu, 2017: 425).
2. 두 모델 모두 "정확하고자 하는 강한 욕구를 설득 환경에서 정보 처리에 영향을 미치는 중요한 동기 가운데 하나로 간주한다"(Xu, 2017: 425). 이러한 동기화는 열린 마음을 갖는 것과 설득력 있는 정보를 상대적으로 공정한 방식으로 다루는 것을 수반한다.
3. "두 모델 모두 사람들은 판단이 정확하기를 몹시 바랄 수도 있지만 경제적인 사고방식도 지니고 있다고 주장한다. 그들은 정보를 처리하고 가능한 한 효율적으로 판단하기 위해 최소한의 인지적 노력을 시도하고 사용하는 경향이 있다"(Xu, 2017: 425).
4. 두 모델 모두 개인의 처리 동기와 처리 능력이 "개인이 선택할 처리 방식을 결정하는 주요 요인"이라는 점을 인정한다(Xu, 2017: 425~426).

차이점

1. HSM은 체계적 과정과 휴리스틱 과정이 동시에 발생할 수도 있다고 가정한다. ELM은 두 과정이 동시에 발생할 수 있음을 인정하지만, 정교화의 연속선을 따라 중심 경로와 주변 경로 사이에 상쇄 작용이 일어난다고 주장한다. "그러나 이것이 정교화 가능성이 변할 때, 한 처리 방식이 다른 처리 방식보다 발생할 가능성이 더 높다거나 더 낮음을 의미하지는 않는다"[5] (Xu, 2017: 426).
2. "ELM과 HSM의 또 다른 주요 차이점은 주변 처리와 휴리스틱 처리의 차이에 있다"(Xu, 2017: 426). HSM의 휴리스틱 처리는 사람들이 정보를 체계적으로 처리하려는 동기가 없을 때 기억에 저장된 인지적 지름길(휴리스틱)을 끌어들인다. ELM에서 휴리스틱의 사용은 단순 노출, 고전적 조건화 및 자기-지각과 같은 주변 경로에서 몇몇 노력을 덜 요하는 유형의 과정들 가운데 하나일 뿐이다.
3. 두 모델 모두 정확성을 정보 처리의 주요 동기로 인정하지만, 최우선 동기에 대한 가정은 서로 다르다. ELM은 설득 상황에서 정보 처리의 기본 동기가 정확성이라고 가정한다. 반면에 HSM은 정확성, 방어(즉, 개인의 가치와 신념을 보호하는 것) 및 인상(즉, 사회적 목표를 충족하고 긍정적인 대인관계 결과를 경험하는 것) 동기가 정보 처리에 영향을 미친다고 주장하면서 가장 중요한 동기를 제안하지 않는다.

러한 복잡성을 반영하며, 설득 과정에서 사람들이 정보를 처리하는 방식이 유동적이라는 점을 강조한다(옮긴이 주).

5) 사회적 판단 이론

비록 **사회적 판단 이론**(social judgement theory)이 "역사적 유물"로 여겨지고 있긴 하지만 (O'Keefe, 2009: 277), 그것이 설득에 대한 우리의 이해를 높여준 것에 대해서는 여기서 논 의할 만한 가치가 있다. 사회적 판단 이론의 주요 요인 가운데 하나는 어떤 특정한 이슈 에 대해 가질 수 있는 상이한 견해에 대해 사람들이 다양한 판단을 내린다는 아이디어 이다(Sherif et al., 1965).

낙태 이슈를 예로 들어보자. 비록 어떤 사람이 필시 낙태에 대해 어떤 특정한 신념을 가지고 있긴 하겠지만, 그 사람은 다른 입장들에 대해서도 어떤 것은 받아들일 만한 것 으로, 다른 어떤 것은 받아들일 수 없는 것으로, 또 다른 어떤 것은 중립적인 것으로 볼 수도 있다. 이러한 다양한 사고방식(mind-set)은 그 이슈에 대한 "그 사람의 수용, 거절, 입장 유보의 허용범위(latitude)를 나타낸다"(O'Keefe, 2009: 276). 우리가 다양한 견해에 대 해 보이는 허용범위는 어떤 사람의 정체성이 어떤 특정한 이슈에 대한 자신의 관점과 관련되는 정도에 영향을 받는다. 사람들의 어떤 이슈에 대한 신념과 그들의 자기-정체 성(self-identity) 개념 간의 연관성이 강하면 강할수록, 그들이 상이한 관점을 거절할 가능 성은 더 높아진다.

4. 신념, 태도 및 행동을 연결하는 모델

많은 연구가 사람의 태도와 행동 또는 행위 간의 연관성을 다루었다. 아이저(M. Yzer,) 에 따르면, "태도는 행동 수행의 특정 결과가 발생할 가능성에 대해 사람들이 갖고 있는 특정 신념과 그러한 결과에 대한 사람들의 평가에 의해 형성된다"(Yzer, 2017: 1956). 사람 들이 자신의 태도 변화와 일치되게 자신의 행동을 변화시키는지 여부는 많은 요인에 좌 우된다. 이러한 요인들은 대부분 특정한 상황이나 사람의 성향과 관련되어 있다(Ajzen, 1988).

학자들은 새로운 태도나 변화된 태도를 적절한 행위나 행동과 연관시키는 과정을 설 명하는 몇몇 범용 모델을 개발했다. 다수의 모델이 행동이 어떻게 신중한 추론의 결과 인지 자세히 설명하고 있지만, 우리는 또한 태도와 연결된 행동이 어떻게 많은 생각 없 이 자동적으로 일어날 수 있는지에 대해서도 논의할 것이다.

1) 숙고된 행위 이론과 계획된 행동 이론

숙고된 행위 이론과 계획된 행동 이론은 모두 인간 행동을 예측하고 변화시키는 방법을 이해하는 **숙고된 행위 접근 방식**(reasoned action approach)의 초석이다(Fishbein & Ajzen, 2010). 이 두 이론은 엄밀히 말해 설득 이론이 아니며(Dillard, 2020) 미디어 효과를 설명하기 위해 고안된 것이 아님에도, 설득 학자와 전문가 모두 두 이론을 설득 이론으로 받아들였다. 그들이 이 두 이론을 설득 이론으로 받아들인 "주된 이유는 사람들의 행동을 이끄는 요인들이 무엇인지 더 잘 알수록 그러한 요인들을 개선할 수 있는 메시지를 더 잘 설계할 수 있다는 것을 알고 있기 때문이다⋯. 그 결과, 숙고된 행위 접근 방식은 소비자 행동, 건강 커뮤니케이션, 혁신 채택, 환경 행동과 같은 설득 영역에서 강한 영향력을 갖게 되었다"(Yzer, 2017: 1959).

피쉬바인(M. Fishbein)과 에이젠(I. Ajzen)은 다음과 같은 가정을 전제로 한 **숙고된 행위 이론**(TRA: theory of reasoned action)[6]을 소개했다(Fishbein & Ajzen, 1975): "사람들은 어떤 주어진 행동을 하거나 하지 않는 것을 결정하기에 앞서 자신의 행동이 미칠 영향을 고려한다"(Fishbein & Ajzen, 1975: 5). 이 모델의 가설은 사람들이 다음 두 가지 기준을 토대로 어떤 특정한 방식으로 행동을 하거나 하지 않는 것을 결정한다는 것이다: ① 행동 그 자체에 대한 그 사람의 태도[행동에 대한 태도(attitude toward the behavior)]와 ② 다른 사람이 그러한 행동을 어떻게 볼 것인가에 대한 그 사람의 지각[주관적 규범(subjective norm)]. 기본적으로 "TRA는 행동 의도(behavioral intention)가 개인적(태도적) 영향과 사회적(규범적) 요인 모두에 잠재적으로 영향을 받아 형성되는 것으로 본다"(O'Keefe, 2009: 273). 이러한 개인적 요인과 사회적 요인의 영향을 아는 설득자는 설득 메시지를 어떤 것(예: 특정 후보에 대한 투표, 특정 브랜드의 차 구매)을 하려는 수용자의 의도에 영향을 주는 요인들에

---

6 'reasoned action'을 '합리적 행동'으로 번역하기도 하나, 'reasoned'에는 'well thought-out', 'considered' 라는 뜻도 있으며, 피쉬바인과 에이젠도 이 이론을 "행동을 결정하기에 앞서 자신의 행동의 함의나 영향을 '고려'한다"고 설명하고 있기 때문에, 'reasoned'를 '숙고된'으로 번역하는 것이 더 적절하다. 실제로 Houghton과 Kerr는 "The theory of reasoned action assumes a great deal of *well thought out* straight-forwardness in structured management decision making and ⋯"라고 적고 있다[자료: Houghton L. & Kerr D. (2011). Diffusion of innovation theory and the problem of context for inter-organizational information systems: The example of federal information systems. In K. Vaidya (Ed.), *Inter-organizational information systems and business management: Theories for researchers* (pp. 209~221). Hershey, PA: IGI Global](옮긴이 주).

맞게 더 잘 맞춤화해서 제공할 수 있다. 사람들은 어떤 특정한 행동을 하기 전에 그러한 행동의 장점과 단점을 신중하게 평가한다. 만약 어떤 행동을 하는 것이 손해를 끼친다면, 그 손해는 그러한 행동을 하는 것의 지각된 이점과 비교하여 고려되고 신중하게 평가된다.

에이젠(Ajzen, 1991)은 이 모델을 수정하여 **계획된 행동 이론**(TPB: theory of planned behavior)을 소개했다. 이 확장된 모델은 행동하고자 하는 의도의 기반을 다른 사람의 태도와 행동적 규범에 두는 것 외에도 행동하고자 하는 의도는 행동에 대한 사람의 지각된 '통제(perceived control)'를 바탕으로 한다는 점을 보여준다. 이 요인은 기본적으로 사람들이 그 행동을 수행하기 쉽다고 생각하는지 혹은 어렵다고 생각하는지를 살펴본다.

다이어트나 운동 같은 건강 관련 행동을 살펴볼 때, 우리는 TRA와 TPB가 어떻게 작동하는지 쉽게 살펴볼 수 있다. 어떤 과체중인 사람은 아마 다이어트를 하는 것이 바람직하다고 생각하고(그러한 행동에 대한 긍정적인 태도) 자신의 친구와 가족도 그것이 좋은 아이디어라고 생각할 것(긍정적인 사회적 규범이 존재함을 의미함)이라고 생각할 것이다. 그러나 그 과체중인 사람은 건강한 식품이 흔히 더 비싸고, 조리를 해서 먹는 데도 시간이 많이 걸리며, 브로콜리와 단호박 맛을 좋아하지 않는 등의 이유로 계속해서 다이어트를 할 수 없다고 믿을 수도 있다(이것은 그 과체중인 사람이 그러한 변화가 너무 어려워서 수행할 수 없다고 믿고 있음을 보여줌).

이러한 유형의 상황에서 (그 사람은 이미 그 행동에 대해 긍정적인 태도를 가지고 있기 때문에) 설득 메시지를 만드는 사람은 그 사람의 행동이 가져다주는 이점에 초점을 맞추기보다는 자신의 행동 통제에 대한 그 사람의 지각을 바꾸는 방법을 찾기 위해 노력할 필요가 있다. 어떤 매트리스 회사가 당신이 새로운 매트리스를 사도록 설득하려 하고 있다고 상상해 보라. 연구는 수용자들과 사회 전반이 밤에 잠을 잘 자는 것에 대해 긍정적인 태도를 가지고 있지만, 그들은 또한 고급 매트리스가 워낙 비싸기 때문에 그것을 개인적으로 구입하는 것이 불가능하다고 생각하고 있음을 보여주었다. 이 경우 그 매트리스 회사는 수용자들이 실제로 그 매트리스를 살 여력이 있음을 보여줌으로써 설득 메시지의 초점을 비용 요인에 맞추어야 한다.

설득자는 숙고된 행위 접근 방식과 연관된 세 요인(개인의 태도, 사회적 혹은 주관적 규범, 지각된 행동 통제)을 사용함으로써 그들의 메시지를 수용자에게 더 큰 영향을 줄 수 있도록 맞춤화할 수 있다.

2) 보호 동기 이론

TRA 및 TPB와 유사하게 **보호 동기 이론**(PMT: protection motivation theory)도 사람들이 안전한 섹스 하기, 피부암을 막기 위한 조치 취하기, 금연하기와 같은 보호 행동을 하는 데 영향을 미치는 것을 더 잘 이해하기 위해 개발되었다(Rogers, 1975; Rogers & Prentice-Dunn, 1997). PMT 연구의 최근 사례는 코로나 19(COVID-19) 팬데믹 기간의 보호 행동을 조사했다(Bashirian et al., 2020; Ezati Rad et al., 2021). PMT가 제시하는 두 가지 요인은 ① 위협 평가(threat appraisal: 사람들의 위협에 대한 생각)와 ② 대처 평가(coping appraisal: 사람들의 보호 행동에 대한 생각)이다.

위협 평가의 두 하부 요인으로는 위협의 심각한 정도(예: 유방암, 비만 관련 질병)에 대한 지각과 그러한 위협으로 고통 받을 가능성(예: 암이나 비만의 가족력)에 대한 지각이다. 대처 평가 역시 두 하부 요인, 즉 보호 행동의 효과성(예: 화학요법과 방사선, 다이어트와 운동)에 대한 지각과 보호 행동을 하기 위한 자신의 능력(예: 화학 치료 견뎌내기, 체중 감량 능력)에 대한 지각으로 구성되어 있다.

연구는 위협이 더 심각한 것으로 보이거나 보호 행동이 더 효과적인 것으로 보일 때, 사람들은 보호 행동을 할 가능성이 더 높음을 보여주었다(예: Floyd et al., 2000; Witte & Allen, 2000).

3) 단계 모델

행동을 바꾸도록 누군가를 설득하는 것은 스위치를 올리는 것처럼 그리 간단하지 않다. 실제로 행동 변화는 흔히 사람들이 몇 가지 단계를 거쳐 이루어지는 과정으로 여겨진다. **범이론적 건강 행동 변화 모델**(TTM: transtheoretical model of health behavior model)은 숙고 전 단계(precontemplation), 숙고 단계(contemplation), 준비 단계(preparation), 실행 단계(action), 유지 단계(maintenance)를 확인했다(Prochaska, 1994; Prochaska et al., 2002).

이 모델이 제시하는 단계의 진행을 살펴보기 위해 달리기 운동을 예로 들어보자. 저스틴(Justin)은 더 좋은 몸매를 만들고 싶지만, '숙고 전' 단계에서 그는 달리기를 시작하는 것조차 생각하지 않고 있다. 가장 좋은 달리기용 운동화 브랜드를 조사하고 어디에서 달리기를 할지에 대해 생각하면서 달리기에 대해 심각하게 생각하기 시작하면서, 그는 '숙고' 단계에 접어든다. 그런 다음, 저스틴은 실제로 운동화를 사고 그가 달릴 경로를 알아보면서 '준비' 단계에 들어간다. 운동화 끈을 매고 집을 나서면서 저스틴은 '실행' 단계에 들어가고, 실제로 달리기를 한다. 마지막으로 몇 달 동안 매일 계속해서 달리면서 저스틴은 '유지' 단계에 접어든다.

노어(S. M. Noar)는 TTM을 자세히 검토하면서 다음과 같이 언급했다(Noar, 2017):

그러나 사람들은 이러한 단계들을 오로지 정해진 순서대로만 진행하지는 않는다. 오히려 TTM은 그러한 변화 과정이 역동적이고 순환적이며 비선형적인 것으로 가정했다. 연구에 따르면, 사람들은 변화를 시도하면서 이러한 단계들을 거치면서 전진할 수도 있고 뒷걸음칠 수도 있고 계속해서 단계들 사이를 순환 및 재순환할 수도 있다(Prochaska, Velicer, Guadagnoli, Rossi, & DiClemente, 1991). 실제로 건강에 해로운 행동으로 되돌아가는 것이 (이전에 자주 그랬던 것처럼) 실패로 여겨지기보다는 오히려 변화 과정의 자연스러운 부분으로 여겨진다(Noar, 2017: 문단 6).

이 모델이 제시하는 각 단계는 각기 다른 고려사항의 영향을 받는다. 설득자가 누군가를 숙고 전 단계에서 숙고 단계로 이동하도록 설득하기 위해서는 반드시 문제에 대한 인식을 높여야 한다(Slater, 1999). 숙고 단계에서 준

조깅이 일상화된 사람은 범이론적 건강 행동 변화 모델의 유지 단계에 있는 셈이다.

비 단계로 이동하려면 관련 신념에 변화가 있어야 한다. 준비 단계에서 행동 단계로 이동하면 자기-효능감과 지지적 태도에 대한 접근성이 높아진다. 실행 단계에서 유지 단계로 넘어가려면 의도를 강화하고 확실성을 높여야 한다. 캠페인을 설계할 때, 메시지를 특정 단계의 관련 변인과 원하는 결과에 일치시키는 것이 일치시키지 않았을 때보다 더 성공적이었다.

4) 자동 활성화

자동 활성화 모델(automatic activation model)은 어떤 태도에 대한 생각이 떠오를 때 행동은 자동적으로 뒤따른다고 제안한다. 이러한 과정은 즉각적이고 개인의 어떤 확대된 심사숙고나 추론을 수반하지 않는다. 이 모델의 고안자인 파지오(R. H. Fazio)는 태도가 자동적으로 행동을 이끌어내는 다음 두 가지 조건적인 상황을 제시했다(Fazio, 1990): ① 태도의 대상이 존재할 때면 언제나 그 태도에 즉각적인 접근이 이루어지는 경우와 ② 태도와 일치되게 대상이 지각되는 경우(즉, 태도가 호의적일 경우 대상도 호의적으로 지각되고, 태도가 비호의적일 경우 대상도 비호의적으로 지각되는 경우).

연구자들은 자동적인 태도(automatic attitude)[7]의 가용성을 연구하기 위해 새로운 척도를 개발했다(Fazio et al., 1995; Greenwald et al., 1998; Petty et al., 2008; Wittenbrink & Schwarz, 2007). 처음에 연구자들은 자동적인 태도가 변화에 대한 더 큰 저항을 보여줄 수도 있다고 생각했지만, 연구들은 심지어 오래 가지고 있던 태도도 고전적 조건형성(classical conditioning)[8]과 새로운 정보에 대한 노출 및 그것의 처리를 통해 변화될 수 있음을 보여

---

7   최근까지 대부분의 태도에 관한 연구는 태도가 의도성에 초점을 맞추었으나, 이제 많은 연구가 태도는 지각하는 사람의 의도, 자각, 혹은 노력이 없이도 생성된다는 것을 보여주었다[자료: Ferguson, M. J., & Bargh, J. A. (2007). Beyond the attitude object: Automatic attitudes spring from object-centered-contexts. In B. Wittenbrink & N. Schwarz (Eds.), *Implicit measures of attitudes* (pp. 216~246). NY: Guilford].

8   조건형성(conditioning)과 반응 생체가 본래 가지고 있는 반응을 '무조건 반응(unconditioned response)'이라고 하고 무조건 반응을 일으키는 자극을 '무조건 자극(unconditioned stimulus)'이라고 한다. 무조건 반응을 일으키지 않는 자극을 '중성 자극(neutral stimulus)'이라고 하고, 중성 자극에 의해 일어나는 반응을 '비상관 반응(uncorrelated response)'이라고 한다. 중성 자극 직후에 무조건 자극을 주는 것을 반복하면 중성 자극만으로 무조건 반응이 일어나게 되는데, 이것을 '고전적 조건형성'이라고 한다(옮긴이 주).

주었다(Briñol et al., 2008; Fazio & Olson, 2003). 새로운 정보는 광고, 매스 미디어를 통해 매개되는 캠페인, 혹은 다른 구어 커뮤니케이션 수단 형식으로 제시될 수 있다(Briñol et al., 2008; Czyzewska & Ginsburg, 2007; Gawronski & Bodenhausen, 2006; Maio et al., 2008; Park et al., 2007).

예를 들면, 박과 동료들(Park et al., 2007)은 사람들이 아랍-무슬림을 테러리즘과 연계시킨다는 점에서 사람들이 아랍-무슬림에 대해 자동적인 태도를 가지고 있음을 확인하기 위해 암시적 태도 척도(implicit measures of attitude)[9]를 사용했다. 아랍-무슬림에 대한 긍정적인 정보가 제시될 때, 그러한 태도는 조절되었다(moderate).

연구들은 사람들이 그들의 새로운 태도가 예전의 태도를 대체할 때까지 때때로 그러한 새로운 태도에 적응하거나, 그러한 태도를 더 확신하거나(Rucker & Petty, 2006), 새로운 태도를 새로운 상황에서 시연해 보기(rehearse) 위한 시간이 필요함을 보여주었다(Petty, Gleicher, & Jarvis, 1993; Wilson et al., 2000).

5. 최근 연구

설득 연구는 21세기에도 계속 발전하고 있으며, 연구의 (모든 영역은 아니지만) 일부 영역을 간략하게 살펴봄으로써 이 장을 마무리하고자 한다. 연구자들은 젠더와 같은 특정 변인이 설득 효과에 미치는 영향을 계속해서 탐구하고 있다. 가상 현실과 같은 기술적 진보 또한 연구자들에게 설득 효과를 조사할 수 있는 새로운 영역이다.

1) 설득에 미치는 젠더의 영향

젠더 차이와 그것이 설득 과정에서 미치는 영향은 계속해서 연구자들의 관심을 끌고 있다. 버군(M. Burgoon)과 클링글(R. S. Klingle)의 이전 연구에서는 일반적으로 남성은 설득을 더 잘하고 여성은 설득을 더 잘 당하기 때문에, 그들은 커뮤니케이터의 젠더와 설

9　'암시적 태도'란 태도 대상이나 자신에 대한 의식적인 인식 없이 발생하는 평가를 평가를 말한다. 이러한 평가는 일반적으로 호의적이거나 비호의적이며 개인 경험의 다양한 영향에서 비롯된다(옮긴이 주).

득 메시지 전략은 중요한 결정 요인이라고 제안했다(Burgoon & Klingle, 1998). 최근 들어, 연구자들은 대의명분 마케팅(CRM: cause-related marketing)[10] 메시지에 노출된 밀레니얼 세대의 젠더 차이를 조사했다(Vilela & Nelson, 2016). [이 연구는 형이나 오빠, 언니나 누나에게 혜택을 주는 치리오스(Cheerios) 시리얼 구매에 대한 CRM 사례를 사용했다.] 연구 결과에 따르면, 여성은 남성에 비해 CRM에 더 호의적으로 반응했다. 또한 여성은 CRM 메시지에 노출된 후 그 제품을 구매할 가능성이 더 높았으나, 남성의 구매 의도는 노출 후 감소했다가 2주 후에 증가했다.

또 다른 연구는 젠더 차이와 광고의 설득력을 조사했다(Papyrina, 2019). 이전 연구와 마찬가지로 이 연구에서도 남성은 메시지에 포함된 제품에 대한 주장의 양에 더 많이 설득된 반면['다다익선(more is better)' 휴리스틱에 의존], 여성은 광고 콘텐트를 더 신중하게 생각하는 경향이 있었으며 메시지의 질에 설득되었다. (이 연구에 대한 자세한 내용은 이 장의 '연구 스포트라이트'를 참조하라.)

2) 상호작용적 기술과 설득

설득 연구자들은 이용자에게 동기를 부여하고 이용자를 설득할 수 있는 기술에 관심이 있다. 인간-컴퓨터 상호작용 연구자들뿐만 아니라 설득 연구자들이 특히 관심이 있는 것은 상호작용적 컴퓨터 기술이다. "컴퓨터는 이용자가 목표를 달성하도록 도울 수 있을 뿐만 아니라 이용자가 생각하고 행동하는 방식을 바꾸도록 동기를 부여하고 심지어 설득할 수도 있다"(Sundar & Oh, 2020: 359). 상호작용성(interactivity)은 신념과 행동에 변화를 일으킬 수 있는 핵심적 특성이다.

가상 현실은 특히 이 기술을 통해 이용자가 특정 행위(action)와 행동(behavior)[11]을 압축적으로 앞당겨 경험해 볼 수 있게 하기 때문에 설득 연구에 유용한 영역이다 (Kalyanaraman & Bailenson, 2020). 나무를 심는 것, 담배를 끊는 것, 건강한 음식을 먹는 것 등 "VR을 사용하면 사용자는 행동을 시작한 직후에 자신의 행동의 장기적인 결과를 경

---

10 기업이 사회적으로 가치 있는 대의명분의 실현을 위해 비영리 기관과 파트너십을 맺고, 제품이나 서비스의 판매와 기업의 자선, 공익활동을 연결하는 마케팅 전략을 말한다(옮긴이 주).

11 'action'은 개별적이고 의도된 행위를, 'behavior'는 반복적이거나 습관적인 '행동'을 가리킨다(옮긴이 주).

광고에 대한 젠더 반응에 있어서 정보의 양과 질 간의 상쇄 작용

Veronika Papyrina (2019) *Journal of Promotion Management, 25*(1), 1~19.

이 연구의 목표는 남성과 여성이 광고에서 정보 콘텐트(즉, 제품 특성)를 처리하는 방식의 차이점을 살펴보는 것이었다. 이전 연구에서는 남성은 휴리스틱 처리를 더 많이 하는 반면, 여성은 더 많은 노력이 필요한 인지적 처리를 할 가능성이 더 높은 것으로 나타났다.

파피리나(V. Papyrina)는 명시적인 가설을 나열하는 대신 이 연구의 '주(主) 명제'를 다음과 같이 제시했다: "남성과 여성은 정보적 광고를 처리할 때 선호하는 인지 전략을 사용할 것이며, 이러한 전략은 그 광고의 설득력을 판단하기 위해 광고 메시지를 통해 전달되는 주장의 양과 상호작용할 것이다"(Papyrina, 2019: 4).

파피리나는 이 주 명제를 연구하기 위해 세 가지 실험을 수행했다.

연구 1

이 연구에서는 2(젠더) × 2(4개 대 6개 주장 광고) 피험자 간 설계(between-subjects design)[13]를 사용했다. 참여자들은 "기존 전구보다 최대 열 배 더 오래 지속됨", "기존 제품보다 전기를 50~80% 덜 사용", "실내외 모두 사용 가능"과 같은 제품에 대한 4개의 주장 혹은 6개 주장뿐만 아니라 제품의 컬러 사진이 포함된 전구에 대한 인쇄 광고를 보았다. 참여자들은 자신이 본 광고의 설득력에 대한 설문조사에 답했다.

그 결과, 남성들은 4개 주장 광고보다 6개 주장 광고에 더 잘 설득된 것으로 나타났다. 그러나 여성들의 경우에는 두 광고의 설득력에 차이가 없었다.

연구 2

연구 2에서는 제품 주장과 설득력에 대한 경계 조건을 찾고자 했다. 이 연구에서는 2(젠더) × 3(2개 대 4개 대 6개 주장 광고) 피험자 간 설계를 사용했다. 이번 연구에 사용된 제품은 모기 퇴치제였다. 제품 주장의 예로는 "장시간 보호 기능 제공-1회 사용 시 최대 8시간", "실내로 돌아왔을 때 씻어낼 필요 없음", "피부에 끈적거림이 없고 깔끔한 느낌이 듦" 등이 있다.

분석 결과, 남성의 경우 주장의 양이 설득력에 긍정적인 선형적 효과가 있는 것으로 나타났다. 남성들은 6개의 주장이 있는 광고가 4개의 주장이 있는 광고보다 더 설득력이 있다고 생각했으며, 4개의 주장이 있는 광고가 2개의 주장이 있는 광고보다 더 설득력이 있다고 평가했다. 여성 역시 2개 주장 광고보다 4개 주장 광고에 더 많이 설득되었으나, 6개 메시지 주장이 모두 포함되었을 때는 광고 효과가 평준화되었다. 즉, 광고 효과가 더 이상 유의미하게 증가하지 않았다. 여성들은 주장이 2개인 광고보다 주장이 6개인 광고가 더 설득력이 있다고 평가했지만, 주장이 4개인 광고와 주장이 6개인 광고 사이에는 통계적 차이가 없었다.

연구 3

이 실험에는 주장의 질이 포함되었다. 연구에 따르면, 여성은 남성보다 인지적으로 더 신중하게 생각하는 것으로 나타났다. 따라서 제품에 대한 주장의 강도는 여성에 대한 광고 설득력을 예측하는 중요한 변수가 될 수 있을 것이다. 이 실험에서는 2(젠더) × 2(3개 주장 대 5개 주장 광고) × 2(약한 대 강한 주장) 피험자 간 설계를 사용했다. 이 실험에 사용된 제품은 프린터 용지로 "모든 프린터, 복사기, 팩스에 사용 가능", "선명한 이미지와 뛰어난 색상 재현성 제공", "모든 종류의 문서에 사용 가능", "재활용 용이"와 같은 제품 주장이 포함되었다.

앞의 두 연구와 마찬가지로 남성들은 세 가지 속성이 포함된 광고보다 다섯 가지 속성이 포함된 광고가 더 설득력이 있다고 말했다. 약한 주장의 정량적 효과는 강한 주장의 효과와 유사했다. 즉, 광고에서 강조된 특성이 상대적으로 중요하지 않은 경우에도 남성은 계속해서 주장이 3개인 광고보다 주장이 5개인 광고가 더 설득력이 있다고 평가했다.

흥미롭게도 남성들은 세 가지 약한 주장을 제시하는 광고보다 세 가지 강력한 주장을 제시하는 광고에 더 잘 설득되었다. 그러나 강한 주장이 5개 있는 광고와 약한 주장이 5개 있는 광고 간의 차이는 크지 않았다. 파피리나는 인지적 요구가 적을 때(3개의 주장 평가) 남성은 강한 주장과 약한 주장을 구별하지만, 인지적 요구가 많아지면(5개의 주장 평가) 남성은 휴리스틱 처리에 의존한다고 결론지었다.

한편, 여성 참여자들은 광고에 아무리 많은 주장이 제시되더라도 강한 주장에 더 설득되고 약한 주장에는 덜 설득되었다.

전반적인 연구 결과

종합적으로, 이러한 실험은 제품에 대한 주장 수를 늘리는 것이 남성들에게 광고의 설득력을 높이는 효과적인 도구라는 것을 보여준다. 반대로, 많은 제품 특성을 포함하는 것은 여성에게 제한적인 영향을 미칠 것이며, 약한 주장은 광고의 효과를 약화할 수 있다. 따라서 광고주는 여성을 설득하기 위해서는 광고 주장의 수보다는 강도에 더 집중해야 한다.

험할 수 있다"(Kalyanaraman & Bailenson, 2020: 411). 예를 들어, 연구자들은 VR을 사용하여 참여자들이 과도한 설탕 섭취로 인해 건강에 미치는 부정적인 결과를 시각화할 수 있다. 누군가에게 설탕을 덜 먹도록 설득하는 데 있어 한 가지 장애물은 장기적인 해로운 효과가 수년 동안 보이지도 느껴지지도 않는다는 것이다. 그 결과는 말하자면 "눈에 보이지 않으면, 마음에서도 멀어진다"는 것이다. 그러나 VR에서 미래를 앞당겨 압축적으로 경험해 볼 수 있게 해주는 것은 사람들이 변하도록 설득할 수도 있을 것인데, 왜냐하면 VR의 '슈가 바디(sugar body)'[12]는 과도한 설탕 소비의 단기적(1개월, 6개월, 1년) 영향과 장기적(5년, 10년) 영향을 묘사할 수 있기 때문이다"(Kalyanaraman & Bailenson, 2020: 412).

다른 건강 관련 VR 연구에서는 어떤 사람의 체중이 감소한 신체를 나타내는 아바타를 그 사람의 아바타로 사용하면 이후 과제에서 더 건강한 식단을 선택하는 것으로 나타났다(Kuo et al., 2016). 칼리아래러먼(S. Kalyanaraman)과 베일런슨(J. Bailenson)은 쿠오(H. C. Kuo) 등의 연구(Kuo et al., 2016)에서 식단 결정이 가상 아바타에 영향을 미치지 않았지만 "앞당겨 압축적으로 경험해 볼 수 있게 하는 도구를 지렛대로 활용하는 것은 논리적인 진전"이라고 지적했다(Kalyanaraman & Bailenson, 2020: 411).

---

12 가상 현실에서 구현된 특정한 시각화 또는 아바타를 지칭한다(옮긴이 주).

13 '집단 간 설계(between-groups design)'라고도 하는 '피험자 간 설계'에서는 모든 참가자가 한 가지 조건만 경험하고 다양한 조건에서 참가자 간의 집단 차이를 비교한다. 모든 참가자가 모든 조건을 경험하는 '피험자 내 설계(within-subjects design)'와는 반대이다(옮긴이 주).

6. 요약

매스 커뮤니케이션에서 설득 연구는 수용자의 태도 변화 과정과 태도 변화를 바탕으로 한 행동 변화를 살펴본다. 설득은 '의도적' 과정이다.

매스 미디어의 설득력에 관한 연구는 라디오와 영화가 인기를 끌었던 1920년대와 1930년대에 시작되었다. 좀 더 최근의 연구는 설득이 단순히 자극-반응 유형의 상황이 아니라 수신자의 수용성을 강조하는 더 복잡한 과정이라는 것을 보여주었다. 현재의 연구는 대부분 설득 과정에서 태도의 결정적인 역할에 상당한 중요성을 부여한다. 태도는 이슈, 대상, 혹은 사람을 호의적으로 또는 비호의적으로 평가하는 사람들의 일반적인 선유성향으로 정의될 수 있다. 태도는 설득적인 정보의 획득과 행동 변화 간의 매개 변인이다.

수년에 걸쳐 수많은 설득 모델과 이론이 제시되었다. 맥과이어의 커뮤니케이션/설득 행렬 모델은 입력 변인(설득원에 의해 통제되는 변인)과 출력 변인(수용자에 의해 통제되는 변인)을 밝힘으로써 설득 효과를 설명했다.

인지 반응 이론은 설득 메시지를 받아들이는 것은 그 메시지에 대한 수용자의 인지적 반응에 좌우된다고 주장한다. 자기-타당화 이론은 인지 반응 이론을 확장하여 설득력 있는 메시지에 대한 자신의 생각을 확신하는 정도를 포함한다.

정교화 가능성 모델(ELM)은 인지 반응 이론을 확장시켜 사람들이 설득 메시지를 받아들일 때 일어나는 과정을 설명해 준다. ELM은 사람들이 인지적으로 정교화할, 즉 설득 메시지에 대해 매우 신중하게 생각할 가능성을 확인해 준다. ELM은 2개의 독특한 경로, 즉 중심 경로와 주변 경로를 제시한다. 중심 경로는 많은 인지적 노력을 필요로 한다. 중심 경로로 인한 태도 변화는 몇 가지 공통된 특성을 보여주는데 접근 가능성, 지속성, 행동의 예측 가능성, 태도에 대한 저항이 그것이다. 주변 경로를 통해 설득이 이루어질 때, 메시지 상황 속의 단순 단서, 상품 판매를 위한 전문가 사용, 편승 효과가 인지적 노력보다 태도 변화를 일으키는 더 큰 원인으로 작용한다. 정신적 정교화(어떤 설득 메시지의 신중한 처리) 가능성이 증가할 때는 설득에 이르는 중심 경로가 지배적이다. 정신적 정교화 가능성이 감소할 때는 설득에 이르는 주변 경로가 설득 과정에서 더 중요해진다.

HSM(Heuristic-Systematic Model)도 ELM과 유사한 두 가지 경로를 제안한다. 휴리스틱 경로는 인지적 지름길에 의존하는 반면, 체계적 경로는 더 많은 인지적 노력을 필요로 한다.

또한 신념, 태도, 행동을 연결하는 다양한 모델과 이론이 존재한다. 이러한 모델들 가운데 상당수가 건강 커뮤니케이션 캠페인에 자주 사용된다. 숙고된 행위 이론(TRA)은 사람들은 두 가지 기준, 즉 행동 자체에 대한 자신의 태도와 다른 사람이 그 행동을 어떻게 볼 것인지에 대한 지각을 토대로 행동을 할 것인지 하지 않을 것인지를 결정한다는 가설을 제시한다. 계획된 행동 이론(TPB)은 행동하고자 하는 의도는 또한 사람들이 그 행동에 대해 행할 수 있는 지각된 '통제'에도 영향을 받음을 보여준다. 이 요인은 기본적으로 사람들이 그 행동이 수행하기 쉽다고 생각하는지 아니면 어렵다고 생각하는지를 살펴본다.

TRA 및 TPB와 유사하게 보호 동기 이론(PMT)도 사람들이 안전한 섹스 하기, 피부암을 예방하기 위한 조치 취하기, 금연, 팬데믹 기간에 마스크 착용하기와 같은 보호 행동을 하는 데 어떤 것이 영향을 미치는지를 더 잘 이해하기 위해 개발되었다.

건강 행동 변화의 범이론적 모델은 사람들이 행동을 채택하기 위해 거치는 5단계, 즉 숙고 전, 숙고, 준비, 실행 및 유지 단계를 개략적으로 설명한다. 그러나 사람들은 늘 오로지 정해진 순서대로만 그러한 단계들을 진행하는 것은 아니다. 연구에 따르면, 그러한 과정은 흔히 역동적이며 순환적이다.

태도와 행동을 연결하는 또 다른 모델은 자동 활성화 모델이다. 이 모델은 어떤 태도가 마음속에 떠오를 때 숙고나 추론 없이 행동이 자동으로 따라오는 자동적인 과정이 있다고 제안한다.

최근 설득 연구는 젠더와 같은 오랫동안 연구된 변인과 새로운 상호작용적 기술을 계속해서 탐구하고 있다. 가상 현실은 그렇지 않으면 관찰할 수 없는 몇 달 후 또는 몇 년 후 사람들의 행동의 결과를 미리 앞당겨 압축적으로 볼 수 있게 해주기 때문에 설득을 위한 흥미로운 도구가 될 수 있다.

제3부

주요 연구 영역

제11장

미디어 폭력의 효과

저는 스크린의 폭력에는 전혀 문제가 없지만,
현실의 폭력에는 큰 문제가 있다고 생각합니다.
— 퀜틴 타란티노(Quentin Tarantino), 1994

〈더 위쳐(*The Witcher*)〉의 피비린내 나는 전투부터 〈아메리칸 호러 스토리(*American Horror Story*)〉의 끔찍한 살인 사건, 〈더 보이즈(*The Boys*)〉의 살인 행각을 벌이는 수퍼히어로에 이르기까지 우리의 스크린은 흔히 폭력으로 가득 차 있다. 여러 세대에 걸쳐 〈톰과 제리(*Tom and Jerry*)〉 시청자들은 제리가 톰을 너무 세게 때려 톰의 이빨이 빠지는 것을 보고 웃었다. 〈어벤져스: 엔드게임〉에서 쏘어(Thor)가 싸노스를 참수했을 때 극장에서는 환호가 터졌다. 생생한 폭력은 퀜틴 타란티노(Quentin Tarantino) 같은 많은 영화 감독의 전매특허이다. 더욱이 기술의 발전은 유혈이 낭자한 1인칭 슈팅 게임에 믿을 수 없을 정도로 현실감을 더해준다.

폭력은 아주 어린 시절부터 미디어를 통해 겪는 경험의 일부이다. 실제로 어린이들은 18세가 될 때까지 TV에서 평균 1만 6,000건의 살인 사건을 포함하여 20만 건 이상의 폭력 행위를 목격하게 된다(The Effect of Television Violence on Children, 2004). 우리 시대의 가장 중요한 사회적 이슈 가운데 하나는 특히 어린이가 미디어 폭력물에 노출됨으로써 나타나는 부정적인 효과에 대한 공중의 우려였다.

수십 년 동안, 스크린의 폭력이 현실 세계의 폭력으로 옮겨가는 것에 대한 우려가 있었다. 콜럼바인(Columbine), 버지니아 공대(Virginia Tech), 콜로라도(Colorado)주 오로라 (Aurora)에 있는 센추리 16(Century 16) 영화관, 샌디훅(Sandy Hook) 초등학교, 펄스(Pulse) 나이트클럽, 마조리 스톤먼 더글러스(Marjory Stoneman Douglas) 고등학교, 그리고 롭 (Robb) 초등학교. 많은 사람은 이 단어들을 읽는 것만으로도 거기에서 일어났던 끔찍한 충격 사건의 이미지들이 생생하게 떠오를 것이다. 폭력적인 미디어가 현실 세계의 공격 성에 미치는 영향에 대한 논쟁은 이러한 유형의 폭력이 실제로 발생할 때마다 "그 추악 한 모습을 드러낸다"(Piotrowski & Fikkers, 2020: 211).

오랜 세월에 걸쳐 이루어진 많은 연구는 텔레비전 폭력물 시청이 공격적인 생각, 감 정 및 행동을 초래한다는 것을 보여주었다. 연구 결과에도 불구하고, 많은 사람이 이러 한 연구와 이들 연구가 사용한 연구 방법을 비판한다. 모든 미디어 폭력 이슈는 사회 전 반에 미치는 영향으로 인해 오랫동안 공공정책 입안자들의 주요 관심사 가운데 하나였 다. 이 장은 공공정책 관점에서 이 분야의 주요 연구와 비판하는 사람들의 목소리를 살 펴볼 것이다. 미디어 폭력을 측정하는 방법을 포함해 매개되는 폭력의 효과를 연구하는 데 사용된 이론과 연구 방법을 간단히 살펴볼 것이다. 그런 다음, 행동적·정서적·인지적 효과를 포함한 여러 유형의 매개되는 폭력 소비의 효과에 대해 논의하기로 한다. 끝으 로 폭력적인 미디어의 영향에 대해 우려해야 하는지를 둘러싼 논쟁을 살펴본다.

1. 미디어 폭력 연구와 공공정책: 역사와 미래

오랜 기간에 걸쳐 이루어진 수많은 미디어 효과 연구는 미디어의 폭력적인 내용을 읽 거나 보거나 듣는 등 미디어 폭력물 소비 때문에 나타나는 행동에 대한 부정적인 효과 를 살펴보았다. 영화와 텔레비전이 등장한 이래로 미디어 폭력에 대한 우려는 공공정책 을 수립하는 데 중요한 힘으로 작용해 왔다. 입법자들이 처한 어려움은 자유 사회에서 의 미국 헌법 수정조항 제1조(First Amendment)의 권리(즉, 표현의 자유)[1]와 공공 복지에 대 한 관심 사이의 균형을 반드시 유지해야 한다는 것에 있다.

사회과학자들은 영화 관람이 미치는 행동적·사회적 영향을 조사하기 위해 1920년대

---

1   괄호 안은 옮긴이 첨가.

와 1930년대에 이루어진 노력을 통합했다. 많은 학자가 페인 재단 연구를 "미디어 폭력 연구에 대한 공식적인 과학적 탐구의 시작"으로 간주한다(Sparks et al., 2009). 이 연구는 폭력적이고 성적인 내용이 담긴 영화가 전통적인 사회 관습과 일치하지 않음을 발견했지만, 성인영화 관객의 사회적 기준에 미치는 해로운 효과에 대한 공중의 주장을 전적으로 지지해 주지는 않았다. 그러나 연구 결과는 청소년 비행을 저지르기 쉬운 특히 '취약한' 어린이들이 스크린에서 본 폭력적이고 범죄적인 행동에 영향을 받음을 시사했다(Blumer & Hauser, 1933; Dysinger & Ruckmick, 1933).

1950년대 중반에는 공중의 주목을 끈 또 다른 주요 연구가 이루어졌다. 이번에는 만화책이 조사 대상이 되었다. 인기 있었던 책인『순진한 사람들에 대한 유혹(The Seduction of the Innocent)』(Wertham, 1954)은 만화책이 어린이들에게 왜곡된 현실상을 제공하며 읽기 문제를 일으킬 뿐만 아니라 청소년 비행의 원인이 된다고 주장했다. 사회과학자들은 저자의 방법과 해석에 이의를 제기했지만, 그의 책은 일반 공중과 언론의 관심을 끌었고, 이는 만화 반대 운동으로 이어졌다(2장 참조). 미국 정부의 만화책 내용 및 판매 규제를 막기 위해 미국 만화·잡지 협회(Comics Magazine Association of America)는 1954년 만화 규약(Comics Code of 1954)을 채택했다. 이 규약은 "매스 미디어 역사상 업계 자기-검열(self-censorship) 가운데 가장 구속적인 사례 가운데 하나"였다(Campbell et al., 2019: 301). 예를 들면, 이 규약은 끔찍한 범죄와 과도한 폭력 장면을 보여주는 것을 금지했다. 과도한 유혈사태와 고문, 좀비, 뱀파이어, 유령, 늑대 인간을 묘사하는 장면도 금지되었다.

1950년대와 1960년대 초에 텔레비전이 인기 있는 오락 미디어가 되자, 미국과 영국 커뮤니케이션 학자들은 새로운 미디어에 대한 어린 시청자의 노출 효과에 대해 알고 싶어 했다. 미국 학자들(Schramm et al., 1961)은 연구를 통해 어린이의 텔레비전 폭력물 시청과 공격적 행동 간의 연관성을 확인한 반면, 영국 연구팀(Himmelweit et al., 1958)은 이 같은 인과관계의 증거를 발견하지 못했으며 연관성을 증명하기 어렵다고 주장했다.

그 후 사회가 혼란스럽고 폭력적이었던 1960년대에 들어 2편의 중요한 연구는 또다시 서로 상충하는 연구 결과를 내놓았다. 첫 번째, 린든 존슨(Lyndon Johnson) 대통령의 폭력 원인과 예방에 관한 국가위원회(National Commission on the Cause and Prevention of Violence, 1969)는 이러한 이슈에 대해 연구한 결과, 텔레비전이 사회 폭력의 주된 원인이 아닐 수도 있다고 보았다. 뒤이어 공중보건총감(Surgeon General)의 텔레비전 및 사회적 행동에 관한 과학자문위원회(Scientific Advisory Committee on Television and Social Behavior, 1971)는 5권으로 된 보고서를 발행했다. 이 자문위원회가 제시한 증거에 따르면, 텔레비전 폭력물 시청은 시청자가 공격적으로 행동하는 경향을 '높인' 것으로 나타났다.

연방 커뮤니케이션스 위원회(FCC: Federal Communications Commission)는 1980년대 내내 방송사업자들이 '공중의 이익을 위해' 운영하도록 일찍이 부여했던 제약을 완화했다. 규제 완화는 방송사업자들에게는 수정조항 제1조의 권리에 대한 승리를 의미한 반면, 그에 따른 프로그램의 변화는 공중의 상당한 우려를 자아냈다. 예를 들면, 어린이 프로그램은 많이 사라졌으며 남아 있는 어린이 프로그램도 더욱 폭력적이거나 매우 상업적으로 변했다. 『텔레비전과 행동(Television and Behavior)』이라는 제목의 국립정신건강연구소(National Institute of Mental Health)의 1982년 보고서는 더 많은 대중적 논란을 불러일으켰다. 의회는 프로그램 기준 완화에 대해 1990년 어린이 텔레비전 법(Children's Television Act of 1990)으로 맞섰는데, 이 법에 따라 방송사업자들은 어린 시청자들에게 적합한 교육적 프로그램을 일정량 방송해야 했다. 또한 이 법은 어린이 프로그램에 방송되는 광고의 양을 제한했다.

그로부터 3년 후, 의회는 미디어 폭력과 그것이 어린이에게 미치는 효과를 조사하기 위해 청문회를 시작했다. 이 이슈에 대해 높아진 공중의 자각과 우려 때문에 텔레비전 네트워크들은 폭력적이고 부적절한 내용이 담긴 프로그램에는 (부모에게) 경고하는 표시를 달기로 결정했다. 결국 어떤 프로그램을 시청할지 부모가 통제할 수 있는 장치를 텔레비전에 부착하도록 하자는 제안이 나오는 상황에까지 이르게 되었다. 1996년 텔레커뮤니케이션 법(Telecommunications Act of 1996)은 새로운 텔레비전 모델에 대해 폭력칩(V-chip) 장착을 의무화했다. 부모는 이 장치를 사용하여 시그널을 차단함으로써 폭력, 성, 또는 독설(毒舌)을 포함하고 있는 바람직하지 않은 프로그램이 수신되는 것을 막을 수 있다. 또한 이 법은 텔레비전 산업이 특정 연령 수준에 적합한지 아닌지를 나타내는 프로그램 등급을 표시하도록 요구했다(그림 11-1 참조).

많은 사람은 이러한 상황의 진전을 긍정적인 조치로 보지만, 어떤 사람은 바람직하지 않은 프로그램에 대한 어린이의 노출을 제한하거나 금지하는 이와 같은 조치에 내재된 문제점을 지적한다(Potter & Warren, 1996). 어떤 사람들은 권고적인 경고문과 시그널 차단 장치는 '금단의 열매(forbidden fruit)' 효과를 발생시켜, 부모가 차단하고자 하는 바로 그 프로그램에 어린이들이 극도의 관심을 가지도록 만든다고 주장했다(Christenson, 1992).

몇몇 주요 대학교의 연구자들이 수행한 전국 텔레비전 폭력 연구(NTVS: National Television Violence Study)는 1994년에 시작되었다. 3년에 걸친 이 프로젝트에서는 사람들이

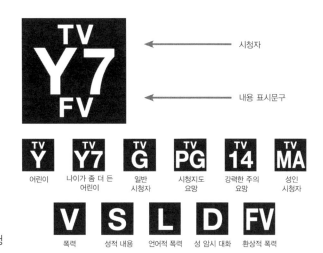

시청자

내용 표시문구

TV Y	TV Y7	TV G	TV PG	TV 14	TV MA
어린이	나이가 좀 더 든 어린이	일반 시청자	시청지도 요망	강력한 주의 요망	성인 시청자

V	S	L	D	FV
폭력	성적 내용	언어적 폭력	성 암시 대화	환상적 폭력

그림 11-1 FCC의 『부모 TV 시청 지도 지침(*TV Parental Guidelines*)』

가장 자주 시청하는 방송 및 케이블 TV 채널 중 23개 채널의 1만 시간 분량의 프로그램을 조사했다. 연구자들은 공중파의 프라임타임 프로그램과 케이블 프로그램에서 '폭력이 묘사되는 방식'이 어린이들이 본 행동을 모방하도록 부추긴다는 사실을 확인했다. 또한 이 연구는 나이에 기반을 둔 프로그램 등급이 프로그램에 포함되어 있는 폭력의 양을 나타내주지는 않음도 확인했다(Federman, 1998).

그러나 폭력적인 내용이 단순히 널리 퍼져 있다는 것보다 더 중요한 것은 폭력이 발생할 때 (일단의 연구가 시사하듯이) 시청자에게 부정적인 결과를 증가시킬 가능성이 있는 방식으로 폭력이 묘사되는 경우가 많다는 일관된 연구 결과이다…. 전체 폭력 장면의 약 4분의 3은 폭력에 대한 후회나 비판, 처벌을 전혀 보여주지 않고, 폭력 장면이 포함된 전체 시간의 약 40%가 유머와 연관되어 있으며, 모든 폭력적인 상호작용의 절반 이상이 고통을 보여주지 않는다…. 만화에는 (기존의 많은 연구가 동의하듯이) 유해한 영향을 증가시킬 가능성이 있는 방식으로 묘사된 폭력의 비율이 높다. 7세 미만의 어린이는 환상과 현실을 구별하는 능력이 제한되어 있어서 특히 위험하다(Federman, 1998: 14).

텔레비전에서 대부분의 폭력이 등장하는 맥락이 시청자에게 위험을 초래한다. 스트라스버거(V. Strasburger)와 윌슨(B. Wilson)에 따르면, NTVS는 텔레비전에서 폭력이 미화되고(롤 모델로 볼 수 있는 선한 등장인물이 폭력을 저지름), 특정 장면이 삭제되며(피해자의 고통이 묘사되지 않으며 부정적인 결과가 거의 존재하지 않음), 하찮아 보이게 처리되는(많은 폭력적인 장면에는 어떤 형태로든 유머가 포함되어 있음) 경우가 많았다(Strasburger & Wilson, 2014).

1999년 4월, 콜로라도(Colorado)주 리틀턴(Littleton) 소재 콜럼바인 고등학교에서 일어났던 총격 사건 이후, 미디어 폭력물과 살인 행위 간의 지각된 연계는 다시 한번 공중의 뇌리에 깊이 새겨지게 되었다. 분별없는 살인에 대한 공포 반응은 결과적으로 의회의 조치와 클린턴 대통령의 지시에 따라 공중보건총감의 폭력에 관한 보고서 제출로 이어졌다. 『청소년 폭력: 공중보건총감 보고서(Youth Violence: A Report of the Surgeon General)』는 미디어 폭력물 소비와 단기적인 공격성 간의 높은 관련성을 발견했지만, 보통 유발되는 공격적 행동은 팔다리를 부러뜨리거나 살인을 저지르는 것에는 훨씬 미치지 못했다.

2000년, 미국 소아학회(American Academy of Pediatrics), 미국 소아·청소년 정신의학회(American Academy of Child and Adolescent Psychiatry), 미국 심리학회(American Psychological Association), 미국 의학협회(American Medical Association), 미국 가정의학회(American Academy of Family Physicians), 미국 정신의학협회(American Psychiatric Association)는 '오락물의 폭력이 어린이에게 미치는 영향에 관한 공동성명서(Joint Statement on the Impact of Entertainment Violence on Children)'를 발표했다. 이 성명서는 폭력적인 미디어 내용물을 시청하는 것이 공격성으로 이어질 수 있음을 시사한 지난 30년간의 연구를 지적했지만, 또래 친구의 영향, 가정 상황, 미국에서 무기를 쉽게 이용할 수 있는 상황과 같은 다른 중요한 요인도 청소년 공격성의 원인이라고 지적함으로써 이 이슈에 대한 그들의 입장에 단서를 붙였다. 마찬가지로 NTVS도 "또래 친구의 영향, 가족 역할 모델, 사회적·경제적 지위, 교육 수준, 무기 이용 가능성이 제각기 텔레비전에서 폭력을 시청하는 것에 대한 특정한 반응을 불러일으킬 가능성을 크게 바꿀 수 있다"고 조언했다(Federman, 1998: 5).

엄청나게 많은 연구가 매개되는 폭력과 공격성 간의 연관성을 보여주었음에도, 이것을 비판하는 사람들은 작거나 중간 정도의 효과 크기(effect size)를 보여주고 있는 연구의 통계적 문제를 지적한다. 연구자들은 보통 수백만 명에 이르는 매스 미디어 수용자 수를 고려할 때 심지어 작은 효과 크기도 치명적일 수 있다고 지적함으로써 대응한다.

다른 비평가들은 일반적으로 측정되는 효과의 속성이 단기적이라는 점뿐만 아니라 인위적인 상황에서 이루어지는 실험의 성격과 대학생을 실험대상자로 사용하는 것도 지적한다. 질먼(D. Zillmann)과 위버(J. B. Weaver)는 이러한 비판에 대해 다음과 같이 대

답했다:

미디어 폭력 연구를 비판하는 사람들은 젠더와 다수의 성격(personality) 변인을 고려하면서 무작위 할당이 지켜지고 폭력물에 대한 통제가 엄격하게 이루어지는 종단적 실험 연구, 즉 자유로운 사회에서는 결코 수행할 수 없는 연구라야만 만족할 수 있는 것처럼 보인다 (Zillmann & Weaver, 1999: 147).

미디어 폭력 연구를 비판하는 사람들 가운데 일부는 폭력적인 미디어 소비와 공격적인 생각, 감정, 행동의 증가 간의 연관성을 인정하지만, 실험 연구와 설문조사 결과를 살인이나 폭행과 같은 현실 세계의 심각한 폭력 행위로 일반화하지 말라고 충고한다. 국회의원, 매스 미디어, 심지어 일부 연구자들조차 폭력적인 미디어를 심각한 실제 폭력과 연결하려고 노력하는 반면, 매개되는 폭력에 관한 대다수의 연구는 그러한 비약을 하지 않는다. 대신 대부분의 연구는 매개되는 폭력을 본 후에 측정되는 공격적 선유성향과 공격적 경향성(tendency)만 지적할 뿐이며, 공격적인 경향성이 범죄 행동과 같다고 볼 수는 '없다'.

새비지(J. Savage)는 미디어 폭력에 관한 연구들이 사용한 방법론을 검토한 결과, 폭력물 시청과 시청 후 뒤이어 발생하는 범죄 행동 간에는 분명한 인과관계가 존재하지 않는다고 결론 내렸다(Savage, 2004, 2008; 또한 Grimes & Bergen, 2008 참조). 더욱이 26개의 독립적인 피험자 표본에 대한 메타-분석에서도 미디어 폭력과 범죄 행동 사이에 긍정적인 연관성이 없는 것으로 나타났다(Savage & Yancey, 2008). 좀 더 최근에는 인기 있는 폭력 비디오 게임과 폭력 범죄를 조사한 한 연구도 게임이 미국의 심각한 실제 폭력과 긍정적인 관련이 있다는 증거를 찾지 못했다(Markey, Markey, & French, 2015). 퍼거슨(C. J. Ferguson)은 폭력적인 비디오 게임의 소비가 증가할수록 청소년 폭력이 실제로 감소한다는 사실을 확인했다. 유사하게도 2편의 연구는 영화의 폭력과 실제 폭력, 특히 살인 사건에 대한 수십 년간의 데이터를 분석했다. 두 연구 모두 영화 속 폭력적인 내용이 사회의 폭력의 원인은 아니라고 결론지었다(Ferguson, 2015; Markey, French, & Markey, 2015).

그러나 미디어 폭력물이 폭력 범죄 추세의 원인이 되지 않는 것처럼 보인다고 해서 미디어 폭력물을 조사한 이전 연구가 중요하지 않다는 의미는 아니다. 미디어 폭력물이 공격적인 인지, 공격적인 정동, 일부 사소한 공격적인 행동을 증가시킬 수 있다는 충분한 증거가 있다. 폭력적인 영화를 보는 것이 살인이나 가중 폭행(aggravated assault)[2]의 비율 변화와 관련이 없는 것처럼 보이지만, 폭력 영화 노출은 따돌림, 험담 퍼뜨리기, 학교에서의 사소한 싸움, 힘으로 밀치기와 떠밀기, 혹은 모욕적인 말 퍼붓기 등 덜 심각한 다른 유형의 공격적인 행동에 영향을 미칠 수도 있다(Markey, French, & Markey, 2015: 168~169).

2. 미디어 폭력 효과 연구에 사용된 주요 이론

폭력적인 미디어 소비의 효과를 이해하는 데 도움을 주는 이론이 여럿 있는데, 실제로 사회 인지 이론(4장), 프라이밍(5장), 배양(8장)과 같은 이론이 앞의 장들에서 논의되었다. 학자들은 각각 5장과 1장에서 소개된 일반 공격성 모델(GAM; Anderson & Bushman, 2002, 2018)과 미디어 효과에 대한 차별적 민감성 모델(DSMM; Valkenburg & Peter, 2013)을 사용하기도 한다.

앞에서 논의된 이론들을 재검토하고 GAM과 DSMM에 대해 좀 더 심층적으로 살펴보기로 한다.

1) 사회 인지 이론

앨버트 밴두라의 사회 인지 이론은 "미디어 폭력물이 어떻게 공격적인 행동을 유발할 수 있는지 설명할 때 가장 많이 인용되는 이론 가운데 하나이다"(Piotrowski & Fikkers, 2020: 213). 4장에서 논의한 것처럼, 이 이론은 우리가 직접적인 경험이나 "가족 구성원, 또래, 교사, 영화, TV 프로그램 및 비디오 게임에 묘사된 등장인물"을 포함한 다른 사람을 관찰함으로써 행동을 학습한다고 가정한다(Prot et al. al., 2017: 260).

공격적인 행동을 포함하는 행동의 학습은 ① 특정 행동을 관찰하고, ② 그러한 행동을 스스로 실행하고, ③ 그러한 행동을 계속하도록 격려하거나 단념시키기 위해 사회적 단서들(social cues)에 의존하는 3단계 과정으로 이루어진다(Bandura, 2009).

---

2   미국 법률 체계에서 '가중 폭행'은 심각한 신체적 상해를 입히거나, 치명적인 무기를 사용하거나, 특정 신분(경찰관 등)을 대상으로 하는 등 일반 폭행(simple assault)보다 가중된 상황에서 발생하는 폭행을 의미한다(옮긴이 주).

어린이를 위해 제작된 만화와 영화에는 수많은 폭력 행위가 포함되어 있다. 거의 한 세기 동안, 여러 세대의 어린이들이 톰과 제리의 폭력적인 고양이-쥐 게임(의도적인 말장난임)[3]을 즐겨왔다.

    폭력적인 미디어의 효과에 대한 연구에서 가장 중요한 관심사 가운데 하나는 그 효과가 얼마나 오래 지속될 수 있는지다. 관찰 학습은 폭력적인 미디어가 공격성에 미칠 수 있는 단기 및 장기 효과의 핵심이다. 단기적으로 노출은 모방으로 이어질 수 있는 반면(이 장의 후반부에서 더 자세히 논의됨), 반복적인 노출은 장기적으로 공격성을 증가시키는 역할을 한다(Anderson et al. 2003; Anderson & Carnagey, 2014).

    누군가가 관찰된 공격적인 행위를 모방하는지 여부는 또한 관찰된 결과에 따라 달라진다. 예를 들어, 영화, TV 프로그램, 또는 비디오 게임에서 볼 수 있는 공격적인 행위에 보상이 제공되면 어린이는 그러한 행위를 모방할 가능성이 더 높아지지만, 관찰된 행위가 처벌되면 모방할 가능성은 더 낮아진다(Prot et al., 2017).

2) 둔감화 이론

    둔감화(desensitization)의 개념은 간단하다. 즉, 무언가를 더 많이 보거나 경험할수록 우리는 그것에 더 익숙해지고 덜 반응하게 된다는 것이다. 우리는 폭력적인 미디어 소비를 통해 둔감해질 수 있어서, 처음에는 불안이나 두려움을 느꼈던 폭력에 반복적으로 노출되면 정서적 반응이 줄어들게 된다. 둔감화는 (폭력적인 비디오 게임을 하거나 폭력적인 영화를 보는 등) 폭력적인 미디어 콘텐츠에 단기간 노출됨으로써 발생할 수 있으며, 이는 폭력 피해자에 대한 감정이입(empathy) 감소와 도움 행동 감소로 이어질 수 있다(Anderson et al., 2003, 2010; Bushman & Anderson, 2009; Greitemeyer & Mügge, 2014). 그러나

---

3 '고양이-쥐 게임(cat-and-mouse game)'은 보통 상대방을 속이거나 회피하면서 계속해서 변하는 상황을 설명하는 말이지만, 여기서는 실제로 고양이와 쥐 사이의 폭력적인 게임을 의미한다(옮긴이 주).

이 이론은 주로 노출의 장기적인 영향에 초점을 맞춘다:

> 시간이 흐르면서 노출이 증가함에 따라, 수용자들은 공격적인 행동에 더 익숙해지는데, 이
> 것은 도덕적 판단과 행동에 영향을 미친다. 특히 폭력적인 콘텐트가 윤리적으로 문제가 있
> 다는 생각을 덜 하게 되고, 결국 일상생활에서 공격적인 행동을 실행하고 관찰하는 데 무관
> 심해질 것으로 예상된다(Piotrowski & Fikkers, 2020: 214).

프롯(S. Prot) 등이 지적했듯이, 둔감화는 "미디어 폭력이 공격성 및 관련 변인에 미치
는 영향을 매개하는 핵심적인 기제" 가운데 하나이다(Prot et al., 2017: 261). 외과 의사가
피를 보는 것에 둔감해지는 경우에서 보듯이, 둔감화가 다 나쁜 것은 아니다. 그러나 미
디어 폭력의 맥락에서 둔감화는 탈억제(이 장의 뒷부분에서 논의됨) 및 폭력 행위의 피해
자를 도울 가능성을 줄이는 등 대부분 해로운 효과를 초래한다(Anderson & Carnagey,
2014).

3) 기폭 이론

둔감화 이론이 장기적인 효과에 초점을 맞추는 것과는 달리, 기폭은 미디어 노출로
인한 단기 효과를 설명하는 데 도움을 준다(Piotrowski & Fikkers, 2020). 5장에서 사람의
기억은 서로 연결된 노드들의 복잡한 네트워크로 생각할 수 있다는 점을 상기해 보라.
노드는 특정 개념이나 스키마(세상을 더 잘 이해하기 위해 사용하는 정신적 틀)를 나타내고,
링크는 이들 간의 연관성을 나타낸다. 자극에 대한 노출은 관련 개념과 스키마들을 활
성화(즉, 기폭)하여 일시적으로 더 접근하기 쉽게 만들 수 있다. 많은 연구자는 폭력적인
미디어 소비가 폭력적인 스키마를 자극하고 우리의 인지 네트워크에서 다른 관련 스키
마를 활성화할 수 있다고 주장한다.

기폭은 행동 '스크립트'(특정 상황을 처리하고 대응하는 방법에 대한 일단의 '규칙들')도 활
성화할 수 있다. 스크립트는 어떤 사건을 해석하도록 우리를 이끌어줄 뿐만 아니라 우
리의 행동에도 영향을 미친다. 우리는 미디어의 폭력적인 행동을 관찰함으로써 공격적
인 스크립트를 배울 수 있다. 예를 들어, 시청자들은 TV 프로그램이나 영화에서 등장인
물들이 총을 사용해 다툼을 해결하는 장면을 통해 실제 세계에 영향을 미칠 수 있는 '갈
등 → 총 사용 → 해결' 스크립트를 배울 수도 있을 것이다(Anderson & Carnagey, 2014).

4) 흥분 전이 이론

기폭은 사람의 신경 네트워크에서 상호 연결된 노드의 활성화가 공격적인 생각과 행동을 유발할 수 있다고 주장하는 반면, 일부 학자들은 그러한 관계가 신체적 반응, 즉 각성으로 설명된다고 제안한다. **흥분 전이 이론**(excitation transfer theory)은 사람들이 특정 미디어 내용을 소비하는 동안 신체적 각성을 경험한다고 말한다. 그러나 각성은 미디어 노출이 끝난 후에도 자동으로 사라지지 않고 서서히 사라진다(Zillmann, 1971, 1978, 1979, 1982b). 이 시간 동안 각성은 미디어 내용을 소비한 후 수행된 행동으로 전이되어, 그러한 경험이 더 각성을 유발하는 것처럼 보일 수 있다(즉, 오귀인[4]하게 할 수 있음)(Zillmann, 1978).

예를 들어, 여러분이 좌절감을 느끼고 있는 가운데(예: 교수가 봄 방학 동안 수행해야 하는 그룹 프로젝트를 할당함) 화가 나는 일을 경험하는 경우(예: 복도에서 누군가와 부딪히는 바람에 바닥에 전화기가 떨어져 화면이 깨짐), 첫 번째 사건의 잔여 각성(좌절)이 두 번째 사건의 각성 반응(분노)에 추가될 것이다. 이 때문에 여러분은 다른 경우보다 두 번째 사건을 더 강렬하게 경험하게 될 것이다(Piotrowski & Fikkers, 2020).

화나게 만드는 상황이 발생하기에 앞서 폭력적인 미디어 내용을 소비하면 분노가 강해질 수도 있으며, 이는 공격적으로 행동할 가능성을 높여준다. 더욱이 앤더슨(C. A. Anderson)과 부시먼(B. J. Bushman)은 폭력적인 미디어 내용을 소비함으로써 높아진 각성은 노출 직후 개인의 행동 성향(action tendency)[5]을 활성화한다고 제안했다(Anderson & Bushman, 2001). "개인은 폭력적인 미디어를 소비한 후 더 각성될 수도 있고, 이후에 행동-기반(action-based) 활동[6]을 선택할 수도 있는데, 그것은 덜 폭력적인 미디어 콘텐트를 소비했을 때보다 본질적으로 더 공격적일 수 있다"(Piotrowski & Fikkers, 2020: 216). 높은 각성을 경험하는 사람이 자극을 받으면 공격적인 반응을 보일 가능성이 더 높다(Ireland et al., 2018).

---

4 '오귀인(misattribution)'이란 어떤 일의 원인을 잘못 추론하는 것을 말한다(옮긴이 주).

5 특정 감정과 연관된 특정 행동을 수행하려는 충동을 말한다(옮긴이 주).

6 신체적 움직임이나 적극적인 참여가 필요한 활동을 의미한다(옮긴이 주).

5) 배양 이론

8장에서 논의한 것처럼, 배양 이론은 시간이 지남에 따라 텔레비전 다시청자들이 텔레비전에서 보는 것과 유사한 세상에 대한 관점을 발전시킨다고, 즉 '배양한다'고 제안한다. 우리는 또한 다시청자들이 현실 세계의 범죄를 과대평가하고 현실을 폭력과 범죄로 가득 찬 '비정한' 세계로 본다는 것을 알고 있다(Gerbner & Gross, 1976).

총 1만 명 이상의 참여자를 대상으로 한 37편의 연구를 메타-분석한 부시먼의 연구(Bushman, 2016)는 폭력적인 미디어 노출이 적대적인 세계관과 연관되어 있음을 확인했다. 배양 연구는 일반적으로 비교적 작은 효과의 크기를 보여주었지만, 이 이론은 일관된 경험적 지지를 받아왔다. 배양은 장기적인 효과를 설명하는 데 도움을 줄 수 있다. 앤더슨과 부시먼은 "공격적이고 폭력적인 행동을 증가시키는 가장 큰 위험 요소는 바로 폭력적인 미디어 노출의 누적된 효과"라고 지적한다(Anderson & Bushman, 2018: 398).

6) 일반 공격성 모델

앤더슨과 부시먼은 위에서 검토한 이론들을 통합하여 공격적 행동을 설명하는 **일반 공격성 모델**(GAM: general aggression model)을 만들었다. GAM은 미디어 폭력의 영향을 설명하기 위해 특별히 만들어진 것도 아니고 그렇다고 전적으로 매스 커뮤니케이션 이론도 아니다(Anderson & Bushman, 2002, 2018). 대신 이 모델은 "여러 복잡한 과정이 어떻게 결합되어 공격적인 행동이 실행될 가능성에 영향을 미치는지에 대한 일반적인 생물-사회-인지적(bio-social-cognitive) 모델을 제공한다"(Anderson & Bushman, 2018: 387~388).

그림 11-2에서 볼 수 있듯이, '성격 발달(personality development)'과 '사회적 상호작용(social encounters)'[7]은 이 모델의 두 가지 주요 구성 요소이다. 성격 발달에는 생물학적 조건 인자(biological modifiers; 예: ADD/ADHD,[8] 충동 조절 장애, 낮은 세로토닌 수치 등)와 환

---

7 '사회적 만남' 또는 '사회적 접촉' 등으로 번역되기도 하나 GAM에서 설명하는 이 개념은 단순한 '만남'이 아니라 인지, 정서, 각성 등 여러 심리적 과정이 포함된 복잡한 상호작용을 의미하기 때문에 '사회적 상호작용'으로 번역한다(옮긴이 주).

8 'ADD(attention deficit disorder)'는 주의력 결핍증을, 'ADHD(attention deficit hyperactivity disorder)'는 주의력 결핍 및 과잉 행동 장애를 말한다(옮긴이 주).

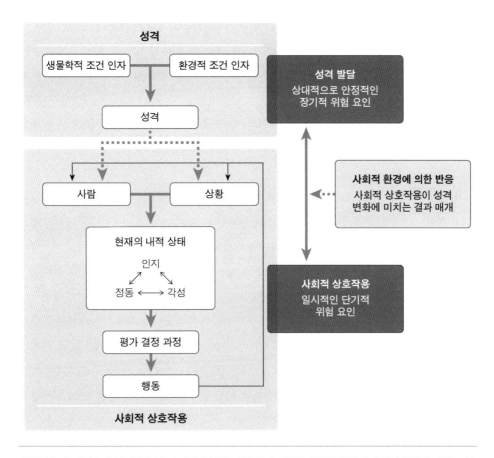

그림 11-2 앤더슨과 부시먼은 2018년에 GAM을 수정하여 사회적 환경의 반응이 개인의 행동에 미치는 영향의 중요성을 강조했다.

자료: Anderson & Bushman(2018: 389)을 수정했음.

경적 조건 인자(예: 문화적 규범, 어려운 생활 조건, 폭력적인 미디어에 대한 노출, 반사회적 또래 친구 등)가 포함된다. 이 조건 인자들은 "상대적으로 안정적인 원격적이고 장기적인 위험 요인이자 과정"이다(Anderson & Bushman, 2018: 390). 때로 '에피소드(episode)'라고도 하는 사회적 상호작용은 근접적이고 단기적인 위험 요인과 과정을 포함한다. 여기에는 상대적으로 안정적인 성격 특성, 신념 및 태도(예: 공격성 스크립트, 폭력에 대한 태도, 자기애, 자기상 등)와 당면한 상황과 관련된 상황적 요인(예: 기분 나쁨, 고통/불편함, 사회적 배제, 사회적 스트레스,[9] 폭력적인 미디어, 불쾌한 기온 등)이 포함되어 있다.

성격 발달은 사회적 상호작용에 영향을 미치고, 사회적 상호작용은 다시 성격 발달에 영향을 미친다. 사회적 상호작용은 사회적 환경의 반응에 의해 매개된다. 예를 들어, 사회적 환경이 공격성을 적극적으로 처벌하거나 혹은 보상하지 않음으로써 공격성을 강하게 억제한다면, 공격성을 유발하는 상황 변인의 효과는 줄어들 수 있으며, 그 반대의 경우도 마찬가지이다.

GAM의 장점 가운데 하나는 단기 효과와 장기 효과가 발생하는 과정을 모두 설명한다는 것이다:

> 이 모델은 단기적으로 폭력적인 미디어가 개인의 인지적·정동적·생리적 상태를 통해 공격성을 증가시킬 수 있다고 가정한다. 예를 들어, 부시먼과 앤더슨은 폭력적인 비디오 게임을 하는 것이 공격적인 인지를 기폭하고 각성을 증가시키며 화난 상태를 만들 수 있다고 지적했다. GAM은 장기적으로 학습 과정, 즉 환경 내 사건을 지각하고, 해석하고, 판단하며, 대응하는 방법을 배우는 것이 지식 구조에 영향을 미칠 것이라고 명시하고 있다. 각각의 폭력적인 미디어 에피소드는 이러한 방식으로 "세상은 위험한 곳이고, 공격성은 갈등과 분노를 다루는 적절한 방법이며, 공격성은 효과가 있다는 것"(Bushman & Anderson, 2002: 1680) 이상을 학습하는 하나의 추가적인 시도로 여겨진다. 반복적인 노출로 인해 이러한 적대적인 지식 구조는 더욱 복잡해지고 바꾸기 어려워지며, 이는 궁극적으로 공격적인 성격으로 이어질 수 있다(Piotrowski & Fikkers, 2020: 216~217).

GAM은 공격성 외에 폭력을 설명하는 데에도 사용되었다(DeWall & Anderson, 2011; DeWall et al., 2011). 여러분은 공격성과 폭력의 차이점이 무엇인지 자문(自問)해 볼 수도 있다. 일반적으로 '공격성(aggression)'은 해를 입기를 원하지 않는 사람에게 해를 끼칠 의도를 지닌 모든 행동으로 정의되는 반면, '폭력(violence)'은 해를 입기를 원하지 않는 사람에게 극단적인 신체적 해(예: 부상 또는 심지어 죽음)를 가할 의도를 지닌 모든 행동으로 정의된다. "따라서 모든 폭력 행위는 공격적이지만 극단적인 신체적 해를 가하려는 의도를 지닌 행위만이 폭력으로 분류된다"(Anderson & Bushman, 2018: 388).

9　'사회적 스트레스(social stress)'란 다른 사람과의 관계 및 일반적인 사회 환경으로 인해 발생하는 스트레스를 말한다(옮긴이 주).

7) 미디어 효과에 대한 차별적 민감성 모델

피오트로스키(J. T. Piotrowski)와 피커스(K. M. Fikkers)는 GAM이 공격성을 유발할 수 있는 위험 요인과 과정을 이해하는 데 유용하긴 하지만, 친사회적 행동, 감정이입, 범죄적 폭력, 윤리적 의사 결정 등 조사된 미디어 폭력과 관련된 다른 결과들을 포함하지 않는다고 지적한다(Piotrowski & Fikkers, 2020). 더욱이 연구자들은 미디어 폭력과 관찰된 결과 사이의 관계를 설명하는 데 어떤 미디어 효과 이론이 가장 적합한지를 파악해야 하는 과제에 직면해 있기도 하다. 팔켄뷔르흐와 페테르가 개발한 **미디어 효과에 대한 차별적 민감성 모델**(DSMM)은 미디어 효과를 이해하는 데 유용한 도구이다(Valkenburg & Peter, 2013).

1장에서 DSMM의 목표는 "특정 유형의 미디어가 특정 개인에게 영향을 미치는 방식과 이유를 밝히는 것이라 한 점을 상기하라. 왜 어떤 개인은 미디어 효과에 특히 취약하며, 이러한 민감성은 어떻게 강화되거나 약화하는가?"(Valkenburg & Peter, 2013: 237). 이 모델은 민감성 변인의 유형을 세 가지로 구별한다: 성향적 변인(예: 젠더, 성격, 태도, 기분), 발달적 변인(즉, 사람들은 연령에 따라 인지적·정서적 발달에 부합하는 콘텐트를 선호하는 경향이 있음) 및 사회적 변인(예: 가족, 친구, 학교 및 문화적 규범과 같은 것들의 영향). DSMM은 또한 미디어 효과를 매개할 수 있는 미디어에 대한 세 가지 반응 상태도 제안했다: 인지적 반응 상태(즉, 미디어 내용을 이해하는 데 얼마나 많은 관심과 인지적 노력을 기울이는지), 정서적 반응 상태(즉, 미디어 내용에 대한 반응 및 등장인물에 대한 공감과 감정이입) 및 흥분적 반응 상태(즉, 생리적 각성 수준).

피오트로스키와 피커스(Piotrowski & Fikkers, 2020)는 비록 DSMM이 소수의 미디어 폭력 연구에만 적용되긴 했지만 "DSMM을 적용한 연구 결과와 DSMM과 관련된 연구 결과 모두 이 모델이 특별히 고려될 가치가 있음을 시사한다⋯. 많은 경우, 미디어 폭력 연구에서 보고된 효과의 크기는 상대적으로 작지만, 다른 경우에는 특정 인구 집단에 꽤 강력한 효과가 있는 것처럼 보인다"고 인정하고 있다(Piotrowski & Fikkers, 2020: 217~218).

더욱이 미디어 폭력에 관한 방대한 연구는 민감성 변인(예: 성향적·발달적 및 사회적 요인)과 이후의 미디어 효과 사이의 관계에 대한 DSMM의 예측과 일치한다(Valkenburg & Piotrowski, 2017). 예를 들어, 공격적인 기질이나 감각 자극 필요(need for sensation)(성향적 요인)를 가지고 있는 사람은 폭력적인 미디어의 영향에 더 민감한 것으로 보인다. 유사하게 발달과 관련해서도, 연구자들은 대부분 어린이 미디어의 폭력과 어린이의 정서적·인지적 능력이 완전히 형성되지 않았다는 사실로 인해 어린이들이 특히 부정적인 영향을 받을 위험이 있다는 데 동의한다.

사회적 맥락을 조사한 일부 연구는 배양 이론과 공명 개념에서 영감을 받았다(8장 참조). 연구자들은 공격적인 행동을 지지하는 환경에 사는 것이 10대 청소년들의 미디어 폭력 효과에 영향을 미치는지를 조사했다. 가족 갈등이 많은 가정에서 자란 청소년은 특히 폭력적인 미디어에 각성되었고 이후에 공격성을 보일 가능성이 더 높았다(Fikkers, Piotrowski, & Valkenburg, 2016; Fikkers et al., 2013). 또한 10대들은 친구도 비슷하게 행동할 거라고 생각하면 폭력적인 미디어를 소비한 후 더 공격적이 되었다(Fikkers, Piotrowski, Lugtig, & Valkenburg, 2016).

마지막으로 DSMM은 콘텐트 자체, 특히 콘텐트가 어떤 방식으로 구성되고 맥락화되고 전달되는지가 중요하다는 점을 인정한다(Piotrowski & Fikkers, 2020). '폭력적인 미디어' 또는 '미디어 폭력'이라는 용어가 흔히 모든 폭력적인 콘텐트가 동일한 것처럼 사용됨에도, 미디어 폭력은 맥락에 따라 매우 다를 수 있다는 것을 우리는 알고 있다.

시청자에게 정보를 제공하기 위해 폭력적인 장면을 포함하고 있는 다큐멘터리는 등장인물이 전기톱으로 자신의 적을 공격하는 영화와는 비교할 수 없다. 바꾸어 말하면, 〈쉰들러 리스트(Schindler's List)〉를 본 효과가 〈터미네이터 제니시스(Terminator Genisys)〉의 효과와 다를 것이라는 점은 예측하기 어렵지 않다(Valkenburg & Piotrowski, 2017: 111).

시청자의 개인차에도, 사람들은 특정한 맥락에서 묘사된 특정 유형의 폭력을 본 후 흔히 유사한 해로운 효과를 경험한다는 것을 연구들은 보여준다(예: Anderson et al., 2010; Bandura, 1986; Federman, 1998; Krcmar & Valkenburg, 1999; Paik & Comstock, 1994). 연구자들은 사람들이 부정적인 영향을 받기 쉽게 만드는 다섯 가지 주요 맥락적 요소를 확인했다.

① 가해자가 매력적인 역할 모델이다.
② 폭력이 보상받는다.
③ 폭력이 정당화된다.
④ 폭력은 아무런 영향을 미치지 않는다.

⑤ 폭력이 각성을 유발한다.

연구에 따르면, 많은 TV 프로그램이 이러한 '고위험(high risk)' 맥락을 포함하고 있는 것으로 나타났다. 특히 어린이는 다섯 가지 맥락을 모두 담고 있는 묘사를 통해 공격적인 행동을 학습할 위험이 크다. 전국 텔레비전 폭력 연구에 참여한 산타바바라 소재 캘리포니아 대학교(University of California at Santa Barbara)의 연구자들은 스크린상의 폭력은 대부분 역할 모델이 될 가능성이 가장 높은 등장인물인 '굿 가이(good guy)'에 의해 시작된다는 사실을 확인했다. 더욱이 프라임타임 프로그램의 약 15%만이 폭력 행동의 장기적인 부정적 결과를 보여주었다. 폭력 행위 4건 중 대략 3건이 양심의 가책이나 처벌 없이 행해졌으며, 프로그램 10편 가운데 약 4편에서 '배드 가이(bad guy)'가 처벌을 받지 않았다(Federman, 1998).

3. 미디어 폭력 연구 방법

아마 최악의 극단적인 예는 영상 폭력의 모델링 혹은 모방이 강간이나 살인 같은 폭력적이고 잔인한 '모방' 범죄로 이어진 사례일 것이다. 1장에서 논의했듯이, 폭력적인 모방 범죄는 모방 행동 가운데 가장 섬뜩한 사례이다. 인쇄 및 전자 뉴스 미디어는 모방 범죄의 센세이셔널한 속성에 주목하게 되고, 따라서 공중의 기억 속에는 이 같은 범죄가 많이 존재한다(자세한 내용은 Valkenburg & Piotrowski, 2017의 7장 참조). 그러나 실제로 모방 범죄는 '매우' 드물다. 똑같은 영화나 프로그램을 보는 수백만 명의 다른 수용자들은 이 같은 극단적인 폭력 행동을 모방하도록 고무되지 '않는다'. 이는 사람의 성향(즉, 폭력 행동에 대한 성향), 정신 상태, 정서적 안정성, 개인적 상황 같은 개인적인 요인이 폭력물에 노출된 후 폭력적으로 행동할지 결정하는 데 중요한 역할을 함을 시사한다.

사회과학자들은 포착하기 어려운 미디어 효과(누군가에게 실제 해로움이나 상처를 수반하지 않는 매우 통제된 실험과 연구를 통해 측정할 수 있는 효과)를 기록하려 한다. 연구자들은 미디어 폭력과 관련된 몇몇 주요 이슈에 그들의 노력을 집중한다. 많은 연구가 여러 미디어에 나타나는 폭력의 '양'을 측정하려 한다. 폭력이 발생하는 맥락이 해로운 효과의 정도를 결정하는 데 매우 중요함을 연구들이 보여줌에 따라, 다른 연구들은 폭력이 발생하는 '맥락(context)'을 조사한다(이 같은 맥락의 사례로는 폭력이 우연히 발생했는지 아니면 사악한 의도를 가지고 행해졌는지, 가해자가 벌을 받았는지, 폭력의 결과가 제시되었는지 등이 있음). 가장 중요한 것은 연구들이 폭력에 대한 시청자의 노출도를 조사하고 다음과 같은 어려운 질문에 대한 대답을 시도한다는 점이다: 미디어 폭력은 그것을 이용하는 사람에게 어떤 효과를 발생하는가?

미디어 폭력물 시청의 효과에 관한 연구는 여러 방법론을 사용했다. 연구들이 이렇듯 다양한 방법을 사용하는 것은 미디어 폭력 연구의 가장 큰 강점 가운데 하나로 여겨진다(Prot et al., 2017).

1) 실험실 실험

실험실 상황에서 엄격히 통제된 실험은 미디어 폭력물 시청이 시청자를 더 공격적으로 행동하도록 만든다는 주목할 만한 증거를 제공한다. 이 같은 실험은 TV 폭력물 시청과 공격적인 행동 간의 '인과관계'를 보여주기 위해 구성된다. 이 같은 실험에 대해 비평가들은 자연스럽지 않은 시청 상황을 지적하면서 실험 결과가 현실 세계에서 어떠한 의미를 지닐지 의문스럽다고 말한다.

한 실험 연구는 노래 가사, 비디오 클립, 음악적 톤이 공격 성향에 미치는 영향을 조사했다. 연구자들은 음악에 폭력적 이미지가 포함되어 있는지에 상관없이 폭력적인 가사에 노출된 사람이 가장 높은 공격성을 보였음을 확인했다(Brummert et al., 2011).

앤더슨과 카네기(N. L. Carnagey)는 세 부분으로 구성된 실험에서 폭력적인 비디오 게임과 비폭력적인 비디오 게임을 하는 것이 게임을 한 직후에 게임을 한 사람의 공격적인 인지, 정동 및 행동에 미치는 영향을 조사했다(Anderson & Carnagey, 2009). 각 실험에서 참여자들은 무작위로 폭력적인 스포츠 비디오 게임[MLB 슬러그페스트 베이스볼(MLB Slugfest Baseball) 또는 NFL 블리츠 풋볼(NFL Blitz Football)] 또는 비폭력적인 비디오 게임 [MVP 베이스볼 2004(MVP Baseball 2004) 또는 매든 NFL 2004(Madden NFL 2004)]을 20분 동안 하도록 할당되었다. 연구 1에서는 폭력적인 게임을 한 사람이 비폭력적인 게임을 한 사람에 비해 공격적인 단어를 더 빨리 식별했으며 공격적인 생각도 증가한 것으로 나타났다. 연구 2에서는 폭력적인 게임 환경에 있는 사람이 공격적인 정동을 측정하기 위해 설계된 설문지에서 더 높은 점수를 받은 것으로 나타났다. 설문조사에는 '폭발할 것 같다', '화가 난다'와 같은 항목이 포함되었다. 연구 3에서는 폭력적인 게임 환경에 있는 사람의 공격적인 행동이 증가한 것으로 나타났다. 모든 참여자에게 불편한 소음으로 상대를 파

뇌 과학의 진전

연구자들은 미디어 폭력 연구에 신경과학을 접목하여 폭력적인 미디어를 소비하는 사람들의 뇌를 들여다볼 수 있게 되었다. 실제로 앤더슨과 부시먼의 GAM 업데이트에는 공격적인 성격 형성에 영향을 미치는 요소로 '뇌 구조와 기능'을 추가했다(Anderson & Bushman, 2018).

몇몇 미디어 폭력 연구는 자기 공명 영상(MRI: magnetic resonance imaging)을 사용해 폭력적인 프로그램에 노출될 때의 뇌를 살펴보았다. 한 연구는 폭력을 본 어린이와 폭력을 보지 않은 어린이 간의 뇌 활동 차이를 확인했다(Murray et al., 2006). 또 다른 연구에서는 13명의 남성이 폭력적인 비디오 게임을 하는 동안 그들의 뇌를 스캔했다. 그들의 뇌 이미지는 정서와 관련된 영역의 뇌 활성도가 낮음을 보여주었다(Weber et al., 2006).

젠타일(D. A. Gentile) 등의 연구는 기능성 MRI(fMRI)를 사용하여 습관적으로 폭력적인 비디오 게임을 하는 사람과 습관적으로 비폭력인 비디오 게임을 하는 사람의 차이점을 연구했다(Gentile et al., 2016). 비폭력적인 게임 플레이어는 폭력적인 게임을 하는 동안 뇌의 정서 반응 영역이 증가하는 것으로 나타난 한편, 폭력적인 게임 플레이어는 같은 영역에서 적극적인 억제를 보여주었다. 더욱이 평소 폭력적인 게임을 하지 않는 참여자는 폭력적인 게임을 할 때 공간 주의력(spatial attention)과 공간 탐색(spatial navigation)에 해당하는 영역에서 반응이 증가한 반면, 폭력적인 게임을 평소에 했던 참여자는 그렇지 않았다. 전반적으로 그들의 연구 결과는 "폭력적인 게임이 시각적/공간적 처리에 미치는 '긍정적인' 효과와 폭력적인 게임이 둔감화에 미치는 '부정적인' 효과 모두"를 뒷받침했다(Gentile et al., 2016: 49).

최근에 허머(T. A. Hummer) 등은 fMRI를 활용하여 폭력적인 비디오 게임을 하면 전두엽 피질(prefrontal cortex)의 활동이 감소하여 장기적으로 공격적인 행동을 통제하는 능력이 손상될 수 있음을 확인했다(Hummer et al., 2019). 전두엽 피질에 의해 통제되는 인지 기능은 장기적인 공격성 감소와 관련이 있다(Bartholow, 2018).

미디어 효과 연구에서 신경과학의 활용에 대한 자세한 내용을 보려면, 볼스 등(P. D. Bolls)을 참조하라(Bolls et al., 2020).

괴할[10] 기회를 주었다. 폭력적인 비디오 게임을 한 사람은 비폭력적인 게임을 한 사람에 비해 고강도 소음 폭발을 76% 더 많이 선택했다. 중요한 것은 이러한 공격적인 효과는 비디오 게임에서 지각된 경쟁성(competitiveness)을 통제할 때에도 발생했는데, 이는 그러한 효과가 게임의 경쟁적 성격이 아니라 폭력적인 콘텐츠의 결과였음을 의미한다.

---

10 '음파 병기'라고 하는데, 이것은 음파를 이용해 인명을 해치거나 신체를 훼손시키지 않으면서도 대상을 충분히 무력화할 수 있는 효과를 내는 무기를 뜻한다(옮긴이 주).

2) 현장 실험

이러한 연구는 대부분 보육원과 같은 기관에 있는 어린이를 대상으로 이루어졌다. 어린이들은 폭력물을 시청하기 전에 무작위로 집단(한 집단은 폭력물을 시청하고 다른 한 집단은 비폭력적인 프로그램을 시청함)에 할당된다. 그들의 원래 공격성과 태도를 측정한 다음, 그것을 폭력물을 시청한 '후'에 이루어진 측정치와 비교한다. 현장 실험은 실험실 실험에서 드러난 부자연스러움의 문제를 피할 수 있게 해준다.

주목할 만한 한 현장 실험 연구(Williams, 1986)는 폭력적인 내용 시청과 공격적인 행동 간의 연관성에 대한 강력한 증거를 제공했다. 연구 대상이 된 캐나다의 세 지역 가운데 한 지역에는 텔레비전이 전혀 없었고(notel), 두 번째 지역에는 단지 채널 하나만 시청이 가능했고(unitel), 세 번째 지역에는 채널 몇 개를 이용할 수 있었다(multitel). 텔레비전이 없는 지역 어린이들의 공격적 행동이 TV가 도입된 후 2년에 걸쳐 증가했음을 이 연구는 보여주었다. 같은 기간 다른 두 지역 어린이들의 공격성에는 변화가 없었다.

공격성에 대한 영향을 연구하는 것 외에 일부 연구는 미디어 폭력이 친사회적 행동에 미치는 영향도 조사한다. 부시먼과 앤더슨은 영화관 밖에서 수행한 준실험 연구에서 발목에 붕대를 감은 젊은 여성이 목발을 떨어뜨려 집는 데 어려움을 겪는 상황을 연출했다(Bushman & Anderson, 2009, 연구 2). 그 여성은 폭력적이거나 비폭력적인 영화가 영화관 안에서 상영되기 전과 후에 이런 행동을 했다. 영화를 보기 전에 행인들이 그 여성을 기꺼이 도우려는 마음에는 차이가 없었다. 그러나 폭력적인 영화를 본 후의 그러한 행동에는 차이가 있었는데, 폭력적인 영화 관람객은 비폭력적인 영화 관람객이나 아직 두 영화 가운데 어느 한 영화를 본 적이 없는 사람에 비해 여성을 돕는 데 더 오랜 시간이 걸렸다.

3) 상관관계 설문조사

이러한 횡단적(cross-sectional) 연구에서는 시청자들에게 프로그램 목록을 읽고 그들이 규칙적으로 시청하는 프로그램을 선택하도록 요구한다. 연구자들은 프로그램의 폭력의 양을 내용 분석하여 시청자당 폭력적인 프로그램 노출 정도에 관한 척도를 만든다. 또한 시청자의 공격성이나 적대감의 정도를 측정하기 위해 그들의 태도와 행동에 관해 질문한다. 그런 다음, 폭력물 시청과 뒤이은 공격적인 행동이나 태도 간의 어떠한 관계를 확인하기 위해 이 두 가지 척도의 상관관계를 알아본다. 이 같은 연구가 안고 있는 중요한 문제는 인과관계를 확실하게 증명할 수 없다는 점이다. 미디어 폭력물 소비와 공격적이거나 적대적인 행동 및 태도 간의 상관관계는 통계적으로 유의미한 것으로 드러났지만, 이러한 상관관계는 대부분 그 정도가 비교적 약했다.

한 최근 연구는 단기적 종단연구 설계에 설문조사 방법을 사용했다. 폭력적 미디어 노출이 여러 유형의 공격성을 예측하는지 확인하기 위해 3학년과 4학년 학생, 그들의 또래 친구, 교사를 상대로 같은 해에 두 차례 설문조사를 실시했다. "학년 초기에 미디어 폭력물에 노출된 어린이가 학년 후반에 언어적으로나 관계에 있어서 더 공격적인 행동을 하며 친사회적 행동은 덜 하는 것으로 나타났다"(Gentile et al., 2011: 193).

4) 종단적 연구

이러한 연구들은 오랜 기간에 걸쳐 나타날 수 있는 미디어 폭력물 소비와 반사회적인 태도 및 행동 간의 관계를 밝히려고 한다. 건터(B. Gunter)에 따르면, 이 같은 연구는 "아마도 가장 우수한 종류의 TV 효과 연구의 전형일 것이다. 이러한 연구는 인과적 가설을 검정할 수 있으며 대개 완벽한 표집 방법을 사용한다"(Gunter, 1994: 174). 연구자들은 특정한 시청자들과 접촉을 유지하며 미디어 폭력물 소비가 그들에게 영향을 미치고 있는지를 측정하기 위해 오랜 시간에 걸쳐 다양한 간격으로 그들을 조사한다. 종단적(longitudinal) 패널 연구는 미디어 폭력물 노출이 오랜 기간에 걸쳐 '누적적인' 효과를 미친다고 가정한다. 바꾸어 말하면, 장기간에 걸쳐 미디어 폭력물에 반복적으로 노출되는 것이 공격적인 행동이나 태도에 미치는 효과를 증가시키는가?

특히 인격 형성에 가장 중요한 시기에 미디어 폭력에 많이 노출된 어린이는 또래보다 청소년기와 성인기에 공격적으로 행동할 가능성이 더 높다. 한 종단적 조사에서 연구자들은 8세에서 10세 사이에 폭력적 미디어에 많이 노출된 어린이는 15년 뒤 성인이 되었을 때 훨씬 더 공격적임을 확인했다(Huesmann et al., 2003). 연구 참여자와 그들의 배우자 및 친구를 인터뷰한 결과, 더 폭력적인 TV 프로그램을 시청한 어린이는 20대 중반에 훨씬 더 공격적인 행동을 보인 것으로 나타났다. 어린 시절에 더 폭력적인 TV를 시청한 남성은 성인이 되어 배우자를 폭행할 가능성이 거의 2배나 높았다. 또한 총이나 칼로 누군가를 위협할 가능성도 18% 더 높았다. 지적 능력, 사회경제적 지위, 양육 요인의 효과를 통제한 후에도, 어린 시절의 폭력적인 TV 프로그램 시청은 성인이 된 후의 공격적인 행동을 예측하는 여전히 중요한 변인이라는 점에 주목할 필요가 있다.

5) 개입 연구

백신 접종이 사람들에게 위험하거나 치명적인 질병에서 스스로를 보호할 수 있는 예방 조치를 취하게 하는 데 사용되는 것처럼, 개입 연구(intervention study)는 시청자들에게 '개입해서' 텔레비전 폭력물 시청의 해로운 효과를 예방하려는 연구이다. 이러한 연구는 폭력물 시청의 해로운 효과가 사람들 사이에 널리 퍼져 있다고 가정한다. 따라서 연구자들은 어떻게 해서든(즉, 어떤 개입 전략을 통해) 부정적인 효과를 낮추려고 한다. 일부 개입 연구는 높아진 미디어 리터러시(media literacy: 미디어 내용 및 제작 방법에 대한 비판적인 이해)가 매개되는 폭력의 부정적인 효과를 줄일 수도 있음을 보여준다(예: Krahé & Busching, 2015; Webb et al., 2010).

7) 메타-분석

미디어 효과 연구자들은 미디어 폭력과 그것의 영향에 관한 많은 연구들을 전반적인 효과 크기를 측정하는 하나의 통계적 연구로 결합하기 위해 메타-분석 기법을 사용한다 (Sparks et al., 2009). 많은 메타-분석이 매개되는 폭력물 시청과 뒤이은 공격성이 실제로 연관되어 있음을 확인해 주었다(Anderson et al., 2010; Christenson & Wood, 2007; Greitemeyer & Mügge, 2014; Hearold, 1986; Paik & Comstock, 1994; Prescott et al., 2018; Sherry, 2001; Wood et al., 1991).

예를 들어, 앤더슨과 동료들은 폭력적인 비디오 게임이 공격성, 감정이입 및 친사회적 행동에 미치는 영향에 대한 메타-분석적 검토를 수행했다(Anderson et al., 2010). "증거들은 폭력적인 비디오 게임에 노출되는 것이 공격적인 행동, 공격적인 인지, 공격적인 정동은 증가시키고 감정이입과 친사회적 행동은 감소시키는 원인이 되는 위험 요소임을 강력히 시사했다"(Anderson et al., 2010: 151). 이후의 메타-분석에서도 비슷한 결과가 나왔다. 친사회적 게임의 효과를 분석한 결과, 연구자들은 해당 게임이 친사회적 결과는 촉진하고 반사회적 결과는 감소시키는 것을 확인했다(Greitemeyer & Mügge, 2014).

4. 미디어 폭력의 심리학적 영향

커뮤니케이션 학자들은 폭력적인 미디어가 시청자에게 미치는 세 가지 수준의 심리학적 영향을 확인했다. 이러한 수준들(행동적, 정동적, 인지적)은 단순히 폭력물이 시청자에게 미칠 수 있는 각기 다른 유형의 효과를 말한다. 여기에서는 앞에서 기술한 다양한 방법론을 사용한 연구들을 통해 각 효과의 수준을 살펴보기로 한다.

1) 행동적 효과

네 살 난 어린이가 〈파워 레인저〉의 한 에피소드를 보고 레드 레인저를 흉내 내면서 '악당(그의 두 살 난 동생)'을 발로 차고 때리는 것은 텔레비전 폭력물 시청 때문에 '행동적 효과'가 나타난 것이라 할 수 있다. 구체적으로 말하면 그 어린이는 우리가 여기서 살펴볼 다섯 가지 주요 기제 가운데 하나인 '모방' 기제를 사용하고 있는데, 이것을 통해 행동적 효과가 발생할 수 있다. 다른 네 가지 기제로는 '각성', '탈억제', '둔감화' 및 '정화'가 있다.

각성. 각성(arousal) 기제의 행동적 효과란 자극 효과, 즉 문자 그대로 각성시키는 것을 말한다. 시청자가 어떤 폭력적인 장면(또는 재미있거나 노골적으로 성적인 장면)을 시청할 때 그들은 자극되며, 즉 정서적으로 각성되며 이러한 각성은 생리적으로 측정될 수 있다. 시청자는 보통 자신의 높아진 각성을 자신이 시청하고 있는 것의 탓으로 돌리지는 않는다. 예를 들면, 이미 무언가에 화가 나 있는 어떤 10대 소년이 폭력적인 프로그램을 시청하고 있다면, 그는 부분적으로 텔레비전 프로그램의 자극 때문에 높아진 그의 각성을 강한 분노 때문이라고 생각한다. 따라서 그 10대 소년은 폭력적인 프로그램을 시청하지 않았을 때보다 더 공격적으로 반응할 수 있으며, 특히 시청 직후 공격적으로 될 수 있는 기회가 주어질 경우 더 공격적인 반응을 보일 수도 있다(Tannenbaum & Zillmann, 1975; Zillmann, 1988a, 2000).

탈억제. 탈억제(disinhibition) 기제는 시청자가 텔레비전상의 폭력, 특히 상황에 의해 정당화되거나 사회적으로 용인되는 폭력을 시청하는 데 더 익숙해짐에 따라, 폭력적인 행동에 대한 사회적 제재 조치에 의해 덜 억제된다는 가정을 기반으로 한다.

TV 폭력물 노출에 따른 심리학적 효과

행동적

TV 폭력물 시청은 사람들의 행동에 영향을 미친다. 행동적 효과의 다섯 가지 주요 범주는 다음과 같다:

- 각성
- 탈억제
- 모방
- 둔감화
- 정화

정동적(정서적)

TV 폭력물 시청은 즉각적이거나 장기적인 감정적 반응을 야기한다.

인지적

TV 폭력물 시청은 현실 세계에 대한 시청자의 신념에 영향을 미친다.

일단의 실험실 연구에서 한 실험 보조자가 조사 참여자들을 화나게 한 다음 그들에게 폭력적인 영화 장면(대개 사회적으로 용인되는 폭력인 권투 경기 장면)을 보여주었다. 그런 다음, 조사 참여자들에게 자신을 화나게 한 사람에게 전기 충격을 가할 수 있는 기회를 주었다. 실험 보조자로 인해 화가 난 다른 조사 참여자 집단에게는 비폭력적인 영화를 보여주었고, 통제집단에 할당된 다른 참여자들에게는 화나게 하지 않았다. 연구자들은 폭력적인 영화 장면을 본 조사 참여자가 폭력 장면을 보지 않은 참여자보다 더 가혹한 충격을 가했으며, 사전에 화가 나 있는 상태에서 사회적으로 용인되는 폭력을 시청한 참여자 집단이 참여자 집단 가운데 가장 공격적이었음을 확인했다. 연구자들은 영화 클립에서 허용된 폭력을 보는 것이 조사 참여자의 억제 기능의 일부를 제거하는 역할을 하고, 따라서 그들을 더 공격적이게 만든다는 증거를 제공하는 것으로 해석했다(Berkowitz & Alioto, 1973; Berkowitz et al., 1963; Berkowitz & Geen, 1966; Berkowitz & Rawlings, 1963). 다른 연구에서도 시청자들은 허용된 폭력이 등장하는 프로그램을 시청한 후, 특히 시청을 시작할 때 화가 난 경우, 더욱 공격적으로 행동하는 것으로 나타났다 (Berkowitz, 1962, 1965, 1974). 그러나 이러한 결과가 탈억제에 의한 것인지를 보여주기 위해서는 더 전문적인 조사가 필요하다.

종단적 연구에서도 탈억제 기제에 대한 증거가 확인되었다. 이 장의 앞부분에서 논의된 15년간의 연구를 예로 들 수 있는데, 어린 시절에 더 폭력적인 TV를 시청했던 참가자들은 20대 중반에도 훨씬 더 공격적인 행동을 보였다(Huesmann et al., 2003). 또 다른 연구에서 연구자들은 여덟 살 난 어린이들(800명)에게서 그들의 TV 시청 습관과 공격성 수준에 관한 데이터를 수집했다. 10년 후, 연구자들은 어린이들 가운데 약 절반의 소재를 파악했고 추가 정보를 확보했다. 그들은 어렸을 때의 텔레비전 폭력물 시청과 성인이 된 후의 공격성 측정치 간의 강한 양(+)의 상관관계를 발견했다(Eron et al., 1972).

모방. 모방(imitation) 기제는 시청자가 텔레비전에서 시청한 것을 학습하며 때때로 스스로 그러한 행동을 흉내 내려 시도한다고 가정한다. 이것은 텔레비전 등장인물과 자신을 동일시하고 그들을 모방하려고 시도하는 어린 아이에게서 특히 잘 나타난다(4장에서 모방기제의 핵심인 '관찰 학습' 개념에 대해 논의한 바 있다).

앨버트 밴두라의 실험실 실험에서 어린이들은 그들이 화면에서 목격한 공격적인 행동을 모방한다는 사실이 확인되었다는 4장의 내용을 여러분은 기억할 것이다(Bandura, 1965a, 1978, 1979, 1982, 1986). 보보 인형이 두들겨 맞는 장면이 들어 있는 영화를 본 어린이는 다른 어린이보다 보보 인형에 대해 더 공격적이었을 뿐만 아니라 실제로 그들이 영화에서 본 폭력적인 행동을 모방했다. 밴두라는 이러한 모방 행동을 부분적으로는 탈억제 기제 또 부분적으로는 관찰 학습, 즉 모방 기제 탓으로 돌렸다.

어린이를 상대로 한 몇몇 개입 연구는 모방 효과를 완화하기 위한 시도를 한 바 있다. 이러한 연구들은 어린이들에게 텔레비전 방송이 진행되는 절차를 가르쳐주고, 폭력물 시청이 그들에게 해로운 영향을 미칠 수도 있음을 일깨워주며, 그들에게 비판적인 시청 기술을 가지도록 교육하는 것이 성장하면서 그들의 공격적인 성향을 줄여주는 데 도움이 된다는 것을 보여주었다(Singer & Singer, 1983; Huesmann & Eron, 1986). 최근의 몇몇 주요 연구는 매개되는 폭력물 소비의 부정적인 결과를 줄이는 것에 초점을 맞추었다. 너샌슨(A. I. Nathanson)은, 프로그램을 제한하는 것이든 자녀와 이야기하는 것이든 또는 (과장이나 왜곡을 인식하거나 그러한 폭력이 실제였을 경우의 결과를 판단하는 것과 같은) 비판적인 시청 기술을 가르치는 것이든, 부모의 관여가 공격적인 효과를 줄이는 경향이 있음을 확인했다(Nathanson, 1999).

둔감화. 앞에서 논의한 것처럼, 시청자들은 화면에서 폭력적인 행동을 반복적으로 목격함에 따라 시간이 지나면서 폭력을 보는 것에 대해 덜 민감해지고, 폭력 피해자에게 덜 공감하며(Linz et al., 1988), 실제 폭력을 용인할 가능성이 더 높아진다. 사전에 어떤

> ## 폭력적인 미디어 내용과 감정이입
>
> 연구자들은 공격성 외에도 폭력적인 미디어를 습관적으로 이용하는 것이 감정이입에 미치는 영향을 연구했다. 예를 들어, 한 연구에서는 1,200명 이상의 7학년 및 8학년 독일 학생들을 대상으로 그들의 미디어 사용, 공격성 및 감정이입을 측정했다(Krahé & Möller, 2010). 이 연구자들은 폭력적인 미디어를 사용하면 신체적 공격성은 높아지고 감정이입은 낮아진다는 사실을 확인했다.
>
> 반대로 다른 연구에서는 감정이입 수준이 낮은 사람들이 더 폭력적인 미디어 내용을 소비하는 경향이 있는 것으로 나타났다(Sigurdsson et al., 2006).

폭력적인 프로그램을 시청한 어린이는 놀이방에서 다른 두 어린이가 싸우는 것을 보았을 때 어른의 도움을 구하려는 경향이 적었다(Drabman & Thomas, 1974; Thomas et al., 1977). 다른 한 연구에서는 매주 25시간 이상 텔레비전을 시청한 어린이는 TV 폭력물을 시청할 때 매주 4시간 이하로 시청한 어린이에 비해 심리적 각성 정도가 더 낮은 것으로 나타났다(Cline et al., 1973). 더 폭력적인 미디어 내용을 소비한 사람은 폭력적인 영화 클립에서 각성을 덜 경험할 가능성이 높았으며, 시청 후 공격적인 생각을 떠올릴 가능성이 더 컸다(Krahé et al., 2011).

유사한 둔감화 효과가 폭력적인 비디오 게임을 많이 하는 어린이에게서도 관찰되었다. 특히 폭력적인 비디오 게임을 하는 것은 게임을 하는 어린이가 폭력의 피해자에게 느끼는 감정이입의 정도를 확실하게 줄이는 것으로 보인다(예: Bushman & Anderson, 2009; Funk et al., 2004).

정화. 정화(catharsis) 기제는 시청자의 공격적 충동을 발산할 수 있게 해준다고 알려져 있다. 1950년대와 1960년대에 페시배치(S. Feshbach)는 실험 참여자들을 텔레비전으로 방송되는 폭력 행동을 시청하게 하거나 폭력에 대한 공상에 잠기게 함으로써 공격적 충동을 비폭력적으로 사라지게 할 수 있다는 것을 보고 정화 효과의 존재를 알렸다(Feshbach, 1955, 1961). 1971년, 페시배치와 싱어(J. L. Singer)는 자연적 상황(주거 지역에 있는 학교와 집)에서 10대 소년을 6주 동안 관찰했다. 실험 기간에 연구자들은 소년들의 텔레비전 노출을 통제했다. 그들은 비폭력적인 텔레비전 프로그램을 시청했던 소년이 폭력적인 프로그램을 시청한 소년보다 친구에게 '더 공격적인' 행동을 하는 것을 확인했는데, 따라서 이것은 일종의 정화 효과임을 시사한다.

수백 편의 실험 연구 가운데 페시배치의 연구 결과가 그대로 되풀이된 연구가 거의 없다는 것, 즉 정화 기제를 지지해 주는 연구가 거의 없다는 점에 주목해야 한다. 이처럼 과학적 증거가 약함에도 일반 공중은 대부분 영화, 텔레비전, 또는 비디오 게임의 폭력을 봄으로써 정화 효과가 발생한다고 믿고 있다. 미디어 업계의 대변인들도 미디어 폭력의 효과에 대한 공적인 조사가 이루어질 때마다 공중과 국회의원에게 정화 효과의 이점을 기꺼이 상기시켜 준다.

2) 정동적 (혹은 정서적) 효과

나이에 상관없이 모든 사람들은 텔레비전과 영화의 폭력 장면을 볼 때 정서적 반응을 경험한다는 것을 연구들은 보여주었다. 연구들은 폭력(신체적 손상이나 신체적 손상에 대한 위협)을 묘사하는 프로그램에 대한 반응을 조사했다. 이 같은 폭력물 시청의 정서적 효과는 즉각적(예: 공포, 불안)일 수도 있고 장기적(예: 폭력의 피해자가 되는 것에 대한 지속적인 우려)일 수도 있다.

파라졸로(K. E. Palazzolo)와 로베르토(A. J. Roberto)는 조사 참여자에게 "가해자와 피해자 모두에 대한 책임 돌리기(귀인)가 강하거나 약한 정보를 포함하고 있는" 친한 파트너 폭력에 대한 미디어 뉴스 메시지를 보여주었다(Palazzolo & Roberto, 2011: 1). 시청자들은 많은 정서를 경험했지만, 시청자가 가해자나 피해자가 폭력에 책임이 있는 것으로 보는지 여부와 관련된 특정한 정서만이 촉발되었다.

이러한 분야의 미디어 효과 연구에 관여하는 사회과학자들은 특히 어린이의 반응에 관심을 가졌다. 연구들은 어린이가 특정한 종류의 프로그램을 볼 때 매우 놀란다는 것을 보여주었다. 많은 연구자가 때로는 매우 강렬하게 나타나는 이러한 공포 반응을 관찰했다(Blumer & Hauser, 1933; Himmelweit et al., 1958; Preston, 1941; Schramm et al., 1961 참조). 이러한 반응은 감정에 대한 통제력 상실(Blumer & Hauser, 1933)에서부터 무서운 악몽(Singer, 1975)에 이르기까지 다양하다.

연구는 또한 어린이가 허구적인 드라마뿐만 아니라 텔레비전 뉴스에 대해서도 공포 반응을 경험한다는 것을 보여주고 있다. 캔터(J. Cantor) 및 너샌슨이 실시한 설문조사에서 조사 대상이 된 부모의 어린이들 가운데 거의 40%가 뉴스의 어떤 내용을 보고 놀라거나 당황한 경험을 한 것으로 나타났다(Cantor & Nathanson, 1996). 공포를 가장 많이 불러일으키는 기사는 낯선 사람의 폭력, 외국의 전쟁 및 기아(饑餓), 자연재해를 포함한 기사였다. 나이가 적은 어린이는 무기나 죽어가는 사람과 같은 혼란스럽게 하는 이미지에 대해 정서적으로 반응하는 경향이 있는 반면, 나이가 많은 어린이는 추상적인 이슈(핵전쟁, 폭력, 죽음의 현실에 대한 공포)에 대해 더 불안해하는 편이었다(Cantor & Nathanson, 1996). 우리는 두려움을 유발하는 미디어의 효과를 13장에서 더 자세하게 살펴볼 것이다.

3) 인지적 효과

폭력물 시청이 현실 세계에 대한 시청자의 신념에 영향을 미칠 때, 이러한 시청자는 '인지적' 효과를 경험한다. 실제로 방금 논의한 많은 정서적 공포 반응은 시간이 흐르면서 인지적 효과로 바뀔 수도 있다. 인지적 효과에 관해 가장 광범위한 연구를 실시한 연구자는 거브너와 동료들이다.

1970년대에 거브너와 동료들은 텔레비전 시청의 인지적 효과를 측정하기 위해 전국 여론조사 데이터를 분석했다. 이 설문조사는 텔레비전 시청 시간 및 그들이 살고 있는 세계에 대한 지각과 같은 조사 대상자에 대한 유용한 정보를 많이 포함하고 있었다. 이 연구자들은 텔레비전 시청 시간과 세계에 대한 특정한 신념의 우세도(prevalence) 간에 양(+)의 상관관계가 있음을 확인했다. 텔레비전을 가장 많이 시청하는 사람은 적게 시청하는 사람보다 세상을 더 위험한 장소로 지각했다(Gerbner, 1972; Gerbner & Gross, 1976; Gerbner et al., 1977; Gerbner et al., 1978; Gerbner et al., 1980). 이것을 '배양 분석'이라 한다.

거브너와 동료들은 네트워크 텔레비전 프로그램 내용 분석을 통해 프라임타임의 텔레비전 프로그램이 매우 폭력적인 내용으로 구성되어 있음을 보여주었다. 그들은 매개되는 폭력에 대한 규칙적인 노출 때문에 시청자가 사회의 실제 위험에 대해 과장된 견해를 가진다는 가설을 제시했다(8장의 배양에 대한 상세한 논의 참조).

텔레비전이 현실 세계에 대한 시청자의 지각에 미치는 영향의 강도는 많은 요인에 의해 완화될 수 있다. 건터(Gunter, 1987)는 이러한 요인들을 네 가지 주요 범주로 구분하고 이를 **판단의 수준**(level of judgement)이라고 불렀는데, 프로그램 특이성, 시청자의 지각 또는 해석, 범죄에 대한 개인적 판단, 상황 특이성이 그것이다.

'프로그램 특이성(program specificity)'이란 텔레비전이 현실 세계에 대한 지각에 미치는 영향이 시청 시간보다 프로그램의 유형과 더 관련이 있을 수 있음을 의미한다. 예를 들면, 두 사람이 매주 텔레비전을 시청하는 시간은 같지만, 한 사람은 폭력적인 프로그

불필요한 폭력과 재치 있는 유머가 섞여 있는 〈데드풀〉과 그 속편은 박스 오피스 기록을 깼다. 이 영화는 역대 최고 수익을 올린 R-등급 영화 상위 3편 중 2위를 차지했다.

램만을 볼 수도 있는 반면, 다른 한 사람은 비폭력적인 교육적 프로그램을 시청한다. 따라서 TV 시청량이 동일해도, 현실 세계의 범죄에 대한 두 시청자의 지각은 매우 다를지도 모른다(Weaver & Wakshlag, 1986).

텔레비전의 영향은 또한 시청자가 자신이 시청하고 있는 것을 어떻게 지각하는가와 그것을 어떻게 해석하는가에 따라 달라질 수 있다(Collins, 1973; Pingree, 1983; Teevan & Hartnagel, 1976). '시청자의 지각과 해석'이 매우 폭력적인 프로그램을 아무런 해를 주지 않는 프로그램으로 만들 수도 있다.

'범죄에 대한 개인적 판단(personal judgments about crime)' 역시 폭력적인 프로그램 시청자에게 미치는 텔레비전의 영향을 바꿀 수 있다. 사회에 범죄가 만연해 있다고 믿거나 자신이 범죄의 희생자가 될 수도 있다고 믿는 것은 이 같은 판단의 예가 될 수 있을 것이다. 타일러(T. R. Tyler)는 이 같은 판단은 흔히 시청 행동과는 전혀 관련이 없지만, 어떤 사람이 범죄와 특별히 직접 마주친 경험과는 관련이 있다는 것을 확인했다(Tyler, 1980, 1984; Tyler & Cook, 1984).

'상황 특이성(situation specificity)'은 텔레비전이 범죄에 대한 개인적인 지각에 미치는 영향은 사람의 개인적인 상황이나 환경에 의해 완화될 수도 있음을 의미한다. 예를 들면, 도시에 사는 사람은 범죄 발생 빈도가 낮은 시골에 사는 사람보다 범죄를 더 두려워하는 경향이 있다(Tamborini et al., 1984).

연구자들은 조사할 매개되는 폭력의 소스로 비디오 게임과 인터넷에 관심을 돌렸다. 증거들은 폭력적인 비디오 게임을 하는 사람은 나중에 공격적인 생각과 행동을 할 가능성이 더 높음을 시사한다(예: Anderson, 2004; Anderson et al., 2004; Anderson & Dill, 2000;

Bartholow & Anderson, 2002; Bushman & Anderson, 2009; Irwin & Gross, 1995). 반복적인 노출은 폭력에 대한 둔감화를 초래할 수 있다(예: Bartholow et al., 2006). 폭력적인 비디오 게임의 영향에 대해서는 18장에서 깊이 있게 논의할 것이다.

5. 미디어 폭력 즐기기

레이니와 브라이언트는 미디어 제작사와 배급사들이 과도한 폭력이 포함된 콘텐츠로 오랫동안 비판을 받아왔다고 지적한다(Raney & Bryant, 2020). "폭력이 과도하게 포함된 것에 대한 업계의 전형적인 방어 논리는 사람들이 원하는 것을 그저 제공할 뿐이라는 것이었다"(Raney & Bryant, 2020: 331). 결국 시청자들은 〈로 앤드 오더: 성범죄 전담반(Law and Order: SVU)〉, 〈워킹 데드(The Walking Dead)〉(와 이것의 파생작), 〈더 보이즈〉, 〈웨스트월드(Westworld)〉, 〈덱스터(Dexter)〉 같은 폭력적인 내용이 포함된 프로그램을 수십 년 동안 시청해 왔다. 〈데드풀(Deadpool)〉, 〈로건(Logan)〉, 〈조커(Joker)〉(역대 최고 수익을 올린 R-등급 영화) 같은 폭력적인 영화는 박스 오피스 기록을 깼다. 그리고 소비자들은 비디오 게임에 연간 수십억 달러를 지출하는데, 그 가운데 상당수는 폭력적이다. 분명히 폭력적인 콘텐츠에 대한 수요와 욕구가 모두 존재한다.

미디어 폭력 즐기기에 대한 한 메타-분석은 남성이 여성보다 폭력을 더 즐기는 경향이 있으며, 감각 자극 추구(sensation seeking) 정도가 높고 감정이입 정도가 낮은 시청자 역시 폭력을 즐긴다는 사실을 확인했다(Hoffner & Levine, 2005). 최근 연구에 따르면, 유머와 미디어 폭력이 결합된 영화, TV 프로그램, 비디오 게임은 이른바 '어두운 성격'(dark personality: 특히, 가학성, 도덕적 이탈, 다른 사람의 불행에서 기쁨을 얻는 특성)[11]을 지녔으며 폭력적인 미디어를 소비한 이력이 있는 남성이 가장 즐기는 것으로 나타났다(Allen et al., 2022). "전반적으로 조사 결과는 폭력적인 미디어를 보고 가장 크게 웃는 사람은 가장 어두운 성격을 갖고 있는 사람일 수도 있음을 시사한다"(Allen et al., 2022: 45).

---

11 '어둠의 3요소(dark triad)'는 성격에 대한 심리학적 이론으로, 델로이 L. 폴허스(Delroy L. Paulhus)와 케빈 M. 윌리엄스(Kevin M. Williams)가 2002년에 처음 발표했다. 이 이론은 특히 공격적이지만 비병리적인 세 가지 성격 유형인 마키아벨리즘적 성격(Machiavellianism), 준임상적 자기애(sub-clinical narcissism), 준임상적 정신병질(sub-clinical psychopathy)을 기술한다. 이 세 가지 성격 유형 각각은 악의적인 특성을 포함하는 것으로 여겨지기 때문에 어둠이라고 불린다(옮긴이 주).

장편영화 1편에 담겨 있는 미디어 폭력의 어필: 실험적 조사

Glenn G. Sparks, John Sherry, & Graig Lubsen (2005) *Communication Reports*, *18*(1), 21~30.

이 연구에서 연구자들은 삭제된 버전을 본 학생도 편집하지 않은 버전을 본 학생만큼 그 영화를 즐기는지 알아보기 위해 장편영화 1편의 모든 폭력 장면을 편집했다.

참여자
중서부 지역의 한 대학교에 재학 중인 총 134명(남학생 41명, 여학생 93명)의 학부 학생이 이 조사에 참여했다. 참여자들은 대부분 백인이었고, 연령대는 18~22세였다.

연구 방법
참여자들은 장편 할리우드 영화 〈도망자〉의 두 버전 가운데 하나를 시청했다. 한 버전은 폭력이 제거된 편집 버전이고, 다른 하나는 무삭제 버전이다. 영화를 본 후 참여자들은 전반적인 즐김, 그 영화를 다시 보고 싶은 정도, 오락의 정도, 재미있게 본 정도, 지각된 영화의 질과 지각된 폭력에 대한 기타 척도를 포함한 여러 질문에 응답했다.

참여자들은 무작위로 두 집단 가운데 한 집단에 할당되었다. 무삭제 버전을 본 학생은 남학생 15명 그리고 여학생 51명이었다. 편집 버전을 본 학생은 남학생 26명, 여학생 42명이었다.

원래 영화의 길이는 2시간 11분 5초였으며, 104건의 물리적 폭력 행위가 포함되어 있었다. 폭력 장면이 제거된 편집 버전의 길이는 2시간 49초였다. 참여자들은 각기 다른 방에서 같은 시각에 영화를 보았으며 영화를 보는 동안에는 이야기하는 것이 금지되었다.

실험 목적을 감추기 위해 연구자들은 응답자들에게 가설을 짐작해 보도록 요구했다. 7명의 참여자가 이 실험이 영화에 대한 지각 차이를 검정하기 위해 편집한 영화를 포함하고 있다고 말했다. 이 7명은 후속 분석에서 제외되었다. 이 연구에 최종적으로 포함된 참여자는 무삭제 영화를 본 64명(남학생 15명, 여학생 49명)과 편집된 영화를 본 63명(남학생 24명, 여학생 39명)이었다.

연구 결과

변량분석(ANOVA)을 사용한 결과, 즐김 척도에서는 버전별이나 젠더에 따른 어떠한 유의미한 차이도 발견되지 않았다. 지속적 긴장감(suspense)의 정도에 대해서도 분석한 결과, 편집 조건별로는 유의미한 차이가 나타나지 않았지만 여학생이 남학생보다 훨씬 더 긴장한 것으로 나타났다.

이 연구 결과는 시청자들이 폭력 버전의 영화를 비폭력 버전보다 더 즐기는 것은 아니라는 것을 보여주었다. 영가설을 지지하는 이러한 결과는 바람직한 정도 이상의 다양한 해석의 여지를 남겨놓긴 하지만, 이러한 연구 결과는 폭력이 수용자의 즐김에 매우 중요한 요소라는 흔히 볼 수 있는 미디어 산업의 주장에 문제를 제기한다.

다른 연구는 폭력을 포함하고 있지 않은 프로그램보다 폭력을 포함하고 있는 프로그램을 더 즐긴다는 사실을 뒷받침해 주는 데이터를 거의 찾지 못했다(Sparks & Sparks, 2002). 스파크스(G. G. Sparks) 등은 일부 참여자에게는 영화 〈도망자(*The Fugitive*)〉를 편집하지 않은 채 보여주었고 또 다른 참여자에게는 폭력 장면을 삭제한 채 그 영화를 보여주었다(Sparks et al., 2005). 폭력을 제거해도 영화를 즐기는 데 아무런 영향이 없었다. 즉, 편집된 버전을 본 사람도 폭력 장면이 담겨 있는 버전을 본 사람만큼이나 그 영화를 즐겼다(이 장의 '연구 스포트라이트' 참조).

위버(A. J. Weaver)와 동료들은 애니메이션 소프트웨어를 사용하여 슬랩스틱(slapstick) 만화영화에서 폭력과 액션을 조작했다(Weaver et al., 2011). 여러 집단의 초등학교 어린이들이 그 만화영화를 보았는데, 폭력은 어린이들이 그 만화영화를 좋아했는지에 직접적인 영향을 미치지 않은 것으로 나타났다.

6. 미디어 폭력은 우려해야 할 정도인가?

불필요하게 폭력적인 HBO 시리즈 〈웨스트월드〉에서는 다양한 등장인물이 셰익스피어의 『로미오와 줄리엣(*Romeo and Juliet*)』의 대사, "이처럼 격렬한 기쁨은 격렬한 종말을 맞게 되는 법이지"를 자주 인용한다. 하지만 현실에서도 정말 그럴까?

지난 세기 동안, 미디어 폭력의 영향, 특히 공격성에 미치는 영향에 대한 수백 건의 연구가 이루어졌다. 이 장 전반에 걸쳐 언급했고 여러 메타-분석에서 나타난 것처럼(자세한 내용은 Piotrowski & Fikkers, 2020 참조), 미디어 폭력 연구에서 드러난 영향의 크기는 작거나 중간 정도인 경향이 있는데, 이것은 폭력적인 미디어를 소비하는 것이 공격적인 행동으로 이어질 가능성은 작거나 중간 정도라는 의미이다. "그렇다면 미디어 폭력의 효과가 작거나 중간 정도의 가능성이라도 우려를 제기하기에 충분한가?"라는 질문이 제기된다(Piotrowski & Fikkers, 2020: 220).

영향의 크기에 초점을 맞추기보다 그 영향이 '의미 있는' 것인지 고려해야 한다는 의견도 있다(Valkenburg & Piotrowski, 2017). 어떤 학자들은 그러한 영향이 절대적으로 의미가 있으며 진지하게 받아들여야 한다고 주장한다(예: Anderson & Bushman, 2001; Bushman et al., 2010). 또 어떤 학자들은 그러한 영향이 통계적으로 너무 작아서 공중의 정신 건강 문제를 우려할 정도는 아니며 거칠고 힘든 가족 환경 및 공격적인 기질과 같은 다른 위험 요인으로 초점을 바꾸어야 한다고 주장한다(예: Ferguson & Kilburn, 2009, 2010). 또 다른 학자들은 폭력적인 미디어의 영향에 특히 취약한 사람이 소수라는 점을 인정하면서도 매스 미디어 콘텐트가 매우 많은 수용자에게 도달한다는 점을 지적한다. 따라서 이러한 영향을 경험하는 사람이 '수백만' 명에 이를 수 있다는 것이다(Valkenburg & Piotrowski, 2017).

그렇다면 이런 상황에서 우리는 어떤 결론을 내려야 하는가? 뜨겁게 벌어지고 있는 이 논쟁에는 두 '진영'이 있는 것처럼 느껴진다. 하나는 영향의 존재를 인정하는 반면, 다른 하나는 이를 거부한다. 두 진영 모두 같은 데이터, 같은 논문, 같은 연구 결과를 사용하면서도 그것에 대한 해석은 서로 완전히 다르다(Piotrowski & Fikkers, 2020: 220).

어느 진영이 옳은가? 우리가 아는 것은 "어떤 미디어 폭력은 어떤 상황에서 어떤 개인에게 영향을 미친다"는 것이다(Piotrowski & Fikkers, 2020: 221). 앞으로의 연구의 핵심은 효과가 모든 사람에게 적용되는 경우에만 그것을 의미 있는 것으로 보는 것이 아니라, 폭력적인 미디어 소비와 개인차 변인 간의 복잡한 관계에 초점을 맞추는 것이다(Fikkers & Piotrowski, 2019).

7. 요약

미디어 폭력물 노출의 부정적인 효과에 대한 공중의 우려는 20세기와 21세기의 가장 중요한 사회적 이슈 가운데 하나였다. 지금까지 이루어진 많은 연구는 미디어 폭력물 시청과 차후의 공격적 행동이나 태도 간의 인과관계를 입증했다. 미디어 폭력에 대한 우려는 늘 공공정책 입안자들의 주요 이슈였다. 엄청나게 많은 연구가 매개되는 폭력 시청과 이후의 공격성 간의 연관성을 보여주었음에도, 비평가들은 그 연구들의 통계적 문제점을 지적한다.

폭력적인 미디어의 효과를 이해하기 위해 연구자들이 사용하는 이론은 몇 가지가 있는데, 여기에는 사회 인지 이론, 둔감화, 기폭, 흥분 전이, 배양, GAM, DSMM이 포함된다. 내용 분석(전국 텔레비전 폭력 연구의 초점) 결과, 논픽션 프로그램과 마찬가지로 프라임타임 TV 프로그램에도 폭력적인 콘텐트가 많이 포함되어 있는 것으로 나타났다. 내용 분석은 내용을 코딩하고 설명하는 체계를 제공하지, 수용자의 지각을 측정하지는 않는다. 맥락적 내용 분석은 폭력 묘사를 둘러싼 상황을 조사한다. 연구에 따르면, 폭력이 수용자들에게 어떤 영향을 미칠지 결정하는 데는 맥락적 특성이 가장 중요한 것으로 나타났다.

이 연구 분야의 한 가지 장점은 연구자들은 미디어 폭력물 노출의 효과를 연구하기 위해 여러 가지 다른 방법을 이용하는 것인데, 실험실 실험, 현장 실험, 상관관계 설문 조사, 종단적 패널 연구, 개입 연구 및 메타-분석이 그것이다. 메타-분석은 효과의 전반적인 징후와 일반적인 추이를 발견하기 위해 통계 방법을 사용하여 엄청난 수의 각기 다른 연구들을 결합한다. 미디어 폭력을 조사하는 메타-분석은 폭력물 시청과 공격적 행동 간의 인과관계를 일관되게 확인했다. 주요 효과로는 모방 행동, 공포, 둔감화가 있다.

폭력적인 미디어는 세 가지 심리적 수준, 즉 행동적, 정동적(정서적), 인지적 수준에서 수용자에게 영향을 미칠 수 있다. 행동적 효과는 다섯 가지 기제(모방, 각성, 탈억제, 둔감화, 정화) 가운데 하나를 통해 드러날 수 있다. 정서적 효과는 즉각적이거나 오랜 기간에 걸쳐 나타나는 장기적 반응일 수 있다. 어린이의 공포 반응은 정서적 효과의 한 예이다. 인지적 효과는 폭력적 내용 시청이 현실 세계에 대한 사람의 신념에 영향을 미칠 때 발생한다. 배양 효과 분석 방법은 이와 같은 인지적 효과를 살펴본다.

시청자의 지각에 미치는 텔레비전의 영향은 완화될 수 있다. 판단의 수준이라 불리는 네 가지 주요 요인으로는 프로그램 특이성, 시청자 지각 또는 해석, 폭력에 대한 개인적 판단, 상황 특이성이 있다.

학자들은 수용자와 이용자가 폭력적인 미디어 소비를 통해 누리는 즐김도 연구했다. 여러 연구에 따르면, 콘텐트에서 폭력을 제거해도 전반적인 즐김의 정도에 부정적인 영향을 미치지는 않는 것으로 나타났다.

끝으로 폭력적인 미디어 노출과 관련된 작거나 중간 정도의 영향의 크기가 갖는 의미에 대한 논쟁이 계속되고 있다. 어떤 학자들은 그러한 영향이 유의미하다고 주장하지만, 또 어떤 학자들은 그러한 영향이 너무 작아서 공중이 우려할 정도는 아니라고 말한다.

제12장

성적인 미디어 내용의 효과

섹스는 시트 사이에서보다 스크린에서 그리고 페이지들 사이에서 더 흥미진진하다.
― 앤디 워홀(Andy Warhol), 1989

어떤 미디어이든지(텔레비전, 영화, 레코드, 잡지, 뮤직 비디오, 인터넷) 간에 미디어 사용자에게 성 지향적인 메시지와 이미지가 매일 넘쳐나고 있다. 이러한 메시지는 조심스럽게 암시적인 것에서부터 여러 수준의 성적으로 노골적인 것에 이르기까지 다양한데, **성적으로 노골적인**(sexually explicit)이라는 용어는 미디어가 여러 종류의 성활동(sexual activity)[1]에 관여하고 있는 개인을 묘사하는 것을 설명하는 용어이다.

11장에서 미디어 폭력물 이슈에 대해 살펴본 결과, 폭력물 시청과 이후의 공격적 행동 간에는 유의미한 관계가 존재한다는 사실을 알았다. 매스 미디어의 성적 내용 역시 10대 임신율 증가나 AIDS 같은 성적 접촉으로 전염되는 질병 감염자 증가와 같은 심각

---

1 '성활동' 혹은 '성적 행동(sexual behavior)'은 인간이 자신의 성을 경험하고 표현하는 방식을 말한다. 사람들은 혼자 하는 행위(예: 자위 행위)부터 다른 사람과의 행위(예: 성교, 비침투성 성교, 구강 성교 등)에 이르기까지 다양한 성적 행위(sexual act)를 다양한 이유로 다양한 패턴으로 행한다. 성활동에는 파트너를 찾거나 유인하기 위한 전략(구애 및 과시 행동) 또는 개인 간의 개인적인 상호작용(예: 전희 또는 BDSM)과 같이 타인의 성적 관심을 불러일으키거나 타인의 성생활을 향상하기 위한 행위 및 활동이 포함될 수도 있다(옮긴이 주).

한 사회적 관심사와 연관되어 있어 중요한 함의를 지니고 있다.

미국 질병통제예방센터(CDC: Centers for Disease Control and Prevention)는 다양한 주기로 10대의 성활동에 대해 보고한다. 성관계(sexual intercourse) 경험이 있는 청소년의 비율은 수십 년 동안 감소했다. 여성 청소년의 경우 1988년 51%에서 2011~2015년에는 42%로 감소했고, 남성 청소년의 경우 같은 기간에 60%에서 44%로 줄어들었다(Abma & Martinez, 2017). 가장 최근에 CDC가 발표한 수치(2015~2017)에 따르면, 여성의 경우 같은 비율이었으며 남성의 경우는 38%로 더 감소했다(Martinez & Abma, 2020). 흥미롭게도 종단적인 메타-분석적 리뷰에 따르면, 1980년대부터 증가한 동성애 콘텐트를 제외하고는 네트워크 텔레비전의 성적인 내용이 1975년부터 2004년까지 감소한 것으로 나타났다(Hestroni, 2007). 10대의 동성애 활동에 관한 2010년 연구에 따르면, 9%가 조금 넘는 청소년(거의 10명 중 1명)이 동성과의 성관계 경험이 있다고 보고했는데, 이는 2002년에 보고된 수치의 2배이다(Pathela & Schillinger, 2010). 2015년부터 2019년 사이에 자신을 레즈비언(lesbian), 게이(gay), 또는 양성애자(bisexual)라고 밝힌 15~17세 청소년의 비율은 8.3%에서 11.7%로 증가했다(Johns et al., 2020).

이와 같은 통계와 연구를 나란히 제시하는 것만으로는 인과관계를 입증할 수 없기 때문에, 학자와 다른 비평가들이 보기에 그것은 일화적인 증거에 지나지 않는다. 그러나 성적으로 노골적인 콘텐트에 대한 많은 연구는 해로운 효과에 대한 인과적 증거를 뒷받침해 주고 있다.

이 장에서는 주류 미디어와 성적으로 노골적인 미디어의 성적인 내용의 속성과 정도를 살펴본다. 또한 미디어 노출로 인해 발생하는 효과를 이해하기 위한 모델도 제시한다. 다음으로 우리는 주류 미디어, 소셜 미디어, 노골적인 성적 표현물, 성폭력적인 미디어의 성적인 내용에 대한 노출로 인한 효과를 조사한 연구 결과를 살펴본다. 우리는 또한 성적인 미디어 내용 소비로 인한 효과를 매개하고 조절하는 요인을 조사하는 (점점 증가하고 있는) 연구들에 대해서도 논의한다.

1. 성적 내용의 속성

'성적(sexual)'이란 단어는 여러 수준에서 사용되기 때문에, 미디어 내용을 기술하기 위해 이 단어를 사용할 때는 반드시 이것이 의미하는 바를 분명히 정의해야 한다. 가장 넓은 의미에서 이 단어는 유머러스한 상황에서건 드라마틱한 상황에서건 X-등급 내용물에서부터 일반 수용자를 대상으로 하는 시트콤에 이르기까지 성적인 행위를 보여주거나 성적인 행위를 의미하는 또는 성적인 언급이나 성적인 풍자를 하는 '모든' 종류의 미디어 생산물을 포함한다. 성적인 내용물은 네트워크 텔레비전의 다소 가벼운 성적 코멘트에서부터 뻔뻔스러울 정도로 노골적인 XXX 비디오에 이르기까지 다양하다.

미디어 내용의 성적 노골성의 정도는 보통 얼마나 많이 상상력에 맡겨지느냐에 좌우된다. NC-17, X-등급,[2] 혹은 XXX 영화 같은 매우 노골적인 성적 표현물은 시청자의 상상력에 맡겨지는 것이 하나도 없다. R-등급 영화는 나신(裸身)과 적당한 노골성을 포함하고 있지만, R-등급 영화의 성활동(sexual activity)은 X-등급의 영화에서 묘사되는 것보다 덜 노골적이다. 미국 지상파 네트워크 텔레비전에서는 전면(前面) 나신 장면은 방송되지 않기 때문에, 네트워크 텔레비전의 성적 노골성은 R-등급 및 NC-17-등급 영화와 비교했을 때 꽤 약하다고 할 수 있다. 그러나 낮 시간대 드라마나 프라임타임 시리즈물 또는 리얼리티 프로그램에서 나타나는 몹시 뜨거운 성적인 장면은 누구든 텔레비전이 상당한 성적 내용을 포함하고 있다는 생각을 하지 않을 수 없게 만든다. 더욱이 페이 케이블(pay cable) 채널의 시리즈물[예: 스타츠(Starz)의 〈스파르타쿠스(Spartacus)〉, HBO의 〈왕좌의 게임(Game of Thrones)〉, 〈걸스(Girls)〉, 〈유포리아(Ehphoria)〉, 쇼타임(Showtime)의 〈마스터스 오브 섹스(Masters of Sex)〉, 〈쉐임리스(Shameless)〉, 넷플릭스의 〈브리저튼(Bridgerton)〉, 〈오티스의 비밀 상담소(Sex Education)〉, 〈섹스/라이프(Sex/Life)〉]은 흔히 관능적인 것부터 가학적인 것까지 다양한 노골적인 섹스 장면이 포함되어 있는데, 남성과 여성 등장인물의 전면(前面) 누드도 자주 볼 수 있다.

설문조사와 연구 결과들은 매스 미디어가 청소년과 10대에게 성(性) 정보원으로 널리 활용되고 있음을 보여준다. 13~18세 청소년 중 절반은 소비할 미디어를 선택할 때 온라인 포르노를 포함한 성적인 콘텐츠를 적극적으로 찾았다(Bleakley et al., 2011). 또한 16~17세 청소년의 30%는 음란물을 성에 대해 배우는 주요 소스로 꼽았고, 부모/보호자(21%), 형제자매/동료(16%), 학교/교사(11%), 성적으로 노골적이지 않은 TV/영화(10%), 의사(9%), 기타(3%)가 그 뒤를 이었다(Rothman & Adhia, 2016). 이성애자 청소년 가운데

---

2 기술적으로 X-등급은 미국 영화 협회(MPA: Motion Picture Association)가 덜 센세이셔널한 NC-17 및 NC-18-등급을 새롭게 만든 1990년 이후에는 사용되지 않았다. X-등급은 포르노 영화와 포르노 비디오와 동의어로 사용되지만, 이러한 영화와 비디오가 MPA에 의해 X-등급으로 분류되지는 않는다.

19%는 성 건강 정보를 얻기 위해 인터넷을 이용하는 반면, LGBTQ,[3] 즉 성 소수자 청소년의 경우는 그 비율이 78%로 급증한다(Mitchell et al., 2014).

매스 미디어의 성적 내용에 대한 모든 논의에서는 때때로 특별한 용어가 등장하는데, 이러한 용어는 자세한 설명을 필요로 한다. '포르노그래피'와 '음란성'이 바로 그러한 용어이다.

1) 포르노그래피

극도로 노골적인 성적 표현물을 일컬어 흔히 에로티카(erotica), 즉 성애물 또는 **포르노그래피**(pornography)라 부르는데, 클라인(V. B. Cline)은 이것을 "성활동에 대한 생생하고도 노골적인 묘사"로 정의한다(Cline, 1994: 229). 그러나 문헌들의 포르노그래피에 대한 정의는 일관되지 않으며(자세한 내용은 Busby et al., 2017 및 Kohut et al., 2020 참조), 그것의 정의에 대한 논의는 현재도 진행 중이다(McKee et al., 2020 참조).

오늘날 포르노 콘텐츠는 대부분 온라인에서 소비된다(Herbenick, 2020). 페테르와 팔켄뷔르흐는 성적으로 노골적인 인터넷 자료(SEIM: sexually explicit internet material)를 "일반적으로 보는 사람을 자극할 의도로 전문 제작되거나 사용자-생성된 인터넷상의 시(청)각 자료나 인터넷에서 구할 수 있는 시(청)각 자료로, 대개 구강, 항문 및 질 삽입을 클로즈업하여 성활동과 (흥분된) 성기를 거리낌없이 드러내는 방식으로 묘사하는 것"으로 정의한다(Peter & Valkenburg, 2011: 751). 오티즈(R. R. Ortiz)와 톰슨(B. Thompson)은 SEIM에 대한 이러한 정의가 포르노그래피에 대한 가장 포괄적인 정의라고 주장한다(Ortiz & Thompson, 2017). 포르노그래피의 개념화 및 사용에 대한 제안된 정의를 보려면, 코후트(T. Kohut) 등을 참조하라(Kohut et al., 2020).

궁극적으로 '포르노그래피'라는 용어의 정의를 표준화하기는 어렵다. 가치관에 따라 사람마다 정의하는 것이 다를 수 있다. 예를 들어, 어떤 사람은 과도한 노출을 포르노그래피로 간주하지 않는다. 또 어떤 사람은 합의에 의한 비폭력적인 성관계를 포르노그래피로 간주하지 않을 수도 있다. 포르노그래피의 다차원성에 대해 더 자세히 알아보려

---

3 Lesbian(여성 동성애자), Gay(남성 동성애자), Bisexual(양성애자), Transgender(성전환자), Queer[이성애자가 아니거나 시스젠더(cisgender: 생물학적 성과 성 정체성이 일치하는 사람)가 아닌 사람들의 통칭], 혹은 Questioning(성 정체성에 관해 갈등하는 사람)의 첫 글자를 딴 것이다(옮긴이 주).

면, 버스비(D. M. Busby) 등(Busby et al., 2017)을 참조하라.

포르노그래피가 널리 퍼져 있다는 사실은 논란의 여지가 없다. 그럽스(J. B. Grubbs) 등은 온라인 포르노그래피 소비가 "전 세계의 많은 성인과 청소년의 공통적인 활동으로, 이전 형태의 에로틱 미디어에서는 전례가 없었던 이용 빈도를 보인다"고 지적했다 (Grubbs et al., 2019: 117). 다음은 '많은' 온라인 포르노그래피 웹사이트 가운데 하나일 뿐 인 폰허브(Pornhub, 2019)의 통계로, 2019년에 '매 1분'마다 이 사이트에서 일어난 일에 대한 것이다:

- 사이트 방문자 수 80,032명
- 업로드된 동영상 수 14편
- 검색 건수 77,861건
- 동영상 조회수 219,985회
- 데이터 전송량 12,550 GB

2019년, 폰허브의 하루 평균 방문자 수는 1억 1,500만 명이었다. 2021년까지 매일 1억 3천만 명이 그 사이트에 로그인했다(Pornhub, 2021).

페테르와 팔켄뷔르흐는 1995년부터 2015년까지 청소년과 포르노그래피에 대해 조사한 20년간의 연구를 검토했다. 청소년의 포르노그래피 이용에 관한 전 세계 데이터를 살펴본 결과, 의도적인 노출과 비의도적인 노출을 구분하지 않은 연구들 사이에 서로 다른 결과가 나타난 것을 확인했다. 그러나 그들은 "연구 결과에 따르면 전체 청소년 가운데 절반에는 미치지 않지만 상당수의 청소년이 음란물을 이용하고 있지만, 청소년의 포르노그래피 이용에 대한 정확한 총계 수치는 이 문헌들에서 도출하기 어려운 것으로 보인다"고 결론지었다(Peter & Valkenburg, 2016: 515). 최근 연구에 따르면, 미국에서 남자 아이들이 처음으로 포르노그래피에 노출되는 평균 연령은 13세였고, 여자아이들의 경우는 17세였다(Herbenick et al., 2020).

2) 음란성

포르노그래피 표현물이 항상 음란물로 간주되는 것은 아니다. **음란성**(obscenity)이란 용어는 미국 대법원이 정의한 법적인 용어이다. 1973년, 밀러 대 캘리포니아(*Miller v.*

청소년과 포르노그래피에 대한 20년간의 연구 결과

페테르와 팔켄뷔르흐(Peter & Valkenburg, 2016)는 20년(1995~2015)에 걸쳐 이루어진 75편 연구에서 10~17세 청소년의 포르노그래피 이용률, 이용 예측 변인 및 이용의 영향을 검토했다. 다음은 주요 검토 결과 가운데 일부이다:

- 절반 이하이긴 하지만 적어도 상당수의 청소년이 음란물을 이용하며, 이용률에 있어서는 연구마다 큰 차이가 있다.
- 전형적인 청소년 포르노 이용자는 '사춘기가 좀 더 진행된 소년'으로, '가족 관계가 약하거나 문제적 감각 자극 추구자들'이다.
- 포르노그래피 이용은 덜 엄격한 성적 태도 및 일부 성적 행동[예: 성관계의 발생, 더 많은 캐주얼 섹스(casual sex) 경험]과 관련이 있지만, 인과관계의 방향은 불분명하다.

California) 사건은 법적으로 '음란한' 표현물임을 공식적으로 선언하는 기준을 정했다. 해당 지역사회를 대표하는 배심원들이 다음 세 가지 기준을 토대로 음란성을 판단한다: ① 표현물이 호색적인(상스러운, 불건전한, 병적인, 또는 음탕한) 성적 관심을 끄는 것, ② 표현물이 명백하게 불쾌감을 주거나 성적인 내용이나 성활동 묘사가 현대 지역사회의 기준을 넘어서는 것, ③ 표현물이 전반적으로 "순수한 문학적·예술적·정치적, 또는 과학적 가치"가 결여되어 있는 것(Cline, 1994: 230).

2. 미디어의 성적 내용의 정도

연구자들은 매스 미디어의 성적 내용 정도와 노골성에 대해 연구했다. 많은 연구가 인터넷 사이트, R-등급 영화, 섹스 잡지, 특히 네트워크 텔레비전 프로그램같이 어린이와 10대가 볼 가능성이 있는 여러 유형의 성적 표현물에 초점을 맞춘 내용 분석을 사용했다.

해리스(R. J. Harris)와 바틀릿(C. P. Barlett)은 1990년대 이후 섹스 잡지 발행 부수가 줄어들었음을 확인했다(Harris & Bartlett, 2009). 2020년 무렵에는 포르노 소비자들이 대부분 스마트폰에서 무료 온라인 콘텐트를 보면서 인쇄 포르노그래피 소비가 드물어졌다(Herbenick et al., 2020). 시간이 흐르면서 다른 미디어도 성적인 콘텐트를 우리 사회에 더욱 널리 퍼뜨리는 데 가세했다. X-등급이나 R-등급 동영상 혹은 매우 외설적인 뮤직 비디오 판매와 대여, 케이블, 페이-퍼-뷰(pay-per-view) 및 스트리밍 서비스의 확산, 온라인 포르노그래피의 폭발적 증가, 그리고 '섹스팅'(sexting: 휴대폰이나 소셜 미디어를 통해 성적 메시지와 사진을 보내는 것), 이 모든 것이 성으로 가득 찬 미디어 환경이 조성되는 원인으로 작용했다.

미디어의 성은 성관계나 나신을 노골적으로 묘사하는 데 그치는 것이 아니라, 성적 행동, 관심, 혹은 동기화를 묘사하거나 암시하는 어떤 표현을 포함할 수도 있다. 섹스는 또한 노골적으로 성적인 표현물 이외의 여러 다른 곳에도 등장할 수 있다. 성범죄, 섹스 스캔들, 유명 여배우에 대한 가십, 혹은 아부 그라이브(Abu Ghraib) 수용소에서의 학대와 같은 비극적인 월권행위를 포함한 많은 뉴스 기사에도 성적 내용이 포함되어 있다. 섹스는 광고, 특히 향수, 콜노뉴(cologne), 애프터셰이브 로션과 같은 제품뿐만 아니라 타이어, 자동차, 부엌 싱크대 광고에도 만연해 있다(Harris & Bartlett, 2009: 305).

많은 내용 분석 연구는 노골적인 성적 묘사 외에 '섹스에 대한 이야기'도 특히 네트워크 텔레비전 프로그램에서 증가해 왔으며, 이것의 효과 역시 마찬가지로 해롭다는 것을 확인해 주었다(Hestroni, 2007; Kunkel et al., 2003).

게이 및 레즈비언 지향적인(GLO: gay- and lesbian-oriented) 미디어 내용도 늘어났다. GLO TV 프로그램, 영화 및 음악[예: 루폴(RuPaul)의 〈드래그 레이스(*Drag Race*)〉, 〈퀴어 애즈 포크(*Queer as Folk*)〉, 〈밀크(*Milk*)〉, 〈브로크백 마운틴(*Brokeback Mountain*)〉, 레이디 가가(Lady Gaga)의 노래 「배드 로맨스(Bad Romance)」나 「텔레폰(Telephone)」]에 대한 본드(Bond, 2015)의 분석에 따르면, (놀랄 것도 없이) GLO 미디어에는 이성애 묘사보다 LGBTQ 성적 묘사가 훨씬 더 많이 포함되어 있으며, 게이 남성이 레즈비언 여성이나 양성애자보다 훨씬 더 자주 묘사된 것으로 나타났다. 더욱이 본드의 분석에 따르면, 게이, 레즈비언, 양성애자가 주류 미디어보다는 GLO에서 더 현실감 있는 성적 상황과 그들의 성 정체성이 더 인정받는 맥락 속에서 묘사되고 있는 것으로 나타났다.

물론 성적 내용의 양과 노골성의 정도는 매스 미디어의 유형에 따라 상당한 차이가 있다(Greenberg, 1994). 다음 절에서는 뮤직 비디오, 주류 TV 및 영화, X-등급 동영상에 포함된 성적인 내용을 살펴보기로 한다.

1) 뮤직 비디오

성적인 뮤직 비디오의 사례는 굳이 멀리 가지 않아도 찾을 수 있다. 카디 비(Cardi B)와 메건 디 스탤리언(Megan Thee Stallion)의 과도하게 성적인 비디오 "WAP"("wet-ass Pussy"의 약어)이나 릴 나스 엑스(Lil Nas X)의 논란의 여지가 있는 비디오 "몬테로(콜 미 바이 유어 네임)[Montero (Call Me By Your Name)]"을 생각해 보라. 릴 나스 엑스의 비디오에는 그의 캐릭터가 스트리퍼 폴 (stripper pole)을 타고 지옥으로 미끄러져 내려가 악마에게 랩댄스를 선보이는 장면이 나온다. 이 두 노래와 영상은 모두 공개 당시 큰 화제를 불러일으켰다. 예를 들어, 카디 비와 메건 디 스탤리언이 2021년 그래미 시상식(the Grammys)에서

래퍼 카디 비는 성적으로 자극적인 노래와 음란한 무대 공연으로 유명하다.

'심하게' 편집된 버전의 "WAP"를 공연한 후, FCC는 "래퍼들과 그들의 백업 크루 모두 매우 높은 스틸레토 힐(stiletto heel)을[4] 신고 스트리퍼로 가장한 선정적인 공연"에 대해 불평하는 1,000통 이상의 이메일을 받았다(Schaffer, 2021: para. 2).

많은 내용 분석은 뮤직 비디오에 포함된 성적 내용의 양을 측정했다. 1980년대에 이루어진 두 주요 연구는 1984년에 방송된 MTV와 다른 네트워크에서 방송된 음악 프로그램을 조사했는데, 절반이 넘는 비디오에 성적인 내용이 포함되어 있음을 확인했다 (Baxter et al., 1985; Sherman & Dominick, 1986). 뮤직 비디오에 대한 20년간의 연구를 요약한 연구에 따르면, 성적인 메시지는 성적 암시(innuendo),[5] 섹시한 의상(즉, 노출이 심한 의상), 고정관념이라는 세 가지 주된 방식으로 수용자에게 전달되는 것으로 나타났다 (Andsager & Roe, 2003).

4　우리가 흔히 '킬 힐'이라고 부르는 것의 영어 표현으로, '스틸레토'는 소검 혹은 단검이란 뜻으로, 그와 같은 검을 연상케 하는 높고 가느다란 힐을 특징으로 한 여성화를 말한다(옮긴이 주).
5　일반적으로 성적인 내용이나 민감한 주제를 직접적으로 말하지 않고 간접적으로 넌지시 암시하는 것을 말한다(옮긴이 주).

터너(Turner, 2011)는 뮤직 비디오에 대한 내용 분석을 두 차례 수행했다. 첫 번째 분석에서는 MTV, MTV2, VH-1, BET 및 CMT에서 방송된 흑인 가수의 뮤직 비디오가 성적인 내용을 더 자주 보여주고 도발적인 의상을 입은 여성 캐릭터가 더 자주 등장할 가능성이 있는 것으로 나타났으며, 407편의 비디오 가운데 59%에 특정 유형의 성적인 내용이 포함되어 있었다. 장르별로는 랩과 R&B를 혼합한 비디오에 성적인 내용이 가장 많았고(83%), 컨트리 뮤직 비디오에 가장 적었다(36%). 두 번째 내용 분석에서는 〈BET: 언컷(*BET Un:Cut*)〉[6]에 소개된 비디오들 가운데 95%에 성적인 내용이 포함된 것으로 나타났다. 더욱이 해당 비디오에는 다른 음악 채널과 BET에서 더 이른 시간대에 방송된 비디오에 비해 성적인 행위는 7배나 많았고, 부적절한 성적 행동(예: 매춘, 노출증, 공격적인 성행위)도 상당히 더 많았다.

호주에서 G-등급 및 PG-등급 시간대에 텔레비전에 방송된 405편의 뮤직 비디오를 조사한 바에 따르면, 55%가 성적인 내용을 포함하고 있는 것으로 나타났다(Ey, 2016). 어린이들이 인기 있는 것으로 꼽은 뮤직 비디오 34편(표집된 TV 프로그램에서 방송되지는 않았음)을 추가로 분석한 결과, 77%에 성적인 내용이 포함되어 있었다. R&B(88%), 힙합(82%), 댄스(75%), 팝(68%) 비디오 장르는 성애화된(sexualized) 내용이 가장 많이 포함되어 있었고 방송된 시간도 더 길었다. 또한 이 네 장르에는 이 연구에서 어린이들이 선호한다고 말한 비디오가 가장 많이 포함되어 있었다.

2) 텔레비전

R-등급 영화, 뮤직 비디오, 인터넷이 네트워크 텔레비전보다 훨씬 더 노골적으로 성적인 내용을 포함하고 있다. 그러나 많은 드라마 시리즈물에도 흔히 성적인 장면이 포함되어 있으며, 이 가운데 많은 시리즈물은 계속해서 네트워크 TV의 한계를 넘어선다. 〈그레이 아나토미〉와 그것의 파생작인 〈스테이션 19(*Station 19*)〉는 흔히 열정적인 사랑 장면이나 섹스에 대해 이야기하는 주인공을 묘사한다. 그리고 TV 역사상 가장 오랫동안 방송된 프라임타임 드라마 시리즈인 〈로 앤드 오더: 성범죄 전담반〉은 성폭행, 강간, 살인이 등장하는 줄거리로 20년 넘게 시청자들에게 즐거움을 제공했다. 나아가

---

6 2000년 9월부터 2006년까지 BET에서 방송되다가 지금은 사라진 뮤직 비디오 블록 프로그램이다(옮긴이 주).

네트워크 프로그램에도 성적인 코멘트와 예비 성행위 동작이 많고 빈번했음이 확인되었다(Dillman Carpentier et al., 2017; Greenberg et al, 1993; Greenberg & Hofschire, 2000; Kunkel et al., 1999, 2003, 2007). TV의 성적 암시는 대부분 유머러스한 장면에서 나타난다.

컨컬(D. Kunkel)과 동료들은 1990년대 후반과 2000년대 초반에 네트워크와 케이블 TV에서 방송된 성적인 내용에 대한 분석을 여러 차례 수행했다(Kunkel et al., 1999, 2003, 2007). 1997~1998년 TV 시즌부터 2001~2002년 시즌까지 성적인 내용이 포함된 프로그램은 56%에서 64%로 증가했다. 같은 기간, 성에 대한 이야기는 54%에서 61%로 증가했고, 성적인 행동은 23%에서 32%로 증가했으며, 성관계 사례는 7%에서 14%로 2배 증가했다.

좀 더 최근에는 딜먼 카펜티어(F. R. Dillman Carpentier) 등이 25편의 인기 네트워크 및 케이블 프로그램[예: 〈그레이 아나토미〉, 〈빅뱅 이론(*The Big Bang Theory*)〉, 〈닥터 후(*Doctor Who*)〉, 〈NCIS〉, 〈아메리칸 호러 스토리〉, 〈가십 걸〉 등]을 분석했는데, 전체 내용 가운데 거의 절반이 성적인 대화, 행동, 혹은 농담/말장난을 포함하고 있었다. 연구자들은 그러한 성적인 내용을 다음과 같이 요약했다:

전반적으로 텔레비전의 성적인 내용은 명백하기보다는 암시적인 것으로 보이는데, 이것은 아마도 그 프로그램들 가운데 많은 것이 네트워크 텔레비전에서 방송되었기 때문인 것으로 보인다. 이 분석을 바탕으로 우리는 인기 있는 TV 프로그램에서는 키스, 장난기 섞인 관심 표현, 누군가를 좋아하거나 사랑하는 것에 대한 이야기, 관계 및 성적 관심에 대한 이야기를 쉽게 예상해 볼 수 있다. 그러나 이러한 유형의 프로그램에서는 적극적인 섹스 추구(예: 섹스에 대한 대화)와 성관계에 대한 암시적인 묘사나 현실감 있는 묘사를 좀처럼 보지 못할 수도 있을 것이다(Dillman Carpentier et al., 2017: 704).

티머만스(E. Timmermans)와 밴 덴 벌크는 2000년부터 2015년까지 섹스 묘사로 국제적으로 인기를 끌었던 미국 TV 프로그램 9편[즉, 시트콤: 〈프렌즈〉, 〈빅뱅 이론〉, 〈뉴 걸(*New Girl*)〉; 드라마: 〈그레이 아나토미〉, 〈가십 걸〉, 〈오렌지 이즈 더 뉴 블랙〉; 코미디 드라마: 〈섹스 앤드 더 시티〉, 〈캘리포니케이션(*Californication*)〉, 〈걸스〉]의 내용을 분석했다(Timmermans & Van den Bulck, 2018). 캐주얼 섹스(casual sex)[7]는 헌신적인 관계에서의 섹스만큼 자주 묘사되었지만, 캐주얼 섹스의 경우는 노골적인 성관계 장면이 묘사될 가능성이 더 높았다. 헌신적인 관계에서의 성적 행동은 열정적인 키스로 한정되었다. 또한 캐주얼 섹스는 코미디 드라마(34%)와 시트콤(19%)에 비해 드라마(40%)에서 가장 자주 나타났다. 등장인물 가운데 5분의 1은 캐주얼 섹스를 통해 그들의 중요한 타자(significant others)를 속이는 모습을 보였다. 캐주얼 훅업(casual hookup)[8] 가운데 다수(57%)는 관련 등장인물들 간의 어떤 관계로도 이어지지 않았다. 이 연구자들은 텔레비전에 등장하는 캐주얼 섹스가 사람들이 실제 생활에서 사용하는 성적 스크립트에 영향을 미칠 수 있다고 주장한다.

램프맨(C. Lampman) 등과 테일러(L. D. Taylor) 등은 성적인 대화와 행동이 특히 시트콤에 등장하는 직장 환경에서 매우 흔하다는 사실을 확인했다(Lampman et al., 2002; Taylor et al., 2016). 그러나 등장인물이 사무실에서 성적인 대화나 행동을 했다고 해서 부정적인 결과를 경험하는 경우는 좀처럼 없다(Taylor et al., 2016). 예를 들어, NBC의 인기 시트콤 〈오피스(The Office)〉에는 많은 성적 암시[와 때로는 드와이트(Dwight)와 앤절라(Angela)가 창고에서 반복적으로 성관계를 갖는 경우와 같이 섹스 그 자체]가 포함되어 있다. 던더 미플린(Dunder Mifflin) 법무팀이 직장에서 "That's what she said!"[9]라는 문구를 사용하지 말라고 지시했음에도, 마이클 스캇(Michael Scott)은 계속해서 그와 같은 성적 암시를 사용한다(Meier & Medjesky, 2018). 그런데도 그는 어떤 부정적인 결과도 겪지 않는다.

다른 연구에서는 청소년 드라마에서 등장인물이 성관계를 갖는 것의 결과를 살펴보았다(예: Aubrey, 2004; Ortiz & Brooks, 2014). 그러한 유형의 프로그램에서는 섹스로 인한 정서적·사회적 결과(예: 죄책감/불안, 실망, 배제, 자존감, 또는 관계 만족도 증가)가 신체적 결과(예: 원치 않는 임신, 성병 감염, 신체적 학대)보다 그리고 긍정적인 결과보다 부정적인 결과가 수적으로 우세했다. 오브리(J. S. Aubrey)의 연구에서는 여성 등장인물이 성활동을 주도할 때 부정적인 결과가 더 흔하게 발생했다(Aubrey, 2004). 그러나 오티즈와 브룩스(M. E. Brooks)의 연구에 따르면, 남성과 여성이 성활동으로 인한 긍정적인 결과와 부정적인 결과 모두를 똑같이 경험할 가능성이 있는 것으로 나타났다(Ortiz & Brooks, 2014).

---

7 원-나이트 스탠드(one-night stand: 서로 모르는 사람과 다시 만나지 않을 것을 약속하고 성관계를 갖는 것), 혼외정사, 매춘처럼 낭만적 관계에서 벗어난 성행위를 말한다(옮긴이 주).

8 좀 더 포괄적인 표현으로 키스, 애무, 또는 성관계를 포함할 수 있다(옮긴이 주).

9 미국에서 흔히 사용하는 성적인 이중 의미를 가진 농담으로, 일반적인 대화에서 나온 평범한 문장을 성적인 맥락으로 해석할 수 있을 때 사용되는 유머러스한 표현이다. 누군가가 햄버거 크기를 보고, "It's so big!"이라고 말할 때, 다른 사람이 "That's what she said!"(그게 그녀가 한 말이야!)라고 말하면서 성적인 이중 의미를 만들어내는 경우를 예로 들 수 있다(옮긴이 주).

3) 주류 영화

〈아메리칸 파이(*American Pie*)〉부터 〈매직 마이크(*Magic Mike*)〉, 〈50가지 그림자(*Fifty Shades*)〉 영화 프랜차이즈에 이르기까지 성적인 내용은 주류 영화에서 흔히 볼 수 있다. 1950년부터 2006년까지 최고 수익을 올린 미국 영화 855편에 대한 내용 분석에 따르면, 82%가 어떤 종류의 성적인 내용을 묘사한 것으로 나타났다(Bleakley et al., 2012). 또한 여성 등장인물은 영화에서 과소 재현됨(underrepresented)에도 남성 등장인물에 비해 성적 내용에 관련될 가능성이 2배나 더 높았다. 1960년대 중반과 1970년대 초반부터 여성 등장인물이 노골적인 성적인 내용에 등장할 가능성이 점점 더 높아지기 시작했다.

인종을 살펴보면, 2013년과 2014년 영화의 성행위 장면에서 백인 등장인물보다 흑인 등장인물의 비율이 더 높았다(Ellithorpe et al., 2017). 섹스와 음주가 결합된 위험한 건강 행동을 하는 빈도에 있어서도 흑인 등장인물은 그러한 장면 내에서나 영화 전체에서 백인 등장인물보다 더 많았다.

알렉소폴러스(C. Alexopoulos)와 테일러(L. D. Taylor)는 '10대 섹스 코미디(teen sex romps)'[10]라는 코미디 하위 장르에서 볼 수 있는 성적 메시지를 연구했다(Alexopoulos & Taylor, 2020). 그들은 최고 수익을 올린 10대 섹스 코미디 영화 38편에 대한 양적 내용 분석을 실시했다. 나신, 성적 행동, 성에 관한 대화가 매우 흔하게 등장했다. 실제로 영화의 절반 이상이 영화의 처음 5분 동안에 성적인 행동이나 노골적인 내용을 묘사했다. 그러나 성적 위험과 책임에 대한 메시지는 거의 없었다. 성적 예방 조치에 대한 메시지는 성적 행동 10건당 단 한 번만 나타났으며, 피임에 대한 언급은 성에 관한 대화 17건당 단 한 번만 나타났다.

주류 영화의 성적 동의(sexual consent)에 관한 최근 연구에 따르면, 가장 일반적인 동의 신호는 비언어적이며 암시적이었다(Jozkowski et al., 2019; Willis et al., 2020). 대다수의 섹스 장면에서 등장인물들은 성행위를 하기 직전에 성적 동의를 했으며, 비언어적 신호는 새로운 관계에 있는 등장인물보다 확실한 관계에 있는 등장인물들에 비해 더 자주 사용되었다(Jozkowski et al., 2019). R-등급 영화는 PG-13 영화보다 동의 신호가 없는 성

---

10 10대들의 무모한 성 행각과 모험에 초점을 맞춘 코미디 영화의 하위 장르로 흔히 유머러스하고 경쾌한 방식으로 묘사된다. 이러한 영화는 일반적으로 청소년기, 성적 호기심, 성인 경험을 주제로 한다 (옮긴이 주).

적 행동을 더 자주 묘사했다(Willis et al., 2020).

4) X-등급 동영상

기술 발전으로 인해 사람들이 X-등급 동영상을 이용하는 방식이 변했다. VHS와 DVD 판매 및 대여가 온라인 포르노로 대체되었다. 미디어에 상관없이 이러한 동영상의 내용은 수십 년 동안 연구자들의 관심을 끌었다. X-등급 동영상의 성활동에 대한 초기의 내용 분석에서 연구자들은 분석된 동영상 45편에서 약 450개의 노골적인 성적 장면이 등장했음을 확인했다(Cowan et al., 1988). 전반적으로 그 장면들은 다음과 같은 네 가지 주요 주제 가운데 하나를 묘사했는데, 지배(domination), 상호성(reciprocity), 착취(exploitation), 또는 자기 성애(autoeroticism)가 그것이다. 상호 동의하에 이루어진 섹스 장면('상호성')이 네 가지 유형 가운데 빈도가 가장 높아, 450개 장면 가운데 37%를 차지했다. 그러나 (여성에 대한 남성의) 지배나 착취도 전체 장면 가운데 50% 이상을 차지했다. '지배', 즉 다른 한 사람에 대한 한 사람의 성적 통제는 전체 장면 가운데 28%에 이르렀다. 한 사람이 다른 한 사람에게 강요하거나 원하는 것을 가지기 위해 지위를 이용하는 '착취'는 전체 장면 가운데 26%에 해당되었다. 자위와 같은 일종의 자기 자극을 뜻하는 '자기 성애'는 가장 낮은 빈도를 보인 주제로, 분석된 전체 장면 가운데 9%를 차지했다.

좀 더 최근에 클라선(M. J. Klaassen)과 페테르는 폰허브, 레드튜브(RedTube), 유폰(YouPorn) 및 엑스햄스터(xHamster)에서 가장 많이 조회된 포르노 동영상 400편에서 젠더 차이를 조사했다(Klaassen & Peter, 2015). 섹스 장면에서는 남성의 신체 부위 클로즈업(19%)에 비해 여성의 성기, 엉덩이 및/또는 가슴 클로즈업 샷(61%)이 훨씬 더 많이 사용되었다. 남성은 여성보다 구강 성교를 하고 오르가즘을 경험할 가능성이 더 높았다. 남성과 여성은 거의 비슷하게 성관계를 주도했다(각각 36%와 32%). 거의 절반의 섹스 장면에서 파트너 간 지배와 복종 관계가 나타나지 않았거나 동등하게 묘사되었다. 등장인물이 지배적인 모습을 보일 때는 남성일 가능성이 훨씬 더 높았다. 등장인물이 성적으로 조종당하는 경우는 드물었지만, 그런 일이 발생했을 때는 여성이 남성보다 강제로 성관계를 가질 가능성이 더 높았다. 더욱이 아마추어 포르노 동영상 속의 여성은 전문 포르노 동영상 속의 여성보다 더 많은 젠더 불평등을 경험했다.

라스무센(K. R. Rasmussen) 등은 온라인 포르노 동영상에서 여성이 남성보다 부정(不

貞) 행위를 저지를 가능성이 더 높은 것으로 나타났다고 밝혔다. 화면상에서 헌신적인 관계는 동영상의 8%에서만 볼 수 있었지만, 부정 행위는 포르노 동영상의 25%에서 발생했다(Rasmussen et al., 2019).

연구자들은 포르노 동영상에 묘사된 공격적인 행위를 자주 살펴보는 편이다. 폰허브와 엑스비디오스(Xvideos)의 4,000개 이상의 이성애 장면에 대한 최근의 한 내용 분석에서 폰허브 장면의 45%, 엑스비디오스 장면의 35%에서 최소한 한 번의 신체적 공격 행위가 묘사되었다(Fritz et al., 2020). 엉덩이 때리기와 재갈 물리기는 온라인 포르노에서 볼 수 있는 가장 흔한 공격적 행위에 속한다(Fritz et al., 2020; Klaassen & Peter, 2015). 다른 공격적인 행위로는 손바닥으로 때리기, 머리카락 잡아당기기, 질식이 있다. 여성은 압도적으로 공격적인 행동의 표적이 된다(Bridges et al., 2010). 예를 들어, 프리츠(N. Fritz) 등은 전체 시간의 97%에서 여성이 공격의 대상이 된다는 것을 확인했다(Fritz et al., 2020). 공격적인 행위에 대한 반응은 대부분 중립적이거나 긍정적인 반면, 부정적인 반응은 연구에 따라 전체 시간의 2~7%에서만 나타난다.

쇼어(E. Shor)와 세이다(K. Seida)는 폰허브의 게이, 레즈비언, 이성애 동영상의 공격성을 비교 분석했다. 게이 및 레즈비언 동영상은 이성애 동영상(13%)에 비해 눈에 띄는 공격성을 묘사할 가능성이 더 높았다(각각 26%와 24%):

두 남자가 등장하는 동영상에는 가시적 공격과 합의되지 않은 공격 모두가 가장 많이 포함되어 있었고, 두 여성이 등장하는 f/f[11] 클립에는 엉덩이 때리기, 질식과 같은 여러 유형의 신체적 공격뿐만 아니라 언어적 공격이 가장 많이 포함되었다. 따라서 이러한 조사 결과는 포르노그래피가 주로 여성을 향한 남성의 공격에 관한 것이라는 주장에 문제를 제기한다(Shor & Seida, 2021: 101).

많은 비판자와 학자는 포르노가 해마다 점점 더 공격적으로 변하고 있으며 시청자들은 더 공격적인 포르노에 호의적으로 반응한다고 주장한다. 그러나 지난 10년 동안 폰허브에 업로드된 인기 동영상을 조사한 최근 연구는 그러한 주장을 뒷받침할 증거를 찾지 못했다(Shor & Seida, 2019, 2021). 실제로 공격성을 보여주는 세그먼트는 시간이 지남에 따라 더 짧아졌다. 더욱이 공격적인 행동을 묘사한 동영상은 조회수가 적고, 시청자들의 호감도 순위도 더 낮았으며, 온라인 포르노를 보는 대다수(거의 80%)의 사람들이 찾지 않았다.

또 다른 내용 분석에서 인종 간 X-등급 포르노그래피 비디오카세트를 조사한 코언(G. Cowan)과 캠벌(R. R. Campbell)은 54편의 비디오에서 노골적으로 성적인 장면에 등장한 476명을 코딩했다(Cowan & Campbell, 1994). 흑인 여성은 백인 여성보다 공격적인 행동의 대상이 되는 경우가 더 많았으며, 흑인 남성은 백인 남성보다 친밀한 행동을 덜 하는 것으로 드러났다. 더욱이 인종 간 성적 상호작용은 동일 인종의 성적 상호작용보다 더 공격적이었다. 프리츠 등(Fritz et al., 2021)의 최근 내용 분석은 이러한 결과를 대부분 확인해 준다. 흑인 여성은 백인 여성보다 공격의 대상이 될 가능성이 여전히 더 높다. 흑인 남성은 백인 남성에 비해 여성에 대한 공격의 가해자로 더 자주 등장하며 파트너와의 친밀도도 상당히 더 낮다. 특히 흑인 커플이 등장하는 장면은 인종 간 성적 만남을 포함해 다른 인종 커플에 비해 가장 공격적인 모습을 보였다.

그러나 최근 연구는 포르노 동영상의 인종과 공격 대상에 관해 상충하는 결과를 보여주고 있다. 쇼어와 골리즈(G. Golriz)는 흑인 여성이 등장하는 동영상이 백인 여성이 등장하는 동영상보다 공격성을 포함할 가능성이 더 '낮다'는 사실을 확인했다(Shor & Golriz, 2019). 한편 라틴계나 아시아계 여성이 등장하는 동영상에는 흑인이나 백인 여성이 등장하는 동영상보다 공격성이 포함될 가능성이 더 높았다. 프리츠 등(2021)이 인정한 바와 같이, 연구에서 공격성을 어떻게 코딩하는지에 따라 다른 결과가 나온 것으로 볼 수 있다. 쇼어와 골리즈(Shor & Golriz, 2019)는 공격성의 정의에 '강제적인 삽입'을 포함했다.

---

11 'female/female'의 약어이다(옮긴이 주).

프리츠 등(Fritz et al., 2021)은 코더 간 신뢰도(inter-coder reliability)를 확보하는 데 따르는 어려움으로 인해 분석에 해당 범주를 포함하지 않았으며, 이로 인해 그들의 연구가 공격성의 예를 '과소평가할' 수 있음을 인정했다.

이러한 다양한 결과와 상관없이, 카우언(G. Cowan)과 캠벌의 말은 오늘날에도 여전히 유효하다: "이러한 결과들은 포르노그래피가 성차별적일 뿐만 아니라 인종차별적임을 시사한다"(Cowan & Campbell, 1994: 323).

3. 주류 미디어의 성적인 내용에 대한 노출의 효과

포르노그래피의 영향에 대한 연구는 수십 년 전으로 거슬러 올라가지만, 주류 미디어의 성적인 내용이 미치는 영향에 대한 연구는 비교적 최근에 시작되었다. 그러나 현재 이 연구는 일반화되어 학문적 경계와 전 세계적 경계를 넘나든다(Wright, 2020a). 이러한 연구의 상당수는 10대에게 미치는 영향에 초점을 맞추고 있다. 물론 매스 미디어는 성적 태도, 신념, 행동의 발달에 기여하는 많은 요인 가운데 하나일 뿐이다. 그러나 성적 내용에 노출되는 것은 특히 "성과 젠더에 대한 태도의 변화, 성활동의 조기 시작, 임신, 청소년의 성병 감염과 관련되어 있다"(Collins et al., 2017: S162).

1) 신념의 변화

주류 미디어 소비는 남성은 성에 이끌리고, 여성은 성적 대상이며, 데이트는 '남녀 간의 전쟁'이라는 믿음과 관련이 있다(예: Ferris et al., 2007). 미디어 이용은 10대 임신, 공공장소에서의 섹스, 혼외 섹스, 여러 파트너와 섹스 및 섹스 빈도와 상관관계가 있다(예: Woo & Dominick, 2001).

임신 위험에 대한 인식이 줄어들고, 피임 수단을 이용할 수 없을 경우 성관계를 갖지 않겠다는 의도가 더 낮아지며, 의도하지 않은 임신 후 생활과 재정에 대해 비현실적으로 낙관하는 등 성적 위험에 대한 다양한 믿음이 주류 미디어를 더 많이 이용하는 것과 상관관계가 있다(예: Martins & Jensen, 2014).

2) 태도의 변화

〈아웃랜더(*Outlander*)〉는 주인공인 제이미 [Jamie; 샘 휴언(Sam Heughan) 분]와 클레어[Claire; 커트리나 발프(Caitriona Balfe) 분] 사이의 열정적인 섹스 장면을 자주 묘사하지만, 스타즈(Starz) 채널이 방송한 이 인기 있는 시리즈물에서는 성폭행과 강간을 노골적으로 묘사하기도 한다.

주류 미디어를 더 많이 소비하는 것은 원-나이트 스탠드(one-night stand), 공공장소에서의 섹스, 캐주얼 오럴 섹스, 한 번에 2명 이상의 파트너와의 성적 관계 유지, 혼외 섹스 및 대가성 섹스에 대한 더 긍정적이거나 관대한 태도와 관련이 있다(예: Chia, 2006). 미국의 남자 대학생을 대상으로 한 한 연구에서 잡지와 TV 이용은 8개월 후 헌신적이지 않은 캐주얼 섹스[또는 '훅-업(hook-up)']에 대한 더 긍정적인 태도를 예측했다(Aubrey & Smith, 2016). 갈디(S. Galdi) 등은 이탈리아 남성들이 TV에서 성적인 내용을 시청한 후 비관계적 섹스(nonrelational sex)[12]에 대해 호의적인 태도를 보인다는 것을 확인했다(Galdi et al., 2014). 또 다른 연구에서는 14~16세 청소년들이 TV 시트콤에 노출되면 섹스에 대해 더 긍정적으로 생각하게 되는 반면, 드라마를 시청하면 더 부정적으로 생각하게 되는 것으로 나타났다(Gottfried et al., 2013).

TV 프로그램에서 의도하지 않은 임신이 부정적인 결과를 초래하는 것을 본 일부 미국 대학생들은 콘돔 사용에 대한 더 긍정적인 태도와 위험한 성관계를 피하려는 의도를 나타냈다(Finnerty-Myers, 2011). 또 다른 연구에서는 음주와 성적 행동을 함께 묘사하는 주류 TV와 영화에 노출되는 것이 현실에서도 똑같이 하려는 흑인 및 백인 10대의 태도와 의도에 영향을 미쳤으며, 그 효과는 백인 10대에게서 훨씬 더 큰 것으로 나타났다(Bleakley, Ellithorpe, Hennessy, Khurana, et al., 2017).

일부 연구는 TV의 동성애 등장인물에 노출되는 것과 동성애에 대한 긍정적인 태도, 동성 섹스에 대한 수용 증가 및 게이 남성과 상호 작용하려는 의향 사이에 상관관계가 있음을 확인했다(예: McLaughlin & Rodriguez, 2017). 오락 미디어에서 게이 및 레즈비언 등장인물에 공감하는 묘사를 본 중국 대학생들은 동성 섹스에 대해 더 긍정적인 태도를

---

12 '비관계적 섹스'란 헌신적인 관계의 맥락에서 벗어난 성활동을 의미하며, 흔히 캐주얼 섹스나 원-나이트 스탠드를 나타낸다(옮긴이 주).

보였고 사람의 성적 지향성은 타고난다는 믿음이 더 강했다(Zhang & Min, 2013).

3) 행동의 변화

(성관계의 시작과 빈도, 원-나이트 스탠드, 다수의 파트너와 성적 관계를 유지하는 것을 포함한) 몇몇 성적 행동은 주류 미디어 이용 증가와 상관관계가 있다(예: Ybarra et al., 2014). 브라운(J. D. Brown) 등의 한 종단적 연구는 주류 미디어 이용이 미국 백인 청소년의 2년 후 성관계 시작을 예측한다는 사실을 확인했다(Brown et al., 2006).

12~17세 청소년들이 TV에서 (신체적 접촉이 포함된 성적 장면을 보든 성에 대한 이야기를 듣든) 성적인 내용을 많이 시청하면 성관계를 더 이른 나이에 시작할 수 있다(Collins et al., 2004). 그러나 오락 프로그램에서 성적인 내용을 줄이고, 성활동의 부정적인 결과에 대한 언급과 묘사를 늘리고, 부모가 10대 자녀와 함께 프로그램을 시청하고 성에 대한 자신의 신념과 묘사되는 내용에 대해 자녀와 논의하는 것은 텔레비전의 성적 내용 시청이 미치는 영향을 완화해 주었다(Kim et al., 2006 참조). 다른 연구에서는 청소년들이 성적인 내용에 더 많이 노출될수록 성활동을 시도할 가능성이 더 높아진다는 것을 확인했다 (Bleakley et al., 2008; Bryant & Rockwell, 1994; Collins et al., 2004; Fisher et al., 2009).

흥미롭게도 10대의 성적 미디어 노출과 성적 행동 사이의 관계는 양방향으로 작용한다. 즉, 성적인 내용에 더 많이 노출된 사람은 성적 행동을 할 가능성이 더 높고, 성활동을 하는 사람은 성적인 내용이 포함되어 있는 미디어를 찾을 가능성이 더 높다(Bleakley et al., 2008).

그러나 모든 학자가 미디어 내용(성적이든 아니든)이 10대의 성적 행동에 미치는 영향에 동의하는 것은 아니다. 2005년부터 2015년 사이에 발표된 22편의 논문에 대한 메타-분석에서는 일반적인 미디어 이용과 10대의 성적 행동 사이에 상관관계가 없는 것으로 나타났다(Ferguson et al., 2017). 더욱이 성적 미디어는 10대의 성적 행동과 약한 상관관계만을 보였을 뿐이다. 퍼거슨과 동료들은 성적인 미디어 내용이 사람들의 성적 태도에 영향을 미칠 수도 있다는 점을 인정했지만, "미디어와 성적 행동 사이의 연관성에 대한 증거는 미미하다"고 결론 내렸다(Ferguson et al., 2017: 355).

4. 소셜 미디어의 성적인 내용에 대한 노출의 효과

주류 미디어의 성적인 내용이 미치는 영향에 대한 일단의 연구와 비교할 때, 소셜 미디어의 성적인 내용이 미치는 영향에 대한 연구는 아주 초기 단계에 머물러 있다. 이 분야의 연구들이 드물기는 하지만 이미 몇 가지 공통점을 보여준다(Wright, 2020a). 첫째, 이러한 연구들은 대부분 10대와 젊은 성인에게 초점을 맞추고 있다. 둘째, 연구들에 따르면, 성적인 내용을 게시하거나 성적인 게시물을 보는 것은 일부 위험한 성적 신념을 갖거나 그러한 행동을 할 가능성을 높일 수 있다고 한다(예: Eleuteri et al., 2017; van Oosten et al., 2015).

젊은 성인들은 또한 사적인 소셜 미디어 메시지를 통해 연인과 다양한 성 건강 문제에 대해 논의한다(Tannenbaum, 2018). 다양한 소셜 미디어 플랫폼과 앱은 '딕 픽(dick pics)' 과 같은 노골적인 사진 공유도 용이하게 하는데, 이는 혐오감에서 욕구에 이르기까지 수신자의 다양한 반응을 초래할 수 있다(Paasonen et al., 2019).

늘어나고 있는 이러한 연구들의 주요 초점은 성적 대상화이다(Wright, 2020a). 연구에 따르면, 소셜 미디어를 이용하는 것은 여자아이와 젊은 여성의 자기-성애화 (self-sexualization)[13](예: 성적으로 매력적으로 보이기 위한 활동을 하거나 자신을 성적 대상으로 취급하는 것), 대상화된 신체 의식(즉, 외부 관찰자의 관점을 취하면서 그러한 관점을 내면화하는 것으로, 이는 신체적 외모로 규정되는 정체성 발달로 이어질 수 있음), 그리고 더 낮은 성적 자기-주장(self-assertiveness)[14]과 관련이 있는 것으로 나타났다(예: Boursier et al., 2020; Manago et al., 2015). 여성과 여자아이들이 소셜 미디어를 더 많이 이용할수록, 그들은 자신을 자기-성애화된 타자와 더 많이 비교할 수 있으며 자신도 자기-성애화해야 한다고 느낄 수도 있다(Fardouly et al., 2015). 그러나 섹시한 사진을 온라인에 게시하는 것이 오프라인에서의 성적 주체성(sexual agency)[15]을 높이거나 성적 주체성의 결과라는 확실한

---

13 '성적 대상화(sexual objectification)'가 사람을 성적인 목적으로만 여기고, 그 사람 자체보다는 특정 신체 부위나 성적 능력 등을 강조하는 것이라면, '성애화'란 어떤 사물이나 인간이 그 고유의 특징이나 가치적인 특징을 성적인 것으로 만들거나 성적인 것으로 인식하는 것을 말한다(옮긴이 주).

14 올바른 관점이나 관련 진술을 옹호하기 위해 공격적이지 않으면서도 자신감과 확신을 갖는 태도를 말한다(옮긴이 주).

15 자신의 성적 필요를 파악하고, 전달하고, 협상하는 능력이며, 이러한 필요를 충족시킬 수 있는 행동을 시작할 수 있는 능력을 말한다(옮긴이 주).

증거는 없다(Ramsey & Horan, 2018).

페이스북에서 성애화된 프로필 사진을 사용하면 여성 이용자에게 관계 비용(relational costs)[16]이 발생할 수 있다. 대니얼스(E. A. Daniels)와 저브리건(E. L. Zurbriggen)의 연구에 따르면, 10대 소녀와 젊은 여성은 성애화된 사진을 사용하는 여성을 성애화된 프로필 사진을 사용하지 않은 여성보다 신체적·사회적 매력도와 과업 수행 능력이 더 낮다고 평가했다(Daniels & Zurbriggen, 2016).

물론 소셜 미디어 이용은 대부분 휴대폰에서 이루어지며, 최근 몇 년 동안 섹스팅이 더욱 널리 퍼졌다. 섹스팅과 모바일 커뮤니케이션의 효과에 대한 논의는 20장을 참조하라.

5. 매우 노골적으로 성적인 내용에 대한 노출의 효과

수십 년간의 연구 결과, 매우 노골적으로 성적인 내용은 몇 가지 방식으로 미디어 이용자들에게 영향을 미칠 수도 있음이 확인되었다. 이러한 효과 가운데 하나는 성적 각성(sexual arousal)이다. 다른 효과로는 가치, 태도 및 행동의 변화를 들 수 있다. 연구자들은 이들 각 영역, 특히 포르노그래피 시청으로 인한 행동 변화를 광범위하게 연구해 왔다(예: Gunter, 2002; Huston et al., 1998; Linz & Malamuth, 1993; Malamuth, 1993; Malamuth & Impett, 2001; Mundorf et al., 2007; Oddone-Paolucci et al., 2000; Pollard, 1995). 포르노그래피 연구에 대한 더 최근의 메타-분석은 노골적인 성적 내용의 영향에 대해 더 폭넓은 관점을 제공한다(예: Hald et al., 2010; Smith et al., 2016; Tokunaga et al., 2019; Wright et al., 2016b).

라이트(P. J. Wright)가 요약한 바와 같이, "포르노그래피 연구자들은 성적으로 노골적인 미디어에 노출되면 덜 구속받고, 더 위험하며, 더 젠더화된 성적 태도와 행동이 나타날 가능성이 높아질 거라는 가설을 세웠다"(Wright, 2020a: 233).

---

16 특정 행동, 조치, 또는 상황이 사람들 간의 관계에 미칠 수 있는 부정적인 영향 또는 불이익을 의미한다. 이러한 비용은 정서적·사회적·심리적 측면을 포함하여 다양한 형태로 나타날 수 있다(옮긴이 주).

1) 성적 각성

많은 연구가 미디어의 성적 내용이 시청자나 이용자를 성적으로 각성시키는 경향이 있음을 입증했다(예: Abramson et al., 1981; Eccles et al., 1988; Elsey et al., 2019; Malamuth & Check, 1980; Schaefer & Colgan, 1977; Sintchak & Geer, 1975; Wright et al., 2021). 이러한 연구들은 각기 다른 측정 유형을 사용했다. 어떤 경우는 시청자들에게 노골적인 성적 내용을 시청하게 한 후 그들의 성적 각성 정도를 평가하도록 요구했다. 또 어떤 경우 연구자들은 각성 정도를 측정하기 위해 음경 발기 정도나 여성 생식기의 변화와 같은 생리적 측정 방법을 사용했으며, 열화상 기법을 사용하기도 했다.

노골적인 성적 내용물의 이용과 각성 정도에서 젠더 차이도 드러났다. 술을 마시고 피해자가 즐거움을 경험하는 것을 묘사하는 폭력적인 포르노그래피에 노출되는 남성은 그러한 포르노그래피에 노출되는 여성보다 더 많이 각성될 수 있다(Davis et al., 2006). 연구 결과에 따르면, 남성은 노골적인 성적인 내용을 더 의도적으로 추구할 뿐만 아니라 그러한 내용에 더 각성되며(Allen et al., 2007; Malamuth, 1996), 특히 성적 폭력이나 비인간화(dehumanization) 묘사에 더 각성되는 경향이 있었다(Murnen & Stockton, 1997).

최근의 한 연구 결과에 따르면, 남성에 비해 "여성은 포르노그래피에서 적어도 어떤 형태의 공격성을 보고 각성될 가능성이 더 높았으며(인터뷰한 여성의 거의 3분의 2), 그들 중 다수는 또한 더 심한 형태의 공격성을 보고 각성을 경험했다고 말했다(여성의 거의 40%)"(Shor & Seida, 2021: 127). 그러나 "포르노그래피에서 공격적인 장면을 보고 때때로 각성을 경험한 남성과 여성 모두는 흔히 자신의 성생활에서 그러한 행위를 경험하고 싶지 않다는 점을 강조했다"(Shor & Seida, 2021: 90).

2016년에 X-등급 영화를 본 비율은 남성이 여성보다 훨씬 더 높았으며(각각 35% 대 16%), 포르노 산업은 주로 남성 소비자를 대상으로 한다(Frutos & Merrill, 2017). 여성은 여성이 대본을 쓰고 감독한 노골적인 성적 표현물에, 특히 주제가 낭만적일 때(Mosher & Maclan, 1994; Quackenbush et al., 1995) 그리고 내용이 여성 중심적일 때(예: 진정한 여성의 즐거움을 묘사하는 포르노물, 서로가 즐기는 섹스, 자연스러운 신체, 등장인물 간의 존중 등)(French & Hamilton, 2018) 더 긍정적으로 반응한다. 또한 최근 들어 점점 더 많은 여성이 포르노를 시청하고 있다(자세한 내용은 Shor & Seida, 2021 참조).

연구자들은 또한 성적 내용의 노골성과 성적 각성의 정도 간의 관계에 대해서도 조사했다. 때로는 덜 노골적인 내용물이 매우 노골적인 내용물보다 '더' 각성을 불러일으킨

포르노그래피와 성적 불만: 포르노그래피에 의한 각성, 포르노그래피와의 상향 비교 및 포르노그래피에 의한 자위 선호의 역할

Paul J. Wright, Bryant Paul, Debby Herbenick, & Robert S. Tokunaga (2021) *Human Communication Research*, 47(2), 192~214.

이 연구는 포르노그래피 이용과 성적 만족도 감소 사이의 관계에 대한 기본 기제를 평가하고자 했다. 포르노그래피 이용에 대한 다양한 이론적 가정을 바탕으로 이 연구자들은 그 과정을 더 잘 이해하기 위한 경로 모델을 개발하고 검정했다.

연구 배경

이 연구자들은 성적 각성을 초래하는 포르노그래피 이용, 성적/관계적 만족도 저하를 야기하는 자신의 성생활과 포르노그래피 미디어에서 묘사되는 것과의 비교, 파트너와의 실제 섹스를 덜 매력적으로 느끼게 만드는 결과로 이어지는 포르노그래피 반복 이용 등 포르노그래피의 영향에 대한 광범위한 연구를 요약했다.

제안된 모델

이러한 연구를 바탕으로 라이트와 동료들은 다음과 같은 개념 모델을 제안했다:

① 되풀이해서 포르노그래피를 소비하는 것은 이용자의 각성 템플릿(arousal template)[17]을 포르노그래피 묘사에 특히 민감하게 반응하도록 조건화한다. ② 포르노그래피에 의한 이러한 증가한 각성은 자신의 성생활과 포르노그래피에서 묘사되는 성 간의 상향 비교를 더 많이 함은 물론, ③ 자신의 파트너와의 성관계보다 포르노그래피를 보고 자위하는 것을 더 선호하게 만들고, 이것은 다시 ④ 파트너와 성관계를 갖는 것이 얼마나 만족스러운지에 대한 인식을 감소시키며, 결국은 ⑤ 파트너와의 관계가 얼마나 만족스러운지에 대한 인식을 낮추게 된다(Wright, 2021: 194).

참여자

이 연구에는 데이트 중이거나 결혼한 남성 811명과 여성 818명이 참여했다. 참여자들은 50개 주 전체에서 모집되었고 연령대는 18세부터 60세 사이였으며 평균 연령은 40

세였다. 성적 지향성을 보면, 93%가 이성애자였고, 나머지 7%가 동성애자, 양성애자, 무성애자, 또는 기타 다른 성적 지향성을 가진 사람으로 파악되었다. 표본은 대다수가 백인이었고(65%) 대학을 졸업하지 않았다(65%).

측정

데이터는 포르노 이용, 관계 및 성적 사회화에 대한 전국 조사(National Survey of Porn Use, Relationships, and Sexual Socialization)에서 수집되었다. 참여자들에게 포르노를 얼마나 자주 이용하는지(전혀 이용하지 않음, 1년에 1~2회, 한 달에 1~2회, 일주일에 1~2회, 매일)를 물었다. 참여자들은 포르노 이용으로 인한 각성에 대한 진술('나를 전혀 설명해 주지 않는다'에서 '나를 정확하게 설명해 준다'까지)을 평가하고 '나의 성생활이 내가 포르노에서 보는 것만큼 좋지 않아 실망스럽다'라는 진술에 동의하는지('전혀 동의하지 않는다'부터 '매우 동의한다'까지) 평가하도록 요청받았다. 참여자들은 또한 포르노를 보며 자위하는 것이 파트너와 성관계를 갖는 것보다 더 즐거운지 평가하도록('매우 동의하지 않는다'에서 '매우 동의한다'까지) 요청받았다. 마지막으로, 참여자들은 그들의 관계에 대해 전반적인 행복감을 평가하도록 요청받았다('행복하지 않다'에서 '완벽하다'까지).

연구 결과

통계 분석 결과, "포르노그래피 소비에서 관계 만족까지의 연속적인 매개가 유의적인" 것으로 나타났다(Wright, 2021: 203). 나아가, 이 모델은 남성과 여성의 데이터에 똑같이 적합했다.

원래 제안된 모델의 구성 요소와 관련하여 저자들은 포르노그래피를 보고 자위하는 것을 선호하는 것과 포르노그래피와의 상향 비교가 하나의 단일 구성개념, 즉 파트너보다 포르노그래피에 대한 선호로 묶일 수 있다고 제안했다.

다(Bancroft & Mathews, 1971). 시청자의 상상력에 많은 것을 맡기는 장면이 모든 것을 다 보여주는 장면보다 시청자를 더 각성시킬 수도 있다.

사람에 따라 '흥분되는' 성적 자극의 종류도 다르다. 각성에는 많은 개인차가 있지만, 고전적 조건형성 연구들은 성적 각성이 때때로 '학습될' 수 있음을 보여주었다. 1960년대에 이루어진 연구에서 연구자들은 이성애자 남성들에게 부츠를 신고 있는 여성의 나체 사진을 보여주었는데, 그들은 실제로 여성 부츠만 보더라도 성적으로 각성되었다

(Rachman, 1966; Rachman & Hodgson, 1968).

또한 연구들은 일반적인 포르노그래피(남자와 여자 간의 비폭력적인 섹스)를 되풀이해서 보는 사람은 그것이 습관화되며, 자극거리를 찾기 위해 더 희귀한 포르노(예: 속박 상태의 성행위, 가학피학성 성애, 수간)를 추구하는 경향이 있음을 보여주었다(Zillmann & Bryant, 1986). 또한 오랜 기간에 걸쳐 포르노그래피를 많이 시청할 경우, 시청자는 정서적 관여가 없는 섹스에 중요성을 더 많이 부여하게 되며 친밀한 파트너에 대해, 특히 그들의 섹스 스킬과 대담함에 대해, 만족을 덜 느낀다고 한다(Zillmann & Bryant, 1988).

일부 연구는 포르노그래피가 포르노 이용자들의 관계 만족도에 긍정적인 영향을 미치거나 전혀 영향을 미치지 않는다고 보고했다(예: Kohut et al., 2017). 그러나 라이트 등(Wright et al., 2021)은 문헌들을 검토한 후 "포르노그래피 이용과 커플 관계에 있는 평균적인 사람의 만족도 사이에 어떤 연관성이 있다면 그것은 긍정적이기보다는 부정적이라는 결론에 대해 이의를 제기하기 어렵다"고 지적했다(Wright et al., 2021: 204). 이 연구자들은 포르노그래피 이용이 성적 만족과 관계적 만족(또는 불만족)에 영향을 미치는 기제를 보여주는 경로 모델(path model)을 검정한 결과, 그 모델이 적합함을 확인했다. 이 모델은 남성 및 여성 데이터 모두에 동일하게 적합했다. (이 연구에 대한 자세한 내용은 이 장의 '연구 스포트라이트'를 참조하라.)

가상 현실(VR) 포르노그래피에 대한 연구도 새롭게 시작되었다(Ortiz & Thompson, 2017). 지금은 VR 포르노그래피에 관한 연구가 많지 않지만, 한 연구는 VR과 기존 2D 포르노그래피를 비교했다(Elsey et al., 2019). VR과 2D 모두에서 관음적인 장면보다 1인칭 시점의 장면이 성적 각성을 더 많이 유발했다. 남성들은 2D 포르노보다 VR 포르노그래피를 보고 더 많이 각성되었지만, 여성들은 그렇지 않았다. 또한 가상 현실은 2D 콘텐츠보다 현존감(presence)이 더 높았으며, 현존감은 각성과 양(+)의 상관관계가 있었다.

2) 태도의 변화

연구자들은 수십 년 동안 포르노그래피가 태도에 미치는 영향을 연구해 왔다. 초기

---

17 '성적 각성 템플릿'이란 우리가 성적으로 매력적이라고 생각하는 것에 대한 뇌 속의 지도를 말한다 (옮긴이 주).

연구에 따르면, 노골적인 성적 표현물에 대한 노출은 상당한 태도 변화를 불러일으킨다고 한다(Zillmann & Bryant, 1982, 1984). 이 연구자들은 6주 동안 한 집단에게는 노골적으로 성적인 영화를, 다른 한 집단에게는 그렇지 않은 영화를 보여주었다. 두 집단을 상대로 조사한 결과, 첫 번째 집단은 그들이 영화에서 본 성활동(예: 구강 섹스, 항문 섹스, 가학피학성 성애, 수간)이 사회에 보급되어 있는 정도를 과대평가했다. 두 번째 집단은 훨씬 더 보수적이었다.

그 후 질먼과 브라이언트는 비슷한 방법을 사용하여 이 같은 영화의 시청이 섹스 상대방에 대한 태도 변화나 결혼, 일부일처주의, 자녀 등에 대한 욕구와 같은 기본적 가치의 변화를 야기하는지 측정했다. 그들은 이러한 변화가 일어나는 것을 확인했다(Zillmann & Bryant, 1988). 노골적으로 성적인 영화를 본 사람들은 통제집단에 비해 그들의 실제 파트너에게 덜 만족하는 것으로 나타났다. 노골적으로 성적인 영화를 본 집단은 육체적 외모와 성행위 수행이라는 측면에서 그들의 파트너를 낮게 평가하는 것 외에도 혼전 섹스와 혼외 섹스에 대해 더 수용적인 자세를 보였다. 그들은 결혼, 일부일처제, 자녀에 대한 욕구도 통제집단보다 약했다. 이 연구자들은 이러한 연구 결과에 대해 다음과 같이 설명했다:

오직 포르노그래피만이 많은 상대자와 차례대로 섹스를 하거나 여러 상대자와 동시에 성활동을 함으로써 성적 즐거움을 최대한 경험한다는 것을 남자와 여자들에게 가르쳐준다. …… 그리고 오직 이 장르만이 여성에 의한 구강 섹스나 엄청나게 큰 남성의 성기로 인해 여성이 절정에 이르러 소리를 지르는 성교와 같은 구체적인 장면을 제공한다. 이와 비교하면 정상적인 성경험은 초라해 보일 수밖에 없다. 상대방이 지나치게 신중하고 둔감하며 억제되어 있고 냉담하며 …… 그리고 성적인 신체적 조건과 기술도 부족한 것처럼 보일 수밖에 없다. 그리고 포르노그래피에서만 끊임없이 제시되는, 쉽게 얻을 수 있는 성적 즐거움의 풍요로움과 마주했을 때, 누가 자신의 성생활이 충만하다고 여길 수 있겠는가?(Zillmann & Bryant, 1988: 452)

노골적인 성적 표현물에 대한 반복적인 노출은 보통 사람들의 태도 및 가치의 둔감화를 초래한다. 매스 미디어에 대한 반복적인 노출로 인해 전에는 금기시했던 행동을 점차 받아들이는 것처럼, **둔감화**란 오랜 기간에 걸쳐 일어나는 가치나 태도의 변화를 말한다. 예를 들어, 어떤 남자가 강간당하는 것을 즐기는 여성이 등장하는 X-등급 영화를 많이 볼 경우, 그는 머지않아 강간이 야기하는 사회적·심리적 해로움의 정도에 대한 자신의 태도와 심지어 자신이 그와 같은 범죄를 저지를 가능성에 대한 자신의 신념뿐만 아니라 현실 세계에서 그러한 행동이 발생하는 빈도에 대한 자신의 인식을 바꿀 수도 있다. 노골적으로 성적인 표현물 소비는 혼외 섹스, 여성의 성적 대상화, 성차별적 태도와 관련한 태도 변화로 이어진다. 예를 들어, 결혼한 미국 성인을 대상으로 한 한 연구에서 포르노 시청은 혼외 섹스에 대한 더 긍정적인 태도와 상관관계가 있는 것으로 나타났다(Wright et al., 2014a).

포르노그래피 소비가 성차별적 태도에 미치는 영향은 연구자들이 많은 관심을 기울여온 또 다른 영역이다. 오티즈와 톰슨은 연구들이 포르노를 더 많이 소비할수록 여성에 대해 성차별적 태도를 가질 가능성이 더 커지며, 역으로 여성에 대해 해로운 성차별적 태도를 갖고 있다고 말한 사람들이 포르노그래피를 자주 소비할 가능성이 더 높다는 것을 보여준다고 지적한다(Ortiz & Thompson, 2017). 그러면서 그들은 "포르노그래피 소비와 성차별적 태도 사이의 인과관계의 방향이 항상 명확한 것은 아니지만, 일부 실험적 연구와 종단적 연구는 이러한 관계가 어떻게 작동할 수 있는지에 대한 통찰력을 제공한다"는 점을 강조한다(Ortiz & Thompson, 2017: 249).

예를 들어, 홀드(G. M Hald)와 맬러머스(N. N. Malamuth)는 우호성(agreeableness)[18]이 낮고 과거 더 많은 포르노그래피 이용 경험이 있는 남성과 여성이 여성을 대상으로 한 성폭력에 대해 훨씬 더 긍정적인 태도를 보인다는 사실을 확인했다(Hald & Malamuth, 2015). 그러나 실험실 환경에서 포르노그래피에 노출되는 것이 성차별적 태도에 미치는 효과를 분석한 결과, 우호성이 낮은 남성에게서만 유의적인 효과가 관찰되었다. 더욱이 이러한 효과는 각성에 의해 매개되었다. 즉, 포르노 비디오를 보고 성적 각성을 느꼈다고 말하는 참여자일수록 성차별적 태도를 보일 가능성이 더 높았다.

네덜란드 어린이를 대상으로 한 페테르와 팔켄뷔르흐의 종단적 설문조사에 따르면, 남자아이와 여자아이들이 더 어린 나이에 온라인 포르노를 소비하는 것이 여성을 성적 대상으로 보는 태도를 예측했지만, 여성을 성적 대상으로 인식하는 것은 남자아이들의 더 많은 포르노 소비를 예측할 뿐이었다(Peter & Valkenburg, 2009). 이후 연구에서는 온라인과 오프라인 포르노그래피 이용 모두 여성을 성적 대상으로 인식하는 경향이 더 강한

---

18 '우호성'은 협조적이고 예의 바르며 친절하고 친근한 성격 특성으로 설명할 수 있다(옮긴이 주).

것과 연관이 있는 것으로 나타났다(Omori et al., 2011).

포르노그래피 이용과 관련된 태도 변화가 모두 나쁜 것은 아니다. 연구에 따르면, 포르노를 보는 것은 동성 커플과 같이 전통적으로 낙인찍혀 온 성적 관계에 대한 수용도를 높일 수 있다. 이러한 연구 결과들은 포르노 소비가 비전통적인 성 역할 및 관계에 대해 좀 더 자유로운 태도를 보이게 할 가능성이 더 높음을 시사한다(Wright & Bae, 2013; Wright & Randall, 2014; Wright et al., 2014b).

3) 행동의 변화

노골적으로 성적인 미디어 내용 소비로 인한 행동적 효과는 몇 가지 수준에서 발생할 수 있다. 좋든 나쁘든 사람들은 성적인 내용을 소비할 때 그것을 '학습한다'. 그러한 학습은 (성적인 치료를 받는 커플에서 볼 수 있는 것처럼) 매우 건설적일 수도 있고 (폭력을 수반하는 모방 성범죄처럼) 극도로 파괴적일 수도 있다.

탈억제는 둔감화가 태도와 가치의 변화를 불러일으키는 것과 매우 똑같은 방식으로 행동의 변화를 야기한다. R-등급 영화나 X-등급 동영상을 본 후, 어떤 사람은 자신이 목격한 성적인 행동[전에는 금기시되었거나 안전하지 않은 섹스(unprotected sex)[19]와 같은 위험한 행동]을 행하는 것에 대해 덜 억제적인 상태가 된다. 오티즈와 톰슨은 포르노그래피가 콘돔 사용에 미치는 잠재적 영향을 다음과 같이 설명한다:

포르노그래피는 성적 스크립트와 성적 정보의 원천임이 거의 확실하기 때문에 거기에서 묘사된 활동은 섹스하는 법에 대한 준거 틀 역할을 할 수 있다… 콘돔을 사용하지 않는 포르노그래피에 자주 노출되면 소비자 자신의 생활에서 콘돔을 사용하지 않는 것을 정상으로 여길 수도 있게 되어 잠재적으로 성병 발병률이 높아질 수도 있다(Ortiz & Thompson, 2017: 251).

콘돔 사용은 가장 많이 연구된 성적 위험 행동이며, 일반 인구 집단과 게이 남성 모두를 대상으로 연구가 이루어졌다(Wright, 2020a). 일반 인구 집단, 포르노그래피 이용, 그

---

19 남성용 또는 여성용 콘돔 없이 갖는 성관계를 의미한다(옮긴이 주).

리고 콘돔을 사용하지 않는 성관계에 대한 연구들은 서로 엇갈린 결과를 보고했다. 어떤 연구는 포르노 소비와 안전하지 않은 섹스 사이의 관계를 보여주지만, 또 어떤 연구는 그렇지 않다. 최근 연구는 포르노 소비가 콘돔을 사용하지 않는 성관계에 미치는 효과가 일부일처 관계가 아닌 이성애자들에게만 나타날 수도 있음을 시사한다(Wright et al., 2018, 2019). 더욱이 콘돔 없이 성관계를 가지는 결과를 초래할 가능성이 더 높은 경우는 바로 포르노 소비 빈도'와' 포르노가 섹스 정보의 원천이라는 믿음이 결합할 때이다. 또한 게이 포르노는 일반적으로 콘돔 사용을 더 많이 묘사하기 때문에, 포르노 시청과 실제로 콘돔 없이 성관계를 갖는 것 사이의 연관성은 콘돔 없이 성관계를 갖는 남성이 등장하는 비디오를 보는 것을 선호하는 게이 남성들 사이에서만 나타날 수도 있다(Rosser et al., 2013).

포르노그래피 연구자들은 쾌락을 위한 섹스(recreational sex)[20] 또는 캐주얼 섹스와 같은 구속받지 않는 성적 행동도 연구했다. 예를 들어, 40년 이상에 걸쳐 진행된 70편 이상의 연구를 메타-분석한 결과, 포르노그래피를 보는 것이 섹스에 대한 비인격적인 접근 방식을 예측하는 것으로 나타났다(Tokunaga et al., 2019). 이러한 관계는 남성, 여성, 청소년 및 성인 모두에게 적용되었다. 이러한 관계는 또한 국가, 시기 및 연구 방법의 차이와 상관없이 나타났다. 중요한 점은 "포르노그래피에 노출되면 비인격적인 성관계에 대해 더 긍정적인 태도를 갖게 되며, 이는 결국 비인격적인 성적 행동을 할 가능성을 높인다"는 것이다(Tokunaga et al., 2019: 27).

린(W.-H. Lin) 등의 종단적 연구는 대만 중학생들을 대상으로 그들이 20대 초반이 될 때까지 추적했다(Lin et al., 2020). 중학교 시절에 성적으로 노골적인 미디어에 조기 노출되는 것은 세 가지 위험한 성적 행동, 즉 이른 첫 성경험(sexual debut), 다중 성관계 파트너 및 안전하지 않은 섹스와 밀접한 관련이 있었다. 다양한 방식(예: 웹사이트, 영화, 잡지, 소설 등)으로 포르노그래피를 소비한 사람들의 경우, 성적으로 노골적인 콘텐츠 소비와 위험한 성적 행동 간의 관계가 더욱 강했다.

허베닉(D. Herbenick) 등은 18~60세 미국인을 대표하는 확률 표본 2,200명을 대상으로 포르노그래피 이용과 성적 행동을 연구했다(Herbenick et al., 2020). 이전 1년 동안의 빈번한 포르노그래피 이용과 평생 더 다양한 포르노그래피를 이용한 것은 모든 연구 참

---

20 관계에 대한 헌신 없이 생식보다는 쾌락을 목적으로 하는 섹스를 말한다(옮긴이 주).

여자가 지배적인 성적 행동과 표적 성적 행동(target sexual behavior)[21]을 하는 것과 유의미한 관련이 있었다. 남성은 여성에 비해 엉덩이 때리기(77%), 목 조르기(20%), 욕하기(23%), 원하지 않는 성적 행동을 하도록 누군가에게 압력 가하기(15%) 등 적어도 한 가지 지배적인 성적 행동을 할 가능성이 훨씬 더 높았다. 또한 남성의 3분의 1 이상(36%)이 자신의 성기를 상대방의 입에 강제로 밀어 넣거나 뺀 경험이 있고(즉, '얼굴 성교') 남성의 거의 절반(48%)이 상대방의 얼굴에 사정했다. 반대로 여성은 표적 성적 행동을 경험했다고 보고할 가능성이 더 높았으나, 남성과 성관계를 갖는 남성의 경우는 그러한 경향이 나타나지 않았다. 표적 성적 행동의 예로는 목 졸림(여성의 21%), 얼굴에 사정 당하기(여성의 32%, 남성과 성관계를 가진 남성의 53%), 공격적인 구강 성교(여성의 34%, 남성과 성관계를 가진 남성의 54%) 등이 있다. 남성에 비해 3배나 많은 여성이 성적인 압력을 받았으며(각각 37%와 12%), 남성과 성관계를 가진 여성의 27%와 남성의 31%는 남성 파트너가 묻거나 상의하지 않고 항문 섹스를 시도한 적이 있다고 말했다.

성적 행동에 동의하거나 관심을 표현할 기회가 먼저 주어지지 않는다면 콘돔 사용에 대해 협상할 수 없기 때문에, 이것은 성매개 감염병의 위험뿐만 아니라 성폭행 및 강압과도 관련이 있다(Herbenick et al., 2020: 630).

4) 포르노그래피가 공격성에 미치는 효과

포르노그래피 이용과 그것이 성적 공격성과 비(非)성적 공격성에 미치는 영향에 대한 우려가 시작되었던 때는 수십 년 전으로 거슬러 올라간다. 그러나 주류 포르노의 일반적인 이용이 성적 공격성에 미치는 효과에 대한 연구는 결론을 내리지 못했다(Shor & Seida, 2021). 일부 연구에서는 포르노그래피를 보는 것이 성적 공격성에 거의 또는 전혀 영향을 미치지 않는 것으로 나타났다. 퍼거슨과 하틀리(R. D. Hartley)는 포르노그래피(폭력적 및 비폭력적)와 성적 공격성에 대한 약 50년간의 연구를 메타-분석했다(Ferguson & Hartley, 2022). 그들의 분석에 따르면, 비폭력적인 포르노그래피 소비와 성적 공격성 사이에는 아무런 연관성이 없었으며, 폭력적인 포르노그래피와 성적인 공격성 사이에는

---

21 성적 행위를 함에 있어 상대방을 성적 목표나 대상으로 삼아 행동하는 방식을 말하는데, 여기서 표적은 특정 성적 행동의 대상, 즉 특정한 역할로 고정된 상대를 의미한다(옮긴이 주).

신화 대 현실: 공격성과 포르노그래피

『포르노그래피의 공격성: 신화와 현실(*Aggression in Pornography: Myths and Realities*)』에서 쇼어와 세이다는 내용 분석과 포르노그래피를 소비하는 사람들과의 심층 인터뷰를 결합한 연구 결과들을 자세히 기술한다(Shor & Seida, 2021). 여러분은 이 장에서 그들의 몇몇 연구에 대해 읽었다. 다음은 그들이 "가장 흥미롭고 놀라운 결과"라고 부른 아홉 가지를 간결하게 정리한 것이다(Shor & Seida, 2021: 122~130).

- 포르노그래피 시청자들은 대부분 환상과 행동을 구별한다.
- 시청자들은 공격성에 대해 생각할 때 동의와 상호 간의 즐거움을 강조한다.
- 동영상에는 대부분 공격적인 내용이 포함되어 있지 '않다'.
- 주류 포르노그래피는 점점 더 공격적으로 변하고 있지 '않다'.
- 시청자들은 대부분 덜 공격적인 것을 시청하기를 선호한다.
- 남성이 아닌 여성이 공격성에 대한 관심을 표현할 가능성이 더 높다.
- 시청자들은 여성 연기자가 즐거움을 표현하는 동영상을 압도적으로 선호한다.
- 인기 있는 동성애 동영상은 인기 있는 이성애 동영상보다 더 공격적인 내용을 담고 있다.
- 유색 인종 여성이 등장하는 동영상에 항상 공격성이 더 많이 포함되어 있는 것은 아니다.

약한 상관관계만 존재했다.

최근 크로아티아 청소년을 대상으로 한 코후트와 동료들의 종단적 연구는 "포르노그래피 이용은 그 자체로뿐만 아니라 성적 공격성의 다른 위험 요소와 함께 고려했을 때도, 이용하는 시점에 측정된 성적 공격성이나 이후의 성적 공격성 발생 가능성의 변화와 실질적인 연관성을 보이지 않았다"고 결론지었다(Kohut et al., 2021: 661). 유사하게도 해치(S. Hatch) 등도 포르노그래피 소비와 친밀한 파트너 폭력 사이에 연관성이 없음을 확인했다(Hatch et al., 2020).

반면에 라이트 등(Wright et al., 2016b)의 메타-분석에서는 포르노그래피를 소비하는 것과 실제로 언어적·신체적 성적 공격 행위를 저지르는 것 사이에 유의적인 연관성이 있는 것으로 드러났다. 분석한 결과, 남성과 여성 간에 차이가 없었으며 미국과 국제 표본 모두에서 유사했다. 포르노그래피 이용과 언어적·신체적 성적 공격성의 연관성은 유의적이었는데, 특히 신체적 성적 공격성보다 언어적 성적 공격성에 미치는 효과가 더 강했다. 폭력적인 포르노그래피와 비폭력적인 포르노그래피 모두 성적 공격성과 연관이 있었다.

쇼어와 세이다는 공격성을 특징으로 하는 포르노그래피에 노출되는 것의 효과를 조사한 연구에서 더 결정적인 결과가 발견되었다고 지적한다(Shor & Seida, 2021). 그들의 연구 결과는 포르노의 공격적인 성행위에 더 많이 노출될수록 강압, 공격성, 여성을 대상으로 하는 성폭력에 대한 더 관대한 태도와 성폭행을 저지르는 경향이 더 커진다는 것을 보여준다. 그리고 사람들의 개인적 특성(예: 공격적이거나 반사회적인 성향)은 포르노그래피 소비와 공격성 간의 연관성을 조절할 수 있다.

6. 성 폭력물에 대한 노출의 영향

오락 미디어에서 섹스를 폭력적인 행위와 결합하여 묘사하는 것은 흔한 일이다. 〈아웃랜더(*Outlander*)〉, 〈아메리칸 호러 스토리〉, 〈로 앤드 오더: 성범죄 전담반〉과 같은 인기 프로그램은 강간을 포함한 성폭행을 생생하게 묘사한다.

성과 폭력이 결합하는 경향에 대해 우리는 우려해야 하는가? 다시 말하지만, 수십 년에 걸친 연구들은 서로 엇갈린 결과를 내놓고 있다. 강간범과 강간범이 아닌 자들을 비교한 초기 연구에서는 성과 폭력의 결합이 잠재적으로 해로운 영향을 미치는 것으로 나타났다. 강간범은 강간 장면과 동의하에 이루어지는 섹스 장면을 보고 둘 모두에 각성되는 반면, 강간범이 아닌 자들은 동의하에 이루어지는 섹스 장면에만 각성된다는 사실을 확인했다(Abel et al., 1977; Barbaree et al., 1979). 대학생을 대상으로 이루어진 한 연구에서는 피해자가 비자발적 절정감을 느끼는 강간 장면 묘사가 동의하에 이루어지는 섹스 묘사에 의해 각성되는 것과 맞먹을 정도의 각성을 느끼는 것으로 나타났다(Malamuth et al., 1980). 남자 대학생들은 피해자가 비자발적 절정감과 고통 모두를 느끼는 것처럼 보이는 강간 묘사에 가장 크게 각성되었다. 반면에 여자 대학생들은 피해자가 비자발적 절정감을 느끼지만 고통스러워하지 않을 때 가장 크게 각성되었다.

1980년대의 실험 연구에서는 폭력적인 포르노그래피에 노출되는 것이 강간에 대한 남성의 환상, 여성이 강간당하는 것을 좋아한다는 믿음, 그리고 여성에 대한 폭력 수용을 증가시키는 원인인 것으로 나타났다(Fisher et al., 2013). 여성에게 화가 난 남성이 성적으로 폭력적인 내용을 시청한 경우, 이후에 여성 대상에 대해 더 심한 공격성을 보일 거라는 사실이 실험실 실험을 통해 밝혀졌다. 그러나 다른 실험에서는 이러한 핵심적인 결과가 재현되지 않았고, 성 폭력물 노출로 인해 관찰된 부정적인 영향은 실험실 환경에만 국한되며 현실 세계에서는 일반화할 수 없다는 비판이 제기되었다. (폭력적인 포르노그래피 이용과 공격성 간에는 약한 상관관계가 있을 뿐이라는 퍼거슨과 하틀리의 2022년 메타-분석 결과를 상기해 보라.)

10대 및 젊은 성인 표본을 대상으로 한 43편의 연구를 검토한 결과, 성적으로 노골적이고 성적으로 폭력적인 미디어에 노출되는 것은 데이트 폭력 및 성폭력에 대한 신화; 데이트 폭력과 성폭력에 대한 더 수용적인 태도; 그리고 예상되는 데이트 폭력/성폭력 피해나 실제 데이트 폭력/성폭력 피해 경험, 가해 행위 및 방관자로서 개입하지 않는 것과 정적인 상관관계가 있었다(Rodenhizer & Edwards, 2019). 성적으로 노골적이고 성적으로 폭력적인 미디어 내용은 남성의 데이트 폭력과 성폭력에 대한 태도와 행동에 더 큰 영향을 미쳤다.

코후트 등(Kohut et al., 2020)은 폭력적인 포르노그래피의 효과를 다음과 같이 요약했다:

일부 연구는 성적으로 폭력적인 포르노그래피에 노출되는 것이 비폭력적인 포르노그래피에 노출되는 것보다 강간을 지지하는 태도(Garcia, 1986; Hald, Malamuth, & Yuen, 2010) 및 자기-보고된 성적 공격성(Ybarra et al., 2011; Ybarra & Thompson, 2018)과 더 크게 연관되어 있음을 보여주지만, 이러한 문헌에서 인과관계 방향을 추론하기가 항상 쉬운 것은 아니다 (Kohut et al., 2020: 14).

1) 잔혹 영화의 성폭력

학자들은 호러 영화의 하위 장르인 잔혹 영화(slasher film)가 폭력과 여성 등장인물의 성애화를 묘사하는 것에 주목했다. 매우 인기 높은 R-등급 잔혹 영화는 성폭력을 많이 포함하고 있는데, 성폭력은 에로틱한 장면에서나 에로틱한 장면이 끝난 직후에 일어난다(Linz et al., 1988; Weaver & Tamborini, 1996). 해리스(Harris, 1994)에 따르면,

그와 같은 영화를 우려하는 주된 이유는 그 영화들이 섹스와 폭력을 함께 다루기 때문이다. 예를 들면, 〈연장통 살인(Toolbox Murders)〉의 한 장면은 아름다운 한 여인이 「프리티 레이비(Pretty Lady)」라는 아주 낭만적인 노래를 틀어놓은 채 옷을 벗고 목욕하러 들어가는 것으로 시작된다. 몇 분 동안 그녀는 아주 에로틱하게 자신의 몸을 어루만지면서 자위를 한다. 갑자기 크고 빠르게 진행되는 불안감을 고조시키는 배경음악과 함께 한 남자가 그녀의 아파

트로 침입하는 장면으로 바뀐다. 카메라와 사운드 트랙(sound track)은 그 침입자와 여자가 마주칠 때까지 몇 차례 두 등장인물 사이를 왔다 갔다 한다. 침입자는 아파트 여기저기로 그녀를 뒤쫓아 가면서 전동 공구로 공격을 가한 뒤 마침내 네일 건(nail gun)을 몇 차례 그녀의 머리에 발사한다. 이 장면은 에로틱한 노래 「프리티 베이비」와 함께 그녀가 많은 피를 흘린 채 침대에 누워 죽어가는 것으로 끝이 난다(Harris, 1994: 261~262).

잔혹 영화의 성과 폭력 간에 관계가 있는지에 대해서는 학자들 사이에 의견 차이가 있다. 예를 들어, 메나드(A. D. Ménard) 등은 1980년대, 1990년대, 2000년대 최고 수익을 올린 잔혹 영화 30편(각 10년마다 10편)의 남성과 여성 등장인물을 분석했다(Ménard et al., 2019). 등장인물이 화면에 나체로 등장하고, 도발적인 옷을 입고, 영화 속 악당들에 맞서 싸우지 않으며, 친사회적 행동을 덜 드러내 보이는 경우 살해당할 가능성이 더 높았다. 분석 결과, 성적 행동을 하는 등장인물과 죽는 등장인물 사이에는 아무런 관계가 없는 것으로 나타났다. 이러한 결과는 아마도 잔혹 영화 전반에 걸쳐 폭력적인 행동이 성적인 행동보다 훨씬 더 자주 발생하기 때문에 성과 폭력 사이에 유의미한 연관성을 발견하지 못한 초기 연구를 뒷받침한다(Sapolsky et al., 2003). 흥미롭게도 잔혹 영화들은 "그들의 평판이 암시하는 것보다 성적 요소가 훨씬 더 적다"(Ménard et al., 2019: 634). 연구에 포함된 30편의 영화 가운데 완전한 섹스 장면은 10개뿐이었고, 부분적이거나 중단된 섹스 장면이 11개, 섹스가 암시되었으나 보이지 않는 장면이 6개였다.

다른 연구자들은 잔혹 영화에서 성적인 내용과 폭력적인 내용 사이의 중요한 연관성을 확인했다. 웰먼(A. Wellman) 등은 〈사이코〉, 〈텍사스 전기톱 살인사건(*Texas Chainsaw Massacre*)〉(1974년 및 2003년 버전 모두), 〈할로윈(*Halloween*)〉, 〈13일의 금요일(*Friday the 13th*)〉, 〈스크림(*Scream*)〉 등 1960년대부터 2010년대까지 영향력 있는 잔혹 영화 48편의 여성 등장인물을 연구했다(Wellman et al., 2021). 이전 연구들(예: Cowan & O'Brien, 1990; Welsh, 2010)과 비슷하게, 여성 등장인물의 섹슈얼리티와 성애화된 행동은 더 높은 수준의 잔인함 및 더 높은 사망 위험과 직접적으로 연관되어 있었다. "잔혹 영화는 여성성(famininity)을 순수함과 동일시하고 여성의 섹슈얼리티를 끔찍한 폭력으로 처벌할 수 있는 죄와 동일시하는 메시지를 퍼뜨린다"(Wellman et al., 2021: 676).

또한 연구자들은 잔혹 영화가 젊은 수용자들에게 미치는 성폭력의 영향에 대해서도 연구했다. 반복해서 잔혹 영화를 볼 때 남성은 둔감화되지만(Linz et al., 1984), 여성은 그렇지 않다(Krafka, 1985). 장기간 잔혹 영화를 본 남성은 잔혹 영화가 더 즐길 만하고 여성을 덜 모욕적으로 다루고 있고 덜 불쾌감을 주며 덜 폭력적이라고 생각한다.

7. 성적 스크립트 습득, 활성화, 적용 모델

많은 학자가 성적인 미디어 내용의 효과를 연구하기 위한 이론적 틀로 사회 인지 이론(4장 참조)을 사용한다. 간단히 말해서, 이 이론은 사람들이 관찰을 통해 학습할 수 있으며 관찰자는 보상받지 않은 행동보다 보상받은 행동을 모방할 가능성이 더 높다고 가정한다. 앞에서 논의한 바와 같이, 포르노 동영상과 주류 미디어는 성적 행동의 부정적인 결과를 좀처럼 묘사하지 않으므로 시청자가 화면에서 본 행동을 모델로 삼을 가능성이 더 높다.

물론 사회 인지 이론은 성적인 미디어 내용을 연구하기 위해 특별히 개발된 것이 아니다. 라이트(Wright, 2011)는 미디어가 성적 행동 및 기타 결과에 미치는 영향을 설명하기 위해 **성적 스크립트 습득, 활성화, 적용 모델**(3AM: sexual script acquisition, activation, application)을 만들었다. 3AM은 행동, 매스 커뮤니케이션 및 정보 처리와 관련된 이론을 통합하여 "미디어 노출로 인한 사회화 효과, 효과가 발생할 수 있는 다양한 경로 및 각 단계의 많은 조절 요인 등 여러 부분으로 구성된 일련의 연속적인 경로를 가정한다"(Wright, 2020a: 227).

중요한 것은 3AM이 매개 요인과 조절 요인이 동시에 작동한다는 점을 인정한다는 점이다. 매개와 관련하여, 이 모델은 성적인 미디어 내용의 효과가 성적 행동과 성활동에 대한 상징적인 지침인 **성적 스크립트**(sexual script)의 습득, 활성화 및 적용을 통해 발생한다고 제안한다. 3AM에 따르면, 성적 미디어에 노출되는 것은 누군가가 새로운 성적 스크립트를 배우고(습득), 기존 성적 스크립트를 기폭하며(활성화), 성적 스크립트를 사용하여 자신의 행동이나 다른 사람의 행동에 대한 판단을 이끌어내게 (적용)할 수 있다. 조절과 관련하여, 이 모델은 미디어에서 성적 스크립트를 습득하고 활성화하며 적용할 가능성을 높이거나 낮추는 몇몇 요인을 포함하고 있다.

그러한 조절 요인에는 모델의 매력, 행동의 보상 및 처벌, 묘사 빈도와 같은 '내용 요인'; 기존의 성적 스크립트, 개인적인 동기 부여, 심리적 관여, 동일시, 규범과 위험에 대한 지각, 기능성(functuality)과 현실감에 대한 평가, 도덕적 견해, 효능감과 같은 '수용자 요인'; 스크립트와 상황의 일치, 시간 압박, 성적 각성과 같은 '상황적 요인'이 포함된다. 여기에다 성적 스크립트 활성화 단계(예: 최근성, 빈도 및 노출 기간, 메시지 선명도)에 대한 '접근성' 조절 요인들도 구체적으로 명시되어 있다(Wright, 2020a: 228).

나아가 3AM은 개인 및 상황에 따라 몇몇 조절 변인이 매개 요인 역할을 할 수도 있음을 인정한다. 예를 들어, 사람들은 성적 태도와 규범의 차이로 인해 같은 성적 내용에 다르게 반응할 수 있지만(조절), 일부 성적 내용은 결과적으로 다른 성적 사고와 행동에 영향을 미칠 수 있는 특정한 성적 태도의 변화로 이어질 수 있을 것이다(매개)(Wright, 2020b; Wright et al., 2016a).

8. 성적 미디어 내용이 미치는 효과의 매개 변인과 조절 변인

매개 변인은 독립 변인(예측 변인)와 종속 변인(결과 변인) 사이에 관찰된 관계가 존재하는 '방식'과 '이유'를 설명한다(즉, 추론한다). 한편, 조절 변인은 그러한 관계의 '강도'와 '방향'에 영향을 미친다.

1) 성적인 미디어 내용의 효과를 매개하는 요인

잠재적 매개 변인의 예로는 자기-효능감, 규범 지각(지각된 규범이라고도 함), 위험 지각, 감각 자극-추구, 성적 기대 및 태도, 각성 등이 있다.

마티노(S. C. Martino) 등의 미국 청소년에 대한 종단적 연구에서는 주류 TV에 노출되는 것이 성 관련 주제에 대해 잠재적 파트너와 대화할 수 있다는 믿음과 같은 더 높은 성적 '자기-효능감'을 예측하며, 이것은 다시 성관계를 처음 시작할 더 높은 가능성을 예측하는 것으로 나타났다(Martino et al., 2005). 성 건강에 관한 대화를 다룬 주간(書間) 연속 드라마를 시청한 대학생들은, 부분적으로 성 건강에 관해 토론할 수 있다는 자기-효능감이 더 높아진 덕분에, 2주 후 성 건강 토론에 참여할 가능성이 더 높았다(Moyer-Gusé et al., 2011). 또 다른 연구에서는 게이 남성의 콘돔 사용을 묘사한 포르노 비디오 소비와 성매개 감염병 관련 위험 행동 감소 사이의 연관성을 조사한 결과, 그러한 연관성은 콘돔 사용과 관련해 성 파트너와 콘돔 사용을 협의할 수 있다는 자기-효능감에 의해 매개된다는 사실이 확인되었다(Traeen et al. al., 2014).

성적 관점이나 성적 행위에 대한 반복적인 묘사는 "시청자의 규범적 인식에 영향을 미쳐, 성적 판단과 성적 행동에 대한 상응하는 조정을 초래할 수 있는" 잠재력을 지니고 있다(Wright, 2020a: 230). 예를 들어, 대학생의 포르노 이용과 콘돔을 사용하지 않는 섹스 사이의 연관성은 동료들 가운데 콘돔을 사용하는 사람이 더 적다는 '지각된 규범'에 의해 매개되었다(Wright et al., 2016a). 미국의 10대를 대상으로 한 2단계 연구에서는 연구 초기 단계에서 시트콤을 시청하는 것이 다음 단계에서 첫 성관계 경험을 예측하는 것으로 나타났다(Gottfried et al., 2013). 이는 부분적으로 친구들이 성관계를 갖고 있다는 10대의 규범적 인식에 기인한다. 측정, 표본 및 연구 결과가 연구마다 다르기 때문에 지각된 규범의 역할에 대한 우리의 이해는 아직 초기 단계에 있다(Wright, 2020a).

갓프리드(J. A. Gottfried) 등의 연구는 또 다른 매개 요인인 '위험에 대한 지각'도 강조했다(Gottfried et al., 2013). 시트콤은 드라마에 비해 성적 위험과 책임에 대한 메시지가 훨씬 적으며, 코미디 시청은 성관계를 처음 시작하는 것과 관련이 있었는데, 이는 부분적으로 성관계로 인한 해로움에 대한 지각이 낮았기 때문이다.

'감각 자극-추구'는 흔히 쉽게 변하지 않는 성격 특성으로 개념화되기 때문에, 연구자들이 특히 관심을 갖는 또 다른 잠재적 매개 요인이다. 한 연구에서는 영화를 보는 것이 나중에 감각 자극-추구 강화로 이어졌고, 이는 결국 더 이른 나이에 성관계를 시작하는 것과 위험한 성적 행동 증가로 연결된다(O'Hara et al., 2012).

다수의 연구가 '성적 기대(sexual expectation)'의 매개적 영향을 조사했다. 예를 들어, 포르노를 보는 것은 포르노 비디오에서 흔히 볼 수 있듯이 섹스 파트너의 선택지가 많아야 한다는 기대 때문에 헌신적인 관계 외의 성관계를 갖게 될 수 있다(Gwinn et al.,

2013). 낯선 사람과의 섹스를 묘사하는 동영상이나 섹스에 대해 실제로는 '예'를 의미하면서 '아니오'라고 말하는 사람들(둘 다 남성의 성적 공격성에 대한 위험 요인으로 알려져 있음)은 그러한 일이 현실 세계에서 흔하다는 기대를 키울 수 있다. 디아브레우(L. C. F. D'Abreu)와 크라헤(B. Krahé)는 이전의 포르노그래피 이용과 이후의 성적 공격성 사이의 연관성이 그러한 위험 요인이 존재하는 성적 만남을 실제로 가질 것이라는 기대에 의해 부분적으로 매개된다는 사실을 확인했다(D'Abreu & Krahé, 2014).

'성적 태도' 역시 포르노그래피 이용과 현실의 성적 행동 사이의 매개 요인 역할을 할 수 있다. 포르노 콘텐트는 성적 행동을 부정적인 결과 없이 쾌락적인 것으로 과도하게 묘사하기 때문에, "그와 같은 묘사는 소비자들이 그러한 행동에 대해 더 긍정적인 태도를 갖게 하거나 강화할 수 있으며, 기회가 주어진다면 그러한 행동을 할 가능성을 높일 수 있다"(Wright, 2020a: 235).

'각성'은 성적으로 노골적인 콘텐트의 효과로 앞에서 논의되었지만, 다음과 같은 세 가지 이유로 포르노그래피의 인지적 효과를 매개할 수도 있다:

> 첫째, 더 높은 각성은 가장 적합한 성적 스크립트를 애써서 신중하게 찾으려는 동기와 찾을 수 있는 능력을 감소시켜 가장 접근하기 쉬운 스크립트가 사용될 가능성을 높일 것이다 (Wright, 2011). 둘째, 스크립트가 기억에 저장될 때 각성된 상태라면, 나중에 각성이 일어날 때도 그 스크립트가 다시 활성화될 가능성을 높일 것이다(Hald & Malamuth, 2015; Wright, 2011). 셋째, 특정한 포르노 묘사에 각성된 동안 또는 그 이후에 인지적 균형을 되찾기 위해 소비자들은 묘사된 섹스 유형을 더 잘 수용하도록 그들의 태도를 조정할 수도 있다(Peter & Valkenburg, 2009; Wright, 2020a: 235).

2) 성적인 미디어 내용의 효과를 조절하는 요인

조절 요인에는 부모의 행동, 지각된 미디어의 현실감, 지각된 미디어 등장인물과의 유사성, 젠더, 민족성, 미디어에 대한 신뢰, 개인의 신념과 성에 대한 메시지의 양립성, 교육 등이 포함되지만, 이에 국한되지는 않는다.

'부모의 행동'에 대한 연구의 초점은 부모가 자녀와 함께 소비하는 미디어에 대해 이야기하거나 미디어 이용에 제한을 설정하는 것과 같은 개입 전략을 조사하는 것인데, 증거에 따르면 그와 같은 전략은 성적인 미디어 내용의 잠재적 효과에 대응하는 중요한 요소이다(예: Fisher et al., 2009). 한 종단적 연구에서는 부모가 내용을 제한하지 않은 상태에서 TV를 자주 시청한 청소년의 성관계 비율이 가장 높은 것으로 나타났다(Ashby et al., 2006). 반대로 TV 시청 빈도가 낮고 부모가 시청할 내용을 제한하는 청소년의 경우, 성관계 비율이 가장 낮았다.

그러나 연구에 따르면, 부모의 개입이 항상 일관되거나 관련 있는 조절 변인은 아니다. "성에 대해 직접적이고 솔직한 토론을 하는 것과 같은 성적 스크립트 형성에 좀 더 핵심적인 부모의 행동이 미디어에만 국한된 행동보다 더 중요한 완충 장치일 수도 있다"(Wright, 2020a: 231). 예를 들어, 브라이언트와 락웰(S. C. Rockwell)의 연구에 따르면, 이슈에 대한 공개 토론을 장려하고 참여하는 가족 환경과 명확하고 잘 정의된 가치 체계를 갖춘 가족은 청소년이 주류 미디어의 성적 내용 노출에 따른 영향을 완화하는 데 도움을 줄 수 있는 것으로 나타났다(Bryant & Rockwell, 1994). 라이트 등(Wrightet al., 2013)은 MTV의 〈16세 미혼모〉와 〈10대 엄마〉를 시청한 미국 여자 대학생들에게 부모의 관여가 미치는 영향을 연구했다. 청소년기에 아버지와 성에 관해 이야기를 나누지 않은 경우, 그러한 프로그램을 시청하면 임신 위험 행동을 더 많이 하는 것으로 예측되었다. 반대로 아버지와 성에 관해 자주 대화를 나눈 경우, 그러한 프로그램 시청이 임신 위험 행동을 할 가능성이 더 낮추는 것으로 나타났다.

'지각된 미디어의 현실감'은 주류 미디어의 성적 내용과 노골적인 성적 내용의 영향을 완화할 수 있다. 예를 들어, 지각된 현실감은 성적인 미디어 내용 소비가 허용적인 (permissive)²² 성적 태도에 미치는 영향을 조절하는 것으로 밝혀졌는데, 이는 성에 대해 더 허용적인 태도는 일반적으로 성적 내용이 더 현실감이 있다고 인식하는 사람들에게서만 나타난다는 의미이다(Baams et al., 2015; Taylor, 2005). 더욱이 10대 엄마를 다룬 리앨러티 쇼가 보여주는 그들의 재정 상황과 라이프스타일에 대한 지나치게 낙관적인 인식은 리앨러티 TV 장르가 현실감이 있다고 생각하는 사람들에게서 가장 강했다(Martins & Jensen, 2014). 주목할 점은 포르노그래피의 현실감에 대한 지각은 또한 성적으로 공격적인 가해 행위에 통계적으로 유의미한 직접적인 영향을 미치는 것으로 나타났지만, 지각된 현실감이 성적 공격성에 미치는 영향은 또한 성적 스크립트, 성적 행동, 성적 강압의 수용에 의해 매개될 수 있다(Krahé et al., 2022).

---

22 다른 사람들이 승인하지 않을 수 있는 행동을 허용하거나 받아들이는 태도를 말한다(옮긴이 주).

'미디어 등장인물과의 지각된 유사성' 역시 조절 변인 역할을 할 수 있다. 예를 들어, 앞에서 언급한 모이어-구세(E. Moyer-Guse) 주간 연속 드라마 연구에서 등장인물과의 동일시(identification)는 성 건강에 관해 논의하려는 더 강한 의도와 관련이 있었다(Moyer-Gusé, 2011b)의. MTV의 〈16세 미혼모〉에 대한 또 다른 연구는 동일시의 조절 역할에 대한 더 직접적인 증거를 제공한다. 10대 엄마가 되는 것에 대한 긍정적인 태도의 증가는 참여자들이 리얼러티 쇼에서 본 사람들과 높은 수준의 유사성을 지각한 경우에만 발생했다(Behm-Morawitz et al., 2019). 그러나 동일시가 10대 임신 신화에 대한 믿음과 같은 다른 결과의 영향을 조절하지는 않았다. 라이트(Wright, 2020a)는 미디어의 현실감과 등장인물 동일시에 대한 추가 연구가 필요하다는 신중한 입장인데, 소수의 연구만이 이러한 요인들을 조절 변인으로 살펴보았고 결과들 또한 일관되지 않았기 때문이다.

그 밖에도 '나이', '미디어 다중작업', '이전 성적 경험', '성적 내용 노출의 최근성'과 같은 다른 많은 잠재적 조절 변인이 오랜 기간에 걸쳐 연구되었다. 가장 자주 연구되는 두 가지는 '민족성'과 '젠더'이다. 그러나 주류 미디어와 노골적인 성적 미디어에 대한 연구에서 라이트(Wright, 2020a)는 이러한 요인들이 일관성 없는 결과를 보여주었고, 그러한 불일치에 대한 설득력 있는 설명도 없다고 지적한다. 라이트는 민족성과 젠더 변인의 조절 가능성을 연구하지 말아야 한다고 주장하는 것은 아니지만, 개인의 심리적 차이(예: 가치, 의견 등)를 평가하는 것이 조절 효과에 대한 우리의 이해를 높여줄 수도 있다고 제안한다.

예를 들어, '미디어 전반(과 특히 포르노적인 내용)의 효용과 진실성에 대한 확신'이 더 큰 사람은 영향을 받을 가능성이 더 크다. 미디어 기관에 대한 더 높은 신뢰는 포르노그래피 이용과 혼외 성관계에 대한 태도 간의 연관성(Wright, 2013)과 포르노그래피 이용과 다수의 성 파트너 보유에 대한 태도 간의 연관성(Wright & Arroyo, 2013)을 조절한다. 독일 성인의 높은 포르노그래피 이용 빈도와 낮은 콘돔 사용 빈도 사이의 상관관계는 포르노를 성적 정보의 원천으로 생각하는 정도가 가장 강한 사람들에게서 가장 높았다(Wright et al., 2018).

'개인의 신념과 미디어 메시지 간의 양립성'도 효과를 조절할 수 있다. 예를 들어, 미국 성인을 대상으로 한 연구들에 따르면, 기존의 성적 스크립트, 도덕, 그리고 가치가 포르노적인 섹스 묘사와 양립하지 않을 경우, 영향을 받을 가능성이 더 낮았다. 포르노그래피 소비와 구속되지 않는 섹스(unrestricted sex)[23]나 다수의 성 파트너에 대한 태도 사이의 연관성은 정치적으로 보수적이고, 종교적 믿음이 깊으며, 도덕적 절대성

(moral absolutes)[24]과 도덕적 일관성(moral uniformity)[25]을 지향하는 사람들의 경우 더 약하다(Frutos & Merrill, 2017; Wright, 2013, 2018; Wright & Bae, 2015; Wright et al., 2014b 참조).

더욱이 일반적인 '교육'과 구체적으로 포르노그래피에 대한 '교육' 모두 "소비자가 포르노그래피에서 얻은 정보를 자신의 성적 스크립트에 포함할 가능성을 줄일 수도 있다"(Wright, 2020a: 236). 포르노그래피 소비와 미국 남성 및 여성의 다양한 성적 태도 간의 연관성은 교육 수준이 높을수록 약했다(Wright, 2013; Wright & Randall, 2014).

판덴보쉬(L. Vandenbosch)와 판 오스텐(J. M. F. van Oosten)은 학교의 포르노 리터러시(porn literacy) 교육이 여성을 성적 대상으로 보는 학생들의 견해에 미치는 영향을 연구했다(Vandenbosch & van Oosten, 2017). 포르노 리터러시 교육을 통해 배운 것이 있다고 답한 학생들 사이에서는 온라인 포르노그래피와 여성을 성적 대상으로 인식하는 것 사이에 아무런 관계가 없었다. 그러나 배운 것이 거의 또는 전혀 없다고 답한 학생들 사이에서는 관계가 나타났다. 이러한 결과는 노골적으로 성적인 표현물의 해로운 영향을 완화하기 위해 사후 교육적 설명을 활용하는 것에 대한 앨런(M. Allen)과 동료들의 이전 연구 결과와 일치한다(Allen et al., 1996, 1999). 폭력적인 포르노그래피에 대한 노출로 인한 효과는 노출 전후에 포르노그래피가 허구이고 환상임을 설명하는 메시지를 통해 줄어들 수 있을 것이다. 이와 비슷한 맥락에서, 한 최근 연구는 포르노그래피 소비자들과의 심층적인 질적 인터뷰를 통해 그들은 "포르노그래피의 스크립트와 규범을 하나로 묶어 '환상'으로 분류하는 경향이 있으며, 이를 통해 그러한 스크립트와 규범이 실제 세계의 성적 상호작용에 미치는 영향을 줄인다는 것"을 확인했다(Shor & Seida, 2021: 55).

물론 여기서 개략적으로 설명한 조절 변인들이 연구된 전부는 아니다. 많은 다른 조절 변인(예: '포르노에 처음 노출된 나이', '삶의 만족도', '관계 상태', '이미지의 노골성' 등)이 적어도 1편 이상의 연구에서 조사되었다. 라이트(Wrightet, 2018)는 연구자들이 조절 요인들을 계속 연구하고 그것들을 확립된 이론적 모델과 연결할 것을 권고한다.

---

23 헌신이나 사랑 없이 섹스를 하겠다는 의사를 표현할 때 사용하는 용어이다(옮긴이 주).
24 도덕적 기준이나 원칙이 변하지 않고 항상 일정하다는 신념을 의미한다(옮긴이 주).
25 사람들이 자신의 도덕적 원칙이나 가치관을 모든 상황에 고르게 적용해야 한다는 신념을 의미한다(옮긴이 주).

9. 포르노그래피 연구에 대한 우려 사항

이 장을 마무리하기 위해 우리는 포르노그래피 연구와 관련한 두 가지 우려 사항, 즉 ① 중독과 문제적 프로노그래피 이용, ② 포르노그래피 연구에 대한 전반적인 개념적·방법론적 우려를 간략하게 언급하고자 한다.

1) 문제적 포르노그래피 이용

포르노 중독 가능성에 대한 논쟁은 주로 커뮤니케이션 학자들의 영역이 아닌 정신 건강 전문가, 임상 심리학자, 신경과학자들의 영역이다(Ortiz & Thompson, 2017; Wright, 2020a). 그러나 미디어 연구에 따르면, 일부 사람들은 포르노그래피 이용을 통제하는 데 어려움을 겪을 수 있는 것으로 나타났다(Ortiz & Thompson, 2017).

약 500명의 성인을 대상으로 한 한 설문조사에서 약 30%가 온라인 포르노그래피 이용에 문제가 있는 것으로 분류되었다(Wetterneck et al., 2012). 문제적 이용자들 가운데 46%는 "인터넷 포르노그래피를 그만 보고 싶었지만 그렇게 할 수 없었다"는 진술문에 동의했고, 42%는 "인터넷 포르노그래피 이용으로 인해 나의 관계(들), 일자리, 또는 평판이 위험에 처해 있다"는 진술문에 동의했다. 남성은 여성보다 그들의 포르노그래피 이용에 문제가 있다고 답할 가능성이 훨씬 더 높았다.

2) 포르노그래피 연구: '모래 위에 지어진 성'

그럽스(J. B. Grubbs) 등은 포르노그래피 연구 문헌을 검토하면서 이 연구 분야가 "횡단적이면서 회고적인 보고를 바탕으로 한 난무하는 인과적 추측과 추론에 시달리고 있으며" 온라인 포르노그래피 연구는 "다양한 방법, 실험 패러다임, 그리고 종단적 조사를 필요로 한다"고 결론지었다(Grubbs et al., 2019: 144).

코후트와 동료들(Kohut et al., 2020)은 「포르노그래피 이용 설문조사: 형편없는 측정에 기반한 흔들리는 과학(Surveying Pornography Use: A Shaky Science Resting on Poor Measurement Foundations)」이라는 제목의 논문에서 이 분야의 연구를 신랄하게 비판했다. 이 논문은 여러 연구에서 포르노그래피 이용에 대한 추정치가 서로 상당히 다르다는 관찰로 시작된다.

50년 동안의 경험적 연구에도 얼마나 많은 사람이 포르노그래피를 이용하는지, 포르노그래피를 얼마나 많이 이용하는지 아직도 모른다는 것은 놀라운 일이다…. 측정을 둘러싼 이러한 기본적인 이슈가 해결되지 않는다면, 보고된 포르노그래피의 영향에 대해 우리는 얼마나 확신할 수 있을까?(Kohut et al., 2020: 722)

코후트 등(Kohut et al., 2020)은 용어와 관련한 혼란 및 일관성 결여, 불분명한 코딩 도구 사례를 포함해 포르노그래피 연구가 안고 있는 다른 이슈들도 개략적으로 설명했다. 더구나 그들이 조사한 연구의 거의 60%는 다른 발표된 연구에서는 발견되지 않은 포르노그래피 이용에 대한 측도(測度; measure)를 사용했다. 그들은 인터넷과 스마트폰 이용에 대한 연구에 사용된 자기-보고가 놀라울 정도로 부정확하다는 점에 주목하면서, 참여자들에게 포르노그래피 이용을 자기-보고하도록 하는 것의 타당도가 부족하다고 지적했다. "종합적으로 볼 때, 타당도가 제대로 검증되지 않은 자기-보고된 포르노그래피 이용이라는 특이한 측도를 광범위하게 사용하는 것은 이 연구 분야가 모래 위에 지어진 성과 같다는 인상을 준다"(Kohut et al., 2020: 727).

코후트 등(Kohut et al., 2020)은 포르노그래피 내용의 차이에 대한 더 나은 이해, 연구자들의 포르노그래피 이용에 대한 철저한 개념적 정의, 자신의 포르노그래피 이용을 자기-보고하는 연구 참여자들에게 제공할 포르노그래피에 대한 더 명확한 정의를 포함해, 이 분야의 개념적 기초와 방법론적 기초를 강화하기 위한 여러 권고 사항을 제시했다.

10. 요약

주류 뮤직 비디오, TV 프로그램, 영화, 소셜 미디어에는 약하게 암시적인 것에서부터 여러 수준의 성적으로 노골적인 것에 이르기까지 성적 메시지가 풍부하다. 주류 미디어의 성적 내용 외에도, 포르노그래피는 성인 수용자만이 이용할 수 있는 극단적인 부류의 노골적으로 성적인 표현물이다.

성적인 미디어 내용은 심각한 사회적 우려와 연결되어 있다는 점에서 중요한 의미가 있다. 성적인 내용 소비로 인해 발생하는 해로운 사회적 영향을 고려할 때, 텔레비전은 모든 연령층이 이용할 수 있다는 점에서 특히 위험한 미디어라고 할 수 있다. 연구자들은 소셜 미디어의 성적인 내용에 노출되는 것에 대한 우리의 이해를 높이고자 노력하고 있으나, 아직은 초기 단계에 머물러 있다. 인터넷은 21세기에 포르노에 접근하는 데 압도적으로 선호되는 방법이며, 가장 최근의 연구는 이 영역을 들여다보고 있다.

성적인 내용을 보는 것은 보는 사람의 신념, 태도, 행동에 영향을 미칠 수 있다. 성적 스크립트 습득, 활성화, 적용 모델(3AM)은 미디어에 노출되는 것이 성적 행동에 미치는 영향을 설명하는 데 도움을 준다. 몇몇 요인이 미디어 노출이 개인에게 미치는 영향을 매개한다(예: 자기 효능감, 위험 지각, 각성). 여러 요인이 그러한 효과의 강도를 조절한다(예: 부모의 행동, 지각된 현실감, 교육).

잔혹 영화에서처럼 미디어 내용은 계속해서 폭력적인 행위와 결합된 성적인 상황을 묘사하고 있다. 최근 문헌을 검토한 결과, 폭력적인 포르노그래피에 대한 노출은 일반적으로 강간을 지지하는 태도 및 성적 공격성과 연관되어 있지만 인과관계가 명확하지 않은 것으로 나타났다.

마지막으로 포르노그래피 중독에 대한 우려가 있기는 하지만, 이 논쟁은 대체로 매스 커뮤니케이션 연구 영역을 벗어난 것이다. 포르노그래피의 영향에 대한 연구가 수행되는 방식에 대해서도 상당히 우려하고 있다. 성적 미디어에 노출되는 것의 영향에 대한 연구의 과학적 근거를 강화하는 방법에 대한 제안이 제시되었지만, 이러한 제안이 실행되고 있는지 또는 어떻게 실행되고 있는지 보고하기에는 아직 너무 이르다. 그러나 주류 미디어가 계속해서 더 선정적인 내용으로 한계를 넘어서고 있고 가상 현실과 같은 기술 발전이 하드코어 콘텐트에 대한 새로운 가능성을 열어줌에 따라 더 많은 연구가 필요하다는 점에는 의심의 여지가 없다.

제13장

두려움이나 불안감을 유발하는
미디어 내용의 효과

두려움은 오직 한 가지 목적을 위해, 즉 극복되기 위해, 존재한다는 것을
저뿐만 아니라 여러분도 알고 있다.

— 캐서린 제인웨이 선장(Captain Kathryn Janeway),

〈스타 트렉: 보이저(*Star Trek: Voyager*)〉

1975년, 인기 영화 〈조스(*Jaws*)〉가 미국 전역의 극장에서 상영되었다. 그해 여름, 언론은 그 영화 때문에 갑자기 많은 사람이 바다에서 수영하는 것을 매우 두려워한다고 보도했다. 미국의 해변을 찾은 사람들은 굶주린 거대한 백상아리가 수영하는 사람들을 위협할까 두려워 바다에 너무 깊이 들어가지 않으려 했다.

〈조스〉를 본 후 많은 관객이 경험한 이러한 정서적 반응은 미디어 내용에 대한 **공포**(fright)[1] **반응**이나 **불안**(anxiety) **반응**을 보여주는 좋은 예이다. 장편영화에 대한 공포 반응을 보여주는 다른 일화도 많다. 1974년, 〈엑소시스트(*The Exorcist*)〉는 모든 연령층의 관객 사이에 강렬한 반응을 촉발했다. 〈인디아나 존스(*Indiana Jones and the Temple of Doom*)〉, 〈신체 강탈자의 침입(*Invasion of the Body Snatchers*)〉, 〈그렘린(*Glemlins*)〉과 같은 영화에는 특히 어린이들을 불안하게 하는 내용이 포함되었다.

---

1 '공포'를 나타내는 영이 단어로는 'fright', 'terror', 'horror' 등이 있는데, 'fright'는 갑작스럽고 순간적인 공포를, 'terror'는 좀처럼 사라지지 않는 아주 큰 공포를, 그리고 'horror'는 오싹하게 하는 불쾌감, 혐오감이 섞인 '심한 공포'를 의미한다. (옮긴이 주).

1975년, 여름 블록버스터 영화 〈조스〉로 인해 수영을 하는 사람들은 파도타기를 하지 못했다.

　실제로 미국 영화 협회(MPAA: Motion Picture Association of America)는 1980년대에 영화 내용이 13세 미만의 어린이에게 부적합할 수도 있음을 부모들에게 알리기 위해 PG-13 등급을 새롭게 포함했다(Zoglin, 1984). 〈인디아나 존스(*Indiana Jones*)〉의 감독 스티븐 스필버그(Steven Spielberg)는 흔히 PG와 R 사이의 중간 등급을 도입하는 데 앞장선 인물로 알려져 있는데, 그가 그런 노력을 기울인 이유는 "인간 제물(祭物)의 가슴에서 뜯겨 나와 여전히 뛰고 있는 심장을 보여주는 사실적인 장면은 PG 등급 영화에서 그와 같은 무서운 내용을 예상하지 않았던 많은 부모의 분노를 샀기 때문이다"(MPAA, 2018: 12). PG-13 등급은 모든 연령층의 어린이에게 적합한 영화와 좀 더 나이가 많은 어린이와 10대에게 적합한 영화 사이의 중간 지점을 마련했을 뿐만 아니라, "공포(horror) 장르의 경계를 재협의하여 R 경계 아래로 끌어내리려는 시도였다"(Antunes, 2017: 38).

　1970년대 중반 이후, 할리우드는 계속해서 생동감과 격렬한 감정을 불러일으키는 내용을 포함한 스릴러를 제작해 왔다. 1980년대와 1990년대에는 케이블과 위성 텔레비전의 확산으로 〈엑스 파일(*The X-Files*)〉과 〈버피 더 뱀파이어 슬레이어(*Buffy the Vampire Slayer*)〉와 같은 많은 이러한 스릴러가 미국의 수백만 가구의 안방으로 직접 흘러 들어갔다. 오늘날은 수많은 사람이 FX의 〈아메리칸 호러 스토리〉, 넷플릭스의 〈기묘한 이야기(*Stranger Things*)〉와 〈오징어 게임(*Squid Game*)〉 같은 두려움을 유발하는 프로그램을 스트리밍한다.

　미디어 효과 연구자들은 공포 반응을 보이는 이유와 그것을 통제할 수 있는 방법을 포함해 미디어 내용에 공포 반응을 보이는 것에 관해 많은 것을 알게 되었다. 이 장에서는 오랜 기간에 걸쳐 이루어져 온 공포 반응에 관한 연구 결과들 가운데 좀 더 중요한 것을 살펴볼 것이다. 이러한 연구들은 특히 어린이에 초점을 맞추었지만 성인도 연구 대상에서 완전히 배제하지는 않았다. 이 두 연령 집단을 대상으로 한 많은 연구가 어느 정도 단기간에 그치는 즉각적인 반응으로서의 공포를 살펴보았지만, 수 시간 혹은 수 일 이상 지속하는 장기간의 정서적 반응을 입증하는 연구도 있다.

이 장에서 우리는 미디어 효과 연구자인 조앤 캔터(Joanne Cantor)와 동료들이 수행한 실질적인 연구들을 참조할 것이다. 지난 수십 년 동안 캔터의 연구는 여러 학술지와 책에 실렸으며, 미디어 내용물에 대한 공포 반응에 대해 우리가 알고 있는 것의 대부분은 그녀의 연구에서 나온 것이다. 그녀는 매스 미디어에 대한 공포 반응에 관한 최고의 전문가로 여겨진다. 그녀가 사용하는 **두려움**(fear)에 대한 정의는 아이자드(C. E. Izard)의 글에서 인용한 것이다(Izard, 1977). "두려움은 일반적으로 실제적이거나 상상의 위협에 대한 지각으로 인한 회피나 도망과 관련된 부정적인 쾌락적 톤(hedonic tone)의 정서적 반응으로 여겨진다"(Cantor, 2009: 290)[쾌락론(hedonics)은 심리학의 한 분야로 유쾌한 혹은 불쾌한 의식 상태를 다룬다].

우리는 두려움을 유발하는 미디어 내용에 대한 연구의 역사를 간략하게 살펴보고, 이어서 공포를 측정하는 서로 다른 방법들에 대해 알아볼 것이다. 그런 다음, 우리는 미디어 내용에 공포 반응을 보이는 이유에 초점을 맞출 것이다. 이어서 무서운 미디어 내용을 소비하고 두려움 반응을 측정하는 데 있어서의 개인차의 중요성을 평가한 후, 연구를 기반으로 한 두려움 대처 전략으로 끝을 맺을 것이다.

1. 공포에 대한 연구

연구자들은 오랫동안 공포 반응을 측정해 왔다. 1930년대와 1940년대의 몇몇 연구는 매스 미디어 수용자, 특히 어린이의 공포 반응을 조사했다(Dysinger & Ruckmick, 1933; Eisenberg, 1936; Preston, 1941). 여러분은 1920년대 말과 1930년대 초의 페인 재단 연구가 영화가 청소년에게 미치는 영향을 조사했다는 이전 장의 내용을 기억할 것이다. 실험 연구자였던 허버트 블루머(Herbert Blumer)는 그의 연구에 참여한 어린이의 93%가 영화를 보고 두려움을 느꼈다는 사실을 확인했다(Blumer, 1933).

현대의 공포 장르는 20세기를 거치면서 발전되었다. 〈드라큘라(*Dracula*)〉와 〈프랑켄슈타인(*Frankenstein*)〉 같은 고전 영화가 1931년에 등장했다. 미디어가 야기하는 공포 가운데 가장 유명한 사건은 앞에서도 언급했듯이, 1938년 10월 30일, 라디오를 통해 〈우주 전쟁〉이 방송되는 동안 수천 명이 공황 상태에 빠진 사건이었다. '정규' 방송을 중단하고 방송된 뉴스 형식의 이 라디오 드라마는 화성으로부터의 침공을 보도함으로써 대공황 시대의 청취자들을 깜짝 놀라게 했다. 캔트릴(H. Cantril)은 여러 국가 사람들의 반응을 연구한 결과, 두려움 반응을 야기하는 단일 변인을 집어내지는 못했지만 청취자의 비판 능력 부족이 두려움을 불러일으키는 기여 인자로 보인다는 사실을 확인했다(Cantril, 1940). 캔트릴은 성격이 영향을 미치며 기타 심리적인 차이도 청취자가 듣고 있는 것이 실제 뉴스 방송인지를 그들이 믿는지 또는 믿지 않는지에 영향을 미치는 경향이 있음을 확인했다.

1950년대와 1960년대 초반에 이루어진 연구도 대부분 앞서 이루어진 연구들을 따라 영화 및 텔레비전의 내용과 이것들이 수용자에게 미치는 효과에 초점을 맞추었다(Himmelweit et al, 1958; Schramm et al., 1961; Wall & Simon, 1950). 그러나 한 유명한 연구는 이러한 전통을 깨고 만화책이 미국 청소년들에게 미치는 해로운 효과를 조사했다(Wertham, 1953). 1950년대의 만화는 공포스러운 측면이 좀 더 강했다. ≪성당 지하실 이야기(*Tales from the Crypt*)≫ 시리즈물 같은 무시무시한 이야기가 1950년대의 젊은 세대를 즐겁게 해주었다. 1950년대와 1960년대에는 앨프리드 히치콕(Alfred Hitchcock)의 〈사이코(*Psycho*)〉 같은 공포 영화가 관객들 사이에서 엄청난 인기를 누렸다.

1960년대의 나머지 기간과 1970년대 및 1980년대에 이 분야 연구자들은 흔히 단기적인 정서적 효과보다는 매스 미디어의 '장기적 효과'에 그들의 노력을 집중했다. 부모들과 인터뷰한 결과, 4명 가운데 3명은 그들의 자녀가 텔레비전에서 불안감을 유발하는 프로그램을 시청한 후 때때로 악몽을 꾸는 반응을 보인다고 말했다(Hess & Goldman, 1962). 싱어(Singer, 1975)도 어린이들이 불안감을 유발하는 미디어 내용을 시청한 후 끔찍한 악몽을 꿀 위험이 있다는 것을 보여주었다. 두려움을 유발하는 영화를 본 후 수년이 지나도 어린이는 그와 같은 야경증(night terror)[2]을 경험하거나 적어도 이상하거나 불가사의한 환상을 경험할 수 있다. 새러피노(E. P. Sarafino)는 두려움을 유발하는 미디어 내

---

2   수면 중에 갑작스러운 두려움과 불안감을 느끼면서 깨는 것을 말한다(옮긴이 주).

용이 어린이들에게 두려움 반응을 불러일으킬 뿐만 아니라 심리 발달을 해칠 수 있다고 주장했다(Sarafino, 1986).

1970년대와 1980년대의 많은 연구가 어린이들 사이에 미디어에 대한 공포 반응이 널리 퍼져 있음을 강조했다. 한 연구에 참여한 1학년 어린이의 거의 50%가 텔레비전 프로그램을 시청한 후 때때로 혹은 자주 두려움을 느낀 적이 있다고 대답했다(Lyle & Hoffman, 1972). 한 전국 설문조사에서는 설문에 응답한 어린이 4명 가운데 1명이 텔레비전의 충격 장면과 폭력적인 싸움 장면으로 인해 공포를 느낀 적이 있다고 대답했다(Zill, 1977). 1980년대에 이루어진 두 연구에서는 조사 대상이 된 프리스쿨 어린이와 초등학생 가운데 4명 중 3명이 텔레비전이나 영화에서 본 것 때문에 두려움을 느낀 적이 있다고 대답했다(Hoffner & Cantor, 1985; Wilson et al, 1987).

1990년대 이후 여러 유형의 연구들이 오래 지속하는 해로운 효과를 포함해 미디어가 어린이들에게 유발하는 공포와 연관된 문제에 주목하지 않을 수 없는 증거를 제공했다(Cantor, 1998; Harrison & Cantor, 1999; Hoekstra et al., 1999).

싱어와 동료들(Singer et al., 1998)은 3학년에서 8학년 사이의 오하이오(Ohio)주 어린이 2,000명 이상을 대상으로 한 설문조사에서 텔레비전 시청을 더 많이 한 학생이 더 심한 불안과 우울, 외상 후 스트레스 장애(PTSD: post-traumatic stress disorder) 증상을 보이고 있음을 확인했다. 부모를 대상으로 한 다른 설문조사에서는 어린이가 텔레비전을 더 많이 볼수록 수면 장애를 겪을 가능성이 더 높은 것으로 나타났다(Owens et al., 1999). 자신의 침실에 텔레비전이 있는 어린이는 수면 장애와 다른 문제를 겪을 가능성이 현저하게 더 높았다(Cantor et al., 2010; Helm & Spencer, 2019). 벨기에의 13세 어린이 표본 가운데 약 3분의 1이 두려움이나 불안감을 유발하는 미디어 내용을 시청한 후 일주일에 적어도 한 번 악몽을 꾼 적이 있다고 대답했다(Van den Bulck, 2004).

또 다른 연구에서는 〈초원의 집(Little House on the Prairie)〉의 한 에피소드에서 파괴적이고 치명적인 집 화재 장면을 시청한 어린이들이 그 장면을 보지 않은 어린이들보다 벽난로에 불을 피우는 것을 배우고 싶어 하지 않는 경향이 있는 것으로 나타났다(Cantor & Omdahl, 1991). 이와 유사한 한 연구는 어린이들에게 물에 빠지는 장면을 보여주었는데, 그 장면을 본 어린이는 그 장면을 보지 않은 어린이보다 물에서 발생하는 사고에 대해 더 우려하며 카누 타는 법을 배우고 싶어 하지 않는 경향을 보였다(Cantor & Omdahl, 1991). 이후 연구에서 이 연구자들은 연구에 참여한 어린이들이 연구에서 본 장면의 영향이 오래 지속되지 않도록 하기 위해 연구의 취지를 사후 설명해 주었으며 그들에게 안전 물놀이 지침도 가르쳐주었다.

좀 더 최근의 메타-분석은 두려움을 유발하는 텔레비전 프로그램이 불안, 우울증, 두려움, PTSD, 수면 문제와 같은 어린이의 내면화된 반응에 미치는 영향을 뒷받침해 주었다(Pearce & Field, 2016). 분석에 포함된 어린이의 평균 연령이 효과 크기를 예측하는 중요한 변인은 아니었지만, 10세 미만의 어린이는 특히 두려움을 유발하는 TV의 내용에 취약했다. 피어스(L. J. Pearce)와 필드(A. P. Field)는 일부 연구에서 적지 않은 소수의 어린이가 극단적인 반응을 보이는 것으로 나타났지만, 일부 어린이가 왜 두려움을 유발하는 TV의 내용에 더 취약한지 더 잘 이해하기 위해서는 더 많은 연구가 필요하다고 말했다. 종합하자면, 그들은 "첫 25년 정도의 연구를 토대로 할 때 집단 수준에서 무서운 TV 내용이 어린이의 정신 건강에 '심각한' 영향을 미침을 시사하는 증거는 거의 없다"고 결론지었다(Pearce & Field, 2016: 114).

많은 연구자가 두려움을 유발하는 영화의 효과에 대한 증거를 제공했다. 버주토(J. C. Buzzuto)는 〈엑소시스트〉를 본 후 신경증(neurosis)이 발생한 사례를 보여주었다(Buzzuto, 1975). 머타이(J. Mathai)는 〈우주의 침입자〉를 본 청소년들이 극심하게 불안해하는 상태에 주목했다(Mathai, 1983). 사이먼스(D. Simons)와 실베이라(W. R. Silveira)는 〈고스트워치(Ghostwatch)〉라는 영국 텔레비전 프로그램 시청자들에게 PTSD가 나타났음을 확인했다(Simons & Silveira, 1994). 그와 같은 연구와 다른 연구들에 대한 자세한 검토는 캔터(Cantor, 2009)의 연구를 참조하라.

1990년대에 연구자들은 뉴스 방송에 대한 공포 반응, 특히 어린이들의 공포 반응을 조사하기 시작했다(예: Cantor et al., 1993; Cantor & Nathanson, 1996). 리들 등(Riddle et al., 2012)은 200명 이상의 유치원 어린이부터 6학년 아동을 대상으로 한 연구에서 매일 노출되는 뉴스에 대한 공포 반응에 초점을 맞추었다. 35%의 어린이가 큰 사건이나 위기가 없더라도 TV 뉴스에서 본 것에 두려움을 느꼈다고 답했다. 어린이들은 자연재해(25%), 납치(10%), 전쟁(8%), 강도(8%) 등에 두려움을 느꼈다고 가장 많이 언급했다. 일부 어린이는 총격을 당한 횟수, 총격을 당한 장소, 총을 쏜 사람 등 뉴스에서 본 이야기의 생생한 세부 사항을 기억했다. 최근의 한 설문조사에서 부모들은 대다수의 자녀가 코로나-19 팬데믹에 대한 뉴스 보도로 두려움이나 불안감을 느꼈거나 당황했다고 보고했다(Cantor & Harrison, 2022).

최근에 와서는 책과 영화들이 더 생생한 묘사(더 많은 피, 선혈, 사실감)를 제공하며, 수용자들은 그러한 생생한 묘사를 좋아하는 것 같다. 〈겟 아웃(Get Out)〉과 〈어스(Us)〉

같은 좀 더 최근의 히트작과 〈IT〉, 〈콰이어트 플레이스(*A Quiet Place*)〉, 〈컨저링(*The Conjuring*)〉과 같은 영화 프랜차이즈들이 그런 것처럼, 〈13일의 금요일〉, 〈할로윈〉, 〈나이트메어(*Nightmare on Elm Street*)〉, 〈스크림〉 같은 박스 오피스 클래식들이 속편과 리메이크(remake)를 통해 계속해서 수용자들을 오싹하게 만든다. 특수효과 기술의 향상으로 이러한 인기 영화들은 소름 끼치는 장면을 더 생동감 있고 사실적으로 보여주었다. 심지어 텔레비전과 스트리밍 서비스도 특수효과를 이용해 〈아메리칸 호러 스토리〉, 〈기묘

FX의 〈아메리칸 호러 스토리〉의 시청자들은 여기에 등장하는 괴물, 유령, 마녀 때문에 공포에 떨었다. 아마도 가장 무서운 등장인물 가운데 1명은 〈AHS: 프레이크 쇼(*AHS: Freak Show*)〉 시즌 4의 킬러 광대 트위치(Twisty)일 것이다.

한 이야기〉, 〈워킹 데드〉(와 이것의 파생작들), 〈힐 하우스의 유령(*The Haunting of Hill House*)〉 같은 시청자들에게 두려움을 유발하는 인기물을 만들고 있다.

물론 영화와 TV만이 공포(horror)와 두려움을 유발하는 미디어 콘텐츠의 유일한 원천은 아니다. 최근 몇 년 동안, 공포물은 인기 있는 팟캐스트 장르가 되었다(Hancock & McMurty, 2017). 연구자들은 또한 비디오 게임과 가상 현실을 포함한 다른 형태의 인기 있는 미디어에서 공포물이 미치는 영향을 조사하고 있다(예: Lin, 2017; Lin et al., 2017; Lynch & Martins, 2015). 일부 연구자는 진동 촉각 자극(vibrotactile stimulation)을 주는 의자와 같은 기술이 어떻게 공포 영화에 대한 시청자의 정서적 반응을 높일 수 있는지 조사하고 있다(Branje et al., 2014).

최근에 본 영화나 텔레비전 프로그램의 효과를 연구하는 것 외에도, 연구자들은 공포 반응이 흔히 나이가 더 들거나 성인이 되어서까지 남아 있거나 기억될 수 있다는 사실을 알아냈다(예: Cantor, 1998, 2004; Hoekstra et al., 1999; Johnson, 1980). 연구자들은 공포 반응의 강도와 지속 정도를 파악하기 위해 연구 참여자들의 자기-보고를 살펴본다. 두 독립적인 조사팀이 '회상적 혹은 회고적 보고(recollective or retrospective reports)'나 '자서전적 기억(autobiographical memory)'이라는 방법을 사용하여 90~100%의 학부생들의 미디어 관련 공포 반응에 대한 기억이 어린이나 청소년만큼이나 생생하거나 좀 더 최근까지 그러한 기억을 가지고 있음을 확인했다(Harrison & Cantor, 1999; Hoekstra et al., 1999). 응답

공포 영화의 오래 지속되는 효과의 예

「나는 집에 절대 광대를 두지 않을 거야' ― 영화의 공포가 오래 지속되는 이유('I'll Never Have a Clown in My House' ― Why Movie Horror Lives On)」라는 제목의 2004년 논문에서 조앤 캔터는 무서운 영화가 두려움을 유발하는 효과를 기술하는 대학생들의 보고서를 분석했다. 그녀는 가장 많이 인용된 4편의 영화, 〈조스〉, 〈폴터가이스트(Poltergeist)〉, 〈블레어 위치(The Blair Witch Project)〉 및 〈스크림〉을 집중적으로 분석했다. 다음은 학생들이 기술한 지속적인 (흔히 비합리적인) 공포 반응의 몇 가지 예이다:

〈조스〉
• "집 근처 호수에 정기적으로 수영을 하러 갔는데, 그런 일이 일어날 수 없다는 걸 알면서도 물속에 들어갈 때 〈조스〉 생각이 나면 두려웠어요."
• "나는 호수나 수영장에는 상어가 없다는 것을 알고 있습니다. 하지만 수영장의 깊은 곳에 있을 때마다 아주 빠르게 (항상 뒤를 돌아보며) 헤엄쳐 가장자리로 나옵니다."

〈폴터가이스트〉
• "지금까지도 나는 광대를 무서워해서 나중에 아이가 생기더라도 집에 광대 인형을 두지 않을 것입니다."
• "지금도 방송이 끝난 후에 TV를 절대 켜두지 않고, 잠들기 전에는 옷장 문이 꼭 닫혔는지 확인해요."

〈블레어 위치〉
• "영화를 본 후 그리고 〈블레어 위치〉에 대한 진실이 대중에게 알려지고 난 후에도 한동안 숲 주변이나 나무 근처에 있을 때 바람이 불면 정말 무서웠어요."
• "다시는 캠핑을 가지 않겠다고 맹세했어요."

〈스크림〉
• "그 가면은 너무 소름 돋아서 지금도 옷 가게에서 그것을 보면 속이 좀 메슥거려요."
• "2년 동안 집에 혼자 있을 때마다 불안했어요…. 예전만큼은 아니지만 여전히 집에 혼자 있는 게 너무 무서울 때가 있어요."

자들 가운데 25% 이상이 어린 시절의 두려움을 유발하는 미디어 내용 노출로 인한 불안감을 대학생이 되어서도 여전히 갖고 있었다(Harrison & Cantor, 1999).

요약하면, 연구들은 어린이들이 매스 미디어가 제공하는 내용을 시청하는 동안 흔히 불안감과 정신적 고통을 경험하며, 강도에 차이가 있기는 하지만 이러한 감정은 흔히 노출된 후에도 오래 지속함을 보여준다. 최근 설문조사에 따르면, 미디어에 의해 유발된 두려움은 흔히 어린이의 수면을 방해하며 회고적 자기-보고는 무서운 미디어 내용의 부정적인 효과는 수년 동안 심지어 성인이 된 후까지도 지속할 수 있음을 시사한다(Cantor, 2009: 300).

2. 공포의 매력에 대한 설명

공포물이란 "실존적 본질(existential nature)[3]에 대한 어떤 불확실한 위험에 대한 두려움 과 그 잠재적 여파에 대한 혐오감을 특징으로 하는 이야기로 …… 아마 그러한 위협의 원 천은 초자연적인 것들로 구성되어 있을 것"이라고 설명되어 왔다(Tamborini & Weaver, 1996). 다시 말해, 공포물은 극단적인 두려움을 불러일으킨다. 괴물이나 어떤 다른 심한 공포의 원천은 생명을 위협하며, 죽음의 방식이나 죽음의 여파는 혐오감을 불러일으킨다.

두려움과 혐오감에도 수용자들은 그것을 즐기며 실제로 그 같은 경험을 추구한다. 일 부 커뮤니케이션 연구자들은 이러한 오락으로서의 공포(fright-as-entertainment)라는 역설 적인 현상에 관심을 기울이면서, 불쾌하고 공포스러운 이야기가 즐길 수 있는 오락이 되는 복잡성을 설명하고자 시도했다. 과학자들은 두려움을 유발하는 이야기가 지닌 매 력을 설명하는 몇몇 이론을 제시했다.

오랜 세월에 걸쳐 일반적으로 받아들여져 왔던 관점은 **정화** 관점이다. 이 관점에 따 르면, 수용자들은 스크린을 통해 생생한 폭력을 목격하거나 책에서 그러한 것을 읽을 때 자신의 폭력 성향이나 기질을 스스로 제거하거나 그것에서 벗어난다는 것이다. 어떤 학자는 그와 같은 정화는 즐거운 것이라고 주장했다(Clarens, 1967). 또 어떤 학자는 정화 개념을 확장해 개인적 두려움과 불안의 정화도 포함시켰다(Douglas, 1966; Tudor, 1989). 또한 많은 공포 영화에 등장하는 괴물의 모양이 변하는 것은 성적으로 성숙해짐에 따라 육체적 변화를 경험하는 10대에게 아마 정화적 안도감을 제공할 수도 있다(Evans, 1984).

연구자들은 때때로 공포의 정화 효과를 설명하기 위해 '동일시(identification)'나 '대리 경험(vicarious experience)' 같은 용어를 사용한다. 어떤 학자는 시청자가 괴물이나 살인자 를 자신과 동일시함으로써 가학적 즐거움을 얻을 수 있다고 말한다(King, 1981). 시청자

---

3   인간의 기본적인 생존과 삶의 근본적인 조건을 의미한다(옮긴이 주).

들은 대리적 방식으로 특정한 금기(taboo) 경험을 즐길 수 있다(Wood, 1984). 특정한 행위(특히 공포 영화에서 자주 발생하는 성적인 행위)에 대한 깊은 우려감이 즐거움을 주는 공포 서적이나 영화를 통해 표출되고 심지어 해소되기도 한다(Derry, 1987).

그러나 클라선 등(Clasen et al., 2020)은 정화로서의 공포(horror-as-catharsis) 주장을 뒷받침해 주는 근거를 찾지 못했다. 실제로 무서운 미디어 내용을 소비한 다수의 사람들(52%)은 노출 후 '더' 겁을 먹었고 불안해했다. 단지 6%만이 덜 겁을 먹었다. (나머지 42%는 노출 후 변화가 없다고 답했다.)

벌라인(D. E. Berlyne)은 공포의 매력에 대해 또 다른 제안을 했다(Berlyne, 1967, 1971). 공포는 그것이 끝나면 시청자에게 흡족한 안도감을 주는데, 이는 해롭지만 필요한 경험이라고 그는 생각했다. 질먼과 깁슨(R. Gibson)은 "그것은 유쾌한 안도감을 유발할 것으로 기대되는 아주 혐오스러운 상태의 '종결'이다. 이런 점에서 공포를 즐기는 것은 심한 치통이 갑자기 사라졌을 때의 즐거움과 유사해서 그것은 사람들에게 반복되었으면 하는 희망을 가지게 한다"라고 적었다(Zillmann & Gibson, 1996: 26).

로젠바움(R. Rosenbaum)은 독특하게도 종교적인 의미가 담긴 설명을 제시했는데, 즉 사람들은 공포가 사악한 힘을 무너뜨릴 수 있는 어떤 뛰어난 영적 존재에 대한 믿음을 북돋우기 때문에 공포를 즐긴다는 것이다(Rosenbaum, 1979). 궁극적으로 사람들은 "영적인 안전감"을 경험한다(Zillmann & Gibson, 1996: 27).

질먼(Zillmann, 1991a, 1991b)은 공포물이 두려움을 유발한다고 기술했는데, 왜냐하면 시청자들은 자신을 희생자와 감정이입을 하면서 동일시하고 희생자가 겪는 심한 공포를 대리 경험하기 때문이다. 또한 시청자들이 (자신도 희생자가 되지 않을까 두려워하면서) 근심하기 때문에 공포물은 그들에게 불안감을 주기도 한다. 끝으로 공포물은 보통 시청자들이 즐길 수 있는 만족스러운 결말을 특징으로 한다.

질먼(Zillmann, 1996)은 또한 사람들이 서스펜스(suspense) 넘치는 오락을 즐기는 이유를 설명하기 위해 현재 가장 일반적으로 사용되는 이론인 정동적 성향 이론(ADT: affective disposition theory)[4]과 흥분 전이 이론을 결합하여(Raney & Bryant, 2020), 각성과 위

---

4 간략하게 말하자면, '정동적 성향 이론'은 미디어 및 오락물 이용자가 내러티브 속 인물에 대해 도덕적 판단을 내리고, 이는 다시 내러티브의 즐거움에 영향을 미친다고 설명한다. 이 이론은 질먼과 캔터(Zillmann & Cantor, 1977)에 의해 처음 제기되었으며, 오락물의 다양한 영역에서 많은 파생 이론이 등장했다(Raney, 2006a)(옮긴이 주).

협 해소를 포함하는 서스펜스 모델을 개괄적으로 설명했다. 간단히 말해서 수용자들은 좋아하는 등장인물이 위협을 받을 때 서스펜스에 의해 각성되고 더 강한 부정적인 정서(예: 두려움)를 느끼게 된다. 그 등장인물이 행복한 결말을 맞이하거나 위협을 극복할 때, 수용자들은 긍정적인 감정을 느끼게 되고, 쌓인 각성은 전이되어 그들의 즐김(enjoyment)을 강화한다. 위협이 해결되지 않거나 불만스럽게 해결되면, 각성은 실망과 불만을 더 증가시키는 쪽으로 전이된다(Zillmann, 1980).

오랜 기간에 걸쳐 이 서스펜스 모델에 대한 지지는 엇갈렸다. 특히 부정적인 정서와 즐김 간의 긍정적인 관계는 영화의 결말에 반드시 영향을 받는 것은 아니다. J.-H. T. 린 등(J.-H. T. Lin et al., 2017)은 공포가 주제인 가상 현실 게임을 연구했다. 그들은 "'공포의 해소'는 비디오 게임 맥락의 '최종 결과'에 국한되지 않으며 게임을 하는 '동안' 도전 과제에 대처할 수 있는지에 대한 지각으로도 볼 수 있다"고 주장한다(J.-H. T. Lin et al., 2017: 17). 노출 중에 매개되는 공포에 대처할 수 있는 개인의 능력에 대한 이러한 지각을 **공포 자기-효능감**(horror self-efficacy)이라고 한다. 생리적 각성, 두려움, 공포 자기-효능감 사이의 삼원 상호작용은 즐김에 유의적인 영향을 미쳤다. 두려움을 많이 느끼는 사람의 경우, 공포 자기-효능감이 높으면 공포 자기-효능감이 낮은 사람보다 유의적으로 더 즐기는 것으로 나타났다. 이 연구자들은 또한 "두려움이 즐김에 영향을 미치는 요인이며, 이때 자기-효능감이 그러한 관계를 조절하는 것으로 보고 있다"(J.-H. T. Lin et al., 2017: 17). 그러나 이러한 연관성은 높은 각성 상태에 있는 플레이어에게서만 발생했다. 예를 들어, 효능감이 더 낮고 두려움이 많은 플레이어들이 높은 각성 상태에 있을 때 즐기는 정도가 가장 낮았다고 답했는데, 이는 "VR 게임에서 매개되는 공포에 직면할 때 해당 플레이가 '압도적이어서' 플레이어의 최적화된 편안함의 수준을 넘어섰음을 시사한다"(J.-H. T. Lin et al., 2017: 15).

질먼(Zillmann, 1991a, 1991b)은 공포물을 즐기는 것에 대해 그가 '젠더 사회화 접근 방식(gender-socialization approach)'이라 부른 것을 적용해 볼 것을 제안했다. 이러한 견해는 이전의 견해와 상당한 차이가 있다. 질먼은 남성과 여성이 공포 영화에 매우 달리 반응한다는 것과 공포 영화를 즐기는 것은 일부 그러한 예측 가능한 방식으로 행동하거나 반응하는 것과 관련이 있다는 것에 주목했다. 질먼과 깁슨은 다음과 같이 적었다:

소년과 남성의 행동 수칙은 공포에 노출되더라도 고통스러워해서는 안 된다는 것이다. 심한 공포에 직면해서도 고통에 능숙하게 대처하는 것은 그들에게 만족감을 주며 다른 사람에게

두려움을 유발하는 콘텐트를 시청하는 것의 매력을 설명하기 위한 질먼의 "젠더 사회화 접근 방식"은 소년과 남성은 정서적인 능숙함을 보여주고 소녀와 여성은 정서적으로 반응할 것이라는 기대를 전제로 했다.

좋은 인상을 준다. 따라서 충족감은 자기-생성적이며(self-generated) 사회적인 속성을 지닌다. 반대로 소녀와 여성의 행동 수칙은 공포에 노출되는 것은 고통스러운 것이며 당연히 고통을 표현해야 한다는 것이다. 그들이 적절한 감수성(당혹, 혐오, 경멸)을 보여주는 것은 그들에게 만족감을 주며 다른 사람에게 좋은 인상을 준다. 따라서 충족감은 또다시 자기-생성적이며 사회적인 속성을 지닌다(Zillmann & Gibson, 1996: 28).

그러나 호프너(C. Hoffner)와 르바인(K. J. Levine)은 그들의 메타-분석에서 이러한 접근 방식을 뒷받침해 주는 직접적인 증거를 찾지 못했다(Hoffner & Levine, 2005). 다만 이 연구자들은 질먼과 동료들의 초기 연구(1986)가 함께 영화를 보는 이성(異姓) 상대가 '젠더에 적합하게' 영화에 반응할 때 사람들이 공포 영화를 더 즐긴다는 것을 시사했다고 언급했다. 린과 슈(Lin & Xu, 2017)의 최근 연구에서는 젠더가 TV에서 공포 콘텐트를 즐기는 것을 예측하는 유의적인 변인이 아니었다.

어린 시절부터 성인이 될 때까지 공포 영화를 '통과 의례'로 시청하거나 10대들이 친구들과 결속을 맺는 수단으로 시청하는 것과 같이 공포의 매력을 이해하기 위한 다른 사회적 접근 방식도 제안되었다(자세한 내용은 Oliver & Sanders, 2004 참조).

최근 연구는 두려움을 유발하는 미디어의 매력에 대한 또 다른 설명을 제시한다. 공포 미디어 소비는 우리가 시뮬레이션된 위협 상황을 경험할 수 있게 해주는 (고통에서 즐거움을 얻는) **양성 피학증**(benign masochism)의 한 형태라는 것이다(Clasen et al., 2020). 양성 피학증은 "처음에는 혐오스러운 활동이 쾌락적 반전을 통해 즐거울 수 있다"고 가정한다(Clasen et al., 2020: 214). 양성 피학증의 예로는 매운 고추 먹기, 슬픈 음악 듣기, 혹은 스카이다이빙과 같은 활동이 있는데, 이러한 활동을 통해 즐거움을 경험하려면 먼저 처음의 부정적인 반응(예: 혐오, 두려움, 또는 고통)을 극복해야 한다(Pinker, 2011).

공포 미디어의 경우, 우리는 공포의 매력이 위협 시뮬레이션에 대한 진화된 쾌락 반응이라는 측면에서 설명될 수 있다고 주장한다. 공포 미디어는 상상을 통해 소비자를 가상의 괴물이나 가상의 악당 같은 위험이 가득한 가상의 세계로 몰입시키는(transport) 경향이 있다. 그와 같은 상상적 몰입을 통해 사람들은 안전한 상황에서 강력하고 주로 부정적인 정서를 경험하게 된다. 현실 세계의 위협 상황에 대비하는 방법으로 사용되는 이러한 경험은 잠재적으로 적대적인 세상에서 생존 가능성을 높인다는 측면에서 생물학적 적응(biological adaptation)[5] 효과를 가질 수도 있다(Clasen et al., 2020: 214~215).

3. 공포 측정

사회과학자들은 여러 조사 방법을 사용하여 사람들이 미디어 내용을 시청할 때 보이는 두려움이나 불안 반응을 측정한다. 공포 반응을 측정하기 위해 몇몇 생리적 반응이 사용되기도 했다. 성인들에게서 가장 흔히 측정된 생리적 반응은 심박수와 피부의 전기 전도도였다(예: Falkowski & Steptoe, 1983; Koriat et al., 1972). 설문조사나 회고적 회상(retrospective recollection) 또한 자기-보고 측정을 활용하는 연구에서 흔히 사용된다. 예를 들면, 연구자들은 성인에게 어린 시절 자신을 놀라게 한 미디어 내용을 떠올리도록 요청하거나(예: Harrison & Cantor, 1999; Hoekstra et al., 1999), 매개되는 콘텐츠에 대한 자녀의 공포 반응에 대해 이야기해 줄 것을 요청했다(Cantor & Sparks, 1984; Sparks, 1986). 캔터는 이러한 방법을 통해 "사람들이 대부분 일상생활에서 보는 프로그램과 영화의 영향을 연구함으로써 연구자들이 무서운 미디어 내용의 잠재적인 해로운 효과를 살펴볼 수 있지만, 실험실에서 연구 참여자, 특히 어린이들에게 고통을 주는 것은 비윤리적인 것으로 간주될 수 있다"고 지적한다(Cantor, 2017: 653).

그러나 연구자들이 설문조사와 회고적 방법을 사용할 경우에는 실험실-기반 실험과 동일한 정도의 통제를 할 수 없다(Cantor, 2017). 실험실 실험에서 성인 참여자들은 두려움이나 불안감을 유발하는 내용을 시청한 다음, 그러한 내용에 대한 자신의 반응을 가장 잘 설명하는 단어나 문구를 선택하라는 요청을 받는다. 예를 들면, 성인들은 자신이

---

5   이는 진화론적 관점에서 생물체가 세대를 거치며 자연 선택(natural selection)에 의해 특정 특성을 갖추게 되는 현상으로, 환경에 잘 맞는 유전적 특질을 유지하거나 변화시키는 데 기여한다(옮긴이 주).

경험한 불안 수준이나 불안 상태에 대해 답해주도록 요청받는다(Lazarus et al., 1962). 긴장 정도나 정서적 각성과 같은 기타 기술 변인(descriptor)은 추가적인 정보를 제공한다. 어린이용 자기-보고 설문지는 좀 더 알기 쉽게 표현되어야 한다. 보통 연구자들은 어린이들에게 그들의 반응을 정도의 차이가 나게(예를 들면, 불안감을 유발하는 장면이나 내용을 보고 그들이 얼마나 무서웠는지 또는 얼마나 당황스러웠는지) 표현하도록 요구한다(예: Sparks & Cantor, 1986).

어린이를 대상으로 한 실험에서 공포 반응을 측정하기 위해 몇 가지 다른 방법이 사용되었다. 예를 들어, 캔터와 동료들의 실험은 보통 3~11세 어린이들을 여러 집단에 무작위 할당하는 방식으로 진행되었다. 통제집단의 어린이들에게는 그냥 폭력적이거나 두려움을 유발하는 장면이 포함된 자극물을 보여주고, 다른 집단의 어린이들에게는 그러한 장면을 보기 전에 그러한 내용에 대처하는 데 도움이 되는 전략을 들려준다.

모든 연구에서 공포 반응은 네 가지 방법 가운데 하나 이상을 사용하여 측정된다. 어떤 장면에 노출된 직후, 어린이들은 '전혀 무섭지 않다'부터 '매우, 매우 무섭다'까지 네 가지 반응 가운데 하나를 선택하여 자신이 느끼는 공포의 정도를 평가하도록 요청받는다. 연구자들은 또한 프로그램을 시청하는 어린이들을 녹화하여 표정을 평가함으로써 공포 반응을 기록하고 코딩한다. 또 다른 보완적인 측정으로, 어린이의 손가락에 작은 센서를 부착하여 심박수, 피부 온도와 같은 생리적 데이터를 수집하는 방법도 있다(예: Wilson & Cantor, 1985; Zillmann et al., 1975). 마지막으로 일부 연구는 행동적 척도를 사용해 두려움을 측정하기도 한다. 예를 들어, 윌슨과 캔터(Wilson & Cantor, 1987)는 영화 〈레이더스(Raiders of the Lost Ark)〉에서 뱀이 나오는 장면을 본 후 실제 뱀을 보고자 하는 의향으로 두려움을 측정했다.

4. 미디어 내용에 두려움 반응을 보이는 이유

미디어 효과 연구자들은 자신이 목격하고 있는 것이 실제로는 일어나지 않는다는 것을 이해할 수 있는 나이와 발달 단계에 이른 어린이가 두려움 반응을 보이는 이유에 대해 논의해 왔다. 시청자들이 위험에 처해 있지 않으며 또한 자신이 위험에 처해 있지 않다는 것을 이해하고 있음에도 그들은 공포를 느낀다. 왜 이런 일이 벌어질까? 사회과학자들은 대부분 이러한 반응을 고전적 조건형성을 통해 설명한다(Pavlov, 1960). 고전적 조건형성에 따르면, 특정한 자극은 특정한 반응을 불러일으키고 그것과 유사한 자극은 덜 강렬하지만 유사한 반응을 불러일으킨다고 한다.

1) 두려움을 유발하는 자극

캔터(Cantor, 2009)에 따르면, 미디어 내용에 반복적으로 등장하는 세 가지 범주의 자극이 실제 생활에서 두려움 반응을 불러일으키는 경우가 많다고 한다. 이 세 가지 범주는 ① 위험과 부상, ② 자연적인 형태의 일그러짐, ③ 다른 사람들이 느끼는 위험과 두려움의 경험이다.

위험과 부상. 무섭거나 지속적인 긴장감을 주는 미디어 내용에는 해를 가하려고 위협하는 많은 종류의 사건이 반복해서 발생한다. 이러한 사건에는 자연재해(예: 지진, 토네이도), 대인 갈등, 전 세계적 또는 전 우주적인 큰 전쟁과 같이 사람들 간의 폭력적 대립, 동물의 공격, 또는 대형사고 등이 포함될 수 있을 것이다(Cantor, 2009).

매스 미디어에서 위험한 자극 묘사에 의해 야기된 공포 반응은 실험 연구와 설문조사 연구를 통해 측정되어 왔다(Cantor, 1998; Harrison & Cantor, 1999). 입증되지 않은 이야기이긴 하지만, 영화가 개봉된 지 수십 년이 지난 지금도 〈파이널 데스티네이션 2(*Final Destination 2*)〉의 치명적인 통나무 운반 트럭 장면 때문에 짐을 실은 통나무 운반 트럭과 함께 도로를 달릴 때 많은 사람이 여전히 불안과 두려움을 느낀다고 한다(Frew, 2021; Stopera, 2020).

자연적인 형태의 일그러짐. 두려움 반응을 야기하는 경향이 있는 또 하나의 자극은 흔히 보는 것이나 유기체가 기형이나 절단으로 그 형태가 일그러진 것이다. 괴물, 돌연변이, 외계인, 뱀파이어도 이러한 범주에 속한다.

캔터는 "무서운 영화에서 괴물 같은 일그러진 형체의 등장인물은 대체로 사악하고 위험한 것으로 묘사되지만 모든 경우에 그렇게 묘사되는 것은 아니다"라고 말한다(Cantor, 2009: 292). 연구 문헌들을 살펴보면, 괴물 같은 모습을 하고 있는 등장인물은 어린이들에게 두려움을 유발하는 것으로 자주 언급되고 있음을 알 수 있다. 설문조사와 보고서에 따르면, 어린이들은 그와 같은 두려움을 갖고 있는 것으로 나타났다(Cantor, 1998; Cantor & Sparks, 1984).

다른 사람들이 느끼는 위험과 두려움의 경험. 드라마틱한 영화, 텔레비전 프로그램, 비디오 게임 및 다른 형식의 무서운 미디어 내용은 공포스러운 상황에 대응하는 등장인물의 곤경 속으로 수용자들을 끌어들이도록 설계된다. 따라서 수용자는 그러한 줄거리에 빠져들어 자신이 동일시하는 등장인물에게 '감정이입'을 하게 된다. 감정이입은 이 마지막 범주의 두려움을 유발하는 자극의 두 주요 기제 가운데 하나인데, 이 범주는 '간접적인' 반응을 수반하는 유일한 범주이다. 다시 말해, 수용자들은 무서운 상황에서 두려움을 경험하는 등장인물을 볼 때 두려움을 느끼게 된다.

실험 연구에 따르면, 감정이입 능력은 나이가 들면서 반드시 발달해야 하며 역할 놀이(role-play) 기술 습득과 연관이 있다(Feshback, 1982; Selman & Byrne, 1978). 예를 들면, 프리스쿨 어린이들은 흔히 등장인물이 두려워하는 표정을 봄으로써 무서워하기보다 실제로 두려움을 유발하는 자극을 더 무서워한다. 한편 더 나이가 많은 어린이들(9~11세)은 두려움을 유발하는 자극을 직접 목격하지 않고도 단순히 등장인물이 두려워하는 표정을 보는 것만으로도 두려움을 느낀다(Wilson & Cantor, 1985).

간접적인 두려움 반응을 불러일으키는 다른 기제는 '대리 관여(vicarious involvement)' 기제이다. 등장인물은 위험이 곧 닥칠 거라는 것을 알지 못하기 때문에 두려워하지 않고 있는 상황에서 수용자들이 느끼는 두려움을 이 기제는 설명해 준다. 긴장감 넘치는 드라마는 수용자들이 동일시하거나 정서적 애착을 느끼는 등장인물에게 어떤 무시무시한 일이 일어날지도 모른다는 긴장감과 걱정에 의존한다(Cantor, 1998; Cantor & Omdahl, 1991). 영화 관객들이 "위층으로 올라가지 마!"라거나 "문 뒤를 봐!"와 같은 말을 등장인물에게 하는 경우가 그러한 예이다.

2) 정서적 반응 요인

캔터(Cantor, 2009)는 또한 시청자들이 스크린에서 두려운 상황을 볼 때면 언제나 그들을 정서적으로 반응하게 만드는 세 가지 중요한 요인을 확인했는데, ① 묘사의 현실감, ② 시청자의 동기화, ③ 음악이나 복선(foreshadowing)과 같이 시청자의 정서성(emotionality)에[6] 영향을 미치는 기타 요인이 그것이다.

---

6 관찰 가능한 정서의 행동적·생리적 구성 요소를 말하며, 이것은 어떤 자극에 대한 사람의 정서적 반응성을 측정하는 척도이다(옮긴이 주).

묘사의 현실감. 시청자들이 스크린에서 매우 현실감 있고 무서운 장면을 목격할 때마다, 그들의 공포 반응은 강렬하게 정서적인 경향이 있다. 이를 일컬어, **자극 일반화**(stimulus generalization)라고 한다. 이 개념은 실제 생활의 자극과 스크린에서 본 자극 간의 유사성을 말한다. 실제 생활과 스크린을 통해 보는 드라마의 유사성이 크면 클수록 매개되는 자극은 더 강할 것이며, 이는 그러한 자극에 대한 두려움이나 정서적인 반응을 강화할 것이다. 자극 일반화는, 예를 들면, 만화의 폭력이나 인형들 간의 폭력보다 실사(實寫)나 실제 묘사가 포함된 폭력적인 장면에 사람들이 왜 더 강하게 반응하는지 설명해 준다(Gunter & Furnham, 1984; Osborn & Endley, 1971).

수용자 개개인의 특정한 두려움 역시 스크린의 묘사가 불러일으키는 정서적 반응의 강도에 영향을 미친다. 예를 들면, 어린이는 자신이 연관 지을 수 있는 스크린상의 사건, 즉 자신의 개인적 경험과 비슷한 사건에 더 두려움을 느낀다. 실험 연구에 따르면, 개인의 두려움 및 이와 연관된 실제의 경험은 개인이 스크린에서 알아볼 수 있는 사건을 볼 때 그것에 더 강렬하게 반응하게 만든다고 한다(예: Hare & Bevings, 1975; Sapolsky & Zillmann, 1978; Weiss et al., 1968).

자극 변별(stimulus discrimination)이라 불리는 과정도 수용자의 정서적 반응에 영향을 미치는 것으로 밝혀졌다. 자극 변별이란 다양한 연령대에 있는 수용자가 스크린상의 사건과 실제 사건을 구별할 수 있는 (또는 없는) 능력을 말한다. 예를 들면, 발달상 성숙하지 않은 유아들의 경우, TV나 영화 속의 괴물이 실제가 아니라는 것이나 드라마틱한 스릴러에서 벌어지는 잔인한 총격 장면이 실제 상황이 아니라는 것을 깨닫는 것이 매우 어려워 정서적으로 불안할 수 있다(Door, 1980). 유아들은 영화와 텔레비전의 세계가 현실 세계와는 분명히 다르다는 것을 이해하는 발달 능력이 부족하다(Cantor & Hoffner, 1990; Cantor & Wilson, 1984). 그러나 많은 성인은 미디어 내용이 허구라는 것을 이해함에도 그러한 묘사를 본 후에 두려움을 느끼기 때문에, 자극 변별이 연구 증거에 의해 완전히 뒷받침된다고 할 수는 없다(Johnson, 1980). 심지어 성인들이 무서운 내용을 습관적으로 시청하더라도 공포 반응이 반드시 줄어들지는 않는다(예: Cantor & Reilly, 1982; Sapolsky & Zillmann, 1978).

시청자의 동기. 성숙한 성인 시청자는 미디어 내용에 대한 반응을 통제할 수 있는 상당한 정도의 능력을 지니고 있다고 연구자들은 주장했다. 특정한 인지 스키마가 공포 반응을 강화하거나 축소할 수 있다(Zillmann, 1978, 1982a). 예를 들면, 스크린을 통해 드라마를 보면서 즐거움을 얻고 각성되기를 원하는 시청자는 그러한 사건이 연출되고 있다는 사실을 의도적으로 '잊을'지도 모른다. 반면에 공포 반응을 최소한의 상태로 유지하고 싶어 하는 시청자는 스스로에게 그러한 장면이 실제보다 더 극적으로 표현된다는, 즉 실제가 아니라는 사실을 계속해서 상기시킬지도 모른다. 유아들이 이러한 인지적 활동을 하는 것은 거의 불가능하다(Cantor & Wilson, 1984).

린과 슈(Lin & Xu, 2017)는 〈아메리칸 호러 스토리〉, 〈수퍼내추럴(*Supernatural*)〉, 〈틴 울프(*Teen Wolf*)〉, 〈뱀파이어 다이어리(*The Vampire Diaries*)〉, 〈워킹 데드〉 등 공포를 주제로 한 TV 프로그램을 시청하는 시청자의 동기를 연구했다. 그들은 시청자의 시청 동기(예: 오락, 도피, 시간 보내기, 휴식)와 정서적·인지적 관여 사이의 관계를 살펴보기 위해 이용과 충족(U&G, 9장 참조) 접근 방식을 사용했다. 시청 동기는 사람들이 공포 콘텐츠가 포함된 TV 프로그램에 인지적·정서적으로 반응하는 방식에 유의적인 영향을 미쳤다. 이러한 연구 결과에 대한 더 자세한 내용을 보려면 이 장의 '연구 스포트라이트'를 참조하라.

또 다른 시청 동기는 정보 획득이다. 이러한 이유가 시청 동기인 수용자는 내용에 더 주목하는 경향이 있으며, 따라서 그들이 보는 것에 의해 더 많이 각성될 수도 있다. 실제로 발생한 폭력의 묘사가 시청자들이 순수한 허구라고 알고 있는 프로그램보다 유의적으로 더 높은 각성을 불러일으키기 때문에, 상당수의 연구는 실험 자극물로 다큐멘터리 영화를 사용했다(Geen, 1975; Geen & Rakosky, 1973). 영화에서 두려움을 유발하는 무언가(그들 자신의 환경 속에서 그들에게 영향을 줄 수 있는 무언가)를 본 어린이는 그것이 자신의 삶에서 일어날 수 없다고 생각하는 어린이보다 두려움을 더 많이 느꼈다(Cantor & Hoffner, 1990).

시청자의 정서적 반응에 영향을 미치는 요인. 흥분이나 불안감을 유발하는 장면을 보기에 앞서 미리 각성되어 있는 수용자는 어느 정도 '각성 잔재(arousal residue)'를 유지하고 있는데, 이러한 각성 잔재는 더 강렬한 정서적 반응을 불러일으키는 영화 장면에 대한 새로운 반응과 결합된다는 것을 연구는 보여주었다. 이러한 현상을 설명해 주는 이론을 '흥분 전이(excitement transfer)'라고 부른다(Cantor et al., 1975; Zillmann, 1978; Zillmann et al., 1974). 각성을 일으키는 사건들은 서로 관련될 수도 있고 관련되지 않을 수도 있으며 동시에 일어날 수도 있고 동시에 일어나지 않을 수도 있지만, 다른 요인이 시청자의 주의를 흩트리거나 흥분 전이 과정이 일어나는 것을 막지 않는다면 흥분 전이

공포 콘텐트가 포함된 TV 프로그램을 시청하는 동기와
그것이 인지적·정서적 관여에 미치는 영향

Carolyn A. Lin & Zhan Xu(2017) *Journal of Broadcasting and Electronic Media, 61*(4), 638~657.

이 연구는 공포를 주제로 한 TV 프로그램을 시청하는 동기, 인지적·정서적 관여, 그리고 즐김 간의 관계를 조사했다. 린과 슈는 참여자들의 시청 동기가 프로그램에 대한 인지적·정서적 관여를 유의적으로 예측함을 확인했다. 이 연구자들은 다음과 같은 동기를 찾아냈다.

오락

오락 동기는 시청을 즐기는 것과 시청 빈도의 유의적인 예측 변인일 뿐만 아니라 더 강한 긍정적인 정동적(정서적) 관여와 강한 부정적인 정동적(정서적) 관여의 유의적인 예측 변인이기도 했다. 이것은 무서운 TV 드라마를 보면서 즐기고 싶어 하는 사람들이 그 프로그램에 더 큰 정서적 애착을 가질 수도 있음을 시사한다.

도피

도피 동기는 더 높은 수준의 긍정적인 인지적 관여와 더 높은 수준의 부정적인 정서적 관여를 예측하는 유의적인 예측 변인이다. 린과 슈는 현실에서 벗어나기 위해 TV를 시청하는 사람들은 허구적인 내용에 더 몰입하는 동시에 그 프로그램의 공포 요소로 인해 부정적인 정서를 경험할 수도 있다고 가정한다. "부정적 정동은 시청을 즐기는 것과 관련이 없기 때문에 참여자들은 인지적 관여에 의해 매개되는 도피 동기와 시청을 즐기는 것 사이의 간접적인 효과를 통해 여전히 시청을 즐길 수도 있다"(Lin & Xu, 2017: 652).

휴식

휴식 동기에서 공포 콘텐트가 포함되어 있는 TV 프로그램을 시청하는 것은 더 강한 긍정적 및 중립적 정서 상태와 더 약한 부정적 정서 상태를 예측하는 변인이었다. 휴식을 위해 공포 프로그램을 보는 사람들은 "공포 콘텐트에 대해 더 중립성을 유지하고 부정적인 감정을 억제하면서 등장인물과 긍정적인 정서적 연결감을 즐길 수도 있다. 이러한 결과는 공포 콘텐트가 포함되어 있는 미디어에 대한 노출을 통해 시청 동기를 중립적 정동과 연결하는 최초의 경험적 증거이기 때문에 특히 주목할 만한 가치가 있다"(Lin & Xu, 2017: 652).

시간 보내기

시간을 보내고자 하는 동기에서 공포 프로그램을 시청한다고 답한 사람들은 정도는 더 낮았지만 여전히 긍정적인 정서적 반응을 경험했다고 대답했다. 그들은 중립적이거나 부정적인 정서를 경험하지 않았다. "이것은 시간을 보내는 것이 이러한 TV 시리즈를 시청하는 목적일 때 시청자들이 관여를 유지하고 아마도 부정적인 정서를 경험하는 것을 피하기 위해 더 미미하지만 긍정적인 정동적 관여 반응을 보일 수 있음을 의미한다"(Lin & Xu, 2017: 652).

결론

종합적으로 보면, 이러한 연구 결과는 "수용자들이 호러 미디어에서 묘사된 것과 같은 부정적인 사건에 노출될 때 긍정적인 감정과 부정적인 감정이 함께 활성화됨(co-activation)을 보여준다…. 휴식 시청 동기가 중립적인 정동적 반응을 예측하는 유일하게 유의적인 변인이기 때문에, 이것은 시청자들이 (부정적인 정동을 완화하고 긍정적인 정동을 유지하기 위해) 동시에 경험하는 자신과 심리적 거리가 있는 정서 상태도 함께 활성화할 수 있음을 의미한다"(Lin & Xu, 2017: 652~ 653).

인지적 관여는 공포감을 주는 내용이 포함되어 있는 TV 프로그램에 대한 긍정적인 정서적 반응과 부정적인 정서적 반응을 예측하는 중요한 변인이다. 린과 슈는 공포를 주제로 하는 프로그램을 시청하는 데 더 많은 정신적 에너지를 쏟는 시청자는 또한 이러한 유형의 프로그램에 자주 등장하는 공포, 폭력, 서스펜스에 대한 반응으로 더 강한 긍정적이거나 부정적인 정서를 경험할 가능성이 더 높다고 제안한다.

가 일어난다(Girodo & Pellegrini, 1976; Schachter & Singer, 1962).

영화 제작자와 감독들이 긴장감을 고조시키기 위해 사용하는 기법들은 흥분 전이의 좋은 예다. 예를 들면, 음향효과는 매우 중요하다. 여러 유형의 음악은 각기 다른 분위기와 서로 다른 정도의 각성을 불러일으켜 영화의 정서적 효과에 영향을 미칠 수 있다

(Thayer & Levenson, 1983). 〈조스〉나 〈할로윈〉의 불길한 예감을 주는 주제를 예로 들어보면, 두 영화 모두 대중문화 속에 깊이 각인되어 있으며 수십 년이 지난 지금도 관객들의 등골을 오싹하게 만든다.

공포 효과와 두려움 반응을 고조시키는 또 하나의 중요한 기법은 복선(伏線)이다. 영화가 관객에게 복선을 깔면, 정서적 고통을 불러일으키는 사건이 발생할 때 성인들은 고통이나 불안감을 더 느끼게 되고(Cantor et al., 1984; Nomikos et al., 1968), 어린이들은 복선이 깔린 장면을 기다리면서 두려움을 더 많이 경험한다고 한다(Hoffner & Cantor, 1990). 반면에 한 최근 연구에서는 공포 영화의 스포일러(spoiler)는 즐김이나 긴장감에 거의 또는 전혀 영향을 미치지 않는 것으로 나타났다(Johnson et al., 2020).

3) 신경생리학과 두려움

사람들은 〈IT〉나 〈폴터가이스트〉를 본 후 현실에서 광대를 싫어하거나 〈조스〉를 본 후 수영장에 상어가 나타나는 것에 대한 두려움과 같이, 두려움을 유발하는 미디어 내용에 노출된 후 지속적인 비합리적 두려움이나 불편함을 느끼는 경우가 많다(Cantor, 2004 참조). 캔터가 지적했듯이, "이러한 반응은 자신이 위험에 처해 있지 않다는 것을 어느 정도 의식적으로 알고 있는 성인들이 경험하기 때문에 역설적이다"(Cantor, 2017: 655). 우리 뇌의 서로 다른 부분이 두려움에 어떻게 반응하고 두려움을 어떻게 처리하는지 이해하면 이러한 역설을 이해하는 데 도움이 될 것이다.

해마(hippocampus)[7]는 의식적인 명시적 두려움의 기억을 매개한다. 이러한 유형의 기억은 "꽤 쉽게 변해서 두려움을 유발하는 자극에 대한 우리의 생각은 시간이 지남에 따라 훨씬 더 합리적이 될 수 있다(예: '그건 정말 기계로 작동되는 시시한 상어였을 뿐이야', '그런 일은 절대 일어날 수 없어')"(Cantor, 2017: 656). 반면에 편도체(amygdala)[8]는 우리가 반드

---

[7] 뇌의 측두엽 안에 왼쪽 뇌, 오른쪽 뇌에 하나씩 2개가 있으며(변연계에 속함), 기억과 학습을 관장하는데, 단기 기억이나 감정이 아닌 서술 기억을 처리하는 장소이다. 주로 좌측 해마는 최근의 일을 기억하고, 우측 해마는 태어난 이후의 모든 일을 기억한다. 해마가 손상되면 새로운 정보를 기억할 수 없게 된다(옮긴이 주).

[8] 대뇌변연계에 존재하는 아몬드 모양의 뇌 부위로 감정을 조절하고, 공포에 대한 학습 및 기억하는 역할을 한다. 위험 상황이나 공포 상황에서 대뇌피질이 관여하기 전에 신속히 반응하여 피해야 할지 부딪혀봐야 할지 판단한다(옮긴이 주).

시 의식하지는 못하는 암시적인 정서적 기억을 매개하고 그러한 기억을 장기 저장한다. 두려움의 진화적 특성[9]은 살아있는 생명체를 포식자로부터 안전하게 지키는 데 도움을 준다.

> 더욱이 편도체의 역할은 '투쟁-도피' 반응(fight or flight response),[10] 즉 위협에 맞서 싸우거나 도피할 수 있도록 신체를 준비시키는 심박수 증가, 호흡 증가, 혈압 상승과 같은 생리적 반응을 생성하는 것이다. 그리고 이러한 반응은 두려운 감정을 증폭시킨다. 그러므로 과거에 겪었던 대단히 충격적인 경험이 생각나면, 마음속으로는 '걱정하지 마. 안전해'라고 생각하지만 몸은 심각한 위험에 빠진 것처럼 느끼게 된다(Cantor, 2017: 656).

편도체가 우리 몸이 두려움에 물리적으로 반응하는 방식을 조절한다는 사실은 왜 그렇게 많은 사람이 무서운 미디어를 시청한 후의 회고적 회상에 등골이 오싹한 느낌이나 혈류의 증가로 얼굴이 붉어지면서 달아오르는 느낌을 받는 것과 같은 신체 반응이 포함되는지 이해하는 데 도움을 준다(Cantor, 2017).

5. 공포 반응과 즐김에 영향을 미치는 개인적 요인

여러 요인이 두려움을 유발하는 내용을 선호하는 것과 그러한 내용에 대한 반응에 영향을 미칠 수 있다. 여기에는 감각 자극 추구, 감정이입, 공격성, 부정적인 정서, 지성/상상력, 초자연적 신념 및 젠더가 포함된다.

'감각 자극 추구'는 "공포에 관한 연구에서 가장 널리 조사되는 특성"이다(Martin, 2019: 7). 이 개념은 새롭고 강렬하며 흥미진진한 경험에 대한 욕구를 의미한다(Zuckerman, 1994). 연구들은 더 강한 감각 자극 추구와 공포를 주제로 하는 미디어를 더 즐기는 것 간에 강한 관계가 있음을 반복적으로 보여주었다(예: Cantor & Sparks, 1984; Clasen et al.,

---

9 두려움이 생물학적으로 진화해 온 과정을 의미한다. 즉, 두려움은 생존을 위해 중요한 역할을 해온 감정으로, 과거의 환경에서 위험에 대한 반응으로 발전해 왔다는 것을 강조한다(옮긴이 주).
10 급성 스트레스 반응(acute stress response)이라고도 하며, 신체가 위협에 맞서 싸우거나 안전한 곳으로 도망칠 수 있도록 준비하는 호르몬의 분비에 의해 촉발된다(옮긴이 주).

2020; Hoffner & Levine, 2005; Martin, 2019). 예를 들어, 린치(T. Lynch)와 마틴스(N. Martins)는 감각 자극 추구와 공포 비디오 게임을 즐기는 것 사이에 양의 상관관계가 있음을 확인했다(Lynch & Martins, 2015). 감각 자극 추구 및 공포를 주제로 하는 VR 게임에 대한 J.-H. T. 린(J.-H. T. Lin, 2017)의 연구에 따르면, 강한 감각 자극을 추구하는 사람은 게임을 하는 동안 공포를 덜 자주 표현하는 것으로 나타났다. 반대로 감각 자극 추구 경향이 낮은 사람은 게임을 하면서 두려움을 더 많이 느꼈다고 답했다.

공포를 즐기는 것에 영향을 미치는 또 다른 요소는 '감정이입'이다. 한 메타-분석에 따르면, 감정이입 정도가 낮은 개인은 공포와 폭력적인 내용을 더 즐기는 것으로 나타났다(Hoffner & Levine, 2005). 좀 더 최근에 마틴(G. N. Martin)은 연구들을 통해 낮은 감정이입과 공포 영화를 더 즐기는 것 간의 관계가 일관되게 확인되었다고 언급했다(Martin, 2019).

감정이입은 공포 콘텐트의 특정 측면을 즐기는 방식에도 영향을 미칠 수 있다. 예를 들어, 감정이입적 관심(empathic concern)은 무서운 영화에서 흥분, 위험, 행복한 결말을 더 많이 즐기는 것과 연관이 있지만, 고통과 부상은 덜 즐기는 것과 연관이 있었다(Hoffner, 2009). 감정이입을 더 잘하는 사람들은 공포를 주제로 하는 TV 시리즈에 더 인지적으로 관여했다(Lin & Xu, 2017). 그들은 또한 오락 및 시간 보내기 동기에서 프로그램을 시청하는 경향이 더 강했다. 린치와 마틴스는 감정이입 정도가 낮은 사람들이 감정이입 정도가 높은 사람들보다 공포 비디오 게임을 더 많이 하고 또한 더 즐긴다는 사실을 확인했다(Lynch & Martins, 2015). 그러나 감정이입 정도가 높은 사람과 낮은 사람이 공포를 경험하는 빈도에는 미미한 차이만 있을 뿐이었다. "요약하면, 이러한 연구 결과는 감정이입이 사람들을 두려움을 유발하는 미디어를 선택하도록 이끌 수도 있지만 사람들의 경험을 예측하는 유용한 변인은 아닐 수도 있음을 시사한다"(Lynch & Martins, 2015: 314).

연구에 따르면, 공격적인 사람은 폭력적인 미디어 내용을 선호하고 즐기며(예: Hoffner, 2009; Hoffner & Levine, 2005), 공포 영화와 폭력적인 영화를 더 많이 시청한다고 한다(예: Greene & Krcmar, 2005). '공격성(aggresiveness)'은 공포 TV 시리즈물을 시청하면서 경험하는 긍정적인 정서에 대한 약한 예측 변인이었으며 인지적 관여와는 관련이 없었다(Lin & Xu, 2017). "이것은 더 공격적인 개인이 인지적으로 정교화하거나(cognitive elaboration) 부정적인 정서 상태를 경험하지 않고도 생생한 공포 콘텐트에 더 긍정적으로 반응할 수 있음을 시사한다"(Lin & Xu, 2017: 651).

호프너와 르바인의 메타-분석은 시청하는 동안 경험하는 '부정적인 정서(예: 불안, 혐오, 두려움)'가 두려움을 유발하고 폭력적인 미디어 내용을 더 많이 즐기는 것과 관련이 있음을 확인했다(Hoffner & Levine, 2005). 그러나 특히 텔레비전 공포물에 초점을 맞춘 C. A. 린과 슈(Lin & Xu, 2017)의 연구에서는 부정적인 정서와 즐김 사이에 아무런 관계가 없었다. 이 연구자들은 TV 시청자들은 등장인물과의 인지적·정서적 관여를 통해 연속 시리즈물을 즐길 수도 있는 반면, 공포 영화를 보는 사람들은 공포와 잔혹한 유혈 장면에 집중함으로써 더 많이 즐길 수도 있다는 점에서 수용자들이 TV 프로그램의 공포에 반응하는 방식과 영화의 공포에 반응하는 방식 사이에 '근본적인 차이'가 있을 수도 있다고 제안한다.

'지성/상상력'은 다섯 가지 성격 특성(즉, 외향성, 친화성, 성실성, 정서적 안정성, 지성/상상력) 중에서 공포물 소비를 가장 잘 예측하는 변인이었다(Clasen et al., 2020). 지성/상상력과 공포를 즐기는 것, 쉽게 겁먹는 것, 공포물 이용 빈도 및 두려움을 더 많이 유발하는 내용에 대한 선호 간에는 유의적인 상관관계가 있었다.

유사하게도 '초자연적 현상에 대한 믿음'도 사람들이 소비하는 공포물의 유형과 그것에 대한 반응에 영향을 미친다. 초자연적 공포물(형이상학적 힘, 유령, 믿기 어려운 괴물을 포함하는 하위 공포 장르)과 자연적 혹은 심리적 공포물(연쇄 살인범의 심리적 행동과 같은 심리적 행동에 초점을 맞춘 하위 호러 장르) 간에는 차이가 있다. 초자연적 공포물을 선호하는 사람은 초자연적 신념을 측정하는 항목의 점수가 더 높았다(Clasen et al., 2020). 또한 더 강한 초자연적 신념과 초자연적 공포물에 대한 선호 간에는 유의적인 상관관계가 있었을 뿐만 아니라, 자연적 공포물보다 초자연적 공포물에 더 겁을 먹었다. 반대로 초자연적 현상에 대한 믿음이 더 약한 사람들은 더 자연스러운 내용이 포함된 공포 미디어를 선호하는데, 이를 두고 연구자들은 사람들이 위협이 더 그럴듯해 보이는 공포 미디어를 찾을 수도 있음을 시사하는 것이라고 말한다.

공포물에 대한 시청자의 반응에 영향을 미치는 또 다른 중요한 요소는 '젠더'이다. 전반적으로 다수의 메타-분석과 문헌 검토를 통해 남성이 여성보다 공포 미디어를 더 선호하고 소비하는 것을 더 즐긴다는 사실이 밝혀졌다(Clasen et al., 2020; Hoffner & Levine, 2005; Martin, 2019). 한편 여성은 공포를 주제로 하는 미디어에 더 쉽게 겁을 먹고, 무서운 미디어를 이용한 후에는 남성보다 더 공포를 느끼는 경향이 있다(Clasen et al., 2020; Peck, 1999). 또 다른 연구에서는 공포 TV 시리즈물을 시청하는 동안 여성은 더 큰 감정이입을 보인 반면, 남성은 공포 시리즈물의 내용에 정서적으로는 덜 몰입하지만 인지적으로는 더 몰입하는 것으로 나타났다(Lin & Xu, 2017).

젠더에 따라 공포 콘텐트에 서로 달리 반응함을 보여주는 광범위한 연구에도, 연구자들은 여전히 그러한 차이가 존재하는 이유를 완전히 이해하지는 못하고 있다(Oliver & Sanders, 2004). 앞에서 언급한 바와 같이, 젠더 차이는 젠더에 따른 행동(예: 공포물을 보면서 비명을 지르는 소녀, 불안감을 유발하는 내용에 대해 능숙한 자제력을 보여주는 소년)을 따르라는 사회적 압력에서 비롯되었을 수도 있다. 다른 사람들은 그러한 차이가 진화, 감각 자극 추구 수준, 혹은 감정이입, 불안 경향 및 혐오감의 차이일 수 있다고 제안한다(자세한 내용은 Clasen et al., 2020 및 Martin, 2019 참조).

공포에 관한 많은 연구가 어린이와 청소년을 조사했지만(다음 섹션 참조), 나이가 두려움을 유발하는 미디어에 대한 성인의 선호도와 즐김에 어떤 영향을 미치는지 조사한 연구는 상대적으로 적다. 기존 연구에 따르면, 성인은 나이가 들수록 공포 미디어에 대한 관심이 감소하는 것으로 나타났다(Mares et al., 2016; 또한 Clasen et al., 2020; Martin, 2019 참조).

6. 어린이의 공포 반응

어린이는 허구적인 내용과 뉴스 방송 모두에 놀랄 수 있다(Custers & Van den Bulck, 2012; Walma van der Molen & Bushman, 2008). 어린 시절 발생하는 엄청난 발달상의 차이로 인해 특히 어린이들은 학습을 통해 환상과 현실을 구별하기 때문에, 어린이들의 공포 반응을 결정하는 가장 중요한 요인은 나이이다. 소녀가 소년보다 더 쉽게 공포를 느끼고(Birnbaum & Croll, 1984) 더 정서적이라는(Fabes & Martin, 1991; Grossman & Wood, 1993) 고정관념적 이미지에도 어린이들 사이에 젠더 차이는 덜 뚜렷하다.

캔터와 동료들은 각기 나이가 다른 어린이들에게 두려움을 유발하는 여러 종류의 자극뿐만 아니라 어린이들의 공포 반응을 줄이는 데 도움을 주는 전략들을 확인했다. 3세에서 8세 사이의 어린이는 괴물, 유령, 초자연적 생명체, 어두움, 동물, 괴상하게 생긴 생명체, 빠르게 움직이는 생명체를 무서워하는 경향이 있다. 좀 더 나이가 든 어린이(9~12세)는 자기 자신이나 자신이 사랑하는 것을 해치거나 파멸시키겠다는 위협을 더 무서워한다. 13세 이상의 어린이는 신체 상해도 두려워하지만, 그 밖에 사회적 압력과 또래 집단의 압력 및 그에 따른 두려움, 그리고 정치, 경제 또는 환경 같은 전 세계적인 관심사에 대해서도 신경을 쓴다(Cantor, 1994, 2009; Cantor et al., 1986).

나이가 아주 적은 어린이와 나이가 더 많은 어린이의 차이는 분명하게 드러난다. 나이가 더 적은 어린이들은 자극이 얼마나 비현실적이거나 환상적인가에 관계없이 자극 그 자체를 무서워한다. 나이가 더 많은 어린이들은 단순히 위험 그 자체보다는 그것이 자신에게도 일어날지도 모른다는 것을 더 무서워한다. 나이가 훨씬 더 많은 어린이들은 '신체적' 위험 외에 (혹은 신체적 위험 대신) '심리적인' 위험을 가하는 더 추상적인 개념과 이슈를 두려워한다.

이러한 차이의 이유는 어린이들의 인지 발달 수준과 관련 있다. 어린이들은 약 7세까지는 그들이 지각하는 관점 내에서 아이템을 기억하고 분류한다. 7세 이후에는 이러한 유형의 조직화가 물리적 특성 하나만이 아닌 아이템의 '개념이나 기능'을 토대로 한 조직화로 대체된다(Birch & Bortner, 1966; Melkman, Tversky, & Baratz, 1981). 따라서 나이가 들면서 어린이들은 환상이나 비현실적인 것보다는 좀 더 현실에 바탕을 둔 미디어 묘사 내용에 더 강하게 반응한다(Cantor & Sparks, 1984; Flavell, 1963; Kelly, 1981; Morison & Gardner, 1978).

텔레비전 프로그램 〈두 얼굴의 사나이(*The Incredible Hulk*)〉를 소재로 한 한 연구는 인지 발달상의 차이와 어린이들의 공포 반응을 보여주는 좋은 사례이다. 스파크스와 캔터는 프리스쿨 어린이들이 정상적인 모습을 한 영웅이 괴물 헐크로 변할 때마다 몹시 놀라는 것을 확인했다. 이들보다 나이가 더 많은 어린이들은 헐크가 정의를 위해 자신의 힘을 사용한다는 것을 이해하기 때문에 주인공이 헐크로 바뀌는 것을 두려워하지 않았다(Sparks & Cantor, 1986).

1980년대에 텔레비전 영화 〈그날 이후(*The Day After*)〉가 방송된 후 실시된 한 연구는 또 하나의 좋은 사례를 제공한다. (비록 다른 텔레비전 프로그램과 비교할 때 피해를 입는 모습을 비교적 부드럽게 표현하긴 했지만) 이 영화는 핵 공격을 받은 캔저스주의 한 지역과 그로 인한 치명적인 여파를 보여주었다. 캔터 등(Cantor et al., 1986)은 이 영화가 방송된 다음 날 시청자를 대상으로 전화 설문조사를 실시했다. 그 결과, 나이가 적은 어린이는 그 영화의 영향을 가장 적게 받은 반면, 13세 이상의 어린이는 (인지적 발달 때문에) 매우 불안해했고 그들의 부모는 훨씬 더 불안해했다는 사실이 드러났다.

7. 두려움에 대처하는 전략

대처 전략(copying strategy)은 매스 미디어 내용이 유발하는 공포를 줄이거나 심지어 막는 데 효과적이다. 예상할 수 있듯이, 다양한 연령대의 어린이들이 서로 다른 유형의 두려움을 유발하는 미디어 내용에 무서움을 느끼게 만드는 발달상의 차이와 젠더 차이는 대처 전략에도 영향을 미친다. 다만 효과적인 공포 대처 기제를 결정하는 데 있어서 젠더 차이의 역할은 훨씬 더 작다고 할 수 있다.

대처 전략은 비인지적 전략과 인지적 전략으로 나뉜다(Cantor, 1994). 시청자들에게 언어적 정보 처리를 요구하지 않는 전략인 **비인지적 전략**(noncognitive strategy)은 유아들에게 효과적이다. 반면에 **인지적 전략**(cognitive strategy)은 인지적 처리(예: 공포에 대해 이야기하는 것)의 활성화를 요구하는 전략이다. 초등학교 어린이와 그 이상의 연령대 어린이에게는 비인지적 전략도 유용할 수 있지만, 그들에게는 인지적 전략이 주효하다. 청소년기의 소녀는 소년보다 비인지적인 대처 전략을 더 많이 사용하는 것으로 드러났지만, 인지적 대처 전략을 사용하는 데 있어 젠더 차이는 나타나지 않았다(Hoffner, 1995; Valkenburg et al., 2000).

1) 비인지적 전략

몇 가지 유형의 비인지적 전략이 나이가 적은 어린이가 미디어에 의해 유발된 두려움에 대처하는 것을 돕기 위해 사용되었다. '시각적 둔감화(visual desensitization)'는 어린이가 불안감을 주는 내용에 점진적으로 노출되게 해준다. 한 연구에서는 큰 거미가 등장하는 장면에 대비하게 하기 위해 어린이들에게 고무로 만든 독거미를 보여주었다(Wilson, 1987). 캔터 등(Cantor et al., 1988)은 〈두 얼굴의 사나이〉에 출연한 배우 루 퍼리그노(Lou Ferrigno)가 무대 뒤에서 분장하는 장면을 시각적 둔감화의 한 방법으로 사용했는데, 무대 뒤 분장 장면을 본 어린이들의 경우 헐크에 대한 두려움 반응이 줄어들었다.

'신체적 활동'도 비인지적 대처 전략 유형 가운데 하나이다. 정서적 지지 대상(예: 담요나 봉제 동물 인형)에 집착하는 것은 이러한 전략의 한 예이다. 어떤 장면을 보면서 먹거나 마시는 것은 두려움을 줄여주는 것으로 드러났지만, 이것은 단지 어린이가 그러한 프로그램에 주의를 기울이지 않았기 때문이라고 일부 연구자는 주장했다(Manis et al., 1980). 눈을 가리는 것도 또 하나의 예다(Wilson, 1989). 나이가 더 적은 어린이들만이 이

눈을 가리는 것은 두려움을 줄이기 위한 비인지적 전략의 예시이다. 이 전략은 유아들의 두려움을 효과적으로 줄여준다.

전략을 두려움을 줄이는 수단으로 사용하며, 나이가 더 많은 어린이들은 실제로 그렇게 하면 '더' 공포를 느끼는 것으로 드러났는데, 주된 이유는 눈을 가리더라도 여전히 무슨 일이 일어나고 있는지 들을 수 있고 그것을 이해할 수 있기 때문이다. 유사하게, 폭력적인 이미지가 뉴스에 등장할 때 부모가 아이들에게 TV에서 눈을 돌리라고 말하는 것도 두려움을 완화하는 데 도움이 되지 '않는다'(De Cock, 2012).

젊은 성인들도 때때로 두려움을 줄이기 위해 비인지적 전략을 사용한다. 플레이어가 자신을 좀비의 공격으로부터 방어해야 하는 가상 현실 비디오 게임을 하는 사람들 가운데 일부는 때때로 눈을 감거나 게임을 하는 동안 두려움을 완화하기 위해 주의를 다른 데로 돌렸다(Lin, 2017).

2) 인지적 전략

앞에서 언급했듯이, 인지적 전략은 인지 발달 수준 때문에 일반적으로 나이가 많은 어린이에게 더 적합하다. 예를 들면, 캔터와 윌슨(Cantor & Wilson, 1984)은 〈오즈의 마법사(Wizard of Oz)〉를 보는 동안 나이가 적은 어린이들과 나이가 더 많은 어린이들의 반응을 조사했다. 어린이들 가운데 일부에게는 마녀들이 '그저 마녀 복장을 한 보통 사람'이라고 사전에 말해주었으며 또한 그 이야기가 '가공'의 이야기라는 점도 상기시켜 주었다. 다른 어린이들에게는 그와 같은 대처 전략을 제공하지 않았다. 나이가 더 많은 어린이들은 이러한 대처 전략을 그들의 두려움을 줄이는 데 사용할 수 있었으며, 어떤 설명도 듣지 않은 다른 나이가 많은 어린이들보다 공포를 유의적으로 더 적게 느꼈다. 반면에 이 대처 전략은 나이가 더 적은 어린이들에게는 잘 먹혀들지 않았다. 나이가 더 적은 어린이들의 경우, 두려움 축소 전략(위의 설명)을 제공받지 않은 어린이들이나 제공받은 어린이들 모두 똑같이 무시무시한 마녀를 보고 두려움을 느꼈다. 이 연구자들은 이러한 결과를 나이 차이에 따른 발달상의 차이 때문으로 보았다.

미디어 표현물이 매우 실제적인 위협을 묘사할 때, 가장 효과적인 인지적 대처 전략 가운데 하나는 묘사되는 위협이 아주 적은 위험을 초래할 것이라고 안심시키는 정보를 제공하는 것이다. 앞에서 언급한 VR 비디오 게임 연구에서 일부 플레이어는 좀비가 진짜가 아니라는 것을 스스로 상기하게 하는 인지적 전략을 사용했다(Lin, 2017). 일부 플레이어는 또한 게임을 하는 동안 혼잣말을 하거나 비명을 지르거나 욕을 함으로써 두려움에서 벗어나기도 했다.

뉴스 프로그램으로 인한 두려움과 관련하여 데 콕(R. De Cock)은 벨기에에서 일상적인 뉴스 보도에 대한 어린이의 두려움과 슬픔에 미치는 부모 개입의 효과를 연구했다(De Cock, 2012). 단순히 뉴스에 대해 아이들과 이야기하는 것은 아이들의 두려움을 줄이는 데 도움이 되지 않았다.

> 일부 좋은 의도의 설명은 뉴스 사건에 대한 자녀의 이해를 넓힐 수도 있지만 반드시 두려운 느낌을 완화해 주지 않거나 심지어 무서운 세부 사항을 더 자세하게 들려주는 결과를 초래할 수도 있다. 부모가 아이들에게 '이상한 사람을 피해야' 한다고 강조하는 것은 범죄 사건이 텔레비전에 방송될 때 이해할 수 있는 제안이지만 그것이 반드시 두려움을 느끼는 아이를 안심시켜 주는 것은 아니다(De Cock, 2012: 498).

그뿐 아니라, 어린이들이 부모와 TV 뉴스 기사에 대해 대화를 나눴다고 언급한 빈도가 더 높을수록, 어린이들은 더 강한 슬픈 감정을 보였다. 다른 연구는 부모의 지도 전략이 일반적인 텔레비전 시청에서 어린이의 두려움을 줄이는 데 성공적임을 보여주지만, 데 콕은 단순히 "무서워할 필요 없어. 그건 진짜가 아니야"라고 말할 수 없기 때문에 부모가 뉴스에 두려움을 느끼는 아이를 안심시키기가 더 어려울 수도 있다고 말한다.

3) 예방 전략

캔터(Cantor, 2017)는 우리가 방금 다룬 대처 전략이 실험실 환경에서는 효과적이었지만, 거의 모든 부모는 일단 미디어 내용에 어린이들이 두려움을 느끼면 그들을 진정시키기가 매우 어려울 수 있다는 것을 경험을 통해 알고 있다고 말한다. 그 결과, 아이들이 처음부터 불안감을 주는 내용을 보지 못하도록 막는 특정한 전략이 사용되었다. 그러나 캔터는 오늘날 미디어 환경에서 부모가 이 모든 내용을 자녀가 보지 못하도록 막는 것은 불가능하다는 것을 인정한다.

캔터(Cantor, 2017)는 전반적인 미디어 노출을 면밀하게 모니터해서 노출을 줄이고, 의심스러운 프로그램이나 영화 시청을 아이들에게 허용하기 전에 미리 녹화한 후 시청하게 하며, 온라인 리소스를 사용하여 미디어 내용에 대한 더 많은 정보를 찾는 등의 몇 가지 예방 전략을 개략적으로 소개한다.

TV 프로그램 및 영화 등급제는 아이들에게 시청을 허용할 내용을 결정할 때 부모가 사용할 수 있는 또 다른 도구이다. 그러나 이러한 등급제는 내용이 아이들에게 두려움을 유발할 수 있는 측면에 대한 명확한 정보를 부모에게 제공하지 못할 수 있으며, 잘못된 안도감을 줄 수 있다:

> 예를 들어, 많은 '일반'(G)-등급의 영화[<밤비(*Bambi*)>, <라이언 킹(*The Lion King*)>, <덤보 (*Dumbo*)>와 같은 애니메이션 영화]는 극도로 불안감을 주는 이슈(예: 부모를 잃는 것, 집단 괴롭힘, 심각한 위험에 처한 어린이처럼 보이는 등장인물)를 포함하고 있으며 그리고 이러한 영화들은 강렬한 두려움에 대한 회고적 자기-보고에서 자주 언급된다(Cantor, 1998 참조). 그뿐 아니라 회고적 자기-보고에서 두려움이나 심리적 고통을 주는 영화로 가장 자주 언급되는 <조스>와 <폴터가이스트>는 PG-등급인데, 이는 그 영화들이 주는 두려움이나 심리적 고통의 정도가 비교적 가볍다는 것을 의미한다(Cantor, 2017: 661).

한 연구에서는 초등학생의 3분의 1 이상이 G 또는 PG 영화를 보고 두려움을 느꼈다고 대답했다(Cantor et al., 2010).

8. 요약

거의 한 세기 동안, 연구자들은 수용자가 매스 미디어를 소비할 때서 경험하는 공포 반응을 조사했다. 1930년대와 1940년대에 페인 재단 연구와 <우주 전쟁>에 관한 연구는 영화와 라디오 수용자의 공포 반응을 살펴보았다. 1950년대와 1960년대에 이루어진 연구는 영화 및 텔레비전의 내용과 그것이 수용자들에게 미치는 장기적 효과에 초점을 맞추었다. 더 최근의 연구는 TV 뉴스의 영향과 무서운 비디오 게임 및 VR 경험을 조사했다. 이러한 연구에는 자기-보고 측정과 생리적 반응이 가장 유용하다.

대부분의 공포 반응은 대개 일시적이지만, 일부는 상당 기간 지속할 수도 있다. 공포 반응은 단지 소수의 경우에서만 약화된다. 사람들은 매스 미디어 내용에 의해 두려움을 느끼는 것을 어느 정도 즐긴다. 수십 년 동안, 정화(이를 뒷받침할 증거는 거의 없음), 흥분 전이, 시뮬레이션된 위협 상황을 경험할 수 있게 해주는 양성 피학증을 포함하여 공포물의 역설적 매력에 대한 많은 설명이 제시되었다.

시청자들은 자신이 위험에 처해 있지 않다는 것을 아는데도 공포를 느낀다. 고전적 조건형성에 따르면, 특정한 자극이 특정한 반응을 불러일으키며 유사한 자극은 덜 강하긴 하지만 유사한 반응을 불러일으킨다. 미디어 내용에서 되풀이되는 다음과 같은 세 가지 범주의 자극은 대개 실제 생활에서 공포 반응으로 이어지는데, ① 위험 및 부상, ② 자연적인 형태의 일그러짐, ③ 타인에 의한 위험 및 공포 경험이 그것이다. 추가적인 세 가지 요인은 시청자가 스크린에서 두려운 상황을 볼 때면 언제나 정서적으로 반응하도록 만드는데, ① 묘사의 현실감, ② 시청자의 동기, ③ 시청자의 정서성에 영향을 미치는 다른 요인이 그것이다.

공포 반응의 유형은 시청자의 나이에 상당히 좌우된다. 이것은 나이 차이에 따른 인지 발달 수준의 차이 때문이다. 이러한 차이는 환상과 현실을 구별하는 어린이의 능력에 영향을 미친다. 아주 나이가 적은 어린이(3~8세)는 자극이 얼마나 비현실적이거나 환상적인지에 관계없이 자극 그 자체를 무서워한다. 나이가 좀 더 많은 어린이(9~12세)는 단순히 위험 그 자체보다는 그것이 그들에게 일어날지도 모른다는 것에 대해 더 두려워한다. 13세 이상의 어린이는 신체적 위협 외에 (또는 신체적 위협 대신) 심리적 위협을 가하는 더 추상적인 개념과 이슈를 무서워한다.

미디어가 유발하는 두려움에 대처하는 전략으로는 인지적 전략과 비인지적 전략이 있다. 인지적 전략은 공포에 대해 이야기하는 것과 같은 인지적 과정의 활성화를 요구한다. 인지적 전략은 초등학교 이상의 어린이에게 주효한 경향이 있는데, 물론 이들에게는 비인지적 전략도 유용한 것으로 드러났다. 시각적 둔감화와 신체적 활동은 비인지적 전략의 유형들인데, 이것들은 대개 나이가 더 적은 어린이에게 효과가 있다.

제14장

정치 커뮤니케이션의 효과

솔직히 말해서 소셜 미디어가 아니었다면 나는 이 자리에 있을 수 없었을 것이다.
— 도널드 트럼프, 제45대 미국 대통령, 2017

2017년 당시 대통령이었던 도널드 트럼프가 자신의 백악관 입성의 공을 소셜 미디어에 돌린 위의 인용문은 최근 들어 매스 미디어와 정치 세계 간의 관계에 극적인 변화가 일어났음을 잘 보여준다. 대부분의 미디어에는 '한물간 미디어(lamestream media)'라는 꼬리표를 그리고 그들의 제작물에는 '가짜 뉴스(fake news)'라는 꼬리표를 붙인 트럼프는 신문과 TV 방송 등 전통적인 정치 커뮤니케이션 경로를 우회하여 수백만 명의 팔로워와 직접 소통할 수 있는 소셜 미디어라는 디지털 메가폰(digital megaphone)을 선호했다.

미디어 효과 연구의 역사를 살펴보면 연구자들이 정치 커뮤니케이션의 효과, 특히 정치 뉴스에 관심을 가져온 것을 알 수 있다. 실제로 "뉴스와 정치의 세계는 미디어 효과 연구에서 가장 많이 연구되는 맥락 가운데 하나"이다(Tsfati & Walter, 2020: 36). 앞의 장들에서 확인했지만, 매스 미디어를 통해 매개되는 효과의 힘에 대한 연구 결과는 줄곧 변해왔으며 정치 커뮤니케이션의 효과 역시 예외가 아니다.

1940년대와 1950년대 투표 행동에 관한 연구는 매스 미디어를 통해 매개되는 정치 커뮤니케이션의 효과가 꽤 제한적임을 보여주었다(Berelson et al., 1954; Lazarsfeld et al., 1948). 이러한 유명한 연구들은 매스 미디어가 의견 주도자에게 영향을 주고 이들이 다시 대인 커뮤니케이션을 통해 다른 사람에게 영향을 준다는 사실을 밝혀냈다. 이후의 연구들은 정치 캠페인 메시지가 투표자에게 미치는 더 직접적이고 강력한 미디어 효과에 대한 증거를 제시함으로써 제한 효과 모델에 대해 문제를 제기했다(Blumler & McLeod, 1974; Chaffee & Hochheimer, 1985; Gitlin, 1978; Iyengar & Simon, 2000; Noelle-Neumann, 1984). 정치 커뮤니케이션 영역에서 미디어의 강력한 영향력에 대한 지지는 20세기 말까지 계속되었지만, 21세기의 미디어와 정치 환경은 크게 달라졌다.

> 지난 20년 동안, 미디어 기술, 미디어 생태계, 그리고 정치 환경의 변화는 이전에 합의된 미디어 효과의 패러다임에 문제를 제기하면서 한 세대 전 정치 효과 연구의 핵심을 이루었던 많은 가정에 반기를 들었다(Tsfati & Walter, 2020: 36).

이 장에서는 연구들이 지난 세기말까지 매스 미디어의 정치적 효과에 대해 밝혀낸 것들을 간략히 살펴볼 것이다. 그런 다음, 21세기 들어 미디어와 정치 커뮤니케이션 생태계의 많은 부분을 뒤흔든 주요 변화, 특히 정치 과정에서 소셜 미디어의 부상과 영향력에 대해 논의할 것이다. 먼저 민주주의에서 매스 미디어가 하는 역할부터 살펴보기로 한다.

1. 민주주의에서의 매스 미디어의 기능

매스 미디어는 전 세계 민주 사회에 여러 가지 특별한 기능을 제공하려 한다. 구레비치(M. Gurevitch)와 블럼러(J. G. Blumler)는 그와 같은 여덟 가지 기능을 확인했는데, 매클라우드(J. M. McLeod) 등은 그러한 기능들을 다음과 같이 알기 쉽게 바꾸어 표현했다(Gurevitch & Blumler, 1990; McLeod et al., 1994: 126):

① 시민의 복지를 긍정적으로든 부정적으로든 침해할 가능성이 있는 동시대 사건에 대한 감시
② 이슈의 근원 및 해결 가능성을 포함하는 주요 사회정치적(sociopolitical) 이슈의 확인
③ 대의명분 및 관심사를 대변하는 사람들을 위한 발언대 제공
④ 잠재적인 권력자와 다수의 공중 간의 양방향적일 뿐만 아니라 여러 차원 및 여러 당파의

정치적 담론을 아우르는 다양한 내용의 전달

⑤ 정부 관료, 정부 기관, 기타 권력 기관이 그들의 활동 및 정책에 책임을 지게 함으로써 그
들을 감독하는 것

⑥ 시민들이 정치 과정의 방관자가 아닌, 식견 있는 적극적인 참여자가 될 수 있도록 하는
유인(誘因)과 정보 제공

⑦ 미디어의 자율성을 파괴하려는 외부 세력에 대한 원칙에 입각한 저항

⑧ 잠재적으로 관심이 있고 사리에 맞게 행동하며 효능감 있는 시민 수용자에 대한 정중한
고려

구레비치와 블럼러(Gurevitch & Blumler, 1990)에 따르면, 이러한 특별한 기능은 매스 미
디어가 민주 사회에서 마땅히 달성하려고 노력해야 하는 '목표'이자 '기준'이다. 실제로
수익에 지배받는 매스 미디어의 기본 속성과 다른 많은 제약 때문에, 뉴스 미디어는 흔
히 이러한 기준에 미치지 못한다. 예를 들면, 뉴스 미디어는 수용자를 최대한 끌어들이
기 위해 때때로 의사-사건(pseudo-event)이나 부적절하지만 즐거움을 주는 기사를 취급
하기도 한다.

'이슈'가 아닌 '사건'을 취급하는 뉴스 미디어의 경향은 이러한 명시된 기준에 도달하
려는 것을 막는 또 하나의 장애물이다. 이슈를 다룰 때도 흔히 이슈를 제기하는 뉴스 네
트워크 기관의 의제 관점에서 이슈가 제시된다(McLeod et al., 1994). 그 밖에도 뉴스 미디
어는 대개 정치 캠페인 보도를 극적으로 표현하며, 여론조사에서 후보자들의 지지도가
대등하다거나 의외의 새 후보자의 지지도가 높다거나 선두 주자가 멀리 앞서나가고 있
다는 식의 경마 중계식 보도를 한다.

2. 20세기의 정치적 미디어 효과에 대한 이해

라자스펠드와 동료들(Lazarsfeld et al., 1948)의 초기 투표 연구는 매스 미디어가 수용자
의 정치적 의견에 단지 제한적인 크기의 영향력만을 미칠 뿐이라고 했다. 후속 연구들
은 정치적 미디어 메시지가 과거에 생각했던 것보다 훨씬 더 강력한 효과를 초래함을
시사했다(Blumler & McLeod, 1974; Iyengar & Simon, 2000; McLeod & McDonald, 1985; Ranney,
1983).

페티와 캐시오포의 정교화 가능성 모델(Petty & Cacioppo, 1986a)과 피쉬바인과 에이젠의 숙고된 행위 모델(Fishbein & Ajzen, 1975) 같은 새로운 설득 모델이 정치 커뮤니케이션 효과 연구에 적용되었다. 몇몇 연구는 이러한 설득 모델을 사용하여 캠페인 효과를 이해하려 했다(Fazio & Williams, 1986; Granberg & Brown, 1989; Krosnick, 1988; O'Keefe, 1985; Rice & Atkin, 2000). 샤(D. V. Shah) 등이 지적한 대로, 정치 광고 효과에 대한 연구 역시 설득 모델을 토대로 했다(Shah et al., 2007).

츠파티(Y. Tsfati)와 월터(N. Walter)는 20세기 말까지 매스 미디어의 정치적 효과를 크게 다음 두 가지로 요약한다(Tsfati & Walter, 2020: 37):

① 한편으로는 미디어의 효과가 미미하거나 제한적이라는 기존의 개념과 다른 한편으로는 전지전능한 미디어라는 개념은 모두 부정확한 것으로 여겨졌다. 연구들은 미디어가 정치 생활(political life)[1]에 눈에 띄는 영향을 미친다는 것을 보여주었으며, 그 효과는 기껏해야 (효과의 크기 측면에서) 중간 정도에 그치는 경향이 있었지만 잠재적으로 꽤 상당한 정치적 결과를 초래했다.

② 대부분의 사람들의 정치적 선호가 놀라울 정도로 안정적이어서 뉴스와 캠페인 정보에 쉽게 흔들리지 않는 경향이 있다는 점을 고려할 때, 초기 연구에서 "궁극적인 기준 변인"[2]으로 여겨졌던 투표는 더 이상 정치 미디어 효과 연구에서 매우 유용한 종속 변인으로 간주되지 않았다(Chaffee & Hochheimer, 1985: 82). 미디어는 투표에 직접적으로 큰 영향을 미친다기보다 다른 관련 태도와 지각에 미치는 효과를 통해 정치에 영향을 준다는 관점이 널리 받아들여졌다.

1) 인지 과정의 효과

1970년대부터 1990년대 말까지 다섯 가지 연구 분야가 "이러한 '강력한 미디어로의 회귀' 전통을 지배했는데"(Tsfati & Walter, 2020: 37), 의제 설정, 침묵의 나선, 프레이밍, 기폭, 배양이 그것이다. 이러한 모든 연구 분야는 정치 커뮤니케이션의 주요 결과

---

1   단순히 정치인들의 활동이나 공식적인 정치 제도만을 의미하는 것이 아니라, 일반 시민들의 일상적인 정치 활동과 경험을 포함하는 포괄적인 개념이다(옮긴이 주).

2   '기준 변인(criterion variable)'은 종속 변인의 다른 이름이다(옮긴이 주).

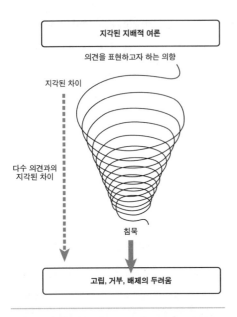

인 투표에만 초점을 맞추기보다는 뉴스 미디어가 사람들의 개인적 생각에 '간접적으로' 미치는 영향도 함께 조사했다(Tsfati & Walter, 2020).

뉴스 미디어가 특정한 이슈의 확대 보도를 통해 현저하게 다루어지는 이슈를 결정하며 이러한 이슈는 공중에 의해 중요한 것으로 간주된다는 **의제 설정 이론**(6장 참조)을 기억할 것이다(McCombs & Shaw, 1972). 연구들은 가장 많이 보도되는 이슈가 공중이 중요하게 지각하는 이슈라는 가설을 지지한다(예: Funkhouser, 1973; Iyengar & Kinder, 1987; MacKuen, 1981; McCombs, 2004).

그림 14-1 침묵의 나선 이론에 따르면, 자신의 의견이 소수 의견이라고 생각하는 사람은 고립을 두려워하기 때문에 자신의 의견을 공개적으로 밝히기를 꺼린다.

침묵의 나선 이론(Noelle-Neumann, 1984)은 사람들이 여론을 어떻게 지각하는지, 특히 어떤 의견이 지배적이고 다수가 지지한다고 지각하는지에 초점을 맞춘다. 이 이론은 지배적인 의견을 갖고 있지 않은 사람들이 사회적 소외나 고립을 두려워하여 결국 거리낌 없이 자신의 의견을 밝히기를 거부하고 대신 침묵에 빠지는 것을 선호할 때 강력한 효과가 나타난다고 제안한다.

여러분이 기억하다시피, **기폭**은 매개되는 메시지에 대한 노출이 수용자의 마음속에 관련된 생각을 활성화할 때 발생한다. 기폭은 정치적 의견과 투표 결정에 영향을 미치는 것으로 드러났다. 아이엥거(S. Iyengar)와 킨더(D. R. Kinder)는 미디어가 두드러지게 다루는 이슈가 수용자의 대통령 국정 수행 평가 시 수용자를 기폭한다는 것을 확인했다(Iyengar & Kinder, 1987). 연구에 따르면, 많이 보도되는 이슈를 대통령이 다루는 방식이 수용자가 대통령에 대한 전반적인 수행 평가를 하는 데 과도하게 영향을 미친다고 한다(McGraw & Ling, 2003; Pan & Kosicki, 1997).

프레이밍 연구(7장 참조)는 어떤 기사가 제시되는(프레임 되는) 방식이 수용자가 그 정보를 처리하고 해석하는 방식, 다시 말해서 수용자가 정치적 이슈를 포함한 이슈들에 대해 생각하는 방식에 미치는 효과를 살펴본다. 예를 들면, 연구들은 미디어 보도, 특히 텔레비전 보도가 투표자들이 가난이나 범죄 같은 사회문제에 대한 책임이 사회 전반보다는 개인에게 있다고 지각하게 할 수도 있음을 보여주었다(Sotirovic, 2003). 뉴스 기사의 프레임의 유형은 수용자들이 사회문제를 정부의 책임으로 보는지 아니면 개인의 책임으로 보는지에 영향을 미칠 수 있다(Iyengar, 1991). 사례 연구의 예나 구체적인 사건에 대한 보도를 사용하는 '일화적(episodic)' 프레임과 더 추상적이거나 일반적인 관점을 가지고 이슈에 접근하는 '주제적(thematic)' 프레임이 그것이다. 주제적 프레임이 사용될 때, 수용자들은 사회적 문제를 개인보다는 사회와 정부의 책임과 연관 지었다. 그러나 기사들이 일화적 프레이밍을 이용할 때, 시스템 수준의 책임에 대한 지각이 감소되었다.

배양 연구는 원래 오락 미디어에 적용되었지만(8장 참조) 뉴스 소비로 인한 영향도 발견했다(Romer et al., 2003). 예를 들어, TV 뉴스에 많이 노출되는 것은 청소년 범죄가 증가하고 있다는 시청자들의 지각을 배양했다(Goidel et al., 2006).

방금 개략적으로 기술한 다섯 가지 연구 전통 외에 다른 연구들도 정치 커뮤니케이션으로 인한 다른 결과들을 조사했다. 연구에 따르면, 수용자들은 매개되는 정치 커뮤니케이션에 의해 설득될 수도 설득되지 않을 수도 있지만, 그들은 흔히 이 같은 메시지를 통해 '학습'한다고 한다. 캠페인 이슈와 후보자에 대한 뉴스 보도, 정치 토론, 전당대회는 모두 수용자들 사이의 다양한 지식 습득량에 영향을 미치는 것으로 드러났다(Eveland et al., 2005; Grabe et al., 2009; Jerit et al., 2006; McLeod et al., 1979). 연구자들은 또한 정치에 대한 TV 뉴스 보도의 내용과 스타일이 어떻게 정치적 무관심과 불신을 조장하고 정치참여를 감소시키는 '비디오-권태감(video-malaise)'을 초래하는지 조사했다(Mutz & Reeves, 2005; Norris, 2000).

2) 연구 전통들의 공유된 가정

앞에서 언급한 연구 전통들은 ① 뉴스 미디어가 특정한 개인 수준의 생각에 영향을 미쳐 정치 생활을 간접적으로 형성하고, ② 그러한 효과가 중요하다는 믿음을 공유하는 것 외에도 다른 몇몇 암묵적인 가정도 공유하고 있다(Tsfati & Walter, 2020). 이러한 가정들 가운데 첫 번째는 서로 다른 뉴스 미디어들이 비슷한 방식으로 정치 뉴스를 보도한다는 것이다. 이러한 개념을 **협화성**(consonance)이라고 한다.

출처, 저널리스트의 직업적 가치관, 일상적인 제작 방식 및 관행의 유사성으로 인해 서로 다른 뉴스 미디어는 유사한 뉴스 의제를 가지고 있는 것으로 추정되며, 유사한 프레임을 사용하여 정치 사건을 설명하고 동일한 여론 분위기를 제시하며 정치인과 정치를 부정적으로 기술하는 경향이 있다(Tsfati & Walter, 2020: 38).

정치 뉴스 보도에서의 협화성에 대한 가정은 미디어 영향 과정에서 연구자들이 수용자 선택성의 역할을 대체로 간과하게 만든 원인이 되었다. 저명한 미디어 학자들은 텔레비전이 시청자에게 제한된 선택권을 주었으며 "비선택적 방식으로 원할 수밖에 없도록 설계되었다"고 주장했다(Gerbner et al., 2002: 45). 수용자 선택성의 역할은 프레이밍 및 침묵의 나선 연구자들에 의해 무시되거나 묵살되었다(예: Edy & Meirick, 2007; Noelle-Neumann & Mathes, 1987). 나아가 연구자들은 미디어 간 의제 설정으로 인해 주류 뉴스 미디어의 의제에 맞설 대안 의제가 없다고 가정했다(Dearing & Rogers, 1996).

3) 정치 뉴스 효과의 조절 변인

학자들이 정치 뉴스 내용이 협화성을 보인다고 가정하며 수용자 선택성의 역할을 무시했음에도, 모든 뉴스 수용자가 같은 효과를 경험한다고 가정하지는 않았다(Tsfati & Walter, 2020). 다양한 조절 변인으로 인해 어떤 수용자는 다른 수용자보다 더 많이 영향을 받는다. 예를 들어, 뉴스 미디어에 대한 신뢰는 기폭(Miller & Krosnick, 2000), 의제 설정(Iyengar & Kinder, 1985), 정치 지식 효과[3](Ladd, 2012)를 조절하는 것으로 나타났다. 간단히 말해서, 신뢰도가 높은 수용자는 신뢰도가 낮은 수용자보다 뉴스 미디어에 더 많은 영향을 받았다. 미디어 의존 이론에 따르면, 미디어의 효과는 사람들이 대안적인 비매개 정보원을 가지고 있지 않을 때 더 강력하며 미디어에 덜 의존하는 사람들에게는 더 약하다(Ball-Rokeach & DeFleur, 1976).

외적 요인도 정치 뉴스의 영향을 조절하는 것으로 나타났다. 예를 들어, 정치적 의사결정에 미치는 영향은 한 후보자가 다른 후보자보다 언론의 관심을 더 많이 받을 때가 후보자들에 대해 더 균형 잡힌 보도를 할 때보다 더 강했다(Zaller, 1996).

마지막으로 매스 커뮤니케이션이 아닌 (혹은 매스 커뮤니케이션 외에) 대인 커뮤니케이

---

3 미디어나 정보가 사람들의 정치적 지식 수준에 미치는 영향을 의미한다(옮긴이 주).

오늘날 매우 다양한 정치 뉴스를 접할 수 있으며 보도는 극좌파부터 극우파까지 그리고 그 사이의 모든 것에 걸쳐 있다.

선이 투표 행동에 미치는 영향의 강도는 시간이 흐르면서 변해왔다. 라자스펠드와 동료들(Lazarsfeld et al., 1948)은 많은 사람이 뉴스 미디어 보도보다는 다른 사람들로부터 후보자나 선거에 대한 정보를 얻는다는 사실을 밝혀내면서 대인 커뮤니케이션이 유권자에게 미치는 영향을 처음으로 확인했다. 이후의 연구들은 다른 사람들과의 대화는 뉴스 보도와 함께 혹은 보완적으로 작용하는 경향이 있으며(Chaffee, 1982), 미디어 보도는 캠페인에 대한 관심을 자극하여 더 많은 대인 간 토론으로 이어진다는 것을 보여주었다(McLeod et al., 1979). 지난 세기말과 2000년대 초반에 발표된 몇몇 연구는 한 개인을 둘러싼 사람들의 '토론 네트워크'(discussion network)가 시민 참여에 영향을 미칠 수 있으며(Huckfeldt & Sprague, 1995; McLeod et al., 1996; Scheufele et al., 2006) 토론 빈도가 중요한 고려 사항임을 확인했다(Kwak et al., 2005). 그러나 "수용자가 뉴스를 홀로 소비하지 않는다는 (지금도 여전히 그렇다는) 것이 상식이었음에도" 20세기 후반에는 대인 커뮤니케이션은 뉴스 효과 과정에서 대체로 중요하게 여겨지지 않았다(Tsfati & Walter, 2020: 39).

요약하자면, 1990년대 말의 정치 커뮤니케이션 연구에서는 뉴스 내용이 뉴스 미디어 전반에 걸쳐 협화성을 보이고 있다고 생각했으며, 수용자들은 다른 수용자로부터 피드백 정보를 받지 못한 채 홀로 뉴스를 소비하는 것으로 이해했다. 그뿐 아니라 정치적 효과는 크기 면에서 규모가 작거나 중간 정도이며 (그러나 때로는 여전히 정치적으로 매우 중요하며) 인지를 매개하여 영향을 미침으로써 정치적 의사 결정에 영향을 미치는 것으로 여겨졌다(Tsfati & Walter, 2020: 39).

3. 현대 미디어 환경에서의 정치 커뮤니케이션 효과

21세기의 첫 20년 동안, 커뮤니케이션 기술과 미디어 및 정치 환경 모두에 큰 변화가 있었고, 이는 수십 년 동안 정치 커뮤니케이션 효과 연구의 핵심 가정을 뒤흔들어 놓았다(Tsfati & Walter, 2020). 이러한 변화는 크게 다섯 가지로 요약할 수 있는데, 뉴스 미디어의 급증과 당파적 미디어의 귀환, 정치 환경의 양극화, 정치적 오락물 및 풍자의 인기 증가, '가짜 뉴스'와 오정보의 확산, 그리고 소셜 미디어의 등장과 성장이 그것이다.

1) 뉴스 미디어의 급증과 당파적 미디어의 귀환

1980년대에 케이블 뉴스가 탄생한 이후, 텔레비전 시청자들이 현재 이용할 수 있는 뉴스 선택지의 수가 엄청나게 증가했다. 선택할 수 있는 대안이 너무 많아지면서 정치 지식 및 관여의 격차가 더 벌어졌다(Prior, 2007). 더욱이 최근 수십 년 동안 뉴스 미디어의 폭발적인 성장은 한때 널리 퍼져 있던 뉴스 협화성에 대한 가정에 문제를 제기했다. "2000년대 초반에 이르러 학자들은 더 이상 동질적인 중요 문제 제시, 획일적인 여론 분위기 제시, 협화적인 일단의 동질적 프레임을 가정할 수 없었다"(Tsfati & Walter, 2020: 39). 또한 당파적인 뉴스 채널과 블로그를 통해 뉴스를 소비하는 데 있어서의 수용자 선택성에 대한 연구도 시작되었다(예: Iyengar & Hahn, 2009).

당파적 적대감이 강화되는 상황에서 미디어 선택에 점점 더 당파적 고려가 반영되는 것은 놀라운 일이 아니다. 자신의 명분이나 정책 선호가 올바르다고 강하게 느끼는 사람은 자신의 선호와 일치한다고 믿는 정보를 찾을 가능성이 더 높다. 그러나 불과 25년 전만 해도 이러한 당파주의자들이 노골적으로 당파적인 정보원을 찾는 데 어려움을 겪었지만 오늘날은 비교적 간단하게 찾을 수 있다(Bennett & Iyengar, 2008: 720).

현재 뉴스 환경을 생각해 보라. '4대' 지상파 네트워크(즉, ABC, CBS, NBC 및 Fox) 외에도 수백만 명의 사람들이 매일 케이블을 통해 CNN, 폭스 뉴스 채널(Fox News Channel), MSNBC를 시청한다. 더 최근에는 정치 토크 라디오, 수많은 웹사이트 및 블로그 외에, 뉴지, OAN,[4] 뉴스맥스(Newsmax), 뉴스 네이션(News Nation)이 뉴스 미디어 믹스에 추가되었다.

당파적 미디어는 새로운 현상이 아니다. 북미의 많은 초기 신문은 정당의 보조금을 받았고, 당파적인 언론은 19세기까지 계속되었다. 그러나 20세기 대부분에 걸쳐 특정 당파의 선호도에 맞는 뉴스원을 찾는 것은 상대적으로 어려웠다(Bennett & Iyengar, 2008). 오늘날에 이르러서는 사람들에게 이전보다 훨씬 더 많은 뉴스 선택지가 있으며 이러한 선택지는 정치적 스펙트럼 전반에 걸쳐 있다. 그 결과, 베닛(W. L. Bennett)과 아이엥거는 정치 커뮤니케이션 연구자들이 미디어 효과 이론을 재검토하고 재평가하여 상황에 맞게 바꾸거나 폐기해야 하는지 확인할 것을 요구했다. 그들은 당파적 미디어의 귀환과 부상을 기존의 정치적 태도를 강화하고 양극화하는 데 국한된 새로운 소효과 시대를 여는 촉매제로 보면서, "이러한 정치 커뮤니케이션 게임이 대체로 정치에 무관심한 사람을 겨냥하면서 결과적으로 유권자는 정보가 부족하고 더욱 양극화될 것"이라고 결론지었다(Bennett & Iyengar, 2008: 724; 대안적인 관점을 보려면, Holbert et al., 2010 참조).

몇몇 연구는 새로운 정치 미디어 시대에 오래된 효과 이론이 어떻게 적용되는지 조사했으며, 일부 연구는 새로운 소효과 시대가 열린다는 생각에 반대했다. 예를 들어, 쉐하타(A. Shehata)와 스트룀배크(J. Strömbäck)는 스웨덴에서 의제 설정 효과를 조사했다(Shehata & Strömbäck, 2013). 주류 미디어가 여전히 의제를 설정할 수 있었지만, 온라인에서 더 많은 뉴스를 접하고 주류 미디어에 의존하지 않는 사람에게는 개인 수준의 효과가 더 약했다. 좌파 유권자들은 좌파 이슈가 더 중요한 것으로 지각했고, 우파 유권자들은 우파 이슈를 더 중요한 것으로 지각했다. 당파적 효과가 발생한 것은 주로 현저성이 낮은 이슈들이었다. 전통적인 미디어 효과는 주류 미디어의 의제에서 더 강조된 이슈에 대해 발생했다. 스웨덴에서 이루어진 또 다른 연구에서는 "시민들이 선택할 수 있는 미디어가 풍부함에도, 여론에 미치는 고전적인 의제 설정 효과는 여전히 중요한 것"으로 나타났다(Djerf-Pierre & Shehata, 2017). 스웨덴과 미국 모두 선택지가 적은 미디어 환경에서 선택지가 많은 미디어 환경으로 전환되었지만, 위 논문의 저자들은 (신문 발행 부수가 많고 당파적인 뉴스 미디어가 거의 없는) 스웨덴과 미국의 미디어 시스템의 차이로 인해 스웨덴이 "오늘날 선택지가 많은 미디어 환경에서도 의제 설정 효과를 확인할 수 있는 '가능성이 가장 높은' 사례"가 될 수 있음을 인정한다(Djerf-Pierre & Shehata, 2017: 752).

---

4   OAN이라고도 알려져 있는 원 아메리카 뉴스 네트워크(OANN: One America News Network)는 2013년 7월 4일에 로버트 헤링 시니어(Robert Herring Sr.)가 설립하고 헤링 네트웍스(Herring (Networks, Inc.)가 소유한 극우 친트럼프 케이블 채널이다(옮긴이 주).

주류 미디어와 정치적 양극화

퓨 리서치 센터(Pew Research Center)는 미국인들이 뉴스를 어떻게 소비하는지에 대해 많은 연구를 수행했다. 최근 연구 가운데 일부는 뉴스원 평가 및 선택과 관련하여 당파성을 조사했다.

- 일반적으로 미국인들은 ABC 뉴스(ABC News)(87%), CNN(87%), ≪뉴욕 타임스≫(79%), MSNBC(78%), 폭스 뉴스(73%), ≪월스트리트 저널≫(71%)을 포함한 대형 신문사와 주요 케이블 네트워크가 주류 미디어의 일부라는 데 동의한다(Shearer & Mitchell, 2021).
- 민주당 지지자와 공화당 지지자는 일반적으로 어떤 뉴스 미디어가 주류 미디어의 일부인지에 의견이 일치한다. 예를 들어, 민주당 지지자와 민주당 성향 무당파층의 89%, 공화당 지지자와 공화당 성향 무당파층의 88%가 ABC 뉴스가 주류 미디어에 속하는 것으로 보았다(Shearer & Mitchell, 2021).
- 미국인들의 주요 정치 뉴스원에도 당파적 경계선이 그어져 있다. 폭스 뉴스를 주요 뉴스원으로 꼽은 이들 가운데 93%는 공화당 지지자나 우파적 성향의 무당파층, 6%는 민주당 지지자나 좌파적 성향의 무당파층이었고, 1%는 답변을 거부했거나 어느 한쪽에도 기울어지지 않은 사람들이었다. 반대로 MSNBC를 주요 정치 뉴스원이라고 말한 사람들 가운데 95%는 민주당 지지자 또는 좌파적 성향의 무당파층, 5%는 공화당 지지자 또는 우파적 성향의 무당파층이었고, 1%는 답변을 거부했거나 어느 한쪽에도 기울어지지 않은 사람들이었다(Greico, 2020).
- 민주당 지지자와 좌파적 성향의 무당파층은 CNN, ABC, NBC, CBS, MSNBC를 포함한 더 많은 뉴스원으로부터 뉴스를 얻었고, 공화당 지지자와 우파적 성향의 무당파층은 주요 뉴스원이 폭스 뉴스였다(Jurkowitz et al., 2020).
- 또한 민주당 지지자는 공화당 지지자보다 뉴스 미디어를 더 신뢰한다고 말했다. 예를 들어, 최근 퓨 리서치 센터 설문조사에서 30개 뉴스원에 대해 질문을 받은 민주당 지지자는 22개 뉴스원을 불신하기보다 더 많이 신뢰한다고 말했다. 그러나 공화당 지지자는 20개 뉴스원을 신뢰하기보다 더 불신한다고 말했다.

더욱이 증거들은 지난 5년 동안 미디어원의 이용과 신뢰에 있어 당파적 양극화가 확대되었음을 시사한다. 2014년에 미국의 웹 이용 성인을 대상으로 한 퓨 리서치 센터의 유사한 연구와 비교하면, 공화당 지지자는 더 많은 기존 뉴스원 대부분으로부터 점점 더 소외감을 느끼는 반면, 민주당 지지자는 기존 뉴스원에 대한 신뢰가 안정적으로 유지되고 있으며 어떤 경우에는 신뢰가 더 강화된 것으로 나타났다(Jurkowitz et al., 2020: 4).

당파적인 뉴스 소비는 사람들이 특정 주제에 대해 생각하는 방식에 영향을 미칠 수 있다. 예를 들어, 한 연구에서는 (지금은 고인이 된) 확고한 보수 토크 라디오 진행자인 러시 림보(Rush Limbaugh)의 방송을 듣는 사람들은 그가 정치적 이슈를 프레임 하는 방식에 동의할 가능성이 더 높았지만, 림보의 방송을 듣지 않은 보수주의자들은 그의 해석을 공유하지 않는 것으로 나타났다(Jamieson & Cappella, 2008). 여론 분위기와 당파적 뉴스 노출에 관한 한 연구에서 좌파 미디어를 시청한 사람들은 더 좌파적인 여론 분위기를 지각한 반면, 우파 미디어를 시청한 사람들은 우파적인 여론 분위기를 지각했다(Tsfati et al., 2014).

2) 정치 환경의 양극화

츠파티와 월터는 "가장 많이 연구된 이념적 미디어 노출의 효과는 단연 그것이 정치적 양극화에 미치는 효과"라고 지적했다(Tsfati & Walter, 2020: 40). 커뮤니케이션 관점에서 수행된 연구는 대부분 정동적 (또는 정서적) 양극화에 초점을 맞추었는데, 정동적(정서적) 양극화는 정치적 반대자들에 대한 (싫어함에서 혐오함에 이르는) 부정적인 감정으로 개념화된다(Iyengar et al., 2012).

같은 생각을 가진 당파적 미디어에 노출되는 것과 정서적 양극화 사이의 연관성이 연구를 통해 반복적으로 확인되었다(Garrett et al., 2014). 연구들은 이러한 관계의 적어도 일부분이 미디어 노출에서 양극화로 향하는 방향성을 가진다는 것을 보여주었다(예: Arceneaux & Johnson, 2013; Stroud, 2010). 연구자들이 서로 다른 실험 조건에서 참여자가 보수적이거나 진보적인 미디어에 노출되는 것을 조작할 수 있음에도 (참여자가 같은 생각을 가진 미디어 내용을 볼지 여부를 선택할 수 있게 함으로써) 선택적 노출을 연구에 포함하면 "참여자가 진보적이거나 보수적인 내용에 무작위로 할당되지 않았기 때문에 (오히려 그러한 내용을 선택했기 때문에)" 연구자는 참가자의 미디어 노출이 실제로 어떤 변화를 불러일으켰는지 결론지을 수 없다(Tsfati & Walter, 2020: 40).

동기화된 처리 이론(theories of motivated processing)은 같은 생각을 가진 당파적 미디어에 대한 선택적 노출과 그 효과를 설명하는 데 도움을 준다(Levendusky, 2013; Taber & Lodge, 2006). 이 이론에 따르면, 자신의 세계관과 일치하지 않는 정보에 노출된 사람은 메시지원을 폄하하고, 주장의 질을 낮게 평가하거나, 메시지의 정확성에 의문을 제기하게끔 동기화된다. 반대로 그러한 정보가 개인의 신념과 일치하면 권위 있는 인물과 전문가가 그 정보의 타당성에 의문을 제기하는 경우에도 액면 그대로 받아들여지는 경우가 많다(Chang, 2015). 사람들은 자신의 태도와 신념에 부합하는 주장보다 자신이 동의하지 않는 증거와 주장에 더 높은 기준을 적용해 평가한다(Taber et al., 2009).

동기화된 처리의 전형적인 결과는 뉴스원 선택, 정치적 지식, 정보 기억 능력, 그리고 태도 강화 및 양극화이다(Nisbet et al., 2015). 테이버(C. S. Taber) 등은 양극화의 정도는 개인의 정보 처리가 얼마나 편향되어 있는지에 따라 달라지는데, 이는 "동기화된 추론의 직접적인 결과"라고 지적한다(Taber et al., 2009: 154). 더욱이 누군가가 정치적 메시지를 평가할 때 그들의 편견이 자동으로 활성화되어 그들 자신의 태도를 업데이트할 수 있게 하는 모든 과정을 본질적으로 무효화한다. "우리의 인지적·정서적 처리 시스템에는 정치적 행동을 동기화하고 가능하게 하는 기제가 내장되어 있다. 동기화된 추론의 아이러니는 이 동일한 기제가 새로운 정보와 문제를 제기하는 정보에 합리적으로 대응하는 능력을 약화한다는 것이다"(Taber et al., 2009: 154). 츠파티와 월터(Tsfati & Walter, 2020)는 동기화된 처리의 효과를 다음과 같이 요약한다:

공공 영역의 양질의 정보가 사람들을 하나로 모으고 친사회적 행동을 장려할 가능성을 가지고 있다는 일반적인 믿음과 달리, 이러한 연구들은 동기화된 처리에 의해 관리되는 뉴스 환경에서는 정확한 정보에 노출되는 것조차도 공중을 양극화할 가능성이 있음을 보여준다(Tsfati & Walter, 2020: 40).

연구자들은 **선택적 노출**(selective exposure)과 양극화 간의 관계를 매개할 수 있는 몇 가지 다른 기제를 확인했다. 예를 들어, 츠파티 등(Tsfati et al., 2014)은 여론 분위기와 양극화 효과에 대한 지각을 연구했다. MSNBC를 시청하는 민주당 지지자들은 사회가 더 진보적이라고 생각하는 반면, 폭스 뉴스를 시청하는 공화당 지지자들은 사회가 더 보수적이라고 생각한다. 이러한 지각된 규범은 양극화로 이어질 수 있다. 진보주의자와 보수주의자는 각각 진보적 미디어와 보수적 미디어의 프레임을 받아들이며, 이것은 의견을 양극화할 수 있다(Tsfati & Nir, 2017). 당파적 정체성의 활성화는 그러한 정체성이 내집단 (in-group) 평가에서는 긍정적인 결과를, 외집단(out-group) 평가에서는 부정적인 결과를 초래할 수 있다는 점에서 양극화로 이어질 수도 있다(Garrett et al., 2014). 마지막으로 사람들은 이념적으로 일치하는 메시지를 신중히 고려하고 기억하기 때문에 선택적 노출이 양극화를 유발할 수 있음을 시사하는 연구 결과도 있다(Dvir Gvirsman, 2014). 바꾸어 말하면, "당파적 미디어에 노출될 때 당파적인 사람들은 자신이 읽거나 듣는 같은 생각을 가진 주장을 더 철저하게 처리하고 내면화하는데, 이는 아마도 이러한 주장의 출처를 더 많이 신뢰하기 때문일 것이다"(Tsfati & Walter, 2020: 41).

3) 정치적 오락물의 인기

사람들이 뉴스에서 정치를 피하고 싶어 하더라도, 그들은 여전히 오락 미디어에서 정도의 차이는 있겠지만 정치적 메시지를 접할 가능성이 높다(Holbert, 2005 참조). 그런 한편, 정치에 초점을 맞춘 다양한 오락 미디어도 성장해 왔다. 〈래스트 위크 투나잇 위드 존 올리버(*Last Week Tonight with John Oliver*)〉, 〈래스트 나잇 위드 세스 메이어스(*Late Night with Seth Meyers*)〉, 〈더 데일리 쇼(*The Daily Show*)〉와 같은 프로그램은 대체 뉴스원이 되기보다는 시청자를 즐겁게 해주려는 것이 일차적인 의도일 수도 있지만, 이러한 유형의 프로그램은 전통적으로 경성 뉴스(hard news)에서 볼 수 있었던 정치적 효과를 초래할 수 있다(Holbert et al., 2010). 실제로 퓨 리서치 센터(Pew Research Center)의 설문조사 데이터에 따르면, 심야 코미디를 통해 2016년 대통령 선거에 대해 알게 된 미국 성인의 비율(25%)은 전국 신문을 통해 알게 된 비율(23%)과 거의 비슷했다(Gottfried et al.,

2016). 〈더 레이트 쇼(*The Late Show*)〉, 〈더 투나잇 쇼(*The Tonight Show*)〉 등 심야 토크 쇼에 정치인이 출연하는 것도 유권자의 지각에 영향을 줄 수 있다(Moy et al., 2006).

더 젊은 수용자들은 정치 풍자를 재미있고 편향되지 않은 것으로 본다(Young, 2013). 이는 부분적으로 수용자들이 메시지를 스스로 해석하기 때문이다. 더 젊은 시청자들을 조사한 다른 연구에서는 정치적 유머에 노출되는 것과 더 많은 지식 획득, 정치적 효능 감 및 정부에 대한 신뢰 사이에 연관성이 있는 것으로 나타났다(Feldman, 2013). 그러나 정치적 유머의 효과에 관한 문헌은 코미디 메시지의 효과에는 많은 요인이 영향을 미친 다는 점을 강조한다. 또한 최근 월터 등(Walter et al., 2018)이 21편의 연구를 메타-분석한 결과에 따르면, 유머는 정치적 태도에 직접적인 영향을 미치지 않았다.

츠파티와 월터(Tsfati & Walter, 2020)는 정치 풍자의 제한적인 효과는 그것이 흔히 해 석하기 나름이고 수용자가 메시지를 선택적으로 처리할 수 있기 때문일 수 있다고 지 적한다. 예를 들어, 그들은 〈더 콜버트 리포트(*The Colbert Report*)〉에 대한 연구를 언 급하는데, 이 연구에서 보수주의자들은 스티븐 콜버트(Stephen Colbert: 우익 논객을 풍 자한 쇼의 진보적 진행자)가 실제로 진보주의에 반대했다고 믿을 가능성이 더 높은 것 으로 나타났다. 그들은 또한 1970년대 내내 방송된 CBS 시트콤 〈올 인 더 패밀리(*All in the Family*)〉에 대한 연구에도 특별히 주목한다. "편협한 시청자들은 아치 벙커(Archie Bunker: 노동자 계층의 남성 우월주의적이고 보수적인 편협한 인물)와 동일시하고 그가 인종 적·민족적 비방을 사용하는 데 아무런 문제가 없다고 생각한 반면, 진보적 시청자들은 교육을 많이 받고 진보적인 그의 사위 마이크[Mike: 별명 '미트헤드(Meathead)']와 동일시했 다(Tsfati & Walter, 2020: 45).

정치 코미디와 풍자 외에, 최근 몇 년간 〈스캔들(*Scandal*)〉, 〈굿 와이프(*The Good Wife*)〉[및 파생작 〈굿 파이트(*The Good Fight*)〉], 〈마담 세크러터리(*Madam Secretary*)〉, 〈지정생존자(*Designated Survivor*)〉와 같은 인기 있는 정치 테마 드라마 시리즈도 많이 방송되었다. 이러한 유형의 오락 프로그램에 대한 최근 연구에서 흥미로운 정치적 효과 가 밝혀졌다. 예를 들어, 〈마담 세크러터리〉, 〈굿 와이프〉, 〈스캔들〉의 일반 시청 자들은 정치적 리더십과 권력을 가지고 있는 강력한 여성 주인공들과 의사-사회적 관계 를 발전시켰다(Hoewe & Sherrill, 2019). 의사-사회적 관계는 더 큰 정치적 관심과 자기-효 능감으로 이어졌다. 더욱이 정치적 관심은 현실 세계에서의 정치적 참여를 예측했다. 호우(J. Hoewe) 등의 또 다른 연구는 〈마담 세크러터리〉와 〈지정생존자〉를 조사했다 (Hoewe et al., 2019).

[이 연구는] 시청자의 성 정체성이 정치 중심의 TV 프로그램의 주인공의 성 정체성과 일치할 때, 더 많은 여성적 성향의 개인들(feminine individuals)이 여성 주인공으로부터 영감을 얻고 그것이 미래의 정치 참여 촉발로 이어지는 인과적 증거를 발견했다. 따라서 <마담 세크러터리>와 같은 프로그램을 더 많이 만들면 더 많은 여성, 소녀 및 여성적 성향의 개인들이 정치적으로 더 많이 참여하도록 영감을 줄 수 있다(Hoewe et al., 2019: 688~689).

4) '가짜 뉴스'와 오정보의 확산

가짜 뉴스가 새로운 현상은 아니지만 2016년 미국 대선 캠페인 기간에 정치적 유행어가 되었다. 이 장의 시작 부분에서 언급했듯이, 도널드 트럼프는 기사에 '가짜 뉴스'라는 꼬리표를 자주 붙였다. 그러나 그 가운데 많은 것이 그가 동의하지 않은 진짜 뉴스였다. 예를 들면, 설리번(M. Sullivan)은 이렇게 지적한다: "트럼프 행정부의 역사는 '가짜 뉴스'라는 가장 큰 외침이 이 행정부에 가장 치명적이고 비판적인 저널리즘과 함께한다는 것을 보여주었다. 그의 입에서 나오는 이 문구는 이제 확실하게 '내 명성에 해를 끼치는 너무 정확한 보도'라는 의미를 갖게 되었다"(Sullivan, 2020: 단락 14).

'가짜 뉴스'라는 꼬리표가 붙은 정보에 대한 이 장의 논의는 단순히 누군가가 좋아하지 않는 기사에 초점을 맞추지 않는다. 탠독(E. C. Tandoc) 등은 실제 가짜 뉴스를 다음과 같이 설명한다: "가짜 뉴스는 진짜 뉴스와 비슷하게 보이려 시도하면서 모종의 공신력을 얻으려 하고, 그럼으로써 정당성이라는 겉치레 아래 숨어 있다"(Tandoc et al., 2018: 147). 또는 아마진(M. A. Amazeen)과 부시(E. P. Bucy)가 분명히 말했듯이, "'가짜 뉴스'는 뉴스가 '아니다'"(Amazeen & Bucy, 2019: 416).

가짜 뉴스에 대한 논의에서 **오정보**(misinformation)와 **허위 정보**(disinformation)라는 용어를 자주 보거나 들을 수 있다. 그런데 이 용어들은 정확히 무엇을 의미하는가? 레이저(D. Lazer) 등은 세 용어를 다음과 같이 정의한다:

우리는 '가짜 뉴스'를 뉴스 미디어 내용의 형식은 모방하지만 조직적 과정이나 의도는 따르지 않는 조작된 정보로 정의한다. 그 결과, 가짜 뉴스 미디어에는 정보의 정확성과 공신력을 보장하기 위한 뉴스 미디어의 편집 규범과 과정이 결여되어 있다. 가짜 뉴스는 오정보(틀리거나 오도하는 정보) 및 허위 정보(사람을 속이기 위해 의도적으로 퍼뜨리는 위조된 정보)와 같은 다른 유형의 정보 혼란과 겹치는 부분이 있다(Lazer et al., 2018: 1094).

이러한 유형의 내용은 정계에 있는 사람들이 자신의 의제를 강화하기 위해 만들어내고 사용하며, 가짜 뉴스와 오정보가 때때로 주류 미디어에서 실제 뉴스로 보도되기도 한다(Bennett & Livingstone, 2018; Pickard, 2016). 2016년 선거일 전 3개월 동안, 상위 가짜 뉴스 기사들은 페이스북에서 (≪뉴욕 타임스≫, ≪워싱턴 포스트≫, NBC 뉴스 같은) 19개 주요 뉴스 미디어의 상위 선거 기사들을 '합친' 것보다 더 많은 전반적인 참여를 이끌어냈다(Silverman, 2016). 미국인의 84%가 가짜 뉴스를 식별할 수 있다고 어느 정도 확신하고 있음에도(Barthel et al., 2016), 미국 성인을 대상으로 이루어진 한 대규모 설문조사에 따르면, 조사 참여자들은 평균 4번 가운데 3번 정도(75%) 가짜 뉴스 헤드라인에 속은 것으로 나타났다(Silverman & Singer-Vine, 2016). 이 장의 '연구 스포트라이트'에서 볼 수 있듯이, 사람들이 온라인에서 뉴스 헤드라인을 볼 때 **확증 편향**(confirmation bias)[5]이 강하게 나타난다. 즉, 사람들은 자신의 정치적 신념과 일치하는 헤드라인을 믿을 가능성이 더 높으며, 자신의 의견에 문제를 제기하는 헤드라인은 대체로 무시한다(Moravec et al., 2019).

그렇다면 사람들이 오정보와 가짜 뉴스의 지뢰밭을 헤쳐 나갈 수 있도록 돕기 위해 무엇을 할 수 있을까? 수용자 측면에서는 절차적 뉴스 지식(즉, 주류 뉴스 미디어가 어떻게 운영되는지에 대한 이해)의 수준이 높을수록, 뉴스 소비자들이 (날조된 뉴스 기사를 식별할 수 있게 됨으로써) 허위 정보와 은밀한 설득(covert persuasion)[6]에 대한 면역력이 생길 수 있다(Amazeen & Bucy, 2019). 저널리즘 측면에서는 뉴스 미디어가 매개되는 정치적 메시지에 대한 기록을 바로잡기 위해 사용하는 두 가지 일반적인 접근 방식은 광고 감시와 팩트-체크이다(Tsfati & Walter, 2020). **광고 감시**(Ad watches)는[7] 캠페인 광고의 진실성에 대한 분석, 해석 및 평가를 제공하며(Kaid, 1996), 선거 캠페인 보도의 중요한 차원이 되었다(Kaid et al., 1993; West, 1993). 광고 감시는 후보자와 광고 자체에 대한 유권자의 반응에

---

5 자신의 생각이나 신념에 부합하는 증거만 보이고 또 그것만 모으려는 심리 현상을 말한다. 확증 편향의 심리를 가진 사람은 의식적으로 자신의 생각과 일치하는 증거만을 찾고, 부합하지 않는 증거를 일부러 무시하거나 깎아내리고 회피한다(옮긴이 주).

6 겉으로 드러나지 않게 상대의 심리적 저항과 반감을 없애고 내 편으로 끌어들이는 행위를 말한다. 만약 내가 보낸 메시지를 상대가 비판하거나 의문을 품지 않고 순순히 받아들인다면 은밀한 설득이 이루어졌다고 볼 수 있다(옮긴이 주).

7 언론사나 팩트-체커들이 정치 광고나 선거 캠페인 광고의 진실성을 검증하고 분석하는 보도나 프로그램을 말한다(옮긴이 주).

영향을 미친다(Cappella & Jamieson, 1994; Pfau & Louden, 1994).

파우(M. Pfau)와 라우든(A. Louden)의 광고 감시 보도에 대한 초기 연구는 놀라운 결과를 보여주었다(Pfau & Louden, 1994). 이들의 연구에서 부정적인 정치 광고에 대한 언론의 면밀한 조사가 때로 공격하는 정당의 공신력을 높이고 부정적인 광고의 메시지를 강화하는 것으로 나타났다. 부정적인 광고의 정확성과 공정성을 분석하는 것이 어떻게 그러한 광고의 메시지를 강화하게 되었을까? 연구들은 다음 두 가지 요인을 확인했다:

① 광고 감시가 단순히 거짓 진술을 수정하는 경우, 시청자는 그 광고의 핵심 메시지를 기억하고 수정된 내용을 잊어버릴 수도 있다(Nyhan & Reifler, 2012).
② 광고에서 거짓 진술을 단어 그대로 반복하는 것은 의도치 않게 수용자들이 그러한 거짓 주장에 익숙해지게 만드는 효과를 초래하며, 이는 부정확한 주장을 기억하는 정신적 지름길이 된다(Schwarz, 2015).

광고 감시에 대한 다른 연구에 따르면, 비판의 대상이 되는 광고에 수용자가 노출되는 것은 최소화하고 저널리스트가 제시하는 올바른 정보에 대한 노출은 최대화하는 방식으로 광고 감시가 제작될 경우, 기만적인 캠페인 광고를 강화하는 부메랑 효과가 발생하지 않는 것으로 나타났다(Cappella & Jamieson, 1994).

팩트-체크(fact-check)는 최근 몇 년간 가장 인기 있는 저널리즘의 혁신 가운데 하나로, "정치인의 주장의 정확성을 평가하고 이를 바로잡는" 작업을 말한다(Tsfati & Walter, 2020: 44). 팩트-체크는 "현대 정치 캠페인의 중심"이 되었다(Fridkin et al., 2015: 128). 예를 들어, 아마진(Amazeen, 2013)은 2001년 이후 신문의 팩트-체크가 900% 이상 증가했으며, 방송 뉴스에서도 더욱 인기가 높아져 같은 기간에 팩트-체크가 2,000% 증가했음을 확인했다. 이제는 미디어와 기타 조직들이 후보자가 타운 홀 미팅(town hall meeting)[8] 참석, 토론, 연설 도중에뿐만 아니라 대통령 연두 연설 도중과 직후에 '실시간' 팩트-체크를 하는 것을 흔히 볼 수 있다.

지금까지 초당파적 팩트-체크의 효과에 대한 증거는 매우 제한적이다. 팩트-체크는

---

8 '타운 홀 미팅'은 국회나 지역 의회에서 활동하는 정치인이 지역구 주민과 만나는 방법의 하나로 주민들이 흥미를 가지는 주제에 관해 그들의 의견을 경청하거나 특정 입법이나 규정에 대하여 토론하기 위해 열린다(옮긴이 주).

최근 수십 년 동안 광고 감시 및 팩트-체크의 사용이 엄청나게 증가했다. 예를 들면, ≪USA Today≫는 앱과 웹사이트에 팩트-체크 전용 섹션을 운영하고 있다.

부정적인 정치 광고의 분위기, 정확성 및 유용성에 대한 사람들의 평가에 영향을 미치며, 정치적 세련도(political sophistication)[9]가 더 높고 부정적인 캠페인에 대해 관용도가 더 낮은 사람들이 팩트-체크에 가장 큰 관심을 보인다(Fridkin et al., 2015). 더욱이 "팩트-체크는 시민들이 광고의 주장을 받아들일 가능성에도 영향을 미친다. 부정적인 광고의 주장의 진실성에 문제를 제기하는 팩트-체크는 부정적인 광고의 주장을 인증하는 팩트-체크보다 더 강력하다"(Fridkin et al., 2015: 146).

그러나 부정적인 정치적 정보는 심지어 객관적인 팩트-체크를 통해 신빙성을 잃은 후에도 사람들의 신념에 계속해서 영향을 미칠 수 있다(Thorson, 2016). 당파주의는 소셜 미디어에서 공유되는 정보에 대한 팩트-체크가 확산하는 데 중요한 역할을 한다. 2012년 미국 대선에 대한 한 연구에서 소셜 미디어 이용자들은 자신이 선호하는 후보는 긍정적으로, 반대당의 후보는 부정적으로 평가하는 팩트-체크 메시지를 선택적으로 공유하는 경향이 있었다(Shin & Thorson, 2017).

최근 수십 년 동안 팩트-체크가 증가한 것이 정치 캠페인 광고의 실제 내용에도 영향을 미치는 것으로 보인다. 캠페인 관계자가 그들의 광고가 팩트-체크의 대상이 될 수 있다는 것을 의식할 때 정치 광고가 더 정확해진다는 연구 결과가 그러한 예다(Nyhan & Reifler, 2015; 또한 Meirick et al., 2017 참조).

캠페인 광고에 수십억 달러가 지출되고 최근 수십 년 동안 광고 감시 및 팩트-체크가 증가한 것을 고려할 때, 광고가 유권자를 설득하고 실제 투표로 이어지게 하는 데 매우 효과적이라고 생각할 수도 있다. 그러나 연구에 따르면, 반드시 그런 것도 아니다. "광고는 유권자 투표율에 긍정적인 영향을 미칠 수 있고 때로는 실제로 긍정적인 영향을

---

9 '정치적 세련도'란 정치 심리학 분야의 구성개념으로, 사람이 정치 활동에 대한 지식을 가지고 정보를 완전히 이해하고 정치적 견해를 형성하는 정도와 관련이 있다(옮긴이 주).

미치지만, 그 효과가 여러 선거 연도에 걸쳐 크거나 보편적이거나 일관된 것은 결코 아니다"(Franz et al., 2008: 267).

예를 들어, 2016년 미국 대선 때의 49편의 정치 광고가 3만 4,000명의 참여자에게 미친 영향을 조사한 59편의 독자적인 실험 연구에 대한 최근 메타-분석에 따르면, 그러한 광고들이 경합주(battleground states)[10]에서 예비 선거나 본선거 기간에 방송되었는지 또는 정치활동위원회(PAC: political action committee)[11]나 후보자 자신이 후원했는지에 관계 없이, 민주당 지지자, 공화당 지지자, 무당파층 모두에게 미치는 그러한 광고의 영향은 크지 않는 것으로 나타났다(Coppock et al., 2020). 게다가 목표를 달성하는 데 있어서 공격형 광고(attack ads)의 효과성은 긍정적 광고와 거의 동일했다. 평균적으로 광고는 5점 척도 기준으로 대상 후보자의 호감도를 의도한 방향으로 0.049 포인트 이동시키는 결과를 낳았다. (이러한 결과 수치가 비록 작기는 하지만 연구의 규모가 컸기 때문에 통계적으로 유의적이었다.) 특정 후보에 대한 투표 의도에 미친 영향은 5점 척도에서 0.007점으로 훨씬 더 작았는데, 이것은 통계적으로 유의적이지 않았다. 이러한 효과가 매우 작음에도 이 연구자들은 그것이 매우 아슬아슬한 선거에서 승패를 가를 수 있다고 지적한다.

한편 또 다른 최근 연구에서는 광고의 톤(tone)이 대통령 선거 투표율에 영향을 미칠 수 있음을 확인했다(Gordon et al., 2022). 이러한 결과는 긍정적인 광고 사용이 유권자 투표율을 높일 수 있음을 보여준다. 반면에 부정적인 광고는 투표율을 낮출 수 있지만 공격하는 후보의 득표율은 더 높아지는 결과로 이어질 수 있다. 이 연구자들은 광고의 톤이 백중세의 선거 결과에 영향을 미칠 수 있지만, 경쟁이 덜 치열한 선거의 결과를 바꾸지는 못할 것이라고 결론지었다.

5) 소셜 미디어의 부상과 성장

최근 수십 년 동안 이루어진 소셜 미디어의 폭발적인 성장은 많은 문제 제기와 함께

---

10 스윙 스테이트(swing state)라고도 부르는 경합주는 미국 대선에서 특정 정당이 압도적인 지지를 얻지 못하는 주를 뜻한다. 경합주와 반대로 특정 정당이 압도적 지지를 받는 주를 안전주(safe state)라고 부른다(옮긴이 주).

11 'PAC'은 후원금을 모금하여 연방 선거에서 선거 후보자나 정당에 후원하거나 독자적으로 후보자를 도와 TV 광고를 내는 등의 방법으로 선거운동을 벌여 특정 후보를 돕기도 하고 특정 후보를 비난하는 광고로 떨어뜨리기도 하면서 특정 정당을 돕는 조직을 말한다(옮긴이 주).

전통적인 미디어 효과 이론(특히, 의제 설정 이론과 침묵의 나선 이론)이 온라인 맥락에서 어떻게 작용하는지 연구할 새로운 기회를 제공한다. 예를 들면, 학자들은 20세기에 존재했던 환경에 비해 탈중앙집중화되고 다양해진 미디어 환경에서 의제 설정 이론의 타당성에 의문을 제기해 왔다(Tewksbury & Rittenburg, 2012).

많은 연구가 소셜 미디어와 주류 미디어가 의제 설정에 미치는 영향을 조사했으며, 그 결과는 다양하게 나타났다. 인스타그램과 미국 주류 신문에 대한 타우너(T. Towner)와 무뇨스(C. L. Muñoz)의 연구와 같은 일부 연구에서는 의제 설정에 대한 증거가 거의 나타나지 않았다(Towner & Muñoz, 2020). 다른 연구에서는 전통적인 미디어와 소셜 미디어 사이의 상호적이고 역동적인 미디어 간 의제 설정 관계에 대한 강력한 증거가 확인되었다(예: Conway et al., 2015; Conway-Silva et al., 2018; Neuman et al., 2014; Valenzuela et al., 2017).

콘웨이 등(Conway et al., 2015)은 미국 주요 신문에 게재된 기사와 2012년 대선 예비 후보, 민주당과 공화당의 트위터 피드를 조사했다. 이 연구자들은 주요 신문들이 연구에서 분석된 대부분의 이슈(예: 세금, 의료, 경제, 에너지, 고용 및 외교 정책)에 대한 정치적 의제를 이끌기보다는 '따라갔다고' 결론지었다. 그러나 이 연구와 다수의 다른 연구는 전통적인 미디어가 소셜 미디어보다 더 강력한 의제 설정 영향력을 행사한다고 제안한다(Conway-Silva et al., 2018; Guo & Vargo, 2015; Stoycheff et al., 2018). 그런 한편, 이에 반하는 증거를 제시하는 연구들도 있다(예: Valenzuela et al., 2017).

개인들은 또한 페이스북의 뉴스 콘텐트 노출을 통해 의제 설정 효과를 경험할 수도 있다. 예를 들어, 페이스북 피드에서 어떤 뉴스 기사의 반복 횟수가 증가하면, 연구 참여자들이 그 기사의 주제를 중요하다고 지각하는 데 영향을 미쳤다(Cowart, 2020; 코워크의 연구에 대한 자세한 내용은 6장의 '연구 스포트라이트' 참조). 이러한 효과는 정치에 대한 관심이 낮고 정치적 정보원(情報源)을 멀리할 가능성이 높은 사람들에게서 더 강하게 나타난다(Feezell, 2018).

연구자들은 또한 침묵의 나선 이론을 소셜 미디어에 적용하는 것을 모색하고 있는데, 이 연구 분야는 두 부분으로 나누어져 있다(Tsfati & Walter, 2020). 첫 번째 부분은 소셜 미디어가 여론에 대한 이용자들의 지각에 미치는 영향에 관한 것이다. 소셜 미디어에 공유된 기사를 보는 것 외에, 리트윗과 좋아요(Kim, 2018) 그리고 다른 이용자의 댓글(Lee, 2012)과 같은 게시물의 인기도를 강조하는 기능을 통해서도 여론을 유추할 수 있다. 두 번째 부분은 소셜 미디어 이용자가 다수의 의견이라고 지각하는 것과 자신의 의견을 표현하는 것 간의 효과에 관한 것이다. 연구에 따르면, 여론 분위기에 대한 개인의 지각 (즉, 자신의 의견이 소수 의견이라고 지각하는 정도)과 소셜 미디어에서 자신의 의견을 공유하려는 의향 사이에는 부정적인 관계가 있는 것으로 나타났다(예: Gearhart & Zhang, 2014; Kushin et al., 2019). 이러한 효과는 현실 세계로도 이어질 수 있다. 즉, 소셜 미디어에서 논란의 여지가 있는 이슈에 대해 이야기하려는 의향이 더 낮은 사람들은 그러한 이슈에 대해 대면으로 이야기할 가능성도 더 낮다(Hampton et al., 2014; Kushin et al., 2019).

쿠신(M. J. Kushin) 등은 2016년 미국 대선 기간에 온라인과 오프라인 상호작용 모두에서 침묵의 나선과 고립의 두려움의 매개 역할을 연구했다(Kushin et al., 2019). 도널드 트럼프와 힐러리 클린턴 각각에 대한 자신의 의견이 페이스북에서 다수 의견이라고 지각한 사람들은 고립의 두려움은 더 낮았고 자신이 선호하는 후보에 대한 지지를 대면 및 페이스북에서 표현하려는 의향은 더 높았다. 익명의 온라인 환경의 경우, 고립의 두려움과 후보자에 대한 지지 표현 간의 연관성은 약했지만 여전히 유의적이었다. 사회 차원에서는 클린턴에 대한 자신의 견해가 다수 의견이라고 믿는 사람들의 고립의 두려움이 더 낮았다. 그러나 사회 차원에서 고립의 두려움은 트럼프에 대한 의견 일치도와는 관련이 없었다.

이는 트럼프를 강하게 지지하거나 반대하는 사람들은 (트럼프 지지자들의 경우) 사회의 다수가 트럼프를 반대하거나, (트럼프 반대자들의 경우) 사회의 다수가 트럼프를 지지한다고 느끼더라도, 사회가 자신에 대해 어떻게 생각할지 반드시 두려워하지는 않음을 의미한다 (Kushin et al., 2019: 8).

츠파티와 월터는 의제 설정 이론과 침묵의 나선 이론이 소셜 미디어의 사회적 역학이 정치적 효과를 촉발할 수 있다는 점을 강조하지만, "두 이론(과 '강력한 미디어로의 회귀' 전통의 다른 이론들)은 모두 소셜 미디어의 핵심 구성 요소인 대인적 영향을 충분히 이론화하지 못하고(under-theorize) 있기 때문에 모두 맹점이 있다"고 설명한다(Tsfati & Walter, 2020: 42).

3장과 10장에 나온 카츠와 라자스펠드의 커뮤니케이션의 2단계 흐름 모델을 상기해 보라(Katz & Lazarsfeld, 1955). 이 모델은 매스 미디어의 메시지가 의견 주도자에게 전달되고, 의견 주도자는 그 정보를 더 많은 수용자에게 전파한다고 제안한다. 일부 학자는 현대의 수용자 선택성이 현 미디어 환경에서 의견 주도자를 우회한다고 주장해 왔다(예:

Bennett & Manheim, 2006). 그러나 피젤은 2단계 흐름 모델을 소셜 미디어에 다음과 같이 적용한다(Feezell, 2018):

소셜 미디어 환경에서 정치적 정보는 (카츠와 라자스펠드가 전통적인 방송 환경에서 '의견 주도자'의 역할을 기술한 방식과 유사하게) 이러한 기사에 중요성과 관련성을 부여하는 네트워크 구성원들에 의해 사회적으로 공유된다. 오늘날은 (뉴스원에서 수신자까지 직접 전달되는) 1단계 흐름의 가능성이 20년 전보다 더 높을 수도 있지만, 소셜 미디어 환경에서는 정보의 2단계 사회적 공유(social sharing)가 활발하게 이루어지고 있다(Feezell, 2018: 491).

윅스(B. E. Weeks) 등의 연구는 소셜 미디어의 의견 주도자가 다른 사람들의 정치적 정보원 역할을 한다는 사실을 확인했다(Weeks et al., 2017). 이러한 매우 활동적인 이용자는 자신이 인플루언서(influencer)이자 의견 주도자 역할을 한다는 것을 인식할 뿐만 아니라 팔로워들을 교육하고 그들에게 영향을 미치기 위해 '적극적으로 노력한다'. 소셜 미디어 의견 주도자는 소셜 네트워크를 통해 정보를 전파하는 것 외에도 추천을 통해 사람들이 뉴스 미디어에 대해 갖는 신뢰 수준을 높이고 해당 미디어에서 더 많은 뉴스를 얻고 싶게 만들 수 있다(Turcotte et al., 2015).

츠파티와 월터는 이 연구 분야에 대해 다음과 같이 경고한다: "실제로 온라인이든 오프라인이든 의견 주도자의 가치는 그들이 공유하는 정보의 질에 달려 있다. 따라서 오정보 확산과 주류 미디어를 향한 냉소주의의 더 암울한 시나리오 또한 간과해서는 안 된다"(Tsfati & Walter, 2020: 43).

6) 다섯 가지 주요 변화의 영향 요약

츠파티와 월터는 "(의제 설정, 기폭, 침묵의 나선과 같은) '강력한 미디어로의 회귀' 전통의 이론들의 근간이 되는 핵심 가정 가운데 일부는 이제 시대에 뒤떨어진 것처럼 보인다"고 결론지었다(Tsfati & Walter, 2020: 45). 정치와 미디어 생태계는 더 이상 그러한 이론들이 개발되었을 당시와 같지 않다. 더 이상 뉴스 보도가 협화성을 이루고 있다고 가정할 수 없다. 다양한 미디어 선택이 가능해지면서 자신과 생각이 같은 정치적 메시지만 소비하거나, 정치 미디어 콘텐트 노출을 제한하거나, 아예 피하는 것이 그 어느 때보다 쉬워졌다.

소셜 미디어의 가짜 뉴스:

사람들은 전혀 말이 되지 않는데도 자신이 믿고 싶은 것만 믿는다

Patricia L. Moravec, Randall K. Minas, & Alan R. Dennis (2019) *MIS Quarterly, 43*(4), 1343~1360.

이 연구는 사람들이 소셜 미디어에서 보는 뉴스 헤드라인을 어떻게 처리하는지 더 잘 이해하기 위해 EEG[12] 데이터와 자기-보고 데이터를 결합했다. 이 연구는 또한 사람들이 소셜 미디어에서 가짜 뉴스 헤드라인을 감지할 수 있는지와 게시물에 가짜 뉴스로 표시된 플래그가 참가자의 인지 및 판단에 영향을 미치는지 조사했다.

이 연구자들은 확증 편향(즉, 사람들은 자신의 신념과 일치하는 정보를 선호함)과 인지 부조화(즉, 두 정보가 충돌하여 조정될 수 없는 경우)에 대한 결과를 요약한 후 여러 가지 가설을 제안했다.

가설

H1a: 소셜 미디어 이용자는 자신의 신념과 일치하는 헤드라인에서 가짜 뉴스 플래그를 볼 때 숙고하고 의식적으로 사고하는 것과 관련된 뇌 영역에서 인지 활동이 증가할 것이다.

H1b: 소셜 미디어 이용자는 자신의 신념과 일치하는 헤드라인에서 가짜 뉴스 플래그를 볼 때 헤드라인을 고려하는 데 더 많은 시간을 할애할 것이다.

H2: 소셜 미디어 이용자는 자신의 신념에 부합하는 헤드라인이 가짜로 플래그 되면 그 헤드라인의 신뢰도를 더 낮게 인식할 것이다.

연구 방법

연구자들은 이 연구에 참여할 학부생 83명을 모집했다. 이들의 평균 연령은 19.5세였으며, 39%가 여성이었다. 다수(53%)는 민주당 지지자라고 답했고, 47%는 공화당 지지자라고 답했다. 일부 왼손잡이 참여자는 뇌 구조가 다르기 때문에 3명의 왼손잡이 참여자는 EEG 분석에서 제외되었다.

참여자들은 열 가지 정치적 주제(예: 학자금 대출, 마리화나 합법화, 총기법 변경 등)를 다루는 시뮬레이션된 페이스북 뉴스피드에서 50개의 헤드라인을 읽었다. 50개의 게시물

중 40개는 사실로 보일 수도 있고 거짓으로 보일 수 있게 작성되었지만, 사실이나 거짓임을 확인할 수 있는 것이었다[예: 펠 보조금(Pell Grants)[13]이 장벽 건설에 더 많은 자금을 제공하기 위해 중단되었음; 트럼프가 전국적으로 화기의 은닉 휴대를 허용함; 리뷰 결과 습관적으로 대마초를 흡연하는 것이 술보다 더 위험한 것으로 밝혀짐]. 통제군은 더 명확하게 사실로 보이도록 작성된 10개의 헤드라인으로 구성되었다(예: 트럼프는 지지율을 보여주는 최신 여론조사를 좋아하지 않을 것임; 더 많은 유명인이 트럼프에 반대함; 환멸을 느낀 민주당 지지자들은 오바마에게 조언을 구함).

실험에서는 가짜 뉴스를 식별하기 위해 페이스북에서 사용하는 것과 일치하는 플래그가 실제로 사실인 일부 헤드라인을 포함해 통제군에 속하지 않은 40개의 헤드라인 가운데 20개에 무작위로 표시되었다. 참여자들은 게시물에 좋아요를 누르거나 공유하거나 댓글을 달 수 없었다.

측정된 행동-의존적(behavior-dependent) 변인에는 헤드라인의 공신력(신뢰성, 공신력, 내용의 설득력이 각각 7점 척도로 평가됨), 참여자가 헤드라인의 공신력을 판단하는 데 걸린 시간, 헤드라인이 참여자의 정치적 이념과 일치하는지가 포함되었다.

14채널 무선 뇌파 장비를 통해 수집된 뇌파 데이터를 분석하여 인지 변화를 측정했다.

연구 결과

가설 H1a와 H1b 모두 지지되었다. 그러나 H2는 지지되지 않았다. EEG 데이터 분석에 따르면, 참여자들은 자신의 정치적 신념과 일치하는 헤드라인이 거짓으로 표시되고 사람들이 해당 헤드라인에 더 많은 관심을 기울일 때 인지 부조화를 경험한 것으로 나타났다. 헤드라인이 거짓으로 표시되었을 때 참여자들은 헤드라인에 대해 생각하는 데 1.4초 더 긴 시간을 보냈다. 그들은 자신의 정치적 신념과 일치하는 가짜 뉴스 플래그가 있는 헤드라인을 고려하는 데 1.9초를 추가로 소비했다. 그러나 가짜 뉴스 플래그가 표시된 경우에도 그들의 신념과 일치하는 헤드라인에 대한 신뢰도 평가는 낮아지지 않았다.

모라벡(Moravec)과 동료들은 연구 결과를 다음과 같이 요약했다:

첫째, 우리의 연구에 따르면 가짜 뉴스 플래그는 더 많은 인지 활동을 촉발하고 사용자가 믿고 싶은 헤드라인에 플래그가 표시될 때 더 많은 시간을 소비하게 만드는 것으로 나타났다…. 둘째, 가짜 뉴스 플래그에 의해 인지 활동이 증가했음에도 이용자의 신념에는 변화가 없었다…. 셋째, 우리는 확증 편향이 소셜 미디어에서 심각한 문제라는 것을 확인했다. 이는 그것에 맞서기 위한 설계 기능이 있음에도 지속된다. 이용자는 자신의 믿음을 확증하는 헤드라인을 읽고 생각하며, 자신에게 문제를 제기하는 헤드라인은 무시하며, 확증 편향이 너무 강한 나머지 이용자들은 자신이 좋아하지 않는 정보에 대해서는 생각하지 않는다(Moravec et al., 2019: 1355).

제한된 미디어 선택과 대중 수용자 시대에서 벗어났음에도, 일부 예측은 여전히 개인 수준에서 정확한 것으로 보이며, 이는 우리가 지금까지 논의한 많은 연구에 의해 입증되었다. 그러나 뉴스 미디어가 증가하고 대중 수용자들이 더욱 분열됨에 따라, "사회는 중요한 문제, 여론 분위기에 대한 인식 및 시사 문제에 대한 동질적인 해석을 더 이상 공유하지 않는다"(Tsfati & Walter, 2020: 45).

4. 정치적 정보원으로서 인터넷과 소셜 미디어

우리는 소셜 미디어의 정치적 영향 가운데 일부를 다루었지만, 인터넷과 소셜 미디어의 정치적 정보원으로의 점진적 변화는 더 심도 있는 논의를 요구한다.

더 많은 미국인이 계속해서 뉴스를 찾기 위해 인터넷과 소셜 미디어를 이용하고 있다. 텔레비전은 여전히 뉴스 소비를 위해 선호되는 미디어이지만(Mitchell, 2018), 뉴스 웹사이트와 소셜 미디어에서 뉴스를 자주 접하는 미국인의 수가 늘어나고 있다. 이제 더 많은 사람이 인쇄 신문보다 소셜 미디어에서 뉴스를 얻는다고 말한다(Shearer, 2018). 일반적으로 인터넷 이용은 젊은 유권자의 정치적 효능감, 즉 정치 시스템에 영향을 미칠

---

12 'EEG'(electroencephalography)는 두피에서 전극을 통해 전기신호를 흘려보내 뇌를 구성하는 신경세포들의 자발적인 전기적 활동을 측정하는 검사이다(옮긴이 주).

13 학생 가정의 재정적 필요에 의해 지급되는 미국 연방정부 장학금으로, 상환 의무가 없는 순수 보조금이다(옮긴이 주).

수 있는 자신의 힘에 대한 믿음을 증가시켰다(Tedesco, 2011). 페이스북과 투표 행동에 대한 다른 연구에서는 친구와 심지어 친구의 친구가 투표했다는 사실을 알게 되면 투표 가능성이 높아지는 것으로 나타났다(Bond et al., 2012). 그러나 대다수의 미국인(71%)은 인터넷 이용이 정치를 더 잘 이해하는 데 도움이 될 수 있다고 답한 반면, 인터넷으로 인해 그들이 정부 관료에게 더 많은 영향력을 줄 수 있다고 답한 사람은 41%에 불과했다(World Internet Project, 2018).

1) 두 번째 스크린 사용의 영향

연구자들은 두 번째 스크린 사용(second screening: TV를 시청하면서 동시에 스마트폰, 태블릿, 노트북을 사용하는 것)이 정치 지식에 미칠 수 있는 영향에 상당한 관심을 기울여왔다. 텔레비전에서 선거 뉴스를 시청하면서 동시에 두 번째 스크린을 사용해 온라인의 정치적 콘텐트에 접근하거나 정치적 콘텐트와 적극적으로 상호작용하면 사실에 기반한 정치적 지식을 늘릴 수 있다. 그러나 음악 듣기나 인터넷 서핑과 같은 관련 없는 두 번째 스크린 사용은 정치적 지식을 더 줄어들게 할 수 있다(Ran & Yamamoto, 2019). 뉴스를 챙기기 위해 소셜 미디어를 이용하는 것은 일반 공중은 물론 정치적 관심과 내적인 정치적 효능감이 높은 사람들 모두의 정치적 지식을 높일 수 있다(Park & Kaye, 2019).

두 번째 스크린 사용은 또한 사람들을 자신의 정치적 신념을 바꾸는 데 더 개방적이게 만들 수 있다(Barnidge et al., 2017). 이는 소셜 미디어에서 다른 사람들과 자주 상호작용하거나 소셜 미디어 플랫폼을 뉴스원으로 이용하는 사람들에게서 특히 그렇다. 그러나 트위터상에서의 두 번째 스크린 상호작용은 흔히 반향실(echo chamber)에서 발생해서 보수 집단과 진보 집단 간의 교류가 거의 이루어지지 않는다(Hayat & Samuel-Azran, 2017). 온라인의 정치적 논쟁이 특히 첨예한 이슈가 되고 있는 시기에 하야트(T. Hayat)와 새뮤얼-아즈란(T. Samuel-Azran)은 다음과 같이 결론 내렸다:

두 번째 스크린 사용자는 정의상 자신이 소비하는 TV 내용에 대한 정보를 적극적으로 찾는 사람이지만, (게시자로서 혹은 팔로어로서) 관련 소셜 네트워크에 대한 그들의 높아진 관심과 참여가 민주적으로 더 건강한 정치적 교류로 바뀌는 것은 아니며, 오히려 반향실 효과를 강화한다(Hayat & Samuel-Azran, 2017: 305).

2016년 미국 대선 TV 토론 기간 중의 두 번째 스크린 사용은 텔레비전으로 중계된 토론이 트럼프와 클린턴에 대한 사람들의 지각에 미치는 직접적인 영향을 약화시켰다 (Camaj & Northup, 2019). 이 연구자들은 두 번째 스크린 사용으로 인해 시청자들의 관심이 후보자의 실제 토론 성과에서 멀어졌기 때문에 그럴 수 있다고 제안했다. 2016년 대선과 관련해, 텔레비전 뉴스가 방송되는 도중의 두 번째 스크린 사용은 트럼프에 대해 부정적인 견해를 가진 사람들의 정치 참여가 온라인과 오프라인 모두에서 감소하는 결과를 초래했다(McGregor & Mourão, 2017).

2) 소셜 미디어에서 정치인을 팔로우하는 동기

점점 더 많은 미국인이 소셜 미디어에서 정치인을 팔로우하는 주요 이유로 다른 사람들보다 먼저 정치 뉴스를 접할 수 있다는 점과 소셜 미디어의 정보가 기존 뉴스 기관보다 더 신뢰할 만하다는 믿음을 꼽았다(Smith, 2014). 3분의 1 이상이 정치 후보자나 단체와 개인적으로 가까운 느낌을 받는다고 답했다.

미국 의회 의원들의 트위터 사용에 대한 내용 분석에 따르면, 트위터는 유권자와 의원 간의 직접적인 커뮤니케이션을 촉진하는 것으로 나타났다(Golbeck et al., 2010). 인스타그램 이용자의 대다수(80%)는 인스타그램에서 현직 선출직 공무원을 팔로우하고 있다(Parmelee & Roman, 2019). 인스타그램에서 정치인을 팔로우하는 가장 큰 동기는 정보/지침(예: 사용자가 어떤 이슈에 대해 결정을 내리거나 어떻게 투표할지 도움을 주는 것), 사회적 유용성(예: 게시물의 정보를 온라인과 오프라인에서의 사회적 상호작용에 활용하는 것), 오락, 편의성, 그리고 자기-표현(self-expression)이다.

3) 정치인은 어떤 유형의 콘텐트를 게시하는가?

전반적으로 미국의 의원들은 소셜 미디어에 좀 더 조심스러운 방식으로 게시물을 올린다. 의원들의 트위터 이용에 대한 초기 연구에 따르면, 대부분의 트윗이 사실, 의견, 또는 이슈에 대한 입장을 제공하는 정보성 트윗이었으며 개인적인 메시지는 4%에 불과했다(Golbeck et al., 2010). 115대 의회 의원들의 인스타그램 게시물을 분석한 좀 더 최근의 연구에서는 개인적인 내용은 8%에 불과한 반면, 직무와 관련된 활동을 강조하는 트윗은 70%에 육박했던 것으로 나타났다(O'Connell, 2018).

미국 하원 의원 알렉산드리아 오카시오-코르 테스(맨 왼쪽)와 동료 하원 의원들이 116대 의회에 참석하고 있다. 오카시오-코르테스는 소셜 미디어를 활용하여 수백만 명의 팔로어 와 직접 소통했다.

인스타그램에서는 남성 의원과 하원 의원보다 여성 의원과 상원 의원이 게시물을 올 릴 가능성이 더 높다(O'Connell, 2018). 이러한 결과는 다른 소셜 미디어 플랫폼에서의 정 치인의 활동에 대한 이전 연구 결과와 일치한다(예: Evans et al., 2014; Lassen & Brown, 2011). 민주당 의원과 공화당 의원 간에는 인스타그램 계정을 가지고 있을 가능성과 게 시물을 올리는 빈도에 차이가 없는 것으로 나타났다(O'Connell, 2018). 그러나 민주당 의 원들은 정치적 메시지가 더 많이 포함된 더 긴 캡션을 게시하는 경향이 있다.

나이는 의원이 게시하는 콘텐트 유형에 상당한 영향을 미쳤다. 젊은 의원일수록 셀 카, 개인 및 가족 사진, 집에서 찍은 사진, 반려동물과 함께 찍은 사진 등 개인적인 콘 텐트를 훨씬 더 많이 게시했다. 예를 들어, 알렉산드리아 오카시오-코르테스(Alexandria Ocasio-Cortez) 의원(2018년 116대 하원 의원에 당선된 뉴욕 출신의 민주당 의원)은 인스타그램 에서 수백만 명의 팔로워를 확보하고 있다. 그녀는 자신의 계정(@aoc)을 통해 팔로워들 에게 집에서 요리하는 모습을 라이브 스트리밍하거나 의회 의사당에서의 뒷이야기를 공개하는 등 자신의 개인적인 삶을 엿볼 수 있는 기회를 제공하고 있다(Gypson, 2019).

오코널(D. O'Connell)은 나이와 관련된 인스타그램 이용의 차이가 의원들의 앞으로의 표현 방식 변화를 예고할 수 있다고 결론지었다:

젊은 의원들은 … 유권자에게 이전에는 결코 이용할 수 없었던 접근 방식을 통해 의원의 식 사, 운동, 가족 모임을 실시간으로 경험할 수 있게 하면서 … 인스타그램을 더 잘 이해하고 활용한다. 따라서 이러한 접근은 의원과 유권자 간의 신뢰를 강화할 수도 있다(O'Connell, 2018: 15).

오코널(O'Connell, 2018)은 또한 젊은 의원들이 자신의 주나 지역에 살지 않는 많은 사람으로 구성되는 더 넓은 사회적 네트워크를 가지고 있다고 지적했다. 이는 사람들이 단순히 의원들이 게시하는 콘텐트 유형을 즐기기 때문일 수도 있다. 하지만 젊은 의원들은 "온라인상의 분산된 유권자 집단에 대한 의무감을 느낄 수 있으며, 이는 그들을 다른 방향으로 이끌고 궁극적으로 자신의 재직 중 행동에 영향을 미칠 수도 있다"(O'Connell, 2018: 15). 이러한 책임감을 **대리 대표성**(surrogate representation)[14]이라고 한다(Mansbridge, 2003).

소셜 미디어, 특히 트위터에서 미국의 제45대 대통령 도널드 트럼프보다 더 눈에 띄고 영향력 있는 존재감을 드러낸 정치인은 없었다. 공식 트위터 계정(@POTUS) 대신 개인 트위터 계정(@realDonaldTrump)을 선호하는 트럼프는 지지자들이 2020년 대선 결과를 뒤집기 위해 미국 의회 의사당을 습격한 후 트위터가 2021년 1월 계정을 금지하기 전까지 8,800만 명이 넘는 팔로워를 확보했다.

2009년 3월 트위터에 가입한 이후, 트럼프는 수만 건의 트윗을 올렸으며, 2016년 대선 기간에 트위터와 기타 소셜 미디어 플랫폼을 이용한 그의 방식은 전례가 없는 일로 정치 담론과 숙의적 담론의 규범을 깨뜨렸다. 2009년부터 2017년까지 트럼프의 트윗 3만여 건을 분석한 결과, 트럼프는 트위터를 공격과 방어의 도구로 사용했으며, 흔히 다른 사람들이 자신에 대해 말하는 것에 화를 내며 반박하거나 자신이 모욕당했다고 생각하는 것에 반응한 것으로 나타났다(Pain & Chen, 2019). 또한 분석 결과 그의 트윗에서 세 가지 주요 주제가 드러났다.

미국을 과거의 영광으로 되돌리고 국민에게 나라를 돌려주겠다는 트럼프의 포퓰리즘적 약속에 초점을 맞춘 '미국을 위대하게 만들 아웃사이더(outsider)';[15] 그의 담론의 신랄한 속내를 드러내는 '인종 차별, 여성 혐오 및 증오'; 그리고 뉴스 미디어에 대한 공격과 러시아와 북한에 대한 그의 신념이 담긴 트위터를 통한 외교 정책이 포함된 '가짜 뉴스'가 그것이다(Pain & Chen, 2019: 6).

---

14 제인 맨스브리지(Jane Mansbridge)가 2003년에 제시한 개념으로, 국회의원이 자신의 지역구 유권자뿐 아니라 다른 지역의 시민들까지 대표하는 것을 의미한다(옮긴이 주).

15 '워싱턴 아웃사이더(Washington outsider)'란 정치인이나 관료 출신이 아닌 특정 이익집단과 연관된 후보자를 나타내는 용어이다(옮긴이 주).

4) 인터넷 및 소셜 미디어의 다른 정치적 효과

2016년 대선 기간에 페이스북과 트위터를 이용한 사람들을 분석한 결과, 소셜 미디어에서 정치 후보를 팔로우하는 것은 선호하는 후보에 대한 열정, 반대 후보에 대한 분노와 관련이 있었다(Weeks et al., 2019). 그러한 열정과 분노는 적대적인 미디어 지각, 즉 자신이 선택한 후보자에 대한 불공정한 미디어 편견에 대한 지각과 관련이 있었다. "자신이 좋아하는 정치인에 대해 매우 열정적인 사람은 미디어가 그 정치인을 부당하게 대우하고 있다고 생각할 가능성이 더 높다"(Weeks et al., 2019: 388).

또한 2016년에 공화당 지지자와 민주당 지지자가 소셜 미디어에서 자신이 지지하는 정당의 후보를 팔로우했을 때 자신이 지지하는 후보가 승리할 것이라고 믿을 가능성이 더 높았고, 그 결과 자신이 지지하는 정당의 후보에게 투표할 의도도 높아졌다(Macafee et al., 2019). 이러한 효과는 주로 후보자가 소셜 미디어상의 메시지와 내러티브를 전략적으로 구성할 수 있다는 사실과 유권자들이 "자신이 지지하는 정당 소속감에 부합하는 방식으로 정치적 메시지를 해석하고 처리한다"는 사실에 크게 기인한다(Macafee et al., 2019: 7). 바꾸어 말하면, 트럼프가 2016년 대선에서 승리할 수 있다고 말하는 소셜 미디어 게시물을 본 공화당 지지자들은 당시 뉴스 미디어의 보도 내용에도 불구하고 그가 승리할 것이라고 믿고 그에게 투표할 가능성이 더 높았다.

더욱이 2016년 선거의 분열성은 뉴스 웹사이트의 온라인 댓글에도 반영되었다. ≪USA 투데이≫, ≪뉴욕 타임스≫ 및 폭스 뉴스 웹사이트의 댓글을 조사한 결과, 거의 3분의 1에 인신 공격, 욕설, 또는 소리 지르기(즉, 모두 대문자로 입력된 것)로 정의된 무례함이 포함되어 있었으며, ≪USA 투데이≫ 사이트에서 가장 빈번하게 발생한 것으로 나타났다(Masullo Chen et al., 2019). 선거의 정당성에 문제를 제기하고 성차별적, 인종차별적, 동성애 혐오적 언어를 사용하는 것과 같은 무례한 댓글들은 캠페인 기간에 트럼프의 주요 논점과 언어를 많이 반영했다. 그러나 이 연구자들은 기사에 대한 댓글 가운데 다수가 민주적 표현 규범(예: 합당한 질문하기, 관점을 뒷받침하는 증거 사용하기)을 준수한다는 점에 주목했다. 그들은 "일부 정치적 표현이 비록 무례함으로 오염되었기는 하지만 그런 표현이라도 하는 것이 표현을 전혀 하지 않는 것보다 민주주의에 더 나을 수 있다"고 결론지었다(Masullo Chen et al., 2019: 10).

2016년 대선과 2020년 대선 이후, 미국은 정치적으로 더욱 눈에 띄게 분열되었다. 사람들이 소셜 미디어에서 정치에 관해 논쟁을 벌이는 것을 흔히 볼 수 있다. 트위터의 경우, 소수의 매우 활동적인 이용자가 이 사이트에서 이루어지는 대화의 대다수를 주도한 다는 점을 명심하는 것도 중요하다. 이 플랫폼에서 당파적인 사람이 어떻게 행동하는지 에 대한 연구에 따르면, 트위터 이용자 가운데 단 10%가 2019년 11월부터 2020년 9월 사이에 미국 성인이 보낸 모든 트윗의 92%를 생성했다(Smith & Grant, 2020). 트위터 이용 자의 상위 10% 중에서 69%는 민주당 지지자였고, 26%는 공화당 지지자였다.

비유적으로 말하자면, 소셜 미디어 사이트 자체의 특성은 특히 정치와 관련하여 우리 사이를 틀어지게 하는 것일 수도 있다. 일반적으로 소셜 미디어는 우리의 사회적 네트 워크에 더 많은 부정적인 정서를 더해주며, 우리가 소셜 미디어에 자신에 대한 게시물 을 너무 많이 올리기 때문에 다른 사람들이 우리의 차이점을 더 잘 인식하게 되어 정치 적 의견 차이가 더 크게 느껴질 수 있다(Barnidge, 2018).

5. 요약

매스 미디어를 통해 매개되는 정치적 효과의 힘에 대한 연구 결과들은 시기에 따라 차이가 있다. 1940년대와 1950년대의 투표 행동에 관한 연구는 매스 미디어의 제한된 효과를 시사했지만, 후속 연구는 투표자에 대한 좀 더 직접적이고 강력한 미디어의 영 향을 발견했다. 20세기 말에 이르러, 정치 커뮤니케이션 효과는 작거나 중간 정도인 것 으로 밝혀졌지만 여전히 때로는 잠재적으로 매우 중대한 결과를 초래할 수 있다.

20세기 후반에는 정치 커뮤니케이션 효과를 연구하기 위해 의제 설정, 기폭, 프레이 밍, 배양, 침묵의 나선 이론을 포함해 많은 이론이 사용되었다. 이 기간에 연구자들은 또한 정치적 미디어 효과에 대한 몇 가지 기본 가정을 공유했다. 그들은 뉴스 내용이 미 디어마다 거의 같다고 가정했으며 수용자 선택성의 역할을 무시했다.

그러나 21세기의 미디어와 정치 지형은 이러한 이론이 개발되었던 당시와는 '크게' 다 르다. 다섯 가지 주요 변화는 당시와 지금의 차이점을 강조하는데, 뉴스 미디어의 확산 과 당파적 미디어의 귀환, 정치 환경의 양극화, 정치적 오락물의 인기 증가, 가짜 뉴스와 오정보의 확산, 소셜 미디어의 부상과 성장이 그것이다.

선택지가 많은 오늘날의 미디어 환경에서 우리는 뉴스 내용이 더 이상 협화적이지 않 으며, 연구자들은 수용자 선택성의 역할을 더 이상 무시하지 않는다는 것을 알고 있다. 더욱이 정치 커뮤니케이션의 효과에 관한 이전의 많은 이론이 종합적 수준에서 한 예측이 더 이상 유효하지 않을 수도 있지만, 현재의 연구들은 개인적 수준의 효과의 많은 부분을 뒷받침한다. 정치적 커뮤니케이션에서 소셜 미디어의 역할이 계속 커지고 있다는 점은 연구자들이 2020년대와 그 이후에도 계속해서 살펴볼 수 있는 유익한 영역이다.

제15장

건강에 미치는 매스 미디어의 효과

다양한 채널을 사용하는 매스 커뮤니케이션은
많은 건강 주제에 대한 공중의 인식과 지식을 제고하고
태도와 행동을 증진하는 데 도움을 주었다.

— 크레스레이크 등(Kreslake et al., 2019: 1)

- 채드윅 보스먼(Chadwick Boseman)의 대장암 투병에 대한 기사를 본 후, 한 남자가 담당 의사에게 전화하여 검진 예약을 한다.
- 흡연의 위험성을 강조하는 건강 커뮤니케이션 캠페인으로 인해 담배 판매가 감소했다.
- 식료품점에서 한 어린이가 만화 프로그램을 시청하면서 광고에서 본 달콤한 시리얼을 사달라고 어머니에게 조른다.

매스 미디어의 메시지는 흔히 개인과 공중의 건강에 상당한 영향을 미친다. 매스 미디어는 최근의 여러 중요한 건강 커뮤니케이션 캠페인에서 필수적인 요소 역할을 해왔다(Rice & Atkin, 2009). 커뮤니케이션 캠페인은 태도와 행동을 바꾸거나 불러일으키고자 하며 흔히 성공적인 결과를 거둔다. 미디어의 건강 커뮤니케이션 캠페인의 목표는 건강 및 커뮤니케이션 전문가가 설계한 특정한 메시지를 전달하여 수용자에게 의도적이고 긍정적인 건강 관련 영향을 미치는 것이다.

미디어 캠페인은 미디어를 통해 이루어지는 건강 커뮤니케이션의 한 종류에 지나지 않는다. 수용자는 매일 인터넷, 뉴스 보도, 프라임타임 오락 프로그램, 주간(晝間) 연속 드라마, 수많은 광고가 쏟아내는 다양한 건강 관련 메시지의 홍수 속에 살고 있으며, 이와 같은 메시지의 효과는 실제로 항상 긍정적인 것만은 아니다. 연구에 따르면, 미국인은 건강 관련 정보의 상당 부분을 매스 미디어를 통해 얻는데(Sandman, 1976), 이러한 건강 정보의 상당 부분과 수용자에게 제시되는 많은 건강 관련 행동이 건강에 부정적인(많은 경우가 의도적이지는 않다고 하더라도) 효과를 초래한다는 것을 감안할 때 문제가 된다:

> 만약 한 걸음 뒤로 물러서서 이렇게 만연되어 있는 미디어 메시지가 그려내는 건강의 모습을 살펴본다면, 우리가 보는 세상은 사람들이 거리낌 없이 먹고 마시고 성관계를 맺지만 그 결과에 대해선 좀처럼 고민하지 않는 세상이다. 수용자는 이러한 이미지를 통해 배우며 일반적으로 그들이 배우는 것은 건강에 이롭지 않음을 연구는 보여주고 있다(Brown & Walsh-Childers, 1994: 409).

다른 종류의 미디어 내용과 마찬가지로, 건강 관련 메시지의 효과도 본질적으로 긍정적일 수도 있고 부정적일 수도 있으며 의도적일 수도 있고 의도적이지 않을 수도 있음을 연구는 보여주고 있다. 이 장에서는 담배, 술, 처방약, 식품 광고의 효과에 대한 연구 결과들을 살펴보고, 오락물 묘사의 효과와 건강 뉴스 보도의 속성 그리고 수많은 사람에게 건강 관련 정보를 제공하는 데 있어서의 인터넷의 중요성을 살펴볼 것이다. 또한 정책적 수준에서 개인의 건강 증진에 영향을 주거나 긍정적인 변화를 의도로 하는 건강 캠페인과 기타 교육적 전략의 사용에 대해서도 논의할 것이다.

1. 연구 결과

건강에 관한 미디어 메시지의 효과를 조사한 많은 연구가 광고, 오락물의 묘사, 뉴스 보도, 온라인 건강 정보에 초점을 맞추었다. 이러한 메시지들 가운데 어떤 것은 건강한 라이프스타일을 촉진하기 위해 의도적으로 설계되었고, 또 어떤 것은 미디어 소비자에 미치는 의도하지 않은 긍정적인 영향이나 부정적인 영향을 미쳤다. 의도와 관계없이 "미디어는 개인의 건강 관련 신념과 행동을 형성한다"(Walsh-Childers & Brown, 2009: 469).

1) 광고, 미디어 이용 및 오락물의 묘사가 건강에 미치는 효과

상업 제품 광고, 미디어 메시지, 오락물 묘사의 효과에 관한 연구는 주로 제품을 사용하는 개인의 건강에 초점을 맞추었다. 우리는 네 종류의 제품 광고, 즉 담배, 술, 처방약 및 식품 광고를 통해 매개되는 건강 효과에 관한 문헌을 검토할 것이다.

담배. CDC, 즉 미국 질병관리센터에 따르면, 미국 성인 5,060만 명 이상(대략 5명 가운데 1명)이 담배 제품(tobacco product)을 사용하고 있으며, 그 가운데 궐련형 담배(cigarette)가 가장 일반적으로 사용된다(Cornelius et al., 2020). 1971년, 미국에서는 방송 미디어를 통한 담배 광고가 금지되었지만, 이러한 금지 조치는 담배회사가 그들의 제품을 광고하기 위해 인쇄 미디어, 옥외 광고판, 스포츠 경기 후원을 포함한 다른 수단을 이용하는 것을 막지는 못했다. 방송 미디어의 담배 광고 금지 조치에도 공중은 이러한 광고 수단을 통해 수십 년 동안 담배 광고에 노출되었다.

누네스-스미스(M. Nunez-Smith) 등은 미디어 이용과 담배, 술 및 약물 남용 간의 연관성에 관한 수십 편의 연구를 검토했다(Nunez-Smith et al., 2010). 83%의 연구에서 미디어 노출과 흡연 시작, 음주 및 약물 사용 간의 인과관계가 확인되었으며, 그러한 증거 가운데 미디어 이용과 흡연 간의 연관성이 가장 높았다. 사전트(J. D. Sargent) 등은 담배 광고 수용성(receptivity) 및 영화 등장인물의 흡연 장면에 노출되는 것은 10~14세 어린이들의 흡연과 연관되어 있다는 사실을 확인했다(Sargent et al., 2009). (영화의 흡연 장면 노출의 효과는 이 장의 후반부에 좀 더 자세하게 논의할 것이다.)

담배를 피우는 사람 가운데 압도적인 다수가 청소년기에 흡연을 시작했다(U. S. Dept. of Health & Human Services[USDHHS], 2012). 예를 들어, 30대 흡연자에게 언제 처음 담배를 피우기 시작했는지 묻는 질문에 담배를 피우려 시도한 적이 있는 사람들 가운데 82%가 18세에 처음 담배를 피우기 시작했다고 답했다. 17%는 26세에 담배를 피우기 시작했다고 답했다. 매일 담배를 피운 적이 있는 성인 가운데 88%는 18세에 처음 담배를 피우기 시작했고, 11%는 26세에 처음 담배를 피우기 시작했다. 이러한 결과를 토대로 미국 공중보건총감실(Surgeon General's Office)은 다음과 같이 결론지었다: "26세 이후에 흡연을 시작하는 사람은 사실상 거의 없으며(<1~2%), 매일 흡연하는 것으로 바뀌는 것도 26세 이후에는 실제로 거의 발생하지 않는다(<4%). 게다가 흡연의 시작은 흔히 꽤 이른 청소년기, 즉 18세 이전에도 발생할 수 있다는 점에 유의하는 것이 중요하다"(USDHHS,

담배 광고가 1971년 이후 미국 방송 미디어에서 금지되긴 했지만, 담배회사는 그들의 제품을 공중에게 계속 노출시키기 위해 스포츠 이벤트 후원과 같은 다른 방법을 찾았다.

2012: 134).

여러 해에 걸쳐 많은 연구가 여러 담배 광고나 판촉 소구의 효과를 살펴보았다. 담배 회사 경영진은 그들의 광고가 어린이나 청소년을 겨냥하지는 않는다고 말하지만, 연구들은 어린이와 청소년이 여러 담배의 심벌과 슬로건을 인지하고 있음을 보여주었다(Aiken et al., 1985; Aiken et al., 1986). 조 캐멀(Joe Camel), 즉 '올드 조(Old Joe)'가 캐멀 담배의 트레이드마크로 등장한 후, 캐멀 담배에 대한 수요가 젊은 흡연자들 사이에서 3년 만에 0.5%에서 32%로 증가했다(DiFranza et al., 1991). 피셔(P. M. Fischer)와 동료들은 담배 마케팅이 어린이들의 인식 속에 깊숙이 침투해 있음을 강조했다(Fischer et al., 1991). 그들의 연구에서 3세 어린이의 30%와 6세 어린이의 91%가 조 캐멀의 이미지와 담배 사진을 정확히 매치시켰다. 6세 어린이들의 이러한 비율은 미키 마우스(Mickey Mouse)를 디즈니 채널(Disney Channel)과 정확히 매치한 6세 어린이의 비율과 일치했다. 미키 마우스와 달리 조 캐멀은 TV에서 볼 수 없었다는 점을 감안할 때 이처럼 높은 인식 수준은 주목할 만하다. [1998년 포괄적 화해 합의서(The 1998 Master Settlement Agreement)[1]는 나중에 미국의 담배 광고에서 만화를 금지했다.]

---

1   1998년, 52개 주 및 준주 법무장관은 흡연 관련 질병 치료와 관련된 수십억 달러의 의료 비용을 회수하기 위해 제기된 수십 건의 주정부 소송을 해결하기 위해 미국 4대 담배회사와 '종합 화해 합의서'에 서명했다(옮긴이 주).

담배 광고를 더 잘 인식할수록, 담배를 피울 가능성도 더 높아진다(예: Goldstein et al., 1987). 인쇄매체, 인터넷, 라디오의 담배 광고에 노출되는 것과 담배 브랜드 로고가 적혀 있는 모자나 라이터를 가지고 있는 것이 모두 청소년의 흡연량 증가와 관련 있었다(Biner & Siegel, 2000). 연구는 또한 청소년의 흡연과 (담배가 많이 광고되는) 자동차 경주 대회 시청 간에 상관관계가 있음을 밝혀냈다(Bloom et al., 1997). 결국 나스카(NASCAR)와 포뮬러 원(Formula One) 경주에서 담배 광고가 금지되었다. 그러나 인디카(IndyCar)와 나스카는 최근 레이싱 팀이 전자 담배 브랜드 판촉을 허용하기 시작했다(Silverman, 2020).

2012년에 미국 공중보건총감은 많은 담배 광고가 제품에 대한 사실 정보가 거의 포함되지 않은 이미지에 초점을 맞추고 있다고 보고했다. 담배 광고는 오히려 "독립성, 해방, 매력, 모험심, 세련됨, 화려함, 탄탄한 몸, 사회적 수용성과 포용성, 성적 매력, 날씬함, 인기, 반항심, 멋짐 등의 주제를 효과적으로 활용하여 젊은이들의 열망"을 표적으로 삼는다(USDHHS, 2012: 519). 나아가 "담배회사의 광고 및 판촉 활동과 청소년의 흡연 시작 및 진행 사이에 인과관계가 있다는 결론을 내릴 수 있는 증거도 충분하다"(USDHHS, 2012: 10).

다른 연구들은 담배 광고에 표시되어 있는 경고 문구와 관련된 여러 이슈를 살펴보았다. 한 연구는 잡지에 게재된 담배 광고를 청소년들에게 보여주고 그들의 눈동자 움직임을 추적했는데, 거의 절반이 경고 문구를 전혀 읽지 않았다(Fischer et al., 1989). 경고 문구를 본 청소년들도 아주 짧게 보았을 뿐이었다. 또 다른 연구에 따르면, 옥외 광고판과 택시의 담배 광고에 적혀 있는 경고 문구는 매우 읽기 어려웠지만 담배의 브랜드명은 분명하게 볼 수 있었다(Davis & Kendrick, 1989). 1998년 포괄적 화해 합의서는 나중에 옥외 광고판과 대중교통수단을 이용한 담배 광고를 금지했다(Truth Initiative, 2017). 2020년에 미국 식품의약국(FDA: Food & Drug Administration)은 담배갑과 광고 모두에 대한 표시할 필수 경고 문구를 마무리 지었다. 경고 문구에는 흡연으로 인한 11가지 건강 위험을 강조하는 텍스트와 컬러 이미지가 포함된다(FDA, 2021).

연방거래위원회(FTC: Federal Trade Commission)는 주요 담배회사들이 2019년에 미국에서만 담배 광고 및 판촉비로 76억 달러를 지출했다고 보고했는데, 이는 2018년의 84억 달러에 비해 감소한 수치다(FTC, 2021a). (그 금액의 거의 대부분은 가격 할인 및 판촉 수당으로 소매업체와 도매업체에 건네졌다.) 또 무연 담배 광고 및 홍보에 5억 7,610만 달러가 추가로 지출되었다(FTC, 2021b). 2019년, 담배회사들은 옥외 표지판, 잡지, 다이렉트 메일

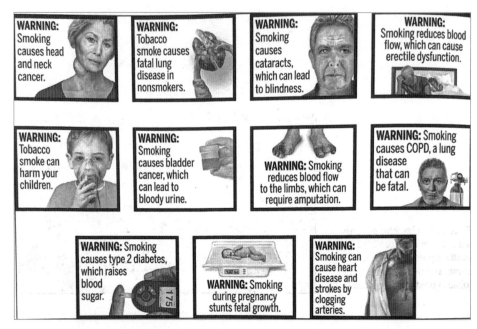

2023년 현재, FDA는 경고 문구를 담배 포장 앞면과 뒷면의 상단에 눈에 띄게 표시하고 광고 상단 공간의 최소 20%를 차지하도록 요구한다.

(DM: direct mail),[2] 회사 웹사이트를 포함한 다른 모든 광고 미디어를 합친 것보다 구매 시점(POP: point of purchase) 광고에 더 많은 광고 및 마케팅 비용(6,300만 달러)을 지불했다(FTC, 2021a). [이러한 판매 시점(point-of-sale) 광고물에는 소매점 내부에 게시된 광고는 포함되지만 소매점 부지에 게시된 옥외 광고는 포함되지 않는다.]

담배회사들은 학교 가까이와 10대와 어린이가 많이 살고 있는 동네의 편의점에서 광고를 하는 경향이 있다(Pucci et al., 1998; Woodruff et al., 1995). [버락 오바마 대통령이 2009년에 서명한 가족 흡연 예방 및 담배 통제법(Family Smoking Prevention and Tobacco Control Act)은 운동장과 학교에서 1,000피트 이내에서 '옥외' 광고를 하는 것을 금지했다.] 청소년들은 편의점 내의 광고를 통해 담배가 이용 가능하다는 것을 알게 되고 담배가 인기 있다고 지각하게 되며, 또한 이러한 지각을 통해 흡연을 시작할 가능성이 더 높은 것으로 나타났다(Hendriksen & Flora, 2001).

---

2   우편물을 통한 PR활동을 의미한다. 편지, 카드, 카탈로그, 정보 뉴스레터 등 우송이 가능한 인쇄물을 잠재 고객과 기존 고객에게 우편 또는 이메일로 전달하는 판촉 활동이다(옮긴이 주).

전자 담배 광고의 효과

전통적인 담배 광고와 동일한 규제를 받지 않는 전자 담배(e-cigarette) 광고는 최근 몇 년 동안 폭발적인 성장을 보였다. 예를 들어, 2011년에 전자 담배회사는 광고에 640만 달러를 지출했고, 2014년에 이르러서는 그 액수가 1억 1,500만 달러로 급증했다(CDC, 2016). 그러나 최근 미국의 광고 지출은 2017년 4,800만 달러로 떨어졌다가, 2018년 1억 1,000만 달러로 반등하는 등 변동이 심했다(Ali et al., 2020).

다수의 중·고등학생(약 69%)은 소매점, 온라인, 잡지/신문, 또는 TV/영화에서 전자 담배 광고를 본 적이 있다(CDC, 2016). (약 15%가 네 소스 모두에서 전자 담배 광고를 봤다고 답했다.) 전자 담배 광고에는 청소년에게 매력적일 수 있는 주제와 내용(예: 행복, 우정, 성공, 섹스)이 자주 포함된다(Nicksic et al. ., 2019; Padon et al., 2017).

대략 고등학생 5명 중 1명이 전자 담배를 피운다(Wang et al., 2020). 전자 담배를 피우는 중학생은 20명 가운데 1명 정도이다. 미국 성인 인구를 살펴보면, 거의 1,100만 명이 전자 담배를 피우며, 18~24세 연령대가 전자 담배를 가장 많이 피운다(Cornelius et al., 2020).

물론 전자 담배회사들은 전자 담배가 전통적인 담배에 대한 더 건강한 대안이자 담배 흡연자의 습관을 끊는 데 도움이 되는 도구라고 광고해 왔다(Collins et al., 2019). 그러나 연구에 따르면, 전자 담배는 흡연자의 심장과 폐에 해를 끼칠 수 있으며 전통적인 담배만큼 중독성이 있다(Blaha, n.d.). 동료 심사를 거친 120편 이상의 논문을 검토한 결과, 콜린스(L. Collins) 등은 많은 연구가 전자 담배 마케팅 자료에 대한 노출과 전자 담배의 중독성 및 유해성에 대한 지각, 전자 담배 사용 의도, 전자 담배 실제 사용 사이의 연관성을 보여주고 있음을 확인했다(Collins et al., 2019). (단, 많은 연구가 횡단적 설계를 사용했는데, 이는 인과관계를 추론할 수 없음을 의미한다.)

김 등(Kim et al., 2019)은 전자 담배 광고가 청소년의 담배에 대한 지각에 미치는 영향을 연구했다. 그들의 실험에 따르면, 담배를 피우지 않는 10대는 전자 담배 광고에 노출된 후 통제집단의 담배를 피우지 않는 10대에 비해 전통적인 담배 흡연으로 인한 위험에 대한 지각 정도가 유의적으로 더 낮은 것으로 나타났다.

> 전자 담배 광고에 담배의 문제점에 대한 메시지가 포함되어 있긴 하지만, 전자 담배를 하나의 해결책으로 제안하는 것은 흡연의 위험을 덜 인식하게 할 수도 있다. 청소년, 특히 담배를 피운 적이 없어 담배의 중독성을 직접적으로 경험하지 못한 청소년은 전자 담배 광고를 담배 관련 문제에 대한 손쉬운 해결책을 묘사하는 것으로 해석하여 담배를 피우는 것이 덜 위험하다고 믿었을 가능성이 있다(Kim et al., 2019: 294).

담배 제품의 포장도 판매 시점 광고에서 핵심적인 역할을 한다. 실제로 "광고 금지로 인해 많은 회사가 판매 시점에 영향을 극대화할 수 있는 패키지 재설계에 착수했다"(USDHHS, 2012: 534). 매우 눈에 잘 띄는 '파워 월(power wall)'[3] 진열대는 수십 종의 다양한 브랜드의 담배 및 기타 담배 제품을 진열할 수 있다. "계산대 뒤에 눈에 띄도록 담배 파워 월을 설치하면 소비자가 긍정적인 담배 메시지에 반복적으로 노출될 가능성이 높아진다. 이러한 노출은 흡연을 정상화하고(normalize)[4] 브랜드 인지도를 높이며 긍정적인 브랜드 이용자 이미지(brand user imagery)[5]를 높이는 것으로 알려져 있다"(Shadel et al., 2016: 679). 10대에게 파워 월이 미치는 영향을 연구하기 위해 편의점의 파워 월을 실물 크기로 복제한 것을 이용해 실험한 결과, 파워 월을 2초 미만 보는 참여자들에 비해 2초 이상 보는 참여자들의 경우 파워 월을 보는 시간과 향후 흡연 가능성 사이에 유의적인 양의 상관관계가 있었다(Martino et al., 2019). (예를 들면, 단순히 진열대의 문을 닫는 것과 같은) 파워 월을 숨기는 것이 파워 월을 노출한 채로 두는 것에 비해 청소년의 향후 흡연 감수성[6](susceptibility)을 크게 줄였다(Shadel et al., 2016).

주류. 술 소비는 배우자와 자녀 구타, 강간, 심지어 살인으로 이어지는 것으로 알려져 있다(Fals-Stewart, 2003; Grant, 2000). "알코올 남용은 미국에서 담배 중독에 이어 두 번째로 흔한 약물 남용 형태이다"(Harvard Medical School, n.d., 단락 1). 다른 많은 연구는 음주가 청소년에게 미치는 영향에 초점을 맞추었다. 예를 들면, 더 이른 나이에 음주를 시작하면 할수록 단기적으로나 장기적으로 건강에 미치는 영향은 더 심각하다(Grube, 2004).

폭음도 관심 분야이다. 미국 국립 알코올 남용 및 알코올 중독 연구소(NIAAA: National Institute on Alcohol Abuse & Alcoholism)의 조사 자료에 따르면, 18세 이상의 미국 성인 가운데 26%가 조사가 이루어지기 전 한 달 동안 폭음을 한 적이 있는 것으로 나타났다(NIAAA, 2021). 12~20세 청소년 가운데 약 11%가 조사 전 한 달 동안 폭음을 한 적이 있다고 답했다. (NIAAA는 폭음을 혈중 알코올 농도를 0.08g/dL 이상으로 높이는 음주 패턴으로 정의하는데, 이러한 혈중 알코올 농도는 대략 2시간 안에 남성은 5잔, 여성은 4잔을 마신 후에 나타

---

3 편의점 계산대 뒤에 눈에 잘 띄게 만들어 놓은 담배 진열대를 말한다(옮긴이 주).

4 '정상화'란 어떤 대상을 일정한 규칙이나 기준에 따르는 정규적인 상태로 바꾸거나, 비정상적인 대상을 정상적으로 되돌리는 과정을 뜻한다(옮긴이 주).

5 '브랜드 이미지'는 '사용자 이미지'와 '사용 이미지(usage imagery)'로 구성되는데, '사용자 이미지'는 성격 특성을 지닌 브랜드 사용자를 기술하는 반면, '사용 이미지'는 브랜드를 사용하는 맥락을 기술한다(옮긴이 주).

6 여기서 '감수성'은 건강 위해 요인에 대한 저항력이 없으며 취약한 특성으로 인해 건강이 악화될 우려가 있는 상태를 의미한다(옮긴이 주).

난다고 한다.)

주류 광고는 큰 사업이다. 광고비 지출은 2020년 67억 달러에서 2023년 77억 달러로 증가할 것으로 예상된다(Zenith, 2021). 2020년 주류 광고비의 거의 절반이 텔레비전에 사용되었다. 주류 광고가 개인과 공중의 건강에 미치는 효과에 관한 연구는 일반적으로 ① 이 같은 광고가 청소년에게 음주를 시작하도록 유인하는지 또는 ② 이 같은 광고가 주류 소비의 증가와 음주자의 음주 운전을 초래하는지에 초점을 맞추었다. 위의 첫 번째 문제에 관해 애트킨(C. Atkin)과 동료들은 한 청소년 집단을 조사한 결과, 그들이 맥주나 술을 마실 가능성은 TV 광고 노출과 직접적으로 관련이 있음을 확인했다(Atkin et al., 1984). 더욱이 나이, 성, 사회적 지위, 혹은 부모의 영향과 같은 요인은 TV 광고에 대한 노출만큼 음주 행동에 대한 강력한 예측 변인이 되지 못했다. 그러나 한 최근 설문조사에서 13~17세 청소년은 음주에 가장 큰 영향을 미치는 것이 광고(1%)보다 부모(71%)라고 답했다(GfK Roper Youth Report, 2016). 10~18세를 대상으로 한 또 다른 설문조사에서는 64%가 술을 마시거나 마시지 않는 결정에 부모가 주된 영향을 미친다고 답했다(Foundation for Advancing Alcohol Responsibility, 2016).

이러한 설문조사 결과에도, 다수의 연구는 주류 광고 및 기타 마케팅 자료에 대한 노출과 이후의 음주 행동 사이에 관계가 있음을 되풀이해서 보여준다(예: Ellickson et al., 2005; Jernigan et al., 2017; Smith & Foxcroft, 2009). 이전의 한 연구는 주류 광고가 나가는 미식축구와 농구 경기에 대한 노출이 맥주 마시기로 바로 이어진다는 것을 보여주었다(Bloom et al., 1997). 연구자들은 13~20세 음주자에 대한 브랜드별 주류 광고의 효과를 연구하여 브랜드별 광고에 대한 노출과 해당 브랜드의 소비(Ross et al., 2014) 및 이전 30일 동안 소비된 양 사이에 높은 상관관계가 있음을 확인했다(Naimi et al., 2016). "또한 광고와 소비 간의 연관성은 노출 수준이 높을수록 더 강했다"(Naimi et al., 2016: 728).

담배산업과 달리 주류산업은 자발적인 광고 지침을 통해 "명목상으로는 청소년에게 '주로' 소구하는 내용을 금지하고 있지만 해당 지침은 그와 같은 내용에 대한 기준을 명확하게 규정하고 있지 않다. 이로 인해 일부 마케팅 담당자는 그러한 지침을 어떻게 따라야 할지 확실하게 알지 못하며, 이는 주류 광고가 청소년에게 소구하는 내용 특성을 사용하는 것으로 밝혀진 사실에 의해 입증된다"(Padon, Rimal, Siegel, et al., 2018: 22). 일부 주류 브랜드는 음주를 재미와 연관시키고, 광고에 야외활동을 특별히 포함하며, 버드와이저 클라이즈데일(Budweiser Clydesdale)[7]과 같은 동물을 사용하는데, 이러한 특성들은 모두 청소년들에게 강한 소구력을 지닌다(Collins et al., 2007; Zwarun & Farrar, 2005). 청소

비디오 게임에서의 흡연과 음주

- 포사이스(S. R. Forsyth)와 멀론(R. E. Malone)은 1994년부터 2015년 사이에 출시된 118편의 비디오 게임 가운데 42%에 담배 콘텐트가 포함되어 있지만, 그러한 게임들 가운데 8%만이 오락 소프트웨어 등급 위원회(ESRB: Entertainment Software Rating Board)가 정한 담배-관련 콘텐트 기술 문구를 제공했음을 확인했다(Forsyth & Malone, 2016).

- 2018년 미국에서 가장 많이 팔린 비디오 게임 상위 20편에 대한 연구에 따르면, 그러한 게임 가운데 7편(35%)에 담배 이미지가 포함된 것으로 나타났다(Forsyth & McDaniel, 2021). 그러한 게임에는 다섯 가지 유형의 담배 이미지(즉, 눈에 보이는 담배 용품, 추가 게임 플레이에 담배 제품 사용, 담배 제품을 사용하는 배경 캐릭터, 담배 제품을 사용하는 플레이어 메인 캐릭터와 논플레이어 메인 캐릭터)가 포함되어 있었다. 눈에 보이는 용품은 게임에서 볼 수 있는 가장 일반적인 유형의 담배 이미지였다.

- 인기 비디오 게임 5편(*Call of Duty: Black Ops II, Grand Theft Auto V, Call of Duty: Modern Warfare 3, Grand Theft Auto IV, Assassin's Creed III*)을 분석한 결과, 5편의 게임 모두에서 술과 담배가 등장하는 것으로 나타났다(Cranwell, Whittamore, et al., 2016). <그랜드 쎄프트 오토 V>에는 술과 담배 콘텐트가 가장 많이 포함되어 있었다. 비디오 게임 콘텐트에 노출된 어린 게이머들(11~17세)은 음주나 흡연을 했을 가능성이 2배 이상 높았다.

년에게 소구하는 광고의 다른 특성으로는 음향 효과와 일러스트레이션, 젊거나 매력적이거나 유명한 배우, 삶의 긍정적인 결과에 대한 약속 등이 있다. (자세한 내용은 Padon, Rimal, DeJong, et al., 2018 참조). 청소년들이 주류 광고에서 호감 가는 모델을 보고 그들과 자신을 동일시할 때, 음주는 긍정적인 경험이 될 것이라 생각할 가능성이 더 높으며, 따라서 술을 마실 가능성도 더 높아진다(Austin & Knaus, 2000). 청소년에게 소구하는 내용이 많이 포함된 광고를 하는 주류 브랜드는 성인보다 13~20세가 소비할 가능성이 더 높으며, "성인의 브랜드 소비는 이러한 특성들과 관련이 없는 반면 청소년의 소비는 관련이 있다는 사실은 주류업계 규정에 결함이 있음을 시사한다"(Padon, Rimal, Siegel, et al., 2018: 25).

소셜 미디어의 등장으로 주류 브랜드는 디지털 광고 예산을 크게 늘렸다. 코로나 19 팬데믹으로 인해 2020년 거의 내내 대부분의 스포츠 행사가 취소되고 주점들이 문을 닫으면서 주류 브랜드들은 디지털 광고 활동에 더 집중하게 되었다. 2023년에 디지털 광

---

7 힘셴 짐마차용 말(옮긴이 주).

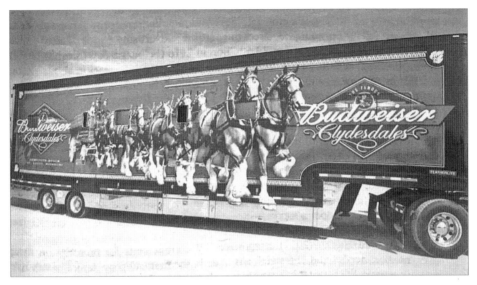

일부 주류 브랜드는 그들의 제품을 동물과 청소년들이 동일시하는 다른 매력 있는 특징과 연관시킨다.

고비가 주류 광고 지출비에서 차지하는 비율은 2019년의 21%보다 더 높아져 30%에 이를 것으로 추정된다(Zenith, 2021).

인스타그램의 주류 광고를 분석한 결과, 캐릭터 소구(예: 유명인, 동물, 만화)와 청소년 중심 주제(예: 판타지, 폭력, 유머)는 드문 것으로 나타났다(Barry et al., 2018). 대부분의 게시물(70%)이 제품 소구(예: 맛, 품질, 또는 비용에 초점)(이전 연구에서는 이것이 청소년 사이에서 더 낮은 구매 의도와 더 낮은 광고 선호도로 이어지는 것으로 나타났음)와 음주로 인한 만족감 및 기분 전환 보증(48%)을 포함하고 있었다. 또한 인스타그램 광고는 긍정적인 정서적 경험(46%), 성취(29%), 개성(34%), 우정(17%)과 같은 주제를 강조했다.

부모는 자녀에게 이야기를 해주고 적절한 지도를 해줌으로써 주류 광고가 자녀에게 미치는 해로운 영향을 줄일 수 있다(Austin et al., 2006). 미국 10대를 대상으로 한 최근의 설문조사에서 부모가 음주 의도에 가장 큰 영향을 미치는 것으로 드러났다는 것을 상기해 보라.

처방약. 미국에서 잡지를 읽거나 프라임타임 TV를 보다 보면 처방약 광고를 쉽사리 볼 수 있다. 제약회사들은 수년 동안 소비자들에게 직접 약을 판매하기 위해 잡지와 같은 인쇄 미디어를 이용해 왔다(Curry et al., 2005). 1997년, FDA는 처방약 제조회사들이 텔레비전을 통해 그들의 약을 소비자에게 직접 광고할 수 있게 허용하기로 했다(Brownfield et al., 2004; Frosch et al., 2007). 대부분의 국가는 소비자 직거래(direct-to-consumer) 의약품 광고를 허용하지 않는다. 사실상 미국과 뉴질랜드는 제약회사가 소비자에게 직접 의약품을 판매할 수 있는 세계 유일의 국가이며, 처방약 광고는 수십억 달러 규모로 성장하는 사업이다(Harvard Medical School, 2017). 미국에서 소비자 직거래 광고 지출비는 1997년 21억 달러에서 2016년 96억 달러로 증가했다(Schwartz & Woloshin, 2019). 처방약 광고 지출비는 증가했지만, 질병이나 질환의 생물학적 요인, 위험 요인 및 위험에 처한 인구 집단에 대한 정보는 2000년대 초반 이후 크게 감소했다(Applequist & Ball, 2018).

FDA에 따르면, 처방약 광고는 제품 주장형, 환기형, 도움 추구형의 세 가지 기본 범주로 분류된다(FDA, 2019). 처방약 광고의 가장 일반적인 형태인 '제품 주장 광고(product claim ad)'는 약품의 이름과 그 약품이 치료하는 질환이나 질병을 밝히고 그 약품의 효능과 위험성에 대한 주장을 포함한다. '환기 광고(reminder ad)'는 약품의 이름은 밝히지만 그것이 치료하는 질환이나 질병은 밝히지 않는다. '도움 추구 광고(help-seeking ad)'는 어떤 특정 약품도 언급하지 않고, 대신 의학적 증상이나 질환/질병을 설명하고 사람들이 의사를 찾아가도록 권장한다. 흥미롭게도 TV 약품 광고에 대한 최근의 한 내용 분석에서는 "광고가 의사의 전문가 지위에 이의를 제기하지는 않지만, 의사의 전문가 지위를 크게 강조하거나 판촉하지도 않는다"는 것이 확인되었다(Adams & Harder, 2019: 31).

애덤스(C. Adams)와 하더(B. M. Harder)는 처방약 TV 광고를 '의학적 필요(medical needs)' 광고와 '라이프스타일' 광고로 분류했다(Adams & Harder, 2019). 의학적 필요 광고는 생명을 위협할 정도로 심각해서 즉각적인 의학적 치료가 필요한 건강 위험을 제시한다. 심각한 알레르기 반응, 만성 폐쇄성 폐질환(COPD: chronic obstructive pulmonary disease), 당뇨병에 대한 광고는 의학적 필요 광고 범주에 속한다. 라이프스타일 범주의 광고는 건강 위험을 크게 강조하지 않는다(강조하지 않는 주된 이유는 이 유형의 광고가 다루는 건강 위험들이 생명을 위협하는 것이 아니기 때문임). 오히려 이 범주의 광고는 개인의 라이프스타일과 정체성에 대한 위험에 초점을 맞춘다. 여드름 치료, 발기부전 및 피임에 대한 광고가 이 범주에 속한다. 라이프스타일 약품 광고에는 "의사가 사실상 등장하지 않는다. 이러한 광고는 치료를 받을지 여부를 거의 전적으로 환자의 선택에 맡기며, 의사의 유일한 책무는 약을 처방하는 것이다"(Adams & Harder, 2019: 29).

또한 소비자 직거래 처방약 광고, 특히 라이프스타일 광고가 소위 우리 사회의 '의약품화(pharmaceuticalisation)'[8]에 한몫한다는 우려도 있다. 애덤스와 하더는 전반적으로 "판매자들이 약 없이 개인의 건강 및 삶의 문제를 관리하는 것에 비해 약 사용을 그러한 문제의 손쉬운 해결책으로 묘사한다"고 지적한다(Adams & Harder, 2019: 30). 하버드 의학전문대학원(Harvard Medical School)은 처방약 광고를 다음과 같이 요약했다: "소비자가 약 광고를 통해 깨달아야 할 가장 중요한 문제는 그것은 그저 광고일 뿐이라는 것이다. 그들의 주요 목표는 소비자를 돕는 것이 아니라 제품을 판매하는 것이다"(Harvard Medical School, 2017: 단락 13).

처방약 광고는 사람들의 행동에 복합적인 영향을 미친다. 한 연구에서 설문조사에 응한 사람 가운데 6%가 의사에게 광고에서 본 약에 대해 말했으며, 그 약에 대해 의사와 의논한 사람 가운데 약 30%는 그 약을 처방받았다. 또 11.5%는 의사가 그 약이 도움이 되지 않는다고 말해주었음에도 그 약을 처방받았다(Murray et al., 2004). 연구 문헌들을 검토한 결과, 처방약 광고로 인해 광고된 약에 대한 환자의 수요 증가와 처방전 발급 증가로 이어지는 것으로 나타났다(Gilbody et al., 2005; Mintzes, 2012). 그러나 소비자에게 직접 광고하는 것이 건강상의 이점을 제공한다는 증거는 없다.

식품. 식품 광고가 소비자 건강에 미치는 효과에 관한 많은 연구는 어린이에게 초점을 맞추었다. 식품 광고는 광고되는 식품의 영양가에 따라 긍정적인 효과를 미칠 수도 있고 부정적인 효과를 미칠 수도 있다. 어린이 웹사이트의 음식 및 음료 광고를 연구하는 연구자들은 1년 동안 해당 사이트에 34억 편의 광고가 게재되었다는 사실을 확인했다(Ustjanauskas et al., 2013). 패스트푸드와 아침용 시리얼이 가장 많이 광고되었으며, 광고에 표시된 식품의 84%가 지방, 나트륨 및/또는 설탕 함량이 높았다. "식품 광고는 흔히 접할 수 있고, 대체로 에너지 밀도가 높고 영양이 부족한 음식을 판촉하며, 단기간 노출되더라도 어린이들의 음식 섭취가 증가하는 결과를 초래한다"(Boyland et al., 2015: 331).

어린이와 10대의 비만은 학자들의 주된 관심사였다(예: James et al., 2001; Ogden et al., 2002; Wang et al., 2002). 많은 연구 결과는 텔레비전의 식품 광고를 시청하는 것이 어린이

---

8 사회적으로 문제로 인식되지 않았던 문제들이 의학적 또는 약물적으로 치료해야 할 문제로 재정의 되는 현상을 말한다. 이는 주로 의약품 마케팅과 관련이 있으며, 일상적인 생활상의 문제들이 약물 처방을 필요로 하는 의학적 문제로 간주되는 것을 의미한다(옮긴이 주).

비만과 높은 연관성이 있음을 보여준다(Committee on Food Marketing, 2006). 지머맨(F. J. Zimmerman)과 벨(J. F. Bell)은 TV 시청이 앉아서 시간을 보내는 활동이기 때문에 비만의 원인이라는 이른바 '카우치 포테이토(couch potato)'[9] 주장을 뒷받침하는 증거를 확인하지 못했다(Zimmerman & Bell, 2010). 대신, 통계 분석 결과는 TV 광고와 비만 사이에 인과관계가 있음을 보여주고 있다.

TV 식품 광고는 어린이의 단기적·장기적 식품 선호도에 영향을 미친다(Goldberg et al., 1978). 영양가가 낮은 식품 광고가 엄청나게 많다는 것을 고려할 때, 그와 같은 연구 결과는 식품 광고가 건강에 대한 부정적인 결과를 초래할 수 있음을 시사한다. 그러나 골드버그(M. E. Goldberg) 등의 연구는 어린이의 식습관을 결정하는 데는 부모의 식습관이 광고보다 훨씬 더 큰 영향을 미친다는 사실을 확인했다(Goldberg et al., 1978). 좀 더 최근의 실험에서는 자녀의 나이에 따라 광고와 부모의 영향력이 변하는 것으로 나타났다(Ferguson et al., 2014). 예를 들어, 광고와 만화는 모두 3~5세 어린이의 식품 선호도에 영향을 미쳤다. 그러나 6~8세 어린이는 부모의 영향을 더 많이 받았다. 한편 상대적으로 나이가 많은 어린이(9~12세)는 미디어나 부모의 영향을 받지 않았다. 최근에 이루어진 다른 연구에서는 부모의 개입이 소셜 미디어의 식품 광고가 어린이에게 미치는 영향을 완화할 수 있는 것으로 나타났다(Al Abbas, 2018).

모든 식품 광고가 소비자에게 부정적인 영향을 미치는 것은 아니다. 예를 들어, 1980년대에 켈로그(Kellogg)의 올 브랜(All-Bran) 캠페인은 섬유질이 많고 지방질이 낮은 음식의 건강상 (항암적) 이점을 강조하기 위해 국립암연구소(National Cancer Institute)의 정보를 포함했다. 이러한 캠페인을 벌인 결과, 많은 사람이 (올 브랜 같은) 고섬유 저지방 음식을 먹기 시작했으며, 많은 사람이 특정한 종류의 암 예방에서 영양소의 중요성을 깨닫기 시작했다는 사실이 연구들에서 확인되었다(Freimuth et al., 1988; Levy & Stokes, 1987).

2) 텔레비전 프로그램과 건강

수십 년 동안 흡연과 음주 혹은 음주에 대한 언급은 텔레비전 프로그램에서 흔히 볼 수 있었다. 새 천년에 발표된 한 보고서는 인기 있는 프라임타임 시트콤과 드라마 시리

---

9 '카우치 포테이토(couch potato)'란 원래 오랫동안 가만히 앉아 텔레비전만 보는 사람을 일컫는 말이다(옮긴이 주).

즈물의 불법 약물, 담배와 술에 대한 묘사를 조사했다(Christenson et al., 2000). 분석된 전체 에피소드의 20%에 불법 약물이 등장했거나 언급되었고, 19%에 담배를 피우는 장면이, 그리고 71%에 음주 장면이 포함되어 있었다. 음주와 음주에 대한 언급은 성인 프로그램에만 등장하는 것이 아니라 10대 프로그램에도 등장했다. 담배와 특히 술은 리얼리티 TV 프로그램에서 흔히 볼 수 있다(Barker et al., 2020). 직장 관련 드라마 시리즈물에도 자주 술이 등장하거나 술에 대한 언급이 포함되는데, 이것은 직장에서 술을 마시는 것이 일반적이고 사회적으로 용인되며 대체로 아무런 영향이 없다는 인식을 전달한다(Mayrhofer & Matthes, 2018).

연구자들은 11~16세 남자아이들에게 인기 있는 프로그램[예: 〈오피스〉, 〈워킹 데드〉, 〈네모바지 스폰지밥〉, 〈패밀리 가이(Family Guy)〉, 〈사우스 파크(South Park)〉 등]에 술과 담배가 등장하는지 분석했다(Keller Hamilton et al. al., 2018). TV-14 등급의 프로그램에는 2시간마다 대략 1회의 담배 묘사와 매시간 10회의 술 묘사가 포함되어 있었다. 담배와 술에 대한 묘사는 대부분 시각적이었다. 그 가운데 89%는 담배를 피우는 등장인물을 보여주었고, 56%는 술자리를 갖지만 실제로 술을 마시지는 않는 등장인물을 보여주었다. 다른 연구자들은 TV 프로그램에서 주류(酒類) 브랜드에 더 많이 노출되는 것이 청소년 음주와 관련이 있음을 확인했다(Gabrielli et al., 2021).

인기 시트콤은 과도한 음주, 알코올 중독자에 대한 고정관념, 음주의 부정적인 결과에 대한 문제를 유머러스한 방식으로 제시한다(Mayrhofer & Matthes, 2021). 이 연구자들은 "코미디 시리즈가 음주의 부정적인 측면을 하찮게 여기게 만들고 '재미있는' 과음자 이미지를 조장할 수도 있다"고 결론지었다(Mayrhofer & Matthes, 2021: 59).

다른 연구에서는 최근 몇 년간 텔레비전에서 담배 관련 이미지가 증가한 것으로 나타났다. 15~24세에게 인기 있는 넷플릭스와 방송/케이블 TV 프로그램을 분석한 결과, 해당 프로그램의 92%에 담배가 포함된 것으로 나타났다(Truth Initiative, 2019). 넷플릭스는 방송이나 케이블에 비해 담배에 대한 묘사를 훨씬 더 많이 포함했다. 실제로 이 연구에서 조사된 〈기묘한 이야기〉의 에피소드 중 100%에 담배가 포함되어 있었다. 이 조사 결과에 대해 넷플릭스는 "역사적 또는 사실적 정확성을 위한 경우를 제외하고는 앞으로 TV-14 이하 등급의 시리즈물과 PG-13 이하 등급의 영화를 제작 의뢰하는 모든 신규 프로젝트에는 흡연과 전자 담배 장면이 포함되지 않을 것"이라는 내용의 성명을 발표했다(Nedelman, 2019: 단락 2).

많은 내용 분석 연구는 술과 담배 외에도 TV에 등장하는 신체 유형을 조사했다. 한 연구에서는 TV에 등장하는 여성 등장인물의 거의 절반(49%)이 저체중이었던 반면(21세기로 접어든 이후 18%나 증가한 수치임), 평균 또는 건강한 체중의 여성 등장인물은 9% 감소했다(Mastro & Figueroa-Caballero, 2018). 남성 등장인물의 4분의 3은 평균 또는 건강한 체중이었다. 더욱이 마른 체형과 지각된 매력 사이에는 유의적인 관계가 있었다.

연구된 또 다른 이슈는 마른 몸매의 등장인물이 대부분인 텔레비전 프로그램을 시청하는 것과 그것이 시청자의 신체상(body image)에 미치는 효과 간의 연관성이다. 실제로 미국의 '야윈 몸매 기준(slim standard)'과 그에 따른 건강 문제가 위성 텔레비전 방송을 타고 전 세계 구석구석으로 확산했다. ≪뉴스위크(Newsweek)≫의 한 기사(1999)는 피지(Fiji)의 사우스 퍼시픽(South Pacific) 섬(전통적으로 뚱뚱한 몸매를 선호하는 문화를 가지고 있음)의 10대 소녀들이 1995년 막대기처럼 마른 여배우가 등장하는 서방 TV 프로그램이 방송된 후 심각한 식사 장애 징후를 보이기 시작했음에 주목했다. 연구자들은 모든 비난을 텔레비전에게만 돌리기를 꺼리지만, 여러 요인 가운데서 텔레비전이 핵심적인 요인인 것으로 보인다. 다른 연구들에 따르면, 텔레비전을 가장 많이 시청한 피지 소녀들은 자신이 너무 뚱뚱하다고 생각하며 이런 소녀 3명 가운데 2명이 몸무게를 줄이기 위해 다이어트에 의존한 것으로 나타났다. 게다가 연구 대상 소녀 가운데 15%는 몸무게를 줄이기 위해 먹었던 음식을 토하는 방법을 사용했다(Becker, 2004; Becker et al., 2003).

텔레비전 시청과 영양 상태 간의 관계를 살펴본 많은 연구는 텔레비전 시청 시간이 청소년의 체중 문제를 예측하는 신뢰할 만한 변인임을 보여준다(예: Berkey et al., 2000; Braithwaite et al., 2013; Dennison et al., 2002; Dietz, 1990; Dietz & Gortmaker, 1985; Saelens et al., 2002; Zhang et al., 2016). 1970년대에 이루어진 한 연구는 TV 시청을 많이 하는 어린이가 TV 시청을 적게 하는 어린이보다 식사 사이에 간식을 더 많이 먹는다는 사실을 입증한 바 있는데(Clancy-Hepburn et al., 1974), 다른 연구들은 이러한 사실을 확인해 주었다(Coon et al., 2001; Matheson et al., 2004).

건강과 미디어 효과가 만나는 또 다른 중요한 지점은 성활동이다. 최근 몇 년간 텔레비전에서 성적인 내용이 점점 더 많아지고 노골적으로 변해왔다. 2012년부터 2017년까지 방송된 HBO 시리즈물 〈걸스〉의 내용을 분석한 결과, 전체 장면의 거의 5분의 1에 어떤 종류의 성적 행동이 묘사되었으며 분석된 장면의 거의 3분의 1에 성적인 대화가 포함된 것으로 나타났다(Stevens & Garrett, 2016). 리얼리티 쇼 역시 성적 행동에 영향을 미칠 수 있다. 예를 들어, MTV의 〈16세 미혼모〉 시리즈물 시청은 10대 출산 감소와 높아진 피임 및 낙태에 대한 관심으로 이어졌다(Kearney & Levine, 2015). 미디어가 성적 태도와 행동에 미치는 영향에 대한 우리의 심층적 조사를 보려면 12장을 참조하라.

정신 건강은 주간(晝間) TV 프로그램과 프라임타임 프로그램 모두에서 흔히 볼 수 있는 이슈가 되었는데, 이 이슈는 일반적으로 부정적인 고정관념과 관련되어 있다. 정신 질환을 앓고 있는 등장인물은 "범죄 활동에 연루된 것으로 그려지고, 외모가 매력적이지 않은 것으로 묘사되고, 특이한 사람이나 미치광이 혹은 사이코로 언급되며, 그와 같은 묘사를 강화하는 음악, 조명, 설정과 같은 제작 기술이 동반될 수도 있다"(Albada, 2014: 816). 최근에는 텔레비전에서 정신 질환에 대한 긍정적인 묘사가 많아지고 있지만, 일반적으로 "(정신 질환의) 묘사의 결과에 대한 연구는 낙인찍기(stigmatization)를 지적한다. 예를 들어, 미디어가 주요 정보원이라고 말한 사람들은 정신 질환이 있는 사람들에 대해 덜 관용적인 태도를 보였다"(Albada, 2014: 817).

3) 영화와 건강

대부분의 영화에서는 술을 마시고 담배를 피우는 등장인물이 빈번하게 등장한다(Roberts & Christensen, 2000). 심지어 G-등급 영화와 디즈니 클래식 만화영화 4편 가운데 3편에도 술과 담배가 등장했다(Ryan & Hoerrner, 2004; Thompson & Yokota, 2001; 또한 이 장의 '연구 스포트라이트' 참조).

2015년에 월트 디즈니 컴퍼니(Walt Disney Company)는 청소년을 대상으로 하는 모든 디즈니, 픽사(Pixar), 마블(Marvel), 루카스필름(Lucasfilm) 영화에서 (역사적 정확성이나 흡연 습관을 부정적으로 표현하는 것과 같은 몇 가지 제한된 상황을 제외하고는) 흡연을 금지했다.

디즈니의 1961년 애니메이션 클래식 〈101 마리의 달마시안 개(101 Dalmatians)〉의 악당 크루엘라 드 빌(Cruella De Vil)은 손에 담배를 들고 있는 모습을 자주 보여주었다.

당신의 양심에 따르기: 디즈니 클래식 만화영화의 흡연과 음주

Erin L. Ryan & Keisha L. Hoerrner(2004) *Mass Communication and Society*, 7(3), 261~278.

이 연구자들은 디즈니 클래식 만화영화의 흡연 및 음주 장면을 찾아보기 위해 1937~2000년에 출시된 24편의 G-등급 장편 만화영화를 내용 분석했다. 그들은 이들 영화에서 사용 반대(antiuse) 메시지가 없는 381건의 흡연 및 음주 장면을 확인했다.

연구 문제

RQ1: 1937~2000년에 출시된 디즈니의 G-등급 장편 만화영화에 담배와 술이 등장하는가?

RQ2: 만약 등장한다면, 흡연과 음주 장면은 어떤 상황에서 등장하는가?

RQ3: 그와 같은 장면의 등장 횟수는 시간이 흐르면서 줄어드는가?

조작적 정의

담배 및 술에 대한 노출 사례는 화면에 담배나 술이 연속적으로 보이는 각각의 사례로 정의되었다(Thompson & Yokota, 2001). 한 캐릭터가 술이나 담배를 들고 있거나 사용하는 것으로 보일 때마다, 스톱워치를 사용해 그 사례의 경과시간을 재서 기록했다. 의인화된 술이나 담배도 이 분석에 포함했다.

연구자들은 '화면에 그냥 보여주기만' 했는지 혹은 캐릭터가 담배나 술을 받아들이거나 거절함으로써 그것에 반응했는지 등 영화에서 담배와 술이 등장하는 상황도 코딩했다. 또한 만약 캐릭터가 술이나 담배 사용에 긍정적으로 반응하거나 그것의 사용을 권하거나 시청자를 웃게 하려고 시도하고 있다면, 그것은 술이나 담배를 받아들이는 것으로 코딩했다. 부정적인 반응은 거절하는 것으로 코딩했다.

캐릭터는 성인, 10대, 혹은 어린이로 분류했다. 주인공, 상대역, 조연도 코딩했다. 의인화된 술이나 담배는 조연으로 코딩했다.

표본

분석한 디즈니 클래식 만화영화는 다음과 같다:

〈백설공주와 일곱 난장이〉(1937)　　〈미녀와 야수〉(1991)

〈피노키오〉(1940)　　〈알라딘〉(1992)

〈덤보〉(1941)　　〈포카혼타스〉(1995)

〈신데렐라〉(1951)　　〈노트르담의 꼽추〉(1996)

〈신기한 나라의 앨리스〉(1951)　　〈레스큐어스〉(1977)

〈피터 팬〉(1953)　　〈토드와 코퍼〉(1981)

〈레이디와 트램프〉(1955)　　〈올리버와 친구들〉(1988)

〈잠자는 숲속의 미녀〉(1959)　　〈인어공주〉(1989)

〈101마리 달마시안〉(1961)　　〈헤라클레스〉(1997)

〈아더왕의 검〉(1963)　　〈뮬란〉(1998)

〈정글북〉(1967)　　〈타잔〉(1999)

〈아리스토캣〉(1970)　　〈쿠스코? 쿠스코!〉(2000)

연구 결과

연구자들은 24편의 영화에서 381건의 술 및 담배 노출 사례(담배 106건과 술 275건)를 코딩했다. 연구 문제 1에 대한 대답은 '그렇다'이다. 단지 3편(〈정글북〉, 〈토드와 코퍼〉, 〈뮬란〉)의 영화에서 술이나 담배가 등장하지 않았다.

18편의 영화에는 적어도 한 차례의 담배 노출이 포함되었으며, 또한 18편의 영화에는 적어도 한 차례의 술 노출이 포함되었다. 파이프가 가장 자주 등장하는 담배 제품이었고, 그다음이 시가(cigar)와 궐련(cigarette)이었다. 술의 경우는 맥주, 포도주, 샴페인, 증류주 순서로 자주 등장했다. 시가 노출이 없는 영화는 9편뿐이었고, 파이프 노출이 없는 영화는 10편이었으며, 포도주 노출이 없는 영화는 단지 6편뿐이었다.

연대별로(1937년 영화는 1940년대 집단에 포함되었음) 영화를 분류한 후, 연대별 출시 시기와 노출 유형 간에 카이 스퀘어(chi square) 검정을 실시했다. 그 결과, 시간이 흐르면서 담배 노출이 줄긴 했지만 술 노출은 오히려 증가한 것으로 나타났다.

노출 상황에 관한 연구 문제 2에 대해서는 술과 담배 노출 건수의 91%가 수용되었으며, 거절된 경우는 4%에 지나지 않았다. 단지 4편(〈피노키오〉, 〈피터 팬〉, 〈101마리 달마시안〉, 〈아더왕의 검〉)에만 거절이 포함되었다. 술에 대한 거절이 포함된 영화는 단 1편(〈피노키오〉)뿐이었다.

3편(〈피노키오〉, 〈피터 팬〉, 〈올리버와 친구들〉)의 영화에는 어린이가 술을 마시거나 담배를 피우는 장면이 포함되어 있었다. 〈피터 팬〉, 〈인어공주〉, 〈알라딘〉에는 10대가 술을 마시거나 담배를 피우는 장면이 포함되어 있었다. 전체 흡연 장면 가운데 어린이가 흡연하는 장면이 22%나 되었다. 술이나 담배 사용 반대 메시지가 포함된 영화는 거의 전무했다.

연구 문제 3의 경우, 흡연 장면은 줄었으나 음주 장면은 그렇지 않았다.

그 결과, 1960년대에는 담배가 애니메이션 버전의 캐릭터의 상징적인 액세서리였음에도 2021년에 출시된 엠마 스톤(Emma Stone)의 실사(實寫) 영화 〈크루엘라(Cruella)〉에는 흡연 장면이 포함될 수 없었다. 파라마운트(Paramount), 소니(Sony), 유니버설(Universal) 및 워너 브러더스(Warner Bros.)는 모두 영화에서 흡연을 제한하는 정책을 시행하고 있다 (Erbland, 2019). 이러한 정책에도 2002년 이후 개봉된 최고의 수익을 올린 미국 영화 가운데 절반 이상이 흡연 장면을 포함하고 있으며, PG 및 PG-13 영화에서 담배가 묘사된 사례는 2015년 이후 63%나 증가했다(Polansky & Glantz, 2020). 또 다른 연구에서는 2019년 최고 수익을 올린 영화의 51%에 담배에 대한 묘사가 포함되어 있었다(Polansky et al., 2020). 등급별로 나누어서 보면, G/PG 영화의 23%, PG-13 영화의 43%, R-등급 영화의 76%에 담배가 등장했다.

선한 등장인물도 악한 등장인물과 마찬가지로 담배를 피우고/피우거나 술을 마신다 (Goldstein et al., 1999). 한 연구에 따르면, 영화에서 불법 약물 사용은 흡연이나 음주만큼 자주 발생하지 않고, 약물 사용의 악영향이 자주 묘사되었으며, 약물 중독자는 대개 악으로 묘사되었다고 한다(Roberts & Christensen, 2000).

사전트 등(Sargent et al., 2005)은 10~14세의 청소년을 대상으로 설문조사를 실시한 결과, 영화의 흡연 장면 노출과 청소년의 흡연 시작 간에 인과관계가 있음을 확인했다. 영화의 흡연 장면 노출이 미국 청소년의 흡연 시작을 결정하는 가장 강력한 단일 위험 요인이었다. 사전트 등(Sargent et al., 2012)은 PG-13 및 R-등급 영화(G 및 PG 영화는 제외)의 흡연 장면이 청소년의 흡연 시작으로 이어진다는 사실을 확인했다. 이 연구자들은 흡연 장면이 포함되어 있는 모든 영화에 R 등급을 부여하면 청소년의 흡연 시작을 18%까지 줄일 수 있을 거라고 결론지었다.

더욱이 미국 공중보건총감 보고서는 "영화 속 흡연 묘사와 청소년의 흡연 시작 사이

노래 가사와 뮤직 비디오에 등장하는 흡연과 음주

- 시걸(M. Siegel) 등은 미국 대중음악을 연구했다. 가장 인기 있는 노래 가운데 23%에 술에 대한 언급이 포함되어 있었다(Siegel et al., 2013). (R&B와 힙합으로 구성된) 어반 장르(urban genre)의 노래 가운데 거의 40%에 술과 관련 내용이 포함되어 있었으며, 컨트리 뮤직이 22%, 팝송이 15%, 록 뮤직이 7%로 그 뒤를 이었다. 특정 브랜드의 알코올이 언급될 때, 그 브랜드는 압도적으로 긍정적인 맥락과 연관되어 있었다.
- 너천(K. E. Knutzen) 등은 2013년부터 2017년까지 힙합 음악 비디오의 40.2%~50.7%에 가연성 담배 또는 전자담배 흡연, 연기, 또는 증기가 포함되어 있음을 확인했다(Knutzen et al., 2018). 더욱이 메인 아티스트나 피처링 아티스트가 가연성 담배 흡연의 거의 60%, 전자담배 흡연의 30%를 차지했다. 그들은 비디오의 인기, 힙합 장르의 매력, 유명 음악인의 브랜드 담배 제품 사용이 흡연 및 마리화나 사용에 대한 계속되는 공중보건 문제에 한몫할 수 있다는 점에 주목했다.
- 크랜웰(J. Cranwell) 등은 영국의 유튜브(YouTube) 뮤직 비디오를 분석했다(Cranwell et al., 2016). 시청자들은 인기 동영상을 보는 동안 담배와 주류 콘텐트에 수백만 회 노출되었다. 청소년이 성인보다 이러한 콘텐트에 훨씬 더 많이 노출되었고, 또한 소녀가 소년보다 이러한 콘텐트에 더 많이 노출되었다. 술에 대한 노출 횟수는 담배에 비해 거의 5배나 높았다.

에 인과관계가 있다고 결론을 내릴 수 있는 증거가 충분하다"고 밝히고 있다(USDHHS, 2012: 10). 폴랜스키(J. R. Polansky) 등이 지적하듯이, 영화나 TV 프로그램 노출로 인해 흡연을 시작하는 청소년 가운데 거의 90%가 18세 이전에 흡연을 시작한다(Polansky et al., 2020). 게다가 "그들 가운데 200만 명이 심장병, 폐암, 폐기종 등 담배로 인한 질병으로 결국 사망할 것이다"(USDHHS, 2012: 4).

영화 등장인물의 음주 장면을 보는 것은 10~14세 청소년이 이른 나이에 음주를 시작하는 것과 연관이 있다(Sargent et al., 2006). 술에 관심이 적은(즉, 술을 마신 적도 없고 술 마실 의도도 없는) 것으로 여겨지는 유럽 6개국의 청소년을 대상으로 한 종단적 연구는 영화에서 음주 장면을 보는 것이 미치는 영향을 조사했다. 다양한 변인(예: 젠더, 가족의 부유함, 성격 특성, 또래의 음주 행동 등)을 통제한 결과, 참여자의 40%가 영화에서 음주 장면을 본 후 음주를 시도했으며, 6%는 폭음을 한 것으로 나타났다(Hanewinkel et al., 2014).

4) 건강 뉴스의 효과

건강 관련 뉴스의 효과에 관한 연구는 사람들이 모든 건강 관련 기사 가운데 공중보건 이슈에 대한 기사에 가장 관심을 기울이지만, 동시에 공중보건 정책 기사와 특정 질병에 대한 기사에도 관심을 기울임을 보여주었다(Brodie et al., 2003).

건강 관련 뉴스에 관한 많은 연구가 특정 뉴스 기사를 시청한 후 경험하는 행동적 효과 측정을 포함한다. 예를 들면, 연구는 흡연의 위험에 대한 뉴스 보도가 담배를 끊는 사람의 수에 상당한 영향을 미칠 수 있음을 보여주었다(Pierce & Gilpin, 2001). 뉴스 보도는 10대의 마리화나에 대한 태도뿐만 아니라 그들의 마리화나 사용에도 영향을 미칠 수 있다(Stryker, 2003). 그러나 새로운 기사에서 모순되는 건강 정보를 접할 때 수용자들은 건강 권고 사항 및 식이 과학(dietary science)에 대한 혼란과 부정적인 태도를 경험할 수 있다(Clark et al., 2019). 자살에 관한 뉴스 보도는 모방 자살을 야기할 수 있지만, 뉴스 매체는 그러한 죽음에 대한 세세한 사항을 밝히지 않음으로써 부정적인 효과를 줄일 수 있다(Stack, 2005).

최근에 세계 여러 나라의 연구자들은 코로나 19 팬데믹에 대한 뉴스 보도와 이와 관련된 건강 효과를 연구했다. 이탈리아의 한 연구에서는 뉴스에 제시된 정보 유형이 팬데믹 기간에 건강 관련 행동에 영향을 미친 것으로 나타났다(Scopelliti et al., 2021). '진정시키는 정보(calming information)'[10](예: 코로나 19 환자 대다수가 증상을 경험하지 않았다는 것)는 건강한 행동과 긍정적인 상관관계가 있었다. 흥미롭게도 '경각심을 주는 정보(alarming information)'(예: 사망자 수 증가, 바이러스 전염의 용이성)는 건강한 행동을 증가시키지 않았다. 벨기에의 한 연구에서는 사람들이 지각하는 코로나 19에 대한 취약성과 외로움 및 연대감은 전반적인 미디어 노출 빈도에 따라 결정되는 것으로 나타났다(Frissen et al., 2020). 한편 자기-보고된 건강 행동과 팬데믹 퇴치를 위한 정부 조치에 대한 지지는 주로 소비되는 뉴스 미디어 유형에 의해 결정되었다. 건강 뉴스 효과에 대한 중국 연구에서는 코로나 19 뉴스 소비는 대리 트라우마(vicarious trauma)와 불안을 초래할 수 있는 것으로 나타났다(Liu & Liu, 2020).

뉴스 기사는 또한 공중보건 정책에도 영향을 미칠 수 있다. 건강 기사가 프레임되

---

10 스트레스나 불안을 완화하는 정보를 말한다(옮긴이 주).

는 방식은 공중과 정책수립자가 그 문제를 바라보는 방식에 영향을 미칠 수 있으며 (Dorfman & Wallack, 2007), 일부 프레임은 정치적 노선에 따라 양극화 효과를 낳기도 한 다(예: Gollust et al., 2009). 뉴스 보도는 건강 관련 정책에 대한 공중의 지지에도 영향을 미칠 수 있다(Coleman et al., 2011). 특정 건강 문제(Reese & Danielian, 1989; Shoemaker, Wanta, & Leggett, 1989)나 논란의 여지가 있는 치료(Benelli, 2003)에 대한 미디어의 철저한 조사는 때때로 담당 관리의 조급한 조치를 이끌어낼 수 있다.

보건 전문가들이 건강 문제 해결 방식에 합의할 때, 그러한 변화가 주(州) 혹은 지역 수준에서 일어날 때, 그리고 뉴스 보도가 변화시키고자 하는 민간 집단이나 공공 관리 의 노력을 지지할 때, 건강 관련 뉴스는 가장 큰 효과를 불러일으켰다(Walsh-Childers, 1994a, 1994b).

2. 온라인 건강 정보

다수(70~80%)의 인터넷 이용자가 건강 관련 정보를 얻기 위해 온라인을 검색하며, 그 와 같은 검색은 개인이 인터넷을 이용하는 가장 흔한 이유 가운데 하나이다(Greenberg et al., 2003). 인터넷 이용자의 거의 4분의 3(72%)이 일반 정보부터 경미한 질병과 심각한 질병 모두에 대한 세부 정보에 이르기까지 어떤 종류의 건강 정보를 온라인에서 검색한 다고 답했다(Fox & Duggan, 2013).

라벌리(S. A. LaValley) 등에 따르면, 의료 및 건강 정보를 얻기 위해 온라인 정보원을 이용할 때 이용자들은 대부분(71.8%) 상업용 웹사이트(예: 이 연구에서 가장 자주 거명된 사 이트인 WebMD)를 이용하며, 검색 엔진(11.6%), 메이요 클리닉(Mayo Clinic)과 같은 학술· 연구기관 사이트(11.1%), 정부 홈페이지(5.5%)가 그 뒤를 이었다(LaValley et al., 2017). CDC에 따르면, 여성은 남성보다 온라인으로 건강 정보를 검색할 가능성이 더 높다 (Cohen & Adams, 2011). 여성 외에도 온라인 건강 정보를 찾을 가능성이 더 높은 다른 인 구통계학적 집단에는 더 젊고 백인이며 연간 7만 5,000달러 이상의 소득을 올리는 가구 에 거주하는 사람 및/또는 대학교 이상 학력을 가진 사람들이 포함된다(Fox & Duggan, 2013).

많은 사람이 인터넷에서 건강 정보를 찾으며, 그들은 정보량에 압도당하고 혼란스러 워할 수 있다(Fox, 2006; Kean, 2014). 자신의 질병에 대한 정보를 인터넷에서 찾는 사람은 병원에서 그러한 정보를 사용해 의사에게 질문을 할 가능성이 더 높음을 보여주었다 (Bass et al., 2006). 또 다른 설문조사에서는 온라인 정보를 찾은 사람들 가운데 53%가 자신이 찾은 내용에 대해 의료 전문가와 상담했으며, 41%는 의사로부터 그러한 온라인 진단을 확인받았다(Fox & Duggan, 2013). 대만의 한 연구에서는 의료 문제를 해결하기 위해 온라인으로 건강 정보를 검색하는 것과 개인의 의료적 결정을 바꾸는 것 간에 유의적인 관계가 있는 것으로 확인되었다(Chen et al., 2018). "환자가 자신의 의료 문제를 해결하기 위해 온라인 건강 정보를 더 많이 검색할수록, 자신이 수집한 온라인 건강 정보를 기반으로 의료 결정이 변경될 가능성이 더 높았다"(Chen et al., 2018: 6).

물론 온라인 건강 정보를 항상 액면 그대로 받아들여서는 안 된다. 웹사이트의 정보는 부정확할 수 있으며, 정보의 질도 때때로 수준 이하이다(Eysenbach et al., 2002; Kean, 2014; Powell et al., 2005). 인터넷 웹사이트에서 건강 정보를 구하는 사람은 대부분 정보의 타당성이나 자료를 올린 날짜와 같은 정보의 질을 확인할 수 있는 다른 척도를 확인하지 않는다(Eysenbach & Köhler, 2002; Fox, 2006). 온라인 정보에 대한 평가는 주변 단서와 정보 필요성 및 개인적 신념과 같은 많은 맥락적 요인 모두의 영향을 받는 복잡한 과정이다. 의료 전문가가 양질의 온라인 정보로 생각하는 것과 소비자가 양질의 온라인 건강 정보로 생각하는 것은 서로 다를 수 있다(Sun et al., 2019). 첸(Y.-Y. Chen) 등은 온라인 건강 정보의 공신력이 의료적 의사 결정에 중요한 역할을 한다고 결론지었다(Chen et al., 2018).

현재 보건 의료 전문가는 온라인 건강 정보의 공신력과 무관하게 환자의 의료적 의사 결정이 인터넷에 보고된 건강 정보에 따라 바뀔 수도 있음을 인식할 책임이 있다. 보건 의료 전문가는 가능한 한 환자와 많은 대화를 시작하고, 환자에게 신뢰할 수 있고 설득력 있는 건강 정보를 제공하며, 환자가 정확하고 포괄적이며 이해하기 쉬운 온라인 건강 정보를 찾을 수 있는 곳으로 안내함으로써 환자의 의료적 의사 결정을 지원해야 한다(Chen et al., 2018: 8).

또 다른 일반적인 온라인 건강 정보원은 소셜 미디어이다. 온라인 커뮤니티는 환자와 보호자가 다른 사람과 중요한 건강 정보를 공유하는 것을 촉진한다(Fox, 2014). 소셜 미디어는 사람들이 건강 정보에 접근하도록 돕는 것 외에도 건강 소비자(health comsumer)[11]에게 사회적·정서적 지원을 제공할 수 있다. 그러나 이러한 이점은 정보의 품질에 대한 우려로 인해 희석된다(Zhao & Zhang, 2017). 예를 들어, 소셜 미디어상의 백신 반대 콘텐트를 살펴본 한 최근 연구에서 연구자들은 다음과 같이 지적했다: 그러한 메시지는 "백신을 유해하다고 설명하고, 부작용을 강조하며, 백신이 제공하는 보호 효과성을 훼손한다. 이러한 주장을 뒷받침하기 위해 그들은 잘못된 정보와 음모론을 사용하고 백신의 이점에 대한 데이터를 얼버무리거나 생략한다"(Wawrzuta et al., 2021: 10).

소셜 미디어에 올라오는 건강 정보의 질과 더불어, 정보가 얼마나 빨리 확산할 수 있는지에 대한 우려도 크다. 근거 없는 의학 정보는 입소문을 탈 수 있고 또한 타는데, 이는 사회에 심각한 건강상의 결과를 초래할 수 있다(Chrousos & Mentis, 2020). 코로나 19 팬데믹에서 보았듯이,

매스 미디어와 소셜 미디어는 전염병의 규모를 추정하고 감염 확산에 대한 공중보건 보호 조치를 촉진하는 데 중요한 긍정적인 역할을 할 수 있지만, 동시에 궁극적으로 사회에 더 높은 비용을 초래하는 사회적 불안과 혼란을 불러일으킬 수 있다(Chrousos & Mentis, 2020: 2).

3. 건강 커뮤니케이션 캠페인의 효과

건강 캠페인은 건강 교육과 행동 변화를 위해 의도적으로 매스 미디어를 이용한다. 매스 미디어의 건강 캠페인을 종합적으로 검토한 결과, 연구자들은 이러한 캠페인이 긍정적인 건강 관련 행동 변화를 불러일으킬 수 있고 대규모 인구 집단의 부정적인 행동 변화를 예방할 수 있다는 결론을 내렸다(Wakefield et al., 2010). 자오(X. Zhao)는 "건강 커뮤니케이션 캠페인은 전 세계적으로 공중보건 발전에 중요한 기여를 했으며 흔히 암 및 담배 규제와 같은 광범위한 개입 노력의 중요한 구성 요소로 여겨진다"고 지적했다(Zhao, 2020: S11).

미디어를 통한 건강 커뮤니케이션 캠페인의 효과는 건강 행동 유형에 따라 크게 달라진다. 예를 들어, 한 메타-분석에서는 유방 조영술을 받거나 성 건강과 관련된 행동보다 안전벨트 착용과 구강 건강 같은 행동에 대한 효과의 크기가 더 큰 것으로 나타났다(Snyder et al., 2004). 웨이크필드(M. A. Wakefield) 등은 미디어를 통한 건강 캠페인을 검토

---

11 자신의 건강을 위해 적극적으로 정보를 찾고 건강 관련 제품이나 서비스를 소비하는 사람을 의미한다(옮긴이 주).

한 결과, 도로 안전 및 담배 규제와 관련된 행동에 대해서는 효과성이 더 크고, 영양 및 신체 활동과 관련된 행동에 대해서는 효과성이 중간 정도이며, 모유 수유 및 음주와 같은 행동에 대해서는 효과성이 작거나 없음을 확인했다(Wakefield et al., 2010). 사람들이 복수의 개입에 노출될 때 그리고 원하는 목표 행동이 지속적이거나 습관적인 행위(예: 신체 활동, 음식 선택, 햇빛 노출)가 아닌 '일회적이거나 일시적인' 행위(예: 예방 접종이나 건강 검진)일 때 성공 가능성이 크게 증가했다. 예를 들어, 대학생들에게 독감 예방 주사를 접종하도록 장려하는 매스 미디어 캠페인을 실시한 결과, 백신 접종을 받는 학생의 수가 전년 대비 거의 30% 증가했다(Shropshire et al., 2013).

건강 커뮤니케이션 캠페인 효과에 대한 검토와 메타-분석에 따르면, 전반적으로 개인의 건강 행동을 변화시키는 캠페인의 능력은 그다지 크지 않지만, "대규모 캠페인의 효과가 그다지 크지 않다고 하더라도 수천 혹은 심지어 수백만 명의 사람이 더 나은 방향으로 행동을 변화시키는 것으로 이어질 수 있다"(Zhao, 2020: S13).

미디어의 건강 캠페인에 관한 방대한 문헌은 그러한 캠페인의 결과가 항상 예측 가능한 것은 아님을 보여준다. 어떤 이유에서인지, 어떤 미디어 건강 캠페인은 장기적인 행동 변화를 이끌어내지 못하는 반면, 어떤 캠페인은 이끌어낸다. 어떤 캠페인은 의도한 긍정적인 효과를 불러일으키는 반면, 어떤 캠페인은 의도하지 않은 부정적인 효과를 불러일으키며 그 가운데 일부는 여러 가지 효과를 발생시킨다. 예를 들어, 노스 다코타 (North Dakota)주의 유방 조영술 검진 촉진 캠페인은 유방 조영술 검진을 한 번도 받지 않은 여성에게는 부정적인 영향을 미쳤지만, 이미 검진을 받은 적이 있는 여성에게는 추가 검진을 받도록 장려하는 효과가 있었다(McCaul et al., 1998).

AIDS에 대한 경각심을 높이고 위험스러운 행동을 바꾸게 하기 위한 1980년대의 공중보건 캠페인은 일반 공중의 경각심을 높이는 데는 성공했으나, 동시에 AIDS에 대한 공중의 '불안감'을 높여주기도 했다. 더욱이 미국과 영국에서 이루어진 이러한 캠페인의 메시지는 약물 남용자와 같은 위험도가 높은 수용자에게 도달되지 못했다(Department of Health and Social Security and the Welsh Office, 1987; Snyder et al., 1989).

1998년부터 2004년까지 전국 청소년 약물 방지 미디어 캠페인(National Youth Anti-Drug Media Campaign)은 미국 청소년의 약물 사용을 줄이기 위한 노력의 일환으로 TV, 라디오, 웹사이트, 잡지, 영화관을 통한 공익광고를 활용했다. 실제로 거의 10억 달러에 달하는 캠페인 예산의 상당 부분이 미디어 구매에 지출되었다. 그러나 이 캠페인은 의도한 결과를 얻지 못했다. 캠페인 노출은 약물 사용을 줄이는 대신 친-마리화나 사회 규범 및 향후 마리화나 사용 의도와 더 높은 연관성이 있었다(자세한 내용은 Zhao, 2020 참조).

마이릭(J. Myrick,)은 건강 메시지로 인해 발생하는 의도하지 않은 부정적인 효과의 잠재적 원인은 이론의 잘못된 명세화(misspecification)[12]나 이론의 부족 때문일 수 있다고 지적한다(Myrick, 2020): "이론을 더 비판적으로 적용하는 것은 건강 커뮤니케이션 학자들이 건강 결과를 형성하는 데 있어 미디어와 수용자 요인의 역할을 더 잘 설명하는 데 도움을 줄 수 있다. 나아가 이론은 공중보건에 의도치 않게 해를 끼치는 메시지가 전파되는 것을 방지하는 데도 도움을 줄 수 있을 것이다"(Myrick, 2020: 315).

후속 연구들은 때로는 미디어 개입이 위험도가 높은 수용자들에 의해 소비'되어' 의도한 효과(이 경우는 더 긍정적인 행동으로의 변화)를 초래'하기'도 한다는 것을 보여주었다(예: Elwood & Ataabadi, 1996; Guenther-Grey et al., 1995). '위험 학습 모델 및 고정관념 기폭 모델'에 관한 사이드바는 사람들에게 건강하고 위험이 없는 행동을 하도록 설득하는 것을 목적으로 하는 두 가지 모델을 보여준다.

성공적인 건강 커뮤니케이션 개입의 예로는 2014년에 시작된 미국 FDA의 '진정한 비용(The Real Cost)' 캠페인이 있다(자세한 내용은 Zhao, 2020 참조). 처음에는 청소년의 궐련형 담배 흡연 예방에 초점을 맞췄던 캠페인이 전자 담배와 무연 담배로 확대되었다. 이 캠페인의 메시지는 TV, 라디오, 인터넷, 소셜 미디어, 모바일 게임 등 다양한 미디어에서 볼 수 있다. [캠페인의 공익광고들 가운데 일부는 유튜브 채널(https://www.youtube.com/c/TheRealCost)에서 시청할 수 있다.] '진정한 비용' 캠페인은 두 표적 수용자, 즉 흡연을 시작할 위험이 있는 비흡연자와 흡연을 시도해 보지만 습관적인 흡연자는 아닌 청소년에 초점을 맞추고 있다. '진정한 비용' 캠페인의 효과를 평가한 연구는 이 캠페인이 11~19세 미국 청소년 수십만 명의 흡연을 막는 데 성공했음을 확인했다(Duke et al., 2019). 나아가 이 캠페인은 젊은 흡연자의 수를 줄임으로써 개인, 가족, 사회 전체의 담배 관련 재정적 부담을 크게 줄인다(MacMonegle et al., 2018).

공중보건 캠페인은 건강 행동에 영향을 미치기 위해 정서적 소구에 크게 의존하는 경우가 많다(Myrick, 2020). 최근 들어 다시 주목받는 건강 캠페인 접근 방식 가운데 하나는 두려움 소구(fear appeal)이다. 간단히 말해서, "두려움 소구는 특정 행동으로 인해 발생

---

12 '이론의 명세화(theory specification)'란 연구나 프로그램에서 사용할 이론을 구체적으로 정의하고, 해당 이론의 핵심 개념, 변인, 변인들 간 관계를 명확히 설정하는 과정을 말한다(옮긴이 주).

위험 학습 모델 및 고정관념 기폭 모델

페크만(C. Pechmann)은 사람들이 더 건강한 행동을 함과 동시에 건강에 해로운 것을 피하도록 설득하는 것을 목적으로 하는 두 가지 유형의 상호 보완적 모델을 제시했다(Pechmann, 2001). **위험 학습 모델**(risk-learning model)은 "건강에 해로운 것에 대한 새로운 정보와 이러한 해로움을 최소화해 주는 행동을" 관련짓는 것을 목적으로 하는 반면, **고정관념 기폭 모델**(stereotype priming model)은 해로움을 유발하는 행동을 피하도록 사람들을 설득하기 위해 "추천하는 행동을 하거나 행하지 않는 사람에 관한 기존의 사회적 고정관념"을 이용하려 한다(Pechmann, 2001: 189). 위험 학습 모델은 보호 동기 이론(protection motivation theory)을 기반으로 하는데, 이 이론은 건강을 촉진하고 보호하는 행동을 하도록 동기화하는 것을 의미한다. 네 가지 종류의 메시지가 건강 보호 행동을 할 가능성을 높여준다고 한다. 네 가지 종류의 메시지는 다음과 같다:

- 위험한 행동을 하는 데 따른 심각한 질병의 결과를 보여주는 메시지(위험의 심각함)
- 얼마나 쉽게 질병에 걸릴 수 있는지를 보여주는 메시지(위험의 취약성)
- 보호 행동이 질병에 걸릴 가능성을 얼마나 줄여줄 수 있는지 또는 질병을 얼마나 예방하거나 치료할 수 있는지 보여주는 메시지(대응 효능감)
- 보호 행동을 할 때의 효과성을 보여주는 메시지(자기 효능감)

고정관념 기폭 모델은 기폭되는 자극, 특정한 사회적 집단, 특정한 행동적 특성 간의 기존의 연계를 토대로 한다. 예를 들면, 금연을 권장하는 캠페인에서 담배를 피우는 사람은 부정적인 고정관념의 특징(예: 누런 이빨이나 담배 냄새)을 사용하여 묘사되는 한편, 담배를 피우지 않는 사람은 긍정적인 고정관념의 특징(예: 건강함을 즐기는 것)을 가지고 있는 것으로 표현될 수 있다. 페크만은 다음과 같이 적고 있다:

> 위험 학습 모델은 메시지 수용자에게 메시지 내용에 대한 사전 지식을 요구하지 않는다. 실제로 이 모델의 주요 목적은 지식이 부족한 경우 지식을 전해주는 것이다. 이에 비해, 고정관념 기폭 모델은 사람들의 이전 고정관념을 반영하는 메시지의 사용을 필요로 한다. 바꾸어 말하자면 그러한 기폭이 이미 장기 기억 속에 들어 있는 어떤 신념을 반영하거나 그러한 신념과 일치되어야 한다는 것이다. 기폭은 단지 기존의 고정관념이 기억의 전면(前面)에 오도록 할 뿐이다(Pechmann, 2001: 195).

하는 위험을 알려줌으로써 사람들의 행동을 바꾸려 시도한다. 사람들에게 위험을 인식시킴으로써 두려움 수준을 높이고, 이를 통해 사람들이 보호 조치를 취함으로써 위협을 피하도록 설득할 수 있기를 희망한다"(Basil & Witte, 2014: 498). 두려움 소구는 흡연, 음주, 음주 운전, 고혈압에 초점을 맞춘 캠페인에 사용되어 성공을 거둔 바 있다(자세한 내용은 Simpson, 2017 참조).

FDA의 '진정한 비용' 캠페인은 미국 10대 청소년 수십만 명의 흡연을 막는 데 도움을 주었다.

위티(K. Witte)의 **확장 병행 과정 모델**(EPPM: extended parallel process model)은 사람들이 두려움 소구에 어떻게 반응하는지 설명하는 데 도움을 준다(Witte, 1992). 이전 모델들은 두려움에 대한 인지적 반응에 초점을 맞춘 반면, EPPM은 두려움을 정서로 본다(Myrick, 2020). 베이절(M. Basil)과 위티는 EPPM을 다음과 같이 요약한다(Basil & Witte, 2014):

> 이 모델은 사람들이 위험 통제나 두려움 통제에 참여할지는 지각된 위험(두려움과 인지적 상관관계에 있는 것) 대 효능감의 비율에 달려 있다고 제안한다. 지각된 위험이 자신의 효능 감보다 더 클 때 개인은 두려움 통제에 참여하고 위험에 대해 생각하는 것을 피한다…. 관련 되어 있는 심각한 위협에 직면했지만 그것을 효과적으로 피할 수 있는 방법이 거의 없을 때 사람들은 위협 대신 두려움을 통제할 방법을 찾을 것이다. 그러나 효능감이 높을 때는 보호 조치를 취하고 위험을 통제할 가능성이 더 높다(Basil & Witte, 2014: 499).

많은 연구에서 두려움 소구가 효과적인 설득 도구라는 사실이 밝혀졌지만(예: Hale & Dillard, 1995; Mongeau, 1998; Sutton, 1982; Tannenbaum et al., 2015), 연구자들은 두려움이 어 떻게 작동하는지 더 명확하게 이해하기 위해 계속해서 노력하고 있다. "연구자들은 두 려움을 불러일으키는 메시지가 언제 누구에게 태도와 행동 변화를 불러일으키는지와 관련해 조절 변인이나 경계 조건을 아직 완전히 이해하지 못하고 있다"(Myrick, 2020: 315). 더욱이,

> 단지 두려움만 불러일으키는 메시지는 단순히 사람들을 두렵게 만들기 때문에 흔히 효과성이 제한될 수 있다. 단지 사람들에게 겁을 주려고만 하는 것은 효과가 없는 경우가 많으며 심지어 장기적으로 부정적인 영향을 미칠 수도 있다. 그러나 위협을 예방할 수 있는 실행 가능한 행동이 제시될 때 이러한 소구는 효과적일 수 있다(Basil & Witte, 2014: 499).

마지막으로 미디어를 통한 건강 메시지의 두려움 소구는 의료 전문가와 커뮤니케이션 연구자 모두에게 윤리적 우려를 불러일으킨다.

> 두려움이 설득과 긍정적으로 관련되어 있다고 하더라도, 건강 행동을 바꾸도록 수용자를 설득하기 위해 겁주기 전술(scare tactic)을 사용할 때, 특히 건강 메시지로 인해 유발되는 두려움에 효과적으로 대처할 자원이 없는 고위험 인구 집단을 대상으로 할 때, 윤리적 문제가 발생한다(Hastings, Stead, & Webb, 2004). 두려움이 메시지원에 대한 불신을 야기하거나 수용자들이 두려움을 불러일으키는 메시지에 둔감해지면 두려움 소구는 쉽게 역효과를 낳을 수 있으며 득보다 실이 더 클 수 있을 것이다(Myrick, 2020: 315).

일부 미디어 건강 캠페인은 '피해자 비난(victim blaming)' 접근방법으로 인해 비판을 받기도 한다. 이러한 캠페인은 개인이 라이프스타일을 바꾸거나 건강 검진을 받게 함으로써 건강에 대한 책임을 스스로 지게 하는 정보를 제공한다. 담배나 술과 같은 건강에 해로운 제품의 사용을 두드러지게 보여주는 광고나 미디어 묘사의 공세를 어린 시절부터 받아온 상황에서 피해자들이 그들의 행위에 전적인 책임을 질 수는 없다고 비판자들은 주장해 왔다(예: Wallack, 1989).

전반적으로 미디어를 통한 건강 커뮤니케이션 연구 분야에서는 아직 해야 할 일이 많이 남아 있다.

> 사회가 건강하지 못한 식습관, 깨끗한 물 부족, 스트레스 수준 증가, 감염병, 기타 건강과 복지에 대한 심각한 위협과 관련된 심화하는 건강 위기에 대처하기 위해 미디어를 사용하기를 원한다면, 이론과 방법론의 창의적인 통합뿐만 아니라 이론의 개선된 적용과 방법론의 발전

을 통해 건강 관련 미디어 효과 연구를 지속적으로 발전시키는 것이 필요하다(Myrick, 2020: 318).

4. 요약

매스 미디어 메시지는 흔히 개인과 공중의 건강에 상당한 영향을 미친다. 다른 종류의 미디어 내용과 마찬가지로 건강 관련 메시지의 효과 역시 긍정적이거나 부정적일 수도 있고 의도적이거나 비의도적일 수도 있다. 미디어를 통한 건강 커뮤니케이션 캠페인의 목표는 건강 및 커뮤니케이션 전문가가 설계한 특정 메시지를 제시하려는 것으로, 수용자에게 의도적으로 긍정적인 건강 관련 효과를 미친다. 매스 미디어의 다른 건강 관련 메시지원, 즉 뉴스 보도, 오락 프로그램, 광고는 항상 긍정적인 결과를 초래하지는 않는다.

상업 제품 광고의 효과에 관한 연구들은 주로 제품을 사용하는 개인의 건강에 초점을 맞추었다. 담배, 술, 처방약, 식품 광고가 건강에 미치는 효과는 많은 연구의 관심의 초점이었으며 연구들은 대부분 이 같은 광고가 개인과 공중의 건강에 부정적인 효과를 미친다는 것을 확인했다.

오락물의 묘사는 때때로 수용자의 건강에 꽤 강력한 효과를 미친다. 이 분야의 연구는 대부분 오락물 묘사와 영양, 흡연, 술 소비, 약물 남용, 성활동을 연관시키면서 텔레비전 프로그램, 영화, 뮤직 비디오, 노래 가사에 집중했다.

사람들은 건강 관련 정보의 상당 부분을 뉴스 미디어에서 얻는다. 건강 문제에 대한 뉴스 보도는 보통 시민과 정책 수립자의 인상을 결정할 가능성이 있기 때문에 상당히 중요하다. 일부 뉴스 보도는 건강 문제에 대한 책임을 오로지 개인에게 돌리는 프레임을 이용한다.

많은 건강 캠페인이 성공을 거두지만, 의도하지 않은 부정적인 효과를 초래하는 미디어 건강 캠페인 사례도 많다. 커뮤니케이션 캠페인에서 두려움 소구는 설득력을 갖는다. 그러나 두려움 소구가 역효과를 낼 수 있는 조건이 있으므로 메시지 작성자는 이러한 유형의 소구가 원하는 결과를 가져올 수 있도록 메시지를 신중하게 구성해야 한다. 두려움 소구 사용의 윤리적 문제도 고려해야 한다.

제16장

미디어 고정관념화의 효과

당신을 주연으로 캐스팅할 자리가 없다는 말을 듣는다는 것이 어떤 것인지 우리 모두
잘 알고 있습니다. 하지만 여러분은 젊고, 재능 있는 흑인입니다. 여러분을 주연으로
캐스팅할 스크린이 없다는, 여러분을 주연으로 캐스팅할 무대가 없다는 말을 듣는 것
이 어떤 것인지 우리는 잘 알고 있습니다. 우리는 머리가 아닌 꼬리가 되는 것이 어떤
것인지 잘 알고 있습니다. 우리는 위가 아닌 아래에 있는 것이 어떤 것인지 잘 알고 있
습니다. 그리고 우리는 매일 그런 현실을 마음에 품고 일을 하러 갔습니다. 우리가 시
상식에 초대될 거라거나 영화가 대박을 칠 거라는 걸 알아서가 아니었습니다. 하지만
우리는 세상에 전하고 싶은 특별한 무언가가 있다는 걸 알았습니다. 우리가 맡은 역할
속에서 우리는 온전한 인간으로 존재할 수 있다는 것, 우리가 보고 싶은 세상을 우리가
구현할 수 있다는 것을 우리는 알았습니다.

— 2019년 제25회 SAG 시상식에서 〈블랙 팬서〉에 대해 이야기하는 채드윅 보스먼
(Chadwick Boseman)

2018년에 극장 개봉한 〈블랙 팬서(*Black Panther*)〉는 주류 대중문화의 다양성과 재현
성(representation)에 있어서 분수령이 된 순간으로 찬사를 받았다. 〈블랙 팬서〉는 흑인
수퍼히어로의 이야기에 초점을 맞춘 최초의 마블 영화(Marvel movie)[1]였으며, 흑인 감독
이 참여한 최초의 영화이기도 했다. 비평가와 관객 모두 가상 국가인 와칸다(Wakanda)
의 아프리카 문화를 묘사한 영화를 칭찬했다. 이 영화는 계속해서 여러 박스 오피스 기
록을 깨뜨렸을 뿐만 아니라 흑인에 대한 오래된 많은 미디어 고정관념도 깨뜨렸다.

50년 넘게 커뮤니케이션 연구자들은 매스 미디어의 다양성과 재현성 이슈, 그리고 그
것이 수용자의 태도, 가치 및 행동에 미치는 영향을 연구해 왔다.

---

1   마블 시네마틱 유니버스(MCU: Marvel Cinematic Universe)는 마블 코믹스의 만화 작품에 기반하여,
마블 스튜디오가 제작하는 수퍼히어로 영화를 중심으로 드라마, 만화, 기타 단편 작품을 공유하는 가
상 세계관이자 미디어 프랜차이즈다(옮긴이 주).

1970년대와 1980년대에 걸쳐 많은 미디어 고정관념 연구가 수행되었다. 1990년대에 미국 흑인이 오락 프로그램에서 묘사되는 숫자와 성격 모두에서 매우 큰 진전이 있었지만, 다른 소수자(minority)는 그다지 좋은 성과를 거두지 못했다. 라틴계(Latinx),[2] 아시아계, 아메리카 원주민, 여성 같은 다른 소수자는 매스 미디어에서 계속해서 과소 재현되었고(underrepresented) 때로는 완전히 배제되었다. 이러한 집단 구성원들에 대한 묘사는 때때로 고정관념적이거나 모욕적이었다(Greenberg et al., 2002; Mastro, 2009; Smith & Granados, 2009).

빌링스(A. C. Billings)와 패럿(S. Parrott)은 미디어 고정관념을 "사회 집단에 대한 과도하게 일반화된 정보를 전달하여 긍정적·부정적 특성, 속성 및/또는 행동을 그 사회 집단과 연관 짓는 매개되는 메시지"로 정의한다(Billings & Parrott, 2020a: 3). 최근 몇 년 동안, 학자들이 고정관념이 수용자에게 영향을 미치는 힘을 인식하면서 미디어 고정관념의 효과를 연구하는 학자의 수가 늘어났다(Dixon, 2020).

미디어 산업 역시 최근 몇 년간 다양성이 압도적으로 부족하다는 평가에 직면해 있다. 에이프릴 레인(April Reign)은 연기 부문 아카데미상(Academy Awards) 후보 20명이 모두 백인이라는 사실을 알고 2015년에 #OscarsSoWhite라는 해시태그를 만들었다. 2016년에도 같은 일이 반복되자 그녀는 "한 번은 우연이라고 할 수 있지만 두 번은 패턴처럼 느껴진다"고 말했다(Ugwu, 2020). 레인의 2015년 트윗은 입소문을 통한 행동 촉구로 이어졌고(viral call), 이는 사회 정의 캠페인으로 발전했다. 그 이후로 영화예술과학 아카데미(Academy of Motion Picture Arts & Sciences)는 다양성과 포용성 면에서 어느 정도 개선되기는 했지만, 여전히 개선의 여지가 많이 남아 있다.

앞의 장들은 미디어 이용자의 인지나 정신적 과정에 영향을 미치는 매스 미디어의 힘을 보여주었다. 우리는 미디어 메시지가 때때로 사람의 태도와 가치를 변화시킨다는 것을 알게 되었다. 이러한 변화는 좋든 나쁘든 사람의 행동을 바꿀 수도 있다. 이 장에서는 매스 미디어에서 나타나는 소수자 묘사의 속성과 그것이 수용자에게 미치는 영향에 대해 살펴본다. 물론 이 장에서 다루는 내용보다 '훨씬' 더 많은 집단이 미디어에서 고정관념화되고 있다. 미디어 고정관념에 대한 깊이 있는 검토를 살펴보려면 빌링스와 패럿

---

2 '라틴계'라는 용어는 일반적으로 라틴어 계열의 언어가 우세한 지역인 라틴 아메리카에 조상을 둔 모든 사람을 가리킨다. 이 정의에는 일반적으로 포르투갈어를 사용하는 브라질과 프랑스어를 사용하는 아이티가 포함되지만 스페인은 제외된다(옮긴이 주).

의 수상 경력에 빛나는 저서『미디어 고정관념: 연령 차별에서 외국인 혐오증까지(*Media Stereotypes: From Ageism to Xenophobia*)』를 읽어보기를 추천한다(Billings & Parrott, 2020b).

현실 세계는 텔레비전과 영화에서 묘사되는 세계와 흔히 매우 다르다는 배양 효과 연구에 관한 8장의 내용을 여러분은 기억할 것이다. 미디어 내용에 대한 연구 분석들은 소수자 등장인물이 존재하는지, 그들이 다른 등장인물과 어떻게 비교되는지, 소수자 등장인물의 중요성은 무엇인지, 소수자 등장인물과 다른 인종 등장인물은 어떻게 상호작용하는지 살펴보았다. 다른 연구들은 내용과 등장인물에 대한 소수자 시청자와 다수자(majority) 시청자의 선호도를 살펴보았다.

먼저 우리는 미디어가 과거에 소수자를 어떻게 묘사해 왔는지 돌아보고, 그런 다음 오락 프로그램, 뉴스 보도, 광고의 소수자 묘사를 통해 미디어가 오늘날 수용자에게 사회적 정보를 어떻게 전달하는지 살펴본다. 또한 미디어의 소수자 묘사 현황, 소수자 수용자들의 특성, 그리고 미디어가 인종, 민족, 젠더 고정관념화에 미치는 영향도 살펴보기로 한다.

1. 미디어의 소수자 묘사: 되돌아보기

1) 텔레비전

우리는 1950년대는 물론 그 이후 수십 년 동안에도 매우 이례적이었던 백인 여성과 쿠바 남성의 결혼을 소재로 엄청난 성공을 거둔 시트콤 〈왈가닥 루시(*I Love Lucy*)〉를 되돌아보는 것으로 시작한다. 이 시트콤은 텔레비전이 영향력 있는 매스 미디어로 부상하던 1951년부터 1957년까지 방송되었다. 수백만 명의 사람들이 부부의 일상생활을 코믹하게 묘사한 이 프로그램을 시청하기 위해 CBS에 채널을 고정했다. 이 시트콤은 "아메리칸 드림 신화에 나오는 전형적인 백인 이성애 커플 이미지를 바탕으로 하는 젠더 고정관념"에 문제를 제기했다(Ramasubramanian et al., 2020: 261).

1970년대부터 연구자들은 스크린에 나오는 소수자 등장인물의 수를 조사하기 시작했다. 등장인물 수를 조사한 2편의 주요 연구는 텔레비전에 등장하는 소수자 등장인물의 비율이 그들의 실제 인구 구성 비율에 훨씬 미치지 못한다는 사실을 확인했다(Gerbner & Signorielli, 1979; Seggar et al., 1981). 1970년대 내내 백인 등장인물의 비율은 실제 인구 구성 비율(87%를 약간 넘었음)을 훨씬 초과하는 증가를 보였고, 흑인 등장인물의 비율은 약간 증가했지만 여전히 그들의 실제 인구 구성 비율에 미치지 못했다. 이 시기에 흑인 남자 배우와 여자 배우가 주연이나 조연으로 캐스팅되는 경우는 거의 없었다. 예를 들어, 세거(J. F. Seggar) 등의 연구에서는 1975년에 흑인 남성은 주연 남성 역할의 9%, 조연 역할의 12%를 차지한 것으로 나타났다(Seggar et al., 1981). 1980년에 이르자 두 범주 모두 4.5%까지 떨어졌다. 한편 1980년에 흑인 여성이 맡은 주연과 조연의 비율은 3% 미만이었다. 히스패닉계(hispanic)[3]가 맡은 주요 역할

〈왈가닥 루시〉는 인종 간 결혼을 다룬 시트콤으로, 극중 부부로 출연한 배우들은 실제로도 부부 사이였다.

의 비율은 2.5%에 불과했다(Gerbner & Signorielli, 1979).

1980년대 후반부터 1990년대까지 텔레비전에 등장하는 흑인 캐릭터의 수는 변동을 보였다. 흑인 등장인물은 1987년부터 1989년까지 모든 배역의 21.6%를 차지했고, 1991년부터 1993년까지는 16.8%를 차지했다(Tukachinsky et al., 2015). 연구자들은 이러한 비율이 나온 것이 1980년대 종반의 〈아멘(Amen)〉과 〈코스비 가족 만세(The Cosby Show)〉, 1990년대 초반의 〈행잉 위드 미스터 쿠퍼(Hangin' with Mr. Cooper)〉와 〈더 프레시 프린스 오브 벨 에어(The Fresh Prince of Bel-Air)〉와 같이 주로 흑인 출연진이 등장한 인기 코미디들 때문으로 보고 있다.

1990년대 후반에, 텔레비전 네트워크들은 흑인 등장인물을 프라임타임 프로그램에 좀 더 많이 출연시킴으로써 소수자 행동주의자 단체의 요구에 대응했다. 하지만 다른 소수 인종과 소수 민족에 대해서는 그렇게 하지 않았다(Greenberg et al., 2002; Tukachinsky et al., 2015). 소수자들은 20년 전이나 지금이나 여전히 주요 네트워크 프로그램에서 과소 재현되고 있다(Greenberg et al., 2001; Mastro & Greenberg, 2000). 과소 재현 현상은 21세기 첫 10년까지 계속되었다. 1987년부터 2009년까지 인기 프로그램에 등장한 2,500

---

3 '히스패닉'은 아메리카 대륙과 스페인에서 스페인어를 사용하거나 스페인어를 사용하는 커뮤니티의 후손인 모든 민족을 의미한다(옮긴이 주).

명 이상의 등장인물을 분석한 결과, "소수자는 프라임타임 TV에서 대부분 제외되었다. 가장 두드러진 점은 아메리카 원주민은 거의 전무하다는 것이다"(Tukachinsky et al., 2015: 25).

2) 영화

역사적으로 흑인과 기타 소수자 남자 배우와 여자 배우들은 영화에서 특별히 소수자 등장인물을 필요로 하는 배역을 맡아왔다. 1990년대에 들어 이것이 변하기 시작했다. 〈고인돌 가족 플린스톤(*The Flinstones*)〉의 1994년 라이브-액션판에서 조연을 맡은 인기 영화배우 할리 베리(Halle Berry)는 "그 역할은 누구에게나 주어질 수 있었다. 그 역할은 백인 여배우에게 주어질 수도 있었다. 그러나 그것이 나에게 주어졌다"고 말했는데, 그렇기 때문에 그녀가 그 역할을 맡은 것은 하나의 돌파구였다(Ivry, 1998: 3G). 윌 스미스(Will Smith)가 액션 모험물인 〈와일드 와일드 웨스트(*Wild Wild West*)〉에서 제임스 웨스트(James West) 역으로 등장한 것은 주연이 누구에게나 주어질 수 있었지만 흑인 배우에게 주어진 또 다른 사례이다. 1993년에 개봉된 〈더 펠리컨 브리프(*The Pelican Brief*)〉에서 덴젤 워싱턴(Denzel Washington)이 맡은 역할과 〈딥 임팩트(*Deep Impact*)〉에서 모건 프리먼(Morgan Freeman)이 미국 대통령 역을 맡은 것 역시 그러한 예이다.

1990년대에는 많은 영화에서 흑인이 주연을 맡음으로써 새로운 국면으로 전환되기 시작했다. 이러한 스타들은 그들이 다른 인종의 수용자를 서로 다른 다양한 장르의 영화에 끌어들일 수 있음을 입증했다.

어떤 [남자] 배우는 액션으로 가득 찬 고예산 여름 영화로 유명하고, 어떤 배우는 코믹한 연기 재능으로 유명하다. 또 어떤 배우는 그들이 선택하는 흥미로운 등장인물로 유명하다. 할리우드의 많은 최고 명배우들의 스타 파워(star power)가 뿜어내는 밝은 빛은 그들의 피부색을 무색케 한다(Zhou et al., 2010: 11).

3) 광고

TV와 영화 등장인물과 마찬가지로, 광고 이미지 역시 역사적으로 최근까지 대부분 백인 중심이었다(Coltraine & Messineo, 2000; Wilson & Gutierrez, 1995). 1940년대부터 1960

년대까지 흑인은 전국 잡지 광고의 약 3%에만 등장했다. 광고에 등장한 흑인은 대개 다음 세 가지 범주에 속했다: 유명 연예인, 유명 운동선수, 또는 하인으로 묘사된 알려지지 않은 사람(Colfax & Steinberg, 1972; Kassarjian, 1969; Stempel, 1971). 1970년대의 잡지 광고를 분석한 결과에 따르면, 흑인이 광고에서 차지하는 비율은 훨씬 더 낮은 것으로 나타났다(Bush et al., 1980).

이러한 상황은 1980년대에도 크게 바뀌지 않았다. 잭슨(L. A. Jackson) 및 어빈(K. S. Ervin)은 1986년에서 1988년 사이에 ≪코즈모폴리턴≫, ≪글래머(Glamour)≫, ≪보그(Vogue)≫에 실린 광고 약 1,000편을 조사했다(Jackson & Ervin, 1991). 분석된 광고 가운데 흑인 여성 모델을 크게 부각해 다룬 것은 2.4%에 지나지 않았으며, 그러한 광고의 83.0%가 흑인 여성을 롱 샷(long shot)으로 처리했다. 그 당시 흑인 여성은 전체 미국 여성 인구의 12% 이상을 차지하고 있었으며, 분석된 잡지의 구독자 가운데 무려 15%가 흑인 여성이었다.

1970년대와 1980년대의 몇몇 연구는 백인 독자가 흑인 광고 모델 사용에 대해 부정적으로 반응하지 않음을 보여주었다(Block, 1972; Schlinger & Plummer, 1972; Soley, 1983). 이들 가운데 한 연구는 흑인 모델이 등장하는 광고의 실제 열독률(actual readership)을 측정했는데, 모델의 인종이 광고 열독률에 영향을 미치지는 않았다(Soley, 1983).

1990년대에는 점점 더 많은 흑인과 아시아계 미국인이 텔레비전 광고에 모습을 드러냈다. 실제로 그들은 사실상 존재하지 않는 것처럼 묘사되다가, 사회에서 아프리카계 미국인과 아시아계 미국인이 차지하고 있는 실제 비율을 좀 더 잘 재현하는 정도로 묘사되던 시기를 거쳐, 실제 비율의 2배가 넘어 '과대 재현(overrepresentation)' 되기에 이르렀다. 1994년에는 모델이 등장하는 광고에서 모델이 흑인인 경우가 31% 이상으로 나타났는데(Taylor & Stern, 1997), 이들의 실제 인구 구성 비율은 12%였다(U.S. Department of Commerce, 1993). 아시아계 미국인이 모델로 등장하는 모든 상업광고에 등장하는 비율은 8% 이상이었는데, 실제 인구 구성 비율이 3.6%인 것에 비하면 상당히 높은 편이었다. 한편 인디언 원주민과 장애인이 광고에 등장한 경우는 거의 전무했다(Greenberg et al., 2002; Wilson & Gutierrez, 1995).

---

4 남성과 여성으로 구분되지 않는 성별이나 젠더 정체성을 가리키는 용어이다(옮긴이 주).

흑인 여성이 이전에 가본 적이 없던 곳으로 대담하게 가다

1960년대에 진 로든버리(Gene Roddenberry)는 외계를 배경으로 하는 텔레비전 프로그램 〈스타 트렉〉에 대한 아이디어를 떠올렸다. 그는 〈스타 트렉〉을 통해 모든 인종의 사람들(과 심지어 일부 외계인)이 평화롭게 공존하는 미래를 묘사하고자 했다. U. S. S. 엔터프라이즈(U. S. S. Enterprises)호 선교는 진정한 인종의 용광로였다. 아시아계 미스터 수루(Mr. Sulu)와 러시아계 체코프(Chekov) 소위가 은하계의 광활한 미지의 공간으로 우주선을 조정하는 동안, 스코틀랜드계 엔지니어인 몽고머리 스콧(Montgomery Scott)은 워프 코어(warp core)와 트랜스포터(transporter)가 제대로 작동하는지 열심히 확인하고 있다. 외계인인 미스터 스폭(Mr. Spock)은 판독기(readout)를 체크하고 백인 선장 커크(Kirk)와 맥코이(McCoy) 박사에게 조언을 해주느라 바쁘다. 그러나 엔터프라이즈호 승무원이 모두 남자로만 구성된 것은 아니었다. 우주선 통신 장교인 우후라(Uhura) 중위는 엔터프라이즈호가 지구는 물론 미지 세계 외계인과의 교신이 제대로 되고 있는지를 확인하느라 바쁘다. 우후라[니셀 니콜스(Nichelle Nichols) 역]는 텔레비전 프로그램에 하녀나 유모로 출연하지 않은 최초의 흑인 여성 가운데 1명이었다. 그녀는 남성 동료와 동일한 대우를 받았다.

우후라 중위 역의 니셀 니콜스

니콜스는 〈스타 트렉〉의 첫 번째 시즌이 끝난 후 다른 직업을 구하기 위해 떠날 계획이었다. 니콜스는 프로그램을 그만두겠다고 로든버리에게 말한 후, NACCP 만찬 행사에 참석했는데, 그곳에서 그녀는 그녀의 열혈 팬이라고 밝힌 마틴 루서 킹 주니어(Martin Luther King Jr.) 목사를 우연히 만나게 된다. 니콜스가 킹 목사에게 프로그램을 그만둘 것이라고 말하자, 킹 목사는 그녀가 엔터프라이즈호가 외부와 교신하는 것을 끊어서는 안 된다고 말했다. 킹 목사는 그녀에게 "처음으로 우리[아프리카계 미국인]는 …… 응당 우리가 비쳐야 하는 대로 전 세계 사람에게 비치고 있어요"라고 말하면서, 우후라는 그 당시 미국 사회를 지배하고 있던 인종적 고정관념을 깨는 매우 중요한 등장인물이라고 덧붙였다. 킹 목사는 또 그녀에게 〈스타 트렉〉은 그와 그의 아내 코레타(Coretta)가 자녀들이 밤늦게까지 TV를 시청하는 것을 허락한 유일한 프로그램이라고 말했다. 니콜스는 킹 목사의 요구에 따라 다시 일을 하겠다고 로든버리에게 말했고, 우후라 중위는 그 프로그램은 물론 이후의 영화 시리즈에서도 계속해서 엔터프라이즈호의 워프(warp) 비행을 돕는다.

니콜스가 연기한 등장인물은 흑인을 고정관념대로 묘사하지 않았다는 점에서 중요할 뿐만 아니라, 니콜스는 미국 텔레비전 프로그램에서 최초로 인종 간 키스를 한 배우였다. "플레이토의 의붓자식들"이란 에피소드에서 우후라 중위는 커크 선장 역을 한 윌리엄 샤트너(William Shatner)와 키스를 나누었다. 우후라와 커크의 열정적인 키스는 당시 논란을 불러일으켰지만, 요즘은 텔레비전 프로그램에서 인종 간 관계는 더 흔한 일이 되었다.

반세기가 넘는 시간 동안 〈스타 트렉〉 프랜차이즈는 인종 간 (그리고 인종과 외계인 간) 평등이 실현되는 미래를 그려왔다. 수많은 〈스타 트렉〉 파생작에서 우리는 인종 간 로맨스와 종간(種間) 로맨스를 보아왔다. 〈스타 트렉: 딥 스페이스 나인(Star Trek: Deep Space Nine)〉에서는 클링건(Klingon)족 전사 워프(Worf)[흑인 배우인 마이클 돈(Michael Dorn) 분]가 트릴(Trill)족 과학자 닥스(Dax)[백인 배우 테리 파렐(Terry Farrell) 분]와 결혼했다. 또한 〈스타 트렉: 딥 스페이스 나인〉과 〈스타 트렉: 보이저(*Star Trek: Voyager*)〉에는 각각 흑인 남성[벤자민 시스코(Benjamin sisko) 선장: 에이버리 브룩스(Avery brooks) 분]과 백인 여성[캐스린 제인웨이(Kathryn Janeway) 선장: 케이트 멀그루(Kate Mulgrew) 분]이 지휘관으로 등장하여, 특히 1990년대에 텔레비전의 지배적인 인종 및 젠더 고정관념을 더욱 깨뜨리는 모습을 보여주었다.

좀 더 최근에는 〈스타 트렉: 디스커버리(*Star Trek: Discovery*)〉가 다양성을 보여주는 프랜차이즈의 유산을 이어가고 있다. 2017년 첫 방송된 〈디스커버리〉는 흑인 여성을 주인공으로 내세운 최초의 시리즈가 되었다[마이클 버넘(Michael Burnham) 부선장 소네콰 마틴-그린(Sonequa Martin-Green)이 연기했음]. 또한 〈디스커버리〉에는 프랜차이즈 최초로 공개적으로 게이 등장인물과 게이 관계가 등장한다. 이 프로그램의 세 번째 시즌에서는 각각 트랜스젠더와 논-바이너리(non-binary)[4] 배우가 연기하는 프랜차이즈 최초의 정규 트랜스젠더와 논-바이너리 등장인물이 출연했다.

2. 사회적 정보 전달자로서의 미디어: 현재 모습

최근 몇 년 동안, 미디어의 다양성(또는 다양성 부족)에 대한 인식은 학문적 연구를 넘어 주류 담론으로 옮겨갔다. 등장인물의 수는 재현성 측면에서 어떤 진전이 있었는지(또는 부족했는지) 이해하는 데 여전히 중요하다. 그러나 현재 매스 미디어에 등장하는 소수자에 관한 연구는 일반적으로 소수자에 대한 고정관념적 묘사와 그것이 소수자와 다수자 수용자에게 미치는 효과에 초점을 맞추고 있다. 이 연구는 여러 미디어가 공중에게 소수자에 대한 어떤 메시지를 내보내는지 혹은 어떤 사회적 정보를 전달했는지를 알아보는 데 매우 중요하다. 이러한 연구는 텔레비전, 영화, 비디오, 기타 미디어가 오락물, 광고, 뉴스 보도, 어린이 프로그램을 통해 소수자에 대한 정보를 특히 젊은이들에게 제공함으로써 그들에게 영향을 미친다는 점을 인정한다.

1) 텔레비전

텔레비전에서 소수자 재현성은 2011~2012 시즌부터 2018~2019 시즌까지 크게 증가했다. 2011~2012 TV 시즌 동안 지상파 방송 코미디와 드라마의 주연 등장인물 수를 조사한 연구에서는 백인이 거의 대다수(94.9%)를 차지했고 소수자는 5.1%에 불과한 것으

넷플릭스의 〈브리저튼〉과 같은 프로그램은 다양성을 잘 재현한다는 호평을 받았다.

로 나타났다(Hunt et al., 2014). 소수자는 케이블 TV 시리즈물의 주연 등장인물 가운데 14.1%를 차지하여 좀 더 나은 편이었다. 2018~2019 시즌 동안 소수자는 대본이 있는 (scripted)[5] 지상파 프로그램 주인공의 24%, 대본이 있는 케이블 시리즈 주인공의 35%, 훌루, 넷플릭스, 아마존 프라임 비디오(Amazon Prime Video)와 같은 스트리밍 디지털 플랫폼에서 방송되는 프로그램 주인공의 24.1%를 차지했다(Hunt & Ramón, 2020b).

더욱이 주연뿐만 아니라 전반적인 출연진의 다양성을 살펴보면 지상파 전체 배역의 41.3%, 케이블 전체 배역의 36.4%, 디지털 플랫폼 전체 배역의 33.4%를 소수자가 차지했다(Hunt & Ramón, 2020b). 유색인종은 미국 인구의 약 40%를 차지하며, 이는 TV에 나오는 소수자 배역의 수와 거의 비슷하다. 그러나 소수자 배역이 스크린 타임(screen time), 즉 실제로 화면에 등장하는 시간은 26.7%로 더 낮다(Nielsen, 2020a). 전체적으로 2019년 지상파, 케이블 및 스트리밍에서 가장 많이 시청한 300편의 프로그램 가운데 92%가 반복 등장하는 출연진(recurring cast)[6]에 어떤 형태의 다양성(예: 여성, 유색인종, 또는 LGBTQ 재현성)을 포함하고 있었다(Nielsen, 2020a). 예를 들어, NBC의 〈디스 이즈 어스(*This Is Us*)〉, 폭스의 〈9-1-1〉, ABC의 〈그레이 아나토미〉 및 〈스테이션(*Station 19*)〉 같은 프로그램은 여성, 유색인종, LGBTQ 등장인물이 두드러지게 등장하는 몇

---

5   미리 작성된 대본에 따라 진행되는 TV 프로그램이나 시리즈로, 배우들이 정해진 대사와 행동을 수행하는 형식의 프로그램을 말한다. 이에 반해, 리얼리티 쇼, 토크 쇼, 뉴스 프로그램 등은 'unscripted' 프로그램으로 분류된다(옮긴이 주).

6   중요한 역할을 할 수도 있지만, 일반적으로 모든 에피소드에 등장하지는 않으며 스토리 라인은 주인공에게 미치는 영향과 관련이 있는 경우가 많은 등장인물을 말한다(옮긴이 주).

가지 사례에 불과하다. 넷플릭스의 〈브리저튼〉, 〈네버 해브 아이 에버(*Never Have I Ever*)〉, 〈오티스의 비밀 상담소〉 같은 스트리밍 프로그램은 다양한 캐스팅으로 호평을 받았다. 케이블에서는 코미디 센트럴(Comedy Central)의 〈아콰피나는 퀸즈 출신의 노라(*Awkwafina is Nora From Queens*)〉와 FX의 〈포즈(*Pose*)〉도 텔레비전에서 소수자 재현성을 보여주었다.

아프리카계 미국인. 소수자들이 텔레비전에서 더 많이 등장하게 되었지만, 텔레비전이 보여주는이 있는 세상은 현실과 어떻게 비교될까? 미국 인구조사국(U.S. Census Bureau, n.d.)의 인구 데이터에 따르면, 흑인은 2019년 미국 전체 인구의 13.4%를 차지했다. 헌트(Hunt, D.)와 라몬(A.-C. Ramón)은 2018~2019 시즌 동안 흑인 등장인물이 지상파와 케이블의 전체 등장인물 가운데 18.2%를 차지했으며 디지털 프로그램에 등장한 등장인물에서는 11.9%를 차지했음을 확인했다(Hunt & Ramón, 2020b). 흑인 등장인물은 소수자들 가운데 스크린 타임 점유율이 18%로 가장 높다(Nielsen, 2020a).

흑인은 일반적으로 (대개 모든 출연자가 흑인인) 시트콤이나 범죄 드라마에 출연한다(Mastro & Behm-Morawitz, 2005; Mastro & Greenberg, 2000). 이러한 경향을 보여주는 최근의 예로는 코미디 시리즈 〈블랙키쉬(*Black-ish*)〉, 〈크리미널 마인드(*Criminal Minds*)〉에서 FBI 요원이자 〈S.W.A.T.〉의 팀 리더 역을 맡은 셰마 무어(Shemar Moore), 〈로 앤드 오더: 성범죄 전담반〉에서 경사(警査) 역을 맡은 아이스-티(Ice-T)가 있다. 흑인 등장인물은 시트콤에 가장 자주 등장하기 때문에, 연구들은 "흑인 등장인물이 흔히 풍자적인 역할을 맡는 것이 그들에 대한 존중심을 제한한다"고 제안한다(Weeks et al., 2020: 94). 더욱이 최근 몇 년 동안 TV 환경이 바뀌어 많은 네트워크가 시트콤보다 리얼리티 쇼를 제작하는 쪽을 택했다. "시트콤의 수가 감소함에 따라 아프리카계 미국인 등장인물의 수도 줄어들었다"(Dixon, 2020: 245). 흑인 등장인물이 드라마나 리얼리티 쇼에 등장할 때 그들은 흑인이 지배적으로 많은 출연진이 아닌 인종적으로 다양한 출연진의 일부로서 더 적은 역할을 맡는 경우가 많다(Dixon, 2020).

닐슨(Nielsen, 2020a)에 따르면, 흑인 남성과 여성 모두 액션/모험, 코미디, 드라마 장르에서 실제 인구 비율보다 더 높은 비율로 등장하며, 이 가운데 흑인 남성이 더 과대 재현되는 것으로 나타났다. 그런 가운데 LGBTQ 장르와 뉴스/날씨 장르에서는 흑인 남성이 훨씬 더 과대 재현되고 있는 반면, 흑인 여성은 크게 과소 재현되고 있다. 흑인 여성이 실제 인구 비율보다 더 높게 재현되는 유일한 범주는 리얼리티 장르인데, 이 장르는 흑인 남성이 실제 인구 비율보다 더 낮게 재현되는 유일한 장르이기도 하다.

TV에서 흑인 등장인물이 묘사되는 질적 수준은 "좋은 점과 나쁜 점이 혼재된 상태(mixed bag)"로 기술되었지만(Dixon, 2020), 프라임타임 TV에서의 흑인 등장인물 묘사는 시간이 지남에 따라 전반적으로 향상되었다(Weeks et al., 2020). 흑인 등장인물은 일상적으로 선하고 호감 가는 모습으로 등장하며, 그들의 사회적·직업적 지위도 1980년대 후반 이후로 향상되었다(Tukachinsky et al., 2015). 그러나 일부 연구에서는 흑인 등장인물이 백인 등장인물보다 부도덕하고 더 비정한 사람으로 묘사되는 것으로 나타났다(Monk-Turner et al., 2010).

연구자들은 텔레비전 뉴스에서의 다양성과 재현성도 조사한다. 미국 전국 뉴스의 흑인 앵커와 기상 캐스터의 경우 흑인 남성이 스크린 타임의 15.26%를 차지해 과대 대표되고 있다. 그러나 흑인 여성은 스크린 타임 점유율이 0.12%에 불과하여 심각하게 과소 재현되고 있다(Nielsen, 2020a). 흑인 인구의 다수를 여성이 차지하고 있음에도 흑인 남성은 흑인 여성보다 스크린 타임을 훨씬 더 많이 차지하고 있다.

흑인은 뉴스 보도에서 흔히 부정적으로 묘사된다. 뉴스, 특히 범죄에 관한 뉴스에서 흑인은 백인보다 훨씬 더 부정적으로 묘사되는 경향이 있다(Dixon & Linz, 2000a). 실제 범죄 통계와 비교할 때, 흑인은 뉴스 프로그램에서 범죄자로 과대 재현되고 범죄 피해자와 같은 공감을 불러일으키는 역할에서는 과소 재현된다(Dixon et al., 2003; Dixon & Linz, 2000a, 2000b). 뉴스 보도는 또한 흑인 가족을 범죄에 결부시킨다. 딕슨(Dixon, 2017)은 범죄 데이터와 비교할 때 흑인 가족 구성원이 범죄 용의자로 과대 재현된다는 사실을 확인했다. "이 연구는 뉴스 미디어가 흑인 가족은 사회적 불안정의 원천으로, 백인 가족은 사회 안정의 원천으로 묘사하고 있음을 시사한다. 즉, 백인 가족은 사회적 이상을 충족하는 것처럼 보이는 반면, 흑인 가족은 결손 가정(broken home) 고정관념과 일치하는 것처럼 보인다"(Weeks et al., 2020: 97). 또한 뉴스와 논평/의견 기사 모두에서 흑인 가족은 특히 경제적 안정기에 복지 수혜자로 과대 재현된다(Gilens, 1999; van Doorn, 2015).

게다가 뉴스 보도는 흔히 흑인 운동선수를 부정적인 시각으로 비춘다. 예를 들어, 흑인 운동선수의 범죄 행위는 백인 운동선수의 범죄 행위보다 뉴스에서 더 자주 강조된다(Mastro et al., 2011). 스포츠 뉴스와 논평 모두 흑인 운동선수를 지적인 능력은 떨어지지만 타고난 재능이 있는 운동선수라고 프레이밍 하는 것을 흔히 볼 수 있다(Angelini et al., 2014; Rada & Wulfemeyer, 2005). 특히 그와 같은 스포츠 미디어들은 백인 운동선수는 반대로 지적 능력은 있지만 운동 능력이 떨어지는 선수로 묘사한다.

히스패닉계와 라틴계 미국인. 히스패닉계와 라틴계는 2019년 미국 인구의 18.5%를 차지했지만(U.S. Census Bureau, n.d.), 2018~2019년 TV 시즌 동안 지상파(5.3%), 케이블 (6.3%), 디지털(5.7%) 전반의 대본이 있는 프로그램에서 크게 과소 재현되었다(Hunt & Ramón, 2020b). 주연을 맡은 라틴계 등장인물의 비율은 지상파, 케이블, 디지털 전반에 걸쳐 평균 6%였다. 그뿐 아니라 라틴계는 모든 TV 장르에서 크게 과소 재현되고 있다 (Nielsen, 2020a).

라틴계 등장인물은 오락 미디어에서 좀 더 다차원적인 역할을 맡긴 하지만, 라틴계에 대한 오랜 고정관념이 계속해서 사용되고 있다(Mastro & Do, 2020). 이러한 고정관념에는 '라틴 러버(Latin lover)'[7]와 가정부로 고용된 라틴계 여성이 포함된다. 프라임타임 TV에서 많은 라틴계 등장인물은 지위가 낮은 직업을 갖고 있으며 과도하게 성애화된다 (Tukachinsky et al., 2015). 실제로 라틴계 등장인물 거의 4명 중 1명(24.1%)이 매우 성적인 인물로 묘사되었는데, 이에 비해 아프리카계 등장인물은 7.6% 그리고 아시아계 등장인물은 11.8%만이 성적인 인물로 묘사되었다. 라틴계 미국인은 일반적으로 다른 등장인물보다 덜 지적이고, 생각을 분명히 표현하지 못하며, 더 게으른 것으로 묘사된다(Mastro & Behm-Morawitz, 2005).

네트워크 및 케이블 뉴스 보도를 양적 분석한 결과에 따르면, 라틴계는 미국 정부 데이터와 비교했을 때 이민자이자 서류 미비 범죄 용의자(undocumented crime suspect)로 '과대 재현되는' 것으로 나타났다. 라틴계는 권위자나 전문가로 여겨지는 경우가 거의 없다 (자세한 내용은 Mastro & Do, 2020 참조). 이전 연구에서 라틴계는 뉴스에서 가해자, 피해자, 그리고 경찰관으로 등장하는 비율이 실제 비율보다 낮아 과소 재현되는 것으로 나타났다(Dixon & Linz, 2000a, 2000b). 이전 연구를 반복한 최근 연구에서는 라틴계 피해자와 경찰관에 대한 재현성은 여전히 변함이 없었지만 가해자의 수는 정확하게 재현되는 것으로 나타났다(Dixon, 2017b).

아시아계 미국인. 텔레비전의 아시아계 재현성에 관해 살펴보면, 2018~2019 시즌 동안 아시아계 등장인물은 지상파에서 5.6%, 케이블에서 2.5%, 디지털에서 4.8%를 차지했다(Hunt & Ramón, 2020b). 실제로 그들은 미국 인구의 거의 6%를 차지하고 있다(U.S.

---

7 연애를 잘한다고 여겨지는 지중해나 라틴 아메리카 출신 남자를 일컫는 고정관념화된 표현이다(옮긴이 주).

Census Bureau, n. d.).

1987~1989 및 1991~1993 TV 시즌에는 가장 많이 시청한 프라임타임 프로그램에 반복 등장하는 아시아계 등장인물이 없었다(Tukachinsky et al., 2015). 오늘날 지상파, 케이블, 디지털 프로그램의 주인공 가운데 아시아계 출신은 약 2%에 불과하다(Hunt & Ramón, 2020b). 아시아계 등장인물은 SF와 드라마 시리즈 모두에서 과대 재현되고 있으며 코미디와 리앨러리티 쇼에서는 과소 재현되고 있다(Nielsen, 2020).

원주민 및 복합 인종 재현성. 원주민은 텔레비전에 거의 등장하지 않는다. 헌트와 라몬이 최근 등장인물 수를 조사한 연구(이 연구에서는 원주민을 아메리카 원주민, 하와이 원주민, 뉴질랜드 원주민으로 정의했음)에서 원주민은 TV에 나오는 등장인물의 0.5% 이하를 차지한 것으로 나타났다(Hunt & Ramón, 2020b). 2017년부터 2019년까지 대본이 있는 지상파, 케이블 및 디지털 프로그램의 주인공 가운데 원주민은 없었다. 1987년부터 2009년까지 12개 시즌에 걸쳐 2,300명 이상의 정규 TV 등장인물에 대한 이전 연구에서 아메리카 원주민 등장인물은 단 3명뿐이었다(Tukachinsky et al., 2015). 아메리카 원주민 남성은 여전히 과소 재현되었지만, 2019년 스트리밍 플랫폼의 TV 프로그램에서는 화면 노출도(on-screen visibility)[8]가 가장 높았다(Nielsen, 2020a). 그리고 아메리카 원주민이 등장하는 작품이 더 많이 개발되고 있기 때문에, 앞으로의 TV 시즌에는 원주민의 재현성이 더 높아질 것으로 기대된다(Oliver, 2021). 2018~2019 시즌 동안 약 9%의 등장인물이 복합 인종(multiracial) 범주에 속했다(Hunt & Ramón, 2020b). 미국 인구 조사 데이터에 따르면, 2019년 미국 인구 가운데 복합인종이 차지하는 비율은 2.8%에 지나지 않았다.

2) 영화

2011년부터 2019년까지 영화의 전반적인 인종 및 민족 다양성이 증가했다(Hunt & Ramón, 2020a). 특히 다양성이 가장 낮은 영화(소수자가 11% 미만인 영화)의 비율이 2011년 51.2%에서 2019년 15.9%로 급격히 떨어졌다. 스미스 등(Smith et al., 2020)은 2019년 상

---

8   TV 프로그램이나 영화에서 특정 집단이나 등장인물이 실제로 화면에 나타나는 정도를 뜻하는 것으로, 등장 빈도(얼마나 자주 화면에 나타나는가?), 등장 시간(총 스크린 타임 중 얼마나 오래 나타나는가?), 중요도(주요 장면이나 중요한 역할로 등장하는가?)로 측정된다(옮긴이 주).

위 100편의 영화에서 3,800개 이상의 대사가 있는 역할(speaking role) 또는 이름이 있는 역할(named role)을 조사했다. 백인 등장인물이 가장 높은 비율(65.7%)을 차지했으며, 아프리카계(15.7%), 아시아계(7.2%), 라틴계(4.9%), 복합인종/복합민족(4.4%), 중동/북아프리카계(1.6%)가 그 뒤를 이었다. 아메리칸 인디언/알래스카 원주민과 하와이 원주민/태평양 도서민계는 각각 1% 미만이었다. 이 영화들 가운데 15편에는 대사가 있는 흑인 등장인물이 없었다. 라틴계와 아시아계 등장인물은 더 많은 영화에서 대사가 없었다(각각 44편과 36편).

드웨인 존슨은 주인공이 아시아계 또는 태평양 도서민계인 제한된 수의 영화 중 거의 3분의 1에 출연했다.

한 최근 연구는 2007년부터 2019년까지 1,300편의 인기 영화에서 아시아계 및 태평양 도서민계(API: Asian & Pacific Islanders)의 재현성을 조사했다(Yuen et al., 2021). 단지 44편(3.4%)에서 API계 주연 또는 공동 주연이 등장했으며, 이러한 역할 가운데 거의 3분의 1을 드웨인 존슨(Dwayne Johnson)이 담당했다. 2019년 상위 100편의 영화에 포함된 79명의 주연 또는 조연 API계 등장인물 가운데 67%가 '영원한 외국인(perpetual foreigner)', 남성성이 결여된 자, 또는 인종차별적이거나 성차별적인 모욕의 대상으로 그려지는 등 고정관념적으로 묘사되었다. 게다가 API계 등장인물 가운데 4분의 1이 영화가 끝나기 전에 사망했으며, 1건을 제외한 모든 사망이 폭력적인 것으로 분류되었다.

최근 몇 년 동안 마블(Mable) 수퍼히어로 블록버스터인 〈블랙 팬서〉와 〈샹치와 텐 링즈의 전설(Shang-Chi and the Legend of the Ten Rings),〉 오스카 최우수 작품상 수상작인 〈문라이트(Moonlight)〉와 〈기생충(Parasite)〉 등 다수의 소수자 출연진이 등장한 여러 편의 영화가 세간의 이목을 끌었다. 디즈니의 60번째 애니메이션 장편영화 〈엔칸토(Encanto)〉는 콜롬비아의 문화를 조명한다. 배우 존 레귀자모(John Leguizamo)는 "전원 라틴계가 출연한 디즈니 영화였다는 사실 자체가…. 평생 이런 영화를 보게 되리라고는 상상도 못했어요"라고 말했다(Song, 2021: 단락 4). 그러나 소수자가 출연한 일부 영화는 여전히 소수자를 재현하는 방식으로 인해 비판을 받고 있다. 예를 들어, 〈크레이지 리치 아시안(Crazy Rich Asians)〉과 〈인 더 하이츠(In the Heights)〉는 각각 아시아계와 아

1990년대에는 많은 흑인 여성이 슈퍼모델의 반열에 올랐고 현재 엄청난 주목을 받고 있다. 예를 들어, 타이라 뱅크스(Tyra Banks)는 1996년에 수영복 특집호의 표지를 장식한 최초의 흑인 여성이 되어 ≪스포츠 일러스트레이티드(Sports Illustrated)≫의 피부색 장벽을 깨뜨렸지만, 그녀는 백인 모델과 표지를 공유했다. 다음 해에는 타이라가 표지의 단독 모델이었다. 10년 후에는 비욘세(Beyoncé)가 2007년 판에 선정되어 이 잡지의 표지를 장식한 두 번째 흑인 여성이 되었다.

최근 몇 년 동안 ≪스포츠 일러스트레이티드≫ 수영복 특집호 표지에 더욱 다양한 여성이 포함되었으며, 이제 이 잡지는 연간 수영복 특집호에서 여러 가지 표지를 인쇄한다. 예를 들어, 2021년에는 흑인 운동선수[아버지가 아이티인이고 어머니가 일본인인 오사카 나오미(Naomi Osaka)], 래퍼[메건 디 스탈리온(Megan Thee Stallion)] 트랜스젠더 여성[레이나 블룸

오사카 나오미는 2021년 ≪스포츠 일러스트레이티드≫ 수영복 특집호 표지를 장식한 획기적인 3명의 모델 가운데 1명으로 흑인 운동선수가 표지에 등장한 것은 처음이었다.

(Leyna Bloom)]이 수영복 특집호의 표지를 장식했다(Lippe-McGraw, 2021). 블룸은 수영복 특집호에 등장한 최초의 유색인종 트랜스 여성이기도 했다.

프리카계-라틴계(Afro-Latinx) 등장인물을 묘사하는 데 있어 다양성이 충분하지 않다는 비판을 받았다(Shafer, 2021; Tseng-Putterman, 2018).

3) 광고

다양성은 광고 분야에서 여전히 우려되는 영역으로 남아 있다. 미국 성인의 다수 (61%)는 광고에서 다양성이 중요하다고 말했으며, 소비자의 38%는 광고에 더 많은 다양성을 포함하는 브랜드를 더 신뢰한다고 답했다(Adobe, 2019). 그러나 아프리카계 미국인의 66%와 라틴계 미국인의 53%는 자신의 민족적 정체성이 광고에서 흔히 고정관념적인 방식으로 묘사된다고 답했다. 광고주들도 광고 시간을 구매하기 전에 TV 프로그램의 다양한 재현에 주목하고 있다. 예를 들어, 2019년 상위 광고주들 가운데 80% 이상이 흑인 여성과 성소수자를 모두 포용하는 프로그램의 광고 시간을 구매했다(Nielsen, 2020a).

이 분야의 연구 가운데 다수는 잡지에서의 재현성에 초점을 맞춰왔다. 20세기 말로 가면서 주요 잡지에 흑인 모델이 많이 등장했지만, 히스패닉계와 아시아계 모델은 여전히 좀처럼 보이지 않았다(Bowen & Schmid, 1997). 흑인 모델은 대개 운동선수나 뮤지션으로 묘사되었다. 이후 연구에서는 흑인 여성의 재현 방식이 점점 더 다양해지고 있는 것으로 나타났다(Baker, 2005; Covert & Dixon, 2008). 그러나 흑인 여성이 흑인과 주류 소비자 모두를 대상으로 하는 광고에 등장할 때, 그들은 아프리카 중심적 특징보다는 유럽 중심적 특징을 갖는 경향이 있다(Baker, 2005). 흑인 남성은 운동 능력이 뛰어나거나 실업자로 묘사되는 경우가 많았다(Bailey, 2006).

1994년부터 2004년까지 미국의 인기 잡지 10종[예: ≪리더스 다이제스트(Reader's Digest)≫, ≪베터 홈스 앤드 가든스(Better Homes and Gardens)≫, ≪피플(People)≫]의 광고를 분석한 결과, 아프리카계, 히스패닉계, 아시아계가 실제 인구에 비해 과대 재현되는 것으로 나타났다(Peterson, 2007). 모델의 대다수가 백인이었지만 시간이 지남에 따라 그 비율은 감소했다. 아시아계가 과대 재현되었음에도 다른 인종의 모델에 비해 광고에 등장하는 빈도는 여전히 훨씬 더 낮았다. 2010년대 초반의 인기 남성 및 여성 잡지에 대한 한 후속 연구에 따르면, 백인 모델은 여전히 소수자 모델보다 광고에 등장할 가능성이 훨씬 더 높으며 아시아계 모델은 여전히 광고에 등장할 가능성이 가장 낮은 것으로 나타났다(Schug et al., 2017). 전반적으로 광고에 등장하는 모델 가운데 아시아계의 비율은 2%에 불과했는데, 이는 당시 미국 인구에서 아시아계가 차지하는 비율의 절반에도 미치지 못하는 수치였다. 광고에 등장한 아프리카계나 아시아계 모델을 살펴보면, 흑인 여성과 아시아계 남성은 흑인 남성과 아시아계 여성에 비해 과소 재현되었다. 이 연구자들은 이러한 결과가 "아시아계 여성은 더 여성적이며 흑인 남성은 남성적으로 고정관념화되면서 인종에 대한 고정관념이 젠더화되어 있다"는 주장을 뒷받침한다고 말했다 (Schug et al., 2017: 229). 젠더 고정관념은 이 장의 종반부에서 논의된다.

해리슨(R. L. Harrison) 등은 미국의 인기 잡지 8종[예: ≪에보니(Ebony)≫, ≪타임 (Time)≫, ≪코스모폴리탄(Cosmopolitan)≫, ≪레이디스 홈 저널(Ladies' Home Journal)≫, ≪GQ≫, ≪피플≫, ≪보그(Vogue)≫ 및 ≪롤링 스톤(Rolling Stone)≫]의 광고에 등장하는 복합인종 여성 모델의 재현성을 연구했는데, 혼합 인종(mixed-race) 여성은 직장이나 가정에서 중요한 사회적 역할을 맡는 경우가 거의 없는 것으로 나타났다(Harrison et al., 2017). 실제로 분석된 61편의 광고 중 단 1편에서만 혼합 인종 여성이 전문직 종사자로 등장했고, 단 2편에서만 아내, 어머니, 또는 가족을 배경으로 하고 있는 것으로 묘사되었다. 혼

텔레비전 시청과 민족 고정관념:
대학생들은 텔레비전 다시청으로 민족집단에 대한
고정관념적인 지각을 형성하는가?

Moon J. Lee, Shannon L. Bichard, Meagan S. Irey, Heather M. Walt, & Alana J. Carlson (2009) *The Howard Journal of Communication, 20*, 95~110.

이 연구에서 연구자들은 텔레비전 시청과 시청자가 각기 다른 민족집단, 특히 백인, 아프리카계 미국인, 아시아계, 라틴계/히스패닉계, 아메리카 원주민에 대해 고정관념적 신념을 가지는지 여부 간의 관계를 살펴보았다. 이전 연구는 백인은 지적이고 상냥하며 친화적인 반면 아프리카계는 열등하고 정직하지 않으며 게으르다고 지각하는 등 각 민족집단과 연관된 공통된 고정관념을 확인했다. 또 아시아계는 교육수준이 높고 말씨가 부드러운 반면, 라틴계는 열심히 일하고 적대적이며 대학에 가지 않는 경향이 있는 것으로 여겨졌다. 끝으로 이전 연구는 일반적으로 아메리카 원주민은 게으르고 교육을 받지 않았고 실직 상태이며 복지 보조금을 받는 것으로 여겨지고 있다는 사실을 확인했다.

연구 문제

사람들의 사고와 지각이 그들이 보는 이미지에 어떻게 영향을 받는지 설명하는 사회 인지 이론과 배양 이론을 토대로 연구자들은 텔레비전 시청과 관련하여 살펴볼 몇 가지 연구 문제를 제시한다: 텔레비전 다시청자는 ① 백인, ② 아시아계, ③ 아프리카계, ④ 라틴계/히스패닉계, ⑤ 아메리카 원주민에 대해 주로 긍정적인 혹은 부정적인 지각 (고정관념)을 가지고 있는가?

연구 방법

총 450명이 이 연구에 참여했다. 각 참여자는 텔레비전 시청(독립 변인)과 그것이 민족적 고정관념에 미치는 효과(종속 변인)를 평가하는 설문지를 작성했다. 참여자들은 어떤 종류의 텔레비전 프로그램(예: 오락 프로그램, 드라마, 교육 프로그램, 정보 프로그램, 스포츠, 리얼러티, 주간 일일 연속극)을 시청했는지에 대한 질문 외에 얼마나 많은 시간 동안 시청하는지에 대한 질문에도 응답했다. 주당 시청시간을 토대로 참가자들을 소시청자

(주당 14시간 이하)와 다시청자(주당 15시간 이상)로 나누었다.

참여자의 고정관념을 측정하기 위해 연구자들은 각기 다른 민족집단에 대한 그들의 개인적 신념을 양극 형용사 척도(bi-polar adjective scale)로 측정했다. 이 척도는 10쌍의 기술어(내성적/외향적, 게으른/열심히 일하는, 복수심이 있는/용서하는 등)로 이루어졌다. 참여자들은 각 쌍의 형용사 가운데 각 민족집단을 더 잘 나타내는 형용사가 표시되어 있는 쪽에 그들을 잘 나타내는 정도를 조절해 가면서 7점 척도 위에 그들을 평가했다.

연구 결과

시청자들은 백인에 대해 압도적으로 긍정적인 지각을 가지고 있다고 답했다. 다시청자는 백인을 더 믿을 수 있고 더 안정적이며 덜 화를 내는 것으로 보았다.

아시아계에 대한 고정관념을 살펴보면, 다시청자는 소시청자에 비해 아시아계에 대해 더 부정적인 지각을 가지고 있는 것 같았다. 전반적으로 다시청자는 소시청자보다 아시아계를 덜 따뜻하고 책임감이 더 적으며 더 긴장하는 것으로 평가했다(이 연구자들은 아마도 아시아계의 조용한 품행이 따뜻함과 협동심이 결여되어 있는 듯한 인상을 주는 것 같다고 말했다).

특히 오락 프로그램을 많이 시청하는 사람은 적게 시청하는 사람보다 아프리카계를 덜 상냥하고 덜 외향적이라고 평가했다. 그러나 정보 프로그램과 리얼리티 프로그램 다시청자는 각각 아프리카계를 더 개방적이고 신경성이 더 낮다고 평가했다. 이러한 연구 결과는 오락 프로그램은 아프리카계를 더 부정적으로 묘사하는 반면 리얼리티 프로그램이나 정보 프로그램은 더 긍정적으로 묘사함을 보여주는 것이라고 연구자들은 말했다.

라틴계에 대해서는 다시청자와 소시청자 간의 차이가 거의 발견되지 않았다. 유일한 유의미한 차이는 스포츠 프로그램 다시청자는 소시청자에 비해 라틴계를 더 상냥하지만(즉, 협력적이고 공정한) 덜 외향적이며 덜 공격적이라고 보았다.

아메리카 원주민의 경우, 다시청자는 소시청에 비해 훨씬 더 부정적이었다(즉, 덜 개방적이고 덜 논쟁적이며 덜 외향적임). 궁극적으로, 다시청자는 아메리카 원주민에 대해 대체로 부정적인 고정관념을 가지고 있었다.

논의

종합적으로 텔레비전 다시청자는 모든 민족집단에 대해 더 부정적인 고정관념을 가지고 있는 것으로 나타났다. 아시아계와 아메리카 원주민이 가장 부정적으로 지각되는 가운데, 다시청자는 이들에게 대해 부정적인 지각만을 가지고 있었다.

오락, 교육, 스포츠 프로그램 다시청자는 전반적으로 더 부정적인 고정관념을 가지고 있는 반면, 정보 프로그램 다시청자는 더 긍정적으로 지각하는 경향이 있었다.

비록 이 연구가 텔레비전 시청과 시청자 개인이 민족적 고정관념을 가지고 있는지 여부 간에 인과관계가 있음을 증명해 주지는 않지만, (시청시간 및 프로그램 유형 모두의 측면에서) 텔레비전 시청량과 시청자가 고정관념에 사로잡힌 민족적 관점을 가지고 있는지와 상관관계가 있음을 보여준다.

사회 인지 이론 및 배양 이론과 일치되게 텔레비전 다시청은 편견에 사로잡힌 고정관념을 갖게 되는 것과 직접적으로 관련이 있는 것처럼 보인다.

합 인종 여성 모델은 공적 생활(public life)[9]을 묘사하는 6편의 광고에 등장했지만, 주로 친구 집단의 구성원이었으며 일반적으로 광고의 초점은 백인 여성이었다. 이 연구자들은 또한 "대부분의 묘사가 좀 더 적극적인 사회적 역할을 수행하는 여성이 달리 보이는 대상이나 재미있는 동반자로서의 여성에 초점을 맞추면서 본질적으로 여성을 대상화하고 있다"고 지적했다(Harrison et al., 2017: 511).

텔레비전 광고는 전통적으로 히스패닉계와 아시아계 미국인 모두를 과소 재현해 왔다(Coltrane & Messineo, 2000; Mastro & Stern, 2003). 아시아계 미국인은 보통 성격이 수동적인 것으로 묘사되며 흔히 기술 제품 및 서비스 광고에 등장한다(Mastro & Stern, 2003). 다른 연구에서는 아시아계 모델이 비디오 게임 광고와 표지에서 새로운 기술을 자주 사용하는 모습으로 등장하는 것으로 나타났다(Burgess et al., 2011). 히스패닉계는 TV 광고에서 다른 캐릭터보다 도발적인 옷을 입고 성애화될 가능성이 더 높다(Mastro & Stern, 2003). 좀 더 최근의 분석에서는 라틴계가 여전히 TV 광고에서 상당히 과소 재현되고 있는 것으로 나타났다(Brooks et al., 2016). 니켈로디온에서 방송되는 광고에 대한 연구에 따르면, 미국 인구 조사 데이터에 비해 흑인과 아시아인은 과대 재현되고, 라틴계는 심

---

9 공적인 생활이나 사회적 활동을 의미한다. 즉, 광고에서 혼합 인종 여성 모델이 등장하는 상황은 친구들 사이의 모임이나 사교 활동과 같은 공적 공간을 배경으로 하며, 이는 개인의 사적인 영역이 아닌 더 넓은 사회적 맥락을 나타낸다(옮긴이 주).

각하게 과소 재현되며, 아메리카 원주민(Native American)과 원주민(Indigenous People)[10]은 아예 존재하지 않았다(Peruta & Powers, 2017). 특히 이 연구에서는 광고 출연자들이 그들의 인종이나 민족과 무관하게 고정관념적인 특징 없이 호의적으로 묘사되고 있음이 확인되었다.

3. 소수자 수용자의 특성

미디어에서 민족적·인종적 재현성을 연구하는 것 외에, 연구자들은 오늘날 고도로 조각화된 미디어 환경에서 다양한 인구통계학적 집단이 미디어를 소비하는 방식에 대해서도 계속해서 연구하고 있다. 수용자들은 스크린 위의 다양성에 긍정적으로 반응한다. 예를 들어, 출연진이 더 다양한 영화는 출연진이 가장 덜 다양한 영화보다 전 세계 박스오피스 수입에서 더 나은 성과를 냈다(Hunt & Ramón, 2020a). 2019년에는 상위 10편의 영화 가운데 8편의 영화 티켓의 절반 이상을 유색인종이 구매했다. 2020년에는 북미에서 판매된 전체 영화 티켓의 절반 이상(51%)을 소수자들이 구매했다[Motion Picture Association (MPA), 2021]. 텔레비전에서는 다양한 시청자가 다양한 텔레비전 프로그램을 선호하는 경향이 계속되고 있다(Hunt & Ramón, 2020b). 이 절에서는 아프리카계 및 라틴계 수용자의 특성을 조사하고 다른 소수자 수용자들에 대한 제한적으로 이용 가능한 데이터도 살펴볼 것이다.

1) 아프리카계 수용자

닐슨 데이터에 따르면, 아프리카계 미국인이 텔레비전을 가장 많이 시청한다(Nielsen, 1998, 2019a). 그들은 전체 인구의 일주일 평균 시청 시간(39시간 6분)에 비해 훨씬 더 많은 시간(50시간 38분)을 텔레비전 시청에 할애한다. 이전의 연구들은 아프리카계 가구의 텔레비전 이용이 어린이와 청소년에게 미치는 효과에 영향을 미칠 수 있음을 확인했다

---

10 '원주민(Indigenous People)'은 '나바호족' 또는 '사미족'과 같이 국가 정체성을 공유하는 원주민 집단을 의미하며, '아메리카 원주민(Native American)'과 '아메리칸 인디언(American Indian)'은 유럽과의 접촉 이전에 현재의 미국 내에 살았던 민족을 지칭하는 용어이다(옮긴이 주).

(Botta, 2000; Brown et al., 1986; Greenberg & Linsangan, 1993). 예를 들면, TV 시청에 대한 적절한 감독이 이루어지지 않을 경우 아프리카계 어린이는 여러 면에서 매스 미디어의 부정적인 효과에 더 취약할 수 있을 것이다.

수년에 걸친 연구에 따르면, 흑인 시청자는 텔레비전에서 흑인 등장인물을 즐겨 시청하는 것으로 나타났다(Eastman & Liss, 1980; Nielsen, 1998; Poindexter & Stroman, 1981). 예를 들어, ABC의 〈더 배철러레트(*The Bachelorette*)〉에서 레이첼 린지(*Rachel Lindsay*)가 주연을 맡은 시즌에는 흑인 주인공이 사랑을 찾는 이야기를 처음으로 다루었는데, 이 시즌의 흑인 시청률은 무려 72%나 증가했다(Levin, 2017). 〈사랑과 힙합(*Love and Hip Hop*)〉(81%), 〈가진 자와 못 가진 자(*The Haves and Have Nots*)〉(88%), 〈애틀랜타의 진짜 주부들(*Real Housewives of Atlanta*)〉(61%)과 같은 흑인 출연진이 등장하는 많은 프로그램에서 흑인 시청자 비율이 훨씬 더 높다. 또한 연구에 따르면, 흑인 시청자는 등장인물의 인종에 따라 프로그램을 선택하거나 피하는 경향이 있으며 그들의 인종 정체성에 대한 필요를 충족하기 위해 프로그램을 선택한다고 한다(Abrams & Giles, 2007).

미국 박스 오피스에서 흑인 관객은 백인 관객보다 1인당 더 많은 영화를 관람하지만, 히스패닉계/라틴계 및 아시아계 관객보다는 더 적게 관람한다(MPA, 2020, 2021). 흑인 영화 관객은 2020년 미국과 캐나다에서 판매된 티켓의 14%를 구매했는데, 이는 2019년의 11%에서 증가한 수치이다.

2) 라틴계 수용자

라틴계 소비자들은 매주 평균 29시간 28분을 TV 시청에 소비한다(Nielsen, 2019b). 미국 전체 인구와 비교했을 때 라틴계 미디어 소비자는 스마트폰을 사용해 영상 콘텐트에 접근할 가능성이 더 높다. 예를 들어, "라틴계 소비자는 미국 전체 인구보다 스마트폰으로 영화를 시청/다운로드할 가능성은 59%, 무료 TV 프로그램을 시청할 가능성은 43%, 가입 서비스(subscription service)[11] 콘텐트를 시청할 가능성은 42% 더 높았다"(Nielsen, 2019b: 16).

라틴계의 모든 연령 집단에서 가장 인기 있는 TV 장르는 참여형 버라이어티(partici-

---

[11] 흔히 '구독 서비스'라고들 하나 '구독'이란 일반적으로 '책이나 잡지를 정기적으로 이용하는 것'을 의미하므로 여기서는 'subscription'의 본래 의미를 살려 '가입' 서비스로 번역한다(옮긴이 주).

pation variety, 리앨러티 쇼 포함), 시상식, 토크 쇼이다(Nielsen, 2019b). 상당수가 텔레노벨라(telenovela)[12]인 주간(晝間) 드라마들은 젊은 층과 노년층 라틴계 시청자 모두에게 인기가 있다(Nielsen, 2019b). 라틴계 TV 시청자, 특히 스페인어를 사용하는 시청자들은 소셜 미디어에서 실시간으로 그들의 라이브 TV 경험을 공유하며 프로그램 내용과 PPL(product placement)에 대해 이야기하는 것을 좋아한다.

히스패닉/라틴계 영화 관객은 북미의 다른 어떤 인종이나 민족보다 1인당 영화 관람 편수가 많은데, 이는 코로나 19 팬데믹 이전과 이후 모두 마찬가지였다(MPA, 2020, 2021). 이들은 2020년에 판매된 영화 티켓의 29%를 구매했는데, 이는 전년도의 25%에서 증가한 수치이다.

3) 기타 소수자 수용자

다른 소수자 시청자들의 특성에 대한 연구는 제한적이다. 닐슨(Nielsen, 2020a)에 따르면, 아시아계 미국인(88%)은 미국 전체 인구(72%)에 비해 더 많이 스트리밍 서비스에 가입해 있다. 아시아계 영화 관객은 1인당 영화 관람 횟수에서 히스패닉/라틴계 관객에 이어 두 번째로 많다(MPA, 2020, 2021). 아시아계는 2020년에 영화 티켓의 6%를 구매했으며, 이는 2019년보다 1% 감소한 수치이다.

아메리카 원주민의 경우, 인터넷에 연결된 기기 채택률(41%)이 미국 전체 인구(53%)에 비해 뒤처져 있기 때문에 라이브 TV와 스마트폰 모두 여전히 '콘텐트를 이용하는 중요한 관문' 역할을 하고 있다(Nielsen, 2020b).

4. 젠더 고정관념화

젠더와 관련해서 미디어 내용이 미치는 영향을 설명할 때는 [사회 인지 이론과 사회적 정체성 이론(social identity theory) 외에] 젠더 스키마 이론(gender schema theory)이 사용된다.

---

12 스페인, 포르투갈 및 중남미 국가에서 제작되는 일일 연속극을 뜻한다. 이 장르는 잡지와 신문에 연재된 프랑스와 영국의 연재소설에서 비롯되어 중남미의 라디오 및 텔레비전 연속극으로 이어졌다. 텔레노벨라는 현재 세계적으로 인기를 끌고 있다(옮긴이 주).

피스케(S. T. Fiske)와 테일러(S. E. Taylor)는 스키마를 "자극(stimulus)의 속성과 그러한 속성들 간의 관계를 포함해 자극의 개념이나 유형에 대한 지식을 나타내는 인지 구조"라고 정의했다(Fiske & Taylor, 1991: 98). 젠더에 대한 스키마는 사람(특히 어린이)이 현실 세계의 정보뿐만 아니라 매스 미디어로부터 얻는 정보를 처리하는 방식에 영향을 줄 수 있다.

1) 미디어의 남성 및 여성 재현성

한 초기 연구는 20년 분량의 프라임타임 텔레비전 프로그램의 묘사를 젠더 측면에서 조사한 결과, 모든 등장인물 가운데 여성은 단지 31.5%만 차지하고 있다는 사실을 확인했다(Gerbner, 1997). 이 연구 이후 여성의 지위가 향상되긴 했지만, 텔레비전에서 여성은 여전히 과소 재현되고 있다. 미국 인구의 절반을 약간 넘는 비율을 차지하고 있음에도 2018~2019 시즌에 여성은 전체 지상파 배역의 43.7%, 케이블 배역의 45%, 대본이 있는 스트리밍 프로그램 배역의 47.5%를 차지했다(Hunt & Ramón, 2020b). 여성은 주연 역할에서도 과소 재현되고 있다. 스크린 타임에서도 62%를 차지하는 남성에 비해 여성은 38%를 차지할 뿐이다(Nielsen, 2020c). 50세 이상 여성의 경우, 재현성은 훨씬 더 나쁘다. 50세 이상 여성은 전체 인구의 20%를 차지하지만, 스크린 타임에서는 8%만을 차지할 뿐이다.

영화에서도 여성은 역사적으로 과소 재현되었으며, 이러한 경향은 오늘날까지도 계속되고 있다. 1990년에서 2006년 사이에 개봉한 영화 등장인물을 조사한 한 연구에 따르면, 전체 등장인물의 73%가 남성이었다(Smith & Cook, 2008). 여성의 주연 비율은 2011년 25.6%에서 2019년 44.1%로 크게 증가했지만, 아직 실제 인구 조사 데이터와 동등한 수준에는 도달하지 못했다(Hunt & Ramón, 2020a). 2019년 한 해 동안, 액션/모험(27.9%), 애니메이션(33.3%), 코미디(38.7%) 장르의 영화에서 대사가 있는 여성의 역할은 현저히 저조한 것으로 나타났다(Smith et al., 2020). 전 세계적으로 인기 있는 영화에서 남성 등장인물은 여성 등장인물보다 대사량이 2배나 많은 것으로 나타났다(Geena Davis Institute on Gender in Media, 2019).

물론 여성은 제작 현장에서도 상당히 과소 재현되고 있다. 2007년부터 2019년까지 개봉한 1,300편의 영화 가운데 에이바 듀버네이(Ava DuVernay), 그레타 거윅(Greta Gerwig), 낸시 마이어스(Nancy Meyers), 패티 젠킨스(Patty Jenkins)를 포함해 여성이 감독을 맡은 영화는 57편에 불과했다(Smith et al., 2020). 안젤리나 졸리(Angelina Jolie), 올리비아 와일드(Olivia Wilde), 록산 도슨(Roxann Dawson), 조디 포스터(Jodie Foster)와 같은 일부

여배우도 감독석으로 자리를 옮겼다. 2019년의 영화를 구체적으로 살펴보면, 여성은 감독의 10.7%, 작가의 19.4%, 프로듀서의 24.3%를 차지했지만, 영화음악 작곡가는 5.2%에 불과했다.

영화와 텔레비전에서는 여성이 매우 과소 재현되어 있지만, 광고에서 여성은 훨씬 더 높은 재현성을 보인다. 초기 연구에 따르면, 광고 모델 가운데 여성이 차지하는 비율은 약 45%에서 49% 사이였다(Coltrane & Messineo, 2000; Ganahl et al., 2003). 광고에서 주연으로 캐스팅된 여성의 비율은 증가하여, 때로는 70%에서 거의 80%에 이르기도 했다(Fowler & Thomas, 2015).

2) 섹슈얼리티[13]와 로맨스

"서방 미디어에서 가장 일관된 주제 가운데 하나는 여성은 무엇보다 자신의 신체로 가치를 평가받으면서, 주로 다른 사람의 성적 이용(sexual use)을 위한 성적 대상으로 존재한다는 것이다"(Aubrey & Yan, 2020: 82). 여성이 영화에 등장할 때, 그것이 G-등급 영화라 할지라도, 그들은 대개 젊고 과도하게 성적인 사람으로 묘사된다(Bazzini et al., 1997; Herbozo et al., 2004). 그들은 흔히 노출이 심한 옷을 입은 채로 등장하며 성적 대상으로 부각된다(Smith & Granados, 2009). 영화와 텔레비전에 등장하는 여성 등장인물은 남성 등장인물보다 날씬하고, 섹시한 옷을 입고, 맨살을 드러내며, 다른 등장인물에 의해 언어적으로나 비언어적으로 신체적 매력이나 성적 매력이 있는 사람으로 분류될 가능성이 훨씬 더 높다(Smith et al., 2012).

여러분은 분명 "섹스는 잘 팔린다(sex sells)"[14]라는 말을 들어봤을 것이다. 수년 동안 그것은 여성이 남성보다 성애화될 가능성이 훨씬 높은 광고에서 분명한 사실로 드러났다(Ganahl et al., 2003; Stern & Mastro, 2004). 스페인어 및 영어 광고에 대한 연구에 따르면, 여성은 노출이 심한 옷을 입는 경우가 많은 반면 남성은 일반적으로 옷을 완전히 갖춰 입는 것으로 나타났다(Prieler, 2016). 그러나 어떤 종단적 연구는 텔레비전 광고에서 여성에

---

13 '섹슈얼리티'란 성 정체성, 성적 지향, 태도, 활동 등 성적 행동의 모든 측면을 포괄하는 용어이다(옮긴이 주).

14 "sex sells"는 성적인 매력을 통해 특정 제품이나 서비스를 판매하기 위해 광고에서 성을 사용하는 것을 암시하는 문구이다(옮긴이 주).

대한 성애화된 묘사가 줄어들고 있다는 결과를 제시하기도 한다(Fowler & Thomas, 2015).

반면에 뮤직 비디오 속 여성의 성애화는 줄어들 기미를 보이지 않는다. 한 종단적 연구에서 1995년부터 2016년 사이에 출시된 뮤직 비디오의 여성 성애화를 분석한 결과, 해당 기간에 성애화된 자세, 몸짓, 표정이 증가한 것으로 나타났다(Karsay et al., 2019). 뮤직 비디오에 대한 다른 내용 분석 연구에서는 여성이 남성보다 더 성애화되고 대상화되며, 신체 부위를 더 많이 드러내고, 더 도발적인 옷을 입고, 성적인 춤을 추는 경향이 있는 것으로 드러났다(Aubry & Frisby, 2011; Frisby & Aubrey, 2012; Turner, 2011).

영화 속 여성 등장인물은 남성 등장인물보다 연인 관계에 빠질 가능성(Smith et al., 2016; Xu et al., 2019)과 부모로 묘사될 가능성이 더 높다(Smith et al., 2020).

3) 직업적 지위

젠더화된 직업 묘사는 어떤 유형의 직업이 남성과 여성에게 '적합한지'에 대한 고정관념을 만들어내는 역할을 한다. "이러한 고정관념은 자신의 미래 직업에 대해 상상하기 시작하는 어린이와 청소년에게 특히 두드러지게 나타난다. 5학년과 6학년 정도의 이른 나이에도 미디어 노출이 직업 선호도에 영향을 미치는 것으로 보인다"(Aubrey & Yan, 2020: 80).

광고에서 여성은 주부로, 남성은 전문가로 부각될 가능성이 더 높다(Furnham & Lay, 2019). 영화와 프라임타임 TV 역시 여성을 주부로 과대 재현한다(Sink & Mastro, 2017; Smith et al., 2010). 20개국의 최고 인기 영화를 분석한 결과, 남성 등장인물은 42%가 지도자였는데 비해 여성 등장인물은 27%였다(Geena Davis Institute, 2019). 여성 지도자는 열심히 일하고 똑똑하다고 묘사될 가능성이 남성 지도자보다 더 높았다. 그러나 여성 지도자는 도발적인 옷을 입거나, 부분적이거나 완전히 노출된 모습을 보이거나, 카메라 앵글을 통해 대상화되거나,[15] 다른 등장인물로부터 언어적 대상화(verbal objectification)[16]를 경험하거나, 성희롱을 당할 가능성 또한 남성 지도자에 비해 더 높았다.

---

15 얼굴이나 전체적인 모습보다는 특정 신체 부위만을 잘라서 보여주는 촬영 등을 통해 인물을 하나의 완전한 인격체가 아닌 성적 대상으로 표현하는 것을 의미한다(옮긴이 주).
16 전문성이나 능력은 무시한 채 외모만을 언급하는 발언 등 언어를 통해 상대를 성적 대상으로 취급하는 것을 말한다(옮긴이 주).

폭스의 인기 시리즈물 〈9-1-1〉에는 다양한 출연진이 등장할 뿐만 아니라 주연 배우 앤절라 바셋(Angela Bassett)이 맡은 어씨나 그랜트 경사는 리더이기도 하다.

가족 영화(G, PG, PG-13 등급)에서 여성 등장인물은 CEO, 고위 정치인, 재무적 투자자 (financial investor)[17]와 같은 강력한 위치에 있는 경우가 거의 없다(Smith et al., 2012). 더욱이 나이가 많은 등장인물은 영향력 있는 직업을 가지고 있거나 성공한 역할 모델로 묘사될 가능성이 더 높지만, 나이가 든 여성은 나이가 든 남성보다 영화에 훨씬 덜 자주 등장한다(Smith et al., 2016). 예를 들어, 2015년에 여성은 40세 이상 성인 등장인물의 24.6%를 차지하는 데 그쳤다. "빈도만 놓고 볼 때 시청자는 영향력 있는 직업에 종사하는 재능 있는 여성을 화면에서 볼 기회가 훨씬 적다"(Smith et al., 2016: 10).

프라임타임 TV는 권력 있는 위치에 있는 여성을 보여주는 데 좀 더 성공적이었다 (Smith et al., 2012). 권력 있는 위치에 있는 여성 등장인물의 예로는 〈로 앤드 오더: 성범죄 전담반〉의 올리비아 벤슨(Olivia Benson) 반장, 〈그레이 아나토미〉의 메러디스 그레이(Meredith Gray) 박사와 미란다 베일리(Miranda Bailey) 박사, 〈9-1-1〉의 어씨나 그랜트(Athena Grant) 경사, 〈스타 트렉: 디스커버리(*Star Trek: Discovery*)〉의 마이클 버넘(Michael Burnham) 선장이 있다.

4) 젠더 고정관념의 영향

젠더에 기반한 고정관념적 묘사를 시청하는 것이 직업 선택과 특정한 직업에 대한 태도에 영향을 미칠 수 있다. '해피 엔딩' 로맨스 영화는 어린이들이 살면서 맺게 될 관계와 갖게 될 기대에 영향을 미칠 수도 있으며, 매스 미디어에서 통상 묘사되는 '마른 몸매 이상형(thin ideal)'은 특히 여성에게 식이 장애를 야기할 수 있다(Smith & Granados, 2009).

---

17 금전적 수익을 내기 위한 투자를 하는 투자자를 말한다(옮긴이 주).

디즈니와 픽사 만화영화의 젠더

젠더 고정관념화에 대한 많은 우려 가운데는 어린이 미디어도 포함되며, 많은 학자가 디즈니를 주목하고 있다. 전 세계적인 지배력을 가지고 있는 디즈니는 수십 년 동안 어린이 오락물의 초석이었다. "어린이들은 가족과 지역사회 이외의 세상에 대해서는 미디어를 통해 배우기 때문에" 많은 연구자가 젠더 고정관념을 우려한다(Bryant & Bryant, 2003: 204). 오락 미디어가 어린이에게 미치는 영향에 관한 평가에서 브라이언트(J. A. Bryant)와 브라이언트(J. Bryant)는 미디어가 "잠재적인 사회화 동인(動因)" 기능을 한다고 주장했는데, 이는 어린이들이 텔레비전과 영화 스크린에서 보는 것에 따라 현실을 바라보는 경향이 있음을 의미한다(Bryant & Bryant, 2003: 204).

대부분의 연구는 초점을 디즈니 클래식 만화영화에 나타난 고정관념의 유형에 맞추었으며, 이러한 고정관념의 표현은 우연이 아니다. "디즈니 만화영화는 순진무구한 예술 형식이 아니다. 즉, 스크린에 비쳐지는 매 1초의 행동이 24장의 정지된 그림으로 만들어지듯이, 만화영화에서 돌발적이거나 우연한 그 어떤 일도 일어나지 않는다"(Bell, 1995: 108).

16편의 영화를 내용 분석한 연구에서 비어스마(B. A. Wiersma)는 남성 캐릭터가 여성 캐릭터보다 더 많았고(199 대 83), 여성은 남성보다 가사 노동을 더 많이 하는 반면 남성은 훨씬 더 다양한 집 밖 일을 수행할 뿐만 아니라 여성보다 더 힘이 센 직위를 차지하고 있다는 사실을 확인했다(Wiersma, 2001). 캐릭터들은 또한 여성성(femininity)에 대한 일반적인 생각(즉, 여성은 수동적이고 의존적이고 낭만적이며 감정적임)과 남성성(masculinity)에 대한 일반적인 생각(즉, 남성은 공격적이고 독립적이고 낭만적이지 않으며 감정적이지 않음)과 일치하는 경향이 있었다.

토빈(M. A. Towbin) 등은 26편의 디즈니 장편 만화영화에 대한 주제 분석을 실시한 결과, 소년/남성이나 소녀/여성이 의미하는 바에 대한 다음과 같은 주제를 찾아냈다(Towbin et al., 2003):

> ① 남성은 주로 물리적 수단을 사용하여 감정을 표현하거나 감정을 전혀 보여주지 않는다; ② 남성은 그들의 성적 관심을 통제하지 않는다; ③ 남성은 본래부터 강하고 영웅적이다; ④ 남성은 비가사 노동을 한다; ⑤ 뚱뚱한 남성은 부정적인 특성을 가지고 있다(Towbin et al., 2003: 28).

> ① 여성의 외모가 지성보다 더 가치 있다; ② 여성은 무력하고 보호가 필요하다; ③ 여성은 가정적이며 결혼을 하려는 경향이 있다; ④ 뚱뚱한 여성은 추하고 상냥하지 않으며 결혼하지 않았다(Towbin et al., 2003: 30).

"문화 내레이터(cultural narrator)"로서 디즈니의 역할은 그들 자신의 영화 카탈로그를 뛰어넘는다(Brydon, 2009: 143). 오락산업에서의 명성과 지배력으로 인해 디즈니는 다른 애니메이션 스튜디오들의 기준이 된다. 에이벌(S. Abel)은 "디즈니 스튜디오의 작품은 여타 만화영화 세계의 젠더 규범을 규정한다"고 말했다(Abel, 1995: 185). 1991년, 디즈니와 협력한 이후(2006년 디즈니는 픽사를 인수함) 픽사는 근본적으로 디즈니 브랜드를 "이 새로운 애니메이션 형식이 가족 오락물에서 디즈니와 동일한 수준의 우수성과 건전함을 충족하고 있음을 나타내는 승인 도장"

으로 사용할 수 있었다(Brookey & Westerfelhaus, 2005).

디즈니 영화를 조사한 방대한 양의 문헌과 비교할 때, 픽사의 만화영화 산업 지배에도 픽사와 픽사 영화에 포함되어 있을 수도 있는 젠더 고정관념에 초점을 맞춘 연구는 거의 이루어지지 않았다. 2012년의 〈브레이브(Brave)〉까지 모든 픽사 만화영화는 남자 주인공을 중심으로 했기 때문에, 픽사에 관한 몇 안 되는 연구는 대부분 남성 캐릭터를 조사했다. 길럼(K. Gillam) 및 우든(S. R. Wooden)은 픽사의 〈토이 스토리(Toy Story)〉, 〈디 인크레더블스(The Incredibles)〉, 〈카스(Cars)〉의 남자 주인공에게서 공통적으로 발견되는 내러티브에 주목했다(Gillam & Wooden, 2008). 이 영화들은 우두머리 남성 캐릭터들을 무력화함으로써 그들에게 더 친절하고 더 점잖은 남성이 무엇인지를 배울 수 있는 기회를 주고 있다. 길럼 및 우든은 이러한 캐릭터들[예: 우디(Woody), 버즈 라이트이어(Buzz Lightyear), 미스터 인크레더블(Mr. Incredible), 라이트닝 맥퀸(Lightning McQueen)]이 "새로운 남성"의 예라고 말했다.

핀클리어(Finklea, 2011a)는 〈토이 스토리〉 3부작에 나타난 남성성을 조사한 결과, 픽사의 "새로운 남성" 내러티브가 〈토이 스토리〉 속편들에도 그대로 반영되어 있음을 확인했다. 그후 핀클리어(Finklea, 2014)는 자신의 분석을 확장해 픽사의 첫 13편의 장편영화를 포함했고, 그결과 남성성에 대한 여섯 가지 주제를 확인했다:

> ① 남성은 팀워크에 참여할 때 성공한다; ② 남성은 본래 용감하다; ③ 남성의 낭만적 관심은 이성애적 욕망으로 나타난다; ④ 남성은 사랑받고 싶어 하고/하거나 필요한 사람이고 싶어 한다; ⑤ 아버지나 아버지 같은 인물의 남성은 미래에 대한 두려움을 표현한다; ⑥ 남성 상사는 주로 탐욕스럽고 오로지 이익에만 몰두하는 모습을 보인다(Finklea, 2014: 68~69).

궁극적으로 이러한 영화들은 서서히 전통적인 젠더 고정관념에서 벗어나고 있긴 하지만, 여전히 개선해야 할 점은 많이 남아 있다. 〈인사이드 아웃(Inside Out)〉, 〈인크레더블스 2〉, 〈토이 스토리 4〉와 같은 영화에서 일부 희망적인 캐릭터 묘사가 있었지만, 특히 여성 캐릭터 묘사의 경우에 개선해야 할 점이 많다(Finklea, 2017b; Finklea & Hardig, 2016). 그리고 비정형적인 남성 주인공[예: 〈벅스 라이프(A Bug's Life)〉의 개미 플릭(Flik)과 외로운 로봇 쓰레기 압축기 월리(WALL-E)]이 여성 캐릭터에 복종하는 것으로 묘사될 때에도 그들은 여전히 권력 있는 위치에 있는 여성에게 큰 영향력을 행사한다(Finklea, 2017b). 아마도 픽사 영화에서 가장 고정관념적이지 않은 남성은 〈토이 스토리 3〉의 켄(Ken)이겠지만, 그의 여성적인 남성성 묘사는 궁극적으로 영화의 마지막 순간에 비정상적인 것으로 비판받고 거부된다(Finklea, 2011a, 2014).

등장인물이 고정관념에 반(反)하게 묘사될 때 젠더 효과가 줄어든다(예: Davidson et al., 1979; Davies et al., 2002; Flerx et al., 1976; Geis et al., 1984; Johnston & Ettema, 1982; Wroblewski & Huston, 1987). 어린이는 성 역할 고정관념에 대한 학습에 가장 취약할 수도 있지만, 부모나 돌보는 사람의 관리를 통해 부정적인 효과를 경감할 수 있다(Smith & Granados, 2009).

5. 미디어 고정관념의 영향

매스 미디어의 내용을 기술하는 연구는 흥미로운 데이터를 제공하며 다음과 같은 질문의 답을 찾는 데도 진전을 보이고 있다: 소수자 묘사가 미국 공중에게 정확하고 공정한 모습을 전달하고 있는가? 소수자와 다수자 등장인물 사이의 상호작용이 인종 화합의 이미지를 촉진하고 있는가 아니면 인종 갈등의 이미지를 조장하고 있는가? 그러나 그와 같은 연구는 다음과 같은 다른 중요한 질문에 대한 답은 거의 제공하지 않는다: 고정관념적인 소수자 묘사는 소수자와 다수자 수용자에게 어떤 영향을 미치는가? 그러한 묘사는 모든 피부색의 어린이들에게 어떤 영향을 미치는가? 라마수브라마니언(S. Ramasubramanian)이 지적하듯이, "미디어에서 인종/민족 외부 집단에 대한 부정적인 이미지가 존재한다는 것은 확실히 충격적이지만, 이러한 묘사가 인종/민족 외부 집단에 대한 시청자의 실제 태도에 영향을 미치는 방식은 훨씬 더 중요하다"(Ramasubramanian, 2010: 106).

미디어 고정관념의 영향에 대한 과학적 이해의 수준이 최근 수십 년 동안 크게 높아졌다(Dixon, 2020). 여러분은 이전 장에서 사회 인지 이론, 기폭 및 배양 이론과 이러한 이론들이 미디어 효과의 많은 부분을 이해하는 데 근본적으로 중요하다는 점에 대해 논의한 것을 기억할 것이다. 이 이론들은 매스 미디어의 소수자 묘사가 미치는 영향을 살펴보는 연구의 핵심이다. 사회 학습 이론은 개인이 미디어에서 보는 것을 통해 학습한다고 가정한다. 특히 어린이들은 텔레비전과 기타 미디어에서 상황, 행동, 상호작용을 보면서 태도와 행동을 습득할 가능성이 높다. 소수자 묘사는 좋든 나쁘든 인종 관계에 대해 어린이들에게 교육할 수 있는 잠재력을 가지고 있다.

1) 기폭 연구

많은 기폭 연구를 통해 (흑인은 범죄자이고 히스패닉계/라틴계는 관능적이라고 생각하는 것과 같은) 소수자 고정관념에 노출되는 것이 수용자, 특히 다수자 수용자와 현실 세계의 소수자에 대한 그들의 평가에 어떻게 단기적인 효과를 미칠 수 있는지 살펴보았다(Dixon, 2006, 2007; Givens & Monahan, 2005). 다른 기폭 연구에서는 매스 미디어의 고정관념적인 묘사로 인해 백인 수용자들이 소수자를 그러한 고정관념에 따라 평가하게 된다는 사실을 확인했다(Gillam & Iyengar, 2000; Mendelberg, 1997). 미디어를 통해 매개되는 고정관념에 대한 단 한 번의 노출만으로도 특정 집단과 고정관념화된 특성 및 특징 간의 정신적 연결을 활성화하기에 충분하다(Dixon, 2007; Gilliam et al., 1996; Peffley et al., 1996).

범죄 묘사가 고정관념을 기폭할 때마다, 다수자 수용자는 흑인 범죄자가 범죄를 저지르는 이유는 단순히 범죄 성향이 있어서와 같은 성향적인 요인 탓으로 돌린 반면, 백인 범죄자에 대해서는 범죄를 저지르는 이유를 상황적 요인 탓으로 돌렸다(Johnson, Adams, Hall, & Ashburn, 1997). 뉴스 기사에서 인종적 단서가 시각적으로 암시될 때마다, 백인 수용자는 인종적 고정관념을 상기한다(Abraham & Appiah, 2006). (주로 백인) 수용자들이 '흑인 범죄자' 고정관념에 노출되면 그들은 다른 범죄 용의자에 대해서도 더 가혹한 판단을 내리고 (강력한 처벌이나 법 집행 강화와 같은)[18] 보수적인 정책에 대한 지지가 높아진다 (Dixon, 2006; Gilliam & Iyengar, 2000; Hurley et al., 2015).

한 연구에서는 검은 피부색의 흑인 범죄자를 볼 때 백인 수용자는 피해자에 대해 더 많은 공감(sympathy)을 나타낸 것으로 나타났다(Dixon & Maddox, 2005). 또 다른 연구는 범죄와 복지에 대한 뉴스 기사가 인종과 연루되어 있을 것으로 시청자들은 예상하며, 이러한 분야에 대한 보도는 시청자의 마음속에 고정관념이 활성화되게 해준다는 것을 보여주었다(Valentino, 1999).

다른 연구들은 '흑인 여성 제저벨(Black female jezebel)'[19] 고정관념을 가진 사람들을 기폭하는 효과를 조사했는데, 시청 이후 가상의 흑인 여성 구직자 또는 복지 수혜자에 대한 지지가 낮아진 것으로 나타났다(Givens & Monahan, 2005; Monahan et al., 2005; 또한 5장의 '연구 스포트라이트' 참조). 아시아계 미국인에 대한 '모범 소수자(model minority)' 고정관념 기폭은 백인 수용자들이 아시아계 미국인을 더 긍정적으로 지각하는 결과로 이어졌지만, 아프리카계 미국인에 대해서는 부정적인 고정관념을 갖게 만들었다(Dalisay & Tan, 2009).

다른 연구들은 매스 미디어의 뉴스 기사가 소수자에 대한 긍정적인 정보를 포함하고 있고 고정관념에 반하는 행동을 보여줄 때마다 백인 수용자는 인종에 대해 더 긍정적인 판단을 내릴 뿐만 아니라 인종차별적인 행동의 피해자에 대해 더 큰 공감을 보인다는 사실을 확인했다(Bodenhausen et al., 1995; Power et al., 1996).

---

18 괄호 안의 내용은 독자의 이해를 돕기 위해 옮긴이가 첨가한 것이다(옮긴이 주).

19 'jezebel'이라는 용어는 성경에 나오는 인물 이세벨(Jezebel)에서 유래했으며, 이 인물은 음모적이고 부도덕한 여성으로 묘사되었다. 이후로 이 용어는 일반적으로 성적으로 문란하거나 타인을 유혹하는 여성에 대한 부정적 고정관념을 나타내는 말로 쓰이게 되었다(옮긴이 주).

기폭 효과 연구는 어떤 생각이 단기적으로 촉발되는지에 대해 우리에게 많은 것을 말해주기는 하지만, 연구자들은 미디어 고정관념의 장기적 효과에도 관심이 있다. 백인 수용자가 흑인에 대한 고정관념적인 묘사에 장기간 노출되면 미묘한 인종차별적 생각을 갖게 된다(Gorham, 2006). 바꾸어 말하면, 뉴스 보도가 흑인을 반복적으로 범인으로 묘사하는 것은 '그들'을 범죄자로 생각하게끔 백인 수용자를 반복적으로 기폭한다. 기억 속의 이러한 구성체에 대한 접근성은 그러한 고정관념적 이미지를 강화한다(Dixon & Azocar, 2007).

2) 배양 연구

배양 연구자들은 백인 수용자의 고정관념화를 연구해 왔다. 배양은 미디어 내용에 대한 반복적인 노출의 장기적인 영향을 조사한다는 점을 상기하라. 8장에서 논의한 것처럼, 미디어를 통해 매개되는 특정 메시지(이 경우, 고정관념)에 반복적으로 노출되면 해당 고정관념에 대한 만성적인 접근으로 이어질 수 있다. 몇몇 연구는 텔레비전 뉴스를 많이 시청하는 백인 수용자는 흑인의 사회경제적 지위가 낮은 이유가 기회 부족이라기보다는 결단력 부족에 있다고 고정관념화하는 경향이 있음을 보여주었다(예: Armstrong et al., 1992; Busselle & Crandall, 2002). 주로 백인 수용자가 뉴스 내용에 장기간 노출되면 범죄에 대한 보수적인 정책에 대한 지지가 높아진다(Dixon, 2008a, 2008b; Gilliam & Iyengar, 2000). 총격 사건에 대한 고정관념적 정보는 비난의 귀인(attribution) 방식에 영향을 미친다(Dukes & Gaither, 2017). 피해자가 부정적인 시각으로 제시되면 피해자에 대한 공감이 줄어들 뿐만 아니라 범죄에 일부 책임이 있다고 평가하는 정도도 높아진다. 다른 최근 연구에 따르면, 주로 백인 수용자가 매일 TV를 시청하면 아시아계에 대한 불안감이 커진다고 한다(Atwell Seate et al., 2018).

한 배양 연구는 텔레비전을 많이 시청하는 백인 수용자가 히스패닉계에 대한 고정관념적 묘사와 일치하는 태도를 배양한다는 사실을 확인했다(Mastro et al., 2007). 흥미롭게도 이 연구는 현실 세계에서 히스패닉계와 접촉하는 것이 배양 효과를 줄이는 경향이 있다는 증거를 보여주었다. 바꾸어 말하면, 현실 세계에서 히스패닉계와 접촉을 하는 사람이 단순히 텔레비전에서만 히스패닉계를 보는 사람보다 히스패닉계에 대한 고정관념이 덜하다는 것이다.

텔레비전에서 소수자에 대한 고정관념적 묘사를 많이 시청하는 것이 백인 시청자의 투표와 공공정책 결정에 영향을 미칠 수 있다(Mendelberg, 1997; Valentino, 1999). 소수자에 대한 고정관념적인 텔레비전 묘사에 많이 노출된 백인은 부정적인 영향을 받을 뿐만 아니라, 그들의 그러한 관점은 소수자 우대 정책이나 기타 인종 관련 정책을 덜 지지한다는 것으로 이어졌다(Mastro & Kopacz, 2006; Ramasubramanian, 2011; Tan et al., 2000).

3) 사회적 범주화 이론과 사회적 정체성 이론

점점 더 많은 연구가 개인의 집단 정체성이 미디어 소비뿐만 아니라 그로 인해 그들이 경험할 수도 있는 잠재적인 영향도 결정할 수 있음을 보여준다(Atwell Seate et al., 2012; Fujioka, 2005; Harwood, 1997; Mastro, 2003). 어떤 수용자는 다른 수용자보다 미디어 효과에 더 취약할 수도 있을 것이다.

예를 들어, 사회적 범주화 이론(Social Categorization Theory)은 "어떤 개인에게 특정 범주가 더 현저할수록(즉, 중요할수록) 그 사람은 더 심한 내집단 편애(ingroup favoritism)를 보여줄 거라고 주장한다"(Dixon, 2020: 249). 자신의 인종이나 민족 집단과 자신을 매우 동일시하는 개인은 외집단 구성원에 대해서는 더 고정관념적인 태도를 형성하는 경향이 있는 반면, 내집단 구성원에 대해서는 더 호의적인 느낌을 갖는다(Mastro, 2003). 한편 "사회적 정체성 이론은 집단 지배력을 유지하고자 하는 강한 욕구가 대중문화에서 외집단 구성원이 왜곡되게 재현되는 오재현성(misrepresentation)의 핵심이라고 본다"(Ramasubramanian, 2010: 104).

백인 미디어 소비자에게 미치는 영향. 매스트로와 동료들은 미디어 고정관념의 영향을 살펴보는 연구를 많이 수행했는데, 이는 이 장 전체에서 매스트로의 연구가 많이 인용되고 있는 것으로도 입증되는 사실이다. 앳웰 시트(A. Atwell Seate)와의 공동연구에서 내집단과 강하게 동일시하는 사람은 이민자의 위협에 대한 이야기에 노출될 때 경멸감을 통해 이민자를 향한 적극적인 가해 행동과 소극적인 가해 행동 모두를 표출한 것으로 나타났다(Atwell Seate & Mastro, 2017). 딕슨은 연구 결과를 다음과 같이 요약했다: "이 연구자들은 사회적 정체성/사회적 범주화 이론을 사용하여 그와 같은 미디어 노출로 인해 발생할 수도 있는 집단 간 정서(intergroup emotion)라는 개념을 발전시켰다. 이 개념은 집단 동일시 정도가 높은 집단 구성원은 동일한 정서를 경험할 것이라고 설명한다"(Dixo, 2020: 250). 미디어를 통해 매개되는 소수자에 대한 묘사가 반복적으로 부정적인 정서(예: 분노, 두려움, 반감, 긴장감)를 불러일으키는 경우, "그와 같은 감정은 기억 구조에 강하게 자리 잡아 현실 세계에서 이러한 인종 외집단에 대한 감정을 평가할 때 그러한 감정에 접근할 수 있게, 즉 그러한 감정을 떠올릴 수 있게 된다"(Ramasubramanian, 2010: 116).

한 이전 연구에서 가상의 TV 프로그램에서 라틴계 범죄자를 본 백인 시청자들은 자존감이 더 높아졌다고 대답했다(Mastro, 2003). 백인 시청자들이 백인 범죄자를 보았을 때는 그 범죄자의 행동을 더 많이 정당화했다. 다른 연구들도 사회적 정체성과 인종적 고정관념의 역할을 살펴보았다. 예를 들어, 라마수브라마니언은 아프리카계와 라틴계에 대한 고정관념이 백인 TV 시청자에게 미치는 영향과 소수자 우대 정책에 대한 그들의 태도를 연구했다(Ramasubramanian, 2010). 백인 시청자들은 텔레비전에 등장하는 아프리카계와 라틴계 미국인 모두를 범죄와 게으름이라는 주제와 연관시켰다. 더욱이 "텔레비전이 외집단을 부정적으로 고정관념화한다는 인식이 강할수록 현실 세계에서의 부정적인 고정관념적 믿음과 적대감은 증가했고 소수자 우대 정책에 대한 지지는 감소했다"(Ramasubramanian, 2010: 115).

아프리카계와 라틴계 TV 등장인물에 대한 백인 시청자의 태도는 소수자 재현의 양과 '질' 모두의 영향을 받는다(Tukachinsky et al., 2015). 과도하게 성애화된 흑인 및 라틴계 등장인물의 존재는 미국의 아프리카계 및 라틴계 사람들에 대한 부정적인 태도와 관련되었다. 그러나 아프리카계와 라틴계 등장인물이 직업적·사회적 지위가 높은 것으로 묘사될 때, 백인 수용자들은 그들에 대해 더 호의적인 견해를 갖는 경향이 있었다. "그러한 결과는 단순히 미디어에서 소수민족 등장인물의 수를 늘리는 것보다 이들에 대한 재현의 질을 향상하는 것이 중요함을 분명하게 보여준다"(Tukachinsky et al., 2015: 33).

소수자 미디어 소비자에게 미치는 영향. 고정관념에 관한 연구는 대부분 백인 미디어 소비자가 소수자 묘사에 어떻게 반응하는지를 조사했다. 그러나 점점 더 많은 연구가 소수자가 자신이 속한 집단의 고정관념적 묘사에 어떻게 반응하는지에 대한 질문에 답하는 데 도움을 줘왔다. 이 장의 앞부분에서 논의한 것처럼, 아프리카계와 라틴계 사람들은 모두 미디어를 많이 소비한다. 프라임타임 TV에서 흑인에 대한 부정적인 묘사에 노출될 때 흑인 시청자의 흑인에 대한 호의적인 특성 묘사와 따뜻한 감정이 감소했다(Tukachinsky et al., 2017).

인종이나 민족 집단을 대상으로 하는 미디어는 유색인종 수용자에게 큰 영향을 미칠 수 있다. 예를 들어, 흑인 출연진이 대다수인 영화를 본 흑인 청소년은 주류 영화를 본 흑인 청소년에 비해 더 많은 공격적 행동, 성활동, 음주를 한다고 답했다(Bleakley, Ellithorpe, Hennessy, Jamieson, et al., 2017). 주류 텔레비전 시청은 청소년, 특히 남자아이 들의 주류 젠더 역할에 대한 지지 감소로 이어졌다(Anyiwo et al., 2018). 흑인 지향적인 프로그램 시청은 강인한 흑인 여성 역할(즉, 독립적이고 정서적으로 강하며 자기희생적인 흑인 여성)에 대한 더 높은 지지로 이어졌다. 웍스 등은 "주류 미디어는 내집단 태도에 대한 지각에 영향을 미치는 반면, 흑인 지향적 미디어는 흑인 행동 학습과 관련이 있다"고 결론지었다(Weeks et al., 2020: 104).

민족성은 랩 음악이 흑인 수용자들에게 미칠 수 있는 잠재적인 효과를 이해하는 데 중요한 변인이 될 수 있다. "예를 들어, 민족 동일시(예: 흑인 여성은 아름답다는 믿음) 정도가 강한 흑인 여성은 민족 동일시가 약한 흑인 여성에 비해 뮤직 비디오에서 마른 몸매의 모델을 본 후 부정적인 효과(예: 신체 불만족)가 더 적게 나타났다"(Dixon, 2020: 250).

연구자들은 고정관념적인 묘사에 노출되면 소수자 수용자의 자존감이 낮아질 것이라고 이론화했지만 결과는 엇갈렸다. 프라이버그(S. Fryberg)는 아메리카 원주민이 TV에서 아메리카 원주민을 고정관념적으로 묘사하는 것을 본 후 자존감이 낮아진 반응을 보인다는 것을 확인했다(Fryberg, 2003). 수버비-벨레스(F. A. Subervi-Vélez)와 네코치아(J. Necochea)는 히스패닉계 초등학생을 대상으로 연구한 결과, 영어나 스페인어 TV 시청이 그들의 자존감에 영향을 미치지 않는다는 것을 확인했다(Subervi-Vélez & Necochea, 1990). 리바데네이라(R. Rivadeneyra) 등은 미디어 노출이 라틴계 고등학생과 대학생의 자존감에 영향을 미치는지 알아보기 위해 두 가지 연구를 수행했다(Rivadeneyra et al., 2007). 특정 TV 장르와 기타 형태의 미디어(예: 잡지, 영화, 음악)에 더 많이 노출되는 것은 더 낮은 자존감과 관련이 있는 것으로 나타났다. 예를 들어, 적극적으로 미디어를 이용하고 인기 있는 프라임타임 프로그램에 노출되는 것과 라틴계 여학생들의 자존감 간에는 일관되게 음의 상관관계가 있는 것으로 나타났다.

또한 인기 잡지와 영어로 제작된 드라마를 자주 보는 것은 각각 사회적 자존감이 유의적으로 더 낮은 것과 연관이 있었다. 남학생들 사이에서는 단지 두 가지 유의적인 상관관계가 나타났다. 남학생의 경우, 영화를 자주 보는 것은 더 낮은 사회적 자존감과 연관이 있었고, 인기 있는 TV 등장인물에 대한 더 강한 동일시는 외모에 대한 더 낮은 자존감과 연관되어 있었다(Rivadeneyra et al., 2007: 279).

이러한 영향은 자신을 라틴계 유산과 강하게 동일시하는 학생들에게 특히 해로울 수도 있다.

6. 요약

1960년대부터 매스 미디어, 특히 텔레비전과 영화의 소수자 등장인물 묘사는 사회의 변화를 반영해 왔다. 이러한 묘사의 변화와 특히 그것이 수용자의 태도, 가치, 행동에 미치는 효과는 커뮤니케이션 연구자들의 특별한 관심사이다.

1990년대의 연구는 흑인은 오락 프로그램에 등장하는 수나 묘사의 성격 면에서 많은 성과를 거두었지만, 다른 소수자는 그다지 성과가 좋지 않음을 보여주었다. 라틴계, 아시아계, 아메리카 원주민, 여성은 계속해서 매스 미디어에서 과소 재현되고 있을 뿐만 아니라, 어떤 경우는 완전히 배제되고 있다. 이들 집단에 대한 묘사는 때때로 고정관념적이거나 모욕적이다.

모든 유형의 미디어를 통틀어 백인은 등장인물과 모델에서 가장 높은 비율을 차지했다. 그러나 미디어 내용의 인종 및 민족 다양성에는 어느 정도 진전이 있었다. 일부 집단, 특히 아메리카 원주민은 매스 미디어에서 거의 완전히 제외되었다. 여성은 미디어, 특히 영화와 TV에 더 많이 등장하게 되었지만 현실 세계의 여성 비율에 비하면 여전히 과소 재현되고 있다.

소수자 묘사가 다수자와 소수자 수용자에게 미치는 효과에 대한 증거들은 어떤 수용자는 다른 수용자보다 미디어 효과에 더 취약할 수도 있음을 보여준다. 자신과 같은 인종이나 민족 집단과 자신을 동일시하는 사람은 그들 집단 이외의 사람들에 대해 더 고정관념적인 태도를 형성하는 반면, 그들 집단 내의 사람들에게 대해서는 더 호의적으로 느끼는 경향이 있다.

진전의 조짐에도, 인종, 민족 및 젠더 고정관념은 미디어의 표현에 부정적인 영향을 미친다. 수용자들에게 노출되는 미디어 세계가 우리가 살고 있는 점점 더 다양해지는 세계를 더 정확하게 반영하도록 하기 위해서는 아직도 많은 노력이 필요하다.

제17장

어린이 교육 미디어의 효과

텔레비전은 늘 가르치고 있다.

텔레비전은 학교와 모든 고등 교육 기관보다 더 많은 교육을 담당한다.

— 마셜 맥루언

여러분 가운데 상당수는 분명 〈세서미 스트리트〉, 〈신기한 스쿨버스(*The Magic School Bus*)〉, 〈블루스 클루스〉, 〈바니와 친구들〉, 그리고 어린이와 부모들에게 '교육 텔레비전(educational television)' 혹은 '에듀테인먼트(edutainment)'로 판매된 다른 많은 프로그램을 수없이 보면서 자랐을 것이다. 흔히 텔레비전이 어린이들에게 미치는 효과에 대해 논의할 때, 비평가와 육아 단체들은 시청의 부정적인 효과에 초점을 맞춘다. 그러나 더 짧은 주의(注意) 지속시간, 학교에 대한 무관심, 어린이가 아무 생각이 없는 '좀비 시청자(zombie viewer)'가 되는 것에 대한 두려움(예: Healy, 1990; Postman, 1985; Winn, 1977) 같은 이른바 부정적 효과들 가운데 많은 것이 거의 과학적으로 입증되지 않았다(Fisch, 2009). 주의와 텔레비전 시청 간의 연관성에 대해 살펴본 뉴먼(M. Z. Newman)은 기술 공포증을 가지고 있는 많은 저자와 비평가들이 빠져 있는 다음과 같은 역설을 강조했다: 텔레비전은 "주의를 너무 잘 끌어서 주의력을 파괴한다"(Newman, 2010: 589).

실제로 어린이 교육 미디어의 긍정적인 효과를 강조하는 연구들도 많이 있는데, 우리는 이 장에서 이러한 점에 대해 살펴볼 것이다. 그뿐 아니라 우리는 〈베이비 아인스타인(*Baby Einstein*)〉와 〈브레이니 베이비(*Brainy Baby*)〉 같은 영아[1] 대상 미디어라는 큰 사업과 영유아들이 그와 같은 미디어를 통해 무엇을 배울 수 있는지를 밝히고자 하는 연구들도 살펴볼 것이다. 오늘날의 어린이들은 그 어느 때보다 많은 스크린이 있는 가정에서 자라고 있다. 우리는 인쇄된 책 대(對) 전자책의 효과와 상호작용적 미디어 대(對) 수동적 미디어의 효과에 관한 연구들도 자세히 살펴본다.

1. 교육 텔레비전

교육 텔레비전에 대해 조사한 연구들은 주로 두 가지 핵심 영역, 즉 ① 취학 전 아동 프로그램이 학교 준비도에 미치는 영향과 ② 학령아동 프로그램이 문해력(literacy), 수학과 문제 해결, 과학, 사회 과목에 미치는 효과에 초점을 맞추었다.

1) 학교 준비도

학교 준비도(school readiness)[2]에 대해 이야기할 때, 우리는 이 용어가 단순히 지식과 학습 기술에만 국한되지 않는다는 것을 명심해야 할 필요가 있다(Fisch, 2009). 유아 학습 및 지식 센터(Early Childhood Learning and Knowledge Center)에 따르면, "신체적·인지적·사회적·정서적 발달은 모두 학교 준비도에 필수적인 요소이다"(Early Childhood Learning and Knowledge Center, 2020: 단락 1). 〈세서미 스트리트〉는 50년 넘게 학업 기술과 대인관계 기술 모두를 향상하는 가장 영향력 있는 프로그램 중 하나이다. 실제로 "세계에서 가장 자주 연구된 TV 프로그램은 〈세서미 스트리트〉(와 이것의 국제 공동 제작물)이었는데, 미국에서 이 프로그램은 2~5세 어린이를 대상으로 한다"(Jordan & Vaala, 2020: 292).

1969년부터 〈세서미 스트리트〉는 다양한 주제를 다루는 고품질 교육 콘텐트를 가족들에게 제공해 왔다. 〈세서미 스트리트〉는 많은 연구와 계획 수립을 통해 탄생했다. 학계 연구자와 텔레비전 제작자가 협력하여 짧은 세그먼트와 촌극, 노래, "머펫들로 가득한 재미(Muppet-filled fun)"를 통해 인지 발달을 강조하는 커리큘럼을 개발했다

---

1 1살 미만의 어린이를 '영아(infant)', 1~3살의 어린이를 '유아(toddler)'로 구분한다(옮긴이 주).
2 학교에서 요구하는 과업이나 교육과정을 수행할 수 있는 지적·신체적·사회적 발달 등 학교생활 전반에 걸쳐 성공적인 적응과 수행을 위해 요구되는 능력을 말한다(옮긴이 주).

〈세서미 스트리트〉의 머핏 '주민들'이 등장하는 무대 쇼는 어린아이들이 군대 생활의 어려움에 대해 배우고 대처하는 데 도움을 준다.

(Akerman et al., 2011: 208). 1969년, 〈세서미 스트리트〉가 처음 소개된 지 얼마 지나지 않아 연구자들은 빅 버드(Big Bird), 미스터 스너플루페이거스(Mr. Snuffleupagus), 카운트 백작(Count von Count)이 3세에서 5세 사이의 어린이 시청자들을 가르치는 능력을 조사하기 시작했다.

1970년대 초에 실시된 2편의 연구는 **사전조사**(pretest)를 통해 〈세서미 스트리트〉를 시청하기 전 어린이들의 지식을 조사했고, 그런 다음 **사후조사**(posttest)를 통해 이 프로그램을 시청하고 난 후의 어린이들의 지식을 조사했다(Ball & Bogatz, 1970; Bogatz & Ball, 1971). 통제집단(control group)의 어린이들은 그 프로그램을 전혀 시청하지 않았다. 〈세서미 스트리트〉를 더 많이 본 어린이가 숫자, 문자, 모양, 몸의 기관 식별 같은 몇몇 학업 기술에서 유의적으로 더 많은 지식을 습득했다. 멕시코, 러시아, 포르투갈, 터키 등에서 〈세서미 스트리트〉 국제판을 시청한 어린이에게서도 유사한 효과가 나타났다(Fisch, 2009).

이러한 연구들은 비교적 짧은 시간에 걸쳐 지식 습득이 일어났음을 보여주고 있는데, 〈세서미 스트리트〉 시청의 장기적 효과는 어떤가? 보가츠(G. A. Bogatz)와 볼(S. Ball)은 1971년 〈세서미 스트리트〉에 관한 그들의 첫 번째 연구(Ball & Bogatz, 1970)에 참여했던 일부 어린이들을 대상으로 후속 연구를 실시했다. 이 연구자들은 선생님들이 언어 및 수리, 학교에 대한 태도, 급우들과 상호작용하는 법을 포함한 몇몇 학교 준비도 기술에 관해 학생을 평가하게 했다. 1970년 연구가 이루어졌던 동안 어린이들이 〈세서미 스트리트〉를 많이 본 사실을 모르는 선생님들은 이 프로그램을 더 적게 시청한 어린이보다 더 많이 시청한 어린이가 학교생활에 대한 준비가 더 잘 되어 있다고 평가했다. 1990

년대와 2000년대 초에 이루어진 연구 결과도 비슷해서, 선생님들은 〈세서미 스트리트〉 시청자가 학교생활에 대한 준비가 더 잘 되어 있다고 평가했다(Wright & Huston, 1995; Wright et al., 2001). 미국 교육부(Department of Education)가 전국가구조사(National Household Survey)에서 어린이 약 1만 명을 대상으로 수집한 데이터에 대해 상관관계 분석(correlational analysis)을 실시한 결과, 취학 전 연령대의 〈세서미 스트리트〉 시청자들이 알파벳 문자 인식과 책을 읽는 척하면서[3] 조리 있게 이야기하기에서 더 나은 성적을 올린 것으로 나타난 한편, 취학 전에 〈세서미 스트리트〉를 본 1학년과 2학년 학생은 스스로 책을 읽는 경향은 더 높았고 독서 교정 도움을 필요로 할 가능성은 더 낮은 것으로 나타났다(Zill, 2001; Zill et al., 1994).

2013년의 한 메타-분석은 〈세서미 스트리트〉에 대한 24편의 연구 결과를 종합했는데, 이 연구에는 15개국의 1만 명 이상의 어린이가 포함되었다. 다양한 학습 결과에서 〈세서미 스트리트〉 노출과 관련된 유의미한 효과가 나타났다. "이 메타-분석에서 관찰된 인지적 결과, 학습 결과 및 사회-정서적 결과에 대한 유의적인 긍정적 효과는 TV를 통해 〈세서미 스트리트〉를 시청하는 전 세계 수백만 명의 취학 전 아동들에게 실질적인 교육적 이점이 있음을 나타낸다"(Mares & Pan , 2013: 149).

〈세서미 스트리트〉의 효과는 초등학교 저학년 어린이들에게만 국한되는 것은 아니다. 실제로 취학 전 〈세서미 스트리트〉 시청은 고등학교 시절의 학업 수행에도 영향을 미치는 것으로 드러났다! 9학년에서 12학년의 학생 가운데 어린 시절 〈세서미 스트리트〉를 더 많이 시청한 학생이 시청하지 않은 학생보다 성적과 학업적 자존감(academic self-esteem)[4]이 더 높았고, 수업에서 더 높은 수행 동인(drive)[5]을 보였으며, 책도 더 많이 읽었다(Anderson et al., 1998; Huston et al., 2001).

물론 〈세서미 스트리트〉가 취학 전 아동의 학교 준비도 향상을 도와주는 유일한 프로그램은 아니다. 〈바니와 친구들(*Barney and Friends*)〉, 〈드래건 테일스(*Dragon*

---

3   미취학 어린이들은 주변 환경과 책에서 찾아볼 수 있는 글자를 인식한다. 이들은 좋아하는 책을 읽는 척하기도 한다. 이러한 '읽는 척하기(pretending to read)'는 실제 독서를 위한 발판이 되며, 아이들이 스스로를 독서가라고 생각하기 시작하는 데 도움을 준다고 한다(옮긴이 주).

4   학교에서 성공할 수 있다는 학생의 자신감으로 학업 수행력의 핵심 요소이며 동기 부여 및 학업 성취도와 밀접한 관련이 있다(옮긴이 주).

5   욕구에 의한 잠재적 힘을 어떤 목표를 향해 실제로 특정한 행동 양식으로 이끌어가는 것을 의미한다(옮긴이 주).

Tales)〉, 〈블루스 클루스〉 같은 프로그램 역시 지식, 유연한 사고, 기꺼이 도전을 추구하고자 하는 마음과 다른 사람과의 놀이 주도하기, 문제 해결 기술과 같은 학교 준비도의 다른 중요한 측면을 향상해 주는 것으로 밝혀졌다(Fisch, 2009). 〈미스터 로저스의 이웃 사람들〉의 파생작인 〈다니엘 타이거의 이웃 사람들(*Daniel Tiger's Neighborhood*)〉을 시청하는 것은 취학 전 아동의 사회적·정서적 발달에 도움이 될 수 있다(Rasmussen et al., 2016). 〈다니엘 타이거의 이웃 사람들〉을 시청할 때 잦은 적극적인 중재(mediation: 즉, 미디어 내용에 대해 구체적으로 나누는 부모와 자녀 간의 대화)가 동반되었을 때 취학 전 아동은 더 높은 수준의 감정이입, 정서 인식(emotion recognition) 및 자기-효능감을 나타냈다. 이러한 효과는 특히 취학 전 아동과 저소득층 가정에서 더 많이 나타났다.

여러분 가운데 많은 사람이 프로그램 주제가("나는 너를 사랑해. 너는 나를 사랑해. 우리는 행복한 가족이야. ……")를 노래하는 바니를 생각하면 민망해할 수도 있지만, 큰 보라색 공룡이 노래 부르기(sing-song)를 통해 가르치는 방식이 일부 어린이들(주로 백인 중산층의 3~4세 어린이)의 수를 세고 색깔을 식별하는 능력을 향상해 줄 뿐만 아니라 이웃에 있는 장소 이름에 대한 단어 지식을 향상하는 데도 도움을 주었다(Singer & Singer, 1994). 그러나 이 프로그램은 모양을 식별하거나 정서를 이해하는 데는 도움을 주지 못했다. 더 다양한 표본(더 많은 소수자에 속하는 어린이와 노동자 계층의 어린이를 포함했음)을 대상으로 반복 연구를 했을 때, 싱어와 싱어는 〈바니와 친구들〉을 시청함으로써 얻는 이점이 매우 작다는 것을 확인했다(Singer & Singer, 1995). 그러나 어린이들에게 그 연구의 일부였던 10편의 에피소드에 사용되었던 자료에 대한 후속 수업을 제공하면 추가적인 이점이 있는 것으로 나타났다.

용(龍)들을 도와주는 두 라틴계 남매에 관한 애니메이션 시리즈물인 PBS의 〈드래건 테일스〉는 어린이가 '고정관념에서 벗어나도록' 도와줌으로써 어린이의 문제 해결 기술을 향상해 주는 것으로 드러났다. 〈알레그라스 윈도우〉와 〈걸라 걸라 아일랜드〉를 시청한 어린이는 시청하지 않은 어린이보다 직접 손으로 하는 문제 해결 과제를 훨씬 더 잘 수행했으며(Mulliken & Bryant, 1999), 아이 돌보미들은 그 프로그램을 시청한 어린이가 더 유연한 사고(思考) 기술(예: 문제를 다른 관점에서 보기, 궁금해하기)과 더 뛰어난 문제 해결 능력(예: 문제를 해결하기 위해 다른 방법 사용하기, 주어진 과제에 집중하기, 포기하지 않기)을 가진 것으로 평가했다(Bryant et al., 1997).

〈블루스 클루스〉는 어린이에게 긍정적인 영향을 미치는 것으로 드러난, 가장 오래 지속되는 닉 주니어(Nick Jr.) 프로그램 가운데 하나이다. 이 프로그램에는 강아지 캐릭

니켈로디언은 2019년에 〈블루스 클루스〉를 다시 선보이면서 조쉬 델라 크루즈(Josh Dela Cruz)를 블루의 새로운 사람 진행자로 소개했다.

터 블루와 이 강아지의 사람 친구인 스티브 (Steve)[나중에는 스티브의 동생인 조(Joe)]가 등장한다. 매 에피소드에서 블루와 스티브는 블루의 발자국 프린트가 찍혀 있는 실마리를 찾아 그 실마리를 그들의 '편리하고 멋진 공책'에 적음으로써 간단한 세 부분으로 구성된 퍼즐을 푼다. 그 과정에 어린이 시청자들은 블루가 실마리를 찾아내는 것을 도와 함께 퍼즐을 풀도록 노력함으로써 문제 해결에 참여할 것을 직접 요청받는다. 애커먼(A. Akerman) 등은 〈블루스 클루스〉의 프로그램 진행에 대한 논의에서 다음과 같이 기술했다(Akerman et al., 2011):

(이 프로그램의) '따라 생각하고 따라 놀기 방식'은 취학 전 아동이 …… 구분, 범주화 및 분류, 구별하고 식별하기, 예측과 예상, 일어난 일과 이유, 순서와 배열, 정형화, 일치시키기, 추론 문제 풀기, 연관 짓기, 비유, 상관 개념과 [같은] 더 높은 차원의 인지적 기술을 사용하도록 장려했다(Akerman et al., 2011: 212).

〈블루스 클루스〉는 기억하기 쉬운 노래 따라 하기 세그먼트와 시청자 상호작용을 포함함으로써 어린이들에게 즐거움을 주는 동시에 그들의 자존감도 키워준다.

브라이언트 등(Bryant et al., 1999)과 앤더슨 등(Anderson et al., 2000)은 〈블루스 클루스〉의 효과성을 연구했다. 이 프로그램의 특정 에피소드에 소개된 것과 동일한 퍼즐을 주었을 때, 이 프로그램을 시청한 어린이는 시청하지 않은 어린이보다 정답을 훨씬 더 많이 맞추었다고 한다. 이러한 연구 결과는 어린이들이 TV에서 본 정보를 기억할 수 있었음을 시사한다. 프로그램에 한정된 퍼즐을 해결하는 것 외에도 〈블루스 클루스〉 시청자는 비시청자보다 이 프로그램과 관련되지 않은 간단한 수수께끼를 훨씬 더 많이 정확하게 알아맞혔는데, 이는 시청자들의 문제 해결 기술이 향상되었음을 시사한다.

〈탐험가 도라(Dora the Explorer)〉 역시 어린이 교육 텔레비전 세계에서 또 하나의 주축 프로그램인데, 취학 전 아동을 위한 이 프로그램에는 라틴계 주인공이 등장한다(Ryan, 2010). <탐험가 도라>는 <세서미 스트리트>, <블루스 클루스>와는 달리 구조화된 선형적 내러티브[6] 포맷을 사용하는데, 이를 통해 "문제 해결을 위해 시청자 참여를 '요구하는'(도라는 여러분이 없이는 그것을 할 수 없을 것입니다) 위험 부담이 큰 모험을 제시한다"(Akerman et al., 2011: 210). 라이언(E. Ryan)에 따르면, 도라가 모험을 통해 '우리'라는 단어를 반복해서 사용하는 것은 시청자들도 이야기의 일부라는 것을 암시할 뿐만 아니라 취학 전 아동이 실제로 도라가 매 에피소드에서 직면하는 문제를 해결하는 데 도움이 된다고 믿게끔 하는 데 도움을 줄 수 있을 것이라고 한다(Ryan,

<탐험가 도라>는 최근 수십 년 동안 가장 잘 알려진 어린이 프로그램 캐릭터 가운데 하나이다.

2010). 따라서 "<세서미 스트리트>가 활용했고 <블루스 클루스>가 혁신적으로 발전시킨 상호작용적 스타일을 <탐험가 도라>는 공식화했다"(Akerman et al., 2011: 211). <블루스 클루스>와 유사하게 <탐험가 도라> 역시 어린이 시청자들의 자아존중감과 자신감을 북돋울 수 있는 잠재력을 가지고 있다(Ryan, 2010). <탐험가 도라>의 한 가지 독특한 특징은 2개 국어 상용과 언어 발달에 초점을 맞추고 있다는 것이다.

2) 언어 및 어휘 발달

많은 어린이 프로그램이 어휘 습득을 매우 강조한다. 1980년대 중반, 연구자들은 <세서미 스트리트>, <로저스 아저씨네 이웃들>, <전기회사(*The Electric Company*)>에서 사용된 언어를 조사했으며 또한 그것과 부모들이 어린 자녀와 상호작용할 때 사용

---

6   순차적인 시간의 흐름에 의해 선형적(linear) 구조로 흐르는 제한적인 내러티브를 말하며, 이에 반해 비선형적(non-linear) 내러티브란 선형적 구조와 반대로 그 구조적 순서가 비순차적인 내러티브를 지칭한다. 비선형적 내러티브는 해석의 여지를 관객에게 열어놓은 채 전형적 틀에 구속되지 않으며, 다양한 의미작용을 제시한다는 면에서 관객들에게 능동적인 활동을 요구한다고 할 수 있다(옮긴이 주).

하는 언어 패턴을 비교했다(Rice, 1984; Rice & Haight, 1986). 교육 프로그램들은 어린이가 언어 기술을 습득하는 데 도움을 주는 것으로 여겨지는 것과 동일한 언어적 특징을 많이 활용했다. 이러한 특징 가운데는 짧고 단순한 말투, 잦은 반복적 표현 사용, 어린이가 스크린상에서 보는 것들을 기반으로 하는 언어가 포함된다. 이러한 요소들이 프로그램에 포함되어 있다는 것은 "그와 같은 텔레비전 시리즈물이 언어 발달에 기여할 잠재력을 지니고 있음"을 시사한다(Fisch, 2009: 406).

전부는 아니지만(예: Bryant et al., 1999) 많은 연구가 어린이들이 텔레비전을 통해서 새로운 어휘를 배운다는 증거를 찾아냈다(예: Linebarger & Piotrowski, 2010; Rice et al., 1990; Rice & Woodsmall, 1988; Singer & Singer, 1994). 또한 일부 연구는 어린이들이 텔레비전을 통해 어휘를 배우는 것 외에도 교육 프로그램을 더 많이 볼수록 더 많이 배운다는 것을 보여주었다. 라이스와 동료들(Rice et al., 1990)은 <세서미 스트리트>를 더 많이 시청한 3세에서 5세 사이의 어린이가 더 적게 시청한 또래 어린이보다 더 많은 어휘를 습득했다는 사실을 확인했다. (이 연구자들은 <세서미 스트리트> 시청을 통한 어휘 습득이 근본적으로 5세 이후에는 멈춘다는 사실을 확인했다. 어린이들이 5세가 되면 결국 3세에서 5세 사이의 취학 전 어린이를 표적 시청자로 하는 <세서미 스트리트>로부터 이용 가능한 단어를 모두 배웠다.)

어휘 습득은 <탐험가 도라>에게서도 관찰되는데, 이 프로그램은 스페인어를 그들의 언어 커리큘럼의 일부로 포함하고 있다. 영어를 사용하는 4세 어린이들이 평균적으로 14편의 에피소드를 시청할 때마다 하나의 스페인어 단어를 배웠다(Linebarger, 2001). 한편 3세 어린이들은 평균적으로 58편의 에피소드를 시청할 때마다 하나의 스페인어 단어를 익혔다.

어린이들은 텔레비전 프로그램을 통해 새로운 단어를 배울 수 있지만 정확한 사용과 문법에 대해서는 거의 배우지 못한다(자세한 내용은 Naigles & Mayeux, 2001 참조). 이것은 텔레비전을 통한 커뮤니케이션이 스크린에서 시청자로 일방적이어서, 어린이들은 부모 및 다른 돌보미와의 쌍방향 커뮤니케이션을 포함하는 사회적 상호작용을 통해 문법을 배울 가능성이 매우 높다는 사실 때문일 수 있다(Naigles & Mayeux, 2001).

3) 문해력 발달과 독해

문해력에 초점을 맞춘 매우 유명한 어린이 프로그램 가운데 하나는 PBS의 <비트윈 더 라이언스(*Between the Lions*)>인데, 이 프로그램은 3세에서 7세 사이의 어린이를 겨냥한다(Jennings et al., 2001). 2000년부터 2010년까지 방송된 〈비트윈 더 라이언스〉는 매거진 포맷, 애니메이션, 그리고 인형과 실제 사람의 연기를 혼합한 것을 포함해 〈세서미 스트리트〉와 몇 가지 공통점을 가지고 있다. 이 프로그램은 도서관을 배경으로 하며, 주인공은 두 사자 사서(司書)인 씨오(Theo)와 클리오(Cleo) 그리고 그들의 아기 사자들이다. 〈비트윈 더 라이언스〉를 시청한 취학 전 어린이가 시청하지 않은 어린이보다 단어의 음소를 인식하는 것을 더 빨리 배웠다(Prince et al., 2001). 또 다른 연구에서 그 프로그램을 시청한 어린이는 또한 음소 인식(sound awareness)[7]과 음소 합성(sound blending)[8]에서 상당한 발전을 보였는데, 이 둘은 모두 아동 후반기의 읽기 성취도를 예측하는 데 사용되는 핵심 요소이다(Linebarger, 2006).

(2007년부터 2016년까지 방송된 3~6세 어린이를 대상으로 한 또 다른 문해력-기반의 PBS 프로그램인) 〈수퍼 와이!(*Super Why!*)〉를 본 아이들은 초기 문해력 평가에서, 특히 문자 지식과 음운 및 음소 인식 기술 분야에서, 통제집단 어린이들보다 더 우수한 성적을 보였다(Linebarger, 2015). 이 효과는 특히 더 낮은 사회경제적 계층의 어린이들에게서 강하게 나타났다. 〈수퍼 와이!〉를 20회 미만 시청한 후에도 의미 있는 변화가 일어날 수 있다.

(5세에서 8세 사이의 어린이를 대상으로 하는 프로그램으로 1983년부터 2006년까지 방송된) 〈리딩 레인보우(*Reading Rainbow*)〉는 방송에서 읽어주고 페이지마다 삽화가 그려져 있는 특별한 책을 시청자들에게 소개했다. 르바 버튼(LeVar Burton)이 진행하는 〈리딩 레인보우〉는 "즐김과 흥미를 위해 독립적인 독서를 장려"하는 것을 주요 목표로 (노래, 어린이들과의 인터뷰, 다큐멘터리와 같은) 각 에피소드에서 다루어지는 책과 관련된 세그먼트들을 포함했다(Liggett, 2005: 834). 내용 분석을 통해 〈리딩 레인보우〉의 에피소드에 포함된 네 가지 문해력 전략이 확인되었다: ① 어린이의 배경 지식을 활성화[9]하고 그것을 기반으로 하기; ② 어휘력 발달시키기; ③ 내용을 아동의 개인 생활과 관련짓기; ④ 이해도를 모니터링하고 주요 아이디어, 개념 및 주제 요약하기(Wood & Duke, 1997).

---

7 말소리를 인지하고 소리 차이를 변별하고 말소리를 생략, 합성, 첨가, 또는 분절하는 과정을 통해 말소리를 조작할 수 있는 능력을 말한다(옮긴이 주).

8 들려주는 말소리를 합쳐서 동시 조음 형태로 발화하는 능력을 말한다(옮긴이 주).

9 교육학에서 '활성화'(activation)는 중요한 개념으로 학습자의 머릿속에 이미 저장되어 있는 기존 지식이나 경험을 깨워서 현재의 학습 상황에서 사용할수 있는 상태로 만드는 것을 의미한다(옮긴이 주).

4) 수학

많은 어린이 프로그램은 어떤 종류의 수학 기술(예: <세서미 스트리트>의 카운트 백작)을 포함하고 있지만, 더 나이가 많은 어린이와 10대 초반의 청소년을 겨냥한 소수의 시리즈물은 오직 수학에만 초점을 맞추었다.

수학을 이용해 온라인 악당을 물리치는 10대 초반의 세 청소년에 관한 수학-기반 애니메이션 프로그램인 <사이버체이스(Cyberchase)>는 어린이들에게 "수학은 어디에나 존재하며 문제를 해결하는 유용한 도구임"을 가르쳐주는 것을 목적으로 한다(PBS.org, 2011). 피쉬(S. M. Fisch)는 이 시리즈물을 시청하는 것이 세 영역, 즉 직접 학습(direct learning: 이 프로그램에 소개된 것과 동일한 문제를 푸는 것), 근전이(near transfer: 이 프로그램에 소개된 것과 비슷한 문제를 푸는 것), 원전이(far transfer: 이 프로그램에 소개된 것과 비슷한 수학적 기술을 사용하지만 다른 문제를 푸는 것)에서 학생들의 수학적 기술에 영향을 미쳤음을 확인했다(Fisch, 2003, 2005). 이 프로그램은 1990년대 후반에 시작되었지만 2020년대의 어린이들도 여전히 pbskids.org에서 <사이버체이스>(와 다른 많은 과거와 현재 교육 프로그램)를 시청할 수 있으며, 여기에는 상호작용 게임과 체험 활동도 포함된다.

<페기 앤 캣(Peg + Cat)>은 3~5세 어린이에게 기본적인 수학 개념과 기술을 가르치는 애니메이션 시리즈이다. 트랜스미디어(transmedia) 콘텐트(즉, 전체 에피소드, 비디오 클립, 태블릿-기반 앱, 온라인 게임 및 인쇄된 학습자료 활동)에 대한 12주간의 개입은 서수(序數), 공간 관계 및 3차원 모양과 같은 특정 수학 능력을 유의적으로 향상했다(Pasnik et al., 2015). 유사하게도 PBS 시리즈물 <오드 스쿼드(Odd Squad)>와 관련된 트랜스미디어 콘텐트를 학교와 집에서 시청하는 1학년 학생을 대상으로 한 연구에서는 특히 패턴 인식, 건너뛰며 세기(skip counting), 기본 덧셈 및 뺄셈에 대한 수학 지식이 유의적으로 증가했다(Tiu, 2015).

5) 과학

어린이 과학 프로그램은 1951년 <미스터 위저드(Mr. Wizard)>가 처음 방송되면서 시작되었으며, 이러한 전통은 <빌 나이 더 사이언스 가이(Bill Nye the Science Guy)>, <비크먼스 월드(Beakman's World)>, <신기한 스쿨버스>와 같은 프로그램으로 이어진다(Fisch, 2009). PBS 시리즈물 <모자 쓴 고양이는 그것에 대해 많은 것을 알고 있다!(The

Cat in the Hat Knows a Lot About That!)>와 같은 좀 더 최근에 나온 프로그램과 넷플릭스의 <신기한 스쿨버스 2(*The Magic School Bus Rides Again*)>는 계속해서 어린이들에게 과학을 교육하고 있다. 미국 국립과학재단(National Science Foundation)은 PBS에서 시청했거나 현재 시청 중인 많은 과학-기반 어린이 시리즈에 자금을 지원했거나 지원한다.

1990년대 중반에 이르자, 많은 부모와 선생님은 여학생과 소수자 학생들이 중학교에 입학할 때까지 과학 과목에 흥미를 잃고 있는 것에 대해 우려했다(Clarke, 2005). 그 결과, 스콜라스틱(Scholastic)은 괴짜 선생님과 모양을 바꿀 수 있는 버스에 관한 그들의 인기 있는 책 시리즈를 텔레비전 시리즈물로 개발했다. 그렇게 해서 미즈 프리즐(Ms. Frizzle)과 <신기한 스쿨버스>의 환상적인 현장 견학이 탄생했고, PBS를 통해 처음 방송되었다 (Clarke, 2005). 이 프로그램은 학자들의 주목은 거의 받지 못했지만, 시청자들로부터 큰 인기를 끎으로써 학령아동에게 매우 인기 있는 PBS 프로그램 가운데 하나가 되었다 ("Scholastic Productions", 1997). 원작 시리즈물을 시청한 어린이는 ① 에피소드 중에 자주 반복되고, ② 프로그램의 대화 및 시각적/드라마적 요소를 통해 설명되며, ③ 기억해야 할 세부 사항이 3개 이하로 제한되고, ④ 자신의 생활과 직접적으로 관련되어 있는 과학적 사실과 아이디어를 이해하고 명확하게 표현할 수 있었다(The Magic School Bus TV Project, 1997). 넷플릭스는 2017년에 후속 시리즈물인 <신기한 스쿨버스 2>를 출시했다.

1990년대에 매우 인기가 높았던 또 하나의 시리즈물인 <빌 나이 더 사이언스 가이>에는 (자신의 서명이 새겨진 타이를 매고 실험복을 입은) 과학자이자 코미디언인 빌 나이가 출연해 다양한 시범과 실험을 수행했다. (이 프로그램의 많은 클럽과 전체 에피소드는 여전히 유튜브에서 볼 수 있으며, 나이는 현재 소셜 미디어를 사용해 계속해서 공중에게 과학을 가르치고 있다.) 이 프로그램을 시청하는 것은 어린이들의 과학적 탐구를 장려했을 뿐만 아니라(이것은 더 복잡한 사고 과정과 해결책으로 이어졌음), 어린이들이 더 빨리 과학적 현상을 식별해서 설명할 수 있게 했다(Rockman et al., 1996).

PBS 시리즈물 <사이걸스(*SciGirls*)>는 고학년 초등학생과 중학교 여학생들이 과학, 기술, 공학 및 수학(STEM)[10]에 대한 관심과 자기-효능감을 향상하고 유지하도록 돕는 것을 목표로 삼았다. 여학생들은 이 프로그램을 시청함으로써 친구들과 함께 스스로 과학적 조사를 수행하도록 동기화되고 과학적 탐구의 단계를 이해하는 데 도움을 받은 것으

---

10 'STEM'은 바로 앞의 과학(Science), 기술(Technology), 공학(Engineering) 및 수학(Mathematics)의 머리글자이다(옮긴이 주).

로 나타났다(Flagg, 2012).

최근에 연구자들은 소득이 낮은 가정의 4~5세 아동을 대상으로 〈모자 쓴 고양이는 그것에 대해 많은 것을 알고 있다!〉의 효과를 연구했다. 이 연구에는 이 프로그램의 비디오 시청, 이 프로그램과 관련된 앱과의 상호작용, 인쇄된 학습자료 활동 참여가 포함되었다. 8주 후, 해당 콘텐트를 이용한 어린이들은 통제집단의 어린이들에 비해 과학에 대한 흥미가 높아졌다. 또한 일부 영역에서의 "증거는 〈모자 쓴 고양이〉의 학습자료가 어린이의 광범위한 물상 과학(physical science)[11] 및 공학 지식과 실습을 향상했음을 시사했다"(Grindal et al., 2019).

6) 역사와 사회

여러분 가운데 대부분은 〈스쿨하우스 록(*Schoolhouse Rock*)〉이라는 단어를 들으면

---

11 자연과학의 한 분류로 비생물을 다루는 학문이다. 물리학, 화학, 천문학, 광물학, 지구과학 등이 물상 과학에 속한다. 다른 분류는 생명 과학이다(옮긴이 주).

아마 '접속사 연결, 너의 기능은 뭐니?(Conjunction Junction, What's Your Function?)'나 '나는 법안일 뿐이야(I'm Just a Bill)'와 같은 이 프로그램의 가장 인기 있던 세그먼트가 생각날 것이다. 법으로 만들어지기 위해 법안이 반드시 거쳐야 할 단계를 설명해 준 '나는 법안일 뿐이야'와 미국 독립전쟁(American Revolution) 이야기를 들려준 '전 세계에 울려 퍼진 총성'은 어린이들의 이해력을 조사하는 일련의 연구 주제였다(Calvert, 1995; Calvert & Pfordresher, 1994; Calvert et al., 1991; Calvert & Tart, 1993). 이 연구들에서는 그 노래들이 가사를 글자 그대로 회상하는 것을 향상해 주긴 했지만 주제에 대한 이해를 높여주지는 않은 것으로 드러났다.

2. 어린이 미디어를 통한 학습에 대한 핵심 질문

1990년대 후반 이후로 어린이의 생애 첫 3년 동안에 이루어지는 발달의 중요성에 사회문화적 관심이 크게 집중되었다(Lapierre & Vaala, 2015). 〈베이비 아인스타인〉, 〈브레이니 베이비〉, 〈베이비 지니어스(Baby Genius)〉 등 영유아를 위한 수많은 DVD와 미디어 제품들이 판매되고 있다. 베이비퍼스트TV(BabyFirstTV) 같은 영유아 전용 채널은 아직 TV 리모콘도 사용할 줄 모르는 어린이들을 위한 프로그램을 24시간 제공한다. 부모들은 영아가 대략 9개월쯤에 텔레비전에 관심을 보이는 것을 알아차린다(Linebarger & Walker, 2005).

라피에르(M. A. Lapierre)와 발라(S. E. Vaala)는 미국에서 유아용 DVD/비디오 제품의 소유를 예측할 수 있는 요인을 연구했다. "기존 연구가 그러한 제품들이 영유아 교육에 별 도움이 되지 않음을 뒷받침하고 있음에도, 사회가 유아 교육에 더 중점을 두는 것은 부모가 교육용으로 판매되는 유아용 비디오/DVD를 더 많이 구매하고 이러한 제품에 더 만족하도록 부추길 수도 있다"고 그들은 결론지었다(Lapierre & Vaala, 2015: 226). 최근 들어 어린이를 대상으로 하는 앱과 기타 상호작용적 미디어 콘텐츠가 증가하고 있다. 많은 부모가 자녀에게 학습에서 남보다 앞서 나갈 수 있는 기회를 주기 위해 이러한 제품에 매년 수백만 달러를 지출한다. 그러나 미국 소아과 학회(American Academy of Pediatrics, 2016)에서는 18~24개월 미만의 어린이에게는 영상 채팅 외에는 스크린 타임을 갖지 말 것을 권고하고 있다. (미국 소아과 학회의 지침에 대한 자세한 내용은 사이드바 '어린이와 미디어'를 참조하라.)

조던(A. B. Jordan)과 발라는 어린이의 미디어 이용에 관한 세 가지 주요 질문을 제기했다: "① 발달이 미디어를 통한 어린이 학습에 어떤 영향을 미치는가? ② 미디어를 통한 어린이 학습에 영향을 미치는 요인은 무엇인가? ③ 상호작용적 미디어(interactive media)가 수동적 미디어(passive media)보다 교육에 더 나은가?"(Jordan & Vaala, 2020: 291). 이러한 주제들에 대해 살펴보자.

1) 발달(나이)이 미디어를 통한 어린이 학습에 미치는 영향

TV와 기타 비디오 콘텐츠를 통한 어린이의 학습은 새로운 형태의 디지털 미디어를 통한 어린이의 학습보다 더 광범위하게 연구되었다(Jordan & Vaala, 2020). 대부분의 연구에서 어린이들이 생후 18~24개월에 이르기 전에는 미디어를 통해 교육적 이점을 거의 누리지 못하는 것으로 나타났다. 미국 소아과 학회에 따르면,

> 2세 미만의 어린이가 인지, 언어, 운동 및 사회-정서적 기술을 발달시키기 위해서는 직접적인 체험과 신뢰할 수 있는 보호자와의 사회적 상호 작용이 필요하다. 미성숙한 상징, 기억 및 주의 기술로 인해 영유아들은 전통적인 디지털 미디어[12]를 통해서는 보호자와의 상호작용에서처럼 배울 수가 없으며 그러한 지식을 3차원 경험으로 바꾸는 데 어려움을 겪는다(American Academy of Pediatrics, 2016: 1).

실제로 유아는 18개월이 돼서야 비로소 비디오를 이해하기 시작하는 것으로 보인다. 연구자들은 〈텔레토비(*Teletubbies*)〉의 에피소드를 조작해 장면의 순서를 뒤바꿔 놓고 대화도 거꾸로 들려주었다(Pempek et al., 2010). 6개월에서 12개월 사이의 아기들은 조작된 자극물에 대해 다른 반응을 보이지 않았지만, 18개월이 지난 아기들은 더 높은 주의력(즉, 화면을 더 오랫동안 쳐다봄)을 보이기 시작했다. 더욱이 18~24개월 미만의 어린이는 미디어에서 보는 것(예: 장난감 사진 또는 비디오)이 실제 생활(예: 동일한 장난감을 직접 보는 것)과 어떻게 관련되는지 이해할 수 없다. 18개월 이상의 유아는 더 어린 아이들에 비해 스크린-기반 미디어를 모방하고 학습하는 능력이 더 뛰어나며, 이러한 기술은 향

---

12 여기서 '전통적인' 디지털 미디어는 디지털 미디어의 초창기 형태로 상호작용이 거의 없고 일방적으로 콘텐츠를 제공하는 미디어를 의미한다(옮긴이 주).

후 12개월 동안 계속해서 향상된다(Barr & Hayne, 1999; Courage & Howe, 2010).

연구자들은 영유아와 텔레비전을 연구할 때 다음 두 영역에 초점을 맞춘다: ① 텔레비전에서 새로운 단어 배우기와 ② 텔레비전에서 보는 것 모방하기(Krcmar, 2011). 어린이들은 대략 22개월이 되어서야 비로소 텔레비전의 단어를 빨리 배우기 시작하는데[패스트-매핑(fast-mapping)[13]이라고도 함], 그렇지만 실제 어른이 가르칠 경우 15개월밖에 되지 않은 어린이도 똑같은 단어를 배울 수 있는 것으로 나타났다(Krcmar et al., 2007). 세 가지 조건(실제 부모의 행동, 비디오에 등장한 부모의 행동, 비디오에 등장한 낯선 사람의 행동)을 포함하는 또 다른 연구에서는 비록 비디오에 등장하는 사람이 아이의 엄마라 하더라도 6개월에서 24개월 사이의 어린이는 텔레비전을 통해 단어를 배우지 못한 것으로 나타났다(Krcmar, 2011). 다른 연구자들은 12개월에서 15개월 사이의 어린이들이 〈베이비 워즈워스(*Baby Wordsworth*)〉 DVD를 반복적으로 본 후에도 단어를 배우지 못한다는 사실을 확인했다(Robb et al., 2009). 8개월에서 16개월 사이의 어린이들이 하루에 〈베이비 아인스타인〉을 1시간 시청하는 것은 언어점수가 17점 '하락하는' 것과 연관이 있었으나, 17개월에서 24개월 사이의 유아에게서는 부정적인 효과가 확인되지 않았다(Zimmerman et al., 2007).

어린이들이 텔레비전에서 본 것을 모방할 수 있는지 살펴본 한 연구는 텔레비전에 나오는 어른이나 실제 어른이 장난감을 다른 방에 감추는 것을 아이들에게 보여준 다음, 아이들을 그 방에 들여보내 그 장난감을 찾아보라고 했다(Schmitt & Anderson, 2002; Troseth, 2003; Troseth & DeLoache, 1998). 24개월에서 30개월 사이의 어린이는 실제로 보았을 때보다 비디오를 보았을 때 장난감을 더 잘 찾지 못했다. 36개월 된 어린이는 텔레비전을 통해 보거나 실제로 보거나에 관계없이 동일하게 장난감을 잘 찾아냈지만, 실제로 보았을 때 더 빨리 찾아냈다.

이러한 장난감 찾기 연구는 연구자들이 **비디오 결핍**(video deficit)이라고 부른 현상이 발생함을 시사하는데, 이것은 더 어린 아동들이 텔레비전에서 보는 것과 현실 세계를 손쉽게 연결 짓지 못하는 것처럼 보이는 것을 말한다(자세한 내용은 Krcmar, 2010 참조). 비디오 결핍은 일반적으로 15개월에서 30개월 사이에 관찰되며, 이것은 **전이 결핍**(transfer deficit)이라는 더 큰 개념의 일부이다. 전이 결핍이란 "전이의 방향에 관계없이 한 맥락

---

13 아기들이 새로운 단어를 들을 때 가리키는 대상과 정확히 매치시키는 것을 말한다. 단어의 뜻을 깨닫기 위해 사용하는 다양한 전략 중의 하나가 패스트-매핑이다(옮긴이 주).

에서 다른 맥락으로(예: 2차원에서 3차원으로 또는 그 반대로) 정보를 일반화하는 데" 어린 아이들이 겪는 어려움을 강조하는 개념이다(Kirkorian et al., 2017, 단락 1). 이러한 전이 결핍은 그림책, 텔레비전, 터치스크린의 콘텐트에 노출되는 어린이에게서 관찰되었다. 그러나 콘텐트에 반복적으로 노출되고 나이에 적합한 언어적·시각적 단서를 포함하면 결핍이 줄어들 수 있다(자세한 내용은 Barr, 2013 참조).

2) 어린이 미디어를 통한 학습에 영향을 미치는 요인

발달 단계가 비슷한 어린이 집단이라 할지라도 미디어를 통해 학습하는 속도와 방식은 동일하지 않을 것이다(Jordan & Vaala, 2020). 이러한 차이가 나는 원인은 학습하는 어린이, 학습 내용 및 학습 맥락 때문일 수도 있다(Guernsey, 2007).

어린이. 어린이는 미디어 내용이 자신의 기존 지식이나 관심 사항과 관련이 있고 미디어와 내용이 모두 적당히 어렵다고 지각할 때 미디어 내용을 통해 가장 잘 학습한다는 것을 연구들은 되풀이해서 보여주었다. **스키마 이론**(schema theory; 사이드바 참조)은 미디어 내용이 어린이가 이미 알고 있는 정보를 기반으로 하고 있고 주제가 이미 관심 있는 것에 관한 것일 때, 그것은 "그러한 어린이들이 이미 갖고 있는 정신적 표상에 더 쉽게 통합된다"고 설명한다(Jordan & Vaala, 2020: 293). 또한 아이들이 교육 내용에 몰입하고 내용이 적당히 어려울 것으로 예상할 때가 내용이 쉬울 것이라고 예상할 때보다 교육 내용에 더 많은 주의와 더 많은 정신적 노력을 기울이며 더 많은 것을 배운다"(Salomon & Leigh, 1984).

내용. 이 장의 시작 부분에서 언급했듯이, 많은 비판자는 TV 시청이 아이들을 무의미한 "좀비 시청자"로 만들 것이라고 우려해 왔다. 그러나 연구들은 미디어 소비가 수동적인 활동이 아님을 보여주었다. 대신에 어린이들은 자신이 보고 있는 내용을 이해할 수 있게 해줄 가능성이 있는 단서에 적극적으로 주의를 기울인다. 바꾸어 말하면, 그들은 자신이 이해할 수 없는 내용은 보지 않을 것이다. 초기 연구에서 취학 전 아동은 어떤 프로그램의 장면들이 무작위 순서로 제시되거나 사운드트랙이 거꾸로 재생되거나 다른 언어로 더빙될 때 TV에서 시선을 돌렸다(Anderson et al., 1981). (그러나 18개월 미만의 어린이는 조작된 비디오에 반응하지 않았다는 점을 기억하라.) 앞에서 언급했듯이, 어린이

스키마 이론과 역량 모델

스키마 이론(Collins et al., 1978 참조)과 역량 모델(Fisch, 2000)은 어린이들이 교육 미디어를 통해 학습하는 (혹은 학습하지 못하는) 방법과 이유를 설명하는 데 사용되어 왔다.

스키마 이론

루크(C. Luke)는 스키마를 "우리의 지식, 우리가 경험하고 배운 것에 대한 해석을 나타내는 기억에 저장된 개념적 구조"로 정의한다(Luke, 1985: 95). 어린이들은 계속해서 성장하면서 매스 미디어 소비를 포함해 그들 주변 세계를 경험함에 따라 내용을 이해하기 위해 기억에 저장된 다양한 스키마를 사용할 것이다(Jordan & Vaala, 2020).

내용이 어떻게 제시되는지 그리고 교육적 교훈이 프로그램 줄거리(즉, 내러티브 구조)의 중심적인 부분인지가 어린이의 이해에 영향을 미칠 수 있다(Jordan & Vaala, 2020). 예를 들어, 한 연구는 자신과 다른 사람들에 대한 관용을 장려하는 교훈을 담고 있는 〈클리포드 더 빅 레드 독 (Clifford the Big Red Dog)〉 에피소드에 대한 유치원생의 이해도를 조사했다(Mares & Acosta, 2008). 한 조건에서는 캐릭터들이 '다른' 한 캐릭터(즉, 다리가 3개인 개)에 대해 두려워하는 반응을 보이는 것으로 묘사되었다. 유치원생들이 이렇게 제시되는 내용을 시청했을 때, 내용 제시에 두려워하는 반응이 포함되지 않았을 때와 비교해 친(親)관용 메시지를 정확하게 식별할 가능성이 유의적으로 더 적었다. 어린아이들이 두드러진 내용(이 경우에는 두려움)에 집중할 때 그 프로그램의 주요 메시지를 기억할 가능성이 더 적었다.

미디어 내용에 대한 익숙함은 이해를 촉진할 수 있다. 〈모자 쓴 고양이는 그것에 대해 많은 것을 알고 있어!〉에 대한 연구에서 내러티브 및 교육 내용과 관련된 사전 지식은 내러티브 및 교육적 이해 모두의 중요한 예측 변인이었다(Aladé & Nathanson, 2016).

> 반복적 노출이 필요할 수도 있는 완전히 새로운 개념을 학습하는 것보다 프로그램과 관련된 사전 지식이 있는 어린이는 심지어 한 차례만 노출된 상황에서도 개념과 정보를 더 잘 기억할 수 있었는데, 왜냐하면 그들은 새로운 정보 저장에 필요한 기존의 정신 구조를 가지고 있었기 때문이다 (Aladé & Nathanson, 2016: 423).

역량 모델

역량 모델(capacity model)은 단기 기억 및 구어 능력과 같은 콘텐트 이용자의 특성이 내러티브 및 교육적 내용의 이해에 영향을 미친다고 가정한다(Fisch, 2000). 조던과 발라는 역량 모델을 다음과 같이 간결하게 요약했다:

> 이 이론은 어린이들이 주어진 시간에 미디어를 처리하는 데 이용할 수 있는 인지적 자원이 제한되어 있음을 고려할 때 교육적 내용이 내러티브(스토리라인) 안에 긴밀하게 짜여 있을 때 어린이들이 내러티브와 내용의 교육적 구성 요소를 이해하는 데 도움이 될 것이라고 주장한다. 교육적 내용이 내러티브와 별개로 노는 경우, 인지 과정의 우선순위는 교육적 내용보다 내러티브를 선호하는 경향이 있다(Jordan & Vaala, 2020: 298).

위에서 논의한 알라데(Aladé, F.)와 너샌슨(A. I. Nathanson)의 연구는 스키마 이론의 측면을 강조하는 것 외에도 역량 모델을 경험적으로 뒷받침해 준다(Aladé & Nathanson, 2016). 또 다른 연구에서는 취학 전 아동이 교육 미디어에 이미 익숙할 때 교육 미디어를 통해 더 많은 학습을 하는 것으로 나타났다(Piotrowski, 2014). "표면적으로는 프로그램에 익숙해지면 내러티브를 처리하는 데 필요한 인지적 요구를 완화하여 교육적 내용을 이해하는 데 필요한 충분한 자원을 확보하는 셈이다"(Jordan & Vaala, 2020: 298).

들은 또한 매개되는 내용이 자신에게 어렵지만 여전히 이해할 수 있는 범위 내에 있을 때, 즉 적당히 복잡하고 새로울 때, 그러한 내용을 통해 가장 많은 것을 배운다(Rice et al., 1982). 더욱이 미디어 제작 기법(예: 시각적 전환 및 컷, 음향 효과, 화면상의 이동)을 전략적으로 사용하면 교육적 내용에 대한 관심을 끄는 데 도움이 될 수 있다(Kirkorian et al., 2008; Rice et al., 1982).

일반적으로 미디어 내용을 통한 가장 큰 학습 효과는 "특정 교육 커리큘럼을 중심으로 설계되고 형성 연구와 평가 연구 테스트를 포함하는" 고품질의 프로그램에서 얻을 수 있다(Jordan & Vaala, 2020: 294). 어린이의 학습을 촉진할 수 있는 교육적 내용의 한 가지 특징은 실제 대화를 흉내 내는 언어와 사회적 단서(social cue)[14]를 사용하는 것이다. 예를 들어, 유아와 취학 전 아동은 "화면 속 캐릭터가 시청자에게 직접 말하고 대화 순서 주고받기(turn-taking)를 모델링하는 것과 같은" 프로그램에 포함된 사회적 관련성 단서 (social relevance cue)[15]를 통해 학습할 수 있다(Jordan & Vaala, 2020: 294). 이러한 유형의 단서는 〈탐험가 도라〉, 〈블루스 클루스 앤 유!(Blue's Clues and You!)〉, 〈미키 마우스 클럽하우스(Mickey Mouse Clubhouse)〉와 같은 프로그램에서 흔히 볼 수 있다.

〈탐험가 도라〉의 참여 유도 단서(participatory cue)[16]는 교육적 내용의 이해를 도울 수 있지만, 그것은 어린이가 이미 그러한 단서에 익숙할 때만 그렇다(Piotrowski, 2014). 본질적으로 프로그램과 그 형식에 아직 익숙하지 않은 어린이들은 프로그램의 특징을 이해

---

14 의사소통 과정에서 나타나는 다양한 신호나 표시를 의미하며, 언어적 단서와 비언어적 단서가 있다 (옮긴이 주).
15 시청자에게 사회적으로 중요한 정보를 전달하는 신호나 단서를 말한다(옮긴이 주).
16 시청자의 반응을 유도하는 화면 속 캐릭터의 명백한 행동을 말한다(옮긴이 주).

하는 데 더 많은 작업 기억을 할애해야 했으며, 이로 인해 교육적 내용을 이해하는 데 필요한 정신적 역량이 줄어들었다. 그러나 일단 그러한 특성들을 이해하면 어린이들은 실제 내용을 처리하는 데 더 많은 작업 기억을 할당할 수 있다.

> 〈탐험가 도라〉를 잘 모르면서 참여 유도 단서가 있는 이 프로그램을 시청한 어린이들의 경우 그들의 인지적 노력 가운데 일부가 이러한 형식적 특성(즉, 참여 유도 단서가 있는 것)[17]을 사용하는 법을 배우는 데 할당되었다고 주장하는 것이 합리적으로 보인다. 반면 〈탐험가 도라〉를 매우 알고 있는 상태에서 참여 유도 단서가 있는 이 프로그램을 시청한 어린이들은 이러한 형식적 특성을 배우는 데 인지적 노력을 달리 할당할 필요가 없었으며, 그 결과 이 프로그램의 교육적 내용에 대한 이해도가 향상되었다. 따라서 이 데이터는 어린이들이 참여 유도 단서의 약속된 방식을 배워야만 그러한 단서가 포함된 프로그램의 내용을 효율적으로 처리하고 이해할 수 있음을 시사한다(Piotrowski, 2014: 325~326).

프로그램의 내러티브 구조는 어린이들이 미디어를 통해 얼마나 잘 배우는지에 영향을 미칠 수 있다. 예를 들어, **역량 모델**(capacity model; 사이드바 참조)은 교육적 내용과 이야기의 내러티브가 서로 잘 짜여 있을 때 어린이들이 교육적 내용을 더 쉽게 배울 수 있다고 주장한다(Fisch, 2000).

맥락. 동일한 비디오-기반 교육적 내용을 여러 번 다시 보는 것은 유아와 취학 전 아동이 화면에서 보는 내용을 모방하고 학습하는 데 도움이 된다(Crawley et al, 1999; Krcmar, 2010; Linebarger & Vaala, 2010). 더욱이 방에서 어른과 함께 미디어를 소비하는 것은 교육 미디어를 통한 어린이의 학습에 영향을 미친다. 예를 들어, 방에 엄마가 있다는 것만으로도 어린이의 학습 능력이 향상될 수 있지만, 아이들은 화면에서 일어나는 일에 대해 어른이 적극적으로 대화에 참여할 때 가장 많이 배울 수 있다(Wright et al., 1990). 보호자가 어린이와 함께 교육적 미디어를 시청하면 어려운 개념을 어린이에게 풀이해 주고 설명하며 그 내용을 어린이의 생활과 연관시켜 줄 수 있다(예: "녹색 공이 보여? 너도 녹색 공이 있잖아!"; Fender et al., 2010). 공동 시청(co-viewing)은 화면의 프롬프트를 통해 부

---

17 괄호 안은 옮긴이가 추가한 것이다.

개념을 풀이하고 설명해 줄 수 있는 부모 또는 보호자와 함께 교육적 미디어 내용을 공동 시청을 하는 것은 어린이들에게 도움이 된다.

모가 자녀와 프로그램에 대해 논의할 수 있는 구체적인 대화 포인트를 제공할 때도 효과적이다(Fisch et al., 2008).

공동 시청을 촉진하고 장려하기 위해 〈세서미 스트리트〉에는 성인이 즐길 수 있고 유머러스하다고 느낄 만한 내용이 포함되어 있다(Strasburger et al., 2009). 교육적 프로그램들은 오랫동안 인기 있는 노래와 TV 프로그램을 패러디 해왔다. 예를 들어, PBS의 〈다운튼 애비(Downton Abbey)〉는 중력의 영향을 설명하기 위해 〈업사이드 다운튼 애비(Upside Downton Abbey)〉가 되었고, 넷플릭스의 〈기묘한 이야기(Stranger Things)〉는 공유의 중요성을 강조하기 위해 〈셰어링 이야기(Sharing Things)〉로 패러디되었으며, HBO의 〈왕자의 게임(Game of Thrones)〉은 어린이들에게 의자에 먼저 앉기 놀이(musical chairs)에 대해 가르치기 위해 〈의자의 게임(Games of Chairs)〉이라는 머펫 버전으로 재탄생했다(Muppet-fied).[18]

3) 상호작용적 미디어 대 수동적 미디어

조던과 발라는 어린이들이 수동적 미디어에 비해 상호작용적 미디어를 통해 어떻게 학습하는지를 검정하는 연구가 끊임없이 변화하는 미디어 환경에 뒤처져 있는 데 대해

---

[18] 실제로 2015년에 〈세서미 스트리트〉에서 '의자의 게임'이라는 패러디를 제작했다. 머펫 캐릭터들이 등장하여 의자 뺏기 놀이는 하는 영상이었고, 특히 쿠키 몬스터가 네드 스타크(Ned Stark) 캐릭터를 연기했다(옮긴이 주).

강한 유감을 나타냈다(Jordan & Vaala, 2020). '상호작용적'이라고 간주되는 것과 '수동적'이라고 간주되는 것 사이의 경계가 계속해서 희미해지고 있으며, 이로 인해 상호작용적 미디어가 수동적 미디어보다 어린이를 가르치는 데 더 나은지에 대한 질문에 답하기가 더 어려워지고 있다:

> 예를 들어, 일반적으로 〈탐험가 도라〉와 〈블루스 클루스〉와 같은 '수동적 미디어'로 간주되는 많은 TV 프로그램은 아이들이 화면에서 단서를 찾고 대답을 외쳐 주인공을 '돕도록' 유도한다는 점에서 상호작용적이다. 반면, 일반적으로 상호작용적으로 간주되는 어린이용 모바일 앱은 전형적인 비상호작용적 TV 프로그램을 시청하는 것과 매우 유사하게 비디오 콘텐츠를 재생할 수 있다(Jordan & Vaala, 2020: 295).

아동 도서: 픽셀 대 종이. 연구자들은 어린이들이 전통적인 인쇄된 책과 비교하여 전자책을 통해 어떻게 배우는지 조사했다. 전자책의 상호작용적 특성은 다양하다. 예를 들어, 어떤 것에는 어린이가 탭하면 움직이거나 소리가 나는 '핫스팟(hotspot)'이 포함되어 있다. 때로는 이러한 상호작용적 특성이 책의 교육적 내용과 직접 연결되기도 하지만, 주의를 산만하게 할 수도 있다(Jordan & Vaala, 2020; 또한 Willoughby et al., 2015 참조).

상호작용적 전자책의 효과성에 대한 실험적 연구들은 엇갈린 결과를 내놓았다. 예를 들어, 어떤 실험에서는 상호작용적 디지털 책을 통한 어린이의 학습이 기존의 인쇄본이나 비상호작용적 디지털 버전과 비슷하거나 더 나쁜 것으로 드러났다(Kelley & Kinney, 2017; Strouse & Ganea, 2017b). 그러나 또 어떤 연구에서는 책이 설계된 방식에 따라 상호작용적 전자책의 학습 효과가 약간 더 우수한 것으로 나타났다(Bus et al., 2015; Takacs et al., 2015).

어린이들은 전자책에 더 주의를 기울이고 인쇄 형식의 동일한 책에 비해 더 많은 정보를 기억할 수 있다(Courage et al., 2021). 예를 들어, 전자책 버전을 읽은 어린이는 인쇄판을 읽은 어린이보다 책에 표시된 이전에 알려지지 않은 동물을 더 자주 정확하게 식별할 수 있었다(Strouse & Ganea, 2017a). 유아들은 전자책 조건에서 더 주의를 기울였을 뿐만 아니라 더 긍정적인 정서를 나타냈고 독서에 더 적극적으로 참여하려는 모습을 보였다. 나아가 이 실험에서는 읽기에 대한 주의력과 가용성(availability)[19] 모두 어린이의 학습을 매개하는 것으로 드러났는데, 이는 "전자책이 어린이의 몰입(engagement)과 주의력을 높여 어린이의 학습을 도왔음을 시사한다"(Strouse & Ganea, 2017a: 11).

커리지(M. L. Courage) 등의 연구에서는 전자책 집단의 2~3세 어린이는 인쇄본 조건의 어린이에 비해 책을 다 읽는 데 훨씬 더 많은 시간이 걸렸다(Courage et al., 2021). "이러한 더 늘어난 시간은 전자책의 특성에 대한 어린이의 몰입과 관련이 있을 수 있다. 또한 더 늘어난 시간은 어린이들에게 이야기의 세부 사항을 처리하는 데 더 많은 시간을 제공하고 내용을 더 잘 인식할 수 있도록 했을 가능성도 있다"(Courage, 2021: 14). 이 연구자들은 유아들이 디지털 책과 종이책을 통해 어떻게 학습하는지에 대한 더 많은 연구가 수행될 때까지 결과를 주의 깊게 해석해야 한다고 지적한다.

기타 스크린-기반 미디어: 상호작용적 대 비상호작용적 미디어. 점점 더 많은 어린이, 특히 아주 어린 어린이들이 스크린에 둘러싸인 채 성장함에 따라, 일부 연구자들은 어린이가 이 장의 앞부분에서 논의한 비디오 결핍 문제를 극복하는 데 상호작용적 특성이 도움이 될 수 있는지 살펴보고 있다. 예를 들어, 마이어스 등(Myers et al., 2017)은 유아 (12~25개월)가 스크린 속 성인 파트너와 관계를 형성하고 그들로부터 배울 수 있는지를 조사했다. 어떤 어린이들은 파트너와 사회적 상호 응답(즉, 실시간 양방향 상호작용)이 가능한 페이스타임(FaceTime) 대화를 나누었고, 다른 어린이들은 사전 녹화된 비디오를 시청했다. 실시간 파트너와 사전 녹화된 파트너 모두 어린이에게 같은 정보를 제공했다. 1주일 후, 페이스타임 조건의 어린이들은 파트너를 선호하고 알아보았지만, 사전 녹화된 비디오 집단의 어린이들은 그렇지 않았다. 또한 페이스타임을 통해 파트너와 상호작용한 어린이들은 새로운 패턴을 더 많이 배웠으며, 이 집단에서 가장 나이가 많은 어린이들은 새로운 단어도 더 많이 배웠다. 간단히 말해서, 이 연구 결과는 "상호작용적 영상 채팅이 태어난 지 2년째 되는 어린이들의 학습과 사회적 관계의 매개체가 될 수 있음을 보여줌으로써 기존 연구를 확장한다"(Myers et al., 2017: 10). 로즈베리(S. Roseberry) 등은 "어린이들이 영상 속 인물과 실제 사회적 상황에서처럼 상호작용할 수 없는 경우 단순히 어린이들에게 질문을 하고 대답을 위해 잠시 멈추는 것만으로는 언어 학습이 이루어지지 않기 때문에" 어린 나이에도 실제 사회적 상황과 사전 녹화된 스크린-기반 상호작용을 능숙하게 구별한다고 말한다(Roseberry et al., 2014: 967).

점점 더 많은 연구가 상호작용적 미디어 대 수동적 미디어 이용이 지식을 다른 맥락

---

19 교육적 맥락에서 '가용성'이란 아동이 학습 활동에 얼마나 참여할 수 있는지를 의미한다(옮긴이 주).

2세 미만의 어린이들은 실시간 양방향 상호작용적 영상 채팅이 이루어질 경우 스크린-기반 미디어를 통해 학습할 수 있다.

으로 전이하는(transfer)[20] 어린이의 능력에 미치는 교육적 효과를 조사했다. 2016년에 발표된 2편의 연구는 취학 전 아동이 게임을 직접 플레이하는 것보다 실험자가 동일한 게임을 플레이하는 영상을 시청했을 때 디지털 게임을 통해 얻은 지식을 다른 상황이나 문제로 더 잘 전이할 수 있음을 확인했다(Aladé & Nathanson, 2016; Schroeder & Kirkorian, 2016).

24~40개월 어린이가 태블릿-기반 앱에서 새로운 단어를 학습하는 능력에 대한 연구에서도 비슷한 결과가 나왔다(Ackermann et al., 2020). '능동적' 조건에 있는 어린이는 스크린에서 어떤 사물을 탭할지 선택할 수 있었고, 그러면 그 사물의 이름을 들을 수 있었다. 한편 수동적 조건에 있는 어린이는 능동적 조건의 어린이가 선택한 것만 보고 들을 수 있었다. 나중에 모든 어린이는 특정 사물의 사진을 올바르게 탭할 수 있는지 확인하기 위해 앱에서 테스트를 받았다. 수동적 조건의 어린이는 능동적 조건의 어린이보다 특정 단어와 그 단어에 해당하는 사진을 더 잘 일치시켰다. 흥미롭게도 어린이의 눈 움직임에 대한 데이터는 수동적 집단과 능동적 집단 모두 올바른 사진을 비슷하게 보았지만, 능동적 집단의 어린이는 다른 사진을 탭할 가능성이 더 높았다. 이러한 연구 결과에 대한 추가적인 설명과 어린이용 상호작용적 미디어 설계에 미칠 수 있는 영향을 보려면, 이 장의 '연구 스포트라이트'를 참조하라.

---

20 한 분야의 문제를 해결하기 위해서 얻은 지식과 정보를 다른 문제를 푸는 데 사용하는 방식을 '전이 학습(transfer learning)'이라고 한다(옮긴이 주).

태블릿 앱을 통한 단어 학습:
유아들은 수동적 조건에서 더 나은 수행력을 보여준다

Lena Ackermann, Chang Huan Lo, Nivedita Mani, & Julien Mayer (2020) *PLoS ONE, 15* (12), Article 30240519

터치스크린 기기의 보급이 확산하면서 교육적이라고 주장하는 많은 어린이 대상 상호 작용형 앱이 등장했다. 그러나 이러한 앱은 어린이들이 단어를 배우는 데 도움이 될 수 있을까? 이 연구의 목적은 이 질문에 답하는 것이었다. 두 가지 실험을 통해 앱 사용 시 능동적 참여와 수동적 참여의 효과를 조사했다.

실험 1

독일어를 사용하는 130명의 어린이가 첫 번째 실험에 포함되었다. 이들은 다음과 같이 나이별로 분류되었다: 24개월 아동(n=42), 30개월 아동(n=44), 40개월 아동(n=44). 어린이들을 짝(즉, '동반' 집단[21])으로 묶은 다음, 능동적 또는 수동적 조건에 할당했다. "능동적 조건의 참여자는 4개의 새로운 사물을 선택하여 그것의 이름을 들을 수 있었던 반면, 수동적 조건의 참여자에게는 자신과 동반 집단으로 묶인 능동적 조건의 동료가 선택한 사물의 이름이 자동으로 제공되었다"(Ackermann et al., 2020: 4).

학습 단계

능동적 조건의 어린이는 아이패드 프로(iPad Pro)에서 실험용 앱을 사용했다. 실험을 위해 8개의 새로운 사물과 익숙한 사물의 사진을 선택했다. 새로운 사물에는 연구를 위해 가상의 이름이 부여되었다. 학습 단계는 어린이들에게 무작위로 결합된 두 이미지 중 하나를 탭하도록 요청하는 구두 프롬프트와 함께 네 번의 시도로 구성되었다. 첫 번째 시도에서는 "보세요, 여기 사진 2장이 있습니다. 그 가운데 하나를 탭하면 됩니다"라는 구두 프롬프트가 사용되었고, 후속 시도에서는 "하나의 사물을 탭하면 그것의 이름을 듣게 됩니다"라는 프롬프트가 사용되었다. 어린이가 사진을 탭하면 선택되지 않은 이미지는 숨겨지고 선택된 이미지의 이름이 5번 불렸다. 어린이가 사진을 탭하는 데 걸리는 시간을 기록했으며, 이 시간은 동반 집단으로 묶인 수동적 조건의 파트너에게 자극물을 제공하는 시간으로 사용되었다.

    수동적 조건의 참여자는 아이패드를 탭할 필요가 없었다. 대신에 그들은 능동적 조건에서 관찰된 것과 같은 시간 동안 동반 집단으로 묶인 능동적 조건의 파트너가 선택한 것에 노출되었다. 이 조건에 사용된 구두 프롬프트는 "두 그림이 보이나요? 아름답나요?"로 바뀌었다. 그런 다음 그 어린이들은 능동적 조건의 또래가 스크린에 보이는 두 가지 새로운 사물 가운데 하나를 선택하는 동안 기다려야 했다. 능동적 조건에서와 마찬가지로 선택되지 않은 이미지는 숨겨지고 선택한 이미지의 이름이 5번 불렸다.

친숙화 단계
학습 단계를 마친 후 모든 참여자는 친숙화 단계에 참여했다. 이 단계에서는 여섯 쌍의 친숙한 사물(즉, 사과, 자동차, 아기, 공, 나무, 신발)을 사용했다. 이 단계에서는 모든 어린이에게 한 쌍의 사진을 보여주고 특정 사진을 탭하라는 지시를 했다(예: "신발을 탭하세요"). 이 단계를 통해 수동적 조건의 어린이는 태블릿을 탭하는 방법에 익숙해질 수 있었고 모든 참여자의 몰입 상태가 유지될 수 있었다.

두 가지 대안 강제 선택 테스트 단계
모든 참여자가 이 단계에 참여했는데, 이 단계에는 학습 단계에서 들었던 각각의 새로운 단어가 (다른 세 가지 새로운 사물과 각각 개별적으로 짝을 이루어) 테스트 되는 12개의 두 가지 대안 강제 선택 과제가 포함되었다. 각각의 시도에서 어린이들은 학습 단계에서 본/이름을 들은 4개의 새로운 사물 가운데 2개를 보여주고 들리는 새로운 단어의 사물을 탭하도록 요청받았다. 각각의 과제에 대한 응답 시간이 기록되었다.

네 가지 대안 강제 선택 테스트 단계
이 마지막 단계에는 8개의 네 가지 대안 강제 선택 과제가 포함되었다. 각각의 새로운 단어는 두 번 테스트 되었다. 이번에는 어린이들에게 네 가지 새로운 사물을 모두 보여주고 특정한 사물을 선택하라고 지시했다. 각 시도에 대한 응답 시간이 기록되었다.

연구 결과 및 논의
데이터를 분석한 결과, 능동적 조건에 있는 어린이에 비해 수동적 조건에 있는 더 어린 아이들(24개월)의 반응 시간이 더 빠른 것으로 나타났다. 다른 연령대에서는 반응 시간에 차이가 없었다. 한편 수동적 조건에 있는 나이가 더 많은 어린이들(30개월 및 40개월)

은 능동적 집단의 또래에 비해 더 정확한 반응을 보였다. 이러한 차이는 24개월 집단에서는 나타나지 않았다.

이러한 결과는 수동적 조건에 있는 어린이가 더 나은 수행력을 보인다는 다른 연구 결과와 일치하지만, 애커먼(Ackermann)과 동료들은 이러한 결과가 수행력의 차이나 역량의 차이와 관련이 있는지 의문을 제기했다.

다시 말해, 능동적 조건에 배정된 어린이들은 수동적 조건의 어린이들보다 단순히 질문에 답하는 수행력만 더 낮을 뿐 동등한 수준으로 단어를 학습했다는 것인가 아니면 능동적 조건에 배정된 어린이들이 단어를 학습하는 수준에 있어서도 수동적 조건의 어린이들보다 더 나쁘다는 것인가?(Ackermann et al., 2020: 12)

실험 2

위 질문에 답하기 위해 연구자들은 두 번째 실험을 수행했다. 실험 2의 방법은 실험 1과 동일했지만, 이 실험은 말레이어를 사용하는 어린이를 대상으로 했으며 어린이들이 과제를 완료할 때 그들의 눈 움직임을 측정하고 기록하는 것이 포함되었다.

연구 결과 및 논의

학습 단계에서 수동적 조건의 어린이들은 능동적 조건의 또래보다 대상 사물을 유의미하게 더 오래 그리고 더 강하게 바라보았는데, 이 연구자들은 이를 두고 어린이들이 학습 내용에 더 몰입했음을 나타내는 것일 수 있다고 말한다. 수동적 조건의 어린이들은 테스트 단계에서 정확도도 더 높았다. 그러나 응시 지속시간(어린이가 대상 사물을 바라보는 시간)에서는 수동적 조건의 어린이들과 능동적 조건의 어린이들 간에 차이가 없었다.

또한 응시 지속시간은 테스트 단계의 정확도 점수에 큰 영향을 미치지 않았다. 애커먼 등은 다음과 같이 요약했다: "수동적 조건의 어린이들은 학습 단계에서 대상 사물을 더 오래 바라보았을 '뿐만 아니라' 정확성 측면에서도 능동적 조건의 어린이들보다 더 나았지만, 전자가 후자를 예측하지는 않았다"(Ackermann et al., 2020: 21).

종합 논의

종합하면 이 두 가지 실험은 새로운 단어-사물 연관 과제를 테스트할 때 참여자들 사이에서 수동적 학습 증진 효과(passive boost)를 발견했다. 그러나 이 연구는 그러한 학습 증진 효과의 근본 원인을 이해하기 위해 추가적인 실험을 진행했다.

수동적 조건의 어린이들과 비교하여 능동적 조건의 어린이들은 학습을 하지 못해 이후 새로운 단어-사물 연관성을 올바르게 식별할 가능성도 더 적은가 아니면 단순히 테스트 단계에서 정확하게 수행하지 못한 것인가(즉, 단어에 해당하는 사물이 무엇인지 알고 있음에도 대상 사물을 정확하게 탭하지 않은 것인가)?

실험 2에서 두 조건에 있는 어린이들 모두 우연히 바라보는 수준 이상으로 대상 사물을 바라보았다. 이 연구자들은 테스트 단계에서 능동적 조건의 어린이들의 정확도의 차이는 단어 학습 역량이 아니라 탭하는 과제와 관련된 수행력에서 비롯된다는 결론을 내렸다. 다시 말해 능동적 조건의 어린이들과 수동적 조건의 어린이들의 단어 학습 역량에는 차이가 없었으나, 앱에서의 수행력에는 차이가 있는 것으로 나타났다. 애커먼 등은 다음과 같이 결론지었다:

> 어린이들은 실험 중에 방향을 전환하는 데, 즉 더 많은 정보를 알고 싶은 것을 능동적으로 선택하는 것에서 자신이 학습한 것을 표현하는 것으로 전환하는 데, 어려움이 있었을 수도 있다. 어린이들에게 실험의 여러 단계에 걸쳐 무엇을 해야 하는지 설명했음에도 불구하고 이러한 결과가 발생했다(Ackermann et al., 2020: 23).

궁극적으로 이 연구는 상호작용적인 교육 앱이 어린이의 학습 진행 상황을 적절하게 측정하지 못할 수도 있다는 증거를 제공한다. 이러한 유형의 앱 사용에서 관찰되는 모든 유형의 학습 증진 효과는 어린이가 수행해야 하는 과제의 구조와 앱 자체의 구조 모두에 '크게 좌우된다'.

> 학습 경험의 구조에 따라 능동적인 선택은 실제로 학습된 역량에 큰 영향을 미치지 않으면서도 특정 과제에서 어린이의 수행력을 감소시킬 수도 있다. 따라서 상호작용적 터치스크린 미디어를 통한 학습에 대해 이야기할 때는 터치스크린 사용과 관련된 주의력 제약과 운동성 제약을 염두에 두어야 한다(Ackermann et al., 2020: 23).

3. 요약

많은 부모와 비판자들이 수십 년간 방송된 어린이 프로그램들이 아무 생각이 없는 좀비 시청자를 만들어왔다고 우려하지만, 연구는 정반대의 효과를 보여주었다. 〈세서미 스트리트〉의 빅 버드와 엘모 혹은 〈블루스 클루스〉에서 그날의 수수께끼를 풀기 위해 노력하는 블루와 스티브를 시청하면서 여러분은 무언가를 배웠다.

교육적 프로그램은 취학 전 아동의 언어 발달, 특히 어휘 습득을 촉진할 뿐만 아니라 유연한 사고와 문제 해결 기술을 발달시킨다. 어린이 프로그램은 또한 독서 기술과 이해를 향상한다. 수학과 과학에 초점을 맞춘 좀 더 나이가 많은 어린이를 위한 프로그램이 문제 해결 기술을 향상하고 탐구를 촉진함을 보여주는 증거는 아주 많다.

매우 어린 아이들을 겨냥한 프로그램과 DVD는 엇갈린 결과를 보여주었다. 영유아는 TV에서 보는 것을 흉내 낼 수 있지만 흔히 이러한 유형의 미디어를 시청하는 것을 통해 어휘를 배우지는 못한다. 그러나 나이가 듦에 따라 영유아의 학습 능력도 향상된다. 일반적으로 2세 미만의 어린이는 스크린에서 보는 것을 현실 세계와 연결하는 데 어려움을 겪는다. 이를 비디오 결핍이라고 한다.

연구자들은 어린이의 미디어 학습 능력에 영향을 미칠 수 있는 요인에 대해 계속해서 연구하고 있다. 이러한 요인들은 일반적으로 어린이, 학습 내용, 학습 맥락의 세 가지 범주로 나뉜다. 어린이들의 학습은 학습 내용에 어느 정도 익숙해질 때 늘어난다. 어린이들이 보호자와 함께 교육적 미디어 내용을 시청할 때도 학습 효과가 향상될 수 있다.

최근 몇 년 동안 학자들은 전자책, 앱 등 태블릿-기반의 상호작용적 교육 미디어에 관심을 돌리고 있다. 전자책과 기존 도서를 비교한 연구들은 엇갈린 결과를 내놓았다. 어린아이들은 실시간 화상 채팅과 같은 다른 스크린-기반 콘텐츠를 통해 학습할 수 있다. 일부 연구는 (터치스크린과 물리적으로 상호작용하기보다는 그냥 시청하면서) 스크린 미디어를 수동적으로 이용하는 어린이가 상호작용적으로 이용에 참여하는 어린이보다 더 높은 학습 효과를 보이는 것을 확인했다. 그러나 다른 연구에 따르면, 수동적 조건과 능동적 조건의 어린이 모두 똑같이 잘 학습할 수 있지만, 더 능동적인 조건(예: 터치스크린 탭하기)에 참여하는 어린이는 학습한 내용을 보여 달라는 요청을 받았을 때 단순히 학습한

---

21 실험 심리학에서 '동반 집단(yoked group)'은 한 피험자의 경험이나 결과가 다른 피험자의 경험이나 결과를 결정하는 방식으로 두 피험자가 연결되는 특정 유형의 짝짓기를 의미한다(옮긴이 주).

만큼 좋은 수행력을 보여주지 못할 수도 있다.

어린이용 미디어가 픽셀이나 종이로 구성되어 있든 TV나 터치스크린으로 시청되든 상관없이, 연구는 어린이들이 그러한 내용의 능동적인 소비자임을 보여준다. 그리고 그러한 수요는 계속해서 증가할 것이며, 이것은 연구자들에게 앞으로 수십 년 동안 탐구할 새로운 연구 소재를 제공할 것이다.

제18장

비디오 게임의 효과

> 어린 시절에 팩맨[1]이 우리에게 영향을 미쳤다면
> 우리는 모두 어두운 방에서 펠릿(pellet)처럼 생긴 알약을 계속 먹고
> 반복적인 전자 음악을 들으며 돌아다니고 있을 겁니다.
> ― 마커스 브릭스톡(Marcus Brigstocke), 코미디언

> 나는 비디오 게임을 좋아하지만 비디오 게임은 정말 폭력적입니다.
> 나는 다른 모든 게임에서 총에 맞은 사람들을 돕는 비디오 게임을 하고 싶어요.
> 만약 그런 게임이 있다면 그 게임의 이름은 〈정말 바쁜 병원(*Really Busy Hospital*)〉일 것입니다.
> ― 디미트리 마틴(Demetri Martin), 코미디언

비디오 게임의 인기에 대해서는 의심의 여지가 없다. 또한 비디오 게임의 효과에 대한 지속적인 논쟁에 대해서도 거의 의심의 여지가 없다. 첫 번째 가정용 텔레비전 게임인 〈오디세이(*Odyssey*)〉와 〈퐁(*Pong*)〉이 1970년대에 출시된 후부터 가정용 비디오 게임 시장은 호황을 맞았다. 2010년, 미국 소비자들은 비디오 게임, 콘솔(console) 게임, 기타 게임 관련 액세서리에 251억 달러라는 엄청난 액수를 지출했다[Entertainment Software Association(ESA), 2011]. 2021년, 비디오 게임 지출액은 604억 달러에 달했다(NPD Group, 2022). 또한 대학에서도 e스포츠 프로그램과 활동이 증가해, 학생들은 〈리그 오브 레전드(*League of Legends*)〉, 〈오버워치(*Overwatch*)〉, 〈포트나이트(*Fortnite*)〉 같은 게임을 서로 겨룬다. 게임을 하면서 큰돈도 벌 수 있다. 카일 '부가' 기어스도르프(Kyle

---

1   〈팩맨(*Pac-Man*)〉은 반다이 남코 엔터테인먼트(전 남코)가 제작한 일련의 비디오-게임 기반 미디어 프랜차이즈이다. 1980년에 출시된 아케이드 게임 〈팩맨〉으로 시작했으며 공전의 인기로 비디오 게임 시장을 석권하면서 후속작 비디오 게임, 텔레비전 프로그램, 노래와 관련 상품들이 발매되었다. 이 게임에서 팩맨은 미로 속에서 흩어져 있는 펠릿을 모두 먹고 유령을 피한다(옮긴이 주).

"Bugha" Giersdorf)는 2019년 포트나이트 월드컵(Fortnite World Cup)에서 300만 달러를 획득했다. 당시 그는 고작 16세였다(Snider, 2019).

비디오 게임은 텔레비전의 부상(浮上)과 매우 비슷하게 게임이 플레이어에 미치는 영향에 대한 공개 토론의 재료일 뿐만 아니라 많은 조사연구의 초점이 되어왔고 앞으로도 그럴 것이다. 우리는 이 장에서 먼저 현대의 게이머들에 대해 간략하게 살펴본 다음, 비디오 게임 연구의 세 가지 주요 분야, 즉 폭력적인 비디오 게임의 부정적 효과에 대한 우려, 비디오 게임 중독 및 인터넷 게이밍 장애, 그리고 비디오 게임의 긍정적 효과에 대해 자세히 살펴본다.

1. 현대의 게이머 살펴보기

미국에서는 대략 2억 2,700만 명이 비디오 게임을 하고 있다(ESA, 2021). 게이머는 10대 소년이라는 것이 게이머에 대한 일반적인 고정관념이지만, 게임 인구에 대한 통계와 기타 연구는 오늘날의 평균적인 게이머에 대해 매우 다른 그림을 보여준다.

1) 젠더

고정관념이 만들어낸 허상처럼, 게임은 부모님 집 지하실에 사는 덕후 같은 남자아이들의 전유물이 아니다. 모든 연령대를 통틀어 게임을 하는 사람들 가운데 여성이 거의 절반(48%)을 차지한다(ESA, 2022). 여성 게임 인구가 증가하고 있음에도, 게임을 할 가능성과 게임을 더 자주 할 가능성은 남자에게서 여전히 더 높고 남자가 게임을 더 자주 한다(Griffiths et al., 2004; Lenhart, 2015; Terlecki et al., 2011).

전반적으로 비디오 게임은 10대 소년의 우정을 발전시키고 유지하는 데 중요한 역할을 한다(Lenhart, 2015). 남자아이들은 여자아이들에 비해 게임을 하면서 새로운 친구를 만날 가능성이 더 높다(각각 57% 대 13%). 남자아이들은 매일 또는 매주 다른 사람과 직접 만나거나(42%) 온라인(55%)으로 게임을 하는 경우가 많다. 한편 여자아이들은 다른 사회 활동에 참여할 실제 기회가 있는 경우 비디오 게임을 덜 할 가능성이 높다(Lucas & Sherry, 2004). 남성보다 더 많은 여성이 긴장을 풀기 위해 비디오 게임을 한다고 답했다(ESA, 2021, 2022).

게임은 모든 연령대에서 인기가 있으며, 게이머의 평균 나이는 30대 초반이다. 여성은 미국 전체 게이머의 거의 절반을 차지한다.

2) 나이

한때 게임은 오직 어린이와 10대만을 겨냥했지만, 게임 산업은 이제 모든 연령대의 게이머를 겨냥하고 있다. 미국 엔터테인먼트 소프트웨어 협회(ESA: Entertainment Software Association, 2022)에 따르면, 미국 어린이의 71%가 비디오 게임을 하고, 미국 성인의 65%가 게이머이다. 비디오 게임 플레이어의 평균 나이는 30대 초반이다(ESA, 2019, 2021, 2022). 모든 연령대를 통틀어 보면, 18세 이상이 전체 게이머의 76%를 차지하며 그중에서도 18~34세가 게임 인구 가운데 가장 큰 부분(36%)을 구성한다(ESA, 2022).

연령별 인기 게임 장르를 살펴보면, 18~34세 연령대가 가장 선호하는 장르는 아케이드/기타(62%), 퍼즐 및 액션(55%), 슈팅(54%)인 것으로 나타났다(ESA, 2022). 35~44세 집단은 퍼즐(69%), 아케이드/기타(64%), 스킬/확률(52%) 장르를 선호한다. 퍼즐 게임 장르는 계속해서 노년층에서 가장 선호되는 장르로, 65세 이상 게이머의 경우 퍼즐 게임에 대한 선호도가 82%로 증가했다.

나이가 더 많은 플레이어는 흔히 비디오 게임이 제공하는 신체적·정신적 도전을 즐기는 반면, 나이가 더 적은 플레이어는 역시 비디오 게임의 폭력적인 측면을 선호한다고 말했다(Griffiths et al., 2004). 이러한 선호도는 비디오 게임 폭력과 그것이 청소년에게 미치는 영향에 대한 연구가 더욱 자주 이루어지도록 부추길 뿐이다. 이에 대해서는 이 장의 뒷부분에서 논의하기로 한다.

3) 성격 요인

매일 플레이 하는 게이머는 덜 자주 게임을 하는 플레이어에 비해 외향성과 성실성 (conscientiousness)(예: 주의 깊고, 효율적이고, 조직적이며, 자기-규율적인 성향)은 더 낮고 착 취(exploitation)[2]와 자격(entitlement)[3] 의식(둘 다 자기애의 측면임)은 더 높다(Potard et al., 2020). 외향성은 스포츠 게임과 긍정적인 상관관계가 있었지만, 롤-플레잉(role-playing) 및 1인칭 슈팅 게임과는 부정적인 상관관계가 있었다. 성실성은 롤-플레잉, 전략, 액션/어 드벤처 게임과 음의 상관관계가 있었다. 개방성(openness)(예: 폭넓고 상상력이 풍부하며 창 의적이고 호기심이 많은 성향)은 롤플레잉 게임과 긍정적인 상관관계가 있었고, 스포츠 게 임 및 1인칭 슈팅 게임과는 부정적인 상관관계가 있었다.

개방성은 높고 친화성(예: 이타심, 감정이입, 온정, 비공격성, 신뢰)은 더 낮은 사람이 폭력 적인 비디오 게임을 선호한다는 사실이 확인되었다(Chory & Goodboy, 2011). 게다가 더 개방적이고 더 외향적이지만, 신경성(neurotic)(불안해하고 부끄러워하고 정서적으로 불안정 하며 낮은 자존감을 가진 것으로 정의됨) 정도가 더 높고 덜 쾌활한 플레이어들이 더 폭력적 인 게임을 선호했다. 더욱이 매우 공격적인 성격을 가진 플레이어는 폭력적이지 않은 플레이어보다 더 폭력적인 방식으로 비디오 게임을 하는 것으로 나타났다(Peng et al., 2008).

2. 폭력적인 비디오 게임의 효과

우리 사회(특히, 어린이)에 영향을 미칠 수도 있는 이슈들이 모두 그러하듯, 폭력적인 비디오 게임을 하는 것으로부터 비롯되는 부정적인 효과에 대한 논의에서도 상반되는 의견이 존재한다. 학술적 논쟁은 대부분 방법론적 차이, 상이한 데이터 해석(Anderson et al., 2010; Bushman et al., 2010; Ferguson & Kilburn, 2010; Ferguson & Konijn, 2015 참조), 혹은

---

2   특히 자기애적 특성의 맥락에서 논의되는 '착취'는 개인적인 이익을 위해 타인을 조종하거나 이용하 는 성향을 의미한다(옮긴이 주).
3   자신이 특별 대우를 받을 만한 충분한 권리를 가졌다고 생각하는 지나친 자기애를 가진 경우를 일컫 는다(옮긴이 주).

학자들 간의 합의에 대한 의견 불일치(Bushman et al., 2015b; Anderson et al., 2015; Ivory et al., 2015; Bushman et al., 2015a, 이 순서대로 참조)를 중심으로 펼쳐지지만, 공론장에서의 논쟁은 흔히 폭력적인 게임이 게이머를 현실 세계에서 공격적이거나 폭력적인 행동을 하게 만드는지가 핵심이다.

폭력적인 비디오 게임을 둘러싼 공개적인 파문이 일었던 한 예는 총기를 사용해 무고한 학생과 선생님을 죽이면 점수가 올라가는 온라인 1인칭 슈터 게임(first-person shooter game)인 〈스쿨 슈터: 북미 투어 2012(*School Shooter: North American Tour 2012*)〉에 대한 최근의 논의에서 찾을 수 있다. 그런데 이 게임에 사용되는 총기는 1999년 에릭 해리스(Eric Harris)와 딜런 클레볼드(Dylan Klebold)가 콜럼바인 고등학교(Columbine High School)에서 저지른 총기 난사 사건에서 실제로 사용되었고 또한 2007년 조승희가 버지니아 공대(Virginia Tech)에서 32명을 살해했을 때 사용했던 것과 같다(Rhen, 2011). 비디오 게임 전문 온라인 잡지인 ≪디 이스케이피스트(*The Escapist*)≫와의 인터뷰에서 스스로를 폰스틱(Pawnstick)이라고만 밝힌 〈스쿨 슈터〉의 개발자는 이 게임이 플레이어에게 해롭지도 않고 콜럼바인이나 버지니아 공대 사건 희생자 가족에게 무례하지도 않다고 말했다(Tito, 2011a). 실제로 폰스틱은 플레이어들이 "머리를 쓰지 않고 반사운동만으로 게임을 할 수 있도록" 하기 위해 이 게임을 만들었다고 말했으며, 계속해서 그의 게임이 "머릿속으로 연쇄살인을 생각하는 사람이 그런 짓을 하지 않도록 그들을 충분히 만족시켜줄" 정도의 "예방적인 속성"을 가지고 있다고 자랑했다(Tito, 2011a: 3). 취향과 감성의 결핍 그리고 그 게임이 플레이어에게 미칠 영향에 대한 두려움으로 인한 일반시민의 격렬한 반응 때문에 이 게임은 몇 주일 만에 호스트 사이트(host site)에서 제외되었다(Tito, 2011b).

〈스쿨 슈터〉와 같은 폭력적인 게임에 대한 주된 두려움은 그러한 게임들이 플레이어의 공격성을 증가시키고, 이는 결국 현실 세계에서의 폭력으로 이어질 수 있다는 것이다. 폭넓은 연구를 했음에도 비디오 게임의 유해성에 대한 논란은 아직 해결되지 않았다. 어떤 학자는 폭력적인 비디오 게임이 플레이어의 공격성에 작지만 통계적으로 유의미한 영향을 미친다고 주장하는 반면(Anderson et al., 2010; Bushman et al., 2010; Prescott et al., 2018 참조), 또 어떤 학자는 폭력적인 게임이 플레이어의 공격성에 영향을 미치지 않는다고 주장한다(Ferguson, 2007; Ferguson & Killburn, 2010). 더욱이 최근 미디어 효과 메타이론(metatheory)[4]의 발전으로 연구자들은 미디어별 효과에서 매스 미디어를 통한 효과를 경험하는 데 특히 민감하거나 취약할 수 있는 수용자 하위 집합을 파악하는 데 초점을 맞추는 경향이 있다(예: Valkenburg & Peter, 2013).

1) 비디오 게임 폭력의 효과를 연구하기 위한 이론적 틀

폭력적인 비디오 게임의 효과에 관한 방대한 문헌에는 사회 인지 이론(Bandura, 2001; 4장 참조)과 일반 공격성 모델(GAM; Anderson & Bushman, 2002, 2018; Bushman & Anderson, 2002; 5장과 11장도 참조)이라는 두 이론적 틀이 널리 사용되고 있다. 사회 인지 이론은 폭력적인 게임이 플레이어의 공격적인 생각, 감정 및 행동에 미칠 수 있는 영향을 설명하는 데 사용되었다. 간단히 말해서, 이러한 게임을 (흔히 반복적으로) 플레이함으로써 플레이어는 게임에서 공격적이 되는 방법을 배우고 그에 대한 보상을 받게 되며, 이것은 향후 그들이 이러한 행동을 반복하도록 동기 부여할 수 있다.

앤더슨과 부시먼의 **일반 공격성 모델**(GAM: general aggression model)은 폭력적인 비디오 게임이 플레이어의 공격성에 어떻게 영향을 미치는지를 설명하는 매우 완벽한 이론적 틀 가운데 하나이다(Anderson & Bushman, 2002, 2018). 사회 인지 이론을 확장한 GAM은 공격적인 행동에 대한 더 많은 기제와 경로를 추가하고 기폭의 역할을 강조한다(기폭에 대한 자세한 내용은 5장 참조). GAM을 통해 단기적인 영향을 살펴보면, 폭력적인 게임을 하는 것은 공격성과 관련된 정신적 스크립트(script)와 스키마의 기폭제(primer) 역할을 하고, 이는 결국 공격성이 고조된 상태를 초래한다. 이러한 정신 경로가 기폭이 되면, 우리는 그것을 통해 더 손쉽게 행동으로 옮길 준비가 된다. 오랜 시간에 걸쳐 비디오 게임의 폭력에 반복적으로 노출되는 것은 이러한 정신 구조를 고착화시켜, 결국 플레이어의 성격을 더 공격적으로 만들어버릴 수 있다. 비디오 게임과 이른바 '조이스틱 세대(joystick generation)'에 대한 분석에서 배런신(J. Barenthin)과 밴 푸임브로크(M. Van Puymbroeck)는 "폭력적인 비디오 게임은 행동의 모델링(modeling), 강화(reinforcement), 시연(rehearsal)에 동시에 노출되는 공격성을 유발하는 환경을 제공한다"고 결론 내렸다 (Barenthin & Van Puymbroeck, 2006: 25).

다른 이론들은 비디오 게임과 공격성 간의 관계를 살펴보고 이해하는 대안적인 틀을 제공했다. 슬레이터(M. D. Slater) 등의 **하향 나선 모델**(downward spiral model)은 공격적인

---

4   미디어 효과의 맥락에서 '메타이론'이란 미디어 효과를 이해하고 연구하는 방법에 대한 전반적인 관점을 제공하는 이론적 틀 또는 접근 방식을 의미한다(옮긴이 주).

성격의 청소년은 비디오 게임을 포함한 폭력적인 미디어를 추구할 수도 있으며, 이는 그들의 공격적인 성향을 상호 강화하는 순환 주기를 만들어낸다고 제안한다(Slater et al., 2003). 슬레이터(Slater, 2007)는 이것을 **강화 나선 모델**(reinforcing spirals model)로 더 발전시켰다. 이 모델은 "미디어 이용과 효과는 역동적인 과정으로, 이 과정에서 미디어 노출 효과 가운데 하나는 많은 경우 미디어 선택 행동을 포함해 기존의 정체성, 태도, 행동 패턴을 강화하는 것이며, 이것은 그와 같은 패턴을 더욱 강화할 가능성이 있다고 제안한다"(Slater, 2017: 1709). 슬레이터의 나선 모델은 공격적인 플레이어가 자신의 필요를 충족시키기 위해 폭력적인 게임을 추구한다고 가정한다. 따라서 그의 연구는 이용 및 충족 접근방법(9장 참조)과 질먼과 브라이언트(Zillmann & Bryant, 1985)의 선택적 노출 이론에 기초를 두고 있다. 공격적인 어린이는 이르면 3학년부터 폭력적인 비디오 게임 콘텐트를 통해 이러한 하향 나선을 시작할 수 있다(von Salisch et al., 2011).

슬레이터의 나선 모델이 중요하게 기여한 바는 폭력적인 미디어 효과의 조절 요인으로 개인의 특성을 도입한 것이다. 미디어 효과 메타이론의 발전으로 미디어별 효과에서 벗어나 미디어 효과에 더 민감하고 더 취약한 사람을 식별해내고 어떤 개인적 특성이 작용하는지 밝혀내는 방향으로 연구의 초점을 재조정하도록 권장되고 있다. 예를 들어, 미디어 효과에 대한 **차별적 민감성 모델**(DSMM, 1장 참조)은 개인의 특성이 미디어 효과를 강화하거나 상쇄하는 핵심적인 요인이라고 제안한다(Valkenburg & Peter, 2013). 궁극적으로 DSMM은 매스 미디어 노출(이 경우, 폭력적인 비디오 게임 플레이)이 각 플레이어에게 다르게 영향을 미칠 것이라고 강조한다. 모든 플레이어에 대한 일종의 '보편적' 효과를 찾기보다는 연구자들이 개별 플레이어의 어떤 특성이 공격성을 증가시킬 가능성이 있는지 조사하는 것이 중요하다. 예를 들어, 또래 괴롭힘 피해(peer victimization)의 표적이 되는 것은 청소년들이 폭력적인 미디어의 공격성과 관련된 영향에 더 민감해지는 것과 관련이 있다(Slater et al., 2004).

2) 비디오 게임의 부정적 효과를 지지하는 연구 결과

많은 연구가 비디오 게임이 플레이어의 공격성에 미치는 효과를 조사했다. 전반적으로 그러한 연구들은 공격적인 사고와 행동, 생리적 각성, 친사회적인 활동에 초점을 맞추었다. 앤더슨과 동료들이 수행한 몇몇 연구들은 메타-분석 방법(다수의 연구의 통계 결과를 하나의 종합적인 분석으로 종합하는 것)을 사용해 폭력적인 비디오 게임을 하는 사람이

하지 않은 사람보다 공격적 사고, 정서, 행동의 정도는 더 높아지고 감정이입(empathy)과 도움 행동은 줄어든다는 것을 보여주었다(예: Anderson, 2004; Anderson et al., 2010). 미국 심리학회(APA, 2015, 2019, 2020)는 다양한 방법, 표본 및 측정을 사용한 연구들이 폭력적인 비디오 게임 플레이와 공격성 증가 사이에 작지만 일관된 관계를 보여줬다는 점에 주목하면서 같은 결론에 도달했다. 그러나 APA는 이러한 연구 결과들이 폭력적인 비디오 게임이 실제 폭력과 연결되어 있다는 과학적 증거를 제공하는 것은 아니라고 경고한다.

몇몇 메타-분석과 종단적 연구들은 폭력적인 게임을 하는 것이 이후의 공격성과 어떻게 연관되어 있는지 조사한 결과, 비슷한 결론에 도달했다. 즉, 폭력적인 비디오 게임을 많이 할수록 이후에 공격성이 증가한다는 것이다(Anderson et al., 2008, 2010; APA, 2015, 2019, 2020; Greitemeyer & Mügge, 2017; Möller & Krahé, 2009; Prescott et al., 2018). 이러한 효과는 미국뿐만 아니라 전 세계의 게임 인구에서도 나타났다. 프레스콧(A. T. Prescott) 등의 메타-분석에 따르면, 비디오 게임 폭력이 플레이어에게 미치는 영향은 민족적 배경에 따라 조절되는 것으로 나타났다(Prescott et al., 2018). 백인 참여자들은 가장 강한 효과를 경험한 반면, 히스패닉계 참여자들은 유의적인 효과를 경험하지 못했다. 아시아계 참여자들은 두 집단의 중간에 속했다.

비디오 게임을 하는 동안 폭력적 행동을 보상하는 것은 적대적인 정서와 행동을 증가시킬 수 있다(Carnagey & Anderson, 2005). 그라이테마이어(T. Greitemeyer)와 맥클래치(N. McLatchie)는 공격적인 행동을 증가시킬 수 있는 하나의 기제가 비인간화, 즉 다른 사람을 인간 이하로 보는 행동임을 발견했다(Greitemeyer & McLatchie, 2011). 게임 플레이어는 또한 화면에 보이는 폭력에 둔감해진다(예: Anderson et al., 2010; Carnagey et al., 2007; Engelhardt et al., 2011). 실제로 비디오 게임을 거의 해본 경험이 없는 사람은 폭력적인 비디오 게임을 한 후 폭력 행위에 더 심하게 둔감해진 반면, 오랫동안 게임을 해온 사람은 거의 변화가 없었다(Engelhardt et al., 2011). 이는 게임 경험이 많은 사람은 이미 폭력에 극도로 둔감해져 있어서, 폭력에 쉽게 반응하지 않음을 보여주는 것 같다.

반면에 엥겔하트(C. R. Engelhardt) 등은 경험이 없는 플레이어와 경험이 풍부한 플레이어 간의 차이점을 조사했다(Engelhardt et al., 2011). 젠타일 등(Gentile et al., 2016)은 습관적으로 폭력적인 게임을 하는 플레이어와 습관적으로 비폭력적인 게임을 하는 플레이어 간의 차이점을 조사했다. fMRI[5] 스캔 결과, 일반적으로 비폭력적인 게임을 하는 게이머는 폭력적인 게임을 하는 동안 정서적 반응(일반적으로 혐오감과 두려움)을 담당하는 뇌 부위의 활성도가 증가한 것으로 나타났다. 한편 정기적으로 폭력적인 게임을 하는 플레이어는 동일한 뇌 부위에서 활성이 억제되는 것으로 나타났는데, 이 연구자들은 이것이 "이전의 폭력적인 게임 플레이로 인한 장기적인 둔감화 효과의 징후일 수 있다"고 말했다(Gentile et al., 2016: 48).

3D로 폭력적인 게임을 플레이하면 게임 몰입도가 더 높아져 분노(anger)를 더 많이 느낄 수 있다(Lull & Bushman, 2016). 폭력적인 비디오 게임은 게임 내 상대가 성적인 여성 캐릭터인 경우 남성 플레이어의 적대적인 성차별을 증가시킬 수도 있다(LaCroix et al., 2018). 이러한 효과는 플레이어가 게임에 더 몰입할 때 더욱 강해졌다.

생각, 감정 및 행동에 미치는 효과는 얼마나 오랫동안 지속할 수 있는가? 우리 가운데 많은 이들이 비디오 게임의 더 어려운 수준을 마침내 넘어섰을 때의 전율을 알고 있다. 우리는 몇 분 혹은 몇 시간 동안 승리의 기쁨을 누릴 수도 있지만(물론 어떤 사람은 아마도 하루 종일 승리에 도취한 나머지 몇몇 수업을 빼먹을 것이다), 만약 게임이 폭력적이라면 그러한 단기적인 효과는 우리 마음속에 얼마나 오랫동안 지속될까? 〈모탈 콤배트: 데들리 얼라이언스(*Mortal Combat: Deadly Alliance*)〉를 15분 동안 하게 되면 생리적 각성(즉, 심박수)과 공격적 사고 및 행동이 상당히 증가하는 것으로 나타났다(Barlett et al., 2009). 그 게임이 끝난 후 적대적인 사고와 감정은 4분 미만 동안 지속되었다. 그러나 공격적 행동과 올라간 심박수는 최소한 4분간 지속되었지만 10분이 지나면서 심박수가 정상으로 돌아왔다. 특히 이 연구자들은 공격적인 행동과 고조된 각성이 10분 이상 지속될 가능성도 있다고 경고한다.

공격적인 생각, 감정 및 행동의 증가 측정하기. 이제 여러분은 이러한 연구들이 증가한 공격성을 어떻게 측정하는지 궁금할 수도 있을 것이다. 연구자들은 게임 플레이어가 밖으로 나가 다른 사람을 주먹으로 치는지 살펴보는가? 물론 그렇지 않다! (대학에 있는 연구윤리위원회는 그와 같은 연구를 허용하지 않을 것이다.) 수준 높은 비실험 연구들은 보통 표준화된 설문지를 측정 수단으로 사용한다(Anderson et al., 2010; Klimmt & Possler,

---

5 '기능성 자기공명영상법(fMRI: functional magnetic resonance imaging)'은 혈류와 관련된 변화를 감지하여 뇌 활동을 측정하는 기술로, 뇌의 어떤 부위가 사용될 때 그 영역으로 가는 혈류의 양도 따라서 증가한다는 사실을 이용하여 어떤 부위의 신경이 활성화되었는지를 측정한다(옮긴이 주).

폭력적인 비디오 게임의 단기적 효과는 얼마나 오랫동안 지속하는가?

Christopher Barlett, Omar Branch, Christopher Rodeheffer, & Richard Harris (2009) *Aggressive Behavior, 35*, 225~236.

많은 연구자가 비디오 게임의 폭력적 효과를 염려하지만, 그러한 효과가 얼마나 오랫동안 지속되는지에 대해서는 관심을 덜 쏟았다. 두 부분으로 구성된 이 연구에서, 바렛, 브랜치, 로드헤퍼 및 해리스는 우리의 마음, 몸, 행동이 폭력적인 비디오 게임 플레이에 얼마나 오랫동안 영향을 받는지에 대해 살펴보았다.

연구 문제

폭력적인 비디오 게임의 단기적 효과를 살펴보기 위해, 위 연구자들은 다음과 같은 세 가지 연구 문제를 검정했다:

① 폭력적인 비디오 게임에 대한 장기적인 노출은 공격적 행동을 증가시키는가?
② 폭력적인 비디오 게임을 끝낸 직후 공격적인 행동이 증가하는가?
③ 이러한 증가된 공격적 행동은 얼마나 오랫동안 지속하는가?

연구 1

이 연구의 주요 목적은 세 번째 연구 문제에 답하는 것이었지만, 바렛 등은 먼저 그들이 사용할 자극물이 앞의 두 연구 문제의 요구조건을 충족하는지를 먼저 입증해야 했다.

연구 방법

이 과제를 수행하기 위해 일반심리학 수업을 듣는 학생 91명(남학생 69명, 여학생 22명; 평균 연령 19.45세)을 추가 점수를 주는 조건으로 모집했다. 참여자들은 한 번에 한 사람씩 실험실로 왔으며, 연구자들은 그들이 관련되지 않은 두 가지 연구, 즉 비디오 게임에 대한 연구와 음식 선호에 대한 연구에 참여하게 될 것이라고 말해주었다. 참여자들은 무작위로 실험집단과 통제집단에 할당되었다. 실험집단은 폭력적인 비디오 게임(즉, 플레이스테이션 2에서 〈모탈 콤배트 데들리 얼라이언스〉)을 한 반면, 통제집단은 폭력적이지 않은 게임[즉, 플레이스테이션 2에서 〈하드 히터 테니스(*Hard Hitter Tennis*)〉]을 했다. 두 집단은 다시 4분 지연 조건 집단과 9분 지연 조건 집단으로 나누어졌다.

우선 각 참여자는 공격성과 적대감에 대한 설문지에 답했으며, 단어완성검사(Word Completion Task)를 3분의 1 수행했다. K I _ _과 같은 단어 조각이 주어지면, 참여자들은 바로 빈칸을 채워 넣어 K I L L이나 K I S S와 같이 단어를 완성하면 된다.

그런 다음, 참여자들은 시간이 정해진 플레이 세션이 시작되기 전에 게임을 하는 방법에 대한 간단한 지도를 받았다. 각 참여자가 폭력적이거나 폭력적이지 않은 비디오 게임을 하는 동안, 실험자는 참여자가 매콤한 음식을 좋아하지 않는 누군가에게 얼마나 많은 양의 매운 소스를 먹도록 강요하는지를 토대로 명시적인 공격적 행동을 평가하는 데 사용되는 매운 소스 패러다임(Hot Sauce Paradigm)에 필요한 재료를 준비했다. 매운 소스가 담겨 있는 병 4개, 플라스틱 스푼 1개, 아이스캔디 막대 4개, 플라스틱 컵 2개가 준비되었다. 그런 다음, 실험자는 참여자에게 그들이 계속해서 게임을 하는 동안 식품 선호 연구에 참여하고 있는 다른 한 참여자를 돕기 위해 몇 분 동안 자리를 비워야 한다고 말했다(실제로는 이 '다른 참여자'와 식품 선호 연구는 존재하지 않았다).

실험자가 실험실에 돌아오고 게임이 끝났을 때, 실험자는 참여자의 심박수를 측정했고 참여자들의 적대감을 평가하기 위한 설문지와 또 다른 3분의 1 분량의 단어 완성 검사지를 제공했다. 그런 다음, 참여자들은 달콤한 음식, 감칠맛 있는 음식, 매콤한 음식, 아주 매운 음식, 자극적이지 않은 음식, 짭짤한 음식 선호도에 대한 질문에 답했다.

평가가 끝난 후, 참여자들은 복도 끝에 있는 '다른 참여자'로부터 식품 선호 설문지를 받았다. 거기에는 다른 참여자들이 매콤한 음식을 좋아하지 않는다는 점이 분명하게 나타나 있었다. 실험자는 참여자들이 어떤 매운 소스를 선택하든 다른 사람은 그들이 선택한 매운 소스를 먹어야 한다고 참여자들에게 말해주었다. 아이스캔디 막대를 이용해 각각의 매운 소스가 얼마나 매콤한지 맛본 후, 참여자들은 다른 사람에게 먹이기 위해 그들이 선택한 매운 소스를 컵에 부었다. 원하는 양만큼 매운 소스를 컵에 부으면, 실험자는 '다른 참여자'에게 갖다 주기 위해 그것을 가지고 방을 나갔다.

4분 지연 조건 그룹의 경우, 연구자는 실제로 복도로 나가 컵을 마루에 놓은 후 다시 방으로 들어와, 참여자에게 그 컵을 다른 사람에게 갖다 주도록 연구보조원에게 건네주었다고 말했다. 이때가 게임이 끝난 후 약 4분이 지난 시점이었다.

참여자의 심박수가 측정되었고, 연구자는 참여자에게 또 하나의 적대감 설문지와 그들이 참여하고 있는 '두 번째 연구'(즉, 가짜 음식 선호 연구)를 위한 마지막 3분의 1 분량의 단어 완성 검사지를 제공했다. 연구자들은 설문지가 이전 설문지와 비슷하게 보이는 것은 두 연구가 유사한 변인을 살펴보고 있기 때문이라고 참여자들에게 말했다.

설문지 응답이 끝난 후, 연구자들은 참여자들에게 감사의 말과 함께 연구의 취지를 사후 설명했다.

9분 지연 조건하의 참여자들은 실험자가 매운 소스를 다른 사람에게 전달하기 위해 방에서 나간 후 5분 동안 그 방에 다시 들어가지 않았다는 것을 제외하고는 4분 지연 조건하의 참여자들과 동일한 절차를 거쳤다.

연구 결과

분석 결과, 폭력적인 게임을 한 사람은 폭력적이지 않은 게임을 한 사람에 비해 생리적 각성과 공격적 사고 및 감정이 상당히 증가했다. 공격적 사고와 감정은 4분 이상 지속하지 않았는데, 이는 참여자들이 어떤 지연 조건에 있건 그들이 매운 소스 테스트를 수행한 시점에는 공격적 사고와 감정이 원래 상태로 되돌아갔음을 의미한다. 한편, 생리적 각성(즉, 심박수)은 4분 이상 지속되었으나 10분을 넘지는 않았다.

연구 2

첫 번째 연구는 공격적 행동에 영향을 주는 것으로 보이는 내적 변인(즉, 감정, 사고, 심박수)에 초점을 맞춘 반면, 두 번째 연구는 게임이 끝난 후 명시적인 공격적 행동이 얼마나 오랫동안 지속하는지를 판단하고자 했다.

연구 방법

91명(남성 48명, 여성 43명; 평균 연령 18.60세)이 두 번째 실험이 참여했다. 첫 번째 연구가 폭력적인 비디오 게임이 공격성 증가를 초래함을 보여주었기 때문에, 두 번째 연구에서는 통제집단을 사용하지 않았다. 참여자들은 세 가지 지연 조건, 즉 0분 지연, 5분 지연, 10분 지연 조건에 무작위로 할당되었다.

첫 번째 연구와 유사하게, 참여자들은 15분 동안 폭력적인 비디오 게임을 했다. 각 참여자가 어떤 지연 조건에 할당되느냐에 따라 게임 세션이 종료된 지 각각 0분, 5분, 혹은 10분 후에 매운 소스 패러다임을 수행했다.

연구 결과

몇 가지 통계적 분석을 실시한 결과, 데이터는 폭력적 비디오 게임으로 인한 공격적 행동이 5분에서 10분 사이 동안 지속됨을 보여주었다.

종합하면 이 두 연구는 폭력적인 비디오 게임 플레이의 단기적 효과를 새롭게 조명했다. 공격적인 사고와 감정은 폭력적인 게임이 끝난 후 4분 이내에 소멸되는 반면, 각성과 행동에 미치는 효과는 조금 더 오래, 즉 5분에서 10분 사이 동안 지속한다. 이것은 작은 폭력적 행동 창구처럼 보일 수도 있지만 저자들은 그러한 효과가 훨씬 더 오랫동안 지속될 수 있음을 인정했다.

2020). '연구 스포트라이트 1'에 설명된 단어 완성 설문조사와 같은 자기-보고된 데이터를 통해 공격적인 감정과 생각을 평가할 수 있다. 앤더슨 등(Anderson et al., 2010)에 따르면, 수준 높은 실험 연구들은 보통 백색 소음⁶ 공격(Engelhardt et al., 2011 참조)이나 매운 음식을 좋아하지 않는 사람에게 매운 소스 주기(Barlett et al., 2009 참조)와 같은 인위적인 방법을 통해 플레이어의 공격적 행동을 측정한다. 더 강한 공격성을 지니고 있는 플레이어는 더 크고 더 길게 지속되는 소음을 선택하거나 더 매운 소스를 더 많이 주려고 한다.

이러한 방법들이 어리석게 보일 수도 있겠지만, 연구자들은 참여자들이 그들의 동기를 의심쩍어하지 않도록 하기 위해 그들의 연구를 설계했다. 소음 공격과 매운 소스 테스트는 일반적으로 실험 참여자들이 다른 사람을 어떤 종류의 불편한 상태에 놓이게 하려 하는지를 판단하는 신뢰할 만한 수단을 제공한다.

3) 폭력적인 비디오 게임의 부정적 효과에 대한 반론

프레스콧 등이 "통계적으로 유의적인 신뢰할 수 있는 효과"라고 기술한 것을 보여주는 많은 연구에도 불구하고(Prescott et al., 2018: 9886), 일부 연구자는 이러한 연구에 결함

---

6   모든 주파수 성분을 포함한 소음으로, 그 에너지가 모든 주파수 영역에 분포되어 있고 더구나 1Hz당 (예를 들면 1~2Hz 사이, 1570~1571Hz의 사이) 에너지가 어느 주파수이든 마찬가지이다. '화이트 노이즈'라는 이름은 태양 광선으로 대표되는 백색광이 빛의 분야에서 이와 같은 에너지 분포를 나타내는 데서 유래된 것이다. 백색소음은 각종 측정에 사용되는 것 말고도 신시사이저에서 자연음(바람 소리 등)을 만들어낼 때 중요한 음원이 된다(옮긴이 주).

이 있다고 말한다. 그들이 의견을 달리하는 것 가운데 많은 것이 방법론적 이슈(Ferguson, 2007; Ferguson & Killburn, 2010; Freedman, 2002; Olson, 2004), 효과의 크기에 대한 상이한 해석(Hilgard et al., 2017), 그리고 이른바 학술지 편집인의 편향성(Ferguson, 2007)과 관련이 있다.

이 등(Lee et al., 2009)은 이러한 이슈의 다른 쪽에 있는 연구자들이 비디오 게임 효과 연구가 지니고 있는 주요 결함으로 인용하는 일반적인 주장을 다음과 같이 요약했다:

① 공격성은 흔히 분명하게 정의되지 않으며, '공격성'이란 용어와 '폭력'이란 용어가 흔히 서로 번갈아가며 사용된다.
② 대부분의 연구가 단지 하나의 특정한 게임을 자극물로 사용하며 또한 제한된 시간 동안만 플레이된다.
③ 실제 생활에서의 공격성과 비디오 게임을 하는 것 간의 인과관계가 간단명료하지 않다. 나이, 젠더, 성격과 같은 변인이 함께 고려되어야 한다.
④ 많은 연구가 작은, 무작위로 추출되지 않은, 대표성 없는 표본을 사용하여 이루어진다.

방법론적 비판과 관련하여 APA는 "치명적 폭력을 포함한 모든 폭력이 공격성을 띠지만, 공격성을 띤다고 해서 모든 것이 폭력은 아니다"라고 지적하면서 '폭력'과 '공격성'이라는 용어를 사용하는 데 있어 정확성이 부족하다는 점에 동의한다(APA, 2020: 2). APA는 이 문제의 원인 가운데 일부는 범죄학, 전염병학, 심리학과 같은 학문 분야의 차이에서 비롯된다고 본다. (공격성과 폭력의 차이에 대한 자세한 내용은 11장을 참조하라.)

그뿐 아니라 폭력 미디어에 대한 APA 특별대책위원회(APA Task Force, 2015)는 대부분의 실험실 실험의 통제된 환경이 연구 결과의 생태학적 타당도(ecological validity: 결과가 현실 세계에 일반화될 수 있는 정도)를 감소시킨다는 점을 인정했다. 이 위원회는 또한 폭력적인 비디오 게임의 효과에 대한 연구가 주로 젊은 성인 참여자들을 활용한다는 점에 주목했다. 더 어린 참여자를 대상으로 수행되는 연구는 훨씬 더 적지만, 이 위원회는 더 어린 게이머에 초점을 맞춘 연구가 부족한 이유 가운데 하나로 어린이를 유해한 자극에 노출하는 데 따르는 윤리적 문제를 언급했다. 프레스콧 등(Prescott et al., 2018)은 그들의 메타-분석에서 퍼거슨(Ferguson, 2007)이 주장하는 출판 편향(publication bias)[7] 이슈를 다루었다. 그들은 "효과의 크기가 0(null)이거나 음(negative)인 연구가 문헌에서 과소 대표되었다는 어떠한 증거도 관찰하지 못했다"고 밝혔다(Prescott et al., 2018: 9886).

4) 폭력적인 비디오 게임이 현실 세계의 총기 난사 사건의 원인인가?

대량 총기 난사 사건이 발생하면 흔히 폭력적인 비디오 게임이 범인이 방아쇠를 당기는 데 어떤 역할을 했는지에 대한 논쟁이 난무하곤 한다. 공중과 정치인은 비디오 게임을 비난하는 데 주저함이 없지만, 수십 년간의 연구에 따르면 폭력적인 비디오 게임과 총기 난사 사건 사이에는 인과관계가 없는 것으로 나타났다(예: APA, 2015, 2019, 2020; Baldaro et al., 2004; Markey, Markey, & French, 2015; Williams & Skoric, 2005). 퍼거슨은 다음과 같은 합리적인 질문을 제기했다:

> 기저율[8]이 매우 높은 행동(즉, 비디오 게임을 하는 것)이 기저율이 매우 낮은 행동(즉, 학교 총기사건)을 설명하는 데 유용할 수 있는가? 바꾸어 말하면, 거의 보편적이라 할 수 있는 행동이 발생 비율이 매우 낮은 행동을 진정으로 예측할 수 있는가(Ferguson, 2007: 310)?

경험적 증거에 따르면, 위 질문에 대한 대답은 확고하게 "아니오"이다. 예를 들어, 실제 폭력과 폭력적인 비디오 게임에 대한 한 연구는 "폭력적인 비디오 게임이 미국에서 폭력의 주요 (혹은 사소한) 원인임을 시사하는 증거는 발견되지 않았다"고 결론 내렸다(Markey et al., 2015: 290). 정치인과 미디어 구성원들이 폭력적인 비디오 게임을 현실 세계 폭력과 잘못 연관 짓는 것에 대한 대응으로 APA(2020)는 폭력적인 비디오 게임과 공격성 사이의 관계를 확인하는 결의안에서 다음과 같이 명시적으로 밝혔다:

> (이 결의안이) 총기 난사 사건과 같은 폭력을 폭력적인 비디오 게임 사용 탓으로 돌림으로써 잘못 해석하거나 오용되어서는 안 된다. 폭력은 연구자, 정책 입안자 및 공중이 반드시 주의를 기울여야 하는 다양한 요인으로 인해 발생하는 복잡한 사회문제이다. 폭력을 폭력적인 비디오 게임 탓으로 돌리는 것은 과학적으로 타당하지 않으며 다른 요인들에 주목하지 못하게 만든다(APA, 2020: 1).

---

7   일반적으로 연구 결과의 속성이나 방향에 따라 연구 결과가 출간되거나 출간되지 못하는 편향성을 말한다(옮긴이 주).

8   '기저율(base rate)'이란 판단 및 의사 결정에 필요한 사건의 상대적 빈도를 말한다. 좀 더 간단하게는 통계적으로 나타나는 확률 혹은 사전 확률(prior probability)이라 할 수 있다(옮긴이 주).

총과 같은 컨트롤러가 있는 비디오 게임을 하는 것은 공공 안전 및 총기 규제 정책에 대한 젊은 성인들의 태도에 영향을 미친다.

또한 클림트(C. Klimmt)와 포슬러(D. Possler)는 학교 총기 난사 사건에 대한 연구들을 자세히 검토한 결과, 다음과 같이 결론 내렸다(Klimmt & Possler, 2020):

폭력적인 게임을 이용하는 것은 가해자가 자신의 폭력에 대한 환상[즉, 선택 효과(selection effect)[9]]을 구체화하려고 시도하는 한 가지 특정한 방법일 수도 있다. 그러나 이러한 가능성이 가해자에게 대량 살인의 동기를 부여하는 데 있어 비디오 게임 폭력이 주된 인과적 역할을 한다는 것을 암시하지는 않는다. 따라서 그와 같은 살인의 주요 원인이 비디오 게임이라는 공중의 비난은 과학적 관점에서 볼 때 정당화되지 않는다(Klimmt & Possler, 2020: 349).

실제로 미국에서 폭력적인 비디오 게임이 인기를 얻으면서 청소년 폭력은 감소했다(Ferguson, 2015). 둘 간의 상관관계가 "놀라울 정도로 강하긴" 했지만, 그것이 인과관계를 나타내지는 않았다는 점을 인정하는 것은 중요하다(Ferguson, 2015: 204).

특히 총기를 기반으로 하는 게임을 하는 것은 총기 규제 정책과 공공 안전에 대한 젊은 성인들의 태도에 영향을 미칠 수 있다. 실물처럼 생긴 총과 같은 컨트롤러를 사용해 폭력적인 비디오 게임(1인칭 슈팅 게임 포함)을 한 경험이 더 많은 대학생은 총기 규제를

---

9   여기서 '선택 효과'란 특정 성향이나 관심사를 가진 개인이 특정 활동이나 행동에 끌리게 되는 상황을 의미한다. 구체적으로는 폭력 등 이미 특정 행동을 하고 싶어 하는 사람은 폭력적인 비디오 게임과 같이 자신의 관심사에 부합하는 활동을 선택할 수 있음을 시사한다(옮긴이 주).

지지할 가능성이 더 낮았다(Lapierre & Farrar, 2016). 더욱이 총과 같은 컨트롤러에 대한 경험이 더 많은 참여자는 총기에 더 잘 접근할수록 공공 안전이 향상될 것이라고 믿을 가능성이 더 높았다. 이 연구자들은 "게임 환경에서 총이 성공을 돕고 안전을 지켜줄 수 있다면, 자주 게임을 하는 플레이어는 현실 세계에서 실제 총기에 대해 유사한 태도를 취할 수도 있다"는 가설을 제시했다(Lapierre & Farrar, 2016: 10).

3. 비디오 게임 중독에 대한 지속적인 논쟁

부모들이 자녀의 비디오 게임 중독을 우려하는 목소리를 우리는 흔히 들을 수 있으며, 비디오 게임이 기사에 포함된 주류 미디어의 보도가 공중의 주목을 끄는 경우도 심심찮게 볼 수 있다. 예를 들면, 2010년, 한 한국인 부부가 인터넷 카페에서 하루 최대 12시간 인터넷 게임을 반복적으로 한 나머지 3개월 된 딸을 굶어 죽게 한 혐의로 체포되었다(Cho, 2010). 여러분은 "게임이 얼마나 재미있기에 그처럼 어린 아기를 방치했을까?"라고 자문할 수도 있다. 경찰에 따르면 그 부부는 '가상의 딸'을 양육하는 〈프리우스 온라인(*Prius Online*)〉이라는 게임을 하고 있었다고 한다. 다른 한국인의 사망도 극단적인 비디오 게임 중독으로 인한 것으로 밝혀졌다. 2002년에는 24세 남성이 86시간 동안 비디오 게임을 한 뒤 사망했고, 몇 년 후 28세 남성이 스타크래프트를 50시간 동안 플레이한 후 심장마비로 사망했다(M. Kim, 2019). 한국 전역에 걸쳐 있는 전문 진료소에서는 1만

7,000명이 넘는 사람들이 이른바 '게임 과몰입(game overindulgence)'으로 치료를 받았다 (V. Kim, 2019). 여러 문헌에서 비디오 게임 중독은 문제가 있거나 병리적인 게임하기를 포함해 여러 다른 이름으로 불린다.

세계보건기구(WHO: World Health Organization)는 2018년 국제질병분류(International Classification of Diseases) 11차 개정판에 '게이밍 장애(gaming disorder)'를 포함했다. 미국 정신의학협회는 『정신장애 진단 및 통계 매뉴얼(*DSM-5: Diagnostic and Statistical Manual of Mental Disorders*)』(APA, 2013a) 섹션 III에 '인터넷 게이밍 장애'를 추가하면서 "본서에 정식 장애로 포함할지를 고려하기 전에 더 많은 임상 연구와 경험이 필요한 상태"라고 말했다"(APA, 2013b: 단락 1). 현재 이 매뉴얼에 포함된 유일한 행동 중독은 도박 장애이다 (APA, n.d.). 술, 담배, 아편 유사제 등에 대한 중독은 약물 관련 장애에 속한다. 이른바 비디오 게임 중독자의 뇌를 스캔해 보면 약물 중독으로 고통받는 사람의 뇌 스캔과 매우 비슷하다(Han et al., 2010; Weinstein, 2010).

미국 정신의학협회(2013a)가 제시한 인터넷 게이밍 장애 증상은 다음과 같다:

① 게임 하기에 몰두함.
② 게임을 할 수 없거나 게임을 하지 못하게 될 때 금단 증상(예: 불안, 슬픔, 짜증)을 경험함.
③ 내성(耐性)을 경험함. 이는 게이머가 플레이에 대한 욕구를 충족하기 위해 플레이 시간을 늘려야 함을 의미함.
④ 게임 하기에 소비하는 시간을 줄일 수 없거나 게임 하기를 중단하려는 시도가 실패함.
⑤ 게임 하기로 인해 다른 활동보다 게임 하기를 선택하거나 이전에 즐겼던 활동에 대한 관심을 잃음.
⑥ 문제에도 불구하고 계속해서 비디오 게임을 함.
⑦ 게임 하기에 얼마나 많은 시간을 소비하는지에 대해 가족에게 거짓말을 함.
⑧ 부정적인 기분(예: 절망감이나 죄책감)을 완화하기 위해 비디오 게임을 이용함.
⑨ 게임 하기로 인해 관계나 일자리를 위험에 빠뜨리거나 잃게 됨.

미국 정신의학협회 기준에 따르면, 1년에 위에 나열된 증상 가운데 다섯 가지 이상으로 인해 상당한 고통이나 장애를 경험하는 사람은 인터넷 게이밍 장애로 진단될 수 있다.

청소년기부터 성인 진입기까지의 병리적 비디오 게임 증상:
발달 궤적, 예측 변인 및 결과에 대한 6년간의 종단적 연구

Sarah M. Coyne, Laura A. Stockdale, Wayne Warburton, Douglas A. Gentile, Chongming Yang, & Brett. M. Merrill (2020) *Developmental Psychology, 56*(7), 1385~1396.

많은 연구가 비디오 게임의 단기적인 영향은 조사했지만, 시간이 지남에 따른 효과를 보여주는 장기 연구는 적다. 이 종단적 연구에서 코인(Sarah M. Coyne) 등은 시간이 지남에 따라 병리적 증상이 어떻게 증가하거나 감소하는지, 병리적 이용을 예측하는 것은 무엇인지, 그리고 그 결과는 무엇인지 조사했다.

예측

코인 등은 연구 문제를 구성하거나 구체적으로 명시된 가설을 제시하는 대신 다음과 같은 예측을 했다:

① 소규모 게이머 집단은 연구 전반에 걸쳐 높은 수준의 병리적 비디오 게임 이용을 보여줄 것이다.
② 남성, 심한 우울증, 불안 및 수줍음, 편부모 가정 출신, 그리고 부모의 낮은 지식 수준은 심한 병리적 증상을 예측할 것이다.
③ 병리적 증상이 심한 집단은 시간이 지남에 따라 기능이 더 나빠질 것이다(불안 및 우울증, 공격성, 수줍음, 비행 및 문제적 휴대폰 사용, 친사회적 행동 및 감정이입 능력 저하, 재정적 또는 직업적 상황 악화 등).
④ 병리적 게이머 중 소수는 시간이 지남에 따라 병리적 게임하기가 감소하는 '전환 행동(turn-around behavior)'을 나타낼 것이다.

연구 방법

청소년 참여자 385명 가운데 53%가 여성이었다. 연구 시작 당시 참여자들의 나이는 14~16세였으며 평균 연령은 15.01세였다. 참여자의 대다수(70%)는 유럽계 미국인이었고, 12%는 복합 민족, 10%는 아프리카계 미국인, 5%는 아시아계 미국인이었다. 나머지 참여자들은 또 다른 민족이었다. 참여자 대부분(70%)은 양부모(결혼) 가정에서 살았다. 거의 모두(99.2%)가 연구 시작 당시 고등학교에 재학 중이었다. 연구가 끝날 무렵, 74%는 대학에 진학했거나 직업 훈련 프로그램에 참여 중이었고, 20%는 고등학교를 졸업했지만 추가 교육을 계속해서 받지 않았으며, 2.3%는 대학을 졸업했고, 2%는 고등학교를 중퇴했다.

연구자들은 참여자들로부터 약 1년 간격으로 6회차(wave)에 걸쳐 데이터를 수집했다. (이 연구는 미국 정신의학협회가 인터넷 게이밍 장애에 대한 기준을 제안하기 전에 데이터 수집을 시작했기 때문에 사용된 기준은 흔히 유사한 증상으로 여겨지는 병리적 도박에 대한 기준을 적용한 것이다.) 병리적 비디오 게임 이용은 매 회차에 측정되었다. 우울증, 불안, 공격성, 비행, 감정이입, 친사회적 행동, 수줍음은 1회차 및 6회차 조사에서 측정되었다. 참여자의 행동 및 활동에 대한 부모의 지식은 1회차에서만 측정되었다. 재정적 스트레스 및 문제적 휴대폰 사용은 6회차에 측정되었다.

연구 결과

병리적 게임 이용 수준과 6년 동안 그것이 어떻게 변화했는지를 토대로 참가자들을 서로 다른 부류로 나눴다. 이 연구에서는 병리적인 게임하기 경향에 대한 세 가지 발달 궤적, 즉 상승 궤적, 중간 궤적, 비병리적 궤적을 확인했다. 10.1%(n=39)는 연구 시작 시 가장 높은 수준의 병리적 게임하기 증상을 나타냈다. 6년에 걸쳐 증상이 점진적으로 심해졌으며, 마지막 두 회차에서 눈에 띄게 심해졌다. 이 부류는 '증상 심화' 집단으로 분류되었다. 다음 부류는 연구가 시작될 때 중간 수준의 병리적 비디오 게임 사용을 보였지만 시간이 지나도 증상은 변하지 않았다. 참여자들 가운데 17.95%(n=69)가 이 '중등도 증상' 집단에 속했다. 압도적 다수의 참여자(72%, n=277)는 연구 시작 시 증상이 거의 없었고 3회차 조사에서 증가한 후 각 후속 조사에서 감소했다. 이 집단은 '비병리적' 집단으로 분류되었다.

통계 분석 결과, 병리적 비디오 게임 이용에 대한 예측 변인은 거의 나타나지 않았다. 심화 집단과 중증도 집단 모두 비병리 집단에 비해 남성일 가능성이 훨씬 더 높았다. [이는 남성이 비디오 게임 중독자이거나 문제적 이용자일 가능성이 더 높다는 다른 연구 결과와 일치한다(예: Mentzoni et al., 2011).] 심화 집단의 친사회적 행동도 중증도 집단보다 현저히 낮았다. 친사회적 행동은 병적인 비디오 게임 이용의 발현에 대한 '보호 요인' 역할을 한다. 다른 변인들은 참여자들이 어떤 부류에 속할지를 예측하지 못했다.

결과와 관련하여, 심화 집단과 중증도 집단 모두 연구 종료 시 비병리적 집단에 비해 공격성, 수줌음 및 우울 수준이 더 높았다. 또한 심화 집단은 비병리적 집단에 비해 불안감이 더 높고 휴대전화 사용에 문제적인 것으로 나타났다. 이 연구자들은 심화 집단의 문제가 되는 휴대폰 사용이 더 많은 것을 제외하고는 심화 집단과 중증도 집단이 비슷하다는 점에 주목했다. 친사회적 행동, 감정이입, 비행, 재정적 스트레스, 혹은 직업적 상황을 살펴보았을 때 집단들 간에 다른 차이점은 발견되지 않았다.

이 논문의 저자들은 이번 연구가 게이밍 장애가 단순히 우울증과 같은 다른 문제의 증상이 아니라는 추가적인 증거를 제공한다고 말했다. 그들은 1회차 조사에서 그러한 변인들에 대해 집단 간에 통계적 차이가 없었음에도 6회차 조사에서 심화 집단과 중증도 집단이 비병리적 집단에 비해 정신 건강과 사회적 문제와 행동적 문제가 유의적으로 더 나빠졌다는 사실을 보여주는 연구 결과를 지적했다. 그러나 더 많은 종단적 연구 필요하다.

그들은 또한 비병리적 집단에 비해 중등도 집단이 수줌음, 공격성 및 우울증이 더 높다는 점을 우려의 소지가 있는 것으로 지적했으며, 『정신장애 진단 및 통계 매뉴얼』에서 권장하는 진단에 필요한 다섯 가지 증상은 없지만 일부 증상이 있으면 임상 전 단계나 문제적 단계로 분류할 수 있다고 지적했다. (현 미국 정신의학협회 권장 사항에서는 어떤 사람이 게이밍 장애가 있는 사람으로 분류되기도 하고 게이밍 장애가 없는 사람으로 분류되기도 한다.)

마지막으로 이 학자들은 자신들의 연구 결과가 재정적으로 자립할 수 없거나 직업을 구할 수 없기 때문에 부모의 집 지하실에 사는 게이머에 대한 고정관념에 반대한다고 지적했다. 병리적인 비디오 게임 이용자도 적어도 20대 초반에는 비병리적인 이용자와 마찬가지로 재정적으로 안정적이고 인생에서 앞으로 나아갈 수 있는 역량을 가지고 있는 것으로 보인다.

한편 인터넷 게이밍 장애를 진단하는 WHO의 기준은 훨씬 더 넓어서, 비디오 게임이 다른 활동을 방해하는 것 외의 다른 명확한 증상은 요구하지 않는다.

프르지빌스키(A. K. Przybylski) 등은 미국 정신의학협회의 기준을 사용하여 인터넷 게이밍 장애를 최초로 연구했다(Przybylski et al., 2017). 게이머 가운데 2.4%만이 다섯 가지 이상의 증상을 보였다. 그러나 인터넷 게이밍 장애 진단의 기준점을 충족할 수 있는 고통(distress)을 느꼈다고 답한 게이머는 0.3~1%에 지나지 않았다. 진단 가능한 기준을 충족한 게이머는 다른 게이머에 비해 신체 활동과 정신 건강 수준은 더 낮고 사회적 활동 수준은 더 높았지만, 통계적으로 유의미한 차이는 없었다. 이것은 인터넷 게이밍 장애가 건강 상태가 더 좋지 않은 것과 관련이 있다는 널리 알려진 개념과 상반된다(Markey & Ferguson, 2017). 마키(P. M. Markey)와 퍼거슨은 프르지빌스키 등의 연구 결과를 검토하면서 "비디오 게임 중독이 실제로 일어날 수도 있지만 일부 사람들이 이해하고 있는 그런 전염병은 아니라고" 결론지었다(Markey & Ferguson, 2017: 196). (병리적 비디오 게임하기가 시간이 지남에 따라 어떻게 변할 수 있는지 살펴보려면 '연구 스포트라이트 2'를 확인하라.)

비디오 게임이 행동에 미치는 영향을 연구하는 학자들을 대상으로 한 최근 조사에서는 『정신장애 진단 및 통계 매뉴얼』의 인터넷 게이밍 장애 기준과 WHO의 게이밍 장애 진단의 타당성에 대해 의견이 일치하지 않는 것으로 나타났다(Ferguson & Colwell, 2019). 그러나 설문조사 결과, 대다수(60.8%)가 병리적 게임하기가 정신 건강 문제의 일종일 수 있다는 데 동의한 것으로 나타났다.

또한 학자들 사이에는 인터넷 게이밍 장애 진단 기준이 너무 광범위하여 일부 정상적인 게임 플레이가 병적인 것으로 분류될 수 있다는 우려도 있다(예: Ferguson & Colwell, 2019; Markey & Ferguson, 2017; Przybylski et al., 2017). 퍼거슨과 콜웰(J. Colwell)은 스트레스를 줄이기 위해 술이나 헤로인을 이용하는 것은 중독의 징후일 수 있지만 "비디오 게임을 그렇게 이용하는 것은 다른 취미를 이용하는 것과 거의 다르지 않다"고 말했다(Ferguson & Colwell, 2019: 2). 인터넷 게이밍 장애나 비디오 게임 중독 문제에 대한 서로 다른 견해를 고려할 때, 합의에 도달하기 위해서는 훨씬 더 많은 연구와 정교한 구별이 필요할 것이다.

4. 비디오 게임의 긍정적 효과

물론 비디오 게임의 모든 효과가 다 나쁜 것은 아니며, 많은 연구가 비디오 게임 플레이가 의도한 주된 효과인 오락에 초점을 맞추고 있다(Klimmt & Possler, 2020). 비디오 게임은 플레이어가 캐릭터에 대한 진정한 정서적 애착을 형성할 수 있는 몰입적 오락 경험(예: Klimmt, 2003; Vorderer & Bryant, 2006)을 제공한다(Coulson et al., 2012). 비디오 게임의 오락 측면에 대한 연구는 플레이어가 게임을 진행하면서 내리는 선택이 게임에 영향을 미치는 상호작용적 특성, 플레이어가 캐릭터가 되어 게임 세계에 있는 것처럼 느낄 수 있는 상호작용성과 내러티브 프레임워크 간의 상호작용, 그리고 협력 게임 또는 경쟁 게임의 사회적 상호작용이라는 세 가지 주요 특징에 초점을 맞춘다(자세한 내용은 Klimmt & Possler, 2020 참조).

학자들은 또한 **몰입**(flow)과 같이 즐김에 영향을 미칠 수 있는 게임 플레이의 다른 측면도 살펴보고 있다. 몰입이란 완전한 집중, 주목, 관여를 요하는 어떤 활동에 완전히 빠져들어 있는 정신 상태를 말한다(Csikszentmihalyi, 1988). 우리 모두는 우리 삶의 어떤 순간에 게임 몰입을 경험한다. 아마 여러분은 좋은 책을 읽거나 텔레비전을 볼 때 휴대폰이 울리는 것을 듣지 못하거나 다른 사람이 방에 들어오는 것을 눈치채지 못한 적이 있을 것이다. 상호작용적 미디어로서 비디오 게임은 몰입을 연구할 독특한 기회를 제공한다. 진(Jin, 2011)은 게임 난이도와 플레이어의 기술 수준 간에 최적의 균형이 이루어질 때 더 높은 수준의 몰입이 일어난다는 것을 확인했다. 이러한 균형은 게임의 '골디락스 존(Goldilocks zone)', 즉 너무 어렵지도 너무 쉽지도 않지만 계속해서 플레이할 동기를 부여할 수 있을 만큼 충분히 도전적인 상태로 생각할 수 있을 것이다. 게임에서 몰입을 경험하게 되면 게임이 매우 즐거울 수 있다(Sherry, 2004).

그래닉(I. Granic) 등은 비디오 게임의 긍정적인 효과에 대한 자세한 검토에서 인지적·동기 부여적·정서적·사회적 이점을 언급했다(Granic et al., 2014). 인지적 이점으로는 향상된 공간 및 문제 해결 능력과 향상된 창의성이 있다. 동기 부여적 이점은 게임 중 실패를 통해 학습하고 낙관적이고 끈질기게 노력하는 마음가짐(mindset)을 기르는 데서 생긴다. 게임 중 중요한 도전 과제를 극복한 후 플레이어의 기분이 좋아지고 자부심이 높아지는 것은 정서적 이점의 예이다. 사회적 이점으로는 협동 플레이를 통한 친사회적 기술 개발을 들 수 있다. 폭력적인 게임에서의 협동 플레이는 온라인과 오프라인 모두에서 도움을 주는 행동을 증진할 수 있으며, 그룹으로 폭력적인 게임을 하면 적대적인 감정을 줄일 수 있다.

1) 교육용 게임

비디오 게임은 재미있을 뿐만 아니라 흔히 '게임-기반 학습'이라고 불리는 유용하고 효과적인 교육 도구이다(Prensky, 2001). 셀 수 없을 정도로 많은 사람이 〈오리건 트레일(*Oregon Trail*)〉이나 〈도대체 카먼 샌디에이고는 어디 있는가?(*Where in the World Is Carmen Sandiego?*)〉와 같은 몇몇 초창기 교육용 컴퓨터 게임을 하면서 미국 개척자들의 삶(혹은 이질로 인한 죽음)이나 세계 지리에 대해 배웠던 것을 기억한다. 지금은 교사들이 카훗!(Kahoot!)[10]과 같은 온라인 플랫폼을 통해 게임-기반 학습을 통합하여 학생들의 학습을 돕는 모습을 흔히 볼 수 있습니다.

교육 이론에 따르면, 학생들에게 배우고자 하는 동기가 부여되어 있고, 학생들이 즉각적인 피드백을 받으며, 그들의 지식을 다른 다양한 상황에 적용할 수 있을 경우에 가르침이 더 효과적이라고 한다(Lee et al., 2009; 또한 자세한 내용은 Ritterfeld et al., 2009의 교육에 관한 장들 참조). 비디오 게임은 학생들이 어떤 과제나 단계를 완료하도록 도전 과제를 제시함으로써 이러한 모든 것을 달성할 수 있으며, 게임의 난이도는 플레이어의 지식 성장 수준에 맞추어 조절될 수 있다(Fisch, 2009). 그러나 재미와 교육 사이의 적절한 균형을 달성하는 것은 게임-기반 학습을 설계하는 데 있어 핵심적인 과제이다(de Freitas, 2018).

여러분 가운데 일부는 아마도 중학교와 고등학교 역사 시간을 회상하면 엄청나게 많은 날짜와 이름 때문에 그 수업이 무지 지루했다고 기억할 수도 있을 것이다. 〈역사 만들기(Making History)〉와 같은 비디오 게임은 말하자면 학생들이 과거에 대한 경험을 '직접 쌓을' 수 있게 해준다. 맥디비트(D. McDivitt)는 그의 역사 수업을 듣는 고등학생들이 제2차 세계대전의 실마리가 된 유럽 역사에 대해 배우는 데 정말 관심이 없다는 것을 알았다(McDivitt, 2006). 한 준(準)실험 연구에서 맥디비트는 수업을 듣는 학생들을 두 집단, 즉 계속해서 기존 강의를 듣는 통제집단과 플레이어가 1938년에서 1945년 사이에 국가를 통제할 수 있게 해주는 게임인 〈역사 만들기〉 게임을 하는 실험집단으로 나누었다. 맥디비트는 표준 통계방법으로 그의 데이터를 분석하지는 않았지만, 준실험 결과는 그 게임을 한 학생이 그저 일반 강의만을 들은 학생과 비교했을 때 제2차 세계대전에 이르게 된 역사적 사건에 대해 더 잘 이해하고 있음을 보여주었다. 벨로티(F. Bellotti) 등은 교육용 게임이 상용(COTS: commercial off-the-shelf) 게임만큼 즐거울 수 있다는 것을 알아냈다(Bellotti et al., 2009). 그들의 실험에서 연구자들은 물과 관련된 활동(예: 보트 타기, 제트 스키 타기, 스쿠버 다이빙 하기)에 대한 적절한 행동을 가르치기 위해 〈시게임(SeaGame)〉이라 불리는 MMORPG를 개발했다.

기능성 게임(serious game)[11]과 상호작용 시뮬레이션에 대한 메타-분석을 실시한 결과,

---

10 '카훗!'은 퀴즈 게임 기반-학습 플랫폼으로 게임을 하듯이 퀴즈를 통해 지식을 검토하고 평가한다. 학생들이 정답을 맞추면 자동으로 점수가 쌓이는데, 빨리 맞출수록 점수가 더 높기 때문에 동점자 없이 순위를 선별할 수 있다(옮긴이 주).

그것들이 교육 도구로 사용될 때 전통적인 교육 방법보다 더 낫다는 것이 확인되었다(Vogel et al., 2006). 게임-기반 학습의 효과는 게임과 대면 교육을 혼합함으로써 향상될 수 있다(de Freitas, 2018). 클락(D. B. Clark) 등의 메타-분석(Clark et al., 2016)과 와우터스(P. Wouters) 등의 메타-분석(Wouters et al., 2013)은 또한 비디오 게임이 전통적인 교육 방법에 비해 더 많은 학습과 정보 파지(把持)로 이어질 수 있는 강력한 교육 도구가 될 수 있다고 결론지었다. 학생들에게 그들 자신의 비디오 게임을 만들어보게 해주는 것은 학생들을 창의적으로 만들어줄 뿐만 아니라 그들이 만들어내는 문제에 대해 그들 스스로의 해결책을 개발하도록 고무하기 때문에 그것 또한 효과적인 교육 방법이다(Gaskin & Berente, 2011).

교육자들은 또한 가상 현실을 교실에 통합하고 있다. 딘(S. Dean) 등은 VR 게임 〈스타 트렉 브리지 크루(*Star Trek Bridge Crew*)〉를 사용해 대학생들에게 젠더와 사회적 스크립트에 대해 가르쳤다(Dean et al., 2018). 그들은 학생들에게 자신들이 실제 생활에서 식별되는 것과 다른 젠더의 아바타로 게임을 하게 했다. 이 연구자들은 학생들의 "VR에서 구체화된 경험이 분명히 더 의미 있고 경험적인 학습 경험으로 이어졌음"을 관찰했다(Dean et al., 2018: 5).

기능성 게임은 주로 21세기의 '교육' 도구로 여겨지고 있지만, 일부 연구자에 따르면 게임이 훌륭한 '평가' 도구(예: 테스트 및 퀴즈)가 될 수도 있다고 한다. 전통적인 지필시험이 학생이 '무엇을' 알고 있는지를 보여줄 수도 있지만, 그러한 시험은 학생이 그러한 지식을 활용해 '무엇'을 '할' 수 있는지에 대해서는 거의 알려주지 않는다(Rothman, 2011). 퀴즈 및 객관식 시험과 같은 온라인 평가를 게임과 더 유사하게 만들면 시험 불안을 완화할 수 있고(Pitoyo et al. 2019) 학생들이 강의 자료와 반복적으로 상호작용하도록 장려하고 장기적인 지식 파지를 향상함으로써 학생의 학습을 지원할 수 있다(Petrovic-Dzerdz, 2019).

---

11 '기능성 게임'은 게임의 주요 목적인 오락성보다는 특별한 목적을 의도로 재미있게 설계한 게임을 말하며, 건강, 홍보, 교육, 경영, 의료, 광고, 복지 등 다양한 범위로 확장되어서 연구와 개발이 이루어지고 있다. 우리는 기능성 게임이라고도 부르지만 완전히 일치하지는 않는 개념이다(옮긴이 주).

2) 운동게임과 건강-기반 지식용 게임

물론 게임을 하는 것에 대한 일반적인 두려움 가운데 하나는 그것이 수백만에 이르는 청소년과 성인을 비활동적이고 건강하지 않은 카우치 포테이토로 만들어버린다는 것이다. 실제로 단지 1시간 동안 비디오 게임을 하는 것만으로도 일반적으로 '무심코 먹기(mindless eating)'로 알려져 있는 것, 즉 배고픔을 느끼지도 않는데 먹는 것이 늘어날 수 있는 것으로 나타났다(Chaput et al., 2011). 플레이어를 콘솔과 평면 스크린 텔레비전에서 멀어지도록 유인하는 방법을 생각해내려고 노력하는 대신, 게임 제작자들은 운동과 다른 건강한 활동을 촉진할 수 있는 게임을 개발했다. 체육 수업과 같은 교육 환경에서 운동게임(exergame)을 이용하면 더 건강한 라이프스타일 선택을 촉진하는 데 도움을 줄 수 있으며, 어린이와 청소년의 높은 비만율에 맞서 싸우는 데 도움이 되는 도구 역할을 할 수 있다(자세한 내용은 Vaghetti et al., 2018 참조). 소니 플레이스테이션(Sony PlayStation)으로 6개월 동안 운동게임을 하면 감소율이 작기는 하지만 체질량지수(BMI: body-mass index)와 총지방 비율이 줄어드는 것으로 나타났다(Maddison et al., 2011). 좀 더 최근의 메타-분석에 따르면, 게임을 기반으로 하는 개입이 작지만 통계적으로 유의미하게 BMI를 감소시키는 것으로 나타났다(Ameryoun et al., 2018).

가장 널리 알려진 운동게임 가운데 하나는 닌텐도 위(Nintendo Wii)이다. 동작 감지 기술을 활용하고 있는 이 콘솔을 사용하는 플레이어가 〈위 테니스(Wii Tennis)〉와 〈위 볼링(Wii Bowling)〉 같은 다양한 게임을 하기 위해서는 반드시 몸을 움직여야 한다. 〈위 피트(Wii Fit)〉라는 게임 역시 균형, 근육 강화, 유산소 운동, 요가 운동을 포함하고 있다(Cummings & Duncan, 2010). 닌텐도 스위치(Nintendo Switch)[12]용 〈피트니스 볼링(Fitness Boxing)〉과 같은 최신 게임 시스템은 운동게임 트렌드를 이어갔다. 닌텐도는 더 이상 위를 제조하지 않지만, 많은 운동게임 연구는 여전히 실험의 일부로 위 플랫폼을 사용한다.

건강한 행동을 향상하기 위한 도구로서 위의 효과성을 조사한 연구에 따르면, 플레이어들은 위로 하는 운동을 걷기와 조깅 같은 전통적인 운동보다 더 높이 평가하는 것으로 나타났다(Graves et al., 2010). 홀라 앤드 스텝(hula and step) 게임은 빠르게 걷기에 맞먹

---

12 닌텐도의 8세대 콘솔로, TV 모드-테이블 모드-휴대용 모드라는 세 가지 형태로 활용 가능한 하이브리드 게임기이다(옮긴이 주).

는 에너지 소비를 초래하는 것으로 나타났다(Worley et al., 2011). 여러 게임 콘솔에서 즐길 수 있는 〈댄스 댄스 레볼루션(Dance Dance Revolution)〉 또한 게이머들이 이를 통해 적당한 정도의 신체 활동을 하게 만드는 것으로 밝혀졌다(자세한 내용은 Anderson et al., 2011 참조). 〈포켓몬 고〉와 〈해리 포터: 마법사 연합(Harry Potter: Wizards Unite)〉(후자는 2022년에 종료)과 같이 플레이어가 다양한 장소로 걸어가야 하는 위치-기반 게임은 신체 활동을 증가시킬 수 있다(Barkley et al., 2017; Laato et al. ., 2020). 모바일 게임에 대한 자세한 내용은 20장을 참조하라.

또 하나의 효과 연구 분야는 나이가 더 많은 사람이 위를 사용하는 것과 관련되어 있다. 실제로 여러분은 아마 뉴스나 온라인에서 은퇴자용 주택이나 병원에서 위 게임을 하는 노인에 대한 기사를 보았을 것이다. 연구들은 위 게임을 하는 것이 나이가 많은 플레이어들에게 매우 유익할 수 있음을 보여주었다. (비싼 장비에 비해) 위 가격이 저렴하기 때문에 치료사들은 65세 이상 성인의 균형감을 향상하기 위해 위를 사용한다(Bainbridge et al., 2011). [베인브리지(E. Bainbridge) 등의 연구 결과가 통계적으로 유의적이지는 않지만, 참여자들은 '임상적으로' 의미 있는 균형감 향상을 보였다는 점에 주목해야 한다.] 위 게임은 또한 30~58세 여성의 균형감과 다리 힘도 향상해 주는 것으로 나타났다(Nitz et al., 2010). 노인들이 위와 엑스박스 키넥트(Xbox Kinect)에서 운동게임을 하면 외로움을 줄이고, 사회적 연결을 늘리며, 다른 사람에 대한 긍정적인 태도를 높일 수 있다(자세한 내용은 Li et al., 2018 참조). 또한 운동게임은 노화와 관련된 인지 저하를 줄이고 알츠하이머(Alzheimer)와 같은 인지 장애와 신경퇴행성 질환이 있는 노인의 인지 기능을 향상할 수 있다(자세한 내용은 Stanmore et al., 2017 참조). 운동게임-기반 요법은 파킨슨병(Parkinson's Disease) 재활에도 효과적이다(Garcia-Agundez et al., 2019).

건강 관련 게임은 또한 환자들이 암(Cole et al., 2006), 당뇨병(Brown et al., 1997; Lieberman, 2001), 천식(Homer et al., 2000; Lieberman, 2001)과 같은 질병에 대처하는 법을 배우는 데 도움을 주기 위해 사용되기도 했다. 이러한 상황에 비디오 게임을 사용하는 것은 비디오 게임을 통해 환자들이 가상세계에서 안전하게 행동 변화를 실험해 볼 수 있게 해준다. 환자들은 게임을 통해 그들의 병을 올바르게 관리하는 법을 배울 수 있거나(예: 혈압 체크하기, 인슐린 주사 맞기), 병을 잘못 관리하는 데 따르는 부정적 결과를 실제로 위험에 처하지 않으면서 경험해 볼 수 있다(Lee et al., 2009). 한 최근 연구에 따르면, 특히 두려움 소구를 사용해 흡연의 위험성을 강조하는 건강-기반 컴퓨터 게임을 하는 것은 인쇄된 브로셔를 보는 것보다 흡연에 대한 참가자의 태도와 금연 의도에 더 큰 영향을 미치는

〈포켓몬 고〉와 같은 증강 현실 게임을 하면 신체 활동이 증가할 수 있다.

것으로 나타났다(Kim et al., 2020; 건강 커뮤니케이션의 두려움 소구에 대한 더 자세한 내용은 15장을 참조하라.)

비디오 게임을 하는 것은 특별한 도움이 필요한 사람에게 긍정적인 영향을 미친다. 위 게임을 한 다운(Down) 증후군 어린이들은 감각운동 기능이 향상되었다(Wuang et al., 2011). 위 게임을 하는 것은 정신장애를 가진 사람이 일상의 신체 활동을 하는 데 도움을 주었다(Shih, 2011).

특히 일부 유형의 비디오 게임은 건강과 관련하여 부정적인 영향을 미친다. 레이싱 게임은 위험 관련 정서에 대한 인지적 접근과 위험한 운전 행동을 하려는 의향을 증가시킬 수 있으며, 이러한 레이싱 게임은 건강 행동에도 영향을 미칠 수 있다(Fischer, 2009; Fischer et al., 2007, 2008). 위험 운전 행동을 미화하는 레이싱 게임을 한 참여자는 위험 중립 게임을 한 게이머에 비해 건강 검진에 참여할 가능성이 훨씬 더 낮았다(Kastenmüller et al., 2014).

비디오 게임이 스포츠를 하는 것보다 보는 것을 좋아하는 많은 사람(이런 사람을 'armchair athlete'라고 부름)에게 편리한 운동 방식일 수도 있지만, 운동게임을 하는 것이 위험이 없는 것은 아니다. 환자들이 〈위 테니스〉를 너무 많이 하는 바람에 이른바 '위-아이티스(Wii-itis)'[13]에 걸리거나(Bonis, 2007), 〈위 볼링〉을 하다가 무릎이 탈골되는 위니(Wii knee)에 걸리거나, 심지어 달리기나 스트레칭 게임을 하다가 아킬레스건(Achilles

---

13 '-아이티스'(-itis)란 '…에 생긴 염증·병'을 뜻하는 접미사다(옮긴이 주).

tendon)이 파열되기도 한다(Sparks et al., 2011).

3) 사회 변화를 위한 게임

게임은 교육과 건강 외에 정치적·종교적·사회적 이슈에 대한 인식을 높이는 데도 사용될 수 있다. 이러한 목적에 사용된 게임의 최근 예로 〈멕시코만의 위기(*Crisis in the Gulf*)〉가 있는데, 이 게임은 2010년 멕시코만에서 발생한 BP(British Petroleum)의 원유 유출 사건에 대응해서 만들어졌다. 〈죽어가는 다르푸르(*Darfur Is Dying*)〉는 아마도 가장 바이럴(viral)한, 즉 입소문을 많이 탄 소셜 비디오 게임(social video game) 가운데 하나일 것이다. 플레이어는 이 게임을 통해 민병대의 공격에 직면하여 자신의 난민 캠프 운영을 유지하는 등 250만 명의 난민 가운데 한 사람의 삶을 경험해 볼 수 있게 된다(DarfurIsDying.com, 2008). 이러한 게임을 하는 사람은 단순히 같은 정보를 읽는 사람보다 다르푸르에 사는 사람들을 돕고자 하는 의향이 더 높았다(Peng et al., 2010). 또 다른 연구에서 연구자들은 또한 도심 어린이들이 이웃의 사회적 이슈를 표현하고 조사해 볼 수 있게 하는 방법으로 그들 자신의 비디오 게임을 만들어보게 했다(Ross & Tomlinson, 2010).

비영리 단체인 '변화를 위한 게임(Games for Change; gamesforchange.org)'은 비디오 게임과 다른 형태의 몰입형 미디어를 통해 실제로 변화를 만들어내고자 한다. 2022년 현재, 이 사이트는 현대 사회 문제에 플레이어의 참여를 유도하도록 설계된 150편 이상의 게임을 호스트한다. 예를 들어, 게임 〈나무(*Tree*)〉는 가상 현실을 사용해 플레이어가 열대 우림에서 나무가 산업 벌목꾼에 의해 베어지고 불태워지는 나무의 수명 주기를 경험할 수 있도록 함으로써 기후 변화 이슈를 다룬다.

행동주의 게임(activist game)은 수십 년 넘게 존재해 왔지만, 비디오 게임을 행동주의와 진정한 사회 변화를 위한 도구로 더 잘 확립하려면 더 많은 작업이 필요하다(자세한 내용은 Anderson-Barkley & Fogleson, 2018 참조).

5. 요약

이 장에서 우리는 평균적인 현대 게이머를 살펴보았는데, 평균적인 현대의 게이머는 부모의 집 지하실에서 플레이를 하는 10대 소년이라는 일반적인 고정관념과 전혀 다르다. 미국 성인의 대다수가 비디오 게임을 한다. 게이머의 평균 나이는 30대 초반이고, 거의 절반이 여성 게이머이다.

이 장은 또한 폭력적인 비디오 게임을 둘러싼 지속적인 논쟁, 즉 그러한 게임이 공격성 증가를 초래하는가라는 이슈도 살펴보았다. 전반적으로 게임은 공격성에 부정적인 영향을 미칠 수 있지만, 그 효과는 작다. 또한 폭력적인 비디오 게임의 잠재적인 보편적 효과를 조사하는 것에서부터 일부 사람들이 폭력적인 게임의 효과에 더 민감한 이유를 찾아내려는 좀 더 개별화된 접근 방식으로의 전환도 있었다.

우리는 또한 인터넷 게이밍 장애에 대해서도 살펴보았는데, 이것은 흔히 비디오 게임 중독이라고 더 많이 알려져 있다. 미국 정신의학협회가 비디오 게임 중독을 정신병으로 분류하지는 않았지만, 연구들은 비디오 게임에 중독된 플레이어의 뇌가 약물 중독자의 뇌가 불법 약물에 반응하는 것과 매우 비슷한 방식으로 비디오 게임에 반응함을 보여주고 있다. 한편 WHO는 게이밍 장애를 진단 가능한 질환으로 인정하고 있다.

비디오 게임에 대한 모든 연구 결과가 부정적인 것은 아니다. 기능성 게임은 학생들의 교습 도구로 효과적이다. 그것은 매력적인 매개 환경에서 플레이어 인풋(input)과 지속적인 피드백을 가능하게 하는 비디오 게임의 조정 능력 때문이다. 많은 기능성 게임은 학교에서 사용하는 것 외에 효과적인 건강 교육 도구임이 입증되었다. 닌텐도 위는 재미있으면서도 플레이어를 신체적 활동에 참여하게 하는 새로운 운동게임 개발의 기틀을 마련했다. 〈죽어가는 다르푸르〉처럼 게임은 또한 사람들이 세계에서 발생하는 사회적 이슈에 대해 배울 수 있는 수단이기도 하다.

물론 비디오 게임은 빠르게 변하기 때문에, 이 분야의 연구도 계속될 것이다. 비디오 게임이 그런 것처럼 연구자들도 새로운 도전과 난이도 수준에 직면할 것이다. 마치 비디오 게임에서 그런 것처럼, 연구자들은 게임이 플레이어들에게 미치는 효과를 이해하려 노력하는 과정에서 계속해서 새로운 과제와 난이도에 직면할 것이다. 연구자들에게 '게임 오버(GAME OVER)'라는 문구는 아마도 영원히 보이지 않을 것이다.

제19장

인터넷과 소셜 미디어의 효과

소셜 미디어 이전에는 별다른 주의를 기울이지 않고도 우리는 잘 살았습니다.
컴퓨터도 없었고, 휴대폰도 없었죠. 우리는 다이얼식 전화기와 폴라로이드 카메라를 사용했고,
앨범은 다락방에 있었죠. 사진을 다시 들여다보는 사람은 아무도 없었습니다.
그것도 나쁘진 않았어요. 사진 속 제가 살찐 염소처럼 보였거든요.
— 션 디트리히(Sean Dietrich), 2015

인터넷은 분명 우리가 살면서 접하는 가장 널리 확산된 형태의 매스 미디어이다. 인
터넷에 기반한 용어들은 심지어 일상 어휘의 주요 요소가 되기도 했다. 예를 들어, 구글
과 벤모(Venmo)[1]는 우리가 사용하는 단순한 웹사이트나 앱이 아니라, 일상 대화에서 사
용하는 동사이다(예: "타이어 교체 방법을 구글했다." 또는 "점심값을 벤모할게요."). 더욱이 전
통적인 형식의 매스 커뮤니케이션조차도 우리를 인터넷으로 이끌고 있다. 라디오 방송
국과 잡지는 웹사이트나 앱에서 독점적인 콘텐츠를 홍보한다. 많은 신문이 온라인 전용
발행으로 전환했다. 할리우드 스튜디오들은 영화관을 우회해 새 영화를 스트리밍함으
로써 수용자들이 집에서 편하게 영화를 즐길 수 있게 해준다. TV 프로그램은 시청자가
프로그램에 대해 이야기하고 소셜 미디어에서 동료 시청자와 소통하도록 장려하기 위
해 화면에 해시태그(예: #Jeopardy, #TheVoice, #Dateline)를 표시하는 경우가 많다. 훨씬 더

---

1 토스나 카카오페이 같은 모바일 결제 및 송금 서비스로 세계적으로 유명한 온라인 해외 송금 서비스
를 제공하는 페이팔(PayPal)이 소유하고 있는 서비스이다. 미국인들이 가장 많이 사용하는 애플리케
이션 중 하나이다(옮긴이 주).

진지한 주제로 넘어가면, #흑인의생명도소중하다(#BlackLivesMatter)와 같은 해시태그는 연대감을 구축하고 사회 운동의 영향력을 확대하는 데 사용될 수 있다(Mundt et al., 2018).

계속된 기술 발전으로 인터넷이 더 빠르고 더 접근하기 쉬워지면서 우리는 온라인 활동을 일상생활에 통합할 수 있는 새로운 방법을 찾게 될 것이다. 우리는 스마트폰을 통해 언제 어디서나 인터넷에 접속할 수 있게 되었다. (스마트폰의 효과에 대해서는 20장에서 더 자세히 다룰 것이다.) 자동차 제조회사는 모바일 와이-파이 핫스팟으로 자동차 광고를 한다. 스마트 스피커를 통해 음성 명령만으로 온라인에서 방대한 양의 정보를 얻을 수 있다. 말할 필요도 없이, 인터넷은 우리의 변함없는 동반자이자 우리를 세상과 연결해 주는 생명선이다.

전 세계적으로 45억 명이 넘는 인터넷 이용자가 있으며(세계 인구의 59%), 38억 명 이상의 사람들이 소셜 미디어를 사용한다(Kemp, 2020). 2021년, 미국에서는 성인의 93%가 인터넷을 이용했는데, 이는 2000년의 52%에서 증가한 수치이고(Pew Research Center, 2021a), 소셜 미디어를 이용한 비율은 72%였는데, 이 역시 2005년의 5%에서 증가한 것이다(Pew Research Center, 2021c). 구체적으로 보면, 10대의 경우 45%가 '거의 상시적으로' 온라인에 접속한다고 답했으며, 하루에 여러 번 온라인에 접속한다고 답한 10대도 44%에 이른다(Anderson & Jaing, 2018). 거의 대다수의 10대는 매일 소셜 미디어를 이용한다(Twenge et al., 2019). 더욱이 페이스북, 스냅챗, 인스타그램 및 유튜브 이용자의 대다수는 해당 플랫폼들을 매일 방문한다(Pew Research Center, 2021c).

이 장에서 우리는 전 세계 수십억 명의 사람이 어떻게 그리고 왜 소셜 미디어를 이용하는지 살펴보고, 컴퓨터-매개 커뮤니케이션의 진화에 대해 논의할 것이다. 또한 우리는 사이버 괴롭힘에 대한 우려와 인터넷 중독에 대한 지속적인 논쟁도 살펴볼 것이다. 디지털 해독(digital detox)과 인터넷이 직장 내에 미치는 영향에 대해 살펴보면서 이 장을 마무리한다.

1. 온라인에서 얼마나 많은 시간을 보내며 무엇을 하는가?

인터넷 이용의 효과를 살펴보려면 먼저 사람들이 인터넷에 접속해서 무엇을 하는지부터 살펴보아야 한다(Lin, 2009). 미국 성인은 하루에 10시간 30분을 미디어에 소비하

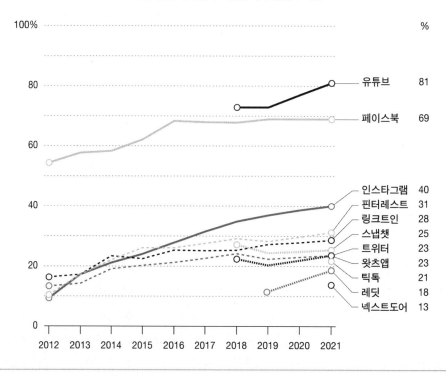

사용해 본 적이 있다고 답한 미국 성인의 비율

그림 19-1 미국 성인의 소셜 미디어 이용

주: 유튜브, 스냅챗 및 왓츠앱의 경우, 2018년 이전의 전화 설문조사 데이터를, 레딧(Reddit)의 경우는 2019년 이전
  의 전화 설문조사 데이터를, 틱톡의 경우는 2021년 이전의 전화 설문조사 데이터를 이용할 수 없다. 넥스트도어
  (Nextdoor)의 경우는 추이 데이터 자체가 없다.

자료: PEW RESEARCH CENTER(2021).

며, 인터넷 이용은 그 가운데 3시간 남짓을 차지한다(Nielsen, 2019). 압도적인 다수의 시
간(2시간 31분)이 스마트폰에서 소비되는 반면, 컴퓨터에서는 31분만 소비된다.

많은 보고서가 우리가 온라인에서 시간을 보내는 다양한 방식에 대한 데이터를 제시
하지만(예: Nielsen, 2019; Parrish, 2016; Verto Analytics, 2018), 모든 보고서가 소셜 미디어 이
용이 지배적인 온라인 활동임을 반복적으로 보여준다. 전 세계적으로 평균적인 인터넷
이용자는 다양한 플랫폼에 걸쳐 약 7개의 계정을 사용하여 소셜 네트워크와 메시징 앱
에서 하루에 거의 2시간 30분을 소비한다(GlobalWebIndex, 2020). 최근의 한 설문조사에
서 10대들은 소셜 미디어에 하루 4시간 이상을 소비한다고 답했다(Piper Sandler, 2021).
예를 들어, 스냅챗 이용자는 하루 평균 30번 앱을 확인한다.

미국에서는 다른 소셜 미디어 플랫폼보다 유튜브(81%), 페이스북(69%), 인스타그램(40%)을 이용하는 성인이 더 많다(Auxier & Anderson, 2021; 그림 19-1 참조). 10대의 소셜 미디어 이용 및 선호도에 대한 데이터는 다른 그림을 보여준다. 10대의 35%는 스냅챗을 가장 좋아하는 소셜 미디어 플랫폼으로 꼽았고, 틱톡(TikTok)(30%)과 인스타그램(22%)이 그 뒤를 이었다(Piper Sandler, 2021). 인스타그램은 10대가 가장 많이 이용하는 소셜 미디어로, 10대의 81%가 매달 인스타그램을 이용한다.

스트리밍 동영상은 인터넷에서 많이 이용되는 또 하나의 영역이다. 동영상은 인터넷 다운스트림 트래픽(downstream traffic)의 거의 60%를 차지하며, 세계에서 가장 인기 있는 동영상 사이트인 넷플릭스 혼자서 15%를 차지한다(Sandvine, 2018). 전 세계적으로 넷플릭스 이용자는 4억 9,400만 기가바이트 이상의 대역폭을 사용하여 하루에 거의 1억 6,500만 시간의 동영상을 스트리밍한다(Meadows, 2019). 넷플릭스는 또한 10대에게 최고의 동영상 스트리밍 플랫폼이기도 하다(Piper Sandler, 2021). 반면에 유튜브는 모바일 기기에서 가장 지배적인 동영상 스트리밍 앱이며(Sandvine, 2018), 사람들은 매일 유튜브에서 수십억 시간이 넘는 콘텐츠를 시청한다(YouTube, n.d.).

우리 가운데 많은 사람이 특정한 이유로 온라인에 접속하는 경우가 많지만, 미국 인터넷 이용자의 80% 이상이 특정한 목적 없이도 자주 또는 때때로 온라인에 접속한다고 말한다(Digital Future Report, 2018).

2. 소셜 미디어 이용의 효과

인터넷이 그토록 독특한 커뮤니케이션 미디어가 될 수 있었던 이유 가운데 하나는 그것의 기술적 유연성(technological fluidity)에 있다(Lin, 2009). 우리는 여러 가지 방식(예: 텍스트, 사진, 동영상, 음악)으로 정보를 송수신할 수 있으며, 이 모든 것으로 인해 우리는 온라인 환경에서 다중작업을 할 수 있게 되었다(Lin, 2003). 예를 들면, 여러분은 넷플릭스에서 최신 히트작을 몰아보면서, 동시에 룸메이트의 생일파티 사진을 인스타그램에 올리고, 저널리즘 학과 교수에게 다가오고 있는 내일의 과제 마감시간에 대한 이메일을 보내고, 스포티파이(Spotify)에서 아델(Adele)의 최신 앨범을 들으며, 유튜브의 최신 바이럴 동영상을 본다! 미디어 학자들은 이러한 유형의 행동을 **미디어 다중작업**(media multitasking)이라 부른다(Roberts et al., 2005; Zhong et al., 2011). 가장 인기 있는 인터넷 활동인 소셜 미디어에 초점을 맞춤으로써 인터넷의 효과에 대해 살펴보기로 한다.

1) 소셜 미디어와 소셜 네트워크 사이트 용어 명확히 하기

페이스북, 트위터, 인스타그램과 같은 플랫폼에 대한 비학문적 대화에서는 '소셜 미디어(social media)'와 '소셜 네트워크 사이트(SNS: social network site)'라는 용어가 서로 번갈아가며 사용된다. 그러나 미디어 학자들은 SNS를 소셜 미디어의 부분 집합으로 분류한다(Fox & McEwan, 2020). 기술 발전은 매우 빠르게 진행되기 때문에 소셜 미디어에 대한 구체적인 정의를 내리는 것이 어려울 수 있다. 따라서 폭스와 매큐언(B. McEwan)은 소셜 미디어를 더 잘 이해하기 위해 어포던스(예: 품질 또는 속성)를 활용하는 접근 방식을 선택했다(Fox & McEwan, 2020). 그들은 소셜 미디어를 다른 커뮤니케이션 채널과 차별화하는 네 가지 보편적인 어포던스를 다음과 같이 설명했다:

① 시스템 인터페이스 및 다른 이용자와의 '상호작용성'
② 장소, 시간, 기타 제약에 구애받지 않는 '접근성'
③ 다른 사람과의 사회적 상호작용의 '가시성'
④ 다양한 수용자에 맞춘 메시지의 '개인화'

폭스와 매큐언은 모든 소셜 미디어에서 공통적으로 제공되지는 않는 다른 어포던스도 함께 검토했는데, 여기에는 '익명성' 혹은 이용자의 실명 '식별 가능성', 메시지의 '편집 가능성', 그리고 "이용자가 다른 이용자와 가시적으로 연결되어 추적 가능한 연결 네트워크를 생성하는" '네트워크 연관성'이 포함된다(Fox & McEwan, 2020: 375).

SNS는 좀 더 구체적으로 이용자들이 ① 공개적이거나 준공개적인 프로파일을 구성하고, ② 연결을 공유하는 다른 사람의 목록을 구체적으로 표현하며, ③ 시스템 내에서 자신의 연결 목록과 다른 사람이 만든 연결 목록을 보고 탐색할 수 있는 웹-기반 서비스로 정의된다(boyd & Ellison, 2008).

2) 소셜 네트워크 사이트의 효과 살펴보기

페이스북이 온라인을 지배하고 있기 때문에, 전체 인터넷 이용은 물론 최고 SNS라는 측면에서 페이스북과 페이스북을 이용하는 사람들의 유형에 관한 많은 연구가 이루어졌다. 많은 연구가 사람들이 페이스북을 방문하는 이유와 어떤 유형의 사람들이 특정 유형의 정보를 공유할 가능성이 있는지에 초점을 맞추고 있지만, 지속해서 증가하고 있는 연구들은 페이스북과 트위터, 인스타그램, 스냅챗과 같은 다른 플랫폼을 이용하는 것의 효과에 초점을 맞추었다. 틱톡에 대한 연구는 상대적으로 초기 단계에 있다. 우리가 살펴볼 SNS 연구들의 주요 관심 분야들 가운데는 SNS를 이용하게 하는 요인, 사람들이 SNS를 이용하면서 추구하는 충족(U&G)(9장 참조), 프로파일 사진과 친구 수가 SNS 이용자에게 미치는 영향, 프라이버시에 대한 우려, 온라인 사회적 자본(social capital) 형성 및 유지가 포함되어 있다.

사회적 상호작용과 온라인 '친구'. 페이스북의 월간 활성 이용자 수는 29억 3천만 명, 일일 활성 이용자 수는 19억 7천만 명이다(Meta, 2022). 퓨 리서치 센터에 따르면, 온라인에서 친구를 만날 수 있는 가장 일반적인 장소는 소셜 미디어 사이트이다. 실제로 13~17세 청소년 대다수가 소셜 미디어에서 친구를 사귀었다(Lenhart et al., 2015). 많은 사람은 페이스북을 친구와 계속해서 연락하고 지내기 위한 도구로 이용한다(예: Brandtzæg et al., 2010; Coyle & Vaughn, 2008; Joinson, 2008; Lenhart et al., 2010). 페이스북, 왓츠앱(WhatsApp), 인스타그램의 모회사인 메타(Meta, n.d.)는 매일 10억 개 이상의 스토리가 앱 전체에서 공유되고, 매일 1,400억 개가 넘는 메시지가 전송된다고 말한다. 한국 대학생을 대상으로 한 연구에서는 인스타그램의 사회적 상호작용이 사진 공유 플랫폼을 계속 이용하려는 의도에 유의적인 영향을 미쳤다(Hwang & Cho, 2018). 소셜 미디어를 이용하는 10대는 대부분(83%) 친구의 일상생활에 더 많이 연결되어 있다고 느꼈고, 70%는 소셜 미디어 때문에 친구의 감정을 더 잘 알게 되었다고 답했다(Lenhart et al., 2015).

그러면 온라인 '친구'는 정확히 어떤 사람인가? 디베이틴(B. Debatin) 등은 "온라인 세계에서 '친구'의 범주는 매우 넓으며 모호해서, 거기에는 절친한 친구부터 우연히 알게 된 사람이나 오직 온라인 ID만 알려져 있는 완전히 낯선 사람까지 포함될 수도 있다"는 사실을 강조했다(Debatin et al., 2009: 87). 몇몇 연구(예: boyd & Ellison, 2008; Coyle & Vaughn, 2008; Young & Bradford Brown, 2013)는 SNS 이용자들은 일반적으로 온라인에서 새로운 사람을 찾는 것이 아니라 오히려 그들이 이미 알고 있는 사람과의 관계에 초점을 맞춘다는 사실을 밝혀냈다. 그러나 페이스북은 새로운 친구들과 더 잘 알고 지낼 수 있는 효과적인 수단인 것으로 드러났다(Hsu et al., 2011). 거기에는 공통 관심사를 가진 사람들을 연결할 수 있는 수많은 그룹과 페이지가 있으며, 해시태그는 사람들이 비슷한 콘텐트나 프로필을 찾는 데 도움을 줄 수 있다.

성격 요인. 페이스북 이용에 영향을 미치는 성격 유형 요인을 살펴본 아미카이-햄버거(Y. Amichai-Hamburger)와 비니츠키(G. Vinitzky)는 개방성이 더 높은 사람이 페이스북을 커뮤니케이션 도구로 사용할 가능성이 더 높고 페이스북의 특성을 더 많이 이용할 가능성도 더 높음을 확인했다(Amichai-Hamburger & Vinitzky, 2010). 반면에 신경성(neuroticism)[2]과 내향성(introversion)이 더 높은 사람은 신경성이 더 낮고 더 외향적인 사용자보다 개인 정보와 사진을 올릴 가능성이 더 높았다. 온라인에서 새로운 사람들을 만나고자 하는 동기가 있고, 더 우호적이며(예: 신뢰, 친절, 애정이 더 많이 나타냄) 성실성이 낮은(예: 사려 깊지 않고 충동 조절 능력이 약함) 이용자는 전반적으로 페이스북에 더 많이 의존했다(Ferris & Hollenbaugh, 2018). **인지 필요성**(NFC: need for cognition), 즉 "인지적 노력이 더 많이 필요한 일에 참여하고 그것을 즐기는 경향"이 더 낮은 사람은 NFC가 더 높은 사람과 비교할 때 일반적으로 SNS를 이용할 가능성이 더 높았다(B. Zhong et al., 2011: 1265). 더욱이 미디어 다중작업자는 비(非)다중작업자보다 SNS를 더 많이 이용하고 인터넷에 더 오래 머물러 있을 가능성이 더 높다. 최근 연구에 따르면, 외향성과 사회적 불안은 모두 SNS 이용 증가와 유의적인 상관관계가 있다(Cheng et al., 2019).

자기애(narcissism)는 소셜 미디어 연구자들이 자주 연구하는 성격 특성이다. 매케인(J. L. McCain)과 캠벌(W. K. Campbell)은 전 세계에서 이루어진 연구들의 표본을 모두 합치면 1만 2,000명이 넘는 메타-분석을 실시했다(McCain & Campbell, 2018). 매케인과 캠벌은 연구자들이 "외현적·과대적·냉담적 형태의 자기애"(McCain & Campbell, 2018: 309)로 묘사한 과대 자기애(grandiose narcissism)와 소셜 미디어에 소비한 시간, 게시 빈도, 친구 또는 팔로어(follower) 수 및 셀카 게시 빈도 사이에 양(+)의 상관관계가 있음을 확인했다. 또 다른 연구에서 자기애는 온라인에 셀카를 게시하는 것과 관련이 있었고, 자기애와 셀카 게시 사이의 연관성은 여성보다 남성의 경우에 더 강했다(Sorokowski et al., 2015). 와이저

---

2   신경성이 높은 사람은 매사 부정적이고 불안해하며 초조해하고 쉽게 두려워하며 심리적 탈진을 자주 겪는다. 이들의 삶은 만성적으로 불만스럽고 불행으로 가득하며, 행복이란 그저 남의 이야기일 뿐이고 삶의 이런저런 측면도 그저 스트레스 덩어리일 뿐이다. 질병인 신경증(neurosis)과는 다른 개념이다(옮긴이 주).

(E. B. Weiser)는 "자기애가 강한 개인의 경우 셀카를 게시하는 것은 다른 사람의 관심과 존경을 구하는 수단일 뿐만 아니라 … 리더십, 권위, 지배력에 대한 고조된 지각을 보여주는 수단이기도 하다"고 말했다(Weiser, 2015: 480). 쉘던(P. Sheldon)과 브라이언트(K. Bryant)는 자기애와 인스타그램 이용을 조사했다(Sheldon & Bryant, 2016). 자기애가 강한 사람들은 다른 사람에게 긍정적인 모습을 보여주기를 원했고 인스타그램을 이용해 '멋지게' 보이려고 했다.

반면에 좀 더 최근의 연구에서는 자기애와 소셜 미디어 이용 간에 유의적인 관계가 없는 것으로 나타났다(예: Barry et al., 2019). 프레더릭(C. Frederick)과 쟝(T. Zhang)은 오늘날은 소셜 미디어 이용이 너무 흔해서 이전에는 자기-중심적이라고 여겨졌던 온라인 행동이 정상화되어(normalize) 자기애가 강한 사람의 행동이 다른 누구의 행동과 비교해도 더 이상 눈에 띄지 않기 때문일 수도 있다는 의견을 제시한다(Frederick & Zhang, 2019).

웰빙에 미치는 효과. SNS가 웰빙(well-being)에 미치는 영향은 연구자들에게 인기 있는 주제이다. 이 분야에 대한 연구는 SNS 이용의 성격, 소비되는 콘텐츠, 사용자 개인의 특성을 조사한다. 대부분의 연구가 페이스북에 초점을 맞추고 있으며, 연구 결과는 엇갈린다. 어떤 연구에서는 페이스북 이용이 웰빙에 긍정적인 영향을 미치는 것으로 나타났으나(Valenzuela et al., 2009; Yang & Brown, 2016), 다른 연구에서는 페이스북 이용이 웰빙(Blease, 2015; Kalpidou et al., 2011; Satici & Uysal, 2015; Vogel et al., 2014)과 삶의 만족도(Stieger, 2019)에 부정적인 영향을 미치는 것으로 나타났다. 61편의 연구의 표본들을 합치면 1만 9,000명이 넘는 한 메타-분석은 페이스북이 웰빙에 매우 작은 부정적인 영향을 미침을 보여주었다(Huang, 2017).

2021년 말에 페이스북 인코퍼레이션(현 메타)은 회사 자체 연구에서 인스타그램이 상당수의 이용자에게 부정적인 영향을 미친다는 것을 확인하고도 회사가 공개적으로 그러한 영향을 축소했다는 사실이 ≪월 스트리트 저널≫ 기사를 통해 밝혀진 후 비난을 받았다(Wells et al., 2021). 예를 들어, 페이스북의 연구자들은 10대 소녀 중 거의 3분의 1이 자신의 신체에 대해 부정적인 생각을 가질 때 인스타그램을 이용하면 기분이 더욱 나빠진다고 답했다는 사실을 확인했다. 또한 페이스북의 연구자들은 자살을 생각한 적이 있다고 말한 10대들 중 미국 사용자의 6%와 영국 사용자의 13%가 그러한 생각의 원인을 인스타그램으로 돌렸다는 사실도 확인했다. ≪월 스트리트 저널≫의 그 기사는 페이스북이 내부 연구에서 인스타그램 이용의 영향이 대부분의 앱 이용자에게 해롭지 않

자신이 즐기기 위해 콘텐트를 공유
하는 페이스북 이용자는 긍정적인
정서와 높은 자존감을 가질 가능성
이 더 높다.

다는 결론을 내렸다고 보도했다: "대부분의 10대들에게 '부정적인 사회적 비교'의 영향
은 관리 가능하며 이용자가 자신을 표현하고 친구들과 연결하는 재미있는 방법으로서
의 앱의 효용성이 그러한 부정적인 사회적 비교의 영향을 능가한다고 그 연구는 밝히고
있다"(Wells et al., 2021, 문단 47). 이 장의 뒷부분에서 인스타그램과 관련된 다른 연구 결
과에 대해 논의할 것이다.

소셜 미디어 기업에서 실시한 내부 연구 외에도, 많은 SNS 연구는 두 가지 이유에서
대학 캠퍼스에서 이루어졌다: ① 연구자들 가운데 대학 교수가 많기 때문에 대학에서 연
구하는 것이 연구자에게 편리하다; ② 거의 모든 대학생이 SNS를 이용한다. 구체적으로
페이스북을 살펴보면, 이 플랫폼에 대한 초기 연구에서는 대학 신입생이 상급생들보다
이 사이트에서 더 많은 시간을 보내는 것으로 나타났다(Yang & Brown, 2013). 신입생은
상급생에 비해 페이스북에 대한 정서적 연결감이 더 강했으며, 페이스북을 많이 이용하
는 것은 더 낮은 자존감 및 더 낮은 학업 성적과 관련이 있었다(Kalpidou et al., 2011). 1학
년 학생의 경우, 페이스북 친구 수가 더 많은 것은 정서적 적응도[3] 및 학업 적응도[4]와 부
정적으로 관련되어 있었다. 1학년 학생은 대학 생활의 스트레스를 덜기 위한 대처 전략

---

3 '정서적 적응도(emotional adjustment)'란 내외적 스트레스 요인에 직면해 정서적 평형상태를 유지하
   는 정도를 말하며, 인성 적응도(personal adjustment) 혹은 심리적 적응도(psychological adjustment)
   라 불리기도 한다(옮긴이 주).
4 '학업 적응도(academic adjustment)'란 학생들이 학교 내에서 학업과 관련된 생활(수업, 시험 등)에
   적응하는 정도를 말한다(옮긴이 주).

으로 페이스북에 의지한다. 1학년 학생은 고등학교 친구와 관계를 유지하고 캠퍼스에서 만나는 새로운 사람에 대해 알기 위해 페이스북을 이용하는 것을 흔히 볼 수 있다 (Ellison et al., 2007, 2011). 다른 연구에서는 대학생은 새로운 연결을 찾는 것보다 기존 사회적 관계를 유지하기 위해 페이스북을 이용하는 데 더 관심이 있는 것으로 나타났다 (Yang & Bradford Brown, 2013). 대학에 입학한 첫 학기 동안 신입생들은 페이스북에서 자기-소개를 하는 데 더욱 조심스럽지만, 첫 학기 말이 되면 좀 더 편안해한다(Yang & Bradford Brown, 2016). 이에 반해, 페이스북 친구가 더 많은 상급생들은 정서적 적응도와 학업 적응도가 더 높았다(Kalpidou et al., 2011). 상급생들이 되면 캠퍼스 내에 더 많은 친구가 있고 또한 캠퍼스 내 활동에도 더 많이 참여한다.

전반적인 인터넷 이용에 대해 살펴본 연구들은 웹이 외국 학생이 새로운 사회적 네트워크를 만들 때 매우 유용할 수 있음을 보여준다(Lee et al., 2011). 나아가 자신의 사회적 기술(social skill)[5]을 더 확신하고 있는 학생들은 온라인에서 더 외향적인 경향이 있고, 더 높은 온라인상의 사회적 지지를 형성하며, 자신의 학교생활에도 더 만족한다(Liu & LaRose, 2008). 온라인에 접속하면 실제로 대면 커뮤니케이션에 소비하는 시간이 '증가할' 수 있다(Carrier et al., 2015). 내향적인 사람들에게 페이스북은 대인 관계에서 대면 커뮤니케이션이 증가하는 것과 관련이 있는데, 이는 페이스북에서 다른 사람들과 상호작용하는 것이 내향적인 사람들이 덜 위협적인 사회적 환경에서 친밀감과 신뢰를 구축할 수 있게 해주고, 이를 통해 대인 상호작용에 더 편안하게 참여할 수 있음을 시사한다 (Spradlin et al., 2019).

김과 이(Kim & Lee, 2011)는 긍정적인 자기-표현 전략(즉, 자신을 사회적으로 바람직한 속성을 지닌 사람으로 프레이밍하는 것, 간단히 말해 자신을 긍정적인 시각에서 선택적으로 보여주는 것)과 페이스북 친구 수는 웰빙과 긍정적으로 연관되어 있음을 확인했다. 그뿐 아니라 김과 이(Kim & Lee, 2011)는 정직한 자기-표현(즉, 자신의 진정한 자기를 '있는 그대로' 보여주는 것)은 페이스북 친구로부터 비롯되는 더 큰 행복으로 이어진다는 것을 알아냈다. 일반적으로 SNS에 자기-공개(self-disclosure)를 더 많이 하는 것이 더 높은 수준의 웰빙

---

5   의사소통을 통해 대인 관계의 효율성을 향상하는 기술로, 대인 관계를 통해 어떤 구체적인 사회적·정서적 목표를 달성하는 데 필요한 모든 것을 포함하고 자신의 필요와 감정을 우호적이고 생산적인 방식으로 다른 사람에게 표현하는 방법을 배우는 것이며, 이로 인해 만족스러운 대인 관계를 발전시키는 것이다(옮긴이 주).

(Lee et al., 2011)과 자존감(Yang & Bradford Brown, 2016)으로 이어지는 것으로 드러났다. 이러한 연구 결과들은 성공적인 온라인 관계의 토대는 자신의 진정한 자아를 정직하게 드러내는 것임을 시사한 앞선 연구 결과들(예: McKenna et al., 2002)을 반영한다.

SNS 활동을 뒷받침하는 동기도 우리의 웰빙에 영향을 미칠 수 있다. 사람들이 다른 이용자의 의견에 신경 쓰기보다는 자신의 즐김과 관심사를 위해 페이스북을 이용할 때 더 높은 긍정적인 정동과 자존감을 가질 가능성이 더 높다(Manuoğlu & Uysal, 2019). 그러나 "페이스북 활동이 외부 또는 내부 압력에 의해 동기화되면 개인의 심리적 웰빙에 해로울 가능성이 더 높다"(Manuoğlu & Uysal, 2019: 7).

전반적으로 시브룩(E. M. Seabrook) 등은 70편의 연구를 체계적으로 검토한 결과, SNS가 웰빙에 미치는 효과에 대해 다음과 같이 간결하게 요약했다(Seabrook et al., 2016): 궁극적으로 웰빙과 자존감에 영향을 미치는 것은 SNS 상호작용의 분위기와 성격이다. 긍정적이고 지지적인 온라인 상호작용은 긍정적인 웰빙 및 삶의 만족도와 관련이 있다. 반대로 부정적인 상호작용과 사회적 비교는 더 높은 수준의 우울증, 불안 및 외로움과 관련 있다.

SNS 이용의 다른 효과들. 소셜 미디어에서 우리가 보는 콘텐트 유형은 우리의 정서에 영향을 미칠 수 있다. 크레이머(A. D. I. Kramer) 등은 실험을 통해 69만 명 이상의 페이스북 이용자가 뉴스피드에서 본 긍정적이거나 부정적인 게시물의 양을 조작했다(Kramer et al., 2014). 뉴스피드의 긍정적인 게시물 수가 줄어들자 자신의 게시물에 긍정적인 단어가 줄어들고 부정적인 단어가 더 많이 포함되었다. 부정적인 게시물 수가 줄어들면 정반대의 패턴이 나타났는데, 이는 소셜 미디어에서 타인의 정서 표현에 노출되면 자신도 모르게 같은 정서를 경험할 수 있음을 보여주는 증거이다. 이것을 '정서 전염(emotional contagion)'이라고 한다. 자존감이 높은 페이스북 이용자의 경우, 가까운 친구의 긍정적인 게시물을 보면 행복감을 더 느낄 수 있지만, 먼 친구의 긍정적인 게시물을 보면 기분이 더 나빠질 수 있다(Liu et al, 2016). 반대로 가까운 페이스북 친구의 부정적인 게시물을 보면 자존감이 높은 이용자의 기분이 더 나빠질 수 있는 반면, 먼 친구의 부정적인 게시물을 보면 기분이 더 좋아질 수 있다. 이 연구에 대한 자세한 내용은 이 장의 '연구 스포트라이트'를 확인하라.

위엔(E. K. Yuen) 등은 인터넷 검색과 페이스북 이용의 효과를 비교했다(Yuen et al., 2019). 전반적으로 페이스북 이용은 일반적인 온라인 검색에 비해 덜 의미 있는 온라인

페이스북 친구는 우리를 더 불편하게 하는가?: 사회적 비교와 정서에 관한 연구

Nicole Jiangmeng Liu, Cong Li, Nick Carcioppolo, & Michael North 〔2016〕 *Journal Human Communication Research, 42*(4), 619~640.

이 연구자들은 페이스북에서 사회적 비교를 하는 것과 친구들이 이 플랫폼에 게시한 콘텐트가 우리의 정서에 미칠 수 있는 영향 간의 관계를 살펴보았다. 이 연구자들은 페스팅거(L. Festinger)의 사회적 비교 이론에 기초하여 연구를 진행했다. 그들은 페이스북 이용자가 자신을 가까운 친구와 먼 친구가 작성한 긍정적인 게시물 및 부정적인 게시물과 비교하는 방식에 자존감이 미치는 영향을 조사했다. 그들의 연구에서는 상향 사회적 비교(겉보기에 '우월해' 보이는 사람과의 비교)와 하향 사회적 비교(겉보기에 '열등한' 사람과의 비교)를 모두 조사했다(Festinger, 1954).

가설

이 연구자들은 상향 비교는 사람들에게 부정적인 효과를 미칠 수 있고 하향 비교는 긍정적 영향을 미칠 수 있다는 선행 연구를 바탕으로 다음과 같은 가설을 세웠다:

H1a: 긍정적인 페이스북 게시물(상향 사회적 비교 정보)에 노출되면 사람들은 부정적인 게시물(하향 사회적 비교 정보)에 노출되었을 때보다 더 부정적인 정서적 반응을 보일 것이다.

한편 정서 전염(emotional contagion: 사람들이 상호작용하는 다른 사람과 같은 정서를 경험하는 경우)에 대한 이전 연구는 다음과 같은 경합 가설(competing hypothesis)을 제안했다:

H1b: 긍정적인 페이스북 게시물에 노출되면 사람들은 부정적인 게시물에 노출되었을 때보다 더 긍정적인 정서를 보일 것이다.

관계적 친밀감이 사회적 비교에 미치는 효과를 조사한 이전 연구의 상충하는 결과들로 인해 이 연구자들은 두 가지 경합 가설을 더 제안했다:

H2a: 관계적 친밀감은 개인의 정서에 대한 페이스북 사회적 비교의 영향을 조절하여 대상이 가까운 친구일 때 사회적 비교 효과가 더욱 두드러져 대상이 먼 친구일 때보다 긍정적인 게시물에 노출된 후에는 더 부정적인 정서를 그리고 부정적인 게시물에 노출된 후에는 더 긍정적인 정서를 불러일으킬 것이다.

H2b: 관계적 친밀감은 개인의 정서에 대한 페이스북 사회적 비교의 영향을 조절하여 대상이 가까운 친구일 때 반영 과정(reflecting process)이 작동하여 긍정적인 게시물에 노출된 후에는 더 긍정적인 정서를 그리고 부정적인 게시물에 노출된 후에는 더 부정적인 정서를 불러일으킬 것이다. 대상이 먼 친구일 경우, 긍정적인 게시물에 노출된 후에는 더 부정적인 정서를 그리고 부정적인 게시물에 노출된 후에는 더 긍정적인 정서를 불러일으키는 사회적 비교 효과가 발생할 것이다.

이 연구자들은 자존감과 사회적 비교에 관한 다른 연구 결과를 종합하여 마지막 가설을 제시했다:

H3: 관계적 친밀감, 자존감, 비교 방향 사이에는 삼원 상호작용이 있을 것이다. 관계적 친밀감과 정서에 대한 비교 방향 사이의 이원 상호작용은 자존감이 낮은 사람보다 자존감이 높은 사람에게서 더 두드러질 것이다.

연구 방법

이 연구자들은 크레이그리스트(Craigslist)[6]를 사용하여 163명의 참여자를 모집했다. 이들의 연령층은 18세부터 65세까지였으며 평균 연령은 33세에 조금 미치지 못했다. 여성 참여자(53.4%)가 남성 참여자(46.6%)보다 약간 더 많았다. 참여자들은 대부분 자신을 히스패닉계(52.8%)라고 밝혔다. 비히스패닉계 백인이 25.8%, 아프리카계 미국인이 16.6%를 차지했다. 아시아계는 1.2%였고, 기타는 3.7%로 확인되었다.

실험실 실험이 이루어지는 동안 참여자들은 페이스북 이용과 자존감을 측정하는 설문지를 작성했다. 그런 다음, 참여자들은 페이스북에 접속하여 자신의 친구 목록에서 가깝거나 먼 친구의 프로필을 선택함으로써 두 실험 조건 중 하나에 무작위로 할당되었다. 참여자들은 친구를 선택한 후 이름, 나이, 젠더 등 친구에 대한 몇 가지 질문에 답했다. 연구자들은 또한 친구들이 서로 알고 지낸 기간, 관계적 친밀감, 접촉 빈도를 측정했다.

그런 다음, 참여자들은 선택한 친구의 타임라인에서 가장 최근의 원본 게시물 10개를 찾아보라는 요청을 받았다. (이 게시물은 자신이 태그했거나 다른 소스에서 공유한 콘텐트가 아닌, 친구가 만든 텍스트, 사진, 비디오, 또는 기타 콘텐트여야 했다.) 다음으로, 참여자들은 그 게시물을 둘러보고, -3에서 +3까지의 점수로 이루어진 척도로 평가하도록 요청받았다. 이 연구자들은 "실험에서 친구들과 사회적 비교를 하도록 상기시키기 위한 어떠한 지시나 힌트도 참여자들에게 제공되지 않았다. 따라서 실험 결과가 사회적 비교의 존재를 입증했다면 이러한 비교는 잠재의식적으로 발생했을 가능성이 높다"고 적었다(Liu et al., 2016: 9).

그런 다음, 연구자들은 10개 게시물의 평균 점수를 구했다. 평균이 높을수록 상향 비교가 발생할 가능성이 높고, 낮을수록 하향 비교가 발생할 가능성이 높다. 참여자들은 자신의 정서를 평가하기 위해 최종 설문지를 받았다. 연구자들은 참가자들에게 고마움을 전하고 연구 참여에 대한 대가로 소액의 현금을 지급했다.

연구 결과

통계 분석 결과, 긍정적인 게시물에 노출되면 부정적인 정서가 더 많이 발생하고 그 반대의 경우도 마찬가지일 것이라고 예측한 H1a는 지지되지 않았다. 한편 참여자들이 정서 전염을 통해 페이스북 친구의 정서에 '감염될' 수 있을 것이라고 예측한 H1b는 부분적으로 지지되었다. 자존감이 긍정적 정서와 부정적 정서의 명시적 측정값에 미치는 효과는 통계적으로 유의했다.

관계적 친밀감과 사회적 비교에 초점을 맞춘 다음 두 가지 가설을 살펴보면, 연구자들은 친한 친구가 '게시물에서 우월할' 때 참여자들이 더 행복해했고, 친구가 열등한 콘텐트를 게시했을 때 더 부정적인 정서를 나타냈음을 확인했다. 이러한 결과를 바탕으로 H2a는 기각되었지만, H2b는 부분적으로 지지되었다. 페이스북 콘텐트가 정서적으로 미치는 영향은 자존감이 낮은 사람보다 자존감이 높은 사람에게 더 두드러졌다.

마지막으로 자존감이 높은 참여자들은 친한 친구의 정서를 반영했는데, 이는 "친구가 잘 지내면 기분이 좋아지고, 친구가 힘들어하면 부정적인 정서를 나타냈음"을 의미한다(Liu et al., 2016: 14). 자존감이 높은 참여자들이 먼 친구의 게시물을 볼 때는 그러한 패턴이 반전되었다. 먼 친구의 긍정적인 게시물은 상향 사회적 비교를 통해 부정적인 정서를 유발하고, 부정적인 게시물은 하향 사회적 비교를 통해 긍정적인 정서를 이끌어낸다. 한편 자존감이 낮은 참여자의 경우에는 이러한 상호작용이 발견되지 않았다. 오히려 그들은 친구가 가깝든 멀든 관계없이 페이스북 게시물의 영향을 덜 받았다. "이러한 결과는 자존감이 낮은 개인은 비교 정보를 피함으로써 자신의 웰빙을 보호하는 경향이 있는 반면, 자존감이 높은 개인은 부정적인 결과의 위험에도 불구하고 자기-향상(self-enhancement)을 추구하는 경향이 있다는 개념을 뒷받침한다"(Liu et al., 2016: 15). 따라서 H3는 지지되었다.

활동으로 여겨졌으며, 기분(mood)에 부정적인 영향을 미치는 것으로 나타났다. 기분에 대한 다양한 영향 중에서 수동적 이용(예: 다른 사람이 게시한 콘텐츠를 보기는 하지만 그 콘텐츠와 상호작용하거나 자신의 콘텐츠를 게시하지는 않음)이 기분에 가장 큰 부정적인 영향을 미쳤다.

SNS 이용자들이 매력적인 이용자의 프로파일을 본 후 그들 자신의 몸을 더 불만스럽게 여겼다(Haferkamp & Krämer, 2011). 이러한 불만은 그러한 이용자들이 자신의 몸이 매력적인 이용자의 프로파일에서 본 육체적 아름다움의 수준에 결코 이를 수 없다는 믿음에서 비롯되는 것으로 드러났다. 게다가 남성 이용자들은 성공적인 이용자의 프로파일을 본 후 그들 자신의 경력에 대해 더 불만스러워했다(Haferkampt & Krämer, 2011). 그와 같은 연구 결과는 **사회적 비교 이론**(social comparison theory)(Festinger, 1954)이 예측하는 바와 같다. 연구 참여자들은 매력적이고 몸매가 좋으며 건강한 사람들을 볼 때 자존감이 낮아졌다(Vogel et al., 2014). 중·고등학생을 대상으로 한 연구에서 페이스북이나 인터넷에서 보낸 총시간이 아닌 페이스북에서 사진을 보는 데 보낸 시간은 체중에 대한 불만, 날씬해지고자 하는 더 강렬한 동인(動因), 자기-대상화 및 날씬한 이상형의 내면화와 관련이 있었다(Meier & Gray, 2014). 유사하게도 인스타그램 이용 빈도는 18~35세 여성의 전반적인 신체적 외모에 대한 불안, 신체 불만족, 우울 증상과 상관관계가 있었다(Sherlock & Wagstaff, 2019).

인스타그램에서 운동과 영양 섭취를 통해 더 건강한 라이프스타일을 받아들이도록

---

6   판매를 위한 개인 광고, 직업, 주택 공급, 이력서, 토론 공간 등을 제공하는 안내 광고 웹사이트이다 (옮긴이 주).

다른 사람에게 영감을 주기 위해 게시되는 이른바 '핏스피레이션(fitspiration)'[7] 사진이 여성의 신체 이미지에 부정적인 영향을 미칠 수 있다. 핏스피레이션 이미지를 보면 인스타그램 이용자의 신체에 대한 불만과 부정적인 기분이 증가했다(Rounds & Stutts, 2021; Tiggermann & Zaccardo, 2015). 미용 및 피트니스 이미지에 노출되는 것 또한 여성의 자기-평가(self-rated) 매력도를 유의미하게 감소시켰다(Sherlock & Wagstaff, 2019). 핏스피레이션 이미지에 노출되는 것은 장기적으로 해로울 수 있으며, 특히 이러한 이상을 달성하는 것이 많은 사용자에게 비현실적이라는 점을 고려할 때 더욱 그렇다.

SNS 사용의 또 다른 부정적인 효과는 프라이버시 침해에 대한 두려움이다. 캐나다 대학생을 대상으로 이루어진 한 연구에 따르면, 페이스북, 스냅챗 및 인스타그램 계정은 비공개인 경향이 있는 반면, 자신의 블로그나 웹사이트, 링크트인(LinkedIn), 텀블러(Tumblr), 트위터 및 핀터레스트(Pinterest) 프로필은 공개되는 경향이 있는 것으로 나타났다(Jacobson & Gruzd, 2020).

많은 대학생이 미래의 고용주가 자신이 소셜 미디어에 게시한 것을 토대로 입사 지원자들을 '사이버 심사(cybervetting)'[8] 하는 것에 대해 불편해한다. 그러나 이것 때문에 그들이 문제가 될 수 있는 내용을 게시하지 않는 것은 아니다(Miller et al., 2010). 채용 관리자를 대상으로 이루어진 한 설문조사에 따르면, 70%가 구직자에 대해 자세히 알아보기 위해 SNS를 이용하며, 약 60%는 SNS에 게시된 콘텐트 때문에 지원자를 채용하지 '않는다'고 답했다(CareerBuilder, 2018). 더욱이 채용되었다고 해서 사이버 심사가 끝나는 것이 아니다. 고용주 중 거의 절반이 현재 직원의 소셜 미디어 계정을 확인하며(고용주 10명 중 1명은 매일 확인), 3분의 1은 온라인에 게시한 콘텐트 때문에 직원을 질책하거나 해고했다.

나이가 더 많은 페이스북 이용자들은 그들이 집에 있는지 확인하기 위해 그들이 올리는 글을 절도범이 모니터할 것을 두려워한다(Brandtzæg et al., 2010). 이것은 터무니없는 두려움이 아니다. 일례로 2009년 앨라배마(Alabama)주 후버(Hoover)시 경찰은 친구의 페

---

7 건강을 유지하거나 건강 향상을 위한 마음이 들도록 자극하는 이미지, 경험담, 노하우 따위를 이르는 신조어이다(옮긴이 주).

8 기업에서는 취업 및 자원봉사 활동을 구하는 사람들을 위한 백그라운드 프로세스에 소셜 미디어를 포함시키고 있는데, 이를 '사이버베팅'이라고 한다. 사이버베팅은 전통적으로 페이스북, 링크트인(LinkedIn), 트위터와 같은 소셜 네트워크 사용을 기반으로 개인의 고용 적합성을 평가하는 데 사용된다(옮긴이 주).

이스북 페이지와 친구의 친구 페이스북 페이지를 통해 집이 비어 있는 때를 확인한 후 빈집에 침입한 두 젊은이를 체포했다(Ray, 2009).

3. 컴퓨터-매개 커뮤니케이션의 진화

SNS나 문자 보내기(texting)가 우리의 컴퓨터-매개 커뮤니케이션(CMC: computer-mediated communication) 필요를 많은 부분 충족시켜 줄 수도 있지만, 많은 사람은 여전히 커뮤니케이션 수단으로 이메일을 활용한다. 기술 시장조사 회사인 라디카티 그룹(Radicati Group, 2019)은 하루에 전송되는 소비자 이메일과 비즈니스 이메일의 총수가 2019년에는 2,930억 개였던 것에서 2023년 말이 되면 3,470억 개를 넘어설 것으로 예측했다. 2019년에는 전 세계 인구의 절반 이상이 이메일을 이용했으며, 2023년 말이 되면 43억 이상이 그렇게 할 것으로 예측되었다.

CMC의 주요 특징은 메시지가 비동기적(asynchronous)이라는 것이다(Lin, 2009). 이용자들은 실시간으로 커뮤니케이션을 하지 않기 때문에 편리할 때 메시지를 주고받을 수 있다. 그러나 답장을 보내는 데 너무 오랜 시간을 지체해서는 안 된다. 관리자들은 원하는 채용 후보자가 이메일에 답장을 늦게 하면 그들을 더 부정적으로 평가했다(Kalman & Rafaeli, 2011). 유사하게도 친구의 문자 메시지에 답 문자를 늦게 보내면 사회적 매력, 상대방과 시간을 함께 보내고 싶은 욕구, 그리고 우정의 감정이 줄어들 수 있다(Heston & Birnholtz, 2017).

연구자들은 수십 년 동안 CMC를 연구해 왔다. (초기 CMC 연구에 대한 자세한 내용은 '인터넷의 역설' 사이드바를 확인하라.) 그동안 컴퓨터와 기타 디지털 기술은 엄청난 속도로 발전했다. 더욱이 줌(Zoom), 페이스타임(FaceTime)과 같은 커뮤니케이션 기술의 진보는 CMC, 매개 커뮤니케이션 및 인간 커뮤니케이션 간의 경계를 모호하게 만든다. 따라서 카(C. T. Carr)는 "CMC에서 '컴퓨터'를 강조하는 것에서 벗어나 인간 커뮤니케이션의 '매개' 과정에 초점을 맞추는 쪽으로 이동할 것"을 주장한다(Carr, 2020: 10). 또한 그는 단순히 디지털 채널을 활용했다는 이유로 커뮤니케이션을 CMC로 분류하는 것은 연구를 구별하거나 이론적 관점을 정확하게 적용하기에는 충분하지 않을 수도 있다고 말한다.

카(Carr, 2020)는 CMC 연구 분야를 재정의할 것을 요청하면서 원래의 CMC 개념 정립을 불분명하게 만든 몇 가지 요인에 대해 간략하게 기술하고 있다. 그러한 요인들 가운데 첫 번째는 우리가 '컴퓨터'라고 생각하는 것이 CPU, 키보드, 모니터에서 태블릿, 스마트폰, 스마트워치 등에 이르는 다양한 디지털 기기로 바뀌었다는 사실이다. 또한 컴퓨터는 더 이상 단순한 커뮤니케이션 채널이 아니다. 컴퓨터는 송신자일 수도 있고 동시에 수신자일 수도 있다. 예를 들어, 시리(Siri)와 알렉사(Alexa) 같은 디지털 어시스턴트와 나눈 대화를 생각해 보라.

CMC 연구를 재정의하게 하는 또 다른 요인은 CMC가 더 이상 온라인 커뮤니케이션에서 비언어적·상징적 단서가 축소된다는 의미로 해석되지 않는다는 것이다(Carr, 2020). CMC에 대한 초창기 접근 방식은 우리의 온라인 교환을 대면(FtF) 상호작용에 존재하는 많은 커뮤니케이션 단서가 걸러지고 없는 "사회적으로 빈약한(socially-lean) 상호작용"으로 간주했다(Carr, 2020: 12). 수년에 걸쳐 이모티콘(emoticon)과 이모지(emoji) 같은 비언어적 단서를 텍스트-기반 교환에 통합하는 다양한 방법이 개발되었다. 트위터에서 상황에 맞는 이모지를 사용하면 이모지가 없거나 트윗의 맥락과 일치하지 않는 이모지가 있는 트윗에 비해 트윗을 더 믿을 수 있고 이해하기 쉽게 만들 수 있다(Daniel & Camp, 2020).

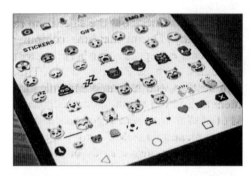
이모지를 사용하면 이메일, 문자, 소셜 미디어 게시물을 통해 비언어적 정보를 전달할 수 있다.

(이모지 사용에 대한 자세한 내용은 20장을 참조하라.) 한편 디지털 기술(예: 화상 통화 및 가상 현실)의 발전으로 인해 다른 비언어적·상징적 단서의 전송이 가능해지면서 매개 커뮤니케이션은 더욱 풍부한 경험을 선사하고 있다.

카(Carr, 2020)는 또한 다음과 같이 강조한다: "FtF와 CMC를 분리하는 잘못된 이분법은 무너졌으며, 단순히 컴퓨터를 사용한다는 것만으로 더 이상 관계의 결과가 미리 정해지지 않는다. CMC가 관계의 발전을 방해한다는 가정과 함께 FtF 커뮤니케이션은 오랫동안 CMC와 비교되는 최적의 표준이었다"(Carr, 2020: 12~13). 그러나 수십 년간의 연구에 따르면, CMC를 통한 관계의 결과는 직접 상호작용의 결과와 같거나 심지어 직접 상호작용의 결과를 능가할 수 있다. 최근 들어, 문자를 보내고 다른 형태의 CMC(이 연구에서는 전화 통화, 화상 채팅, 인터넷을 통한 메시지 보내기로 정의)를 이용해 친구와 소통한 10대들은 친구와 더 가까워진 느낌을 받았으며, 비슷하게 부모와 문자를 더 많이 보내면 부모와 더 가까워진 느낌이 든다고 답했다(Manago et al., 2020). 궁극적으로 카는 컴퓨터가 우리 일상생활 어디에나 존재하는 도구가 되면서 "인간 커뮤니케이션을 이해하는 데 있어 특정 기기나 그것의 전송 속성보다 매개의 역할이 더 중요해질 것"이라고 결론지었다(Carr, 2020: 25).

4. 온라인 사회적 자본

SNS를 통해 우리는 가족, 친구, 지인, 심지어 낯선 사람과도 소통할 수 있게 됨에 따라, 인터넷과 소셜 미디어가 사회적 자본에 미치는 영향은 연구자들의 특별한 관심사이다. 간단히 말해, **사회적 자본**(social capital)은 사람들이 네트워크에 속해 있음으로 인해 생기는 자원으로 대략 정의된다(Coleman, 1988). 개인 차원에서 "사람들은 사회적 자본을 통해 그들이 속해 있는 네트워크의 다른 구성원으로부터 얻은 자원을 이용할 수 있게 된다"(Ellison et al., 2007: 1145). 물론 우리는 우리 자신의 사회적 네트워크 속에서 특정 개인들과 각기 다른 수준의 친밀감을 가진다. 이러한 차이를 바탕으로 사회적 자본은 두 가지 유형, 즉 교량형과 결속형으로 나누어진다(Putnam, 2000). '교량형 사회적 자본(bridging social capital)'은 우리가 알고는 있지만 특별히 친하지는 않은 사람들을 말한다. 이러한 관계는 일반적으로 '약한 연결(weak tie)'로 알려져 있다. 이러한 연결은 우리가 유용한 정보와 서비스에 접근할 수 있게는 해주지만 통상적으로 정서적 지지를 제공해 주지는 않는다(Granovetter, 1982). 반면 '결속형 사회적 자본(bonding social capital)'은 긴밀하게 맺어진 관계에서 발견되며, 정서적 지지를 제공한다(Ellison et al., 2007).

사회적 자본은 대학에 입학하면서 이전의 사회적 네트워크에서 흔히 제외되는 대학생들에게 특히 중요하다. 엘리슨(N. B. Ellison) 등은 세 번째 유형의 사회적 자본인 '유지형 사회적 자본(maintained social capital)'이 존재한다고 주장했는데, 이것은 더 이상 물리적으로 연결되어 있지 않음에도 이전의 사회적 네트워크와 연결을 유지할 수 있는 능력과 관련이 있다(Ellison et al., 2007). 페이스북 이용과 세 가지 유형의 사회적 자본 사이에는 강한 관계가 있는데, 그중에서도 교량형 사회적 자본이 가장 강한 관계가 있다.

대학생 연령대의 페이스북 이용자는 새로운 사람을 만나거나 가까운 친구와 관계를 유지하기 위해 사이트를 사용할 때가 아니라 주변 사람들에 대해 더 많이 알기 위해 정보를 찾는 행동에 참여할 때만 사회적 자본의 편익을 인식한다(Ellison et al., 2011). 누군가의 페이스북 페이지에 있는 개인 정보는 연결을 촉진하는 "사회적 윤활유" 역할을 한다(Ellison et al., 2011: 887). 페이스북상의 실제 친구(actual friend) 수는 교량형 사회적 자본을 예측했지만, 전체 페이스북 친구 수는 그렇지 않았다. 실제 친구 수가 400~500명을 넘으면 사회적 자본은 수확 체감(diminishing return) 지점[9]에 도달한다. 친구의 게시물에 '좋아요'를 누르거나 친구의 게시물에 댓글을 달거나 친구의 담벼락에 생일 축하 메시지를 게시하는 등 '페이스북 관계 유지 행동'을 하는 것은 지각된 교량형 사회적 자본과 상관관계가 있었다(Ellison et al., 2014).

최 등(Choi et al., 2011)은 미국 대학생과 한국 대학생 간의 SNS 사용과 사회적 자본에 관한 국제적인 연구를 수행했다. 미국 대학생이 많은 약한 연결로 구성된 더 큰 친구 네트워크(n=392)를 가지고 있었다. 이에 반해, 한국 대학생의 네트워크는 더 작지만(n=79), 그들의 네트워크는 강한 연결과 약한 연결이 균형을 이루고 있었다. 미국 대학생은 그들의 네트워크로부터 교량형 사회적 자본을 더 끌어내는 것으로 나타났지만, 미국 대학

---

9 실제 친구 수가 400~500명 선을 넘어서면 친구 수가 1명 더 늘어난다고 해서 '한계 사회적 자본(marginal social capital)'은 더 이상 늘어나지 않고 줄어들기 시작하는 지점을 말한다(옮긴이 주).

생과 한국 대학생 모두 대체로 같은 정도의 결속형 사회적 자본을 얻는다고 응답했다. 이 연구자들은 SNS 사용은 각 국가의 지배적인 문화적 가치를 반영한다고 결론 내렸다. 이후 연구는 한국 학생들이 미국 학생들보다 SNS 친구 수가 더 적다는 연구 결과를 뒷받침해 주었지만, 문화적 차이는 국가 차원에서 일반화하기보다는 개인 차원에서 살펴볼 때 가장 효과적일 수도 있음을 시사했다(LaRose et al., 2014).[10]

자존감이 낮은 이용자들이 페이스북을 통해 가장 많은 사회적 자본을 얻는 것으로 나타났다(Ellison et al., 2007). 자존감이 낮은 이용자들은 보통 부끄럼이 더 많아서, 온라인 커뮤니케이션을 이용하면 직접 관계를 맺는 것보다 더 손쉽게 관계를 맺을 수 있다. 한 연구 참여자는 페이스북이 "어떤 사람 …… 여러분이 반드시 정말 잘 알아야 할 필요가 없는 사람과 어색한 분위기를 깨주며, 그리고 전화를 거는 것이 거북해서 전화를 하고 싶지는 않지만 두 문장으로 된 메시지를 보내는 것은 정말 쉬운 일이다"라고 말했다(Steinfield et al., 2008: 443).

쳉(C. Cheng) 등은 최근 메타-분석을 통해 세계 여러 나라에서 이루어진 연구들을 분석한 결과, 사회적 불안감이 높거나 정서적 외로움이 심한 사람들은 사회적 자원의 부족을 보상하기 위해 SNS를 사용할 가능성이 더 높음을 확인했다(Cheng et al., 2019). 그러나 이러한 사람들은 자신의 온라인 소셜 네트워크가 주로 약한 연결로 구성되어 있기 때문에 실제로 온라인 자원을 거의 얻지 못할 수도 있다. 반대로 이미 더 강력한 사회적 기술과 더 넓은 소셜 네트워크를 보유하고 있는 외향적인 사람들은 온라인 상호작용을 통해 추가적인 사회적 자본을 얻기 때문에, '부자가 더 부자가 된다(the rich-get-richer)'는 가설을 뒷받침한다. 이것을 일컬어 '사회적 증진 가설(social enhancement hypothesis)'이라고도 한다.

5. 사이버 괴롭힘

사이버 괴롭힘(cyberbullying) 발생 비율은 최근 몇 년 동안 계속해서 증가했으며, 10대

---

10 즉, 모든 한국인 또는 모든 미국인이 동일한 문화적 특성을 가지고 있다고 가정하는 것은 정확하지 않을 수 있다는 의미이다. 대신, 같은 국가 내에서도 개인마다 문화적 가치관, 행동 양식, 소셜 미디어 사용 패턴 등이 다를 수 있음을 인정해야 한다는 것이다(옮긴이 주).

사이버 괴롭힘의 피해자가 스스로 목숨을 끊었다는 이야기도 많이 들려오고 있다. 실제로 주류 미디어는 사이버 괴롭힘을 논의할 때 자살로 이어지는 사건에 초점을 맞추는 경우가 많다(Milosevic, 2015). 미국 중·고등학생 중 3분의 1 이상이 살아오면서 사이버 괴롭힘 피해를 당한 적이 있으며, 약 15%는 누군가에게 사이버 괴롭힘을 한 적이 있다고 말한다(Hinduja & Patchin, 2019). 여학생은 사이버 괴롭힘의 피해자일 가능성이 다소 높다(여학생 38.5% 대 남학생 34.5%). 여학생은 온라인에서 자신에 대한 소문을 퍼뜨리는 사람의 피해자가 될 가능성이 더 높은 반면, 남학생은 온라인상의 신체적 폭력 위협의 피해자가 될 가능성이 더 높다.

사이버 괴롭힘의 특징. 코왈스키(R. M. Kowalski) 등은 131편의 사이버 괴롭힘 연구를 메타-분석한 결과 사이버 괴롭힘 행동에 가담하는 학생들의 몇 가지 특성을 확인했다(Kowalski et al., 2014). 이 연구에 따르면, 전반적으로 사이버 괴롭힘은 전통적인 대면 괴롭힘 및 사이버 피해(cybervictimization)[11]와 밀접한 관련이 있는 것으로 나타났다. 이것은 가해자가 대면 괴롭힘과 온라인 괴롭힘 모두에 가담하는 경향이 있으며, 또한 그들 자신이 사이버 괴롭힘의 피해자임을 의미한다. 그들은 사이버 괴롭힘 행동이 용인될 수 있다고 믿을 가능성이 더 높으며 도덕적 이탈(moral disengagement)[12] 수준도 더 높다.

더욱이 사이버 괴롭힘 행동을 더 많이 하는 학생은 학업 성취도가 더 낮을 뿐 아니라 술과 약물에도 더 많이 의존한다고 답했다. 코왈스키 등의 메타-분석에서는 또한 더 높은 수준의 외로움, 우울증, 그리고 불안감과 더 낮은 수준의 삶의 만족도 및 자존감을 포함해 사이버 괴롭힘 행동과 관련된 많은 부정적인 심리적 변인이 확인되었다. 이러한 변인들 가운데 다수는 사이버 괴롭힘 피해자에게도 적용되는데, 이는 아마도 많은 사이버 괴롭힘 가해자가 사이버 괴롭힘의 피해자이기도 하기 때문일 것이다.

온라인 익명성의 영향. 온라인 익명성은 사이버 괴롭힘 행동을 예측할 수 있는 중요

---

11 청소년의 공격성과 전자적 협력의 결과로 사이버 맥락에서 부정적인 행동을 사용하여 개인을 표적으로 삼는 것으로 정의되기도 하나(예: Hinduja & Patchin, 2008), 일반적으로 모든 유형의 소셜 미디어를 통해 괴롭힘의 피해자가 된 경험으로 정의된다(옮긴이 주).

12 '도덕적 이탈'이란 자신의 유해한 행동에 대해 스스로 도덕적 책임을 면제하는 것을 말한다(옮긴이 주).

여학생은 사이버 괴롭힘을 당할 가능성이 다소 더 높으며 또한 온라인 소문의 표적이 되는 것을 경험할 가능성도 더 높다.

한 위험 요인이다. 온라인이 익명적이라고 더 많이 느낄수록 다른 사람에게 사이버 괴롭힘 행동을 할 가능성이 더 커진다(Barlett et al., 2016). 그렇다면 온라인 환경에서 익명적인 것이 부정적인 행동을 초래하는 이유는 무엇일까? 술러(Suler, J.)는 익명성이 온라인 탈억제 효과로 이어지게 하는 주요 요인 가운데 하나라고 밝혔는데, 이는 사람들이 현실 세계와 온라인 환경에서 왜 다르게 행동하는지를 설명한다(Suler, 2004). 본질적으로 개인이 온라인에서 취하는 행동은 실제 생활에서 그들이 누구인지와 무관하다.

온라인 자기는 구획화된 자기(compartmentalized self)[13]가 된다. 온라인에서 적대감을 표현하거나 기타 다른 행동을 하더라도 그러한 행동에 대한 책임을 피할 수 있다…. 실제로 사람들은 온라인에서 그러한 행동을 한 사람이 "나와는 전혀 다르다"고 스스로를 설득할 수도 있다(Barlett et al., 2016: 322).

바렛(C. P. Barlett)과 젠타일은 바렛 젠타일 사이버괴롭힘 모델(BGCM: Barlett Gentile Cyberbullying Model)에 익명성을 핵심 구성 요소로 포함했다(Barlett & Gentile, 2012). 이 학

---

13 '구획화된 자기' 혹은 '자기 구획화'란 자신의 정체성, 행동, 감정, 또는 경험을 서로 분리된 구획이나 칸으로 나누는 심리적 과정을 말한다. 주로 상충하는 생각, 감정, 또는 행동을 관리하기 위해 사용되며, 다양한 사회적 역할이나 상황에 적응하는 데 도움이 될 수 있다. 온라인 맥락에서는 소셜 미디어나 온라인 환경에서 사용자들이 다른 플랫폼이나 상황에 따라 자신의 다른 면모를 보여주는 것을 설명할 때 사용될 수 있다(옮긴이 주).

습-기반 사회-인지 모델은 사이버 괴롭힘 행동에 관여하는 것과 관련된 심리적 과정을 설명한다. 본질적으로 BGCM은 지속적인 사이버 괴롭힘 행동이 ① 온라인 익명성에 대한 지각과 ② 개인의 신체적 특성(예: 근육 발달 정도, 체격, 키)이 온라인에서는 무관하다는 믿음으로 이어진다고 말한다. 이 두 요소는 사이버 괴롭힘에 대한 긍정적인 태도 형성으로 이어질 수 있는데, 이를 통해 미래의 사이버 괴롭힘 행동을 예측할 수 있다. 이 모델은 이후에 종단적인 데이터에 의해 뒷받침되었다(Barlett & Kowalewski, 2019). 공격적인 사회적 모델링(이 경우, 다른 사람의 공격적인 온라인 행동을 보는 것)과 결합된 익명성은 또한 평소와 다른 온라인 공격성을 증가시킬 수 있다(Zimmerman & Ybarra, 2016). 그러나 미디어 폭력에 대한 노출이 사이버 괴롭힘 행동을 직접적으로 예측하는 것은 아니다 (Barlett et al., 2019).

사이버 괴롭힘 개입. 부모의 온라인 활동 모니터링은 사이버 괴롭힘을 줄일 수 있다(Kowalski et al., 2014). 감정이입 또한 사이버 괴롭힘 행동과 부정적인 상관관계가 있는 것으로 나타났다(Ang & Goh, 2010, Kowalski et al., 2014). 10대 청소년의 감정이입을 증진하는 데 초점을 맞춘 비디오-기반 훈련은 사이버 괴롭힘 행동을 줄일 수 있다 (Schultze-Krumbholz et al., 2016).

페이스북상의 동성애와 사이버 괴롭힘을 조사한 연구에 따르면, 사람들은 동성애 커뮤니티에 대한 긍정적인 태도뿐만 아니라 높은 수준의 감정이입과 외향성을 가지고 있을 때 사이버 괴롭힘에 개입할 가능성이 더 높은 것으로 나타났다(Fries & Gurung, 2013). 감정이입을 더 잘하는 주제를 바꾸려고 시도할 가능성이 더 높았던 반면, 외향성이 높거나 동성애 커뮤니티를 지지하는 사람들은 사이버 폭력에 맞설 가능성이 더 높았다.

온라인 익명성에 대한 대학생들의 지각을 줄이면 사이버 괴롭힘도 줄일 수 있다 (Barlett et al., 2020). 이 연구자들은 학생들에게 IP 주소가 특정 컴퓨터로 어떻게 추적되는지, 앱을 통해 작성된 게시물이 특정 휴대폰이나 태블릿으로 추적될 수 있는지, 법 집행기관이 특정 게시물의 원래 발신자를 추적하는 방법을 자세히 설명하는 3편의 짧은 비디오를 시청하게 했다. 그런 다음, 참여자들의 사이버 괴롭힘 행동을 2개월 동안 모니터한 결과, 익명성 인식과 유해한 온라인 탈억제 행동 모두 크게 감소하는 것이 관찰되었다.

6. 인터넷 중독

비디오 게임 중독이 인터넷 이용에 관한 연구의 관심사이긴 하지만(18장 참조), 많은 연구가 전반적인 인터넷 이용과 관련된 중독과 유사한 특성에 초점을 맞추고 있다. 인터넷 중독에 대한 연구는 증가하고 있다. 그러나 인터넷에 중독된다는 것이 정확히 무엇을 의미하는지에 대한 학자들 간의 합의 부족과 방법론적 한계로 인해 인터넷 중독 연구는 어려움을 겪고 있다(Zajac et al., 2017). 라이딩(F. C. Ryding)과 케이는 인터넷 중독을 "개념적 지뢰밭"이라 부르기까지 했다(Ryding & Kaye, 2018: 225).

따라서 연구마다 사용하는 용어가 다를 수 있다. '인터넷 중독' 외에도 '문제적 인터넷 이용', '병리적 인터넷 이용', '인터넷 의존', '과도한 인터넷 이용', '가상 중독'과 같은 용어를 사용하기도 한다. 다양한 용어에도 불구하고 폴리(R. Poli)는 전 세계 성인 인구의 약 2%가 인터넷 중독으로 간주될 수 있다고 추정했다(Poli, 2017).

초기 연구들(예: Brenner, 1997; Griffiths, 2000; Young, 1996)은 어쨌든 '인터넷 중독자'라는 용어를 사용했는데, 린(C. A. Lin)이 강조했듯이, 이것은 그러한 사용자들이 인터넷 사용에 의존적임을 의미한다(Lin, 2009). 실제로 인터넷 중독에 대한 의견 불일치는 대부분 인터넷이 수많은 활동을 할 수 있는 관문으로 여겨지기보다는 인터넷 중독이 흔히 하나의 특정한 것에 대한 중독으로 개념화되는 데서 비롯된다(van Rooij & Prause, 2014). 예를 들면, 여러분은 온라인에서 게임을 하고, 이메일을 확인하고, 사회적 교류를 하고, 수업 프로젝트를 위한 연구를 수행하고, 쇼핑 등을 할 수 있다. 따라서 아마도 사람들은 인터넷 미디어 자체보다는 특정 온라인 경험에 중독될 수 있을 것이다(Widyanto et al., 2011). 라크만(B. Lachmann) 등은 인터넷 중독과 특정 온라인 활동 중독의 차이점을 다음과 같이 기술했다(Lachmann et al., 2019):

> 일반적인 인터넷 중독으로 고통받는 개인은 인터넷이 없었다면 역기능적 행동(예: 쇼핑, 도박 등)이 나타나지 않았을 것이다. 즉, 문제적 인터넷 이용 자체가 특정한 후속 문제 행동을 결정짓는다는 것이다. 반면에 특정한 인터넷 중독으로 고통받는 개인은 인터넷을 자신의 필요(예: 쇼핑, 도박, 게임)를 충족하기 위한 도구로 사용할 뿐이지 인터넷 자체에 의존하지는 않는다. 사이버 공간 밖의 현실 세계에서도 동일한 문제 행동을 할 수 있다(Lachmann et al., 2019: 182).

라이딩과 케이는 '인터넷 중독'이라는 용어가 온라인 중독 행동의 미묘하고 복잡한 의미를 이해하기에는 그 범위가 너무 넓다고 주장하면서, "쇼핑을 위해 온라인에서 과도한 시간을 보내는 개인은 포르노를 과도하게 보거나 다운로드하는 사람과 질적으로 다르다. 이러한 행동들은 틀림없이 서로 다른 충족에 의해 뒷받침되는 뚜렷이 구별되는 행동"이라고 지적한다(Ryding & Kaye, 2018: 226). (이용 및 충족에 대한 자세한 내용은 9장을 참조하라.)

물론 어떤 사람이 진정으로 인터넷에 중독되었는지를 판단하는 것에 대해서는 학자들 사이에 논란이 있다. 미국 심리학회(APA, n.d.)는 인터넷 중독을 "고통과 기능 장애를 초래하는 과도하거나 강박적인 온라인 및 오프라인 컴퓨터 사용으로 특징지어지는 행동 패턴"으로 정의한다. 미국에는 현재 인터넷 중독에 대한 공인된 의학적 진단이 존재하지 않는다. 더욱이 인터넷 중독은 미국 정신의학협회나 WHO에 의해 장애로 인정되지 않는다. 그러나 WHO는 인터넷 중독이 향후 정식 질병이나 장애로 분류될 가능성이 있는 주제라고 밝혔다(Borter, 2019).

다른 연구자들은 과도한 인터넷 이용이 중독의 징후라기보다는 일종의 충동 조절 결핍(deficient impulse control)이라고 주장했다(예: LaRose & Eastin, 2002; LaRose et al., 2003). 이러한 사고의 연장선에서 이 개념을 소셜 미디어 이용에 적용한 라로즈(R. LaRose) 등은 "이른바 기술 중독의 경우와 마찬가지로 특정 시점에 특정 행동을 통제하지 못한 결과일 수 있다…. 대부분의 개인은 스스로 회복할 수 있다"고 지적했다(LaRose et al., 2014: 70). 과도한 이용자들이 그들의 온라인 이용을 자율 규제할 수 없는 한 가지 이유는 그들이 그들의 행동을 자각하지 못해서 그것을 통제하기가 더 어렵기 때문일 수도 있다(LaRose et al., 2003). 결국 여러분이 가지고 있다는 사실조차 인식하지 못하는 습관을 어떻게 통제할 수 있겠는가?

연구자들은 과도한 이용을 설명하기 위해 사람들이 인터넷을 이용하는 이유를 살펴보았다. 캐플란(S. E. Caplan)은 사회적 기술이 더 부족한 이용자들은 CMC를 선호하기 때문에 인터넷을 더 자주 이용하는데, 이것이 문제적 인터넷 이용과 연관된 부정적인 증상으로 이어질 수 있다고 보았다(Caplan, 2005). 세이한(A. A. Ceyhan)은 사회적 상호작용 외에도 오락을 위해 인터넷을 이용하는 것이 문제가 있는 인터넷 이용의 또 다른 중요한 위험 요인이라는 것을 밝혀냈다(Ceyhan, 2011). 키쇼어(A. Kishore) 등은 오락을 위해 인터넷을 이용하는 것이 인터넷 중독을 초래하는 요인임을 확인했다(Kishore et al., 2019). (서로 다른 용어를 사용하는 것에 주목하라.) 다른 연구에서는 인터넷 중독과 관련된 성격 요인을 조사했다. 예를 들어, 라크만 등(Lachmann et al., 2019)은 인터넷 이용과 스마트폰 이용에 문제적인 사람들의 성격 특성이 겹치는 것을 확인했다. 높은 신경성과 낮은 친화성 및 성실성이 공통적으로 볼 수 있는 특성이었다. 또한 낮은 수준의 자기-주도성(개인의 의지력 및 자신에 대한 만족과 관련된 성격 특성)과 문제가 있는 인터넷 및 스마트폰 이용 사이에는 '매우 강한' 연관성이 있었다. 실제로 이 연구자들은 더 낮은 의지력이 디지털 중독 성향의 근원일 수 있다고 제안한다.

인터넷 중독에 대한 이해를 넓히기 위해 일부 연구자는 인터넷 중독, 문제적 인터넷 이용, 문제가 없는 인터넷 이용 간에 있을 수 있는 차이점을 들여다보았다. 저우(N. Zhou) 등의 중국 청소년에 대한 연구는 이 세 가지 범주 간의 차이점을 확인했으며, 문제적 인터넷 이용이 인터넷 중독으로 향하는 과도기 단계로 볼 수 있다고 제안했다(Zhou et al., 2018). 중국 대학생을 대상으로 한 또 다른 연구에서는 문제적 인터넷 이용과 정신건강 문제 사이의 연관성이 2학년 때 최고조에 달한 것으로 나타났다(Zhou et al., 2020).

다른 연구들은 인터넷 중독과 우울증 및 불면증 비율 증가(Jain et al., 2020), 자신감(self-confidence), 자존감, 사회적·학문적 자기-효능감 감소(Baturay & Toker, 2019)를 포함한 몇몇 부정적인 결과들 간의 연관성을 확인했다. 인터넷 중독은 또한 외로움을 촉발할 수 있다.

몇몇 연구는 특히 어린이와 청소년의 과도한 인터넷 이용에 맞서 싸우는 방법을 제안했다(자세한 내용은 Zajac et al., 2017 참조). 자유 시간 동안 자주 지루해하는 어린이는 과도한 인터넷 이용자가 될 가능성이 더 높지만, 가족 활동에 더 많이 참여하는 것과 인터넷 이용을 부모가 모니터하는 것이 문제적 인터넷 이용 가능성을 크게 줄일 수 있을 것이다(Lin et al., 2009). 인터넷 중독으로 진단받은 중국 청소년들의 경우 가족-기반 집단 개입이 관례적인 개입 방법보다 훨씬 더 효과적이었다(X. Zhong et al., 2011). 그러나 여러 방법론적 한계와 특정 치료법에 초점을 맞춘 연구가 부족하기 때문에 최근 연구에서 제안된 치료법에 대한 결론을 도출하기는 어렵다(Zajac et al., 2017). 따라서 이른바 인터넷 중독 치료는 여전히 실험적인 것으로 간주되어야 한다.

학자들은 또한 소셜 미디어 중독과 문제적 소셜 미디어 이용 분야에 더 많은 관심을 기울이기 시작했다. 인스타그램, 스냅챗, 페이스북을 선호하는 사람들은 문제적 소셜 미디어 이용을 더 많이 하는 것으로 나타났다. 또한 여성과 성실하고, 내성적이고, 친화적이며, 신경성적인 성격 역시 문제적 소셜 미디어 이용과 관련이 있었다(Kircaburun et al., 2020). 또 다른 연구에서는 더 높은 사회적 불안감과 더 낮은 행복감이 대학생들의 소셜 미디어 중독을 예측하는 것으로 나타났다(Baltaci, 2019). 그리고 또 다른 연구자는 페이스북 중독이 웰빙에 부정적인 영향을 미침을 확인했다(Satici, 2019).

디지털 해독하기(digital detoxing). 오늘날 상시 접속(always-on) 디지털 사회에서는 기술을 외면하기가 거의 불가능하다. 지각된 디지털 남용은 웰빙과 강한 부정적 상관관계가 있다(Büchi et al., 2019). 온라인에서 친구들과 연결되는 것에 대한 요구가 우리의 기분과 웰빙에 긍정적인 영향을 미칠 수 있지만(예: LaRose et al., 2014), 디지털 연결을 그냥 끊고 싶을 (그리고 끊을 필요가 있을) 때가 있다. 프랭크스(J. Franks) 등은 일정 기간 페이스북 사용을 중단한 사람들을 인터뷰한 결과, 연구자 자신들이 "페이스북 안식년 (Facebook sabbatical)"이라고 부른 것을 갖는 네 가지 이유를 확인했다(Franks et al., 2018): ① 정보 과부하, ② 문제적 남용 및 반사회적 행동, ③ 면밀한 조사와 비교로 얼룩진 "압력솥(pressure cooker)"[14] 환경, ④ 이른바 페이스북 전쟁(Facebook war)[15]과 키보드 워리어 (keyboard warrior).[16] 페이스북 안식년은 주기적으로 갖는데, 이는 젊은 성인들이 페이스북 이용으로 인한 스트레스에서 일시적으로나마 벗어나기 위해 반복적으로 안식년을 보낸다는 것을 의미한다.

페이스북을 잠시 쉬면 삶의 만족도가 높아지고 긍정적인 정서를 더 많이 느끼게 된다 (Tromholt, 2017). "페이스북 휴가(Facebook vacation)"를 이용하는 것도 페이스북에 있는 정보의 양이 압도적일 때 스트레스를 줄이는 데 도움이 될 수 있다. 그러나 페이스북 이용을 중단하면 웰빙도 더 낮아졌다(Vanman et al., 2018). (이는 페이스북 이용을 중단하도록 무작위로 배정된 참여자들은 휴식을 취할 준비가 되어 있지 않았을 수도 있고, 갑작스럽게 친구들과 단절된 느낌이 들었을 수도 있기 때문에 그럴 수 있다.) 여성들은 페이스북 활동을 잠시 중단할 때 적극적으로 오프라인 사회적 연결을 찾아 참여했지만, 남성은 그렇지 않았다 (Franks et al., 2018). 인스타그램 이용자들 또한 관계와 웰빙의 균형을 회복하고 인스타그램에서 보낸 시간에 대한 통제력을 회복하기 위한 방법으로 인스타그램 휴식기를 가졌다(Jorge, 2019).

---

14 지속적인 비교, 끊임없는 관찰, 사회적 압박 등으로 인해 높은 압력과 스트레스가 가득한 환경을 의미한다(옮긴이 주).
15 페이스북상에서 벌어지는 격렬한 논쟁이나 갈등을 지칭한다(옮긴이 주).
16 온라인에서 공격적이거나 논쟁적인 태도를 보이는 사람들을 비꼬아 부르는 말이다(옮긴이 주).

디지털 해독의 한 가지 중요한 특징은 그러한 단절이 '일시적'이라는 것이다. 결국 이용자들은 좀 더 균형 잡힌 방식으로 플랫폼 이용을 재개한다(Franks et al., 2018; Jorge, 2019). 포모(FOMO)와 동료의 압력은 남성이 페이스북을 다시 이용하게 되는 주요 동기인 반면, 여성은 "안식년 동안 재확인된 새로운 오프라인 관계를 보완하고 강화하는 페이스북의 능력" 때문에 다시 페이스북에 로그인했다(Franks et al., 2018: 9). 잠시 휴식을 취하는 것도 사람들이 소셜 미디어의 이점을 더 잘 인식하는 데 도움이 된다.

이용자들은 디지털로부터의 자발적인 단절을 현대 사회생활의 중심인 인스타그램과 기타 소셜 미디어의 유용성을 인식하고 평가하는 데 필요한 것으로 보고 있다. 따라서 그것은 현 소셜 미디어 시스템의 가치를 약화하는 것이 아니라 회복시킨다(Jorge, 2019: 17).

흥미롭게도 페이스북이 '개인 서비스 플랫폼'으로 변하면서 강박적인 페이스북 연결에 대한 사람들의 견해도 시간이 지남에 따라 바뀌었다. 한 종단적 연구에서 젊은 이용자들은 페이스북 이용의 사회적 측면을 강조하기 위해 더 정서적인 언어를 사용하는 것으로 나타났다(Sujon et al., 2018). 그러나 불과 5년 만에 앞의 연구에 참여했던 이용자들은 페이스북이 어떻게 그들의 일상생활의 일부로 뿌리내렸는지 보여주면서 페이스북을 더 실용적인 방식으로 기술했다. 이 연구자들은 이용자들이 페이스북을 "길들여서, 사회적 접촉을 하기보다는 삶을 체계적으로 '수행'하는 데 사용하며, … 페이스북은 다소 지루할 수도 있지만 개인의 사회적 네트워크, 가족 관계 및 개인의 기록을 조직화하고 체계화하는 데 유용한 플랫폼이기도 하다"고 주장했다(Sujon et al., 2018: 9).

7. 인터넷과 변화하는 직장

회사와 조직은 외적으로는 고객, 내적으로는 직원과 소통하기 위해 점점 더 많이 인터넷을 이용하고 있다. 재택근무(telecommuting)라고도 하는 원격근무(telework)는 인터넷을 작업 환경에 통합하는 잘 알려진 방법 가운데 하나인데, 이 기술은 직원이 직접 회사에 출근하지 않고 집에서 일할 수 있게 해준다(Sullivan, 2003). 일부 학자들은 그러한 용어들이 시대에 뒤떨어진 것으로 보일 수 있다고 주장하지만(Messenger & Gschwind, 2016), 조사연구에서는 여전히 널리 사용되고 있다. 회사가 직원의 원격근무를 허용하는 한 가지 이유는 그것이 경비 절감책이 될 수 있으며(Harris, 2003; Peters & den Dulk, 2003), 직원이 질병으로 인해 집에 머무르는 동안에도 생산성을 유지할 수 있도록 도움을 주기 때문이다(Ahmed et al., 2020).

스카이프(Skype), 줌, 마이크로소프트 팀즈(Microsoft Teams) 같은 화상 회의 기술은 사람들이 물리적으로 사무실에서 멀리 떨어져 있을 때도 일과 관련된 활동에 참여할 수 있게 해줌으로써 원격근무를 가능하게 해주는 한 가지 방법이다. 예를 들어, 미국의 많은 대학은 코로나-19 팬데믹 기간에 교수들이 줌을 통해 동기식(synchronous) 온라인 수업을 진행하도록 권장했다. 한편 트위터는 일부 직원이 '늘' 재택근무를 할 수 있도록 하는 과감한 조치를 취했다. 코로나-19 팬데믹 이전에는 미국 근로자의 40%가 원격근무를 통해 업무를 수행할 수 있는 직업을 갖고 있었는데, 대졸자, 여성, 아시아인, 백인 근로자가 원격근무를 할 가능성이 가장 높았다(Kochhar & Passel, 2020).

재택근무의 효과에 대한 연구에서는 상충하는 결과들이 나왔다. 원격근무는 직원들이 그들의 일에 대한 요구와 가정생활에 대한 요구 간에 균형을 이루는 데 도움을 주는 것으로 보이며(Britton et al., 2004), 직업 만족도와 성과 수준을 더 높여주었다(Vega et al., 2015). 재택근무는 직원이 가족 및 친구와 더 많은 시간을 보내도록 도움을 줄 수 있다(Grincevičiené, 2020). 그러나 다른 연구에서는 재택근무가 업무와 개인 생활 사이의 경계를 모호하게 하는 것으로 나타났다. 집에서만 일하는 것은 직원들이 업무에 몰두하게 하여 가족에 대한 책임을 방해할 수 있다(Eddleston & Mulki, 2017).

원격근무의 전 세계적 동향을 분석한 보고서에 따르면, 원격근무를 하는 직원은 사무실에 있는 직원보다 매주 더 많은 시간을 일하며 업무와 개인 생활이 겹쳐 스트레스가 증가한다고 결론지었다(Eurofound & the International Labor Office, 2019). 송(Y. Song)과 가오(J. Gao)는 직장에서 일하는 것에 비해 "주중에 근무하든 주말/휴일에 근무하든 원격근무는 항상 더 높은 수준의 스트레스와 관련이 있다"는 것을 확인했다(Song & Gao, 2020: 2659).

원격근무를 하는 사람들은 스트레스 외에 외로움과 고립감도 느낄 수 있다(Mann & Holdsworth, 2003). 대부분의 원격근무는 혼자 수행할 수도 있지만 때로는 가상팀에서 작업해야 하는 경우도 있다. 현장 연구에 따르면, 가상팀은 난제를 극복하고 목표를 달성할 수 있으며 대면팀의 실행 가능한 대안이라는 사실이 밝혀졌다(Purvanova, 2014). 원격근무 연구에 대한 더 자세한 내용은 앨런 등(Allen et al., 2015)을 참조하라.

원격근무의 장단점에 대한 방대한 연구 결과에 따르면, 1주일 중에 사무실에서 근무

화상 회의는 동료 직원이 물리적으로 멀리 떨어져 있을 때 그들과 쉽게 소통할 수 있게 해주지만, 원격근무는 직장과 가정 생활 사이의 경계를 모호하게 만들 수 있다.

하는 시간과 집에서 근무하는 시간을 분할하는 것과 같은 하이브리드 근무 방식은 원격근무의 "장단점 사이에서 더 긍정적인 균형을 이루는 것으로 보인다"고 한다(Eurofound and the International Labor Office, 2019).

상반된 효과들 외에도, 원격근무는 회사와 직원 모두가 합의를 성실히 이행할 때만 성공할 수 있다(Atkin & Lau, 2007). 그리어(T. W. Greer)와 페인(S. C. Payne)은 원격근무의 어려움을 극복할 수 있는 몇몇 전략을 개략적으로 설명했다(Greer & Payne, 2014). 이러한 전략에는 사무실에서 사용할 수 있는 것과 유사한 고급 기술 사용, 접근성, 업무에 도움이 되는 집 공간 만들기, 지정된 근무 시간 동안 집중을 방해하는 요소를 줄이는 것에 대한 가족과의 소통이 포함되지만, 이것에 국한되지는 않는다.

컴퓨터를 사용하는 거의 모든 직원이 직면하게 될 직장에서의 인터넷 이용의 또 다른 측면은 재미 삼아 웹을 서핑(surfing)하는 것이다. 웹을 이리저리 검색하며 잠깐 휴식을 취하는 것이 실제로 노동자의 생산성을 최대 9%까지 향상했다(Coker, 2011). 더 젊은 노동자와 하급 직원은 개인적 이유와 업무적 이유 모두에서 소셜 미디어를 직장에서 이용하는 경향이 더 강하지만, 직장 동료를 소셜 미디어에 친구로 추가함으로써 발생할 수 있는 개인 정보 침해에 대해 더 많이 신경 쓰고 있는 것 또한 사실이다(Walden, 2016). 한편 상급 직원은 직장에서 소셜 미디어를 사용하는 것을 방해 요소로 여길 가능성이 더 높다.

8. 요약

앞에서 보았듯이, 인터넷은 다른 종류의 매스 미디어와 마찬가지로 우리의 삶과 통합되어 있다. 인터넷은 또한 가장 널리 퍼져 있는 매개 커뮤니케이션 미디어 가운데 하나이다.

SNS는 우리에게 친구 및 가족과 접촉을 유지할 수 있는 수단을 제공하면서 우리가 온라인에서 머무는 시간을 지배하고 있으며, 우리가 알고 있는 사람과 사회적 자본을 형성하게 해줌으로써 우리의 네트워크 내에 있는 사람들의 자원을 이용할 수 있게 해준다. 많은 연구가 소셜 미디어가 우리의 정서와 웰빙에 어떤 영향을 미치는지 조사했다.

CMC는 최근 몇 년간 크게 발전했으며, 연구자들은 기술이 인간 커뮤니케이션에 미치는 영향을 계속해서 살펴보고 있다. 한편 이메일 이용은 앞으로도 계속 증가할 것으로 예상된다. 사이버 괴롭힘은 계속해서 문제가 되고 있다. 익명성은 사이버 괴롭힘의 핵심 요소이지만, 연구에 따르면 감정이입과 익명성에 대한 지각을 줄이는 것이 이러한 행동을 줄이는 데 도움이 될 수 있다고 한다.

미국 정신의학협회는 인터넷 중독을 일종의 정신 건강 장애로 포함해야 할지에 대한 이슈를 현재 검토 중이다. 한편 사람들이 미디어로 포화된 삶에서 좀 더 균형을 찾으려고 함에 따라 디지털 해독에 대한 연구도 점점 늘어나고 있다.

끝으로 인터넷은 우리가 일하는 방법, 장소, 시간에 영향을 미쳤다. 연구에 따르면, 직원들이 재택근무를 할 수 있게 해주는 커뮤니케이션 기술은 업무와 개인 책임 사이에 더 나은 균형을 유지하도록 도움을 주지만, 재택근무는 직장과 가정생활 사이의 경계를 모호하게 만들어 더 많은 스트레스를 느끼게 할 수도 있다.

가까운 장래에 인터넷 이용에 관한 종단적 연구가 이루어지면, 인터넷 이용의 장기적인 효과에 대해 더 잘 이해할 수 있게 될 것이다. 그때까지는 인터넷 이용의 어떤 구체적인 효과(예: 심리적 웰빙)를 살펴보는 연구들이 계속해서 이루어질 것이다. 페이스북 상태 업데이트, 인스타그램에 올린 사진, 그리고 틱톡의 바이럴 동영상을 통해 연구자들은 인터넷과 소셜 미디어가 우리의 일상에 미치는 영향에 대해 점점 더 많이 이해해 가고 있다.

제20장

모바일 커뮤니케이션의 효과

내가 내 휴대폰에 대해 갖는 느낌은
공포 영화 복화술사가 자신의 모조 인형에 대해 갖는 느낌과 같다:
그것은 나보다 더 똑똑하고 나보다 더 낫다.
우리 사이에 끼어드는 사람은 그 누구든 죽여버릴 것이다.
— 콜슨 화이트헤드(Colson Whitehead), 2014

무선 커뮤니케이션 기술은 우리 시대를 규정하는 미디어 가운데 하나가 되었다. 실제로 모바일(mobile) 기술은 역사상 가장 빨리 성장하는 커뮤니케이션 미디어이다(Castells, 2009; Castells et al., 2007). 2021년, 미국인의 97%가 어떤 종류든 휴대폰을 가지고 있었으며, 85%는 스마트폰을 가지고 있었다(Pew Research Center, 2021b). 미국의 거의 모든 10대(95%)가 스마트폰을 소유하거나 스마트폰을 이용할 수 있는 환경에 있다(Anderson & Jiang, 2018). 퓨 리서치 센터(Pew Research Center, 2021b)가 미국인의 스마트폰 소유율을 추적하기 시작한 2011년 당시의 35%와 비교해 볼 때 보유율은 2배 이상 증가했다. 미국 가구의 3분의 1은 3대 이상의 스마트폰을 소유하고 있으며(Olmstead, 2017), 유선 전화 서비스보다 휴대폰 서비스를 이용하는 가정이 더 많다(Blumberg & Luke, 2017).

휴대폰은 어디에나 있으며, 일상의 커뮤니케이션과 삶 전반에서 필수 불가결한 일부가 되었다. 우리는 모바일 기술을 이용해 매일 친구 및 가족과 연락을 유지한다. 미국인의 스마트폰 이용 습관에 대한 설문조사에 따르면, 어떤 장소로 가는 길 안내나 추천을 받고, 스포티파이와 애플 뮤직(Apple Music) 같은 서비스에서 음악을 듣고, 화상 채팅에 참여하고, 넷플릭스와 훌루 같은 앱에서 TV 프로그램과 영화를 시청하면서 스마트폰을 점점 더 많이 사용하고 있는 것으로 나타났다(Anderson, 2016). 대다수의 스마트폰 소유자는 지루함을 피하고, 속보를 확인하며, 커뮤니티에서 일어나는 사건에 대한 사진, 동영상 및 업데이트를 공유하기 위해 휴대폰을 사용한다(Pew Research Center, 2015). 압도적인 다수의 10대는 단순히 시간을 보내고, 사람들과 소통하고, 새로운 것을 배우기 위해 휴대폰을 사용한다(Schaeffer, 2019). 이 글을 읽는 동안에도 여러분은 아마 휴대폰을 주머니에 넣고 있거나 손에 쥐고 있을 것이다(혹은 휴대폰이 적어도 팔이 닿을 수 있는 거리에 있을 것이다). 여러분 대부분에게 휴대폰이 없는 삶은 분명 불가능해 보일 것이다. 실제로 스마트폰 소유자 중 거의 절반이 휴대폰 없이는 살 수 없다고 말했으며(Pew Research Center, 2015), 미국 10대 중 42%는 휴대폰이 없으면 불안하다고 말했다(Jiang, 2018a).

스마트폰은 많은 유형의 미디어(예: 음악, 영화, 인터넷, 비디오 게임)를 여러분의 호주머니에 들어갈 수 있는 크기의 기기에 결합하고 있다. 우리는 그 어느 때보다 더 다양한 유형의 미디어를 활용할 뿐만 아니라, 모바일 기술로 인해 우리는 어디에든, …… 적어도 통신 신호가 양호하거나 와이-파이(Wi-Fi)가 있는 곳이면 어디든 미디어를 가지고 다닐 수 있게 되었다.

1980년대 이래로 우리의 문화는 사람들이 물리적 공간을 공유하는 사람들이 아니라 관심사를 공유하는 사람들과 상호작용하는 네트워크-기반 사회로 변했다(Castells, 2000). 카스텔스 등(Castells et al., 2007)은 "흐름의 공간(space of flows)"이라는 용어를 사용해 휴대폰이 어떻게 공간과 장소의 개념을 고정된 위치와 분리하는지 설명한다.[1] 모바일 기술을 통한 커뮤니케이션은 고정된 위치에 묶여 있지 않기 때문에 "휴대폰을 사용하면 사람들은 장소-기반 맥락의 상호작용에서 벗어나 그들의 참조 프레임(frame of reference)[2]을 커뮤니케이션 자체로, 즉 커뮤니케이션의 흐름으로 이루어진 공간으로 전환할 수 있다"(Castells et al., 2007: 172). 예를 들어, 지금 당장 가장 친한 친구의 스마트폰에 전화를 건다면 그 친구는 버스를 타고 있거나 수업 중이거나 영화관에 들어가려는 중일 수 있을 것이다. 우리는 더 이상 친구의 아파트와 같은 지정된 장소에 전화를 거는 것이 아니

---

1 그러면서 카스텔스는 자본주의가 '산업적 발전 양식'에서 '정보적 발전 양식'으로 전환되면서 공간적 차원에서 '장소의 공간(space of places)'을 대체하는 '흐름의 공간(space of flows)'이 나타난다고 보았다(옮긴이 주).
2 어떤 상황이나 대상을 이해하고 해석할 때 사용하는 기준점이나 관점을 의미한다(옮긴이 주).

라, 그 친구가 어디에 있든 상관없이 전화를 거는 것이다. 이것은 너무나 당연한 것처럼 보일 수도 있다. 그러나 휴대폰이 등장하기 이전의 여러 세대의 사람들은 자신이 전화를 걸고 있는 상대방이 전화를 받으면 그 사람이 어디에 있는지 정확히 알 수 있었다. 이제 유선 전화번호로 전화를 걸지 않는 한, 전화를 걸고 있는 상대방의 위치를 반드시 알 수는 없다.

모바일 기술은 커뮤니케이션이 이루어지는 '장소'에 대한 우리의 사고방식을 변화시켰을 뿐만 아니라, 우리가 커뮤니케이션을 하는 '시점'에 대한 사고방식도 변화시켰다. 카스텔스 등(Castells et al., 2007)은 전통적인 커뮤니케이션 일정과 패턴을 뒤엎는 모바일 커뮤니케이션을 "초시간적 시간(timeless time)"이라 부른다. 예를 들어, 업무 관련 커뮤니케이션은 더 이상 전통적인 9시부터 5시 근무 시간에만 국한되지 않는다. 여러분의 상사가 밤늦게 문자를 보내 다음 날 아침 일찍 오라고 할 수도 있고, 휴가 중에 몇 가지 업무 이메일을 처리할 수도 있다. 다음은 많은 사람이 공감할 수 있는 초시간적 시간의 예이다: 밤 11시 30분에 다음 날까지 제출해야 하는 수업 과제에 대한 질문이 있어서 교수에게 이메일을 보내면 (운이 좋을 경우) 올빼미형 교수가 스마트폰을 통해 즉시 답변을 보낼 수도 있다. 얼마 전까지만 해도 여러분과 교수와의 이런 심야 대화는 도저히 상상도 할 수 없었을 것이다.

모바일 기술은 커뮤니케이션이 언제 어디에서 이루어지는지를 바꾸어 놓은 것 외에도, 우리가 '어떻게' 커뮤니케이션 하는지와 우리가 '무엇'에 대해 커뮤니케이션 하는지도 근본적으로 바꾸어 놓았다.

커뮤니케이션 기술과 이용자 간의 관계는 방송 메시지를 수신하는 관계에서부터 동일한 미디어를 점 대 점(point-to-point) 네트워킹용으로 사용하는 동시에 콘텐츠를 적극적으로 추구하고 제작하며 분배하는 것으로 바뀌었다(Campbell & Ling, 2009: 593).

스마트폰을 사용하면 단순히 전화를 거는 것 훨씬 이상의 일을 할 수 있다. 필요한 것을 온라인에서 검색하고, 인스타그램에 셀카를 올리고, 페이스북 라이브(Facebook Live) 동영상을 시작하고, 단체 문자에 응답하고, 최신 바이럴 틱톡 챌린지에 참여하는 등등의 일을 할 수 있다. 많은 사람에게 스마트폰은 자신의 일부가 되었다. (여러분의 부모님은 아마도 언젠가 휴대폰이 여러분의 손에 붙어 있는 것 같다고 분명히 말했을 것이다.) 우리는 전화가 울리거나 문자가 올 때만 휴대폰을 집어 드는 것이 아니다. 그보다는 어떤 식으로든 더 넓은 세상과 연결되기 위해 휴대폰을 집어 든다.

따라서 우리는 사회의 이러한 변화를 반영하기 위해 미디어 효과 패러다임을 확장해야 한다. 모바일 커뮤니케이션 기술은 비교적 짧은 시간에 우리가 사는 방식을 급격하게 바꾸어 놓았다. 이 장에서는 우리가 우리의 삶을 다른 사람과 조정하는 방식, 우리가 다른 사람들과 관계를 맺는 방식, 휴대폰이 청소년 문화에 미치는 영향과 역할, 공적 공간의 사적 영역으로의 변화를 포함하는 그러한 변화들을 살펴볼 것이다. 문자 메시지와 이른바 스마트폰 중독의 영향도 살펴보기로 한다. 그러나 먼저 모든 것을 바꾸어 놓은 전화 통화에 대해 간략하게 살펴보기로 한다.

1. '벽돌폰'의 탄생

1973년 4월 3일, 마틴 쿠퍼(Martin Cooper)가 세계 최초로 휴대폰 통화를 하기 수십 년 전에도 무선 커뮤니케이션(예: 무전기, 크기가 큰 카폰)은 존재했지만, 당시 무선 기술은 일상적인 개인적 사용에 적합하지 않았다. 초창기 무선 기술은 사용자의 물리적 위치도 제한했다. 초창기 카폰(car phone)은 너무 커서 폰 충전 장치를 자동차 트렁크에 놓아두어야 할 정도였다(Greene, 2011).

1960년대 말 즈음의 어느 날, 모토로라(Motorola) 커뮤니케이션 시스템 부문 사장인 마틴 쿠퍼는 공상과학 TV 프로그램 〈스타 트렉〉의 한 에피소드를 우연히 보게 되었다. 그는 커크 선장이 손에 쥘 수 있는 크기의 소형 통신기기를 통해 엔터프라이즈호에 있는 그의 승무원에게 말을 하면서 어떤 외계 행성 위를 걷고 있는 것을 보았다. "갑자기, 커크 선장이 그의 통신기기로 말을 하고 있었습니다. 말을! 선도 없이!"라고 말했다고 쿠퍼는 회상했다(Jones, 2005). 당시 제한된 성능만 가지고 있던 무선 기술에 만족하지 못했던 쿠퍼는 무선 커뮤니케이션을 〈스타 트렉〉에

초창기 벽돌 모양의 휴대폰을 선보이고 있는 마틴 쿠퍼

서 보았던 것처럼 편하게 만드는 일에 착수했다. (쿠퍼는 또한 만화책 속 탐정 딕 트레이시의 양방향 손목시계 라디오가 휴대폰 제작에 영감을 주었다고 말했다.)

몇 년 뒤, 모토로라의 첫 번째 휴대폰을 발표하는 기자회견장에 가기 위해 붐비는 맨해튼(Manhattan)의 인도 위를 걸으면서 쿠퍼는 그 폰을 사용해 그의 최대 경쟁자인 벨 연구소(Bell Labs)에 전화를 걸어 그가 선수를 쳤음을 알렸는데, 그 폰은 크기가 너무 커서 별명이 '벽돌'이었다(Greene, 2011).

2. 사회적 조정에 미치는 효과

모바일 커뮤니케이션은 우리가 공간과 시간을 지각하는 방식을 근본적으로 바꾸고 있다(Castells et al., 2007; Ling & Campbell, 2008). 그 결과, 모바일 커뮤니케이션은 우리(및/또는 상대방)가 이동 중에도 실시간으로 누군가에게 직접 연락할 수 있게 해주면서 우리의 삶을 다른 사람과 조정하는 방식에 영향을 미친다(Ling, 2017). 캠벌과 링(R. Ling)은 휴대폰 사용의 영향은 "아마도 사회적 행동에서 가장 명백하게 나타날 것"이라고 주장했다(Campbell & Ling, 2020: 390). 링과 이트리(B. Yttri)는 실시간 계획 조정, 일정 조정, 지속적인 미세조정을 포함해 휴대폰 사용이 바꿔놓은 사회적 조정(social coordination)의 몇 가지 측면을 개괄적으로 설명했다(Ling & Yttri, 1999, 2002). 모바일 커뮤니케이션 및 사회적 조정과 관련된 이점과 영향은 겉으로 보기에는 자명해 보일 수 있지만, 캠벌과 링은 이 미디어 연구 분야가 계속해서 활발히 진행되고 있으며 "스마트폰과 애플리케이션으로의 전환이 모바일 기술이 사회생활에 미치는 영향에 대한 내러티브를 어떻게 변화시켰는지를 밝히는 데 기여하고 있다"고 말한다(Campbell & Ling, 2020: 390).

1) 실시간 계획 조정

휴대폰으로 인해 우리는 계획을 바꾸거나 비행 중에 있는 사람에게 새로운 지시를 내릴 수 있게 되었다. 예를 들어, 여러분이 중간고사를 치기 위해 학교에 가려고 기숙사방을 나가려는 순간 같은 수업을 듣는 친구에게서 전화가 왔다고 상상해 보자. 교수님이 아파서 수업이 취소되었다는 것이다. 학교에 간 후에야 비로소 이런 사실을 알게 되는 대신, 여러분과 친구는 도서관에 가서 함께 공부를 하기로 즉석에서 계획을 세울 수 있다.

2) 일정 조정

휴대폰으로 인해 우리는 다른 사람과 약속을 정할 때 우리의 일정을 유연하게 짤 수 있게 되었다. 바꾸어 말하면, 휴대폰으로 인해 우리는 더 큰 융통성을 발휘할 수 있다. 예를 들어, 여러분이 친구와의 저녁 식사 약속에 늦을 것 같으면 그냥 전화를 걸거나 문자로 늦는다는 것을 알려주기만 하면 된다. 이렇게 하면 친구들도 자신들의 일정을 조정하여 여러분을 기다리느라 하릴없이 앉아 있을 필요가 없다.

3) 지속적인 미세조정

휴대폰으로 인해 우리는 어떤 사람이 어떤 장소에 있건 아무 때나 전화할 수 있기 때문에, 우리는 필요에 따라 다른 사람과 조정할 수 있게 되었다. 여러분이 친구와 쇼핑몰에 간다고 상상해 보자. 차 안에서 여러분과 친구는 저녁에 쇼핑을 하고 저녁을 먹은 후 영화를 보기로 계획을 세운다. 그러나 여러분과 친구는 어디서 저녁을 먹을 것인지 혹은 어떤 영화를 볼 것인지 계획을 세우지는 않는다. 몰에 도착한 후 친구들은 서로 헤어져 각자 원하는 가게로 간다. 그들 모두는 나중에 휴대폰을 사용해 저녁을 어디에서 먹을 것인지에 대해 자세한 이야기를 하고, 그리고 함께 무슨 영화를 볼 것인지에 대한 세부적인 사항을 처리할 수 있다는 것을 확신하고 있다.

4) 미세조정 2.0

원래 학자들은 모바일 미세조정(microcoordination)을 한 사람에게 전화를 걸거나 문자를 보내는 것과 같은 일대일 커뮤니케이션의 관점에서 생각했다. 그러나 지난 10년 동안 단체 문자 메시지 및 메시징 앱(예: iMessage, WhatsApp, Facebook 메신저)과 같은 기술의 발전으로 인해 학자들이 모바일 커뮤니케이션에 대해 생각하고 이해하는 방식이 바뀌었다(Campbell & Ling, 2020). 예를 들어, 이러한 종류의 앱들로 인해 이용자들은 개인 수준을 넘어 공유된 디지털 공간에서 집단 단위로 커뮤니케이션할 수 있다. 링과 라이 (C.-H. Lai)는 이러한 유형의 집단 수준의 조정을 "미세조정 2.0"이라고 부른다(Ling & Lai,

2016). 이 연구자들은 모바일 집단 커뮤니케이션이 계획 세우기를 단순화하고, 특정 작업(예: 결혼식이나 파티 계획 세우기)을 완수하고, 사회적 상호 작용을 가능하게 한다는 점을 밝혀냈다. 반면에 이용자들은 때때로 단체 채팅의 메시지 수에 압도당하거나 동의 없이 단체 메시지에 추가되어 어색한 상황에 처할 수 있다.

5) 대면 상호작용 조정

휴대폰에 영향을 받는 조정의 또 다른 측면은 대면(FtF: face-to-face) 만남이다. 일부 연구자는 매개 커뮤니케이션이 대면 사회성(sociability)에 해로울 수 있다고 우려하지만 (Kraut et al., 1998 참조), 연구들은 모바일 커뮤니케이션이 실제로 우리가 알고 있는 사람과 실생활에서 더 자주 만나게 해줄 수 있음을 보여주었다(예: Hashimoto et al., 2000; Ishii, 2006).

문자 보내기와 같은 모바일 커뮤니케이션은 우리가 현실 세계에서 알고 있는 사람들과 더 많은 대면 시간을 보낼 수 있게 한다.

3. 관계 커뮤니케이션에 미치는 효과

휴대폰은 본질적으로 매우 개인적인 기기이다. "휴대폰은 우리의 몸과 매우 밀접하게 연결되어 있어서 우리의 신체적 자기의 연장선, 즉 정보사회의 디지털 하부구조를 우리 몸에 고정하는 탯줄과도 같은 것이 되었다"(Harkin, 2003: 16). 우리 가운데 많은 이들은 휴대폰을 자신이 좋아하는 색깔의 케이스로 꾸미고, 자신이 좋아하는 신호음을 다운로드하며, 개인적인 사진을 스크린 배경 화면으로 사용한다. 휴대폰은 흔히 일종의 패션

액세서리로 간주된다(Fortunati, 2005a; Ling, 2004).

1) 영속적인 접촉 유지

휴대폰은 '영속적인 접촉(perpetual contact)'(Katz & Aakhus, 2002)과 '연결된 존재감 (connected presence)'(Licoppe, 2004)을 통해 관계 커뮤니케이션(relational communication)에 영향을 미친다. 심지어 우리가 다른 사람과 커뮤니케이션을 하지 않을 때도 커뮤니케이션이 '가능하다는' 것을 아는 것만으로 우리 서로 간에 관계를 맺는 방식과 우리가 기술과 관계를 맺는 방식이 변화된다(Campbell, 2008). 모바일 커뮤니케이션은 우리가 언제 어디서나 다른 사람과 커뮤니케이션할 수 있게 해주고 또 여러 면에서 그렇게 하도록 촉진한다(Ling, 2017; Schrock, 2015; Vorderer et al., 2016). 실제로 대다수의 미국인은 휴대폰을 거의 끄지 않거나 전혀 끄지 않는다고 말한다(Rainie & Zickuhr, 2015). 전화 통화와 문자는 밤낮 언제든지 올 수 있으며 "이러한 불규칙한 상호작용 흐름의 지속적인 특성은 영구적으로 연결되어 있다는 느낌, 언제든지 연결이 활성화될 수 있다는 인상을 유지하는 데 기여한다"(Licoppe, 2004: 141). 라이어던(M. A. Riordan)은 그러한 생각을 확장하여 다음과 같이 말한다:

직장에 있든, 심부름을 하든, 집에 있든, 심지어 침대에 누워 있든, 우리는 문자 메시지 하나로 연결될 수 있다. 커뮤니케이션을 통한 이러한 지속적인 연결은 우리가 언제든지 직원, 부모, 배우자, 친구, 딸이나 아들 등의 역할을 수행하라는 요청받을 수도 있음을 의미한다 (Riordan, 2017: 15).

궁극적으로 이렇게 높아진 연결감은 우리의 사회적 유대(social bond)를 강화하는 결과를 가져온다(Campbell & Ling, 2009).

2) 문자 보내기와 관계 커뮤니케이션

문자 메시지는 휴대폰을 통한 커뮤니케이션에서 큰 부분을 차지한다. 10대들이 친구 관계에서 커뮤니케이션 기술을 어떻게 사용하는지를 분석한 렌하트(A. Lenhart) 등의 연구에 따르면, 10대의 80%가 새로운 친구를 만날 때 문자를 통해 연락을 유지할 것을 기대하며 전화번호를 공유한다고 말했고, 54%는 새로운 친구에게 가장 먼저 전화번호를 알려주는 이유가 문자 메시지를 보내기 위해서라고 답한 반면, 음성 통화를 위해서라고 답한 경우는 9%에 불과했다(Lenhart et al., 2015). 여러분 가운데 많은 사람들이 분명 문자 메시지를 보내는 것에 대해 별다른 생각을 하지 않겠지만, 학자들은 "실제로 문자 메시지는 동료애, 심지어 친밀감의 상징적 제스처"라고 제안한다(Campbell & Ling, 2009: 596). 어떤 의미에서 문자 메시지는 쪽지를 보내는 것과 비슷하며(Ling, 2004), 우리와 다른 사람을 연결하는 데 대단히 중요한 역할을 하는 "디지털 선물(digital gifts)"로 간주될 수 있다(Johnsen, 2003). 링 및 이트리(Ling & Yttri, 2002)는 이러한 연결성이 어떻게 작용하는지에 대해 다음과 같이 설명했다:

> 수신자는 송신자의 생각 속에 있으며 그들이 만날 때 그들은 메시지 교환을 토대로 일정 부분의 추후 상호작용을 할 수 있을 것이다. 메시지는 공통된 역사나 내러티브의 개발을 통해 집단을 함께 묶어주는 역할을 한다(Ling & Yttri, 2002: 158~159).

달리 말하면, 문자 메시지는 관련된 모든 사람을 위한 공통된 기초공사를 함으로써 미래의 대면 상호작용을 위한 기본 구성 요소 기능을 할 수 있다. 이러한 공유되는 역사는 우리가 더 연계되어 있다는 느낌을 갖도록 도와줄 수 있다.

3) '텔레코쿤'에서 벗어나기

일부 학자는 긴밀한 집단 구성원들 간의 지나친 연결성이 실제로 친밀한 네트워크 밖에서 새로운 관계를 형성하는 데 해로울 수 있음을 우려한다. 어떤 연구는 휴대폰을 많이 사용하는 것이 누에고치 효과(cocooning effect)를 미쳐 우리가 긴밀한 사회 집단 내에만 있어 외부 세계와 격리됨을 보여주었다(Habuchi, 2005; Ito et al., 2008). 사회적 누에고치가 될 때 있을 수 있는 한 가지 결과는 누에고치처럼 사는 사람들이 '외부' 세계와 덜 연결되어 있다는 느낌을 가질 수 있으며 대안적인 아이디어와 목소리를 듣지 않는다는 것이다(Campbell & Ling, 2008; Ling, 2008). 청소년의 경우, 문자 메시지는 다른 사람을 대할 때 더 조심스럽고 사회적으로 덜 관용적인 것과도 관련이 있다(Kobayashi & Boase, 2014). 또한 13~17세의 43%(Schaeffer, 2019)와 18~29세의 47%(Pew Research Center, 2015)가 주변 사람들과의 상호작용을 피하기 위해 스마트폰을 사용한다고 인정했다.

모바일 기술과 텔레코쿠닝(telecocooning)이 사회적 고립을 증가시킨다는 우려에도, 휴대폰은 오히려 정반대의 효과를 가져올 수 있다. 실제로 우리의 휴대폰은 긴밀한 관계를 강화하고 우리 내적 사회적 집단(inner social circle) 외부의 사람들과 우리를 연결해 줄 수 있다(Wilken, 2011). 캠벌과 링은 "스마트폰 기술이 사회적 연결의 층을 추가해 주는 역할을 하면서, 스마트폰 사용의 효과는 핵심적인 관계에만 집중하면서 그 외의 관계를 소홀히 하는 것이 아니라 핵심적인 관계에도 집중하면서 '동시에' 그 외의 관계로도 확장되는 것으로 특징지을 수 있다"고 말했다(Campbell & Ling, 2020: 393).

레이니와 웰먼은 스마트폰을 스위스 군용 칼에 비유하면서 다양한 목적(예: 소셜 미디어, 게임, 내비게이션 등)에 앱을 사용하는 것이 개인의 사회적 관계를 어떻게 넓힐 수 있는지 잘 보여주었다(Rainie & Wellman, 2012). 햄프턴(K. N. Hampton) 등은 휴대폰 소유, 인스턴트 메시징, 온라인 사진 공유를 더 큰 핵심 친구 집단을 갖는 것과 연결 지었다(Hampton et al., 2011). 모바일 기술은 또한 가까운 친구와 가족에 대해 더 많은 것을 알 수 있게 도와줄 수도 있는데, 왜냐하면 "새로운 미디어 이용으로 개인의 어떤 특성을 과거보다 더 잘 관찰할 수 있기 때문이다. 새로운 기술은 다양성을 증가시키기보다는 항상 존재했던 다양성에 대한 인식을 증가시키는 정도일 수도 있다"(Hampton et al., 2011: 150). 예를 들면, 온라인에서 사진을 공유하는 것은 정치적 성향이 다른 사람과 핵심적인 관계를 맺을 가능성을 높였다.[3] 연구 참여자들은 다른 사람들의 정치적 소속감(political affiliation)[4]을 어떻게 알았을까? 그들은 친구나 가족의 온라인 게시물을 통해 그러한 정보를 알았을 수도 있다. 캠벌과 곽(N. Kwak)은 정치적 담론을 추가로 살펴본 결과, 모바일 기술을 통한 정치적 토론이 같은 생각을 가진 개인들로 구성된 소규모 집단에서는 약간 더 적었지만, 더 규모가 큰 같은 생각을 가진 집단에서는 더 많은 공개적인 정치 토론을 촉진한다는 사실을 확인했다(Campbell & Kwak, 2011b).

고바야시(T. Kobayashi) 등은 "스마트폰의 사용자 맞춤화(customizability)가 약한 연결(weal tie) 관계에 있는 사람과의 상호작용 증가를 촉진할 수 있기 때문에" 텔레코쿠닝 가

---

3 이 연구는 소셜 미디어와 같은 온라인 플랫폼이 사람들이 서로 다른 정치적 견해를 가진 다른 사람들과 소통하는 데 도움이 될 수 있음을 시사한다. 이러한 노출 증가는 정치적 다양성에 대한 '인식'을 높일 수는 있지만, 반드시 사람들의 정치적 신념을 바꾸거나 더 다양한 사회 구성원으로 이어지지는 않을 수 있다는 의미이다(옮긴이 주).

4 '정치적 소속감'이란 특정 정당에 소속되거나 특정 정당과 동일시하는 행위, 특정 후보를 지지하거나 어떤 식으로든 정치적 대의에 동조하는 행위를 포함하는 개념이다(옮긴이 주).

설에 대해 더 숙고해 볼 것을 요구했다(Kobayashi et al., 2015: 331). 그들의 실험에서는 개인의 휴대폰 화면에 표시되는 알림(on-screen reminder)이 적어도 두 달 동안 연락하지 않았던 사람에게 연락을 취하도록 영향을 미칠 수 있다는 사실이 밝혀졌다. 알림은 사람들이 이전 학급 친구와 다시 연결하도록 돕는 데 특히 효과적이었다.

4) 연인 관계의 '기술-간섭'

우리는 모바일 커뮤니케이션 기술이 지인, 친구 및 다른 가까운 사람들과의 관계에 어떻게 영향을 미치는지 논의했다. 하지만 모바일 커뮤니케이션 기술이 우리가 가장 사랑하는 사람과의 관계에는 어떻게 영향을 미치는가? 연구에 따르면, 모바일 기술과 우리가 모바일 기술에 연결하는 것이 우리의 연인 관계에 영향을 미칠 수 있는 것으로 나타났다. 맥대니얼(B. T. McDaniel)과 코인(Sarah M. Coyne)은 컴퓨터, 휴대폰, TV가 어떻게 "기술-간섭(technoference)"[5]을 불러일으키는지 살펴보았는데, 그들은 기술-간섭을 "기술로 인해 발생하는 커플의 상호작용이나 함께 보내는 시간에 대한 일상적인 침해나 방해"로 정의했다(McDaniel & Coyne, 2016: 85). 기술-간섭은 비교적 흔히 일어나며 연인 사이의 갈등을 초래할 수 있다. "개인이 자신의 기술을 파트너보다 우위에 두는 경

기술-간섭은 관계에 부정적인 영향을 미치는 것으로 알려져 있다.

---

5   '기술(technology)'과 '간섭(interference)'의 합성어다(옮긴이 주).

우, 비록 짧은 순간이라도 연인 관계에 갈등이 싹트게 할 수 있는데, 이는 우울증 증상이 심해지고 삶에 대한 만족도가 낮아지는 것과 같은 부정적인 결과로 이어질 수 있다"(McDaniel & Coyne, 2016: 94).

스마트폰과 연인 관계를 구체적으로 조사한 또 다른 연구에서는 스마트폰 사용만으로는 관계 만족이나 관계 불확실성에 영향을 미치지 않았고, "오히려 관계에 부정적인 영향을 미치는 것은 다름 아닌 그러한 기기에 대한 커지는 심리적 애착"인 것으로 나타났다(Lapierre & Lewis, 2018: 395). 예를 들어, 한 파트너가 스마트폰에 점점 더 의존하게 되면 다른 파트너는 연인 관계의 건강함에 대해 더 나쁜 느낌을 가지게 된다.

맥대니얼과 코인은 커플들이 그들의 관계에서 기술 관련 갈등에 대해 공개적이고 솔직하게 이야기하며 잠재적인 갈등을 줄이는 방법을 찾을 것을 제안한다. 그러한 방법에는 상호작용하는 동안은 기기를 무음으로 하거나 끄거나, 기기 사용이 과도하지 않은 한 사용을 허용하는 것이 포함될 수 있을 것이다. 이러한 전략은 커플마다 다를 수 있지만, "파트너 간의 개방적이고 지속적인 대화는 반드시 필요하다"(McDaniel & Coyne, 2016: 94).

4. 청소년 문화에 미치는 효과

모바일 커뮤니케이션의 광범위한 채택은 10대가 어떻게 성인으로 성장해 가는가에 대한 많은 전통적인 이슈를 바꾸어놓았다(Campbell & Ling, 2009). 과거에는 많은 10대가 부모가 밟아온 길을 뒤따르도록 양육되었지만, 오늘날의 문화는 급격히 변화되어 어린 이들의 경험은 부모나 심지어 나이가 더 많은 형제자매의 경험과도 크게 다르다.

1) 친구와 연락하기

청소년들은 사회에서 어떻게 기능해야 하는지 반드시 배워야 한다. 또래와의 상호작용은 세상을 헤쳐가는 법을 배우는 데 큰 역할을 하며, 휴대폰은 10대의 상호작용에 완벽한 도구이다. 미국의 평균적인 고등학교 3학년생은 문자를 보내는 데 하루에 약 2시간을 보낸다(Twenge et al., 2019). 문자 메시지 보내기는 친구들 사이에서 일상적인 커뮤니케이션에 가장 많이 이용되는 방법이다(Lenhart et al., 2015). 10대 소녀들은 친구와 연락하기 위해 문자 메시지, 전화, 소셜 미디어를 이용할 가능성이 더 높은 반면, 10대 소년들은 비디오 게임을 통해 가장 가까운 친구들과 연락할 가능성이 더 높다(Lenhart et al., 2015).

휴대폰을 통한 친구와의 지속적인 접촉은 내집단 소속감을 강화해 준다(예: Ling, 2004, 2008; Ling & Yttri, 2002). '항상 연락이 가능하기'를 바라는 욕구가 휴대폰을 갖게 된 주된 이유라고 많은 10대는 말했다(Nielsen, 2010). 한 설문조사에서는 10대 가운데 57%가 문자 메시지에 즉시 응답해야 할 것 같은 느낌을 자주 또는 때때로 받는다고 말했다(Jiang, 2018a).

2) 섹스팅: 위험한 행동 아니면 새로운 기준?

"전자적 수단을 통해 성적으로 노골적인 이미지, 동영상, 또는 메시지를 공유하는 것"(Madigan et al., 2018)으로 정의되는 **섹스팅**(sexting)은 스마트폰의 영향과 관련한 또 다른 주요 관심사이다. 도링(N. Döring)에 따르면, 섹스팅을 바라보는 두 가지 주요 관점이 있다(Döring, 2014). 가장 흔히 볼 수 있는 관점은 섹스팅이 개입과 예방을 통해 해결되어야 하는 본질적으로 위험한 행동이라는 것이다. 두 번째 관점은 섹스팅이 관계에서 정상적이고도 건강한 성적 표현 수단으로 간주된다는 것이다. 첫 번째 관점과 관련한 섹스팅 연구에 대한 메타-분석에서는 섹스팅 행동이 성활동, 안전하지 않은 섹스 및 개인의 성적 파트너 수와 약하거나 중간 정도의 관계만 있는 것으로 나타났다. "우리가 아는 것은 섹스팅과 성적 행동이 동시에 일어난다는 것뿐이다. 섹스팅은 다른 성활동에 대한 관문 역할을 할 수도 있지만, 섹스팅은 단순히 이미 성활동을 하고 있는 사람의 성적 레퍼토리의 일부일 가능성이 높다"(Kosenko et al., 2017: 153).

매디건(S. Madigan) 등이 실시한 또 다른 메타-분석에서는 합의된 섹스팅은 10대들 사이에서 점점 더 흔한 일이 되었으며, 10대 7명 중 1명은 섹스팅을 보냈고 4명 중 1명은 섹스팅을 받은 것으로 나타났다(Madigan et al., 2018). "성적 문자(sext)를 범죄화하는 데 들이는 노력과 자원은 디지털 시민의식과 건전한 관계에 관한 교육 프로그램으로 방향이 바뀌어야 한다"(Madigan et al., 2018: 333). 아이들은 10살이 되고 얼마 지나지 않아 첫 번째 스마트폰을 갖게 되는데, 이로 인해 연구자들은 부모, 소아과 의사, 중학교 교육자들에게 10대 청소년과 섹스팅 및 디지털 세계를 안전하게 이용하는 법에 관해 대화를 나눌 것을 촉구했다. 이 메타-분석에 따르면, 청소년 8명 중 1명은 동의 없이 성적 문자를 전달했거나(forwarding) 전달받았다. 이러한 유형의 섹스팅 행동을 다룬 연구는 거의 없으며, 있을 수도 있는 영향을 더 잘 이해하려면 더 많은 연구가 필요하다.

3) 교실에서의 휴대폰 사용

휴대폰 사용의 일부 부정적인 효과는 학업 성적과 관련 있다. 고등학생의 경우, 휴대폰을 많이 사용할수록 유급을 포함해 수업에서 낙제하는 비율이 높아지는 것으로 나타났다(Sánchez-Martínez & Otero, 2009). 8학년과 11학년 학생을 대상으로 이루어진 한 연구에서는 강박적인 문자 메시지 보내기는 여학생의 성적, 학교와의 유대감 및 학업 능력과 부정적으로 관련되어 있는 반면, 남학생은 유의적인 영향을 미치지 않는 것으로 나타났다(Lister-Landman et al., 2017).

대학생들의 경우, 수업 시간에 휴대폰을 많이 사용하는 학생은 강의 자료를 확인하지 못할 가능성이 더 높았다(End et al., 2010). 수업 시간에 문자를 보내는 것 역시 더 낮은 시험점수와 관련이 있었다(Ellis et al., 2010). 수업 시간에 문자 메시지를 더 많이 보내는 학생은 전반적인 GPA도 더 낮았다(Harman & Sato, 2011). 이 주제에 관한 관련 문헌을 검토한 슈나이더(D. E. Schneider)는 수업 중에 휴대폰을 사용하는 것이 퀴즈 성적과 노트 작성 같은 특정 수업과 관련된 과제 수행 능력이 저하되고 전반적인 학업 성취도가 떨어지는 것과 관련이 있다는 결론을 내렸다(Schneider, 2018). 더욱이 수업 중에 과도하게 스마트폰을 사용하는 것은 학생들이 실제로 급우들과 확실한 관계를 맺는 것을 방해하여, 서로 돕고 협력하는 학습 환경 조성을 저해할 수 있다(Soomro et al., 2019). 여러분도 조심하기 바란다 ······.

5. 문자 보내기의 효과

문자 보내기는 특히 10대에게 중요한 유형의 모바일 커뮤니케이션이 되었다. 문자 메시지는 흔히 그 길이가 짧음에도(Ling, 2006) 사회적 조정부터 정서 표현에 이르기까지 다양한 주제를 다룰 수 있다(Ling, 2005). 그러나 대면 커뮤니케이션이나 음성 통화와 달리, 문자 메시지에는 커뮤니케이션 행위에서 표정, 목소리 톤과 같은 전통적인 비언어적 단서가 포함되어 있지 않다. 대신에 대문자 쓰기, 구두점, 이모티콘(emoticon), 이모지

(emoji)가 비언어적 단서 역할을 하는 것을 볼 수 있다.

1) 이모티콘과 이모지를 통한 정동과 분위기 전달하기

말하자면 컴퓨터를 매개로 한 커뮤니케이션과 모바일을 매개로 한 커뮤니케이션은 그것들만의 언어를 발전시켜 왔다. 많은 사람은 친구와 커뮤니케이션할 때 그들 자신만의 약어를 만들어 사용한다. 'where u @?', 'call me l8r',[6] 'i luv u <3'[7] 같은 문자는 특정한 사회적 네트워크에 소속되어 있음을 나타내는 '회원 배지(badge of membership)'가 될 수 있다(Campbell & Ling, 2009). 더욱이 LOL,[8] ROFLMFAO,[9] TTYL[10] 같은 약어 코드를 문자로 보내는 것은 여러 유형의 온라인 커뮤니케이션에서 흔히 발견된다. 이러한 방식의 커뮤니케이션은 더 젊은 세대에게는 자연스럽지만, 부모들과 할아버지, 할머니들은 흔히 이러한 '알파벳 수프(alphabet soup)'[11]의 의미를 해독하는 데 어려움을 겪는다. [여러분 가운데 많은 이들이 아마도 누군가의 나이 많은 친척이 LOL을 '크게 소리 내어 웃다'가 아니라 '많이 사랑해'를 의미하는 것으로 생각했다는 이야기를 많이 들었을 텐데, 이는 의도치 않게 웃기거나 (웃기면서도) 어색한 문자 교환으로 이어질 수 있다.]

약어 외에도 :) 및 :(와 같은 이모티콘은 이메일과 인스턴트 메시지에서 정서를 전달하는 데 도움이 된다. 이모티콘은 또한 보낸 사람의 의도를 명확히 하는 데 도움을 줄 수 있다. :p(혀) 및 ;)(윙크)와 같은 일부 이모티콘은 비아냥거리거나 비꼴 때 사용된다(Thompson & Filik, 2016). 이모지는 이모티콘을 상당 정도 대체하는(Thomson et al., 2018) 발전된 버전의 이모티콘으로 여겨진다(Aull, 2019). 실제로 워드(Word)에서 :p[12]를 입력하

---

6   '8'을 읽으면 'eight'이 되고, 앞에 알파벳 'l'을 붙이고 뒤에 'r'을 붙이면 'later'가 된다. 'later'는 'See you later'의 줄임말이다(옮긴이 주).

7   '<3'은 하트(heart) 모양(옮긴이 주).

8   일반적으로 'Laughing Out Loud/Laugh Out Loud'(크게 소리 내어 웃다)라는 뜻으로 사용되나 간혹 나이 많은 세대에서나 풍자적으로 'Lots Of Love/Lots of Luck'(많이 사랑해)라는 의미로 쓰이기도 한다(옮긴이 주).

9   'Rolling on floor laughing my fucking ass off'의 약어로 정말 우습다는 의미를 전할 때 사용된다(옮긴이 주).

10   'Talk To You Later'(나중에 이야기하자)의 약어(옮긴이 주).

11   (특히 기호나 약어들이 많아서) 대단히 이해하기 어려운 언어를 말한다(옮긴이 주).

12   이 이모지는 'sticking tongue out with one eye open'(한쪽 눈을 뜬 채 혀 내밀기)를 나타낸다(옮

면 자동으로 😛가, ;)[13]를 입력하면 자동으로 😉가 생성된다. 이모지는 표현과 내용이 풍부하다는 점에서 이모티콘보다 더 효과적이다(Rodriques et al., 2017). 오늘날, 사람들(특히 여성)은 이모티콘보다 이모지를 더 자주 사용하며 이모지에 대해 더 긍정적인 태도와 더 높은 수준의 동일시를 보여준다(Prada et al., 2018).

이모지는 1999년에 처음 출시된 이후 특히 모바일 기기에서 널리 사용되고 있다. 우리는 문자, 이메일, 인스타그램 스토리 등에 이모지를 사용한다. 얼굴부터 동물, 음식 등에 이르기까지 "이모지는 효과적인 커뮤니케이션, 놀이, 개인적 표현의 요소를 모두 담고 있다"(Riordan, 2017). 이모지 사용은 특히 컴퓨터 과학과 커뮤니케이션 분야의 연구자들이 뜨거운 관심을 보이는 주제이지만, 마케팅, 의학, 교육, 심리학, 언어학, 행동과학 분야의 학자들도 이모지에 대한 연구를 활발히 진행하고 있다(Bai et al., 2019). 이모지는 우리의 일상적인 디지털 생활에 너무나 뿌리 깊게 자리 잡았기 때문에 옥스퍼드 사전(Oxford Dictionary)은 2015년에 '기쁨의 눈물을 흘리는 얼굴' 이모지(😂은 '웃으면서 울고 있는' 이모지라고도 함)를 '올해의 단어'로 선정했다(Steinmetz, 2015). 일부 대학 강좌에는 대학생들이 대인 커뮤니케이션에서 이모지 사용을 더 잘 이해할 수 있도록 돕기 위한 수업 중 활동이 포함되어 있기도 하다(예: Yang, 2020).

이모티콘과 마찬가지로 이모지는 분위기를 전달하며 모호성을 줄이는 데 도움이 될 수 있다(Kaye et al., 2016). 그러나 일부 이모지는 발신자의 의도를 더욱 모호하게 만들 수 있다. 예를 들어, '접힌 손' 이모지 🙏는 기도를 상징할 수 있지만 일부에서는 이것을 박수나 하이파이브로 해석한다(Bai et al., 2019). 잘못 해석될 소지가 일부 있을 수 있음에도 이모지 사용은 사회적 관계를 유지하고 강화할 수 있다(Riordan, 2017). 얼굴 모양이 아닌 이모지도 정서, 특히 기쁨을 전달할 수 있다(Riordan, 2017). 스코브홀트(K. Skovholt) 등(Skovholt et al., 2014)과 리어던(M. A. Riordan)은 이모지가 메시지 수신자의 긍정적인 정서를 증가시킬 수는 있지만 메시지의 전반적인 정서가(情緒價; valence)[14]를 바꿀 수는 없다는 사실을 확인했다(Skovholt et., 2014; Riordan, 2017). 바꾸어 말하면, 이모지는 메

긴이 주).

13 이 이모지는 'winking and sticking tongue out'(윙크하면서 혀 내밀기)를 나타낸다(옮긴이 주).

14 '쾌락조(hedonic tone)'라고도 하는 '정서가'는 정서적 정동(emotional affect: 본질적 매력 또는 혐오)을 결정하는 정서의 특성을 말한다. 특정한 사건, 대상, 상황마다 고유하게 가지고 있는 이끌림(attractiveness)/좋음(goodness), 즉 정적 정서가(positive valence), 혹은 싫어함(averseness)/나쁨(badness), 즉 부적 정서가(negative valence)라는 정동에 관한 것을 말한다(옮긴이 주).

발신자의 젠더는 문자 메시지의 이모지 해석에 영향을 미친다

Sarah E. Butterworth, Traci A Giuliano, Justin White, Lizette Cantu, & Kyle C. Fraser (2019) *Frontiers in Psychology, 10*, Article 784.

이모지는 일반적으로 텍스트-기반 커뮤니케이션에 사용되며 버터워스(Sarah E. Butterworth) 등은 발신자의 젠더가 어떻게 수신자의 문자 메시지 이모티콘 해석에 영향을 미칠 수 있는지 알고 싶었다.

　남성과 여성 간의 이모지 사용의 차이와 젠더 특성이 반영된 커뮤니케이션에 관한 고정관념을 확인한 연구들을 검토한 결과, 버터워스 등은 두 가지 가설을 세웠다:

H1: 다정한 이모지가 포함된 문자 메시지는 남성 발신자보다 여성 발신자가 보낸 것일 때 더 적절하고 호감이 가는 것으로 지각될 것이다.

H2: 공공연한 애정 표현은 덜하지만 여전히 친근한 이모지가 포함된 문자 메시지는 여성 발신자이든 남성 발신자이든 똑같이 적절하고 호감이 가는 것으로 간주될 것이다.

연구 방법

미국 남서부 지역(텍사스) 8개 대학교 학부생 80명(여 39명, 남성 40명, 미보고 1명; 평균 연령 20.14세)이 참여에 동의하고 '직장 내 소통'에 대한 간단한 설문조사를 마쳤다. 참여자들에게 업무와 관련된 호의에 대해 동료에게 감사를 표하는 사람이 보낸 다음과 같은 가상의 문자 메시지 스크린샷을 보여주었다: "안녕 케이티, 어제 못 가서 미안해요. 그래도 오늘은 기분이 많이 나아졌어요. 내 근무를 대신해 줘서 고마워요." 이 문자의 수신자는 항상 여성 동료였지만, 발신자는 가상의 여성('레베카')이나 가상의 남성('스티븐')이었다. 이 문자에는 다정한 이모지(예: 키스하는 얼굴 이모지와 빨간색 하트 이모지) 또는 친근한 이모지(예: 웃는 얼굴)의 조합이 포함되었다.

　가상의 메시지 가운데 하나를 본 후 참여자들은 평가 문항들[예: "이 문자는 직원들 사이의 적절한 분위기를 보여준다", "(레베카/스티븐)은 이 경우 직장인으로서 적절하게 행동했다", "케이티는 아마도 이 문자를 받고 불편함을 느꼈을 것이다" 등]에 대해 1점(전적으로 동의하지 않음)부터 7점(전적으로 동의함)까지의 라이커트 척도를 사용해 이 메시지의 적절성에 대한 피드백을 제공했다. 참여자들은 "[레베카/스티븐] 같은 사람과 일하고 싶다", "[레베카/스티븐]과 잘 지낼 것 같은 느낌이 든다"와 같은 문항들에 점수를 매김으로써 발신자에 대한 호감도도 평가했다.

연구 결과

2(발신자의 젠더) × 2(이모지 유형) 쌍의 집단 간 분산분석(ANOVA)을 실시한 결과, 참여자들은 다정한 이모지가 포함된 문자를 일반적으로 친근한 이모지가 포함된 문자보다 덜 적절하게 여기는 것으로 나타났다. 다정한 이모지가 포함된 문자는 여성이 보냈을 때보다 남성이 보냈을 때 덜 적절한 것으로 지각했다. 또한 다정한 이모지가 포함된 문자를 보낸 사람은 친근한 이모지를 보낸 사람보다 덜 호감이 가는 것으로 여겨졌다.

친근한 웃는 얼굴 이모지가 포함된 문자는 두 젠더 모두에 적합한 것으로 여겨졌다. 뜻밖에도 친근한 이모지가 포함된 문자를 보낸 남성이 같은 문자를 보낸 여성보다 더 호감이 가는 것으로 지각되었다.

이러한 연구 결과는 젠더 고정관념과 커뮤니케이션에 대한 이전 연구와 일치하며, 다음과 같은 사실을 확인해 준다:

> 사람들은 일반적으로 다정한 남성보다 다정한 여성을 더 적절하다고 지각한다. 그러나 남성은 커뮤니케이션에서 많은 정서를 표현할 것으로 기대되지 않기 때문에 정서를 표현하면 여성보다 더 많은 긍정적인 반응을 얻을 가능성이 높다…. [그리고 그들은] 아마도 본질적으로 여성의 커뮤니케이션에서 더 기대되는 방식으로 행동한 것에 대해 더 큰 찬사를 받는 것 같다(Butterworth et al., 2019: 3~4).

시지의 부정적인 분위기를 완화할 수는 있지만 부정적인 메시지를 긍정적인 메시지로 바꾸지는 않는다. 게다가 메시지에 여러 이모지를 사용하는 것은 수신자의 메시지 해석에 거의 영향을 미치지 않는다(Riordan, 2017; Riordan & Trichtinger, 2016). 그러나 발신자의 젠더는 수신자가 문자 메시지에서 이모지를 해석하는 방식에 영향을 미칠 수 있다(Butterworth et al., 2019). 이 연구에 대한 더 자세한 내용은 이 장의 '연구 스포트라이트'를 참조하라.

앞 절에서 10대의 연인 관계에서 섹스팅이 점점 더 보편화되고 있다는 점을 언급한 바 있다. 연구들은 성인의 연인 관계에서 이모지 사용도 조사했다. 더 외향적이고 가벼운 관계의 성적 파트너가 더 많은 성인은 성적으로 암시적인 방식으로 이모지[예: 혀, 가지(식물), 웃는 얼굴, 윙크하는 얼굴]를 사용할 가능성이 더 높다(Thomson et al., 2018). 연인 관계로 발전할 가능성이 있는 상대와 이모지를 사용하는 것은 두 번째 데이트나 만남의 가능성이 높아지고, 성활동이 더 빈번해지며, 전년도에 성적 파트너가 더 많은 것과 관련이 있었다(Gesselman et al., 2019). 이모지를 사용하면 친밀한 커뮤니케이션과 대인관계 친밀감에 대한 필요를 충족할 수 있기 때문에, "특히 인간의 구애 행동 영역에서 정동적 신호로 전략적으로 사용될 수 있는 이모지는 오늘날 디지털 세계에서 사회적 행동의 중요한 측면"이라고 할 수 있다(Gesselman et al., 2019: 12).

2) 운전 중 문자 보내기

휴대폰 사용과 운전 수행 능력에 관한 연구들을 검토한 첸과 얀(Z. Yan)은 핸즈-프리(hands-free) 휴대폰 사용이 휴대폰 사용만큼 위험한 것으로 간주되며, 운전 중 휴대폰 사용이 더 긴 반응 시간과 더 형편없는 차량 통제와 관련이 있다는 반복된 결과들을 확인했다(Chen & Yan, 2013). 평균적으로 운전 중 문자 보내기는 운전자가 문자를 보내지 않을 때보다 5배 더 많은 충돌 사고로 이어졌다(Bendak, 2015). 운전 중 문자를 보내는 운전자는 전체 운전 시간의 25%에서 거의 32%에 달하는 시간 동안 도로에서 시선이 벗어나는 반면, 문자를 보내지 않는 운전자는 2% 미만에 그쳤다. 벤닥(S. Bendak)은 "모든 형태의 문자 메시지는 충돌 위험을 크게 증가시키므로 공중의 참여와 인식 개선을 위한 새롭고 혁신적인 방법을 개발하여 이를 억제해야 한다"고 결론지었다(Bendak, 2015: 392).

2021년 현재, 미국의 48개 주가 모든 운전자에 대해 문자 보내기를 금지한다(Governors Highway Safety Association, 2021). 이러한 금지에도 수천 건의 충돌 사고가 운전 중 문자 보내기로 인해 발생한다. 그렇다면 사람들은 왜 이런 위험한 행동을 계속하는 걸까? 한 연구에 따르면, 자제력이 더 낮은 사람과 위험 감수 성향(propensity toward risk)이 더 높은 사람이 운전 중에 문자를 보내려는 동기가 더 강할 수 있다고 한다(Gupta et al., 2016). 또 다른 연구는 자신이 멀티태스킹을 할 수 있다고 생각하고, 자신의 운전 기술을 과대평가하며, 상황을 잘 통제할 수 있고 믿는 대학생들이 운전 중에 휴대폰을 사용할 가능성이 더 높다고 제안했다(Schlehofer et al., 2010). 운전 시뮬레이터에서 운전 중에 휴대폰을 더 많이 사용한 학생들이 실제 운전 기록도 더 나빴다. 성인들은 문자를 보내는 동안에도 여전히 안전하게 운전할 수 있다고 믿기 때문에 운전 중에 문자를 보낸다(Kareklas

운전 중 문자를 보내면 운전자
시선이 도로에서 벗어나게 된다.

& Muehling, 2014). 죽음에 대한 언어적 및/혹은 시각적 단서가 포함된 공익광고(PSA: public service announcement)로 사람들을 기폭하면 운전 중 문자 보내기를 더 부정적으로 보게 되며 앞으로 운전 중에 문자를 보내고자 하는 의도가 줄어들 수 있다. (기폭에 대한 자세한 내용은 5장을 참조하라.)

6. 공적 공간에서의 사적 사용

급격한 휴대폰 사용 증가는 우리의 사회적 지형을 사람들이 공적 공간을 사적으로 이용하는 장소로 바꿔놓았다. 공적 행동에 대한 사회적 규칙과 전화 대화에 대한 사회적인 규칙은 흔히 서로 충돌하기 때문에(Love & Kewley, 2005; Palen et al., 2001), 공적 공간과 사적 공간의 경계가 흔히 흐려진다(Campbell & Ling, 2009).

우리는 휴대폰 사용이 친구 및 가족과의 커뮤니케이션을 더 쉽게 해준다는 것을 알았다. 그러나 그것은 우리의 벨소리, 문자 메시지 알림음, 반쪽 대화(half-conversation)[15]를 공적 공간에서 들어야 하는 우리 주위 사람들의 희생을 대가로 한다는 점을 캠벌과 링(Campbell & Ling, 2009)은 지적했다. 미국인의 절반 이상이 사람들이 공공장소에서 자신

---

15 공공장소에서 누군가가 휴대폰으로 전화를 하고 있을 때 주변에 있는 사람들이 그 전화 대화의 반쪽만 듣게 되는 상황을 말한다(옮긴이 주).

의 사생활에 대한 은밀한 세부 사항을 전화로 이야기하는 것을 의도치 않게 자주 또는 가끔 듣는다고 말한다(Rainie & Zickuhr, 2015). 몇몇 연구에 따르면, 어떤 사람은 누군가의 휴대폰 대화를 우연히 엿듣는 것을 즐기지만(Fortunati, 2005b; Paragas, 2003), 대부분은 사람이 휴대폰에 대고 말하는 것을 들어야 하는 것을 좋아하지 않는다고 한다(Monk et al., 2004). 실제로 '반쪽 대화(halfalogue)', 즉 전화 대화의 한쪽만 듣는 것은 대화의 양쪽을 다 듣는 것보다 사람들의 주의를 더 분산시킨다(Emberson et al., 2010). 대다수의 미국인, 특히 젊은 세대는 대중교통을 이용하기 위해 줄을 서서 기다리거나 길을 걸을 때 통화를 하는 것이 일반적으로 용인된다고 생각한다(Rainie & Zickuhr, 2015).

이 장의 앞부분에서 우리는 휴대폰 사용에 의해 야기되는 사회적 누에고치라는 개념에 대해 논의했다. 휴대폰 사용의 속성으로 인해 우리는 공적 공간에서 우리 자신을 더욱 누에고치로 만들 수도 있다.

일반적으로 우리는 친한 사람과 낯선 사람 모두에게 열린 자세를 취해야 하지만, 휴대폰은 친한 친구와 가족 쪽으로 균형이 기울어지게 한다. 그렇지 않았더라면 낯선 사람과 이야기할 기회가 있었을지도 모를 상황(예: 버스를 기다리거나 계산대 앞에서 줄 서서 기다리는 상황)에서 대신 우리는 친구나 친한 사람 혹은 가족과 수다를 떨거나 시시덕거리거나 농담을 할 수 있다(Ling, 2008: 159~160).

링이 기술한 이러한 상황에서 우리는 거건(K. J. Gergen)이 "부재적 존재"(absent presence)라고 부른 것, 즉 우리의 몸은 물리적으로 존재하지만 우리의 마음은 모바일 기술을 통

미국인의 절반 이상은 누군가가 공공장소에서 전화로 매우 개인적인 문제에 관해 이야기하는 것을 의도치 않게 자주 또는 가끔 듣는다고 말한다.

한 대화에 몰두해 다른 곳에 있는 상태를 보여준다(Gergen, 2002). 퓨 리서치 센터가 공공장소에서의 휴대폰 사용을 조사해 보니, 70%의 사람들이 다른 사람과의 모임을 계획하기 위해 공공장소에서 자주 또는 가끔 휴대폰을 사용했으며, 67%는 공공장소에서 친구와 가족의 근황을 묻기 위해 휴대폰을 자주 또는 가끔 사용한 것으로 나타났다(Rainie & Zickuhr, 2015). 이러한 조사 결과는 공공장소에서의 휴대폰 사용이 우리의 내밀한 사회적 관계에 우리의 주의를 집중시킨다는 주장에 신빙성을 더해준다. 휴대폰 사용자 가운데 거의 4분의 1은 공공장소에서 다른 사람을 피하기 위해 적어도 가끔 휴대폰을 사용한다고 답했다.

캠벌과 곽(Campbell & Kwak, 2011a)은 최근 모바일 기술을 사용하는 사람들이 공공장소에서 다른 사람과 어떻게 관계를 맺는지 조사했다. 흥미롭게도 그들은 사람들이 정보 목적(즉, 조정과 뉴스 확인)에서 모바일 기술을 사용할 때는 낯선 사람과 대화할 가능성이 훨씬 더 높다는 것을 확인했다. 반대로 그들은 사람들이 관계 목적(즉, 친구 및 가족과의 더 친밀한 대화)에서 모바일 기술을 사용할 때는 낯선 사람과 이야기할 가능성이 더 낮다는 것을 확인했다. 캠벌과 곽은 정보 목적에서 모바일 기술을 사용하는 것과 낯선 사람과의 대화 증가 간에 관련이 있는 것은 정보 사용이 사람들에게 이야기할 무언가(예: 시사 사건, 스포츠, 날씨)를 제공하기 때문이라고 보았다.

1) 공공장소에서 모바일 게임하기

카츠와 어코드(S. K. Acord)는 모바일 게임의 인기 증가에 주목했는데, 캠벌과 곽(Campbell & Kwak, 2011a)은 이것이 모바일 기술 이용 패턴과 공공장소에서 낯선 사람과 이야기하는 것에 상당한 영향을 미칠 수 있다고 말했다(Katz & Acord, 2008). 실제로 무선 기술의 향상(예: 더 빨라진 속도, 더 넓은 대역폭)으로 휴대폰 데이터 전송능력이 향상되어 수백만 명의 사람이 모바일 게임을 즐길 수 있게 되었다(Soh & Tan, 2008). 〈워즈 위드 프렌즈(*Words with Friends*)〉와 〈앵그리 버드(*Angry Birds*)〉[16] 같은 게임은 매우 인기 있다. 2009년에 오리지널 〈앵그리 버드〉가 출시된 이후 이 프랜차이즈(franchise)[17]는 전

---

16 〈앵그리 버드〉는 아기 돼지가 지은 요새를 공략하는 일련의 공격적인 새를 진격시켜야 하는 능력 게임으로, 좋은 조준 실력을 요하고 중력에 힘입어 적군 돼지를 무너뜨릴 수 있도록 힘을 조절해서 새를 날려 보내야 한다(옮긴이 주).

세계적으로 40억 건 이상의 다운로드를 기록했다(Rovio, 2019). 앵그리 버드를 만든 회사인 로비오(Rovio)에 따르면, 전 세계의 이용자들이 하루에 앵그리 버드 게임을 하는 데 사용하는 시간을 합치면 약 2억 분에 이른다고 한다. 이 통계를 달리 표현하면, 전 세계 이용자들은 매시간 16년 치[18]에 해당하는 시간을 형형색색의 새들을 던져 녹색 돼지를 맞추는 데 사용한 셈이다(Wortham, 2010). 모바일 게임은 인기가 있을 뿐만 아니라 엄청난 수익을 낼 수도 있다. 예를 들어, 오리지널 〈앵그리 버드〉의 개발 비용은 약 10만 달러이다. 후속작인 〈앵그리 버드 2〉는 2018년에 거의 1억 3,200만 달러를 벌어들였다(Rovio, 2019). 모바일 게임은 2019년에 490억 달러의 매출을 올렸으며, 2024년에는 560억 달러 이상을 기록할 것으로 추정된다(Green, 2019).

〈앵그리 버드〉의 여러 단계를 끝내는 데는 1분이 채 걸리지 않기 때문에, 이 게임은 다른 많은 앱-기반 모바일 게임처럼 자투리 시간에 즐기기에 이상적이다(Richmond, 2010). 이러한 자투리 시간은 흔히 공공장소에 있을 때 생기는 경향이 있다. 단순히 공공장소에서 게임을 즐기는 사람들뿐만 아니라, 증강 현실의 발전으로 위치-기반 모바일 게임플레이가 공공장소로 확대되는 모습도 목격되고 있다. 상호작용형 모바일 게임은 우리가 물리적 공간을 인식하는 방식을 변화시켜 사적 공간과 공적 공간의 경계를 모호하게 만든다(de Souza e Silva & Sutko, 2008).

모바일 기기의 위치 인식 기능 사용과 게임 내러티브를 물리적 공간에 중첩하는(superimpose),[19] 즉 덧씌우는 기술은 모바일 기기 사용자와 물리적 공간 간의 본질적인 연결을 변화시킨다. 연결된 사용자에게 주변 공간은 더 이상 단절된 것이 아니라 연결된 것이다(de Souza e Silva & Sutko, 2008: 459).

최근 〈포켓몬 고〉 플레이어들이 다양한 캐릭터를 찾고 수집하기 위해 자신의 지역사

---

17 〈앵그리 버드〉라는 게임 시리즈와 그와 관련된 모든 제품, 속편, 스핀오프 등을 포함한 전체 브랜드를 의미한다(옮긴이 주).

18 하루는 24시간이고, 하루에 2억 분을 플레이한다고 했으므로, 시간당 플레이된 시간은 2억/24 ≈ 8,333,333분이다. 이를 연도로 환산하면 8,333,333/60×24×365 ≈ 15.85년이므로, 약 16년이 된다(옮긴이 주).

19 덧씌우거나 겹쳐 놓는 것을 통해 물리적 공간과 디지털 게임 세계가 결합되어, 이용자의 실제 환경과 게임 경험이 융합되는 효과를 만들어낸다(옮긴이 주).

회를 탐색하면서 이 게임은 전 세계적으로 인기를 얻었다(Licoppe, 2017). 〈포켓몬 고〉 플레이어는 게임을 한 후 더 행복하고 더 큰 성취감을 느꼈다. 또한 이 게임은 플레이어가 야외에서 더 많은 시간을 보내고 걷도록 동기를 부여했다(Williams & Slak-Valek, 2019). 이 게임은 캐릭터를 수집하기 위해 새로운 도시와 국가를 방문하는 등 지역 명소 방문을 늘려 관광을 활성화할 수 있다. 예를 들어, 한 플레이어는 모든 캐릭터를 수집하기 위해 파리, 시드니, 홍콩, 도쿄에 들르는 등 12일간 전 세계를 여행하기도 했다(Weinburger, 2016).

7. 직장 내 커뮤니케이션에 미치는 효과

모바일 기술은 개인적인 용도 외에 사람들이 일하는 방식에도 영향을 미치고 있으며, 이는 이점과 과제를 동시에 안겨준다(예: Andriessen & Vartiainen, 2006; Julsrud, 2005; Julsrud & Bakke, 2008). 여러분 가운데 많은 사람이 원격 근무, 즉 인터넷을 통해 집에서 일하는 것에 익숙할 수도 있지만(19장 참조), 휴대폰으로 인해 모바일 근무(mobile work)라는 것이 생겨났다(Campbell & Ling, 2009). 원격 근무자와 비슷하게 모바일 근무자도 기본적으로 사무실에서 떨어져 있는 곳에서 일을 하지만, 모바일 근무자는 주어진 장소 내의 여러 곳에서 일을 하든 아니면 좀 더 유목민처럼 한 새로운 장소에서 다음 장소로 계속해서 이동하면서 일을 하는 이동 중인 경향이 있다(Lilischkis, 2003). 모바일 근무의 이점으로는 적응력, 유연성, 자원 접근 가능성 증가 등이 있다(Campbell & Ling, 2009). 실제로 대다수의 스마트폰 소유자는 자신의 휴대폰이 '자유'를 상징한다고 말한다(Pew Research Center, 2015).

분명 모바일 근무는 하루 종일 사무실이나 좁은 방에 갇혀 있는 것을 두려워하는 사람에게 꽤 매력적인 것으로 보이지만, 잠재적인 위험이 없는 것은 아니다. 모바일 커뮤니케이션은 직장과 가정의 경계를 모호하게 만들어, 직장 문제가 가족 시간으로 흘러 들어가게 할 수 있다[이 장의 앞부분에서 논의한 카스텔스 등(Castells et al., 2007)의 초시간적 시간 개념을 상기해 보라]. 모바일 근무는 남성과 여성 모두에게 더 큰 스트레스를 야기할 수 있다(Barley et al., 2011). 역으로 가족 문제가 근무 시간으로 흘러 들어올 수도 있다. 특히 여성은 가족 문제가 흔히 직장으로 스며드는 경우가 많기 때문에 모바일 커뮤니케이션으로 인한 스트레스를 더 많이 느꼈다(Chesley, 2005). 그러나 근무 시간 중 여러 번의 '미소-휴식(microbreak)'을[20] 통해 친구나 가족에게 문자를 보내거나 1~2분 정도 시간을 투자해 모바일 게임을 하는 것은 업무 관련 스트레스를 완화하는 데 도움이 될 수 있다(Kim & Park, 2017). 직장인들은 업무와 관련 없는 활동을 하는 데 스마트폰을 하루에 약 22분 사용한다.

직장인들은 모바일 기술을 통해 동료와 소통할 때 동시에 여러 대화를 다루는 데 주의해야 한다. 모바일 기기에서 문자, 인스턴트 메시지, 이메일을 사용하면 더 쉽게 여러 업무 대화를 동시에 처리할 수 있다(Cameron & Webster, 2011). 그러나 직장인이 동시에 이루어지는 여러 개의 대화(예: 전화 회의 중에 스마트폰으로 이메일을 보내는 등)에 답변하지 않는 경우 동료는 무례하다고 여길 수 있으며 동시에 이루어지는 이런 활동이 불신을 유발할 수 있을 것이다.

이메일은 업무 관련 스트레스와 불안의 근원이 될 수 있다. 모바일 기술로 인해 직장인들은 이메일을 보내는 데 더 많은 시간을 할애하게 되었고, 이로 인해 과부하가 걸린 느낌을 더 많이 받는다. 하지만 더 많은 이메일을 처리하면서 이메일 과부하를 감당할 수 있다는 직장인들의 인식도 높아졌다(Barley et al., 2011). 궁극적으로 직장 내의 모바일 기술로 인해 일부 사람들이 "자율성 역설(autonomy paradox)"이라고 부르는 현상이 발생했다. 자율성 역설이란 모바일 기기가 업무 관련 커뮤니케이션에 대한 유연성과 통제를 통해 직원들에게 더 많은 자율성을 제공하지만, 동시에 직원들이 항상 대기하고 응답해야 한다는 기대를 높임으로써 업무와의 단절을 더 어렵게 만들어 자율성을 감소시키는 것을 말한다(Mazmanian et al., 2013). 최근 연구들은 직장 내 '텔레프레셔'[telepressure: 업무 관련 메시지에 신속하게 답변해야 한다는 절박감]를 조사했다. 텔레프레셔는 사람들이 직장에서뿐만 아니라(Van Laethem et al., 2018) 근무 외 시간에도 스마트폰을 사용하게 만들었다(Cambier et al., 2019). 더욱이 업무 관련 스마트폰 사용으로 인해 직장인들은 비근무 시간 동안에도 업무에서 벗어나기가 어려워졌다.

이메일을 덜 자주 확인하면 사람들이 스트레스를 덜 느끼게 되고, 결과적으로 웰빙이 높아진다(Kishlev & Dunn, 2014). 받은 편지함을 지속적으로 확인해야 한다는 압박감에 대한 우려로 인해 직장인들이 근무 시간 외에 디지털 요구(digital demands)[21]를 받는 것을 차단할 수 있도록 돕는 법안이 제정되었다. 포르투갈은 2021년에 고용주가 정규 근무

---

20 몇 초에서 몇 분까지 지속되는 짧은 휴식 시간을 말한다(옮긴이 주).
21 개인의 일상생활이나 직장에서 기술을 통해 발생하는 요구 사항이나 기대를 의미한다(옮긴이 주).

시간 외에 직원에게 전화, 문자, 이메일을 보내는 것을 불법으로 규정하는 법을 통과시켰다(Horowitz, 2021). 이와 유사하게 프랑스도 2017년에 직원이 50명 이상인 회사에 업무 이메일이 직원의 근무 외 시간을 침해하지 않도록 하는 정책을 시행할 것을 요구하는 법률을 제정했다(Rubin, 2017). 이러한 정책에는 이메일에서 '전체 답장' 옵션을 피하거나 직원이 업무 이메일에 답장을 할 필요가 없는 시간대(예: 오후 9시부터 오전 7시)을 지정하는 것이 포함되었다. 프랑스의 법은 독일 자동차 제조사 다임러(Daimler)가 직원이 휴가 중일 때 기존의 부재중 회신을 대체할 수 있는 선택적 정책을 제정한 후에 나왔다. 다임러는 직원들이 업무에 복귀해 새로운 메일로 가득 찬 받은 편지함을 마주하는 대신, '휴가 중 메일(Mail on Holiday)' 기능을 켜서 받은 이메일을 삭제하고 긴급한 사안이 있는 경우 다른 직원의 연락처 정보가 포함된 답장을 보낼 수 있게 했다(Gibson, 2014).

8. 스마트폰 중독과 노모포비아

이 장에서 자세히 설명한 것처럼, 많은 사람이 휴대폰 사용, 특히 스마트폰 사용이 미치는 영향에 대해 우려하고 있다. 이 장에서 다룬 내용 중 대부분은 휴대폰이 사회적 행동에 미치는 영향에 초점을 맞추고 있지만 심리적 영향도 고려할 필요가 있다. 미디어와 학계 모두의 주목을 사로잡은 주요한 심리적 효과는 이른바 스마트폰 중독이다. 실제로 쉠베어(R. Shambare) 등은 휴대폰 중독이 "아마도 21세기 최대의 비마약성 중독"일 거라고 주장했다(Shambare et al., 2012: 573).

여기에서 다루는 것보다 훨씬 더 많은 연구가 스마트폰 중독을 살펴보았지만, 캠벌과 링(Campbell & Ling, 2020)은 스마트폰 중독이 실제로 존재하는지에 대한 의문이 여전히 남아 있다고 지적한다. 스마트폰 중독은 『정신장애 진단 및 통계 매뉴얼』에 포함되어 있지도 않고 심리학계의 인정도 받지 못하고 있다(APA, 2013). 강박적인 스마트폰 사용은 많은 문제를 일으킬 수 있지만, 강박적인 스마트폰 사용자가 반드시 중독되었다는 의미는 아니다(Campbell & Ling, 2020). 파노바(T. Panova)와 카보넬(X. Carbonell)은 스마트폰 중독에 대한 연구를 행동 중독 기준과 비교한 후 다음과 같은 결론을 내렸다(Panova & Carbonell, 2018):

대다수의 해당 분야 연구는 스마트폰이 중독성이 있다고 분명히 말하거나 스마트폰 중독의 존재를 당연하게 여기고 있지만, 현재로서는 중독 관점에서 스마트폰 중독의 존재를 확인할 수 있는 충분한 근거를 찾지 못했다. 연구에서 관찰된 행동은 문제가 있거나 부적응적인 스마트폰 사용으로 분류하는 것이 더 적절하며, 그러한 행동의 결과는 중독으로 인해 야기된 결과의 심각성 수준에 미치지 못한다(Panova & Carbonell, 2018: 252).

캠벌과 링(Campbell & Ling, 2020)은 문제적 휴대폰 사용을 중독이 아닌 습관으로 볼 수 있다고 제안한다. 라로즈(LaRose, 2010)는 아마도 모든 미디어 이용 행동의 절반 이상이 습관적이라고 지적했다. 일상생활에서 휴대폰의 상존하는 역할을 고려하면, 우리의 휴대폰 사용은 대부분 단순히 습관에서 비롯된 것일 가능성이 높다.

증가하고 있는 휴대폰 의존성 연구의 또 다른 분야는 휴대폰을 가지고 있지 '않을' 때의 영향을 살펴본다. 연구자들은 휴대폰을 가지고 있지 않는 것으로 인한 두려움을 **노모포비아**(Nomophobia)[22]라고 부른다. 노모포비아 연구에 대한 최근 검토에 따르면, 이러한 상태는 학업 성취도, 신체 및 정신 건강, 성격, 자존감, 스트레스, 그리고 불안감에 부정적인 영향을 미치는 것으로 나타났다(Rodriguez-Garcia et al., 2020). 대학생들을 아이폰(iPhone)과 분리하자 인지적 과제(예: 단어 검색 퍼즐)를 수행하는 동안 주의력에 부정적인 영향이 나타났으며, 특히 휴대폰 벨소리가 들릴 때 참여자의 혈압과 자기-보고된 불안 및 불쾌감 수준이 증가했다(Clayton et al., 2015). 이 장의 앞부분에서 언급했듯이, 미국의 10대 중 40% 이상이 휴대폰이 없으면 불안감을 느낀다고 말했다(Jiang, 2018a). 로드리게스-가르시아(A.-M. Rodriguez-Garcia) 등(Rodriguez-Garcia et al., 2020)은 노모포비아가 공중보건 문제라고 결론을 내리고 이 문제에 대한 연구를 계속 수행할 것을 요구한다.

9. 요약

휴대폰을 잊어버리거나 잃어버리지 않는 한, 우리는 흔히 우리의 휴대폰에 대해 다시 생각해 보지 않기 때문에 모바일 커뮤니케이션의 효과의 많은 부분을 간과하기 쉽다!

---

22 'NO MObile PHone PhoBIA'의 약어이다(옮긴이 주).

그래서 우리는 우리가 휴대폰에 얼마나 의존하고 있는지를 알고 나면 고통스럽지만 그러한 사실을 인정하지 않을 수 없다.

휴대폰으로 인해 우리는 사회적 조정의 측면에서 더 큰 통제력과 융통성을 가질 수 있게 되었다. 우리는 단 1통의 휴대폰 통화나 문자로 실시간으로 계획을 조정하거나, 일정을 조정하거나, 계획을 확정지을 수 있다. 휴대폰은 매우 사적인 기술이며, 휴대폰으로 우리는 친구 및 가족과 커뮤니케이션을 할 수 있을 뿐만 아니라 실제적인 대면 만남을 조정할 수도 있다. 일부 연구는 휴대폰 사용이 우리가 친한 집단 밖의 사람과 접촉하는 것을 차단할 수 있음을 보여주었다.

휴대폰의 광범위한 채택은 청소년 문화를 바꾸어놓았다. 10대들은 주로 문자 메시지를 통해 친구와 지속적인 접촉을 유지한다. 섹스팅은 여전히 주요 관심사이지만, 연구 결과에 따르면 이제 섹스팅은 10대와 성인 모두에게 공통적인 구애 행동의 일부가 될 수 있다. 대학생들도 휴대폰 사용으로 인한 부정적인 영향에서 예외일 수 없다. 일반적으로 수업 중의 휴대폰 사용은 낮은 시험 성적 및 낮은 학점으로 이어진다.

휴대폰은 공적 공간과 사적 공간의 경계를 흐려놓는다. 일반적으로 사적인 것으로 간주되는 휴대폰 통화가 공적 공간에서 이루어질 때, 통화를 하는 사람 주변에 있는 사람에게 의도하지 않은 여러 가지 결과가 초래된다. 그러나 일부 유형의 휴대폰 사용은 휴대폰 사용자들이 공적 공간에서 만나는 낯선 사람과 대화를 시작하게끔 도와주는 것으로 알려져 있다. 비슷한 효과로 모바일 게임은 공공장소를 공동의 게임판으로 바꾸어놓았다.

모바일 기술은 직장 내에도 큰 영향을 미쳤다. 직장인들은 불신감을 포함해 동료들과 동시다발적인 대화를 나누면 발생할 수 있는 영향을 염두에 두어야 한다. 그뿐 아니라 업무 관련 스마트폰 사용으로 인해 직원이 근무 외 시간에 업무를 중단하기가 더 어려워질 수 있다.

오늘날 우리 사회에 휴대폰이 보급되면서 스마트폰 중독에 대한 우려가 커지고 있지만, 일부 학자들은 문제적 휴대폰 사용이 실제 중독 수준에 이르지는 못한다고 지적한다. 오히려 휴대폰 사용은 하나의 습관으로 보아야 한다. 한편 연구자들은 휴대폰을 갖고 있지 않을 때의 영향에 대해서도 계속해서 연구하고 있다.

전반적으로 모바일 커뮤니케이션은 사람, 공간, 시간에 대한 우리의 사고방식을 근본적으로 변화시켰다. 그것이 사회에 미치는 영향은 상당하며 앞으로도 계속 그럴 것이다.

참고문헌

Abel, G. G., Barlow, D. H., Blanchard, E. B., & Guild, D. (1977). The components of rapists' sexual arousal. *Archives of General Psychiatry, 34*(8), 895-903. https://doi.org/10.1001/archpsyc.1977.01770200033002

Abel, S. (1995). The rabbit in drag: Camp and gender construction in the American animated cartoon. *Journal of Popular Culture, 29*(3), 183-202. https://doi.org/10.1111/j.0022-3840.1995.00183.x

Abma, J. C., & Martinez, G. M. (2017). Sexual activity and contraceptive use among teenagers in the United States, 2011-2015. *National Health Statistics Report,* (104), 1-23. https://www.cdc.gov/nchs/data/nhsr/nhsr104.pdf

Abraham, L., & Appiah, O. (2006). Framing news stories: The role of visual imagery in priming racial stereotypes. *The Howard Journal of Communications, 17*(3), 183-203. https://doi.org/10.1080/10646170600829584

Abrams, J., & Giles, H. (2007). Ethnic identity gratifications selection and avoidance by African Americans: A group vitality and social identity perspective. *Media Psychology, 9*(1), 115-134. https://doi.org/10.1080/15213260709336805

Abramson, P. R., Perry, L., Seeley, T., Seeley, D., & Rothblatt, A. (1981). Thermographic measurement of sexual arousal: A discriminant validity analysis. *Archives of Sexual Behavior, 10*(2), 175-176. https://doi.org/10.1007/BF01542177

Ackermann, L., Lo, C. H., Mani, N., & Mayor, J. (2020). Word learning from a tablet app: Toddlers perform better in a passive context. *PLOS ONE, 15*(12), Article e0240519. https://doi.org/10.1371/journal.pone.0240519

Adams, C. & Harder, B. M. (2019). Lifestyles are risky, too: The social construction of risk and empowerment in prescription drug direct-to-consumer advertisements. *Health, Risk & Society, 21*(1-2), 17-34. https://doi.org/10.1080/13698575.2019.1601684

Adobe. (2019, June 4). *Despite 25 years of ad growth, diversity remains a challenge.* https://blog.adobe.com/en/publish/2019/06/04/despite-25-years-of-advertising-growth-diversity-remains-a-challenge.html#gs.6q686c

Ahmed, F., Kim, S., Nowalk, M., King, J. P., Van-Wormer, J. J., Gaglani, M. … Uzicanin, A. (2020). Paid

608

leave and access to telework as work attendance determinants during acute respiratory illness, United States, 2017-2018. *Emerging Infectious Diseases, 26*(1), 26-33. https://doi.org/10.3201/ cid2601.190743

Aitken, P. P., Leathar, D. S., & O'Hagan, F. J. (1985). Children's perceptions of advertisements for cigarettes. *Social Science Medicine, 2*, 785-797. https://doi.org/10.1016/0277-9536(85)90127-3

Aitken, P. P., Leathar, D. S., & Squair, S. I. (1986). Children's awareness of cigarette brand sponsorship of sports and games in the UK. *Health Education Research, 1*(3), 203-211. https://doi.org/10. 1093/her/1.3.203

Ajzen, I. (1988). Attitudes, personality, and behavior. Dorsey. Ajzen, I. (1991). The theory of planned behavior. *Organizational Behavior and Human Decision Processes, 50*(2), 179-211. https://doi.org/ 10.1016/ 0749-5978(91)90020-T

Akerman, A., Bryant, J. A., & Diaz-Wionczek, M. (2011). Educational preschool programming in the US: An ecological and evolutionary story. *Journal of Children and Media, 5*(2), 204-220. https://doi.org/10.1080/17482798.2011.558284

Al Abbas, A. A. K. (2018). *The effect of parental interventions on food buying behaviour of children subjected to social media food advertising* [Doctoral dissertation, Brunel University]. http://bura. brunel.ac.uk/handle/2438/18415

Aladé, F., & Nathanson, A. I. (2016). What preschoolers bring to the show: The relation between viewer characteristics and children's learning from educational television. *Media Psychology, 19*(3), 406-430. https://doi.org/10.1080/15213269.2015.1054945

Alba, J. W., & Marmorstein, H. (1987). The effects of frequency knowledge on consumer decision making. *Journal of Consumer Research, 14*(1), 14-25. https://doi.org/10.1086/209089

Albada, K. F. (2014). Media content: Televised entertainment. In T. L. Thompson (Ed.), *Encyclopedia of health communication* (Vol. 2, pp. 815-819). Sage.

Alexopoulos, C., & Taylor, L. D. (2020). Risky business: Sexual risk and responsibility messages in teen sex romps. *Sexuality & Culture, 34*, 2161-2182. https://doi.org/10.1007/s12119-020-09742-4

Alhabash, S., & Ma, M. (2017). A tale of four platforms: Motivations and uses of Facebook, Twitter, Instagram, and Snapchat among college students? *Social Media + Society, 3*(1). https://doi.org/ 10.1177/2056305117691544

Ali, F. R. M., Marynak, K. L., Kim, Y., Binns, S., Emery, S. L., Gomez, Y., & King, B. A. (2020). E-cigarette advertising expenditures in the United States, 2014-2018. *Tobacco Control, 29*(e1), e124 -e126. https://doi.org/10.1136/tobaccocontrol-2019-055424

Alkazemi, M. F., & Wanta, W. (2018). The effect of oil prices on the media agenda: A model of agenda building. *Newspaper Research Journal, 39*(2), 232-244. https://doi.org/10.1177/0739532918775655

Allen, J. J., Ash, S. M., & Anderson, C. A. (2022). Who finds media violence funny? Testing the effects of media violence exposure and dark personality traits. *Psychology of Popular Media, 11*(1), 35-46. https://doi.org/10.1037/ppm0000296

Allen, M., D'Alessio, D., & Emmers-Sommer, T. M. (1999). Reactions of criminal sexual offenders to pornography: A meta-analytic summary. In M. Roloff (Ed.), *Communication yearbook 22* (pp. 139-

169). Sage.

Allen, M., D'Alessio, D., Emmers, T. M., & Gebhardt, L. (1996). The role of educational briefings in mitigating effects of experimental exposure to violent sexually explicit material: A meta-analysis. *Journal of Sex Research, 33*(2), 135-141. https://doi.org/10.1080/00224499609551825

Allen, M., Emmers-Sommer, T. M., D'Alessio, D., Timmerman, L., Hanzal, A., & Korus, J. (2007). The connection between the physiological and psychological reactions to sexually explicit materials: A literature summary using meta-analysis. *Communication Monographs*, 74(4), 541-560. https://doi.org/10.1080/03637750701578648

Allen, T. D., Golden, T. D., & Shockley, K. M. (2015). How effective is telecommuting? Assessing the status of our scientific findings. *Psychological Science in the Public Interest, 16*(2), 40-68. https://doi.org/10.1177/1529100615593273

Althaus, S. L., & Kim, Y. M. (2006). Priming effects in complex information environments: Reassessing the impact of news discourse on presidential approval. Journal of Politics, 68, 960-976. https://doi.org/10.1111/j.1468-2508.2006.00483.x

Althaus, S. L., & Tewksbury, D. (2002). Agenda setting and the "new" news: Patterns of issue importance among readers of the paper and online versions of The New York Times. *Communication Research*, 29, 180-207. https://doi.org/10.1177/0093650202029002004

Amazeen, M. A., & Bucy, E. P. (2019). Conferring resistance to digital information: The inoculating influence of procedural news knowledge. *Journal of Broadcasting & Electronic Media, 63*(3), 415-432. https://doi.org/10.1080/08838151.2019.1653101 American Academy of Pediatrics. (1999). Media education. *Pediatrics, 104*, 341-343. https://doi.org/10.1542/peds.104.2.341

American Academy of Pediatrics. (2001). Children, Adolescents, and Television. *Pediatrics, 107*, 423-426. https://doi.org/10.1542/peds.107.2.423

American Academy of Pediatrics, American Academy of Child and Adolescent Psychiatry, American Psychological Association, American Medical Association, American Academy of Family Physicians, & American Psychiatric Association. (2000). *Joint statement on the impact of entertainment violence on children*. http://www.craiganderson.org/wp-content/uploads/caa/VGV policyDocs/00AAP%20-%20Joint%20Statement.pdf

American Medical Association. (2007a). *Emotional and behavioral effects, including addictive potential, of video games* (CSAPH Report 12-A-07). Retrieved from http://www.ama-assn.org/ama1/pub/upload/mm/467/csaph12a07.doc

American Psychiatric Association. (n.d.) Internet gaming. https://www.psychiatry.org/patients-families/internet-gaming

American Psychiatric Association. (2013a). *Diagnostic and statistical manual of mental disorders* (5th ed.) https://doi.org/10.1176/appi.books.9780890425596

American Psychiatric Association. (2013b). *Internet gaming disorder*. https://www.psychiatry.org/File%20Library/Psychiatrists/Practice/DSM/ APA_DSM-5-Internet-Gaming-Disorder.pdf

American Psychological Association. (n.d.). *Internet addiction*. https://dictionary.apa.org/internet-addiction

American Psychological Association Task Force on Media Violence. (2015). *Technical report on the review*

610

of violent video game literature. https://www.apa.org/pi/families/review-video-games.pdf

American Psychological Association. (2019). *APA task force report on violent video games*. https://www.apa.org/science/leadership/bsa/report-violent-video-games.pdf

American Psychological Association. (2020). *APA resolution on violent video games: February 2020 revision to the 2015 resolution*. https://www.apa.org/about/policy/resolution-violent-video-games.pdf

Ameryoun, A., Sanaeinasab, H., Saffari, M., & Koenig, H. G. (2018). Impact of game-based health promotion programs on body mass index in overweight/obese children and adolescents: A systematic review and meta-analysis of randomized controlled trials. *Childhood Obesity, 14*(2), 67-80. https://doi.org/10.1089/chi.2017.0250

Amichai-Hamburger, Y., & Vinitzky, G. (2010). Social network use and personality. *Computers in Human Behavior, 26*, 1289-1295. https://doi.org/10.1016/j.chb.2010.03.018

Ancu, M., & Cozma, R. (2009). MySpace politics: Uses and gratifications of befriending candidates. *Journal of Broadcasting & Electronic Media, 53*(4), 567-583. https://doi.org/10.1080/08838150903333064

Anderson, C. A. (2004). An update on the effects of playing violent video games. *Journal of Adolescence, 27*, 113-122. https://doi.org/10.1016/j.adolescence.2003.10.009

Anderson, C. A., Andrighetto, L., Bartholow, B. D., Bègue, L., Boxer, P., Brockmyer, J. F., Burgess, M. C. R., Calvete, E., Cantor, J., Coyne, S. M., Dill-Shackleford, K., Donnerstein, E., Gabbiadini, A., Gibson, B., Hasan, Y., Lueke, A. K., Orue, I., Riva, P., Strasburger, V. C., ··· Warburton, W. (2015). Consensus on media violence effects: Comment on Bushman, Gollwitzer, and Cruz (2015). *Psychology of Popular Media Culture, 4*(3), 215-221. https://doi.org/10.1037/ppm0000063

Anderson, C. A., Berkowitz, L., Donnerstein, E., Huesmann, L. R., Johnson, J. D., Linz, D., Malamuth, N. M., & Wartella, E. (2003). The influence of media violence on youth. *Psychological Science in the Public Interest, 4*(3), 81-110. https://doi.org/10.1111/j.1529-1006.2003.pspi_1433.x

Anderson, C. A., & Bushman, B. J. (2001). Effects of violent video games on aggressive behavior, aggressive cognition, aggressive affect, physiological arousal, and prosocial behavior: A meta-analytic review of the scientific literature. *Psychological Science, 12*, 353-359. https://doi.org/10.1111/1467-9280.00366

Anderson, C. A., & Bushman, B. J. (2002). Human aggression. *Annual Review of Psychology, 53*, 27-51. https://doi.org/10.1146/annurev.psych.53.100901.135231

Anderson, C. A., & Bushman, B. J. (2018). Media violence and the general aggression model. *Journal of Social Issues, 74*(2), 386-413. https://doi.org/10.1111/josi.12275

Anderson, C. A., & Carnagey, N. L. (2009). Causal effects of violent sports video games on aggression: Is it competitiveness or violent content? *Journal of Experimental Social Psychology, 45*(4), 731-739. https://doi.org/10.1016/j.jesp.2009.04.019

Anderson, C. A., & Carnagey, N. L. (2014). The role of theory in the study of media violence: The general aggression model. In D. A. Gentile (Ed.), *Media violence and children: A complete guide for parents and professionals* (2nd ed., pp.103-133). Praeger/ ABC-CLIO.

Anderson, C. A., Carnagey, N. L., Flanagan, M., Benjamin, A. J., Eubanks, J., & Valentine, J. C. (2004).

Violent video games: Specific effects of violent content on aggressive thoughts and behavior. In M. Zanna (Ed.), *Advances in experimental social psychology* (Vol. 36, pp. 199-249). Elsevier.

Anderson, C. A., & Dill, K. E. (2000). Video games and aggressive thoughts, feelings, and behavior in the laboratory and in life. *Journal of Personality and Social Psychology, 78*, 772-790. https://doi.org/10.1037/0022-3514.78.4.772

Anderson, C. A., Gentile, D. A., & Dill, K. E. (2011). Prosocial, antisocial, and other effects of recreational video games. In D. G. Singer & J. L. Singer (Eds.), *Handbook of children and the media* (2nd ed., pp. 249-272). Sage.

Anderson, C. A., & Murphy, C. R. (2003). Violent video games and aggressive behavior in young women. *Aggressive Behavior, 29*(5), 423-429. https://doi.org/10.1002/ab.10042

Anderson, C. A., Sakamoto, A., Gentile, D. A., Ihori, N., Shibuya, A., Yukawa, S., Naito, M., & Kobayashi, K. (2008). Longitudinal effects of violent video games on aggression in Japan and the United States. *Pediatrics, 122*(5), e1067-e1072. https://doi.org/10.1542/peds.2008-1425

Anderson, C. A., Shibuya, A., Ihori, N., Swing, E. L., Bushman, B. J., Sakamoto, A., Rothstein, H. R., & Saleem, M. (2010). Violent video game effects on aggression, empathy, and prosocial behavior in eastern and western countries: A meta-analytic review. *Psychological Bulletin, 136*(2), 151-173. https://doi.org/10.1037/a0018251

Anderson, D. R., Bryant, J., Wilder, A., Santomero, A., Williams, M., & Crawley, A. M. (2000). Researching Blue's Clues: Viewing behavior and impact. *Media Psychology, 2*(2), 179-194. https://doi.org/10.1207/S1532785XMEP0202_4

Anderson, D. R., Huston, A. C., Wright, J. C., & Collins, P. A. (1998). Sesame Street and educational television for children. In R. G. Noll & M. E. Price (Eds.), *A communications cornucopia: Markle Foundation essays on information policy* (pp. 279-296). Brookings Institution Press.

Anderson, D. R., Lorch, E. P., Field, D. E., & Sanders, J. (1981). The effects of TV program comprehensibility on preschool children's visual attention to television. *Child Development, 52*(1), 151-157. https://doi.org/10.2307/1129224

Anderson, I. K. (2011). The uses and gratifications of online care pages: A study of CaringBridge. *Health Communication, 26*, 546-559. https://doi.org/10.1080/10410236.2011.558335

Anderson, J. (1983). *The architecture of cognition*. Oxford University Press.

Anderson, J., & Bower, G. (1973). Human associative memory. Winston.

Anderson, J. A., & Meyer, T. P. (1975). Functionalism and the mass media. *Journal of Broadcasting, 19*, 11-22. https://doi.org/10.1080/08838157509363766

Anderson, M., & Jiang, J. (2018). *Teens, social media & technology 2018*. Pew Research Center. https://www.pewresearch.org/internet/wp-content/uploads/sites/9/2018/05/PI_2018.05.31_TeensTech_FINAL.pdf

Anderson, R. B. (1995). Cognitive appraisal of performance capability in the prevention of drunken driving: A test of self-efficacy theory. *Journal of Public Relations Research, 7*(3), 205-229. https://doi.org/10.1207/s1532754xjprr0703_03

Anderson, R. B. (2000). Vicarious and persuasive influences on efficacy expectations and intentions to perform breast self-examination. *Public Relations Review, 26*(1), 97-114. https://doi.org/10.1016/ S0363-8111(00)00033-3

Anderson, R. B., & McMillion, P. Y. (1995). Effects of similar and diversified modeling on African American women's efficacy expectations to perform breast self-examination. *Health Communication, 7*(4), 327-343. https://doi.org/10.1207/s15327027hc0704_3

Anderson-Barkley, T., & Foglesong, K. (2018). Activism in video games: A new voice for social change. In K. L. Gray & D. J. Leonard (Eds.), *Woke gaming: Digital challenges to oppression and social injustice* (pp. 252-269). University of Washington Press.

Andriessen, J. H., & Vartiainen, M. (2006). *Mobile virtual work: A new paradigm?* Springer.

Andsager, J. L. (2000). How interest groups attempt to shape public opinion with competing news frames. *Journalism & Mass Communication Quarterly, 77*(3), 577-592. https://doi.org/10.1177/1077 69900007700308

Andsager, J., & Roe, K. (2003). "What's your definition of dirty, baby?": Sex in music video. *Sexuality & Culture: An Interdisciplinary Quarterly, 7*(3), 79-97. https://doi.org/10.1007/s12119-003-1004-8

Ang, R. P., & Goh, D. H. (2010). Cyberbullying among adolescents: The role of affective and cognitive empathy, and gender. *Child Psychiatry and Human Development, 41*(4), 387-397. https://doi.org/ 10.1007/s10578-010-0176-3

Angelini, J. R., Billings, A. C., MacArthur, P. J., Bissell, K., Smith, L. R. (2014). Competing separately, medaling equally: Racial depictions of athletes in NBC's primetime broadcast of the 2012 London Olympic games. *Howard Journal of Communication, 25*(2), 115-133. https://doi.org/10.1080/10646 175.2014.888380

Angell, J. R. (1941). Radio and national morale. *The American Journal of Sociology, 47*(3), 352-359. https://doi.org/10.1086/218915

Antunes, F. (2017). Rethinking PG-13: Ratings and the boundaries of childhood horror. *Journal of Film and Video, 69*(1), 27-43. https://doi.org/10.5406/jfilmvideo.69.1.0027

Anyiwo, N., Ward, L. M., Day Fletcher, K., & Rowley, S. (2018). Black adolescents' television usage and endorsement of mainstream gender roles and the strong Black woman schema. *Journal of Black Psychology, 44*(4), 371-397. https://doi.org/10.1177/0095798418771818

Applegate, E. (1998). *Personalities and products: A historical perspective on advertising in America.* Greenwood.

Applequist, J., & Ball, J. G. (2018). An updated analysis of direct-to-consumer television advertisements for prescription drugs. *Annals of Family Medicine, 16*(3), 211-216. https://doi.org/10.1370/ afm.2220

Arceneaux, K., & Johnson, M. (2013). *Changing minds or changing channels? Partisan news in an age of choice.* University of Chicago Press.

Arendt, F. (2017). Impulsive facial-threat perceptions after exposure to stereotypic crime news. *Communication Research, 44*(6), 793-816. https://doi.org/10.1177/0093650214565919

Armstrong, G., Neuendorf, K., & Brentar, J. (1992). TV entertainment, news, and racial perceptions of college students. *Journal of Communication, 42*(3), 153-176. https://doi.org/10.1111/j.1460-2466.

1992.tb00804.x

Ashby, S. L., Arcari, C. M., & Edmonson, M. B. (2006). Television viewing and risk of sexual initiation by young adolescents. *Archives ofPediatrics & Adolescent Medicine*, 160(4), 375-380. https://doi.org/10.1001/archpedi.160.4.375

Atkin, C. (1983). Effects of realistic TV violence vs. fictional violence on aggression. *Journalism Quarterly*, 60(4), 615-621. https://doi.org/10.1177/107769908306000405

Atkin, C. K. (1990). Effects of televised alcohol messages on teenage drinking patterns. *Journal of Adolescent Health Care*, 11(1), 10-24. https://doi.org/10.1016/0197-0070(90)90125-L

Atkin, C. K., & Freimuth, V. (2013). Guidelines for formative research in campaign design. In R. E. Rice & C. K. Atkin (Eds.), *Public communication campaigns* (4th ed., pp. 53-68). Sage.

Atkin, C., Hocking, J., & Block, M. (1984). Teenage drinking: Does advertising make a difference? *Journal of Communication*, 34(2), 157-167. https://doi.org/10.1111/j.1460-2466.1984.tb02167.x

Atkin, D. J., & Lau, T. Y. (2007). Information technology and organizational telework. In C. A. Lin & D. J. Atkin (Eds.), *Communication technology and social change: Theory and implications* (pp. 79-100). Lawrence Erlbaum Associates.

Atwell Seate, A., Cohen, E. L., Fujioka, Y., & Hoffner, C. (2012). Exploring gun ownership as a social identity to understanding the perceived media influence of the Virginia Tech news coverage on attitudes toward gun control policy. *Communication Research Reports*, 29(2), 130-139. https://doi.org/10.1080/08824096.2012.667773

Atwell Seate, A., Ma, R., Chien, H.-Y., & Mastro, D. (2018). Cultivating intergroup emotions: An intergroup threat theory approach. *Mass Communication and Society*, 21(2), 178-197. https://doi.org/10.1080/15205436.2017.1381262

Atwell Seate, A., & Mastro, D. (2017). Exposure to immigration in the news: The impact of group-level emotions on intergroup behavior. *Communication Research*, 44(6), 817-840. https://doi.org/10.1177/0093650215570654

Aubrey, J. S. (2004). Sex and punishment: An examination of sexual consequences and the sexual double standard in teen programming. *Sex Roles*, 50, 505-514. https://doi.org/10.1023/B:SERS.00000 23070.87195.07

Aubrey, J. S., & Frisby, C. M. (2011). Sexual objectification in music videos: A content analysis comparing gender and genre. *Mass Communication & Society*, 14(4), 475-501. https://doi.org/10.1080/15205436.2010.513468

Aubrey, J. S., & Smith, S. E. (2016). The impact of exposure to sexually oriented media on the endorsement of hookup culture. *Mass Communication and Society*, 19, 74-101. https://doi.org/10.1080/15205436.2015.1070875

Aubrey, J. S., & Yan, K. (2020). Gender-based media stereotypes and their effects on audiences: The more gender changes, the more media representation stays the same. In A. C. Billings & S. Parrott (Eds.), *Media stereotypes: From ageism to xenophobia* (pp. 73-91). Peter Lang.

Aubrey, J. S., Yan, K., Terán, L., & Roberts, L. (2020). The heterosexual script on tween, teen, and young-adult television programs: A content analytic update and extension. *Journal of Sex*

Research, 57(9), 1134-1145. https://doi.org/10.1080/00224499.2019.1699895

Aull, B. (2019). A study of phatic emoji use in Whats-App communication. *Internet Pragmatics, 2*(2), 206-232. https://doi.org/10.1075/ip.00029.aul

Austin, E. W., Chen, M.-J., & Grube, J. W. (2006). How does alcohol advertising influence under-age drinking? The role of desirability, identification and skepticism. *Journal of Adolescent Health, 38*(4), 376-384. https://doi.org/10.1016/j.jadohealth.2005.08.017

Austin, E. W., & Knaus, C. (2000). Predicting the potential for risky behavior among those "too young" to drink, as the result of appealing advertising. *Journal of Health Communication, 5*(1), 13-27. https://doi.org/10.1080/108107300126722

Axsom, D., Yates, S., & Chaiken, S. (1987). Audience response as a heuristic cue in persuasion. *Journal of Personality and Social Psychology, 53*(1), 30-40. https://doi.org/10.1037/0022-3514.53.1.30

Baams, L., Overbeek, G., Dubas, J. S., Doornwaard, S. M., Rommes, E., & van Aken, M. A. (2015). Perceived realism moderates the relation between sexualized media consumption and permissive sexual attitudes in Dutch adolescents. *Archives of Sexual Behavior, 44*(3), 743-754. https://doi.org/10.1007/s10508-014-0443-7

Babrow, A. S. (1988). Theory and method in research on audience motives. *Journal of Broadcasting & Electronic Media, 32*(4), 471-487. https://doi.org/10.1080/08838158809386717

Baden, C., & Lecheler, S. (2012). Fleeting, fading, or far-reaching? A knowledge-based model of the persistence of framing effects. *Communication Theory, 22*(4), 359-382. https://doi.org/10.1111/j.1468-2885.2012.01413.x

Bai, Q., Dan, Q., Mu, Z., & Yang, M. (2019). A systematic review of emoji: Current research and future perspectives. *Frontiers in Psychology, 10*, 1-16. https://doi.org/10.3389/fpsyg.2019.02221

Bailey, A. A. (2006). A year in the life of the African-American male in advertising: A content analysis. *Journal of Advertising, 35*(1), 83-104. https://doi.org/10.2753/JOA0091-3367350106

Bainbridge, E., Bevans, S., Keeley, B., & Oriel, K. (2011). The effects of Nintendo Wii Fit on community-dwelling older adults with perceived balance deficits: A pilot study. *Physical & Occupational Therapy in Geriatrics, 29*(2), 126-135. https://doi.org/10.3109/02703181.2011.569053

Baker, C. N. (2005). Images of women's sexuality in advertisements: A content analysis of Black-and White-oriented women's and men's magazines. *Sex Roles: A Journal of Research, 52*(1-2), 13-27. https://doi.org/10.1007/s11199-005-1190-y

Baldaro, B., Tuozzi, G., Codispoti, M., Montebarocci, O., Barbagli, F., Trombini, E., & Rossi, N. (2004). Aggressive and non-violent videogames: Short-term psychological and cardiovascular effects on habitual players. *Stress and Health: Journal of the International Society for the Investigation of Stress, 20*(4), 203-208. https://doi.org/10.1002/smi.1015

Ball, S., & Bogatz, G. A. (1970). *The first year of Sesame Street: An evaluation.* Educational Testing Service.

Ball, S., & Bogatz, G. A. (1973). *Reading with television: An evaluation of The Electric Company.* Educational Testing Service.

Ball, S., Bogatz, G. A., Karazow, K. M., & Rubin, D. B. (1974). *Reading with television: A follow-up evaluation of The Electric Company.* Educational Testing Service.

Ball-Rokeach, S. J., & DeFleur, M. L. (1976). A dependency model of mass-media effects. *Communication Research, 3*(1), 3-21. https://doi.org/10.1177/009365027600300101

Ball-Rokeach, S. J., Rokeach, M., & Grube, J. W. (1984a, November). The great American values test. *Psychology Today, 34,* 41.

Ball-Rokeach, S. J., Rokeach, M., & Grube, J. W. (1984b). *The great American values test: Influencing behavior and belief through television.* Free Press.

Baltaci, Ö. (2019). The predictive relationships between the social media addiction and social anxiety, loneliness, and happiness. *International Journal of Progressive Education, 15*(4), 73-82. https://doi.org/10.29329/ijpe.2019.203.6

Bancroft, J., & Mathews, A. (1971). Autonomic correlates of penile erection. *Journal of Psychosomatic Research, 15,* 159-167. https://doi.org/10.1016/0022-3999(71)90003-1

Bandura, A. (1965a). Influence of models' reinforcement contingencies on the acquisition of imitative responses. *Journal of Personality and Social Psychology, 1*(6), 589-595. https://doi.org/10.1037/h0022070

Bandura, A. (1965b). Vicarious processes: A case of no-trial learning. In L. Berkowitz (Ed.), *Advances in experimental social psychology* (Vol. 2, pp. 1-55). Academic.

Bandura, A. (1973). *Aggression: A social learning analysis.* Prentice-Hall.

Bandura, A. (1977). *Social learning theory.* Prentice-Hall.

Bandura, A. (1978). A social learning theory of aggression. *Journal of Communication, 28*(3), 12-29. https://doi.org/10.1111/j.1460-2466.1978.tb01621.x

Bandura, A. (1979). Psychological mechanisms of aggression. In M. von Cranach, K. Foppa, W. Lepenies, & D. Ploog (Eds.), *Human ethology: Claims and limits of a new discipline* (pp. 316-356). Cambridge University Press.

Bandura, A. (1982). Self-efficacy mechanism in human agency. American Psychologist, 37(2), 122-147. https://doi.org/10.1037/0003-066X.37.2.122

Bandura, A. (1986). *Social foundations of thought and action: A social cognitive theory.* Prentice-Hall.

Bandura, A. (1989). Self-regulation of motivation and action through internal standards and goal systems. In L. A. Pervin (Ed.), *Goal concepts in personality and social psychology* (pp. 19-85). Lawrence Erlbaum Associates.

Bandura, A. (1991). Social cognitive theory of moral thought and action. In W. M. Kurtines and J. L. Gerwitz (Eds.), *Handbook of moral behavior and development* (Vol. 1, pp. 45-103). Lawrence Erlbaum Associates.

Bandura, A. (1992). Self-efficacy mechanism in psychobiological functioning. In R. Schwarzer (Ed.), *Self-efficacy: Thought control of action* (pp. 355-394). Hemisphere.

Bandura, A. (1994). Social cognitive theory of mass communication. In J. Bryant & D. Zillmann (Eds.), *Media effects: Advances in theory and research* (pp. 61-90). Lawrence Erlbaum Associates.

Bandura, A. (2002). Social cognitive theory of mass communication. In J. Bryant & D. Zillmann (Eds.), *Media effects: Advances in theory and research* (2nd ed., pp. 121-153). Lawrence Erlbaum Associates.

Bandura, A. (2004). Health promotion by social cognitive means. *Health Education & Behavior, 31*(2), 143-164. https://doi.org/10.1177/1090198104263660

Bandura, A. (2006). On integrating social cognitive and social diffusion theories. In A. Singhal & J. Dearing (Eds.), *Communication of innovations: A journey with Ev Rogers* (pp. 111-135). Sage.

Bandura, A. (2009). Social cognitive theory of mass communication. In J. Bryant & M. B. Oliver (Eds.), *Media effects: Advances in theory and research* (3rd ed., pp. 94-124). Routledge.

Bandura, A., Ross, D., & Ross, S. A. (1963a). Imitation of film-mediated aggressive models. *The Journal of Abnormal and Social Psychology, 66*(1), 3-11. https://doi.org/10.1037/h0048687

Bandura, A., Ross, D., & Ross, S. A. (1963b). Vicarious reinforcement and imitative learning. *The Journal of Abnormal and Social Psychology, 67*(6), 601-607. https://doi.org/10.1037/h0045550

Bandura, A., Underwood, B., & Fromson, M. E. (1975). Disinhibition of aggression through diffusion of responsibility and dehumanization of victims. *Journal of Research in Personality, 9*(4), 253-269. https://doi.org/10.1016/0092-6566(75)90001-X

Bandura, A., & Walters, R. H. (1963). *Social learning and personality development.* Holt, Rinehart and Winston.

Bane, K. C. (2019). Tweeting the agenda: How print and alternative web-only news organizations use Twitter as a source. *Journalism Practice, 13*(2), 191-205. https://doi.org/10.1080/17512786.2017.1413587

Banning, S. A. (2007). Factors affecting the marketing of a public safety message: The third-person effect and uses of gratifications theory in public reaction to a crime reduction program. *Atlantic Journal of Communication, 15*(1), 1-18. https://doi.org/10.1080/15456870701212716

Barbaree, H. E., Marshall, W. L., & Lanthier, R. D. (1979). Deviant sexual arousal in rapists. *Behavior Research and Therapy, 17*(3), 215-222. https://doi.org/10.1016/0005-7967(79)90036-6

Barenthin, J., & Van Puymbroeck, M. (2006, August). Research update: The joystick generation. *Parks & Recreation, 48*(8), 24-29.

Bargh, J. A., Bond, R. N., Lombardi, W. J., & Tota, M. E. (1986). The additive nature of chronic and temporary sources of construct accessibility. *Journal of Personality and Social Psychology, 50*(5), 869-878. https://doi.org/10.1037/0022-3514.50.5.869

Bargh, J., & Chartrand, T. (2000). The mind in the middle: A practical guide to priming and automaticity research. In H. Reis & C. Judd (Eds.), *Handbook of research methods in social and personality psychology* (pp. 253-285). Cambridge University Press.

Barker, A. B., Britton, J., Thomson, E., Hunter, A., Opazo Breton, M., & Murray, R. L. (2020). A content analysis of tobacco and alcohol audio-visual content in a sample of UK reality TV programmes. *Journal of Public Health, 42*(3), 561-569. https://doi.org/10.1093/pubmed/fdz043

Barkley, J. E., Lepp, A., & Glickman, E. L. (2017). "Pokémon Go!" may promote walking, discour-age sedentary behavior in college students. *Games for Health Journal, 6*(3), 165-170. https://doi.org/10.1089/g4h.2017.0009

Barlett, C., Branch, O., Rodeheffer, C., & Harris, R. (2009). How long do the short-term violent video game effects last? *Aggressive Behavior, 35*, 225-236. https://doi.org/10.1002/ab.20301

Barlett, C. P., & Gentile, D. A. (2012). Attacking others online: The formation of cyberbullying in late adolescence. *Psychology of Popular Media Culture, 1*(2), 123-135. https://doi.org/10.1037/a0028113

Barlett, C. P., Gentile, D. A., & Chew, C. (2016). Predicting cyberbullying from anonymity. *Psychology of Popular Media Culture, 5*(2), 171-180. https://doi.org/10.1037/ppm0000055

Barlett, C. P., Heath, J. B., Madison, C. S., DeWitt, C. C., & Kirkpatrick, S. M. (2020). You're not anonymous online: The development and validation of a new cyberbullying intervention curriculum. *Psychology of Popular Media, 9*(2), 135-144. https://doi.org/10.1037/ppm0000226

Barlett, C. P., & Kowalewski, D. A. (2019). Learning to cyberbully: An extension of the Barlett Gentile cyberbullying model. *Psychology of Popular Media Culture, 8*(4), 437-443. https://doi.org/10.1037/ppm0000183

Barlett, C. P., Kowalewski, D. A., Kramer, S. S., & Helmstetter, K. M. (2019). Testing the relationship between media violence exposure and cyberbullying perpetration. *Psychology of Popular Media Culture, 8*(3), 280-286. https://doi.org/10.1037/ppm0000179

Barley, S. R., Meyerson, D. E., & Grodal, S. (2011). E-mail as a source and symbol of stress. *Organization Science, 22*(4), 887-906. https://doi.org/10.1287/orsc.1100.0573

Barnes, S. J., & Böhringer, M. (2011). Modeling use continuance behavior in microblogging services: The case of Twitter. *Journal of Computer Information Systems, 51*(4), 1-10. https://doi.org/10.1080/08874417.2011.11645496

Barnidge, M. (2018). Social affect and political disagreement on social media. *Social Media + Society, 4*(3). https://doi.org/10.1177/2056305118797721

Barnidge, M., Gil de Zúñiga, H., & Diehl, T. (2017). Second screening and political persuasion on social media. *Journal of Broadcasting & Electronic Media, 61*(2), 309-331. https://doi.org/10.1080/08838151.2017.1309416

Baron, L., & Straus, M. A. (1987). Four theories of rape: A macrosociological analysis. *Social Problems, 34*, 467-490.

Baron, R. A., & Bell, P. A. (1973). Effects of heightened sexual arousal on physical aggression. *Proceedings of the 81st Annual Convention of the American Psychological Association, 8*, 171-172.

Barr, R. (2013). Memory constraints on infant learning from picture books, television, and touch-screens. *Child Development Perspectives, 7*(4), 205-210. https://doi.org/10.1111/cdep.12041

Barr, R., & Hayne, H. (1999). Developmental changes in imitation from television during infancy. *Child Development, 70*(5), 1067-1081. https://doi.org/10.1111/1467-8624.00079

Barry, A. E., Padon, A. A., Whiteman, S. D., Hicks, K. K., Carreon, A. K., Crowell, J. R., Willingham, K. L., & Merianos, A. L. (2018). Alcohol advertising on social media: Examining the content of popular alcohol brands on Instagram. *Substance Use & Misuse, 53*(14), 2413-2420. https://doi.org/10.1080/10826084.2018.1482345

Barry, C. T., Reiter, S. R., Anderson, A. C., Schoessler, M. L., & Sidoti, C. L. (2019). "Let me take another selfie": Further examination of the relation between narcissism, self-perception, and Instagram posts. *Psychology of Popular Media Culture, 8*(1), 22-33. https://doi.org/10.1037/ppm0000155

Barthel, M., Mitchell, A., & Holcomb, J. (2016, December 15). *Many Americans believe fake news is sowing confusion.* Pew Research Center. https://www.journalism.org/2016/12/15/many-americans-believe-fake-news-is-sowing-confusion/

Bartholow, B. D. (2018). The aggressive brain: Insights from neuroscience. *Current Opinion in Psychology, 19,* 60-64. https://doi.org/10.1016/ j.copsyc.2017.04.002

Bartholow, B. D., & Anderson, C. A. (2002). Effects of violent video games on aggressive behavior: Potential sex differences. *Journal of Experimental Social Psychology, 38*(3), 283-290. https://doi.org/10.1006/jesp.2001.1502

Bartholow, B. D., Bushman, B. J., & Sestir, M. A. (2006). Chronic violent video game exposure and desensitization to violence: Behavioral and event-related brain potential data. *Journal of Experimental Social Psychology, 42*(4), 532-539. https://doi.org/10.1016/j.jesp.2005.08.006

Barton, K. M. (2009). Reality television programming and diverging gratifications: The influence of content on gratifications obtained. *Journal of Broadcasting & Electronic Media, 53*(3), 460-476. https://doi.org/10.1080/08838150903102659

Bartsch, R. A., Burnett, T., Diller, T. R., & Rankin-Williams, E. (2000). Gender representation in television commercials: Updating an update. *Sex Roles: A Journal of Research, 43*(9-10), 735-743. https://doi.org/10.1023/A:1007112826569

Bashirian, S., Jenabi, E., Khazaei, S., Barati, M., Karimi-Shahanjarini, A., Zareian, S., Rezapur-Shahkolai, F., & Moeini, B. (2020). Factors associated with preventive behaviours of COVID-19 among hospital staff in Iran in 2020: An application of the Protection Motivation Theory. *The Journal of Hospital Infection, 105*(3), 430-433. https://doi.org/10.1016/j.jhin.2020.04.035

Basil, M., & Witte, K. (2014). Fear appeals and extended parallel process model. In T. L. Thompson (Ed.), *Encyclopedia of health communication* (Vol.1, pp.498-500). Sage.

Bass, S. B., Ruzek, S. B., Gordon, T. F., Fleisher, L., McKeown, N., & Moore, D. (2006). Relationship of internet health information use with patient behavior and self-efficacy: Experiences of newly diagnosed cancer patients who contact the national Cancer Institute's Cancer Information Service. *Journal of Health Communication, 11*(2), 219-236. https://doi.org/10.1080/10810730500526794

Baturay, M. H., & Toker, S. (2019). Internet addiction among college students: Some causes and effects. *Education and Information Technologies, 24,* 2863-2885. https://doi.org/10.1007/s10639-019-09894-3

Baxter, R. L., Deriemer, C., Landini, A., Leslie, L., & Singletary, M. W. (1985). A content analysis of music videos. *Journal of Broadcasting & Electronic Media, 29*(3), 333-340. https://doi.org/10.1080/08838158509386589

Bazzini, D. G., McIntosh, W. D., Smith, S. M., Cook, S., & Harris, C. (1997). The aging women in popular film: Underrepresented, unattractive, unfriendly, and unintelligent. *Sex Roles: A Journal of Research, 36*(7-8), 531-543. https://doi.org/10.1007/BF02766689

Becker, A. E. (2004). Television, disordered eating, and young women in Fiji: Negotiating body image and identity during rapid social change. *Culture, Medicine & Psychiatry, 28*(4), 533-559. https://doi.org/10.1007/s11013-004-1067-5

Becker, A. E., Burwell, R. A., Navara, K., & Gilman, S. E. (2003). Binge eating and binge eating disorder in a small-scale, indigenous society: The view from Fiji. *International Journal of Eating Disorders, 34*(4), 423-431. https://doi.org/10.1002/eat.10225

Becker, L. B., & Kosicki, G. M. (1991). Einege historische und aktuelle Anmerkungenzura merikanischen Wirkungforschung und der Versucheiner transaktionalen analyse [Some historical notes and contemporary comments on American message-producer/message-receiver transaction]. In W. Fruh (Ed.), *Medienwirkungen: Das dynamisch-transaktionale Modell: Theorie und emirischeforschung* (pp. 193-213). Westdeutscher Verlag.

Becker, L., & McCombs, M. E. (1978). The role of the press in determining voter reaction to presidential primaries. *Human Communication Research, 4*, 301-307. https://doi.org/10.1111/j.1468-2958.1978.tb00716.x

Becker, L. B., McCombs, M. E., & McLeod, J. M. (1975). The development of political cognitions. In S. H. Chaffee (Ed.), *Political communication* (pp. 21-64). Sage.

Behm-Morawitz, E., Aubrey, J. S., Pennell, H., & Kim, K. B. (2019). Examining the effects of MTV's 16 and Pregnant on adolescent girls' sexual health: The implications of character affinity, pregnancy risk factors, and health literacy on message effectiveness. *Health Communication, 34*(2), 180-190. https://doi.org/10.1080/10410236.2017.1399506

Behm-Morawitz, E., & Mastro, D. E. (2008). Mean girls? The influence of gender portrayals in teen movies on emerging adults' gender-based attitudes and beliefs. *Journalism & Mass Communication Quarterly, 85*(1), 131-146. https://doi.org/10.1177/107769900808500109

Bell, E. (1995). Somatexts at the Disney shop: Constructing the pentimentos of women's animated bodies. In E. Bell, L. Haas, & L. Sells (Eds.), *From mouse to mermaid: The politics of film, gender, and culture* (pp. 107-124). Indiana University Press.

Bellotti, F., Berta, R., De Gloria, A., & Primavera, L. (2009). Enhancing the educational value of video games. *Computers in Entertainment, 7*(2), Article 23. https://doi.org/10.1145/1541895.1541903

Bendak, S. (2015). Objective assessment of the effects of texting while driving: A simulator study. *International Journal of Injury Control and Safety Promotion, 22*(4), 387-392. http://dx.doi.ord/10.1080/17457300.2014.942325

Benelli, E. (2003). The role of the media in steering public opinion on health care issues. *Health Policy, 63*(2), 179-186. https://doi.org/10.1016/s0168-8510(02)00064-7

Benford, R. D. (2013). Master frame. In D. A. Snow, D. della Porta, B. Klandermans, & D. McAdam (Eds.), *The Wiley-Blackwell encyclopedia of social and political movements.* https://doi.org/10.1002/9780470674871.wbespm126

Bennett, W. L., & Iyengar, S. (2008). A new era of minimal effects? The changing foundations of political communication. *Journal of Communication, 58*(4), 707-731. https://doi.org/10.1111/j.1460-2466.2008.00410.x

Bennett, W. L., Lawrence, R. G., & Livingston, S. (2006). None dare call it torture: Indexing and the limits of press independence in the Abu Ghraib scandal. *Journal of Communication, 56*(3), 467-485. https://doi.org/10.1111/j.1460-2466.2006.00296.x

Bennett, W. L., Lawrence, R. G., & Livingston, S. (2007). *When the press fails: Political power and the news media from Iraq to Katrina.* University of Chicago Press.

Bennett, W. L., & Livingston, S. (2018). The disinformation order: Disruptive communication and the decline of democratic institutions. *European Journal of Communication, 33*(2), 122-139. https://doi.org/10.1177/0267323118760317

Bennett, W. L., & Manheim, J. B. (2006). The one-step flow of communication. *The ANNALS of the American Academy of Political and Social Science, 608*(1), 213-232. https://doi.org/10.1177/0002716206292266

Bent, S. (1969). *Newspaper crusaders: A neglected story.* Books for Libraries Press.

Bentivegna, S., & Boccia Artieri, G. (2020). Rethinking public agenda in a time of high-choice media environment. *Media and Communication, 8*(4), 6-15. http://doi.org/10.17645/mac.v8i4.3166

Berelson, B. (1948). Communications and public opinion. In W. Schramm (Ed.), *Communications in modern society* (pp.168-185). University of Illinois Press.

Berelson, B. (1949). What "missing the newspaper" means. In P. F. Lazarsfeld & F. N. Stanton (Eds.), *Communications research 1948-1949* (pp.111-129). Harper.

Berelson, B., & Janowitz, M. (Eds.). (1950). *Reader in public opinion and communication.* Free Press.

Berelson, B. R., Lazarsfeld, P. F., & McPhee, W. N. (1954). *Voting: A study of opinion formation in a presidential campaign.* University of Chicago Press.

Berkey, C. S., Rockett, H. R., Field, A. E., Gillman, M. W., Frazier, A. L., Camargo, C. A., Jr., & Colditz, G. A. (2000). Activity, dietary intake, and weight changes in a longitudinal study on preadolescent and adolescent boys and girls. *Pediatrics, 105*(4), 446-452. https://doi.org/10.1542/peds.105.4.e56

Berkowitz, L. (1962). Violence in the mass media. In L. Berkowitz (Ed.), *Aggression: A social psychological analysis* (pp.229-255). McGraw-Hill.

Berkowitz, L. (1965). Some aspects of observed aggression. *Journal of Personality and Social Psychology, 2*(3), 359-369. https://doi.org/10.1037/h0022221

Berkowitz, L. (1974). Some determinants of impulsive aggression: The role of mediated associations with reinforcements for aggression. *Psychological Review, 81*(2),165-176. https://doi.org/10.1037/h0036094

Berkowitz, L. (1984). Some effects of thoughts on anti-and prosocial influences of media events: A cognitive-neoassociation analysis. *Psychological Bulletin, 95*(3), 410-427. https://doi.org/10.1037/0033-2909.95.3.410

Berkowitz, L. (1990). On the formation and regulation of anger and aggression: A cognitive-neoassociationistic analysis. *American Psychologist, 45*(4), 494-503. https://doi.org/10.1037/0003-066X.45.4.494

Berkowitz, L. (1994). Is something missing? Some observations prompted by the cognitive-neoassociationist view of anger and emotional aggression. In L. R. Huesmann (Ed.), *Aggressive behavior: Current perspectives* (pp.35-57). Plenum Press.

Berkowitz, L. (1997). Some thoughts extending Bargh's argument. In R. S. Wyer (Ed.), *The automaticity of everyday life: Advances in social cognition* (Vol.10, pp.83-92). Lawrence Erlbaum Associates.

Berkowitz, L., & Alioto, J. T. (1973). The meaning of an observed event as a determinant of its aggressive consequences. *Journal of Personality and Social Psychology, 28*(2), 206-217. https://doi.org/10.1037/h0035730

Berkowitz, L., Corwin, R., & Heironimous, M. (1963). Film violence and subsequent aggressive tendencies. *Public Opinion Quarterly, 27*(2), 217-229. https://doi.org/10.1086/267162

Berkowitz, L., & Geen, R. G. (1966). Film violence and the cue properties of available targets. *Journal of Personality and Social Psychology, 3*(5), 525-530. https://doi.org/10.1037/h0023201

Berkowitz, L., & Heimer, K. (1989). On the construction of the anger experience: Aversive events and negative priming in the formation of feelings. In L. Berkowitz (Ed.), *Advances in experimental social psychology* (Vol. 22, pp. 1-37). Academic.

Berkowitz, L., & Rawlings, E. (1963). Effects of film violence on inhibitions against subsequent aggression. *The Journal of Abnormal and Social Psychology, 66*(5), 405-412. https://doi.org/10.1037/h0046639

Berlyne, D. E. (1967). Arousal and reinforcement. In D. Levine (Ed.), *Nebraska Symposium on Motivation* (Vol. 15, pp. 1-110). University of Nebraska Press.

Berlyne, D. E. (1971). *Aesthetics and psychobiology.* Prentice-Hall.

Bernard, P., Legrand, S., & Klein, O. (2018). From bodies to blame: Exposure to sexually objectifying media increases tolerance toward sexual harassment. *Psychology of Popular Media Culture, 7*(2), 99 -112. https://doi.org/10.1037/ppm0000114

Bever, L. (2018, January 17). Teens are daring each other to eat Tide pods. We don't need to tell you that's a bad idea. *The Washington Post.* https://www.washingtonpost.com/news/to-your-health/wp/2018/01/13/teens-are-daring-each-other-to-eat-tide-pods-we-dont-need-to-tell-you-thats-a-bad-idea/

Bhattacharya, S., Bashar, M., Srivastava, A., & Singh, A. (2019). NOMOPHOBIA: NO Mobile Phone PhoBIA. *Journal of Family Medicine & Primary Care, 8*(4), 1297-1300. doi: 10.4103/jfmpc.jfmpc_71_19

Biener, L., & Siegel, M. (2000). Tobacco marketing and adolescent smoking: More support for a causal inference. *American Journal of Public Health, 90*(3), 407-411. https://doi.org/10.2105/AJPH.90.3.407

Bilandzic, H., & Busselle. R. W. (2008). Transportation and transportability in the cultivation of genre-consistent attitudes and estimates. *Journal of Communication, 58*(3), 508-529. https://doi.org/10.1111/j.1460-2466.2008.00397.x

Bilandzic, H., & Rössler, P. (2004). Life according to television. Implications of genre-specific cultivation effects: The gratification/cultivation model. *Communications: The European Journal of Communication Research, 29*(3), 295-326. https://doi.org/10.1515/comm.2004.020

Billings, A. C., & Parrott, S. (2020a). Introduction: The practice of studying media stereotypes. In A. C. Billings & S. Parrott (Eds.), *Media stereotypes: From ageism to xenophobia* (pp. 1-13). Peter Lang.

Billings, A. C., & Parrott, S. (Eds.). (2020b). *Media stereotypes: From ageism to xenophobia.* Peter Lang. https://doi.org/10.3726/b15280

Birch, H. B., & Bortner, M. (1966). Stimulus competition and category usage in normal children. *The Journal of Genetic Psychology: Research and Theory on Human Development*, 109(2), 195-204. https://doi.org/10.1080/00221325.1966.10533696

Birnbaum, D. W., & Croll, W. L. (1984). The etiology of children's stereotypes about sex differences in emotionality. *Sex Roles: A Journal of Research*, 10(9-10), 677-691. https://doi.org/10.1007/BF00287379

Blackstone, G. E., Cowart, H. S., & Saunders, L. M. (2017). TweetStorm in #ferguson: How news organizations framed dominant authority, anti-authority, and political figures in a restive community. *Journal of Broadcasting & Electronic Media, 61*(3), 597-614. https://doi.org/10.1080/08838151.2017.1344670

Blaha, M. J. (n.d.). 5 vaping facts you need to know. Johns Hopkins Medicine. https://www.hopkinsmedicine.org/health/wellness-and-prevention/5-truths-you-need-to-know-about-vaping

Bleakley, A., Ellithorpe, M. E., Hennessy, M., Jamieson, P. E., Khurana, A., & Weitz, I. (2017). Risky movies, risky behaviors, and ethnic identity among Black adolescents. *Social Science & Medicine, 195*, 131-137. https://doi.org/10.1016/j.socscimed.2017.10.024

Bleakley, A., Ellithorpe, M. E., Hennessy, M., Khurana, A., Jamieson, P., & Weitz, I. (2017). Alcohol, sex, and screens: Modeling media influence on adolescent alcohol and sex co-occurrence. *Journal of Sex Research, 54*(8), 1026-1037. https://doi.org/10.1080/00224499.2017.1279585

Bleakley, A., Hennessy, M., & Fishbein, M. (2011). A model of adolescents' seeking of sexual content in their media choices. *Journal of Sex Research, 48*(4), 309-315. https://doi.org/10.1080/00224499.2010.497985

Bleakley, A., Hennessy, M., Fishbein, M., & Jordan, A. (2008). It works both ways: The relationship between exposure to sexual content in the media and adolescent sexual behavior. *Media Psychology, 11*, 443-461. https://doi.org/10.1080/15213260802491986

Bleakley, A., Jamieson, P. E., & Romer, D. (2012). Trends of sexual and violent content by gender in top-grossing U.S. films, 1950-2006. *Journal of Adolescent Health, 51*(1), 73-79. https://doi.org/10.1016/j.jadohealth.2012.02.006

Blease, C. R. (2015). Too many "friends," too few "likes"? Evolutionary psychology and "Facebook depression." *Review of General Psychology, 19*(1), 1-13. https://doi.org/10.1037/gpr0000030

Block, C. (1972). White backlash to Negro ads: Fact or fantasy? *Journalism Quarterly, 49*(2), 258-262. https://doi.org/10.1177/107769907204900205

Bloom, P. N., Hogan, J. E., & Blazing, J. (1997). Sports promotion and teen smoking and drinking: An exploratory study. *American Journal of Health Behavior, 2*, 100-109.

Blumer, H. G. (1933). *Movies and conduct*. Macmillan.

Blumer, H. G. (1951). The mass, the public, and public opinion. In A. M. Lee (Ed.), *New outlines of the principles of sociology* (2nd rev. ed.). Barnes & Noble.

Blumer, H. G., & Hauser, P. M. (1933). *Movies, delinquency and crime*. Macmillan.

Blumler, J. G. (1979). The role of theory in uses and gratifications studies. Communication Research, 6, 9-36. https://doi.org/10.1177/009365027900600102

Blumler, J. G., & McLeod, J. M. (1974). Communication and voter turnout in Britain. In T. Legatt (Eds.), *Sociological theory and social research* (pp. 265-312). Sage.

Bodenhausen, G., Schwarz, N., Bless, H., & Wanke, M. (1995). Effects of atypical exemplars on racial beliefs: Enlightened racism or generalized appraisals? *Journal of Experimental Social Psychology, 31*(1), 48-63. https://doi.org/10.1006/jesp.1995.1003

Bogatz, G. A., & Ball, S. (1971). *The second year of Sesame Street: A continuing evaluation.* Educational Testing Service.

Bolls., P. D., Weber, R., Lang, A., & Potter, R. F. (2020). Media psychophysiology and neuroscience: Bringing brain science into media processes and effects research. In M. B. Oliver, A. A. Raney, & J. Bryant (Eds.), *Media effects: Advances in theory and research* (4th ed., pp. 195-210). Routledge.

Bolsen, T. (2011). The construction of news: Energy crises, advocacy messages, and frames toward conservation. *International Journal of Press/Politics, 16*(2), 143-162. https://doi.org/10.1177/1940161210392782

Bond, B. J. (2015). Portrayals of sex and sexuality in gay-and lesbian-oriented media: A quantitative content analysis. *Sexuality & Culture: An Interdisciplinary Quarterly, 19*(1), 37-56. https://doi.org/10.1007/s12119-014-9241-6

Bond, B., & Harrison, K. (2008). *Media-induced fright during a national tragedy: The case of the Virginia Tech massacre.* National Communication Association conference paper.

Bond, R. M., Fariss, C. J., Jones, J. J., Kramer, A. D., Marlow, C., Settle, J. E., & Fowler, J. H. (2012). A 61-million-person experiment in social influence and political mobilization. *Nature, 489*(7415), 295-298. https://doi.org/10.1038/nature11421

Bonis, J. (2007). Acute Wiiitis. *The New England Journal of Medicine, 356,* 2431-2432. https://doi.org/10.1056/NEJMc070670

Booker, M. K. (2010). *Disney, Pixar, and the hidden messages of children's films.* Santa Praeger.

Borah, P. (2014). Does it matter where you read the news story? Interaction of incivility and news frames in the political blogosphere. *Communication Research, 41,* 809-827. https://doi.org/10.1177/0093650212449353

Borah, P. (2018). Addressing theoretical and methodological challenges of doing news framing analysis in the contemporary media landscape. In P. D'Angelo (Ed.), *Doing news framing analysis II: Empirical and theoretical perspectives* (2nd ed., pp. 163-188). Routledge.

Born, M. (1949). *Natural philosophy of cause and chance.* Clarendon Press.

Borter. G. (2019, January 27). *The digital drug: Internet addiction spawns U.S. treatment programs.* Reuters. https://www.reuters.com/article/us-usa-internet-addiction-feature/the-digital-drug-internet-addiction-spawns-u-s-treatment-programs-idUSKCN1PL0AG

Bőthe, B., Tóth-Király, I., Bella, N., Potenza, M. N., Demetrovics, Z., & Orosz, G. (2021). Why do people watch pornography? The motivational basis of pornography use. *Psychology of Addictive Behaviors, 35*(2), 172-186. https://doi.org/10.1037/adb0000603 Botta, R. (2000). The mirror of television: A comparison of Black and White adolescents' body image. *Journal of Communication, 50*(3), 144-159. https://doi.org/10.1111/j.1460-2466.2000.tb02857.x

Boursier, V., Gioia, F., Griffiths, M. D. (2020). Objectified body consciousness, body image control in photos, and problematic social networking: The role of appearance control beliefs. *Frontiers in Psychology, 11*, Article 147. https://doi.org/10.3389/fpsyg.2020.00147

Bowen, L., & Schmid, J. (1997). Minority presence and portrayal in mainstream magazine advertising: An update. *Journalism & Mass Communication Quarterly, 74*(1), 134-146. https://doi.org/10.1177/107769909707400111

boyd, d. m., & Ellison, N. B. (2007). Social network sites: Definition, history, and scholarship. *Journal of Computer-Mediated Communication, 13*, 210-230. https://doi.org/10.1111/j.1083-6101.2007.00393.x

Boydstun, A., Vliegenthart, R., & Baker, M. (2017). The conditional nature of presidential agenda influence on TV news: The case of education. *International Journal Of Communication, 11*(22). https://joc.org/index.php/ijoc/article/view/5997

Boyland, E. J., & Whalen, R. (2015). Food advertising to children and its effects on diet: Review of recent prevalence and impact data. *Pediatric Diabetes, 16*(5), 331-337. https://doi.org/10.1111/pedi.12278

Boyle, M. P., Schmierbach, M., Armstrong, C. L., Cho, J., McCluskey, M., McLeod, D. M., & Shah, D. V. (2006). Expressive responses to news stories about extremist groups: A framing experiment. *Journal of Communication, 56*(2), 271-288. https://doi.org/10.1111/j.1460-2466.2006.00019.x

Boyle, T. P. (2001). Intermedia agenda setting in the 1996 presidential election. *Journalism & Mass Communication Quarterly, 78*, 26-44. https://doi.org/10.1177/107769900107800103

Bradley, S. D. (2007). Neural network simulations support heuristic processing model of cultivation effects. *Media Psychology, 10*, 449-469. https://doi.org/10.1080/15213260701533078

Bradtzæg, P. B., Lüders, M., & Skjetne, J. H. (2010). Too many Facebook "friends"? Content sharing and sociability versus the need for privacy in social network sites. *International Journal of Human-Computer Interaction, 26*, 1006-1030. https://doi.org/10.1080/10447318.2010.516719

BrainyQuote.com. (2011). Cell phone quotes. Retrieved from http://www.brainyquote.com/quotes/keywords/cell_phone.html

Braithwaite, I., Stewart, A. W., Hancox, R. J., Beasley, R., Murphy, R., Mitchell, E. A., & ISAAC Phase Three Study Group. (2013). The worldwide association between television viewing and obesity in children and adolescents: Cross sectional study. *PloS One, 8*(9), Article e74263. https://doi.org/10.1371/journal.pone.0074263

Branje, C., Nespoil, G., Russo, F., & Fels, D. I. (2014). The effect of vibrotactile stimulation on the emotional response to horror films. *Computers in Entertainment, 11*(1), Article 5. https://doi.org/10.1145/2543698.2543703

Brenner, V. (1997). Psychology of computer use: XLVII. Parameters of internet use, abuse and addiction: The first 90 days of the Internet Usage Survey. *Psychological Reports, 80*(3, Pt 1), 879-882. https://doi.org/10.2466/pr0.1997.80.3.879

Brewer, P. R. (2002). Framing, value words, and citizens' explanations of their issue opinions. *Political Communication, 19*, 303-316. https://doi.org/10.1080/01957470290055510

Brewer, P. R., Grat, J., & Willnat, L. (2003). Priming or fraiming: Media influence on attitudes toward foreign nations. *Gazette, 65*(6), 493-508.

Brewer, P. R., & Ley, B. L. (2010). Media use and public perceptions of DNA evidence. *Science Communication, 32*(1), 93-117. https://doi.org/10.1177/1075547009340343

Brickner, M. A., Harkins, S. G., & Ostrom, T. M. (1986). Effects of personal involvement: Thought-provoking implications for social loafing. *Journal of Personality and Social Psychology, 51*(4), 763-769. https://doi.org/10.1037/0022-3514.51.4.763

Bridges, A. J., Wosnitzer, R., Scharrer, E., Sun, C., & Liberman, R. (2010). Aggression and sexual behavior in best-selling pornography videos: A content analysis update. *Violence Against Women, 16*(10), 1065-1085. https://doi.org/10.1177/1077801210382866

Briñol, P., & Petty, R. E. (2004). Self-validation processes: The role of thought confidence in persuasion. In G. Haddock & G. Maio (Eds.), *Contemporary perspectives in the psychology of attitudes* (pp. 205-226). Psychology Press.

Briñol, P., & Petty, R. E. (2009). Persuasion: Insights from the self-validation hypothesis. In M. P. Zanna (Ed.), *Advances in experimental social psychology*, Vol. 41 (pp. 69-118). Elsevier Academic Press. https://doi.org/10.1016/S0065-2601(08)00402-4

Briñol, P., Petty, R. E., & Barden, J. (2007). Happiness versus sadness as a determinant of thought confidence in persuasion: A self-validation analysis. *Journal of Personality and Social Psychology, 93*(5), 711-727. https://doi.org/10.1037/0022-3514.93.5.711

Briñol, P., Petty, R. E., & McCaslin, M. J. (2008). Automatic and deliberative attitude change from thoughtful and non-thoughtful processes. In R. E. Petty, R. H. Fazio, & P. Briñol (Eds.), *Attitudes: Insights from the new implicit measures* (pp. 285-326). Psychology Press.

Britton, J., Halfpenny, P., Devine, F., & Mellor, R. (2004). The future of regional cities in the information age: The impact of information technology on Manchester's financial and business service sector. *Sociology, 38*, 795-814. https://doi.org/10.1177/0038038504045865

Brock, T. C., & Buss, A. H. (1962). Dissonance, aggression, and evaluation of pain. *The Journal of Abnormal and Social Psychology, 65*(3), 197-202. https://doi.org/10.1037/h0048948

Brock, T. C., & Buss, A. H. (1964). Effects of justification for aggression and communication with the victim on postaggression dissonance. *Journal of Abnormal and Social Psychology, 68*, 404-412. https://doi.org/10.1037/h0042571

Brodie, M., Hamel, E. C., Altman, D. E., Blendon, R. J., & Benson, J. M. (2003). Health news and the American public, 1996-2002. *Journal of Health Politics, Policy and Law, 28*(5), 927-950. https://doi.org/10.1215/03616878-28-5-927

Brookey, R. A., & Westerfelhaus, R. (2005). The digital auteur: Branding identity on the Monsters, Inc. DVD. *Western Journal of Communication, 69*(2), 109-128. https://doi.org/10.1080/10570310500076734

Brooks, M. E., Bichard, S., & Craig, C. (2016). What's the score? A content analysis of mature adults in Super Bowl commercials. *Howard Journal of Communication, 27*(4), 347-366. https://doi.org/10.1080/10646175.2016.1206046

626

Brown, J. D., Campbell, K., & Fischer, L. (1986). American adolescents and music videos: Why do they watch? *Gazette, 37*(1-2), 19-32. https://doi.org/10.1177/001654928603700104

Brown, J. D., L'Engle, K. L., Pardun, C. J., Guo, G., Kenneavy, K., & Jackson, C. (2006). Sexy media matter: Exposure to sexual content in music, movies, television, and magazines predicts Black and white adolescents' sexual behavior. *Pediatrics, 117*(4), 1018-1027. https://doi.org/10.1542/peds.2005-1406

Brown, J. D., & Walsh-Childers, K. (1994). Effects of media on personal and public health. In J. Bryant & D. Zillmann (Eds.), *Media effects: Advances in theory and research*. Lawrence Erlbaum Associates.

Brown, S. J., Lieberman, D. A., Gemeny, B. A., Fan, Y. C., Wilson, D. M., & Pasta, D. J. (1997). Educational computer game for juvenile diabetes: Results of a controlled trial. *Medical Informatics, 22*(1), 77-89. https://doi.org/10.3109/14639239709089835

Brownfield, E. D., Bernhardt, J. M., Phan, J. L., Williams, M. V., & Parker, R. M. (2004). Direct-to-consumer drug advertisements on network television: An exploration of quantity, frequency, and placement. *Journal of Health Communication, 9*(6), 491-497. https://doi.org/10.1080/10810730490523115

Brugman, B. C., Burgers, C., & Steen, G. J. (2017). Recategorizing political frames: A systematic review of metaphorical framing in experiments on political communication. *Annals of the International Communication Association, 41*(2), 181-197. https://doi.org/10.1080/23808985.2017.1312481

Brummert Lennings, H. I., & Warburton, W. A. (2011). The effect of auditory versus visual violent media exposure on aggressive behavior: The role of song lyrics, video clips and musical tone. *Journal of Experimental Social Psychology, 47*(4), 794-799. https://doi.org/10.1016/j.jesp.2011.02.006

Bruntz, G. G. (1938). *Allied propaganda and the collapse of the German empire in 1918*. Stanford University Press.

Bruselle, R., & Crandall, H. (2002). Television viewing and perceptions about race differences in socioeconomic success. *Journal of Broadcasting & Electronic Media, 46*, 256-282. https://doi.org/10.1207/s15506878jobem4602_6

Bryant, J. (1986). The road most traveled: Yet another cultivation critique. *Journal of Broadcasting & Electronic Media, 30*, 231-244. https://doi.org/10.1080/08838158609386621

Bryant, J. A., & Bryant, J. (2003). Effects of entertainment televisual media on children. In E. L. Palmer & B. M. Young (Eds.), *The faces of televisual media: Teaching, violence, selling to children* (2nd ed., pp. 195-217). Lawrence Erlbaum Associates.

Bryant, J., McCollum, J., Ralston, L., Raney, A., McGavin, L., Miron, D., Maxwell, M., Venugopalan, G., Thompson, S., Dewitt, D., Lewis, K., Mundorf, N., & Smith, S. (1997). Report 8: Effects of two years' viewing of *Allegra's Window and Gullah Gullah Island*. Report to Nick, Jr. University of Alabama, Institute for Communication Research.

Bryant, J., Mulliken, L., Maxwell, M., Mundorf, N., Mundorf, J., Wilson, B., Smith, S., McCollum, J., & Owens, J. W. (1999). Effects of two years' viewing of Blue's Clues. University of Alabama, Institute for Communication Research.

Bryant, J., & Rockwell, S. C. (1994). Effects of massive exposure to sexually oriented prime-time television programming on adolescents' moral judgment. In D. Zillmann, J. Bryant, & A. Huston (Eds.), *Media, children, and the family: Social scientific, psychodynamic, and clinical perspectives*. Lawrence Erlbaum Associates.

Bryant, J., & Zillmann, D. (1984). Using television to alleviate boredom and stress: Selective exposure as a function of induced excitational states. *Journal of Broadcasting, 28*, 1-20. https://doi.org/10.1080/08838158409386511

Brydon, S. G. (2009). Men at the heart of mothering: Finding mother in Finding Nemo. *Journal of Gender Studies, 18*, 131-146. https://doi.org/10.1080/09589230902812448

Büchi, M., Festic, N., & Latzer, M. (2019). Digital overuse and subjective well-being in a digitized society. Social Media + Society, 5(4). https://doi.org/10.1177/2056305119886031

Buerkel-Rothfuss, N. L., & Mayes, S. (1981). Soap opera viewing: The cultivation effect. *Journal of Communication, 31*(3), 108-115. https://doi.org/10.1111/j.1460-2466.1981.tb00433.x

Bulkow, K., Urban, J., & Schweiger, W. (2013). The duality of agenda-setting: The role of information processing. *International Journal of Public Opinion Research, 25*(1), 43-63. https://doi.org/10.1093/ijpor/eds003

Burgers, C., Konijn, E. A., & Steen, G. J. (2016). Figurative framing: Shaping public discourse through metaphor, hyperbole, and irony. *Communication Theory, 26*(4), 410-430. https://doi.org/10.1111/comt.12096

Burgess, M. C. R., Dill, K. E., Stermer, S. P., Burgess, S. R., & Brown, B. P. (2011). Playing with prejudice: The prevalence and consequences of racial stereotypes in video games. *Media Psychology, 14*(3), 289-311. https://doi.org/10.1080/15213269.2011.596467

Burgoon, M., & Klingle, R. S. (1998). Gender differences in being influential and/or influenced: A challenge to prior explanations. In D. J. Canary & K. Dindia (Eds.), *Sex differences and similarities in communication: Critical essays and empirical investigations of sex and gender in interaction* (pp. 257-285). Lawrence Erlbaum Associates.

Burnkrant, R., & Unnava, R. (1989). Self-referencing: A strategy for increasing processing of message content. *Personality and Social Psychology Bulletin, 15*(4), 628-638. https://doi.org/10.1177/0146167289154015

Bus, A. G., Takacs, Z. K., & Kegel, C. A. T. (2015). Affordances and limitations of electronic storybooks for young children's emergent literacy. *Developmental Review, 35*, 79-97. https://doi.org/10.1016/j.dr.2014.12.004

Busby, D. M., Chiu, H.-Y., Olsen, J. A., & Willoughby, B. J. (2017). Evaluating the dimensionality of pornography. *Archives of Sexual Behavior, 46*, 1723-1731. https://doi.org/10.1007/s10508-017-0983-8

Bush, R., Resnick, A., & Stern, B. (1980). A content analysis of the portrayal of black models in magazine advertising. In R. Bagozzi et al. (Eds.), *Marketing in the 80's: Changes and challenges* (pp. 484-487). American Marketing Association.

Bushman, B. J. (2016). Violent media and hostile appraisals: A meta-analytic review. *Aggressive Behavior, 42*(6), 605-613. https://doi.org/10.1002/ab.21655

Bushman, B. J., & Anderson, C. A. (2002). Violent video games and hostile expectations: A test of the general aggression model. *Personality & Social Psychology Bulletin, 28*, 1679-1686. https://doi.org/10.1177/014616702237649

Bushman, B. J., & Anderson, C. A. (2009). Comfortably numb: Desensitizing effects of violent media on helping others. *Psychological Science, 20*(3), 273-277. https://doi.org/10.1111/j.1467-9280.2009.02287.x

Bushman, B. J., Gollwitzer, M., & Cruz, C. (2015a). Agreement across stakeholders is consensus: Response to Ivory et al. (2015). *Psychology of Popular Media Culture, 4*(3), 230-235. https://doi.org/10.1037/ppm0000061

Bushman, B. J., Gollwitzer, M., & Cruz, C. (2015b). There is broad consensus: Media researchers agree that violent media increase aggression in children, and pediatricians and parents concur. *Psychology of Popular Media Culture, 4*(3), 200-214. https://doi.org/10.1037/ppm0000046

Bushman, B. J., Rothstein, H. R., & Anderson, C. A. (2010). Much ado about something: Violent video game effects and a school of red herring: Reply to Ferguson and Kilburn (2010). *Psychological Bulletin, 136*(2), 182-187. https://doi.org/10.1037/a0018718

Busselle, R. (2003). Television exposure, parents' precautionary warnings and young adults' perceptions of crime. *Communication Research, 30*(5), 530-556. https://doi.org/10.1177/0093650203256360

Busselle, R. (2017). Schema theory and mental models. In P. Rössler (Ed.), *International encyclopedia of media effects* (Vol. 4, pp. 1753-1760). Wiley-Blackwell. https://doi.org/10.1002/9781118783764.wbieme0079

Busselle, R., & Van den Bulck, J. (2020). Cultivation theory, media, stories, processes, and reality. In M. B. Oliver, A. A. Raney, & J. Bryant (Eds.), *Media effects: Advances in theory and research* (4th ed., pp. 69-82). Routledge.

Butterworth, S. E., Giuliano, T. A., White, J., Cantu, L., & Fraser, K. C. (2019). Sender gender influences emoji interpretation in text messages. *Frontiers in Psychology, 10*, Article 784. https://doi.org/10.3389/fpsyg.2019.00784

Buzzuto, J. C. (1975). Cinematic neurosis following "The Exorcist": Report of four cases. *Journal of Nervous and Mental Disease, 161*(1), 43-48. https://doi.org/10.1097/00005053-197507000-00005

Cacciatore, M. A., Scheufele, D. A., & Iyengar, S. (2016). The end of framing as we know it ··· and the future of media effects. *Mass Communication and Society, 19*(7), 7-23. https://doi.org/10.1080/15205436.2015.1068811

Calvert, S. L. (1995). *Impact of televised songs on children's and young adults' memory of verbally-presented content.* Unpublished manuscript, Department of Psychology, Georgetown University, Washington, DC.

Calvert, S. L., & Pfordresher, P. Q. (1994, August). *Impact of a televised song on students' memory of information.* Poster presented at the annual meeting of the American Psychological Association, Los Angeles, CA.

Calvert, S. L., Rigaud, E., & Mazella, J. (1991). *Presentational features for students' recall of televised educational content.* Poster presented at the biennial meeting of the Society for Research in Child

Development, Seattle, WA.

Calvert, S. L., & Tart, M. (1993). Song versus verbal forms for very-long-term, long-term, and short-term verbatim recall. *Journal of Applied Developmental Psychology, 14*, 245-260. https://doi.org/10.1016/0193-3973(93)90035-T

Camaj, L, & Northup, T. (2019). Dual-screening the candidate image during presidential debates: The moderating role of Twitter and need to evaluate for the effects on candidate perceptions. *Journals of Broadcasting & Electronic Media, 63*(1), 20-38. https://doi.org/10.1080/08838151.2019.1574117

Camaj, L. (2014). Need for orientation, selective exposure, and attribute agenda-setting effects. *Mass Communication and Society, 17*, 689-713. https://doi.org/10.1080/15205436.2013.835424

Cambier, R., Derks, D., & Vlerick, P. (2019). Detachment from work: A diary study on telepressure, smartphone use and empathy. *PsychologicaBelgica, 59*(1), 227-245. https://doi.org/10533/pb.477

Cambre, M. A., & Fernie, D. (1985). *Formative evaluation of Season IV, 3-2-1 Contact: Assessing the appeal of four weeks of educational television programs and their influence on children's science comprehension and science interest.* Children's Television Workshop.

Campbell, R., Martin, C. R., & Fabos, B. (2019). *Media & culture: An introduction to mass communication* (12th ed.). Bedford/St. Martin's.

Campbell, S. W. (2008). Mobile technology and the body: Apparatgeist, fashion, and function. In J. Katz (Ed.), *Handbook of mobile communication studies* (pp. 153-164). MIT Press.

Campbell, S. W., & Kwak, N. (2011a). Mobile communication and civil society: Linking patterns and places of use to engagement with others in public. *Human Communication Research, 37*(2), 207-222. https://doi.org/10.1111/j.1468-2958.2010.01399.x

Campbell, S. W., & Kwak, N. (2011b). Mobile communication and strong network ties: Shrinking or expanding spheres of public discourse? *New Media & Society, 14*(2), 262-280. https://doi.org/10.1177/1461444811411676

Campbell, S. W., & Ling, R. (2008). Conclusion: Mobile communication in space and time—Furthering the theoretical dialogue. In R. Ling & S. Campbell (Eds.), *The mobile communication research series: Reconstruction of space and time through mobile communication practices* (pp. 251-260). Transaction.

Campbell, S. W., & Ling, R. (2009). Effects of mobile communication. In J. Bryant & M. B. Oliver (Eds.), *Media effects: Advances in theory and research* (3rd ed., pp. 592-606). Routledge.

Campbell, S. W., & Ling, R. (2020). Effects of mobile communication: Revolutions in an evolving field. In M. B. Oliver, A. A. Raney, & J. Bryant (Eds.), *Media effects: Advances in theory and research* (4th ed., pp. 389-403). Routledge.

Cantor, J. (1994). Fright reactions to mass media. In J. Bryant & D. Zillmann (Eds.), *Media effects: Advances in theory and research* (pp. 213-245). Lawrence Erlbaum Associates.

Cantor, J. (1998). *"Mommy, I'm scared": How TV and movies frighten children and what we can do to protect them.* Harcourt Brace.

Cantor, J. (1999). Comments on the coincidence: Comparing the findings on retrospective reports of fear. *Media Psychology, 1*, 141-143. https://doi.org/10.1207/s1532785xmep0102_3

Cantor, J. (2004). "I'll never have a clown in my house"-Why movie horror lives on. *Poetics Today, 25*(2), 283-304. https://doi.org/10.1215/03335372-25-2-283

Cantor, J. (2009). Fright reactions to mass media. In J. Bryant & M. B. Oliver (Eds.), *Media effects: Advances in theory and research* (3rd ed.). Routledge.

Cantor, J. (2017). Fright responses to media. In P. Rössler (Ed.), *International encyclopedia of media effects* (Vol. 2, pp. 652-664). Wiley-Blackwell. https://doi.org/10.1002/9781118783764.wbieme0165

Cantor, J., Byrne, S., Moyer-Gusé, E., & Riddle, K. (2010). Descriptions of media-induced fright reactions in a sample of US elementary school children. *Journal of Children and Media, 4*(1), 1-17. https://doi.org/10.1080/17482790903407242

Cantor, J., & Harrison, K. (2022). Parents reports of children's fright reactions to news of the COVID-19 pandemic: Results from a national U.S. sample. *Media Psychology.* Advance online publication. https://doi.org/10.1080/15213269.2021.2009878

Cantor, J., & Hoffner, C. (1987, April). *Children's fear reactions to a televised film as a function of perceived immediacy of depicted threat.* Paper presented at the Convention of the Society for Research in Child Development, Baltimore.

Cantor, J., & Hoffner, C. (1990). Children's fear reactions to a televised film as a function of perceived immediacy of depicted threat. *Journal of Broadcasting & Electronic Media, 34*(4), 421-442. https://doi.org/10.1080/08838159009386753

Cantor, J., Mares, M. L., & Oliver, M. B. (1993). Parents' and children's emotional reactions to televised coverage of the Gulf War. In B. Greenberg & W. Gantz (Eds.), *Desert Storm and the mass media* (pp. 325-340). Hampton Press.

Cantor, J., & Nathanson, A. (1996). Children's fright reactions to television news. *Journal of Communication, 46*(4), 139-152. https://doi.org/10.1111/ j.1460-2466.1996.tb01510.x

Cantor, J., & Omdahl, B. (1991). Effects of fictional media depictions of realistic threats on children's emotional responses, expectations, worries, and liking for related activities. *Communication Monographs, 58*(4), 384-401. https://doi.org/10.1080/03637759109376237

Cantor, J., & Omdahl, B. (1999). Children's acceptance of safety guidelines after exposure to televised dramas depicting accidents. *Western Journal of Communication, 63*(1), 57-71. https://doi.org/10.1080/10570319909374628

Cantor, J., & Reilly, S. (1982). Adolescents' fright reactions to television and films. *Journal of Communication, 32*(1), 87-99. https://doi.org/10.1111/j.1460-2466.1982.tb00480.x

Cantor, J., & Sparks, G. G. (1984). Children's fear responses to mass media: Testing some Piagetian predictions. *Journal of Communication, 34*(2), 90-103. https://doi.org/10.1111/j.1460-2466.1984.tb02162.x

Cantor, J., Sparks, G. G., & Hoffner, C. (1988). Calming children's television fears: Mr. Rogers vs. The Incredible Hulk. *Journal of Broadcasting & Electronic Media, 32*(3), 271-288. https://doi.org/10.1080/08838158809386702

Cantor, J., & Wilson, B. J. (1984). Modifying fear responses to mass media in preschool and elementary school children. *Journal of Broadcasting, 28*, 431-443. https://doi.org/10.1080/08838158409386552

Cantor, J., Wilson, B. J., & Hoffner, C. (1986). Emotional responses to a televised nuclear holocaust film. *Communication Research, 13*(2), 257-277. https://doi.org/10.1177/009365086013002006

Cantor, J., Ziemke, D., & Sparks, G. G. (1984). Effect of forewarning on emotional responses to a horror film. *Journal of Broadcasting, 28*(1), 21-31. https://doi.org/10.1080/08838158409386512

Cantor, J., Zillmann, D., & Bryant, J. (1975). Enhancement of experienced sexual arousal in response to erotic stimuli through misattribution of unrelated residual excitation. *Journal of Personality and Social Psychology, 32*(1), 69-75. https://doi.org/10.1037/h0076784

Cantril, H. (1940). *The invasion from Mars: A study in the psychology of panic.* Princeton University Press.

Caplan, S. E. (2005). A social skill account of problematic internet use. *Journal of Communication, 55*(4), 721-736. https://doi.org/10.1111/j.1460-2466.2005.tb03019.x

Cappella, J. N., & Jamieson, K. H. (1994). Broadcast adwatch effects: A field experiment. *Communication Research, 21,* 342-365. https://doi.org/10.1177/009365094021003006

Cappella, J. N., & Jamieson, K. H. (1997). *Spiral of cynicism: The press and the public good.* Oxford University Press.

CareerBuilder. (2018, August 9). *More than half of employers have found content on social media that has caused them NOT to hire a candidate, according to a recent CareerBuilder survey.* http://press.careerbuilder.com/2018-08-09-More-Than-Half-of-Employers-Have-Found-Content-on-Social-Media-That-Caused-Them-NOT-to-Hire-a-Candidate-According-to-Recent-CareerBuilder-Survey

Carey, J. W. (1996). The Chicago School and mass communication research. In E. E. Dennis & E. Wartella (Eds.), *American communication research: The remembered history* (pp. 21-38). Lawrence Erlbaum Associates.

Carey, J. W., & Kreiling, A. L. (1974). Popular culture and uses and gratifications: Notes toward an accommodation. In J. G. Blumler & E. Katz (Eds.), *The uses of mass communications: Current perspectives on gratifications research* (pp. 225-248). Sage.

Carnagey, N. L., & Anderson, C. A. (2005). The effects of reward and punishment in violent video games on aggressive affect, cognition, and behavior. *Psychological Science, 16*(11), 882-889. https://doi.org/10.1111/j.1467-9280.2005.01632.x

Carnagey, N. L., Anderson, C. A., & Bushman, B. J. (2007). The effect of video game violence on physiological desensitization to real-life violence. *Journal of Experimental Social Psychology, 43*(3), 489-496. https://doi.org/10.1016/j.jesp.2006.05.003

Carr, C. T. (2020). CMC is dead, long live CMC! Situating computer-mediated communication scholarship beyond the digital age. *Journal of Computer-Mediated Communication, 25*(1), 9-22. https://doi.org/10.1093/jcmc/zmz018

Carrier, L. M., Spradlin, A., Bunce, J. P., & Rosen, L. D. (2015). Virtual empathy: Positive and negative impacts of going online upon empathy in young adults. *Computers in Human Behavior, 52,* 39-48. https://doi.org/10.1016/j.chb.2015.05.026

Cassino, D., & Erisen, C. (2010). Priming Bush and Iraq in 2008: A survey experiment. *American Politics Research, 38*(2), 372-394. https://doi.org/10.1177/1532673X09346799

Castells, M. (2000). The rise of the network society (2nd ed.). Blackwell.

Castells, M. (2009). Communication power. Oxford University Press.

Castells, M., Fernandez-Ardevol, M., Qiu, J., & Sey, A. (2007). *Mobile communication and society: A global perspective*. MIT Press.

Centers for Disease Control and Prevention. (2016). E-cigarette ads and youth. *VitalSigns*. https://www.cdc.gov/vitalsigns/pdf/2016-01-vital-signs.pdf

Ceyhan, A. A. (2011). University students' problematic internet use and communication skills according to the internet use purposes. *Educational Sciences: Theory & Practice, 11*, 69-77.

Chadee, D., Smith, S., & Ferguson, C. J. (2019). Murder she watched: Does watching news or fictional media cultivate fear of crime? *Psychology of Popular Media Culture, 8*(2), 125-133. https://doi.org/10.1037/ppm0000158

Chaffee, S. H. (1977). Mass media effects. In D. Lerner & L. Nelson (Eds.), *Communication research* (pp.210-241). University of Hawaii Press.

Chaffee, S. H. (1982). Mass media and interpersonal channels: Competitive, convergent or complementary? In G. Gumpert & R. Cathcart (Eds.), *Inter/media: Interpersonal communication in a media world* (pp.57-77). Oxford University Press.

Chaffee, S. H., & Hochheimer, J. L. (1985). The beginnings of political communication research in the United States: Origins of the "limited effects" model. In E. M. Rogers & F. Balle (Eds.), *The media revolution in America and Western Europe* (pp.60-95). Ablex.

Chaiken, S. (1980). Heuristic versus systematic information processing and the use of source versus message cues in persuasion. *Journal of Personality and Social Psychology, 39*(5), 752-766. https://doi.org/10.1037/0022-3514.39.5.752

Chaiken, S. (1987). The heuristic model of persuasion. In M. P. Zanna, J. Olson, & C. P. Herman (Eds.), *Social influence: The Ontario symposium, 5* (pp.3-39). Lawrence Erlbaum Associates.

Chaiken, S., Wood, W., & Eagly, A. H. (1996). Principles of persuasion. In E. T. Higgins and A. W. Kruglanski (Eds.), *Social psychology: Handbook of basic principles* (pp.702-742). Guilford Press.

Chang, C. (2015). Motivated processing: How people perceive news covering novel or contradictory health research findings. *Science Communication, 37*(5), 602-634. https://doi.org/10.1177/1075547015597914

Chaput, J.-P., Visby, T., Nyby, S., Klingenberg, L., Gregersen, N. T., Tremblay, A., Astrup, A., & Sjödin, A. (2011). Video game playing increases food intake in adolescents: A randomized cross-over study. *The American Journal of Clinical Nutrition, 93*(6), 1196-1203. https://doi.org/10.3945/ajcn.110.008680

Charters, W. W. (193350). Motion pictures and youth: A summary. Macmillan.. In B. Berelson & M. Janowitz (Eds.), *Reader in public opinion and communication* (pp.397-406). Free Press.

Chen, G. M., Riedl, M. J., Shermak, J. L., Brown, J., & Tenenboim, O. (2019). Breakdown of democratic norms? Understanding the 2016 US presidential election through online comments. *Social Media + Society, 5*(2). https://doi.org/10.1177/2056305119843637

Chen, Q., & Yan, Z. (2013). New evidence of impacts of cell phone use on driving performance: A review. *International Journal of Cyber Behavior, Psychology and Learning, 3*(3), 46-51. https://

doi.org/10.4018/ijcbpl.2013070104

Chen, S., & Chaiken, S. (1999). The heuristic-systematic model in its broader context. In S. Chaiken & Y. Trope (Eds.), *Dual-process theories in social psychology* (pp. 73-96). The Guilford Press.

Chen, Y.-Y., Li, C.-M., Liang, J.-C., & Tsai, C.-C. (2018). Health information obtained from the internet and changes in medical decision making: Questionnaire development and cross-sectional survey. *Journal of Medical Internet Research, 20*(2), Article e47. https://doi.org/10.2196/jmir.9370

Cheng, C., Wang, H.-Y., Sigerson, L., & Chau, C.-L. (2019). Do the socially rich get richer? A nuanced perspective on social network site use and online social capital accrual. *Psychological Bulletin, 145*(7), 734-764. http://doi.org/10.1037/bul0000198

Chernov, G., & McCombs, M. (2019). Philosophical orientations and theoretical frameworks in media effects: Agenda setting, priming and their comparison with framing. *The Agenda Setting Journal, 3*(1), 63-81. https://doi.org/10.1075/asj.18016.che

Chesley, N. (2005). Blurring boundaries? Linking technology use, spillover, individual distress, and family satisfaction. *Journal of Marriage and Family, 67*, 1237-1248. https://doi.org/10.1111/j.1741-3737.2005.00213.x

Chia, S. C. (2006). How peers mediate media influence on adolescents' sexual attitudes and sexual behavior. *Journal of Communication, 56*(3), 585-606. https://doi.org/10.1111/j.1460-2466.2006.00302.x

Cho, H., Wilson, K., & Choi, J. (2011). Perceived realism of television medical dramas and perceptions about physicians. *Journal of Media Psychology: Theories, Methods, and Applications, 23*(3), 141-148. https://doi.org/10.1027/1864-1105/a000047

Cho, J. (2010). *Game addicts arrested for starving baby to death.* ABC News. http://abcnews.go.com/international/thelaw/baby-death-alleged-result-parents-online-games-addiction/story?id=10007040

Choi, S. M., Kim, Y., Sung, Y., & Sohn, D. (2011). Bridging or bonding? A cross-cultural study of social relationships in social networking sites. *Information, Communication & Society, 14*, 107-129. https://doi.org/10.1080/13691181003792624

Chong, Y. M. G., Teng, K. Z. S., Siew, S. C. A., & Skoric, M. M. (2012). Cultivation effects of video games: A longer-term experimental test of first-and second-order effects. *Journal of Social and Clinical Psychology, 31*(9), 952-971. https://doi.org/10.1521/jscp.2012.31.9.952

Chory, R. M., & Goodboy, A. K. (2011). Is basic personality related to violent and non-violent video game play and preferences? *Cyberpsychology, Behavior, and Social Networking, 14*, 191-198. https://doi.org/10.1089/cyber.2010.0076

Christensen, P., & Wood, W. (2007). Effects of media violence on viewers' aggression in unconstrained social interaction. In R. W. Preiss, B. M. Gayle, N. Burrell, M. Allen, & J. Bryant (Eds.), *Mass media effects research: Advances through meta-analysis* (pp. 145-168). Lawrence Erlbaum Associates.

Christenson, P. G. (1992). The effects of parental advisory labels on adolescent music preferences. *Journal of Communication, 42*(1), 106-113. https://doi.org/10.1111/j.1460-2466.1992.tb00772.x

Christenson, P. G., Henriksen, L., & Roberts, D. F. (2000). *Substance use in popular prime time television*. Office of National Drug Control Policy.

Chrousos, G. P., & Mentis, A. A. (2020). Medical misinformation in mass and social media: An urgent call for action, especially during epidemics. *European Journal of Clinical Investigation, 50*(5), Article e13227. https://doi.org/10.1111/eci.13227

Chung, J. E. (2014). Medical dramas and viewer perception of health: Testing cultivation effects. *Human Communication Research, 40*(3), 333-349. https://doi.org/10.1111/hcre.12026

Clancy-Hepburn, K., Hickey, A. A., & Neville, G. (1974). Children's behavior responses to TV food advertisements. *Journal of Nutrition Education, 7*, 93-96. https://doi.org/10.1016/S0022-3182(74)80118-4

Clarens, C. (1967). *An illustrated history of the horror film*. Putnam.

Clark, D., Nagler, R. H., & Niederdeppe, J. (2019). Confusion and nutritional backlash from news media exposure to contradictory information about carbohydrates and dietary fats. *Public Health Nutrition, 22*(18), 3336-3348. https://doi.org/10.1017/S1368980019002866

Clark, D. B., Tanner-Smith, E. E., & Killingsworth, S. S. (2016). Digital games, design, and learning: A systematic review and meta-analysis. R*eview of Educational Research, 86*(1), 79-122. https://doi.org/10.3102/0034654315582065

Clarke, M. M. (2005, June). A scholastic achievement: Building an entertainment division? Forte aced the test. B*roadcasting & Cable, 135*(25), 30.

Clarke, P., & Kline, F. G. (1974). Media effects reconsidered: Some new strategies for communication research. *Communication Research, 1*(2), 224-240. https://doi.org/10.1177/009365027400100205

Clasen, M., Kjeldgaard-Christiansen, J., & Johnson, J. A. (2020). Horror, personality, and threat simulation: A survey on the psychology of scary media. *Evolutionary Behavioral Sciences, 14*(3), 213-230. https://doi.org/10.1037/ebs0000152

Clayton, K., Crabtree, C. & Horiuchi, Y. (2022). Do identity frames impact support for multiracial candidates? The case of Kamala Harris. *Journal of Experimental Political Science*, 1-12. https://doi.org/10.1017/XPS.2021.33

Clayton, R. B., Leshner, G., & Almond, A. (2015). The extended iself: The impact of iphone separation on cognition, emotion, and physiology. *Journal of Computer-Mediated Communication, 20*(2), 119-135. https://doi.org/10.1111/jcc4.12109

Cline, V. B. (1994). Pornography effects: Empirical and clinical evidence. In D. Zillmann, J. Bryant, & A. Huston (Eds.), *Media, children, and the family: Social scientific, psychodynamic, and clinical perspectives*. Lawrence Erlbaum Associates.

Cline, V. B., Croft, R. G., & Courrier, S. (1973). Desensitization of children to television violence. *Journal of Personality and Social Psychology, 27*(3), 360-365. https://doi.org/10.1037/h0034945

Coenen, L., & Van den Bulck, J. (2016). Cultivating the opinionated: The need to evaluate moderates the relationship between crime drama viewing and scary world evaluations. *Human Communication Research, 42*(3), 421-440. https://doi.org/10.1111/hcre.12080

Cohen, B. C. (1963). *The press and foreign policy*. Princeton University Press.

Cohen, R. A., & Adams, P. F. (2011). Use of the internet for health information: United States, 2009. Centers for Disease Control and Prevention. https://www.cdc.gov/nchs/products/data-briefs/db66.htm

Coker, B. L. S. (2011). Freedom to surf: The positive effects of workplace internet leisure browsing. *New Technology, Work and Employment, 26*, 238-247. https://doi.org/10.1111/j.1468-005X.2011.00272.x

Cole, S. W., Kato, P. M., Marin-Bowling, V. M., Dahl, G. V., & Pollock, B. H. (2006). Clinical trial of Re-Mission: A computer game for young people with cancer. *Cyberpsychology & Behavior, 9*, 665-666. https://doi.org/10.1089/cpb.2006.9.653

Coleman, J. S. (1988). Social capital in the creation of human capital. *American Journal of Sociology, 94*(Supplement), S95-S120. http://www.jstor.org/stable/2780243

Coleman, R., Thorson, E., & Wilkins, L. (2011). Testing the effect of framing and sourcing in health news stories. *Journal of Health Communication, 16*(9), 941-954. https://doi.org/10.1080/10810730.2011.561918

Colfax, J. D., & Steinberg, S. F. (1972). The perpetuation of racial stereotypes: Blacks in mass circulation magazine advertisements. *Public Opinion Quarterly, 36*(1), 8-18. https://doi.org/10.1086/267971

Collins, A., & Loftus, E. (1975). A spreading-activation theory of semantic processing. *Psychological Review, 82*(6), 407-428. https://doi.org/10.1037/0033-295X.82.6.407

Collins, L., Glasser, A. M., Abudayyeh, H., Pearson, J. L., & Villanti, A. C. (2019). E-cigarette marketing and communication: How e-cigarette companies market e-cigarettes and the public engages with e-cigarette information. *Nicotine & Tobacco Research, 21*(1), 14-24. https://doi.org/10.1093/ntr/ntx284

Collins, R. L., Ellickson, P. L., McCaffrey, D., & Hambarsoomians, K. (2007). Early adolescent exposure to alcohol advertising and its relationship to underage drinking. *Journal of Adolescent Health, 40*(6), 527-534. https://doi.org/10.1016/j.jadohealth.2007.01.002

Collins, R. L., Elliot, M. N., Berry, S. H., Kanouse, D. E., Kunkel, D. K., Hunter, S. B., & Miu, A. (2004). Watching sex on TV predicts adolescent initiation of sexual behavior. *Pediatrics, 114*, e280-e289. https://doi.org/10.1542/peds.2003-1065-L

Collins, R. L., Strasburger, V. C., Brown, J. D., Donnerstein, E., Lenhart, A., & Wardd, L. M. (2017). Sexual media and childhood well-being and health. *Pediatrics, 140*(Supplement 2), S162-S166. https://doi.org/10.1542/peds.2016-1758X

Collins, W. A. (1973). Effect of temporal separation between motivation, aggression, and consequences: A developmental study. *Developmental Psychology, 8*(2), 215-221. https://doi.org/10.1037/h0034143

Collins, W. A., Wellman, H. M., Keniston, A. H., & Westby, S. D. (1978). Age related aspects of comprehension and inference from a televised dramatic narrative. *Child Development, 49*(2), 389-399. https://doi.org/10.2307/1128703

Coltrane, S., & Messineo, M. (2000). The perpetuation of subtle prejudice: Race and gender imagery in 1990s television advertising. *Sex Roles: A Journal of Research, 42*(5-6), 363-389. https://doi.

org/10.1023/A:1007046204478

Committee on Food Marketing and the Diets of Children and Youth. (2006). *Food marketing to children and youth: Threat or opportunity?* National Academy Press.

Comstock, G. (1980). New emphasis in research on the effects of television and film violence. In E. Palmer & A. Dorr (Eds.), *Children and the faces of television* (pp. 129-148). Academic.

Comstock, G., Chaffee, S., Katzman, N., McCombs, M., & Roberts, D. (1978). *Television and human behavior.* Columbia University Press.

Conway, B. A., Kenski, K., & Wang, D. (2015). The rise of Twitter in the political campaign: Searching for intermedia agenda-setting effects in the presidential primary. *Journal of Computer-Mediated Communication, 20*(4), 363-380. https://doi.org/10.1111/jcc4.12124

Conway, L. G. III, Repke, M. A., & Houck, S. C. (2017). Donald Trump as a cultural revolt against perceived communication restriction: Priming political correctness norms causes more Trump support. *Journal of Social and Political Psychology, 5*(1), 244-259. https://doi.org/10.5964/ jspp. v5i1.732

Conway-Silva, B. A., Filer, C. R., Kenski, K., & Tsetsi, E. (2018). Reassessing Twitter's agenda-building power: An analysis of intermedia agenda-setting effects during the 2016 presidential primary season. *Social Science Computer Review, 36*(4), 469-483. https://doi.org/10.1177/089443931 7715430

Coon, K. A., Goldberg, J., Rogers, B. L., & Tucker, K. (2001). Relationships between use of television during meals and children's food consumption patterns. *Pediatrics, 107*(1), e7. https://doi.org/ 10.1542/peds.107.1.e7

Cooper, J., & Mackie, D. (1986). Video games and aggression in children. *Journal of Applied Social Psychology, 16*(8), 726-744. https://doi.org/10.1111/j.1559-1816.1986.tb01755.x

Cooper, R., & Tang, T. (2009). Predicting audience exposure to television in today's media environment: An empirical integration of active-audience and structural theories. *Journal of Broadcasting & Electronic Media, 53*(3), 400-418. https://doi.org/10.1080/08838150903102204

Coppock, A., Hill, S. J., & Vavreck, L. (2020). The small effects of political advertising are small regardless of context, message, sender, or receiver: Evidence from 59 real-time randomized experiments. *Science Advances, 6*(36), Article eabc4046. https://doi.org/10.1126/sciadv.abc4046

Cornelius, M. E., Wang, T. W., Jamal, A., Loretan, C. G., & Neff, L. J., (2020). Tobacco product use among adults—United States, 2019. *Morbidity and Mortality Weekly Report, 69*(46), 1736-1742. http://doi.org/10.15585/mmwr.mm6946a4

Cotliar, S. (2009, February 20). Clintons bid farewell to Socks the cat. People. http://www.people. com/people/article/0,20260477,00.html

Courage, M. L., Frizzell, L. M., Walsh, C. S., & Smith, M. (2021). Toddlers using tablets: They engage, play, and learn. *Frontiers in Psychology, 12*, Article 564479. https://doi.org/10.3389/fpsyg.2021. 564479

Courage, M. L., & Howe, M. L. (2010). To watch or not to watch: Infants and toddlers in a brave new electronic world. *Developmental Review, 30*(2), 101-115. https://doi.org/10.1016/j.dr.2010.03.002

Court, J. H. (1984). Sex and violence: A ripple effect. In N. M. Malamuth and E. Donnerstein (Eds.), *Pornography and sexual aggression* (pp. 143-172). Academic Press.

Covert, J. J., & Dixon, T. L. (2008). A changing view: Representation and effects of the portrayal of women of color in mainstream women's magazines. *Communication Research, 35*(2), 232-256. https://doi.org/10.1177/0093650207313166

Cowan, G., & Campbell, R. R. (1994). Racism and sexism in interracial pornography: A content analysis. *Psychology of Women Quarterly, 18*(3), 323-338. https://doi.org/10.1111/j.1471-6402.1994.tb00459.x

Cowan, G., Lee, C., Levy, D., & Snyder, D. (1988). Dominance and inequality in x-rated videocassettes. *Psychology of Women Quarterly, 12*(3), 299-311. https://doi.org/10.1111/j.1471-6402.1988.tb00945.x

Cowan, G., & O'Brien, M. (1990). Gender and survival vs. death in slasher films: A content analysis. *Sex Roles: A Journal of Research, 23*(3-4), 187-196. https://doi.org/10.1007/BF00289865

Cowart, H. (2020). What to think about: The applicability of agenda-setting in a social media context. *The Agenda Setting Journal, 4*(2), 195-218. https://doi.org/10.1075/asj.19001.cow

Cowley, M., & Smith, B. (1939). *Books that changed our minds.* Doubleday, Doran & Company.

Coyle, C. L., & Vaughn, H. (2008). Social networking: Communication revolution or evolution? *Bell Labs Technical Journal, 13*(2), 13-18. https://doi.org/10.1002/bltj.20298

Coyne, S. M., Stockdale, L. A., Warburton, W., Gentile, D. A., Yang, C., & Merrill, B. M. (2020). Pathological video game symptoms from adolescence to emerging adulthood: A 6-year longitudinal study of trajectories, predictors, and outcomes. *Developmental Psychology, 56*(7), 1385-1396. https://doi.org/10.1037/dev0000939

Craig, R. S. (1992). The effect of television day part on gender portrayals in television commercials: A content analysis. *Sex Roles: A Journal of Research, 26*(5-6), 197-211. https://doi.org/10.1007/BF00289707

Cranwell, J., Opazo-Breton, M., & Britton, J. (2016). Adult and adolescent exposure to tobacco and alcohol content in contemporary YouTube music videos in Great Britain: A population estimate. *Journal of Epidemiology & Community Health, 70*(5), 488-492. https://doi.org/10.1136/jech-2015-206402

Cranwell, J., Whittamore, K., Britton, J., & Leonardi-Bee, J. (2016). Alcohol and tobacco content in UK video games and their association with alcohol and tobacco use among young people. *Cyberpsychology, Behavior and Social Networking, 19*(7), 426-434. https://doi.org/10.1089/cyber.2016.0093

Crawley, A. M., Anderson, D. R., Wilder, A., Williams, M., & Santomero, A. (1999). Effects of repeated exposures to a single episode of the television program Blue's Clues on the viewing behaviors and comprehension of preschool children. *Journal of Educational Psychology, 91*(4), 630-637. https://doi.org/10.1037/0022-0663.91.4.630

Csikszentmihalyi, M. (1988). The flow experience and its significance for human psychology. In M. Csikszentmihalyi and I. S. Csikszentmihalyi (Eds.), *Optimal experience: Psychological studies of flow in consciousness* (pp. 15-35). Cambridge University Press.

Cummings, J., & Duncan, E. (2010). Changes in affect and future exercise intentions as a result of exposure to a regular exercise programme using Wii Fit. *Sport & Exercise Psychology Review, 6*(2), 31-41.

Curnalia, R. M. L., & Mermer, D. L. (2014). The "ice queen" melted and it won her the primary: Evidence of gender stereotypes and the double bind in news frames of Hillary Clinton's "emotional moment." *Qualitative Research Reports in Communication, 15*(1), 26-32. https://doi.org/10.1080/17459435.2014.955589

Curry, T. J., Jarosch, J., & Pacholok, S. (2005). Are direct to consumer advertisements of prescription drugs educational? Comparing 1992 to 2002. *Journal of Drug Education, 35*(3), 217-232. https://doi.org/10.2190/1VAK-BCNG-EHCC-BVLD

Custers, K., & Van den Bulck, J. (2012). Fear effects by the media. *European Journal of Pediatrics, 171*(4), 613-616. https://doi.org/10.1007/s00431-011-1632-1

Cyberchase. (n.d.). *About* [Facebook page]. Retrieved September 5, 2022, from https://www.facebook.com/cyberchase/about/?ref=page_internal

Czyzewska, M., & Ginsburg, H. J. (2007). Explicit and implicit effects of anti-marijuana and anti-tobacco TV advertisements. *Addictive Behaviors, 32*, 114-127. https://doi.org/10.1016/j.addbeh.2006.03.025

D'Abreu, L. C. F., & Krahé, B. (2014). Predicting sexual aggression in male college students in Brazil. *Psychology of Men & Masculinity, 15*(2), 152-162. https://doi.org/10.1037/a0032789

Dalisay, F., & Tan, A. (2009). Assimilation and contrast effects in the priming of Asian American and African American stereotypes through TV exposure. *Journalism & Mass Communication Quarterly, 86*(1), 7-22. https://doi.org/10.1177/107769900908600102

Daniel, T. A., & Camp, A. L. (2020). Emojis affect processing fluency on social media. *Psychology of Popular Media, 9*(2), 208-213. https://doi.org/10.1037/ppm0000219

Daniels, E. A., & Zurbriggen, E. L. (2016). The price of sexy: Viewers' perceptions of a sexualized versus nonsexualized Facebook profile photograph. *Psychology of Popular Media Culture, 5*(1), 2-14. https://doi.org/10.1037/ppm0000048

Danowski, J. A., Gluesing, J., & Riopelle, K. (2011). The revolution of diffusion theory caused by new media. In A. Vishwanath & G. A. Barnett (Eds.), *The diffusion of innovation: A communication sciences perspective* (pp. 123-144). Peter Lang.

DarfurIsDying.com (2008). About the game. http://www.darfurisdying.com/aboutgame.html

Darlington, L., & Talbot, E. B. (1898). Minor studies from the psychological laboratory of Cornell University: Distraction by musical sounds; the effect of pitch upon attention. *The American Journal of Psychology, 99*, 332-345. https://doi.org/10.2307/1411298

Davidson, E. S., Yasuna, A., & Tower, A. (1979). The effects of television cartoons on sex-role stereotyping in young girls. *Child Development, 50*, 597-600.

Davies, D. R. (1998). The contemporary newspaper, 1945-present. In W. D. Sloan (Ed.), *The age of mass communication* (pp. 453-469). Vision Press.

Davies, P. G., Spencer, S. J., Quinn, D. M., & Gerhardstein, R. (2002). Consuming images: How television commercials that elicit stereotype threat can restrain women academically and professionally. *Personality and Social Psychology Bulletin, 28*(12), 1615-1628. https://doi.org/10.1177/014616 702237644

Davis, K. C., Norris, J., George, W. H., Martell, J., & Heiman, J. R. (2006). Men's likelihood of sexual aggression: The influence of alcohol, sexual arousal, and violent pornography. *Aggressive Behavior, 32*(6), 581-589. https://doi.org/10.1002/ab.20157

Davis, R. M., & Kendrick, J. S. (1989). The Surgeon General's warning in outdoor cigarette advertising: Are they readable? *Journal of the American Medical Association, 261*(1), 90-94. https://doi.org/ 10.1001/jama.1989.03420010100041

Davison, W. P. (1983). The third-person effect in communication. *Public Opinion Quarterly, 47*(1), 1-15. https://doi.org/10.1086/268763

Dean, S., Eschenfelder, C., Woodard, J., & Enlow. V. (2018). Teaching on the holodeck: Gender and social scripts among the crew of the virtual Star Trek Enterprise. *Journal of Media Education, 9*(4), 5-12. https://en.calameo.com/read/0000917890ff24424c30e

Dearing, J. W., & Rogers, E. M. (1996). *Agenda-setting.* Sage. https://doi.org/10.4135/9781452243283

Debatin, B., Lovejoy, J. P., Horn, A.-K., & Hughes, B. N. (2009). Facebook and online privacy: Attitudes, behaviors, and unintended consequences. *Journal of Computer-Mediated Communication, 15*(1), 83-108. https://doi.org/10.1111/j.1083-6101.2009.01494.x

De Cock, R. (2012). Mediating Flemish children's reactions of fear and sadness to television news and its limitations. *Journal of Children and Media, 6*(2), 485-501. https://doi.org/10.1080/17482798.2012. 740414

de Freitas, S. (2018). Are games effective learning tools? A review of educational games. *Journal of Educational Technology & Society, 21*(2), 74-84.

Dennis, E. E., & Wartella, E. (Eds.) (1996). *American communication research: The remembered history.* Lawrence Erlbaum Associates.

Dennison, B. A., Erb, T. A., & Jenkins, P. l. (2002). Television viewing and television in bedroom associated with overweight risk among low-income preschool children. *Pediatrics, 109*(6), 1028-1035. https://doi.org/10.1542/peds.109.6.1028

Department of Health and Social Security and the Welsh Office. (1987). *AIDS: Monitoring response to the public education campaign, Feb. 1986-Feb. 1987.* H. M. Stationery Office.

Derry, C. (1987). More dark dreams: Some notes on the recent horror film. In G. A. Waller (Ed.), *American horrors: Essays on the modern American horror film* (pp. 162-174). University of Illinois Press.

De Souza e Silva, A., & Sutko, D. M. (2008) Playing life and living play: How hybrid reality games reframe space, play, and the ordinary. *Critical Studies in Mass Communication, 25*(5), 447-465. https://doi.org/10.1080/15295030802468081

DeSteno, D., Petty, R. E., Rucker, D. D., Wegener, D. T., & Braverman, J. (2004). Discrete emotions and persuasion: The role of emotioninduced expectancies. *Journal of Personality and Social*

Psychology, 86(1), 43-56. https://doi.org/10.1037/0022-3514.86.1.43

DeSteno, D., Petty, R. E., Wegener, D. T., & Rucker, D. D. (2000). Beyond valence in the perception of likelihood: The role of emotion specificity. Journal of *Personality and Social Psychology, 78*(3), 397 -416. https://doi.org/10.1037/0022-3514.78.3.397

Deutsch, K. (1966). *The nerves of government.* Free Press.

DeWall, C. N., & Anderson, C. A. (2011). The general aggression model. In P. R. Shaver and M. Mikulincer (Eds.), *Herzilya series on personality and social psychology. Human aggression and violence: Causes, manifestations, and consequences* (pp. 15-33). American Psychological Association. https://doi.org/10.1037/12346-001

DeWall, C. N., Anderson, C. A., & Bushman, B. J. (2011). The general aggression model: Theoretical extensions to violence. *Psychology of Violence, 1*(3), 245-258. https://doi.org/10.1037/a0023842

Dibble, J. L., Hartmann, T., & Rosaen, S. F. (2016). Parasocial interaction and parasocial relationship: Conceptual clarification and a critical assessment of measures. *Human Communication Research, 42*(1), 21-44. https://doi.org/10.1111/hcre.12063

Dicken-Garcia, H. (1998). The popular press, 1833-1865. In W. D. Sloan (Ed.), *The age of mass communication* (pp. 147-170). Vision Press.

Dietrich, S. (2015). *Sean of the south: Volume II.* Published by the author.

Dietz, W. H. (1990). You are what you eat: What you eat is what you are. *Journal of Adolescent Health Care, 11*(1), 76-81. https://doi.org/10.1016/ 0197-0070(90)90133-M

Dietz, W. H., & Gortmaker, S. L. (1985). Do we fatten our children at the TV set? Television viewing and obesity in children and adolescents. *Pediatrics, 75*(5), 807-812. https://doi.org/10.1542/ peds.75.5.807

DiFranza, J. R., Richards, J. W., Paulman, P. M., Wolf-Gillespie, N., Fletcher, C., Jaffe, R. D., & Murray, D. (1991). RJR Nabisco's cartoon camel promotes Camel cigarettes to children. *Journal of the American Medical Association, 266*(22), 3149-3153. https://doi.org/10.1001/jama.1991.03470 220065028

Digital Future Report. (2018). *The 2018 digital future report: Surveying the digital future year sixteen.* Center for the Digital Future at USC Annenberg. https://www.digitalcenter.org/wp-content/uploads/ 2018/12/2018-Digital-Future-Report.pdf

Dill, K. E., & Dill, J. G. (1998). Video game violence: A review of the empirical literature. A*ggression and Violent Behavior, 3,* 407-428. https://doi.org/10.1016/S1359-1789(97)00001-3

Dillard, J. P. (2020). Currents in the study of persuasion. In M. B. Oliver, A. A. Raney, & J. Bryant (Eds.), *Media effects: Advances in theory and research* (4th ed., pp. 115-129). Routledge.

Dillman Carpentier, F. R., Northup, C. T., & Parrott, M. S. (2014). Revisiting media priming effects of sexual depictions: Replication, extension, and consideration of sexual depiction strength. *Media Psychology, 17*(1), 34-54. https://doi.org/10.1080/15213269.2013.870045

Dillman Carpentier, F. R., Parrott, M. S., & Northup, C. T. (2014). When first comes love (or lust): How romantic and sexual cues bias first impressions in online social networking. *The Journal of Social Psychology, 154,* 423-440. https://doi.org/10.1080/00224545.2014.933158

Dillman Carpentier, F. R., Stevens, E. M., Wu, L., & Seely, N. (2017). Sex, love, and risk-n-responsibility: A content analysis of entertainment television. *Mass Communication and Society, 20*(5), 686-709. https://doi.org/10.1080/15205436.2017.1298807

Dimaggio, P., Hargittai, E., Neuman, W. R., & Robinson, J. P. (2001). Social implications of the internet. *Annual Review of Sociology, 27*, 307-336. https://doi.org/10.1146/annurev.soc.27.1.307

Dimitrova, D. V., & Connolly-Ahern, C. (2007). A tale of two wars: Framing analysis of online news sites in Coalition countries and the Arab world during the Iraq War. *The Howard Journal of Communication, 18*, 153-168. https://doi.org/10.1080/10646170701309973

Dixon, T. L. (2006). Psychological reactions to crime news portrayals of Black criminals: Understanding the moderating roles of prior news viewing and stereotype endorsement. *Communication Monographs, 73*, 162-187. https://doi.org/10.1080/03637750600690643

Dixon, T. L. (2007). Black criminals and white officers: The effects of racially misrepresenting law breakers and law defenders on television news. *Media Psychology, 10*, 270-291. https://doi.org/10.1080/15213260701375660

Dixon, T. L. (2017). Good guys are still always in white? Positive change and continued misrepresentation of race and crime on local television news. *Communication Research, 44*(6), 775-792. https://doi.org/10.1177/0093650215579223

Dixon, T. L. (2020). Media stereotypes: Content, effects, and theory. In M. B. Oliver, A. A. Raney, and J. Bryant (Eds.), *Media effects: Advances in theory and research* (4th ed., pp. 243-257). Routledge.

Dixon, T., & Azocar, C. (2007). Priming crime and activating Blackness: Understanding the psychological impact of the overrepresentation of Blacks as lawbreakers on television news. *Journal of Communication, 57*(2), 229-253. https://doi.org/10.1111/j.1460-2466.2007.00341.x

Dixon, T., Azocar, C., & Casas, M. (2003). The portrayal of race and crime on television network news. *Journal of Broadcasting & Electronic Media, 47*(4), 498-523. https://doi.org/10.1207/s15506878jobem4704_2

Dixon, T., & Linz, D. (2000a). Overrepresentation and underrepresentation of African Americans and Latinos as lawbreakers on television news. *Journal of Communication, 50*(2), 131-154. https://doi.org/10.1111/j.1460-2466.2000.tb02845.x

Dixon, T., & Linz, D. (2000b). Race and the misrepresentation of victimization on local television news. *Communication Research, 27*(5), 547-573. https://doi.org/10.1177/009365000027005001

Dixon, T., & Maddox, K. (2005). Skin tone, crime news, and social reality judgments: Priming the stereotype of the dark and dangerous black criminal. *Journal of Applied Social Psychology, 35*(8), 1555-1570. https://doi.org/10.1111/j.1559-1816.2005.tb02184.x

Djerf-Pierre, M., & Shehata, A. (2017). Still an agenda setter: Traditional news media and public opinion during the transition from low to high choice media environments. *Journal of Communication, 67*(5), 733-757. https://doi.org/10.1111/jcom.12327

Domke, D., McCoy, K., & Torres, M. (1999). News media, racial perceptions, and political cognition. *Communication Research, 26*(5), 570-607. https://doi.org/10.1177/009365099026005003

Donnerstein, E. (1980). Aggressive erotica and violence against women. *Journal of Personality and Social*

Psychology, 39(2), 269-277. https://doi.org/10.1037/0022-3514.39.2.269

Doob, A. N., & MacDonald, G. E. (1979). Television viewing and fear of victimization: Is the relationship causal? *Journal of Personality and Social Psychology, 37*(2), 170-179. https://doi.org/10.1037/0022-3514.37.2.170

Door, A. (1980). When I was a child I thought as a child. In S. B. Withey & R. P. Abeles (Eds.), *Television and social behavior: Beyond violence and children* (pp. 191-230). Lawrence Erlbaum Associates.

Dorfman, L., & Wallack, L. (2007). Moving nutrition upstream: The case for reframing obesity. *Journal of Nutrition Education and Behavior, 39*(2), S45-S50. https://doi.org/10.1016/j.jneb.2006.08.018

Döring, N., (2014). Consensual sexting among adolesxents: Risk prevention through abstinence education or safer sexting? *Cyberpsychology: Journal of Psychosocial Research on Cyberspace, 8*(1), article 9. doi: 10.5817/CP2014-1-9

Douglas, D. (1966). Horror! Macmillan.

Downs, E., & Oliver, M. B. (2016). How can Wii learn from video games? Examining relationships between technological affordances & socio-cognitive determinates on affective and behavioral outcomes. *International Journal of Gaming and Computer-Mediated Simulations, 8*(1), 28-43. https://doi.org/10.4018/IJGCMS.2016010103

Drabman, R. S., & Thomas, M. H. (1974). Does media violence increase children's toleration of real-life aggression? Developmental Psychology, 10(3), 418-421. https://doi.org/10.1037/ h0036439

Duke, J. C., MacMonegle, A. J., Nonnemaker, J. M., Farrelly, M. C., Delahanty, J. C., Zhao, X., Smith, A. A., Rao, P., & Allen, J. A. (2019). Impact of The Real Cost media campaign on youth smoking initiation. *American Journal of Preventive Medicine, 57*(5), 645-651. https://doi.org/10.1016/j.amepre.2019.06.011

Dukes, K. N., & Gaither, S. E. (2017). Black racial stereotypes and victim blaming: Implications for media coverage and criminal proceedings in cases of police violence against racial and ethnic minorities. *Journal of Social Issues, 73*(4), 789-807. https://doi.org/10.1111/josi.12248

Duncker, K. (1938). Experimental modification of children's food preferences through social suggestion. *The Journal of Abnormal and Social Psychology, 33*(4), 489-507. https://doi.org/10.1037/h0056660

DvirGvirsman, S. (2014). It's not that we don't know, it's that we don't care: Explaining why selective exposure polarizes attitudes. *Mass Communication and Society, 17*(1), 74-97. https://doi.org/10.1080/15205436.2013.816738

Dysinger, W. S., & Ruckmick, C. A. (1933). *The emotional responses of children to the motion picture situation.* Macmillan.

Early Childhood Learning & Knowledge Center. (2020, July 17). *Head Start approach to school readiness-Overview.* https://eclkc.ohs.acf.hhs.gov/school-readiness/article/head-start-approach-school-readiness-overview

Eastman, H., & Liss, M. (1980). Ethnicity and children's preferences. *Journalism Quarterly, 57*(2), 277-280. https://doi.org/10.1177/107769908005700211

Eccles, A., Marshall, W. L., & Barbaree, H. E. (1988). The vulnerability of erectile measures to repeated assessments. *Behavior Research and Therapy, 26*(2),179-183. https://doi.org/10.1016/0005-7967

(88)90117-9

Eddleston, K. A., & Mulki, J. (2017). Toward understanding remote workers' management of work-family boundaries: The complexity of workplace embeddedness. *Group & Organization Management, 42*(3), 346-387. https://doi.org/10.1177/1059601115619548

Edelman, M. (1993). Contestable categories and public opinion. *Political Communication, 10*(3), 231-242. https://doi.org/10.1080/10584609.1993.9962981

Edy, J. A., & Meirick, P. C. (2007). Wanted, dead or alive: Media frames, frame adoption, and support for the war in Afghanistan. *Journal of Communication, 57*(1), 119-141. https://doi.org/10.1111/j.1460-2466.2006.00332.x

Eisenberg, A. L. (1936). *Children and radio programs.* Columbia University Press.

Eisenstein, E. L. (1979). *The printing press as an agent of change: Communications and cultural transformations in early modern Europe.* Cambridge University Press.

Eisenstein, E. L. (1983). *The printing revolution in early modern Europe.* Cambridge University Press.

Eleuteri, S., Saladino, V., & Verrastro, V. (2017). Identity, relationships, sexuality, and risky behaviors of adolescents in the context of social media. *Sexual and Relationship Therapy, 32*(3-4), 354-365. https://doi.org/10.1080/14681994.2017.1397953

Ellickson, P. L., Collins, R. L., Hambarsoomians, K., & McCaffrey, D. F. (2005). Does alcohol advertising promote adolescent drinking? Results from a longitudinal assessment. *Addiction (Abingdon, England), 100*(2), 235-246. https://doi.org/10.1111/j.1360-0443.2005.00974.x

Elliott, P. (1974). Uses and gratifications research: A critique and a sociological alternative. In J. G. Blumler & E. Katz (Eds.), *The uses of mass communications: Current perspectives on gratifications research* (pp. 249-268). Sage.

Ellis, Y., Daniels, B., & Jauregui, A. (2010). The effect of multitasking on the grade performance of business students. *Research in Higher Education Journal, 8,* 1-10.

Ellison, N. B., Steinfield, C., & Lampe, C. (2007). The benefits of Facebook "friends": Social capital and college students' use of online social network sites. *Journal of Computer-Mediated Communication, 12*(4), 1142-1168. https://doi.org/10.1111/j.1083-6101.2007.00367.x

Ellison, N. B., Steinfield, C., & Lampe, C. (2011). Connection strategies: Social capital implications of Facebook-enabled communication practices. *New Media & Society, 13*(6), 873-892. https://doi.org/10.1177/1461444810385389

Ellison, N. B., Vitak, J., Gray, R., & Lampe, C. (2014). Cultivating social resources on social network sites: Facebook relationship maintenance behaviors and their role in social capital processes. *Journal of Computer-Mediated Communication, 19*(4), 855-870. https://doi.org/10.1111/jcc4.12078

Ellithorpe, M. E., Bleakley, A., Hennessy, M., Weitz, I., Jamieson, P., & Khurana, A. (2017). Differences in the portrayal of health risk behaviors by Black and white characters in popular films. *Journal of Health Communication, 22*(6), 451-458. https://doi.org/10.1080/10810730.2017.1290165

Elsey, J. W. B., van Andel, K., Kater, R. B., Reints, I. M., Spiering, M. (2019). The impact of virtual reality versus 2D pornography on sexual arousal and presence. *Computers in Human Behavior, 97,* 35-43. https://doi.org/10.1016/j.chb.2019.02.031

644

Elwood, W. N., & Ataabadi, A. N. (1996). Tuned in and turned off: Out-of-treatment injection drug and crack users' response to media intervention campaigns. *Communication Reports, 9*(1), 49-59. https://doi.org/10.1080/08934219609367634

Emberson, L. L., Lupyan, G., Goldstein, M. H., & Spivey, M. J. (2010). Overheard cell-phone conversations: When less speech is more distracting. *Psychological Science, 21*, 1383-1388. https://doi.org/10.1177/0956797610382126

End, C. M., Worthman, S., & Mathews, M. B. (2010). Costly cell phones: The impact of cell phone rings on academic performance. *Teaching of Psychology, 37*(1), 55-57. https://doi.org/10.1080/009862 80903425912

Engelhardt, C. R., Bartholow, B. D., Kerr, G. T., & Bushman, B. J. (2011). This is our brain on violent video games: Neural desensitization to violence predicts increased aggression following violent video game exposure. *Journal of Experimental Psychology, 47*, 1033-1036. https://doi.org/10.10/ j.jesp.2011.03.027

Entertainment Software Association (ESA). (2011). *2011 essential facts about the computer and video game industry*. https://etcjournal.files.wordpress.com/2011/11/esa_ef_2011.pdf

Entertainment Software Association. (2019). *2019 essential facts about the computer and video game industry*. https://www.theesa.com/wp-content/uploads/2019/05/ESA_Essential_facts_2019_final. pdf

Entertainment Software Association. (2021). *2021 essential facts about the video game industry*. https://www.theesa.com/resource/2021-essential-facts-about-the-video-game-industry/

Entertainment Software Association. (2022). *2022 essential facts about the video game industry*. https:// www.theesa.com/resource/2022-essential-facts-about-the-video-game-industry/

Entman, R. M. (1993). Framing: Toward clarification of a fractured paradigm. *Journal of Communication, 43*, 51-58. https://doi.org/10.1111/j.1460-2466.1993.tb01304.x

Entman, R. M. (2010). Media framing biases and political power: Explaining slant in news of Campaign 2008. *Journalism, 11*(4), 389-408. https://doi.org/10.1177/1464884910367587

Erbland, K. (2019, July 9). *Before Netflix, Hollywood studios banned most on-screen smoking years ago*. IndieWire. https://www.indiewire.com/2019/07/hollywood-studios-banned-on-screen-smoking-1202156534/

Eron, L. D., Huesmann, L. R., Lefkowitz, M. M., & Walder, L. O. (1972). Does television violence cause aggression? *American Psychologist, 27*(4), 253-263. https://doi.org/10.1037/h0033721

Eschholz, S., Bufkin, J., & Long, J. (2002). Symbolic reality bites: Women and racial/ethnic minorities in modern film. *Sociological Spectrum, 22*(3), 299-334. https://doi.org/10.1080/02732170290062658

Esser, F. (2008). History of med effects. In W. Donsbach (Ed.), *The international encyclopedia of communication* (pp. 2891-2896). Blackwell.

Eurofound & the International Labour Office. (2019). *Working anytime, anywhere: The effects on the world of work*. https://www.eurofound.europa.eu/publications/report/2017/working-anytime-anywhere-the-effects-on-the-world-of-work

Evans, H. K., Cordova, V., & Sipole, S. (2014). Twitter style: An analysis of how house candidates used

Twitter in their 2012 campaigns. *PS: Political Science and Politics,* 47, 454-461. https://doi.org/
10.1017/S1049096514000389

Evans, W. (1984). Monster movies: A sexual theory. In B. K. Grant (Ed.), *Planks of reason: Essays on the
horror film* (pp. 53-64). Scarecrow Press.

Eveland, W. P. (2004). The effect of political discussion in producing informed citizens: The roles of
information, motivation, and elaboration. *Political Communication, 21*(2), 177-193. https://doi.org/
10.1080/10584600490443877

Eveland, W. P., Hayes, A. F., Shah, D. V., & Kwak, N. (2005). Understanding the relationship between
communication and political knowledge: A model comparison approach using panel data. *Political
Communication, 22*(4), 423-446. https://doi.org/10.1080/10584600500311345

Ewoldsen, D. R., & Rhodes, N. (2020). Media priming and accessibility. In M. B. Oliver, A. A. Raney, & J.
Bryant (Eds.), *Media effects: Advances in theory and research* (4th ed., pp. 83-99). Routledge.

Ey, L.-A. (2016). Sexualized music media and children's gender role and self-identity development: A
four-phase study. *Sex Education, 16*(6), 634-648. https://doi.org/10.1080/14681811.2016.1162148

Eysenbach, G., & Köhler, C. (2002). How do consumers search for and appraise health information on
the World Wide Web? Qualitative study using focus groups, usability tests, and in-depth
interviews. *British Medical Journal, 324,* 573-577. https://doi.org/10.1136/bmj.324.7337.573

Eysenbach, G., Powell, J., Kuss, O., & Sa, E. R. (2002). Empirical studies assessing the quality of health
information for consumers on the World Wide Web: A systematic review. *Journal of the American
Medical Association, 287*(20), 2691-2700. https://doi.org/10.1001/jama.287.20.2691

Ezati Rad, R., Mohseni, S., KamalzadehTakhti, H., Azad, M. H., Shahabi, N., Aghamolaei, T., & Norozian,
F. (2021). Application of the protection motivation theory for predicting COVID-19 preventive
behaviors in Hormozgan, Iran: A cross-sectional study. *BMC Public Health, 21,* Article 466.
https://doi.org/10.1186/s12889-021-10500-w

Fabes, R. A., & Martin, C. L. (1991). Gender and age stereotypes of emotionality. *Personality and Social
Psychology Bulletin, 17*(5), 532-540. https://doi.org/10.1177/0146167291175008

Facebook. (2021). *Facebook reports third quarter 2021 results.* https://s21.q4cdn.com/399680738/files/
doc_news/Facebook-Reports-Third-Quarter-2021-Results-2021.pdf

Falkowski, J., & Steptoe, A. (1983). Biofeedback-assisted relaxation in the control of reactions to a
challenging task and anxiety-provoking film. *Behaviour Research and Therapy, 21*(2), 161-167.
https://doi.org/10.1016/0005-7967(83)90162-6

Fals-Stewart, W. (2003). The occurrence of partner physical aggression on days of alcohol consumption:
A longitudinal diary study. *Journal of Consulting and Clinical Psychology, 71*(1), 41-52. https://
doi.org/10.1037/0022-006X.71.1.41

Fardouly, J., Diedrichs, P. C., Vartanian, L. R., & Halliwell, E. (2015). The mediating role of appearance
comparisons in the relationship between media usage and self-objectification in young women.
Psychology of Women Quarterly, 39(4), 447-457. https://doi.org/10.1177/0361684315581841

Farrar, K., & Krcmar, M. (2006). Measuring state and trait aggression: A short, cautionary tale. *Media
Psychology, 8*(2), 127-138. https://doi.org/10.1207/s1532785xmep0802_4

Fazio, R. H. (1990). Multiple processes by which attitudes guide behavior: The MODE model as an integrative framework. *Advances in Experimental Social Psychology, 23*, 75-102. https://doi.org/10.1016/S0065-2601(08)60318-4

Fazio, R. H., Jackson, J. R., Dunton, B. C., & Williams, C. J. (1995). Variability in automatic activation as an unobtrusive measure of racial attitudes: A bona fide pipeline? *Journal of Personality and Social Psychology, 69*(6), 1013-1027. https://doi.org/10.1037/0022-3514.69.6.1013

Fazio, R. H., & Olson, M. A. (2003). Implicit measures in social cognition research: Their meaning and use. *Annual Review of Psychology, 54*, 297-327. https://doi.org/10.1146/annurev.psych.54.101601.145225

Fazio, R. H., & Williams, C. J. (1986). Attitude accessibility as a moderator of the attitude-perception and attitude-behavior relations: An investigation of the 1984 presidential election. *Journal of Personality and Social Psychology, 51*(3), 505-514. https://doi.org/10.1037/0022-3514.51.3.505

Febvre, L., & Martin, H-J. (1984). *The coming of the book: The impact of printing 1450-1800* (D. Gerard, trans.). Verso Editions.

Federal Trade Commission. (2021a). *Federal Trade Commission cigarette report for 2019.* https://www.ftc.gov/system/files/documents/reports/federal-trade-commission-cigarette-report-2019-smokeless-tobacco-report-2019/cigarette_report_for_2019.pdf

Federal Trade Commission. (2021b). *Federal Trade Commission smokeless tobacco report for 2019.* https://www.ftc.gov/system/files/documents/reports/federal-trade-commission-cigarette-report-2019-smokeless-tobacco-report-2019/2019_smokeless_tobacco_report.pdf

Federman, J. (Ed.). (1998). *National television violence study: Vol.3, Executive summary.* Center for communication and social policy, University of California.

Feezell, J. T. (2018). Agenda setting through social media: The importance of incidental news exposure and social filtering in the digital era. *Political Research Quarterly, 71*(2), 482-494. https://doi.org/10.1177/1065912917744895

Feldman, L. (2013). Learning about politics from The Daily Show: The role of viewer orientation and processing motivations. *Mass Communication & Society, 16*(4), 586-607. https://doi.org/10.1080/15205436.2012.735742

Feldman, L., Maibach, E. W., Roser-Renouf, C., & Leiserowitz, A. (2012). Climate on cable: The nature and impact of global warming coverage on Fox News, CNN, and MSNBC. *The International Journal of Press/Politics, 17*(1), 3-31. https://doi.org/10.1177/1940161211425410

Fender, J. G., Richert, R. A., Robb, M. B., & Wartella, E. (2010). Parent teaching focus and toddlers' learning from an infant DVD. *Infant and Child Development, 19*(6), 613-627. https://doi.org/10.1002/icd.713

Fenton, F. (1910). The influence of newspaper presentations upon the growth of crime and other antisocial activity. *The American Journal of Sociology, 16*(3), 342-371.

Fenton, F. (1911). The influence of newspaper presentations upon the growth of crime and other antisocial activity (cont.). *The American Journal of Sociology, 16*(4), 538-564.

Ferguson, C. J. (2007). The good, the bad and the ugly: A meta-analytic review of positive and negative effects of violent video games. *Psychiatric Quarterly, 78*, 309-316. https://doi.org/10.1007/s11126-007-9056-9

Ferguson, C. J. (2015). Does movie or video game violence predict societal violence? It depends on what you look at and when. *Journal of Communication, 65*(1), 193-212. https://doi.org/10.1111/jcom.12142

Ferguson, C. J., & Colwell, J. (2019). Lack of consensus among scholars on the issue of video game "addiction". *Psychology of Popular Media Culture*. Advance online publication. https://doi.org/10.1037/ppm0000243

Ferguson, C. J., Contreras, S., & Kilburn, M. (2014). Advertising and fictional media effects on healthy eating choices in early and later childhood. *Psychology of Popular Media Culture, 3*(3), 164-173. https://doi.org/10.1037/ppm0000016

Ferguson, C. J., & Hartley, R. D. (2022). Pornography and sexual aggression: Can meta-analysis find a link? *Trauma, Violence, & Abuse, 23*(1), 278-287. https://doi.org/10.1177/1524838020942754

Ferguson, C. J., & Kilburn, J. (2009). The public health risks of media violence: A meta-analytic review. *The Journal of Pediatrics, 154*(5), 759-763. https://doi.org/10.1016/j.jpeds.2008.11.033

Ferguson, C. J., & Kilburn, J. (2010). Much ado about nothing: The misestimation and overinterpretation of violent video game effects in Eastern and Western nations: Comment on Anderson et al.
(2010). P*sychological Bulletin, 136*, 174-178. https://doi.org/10.1037/a0018566

Ferguson, C. J., & Konijn, E. A. (2015). She said/he said: A peaceful debate on video game violence. *Psychology of Popular Media Culture, 4*(4), 397-411. https://doi.org/10.1037/ppm0000064

Ferguson, C. J., Nielsen, R., & Markey, P. M. (2017). Does sexy media promote teen sex? A meta-analytic and methodological review. *The Psychiatric Quarterly, 88*(2), 349-358. https://doi.org/10.1007/s11126-016-9442-2

Ferris, A. L., & Hollenbaugh, E. E. (2018). A uses and gratification approach to exploring antecedents to Facebook dependency. *Journal of Broadcasting & Electronic Media, 62*(1), 51-70. https://doi.org/10.1080/08838151.2017.1375501

Ferris, A. L., Smith, S. W., Greenberg, B. S., & Smith, S. L. (2007). The content of reality dating shows and viewer perceptions of dating. *Journal of Communication, 57*(3), 490-510. https://doi.org/10.1111/j.1460-2466.2007.00354.x

Feshbach, N. D. (1982). Sex differences in empathy and social behavior in children. In N. Eisenberg (Ed.), *The development of prosocial behavior* (pp. 315-338). Academic Press.

Feshbach, S. (1955). The drive-reducing function of fantasy behavior. *The Journal of Abnormal and Social Psychology, 50*(1), 3-11. https://doi.org/10.1037/h0042214

Feshbach, S. (1961). The stimulating versus cathartic effects of vicarious aggressive activity. *Journal of Abnormal and Social Psychology, 63*, 381-385. https://doi.org/10.1037/h0048863

Feshbach, S., & Singer, R. D. (1971). *Television and aggression: An experimental field study.* Jossey-Bass.

Festinger, L. (1954). A theory of social comparison processes. *Human Relations, 7*, 117-140. https://doi.org/10.1177/001872675400700202

Festinger, L. (1957). A theory of cognitive dissonance. Row, Peterson.

Festinger, L., Schachter, S., & Bach, K. (Eds.). (1950). *Social pressures in informal groups: A study of human factors in housing*. Stanford University Press.

Fikkers, K. M., & Piotrowski, J. T. (2019). Content and person effects in media research: Studying differences in cognitive, emotional, and arousal responses to media content. *Media Psychology*. Advance online publication. https://doi.org/10.1080/15213269.2019.1608257

Fikkers, K. M., Piotrowski, J. T., Lugtig, P., & Valkenburg, P. M. (2016). The role of perceived peer norms in the relationship between media violence exposure and adolescents' aggression. *Media Psychology, 19*(1), 4-26. https://doi.org/10.1080/15213269.2015.1037960

Fikkers, K. M., Piotrowski, J. T., & Valkenburg, P. M. (2016). Beyond the lab: Investigating early adolescents' cognitive, emotional, and arousal responses to violent games. *Computers in Human Behavior, 60*, 542-549. https://doi.org/10.1016/j.chb.2016.02.055

Fikkers, K. M., Piotrowski, J. T., Weeda, W. D., Vossen, H. G. M., & Valkenburg, P. M. (2013). Double dose: High family conflict enhances the effect of media violence exposure on adolescents' aggression. *Societies, 3*(3), 280-292. https://doi.org/10.3390/soc3030280

Finklea, B. W. (2011a, August 10-13). *Pixar's "new man": A textual and thematic analysis of masculinity in the Toy Story trilogy* [Poster presentation]. Association for Education of Journalism and Mass Communication 95th Annual Meeting, St. Louis, MO, United States.

Finklea, B. W. (2011b, April 10-13). *Rooting for the serial killer: Disposition theory, justice, and morality in Showtime's Dexter* [Paper presentation]. Broadcast Education Association 56th Annual Meeting, Las Vegas, NV, United States.

Finklea, B. W. (2014). *Examining masculinities in Pixar films: What it means to be a boy, whether human, fish, car, or toy* [Doctoral dissertation, University of Alabama]. University of Alabama Institutional Repository. https://ir.ua.edu/bitstream/handle/123456789/1977/file_1.pdf?sequence=1&isAllowed=y

Finklea, B. W. (2017a) Media effects: Comprehensive theories. In P. Rössler (Ed.), *International Encyclopedia of Media Effects* (Vol. 3, pp. 930-942). Wiley-Blackwell. https://doi.org/10.1002/9781118783764.wbieme0029

Finklea, B. W. (2017b). Nurturing new men and polishing imperfect fathers via hetero-and homosocial relationships in Pixar films. In R. A. Lind (Ed.) *Race and gender in electronic media: Content, context, culture* (pp. 89-104). New York, NY: Routledge.

Finklea, B. W., & Hardig, S. B. (2016). Seen but not heard: Exploring muted group theory in Pixar's The Incredibles, WALL-E, & Brave. In K. G. Roberts (Ed.), *Communication theory and millennial popular culture: Essays and applications* (pp 119-127). Peter Lang.

Finn, S. (1992). Television addiction? An evaluation of four competing media-use models. *Journalism Quarterly, 69*, 422-435. https://doi.org/10.1177/107769909206900216

Finnerty-Myers, K. (2011). Understanding the dynamics behind the relationship between exposure to negative consequences of risky sex on entertainment television and emerging adults' safe-sex attitudes and intentions. *Mass Communication & Society, 14*(6), 743-764. https://doi.org/10.1080/15205436.2010.540057

Fisch, S. M. (2000). A capacity model of children's comprehension of educational content on television.

Media Psychology, 2(1), 63-91. https://doi.org/10.1207/S1532785XMEP0201_4

Fisch, S. M. (2002). Vast wasteland or vast opportunity?: Effects of educational television on children's academic knowledge, skills, and attitudes. In J. Bryant & D. Zillmann (Eds.), *Media effects: Advances in theory and research* (2nd ed.). Lawrence Erlbaum Associates.

Fisch, S. M. (2003). *The impact of Cyberchase on children's mathematical problem solving: Cyberchase season 2 summative study.* MediaKidz Research & Consulting. https://www.informalscience.org/sites/default/files/report_257.PDF

Fisch, S. M. (2005, April). *Transfer of learning from educational television: Near and far transfer from Cyberspace.* Poster session presented at the biennial meeting of the Society for Research in Child Development, Atlanta, GA.

Fisch, S. M. (2009). Educational television and interactive media for children: Effects on academic knowledge, skills, and attitudes. In J. Bryant & M. B. Oliver (Eds.), *Media effects: Advances in theory and research* (3rd ed., pp. 402-435). Routledge.

Fisch, S. M., Akerman, A., Morgenlander, M., McCann Brown, S. K., Fisch, S. R. D., Schwartz, B. B., & Tobin, P. (2008). Coviewing preschool television in the US: Eliciting parent-child interaction via onscreen prompts. *Journal of Children and Media, 2*, 163-173. https://doi.org/10.1080/17482790802078680

Fisch, S. M., & Truglio, R. T. (Eds.). (2001). *"G" is for "growing": Thirty years of research on children and Sesame Street.* Lawrence Erlbaum Associates.

Fischer, P. M., Richards, J. W., Berman, E. J., & Krugman, D. M. (1989). Recall and eye tracking study of adolescents viewing tobacco advertisements. *Journal of the American Medical Association, 261*(1), 84-89. https://doi.org/10.1001/jama.1989.03420010094040

Fischer, P. M., Schwartz, M. P., Richards, J. W., Jr., Goldstein, A. O., & Rojas, T. H. (1991). Brand logo recognition by children aged 3 to 6 years. Mickey Mouse and Old Joe the Camel. *JAMA, 266*(22), 3145-3148. https://doi.org/10.1001/jama.1991.03470220061027

Fishbein, M., & Ajzen, I. (1975). *Belief, attitude, intention and behavior: An introduction to theory and research.* Addison-Wesley.

Fishbein, M., & Ajzen, I. (1976). Misconceptions about the Fishbein model: Reflections on a study by Songer-Nocks. *Journal of Experimental Social Psychology, 12*(6), 579-584. https://doi.org/10.1016/0022-1031(76)90036-6

Fishbein, M., & Ajzen, I. (2010). *Predicting and changing behavior: The reasoned action approach.* Psychology Press.

Fisher, D. A., Hill, D. L., Grube, J. W., Bersamin, M. M., Walker, S., & Gruber, E. L. (2009). Televised sexual content and parental mediation: Influences on adolescent sexuality. *Media Psychology, 12*, 121-147. https://doi.org/10.1080/15213260902849901

Fisher, W. A., Kohut, T., Di Gioacchino, L. A., & Fedoroff, P. (2013). Pornography, sex crime, and paraphilia. *Current Psychiatry Reports, 15*, Article 362. https://doi.org/10.1007/s11920-013-0362-7

Fiske, S. T., & Taylor, S. E. (1991). *Social cognition* (2nd ed.). McGraw-Hill.

Flagg, B. N. (2012). *Summative evaluation of SciGirls season two television series & website.* https://

www.informalscience.org/sites/default/files/SG2_SummativeEval_2012.pdf

Flavell, J. (1963). *The developmental psychology of Jean Piaget*. Van Nostrand.

Flerx, V. C., Fidler, D. S., & Rogers, R. W. (1976). Sex role stereotypes: Developmental aspects and early intervention. *Child Development, 47*(4), 998-1007. https://doi.org/10.2307/1128436

Floyd, D. L., Prentice-Dunn, S., & Rogers, R. W. (2000). A meta-analysis of research on protection motivation theory. *Journal of Applied Social Psychology, 30*, 407-429. https://doi.org/10.1111/j.1559-1816.2000.tb02323.x

Forsyth, S. R., & Malone, R. E. (2016). Tobacco imagery in video games: Ratings and gamer recall. *Tobacco Control, 25*(5), 587-590. https://doi.org/10.1136/tobaccocontrol-2015-052286

Forsyth, S. R., & McDaniel, P. A. (2021). Tobacco imagery in the 20 best-selling video games of 2018. *Nicotine & Tobacco Research, 23*(8), 1341-1348. https://doi.org/10.1093/ntr/ntaa233

Fortunati, L. (2005a). Mobile phones and fashion in post-modernity. *Telektronikk, 3*(4), 35-48.

Fortunati, L. (2005b). Mobile telephone and the presentation of self. In R. Ling & P. Pedersen (Eds.), *Mobile communications: Re-negotiation of the social sphere* (pp.203-218). Springer.

Foster, E., & Gamble, E. A. (1906). The effect of music on thoracic breathing. *The American Journal of Psychology, 17*, 406-414.

Foundation for Advancing Alcohol Responsibility. (2016). *Back to school survey 2016*. https://www.responsibility.org/back-school-survey-2016/

Fowler, K., & Thomas, V. (2015). A content analysis of male roles in television advertising: Do traditional roles still hold? *Journal of Marketing Communications, 21*(5), 356-371. https://doi.org/10.1080/13527266.2013.775178

Fox, J., & Bailenson, J. N. (2009). Virtual self-modeling: The effects of vicarious reinforcement and identification on exercise behaviors. *Media Psychology, 12*, 1-25. https://doi.org/10.1080/15213260802669474

Fox, J., & McEwan, B. (2020). Social media. In M. B. Oliver, A. A. Raney, & J. Bryant (Eds.), *Media effects: Advances in theory and research* (4th ed., pp.373-388). Routledge.

Fox, J., & Potocki, B. (2016). Lifetime video game consumption, interpersonal aggression, hostile sexism, and rape myth acceptance: A cultivation perspective. *Journal of Interpersonal Violence, 31*(10), 1912-1931. https://doi.org/10.1177/0886260515570747

Fox, S. (2006). *Online health search 2006*. Pew Internet and American Life Project. Retrieved from http://www.pewinternet.org/pdfs/PIP_Online_health_2006.pdf

Fox, S. (2014, January 15). *The social life of health information*. Pew Research Center. https://www.pewresearch.org/fact-tank/2014/01/15/the-social-life-of-health-information/

Fox, S., & Duggan, M. (2013). *Health online 2013*. Pew Research Center. https://www.pewresearch.org/internet/2013/01/15/health-online-2013/

Franks, J., Chenhall, R., & Keogh, L. (2018). The Facebook sabbatical as a cycle: Describing the gendered experience of young adults as they navigate disconnection and reconnection. *Social Media + Society, 4*(3). https://doi.org/10.1177/2056305118801995

Franz, M. M., Freedman, P., Goldstein, K., & Ridout, T. N. (2008). Understanding the effect of political advertising on voter turnout: A response to Krasno and Green. *The Journal of Politics, 70*(1), 262-268. https://doi.org/10.1017/S0022381607080188

Frederick, C., & Zhang, T. (2019). Narcissism and social media usage: Is there no longer a relation-ship? *Journal of Articles in Support of the Null Hypothesis, 16*(1), 23-32. Retrieved from https://commons.erau.edu/publication/1322

Freedman, J. (2002). *Media violence and its effects on aggression: Assessing the scientific evidence.* University of Toronto Press.

Freimuth, V. S., Hammond, S. L., & Stein, J. A. (1988). Health advertising: Prevention for profit. *American Journal of Public Health, 78*(5), 557-561. https://doi.org/10.2105/AJPH.78.5.557

Freis, S. D., & Gurung, R. A. R. (2013). A Facebook analysis of helping behavior in online bullying. *Psychology of Popular Media Culture, 2*(1), 11-19. https://doi.org/10.1037/a0030239

French, I. M., & Hamilton, L. D. (2018). Male-centric and female-centric pornography consumption: Relationship with sex life and attitudes in young adults. *Journal of Sex & Marital Therapy, 44*(1), 73-86. https://doi.org/10.1080/0092623X.2017.1321596

Frew, C. (2021, January 20). *18 years later, Final Destination 2 has still ruined log trucks for everyone.* Unilad. https://www.unilad.co.uk/featured/18-years-later-final-destination-2-has-still-ruined-log-trucks-for-everyone/

Fridkin, K., Kenney, P. J., & Wintersieck, A. (2015). Liar, liar, pants on fire: How fact-checking influences citizens' reactions to negative advertising. *Political Communication, 32*(1), 127-151. https://doi.org/10.1080/10584609.2014.914613

Fridkin, K., Wintersieck, A., Courey, J., & Thompson, J. (2017). Race and police brutality: The importance of media framing. *International Journal of Communication, 11*, 3394-3414. https://ijoc.org/index.php/ijoc/article/viewFile/6950/2117

Frisby, C. M., & Aubrey, J. S. (2012). Race and genre in the use of sexual objectification in female artists' music videos. *Howard Journal of Communications, 23*(1), 66-87. https://doi.org/10.1080/10646175.2012.641880

Frissen, T., De Coninck, D., Matthys, K., & d'Haenens, L. (2020). Longitudinal evidence of how media audiences differ in public health perceptions and behaviors during a global pandemic. *Frontiers in Public Health, 8*, Article 583408. https://doi.org/10.3389/fpubh.2020.583408

Fritz, N., Malic, V., Paul, B., & Zhou, Y. (2020). A descriptive analysis of the types, targets, and relative frequency of aggression in mainstream pornography. *Archives of Sexual Behavior, 49*, 3041-3053. https://doi.org/10.1007/s10508-020-01773-0

Fritz, N., Malic, V., Paul, B., & Zhou, Y. (2021). Worse than objects: The depiction of Black women and men and their sexual relationship in pornography. *Gender Issues, 38*, 100-120. https://doi.org/10.1007/s12147-020-09255-2

Frosch, D. L., Krueger, P. M., Hornik, R. C., Cronholm, P. F., & Barg, F. K. (2007). Creating demand for prescription drugs: A content analysis of television direct-to-consumer advertising. *Annals of Family Medicine, 5*, 6-13. https://doi.org/10.1370/afm.611

Frutos, A. M., & Merrill, R. M. (2017). Explicit sexual movie viewing in the United States according to selected marriage and lifestyle, work and financial, religion and political factors. *Sexuality & Culture, 21*, 1062-1082. https://doi.org/10.1007/s12119-017-9438-6

Fryberg, S. (2003). *Really? You don't look like an American Indian: Social representations and social group identities.* Dissertation Abstracts International (Vol. 64).

Fujioka, Y. (2005). Black media images as a perceived threat to African American ethnic identity: Coping responses, perceived public perception, and attitudes towards affirmative action. *Journal of Broadcasting & Electronic Media, 49*(4), 450-467. https://doi.org/10.1207/s15506878jobem4904_6

Funk, J. B., Baldacci, H. B., Pasold, T., & Baumgardner, J. (2004). Violence exposure in real-life, video games, television, movies, and the internet: Is there desensitization? *Journal of Adolescence, 27*, 23-39. https://doi.org/10.1016/j.adolescence.2003.10.005

Funkhouser, G. R. (1973). The issues of the sixties: An exploratory study in the dynamics of public opinion. *Public Opinion Quarterly, 37*(1), 62-75. https://doi.org/10.1086/268060

Furnham, A., & Lay, A. (2019). The universality of the portrayal of gender in television advertisements: A review of the studies this century. *Psychology of Popular Media Culture, 8*(2), 109-124. https://doi.org/10.1037/ppm0000161

Gabrielli, J., Corcoran, E., Genis, S., McClure, A. C., & Tanski, S. E. (2021). Exposure to television alcohol brand appearances as predictor of adolescent brand affiliation and drinking behaviors. *Journal of Youth and Adolescence.* Advance online publication. https://doi.org/10.1007/s10964-021-01397-0

Galdi, S., Maass, A., & Cadinu, M. (2014). Objectifying media: Their effect on gender role norms and sexual harassment of women. *Psychology of Women Quarterly, 38*(3), 398-413. https://doi.org/10.1177/0361684313515185

Gamson, W. A., & Modigliani, A. (1987). The changing culture of affirmative action. In R. G. Braungart & M. M. Braungart (Eds.), *Research in Political Sociology* (Vol. 3, pp. 137-177). JAI Press.

Ganahl, D. J., Prinsen, T. J., & Netzley, S. B. (2003). A content analysis of prime time commercials: A contextual framework of gender representation. *Sex Roles: A Journal of Research, 49*(9-10), 545-551. https://doi.org/10.1023/A:1025893025658

Garcia-Agundez, A., Folkerts, A.-K., Konrad, R., Caserman, P., Tregel, T., Goosses, M., Göbel, S., & Kalbe, E. (2019). Recent advances in rehabilitation for Parkinson's Disease with exergames: A systematic review. *Journal of Neuro Engineering and Rehabilitation, 16*, Article 17. https://doi.org/10.1186/s12984-019-0492-1

Garrett, R. K., DvirGvirsman, S., Johnson, B. K., Tsfati, Y., Neo, R., & Dal, R. (2014). Implications of pro-and counterattitudinal information exposure for affective polarization. *Human Communication Research, 40*(3), 309-332. https://doi.org/10.1111/hcre.12028

Gaskin, J., & Berente, N. (2011). Video game design in the MBA curriculum: An experiential learning approach for teaching design thinking. *Communications of the Association for Information Systems, 29*, 103-122. https://doi.org/10.17705/1CAIS.02906

Gawronski, B., & Bodenhausen, G. V. (2006). Associative and propositional processes in evaluation: An integrative review of implicit and explicit attitude change. *Psychological Bulletin, 132*(5), 692-731.

https://doi.org/10.1037/0033-2909.132.5.692

Gearhart, S., & Zhang, W. (2014). Gay bullying and online opinion expression: Testing spiral of silence in the social media environment. *Social Science Computer Review, 32*(1), 18-36. https://doi.org/10.1177/0894439313504261

Geen, R. G. (1975). The meaning of observed violence: Real vs. fictional violence and consequent effects on aggression and emotional arousal. *Journal of Research in Personality, 9*(4), 270-281. https://doi.org/10.1016/0092-6566(75)90002-1

Geen, R. G., & Rakosky, J. J. (1973). Interpretations of observed aggression and their effect on GSR. *Journal of Experimental Research in Personality, 6*(4), 289-292.

Geena Davis Institute on Gender in Media. (2019). *Rewrite her story: The state of the world's girls 2019.* https://seejane.org/wp-content/uploads/2019-rewrite-her-story-plan-international-report.pdf

Geis, F. L., Brown, V., Jennings-Walstedt, J., & Porter, N. (1984). TV commercials as achievement scripts for women. *Sex Roles: A Journal of Research, 10*(7-8), 513-525. https://doi.org/10.1007/BF00287260

Gentile, D. A., Coyne, S., & Walsh, D. A. (2011). Media violence, physical aggression, and relational aggression in school age children: A short-term longitudinal study. *Aggressive Behavior, 37*(2), 193-206. https://doi.org/10.1002/ab.20380

Gentile, D. A., Swing, E. L., Anderson, C. A., Rinker, D., & Thomas, K. M. (2016). Differential neural recruitment during violent video game play in violent-and nonviolent-game players. *Psychology of Popular Media Culture, 5*(1), 39-51. https://doi.org/10.1037/ppm0000009

Gerbner, G. (1970). Cultural indicators: The case of violence in television drama. *Annals of the American Academy of Political and Social Science, 388*, 69-81. https://doi.org/10.1177/000271627038800108

Gerbner, G. (1972). Violence in television drama: Trends and symbolic functions. In G. A. Comstock and E. Rubinstein (Eds.), *Television and social behavior: Vol. 1. Media content and control* (pp. 28-187). U.S. Government Printing Office. https://web.asc.upenn.edu/gerbner/Asset.aspx?assetID=2584

Gerbner, G. (1997). Gender and age in primetime television. In S. Kirschner & D. A. Kirschner (Eds.), *Perspectives on psychology and the media* (pp. 69-94). American Psychological Society.

Gerbner, G., & Gross, L. (1976). Living with television: The violence profile. *Journal of Communication, 26*(2), 172-194. https://doi.org/10.1111/j.1460-2466.1976.tb01397.x

Gerbner, G., Gross, L., Eleey, M. F., Jackson-Beeck, M., Jeffries-Fox, S., & Signorielli, N. (1977). Television violence profile no. 8: The highlights. *Journal of Communication, 27*(2),171-180. https://doi.org/10.1111/j.1460-2466.1977.tb01845.x

Gerbner, G., Gross, L., Jackson-Beeck, M., Jeffries-Fox, S., & Signorielli, N. (1978). Cultural indicators: Violence profile no. 9. *Journal of Communication, 28*(3), 176-207. https://doi.org/10.1111/j.1460-2466.1978.tb01646.x

Gerbner, G., Gross, L., Morgan, M., & Signorielli, N. (1980). The "mainstreaming" of America: Violence profile no. 11. *Journal of Communication, 30*(3), 10-29. https://doi.org/10.1111/j.1460-2466.1980.tb01987.x

Gerbner, G., Gross, L., Morgan, M., & Signorielli, N. (1994). Growing up with television: The cultivation perspective. In J. Bryant & D. Zillmann (Eds.), *Media effects: Advances in theory and research* (pp.17-41). Lawrence Erlbaum Associates.

Gerbner, G., Gross, L., Morgan, M., Signorielli, N., & Shanahan, J. (2002). Growing up with television: Cultivation processes. In J. Bryant & D. Zillmann (Eds.), *Media effects: Advances in theory and research* (2nd ed.). Lawrence Erlbaum Associates.

Gerbner, G., & Signorielli, N. (1979). *Women and minorities in television drama 1969-1978.* Annenberg School of Communication, University of Pennsylvania.

Gergen, K. J. (2002). The challenge of absent presence. In J. Katz & M. Aakhus (Eds.), *Perpetual contact: Mobile communication, private talk, public performance* (pp.227-241). Cambridge University Press.

Gesselman, A. N., Ta, V. P., & Garcia, J. R. (2019). Worth a thousand interpersonal words: Emoji as affective signals for relationship-oriented digital communication. *PLOS ONE, 14*(8), Article e0221297. https://doi.org/10.1371/journal.pone.0221297

GfK Roper Youth Report. (2016). *Influences on youth decisions about drinking.* http://i2.cdn.turner.com /cnn/2016/images/09/07/influencesonyouthsdecisionsaboutdrinking-2016-03-11.pdf

Ghanem, S. (1997). Filling in the tapestry: The second level of agenda setting. In M. E. McCombs, D. L. Shaw, & D. Weaver (Eds.), *Communication and democracy: Exploring the intellectual frontiers in agenda-setting theory* (pp.3-14). Lawrence Erlbaum Associates.

Gibson, M. (2014, August 15). Here's a radical way to end vacation email overload. *Time.* https://time. com/3116424/daimler-vacation-email-out-of-office/

Gilbody, S., Wilson, P., & Watt, I. (2005). Benefits and harms of direct to consumer advertising: A systematic review. *Quality & Safety in Health Care, 14*(4), 246-250. https://doi.org/10.1136/qshc. 2004.012781

Gilens, M. (1999). *Why Americans hate welfare: Race, media and the politics of antipoverty policy.* University of Chicago Press.

Gillam, K., & Wooden, S. R. (2008). Post-princess models of gender: The new man in Disney/ Pixar. *Journal of Popular Film and Television, 36,* 2-8. https://doi.org/10.3200/JPFT.36.1.2-8

Gilliam, F., & Iyengar, S. (2000). Prime suspects: The influence of local television news on the viewing public. *American Journal of Political Science, 44*(3), 560-573. https://doi.org/10.2307/2669264

Gilliam, F. D., Iyengar, S., Simon, A., & Wright, O. (1996). Crime in black and white: The violent, scary world of local news. *Harvard International Journal of Press/Politics, 1*(3), 6-23. https://doi.org/ 10.1177/1081180X96001003003

Girodo, M., & Pellegrini, W. (1976). Exercise-produced arousal, film-induced arousal and attribution of internal state. *Perceptual and Motor Skills, 42*(3, Pt 1), 931-935. https://doi.org/10.2466/pms.1976. 42.3.931

Gitlin, T. (1978). Media sociology: The dominant paradigm. *Theory and Society, 6,* 205-253.

Givens, S. B., & Monahan, J. L. (2005). Priming mammies, jezebels, and other controlling images: An examination of the influence of mediated stereotypes on perceptions of an African American woman. *Media Psychology, 7,* 87-106. https://doi.org/10.1207/S1532785XMEP0701_5

Glantz, S., Kacirk, K. W., & McCulloch, C. (2004). Back to the future: Smoking in movies in 2002

compared with 1950 levels. *American Journal of Public Health, 94*(2), 261-263. https://doi.org/
10.2105/ajph.94.2.261

GlobalWebIndex. (2020). *Social: Global Web Index's flagship report on the latest trends in social media.*
https://www.globalwebindex.com/hubfs/Downloads/2019%20Q2-Q3%20Social%20Report.pdf?ut
m_campaign=Social%20media%20report%202020&utm_source=hs_automation&utm_medium=em
ail&utm_content=82864869&_hsenc=p2ANqtz-8A2ENwBrZmPdt-coC6VVY2UQ0jHQf2Rz64Cfy5G
gPNjrZ5jJUgL9n5RDVMXLOB2VJgFBO_c4dBhKsgYk3_W3gTvYaZt Q&_hsmi=82864869

Goffman, E. (1974). *Frame analysis: An essay on the organization of experience.* Harvard University Press.

Goidel, R., Freeman, C., & Procopio, S. (2006). The impact of television on perceptions of juvenile crime.
Journal of Broadcasting & Electronic Media, 50(1), 119-139. https://doi.org/10.1207/s15506
878jobem5001_7

Golbeck, J., Grimes, J. M., Rogers, A. (2010). Twitter use by the U.S. Congress. *Journal of the American
Society for Information Science and Technology, 61*, 1612-1621. https://doi.org/10.1002/asi.21344

Goldberg, M. E., Gorn, G. J., & Gibson, W. (1978). TV messages for snack and breakfast foods: Do they
influence children's preferences? *Journal of Consumer Research, 5*(2), 73-81. https://doi.org/
10.1086/208717

Goldstein, A. O., Fischer, P. M., Richards, J. W., & Creten, D. (1987). Relationship between high school
student smoking and recognition of cigarette advertisements. *Journal of Pediatrics, 110*(3), 488-
491. https://doi.org/10.1016/S0022-3476(87)80523-1

Goldstein, A. O., Sobel, R. A., & Newman, G. R. (1999). Tobacco and alcohol use in G-rated children's
animated films. *Journal of the American Medical Association, 281*(12), 1131-1136. https://doi.org/
10.1001/jama.281.12.1131

Gollust, S. E., Lantz, P. M., & Ubel, P. A. (2009). The polarizing effect of news media messages about the
social determinants of health. *American Journal of Public Health, 99*(12), 2160-2167. https://
doi.org/10.2105/AJPH.2009.161414

Goranson, R. (1969). *Observed violence and aggressive behavior: The effects of negative outcomes to the
observed violence* (Unpublished doctoral dissertation). University of Wisconsin-Madison.

Gordon, B. R., Lovett, M. J., Luo, B., & Reeder, J. C., III. (2022). Disentangling the effects of ad tone on
voter turnout and candidate choice in presidential elections. *Management Science.* Advance online
publication. https://doi.org/10.1287/ mnsc.2022.4347

Gorham, B. (2006). News media's relationship with stereotyping: The linguistic intergroup bias in
response to crime news. *Journal of Communication, 56*(2), 289-308. https://doi.org/10.1111/
j.1460-2466.2006.00020.x

Gottfried, J., Barthel, M., & Shearer, E. (2016, February 4). *The 2016 presidential campaign-A news event
that's hard to miss.* Pew Research Center. https://www.journalism.org/2016/02/04/the-2016-
presidential-campaign-a-news-event-thats-hard-to-miss/

Gottfried, J. A., Vaala, S. E., Bleakley, A., Hennessy, M., & Jordan, A. (2013). Does the effect of
exposure to TV sex on adolescent sexual behavior vary by genre? *Communication Research, 40*(1),
73-95. https://doi.org/10.1177/0093650211415399

Governors Highway Safety Association. (2021, December). *Distracted driving*. https://www.ghsa.org/state-laws/issues/distracted%20driving

Grabe, M. E., & Drew, D. G. (2007). Crime cultivation: Comparisons across media genres and channels. *Journal of Broadcasting & Electronic Media, 51*(1), 147-171. https://doi.org/10.1080/08838150701308143

Grabe, M. E., Kamhawi, R., & Yegiyan, N. (2009). Informing citizens: How people with different levels of education process television, newspaper, and web news. *Journal of Broadcasting & Electronic Media, 53*(1), 90-111. https://doi.org/10.1080/08838150802643860

Granberg, D., & Brown, T. A. (1989). On affect and cognition in politics. *Social Psychology Quarterly, 52*(3), 171-182. https://doi.org/10.2307/2786712

Granic, I., Lobel, A., & Engels, R. C. M. E. (2014). The benefits of playing video games. *American Psychologist, 69*(1), 66-78. https://doi.org/10.1037/a0034857

Granovetter, M. S. (1982). The strength of weak ties: A network theory revisited. In P. V. Mardsen & N. Lin (Eds.), *Social structure and network analysis* (pp.105-130). Sage.

Grant, B. F. (2000). Estimates of US children exposed to alcohol abuse and dependence in the family. *American Journal of Public Health, 90*, 112-115. https://doi.org/10.2105/ajph.90.1.112

Graves, L. E. F., Ridgers, N. D., Williams, K., Stratton, G., Atkinson, G., & Cable, N. T. (2010). The physiological cost of enjoyment of Wii Fit in adolescents, young adults, and older adults. *Journal of Physical Activity and Health, 7*(3), 393-401. https://doi.org/10.1123/jpah.7.3.393

Graybill, D., Kirsch, J., & Esselman, E. (1985). Effects of playing violent versus nonviolent video games on the aggressive ideation of aggressive and nonaggressive children. *Child Study Journal, 15*, 199-205.

Green, A. (2019). *Mobile gaming generated 60% of the global video games revenue in 2019*. Golden Casino News. https://goldencasinonews.com/blog/2019/12/30/mobile-gaming-generated-60-of-the-global-video-games-revenue-in-2019/

Greenberg, B. S. (1974). Gratifications of television viewing and their correlates for British children. In J. G. Blumler & E. Katz (Eds.), *The uses of mass communications: Current perspectives on gratifications research* (pp.71-92). Sage.

Greenberg, B. S. (1994). Content trends in media sex. In D. Zillmann, J. Bryant, & A. C. Huston (Eds.), *Media, children, and the family: Social scientific, psychodynamic, and clinical perspectives*. Lawrence Erlbaum Associates.

Greenberg, B. S., Brown, J. D., & Buerkel-Rothfuss, N. L. (1993). *Media, sex, and the adolescent*. Hampton Press.

Greenberg, B. S., & Hofschire, L. (2000). Sex on entertainment television. In D. Zillmann & P. Vorderer (Eds.), *Media entertainment: The psychology of its appeal* (pp.93-111). Lawrence Erlbaum Associates.

Greenberg, B. S., & Linsangan, R. (1993). Gender differences in adolescents' media use, exposure to sexual content, parental mediation and self-perceptions. In B. S. Greenberg, J. Brown, & N. Buerkel-Rothfuss (Eds.), *Media, sex and the adolescent* (pp.134-144). Hamilton Press.

Greenberg, B. S., Mastro, D., & Brand, J. E. (2002). Minorities and the mass media: Television into the 21st century. In J. Bryant & D. Zillmann (Eds.), *Media effects: Advances in theory and research* (2nd ed., pp. 333-351). Lawrence Erlbaum Associates.

Greenberg, B. S., Stanley, C., Siemicki, M., Heeter, C., Soderman, A., & Linsangan, R. (1993). Sex content on soaps and primetime television series most viewed by adolescents. In B. S. Greenberg, J. D. Brown, & N. L. Buerkel-Rothfuss (Eds.), *Media, sex and the adolescent.* Hampton Press.

Greenberg, L., D'Andrea, G., & Lorence, D. (2004). Setting the public agenda for online health search: A white paper and action agenda. *Journal of Medical Internet Research, 6*(2), Article e18. https://doi.org/10.2196/jmir.6.2.e18

Greene, B. (2011). *38 years ago he made the first cell phone call.* CNN. http://www.cnn.com/2011/OPINION/04/01/greene.first.cellphone.call/index.html

Greene, K., & Krcmar, M. (2005). Predicting exposure to and liking of media violence: A uses and gratifications approach. *Communication Studies, 56,* 71-93. https://doi.org/10.1080/0008957042000332250

Greenwald, A. G. (1968). Cognitive learning, cognitive response to persuasion, and attitude change. In A. Greenwald, T. Brock, & T. Ostrom (Eds.), *Psychological foundations of attitudes* (pp. 147-170). Academic Press.

Greenwald, A. G., McGhee, D. E., & Schwartz, J. L. K. (1998). Measuring individual differences in implicit cognition: The implicit association test. *Journal of Personality and Social Psychology, 74*(6), 1464-1480. https://doi.org/10.1037/0022-3514.74.6.1464

Greer, T. W., & Payne, S. C. (2014). Overcoming telework challenges: Outcomes of successful telework strategies. *The Psychologist-Manager Journal, 17*(2), 87-111. https://doi.org/10.1037/mgr0000014

Greitemeyer, T., & McLatchie, N. (2011). Denying humanness to others: A newly discovered mechanism by which violent video games increase aggressive behavior. *Psychological Science, 22,* 659-665. https://doi.org/10.1177/0956797611403320

Greitemeyer, T., & Mügge, D. O. (2014). Video games do affect social outcomes: A meta-analytic review of the effects of violent and prosocial video game play. *Personality and Social Psychology Bulletin, 40*(5), 578-589. https://doi.org/10.1177/0146167213520459

Greitemeyer, T., & Sagioglou, C. (2017). The longitudinal relationship between everyday sadism and the amount of violent video game play. *Personality and Individual Differences, 104,* 238-242. https://doi.org/10.1016/j.paid.2016.08.021

Grieco, E. (2020, April 1). *American's main sources for political news vary by party and age.* Pew Research Center. https://www.pewresearch.org/fact-tank/2020/04/01/americans-main-sources-for-political-news-vary-by-party-and-age/

Griffiths, M. (2000). Does internet and computer "addiction" exist? Some case study evidence. *CyberPsychology & Behavior, 3*(2), 211-218. https://doi.org/10.1089/109493100316067

Griffiths, M. D., Davies, M. N. O., & Chappell, D. (2004). Online computer gaming: A comparison of adolescent and adult gamers. *Journal of Adolescence, 27,* 87-96. https://doi.org/10.1016/j.adolescence.2003.10.007

Grimes, T., & Bergen, L. (2008). The epistemological argument against a causal relationship between media violence and sociopathic behavior among psychologically well viewers. *American Behavioral Scientist, 51*(8), 1137-1154. https://doi.org/10.1177/0002764207312008

Grimsted, D. (1998). *American mobbing, 1828-1861: Toward civil war.* Oxford University Press.

Grincevičienė, N. (2020). The effect of the intensity of telework on employees' work-life balance. *Buhalterinės Apskaitos Teorija Ir Praktika, 21*(1). https://doi.org/10.15388/batp.2020.16

Grindal, T., Silander, M., Maxon, T., Hupert, N., Vahey, P., & Pasnik, S. (2019). *Early science and engineering: The impact of The Cat in the Hat Knows a Lot About That! on learning.* Education Development Center, Inc., and SRI International. https://files.eric.ed.gov/fulltext/ED603162.pdf

Gross, E. F., Juvonen, J., & Gable, S. L. (2002). Internet use and well-being in adolescence. *Journal of Social Issues, 58*(1), 75-90. https://doi.org/10.1111/1540-4560.00249

Grossman, M., & Wood, W. (1993). Sex differences in intensity of emotional experience: A social role interpretation. *Journal of Personality and Social Psychology, 65*(5), 1010-1022. https://doi.org/10.1037/0022-3514.65.5.1010

Grubbs, J. B., Wright, P. J., Braden, A. L., Wilt, J. A., & Kraus, S. W. (2019). Internet pornography use and sexual motivation: A systematic review and integration. *Annals of the International Communication Association, 43*(2), 117-155. https://doi.org/10.1080/23808985.2019.1584045

Grube, J. W. (2004). Alcohol in the media: Drinking portrayals, alcohol advertising, and alcohol consumption among youth. In R. J. Bonnie & M. E. O'Connell (Eds.), *Reducing underage drinking: A collective responsibility* (pp. 597-622). The National Academy of Sciences.

Guenther-Grey, C. A., Schnell, D., Fishbein, M., and AIDS Community Demonstration Projects. (1995). Sources of HIV/AIDS information among female sex traders. *Health Education Research, 10*(3), 385-390. https://doi.org/10.1093/her/10.3.385

Guernsey, L. (2007). *Into the minds of babes: How screen time affects children from birth to age five.* Basic Books.

Gunter, B. (1987). *Television and the fear of crime.* John Libbey.

Gunter, B. (1994). The question of media violence. In J. Bryant & D. Zillmann (Eds.), *Media effects: Advances in theory and research* (pp. 163-211). Lawrence Erlbaum Associates.

Gunter, B. (2002). *Media sex: What are the issues?* Lawrence Erlbaum Associates.

Gunter, B., & Furnham, A. (1984). Perceptions of television violence: Effects of programme genre and type of violence on viewers' judgements of violent portrayals. *British Journal of Social Psychology, 23*(2), 155-164. https://doi.org/10.1111/j.2044-8309.1984.tb00624.x

Guo, L. (2012). The application of social network analysis in agenda setting research: A methodological exploration. *Journal of Broadcasting & Electronic Media, 56*(4), 616-631. https://doi.org/10.1080/08838151.2012.732148

Guo, L. (2013). Toward the third level of agenda setting theory: A network agenda setting model. In T. J. Johnson (Ed.), Agenda setting in a 2.0 world: New agendas in communication (pp. 112-133). Routledge.

Guo, L. (2017). Agenda-setting: Individual-level effects versus aggregate-level effects. In P. Rössler (Ed.),

International encyclopedia of media effects (Vol. 1, pp. 25-37). Wiley-Blackwell. https://doi.org/10.1002/9781118783764.wbieme0031

Guo, L., & McCombs, M. (2011, May 26-30). *Network agenda setting: A third level of media effects.* [Paper presentation]. International Communication Association 61st Annual Conference, Boston, MA, United States.

Guo, L., & Vargo, C. (2015). The power of message networks: A big-data analysis of the network agenda setting model and issue ownership. *Mass Communication and Society, 18,* 557-576. https://doi.org/10.1080/15205436.2015.1045300

Guo, L., Vu, H. T., & McCombs, M. (2012). An expanded perspective on agenda-setting effects: Exploring the third level of agenda setting. R*evista de Communicación,* 11, 51-68. https://revistade comunicacion.com/pdf/2012/Art051-068.pdf

Gupta, P. B., Burns, D. J., & Boyd, H. (2016). Texting while driving: An empirical investigation of students' attitudes and behaviors. *Information Systems Management, 33*(1), 88-101. https://doi.org/10.1080/10580530.2016.1117884

Gurevitch, M., & Blumler, J. G. (1990). Political communication systems and democratic values. In J. Lichtenberg (Ed.), *Democracy and the mass media* (pp. 269-289). Cambridge University Press.

Gwinn, A. M., Lambert, N. M., Fincham, F. D., & Maner, J. K. (2013). Pornography, relationship alternatives, and intimate extradyadic behavior. S*ocial Psychological and Personality Science, 4*(6), 699-704. https://doi.org/10.1177/1948550613480821

Gypson, K. (2019, January 10). *Freshmen US lawmakers setting new rules for social media.* VOA. https://www.voanews.com/usa/us-politics/freshman-us-lawmakers-setting-new-rules-social-media

Ha, L. (2020). Advertising effects and advertising effectiveness. In M. B. Oliver, A. A. Raney, & J. Bryant (Eds.), *Media effects: Advances in theory and research* (4th ed., pp. 275-289). Routledge.

Habuchi, I. (2005). Accelerating reflexivity. In M. Ito, D. Okabe, & M. Matsuda (Eds.), *Personal portable, pedestrian: Mobile phones in Japanese life* (pp. 165-182). MIT Press.

Haferkamp, N., & Krämer, N. C. (2011). Social comparison 2.0: Examining the effects of online profiles on social-networking sites. *Cyberpsychology, Behavior, and Social Networking, 14,* 209-314. https://doi.org/10.1089/cyber.2010.0120

Hakluyt, R. (1850). *Divers voyages touching the discovery of America and the islands adjacent.* The Hakluyt Society. https://www.loc.gov/item/04000242/ (Original work published 1582)

Hald, G. M., & Malamuth, N. N. (2015). Experimental effects of exposure to pornography: The moderating effect of personality and mediating effect of sexual arousal. *Archives of Sexual Behavior, 44*(1), 99-109. https://doi.org/10.1007/s10508-014-0291-5

Hale, J. L., & Dillard, J. P. (1995). Fear appeals in health promotion campaigns: Too much, too little, or just right? In E. Maibach & R. L. Parrott (Eds.), *Designing health messages: Approaches from communication theory and public health practice* (pp. 65-80). Sage.

Hall, C. C. (Ed.), & Jameson, J. F. (1910). A relation of Maryland: together with a map of the countrey, the conditions of plantation, His Majesties charter to the Lord Baltemore. In C. C. Hall (Ed.), *Original narratives of early American history: Narratives of early Maryland 1633-1684* (pp. 65-112).

American Historical Society. (Original work published 1635)

Hall, E. R., Fisch, S. M., Esty, E. T., Debold, E., Miller, B. A., Bennett, D. T., & Sloan, S. V. (1990). *Children's problem-solving behavior and their attitudes toward mathematics: A study of the effects of Square One TV* (Vols. 1-5). Children's Television Workshop.

Hamari, J., Malik, A., Koski, J., & Johri, A. (2019). Uses and gratifications of Pokémon Go: Why do people play mobile location-based augmented reality games? *International Journal of Human-Computer Interaction, 35*(9), 804-819. https://doi.org/10.1080/10447318.2018.1497115

Hampton, K., Rainie, L., Lu, W., Dwyer, M., Shin, I., & Purcell, K. (2014, August 26). *Social media and the "spiral of silence."* Pew Research Center. https://www.pewresearch.org/internet/2014/08/26/social-media-and-the-spiral-of-silence/

Hampton, K. N., Sessions, L. F., & Her, E. J. (2011). Core networks, social isolation, and new media: How internet and mobile phone use is related to network size and diversity. *Information, Communication & Society, 14*(1), 130-155. https://doi.org/10.1080/1369118X.2010.513417

Han, D. H., Kim, Y. S., Lee, Y. S., Min, K. J., & Renshaw, P. F. (2010). Changes in cue-induced, prefrontal cortex activity with video-game play. *Cyberpsychology, Behavior, and Social Networking, 13*, 655-661. https://doi.org/10.1089/cyber.2009.0327

Han, J., & Yzer, M. (2020). Media-induced misperception further divides public opinion: A test of self-categorization theory of attitude polarization. *Journal of Media Psychology: Theories, Methods, and Applications, 32*(2), 70-81. https://doi.org/10.1027/1864-1105/a000259

Hancock, D., & McMurty, L. (2017). "Cycles upon cycles, stories upon stories": Contemporary audio media and podcast horror's new frights. *Palgrave Communications, 3*, Article 17075. https://doi.org/10.1057/palcomms.2017.75

Hanewinkel, R., Sargent, J. D., Hunt, K., Sweeting, H., Engels, R. C. M. E., Scholte, R. H. J., Mathis, F., Florek, E., & Morgenstern, M. (2014). Portrayal of alcohol consumption in movies and drinking initiation in low-risk adolescents. *Pediatrics, 133*(6), 973-982. https://doi.org/10.1542/peds.2013-3880

Hare, R. D., & Blevings, G. (1975). Defensive responses to phobic stimuli. Biological Psychology, 3(1), 1-13. https://doi.org/10.1016/0301-0511(75)90002-2

Haridakis, P., & Humphries, Z. (2019). Uses and gratifications. In D. W. Stacks, M. B. Salwen, & K. C. Eichhorn (Eds.), *An integrated approach to communication theory and research* (3rd ed., pp. 139-152). Routledge.

Haridakis, P. M., & Rubin, A. M. (2005). Third-per-son effects in the aftermath of terrorism. *Mass Communication & Society, 8*(1), 39-59. https://doi.org/10.1207/s15327825mcs0801_4

Hariot, T. (1972). *A briefe and true report of the new found land of Virginia, by Thomas Hariot. The complete 1590 Theodor de Bry edition. Dover.* (Original work published 1590)

Harkin, J. (2003). *Mobilisation: The growing public interest in mobile technology.* Demos.

Harman, B. A., & Sato, T. (2011). Cell phone use and grade point average among undergraduate university students. *College Student Journal, 45*, 544-549.

Harmon, M., & Muenchen, R. (2009). Semantic framing in the build-up to the Iraq War: Fox v. CNN and other U.S. broadcast news programs. *ETC: A Review of General Semantics, 66*(1), 12-26. http://www.jstor.org/stable/42578893

Harris, L. (2003). Home-based teleworking and the employment relationship: Managerial challenges and dilemmas. *Personnel Review, 32,* 422-439. https://doi.org/10.1108/00483480310477515

Harris, R. J. (1994). The impact of sexually explicit media. In J. Bryant & D. Zillmann (Eds.), *Media effects: Advances in theory and research* (pp. 247-272). Lawrence Erlbaum Associates.

Harris, R. J., & Barlett, C. P. (2009). Effects of sex in the media. In J. Bryant & M. B. Oliver (Eds.), *Media effects: Advances in theory and research* (3rd ed., pp. 304-324). Routledge.

Harris, R. J., & Scott, C. L. (2002). Effects of sex in the media. In J. Bryant & D. Zillmann (Eds.), *Media effects: Advances in theory and research* (2nd ed., pp. 307-332). Lawrence Erlbaum Associates.

Harrison, K., & Cantor, J. (1999). Tales from the screen: Enduring fright reactions to scary media. *Media Psychology, 1*(2), 97-116. https://doi.org/10.1207/s1532785xmep0102_1

Harrison, R. L., Thomas, K. D., & Cross, S. N. N. (2017). Restricted visions of multiracial identity in advertising. *Journal of Advertising, 46*(4), 503-520. https://doi.org/10.1080/00913367.2017.1360227

Harvard Medical School. (n.d.). *Alcohol abuse.* https://www.health.harvard.edu/addiction/alcohol-abuse

Harvard Medical School. (2017, February 14). *Do not get sold on drug advertising.* https://www.health.harvard.edu/drugs-and-medications/do-not-get-sold-on-drug-advertising

Harwood, J. (1997). Viewing age: Lifespan identity and television viewing choices. *Journal of Broadcasting & Electronic Media, 41*(2), 203-213. https://doi.org/10.1080/08838159709364401

Hashimoto, Y., Ishii, K., Nakamura, I., Korenaga, R., Tsuji, D., & Mori, Y. (2000). Keitai denwa wo chuushin to surutsusin media riyonikansurucho-sakenkyu [A study on mobile phone and other communication media usage]. *Tokyo Daigaku Shyakai Joho KenkyusyoChosaKenkyu, Kiyo, 14,* 180 -192.

Hatch, S., G., Esplin, C. R., Aaron, S. C., Dowdle, K. K., Fincham, F. D., Hatch, H. D., & Braithwaite, S. R., (2020). Does pornography consumption lead to intimate partner violence perpetration? Little evidence for temporal precedence. *The Canadian Journal of Human Sexuality, 29*(3), 289-296. https://doi.org/10.3138/cjhs.2019-0065

Hatchett, A., Hallam, J. S., & Ford, M. A. (2013). Evaluation of a social cognitive theory-based email intervention designed to influence the physical activity of survivors of breast cancer. *Psychooncology, 22*(4), 829-836. https://doi.org/10.1002/pon.3082

Hawkins, R. P., & Pingree, S. (1981). Using television to construct social reality. *Journal of Broadcasting, 25*(4), 347-364. https://doi.org/10.1080/08838158109386459

Hawkins, R. P., & Pingree, S. (1982). Television's influence on social reality. In D. Pearl, L. Bouthilet, & J. Lazar (Eds.), *Television and behavior: Ten years of scientific progress and implications for the eighties* (DHHS Publication No. ADM 82-1196, Vol. 2, pp. 224-247). U.S. Government Printing Office. https://files.eric.ed.gov/fulltext/ED228979.pdf

Hawkins, R. P., & Pingree, S. (1990). Divergent psychological processes in constructing social reality from mass media content. In N. Signorielli & M. Morgan (Eds.), *Cultivation analysis: New directions in media effects research* (pp. 35-50). Sage.

Hayat, T., & Samuel-Azran, T. (2017). Dual-screening the candidate image during presidential debates: The moderating role of Twitter and need to evaluate for the effects on candidate perceptions. *Journal of Broadcasting & Electronic Media, 63*(1), 20-38. https://doi.org/10.1080/08838151.2019.1574117

Healy, J. M. (1990). *Endangered minds: Why our children don't think.* Simon & Schuster.

Hearold, S. (1986). A synthesis of 1043 effects of television on social behavior. In G. Comstock (Ed.), *Public communication and behavior* (Vol. 1, pp. 65-133). Academic Press.

Heath, R. L., & Bryant, J. (2000). *Human communication theory and research: Concepts, contexts, and challenges.* Lawrence Erlbaum Associates.

Hedding, K. J., & Ripka, K. (2018). What's political Twitter talking about? Setting the media agenda for the 2016 presidential debates among influential left, center, and right political media. *The Agenda Setting Journal, 2*(2), 168-190. https://doi.org/10.1075/asj.18018.hed

Heesacker, M., Petty, R. E., & Cacioppo, J. T. (1983). Field dependence and attitude change: Source credibility can alter persuasion by affecting message-relevant thinking. *Journal of Personality, 51*, 653-666. https://doi.org/10.1111/j.1467-6494.1983.tb00872.x

Heider, F. (1959). *The psychology of interpersonal relations* (2nd ed.). Wiley.

Heider, F., & Simmel, M. (1944). An experimental study of apparent behavior. *American Journal of Psychology, 57*, 243-259. https://doi.org/10.2307/1416950

Hellsten, I. (2003). Focus on metaphors: The case of "Frankenfood" on the web. *Journal of Computer-Mediated Communication, 8*(4), Article JCMC841. https://doi.org/10.1111/j.1083-6101.2003.tb00218.x

Helm, A. F., & Spencer, R. (2019). Television use and its effects on sleep in early childhood. *Sleep Health, 5*(3), 241-247. https://doi.org/10.1016/j.sleh.2019.02.009

Henning, B., & Vorderer, P. (2001). Psychological escapism: Predicting the amount of television viewing by need for cognition. *Journal of Communication, 51*(1), 100-120.

Henriksen, L., & Flora, J. A. (2001). *Effects of adolescents' exposure to retail tobacco advertising* [Paper presentation]. 51st Annual International Communication Association Conference, Washington, DC, United States.

Herbenick, D., Fu, T.-C., Wright, P., Paul, B., Gradus, R., Bauer, J., & Jones, R. (2020). Diverse sexual behaviors and pornography use: Findings from a nationally representative probability survey of Americans aged 18 to 60 years. *The Journal of Sexual Medicine, 17*(4), 623-633. https://doi.org/10.1016/j.jsxm.2020.01.013

Herbozo, S., Tantleff-Dunn, S., Gokee-Larose, J., & Thompson, J. K. (2004). Beauty and thinness messages in children's media: A content analysis. *Eating Disorders, 12*(1), 21-34. https://doi.org/10.1080/10640260490267742

Herzog, H. (1940). Professor quiz: A gratification study. In P. F. Lazarsfeld (Ed.), *Radio and the printed page* (pp. 64-93). Duell, Sloan, & Pearce.

Herzog, H. (1944). What do we really know about daytime serial listeners? In P. F. Lazarsfeld & F. N. Stanton (Eds.), *Radio research 1942-1943* (pp. 3-33). Duell, Sloan, & Pearce.

Hess, R. D., & Goldman, H. (1962). Parents' views of the effects of television on their children. *Child Development, 33*, 411-426. https://doi.org/10.2307/1126454

Heston, M., & Birnholtz, J. (2017, May 25-29). *Worth the wait? The effect of responsiveness on interpersonal attraction among known acquaintances* [Paper presentation]. 67th Annual International Communication Association Conference, San Diego, CA, United States.

Hestroni, A. (2007). Three decades of sexual content on prime-time network programming: A longitudinal meta-analytic review. *Journal of Communication, 57*, 318-348. https://doi.org/10.1111/j.1460-2466.2007.00345.x

Hestroni, A. (2008). Geo-cultural proximity, genre exposure, and cultivation. *Communications, 33*, 69-90. https://doi.org/10.1515/COMMUN.2008.004

Hestroni, A., Elphariach, H., Kapuza, R., & Tsfoni, B. (2007). Geographical proximity, cultural imperialism, and the cultivation effect. *Communication Monographs, 74*(2), 181-199. https://doi.org/10.1080/03637750701390077

Higgins, E. T., Bargh, J. A., & Lombardi, W. J. (1985). Nature of priming effects on categorization. *Journal of Experimental Psychology: Learning, Memory, and Cognition, 11*(1), 59-69. https://doi.org/10.1037/0278-7393.11.1.59

Hilgard, J., Engelhardt, C. R., Bartholow, B. D., & Rouder, J. N. (2017). How much evidence is p > .05? Stimulus pre-testing and null primary outcomes in violent video games research. *Psychology of Popular Media Culture, 6*(4), 361-380. https://doi.org/10.1037/ppm0000102

Hill, C., Davis, H., Holman, R., & Nelson, G. (1984). *Video violence and children*. H. M. Stationery Office.

Himmelweit, H. T., Oppenheim, A. N., & Vince, P. (1958). *Television and the child*. Oxford University Press.

Hinduja, S. & Patchin, J. W. (2019). *2019 cyberbullying data*. Cyberbullying Research Center. https://cyberbullying.org/2019-cyberbullying-data

Hirsh, P. (1980). The "scary" world of the non-viewer and other anomalies: A reanalysis of Gerbner et al.'s findings on cultivation analysis Part 1. *Communication Research, 7*(4), 403-456. https://doi.org/10.1177/009365028000700401

Hoekstra, S. J., Harris, R. J., & Helmick, A. L. (1999). Autobiographical memories about the experience of seeing frightening movies in childhood. *Media Psychology, 1*(2), 117-140. https://doi.org/10.1207/s1532785xmep0102_2

Hoewe, J. (2020). Toward a theory of media priming. *Annals of the International Communication Association, 44*(2), 312-321. https://www.tandfonline.com/doi/abs/10.1080/23808985.2020.1815232

Hoewe, J., & Sherrill, L. A. (2019). The influence of female lead characters in political TV shows: Links to political engagement. *Journal of Broadcasting & Electronic Media, 63*(1), 59-76. https://doi.org/10.1080/08838151.2019.1570782

Hoewe, J., Wiemer, E. C., Adekunle, T., Barton, R., Jett, J., & Pijanowski, A. (2020). Linking political TV shows with female lead characters to political engagement: The roles of parasocial processes and gender identity. *Journal of Broadcasting & Electronic Media, 64*(5), 672-692. https://doi.org/10.1080/08838151.2020.1849703

Hoff, E. E. (1998). The press and a new America, 1865-1900. In W. D. Sloan (Ed.), *The age of mass communication* (pp. 233-250). Vision Press.

Hoffner, C. (1995). Adolescents' coping with frightening mass media. *Communication Research, 22*(3), 325-346. https://doi.org/10.1177/009365095022003003

Hoffner, C. (2009). Affective responses and exposure to frightening films: The role of empathy and different types of content. *Communication Research Reports, 26*(4), 285-296. https://doi.org/10.1080/08824090903293700

Hoffner, C., & Cantor, J. (1985). Developmental differences in responses to a television character's appearance and behavior. *Developmental Psychology, 21*(6), 1065-1074. https://doi.org/10.1037/0012-1649.21.6.1065

Hoffner, C., & Cantor, J. (1990). Forewarning of a threat and prior knowledge of outcome: Effects on children's emotional responses to a film sequence. *Human Communication Research, 16*(3), 323-354. https://doi.org/10.1111/j.1468-2958.1990.tb00214.x

Hoffner, C., & Levine, K. J. (2005). Enjoyment of mediated fright and violence: A meta-analysis. *Media Psychology, 7*(2), 207-237. https://doi.org/10.1207/S1532785XMEP0702_5

Holbert, L., Shah, D., & Kwak, N. (2004). Fear, authority, and justice: Crime-related TV viewing and endorsements of capital punishment and gun ownership. *Journalism & Mass Communication Quarterly, 81*(2), 343-363. https://doi.org/10.1177/107769900408100208

Holbert, R. L. (2005). A typology for the study of entertainment television and politics. *American Behavioral Scientist, 49*(3), 436-453. https://doi.org/10.1177/0002764205279419

Holbert, R. L., Garrett, R. K., & Gleason, L. S. (2010). A new era of minimal effects? A response to Bennett and Iyengar. *Journal of Communication, 60*(1), 15-34. https://doi.org/10.1111/j.1460-2466.2009.01470.x

Holbert, R. L., & Hansen, G. J. (2006). Fahrenheit 9-11, need for closure and the priming of affective ambivalence: An assessment of intra-affective structures by party identification. *Human Communication Research, 32*(2), 109-129. https://doi.org/10.1111/j.1468-2958.2006.00005.x

Holbrook, R. A., & Hill, T. G. (2005). Agenda-setting and priming in prime time television: Crime dramas as political cues. *Political Communication, 22*(3), 277-295. https://doi.org/10.1080/10584600591006519

Holton, A., Lee, N., & Coleman, R. (2014). Commenting on health: A framing analysis of user comments in response to health articles online. *Journal of Health Communication, 19*(7), 825-837. https://doi.org/10.1080/10810730.2013.837554

Homer, C., Susskind, O., Alpert, H. R., Owusu, C., Schneider, L., Rappaport, L. A., & Rubin, D. H. (2000). An evaluation of an innovative multimedia educational software program for asthma management: Report of a randomized, controlled trial. *Pediatrics, 106*(1 Pt 2), 210-215.

Horowitz, J. (2021, November 11). *In Portugal, it's now illegal for your boss to call outside work hours.* CNN. https://www.cnn.com/2021/11/11/success/portugal-employer-contact-law/index.html?fbclid=IwAR16Ax8nOb2pcQoKZCBT0RHLlqt7gM-Wdel_OT87A0PHqpcAdqRMjunAGX8

Horton, D., & Wohl, R. R. (1956). Mass communication and para-social interaction. Psychiatry, 19(3), 215

-229. https://doi.org/10.1080/00332747.1956.11023049

Hovland, C. I. (1954). Effects of the mass media on communication. In G. Lindzey (Ed.), Handbook of social psychology (Vol. 2, pp. 1062-1103). Addison-Wesley.

Hovland, C. I., Lumsdaine, A., & Sheffield, F. (1949). *Experiments on mass communication*. Princeton University Press.

Howard, D. J. (1990). Rhetorical question effects on message processing and persuasion: The role of information availability and the elicitation of judgment. *Journal of Experimental Social Psychology, 26*(3), 217-239. https://doi.org/10.1016/0022-1031(90)90036-L

Howard, P. E. N., Raine, L., & Jones, S. (2001). Days and nights on the internet. *American Behavioral Scientist, 45*(3), 383-404. https://doi.org/10.1177/0002764201045003003

Hsu, C.-W., Wan, C.-C., & Tai, Y.-T. (2011). The closer the relationship, the more interaction on Facebook? Investigating the case of Taiwan users. *Cyberpsychology, Behavior, and Social Networking, 14*, 473-476. https://doi.org/10.1089/cyber.2010.0267

Huang, C. (2017). Time spent on social network sites and psychological well-being: A meta-analysis. *Cyberpsychology, Behavior, and Social Networking, 20*(6), 346-354. https://doi.org/10.1089/cyber.2016.0758

Huckfeldt, R., & Sprague, J. (1995). Citizens, politics, and social communication. Cambridge University Press. Huesmann, L. R. (1982). Violence and aggression. In National Institute of Mental Health, *Television and behavior: Ten years of scientific progress* (Vol. 1, pp. 36-44). U.S. Government Printing Office. https://files.eric.ed.gov/fulltext/ED222186.pdf

Huesmann, L. R., Dubow, E. F., & Yang, G. (2013). Why is it so hard to believe that media violence causes aggression? In K. E. Dill (Ed.), *The Oxford handbook of media psychology* (pp. 159-171). Oxford University Press. https://doi.org/10.13140/2.1.4496.7368 Huesmann, L. R., & Eron, L. D. (Eds.). (1986). *Television and the aggressive child: A cross-national comparison*. Lawrence Erlbaum Associates.

Huesmann, L. R., Moise-Titus, J., Podolski, C. L., & Eron, L. D. (2003). Longitudinal relations between children's exposure to TV violence and their aggressive and violent behavior in young adulthood: 1977-1992. *Developmental Psychology, 39*(2), 201-221. https://doi.org/10.1037//0012-1649.39.2.201

Hughes, M. (1980). The fruits of cultivation analysis: A reexamination of some effects of television watching. *Public Opinion Quarterly, 44*(3), 287-302. https://doi.org/10.1086/268597

Hughes, M. (2019, May 17). *What is the Murph challenge and why is everyone doing it on Memorial Day?* CNN. https://www.cnn.com/2019/05/27/us/memorial-day-murph-challenge-trnd/index.html

Hume, R. (1977, October). Selling the Swedish nightingale: Jenny Lind & P. T. Barnum. *American Heritage, 28*(6), 90-107. https://www.americanheritage.com/selling-swedish-nightingale

Hummer, T. A., Kronenberger, W. G., Wang, Y., & Mathews, V. P. (2019). Decreased prefrontal activity during a cognitive inhibition task following violent video game play: A multi-week randomized trial. *Psychology of Popular Media Culture, 8*(1), 63-75. https://doi.org/10.1037/ppm0000141

Hunt, D., & Ramón, A.-C. (2020a). *Hollywood diversity report 2020: A tale of two Hollywoods Part 1: Film*. UCLA College Social Sciences. https://socialsciences.ucla.edu/wp-content/uploads/2020/02/

UCLA-Hollywood-Diversity-Report-2020-Film-2-6-2020.pdf

Hunt, D., & Ramón, A.-C. (2020b). *Hollywood diversity report 2020: A tale of two Hollywoods Part 2: Television*. UCLA College Social Sciences. https://socialsciences.ucla.edu/wp-content/uploads/2020/10/UCLA-Hollywood-Diversity-Report-2020-Television-10-22-2020.pdf

Huntzicker, W. E. (1998). The pioneer press, 1800-1900. In W. D. Sloan (Ed.), *The age of mass communication* (pp. 187-211). Vision Press.

Hurley, R. J., Jensen, J., Weaver, A., & Dixon, T. (2015). Viewer ethnicity matters: Black crime in TV news and its impact on decisions regarding public policy. *Journal of Social Issues, 71*(1), 155-170. https://doi.org/10.1111/josi.12102

Huston, A. C., Anderson, D. R., Wright, J. C., Linebarger, D. L., & Schmitt, K. L. (2001). Sesame Street viewers as adolescents: The recontact study. In S. M. Fisch & R. T. Truglio (Eds.), *"G" is for "growing": Thirty years of research on children and Sesame Street* (pp. 131-144). Lawrence Erlbaum Associates.

Huston, A. C., Wartella, E., & Donnerstein, E. (1998). *Measuring the effects of sexual content in the media: A report to the Kaiser Family Foundation*. The Henry J. Kaiser Family Foundation.

Hwang, H. S., & Cho, J. (2018). Why Instagram? Intention to continue using Instagram among Korean college students. *Social Behavior and Personality, 46*(8), 1305-1316. https://doi.org/10.2224/sbp.6961

Hyde, J. (1994). The media and the diffusion of innovation: The phonograph and radio broadcasting. In J. D. Startt & W. D. Sloan (Eds.), *The significance of the media in American history*. Vision Press.

Hyman, H., & Sheatsley, P. (1947). Some reasons why information campaigns fail. *Public Opinion Quarterly, 11*, 412-423. https://doi.org/10.1086/265867

Ireland, J. L., Birch, P., & Ireland, C. A. (2018). *The Routledge international handbook of human aggression: Current issues and perspectives*. Routledge.

Irwin, A. R., & Gross, A. M. (1995). Cognitive tempo, violent video games, and aggressive behavior in young boys. *Journal of Family Violence, 10*(3), 337-350. https://doi.org/10.1007/BF02110997

Ishii, K. (2006). Implications of mobility: The uses of personal communication media in everyday life. *Journal of Communication, 56*(2), 346-365. https://doi.org/10.1111/j.1460-2466.2006.00023.x

Ito, M., Okabe, D., & Anderson, K. (2008). Portable objects in three global cities: The personalization of urban places. In R. Ling & S. Campbell (Eds.), *The mobile communication research series: Reconstruction of space and time through mobile communication practices* (pp. 67-88). Transaction.

Ivory, J. D., Markey, P. M., Elson, M., Colwell, J., Ferguson, C. J., Griffiths, M. D., Savage, J., & Williams, K. D. (2015). Manufacturing consensus in a diverse field of scholarly opinions: A comment on Bushman, Gollwitzer, & Cruz (2015). *Psychology of Popular Media Culture, 4*(3), 222-229. https://doi.org/10.1037/ppm0000056

Ivry, B. (1998, September 25). In movies, a question of race. Buffalo News, p. 3G.

Iyengar, S. (1989). How citizens think about national issues. *American Journal of Political Science, 33*(4), 878-897. https://doi.org/10.2307/2111113

Iyengar, S. (1991). *Is anyone responsible? How television frames political issues*. University of Chicago

Press.

Iyengar, S., & Kinder, D. R. (1985). Psychological accounts of agenda setting. In S. Kraus & R. Perloff (Eds.), *Mass media and political thought* (pp. 85-114). Sage.

Iyengar, S., & Kinder, D. R. (1987). *News that matters: Television and American opinion.* University of Chicago Press.

Iyengar, S., Peters, M. D., & Kinder, D. R. (1982). Experimental demonstrations of the "not-so-minimal" consequences of television news programs. *American Political Science Review, 76,* 848-858. https://doi.org/10.2307/1962976

Iyengar, S., & Simon, A. F. (2000). New perspectives and evidence on political communication and campaign effects. *Annual Review of Psychology, 51,* 149-169. https://doi.org/10.1146/annurev.psych.51.1.149

Jackson, L. A. & Ervin, K. S. (1991). The frequency and portarayal of black families in fashion advertisements. *Journal of Black Psychology, 18*(1), 67-70.

Izard, C. E. (1977). Human emotions. Plenum Press. Jackson, L. A., & Ervin, K. S. (1991). The frequency and portrayal of black families in fashion advertisements. *Journal of Black Psychology, 18*(1), 67-70.

Jacobson, J., & Gruzd, A. (2020). Cybervetting job applicants on social media: the new normal? *Ethics and Information Technology, 22,* 175-195. https://doi.org/10.1007/s10676-020-09526-2

Jahng, M. R. (2019). Watching the rich and famous: The cultivation effect of reality television shows and the mediating role of parasocial experiences. *Media Practice and Education, 20*(4), 319-333. https://doi.org/10.1080/25741136.2018.1556544

Jain, A., Sharma, R., Gaur, K. L., Yadav, N., Sharma, P., Sharma, N., Khan, N., Kumawat, P., Jain, G., Maanjua, M., Sinha, K. M., & Yadav, K. S. (2020). Study of internet addiction and its association with depression and insomnia in university students. *Journal of Family Medicine and Primary Care, 9*(3), 1700-1706. https://doi.org/10.4103/jfmpc.jfmpc_1178_19

James, P. T., Leach, R., Kalamara, E., & Shayeghi, M. (2001). The worldwide obesity epidemic. *Obesity Research, 9*(S4), 228S-233S. https://doi.org/10.1038/oby.2001.123

James, T., Jr. (1982, May). World went mad when mighty Jumbo came to America. *Smithsonian, 13,* 134-152.

Jamieson, K. H., & Cappella, J. N. (2008). *Echo chamber: Rush Limbaugh and the conservative media establishment.* Oxford University Press.

Jenks, J. W. (1895). The guidance of public opinion. T*he American Journal of Sociology, 1*(2), 158-169. http://www.jstor.org/stable/2761502

Jennings, N. A., Hooker, S. D., & Linebarger, D. L. (2009). Educational television as mediate literacy environments for preschoolers. *Learning, Media and Technology, 34*(3), 229-242. https://doi.org/10.1080/17439880903141513

Jensen, J. D., King, A. J., Carcioppolo, N., & Davis, L. (2012). Why are tailored messages more effective? A multiple mediation analysis of a breast cancer screening intervention. *Journal of Communication, 62*(5), 851-868. https://doi.org/10.1111/j.1460-2466.2012.01668.x

Jerit, J., Barabas, J., & Bolsen, T. (2006). Citizens, knowledge, and the information environment. *American Journal of Political Science, 50*(2), 266-282. https://www.jstor.org/stable/3694272

Jernigan, D., Noel, J., Landon, J., Thornton, N., & Lobstein, T. (2017). Alcohol marketing and youth alcohol consumption: A systematic review of longitudinal studies published since 2008. *Addiction* (Abingdon, England), *112*(S1), 7-20. https://doi.org/10.1111/add.13591

Jin, B. & Jeong, S. (2010). The impact of Korean television drama viewership on the social perceptions of single life and having fewer children in married life. *Asian Journal of Communication, 20*(1), 17-32. https://doi.org/10.1080/01292980903440806

Jin, S.-A A. (2011). "I feel present. Therefore, I experience flow:" A structural equation modeling approach to flow and presence in video games. *Journal of Broadcasting & Electronic Media, 55*(1), 114-136. https://doi.org/10.1080/08838151.2011.546248

Jo, E., & Berkowitz, L. (1994). A priming effect analysis of media influences: An update. In J. Bryant & D. Zillmann (Eds.), *Media effects: Advances in theory and research* (pp. 43-60). Lawrence Erlbaum Associates.

Johns, M. M., Lowry, R., Haderxhanaj, L. T., Rasberry, C. N., Robin, L., Scales, L., Stone, D., & Suarez, N. (2020). Trends in violence victimization and suicide risk by sexual identity among high school students—Youth Risk Behavior Survey, United States, 2015-2019. *Morbidity and Mortality Weekly Report, 69*(1), 19-27. https://www.cdc.gov/healthyyouth/data/yrbs/pdf/2019/su6901-H.pdf

Johnsen, T. E. (2003). The social context of the mobile phone use of Norwegian teens. In J. Katz (Ed.), *Machines that become us: The social context of communication technology* (pp. 161-170). Transaction.

Johnson, B. K., Udvardi, A., Eden, A., & Rosenbaum, J. E. (2020). Spoilers go bump in the night: Impacts of minor and major reveals on horror film enjoyment. J*ournal of Media Psychology: Theories, Methods, and Applications, 32*(1), 14-25. https://doi.org/10.1027/1864-1105/a000252

Johnson, B. R. (1980). General occurrence of stressful reactions to commercial motion pictures and elements in films subjectively identified as stressors. *Psychological Reports, 47*(3, Pt 1), 775-786. https://doi.org/10.2466/pr0.1980.47.3.775

Johnson, J. D., Adams, M. S., Hall, W., & Ashburn, L. (1997). Race, media, and violence: Differential racial effects of exposure to violent news stories. *Basic and Applied Social Psychology, 19*(1), 81-90. https://doi.org/10.1207/s15324834basp1901_6

Johnson, R. (1609). *Nova Britannia: Offering most excellent fruites by planting in Virginia: Exciting all such as be well affected to further the same.* London: Printed for Samuel Macham.

Johnson-Laird, P. N. (1983). Mental models. Harvard University Press.

Johnson-Laird, P. N. (1989). Mental models. In M. I. Posner (Ed.), *Foundations of cognitive science* (pp. 469-499). MIT Press.

Johnston, J. (1980). *An exploratory study of the effects of viewing the first season of 3-2-1 Contact.* Children's Television Workshop.

Johnston, J., & Ettema, J. S. (1982). *Positive images: Breaking stereotypes with children's television.* Sage.

Johnston, J., & Luker, R. (1983). *The "Eriksson Study": An exploratory study of viewing two weeks of the second season of 3-2-1 Contact*. Children's Television Workshop.

Joinson, A. N. (2008). "Looking at," "looking up," or "keeping up with" people? Motives and uses for Facebook. *CHI 2008 Proceedings* (pp. 1027-1036). ACM. https://doi.org/10.1145/1357054.1357213

Jones, J. (2005). *How William Shatner changed the world* [Film]. Handel Productions.

Jordan, A. B., & Vaala, S. E. (2020). Educational media for children. In M. B. Oliver, A. A. Raney, & J. Bryant (Eds.), *Media effects: Advances in theory and research* (4th ed., pp. 290-307). Routledge.

Jorge, A. (2019). Social media, interrupted: Users recounting temporary disconnection on Instagram. *Social Media + Society, 5*(4). https://doi.org/10.1177/2056305119881691

Josephson, W. L. (1987). Television violence and children's aggression: Testing the priming, social script, and disinhibition predictions. *Journal of Personality and Social Psychology, 53*(5), 882-890. https://doi.org/10.1037//0022-3514.53.5.882

Jozkowski, K. N., Marcantonio, T. L., Rhoads, K. E., Canan, S., Hunt, M. E., & Willis, M. (2019). A content analysis of sexual consent and refusal communication in mainstream films. *The Journal of Sex Research, 56*(6), 754-765. https://doi.org/10.1080/00224499.2019.1595503

Juergen, M. (2010). A brief history of play. *Entrepreneur, 38*(11), 30-36.

Julsrud, T. E. (2005). Behavioral changes at the mobile workplace: A symbolic interactionist approach. In R. Ling & P. Pedersen (Eds.), *Mobile communications: Re-negotiation of the social sphere* (pp. 93-112). Springer-Verlag.

Julsrud, T. E., & Bakke, J. W. (2008). Trust, friendship and expertise: The use of e-mail, mobile dialogues, and SMS to develop and sustain social relations in a distributed work group. In R. Ling & S. W. Campbell (Eds.), *The mobile communication research series: Reconstruction of space and time through mobile communication practices* (pp. 159-190). Transaction.

Jurkowitz, M., Mitchell, A., Shearer, E., & Walker, M. (2020, January 24). *U.S. media polarization and the 2020 election: A nation divided*. Pew Research Center. https://www.journalism.org/wp-content /uploads/sites/8/2020/01/PJ_2020.01.24_Media-Polarization_FINAL.pdf

Kahneman, D. (2003). Maps of bounded rationality: A perspective on intuitive judgment and choice. In T. Frangsmyr (Ed.), *Les Prix Nobel: The Nobel Prizes 2002* (pp. 449-489). Nobel Foundation.

Kahneman, D., & Tversky, A. (1979). Prospect theory—Analysis of decision under risk. *Econometrica, 47*(2), 263-291. https://doi.org/10.2307/1914185

Kahneman, D., & Tversky, A. (1984). Choices, values, and frames. American Psychologist, 39(4), 341-350. https://doi.org/10.1037/0003-066X.39.4.341

Kaid, L. L. (1996). Political communication. In M. B. Salwen & D. W. Stacks (Eds.), *An integrated approach to communication theory and research* (pp. 443-457). Lawrence Erlbaum Associates.

Kaid, L. L., Gobetz, R., Garner, J., Leland, C. M., & Scott, D. (1993). Television news and presidential campaigns: The legitimization of televised political advertising. *Social Science Quarterly, 74*(2), 274-285. http://www.jstor.org/stable/42863627

Kalman, Y. M., & Rafaeli, S. (2011). Online pauses and silence: Chronemic expectancy violations in written computer-mediated communication. *Communication Research, 38*(1), 54-69. https://doi.org/10.1177/0093650210378229

Kalpidou, M., Costin, D., & Morris, J. (2011). The relationship between Facebook and the well-being of undergraduate college students. *Cyberpsychology, Behavior, and Social Networking, 14*(4), 183-189. https://doi.org/10.1089/cyber.2010.0061

Kalyanaraman, S., & Bailensen, J. (2020). Virtual reality in media effects. In M. B. Oliver, A. A. Raney, & J. Bryant (Eds.), *Media effects: Advances in theory and research* (4th ed., pp. 404-418). Routledge.

Kang, J. G., & Morgan, M. (1988). Culture clash: US television programs in Korea. *Journalism Quarterly, 65*(2), 431-438. https://doi.org/10.1177/107769908806500225

Kareklas, I., & Meuhling, D. D. (2014). Addressing the texting and driving epidemic: Mortality salience priming effects on attitudes and behavioral intentions. *The Journal of Consumer Affairs, 48*(2), 223-250. https://doi.org/10.1111/joca.12039

Karsay, K., Matthes, J., Buchsteiner, L., & Grosser, V. (2019). Increasingly sexy? Sexuality and sexual objectification in popular music videos, 1995-2016. *Psychology of Popular Media Culture, 8*(4), 346-357. https://doi.org/10.1037/ppm0000221

Kassarjian, H. (1969). The Negro and American advertising: 1946-1965. *Journal of Marketing Research, 6*(1), 29-39. https://doi.org/10.1177/002224376900600102

Kastenmüller, A., Fischer, P., & Fischer, J. (2014). Video racing games increase actual health-related risk-taking behavior. *Psychology of Popular Media Culture, 3*(4), 190-194. https://doi.org/10.1037/a0030559

Katz, D., & Lazarsfeld, P. F. (1955). *Personal influence*. The Free Press.

Katz, E. (1980). On conceptualizing media effects. In T. McCormack (Ed.), *Studies in communication* (Vol. 1, pp. 119-141). JAI Press.

Katz, E. (1988). On conceptualizing media effects. In S. Oskamp (Ed.), *Television as a social issue* (pp. 361-374). Sage.

Katz, E., Gurevitch, M., & Haas, H. (1973). On the use of the mass media for important things. *American Sociological Review, 38*(2), 164-181. https://doi.org/10.2307/2094393

Katz, J. E., & Aakhus, M. A. (Eds.). (2002). *Perpetual contact: Mobile communication, private talk, public performance*. Cambridge University Press.

Katz, J. E., & Acord, S. K. (2008). Mobile games and entertainment. In J. Katz (Ed.), *Handbook of mobile communication studies* (pp. 403-418). MIT Press.

Kaye, L. K., Wall, H. J., & Malone, S. A. (2016). "Turn that frown upside-down": A contextual account of emoticon usage on different virtual platforms. *Computers in Human Behavior, 60*, 463-467. https://doi.org/10.1016/j.chb.2016.02.088

Kean, L. G. (2014). Mediated health campaigns. In T. L. Thompson (Ed.), *Encyclopedia of health communication* (Vol. 2, pp. 833-836). Sage.

Kearney, M. S., & Levine, P. B. (2015). Media influences on social outcomes: The impact of MTV's 16 and Pregnant on teen childbearing. *American Economic Review, 105*(12), 3597-3632. https://doi.org/10.1257/aer.20140012

Kearney, M. S., & Levine, P. B. (2019). Early childhood education by television: Lessons from Sesame Street. *American Economic Journal: Applied Economics, 11*(1), 318-350. https://doi.org/10.1257/

app. 20170300

Keller-Hamilton, B., Muff, J., Blue, T., Slater, M. D., Robers, M. E., & Ferketich, A. K. (2018). Tobacco and alcohol on television: A content analysis of male adolescents' favorite shows. *Preventing Chronic Disease, 15*, Article 180062. https://doi.org/10.5888/pcd15.180062

Kelley, E. S., & Kinney, K. (2017). Word learning and story comprehension from digital storybooks: Does interaction make a difference? *Journal of Educational Computing Research, 55*(3), 410-428. https://doi.org/10.1177/0735633116669811

Kelly, H. (1981). Reasoning about realities: Children's evaluations of television and books. In H. Kelly & H. Gardner (Eds.), *Viewing children through television* (pp. 59-71). Jossey-Bass.

Kemp, S. (2020, January 30). *Digital 2020: Global digital overview*. Datareportal. https://datareportal.com/reports/digital-2020-global-digital-overview

Kim, J. L., Collins, R. L., Kanouse, D. E., Elliott, M. N., Berry, S. H., Hunter, S. B., Miu, A., & Kunkel, D. (2006). Sexual readiness, household policies, and other predictors of adolescents' exposure to sexual content in mainstream entertainment television. *Media Psychology, 8*(4), 449-471. https://doi.org/10.1207/s1532785xmep0804_6

Kim, J. W. (2018). Rumor has it: The effects of virality metrics on rumor believability and transmission on Twitter. *New Media & Society, 20*(12), 4807-4825. https://doi.org/10.1177/1461444818784945

Kim, J., & Lee, J.-E. R. (2011). The Facebook paths to happiness: Effects of the number of Facebook friends and self-presentation on subjective well-being. *Cyberpsychology, Behavior, and Social Networking, 14*, 359-365. https://doi.org/10.1089/cyber.2010.0374

Kim, J., Song, H., Merrill, K., Jr, Jung, Y., & Kwon, R. J. (2020). Using serious games for antismoking health campaigns: Experimental study. *JMIR Serious Games, 8*(4), Article e18528. https://doi.org/10.2196/18528

Kim, J., & Wanta, W. (2018). News framing of the U.S. immigration debate during election years: Focus on generic frames. *The Communication Review, 21*(2), 89-115. https://doi.org/10.1080/10714421.2018.1479616

Kim, K., & McCombs, M. (2007). News story descriptions and the public's opinions of political candidates. *Journalism & Mass Communication Quarterly, 84*(2), 299-314. https://doi.org/10.1177/107769900708400207

Kim, M. S. (2019, December 23). Video games are dividing South Korea. *MIT Technology Review*. https://www.technologyreview.com/2019/12/23/238190/video-games-national-crisis-addiction-south-korea/

Kim, M., Popova, L., Halpern-Felsher, B., & Ling, P. M. (2019). Effects of e-cigarette advertisements on adolescents' perceptions of cigarettes. *Health Communication, 34*(3), 290-297. https://doi.org/10.1080/10410236.2017.1407230

Kim, S.-H., Han, M., & Scheufele, D. A. (2010). Think about him this way: Priming, news media, and South Koreans' evaluation of the president. *International Journal of Public Opinion Research, 22*(3), 299-319. https://doi.org/10.1093/ijpor/edp057

Kim, S., & Park, Y. (2017, August 4-8). *A daily investigation of smartphone use and affective well-being at work* [Paper presentation]. Academy of Management Annual Meeting, Atlanta, GA, United States.

Kim, V. (2019, October 17). He played for 72 hours straight: South Korea wrestles with video game addiction. *LA Times*. https://www.latimes.com/world-nation/story/2019-10-17/south-korea-video-game-addiction-mental-health

King, P. (1997). The press, candidate images and voter perceptions. In M. E. McCombs, D. L. Shaw, & D. Weaver (Eds.), *Communication and democracy: Exploring the intellectual frontiers in agenda setting* (pp. 29-40). Lawrence Erlbaum Associates.

King, S. (1981). Danse macabre. New York: Everest.

Kircaburun, K., Alhabash, S., Tosuntaş, Ş. B., & Griffith, M. D. (2020). Uses and gratifications of problematic social media use among university students: A simultaneous examination of the big five of personality traits, social media platforms, and social media use motives. *International Journal of Mental Health Addiction, 18*, 525-547. https://doi.org/10.1007/s11469-018-9940-6

Kirkorian, H., Etta, R., Yoo, S. H., Jin, M., & Skora, E. (2017). *Video deficit*. Oxford Bibliographies. https://www.oxfordbibliographies.com/view/document/obo-9780199756841/obo-9780199756841-0187.xml

Kishore, A., Pan, T., & Nasker, N. N. (2019). Internet addiction and its associated factors: Study among the students of a public health school of Kolkata. *International Journal of Health & Allied Sciences, 8*(3), 159-163. https://10.4103/ijhas.IJHAS_43_18

Klaassen, M. J., & Peter, J. (2015). Gender (in)equality in internet pornography: A content analysis of popular pornographic internet videos. *Journal of Sex Research, 52*(7), 721-735. https://doi.org/10.1080/00224499.2014.976781

Klapper, J. T. (1949). *The effects of mass media: A report to the director of the public library inquiry*. Columbia University Bureau of Applied Social Research.

Klapper, J. T. (1960). *The effects of mass communication*. Free Press.

Klapper, J. T. (1963). Mass communication research: An old road resurveyed. *Public Opinion Quarterly, 27*(4), 515-527. https://www.jstor.org/stable/2747097

Kleemans, M., Daalmans, S., Carbaat, I., & Anschütz, D. (2018). Picture perfect: The direct effect of manipulated Instagram photos on body image in adolescent girls. *Media Psychology, 21*(1), 93-110. https://doi.org/10.1080/15213269.2016.1257392

Klimmt, C. (2003). Dimensions and determinates of the enjoyment of playing digital games: A three-level model. In M. Copier & J. Raessens (Eds.), *Level up: Digital games research conference* (pp. 246-257). Utrech University.

Klimmt, C., & Possler, D. (2020). Video games. In M. B. Oliver, A. A. Raney, & J. Bryant (Eds.), *Media effects: Advances in theory and research* (4th ed., pp. 342-356). Routledge.

Kline, L. W. (1907). The psychology of humor. *The American Journal of Psychology, 18*(4), 421-441. https://doi.org/10.2307/1412574

Knutzen, K. E., Moran, M. B., & Soneji, S. (2018). Combustible and electronic tobacco and marijuana products in hip-hop music videos, 2013-2017. *JAMA Internal Medicine, 178*(12), 1608-1615. https://doi.org/10.1001/jamainternmed.2018.4488

Ko, H., Cho, C.-H., & Roberts, M. S. (2005). Internet uses and gratifications: A structural equation model of interactive advertising. *Journal of Advertising, 34*(2), 57-70. https://doi.org/10.1080/00913367.2005.10639191

Kobayashi, T., Boase, J., Suzuki, T., & Suzuki, T. (2015). Emerging from the cocoon? Revisiting the telecocooning hypothesis in the smartphone era. *Journal of Computer-Mediated Communication, 20*(3), 330-345. https://doi.org/10.1111/jcc4.12116

Kochhar, R. & Passel, J. S. (2020, May 6). *Telework may save U.S. jobs in COVID-19 downturn, especially among college graduates.* Pew Research Center. https://www.pewresearch.org/fact-tank/2020/05/06/telework-may-save-u-s-jobs-in-covid-19-downturn-especially-among-college-graduates/

Kogen, L., & Dilliplane, S. (2019). How media portrayals of suffering influence willingness to help: The role of solvability frames. *Journal of Media Psychology: Theories, Methods, and Applications, 31*(2), 92-102. https://doi.org/10.1027/1864-1105/a000232

Kohut, T., Balzarini, R. N., Fisher, W. A., Grubbs, J. B., Campbell, L., & Prause, N. (2020). Surveying pornography use: A shaky science resting on poor measurement foundations. *Journal of Sex Research, 57*(6), 722-742. https://doi.org/10.1080/00224499.2019.1695244

Kohut, T., Fisher, W. A., & Campbell, L. (2017). Perceived effects of pornography on the couple relationship: Initial findings of open-ended, participant-informed, "bottom-up" research. *Archives of Sexual Behavior, 46*, 585-602. https://doi.org/10.1007/s10508-016-0783-6

Kohut, T., Landripet, I., & Štulhofer, A. (2021). Testing the confluence model of the association between pornography use and male sexual aggression: A longitudinal assessment in two independent adolescent samples from Croatia. *Archives of Sexual Behavior, 50*, 647-665. https://doi.org/10.1007/s10508-020-01824-6

Koriat, A., Melkman, R., Averill, J. R., & Lazarus, R. S. (1972). The self-control of emotional reactions to a stressful film. *Journal of Personality, 40*(4), 601-619. https://doi.org/10.1111/j.1467-6494.1972.tb00083.x

Kosenko, K., Luurs, G., & Binder, A. R. (2017). Sexting and sexual behavior, 2011-2015: A critical review and meta-analysis of a growing literature. *Journal of Computer-Mediated Communication, 22*(3), 141-160. https://doi.org/10.1111/jcc4.12187

Kosicki, G. M. (1993). Problems and opportunities in agenda-setting research. *Journal of Communication, 43*(2), 100-127. https://doi.org/10.1111/j.1460-2466.1993.tb01265.x

Kowalski, R. M., Giumetti, G. W., Schroeder, A. N., & Lattanner, M. R. (2014). Bullying in the digital age: A critical review and meta-analysis of cyberbullying research among youth. *Psychological Bulletin, 140*(4), 1073-1137. https://doi.org/10.1037/a0035618

Krafka, C. L. (1985). *Sexually explicit, sexually violent, and violent media: Effects of multiple naturalistic exposures and debriefing on female viewers* [Unpublished doctoral dissertation]. University of Wisconsin-Madison.

Krahé, B., & Busching, R. (2015). Breaking the vicious cycle of media violence use and aggression: A test of intervention effects over 30 months. *Psychology of Violence, 5*(2), 217-226. https://doi.org/10.1037/a0036627

Krahé, B. & Möller, I. (2010). Longitudinal effects of media violence on aggression and empathy among German adolescents. *Journal of Applied Developmental Psychology, 31*(5), 401-409. https://doi.org/10.1016/j.appdev.2010.07.003

Krahé, B., Möller, I., Huesmann, L. R., Kirwil, L., Felber, J., & Berger, A. (2011). Desensitization to media violence: Links with habitual media violence exposure, aggressive cognitions, and aggressive behavior. *Journal of Personality and Social Psychology, 100*(4), 630-646. https://doi.org/10.1037/a0021711

Krahé, B., Tomaszewska, P., & Schuster, I. (2022). Links of perceived pornography realism with sexual aggression via sexual scripts, sexual behavior, and acceptance of sexual coercion: A study of German university students. *International Journal of Environmental Research and Public Health, 19*(1), Article 63. https://doi.org/10.3390/ijerph19010063

Kramer, A. D. I., Guillory, J. E., & Hancock, J. T. (2014). Experimental evidence of massive-scale emotional contagion through social networks. *Proceedings of the National Academy of Sciences, 111*(24), 8788-8790. https://doi.org/10.1073/pnas.1320040111

Kraut, R., Kiesler, S., Boneva, B., Cummings, J., Helgeson, V., & Crawford, A. (2002). Internet paradox revisited. *Journal of Social Issues, 58*(1), 49-74. https://doi.org/10.1111/1540-4560.00248

Kraut, R. E., Patterson, M., Lundmark, V., Kiesler, S., Mukhopadhyay, T., & Scherlis, W. (1998). Internet paradox: A social technology that reduces social involvement and psychological well-being? *American Psychologist, 53*(9), 1017-1031. https://doi.org/10.1037/0003-066X.53.9.1017

Krcmar, M. (2010). Assessing the research on media, cognitive development, and infants: Can infants really learn from television and videos? *Journal of Children and Media, 4*(2), 120-134. https://doi.org/10.1080/17482791003629586

Krcmar, M. (2011). Can past experience with television help US infants learn from it? *Journal of Children and Media, 5*(3), 235-247. https://doi.org/10.1080/17482798.2011.584373

Krcmar, M. (2017). Uses and gratifications: Basic concepts. In P. Rössler (Ed.), *International encyclopedia of media effects* (Vol. 4, pp. 1997-2009). Wiley-Blackwell. https://doi.org/10.1002/9781118783764.wbieme0045

Krcmar, M. (2020). Social cognitive theory. In M. B. Oliver, A. A. Raney, & J. Bryant (Eds.), *Media effects: Advances in theory and research* (4th ed., pp. 100-114). Routledge.

Krcmar, M., Farrar, K., & McGloin, R. (2011). The effects of video game realism on attention, retention and aggressive outcomes. *Computers in Human Behavior, 27*(1), 432-439. https://doi.org/10.1016/j.chb.2010.09.005

Krcmar, M., Grela, B., & Lin, K. (2007). Can toddlers learn vocabulary from television? An experimental approach. *Media Psychology, 10*(1), 41-63. https://doi.org/10.108/15213260701300931

Krcmar, M., & Valkenburg, P. M. (1999). A scale to assess children's moral interpretations of justified and unjustified violence and its relationship to television viewing. *Communication Research, 26*(5), 608-634. https://doi.org/10.1177/009365099026005004

Kreslake, J. M., Elkins, A., Thomas, C. N., Gates, S., & Lehman, T. (2019). Use of mass communication by public health programs in nonmetropolitan regions. *Preventing Chronic Disease, 16*, Article

E96. https://doi.org/10.5888/pcd16.190014

Kreuter, M. W., Strecher, V. J., & Glassman, B. (1999). One size does not fit all: The case for tailoring print materials. *Annals of Behavioral Medicine, 21*(4), 276-283. https://doi.org/10.1007/BF0289 5958

Krongard, S., & Tsay-Vogel, M. (2020). Online original TV series: Examining portrayals of violence in popular binge-watched programs and social reality perceptions. *Psychology of Popular Media, 9*(2), 155-164. https://doi.org/10.1037/ppm0000224

Krosnick, J. A. (1988). The role of attitude importance in social evaluation: A study of policy preference, presidential candidate evaluations, and voting behavior. *Journal of Personality and Social Psychology, 55*(2), 196-210. https://doi.org/10.1037/0022-3514.55.2.196

Krosnick, J. A., & Kinder, D. R. (1990). Altering the foundations of support for the president though priming. *American Political Science Review, 84*(2), 497-512. https://doi.org/10.2307/1963531

Ku, G., Kaid, L. L., & Pfau, M. (2003). The impact of web site campaigning on traditional news media and public information processing. *Journalism & Mass Communication Quarterly, 80*(3), 528-547. https://doi.org/10.1177/107769900308000304

Kunkel, D., Biely, E., Eyal, K., Cope-Farrar, K. M., Donnerstein, E., & Fandrich, R. (2003). *Sex on TV 3: Content and context.* Henry J. Kaiser Family Foundation.

Kunkel, D., Cope, K. M., Farinola, W. J. M., Biely, E., Rollin, E., & Donnerstein, E. (1999). *Sex on TV: A biennial report to the Kaiser Family Foundation.* Kaiser Family Foundation.

Kunkel, D., Eyal, K., Donnerstein, E., Farrar, K. M., Biely, E., & Rideout, V. (2007). Sexual socialization messages on entertainment television: Comparing content trends 1997-2002. *Media Psychology, 9*(3), 595-622. https://doi.org/10.1080/15213260701283210

Kuo, H. C., Lee, C.-C., & Chiou, W.-B. (2016). The power of the virtual ideal self in weight control: Weight-reduced avatars can enhance the tendency to delay gratification and regulate dietary practices. *Cyberpsychology, Behavior, and Social Networking, 19*, 80-85. https://doi.org/10.1089/cyber.2015.0203

Kushin, M. J., Yamamoto, M., & Dalisay, F. (2019). Societal majority, Facebook, and the spiral of silence in the 2016 US presidential election. *Social Media + Society, 5*(2). https://doi.org/10.1177/2056305119855139

Kushlev, K., & Dunn, E. W. (2015) Checking email less frequently reduces stress. *Computers in Human Behavior, 43*, 220-228. https://doi.org/10.1016/j.chb.2014.11.005

Kwak, N., Williams, A. E., Wang, X. R., & Lee, H. (2005). Talking politics and engaging in politics: An examination of the interactive relationships between structural features of political talk and discussion engagement. *Communication Research, 32*(1), 87-111. https://doi.org/10.1177/00936 50204271400

Laato, S., Hyrynsalmi, S., Rauti, S., Islam, A. N., & Laine, T. H. (2020). Location-based games as Exergames: From Pokémon to the wizarding world. *International Journal of Serious Games, 7*(1), 79-95. https://doi.org/10.17083/ijsg.v7i1.337

Lachmann, B., Duke, É., Sariyska, R., & Montag, C. (2019). Who's addicted to the smartphone and/or the internet? *Psychology of Popular Media Culture, 8*(3), 182-189. https://doi.org/10.1037/ppm 0000172

Ladd, J. M. (2012). *Why Americans hate the media and how it matters.* Princeton University Press.

Lampman, C., Rolfe-Maloney, B., David, E. J., Yan, M., McDermott, N., Winters, S., Davis, J., & Lathrop, R. (2002). Messages about sex in the workplace: A content analysis of primetime television. *Sexuality & Culture: An Interdisciplinary Quarterly, 6*(4), 3-21.

Landman, J., & Manis, M. (1983). Social cognition: Some historical and theoretical perspectives. In L. Berkowitz (Ed.), *Advances in experimental social psychology* (Vol. 16, pp. 49-123). Academic.

Lang, K., & Lang, G. E. (1959). The mass media and voting. In E. Burdick & A. J. Brodbeck (Eds.), *American voting behavior* (pp. 217-235). Free Press.

Lapierre, M. A., & Farrar, K. M. (2018). Learning to love guns? Gun-based gameplay's links to gun attitudes. *Psychology of Popular Media Culture, 7*(3), 216-230. https://doi.org/10.1037/ppm0000 132

Lapierre, M. A., & Lewis, M. N. (2018). Should it stay or should it go? Smartphones and relational health. *Psychology of Popular Media Culture, 7*(3), 384-398. https://doi.org/10.1037/ppm0000119

Lapierre, M. A., & Vaala, S. E. (2015). Predictors of baby video/DVD ownership: Findings from a national sample of American parents with young children. *Journal of Children and Media, 9*(2), 212-230. https://doi.org/10.1080/17482798.2015.1024001

Lapinski, M. K., & Witte, K. (1998). Health communication campaigns. In L. D. Jackson & B. K. Duffy (Eds.), *Health communication research: A guide to developments and directions* (pp. 139-161). Greenwood.

LaRose, R. (2010). The problem of media habits. *Communication Theory, 20*(2), 194-222. https://doi.org/10.1111/j.1468-2885.2010.01360.x

LaRose, R., Connolly, R., Lee, H., Kang, L., & Hales, K. D. (2014). Connection overload? A cross cultural study on the consequences of social media connection. *Information Systems Management, 31*(1), 59-73. https://doi.org/10.1080/10580530.2014.854097

LaRose, R., & Eastin, M. S. (2002). Is online buying out of control? Electronic commerce and consumer self-regulation. *Journal of Broadcasting & Electronic Media, 46*(4), 549-564. https://doi.org/10.1207/s15506878jobem4604_4

LaRose, R., Lin, C. A., & Eastin, M. S. (2003). Unregulated internet usage: Addiction, habit, or deficient self-regulation? *Media Psychology, 5*(3), 225-253. https://doi.org/10.1207/S1532785XMEP0503_01

Lassen, D. S., & Brown, L. R. (2017). Twitter: The electoral connection? *Social Science Computer Review, 29*(4), 419-436. https://doi.org/10.1177/0894439310382749

Lasswell, H. D. (1927). *Propaganda technique in the World War.* Knopf.

Lasswell, H. D. (1948). The structure and function of communication in society. In L. Bryson (Ed.), *The communication of ideas* (pp. 37-51). Harper.

Lauzen, M. M., & Dozier, D. M. (2002). You look mahvelous: An examination of gender and appearance comments in the 1999-2000 prime-time season. *Sex Roles, 46,* 429-437. https://doi.org/10.1023/A:1020417731462

LaValley, S. A., Kiviniemi, M. T., & Gage-Bouchard, E. A. (2017). Where people look for online health information. *Health Information and Libraries Journal, 34*(2), 146-155. https://doi.org/10.1111/hir.12143

Lazarsfeld, P. F. (1940). *Radio and the printed page.* New York: Duell, Sloan, & Pearce.

Lazarsfeld, P. F. (1949). Forward. In J. T. Klapper, *The effects of mass media: A report to the director of the public library inquiry* (pp.1-9). New York: Columbia University Bureau of Applied Social Research.

Lazarsfeld, P. F. (1962). Introduction. In S. A. Stouffer, *Social research to test ideas: Selected writings of Samuel A. Stouffer* (pp.xv-xxxi). Free Press.

Lazarsfeld, P. F., Berelson, B. R., & Gaudet, H. (1944). *The people's choice.* Columbia University Press.

Lazarsfeld, P. F., Berelson, B. R., & Gaudet, H. (1948). *The people's choice* (2nd ed.). Columbia University Press.

Lazarus, R. S., Speisman, J. C., Mordkoff, A. M., & Davidson, L. A. (1962). A laboratory study of psychological stress produced by a motion picture film. *Psychological Monographs: General and Applied, 76*(34),1-35. https://doi.org/10.1037/h0093861

Lazer, D., Vaum, M., Benkler, Y., Berinksy, A., Greenhill, K., Menczer, F., Metzger, M., Nyhan, B., Pennycook, G., Rothschild, D., Schudson, M., Sloman, S., Sunstein, C., Thorson, E., Watts, D., & Zittrain, J. (2018). The science of fake news: Addressing fake news requires a multidisciplinary effort. *Science, 359*(6380), 1094-1096. https://doi.org/10.1126/science.aao2998

Lecheler, S., Keer, M., Schuck, A. R. T., & Hänggli, R. (2015). The effects of repetitive news framing on political opinions over time. *Communication Monographs, 82*(3), 339-358. https://doi.org/10.1080/03637751.2014.994646

Lee, A., & Lee, E. B. (1939). *The fine art of propaganda: A study of Father Coughlin's speeches.* Harcourt, Brace and Company.

Lee, B., Liu, J., Choung, H., & McLeod, D. (2020). Beyond the notion of accessibility bias: Message content as the common source of agenda-setting and priming effects. *Mass Communication & Society, 23*(4), 554-577. https://doi.org/10.1080/15205436.2019.1708403

Lee, B., & McLeod, D. M. (2020). Reconceptualizing cognitive media effects theory and research under the judged usability model. *Review of Communication Research, 8*, 17-50. https://www.rcommunicationr.org/index.php/rcr/article/view/65

Lee, C., & Niederdeppe, J. (2011). Genre-specific cultivation effects: Lagged associations between overall TV viewing, local TV news viewing, and fatalistic beliefs about cancer prevention. *Communication Research, 38*(6), 731-753. https://doi.org/10.1177/0093650210384990

Lee, E.-J. (2012). That's not the way it is: How user-generated comments on the news affect perceived media bias. *Journal of Computer-Mediated Communication, 18*(1), 32-45. https://doi.org/10.1111/j.1083-6101.2012.01597.x

Lee, E. J., & Tandoc, E. C., Jr. (2017). When news meets the audience: How audience feedback online affects news production and consumption. *Human Communication Research, 43*(4), 436-449. https://doi.org/10.1111/hcre.12123

Lee, G., Lee, J., & Kwon, S. (2011). Use of social-networking sites and subjective well-being: A study in South Korea. *Cyberpsychology, Behavior, and Social Networking, 14*(3), 151-155. https://doi.org/10.1089/cyber.2009.0382

Lee, J., & Xu, W. (2018). The more attacks, the more retweets: Trump's and Clinton's agenda setting on Twitter. *Public Relations Review, 44*(2), 201-213. https://doi.org/10.1016/j.pubrev.2017.10.002

Lee, K. M., Peng, W., & Park, N. (2009). Effects of computer/video games and beyond. In J. Bryant & M. B. Oliver (Eds.), *Media effects: Advances in theory and research* (3rd ed., pp. 551-566). Routledge.

Lee, M. J., Bichard, S. L., Irey, M. S., Walt, H. M., & Carlson, A. J. (2009). Television viewing and ethnic stereotypes: Do college students form stereo-typical perceptions of ethnic groups as a result of heavy television consumption? *Howard Journal of Communications, 20*(1), 95-110. https://doi.org/10.1080/10646170802665281

Lee, N. Y. (2021). How agenda setting works: A dual path model and motivated reasoning. *Journalism, 22*(9), 2279-2296. https://doi.org/10.1177/1464884919851882

Lee, P. S. N., Leung, L., Lo, V., Xiong, C., & Wu, T. (2011). Internet communication versus face-to-face interaction in quality of life. *Social Indicators Research, 100*, 375-389. https://doi.org/10.1007/s11205-010-9618-3

Lee, S. Y., & Riffe, D. (2017). Who sets the corporate social responsibility agenda in the news media? Unveiling the agenda-building process of corporations and a monitoring group. *Public Relations Review, 43*(2), 293-305. https://doi.org/10.1016/j.pubrev.2017.02.007

Lehr, D. (2016, October 5). When "Birth of a Nation" sparked a riot in Boston. *Boston Globe*. https://www.bostonglobe.com/ideas/2016/10/05/when-birth-nation-sparked-riot-boston/bN9S0ltko6QyRIQiJcr9KJ/story.html

Leippe, M. R., & Elkin, R. A. (1987). When motives clash: Issue involvement and response involvement as determinants of persuasion. *Journal of Personality and Social Psychology, 52*(2), 269-278. https://doi.org/10.1037/0022-3514.52.2.269

Leitner, R. K. (1991). *Comparing the effects on reading comprehension of educational video, direct experience, and print* [Unpublished doctoral thesis]. University of San Francisco, California.

Lenhart, A., Smith, A., Anderson, M., Duggan, M., & Perrin, A. (2015, August). *Teens, technology & friendships*. Pew Research Center. https://www.pewresearch.org/internet/wp-content/uploads/sites/9/2015/08/Teens-and-Friendships-FINAL2.pdf

Lenhart, A., Purcell, K., Smith, A., & Zickuhr, K. (2010). *Social media and young adults: Social media and mobile internet use among teens and adults*. Pew Internet & American Life Project. https://www.pewresearch.org/internet/2010/02/03/social-media-and-young-adults/

Lerner, D., & Nelson, L. M. (1977). *Communication research: A half-century appraisal*. The University Press of Hawaii.

Levendusky, M. S. (2013). Why do partisan media polarize viewers? *American Journal of Political Science, 57*(3), 611-623. https://doi.org/10.1111/ajps.12008

Levin, G. (2017, June 27). Who's watching what: TV shows ranked by racial and ethnic groups. *USA Today*. https://www.usatoday.com/story/life/tv/2017/06/27/whos-watching-what-tv-shows-rankedracial-and-ethnic-groups/103199848/

Lev-On, A. (2017). Uses and gratifications: Evidence for various media. In P. Rössler (Ed.), *International encyclopedia of media effects* (Vol. 4, pp. 2009-2017). Wiley-Blackwell. https://doi.org/10.1002/9781118783764.wbieme0046

Levy, A., & Stokes, R. (1987). Effects of a health promotion advertising campaign on sales of ready to eat cereals. *Public Health Reports, 102*(4), 398-403.

Levy, M. R., & Windahl, S. (1984). Audience activity and gratifications: A conceptual clarification and exploration. *Communication Research, 11*, 51-78. https://doi.org/10.1177/009365084011001003

Lewin, K. (1951). *Field theory in social science.* Harper.

Li, J., Erdt, M., Chen, L., Cao, Y., Lee, S.-Q., & Theng, Y.-L. (2018). The social effects of exergames on older adults: Systematic review and metric analysis. *Journal of Medical Internet Research, 20*(6), e10486. https://doi.org/10.2196/10486

Licoppe, C. (2004). "Connected" presence: The emergence of a new repertoire for managing social relationships in a changing communication technoscape. *Environment and Planning D: Society and Space, 22*(1), 135-156. https://doi.org/10.1068/d323t

Licoppe, C. (2017). From Mogi to Pokémon Go: Continuities and change in location aware collection games. *Mobile Media and Communication, 5*(1), 24-59. https://doi.org/10.1177/2050157916677862

Lieberman, D. A. (2001). Management of chronic pediatric diseases with interactive health games: Theory and research findings. *Journal of Ambulatory Care Management, 24*, 26-38. https://doi.org/10.1097/00004479-200101000-00004

Liebers, N., & Schramm, H. (2019). Parasocial interactions and relationships with media characters—An inventory of 60 years of research. *Communication Research Trends, 38*(2), 1-31. https://www.researchgate.net/publication/333748971

Liebert, R. M., Sprafkin, J. N., & Davidson, E. S. (1982). *The early window: Effects of television on children and youth.* Pergamon.

Liggett, T. C. (2005). Reading Rainbow and the joy of reading. In J. Flood, S. B. Heath, & D. Lapp (Eds.), *Handbook of research on teaching literacy through the communicative and visual arts* (pp. 834-836). Lawrence Erlbaum Associates.

Lilischkis, S. (2003). *More yo-yos, pendulums and nomads: Trends of mobile and multi-location work in the information society* (Issue report no. 36). Socioeconomic Trends Assessment for the Digital Revolution. https://visionarymarketing.com/wp-content/uploads/2015/05/rapportstar2003-141119060039-conversion-gate01.pdf

Lin, C. A. (2003). An interactive communication technology adoption model. *Communication Theory, 13*(4), 345-365. https://doi.org/10.1111/j.1468-2885.2003.tb00296.x

Lin, C. A. (2009). Effects of the internet. In J. Bryant & M. B. Oliver (Eds.), *Media effects: Advances in theory and research* (3rd ed., pp. 567-591). Routledge.

Lin, C. A., & Xu, Z. (2017). Watching TV series with horror content: Audience attributes, motivations, involvement, and enjoyment. *Journal of Broadcasting & Electronic Media, 61*(4), 638-657. https://doi.org/10.1080/08838151.2017.1375503

680

Lin, C.-H., Lin, S.-L., & Wu, C.-P. (2009). The effects of parental monitoring and leisure boredom on adolescents' internet addiction. *Adolescence, 44,* 993-1004.

Lin, J.-H. T. (2017). Fear in virtual reality (VR): Fear elements, coping reactions, immediate and next-day fright responses toward a survival horror zombie virtual reality game. *Computers in Human Behavior, 72,* 350-361. https://doi.org/10.1016/j.chb.2017.02.057

Lin, J.-H. T., Wu, D.-Y., & Tao, C.-C. (2017). So scary, yet so fun: The role of self-efficacy in enjoyment of a virtual reality horror game. *New Media & Society, 20*(9), 3223-3242. https://doi.org/10.1177/1461444817744850

Lin, W.-H., Liu, C.-H., & Yi, C.-C. (2020) Exposure to sexually explicit media in early adolescence is related to risky sexual behavior in emerging adulthood. *PloS ONE, 15*(4), Article e0230242. https://doi.org/10.1371/journal.pone.0230242

Linebarger, D. L. (2000). *Summative evaluation of Between the Lions: A final report to WGBH Educational Foundation.* University of Kansas, Juniper Gardens Children's Project. https://citeseerx.ist.psu.edu/viewdoc/download?doi=10.1.1.587.6838&rep=rep1&type=pdf

Linebarger, D. L. (2001). *Summative evaluation of Dora the Explorer, Part 1: Learning outcomes.* Media & Technology Projects, ABCD Ventures.

Linebarger, D. L. (2006). *The Between the Lions American Indian literacy initiative research component: A report prepared for the United States Department of Education.* Annenberg School for Communication, University of Pennsylvania. https://www.earlycareresearch.org/sites/default/files/pdf/rc16566.pdf

Linebarger, D. L. (2015). Super Why! to the rescue: Can preschoolers learn early literacy skills from educational television? *International Journal for Cross-Disciplinary Subjects in Education, 6*(1), 2060-2069. https://doi.org/10.20533/ijcdse.2042.6364.2015.0286

Linebarger, D. L., & Piotrowski, J. T. (2010). Structures and strategies in children's educational television: The roles of program type and learning strategies in children's learning. *Child Development, 81*(5), 1582-1597. https://doi.org/10.1111/j.1467-8624.2010.01493.x

Linebarger, D. L., & Vaala, S. E. (2010). Screen media and language development in infants and toddlers: An ecological perspective. *Developmental Review, 30*(2), 176-202. https://doi.org/10.1016/j.dr.2010.03.006

Linebarger, D. L., & Walker, D. (2005). Infants' and toddlers' television viewing and language outcomes. *The American Behavioral Scientist, 48*(5), 624-645. https://doi.org/10.1177/0002764204271505

Ling, R. (2004). *The mobile connection: The cell phone's impact on society.* Morgan Kaufman.

Ling, R. (2005). The sociolinguistics of SMS: An analysis of SMS use by a random sample of Norwegians. In R. Ling & P. Pedersen (Eds.), *Mobile communications: Re-negotiation of the social sphere* (pp. 335-350). London: Springer-Verlag.

Ling, R. (2006, December). *The length of text messages and the use of predictive texting* [Paper presentation]. Association of Internet Researchers Conference, Brisbane, Australia.

Ling, R. (2008). *New tech, new ties: How mobile communication is reshaping social cohesion.* MIT Press.

Ling, R., & Campbell, S. W. (2008). *The mobile communication research series: Reconstruction of space and time through mobile communication practices*. Transaction Publishers.

Ling, R., & Lai, C.-H. (2016). Microcoordination 2.0: Social coordination in the age of smartphones and messaging apps. *Journal of Communication, 66*(5), 834-856. https://doi.org/10.1111/jcom.12251

Ling, R., & Yttri, B. (2002). "Nobody sits at home and waits for the telephone to ring": Hyper-coordination via mobile phones in Norway. In J. Katz & M. Aakhus (Eds.), *Perpetual contact: Mobile communication, private talk, public performance* (pp.139-169). Cambridge University Press.

Linz, D., Donnerstein, E., & Penrod, S. (1984). The effects of multiple exposures to filmed violence against women. *Journal of Communication, 34*(3), 130-147. https://doi.org/10.1111/j.14602466.1984.tb02180.x

Linz, D. G., Donnerstein, E., & Penrod, S. (1988). Effects of long-term exposure to violent and sexually degrading depictions of women. *Journal of Personality and Social Psychology, 55*(5), 758-768. https://doi.org/10.1037/00223514.55.5.758

Linz, D., & Malamuth, N. (1993). *Pornography*. Sage. Lippe-McGraw, J. (2021). Your Sports Illustrated swimsuit 2021 cover models are Megan Thee Stallion, Naomi Osaka and Leyna Bloom. *Sports Illustrated*. https://swimsuit.si.com/swimlife/meet-your-cover-models-2021-mts-naomi-leyna

Lippman, J. R., Ward, L. M., & Seabrook, R. C. (2014). Isn't it romantic? Differential associations between romantic screen media genres and romantic beliefs. *Psychology of Popular Media Culture, 3*(3), 128-140. https://doi.org/10.1037/ppm0000034

Lippmann, W. (1922). *Public opinion*. Harcourt Brace. Lister-Landman, K. M., Domoff, S. E., & Dubow, E. F. (2015). The role of compulsive texting in adolescents' academic functioning. *Psychology of Popular Media Culture, 6*(4), 311-325. https://doi.org/10.1037/ppm0000100

Liu, C., & Liu, Y. (2020). Media exposure and anxiety during COVID-19: The mediation effect of media vicarious traumatization. *International Journal of Environmental Research and Public Health, 17*(13), Article 4720. https://doi.org/10.3390/ijerph17134720

Liu, J., Li, C., Carcioppolo, N., & North, M. (2016). Do our Facebook friends make us feel worse? A study of social comparison and emotion. *Human Communication Research, 42*(4), 619-640. https://doi.org/10.1111/hcre.12090

Liu, X., & LaRose, R. (2008). Does using the internet make people more satisfied with their lives? The effects of the internet on college students' school life satisfaction. *Cyberpsychology & Behavior, 11*(3), 310-320. https://doi.org/10.1089/cpb.2007.0040

Long, N. E. (1958). The local community as an ecology of games. *American Journal of Sociology, 64*(3), 251-261. https://doi.org/10.1086/222468

Lotz, A. D. (2014). *The television will be revolutionized* (2nd ed.). NYU.

Love, S., & Kewley, J. (2005). Does personality affect people's attitudes towards mobile phone use in public places? In R. Ling & P. Pedersen (Eds.), *Mobile communications: Re-negotiation of the social sphere* (pp.273-284). Springer-Verlag.

Lowery, S. A., & DeFleur, M. L. (1995). *Milestones in mass communication research: Media effects*. Longman.

Lowry, D. T., & Towles, D. E. (1989). Soap opera portrayals of sex, contraception, and sexually transmitted diseases. *Journal of Communication, 39*(2), 76-83. https://doi.org/10.1111/j.1460-2466.1989.tb01030.x

Lucas, K., & Sherry, J. L. (2004). Sex differences in video game play: A communication-based approach. *Communication Research, 31*(5), 499-523. https://doi.org/10.1177/0093650204267930

Luke, C. (1985). Television discourse processing: A schema theoretic approach. *Communication Education, 34*(2), 91-105. https://doi.org/10.1080/03634528509378591

Lull, R. B., & Bushman, B. J. (2016). Immersed in violence: Presence mediates the effect of 3D violent video gameplay on angry feelings. *Psychology of Popular Media Culture, 5*(2), 133-144. https://doi.org/10.1037/ppm0000062

Lundy, L. K., Ruth, A. M., & Park, T. D. (2008). Simply irresistible: Reality TV consumption patterns. *Communication Quarterly, 56*(2), 208-225. https://doi.org/10.1080/01463370802026828

Luttig, M. D., & Callaghan, T. H. (2016). Is President Obama's race chronically accessible? Racial priming in the 2012 presidential election. *Political Communication, 33*(4), 628-650. https://doi.org/10.1080/10584609.2016.1166168

Lyle, J., & Hoffman, H. R. (1972). Children's use of television and other media. In E. A. Rubinstein, G. A. Comstock, & J. P. Murray (Eds.), *Television and social behavior* (Vol.4, pp.129-256). U.S. Government Printing Office. https://www.ojp.gov/pdffiles1/Digitization/148978NCJRS.pdf

Lynch, T., & Martins, N. (2015). Nothing to fear? An analysis of college students' fear experiences with video games. *Journal of Broadcasting & Electronic Media, 59*(2), 298-317. https://doi.org/10.1080/08838151.2015.1029128

Macafee,T., McLaughlin, B., & Rodriguez, N. S. (2019). Winning on social media: Candidate social-mediated communication and voting during the 2016 US presidential election. *Social Media + Society, 5*(1). https://doi.org/10.1177/2056305119826130

Maccoby, N., & Farquhar, J. W. (1975). Communication for health: Unselling heart disease. *Journal of Communication, 25*(3), 114-126. https://doi.org/10.1111/j.1460-2466.1975.tb00613.x

MacKuen, M. (1981). Social communication and the mass policy agenda. In M. MacKuen & S. Coombs (Eds.), *More than news: Media power in public affairs* (pp.19-144). Sage.

MacMonegle, A. J., Nonnemaker, J., Duke, J. C., Farrelly, M. C., Zhao, X., Delahanty, J. C., Smith, A. A., Rao, P., & Allen, J. A. (2018). Cost-effectiveness analysis of The Real Cost campaign's effect on smoking prevention. *American Journal of Preventive Medicine, 55*(3), 319-325. https://doi.org/10.1016/j.amepre.2018.05.006

Maddison, R., Foley, L., Mhurchu, C. N., Jiang, Y., Jull, A., Prapavessis, H., ⋯ & Rodgers, A. (2011). Effects of active video games on body composition: A randomized controlled trial. *The American Journal of Clinical Nutrition, 94*(1), 156-163. https://doi.org/10.3945/ajcn.110.009142

Madigan, S., Ly, A., Rash, C. L., Ouytsel, J. V., & Temple, J. R. (2018). Prevalence of multiple forms of sexting behavior among youth: A systematic review and meta-analysis. *JAMA Pediatrics, 172*(4), 327-335. https://doi.org/10.1001/jamapediatrics.2017.5314

Madison, T. P., & Porter, L. V. (2015). The people we meet: Discriminating functions of parasocial interactions. *Imagination, Cognition and Personality, 35*(1), 47-71. https://doi.org/10.1177/027623

6615574490

Maio, G., Haddock, G., Watt, S. E., & Hewstone, M. (2008). Implicit measures in applied contexts: An illustrative examination of anti-racism advertising. In R. E. Petty, R. H. Fazio, & P. Briñol (Eds.), *Attitudes: Insights from the new implicit measures* (pp. 327-357). Psychology Press.

Malamuth, N. M. (1981). Rape fantasies as a function of exposure to violent sexual stimuli. A*rchives of Sexual Behavior, 10*(1), 33-47. https://doi.org/10.1007/BF01542673

Malamuth, N. M. (1993). Pornography's impact on male adolescents. *Adolescent Medicine: State of the Art Reviews, 4*(3), 563-576.

Malamuth, N. M. (1996). Sexually explicit media, gender differences, and evolutionary theory. *Journal of Communication, 46*(3), 8-31.

Malamuth, N. M., & Check, J. V. P. (1980). Penile tumescence and perceptual responses to rape as a function of victim's perceived reactions. *Journal of Applied Social Psychology, 10*(6), 528-547. https://doi.org/10.1111/j.1559-1816.1980.tb00730.x

Malamuth, N. M., & Check, J. V. P. (1983). Sexual arousal to rape depictions: Individual differences. *Journal of Abnormal Psychology, 92*(1), 55-67. https://doi.org/10.1037/0021-843X.92.1.55

Malamuth, N. M., & Donnerstein, E. (Eds.). (1984). *Pornography and sexual aggression.* Academic.

Malamuth, N. M., Heim, M., & Feshbach, S. (1980). Sexual responsiveness of college students to rape depictions: Inhibitory and disinhibitory effects. *Journal of Personality and Social Psychology, 38*(3), 399-408. https://doi.org/10.1037/0022-3514.38.3.399

Malamuth, N. M., & Impett, E. A. (2001). Research on sex in the media: What do we know about effects on children and adolescents? In D. Singer & J. Singer (Eds.), *Handbook of children and the media* (pp. 269-278). Sage.

Manago, A. M., Brown, G., Lawley, K. A., & Anderson, G. (2020). Adolescents' daily face-to-face and computer-mediated communication: Associations with autonomy and closeness to parents and friends. *Developmental Psychology, 56*(1), 153-164. https://doi.org/10.1037/dev0000851

Manago, A. M., Ward, L. M., Lemm, K. M., Reed, L., & Seabrook, R. (2015). Facebook involvement, objectified body consciousness, body shame, and sexual assertiveness in college women and men. S*ex Roles: A Journal of Research, 72*(1-2), 1-14. https://doi.org/10.1007/s11199-014-0441-1

Manis, F. R., Keating, D. P., & Morison, F. J. (1980). Developmental differences in the allocation of processing capacity. *Journal of Experimental Child Psychology, 29*(1), 156-169. https://doi.org/10.1016/0022-0965(80)90098-3

Mann, S., & Holdsworth, L. (2003). The psychological impact of teleworking: Stress, emotions and health. *New Technology, Work and Employment, 18*(3), 196-211. https://doi.org/10.1111/1468-005X.00121

Mansbridge, J. (2003). Rethinking representation. *The American Political Science Review, 97*(4), 515-528. http://www.jstor.org/stable/3593021

Manuoğlu, E., & Uysal, A. (2019). Motivation for different Facebook activities and well-being: A daily experience sampling study. *Psychology of Popular Media Culture, 9*(4), 456-464. https://doi.org/10.1037/ppm0000262

Mares, M.-L., & Acosta, E. E. (2008). Be kind to three-legged dogs: Children's literal interpretations of TV's moral lessons. *Media Psychology, 11*(3), 377-399. https://doi.org/10.1080/15213260802204355

Mares, M.-L., Bartsch, A., & Bonus, J. A. (2016). When meaning matters more: Media preferences across the adult life span. *Psychology and Aging, 31*(5), 513-531. https://doi.org/10.1037/pag0000098

Mares, M.-L., & Pan, Z. (2013). Effects of Sesame Street: A meta-analysis of children's learning in 15 countries. *Journal of Applied Developmental Psychology, 34*(3), 140-151. https://doi.org/10.1016/j.appdev.2013.01.001

Markey, P. M., & Ferguson, C. J. (2017). Internet gaming addiction: Disorder or moral panic? *The American Journal of Psychiatry, 174*(3), 195-196. https://doi.org/10.1176/appi.ajp.2016.16121341

Markey, P. M., French, J. E., & Markey, C. N. (2015). Violent movies and severe acts of violence: Sensationalism versus science. *Human Communication Research, 41*(2), 155-173. https://doi.org/10.1111/hcre.12046

Markey, P. M., Markey, C. N., & French, J. E. (2015). Violent video games and real-world violence: Rhetoric versus data. *Psychology of Popular Media Culture, 4*(4), 277-295. https://doi.org/10.1037/ppm0000030

Marquis, L. (2016). Priming. In G. Mazzoleni (Ed.), *The international encyclopedia of political communication* (pp. 1236-1245). Wiley. https://doi.org/10.1002/9781118541555.wbiepc069

Martin, G. N. (2019). (Why) do you like scary movies? A review of the empirical research on psychological responses to horror films. *Frontiers in Psychology, 10*, Article 2298. https://doi.org/10.3389/fpsyg.2019.02298

Martinez, G. M., & Abma, J. C. (2020). Sexual activity and contraceptive use among teenagers aged 15-19 in the United States, 2015-2017. *NCHS Data Brief, 366*. https://www.cdc.gov/nchs/data/databriefs/db366-h.pdf

Martino, S. C., Collins, R. L., Kanouse, D. E., Elliott, M., & Berry, S. H. (2005). Social cognitive processes mediating the relationship between exposure to television's sexual content and adolescents' sexual behavior. *Journal of Personality and Social Psychology, 89*(6), 914-924. https://doi.org/10.1037/0022-3514.89.6.914

Martino, S. C., Setodji, C. M., Dunbar, M. S., & Shadel, W. G. (2019). Increased attention to the tobacco power wall predicts increased smoking risk among adolescents. *Addictive Behaviors, 88*, 1-5. https://doi.org/10.1016/j.addbeh.2018.07.024

Martins, N., & Jensen, R. E. (2014). The relationship between "Teen Mom" reality programming and teenagers' beliefs about teen parenthood. *Mass Communication and Society, 17*(6), 830-852. https://doi.org/10.1080/15205436.2013.851701

Marvin, C. (1988). *When old technologies were new: Thinking about electric communication in the late nineteenth century.* Oxford University Press.

Mastro, D. (2003). A social identity approach to understanding the impact of television messages. *Communication Monographs, 70*(2), 98-113. https://doi.org/10.1080/0363775032000133764

Mastro, D. (2009). Effects of racial and ethnic stereotyping. In J. Bryant & M. B. Oliver (Eds.), *Media effects: Advances in theory and research* (3rd ed., pp. 325-341). Routledge.

Mastro, D., & Behm-Morawitz, E. (2005). Latino representation on primetime television. *Journalism & Mass Communication Quarterly, 82*(1), 110-130. https://doi.org/10.1177/107769900508200108

Mastro, D., Behm-Morawitz, E., & Ortiz, M. (2007). The cultivation of social perceptions of Latinos: A mental models approach. *Media Psychology, 9*(2), 347-365. https://doi.org/10.1080/15213260701 286106

Mastro, D., & Do, K. N. (2020). Stereotypes of Latina/o populations. In A. C. Billings & S. Parrott (Eds.), *Media stereotypes: From ageism to xenophobia* (pp. 113-131). Peter Lang.

Mastro, D., & Figueroa-Caballero, A. (2018). Measuring extremes: A quantitative content analysis of prime time TV depictions of body type. *Journal of Broadcasting & Electronic Media, 62*(2), 320-336. https://doi.org/10.1080/08838151.2018.1451853

Mastro, D., & Greenberg, B. S. (2000). The portrayal of racial minorities on primetime television. *Journal of Broadcasting & Electronic Media, 44*(4), 690-703. https://doi.org/10.1207/s15506878jobem 4404_10

Mastro, D., & Kopacz, M. (2006). Media representations of race, prototypicality, and policy reasoning: An application of self-categorization theory. *Journal of Broadcasting & Electronic Media, 50*(2), 305-322. https://doi.org/10.1207/s15506878jobem5002_8

Mastro, D., & Stern, S. (2003). Representations of race in television commercials: A content analysis of primetime advertising. *Journal of Broadcasting & Electronic Media, 47*(4), 638-647. https://doi.org/10.1207/s15506878jobem4704_9

Mathai, J. (1983). An acute anxiety state in an adolescent precipitated by viewing a horror movie. *Journal of Adolescence, 6*(2), 197-200. https://doi.org/10.1016/S0140-1971(83)80027-X

Matheson, D. M., Killen, J. D., Wang, Y., Varady, A., & Robinson, T. N. (2004). Children's food consumption during television viewing. *American Journal of Clinical Nutrition, 79*(6), 1088-1094. https://doi.org/10.1093/ajcn/79.6.1088

Mayrhofer, M., & Matthes, J. (2018). Drinking at work: The portrayal of alcohol in workplace-related TV dramas. *Mass Communication & Society, 21*(1), 94-114. https://doi.org/10.1080/15205436. 2017.1362441

Mayrhofer, M., & Matthes, J. (2021). Laughing about a health risk? Alcohol in comedy series and its connection to humor. *Psychology of Popular Media, 10*(1), 59-73. https://doi.org/10.1037/ ppm0000267

Mazmanian, M., Orlikowski, W. J., & Yates, J. (2013). The autonomy paradox: The implications of mobile email devices for knowledge professionals. *Organization Science, 24*(5), 1337-1357. https://doi.org/10.1287/orsc.1120.0806

Mazur, A. (1987). Putting radon on the public risk agenda. *Science, Technology and Human Values, 12*(3/4), 86-93. https://www.jstor.org/stable/689387

Mbilinyi, L. F., Zegree, J., Roffman, R. A., Walker, D., Neighbors, C., & Edleson, J. (2008). Development of a marketing campaign to recruit non-adjudicated and untreated abusive men for a brief telephone intervention. *Journal of Family Violence, 23*(5), 343-351. https://doi.org/10.1007/

s10896-008-9157-8

McCain, J. L., & Campbell, W. K. (2018). Narcissism and social media use: A meta-analytic review. *Psychology of Popular Media Culture, 7*(3), 308-327. https://doi.org/10.1037/ppm0000137

McCaul, K. D., Jacobson, K., & Martinson, B. (1998). The effects of state-wide media campaign on mammography screening. *Journal of Applied Social Psychology, 28*(6), 504-515. https://doi.org/10.1111/j.1559-1816.1998.tb01716.x

McCombs, M. E. (1992). Explorers and surveyors: Expanding strategies for agenda-setting research. *Journalism Quarterly, 69*(4), 813-824. https://doi.org/10.1177/107769909206900402

McCombs, M. (1999). Personal involvement with issues on the public agenda. *International Journal of Public Opinion Research, 11*(2), 152-168. https://doi.org/10.1093/ijpor/11.2.152

McCombs, M. E. (2004). *Setting the agenda: The mass media and public opinion*. Blackwell.

McCombs, M. (2014). *Setting the agenda: The mass media and public opinion* (2nd ed.). Polity Press.

McCombs, M. E., Lopez-Escobar, E., & Llamas, J. P. (2000). Setting the agenda of attributes in the 1996 Spanish general election. *Journal of Communication, 50*(2), 77-92. https://doi.org/10.1111/j.1460-2466.2000.tb02842.x

McCombs, M. E., & Shaw, D. L. (1972). The agenda-setting function of the mass media. *Public Opinion Quarterly, 36*(2), 176-187. https://www.jstor.org/stable/2747787

McCombs, M. E., & Shaw, D. L. (1993). The evolution of agenda-setting research: Twenty-five years in the marketplace of ideas. *Journal of Communication, 43*(2), 58-67. https://doi.org/10.1111/j.1460-2466.1993.tb01262.x

McCombs, M. E., Shaw, D. L., & Weaver, D. H. (2014). New directions in agenda-setting theory and research. *Mass Communication and Society, 17*(6), 781-802. https://doi.org/10.1080/15205436.2014.964871

McCombs, M., & Stroud, N. J. (2014). Psychology of agenda-setting effects: Mapping the paths of information processing. *Review of Communication Research, 2*(1), 68-92. https://doi.org/10.12840/issn.2255-4165.2014.02.01.003

McCombs, M., & Valenzuela, s. (2021). *Setting the agenda: Mass Media and public opinion*(3rd ed.). Polity.

McDaniel, B. T., & Coyne, S. M. (2016). "Technoference": The interference of technology in couple relationships and implications for women's personal and relational well-being. *Psychology of Popular Media Culture, 5*(1), 85-98. https://doi.org/10.1037/ppm0000065

McDivitt, D. (2006). Video games in education. https://davidmcdivitt.wordpress.com/

McDivitt, J. A., Zimicki, S., & Hornick, R. C. (1997). Explaining the impact of a communication campaign to change vaccination knowledge and coverage in the Philippines. *Health Communication, 9*(2), 95-118. https://doi.org/10.1207/ s15327027hc0902_1

McGhee, P. E., & Frueh, T. (1980). Television viewing and the learning of sex-role stereotypes. *Sex Roles, 6*, 179-188. https://doi.org/10.1007/BF00287341

McGraw, K. M., & Ling, C. (2003). Media priming of presidential and group evaluations. *Political Communication, 20*(1), 23-40. https://doi.org/10.1080/10584600390172338

McGregor, S. C., & Mourão, R. R. (2017). Second screening Donald Trump: Conditional indirect effects on political participation. *Journal of Broadcasting & Electronic Media, 61*(2), 264-290. https://doi.org/10.1080/08838151.2017.1309418

McGuire, W. J. (1985). Attitudes and attitude change. In G. Lindzey & E. Aronson (Eds.), *Handbook of social psychology* (3rd ed., Vol. 2, pp. 43-65). Sage.

McGuire, W. J. (1989). Theoretical foundations of campaigns. In R. E. Rice & C. K. Atkin (Eds.), *Public communication campaigns* (2nd ed., pp. 43-65). Sage.

McGuire, W. J. (2013). McGuire's classic input-output framework for constructing persuasive messages. In R. E. Rice & C. K. Atkin (Eds.), *Public communication campaigns* (4th ed., pp. 133-143). Sage.

McKee, A., Byron, P., Litsou, K., & Ingham, R. (2020). An interdisciplinary definition of pornography: Results from a Global Delphi Panel. *Archives of Sexual Behavior, 49*, 1085-1091. https://doi.org/10.1007/s10508-019-01554-4

McKenna, K. Y. A., Green, A. S., & Gleason, M. E. J. (2002). Relationship formation on the internet: What's the big attraction? *Journal of Social Issues, 58*(1), 9-31. https://doi.org/10.1111/1540-4560.00246

McLaughlin, B., & Rodriguez, N. S. (2017). Identifying with a stereotype: The divergent effects of exposure to homosexual television characters. *Journal of Homosexuality, 64*(9), 1196-1213. https://doi.org/10.1080/00918369.2016.1242335

McLeod, J. M., Bybee, C. R., & Durall, J. A. (1979). The 1976 presidential debates and the equivalence of informed political participation. *Communication Research, 6*(4), 463-487. https://doi.org/10.1177/009365027900600404

McLeod, J. M., Daily, C., Guo, Z., Eveland, W. P., Bayer, J., Yang, S., & Wang, H. (1996). Community integration, local media use, and democratic processes. *Communication Research, 23*(2), 179-209. https://doi.org/10.1177/009365096023002002

McLeod, J. M., Kosicki, G. M., & McLeod, D. M. (1994). The expanding boundaries of political communication effects. In J. Bryant & D. Zillmann (Eds.), *Media effects: Advances in theory and research* (pp. 123-162). Lawrence Erlbaum Associates.

McLeod, J. M., & McDonald, D. G. (1985). Beyond simple exposure: Media orientations and their impact on political processes. *Communication Research, 12*(1), 3-33. https://doi.org/10.1177/009365085012001001

McQuail, D. (1972). *Towards a sociology of mass communications.* Collier-Macmillan. (Original work published 1969).

McQuail, D. (1979). The uses and gratifications approach: Past, troubles, and future. *Massacommunicatie, 2,* 73-89.

McQuail, D. (2010). *McQuail's mass communication theory* (6th ed.). Sage.

McQuail, D., Blumler, J. G., & Brown, J. R. (1972). The television audience: A revised perspective. In D. McQuail (Ed.), *Sociology of mass communications* (pp. 135-165). Penguin.

McQuail, D., & Windahl, S. (1993). *Communication models for the study of mass communications* (2nd ed.). Longman.

Meadows, A. (2019, April 2). *Netflix users collectively stream 164.8 million hours of video using nearly*

500 million GB of data every day. Soda. https://www.soda.com/news/netflix-users-stream-164-million-hours-per-day/

Medin, D., Ross, B., & Markman, A. (2001). *Cognitive psychology* (3rd ed.). Harcourt.

Meier, E. P., & Gray, J. (2014). Facebook photo activity associated with image disturbance in adolescent girls. *Cyberpsychology, Behavior, and Social Networking, 17*(4), 199-206. http://doi.org/10.1089/cyber.2013.0305

Meier, M. R., & Medjesky, C. A. (2018). The Office was asking for it: "That's what she said" as a joke cycle that perpetuates rape culture. *Communication and Critical/Cultural Studies, 15*(1), 2-17. https://doi.org/10.1080/14791420.2017.1394578

Meirick, P. C., Nisbett, G. S., Harvell-Bowman, L. A., Harrison, K. J., Jefferson, M. D., Kim, T.-S., & Pfau, M. W. (2018). To tell the truth: Ad watch coverage, ad tone, and the accuracy of political advertising. *Political Communication, 35*(3), 450-469. https://doi.org/10.1080/10584609.2017.1414089

Melkman, R., Tversky, B., & Baratz, D. (1981). Developmental trends in the use of perpetual and conceptual attributes in grouping, clustering and retrieval. *Journal of Experimental Child Psychology, 31*(3), 470-486. https://doi.org/10.1016/0022-0965(81)90031-x

Ménard, A. D., Weaver, A., & Cabrera, C. (2019). "There are certain rules that one must abide by": Predictors of mortality in slasher films. *Sexuality & Culture, 23*, 621-640. https://doi.org/10.1007/s12119-018-09583-2

Mendelberg, T. (1997). Executing Hortons: Racial crime in the 1988 presidential campaign. *Public Opinion Quarterly, 61*(1), 134-157. https://www.jstor.org/stable/2749515

Mendelsohn, H. (1963). Socio-psychological perspectives on the mass media and public anxiety. *Journalism Quarterly, 40*(4), 511-516. https://doi.org/10.1177/107769906304000403

Mendelsohn, H. (1973). Some reasons why information campaigns can succeed. *Public Opinion Quarterly, 37*(1), 50-61. https://doi.org/10.1086/268059

Mentzoni, R. A., Brunborg, G. S., Molde, H., Myrseth, H., Skouverøe, K. J. M., Hetland, J., & Pallesen, S. (2011). Problematic video game use: Estimated prevalence and associations with mental and physical health. *Cyberpsychology, Behavior, and Social Networking, 14*(10), 591-596. https://doi.org/10.1089/cyber.2010.0260

Messenger, J. C., & Gschwind, L. (2016). Three generations of telework: New ICTs and the (r)evolution from home office to virtual office. *New Technology, Work and Employment, 31*(3), 195-208. https://doi.org/10.1111/ntwe.12073

Messing, S., Jabon, M., & Plaut, E. (2015). Bias in the flesh: Skin complexion and stereotype consistency in political campaigns. *Public Opinion Quarterly, 80*(1), 44-65. https://doi.org/10.1093/poq/nfv046

Meta. (n.d.). Company info. https://about.facebook.com/company-info/

Meta. (2022, July 27). *Meta reports second quarter 2022 results.* https://s21.q4cdn.com/399680738/files/doc_financials/2022/q2/Meta-06.30.2022-Exhibit-99.1-Final.pdf

Miller, J. M., & Krosnick, J. A. (2000). News media impact on the ingredients of presidential evaluations: Politically knowledgeable citizens are guided by a trusted source. *American Journal of Political Science, 44*(2), 301-315. https://doi.org/10.2307/2669312

Miller, M. M., Andsager, J. L. & Riechert, B. P. (1998). Framing the candidates in presidential primaries: Issues and images in press releases and news coverage. *Journalism & Mass Communication Quarterly, 75*(2), 312-324. https://doi.org/10.1177/107769909807500207

Miller, M. M., & Reese, S. D. (1982). Media dependency as interaction: Effects of exposure and reliance on political activity and efficacy. *Communication Research, 9*(2), 227-248. https://doi.org/10.1177/009365082009002003

Miller, R., Parsons, K., & Lifer, D. (2010). Students and social networking sites: The posting paradox. *Behaviour & Information Technology, 29*(4), 377-382. https://doi.org/10.1080/01449290903042491

Milosevic, T. (2015). Cyberbullying in US mainstream media. *Journal of Children and Media, 9*(4), 492-509. https://doi.org/10.1080/17482798.2015.1089300

Mintzes B. (2012). Advertising of prescription-only medicines to the public: Does evidence of benefit counterbalance harm? *Annual Review of Public Health, 33*, 259-277. https://doi.org/10.1146/annurev-publhealth-031811-124540

Mitchell, A. (2018, December 3) *Americans still prefer watching to reading the news—And mostly still through television*. Pew Research Center. https://www.journalism.org/2018/12/03/americans-still-prefer-watching-to-reading-the-news-and-mostly-still-through-television/

Mitchell, K. J., Ybarra, M. L., Korchmaros, J. D., & Kosciw, J. G. (2014). Accessing sexual health information online: use, motivations and consequences for youth with different sexual orientations. *Health Education Research, 29*(1), 147-157. https://doi.org/10.1093/her/cyt071

Möller, I. & Krahé, B. (2009). Exposure to violent video games and aggression in German adolescents: A longitudinal analysis. *Aggressive Behavior, 35*(1), 75-89. https://doi.org/10.1002/ab.20290

Monahan, J. L., Shtrulis, I., & Givens, S. B. (2005). Priming welfare queens and other stereotypes: The transference of media images into interpersonal contexts. *Communication Research Reports, 22*(3), 199-205. https://doi.org/10.1080/00036810500207014

Mongeau, P. A. (1998). Fear-arousing persuasive messages: A meta-analysis revisited. In M. Allen & R. Preiss (Eds.), *Persuasion: Advances through meta-analysis*. Sage.

Monk, A., Carroll, J., Parker, S., & Blythe, M. (2004). Why are mobile phones annoying? *Behavior and Information Technology, 23*(1), 33-41. https://doi.org/10.1080/01449290310001638496

Monk-Turner, E., Heiserman, M., Johnson, C., Cotton, V., & Jackson, M. (2010). The portrayal of racial minorities on prime time television: A replication of the Mastro and Greenberg study a decade later. *Studies in Popular Culture, 32*(2), 101-114. http://www.jstor.org/stable/23416158

Moore, D. L., Hausknecht, D., & Thamodaran, K. (1986). Time compression, response opportunity, and persuasion. *Journal of Consumer Research, 13*(1), 85-99. https://doi.org/10.1086/209049

Moravec, P. L., Minas, R. K., & Dennis, A. R. (2019). Fake news on social media: People believe what they want to believe when it makes no sense at all. *MIS Quarterly, 43*(4), 1343-1360. https://doi.org/10.25300/MISQ/2019/15505

Morgan, M. (1983). Symbolic victimization and real world fear. *Human Communication Research, 9*(2), 146-157. https://doi.org/10.1111/j.1468-2958.1983.tb00689.x

Morgan, M. (1990). International cultivation analysis. In N. Signorielli & M. Morgan (Eds.), *Cultivation *analysis: New directions in media effects research* (pp. 225-248). Sage.

Morgan, M., & Shanahan, J. (1995). *Democracy tango: Television, adolescents, and authoritarian tensions in Argentina.* Hampton Press.

Morgan, M., Shanahan, J., & Signorielli, N. (2009). Growing up with television: Cultivation processes. In J. Bryant & M. B. Oliver (Eds.), *Media effects: Advances in theory and research* (3rd ed., pp. 34-49). Routledge.

Morgan, M., Shanahan, J., & Signorelli, N. (2017). Cultivation theory: Idea, topical fields, and methodology. In P. Rössler (Ed.), *International encyclopedia of media effects* (Vol. 1, pp. 307-320). Wiley-Blackwell. https://doi.org/10.1002/9781118783764.wbieme0039

Morgan, M., & Signorielli, N. (1990). Cultivation analysis: Conceptualization and methodology. In N. Signorielli & M. Morgan (Eds.), *Cultivation analysis: New directions in media effects research* (pp. 13 -34). Sage.

Morison, P., & Gardner, H. (1978). Dragons and dinosaurs: The child's capacity to differentiate fantasy from reality. *Child Development, 49*(3), 642-648. https://doi.org/10.2307/1128231

Mosher, D. L., & Maclan, P. (1994). College men and women respond to X-rated videos intended for male or female audiences: Gender and sexual scripts. The *Journal of Sex Research, 31*(2), 99-113. https://doi.org/10.1080/00224499409551736

Motion Picture Association of America. (2018). *G is for golden: The MPAA film ratings at 50.* https://www.motionpictures.org/research-docs/g-is-for-golden-the-mpaa-film-ratings-at-50/

Mott, F. L. (1944). Newspapers in presidential campaigns. *Public Opinion Quarterly, 8*(3), 348-367. https://doi.org/10.1086/265694

Moy, P., Tewksbury, D., & Rinke, E. M. (2016). Agenda-setting, priming, and framing. In K. B. Jensen, R. T. Craig, J. D. Pooley, & E. W. Rothenbuhler (Eds.), *The international encyclopedia of communication theory and philosophy.* John Wiley & Sons, Inc. https://doi.org/10.1002/9781 118766804.wbiect266

Moy, P., Xenos, M. A., & Hess, V. K. (2006). Priming effect of late-night comedy. *International Journal of Public Opinion Research, 18*(2), 198-210. https://doi.org/10.1093/ijpor/edh092

Moyer-Gusé, E., Chung, A. H., & Jain, P. (2011). Identification with characters and discussion of taboo topics after exposure to an entertainment narrative about sexual health. *Journal of Communication, 61*(3), 387-406. https://doi.org/10.1111/j.1460-2466.2011.01551.x

Muddiman, A., Stroud, N. J., & McCombs, M. (2014). Media fragmentation, attribute agenda setting, and political opinions about Iraq. *Journal of Broadcasting & Electronic Media, 58*(2), 215-233. https://doi.org/10.1080/08838151.2014.906433

Mulliken, L., & Bryant, J. A. (1999, May). *Effects of curriculum-based television programming on behavioral assessments of flexible thinking and structured and unstructured prosocial play behaviors* [Poster presentation]. International Communication Association 49th annual conference, San Francisco, CA, United States.

Mundorf, N., D'Alessio, D., Allen, M., & Emmers-Sommer, T. M. (2007). Effects of sexually explicit media. In R. W. Preiss, B. M. Gayle, N. Burrell, M. Allen, & J. Bryant (Eds.), *Mass media effects research: Advances through meta-analysis* (pp. 181-198). Lawrence Erlbaum Associates.

Mundt, M., Ross, K., & Burnett, C. M. (2018). Scaling social movements through social media: The case of Black Lives Matter. *Social Media + Society, 4*(4). https://doi.org/10.1177/2056305118807911

Murnen, S. K., & Stockton, M. (1997). Gender and self-reported sexual arousal in response to sexual stimuli: A meta-analytic review. *Sex Roles, 37*(3-4), 135-153 https://doi.org/10.1023/A:10256 39609402

Murray, E., Lo, B., Pollack, L., Donelan, K., & Lee, K. (2004). Direct-to-consumer advertising: Public perceptions of its effects on health behaviors, health care, and the doctor-patient relationship. *Journal of the American Board of Family Practice, 17*(1), 6-18. https://doi.org/10.3122/jabfm.17.1.6

Murray, J. P., Liotti, M., Ingmundson, P. T., Mayberg, H. S., Pu, Y., Zamarripa, F., et al. (2006). Children's brain activations while viewing televised violence revealed by MRI. *Media Psychology, 8*(1), 25-37. https://doi.org/10.1207/S1532785XMEP0801_3

Mutz, D., & Reeves, B. (2005). The new videomalaise: Effects of televised incivility on political trust. *American Political Science Review, 99*(1), 1-15. https://10.1017/S0003055405051452

Myers, L. J., LeWitt, R. B., Gallo, R. E., & Maselli, N. M. (2017). Baby FaceTime: Can toddlers learn from online video chat? *Developmental Science, 20*(4), Article e12430. https://doi.org/10.1111/ desc.12430

Myrick, J. (2020). Media effects and health. In M. B. Oliver, A. A. Raney, & J. Bryant (Eds.), *Media effects: Advances in theory and research* (4th ed., pp. 308-323). Routledge.

Nabi, R. L. (2020). Media and emotion. In M. B. Oliver, A. A. Raney, & J. Bryant (Eds.), *Media effects: Advances in theory and research* (4th ed., pp. 163-178). Routledge.

Nabi, R. L., & Clark, S. (2008). Exploring the limits of social cognitive theory: Why negatively reinforced behaviors on TV may be modeled anyway. *Journal of Communication, 58*(3), 407-427. https://doi.org/10.1111/j.1460-2466.2008.00392.x

Nabi, R. L., Stitt, C. R., Halford, J., & Finnerty, K. L. (2006). Emotional and cognitive predictors of the enjoyment and reality-based and fictional television programming: An elaboration of the uses and gratifications perspective. *Media Psychology, 8*(4), 421-447. https://doi.org/10.1207/s1532785 xmep0804_5

Naigles, L. R., & Mayeux, L., (2001). Television as incidental language teacher. In D. G. Singer & J. L. Singer (Eds.), *Handbook of children and the media* (pp. 135-152). Sage.

Naimi, T. S., Ross, C. S., Siegel, M. B., DeJong, W., & Jernigan, D. H. (2016). Amount of televised alcohol advertising exposure and the quantity of alcohol consumed by youth. *Journal of Studies on Alcohol and Drugs, 77*(5), 723-729. https://doi.org/10.15288/jsad.2016.77.723

Nathanson, A. I. (1999). Identifying and explaining the relationship between parental mediation and children's aggression. *Communication Research, 26*(2), 124-143. https://doi.org/10.1177/00936 5099026002002

National Commission on the Causes and Prevention of Violence. (1969). *To establish justice, to insure domestic tranquility: Final report of the National Commission on the Causes and Prevention of Violence.* U.S. Government Printing Office. http://www.eisenhowerfoundation.org/docs/Na

tional%20Violence%20Commission.pdf

National Institute of Mental Health. (1982a). *Television and behavior: Ten years of scientific progress and implications for the eighties*. Vol. 1: Summary report (DHHS Publication No. ADM 82-1195). U.S. Government Printing Office. https://files.eric.ed.gov/fulltext/ED222186.pdf

National Institute of Mental Health. (1982b). Television and behavior: Ten years of scientific progress and implications for the eighties. In E. Wartella & D. C. Whitney (Eds.), *Mass communication review yearbook* (Vol. 4, pp. 23-35). Sage.

National Institute on Alcohol Abuse and Alcoholism. (2021, May). *Alcohol facts and statistics*. https://www.niaaa.nih.gov/publications/brochures-and-fact-sheets/alcohol-facts-and-statistics

Nedelman, M. (2019, July 5). *Netflix to cut back on smoking after Stranger Things criticism*. CNN. https://www.cnn.com/2019/07/05/health/netflix-smoking-stranger-things/index.html

Nee, R. C., & De Maio, M. (2019). A "presidential look"? An analysis of gender framing in 2016 persuasive memes of Hillary Clinton. *Journal of Broadcasting & Electronic Media, 63*(2), 304-321. https://doi.org/10.1080/08838151.2019.1620561

Nelson, T. E., Clawson, R. A., & Oxley, Z. M. (1997). Media framing of civil liberties conflict and its effects on tolerance. *American Political Science Review, 91*(3), 567-583. https://doi.org/10.2307/2952075

Nelson, T. E., & Oxley, Z. M. (1999). Issue framing effects on belief importance and opinion. *The Journal of Politics, 61*(4), 1040-1067. https://doi.org/10.2307/2647553

Nelson, T. E., Oxley, Z. M., & Clawson, R. A. (1997). Toward a psychology of framing effects. *Political Behavior, 19*(3), 221-246. https://doi.org/10.1023/A:1024834831093

Nerone, J. (1994). *Violence against the press: Policing the public sphere in U.S. history*. Oxford University Press.

Neuman, W. R., Guggenheim, L., Jang, S. M., & Bae, S. Y. (2014). The dynamics of public attention: Agenda-setting theory meets big data. *Journal of Communication, 64*(2), 193-214. https://doi.org/10.1111/jcom.12088

Newman, M. Z. (2010). New media, young audiences and discourses of attention: From Sesame Street to "snack culture." *Media, Culture, & Society, 32*(4), 581-596. https://doi.org/10.1177/0163443710367693

Newsweek. (1999, 31 May). Fat-phobia in the Fijis: TV-thin is in. https://www.newsweek.com/fat-phobia-fijis-tv-thin-166624

Nicksic, N. E., Brosnan, P. G., Chowdhury, N., Barnes, A. J., & Cobb, C. O. (2019). "Think it. Mix it. Vape it.": A content analysis on e-cigarette radio advertisements. *Substance Use & Misuse, 54*(8), 1355-1364. https://doi.org/10.1080/10826084.2019.1581219

Nielsen. (2010). *U.S. teen mobile report card: Calling yesterday, texting today, using apps tomorrow*. https://www.nielsen.com/insights/2010/u-s-teen-mobile-report-calling-yesterday-texting-today-using-apps-tomorrow/

Nielsen. (2019a). *It's in the bag: Black consumers' path to purchase*. https://www.nielsen.com/wp-content/uploads/sites/3/2019/09/2019-african-american-DIS-report.pdf

Nielsen. (2019b). *La oportunidad Latinx: Cultural currency and the consumer journey.* https://www. nielsen.com/wp-content/uploads/sites/3/2019/09/nielsen-2019-latinx-DIS-report.pdf

Nielsen. (2019c). *The Nielsen total audience report: Q3 2018.* https://www.nielsen.com/insights/2019/ the-nielsen-total-audience-report-q3-2018/

Nielsen. (2020a). *Being seen on screen: Diverse representation & inclusion on TV.* https://www. nielsen.com/us/en/insights/report/2020/being-seen-on-screen-diverse-representation-and-inclusi on-on-tv/

Nielsen. (2020b). *Invisible no more: The rise of Native American power in media.* https://www. nielsen.com/us/en/insights/infographic/2020/invisible-no-more-the-rise-of-native-american-pow er-in-media/

Nielsen. (2020c). *Shattering stereotypes: How today's women over 50 are defining what's possible on-screen, at work and at home.* https://www.nielsen.com/wp-content/uploads/sites/3/2021/ 03/Women-50DIS-March-2021.pdf

Nisbet, M. C., Brossard, D., & Kroepsch, A. (2003). Framing science—The stem cell controversy in an age of press/politics. *The Harvard International Journal of Press/Politics, 8*(2), 36-70. https:// doi.org/10.1177/1081180X02251047

Nisbet, M. C., & Huge, M. (2006). Attention cycles and frames in the plant biotechnology debate: Managing power and participation through the press/policy connection. *The Harvard International Journal of Press/Politics, 11*(2), 3-40. https://doi.org/10.1177/1081180X06286701

Nitz, J. C., Kuys, S., Isles, R., & Fu, S. (2010). Is the Wii Fit a new-generation tool for improving balance, health and well-being? A pilot study. *Climacteric, 13*(5), 487-491. https://doi.org/10.3109/1369 7130903395193

Noar, S. M. (2017). The transtheoretical model and stages of change in health and risk messaging. In R. L. Parrott (Ed.), *Oxford research encyclopedia of communication.* Oxford University Press. https:// doi.org/10.1093/acrefore/9780190228613.013.324

Noar, S. M., Myrick, J. G., Zeitany, A., Kelley, D., Morales-Pico, B., & Thomas, N. E. (2015). Testing a social cognitive theory-based model of indoor tanning: Implications for skin cancer prevention messages. *Health Communication, 30*(2), 164-174. https://doi.org/10.1080/10410236.2014.974125

Noelle-Neumann, E. (1973). Return to the concept of powerful mass media. *Studies of Broadcasting, 9,* 67 -112.

Noelle-Neumann, E. (1984). *Spiral of silence: Public opinion—Our social skin.* University of Chicago Press.

Noelle-Neumann, E., & Mathes, R. (1987). The "event as event" and the "event as news": The significance of "consonance" for media effects research. *European Journal of Communication, 2*(4), 391-414. https://doi.org/10.1177/0267323187002004002

Nomikos, M., Opton, E., Averill, J., & Lazarus, R. (1968). Surprise versus suspense in the production of stress reaction. *Journal of Personality and Social Psychology, 8*(2, Pt.1), 204-208. https://doi. org/10.1037/h0025274

Norman, D. A. (1983). Some observations on mental models. In D. Genter & A. L. Stevens (Eds.), *Mental models* (pp.299-324). Lawrence Erlbaum Associates.

Norris, P. (2000). *A virtuous circle: Political communications in a post-industrial democracy*. Cambridge University Press.

Northup, T., & Dillman Carpentier, F. (2015). Michael Jordan, Michael Vick, or Michael who?: Activating stereotypes in a complex media environment. *Howard Journal of Communications, 26*(2), 132-152. https://doi.org/10.1080/10646175.2015.1011354

NPD Group. (2022, January 22). NPD video games topline: 2021 highlights [Video]. YouTube. https://www.youtube.com/watch?v=e-OQqiTXueI&t=13s

Nunez-Smith, M., Wolf, E., Huang, H. M., Chen, P. G., Lee, L., Emanuel, E. J., & Gross, C. P. (2010). Media exposure and tobacco, illicit drugs, and alcohol use among children and adolescents: A systematic review. *Substance Abuse, 31*(3), 174-192. https://doi.org/10.1080/08897077.2010.495648

Nyhan, B., & Reifler, J. (2012). Misinformation and fact-checking: Research findings from social science. https://cpb-us-e1.wpmucdn.com/sites.dartmouth.edu/dist/5/2293/files/2021/03/Misinformation_and_Fact-checking.pdf

Nyhan, B., & Reifler, J. (2015). The effect of fact-checking on elites: A field experiment on U.S. state legislators. *American Journal of Political Science, 59*(3), 628-640. https://doi.org/10.1111/ajps.12162

O'Brien, F. M. (1968). *The story of The Sun*. Greenwood Press.

O'Connell, D. (2018). #Selfie: Instagram and the United States Congress. *Social Media + Society, 4*(4). https://doi.org/10.1177/2056305118813373

Oddone-Paolucci, E., Genuis, M., & Violato, C. (2000). A meta-analysis on the published research on the effects of pornography. In C. Violato, E. Oddone-Paolucci, & M. Genuis (Eds.), *The changing family and child development* (pp. 48-59). Ashgate Publishing.

Oeldorf-Hirsch, A. (2018). The role of engagement in learning from active and incidental news exposure on social media. *Mass Communication and Society, 21*(2), 225-247. https://doi.org/10.1080/15205436.2017.1384022

Oeldorf-Hirsch, A., & Sundar, S. S. (2016). Sharing and technological motivations for online photo sharing. *Journal of Broadcasting & Electronic Media, 60*(4), 624-642. https://doi.org/10.1080/08838151.2016.1234478

Ogden, C. L., Flegal, K. M., Carroll, M. D., & Johnson, C. L. (2002). Prevalence and trends of overweight among US children and adolescents, 1999-2000. *Journal of the American Medical Association, 288*(14), 1728-1732. https://doi.org/10.1001/jama.288.14.1728

O'Hara, R. E., Gibbons, F. X., Gerrard, M., Li, Z., & Sargent, J. D. (2012). Greater exposure to sexual content in popular movies predicts earlier sexual debut and increased sexual risk taking. *Psychological Science, 23*(9), 984-993. https://doi.org/10.1177/0956797611435529

O'Keefe, D. J. (2009). Theories of persuasion. In R. L. Nabi & M. B. Oliver (Eds.), *The SAGE handbook of media processes and effects* (pp. 269-282). Sage.

O'Keefe, G. J. (1985). "Taking a bite out of crime": The impact of a public information campaign. *Communication Research, 12*(2), 147-178. https://doi.org/10.1177/009365085012002001

Oliver, D. (2021, April 22). "Rutherford Falls" ushers in era of Native American representation on TV: "We've been ready." *USA Today*. https://www.usatoday.com/story/entertainment/tv/2021/04/22/native-american-representation-tv-celebrated-rutherford-falls-peacock/7210034002/

Oliver, M. B., Ramasubramanian, S., & Kim, J. (2007). Media and racism. In D. R. Roskos-Ewoldsen & J. Monahan (Eds.), *Communication and social cognition: Theories and methods* (pp. 273-292). Lawrence Erlbaum Associates.

Oliver, M. B., & Sanders, M. (2004) The appeal of horror and suspense. In S. Prince (Ed.), *The horror film* (pp. 242-260). Rutgers University Press. https://doi.org/10.36019/9780813542577-014

Olson, C. K. (2004). Media violence research and youth violence data: Why do they conflict? *Academic Psychiatry, 28*(2), 144-150. https://doi.org/10.1176/appi.ap.28.2.144

Omori, K., Zhang, Y. B., Allen, M., Ota, H., & Imamura, M. (2011). Japanese college students' media exposure to sexually explicit materials, perceptions of women, and sexually permissive attitudes. *Journal of Intercultural Communication Research, 40*(2), 93-110. https://doi.org/10.1080/17475759.2011.581031

Ortiz, R. R., & Brooks, M. E. (2014). Getting what they deserve? Consequences of sexual expression by central characters in five popular television teen dramas in the United States. *Journal of Children and Media, 8*(1), 40-53. https://doi.org/10.1080/17482798.2014.863477

Ortiz, R. R., & Thompson, B. (2017). Content effects: Pornography and sexually explicit content. In P. Rössler (Ed.), *International encyclopedia of media effects* (Vol. 1, pp. 246-257). Wiley-Blackwell. https://doi.org/10.1002/9781118783764.wbieme0122

Orton, W. (1927). News and opinion. *The American Journal of Sociology, 33*(2), 80-93. https://doi.org/10.1086/214335

Osborn, D. K., & Endsley, R. C. (1971). Emotional reactions of young children to TV violence. *Child Development, 42*(1), 321-331. https://doi.org/10.2307/1127086

Owens, J., Maxim, R., McGuinn, M., Nobile, C., Msall, M., & Alario, A. (1999). Television viewing habits and sleep disturbance in school children. *Pediatrics, 104*(3), e27. https://doi.org/10.1542/peds.104.3.e27

Ozanne, M., Cueva Navas, A., Mattila, A. S., & Van Hoof, H. B. (2017). An investigation into Facebook "liking" behavior: An exploratory study. *Social Media + Society, 3*(2). https://doi.org/10.1177/2056305117706785

Paasonen, S., Light, B., & Jarrett, K. (2019). The dick pic: Harassment, curation, and desire. *Social Media + Society, 5*(2). https://doi.org/10.1177/2056305119826126

Padon, A. A., Maloney, E. K., & Cappella, J. N. (2017). Youth-targeted e-cigarette marketing in the US. *Tobacco Regulatory Science, 3*(1), 95-101. https://doi.org/10.18001/TRS.3.1.9

Padon, A. A., Rimal, R. N., DeJong, W., Siegel, M., & Jernigan, D. (2018). Assessing youth-appealing content in alcohol advertisements: Application of a content appealing to youth (CAY) index. *Health Communication, 33*(2), 164-173. https://doi.org/10.1080/10410236.2016.1250331

Padon, A. A., Rimal, R. N., Siegel, M., DeJong, W., Naimi, T. S., & JernFigan, D. H. (2018b). Alcohol brand use of youth-appealing advertising and consumption by youth and adults. *Journal of Public*

Health Research, 7(1), 1269. https://doi.org/10.4081/jphr.2018.1269

Paik, H., & Comstock, G. (1994). The effects of television violence on antisocial behavior: A meta-analysis. *Communication Research, 21*(4), 516-546. https://doi.org/10.1177/00936509402100 4004

Pain, P., & Chen, G. M. (2019). The president is in: Public opinion and the presidential use of Twitter. *Social Media + Society, 5*(2). https://doi.org/10.1177/2056305119855143

Palazzolo, K. E., & Roberto, A. J. (2011). Media representations of intimate partner violence and punishment preferences: Exploring the role of attributions and emotions. *Journal of Applied Communication Research, 39*(1), 1-18. https://doi.org/10.1080/00909882.2010.536843

Palen, L., Salzman, M., & Youngs, E. (2001). Discovery and integration of mobile communications in everyday life. *Personal and Ubiquitous Computing, 5*, 108-122. https://doi.org/10.1007/s0077 90170014

Palmgreen, P. (1984). Uses and gratifications: A theoretical perspective. *Annals of the International Communication Association, 8*(1: Communication Yearbook 8), 20-55. https://doi.org/10.1080/ 23808985.1984.11678570

Palmgreen, P., & Rayburn, J. D., II. (1982). Gratifications sought and media exposure: An expectancy value model. *Communication Research, 9*(4), 561-580. https://doi.org/10.1177/00936508200900 4004

Palmgreen, P., Wenner, L. A., & Rosengren, K. E. (1985). Uses and gratifications research: The past ten years. In K. E. Rosengren, L. A. Wenner, & P. Palmgreen (Eds.), *Media gratifications research: Current perspectives* (pp. 11-37). Sage.

Pan, Z., & Kosicki, G. M. (1997). Priming and media impact on the evaluations of the president's performance. *Communication Research, 24*(1), 3-30. https://doi.org/10.1177/009365097024001001

Panova, T., & Carbonell, X. (2018). Is smartphone addiction really an addiction? *Journal of Behavioral Addiction, 7*(2), 252-239. https://doi.org/10.1556/2006.7.2018.49

Pantic, M. (2020). Gratifications of digital media: What motivates users to consume live blogs. *Media Practice and Education, 21*(2), 148-163. https://doi.org/10.1080/25741136.2019.1608104

Papacharissi, Z. (2009). Uses and gratifications. In D. W. Stacks & M. B. Salwen (Eds.), *An integrated approach to communication theory and research* (2nd ed., pp. 137-152). Routledge.

Papyrina, V. (2019). The trade-off between quantity and quality of information in gender responses to advertising. *Journal of Promotion Management, 25*(1), 1-19. https://doi.org/10.1080/10496491. 2018.1427652

Paragas, F. (2003). *Being mobile with the mobile: Cellular telephony and renegotiations of public transport as public sphere* [Paper Presentation]. Front Stage/Back Stage: Mobile Communication and the Renegotiation of the Social Sphere Conference, Grimstad, Norway.

Park, C. S., & Kay, B. K. (2019). Mediating roles of news curation and news elaboration in the relationship between social media use for news and political knowledge. *Journal of Broadcasting & Electronic Media, 63*(3), 455-473. https://doi.org/10.1080/08838151.2019.1653070

Park, J., Felix, K., & Lee, G. (2007). Implicit attitudes toward Arab-Muslims and the moderating effect of social information. *Basic and Applied Social Psychology, 29*(1), 35-45. https://doi.org/10.1080/01973530701330942

Park, N., & Lee. S. (2014). College students' motivations for Facebook use and psychological outcomes. *Journal of Broadcasting & Electronic Media, 58*(4), 601-620. https://doi.org/10.1080/08838151.2014.966355

Park, R. E. (1941). News and the power of the press. *The American Journal of Sociology, 47*(1), 1-11. https://doi.org/10.1086/218818

Parke, R., Berkowitz, L., & Leyens, J. (1977). Some effects of violent and nonviolent movies on the behavior of juvenile delinquents. *Advances in Experimental Social Psychology, 10*, 135-172. https://doi.org/10.1016/S0065-2601(08)60356-1

Parmelee, J. H. (2014). The agenda-building function of political tweets. *New Media & Society, 16*(3), 434-450. https://doi.org/10.1177/1461444813487955

Parmelee, J. H., & Roman, N. (2019). Insta-politicos: Motivations for following political leaders on Instagram. *Social Media & Society.* https://doi.org/10.1177/2056305119837662

Parrott, S., Hoewe, J., Fan, M., & Huffman, K. (2019). Portrayals of immigrants and refugees in U.S. news media: Visual framing and its effect on emotions and attitudes. *Journal of Broadcasting & Electronic Media, 63*(4), 677-697. https://doi.org/10.1080/08838151.2019.1681860

Pasnik, S., Moorthy, S., Llorente, C., Hupert, N., Dominguez, X., & Silander, M. (2015). *Supporting parent-child experiences with PEG+CAT early math concepts: Report to the CPB-PBS Ready to Learn Initiative.* Education Development Center and SRI International. http://cct.edc.org/sites/cct.edc.org/files/ms-resources/edc-sri-rtl-peg-math-study-report-2015.pdf

Pavlov, I. P. (1927/1960). *Conditioned reflexes* (G. V. Anrep, Trans.). Oxford University Press.

Pearce, L. J., & Field, A. P. (2016). The impact of "scary" TV and film on children's internalizing emotions: A meta-analysis. *Human Communication Research, 42*(1), 98-121. https://doi.org/10.1111/hcre.12069

Pearlin, L. I. (1959). Social and personal stress and escape television viewing. *Public Opinion Quarterly, 23*(2), 255-259. https://doi.org/10.1086/266870

Pechmann, C. (2001). A comparison of health communication models: Risk learning versus stereotype priming. *Media Psychology, 3*(2), 189-210. https://doi.org/10.1207/S1532785XMEP0302_04

Peck, E. Y. (1999). G*ender differences in film-induced fear as a function of type of emotion measure and stimulus content: A meta-analysis and a laboratory study* [Unpublished doctoral dissertation]. University of Wisconsin-Madison.

Peffley, M., Shields, T., & Williams, B. (1996). The intersection of race and crime in television news stories: An experimental study. *Political Communication, 13*(3), 309-327. https://doi.org/10.1080/10584609.1996.9963120

Pempek, T. A., Kirkorian, H. L., Anderson, D. R., Lund, A. F., Richards, J. E., & Stevens, M. (2010). Video comprehensibility and attention in very young children. *Developmental Psychology, 46*(5), 1283-1293. https://doi.org/10.1037/a0020614

Peña, J. F., Hancock, J. T., & Merola, N. A. (2009). The priming effects of avatars in virtual settings.

Communication Research, 36(6), 838-856. https://doi.org/10.1177/0093650209346802

Peña, J. F., McGlone, M. S., & Sanchez, J. (2012). The cowl makes the monk: How avatar appearance and role labels affect cognition in virtual worlds. *Journal For Virtual Worlds Research, 5*(3), 1-16. https://doi.org/10.4101/jvwr.v5i3.6280

Peng, W., Lee, M., & Heeter, C. (2010). The effects of a serious game on role-taking and willingness to help. *Journal of Communication, 60*(4), 723-742. https://doi.org/10.1111/j.1460-2466.2010.01511.x

Peng, W., Liu, M., & Mou, Y. (2008). Do aggressive people play violent computer games in a more aggressive way? Individual difference and idiosyncratic game playing experience. *Cyberpsychology & Behavior, 11*(2), 157-161. https://doi.org/10.1089/cpb.2007.0026

Penn, W. (1938). Some account of the province of Pennsylvania. In J. R. Soderlund (Ed.), *William Penn and the founding of Pennsylvania, 1680-1684: A documentary history* (pp.58-66). University of Pennsylvania Press. (Original work published 1681)

Perks, L. G., & Turner, J. S. (2019). Podcasts and productivity: A qualitative uses and gratifications study. *Mass Communication and Society, 22*(1), 96-116. https://doi.org/10.1080/15205436.2018.1490434

Perks, L. G., Turner, J. S., & Tollison, A. C. (2019). Podcast uses and gratifications scale development. *Journal of Broadcasting & Electronic Media, 63*(4), 617-634. https://doi.org/10.1080/08838151.2019.1688817

Pernicious literature. (1847, January). *United States Catholic Magazine and Monthly Review, 4,* 46-48.

Perry, D. K. (1996). *Theory & research in mass communication: Contexts and consequences.* Lawrence Erlbaum Associates.

Perse, E. M., & Rubin, A. M. (1990). Chronic loneliness and television use. *Journal of Broadcasting & Electronic Media, 34*(1), 37-53. https://doi.org/10.1080/08838159009386724

Peruta, A. & Powers, J. (2017). Look who's talking to our kids: Representations of race and gender in TV commercials on Nickelodeon. *International Journal of Communication, 11,* 1133-1148. https://ijoc.org/index.php/ijoc/article/view/5113/1962

Peter, J., & Valkenburg, P. M. (2006). Adolescents' exposure to sexually explicit online material and recreational attitudes toward sex. *Journal of Communication, 56*(4), 639-660. https://doi.org/10.1111/j.1460-2466.2006.00313.x

Peter, J., & Valkenburg, P. M. (2009). Adolescents' exposure to sexually explicit internet material and notions of women as sex objects: Assessing causality and underlying processes. *Journal of Communication, 59*(3), 407-433. https://doi.org/10.1111/j.1460-2466.2009.01422.x

Peter, J., & Valkenburg, P. M. (2011). The use of sexually explicit internet material and its antecedents: a longitudinal comparison of adolescents and adults. *Archives of sexual behavior, 40*(5), 1015-1025. https://doi.org/10.1007/s10508-010-9644-x

Peter, J., & Valkenburg, P. M. (2016). Adolescents and pornography: A review of 20 years of research. *Journal of Sex Research, 53*(4-5), 509-531. https://doi.org/10.1080/00224499.2016.1143441

Peters, P., & den Dulk, L. (2003). Cross-cultural differences in managers' support for home-based telework: A theoretical elaboration. *International Journal of Cross-Cultural Management, 3*(3), 329-346. https://doi.org/10.1177/1470595803003003005

Peterson, R. C., & Thurstone, L. L. (1933). *Motion pictures and the social attitudes of children.* Macmillan.

Peterson, R. T. (2007). Consumer magazine advertisement portrayal of models race in the US: An assessment. *Journal of Marketing Communications, 13*(3), 199-211. https://doi.org/10.1080/13527 260601086488

Petrovic-Dzerdz, M. (2019). Gamifying online tests to promote retrieval-based learning. *The International Review of Research in Open and Distributed Learning, 20*(2), 25-42. https://doi.org/10.19173/ irrodl.v20i2.3812

Petty, R. E., Briñol, P., & Priester, J. R. (2009). Mass media attitude change: Implications of the elaboration likelihood model of persuasion. In J. Bryant & M. B. Oliver (Eds.), *Media effects: Advances in theory and research* (3rd ed., pp. 125-164). Routledge.

Petty, R. E., Briñol, P., & Tormala, Z. L. (2002). Thought confidence as a determinant of persuasion: The self-validation hypothesis. *Journal of Personality and Social Psychology, 82*(5), 722-741. https://doi.org/10.1037/0022-3514.82.5.722

Petty, R. E., & Cacioppo, J. T. (1979). Issue-involvement can increase or decrease persuasion by enhancing message-relevant cognitive responses. *Journal of Personality and Social Psychology, 37*(10), 1915-1926. https://doi.org/10.1037/0022-3514.37.10.1915

Petty, R. E., & Cacioppo, J. T. (1981). *Attitudes and persuasion: Classic and contemporary approaches.* W. C. Brown.

Petty, R. E., & Cacioppo, J. T. (1986a). *Communication and persuasion: Central and peripheral routes to attitude change.* Springer/Verlag.

Petty, R. E., & Cacioppo, J. T. (1986b). The elaboration likelihood model of persuasion. In L. Berkowitz (Ed.), *Advances in experimental social psychology* (Vol. 19, pp. 123-205). Academic Press.

Petty, R. E., Cacioppo, J. T., & Goldman, R. (1981). Personal involvement as a determinant of argument-based persuasion. *Journal of Personality and Social Psychology, 41*(5), 847-855. https://doi.org/10.1037/0022-3514.41.5.847

Petty, R. E., Cacioppo, J. T., & Haugtvedt, C. (1992). Involvement and persuasion: An appreciative look at the Sherifs' contribution to the study of self-relevance and attitude change. In D. Granberg and G. Sarup (Eds.), *Social judgment and inter-group relations: Essays in honor of MuzaferSherif* (pp. 147 -174). Springer/Verlag.

Petty, R. E., Cacioppo, J. T., & Heesacker, M. (1981). Effects of rhetorical questions on persuasion: A cognitive response analysis. *Journal of Personality and Social Psychology, 40*(3), 432-440. https://doi.org/10.1037/0022-3514.40.3.432

Petty, R. E., Fazio, R. H., & Briñol, P. (Eds.). (2008). *Attitudes: Insights from the new implicit measures.* Psychology Press.

Petty, R. E., Gleicher, F. H., & Jarvis, B. (1993). Persuasion theory and AIDS prevention. In J. B. Pryor & G. Reeder (Eds.), *The social psychology ofHIV infection* (pp. 155-182). Lawrence Erlbaum Associates.

Petty, R. E., Ostrom, T. M., & Brock, T. C. (Eds.). (1981). *Cognitive responses in persuasion.* Lawrence Erlbaum Associates.

Petty, R. E., & Priester, J. R. (1994). Mass media attitude change: Implications of the elaboration likelihood model of persuasion. In J. Bryant & D. Zillmann (Eds.), *Media effects: Advances in theory and research* (pp. 91-122). Lawrence Erlbaum Associates.

Petty, R. E., Schumann, D., Richman, S., & Strathman, A. (1993). Positive mood and persuasion: Different roles for affect under high and low elaboration conditions. *Journal of Personality and Social Psychology, 64*(1), 5-20. https://doi.org/10.1037/0022-3514.64.1.5

Petty, R. E., & Wegener, D. T. (1998). Matching versus mismatching attitude functions: Implications for the scrutiny of persuasive messages. *Personality and Social Psychology Bulletin, 24*(3), 227-240. https://doi.org/10.1177/0146167298243001

Petty, R. E., & Wegener, D. T. (1999). The elaboration likelihood model: Current status and controversies. In S. Chaiken & Y. Trope (Eds.), *Dual process theories in social psychology* (pp. 41-72). Guilford Press.

Petty, R. E., Wheeler, S. C., & Bizer, G. Y. (2000). Attitude functions and persuasion: An elaboration likelihood approach to matched versus mismatched messages. In G. R. Maio & J. M. Olson (Eds.), *Why we evaluate: Functions of attitudes* (pp. 133-162). Lawrence Erlbaum Associates.

Pew Research Center. (2015, April). *U.S. smartphone use in 2015.* https://www.pewresearch.org/internet/wp-content/uploads/sites/9/2015/03/PI_Smartphones_0401151.pdf

Pew Research Center. (2021a, April 7). *Internet/broadband fact sheet.* https://www.pewresearch.org/internet/fact-sheet/internet-broadband/#who-uses-the-internet

Pew Research Center. (2021b, April 7). *Mobile fact sheet.* https://www.pewresearch.org/internet/fact-sheet/mobile/

Pew Research Center. (2021c, April 7). *Social media fact sheet.* https://www.pewresearch.org/internet/fact-sheet/social-media/

Pfau, M., & Louden, A. (1994). Effectiveness of adwatch formats in deflecting political attack ads. *Communication Research, 21*(3), 325-341. https://doi.org/10.1177/009365094021003005

Phua, J., Jin, S. V., & Kim, J. (J.). (2017). Uses and gratifications of social networking sites for bridging and bonding social capital: A comparison of Facebook, Twitter, Instagram, and Snapchat. *Computers in Human Behavior, 72*, 115-122. https://doi.org/10.1016/j.chb.2017.02.041

Pickard, V. (2016). Media failures in the age of Trump. T*he Political Economy of Communication, 4*, 118-122.

Pierce, J. P., & Gilpin, E. A. (2001). News media coverage of smoking and health is associated with changes in population rates of smoking cessation but not initiation. *Tobacco Control, 10*(2), 145-153. https://doi.org/10.1136/tc.10.2.145

Pingree, R. J., & Stoycheff, E. (2013). Differentiating cueing from reasoning in agenda-setting effects. *Journal of Communication, 63*(5), 852-872. https://doi.org/10.1111/jcom.12051

Pingree, S. (1983). Children's cognitive processing in constructing social reality. *Journalism Quarterly, 60*(3), 415-422. https://doi.org/10.1177/107769908306000304

Pingree, S., & Hawkins, R. P. (1981). U.S. programs on Australian television: The cultivation effect. *Journal of Communication, 31*(1), 97-105. https://doi.org/10.1111/j.1460-2466.1981.tb01209.x

Pinker, S. (2011). *The better angels of our nature: Why violence has declined.* Viking.

Piotrowski, J. T. (2014). Participatory cues and program familiarity predict young children's learning from educational television. *Media Psychology, 17*(3), 311-331. https://doi.org/10.1080/15213269.2014.932288

Piotrowski, J. T., & Fikkers, K. M. (2020). Media violence and aggression. In M. B. Oliver, A. A. Raney, & J. Bryant (Eds.), *Media effects: Advances in theory and research* (4th ed., pp. 211-226). Routledge.

Piper Sandler. (2021). *Taking stock with teens.* https://piper2.bluematrix.com/docs/pdf/3bad99c6-e44a-4424-8fb1-0e3adfcbd1d4.pdf?utm_source=newsletter&utm_medium=email&utm_campaign=newsletter_axiosam&stream=top

Pitoyo, M. D. (2019). Gamification based assessment: A test anxiety reduction through game elements in Quizizz platform. *International Journal of Education & Teaching, 6*(3), 456-471. https://iojet.org/index.php/IOJET/article/view/626

Ploughman, P. (1984). *The creation of newsworthy events: An analysis of newspaper coverage of the man made disaster at Love Canal* (Unpublished doctoral dissertation). State University of New York at Buffalo.

Poe, E. A. (1902). Richard Adams Locke. In J. A. Harrison (Ed.), *The complete works of Edgar Allan Poe* (Vol. 15, pp. 126-137). Thomas Y. Crowell.

Poindexter, P. M., & Stroman, C. (1981). Blacks and television: A review of the research literature. *Journal of Broadcasting, 25*(2), 103-122. https://doi.org/10.1080/08838158109386436

Polansky, J. R., Driscoll, D., & Glantz, S. A. (2020). *Smoking in top-grossing US movies: 2019.* UCSF Center for Tobacco Control Research and Education. https://escholarship.org/uc/item/86q9w25v

Polanksy, J. R., & Glantz, S. A. (2020). *What is Hollywood hiding? How the entertainment industry downplays the danger to kids from smoking on screen.* UCSF Center for Tobacco Control Research and Education. https://escholarship.org/uc/item/3pw661mg

Poli, R. (2017). Internet addiction update: Diagnostic criteria, assessment and prevalence. *Neuropsychiatry, 7*(1), 4-8. https://doi.org/10.4172/Neuropsychiatry.1000171

Pollard, P. (1995). Pornography and sexual aggression. *Current Psychology: Developmental, Learning, Personality, Social, 14*(3), 200-221. https://doi.org/10.1007/BF02686908

Pool, I. De S. (Ed.). (1977). *The social impact of the telephone.* MIT Press.

Pornhub. (2019, December 11). *The 2019 year in review.* https://www.pornhub.com/insights/2019-year-in-review

Pornhub. (2021, April 8). *Pornhub tech review.* https://www.pornhub.com/insights/tech-review

Porpora, D. V., Nikolaev, A., & Hagemann, J. (2010). Abuse, torture, frames and the Washington Post. *Journal of Communication, 60*(2), 254-270. https://doi.org/10.1111/j.1460-2466.2010.01481.x

Postman, N. (1985). *Amusing ourselves to death.* Penguin.

Potard, C., Henry, A., Boudoukha, A.-H., Courtois, R., Laurent, A., & Lignier, B. (2019). Video game players' personality traits: An exploratory cluster approach to identifying gaming preferences. *Psychology of Popular Media, 9*(4), 499-512. https://doi.org/10.1037/ppm0000245

Potter, W. J. (1993). Cultivation theory and research: A conceptual critique. *Human Communication*

Research, 19(4), 564-601. https://doi.org/10.1111/j.1468-2958.1993.tb00313.x

Potter, W. J. (1994). Cultivation theory and research: A methodological critique. *Journalism Monographs, 147*, 1-34. https://www.aejmc.org/home/wp-content/uploads/2012/09/W.-James-Potter.Cultivation-Theory-and-Research.October-1994.pdf

Potter, W. J., & Warren, R. (1996). Considering policies to protect children from TV violence. *Journal of Communication, 46*(4), 116-138. https://doi.org/10.1111/j.1460-2466.1996.tb01509.x

Powell, J. A., Low, P., Griffiths, F. E., & Thorogood, J. (2005). A critical analysis of the literature on the internet and consumer health information. *Journal of Telemedicine and Telecare, 11* (Supplement 1), 41-43. https://doi.org/10.1258/1357633054461642

Powell, T. E., Boomgaarden, H. G., De Swert, K., & de Vreese, C. H. (2018). Video killed the news article? Comparing the multimodal framing effects in news videos and articles. *Journal of Broadcasting & Electronic Media, 62*(4), 578-596. https://doi.org/10.1080/08838151.2018.1483935

Power, J., Murphy, S., & Coover, G. (1996). Priming prejudice: How stereotypes and counter stereo-types influence attribution of responsibility and credibility among ingroups and outgroups. *Human Communication Research, 23*(1), 36-58. https://doi.org/10.1111/j.1468-2958.1996.tb00386.x

Prensky, M. (2001). *Digital game-based learning.* Paragon House.

Prescott, A. T., Sargent, J. D., & Hull, J. G. (2018). Metaanalysis of the relationship between violent video game play and physical aggression over time. *Proceedings of the National Academy of Sciences of the United States of America, 115*(40), 9882-9888. https://doi.org/10.1073/pnas.16116 17114

Preston, M. I. (1941). Children's reactions to movie horrors and radio crime. *Journal of Pediatrics, 19*, 147-168. https://doi.org/10.1016/S0022-3476(41)80059-6

Price, V., & Tewksbury, D. (1997). News values and public opinion: A theoretical account of media priming and framing. In G. A. Barnett & F. J. Boster (Eds.), *Progress in communication sciences: Advances in persuasion* (Vol. 13, pp. 173-212). Ablex.

Price, V., Tewksbury, D., & Powers, E. (1997). Switching trains of thought: The impact of news frames on readers' cognitive responses. *Communication Research, 24*(5), 481-506. https://doi.org/10.11 77/009365097024005002

Prieler, M. (2016). Gender stereotypes in Spanish-and English-language television advertisements in the United States. *Mass Communication & Society, 19*(3), 275-300. https://doi.org/10.1080/15205436. 2015.1111386

Prince, D. L., Grace, C., Linebarger, D. L., Atkinson, R., & Huffman, J. D. (2001). *Between the Lions Mississippi literacy initiative: A final report to Mississippi Educational Television.* The Early Childhood Institute, Mississippi State University.

Prior, M. (2007). *Post-broadcast democracy: How media choice increases inequality in political involvement and polarizes elections.* Cambridge University Press.

Prochaska, J. O. (1994). Strong and weak principles for progressing from precontemplation to action on the basis of twelve problem behaviors. *Health Psychology, 13*(1), 47-51. https://doi.org/10.1037//0278-6133.13.1.47

Prochaska, J. O., Redding, C. A., & Evers, K. E. (2002). The transtheoretical model and stages of change.

In K. Glanz, B. K. Rimmer, & F. M. Lewis (Eds.), *Health behavior and health education: Theory, research, and practice* (3rd ed., pp. 99-120). Jossey-Bass.

Prot, S., Anderson, C. A., Barlett, C. P., Coyne, S. M., & Saleem, M. (2017). Content effects: Violence in the media. In P. Rössler (Ed.), *International encyclopedia of media effects* (Vol. 1, pp. 257-276). Wiley-Blackwell. https://doi.org/10.1002/9781118783764.wbieme0121

Przybylski, A. K., Weinstein, N., & Murayama, K. (2017). Internet gaming disorder: Investigating the clinical relevance of a new phenomenon. *The American Journal of Psychiatry, 174*(3), 230-236. https://doi.org/10.1176/appi.ajp.2016.16020224

Pucci, L. G., Joseph, H. M., Jr., & Siegel, M. (1998). Outdoor tobacco advertising in six Boston neighborhoods: Evaluating youth exposure. *American Journal of Preventive Medicine, 15*(2), 155-159. https://doi.org/10.1016/s0749-3797(98)00034-8

Puckett, J. M., Petty, R. E., Cacioppo, J. T., & Fischer, D. L. (1983). The relative impact of age and attractiveness stereotypes on persuasion. *Journal of Gerontology, 38*(3), 340-343. https://doi.org/10.1093/geronj/38.3.340

Purvanova, R. K. (2014). Face-to-face versus virtual teams: What have we really learned? *The Psychologist-Manager Journal, 17*(1), 2-29. https://doi.org/10.1037/mgr0000009

Putnam, R. D. (2000). *Bowling alone*. Simon & Schuster.

Quackenbush, D. M., Strassberg, D. S., & Turner, C. W. (1995). Gender effects of romantic themes in erotica. *Archives of Sexual Behavior, 24*(1), 21-35. https://doi.org/10.1007/BF01541986

Quan-Haase, A., & Young, A. L. (2010). Uses and gratifications of social media: A comparison of Facebook and instant messaging. *Bulletin of Science, Technology & Society, 30*(5), 350-361. https://doi.org/10.1177/0270467610380009

Quick, B. L. (2009). The effects of viewing Grey's Anatomy on perceptions of doctors and patient satisfaction. *Journal of Broadcasting and Electronic Media, 53*(1), 38-55. https://doi.org/10.1080/08838150802643563

Quinn, D. (2019, September 2). Harry Potter books removed from Nashville school library on the advice of exorcists. *People.* https://people.com/books/harry-potter-books-removed-from-school-exorcists-advice/?fbclid=IwAR1nryWZYTLWcC4nWWf_m-QX5CgcEtGcKLIoiCwyBQUZs9s CSqiFFhh8Qzc

Rachman, S. (1966). Sexual fetishism: An experimental analogue. *Psychological Record, 16*(3), 293-296.

Rachman, S., & Hodgson, R. J. (1968). Experimentally-induced "sexual fetishism": Replication and development. *Psychological Record, 18,* 25-27. https://doi.org/10.1007/BF03393736

Rada, J. A., & Wulfemeyer, K. T. (2005). Color coded: Racial descriptors in television coverage of inter-collegiate sports. *Journal of Broadcasting & Electronic Media, 49*(1), 65-85. https://doi.org/10.1207/s15506878jobem4901_5

Radicati Group. (2019). *Email statistics report, 2019-2023.* https://www.radicati.com/wp/wp-content/uploads/2018/12/Email-Statistics-Report-2019-2023-Executive-Summary.pdf

Ragas, M. W., & Tran, H. L. (2019). Peeling back the onion: Formative agenda building in business journalism. *International Journal of Communication, 13,* 4465-4486. https://ijoc.org/index.php/ijoc/article/view/11220

Ragas, M. W., Tran, H. L., & Martin, J. A. (2014). Media-induced or search-driven? A study of online agenda-setting effects during the BP oil disaster. *Journalism Studies, 15*(1), 48-63. https://doi.org/10.1080/1461670X.2013.793509

Rainie L., & Wellman, B. (2012). *Networked: The new social operating system.* MIT Press.

Rainie, L., & Zickuhr, K. (2015, August). Americans' views on mobile etiquette. Pew Research Center.

Ramasubramanian, S. (2010). Television viewing, racial attitudes, and policy preferences: Exploring the role of social identity and intergroup emotions in influencing support for affirmative action. *Communication Monographs, 77*(1), 102-120. https://doi.org/10.1080/03637750903514300

Ramasubramanian, S. (2011). The impact of stereotypical versus counterstereotypical media exemplars on racial attitudes, causal attributions, and support for affirmative action. *Communication Research, 38*(4), 497-516. https://doi.org/10.1177/0093650210384854

Ramasubramanian, S., Winfield, A., & Riewestahl, E. (2020). Positive stereotypes and counter-stereotypes: Examining their effects on prejudice reduction and favorable intergroup relations. In A. C. Billings & S. Parrott (Eds.), *Media stereotypes: From ageism to xenophobia* (pp. 257-276). Peter Lang.

Ramsey, L. R., & Horan, A. L. (2018). Picture this: Women's self-sexualization in photos on social media. *Personality and Individual Differences, 133*, 85-90. https://doi.org/10.1016/j.paid.2017.06.022

Ran, W., & Yamamoto, M. (2019). Media multitasking, second screening, and political knowledge: Task-relevant and task-irrelevant second screening during election news consumption. *Journal of Broadcasting & Electronic Media, 63*(1), 1-19. https://doi.org/10.1080/08838151.2019.1565659

Raney, A. A., & Bryant, J. (2020). Entertainment and enjoyment as media effect. In M. B. Oliver, A. A. Raney, & J. Bryant (Eds.), *Media effects: Advances in theory and research* (4th ed., pp. 324-341). Routledge.

Raney, A. A., Oliver, M. B., & Bartsch, A. (2020). Eudaimonia as media effect. In M. B. Oliver, A. A. Raney, & J. Bryant (Eds.), *Media effects: Advances in theory and research* (4th ed., pp. 258-274). Routledge.

Ranney, A. (1983). *Channels of power.* Basic Books.

Rasmussen, E. E., Shafer, A., Colwell, M. J., White, S., Punyanunt-Carter, N., Densley, R. L., & Wright, H. (2016). Relation between active mediation, exposure to Daniel Tiger's Neighborhood, and US preschoolers' social and emotional development. *Journal of Children and Media, 10*(4), 443-461. https://doi.org/10.1080/17482798.2016.1203806

Rasmussen, K. R., Millar, D., & Trenchuk, J. (2019). Relationships and infidelity in pornography: An analysis of pornography streaming websites. *Sexuality & Culture, 23*, 571-584. https://doi.org/10.1007/s12119-018-9574-7

Rathnayake, C., & Winter, J. S. (2018). Carrying forward the uses and grats 2.0 agenda: An affordance-driven measure of social media uses and gratifications. *Journal of Broadcasting & Electronic Media, 62*(3), 371-389. https://doi.org/10.1080/08838151.2018.1451861

Ray, T. (2009, July 31). Hoover police charge two men in Facebook burglaries. *The Birmingham News.* https://www.al.com/hoover/2009/07/hoover_police_charge_two_men_i.html

Reese, S. D., & Danielian, L. H. (1989). Intermedia influence and the drug issue: Converging on cocaine. In P. J. Shoemaker (Ed.), *Communication campaigns about drugs: Government, media and the public* (pp. 29-45). Lawrence Erlbaum Associates.

Reese, S. D., & Shoemaker, P. J. (2016). A media sociology for the networked public sphere: The hierarchy of influences model. *Mass Communication and Society, 19*(4), 389-410. https://doi.org/10.1080/15205436.2016.1174268

Reid, L., & Vanden Bergh, B. (1980). Blacks in introductory ads. *Journalism Quarterly, 57*(3), 485-489. https://doi.org/10.1177/107769908005700318

Reimer, B., & Rosengren, K. E. (1990). Cultivated viewers and readers: A lifestyle perspective. In N. Signorielli & M. Morgan (Eds.), *Cultivation analysis: New directions in media effects research* (pp. 181-206). Sage.

Rhen, B. (2011, April 22). Critics target "School Shooter" video game. *Education Week*. https://www.edweek.org/leadership/critics-target-school-shooter-video-game/2011/04

Rice, M. L. (1984). The words of children's television. *Journal of Broadcasting, 28*(4), 445-461. https://doi.org/10.1080/08838158409386553

Rice, M. L., & Haight, P. L. (1986). "Motherese" of Mr. Rogers: A description of the dialogue of educational television programs. *Journal of Speech and Hearing Disorders, 51*(3), 282-287. https://doi.org/10.1044/jshd.5103.282

Rice, M. L., Huston, A. C., Truglio, R., & Wright, J. C. (1990). Words from Sesame Street: Learning vocabulary while viewing. *Developmental Psychology, 26*(3), 421-428. https://doi.org/10.1037/0012-1649.26.3.421

Rice, M. L., & Woodsmall, L. (1988). Lessons from television: Children's word learning when viewing. *Child Development, 59*(2), 420-429. https://doi.org/10.1111/j.1467-8624.1988.tb01477.x

Rice, R. E., & Atkin, C. K. (2000). *Public communication campaigns* (3rd ed.). Sage.

Rice, R. E., & Atkin, C. K. (2009). Public communication campaigns: Theoretical principles and practical applications. In J. Bryant & M. B. Oliver (Eds.), *Media effects: Advances in theory and research* (3rd ed., pp. 436-468). Routledge.

Richmond, S. (2010). Angry birds: Just what makes it so popular? *The Telegraph*. https://www.telegraph.co.uk/technology/apple/8192398/Angry-Birds-just-what-makes-it-so-popular.html

Riddle, K. (2010). Always on my mind: Exploring how frequent, recent, and vivid television portrayals are used in the formation of social reality judgments. *Media Psychology, 13*(2), 155-179. https://doi.org/10.1080/15213261003800140

Riddle, K., Cantor, J., Byrne, S., & Moyer-Gusé, E. (2012). "People killing people on the news": Young children's descriptions of frightening television news content. *Communication Quarterly, 60*(2), 278-294. https://doi.org/10.1080/01463373.2012.669340

Riddle, K., & De Simone, J. J. (2013). A Snooki effect? An exploration of the surveillance subgenre of reality TV and viewers' beliefs about the "real" real world. *Psychology of Popular Media Culture, 2*(4), 237-250. https://doi.org/10.1037/ppm0000005

Riddle, K., Peebles, A., Davis, C., Xu, F., & Schroeder, E. (2018). The addictive potential of television binge watching: Comparing intentional and unintentional binges. *Psychology of Popular Media Culture, 7*(4), 589-604. https://doi.org/10.1037/ppm0000167

Riddle, T. A., Turetsky, K. M., Bottesini, J. G., & Leach, C. W. (2020). "What's going on" in Ferguson? Online news frames of protest at the police killing of Michael Brown. *Group Processes & Intergroup Relations, 23*(6), 882-901. https://doi.org/10.1177/1368430220917752

Riordan, M. A. (2017). Emojis as tools for emotion work: Communicating affect in text messages. *Journal of Language and Social Psychology, 36*(5), 1-19. https://doi.org/10.1177/0261927X17704238

Riordan, M. A., & Trichtinger, L. A. (2017). Overconfidence at the keyboard: Confidence and accuracy in interpreting affect in e-mail exchanges. *Human Communication Research, 43*(1), 1-24. https://doi.org/10.1111/hcre.12093

Ritterfield, U., Cody, M., & Vorderer, P. (Eds). (2009). *Serious games: Mechanisms and effects.* Routledge.

Rivadeneyra, R., Ward, L. M., & Gordon, M. (2007). Distorted reflections: Media exposure and Latino adolescents' conception of self. *Media Psychology, 9*(2), 261-290. https://doi.org/10.1080/15213 260701285926

Robb, M. B., Richert, R. A., & Wartella, E. A. (2009). Just a talking book? Word learning from watching baby videos. *British Journal of Developmental Psychology, 27*(Pt 1), 27-45. https://doi.org/10. 1348/026151008x320156

Roberts, D. F., & Christenson, P. G. (2000). *"Here's looking at you, kid": Alcohol, drugs and tobacco in entertainment media.* Kaiser Family Foundation. https://www.kff.org/other/report/heres-looking-at-you-kid-alcohol-tobacco/

Roberts, D. F., Foehr, U. G., & Rideout, V. (2005). *Generation M: Media in the lives of 8-18 Yr-olds.* Kaiser Family Foundation. https://www.kff.org/other/event/generation-m-media-in-the-lives-of/

Roche, S. P., Pickett, J. T., & Gertz, M. (2016). The scary world of online news? Internet news exposure and public attitudes toward crime and justice. *Journal of Quantitative Criminology, 32*, 215-236. https://doi.org/10.1007/s10940-015-9261-x

Rockman et al. (1996). *Evaluation of Bill Nye the Science Guy: Television series and outreach.* https://resources.informalscience.org/evaluation-bill-nye-science-guy-television-series-and-outreach

Rodenhizer, K., & Edwards, K. M. (2019). The impacts of sexual media exposure on adolescent and emerging adults' dating and sexual violence attitudes and behaviors: A critical review of the literature. *Trauma, Violence, & Abuse, 20*(4), 439-452. https://doi.org/10.1177/1524838017717745

Rodriguez-Garcia, A.-M., Moreno-Guerrero, A.-J., & Belmonte, J. L. (2020). Nomophobia: An individual's growing fear of being without a smartphone—A systematic literature review. *International Journal of Environmental Research and Public Health, 17*(580), 1-19. https://doi.org/10.3390/ijerph1 7020580

Rogers, E. M. (1983). Diffusion of innovations (3rd ed.). Free Press.

Rogers, E. M. (1994). *A history of communication study: A biographical approach.* Free Press.

Rogers, E. M., & Chaffee, S. H. (Eds.). (1997). *The beginnings of communication study in America: A personal memoir by Wilbur Schramm.* Sage.

Rogers, R. W. (1975). A protection motivation theory of fear appeals and attitude change. *Journal of*

Psychology, 91(1), 93-114. https://doi.org/10.1080/00223980.1975.9915803

Rogers, R. W., & Prentice-Dunn, S. (1997). Protection motivation theory. In D. Gochman (Ed.), *Handbook of health behavior research: Personal and social determinants* (Vol. 1, pp. 113-132). Plenum.

Romer, D., Jamieson, K. H., & Aday, S. (2003). Television news and the cultivation of fear of crime. *Journal of Communication, 53*(1), 88-104. https://doi.org/10.1111/j.1460-2466.2003.tb03007.x

Roseberry, S., Hirsh-Pasek, K., & Golinkoff, R. M. (2014). Skype me! Socially contingent interactions help toddlers learn language. *Child Development, 85*(3), 956-970. https://doi.org/10.1111/cdev.12166

Rosenbaum, R. (1979, September). Gooseflesh. *Harpers.* https://harpers.org/archive/1979/09/ gooseflesh/

Rosengren, K. E., & Windahl, S. (1972). Mass media consumption as a functional alternative. In D. McQuail (Ed.), *Sociology of mass communications* (pp. 166-194). Penguin.

Rosenthal, T. L., & Zimmerman, B. J. (1978). *Social learning and cognition.* Academic.

Roskos-Ewoldsen, B., Davies, J., & Roskos-Ewoldsen, D. (2004). Implications of the mental models approach for cultivation theory. *Communications, 29*, 345-363. https://doi.org/10.1515/comm. 2004.022

Roskos-Ewoldsen, D. R. (1997). Attitude accessibility and persuasion: Review and a transactive model. In B. R. Burleson & A. W. Kunkel (Eds.), *Communication yearbook 20* (pp. 185-225). Sage.

Roskos-Ewoldsen, D. R., Klinger, M., & Roskos-Ewoldsen, B. (2007). Media priming. In R. W. Preiss, B. M. Gayle, N. Burrell, M. Allen, & J. Bryant (Eds.), *Mass media theories and processes: Advances through meta-analysis* (pp. 53-80). Lawrence Erlbaum Associates.

Roskos-Ewoldsen, D. R., Roskos-Ewoldsen, B., & Carpentier, F. D. (2009). Media priming: An updated synthesis. In J. Bryant & M. B. Oliver (Eds.), *Media effects: Advances in theory and research* (3rd ed., pp. 74-93). Routledge.

Ross, C. S., Maple, E., Siegel, M., DeJong, W., Naimi, T. S., Ostroff, J., Padon, A. A., Borzekowski, D. L., & Jernigan, D. H. (2014). The relationship between brand-specific alcohol advertising on television and brand-specific consumption among underage youth. *Alcoholism, Clinical and Experimental Research, 38*(8), 2234-2242. https://doi.org/10.1111/acer.12488

Ross, J., & Tomlinson, B. (2010). How games can redirect humanity's cognitive surplus for social good. *Computers in Entertainment, 8*(4), Article 25. https://doi.org/10.1145/1921141.1921145

Rothman, E. F., & Adhia, A. (2016). Adolescent pornography use and dating violence among a sample of primarily Black and Hispanic, urban-residing, underage youth. *Behavioral Science, 6*(1). https://doi.org/10.3390/bs6010001

Rothman, R. (2011, March). Video games take testing to the next level. Education *Digest, 76*(7), 4-8. https://eric.ed.gov/?id=EJ919044

Rounds, E. G., & Stutts, L. A. (2020). The impact of fitspiration content on body satisfaction and negative mood: An experimental study. *Psychology of Popular Media, 10*(2), 267-274. https://doi.org/ 10.1037/ppm0000288

Rousseau, A., & Eggermont, S. (2018). Television and preadolescents' objectified dating script: Consequences for self-and interpersonal objectification. *Mass Communication and Society, 21*(1),

71-93. https://doi.org/10.1080/15205436.2017.1341533

Rovio. (2019, December 3). *Annual report 2018*. Rovio Entertainment Corporation. https://investors.rovio.com/system/files/2019-12/rovio-annual-report-2018-pdf-1.pdf

Rubin, A. J. (2017, January 2). France lets workers turn off, tune out and live life. *The New York Times*. https://www.nytimes.com/2017/01/02/world/europe/france-work-email.html

Rubin, A. M. (1979). Television use by children and adolescents. *Human Communication Research*, *5*(2), 109-120. https://doi.org/10.1111/j.1468-2958.1979.tb00626.x

Rubin, A. M. (1981). An examination of television viewing motives. *Communication Research*, *8*(2), 141-165. https://doi.org/10.1177/009365028100800201

Rubin, A. M. (1984). Ritualized and instrumental television viewing. *Journal of Communication*, *34*(3), 67-77. https://doi.org/10.1111/j.1460-2466.1984.tb02174.x

Rubin, A. M. (1986). Uses, gratifications, and media effects research. In J. Bryant & D. Zillmann (Eds.), *Perspectives on media effects* (pp. 281-301). Lawrence Erlbaum Associates.

Rubin, A. M. (1994). Media effects: A uses-and-gratifications perspective. In J. Bryant & D. Zillmann (Eds.), *Media effects: Advances in theory and research* (pp. 417-436). Lawrence Erlbaum Associates.

Rubin, A. M. (2002). The uses-and-gratifications perspective of media effects. In J. Bryant & D. Zillmann (Eds.), *Media effects: Advances in theory and research* (2nd ed., pp. 525-548). Lawrence Erlbaum Associates.

Rubin, A. M. (2009). Uses-and-gratifications perspective on media effects. In J. Bryant & M. B. Oliver (Eds.), *Media effects: Advances in theory and research* (3rd ed., pp. 165-184). Routledge.

Rubin, A. M., & Perse, E. M. (1987). Audience activity and television news gratifications. *Communication Research*, *14*(1), 58-84. https://doi.org/10.1177/009365087014001004

Rubin, A. M., & Rubin, R. B. (1982). Contextual age and television use. *Human Communication Research*, *8*(3), 228-244. https://doi.org/10.1111/j.1468-2958.1982.tb00666.x

Rubin, A. M., & Step, M. M. (2000). Impact of motivation, attraction, and parasocial interaction on talk radio listening. *Journal of Broadcasting & Electronic Media*, 44(4), 635-654. https://doi.org/10.1207/s15506878jobem4404_7

Rubin, A. M., & Windahl, S. (1986). The uses and dependency model of mass communication. *Critical Studies in Mass Communication*, *3*(2), 184-199. https://doi.org/10.1080/15295039609366643

Rucker, D. D., & Petty, R. E. (2006). Increasing the effectiveness of communications to consumers: Recommendations based on the elaboration likelihood and attitude certainty perspectives. *Journal of Public Policy and Marketing*, *25*(1), 39-52. https://doi.org/10.1509/jppm.25.1.39

Ruggiero, T. E. (2000). Uses and gratifications theory in the 21st century. *Mass Communication & Society*, *3*(1), 3-27. https://doi.org/10.1207/ S15327825MCS0301_02

Rust, L. W. (2001). S*ummative evaluation of Dragon Tales: Final report*. Langbourne Rust Research. http://www.langrust.com/DragonTales%20FinalReportforDOE.htm

Ryan, E. (2010). Dora the Explorer: Empowering preschoolers, girls, and Latinas. *Journal of Broadcasting & Electronic Media*, *54*(1), 54-68. https://doi.org/10.1080/08838150903550394

Ryan, E. L., & Hoerrner, K. L. (2004). Let your conscience be your guide: Smoking and drinking in Disney's animated classics. *Mass Communication & Society, 7*(3), 261-278. https://doi.org/10.1207/s15327825mcs0703_1

Ryding, F. C., & Kay, L. K. (2018). "Internet addiction": A conceptual minefield. *International Journal of Mental Health and Addiction, 16*, 225-232. https://doi.org/10.1007/s11469-017-9811-6

Saelens, B. E., Sallids, J. F., Nader, P. R., Broyles, S. L., Berry, C. C., & Taras, H. L. (2002). Home environmental influences on children's television watching from early to middle childhood. *Journal of Developmental and Behavioral Pediatrics, 23*(3), 127-132. https://doi.org/10.1097/00004703-200206000-00001

Sahly, A., Shao., C., & Kwon, K. H. (2019). Social media for political campaigns: An examination of Trump's and Clinton's frame building and its effect on audience engagement. *Social Media + Society, 5*(2). https://doi.org/10.1177/2056305119855141

Saito, S. (2007). Television and the cultivation of gender-role attitudes in Japan: Does television contribute to the maintenance of the status quo? *Journal of Communication, 57*(3), 511-531. https://doi.org/10.1111/j.1460-2466.2007.00355.x

Salomon, G., & Leigh, T. (1984). Predispositions about learning from, print and television. *Journal of Communication, 34*(2), 119-135. https://doi.org/10.1111/j.1460-2466.1984.tb02164.x

Sánchez-Martínez, M., & Otero, A. (2009). Factors associated with cell phone use in adolescents in the community of Madrid (Spain). *Cyberpsychology and Behavior, 12*(2), 131-137. https://doi.org/10.1089/cpb.2008.0164

Sandman, P. M. (1976). Medicine and mass communication: An agenda for physicians. *Annals of Internal Medicine, 85*(3), 378-383. https://doi.org/10.7326/0003-4819-85-3-378

Sandvine. (2018, October). *The global internet phenomena report.* https://www.sandvine.com/hubfs/downloads/phenomena/2018-phenomena-report.pdf

Sapolsky, B. S., Molitor, F., & Luque, S. (2003). Sex and violence in slasher films: Re-examining the assumptions. *Journalism & Mass Communication Quarterly, 80*(1), 28-38. https://doi.org/10.1177/107769900308000103

Sapolsky, B. S., & Zillmann, D. (1978). Experience and empathy: Affective reactions to witnessing childbirth. *Journal of Social Psychology, 105*(1), 131-144. https://doi.org/10.1080/00224545.1978.9924099

Sarafino, E. P. (1986). *The fears of childhood: A guide to recognizing and reducing fearful states in children.* Human Sciences Press.

Sarge, M. A., & Knobloch-Westerwick, S. (2013). Impacts of efficacy and exemplification in an online message about weight loss on weight management self-efficacy, satisfaction, and personal importance. *Journal of Health Communication, 18*(7), 827-844. https://doi.org/10.1080/10810730.2012.757392

Sargent, J. D. (2009). Comparing the effects of entertainment media and tobacco marketing on youth smoking. *Tobacco Control, 18*(1), 47-53. https://doi.org/10.1136/tc.2008.026153

Sargent, J. D., Beach, M. L., Adachi-Mejia, A. M., Gibson, J. J., Titus-Ernstoff, L. T., Carusi, C. P., Swain,

S. D., Heatherton, T. F., & Dalton, M. A. (2005). Exposure to movie smoking: Its relation to smoking initiation among US adolescents. *Pediatrics, 116*(5), 1183-1191. https://doi.org/10.1542/peds.2005-0714

Sargent, J. D., Tanski, S., & Stoolmiller, M. (2012). Influence of motion picture rating on adolescent response to movie smoking. *Pediatrics, 130*(2), 228-236. https://doi.org/10.1542/peds.2011-1787

Sargent, J. D., Wills, T. A., Stoolmiller, M., Gibson, J., & Gibbons, F. X. (2006). Alcohol use in motion pictures and its relation with early-onset teen drinking. *Journal of Studies on Alcohol, 67*(1), 54-65. https://doi.org/10.15288/jsa.2006.67.54

Satici, S. A. (2019). Facebook addiction and subjective well-being: A study of the mediating role of shyness and loneliness. *International Journal of Mental Health and Addiction, 17*(1), 41-55. https://doi.org/10.1007/s11469-017-9862-8

Satici, S. A., & Uysal, R. (2015). Well-being and problematic Facebook use. *Computers in Human Behavior, 49*, 185-190. https://doi.org/10.1016/j.chb.2015.03.005

Savage, J. (2004). Does viewing violent media really cause criminal violence? A methodological review. *Aggression & Violent Behavior, 10*(1), 99-128.

Savage, J. (2008). The role of exposure to media violence in the etiology of violent behavior: A criminologist weighs in. *American Behavioral Scientist, 51*(8), 1123-1136.

Savage, J., & Yancey, C. (2008). The effects of media violence exposure on criminal aggression: A meta-analysis. *Criminal Justice and Behavior, 35*(6), 772-791. https://doi.org/10.1177/0093854808316487

Schachter, S., & Singer, J. (1962). Cognitive, social, and physiological determinants of emotional state. *Psychological Review, 69*(5), 379-399. https://doi.org/10.1037/h0046234

Schaefer, H. H., & Colgan, A. H. (1977). The effect of pornography on penile tumescence as a function of reinforcement and novelty. *Behavior Therapy, 8*(5), 938-946. https://doi.org/10.1016/S0005-7894(77)80163-9

Schaeffer, K. (2019, August 23). *Most U.S. teens who use cellphones do it to pass time, connect with others, learn new things*. Pew Research Center. https://www.pewresearch.org/fact-tank/2019/08/23/most-u-s-teens-who-use-cellphones-do-it-to-pass-time-connect-with-others-learn-new-things/

Schaffer, C. (2021, April 13). *The FCC received over 1,000 complaints for Grammy's "WAP" performance*. Rolling Stone. https://www.rollingstone.com/music/music-news/cardi-b-megan-thee-stallion-wap-performance-grammys-fcc-complaints-1155254/

Scharrer, E., & Blackburn, G. (2018a) Cultivating conceptions of masculinity: Television and perceptions of masculine gender role norms. *Mass Communication and Society, 21*(2), 149-177. https://doi.org/10.1080/15205436.2017.1406118

Scharrer, E., & Blackburn, G. (2018b). Is reality TV a bad girls club? Television use, docusoap reality television viewing, and the cultivation of the approval of aggression. *Journalism & Mass Communication Quarterly, 95*(1), 235-257. https://doi.org/10.1177/1077699017706482

Scheufele, D. A. (1999). Framing as a theory of media effects. *Journal of Communication, 49*(1), 103-122. https://doi.org/10.1111/j.1460-2466.1999.tb02784.x

Scheufele, D. A. (2000). Agenda-setting, priming, and framing revisited: Another look at cognitive effects of political communication. *Mass Communication & Society, 3*(2-3), 297-316. https://doi.org/10.1207/S15327825MCS0323_07

Scheufele, D. A. (2004). Framing-effects approach: A theoretical and methodological critique. *Communications, 29*, 401-428. https://doi.org/10.1515/comm.2004.29.4.401

Scheufele, D. A., Hardy, B., Brossard, D., Waismel-Manor, I. S., & Nisbet, E. C. (2006). Democracy based on difference: Examining the links between structural heterogeneity, heterogeneity of discussion networks, and democratic citizenship. *Journal of Communication, 56*(4), 728-753. https://doi.org/10.1111/j.1460-2466.2006.00317.x

Scheufele, D. A., & Nisbet, M. C. (2007). Framing. In L. L. Kaid & C. Holz-Bacha (Eds.), *Encyclopedia of political communication* (pp.254-257). Sage.

Scheufele, D. A., & Tewksbury, D. (2007). Framing, agenda setting, and priming: The evolution of three media effects models. *Journal of Communication, 57*(1), 9-20. https://doi.org/10.1111/j.0021-9916.2007.00326.x

Schlehofer, M. M., Thompson, S. C., Ting, S., Ostermann, S., Nierman, A., & Skenderian, J. (2010). Psychological predictors for college students' cell phone use while driving. *Accident Analysis & Prevention, 42*(4), 1107-1112. https://doi.org/10.1016/j.aap.2009.12.024

Schlinger, M. J., & Plummer, J. (1972). Advertising in black and white. *Journal of Marketing Research, 9*(2), 149-153. https://doi.org/10.1177/002224377200900205

Schmitt, K., & Anderson, D. R. (2002). Television and reality: Toddlers' use of information from video to guide behavior. *Media Psychology, 4*(1), 51-76. https://doi.org/10.1207/S1532785XMEP0401_03

Schneider, D. E. (2018). Unstructured personal use in the classroom and college student learning: A literature review. *Community College Enterprise, 24*(2), 10-20. https://home.schoolcraft.edu/cce/24.2.10-20.pdf

Scholastic Productions banks on bestsellers. (1997, July). *Broadcasting & Cable, 127*(31), 48.

Scholl, R. M., Pingree, R. J., Gotlieb, M. R., Veenstra, A. S., & Shah, D. V. (2016). Here's what you'll learn from this news story: Prior framing and learning reasons from news. *Electronic News, 10*(2), 71-86. https://doi.org/10.1177/1931243116650348

Schramm, W. (1954). How communication works. In W. Schramm (Ed.), *The processes and effects of mass communication* (pp.3-26). University of Illinois Press.

Schramm, W. (1961). Untitled [Review of the book The Effects of Mass Communication, by J. T. Klapper]. *The Public Opinion Quarterly, 25*(2), 321-324. http://www.jstor.org/stable/2746716

Schramm, W. (1997). Carl Hovland: Experiments, attitudes, and communication. In S. H. Chaffee & E. M. Rogers (Eds.), *The beginnings of communication study in America: A personal memoir by Wilbur Schramm* (pp.87-105). Sage.

Schramm, W., Lyle, J., & Parker, E. P. (1961). *Television in the lives of our children.* Stanford University Press.

Schug, J., Alt, N. P., Lu, P. S., Gosin, M., & Fay, J. L. (2017). Gendered race in mass media: Invisibility of Asian men and Black women in popular magazines. *Psychology of Popular Media Culture, 6*(3),

222-236. https://doi.org/10.1037/ppm0000096

Schultze-Krumbholz, A., Schultze, M., Zagorscak, P., Wölfer, R., & Scheithauer, H. (2016). Feeling cybervictims' pain—The effect of empathy training on cyberbullying. *Aggressive Behavior, 42*(2), 147-156. https://doi.org/10.1002/ab.21613

Schwalbe, C. B. (2013). Visually framing the invasion and occupation of Iraq in TIME, Newsweek, and U.S. News & World Report. *International Journal of Communication,* 7, 239-262. https://ijoc.org/index.php/ijoc/article/view/924/852

Schwalbe, C. B., Silcock, B. W., & Keith, S. (2008). Visual framing of the early weeks of the U.S.-led invasion of Iraq: Applying the master war narrative to electronic and print images. *Journal of Broadcasting & Electronic Media, 52*(3), 448-465. https://doi.org/10.1080/08838150802205702

Schwartz, A. B. (2015). *Broadcast hysteria: Orson Welles's War of the Worlds and the art of fake news.* Hill and Wang.

Schwartz, L. M., & Woloshin, S. (2019). Medical marketing in the United States, 1997-2016. JAMA, 321(1), 80-96. https://doi.org/10.1001/jama.2018.19320

Schwarz, N. (2015). Metacognition. In M. Mikulincer, P. R. Shaver, E. Borgida, & J. A. Bargh (Eds.), *APA handbooks in psychology. APA handbook of personality and social psychology, Vol. 1.* Attitudes and social cognition (pp. 203-229). American Psychological Association. https://doi.org/10.1037/14341-006

Sconce, J. (2000). *Haunted media: Electronic presence from telegraphy to television.* Duke University Press.

Scopelliti, M., Pacilli, M. G., & Aquino, A. (2021). TV news and COVID-19: Media influence on healthy behavior in public spaces. *International Journal of Environmental Research and Public Health, 18*(4), Article 1879. https://doi.org/10.3390/ijerph18041879

Scott, D. (1995). The effect of video games on feelings of aggression. *Journal of Psychology, 129,* 121-132. https://doi.org/10.1080/00223980.1995.9914952

Seabrook, E. M., Kern, M. L., & Rickard, N. S. (2016). Social networking sites, depression, and anxiety: A systematic review. *JMIR Mental Health, 3*(4), e50. https://doi.org/10.2196/mental.5842

Searles, K., & Smith, G. (2016). Who's the boss? Setting the agenda in a fragmented media environment. *International Journal of Communication, 10*(22), 2075-2095. https://ijoc.org/index.php/ijoc/article/view/4839

Seggar, J. F., Hafen, J., & Hannonen-Gladden, H. (1981). Television's portrayals of minorities and women in drama and comedy drama, 1971-1980. *Journal of Broadcasting, 25*(3), 277-288. https://doi.org/10.1080/08838158109386451

Selman, R. L., & Byrne, D. (1974). A structural analysis of levels of role-taking in middle childhood. *Child Development, 45,* 803-806.

Shadel, W. G., Martino, S. C., Setodji, C. M., Scharf, D. M., Kusuke, D., Sicker, A., & Gong, M. (2016). Hiding the tobacco power wall reduces cigarette smoking risk in adolescents: Using an experimental convenience store to assess tobacco regulatory options at retail point-of-sale. *Tobacco Control, 25*(6), 679-684. https://doi.org/10.1136/tobaccocontrol-2015-052529

Shafer, E. (2021, June 14). Lin-Manuel Miranda addresses lack of Afro-Latino representation in "In the

Heights": "We fell short." *Variety.* https://variety.com/2021/film/news/lin-manuel-miranda-in-the-heights-afro-latino-representation-1234996523/?fbclid=IwAR0Db2JnX0S7RTp33jC_GcCVxbZtrG8 H6yFzh28BMaAT72PzcGjpusFpq5E

Shah, D. V., McLeod, D. M., Kim, E., Lee, S-Y., Gotlieb, M. R., Ho, S., & Brevik, H. (2007). Political consumerism: How communication practices and consumption orientations drive "lifestyle politics." *The ANNALS of the American Academy of Political and Social Science, 611*(1), 217-235. https://doi.org/10.1177/0002716206298714

Shambare, R., Rugimbana, R., & Zhowa, T. (2012). Are mobile phones the 21st century addiction? *African Journal of Business Management, 6*(2), 573-577. https://10.5897/ajbm11.1940

Shanahan, J., & Morgan, M. (1999). *Television and its viewers: Cultivation theory and research.* Cambridge University Press.

Shannon, C., & Weaver, W. (1949). *The mathematical theory of communication.* University of Illinois Press.

Shapiro, J. S. (1999). Loneliness: Paradox or artifact? *American Psychologies, 54*(9), 782-783. https://doi.org/10.1037/0003-066X.54.9.782

Shaw, D., & McCombs, M. (Eds.) (1977). *The emergence of American political issues: The agenda setting function of the press.* West.

Shaw, D. L, & Weaver, D. H. (2014). Media agenda-setting and audience agenda-melding. In M. McCombs (Ed.), *Setting the agenda: The mass media and public opinion* (2nd ed., pp. 145-150). Polity Press.

Shearer, E. (2018, December 10). *Social media outpaces print newspapers in the U.S. as a news source.* Pew Research Center. https://www.pewresearch.org/fact-tank/2018/12/10/social-media-outpaces-print-newspapers-in-the-u-s-as-a-news-source/

Shearer, E., & Mitchell, A. (2021, May 7). *Broad agreement in U.S.-even among partisans-on which news outlets are part of the "mainstream media."* Pew Research Center. https://www.pewresearch.org/fact-tank/2021/05/07/broad-agreement-in-u-s-even-among-partisans-on-which-news-outlets-are-part-of-the-mainstream-media/

Shehata, A., & Strömbäck, J. (2013). Not (yet) a new era of minimal effects: A study of agenda setting at the aggregate and individual levels. *The International Journal of Press/Politics, 18*(2), 234-255. https://doi.org/10.1177/1940161212473831

Sheldon, P. (2008). Student favorite: Facebook and motives for its use. *Southwestern Mass Communication Journal*, Spring Issue, 39-53.

Sheldon, P., & Bryant K. (2016). Instagram: Motives for its use and relationship to narcissism and contextual age. *Computers in Human Behavior, 58*, 89-87. https://doi.org/10.1016/j.chb.2015.12.059

Shen, F. (2004). Effects of news frames and schemas on individuals' issue interpretations and attitudes. *Journalism & Mass Communication Quarterly, 81*, 400-416. https://doi.org/10.1177/107769900 40810021

Shepard, W. J. (1909). Public opinion. *The American Journal of Sociology, 15*(1), 32-60. https://www.

jstor.org/stable/2762619#metadata_info_tab_contents

Sherif, C. W., Sherif, M., & Nebergall, R. E. (1965). *Attitude and attitude change: The social judgment-involvement approach*. W. B. Saunders.

Sherif, M. (1967). *Social interaction: Processes and products*. Aldine.

Sherlock, M., & Wagstaff, D. L. (2019). Exploring the relationship between frequency of Instagram use, exposure to idealized images, and psychological well-being in women. *Psychology of Popular Media Culture, 8*(4), 482-490. https://doi.org/10.1037/ppm0000182

Sherman, B. L., & Dominick, J. R., (1986). Violence and sex in music videos: TV and rock 'n' roll. *Journal of Communication, 36*(1), 79-93. https://doi.org/10.1111/j.1460-2466.1986.tb03040.x

Sherry, J. L. (2001). The effects of violent video games on aggression: A meta-analysis. *Human Communication Research, 27*(3), 409-431. https://doi.org/10.1093/hcr/27.3.409

Sherry, J. L. (2004). Flow and media enjoyment. *Communication Theory, 14*(4), 328-347. https://doi.org/10.1111/j.1468-2885.2004.tb00318.x

Shih, C.-H. (2011). A standing location detector enabling people with developmental disabilities to control environmental stimulation through simple physical activities with Nintendo Wii balance boards. *Research in Developmental Disabilities, 32*(2), 699-704. https://doi.org/10.1016/j.ridd.2010.11.011

Shin, J., & Thorson, K. (2017). Partisan selective sharing: The biased diffusion of fact-checking messages on social media. *Journal of Communication, 67*(2), 233-255. https://doi.org/10.1111/jcom.12284

Shoemaker, P. J., & Reese, S. (1991). *Mediating the message: Theories of influence on mass media content*. Longman.

Shoemaker, P. J., & Reese, S. D. (1996). *Mediating the message* (2nd ed.). Longman.

Shoemaker, P. J., Wanta, W., & Leggett, D. (1989). Drug coverage and public opinion, 1972-1986. In P. Shoemaker (Ed.), *Communication campaigns about drugs: Government, media and the public* (pp. 67-80). Lawrence Erlbaum Associates.

Shor, E., & Golriz, G. (2019). Gender, race, and aggression in mainstream pornography. *Archives of Sexual Behavior, 48*(3), 739-751. https://doi.org/10.1007/s10508-018-1304-6

Shor, E., & Seida, K. (2019). "Harder and harder"? Is mainstream pornography becoming increasingly violent & do viewers prefer violent content? *Journal of Sex Research, 56*(1), 16-28. https://doi.org/10.1080/00224499.2018.1451476

Shor, E., & Seida, K. (2021). *Aggression in pornography: Myths and realities*. Routledge.

Shropshire, A. M., Brent-Hotchkiss, R., & Andrews, U. K. (2013). Mass media campaign impacts influenza vaccine obtainment of university students. *Journal of American College Health, 61*(8), 435-443. https://doi.org/10.1080/07448481.2013.830619

Shrum, L. J. (1995). Assessing the social influence of television: A social cognition perspective on cultivation effects. *Communication Research, 22*(4), 402-429. https://doi.org/10.1177/009365095022004002

Shrum, L. J. (1997). The role of source confusion in cultivation effects may depend on processing strategy: A comment on Mares (1996). *Human Communication Research, 24*(2), 349-358. https://

doi.org/10.1111/j.1468-2958.1997.tb00418.x

Shrum, L. J. (1999). The relationship of television viewing with attitude strength and extremity: Implications for the cultivation effect. *Media Psychology, 1*(1), 3-25. https://doi.org/10.1207/s1532785xmep0101_2

Shrum, L. J. (2001). Processing strategy moderates the cultivation effect. *Human Communication Research, 27*(1), 94-120. https://doi.org/10.1093/hcr/27.1.94

Shrum, L. J. (2002). Media consumption and perceptions of social reality: Effects and underlying processes. In J. Bryant & D. Zillmann (Eds.), *Media effects: Advances in theory and research* (2nd ed., pp.69-96). Lawrence Erlbaum Associates.

Shrum, L. J. (2004). The cognitive processes underlying cultivation effects are a function of whether the judgments are on-line or memory-based. *Communications, 29*(3), 327-344. https://doi.org/10.1515/comm.2004.021

Shrum, L. J. (2007). The implications of survey method for measuring cultivation effects. *Human Communication Research, 33*(1), 64-80. https://doi.org/10.1111/j.1468-2958.2007.00289.x

Shrum, L. J. (2009). Media consumption and perceptions of social reality: Effects and underlying process. In J. Bryant & M. B. Oliver (Eds.), *Media effects: Advances in theory and research* (3rd ed., pp.50-73). Routledge.

Shrum, L. J. (2017). Cultivation theory: Effects and underlying processes. In P. Rössler (Ed.), *International encyclopedia of media effects* (Vol.1, pp.295-306). Wiley-Blackwell. https://doi.org/10.1002/9781118783764.wbieme0040

Shrum, L. J., Burroughs, J. E., & Rindfleisch, A. (2005). Television's cultivation of material values. *Journal of Consumer Research, 32*(3), 473-479. https://doi.org/10.1086/497559

Shrum, L. J., Lee, J., Burroughs, J. E., Rindfleisch, A. (2011). An online process model of second-order cultivation effects: How television cultivates materialism and its consequences for life satisfaction. *Human Communication Research, 37*(1), 34-57. https://doi.org/10.1111/j.1468-2958.2010.01392.x

Shrum, L. J., Wyer, R. S., & O'Guinn, T. C. (1998). The effects of television consumption on social perceptions: The use of priming procedures to investigate psychological processes. *Journal of Consumer Research, 24*(4), 447-458. https://doi.org/10.1086/209520

Siegel, M., Johnson, R. M., Tyagi, K., Power, K., Lohsen, M. C., Ayers, A. J., & Jernigan, D. H. (2013). Alcohol brand references in U.S. popular music, 2009-2011. *Substance Use & Misuse, 48*(14), 1475-1484. https://doi.org/10.3109/10826084.2013.793716

Sifferlin, A. (2014, August 18). Here's how the ALS ice bucket challenge actually started. *TIME.* https://time.com/3136507/als-ice-bucket-challenge-started/

Signorielli, N. (1990). Television's mean and dangerous world: A continuation of the cultural indicators perspective. In N. Signorielli & M. Morgan (Eds.), *Cultivation analysis: New directions in media effects research* (pp.85-106). Sage.

Signorielli, N., & Bacue, A. (1999). Recognition and respect: A content analysis of primetime television characters across three decades. *Sex Roles, 40*(7-8), 527-544. https://doi.org/10.1023/A:1018883912900

Signorielli, N., & Morgan, M. (1996). Cultivation analysis: Research and practice. In M. B. Salwen & D. W. Stacks (Eds.), *An integrated approach to communication theory and research* (pp. 111-126). Lawrence Erlbaum Associates.

Sigurdsson, J. F., Gudjonsson, G. H., Bragason, A. V., Kirstjansdottir, E., & Sigfusdottir, I. D. (2006). The role of violent cognition in the relationship between personality and the involvement in violent films and computer games. *Personality and Individual Differences, 41*(2), 381-392. https://doi.org/10.1016/j.paid.2006.02.006

Silverman, A. (2020, August 21). *Indy 500 represents rare sports marketing opportunity for vaping brands.* Morning Consult. https://morningconsult.com/2020/08/21/indy-500-represents-rare-sports-marketing-opportunity-for-vaping-brands/#:~:text=While%20leagues%20such%20as%20the,to%20promote%20e%20cigarette%20brands

Silverman, C. (2016, November 16). *This analysis shows how viral fake election news stories outperformed real news on Facebook.* BuzzFeed News. https://www.buzzfeednews.com/article/craigsilverman/viral-fake-election-news-outperformed-real-news-on-facebook

Silverman, C., & Singer-Vine, J. (2016, December 6). *Most Americans who see fake news believe it, new survey says.* BuzzFeed News. https://www.buzzfeednews.com/article/craigsilverman/fake-news-survey

Simon, A., & Jerit, J. (2007). Toward a theory relating political discourse, media, and public opinion. *Journal of Communication, 57*(2), 254-271. https://doi.org/10.1111/j.1460-2466.2007.00342.x

Simons, D., & Silveira, W. R. (1994). Post-traumatic stress disorder in children after television programmes. *British Medical Journal, 308*(6925), 389-390. https://doi.org/10.1136/bmj.308.6925.389

Simonson, P., & Park, D. W. (2015a). Introduction: On the history of communication study. In P. Simonson & D. W. Park (Eds.), *The international history of communication study* (pp. 1-22). Routledge.

Simonson, P., & Park, D. W. (Eds.). (2015b). *The international history of communication study.* Routledge

Simpson, J. K. (2017). Appeal to fear in health care: Appropriate or inappropriate? *Chiropractic & Manual Therapies, 25*, Article 27. https://doi.org/10.1186/s12998-017-0157-8

Singer, J. L. (1975). *Daydreaming and fantasy.* Allen & Unwin.

Singer, J. L., & Singer, D. G. (1983). Implications of childhood television viewing for cognition, imagination, and emotion. In J. Bryant & D. R. Anderson (Eds.), *Children's understanding of television: Research on attention and comprehension* (pp. 265-295). Academic.

Singer, J. L., & Singer, D. G. (1994). *Barney and Friends as education and entertainment: Phase 2—Can children learn through preschool exposure to Barney and Friends?* Yale University Family Television Research and Consultation Center.

Singer, J. L., & Singer, D. G. (1995). *Barney and Friends as education and entertainment: Phase 3—A national study: Can children learn through preschool exposure to Barney and Friends?* Yale University Family Television Research and Consultation Center.

Singer, J. L., & Singer, D. G. (1998). *Barney and Friends* as entertainment and education: Evaluating the quality and effectiveness of television series for preschool children. In J. K. Asamen & G. L. Berry (Eds.), *Research paradigms, television, and social behavior* (pp. 305-367). Sage.

Singer, M. I., Slovak, K., Frierson, T., & York, P. (1998). Viewing preferences, symptoms of psychological trauma, and violent behaviors among children who watch television. *Journal of the American Academy of Child and Adolescent Psychiatry, 37*(10), 1041-1048. https://doi.org/10.1097/00004583-199810000-00014

Singhal, A., & Rogers, E. M. (1989). Pro-social television for development in India. In R. E. Rice & C. K. Atkin (Eds.), *Public communication campaigns* (pp. 331-350). Sage.

Sink, A., & Mastro, D. (2017). Depictions of gender on primetime television: A quantitative content analysis. *Mass Communication & Society, 20*(1), 3-22. https://doi.org/10.1080/15205436.2016.1212243

Sintchak, G., & Geer, J. (1975). A vaginal plethysymograph system. *Psychophysiology, 12*(1), 113-115. https://doi.org/10.1111/j.1469-8986.1975.tb03074.x

Skovholt, K., Grønning, A. & Kankaanranta, A. (2014). The Communicative Functions of Emoticons in Workplace E-Mails: :-). *Journal of Computer-Mediated Communication, 19*(4), 780-797.

Slater, M. D. (1999). Integrating application of media effects, persuasion, and behavior change theories to communication campaigns: A stages-of-change framework. *Health Communication, 11*, 335-354.

Slater, M. D. (2007). Reinforcing spirals: The mutual influence of media selectivity and media effects and their impact on individual behavior and social identity. *Communication Theory, 17*(3), 281-303. https://doi.org/10.1111/j.1468-2885.2007.00296.x

Slater, M. D. (2017). Reinforcing spirals model. In P. Rössler (Ed.), *International encyclopedia of media effects* (Vol. 4, pp. 1709-1721). Wiley-Blackwell. https://doi.org/10.1002/9781118783764.wbieme0118

Slater, M. D., Henry, K. L., Swaim, R. C., & Anderson, L. L. (2003). Violent media content and aggressiveness in adolescents: A downward spiral model. *Communication Research, 30*(4), 713-736. https://doi.org/10.1207/S15327027HC1104_2

Slater, M. D., Henry, K. L., Swaim, R. C., & Cardador, J. M. (2004). Vulnerable teens, vulnerable times: How sensation seeking, alienation, and victimization moderate the violent media content-aggressiveness relation. *Communication Research, 31*(6), 642-668. https://doi.org/10.1177/0093650204269265

Sloan, W. D. (1998). The partisan press, 1783-1833. In W. D. Sloan (Ed.), *The age of mass communication* (pp. 119-146). Vision Press.

Smith, A. (2014, November 3). *Cell phones, social media and campaign 2014.* Pew Research Center. https://www.pewresearch.org/internet/2014/11/03/cell-phones-social-media-and-campaign-2014/

Smith, A., & Grant, A. (2020). *Differences in how Democrats and Republicans behave on Twitter.* Pew Research Center. https://www.pewresearch.org/politics/wp-content/uploads/sites/4/2020/10/PDL_10.15.20.twitter.dems_.reps_.fullreport.pdf

Smith, B. L., Lasswell, H. D., & Casey, R. D. (1946). *Propaganda, communication, and public opinion: A comprehensive reference guide.* Princeton University Press.

Smith, J. (1986). A description of New England. In P. O. Barbour (Ed.), *The complete works of Captain John Smith* (Vol. 1, pp. 323-361). The University of North Carolina Press. (Original work published 1616)

Smith, L. A., & Foxcroft, D. R. (2009). The effect of alcohol advertising, marketing and portrayal on drinking behaviour in young people: Systematic review of prospective cohort studies. *BMC Public Health, 9,* Article 51. https://doi.org/10.1186/1471-2458-9-51

Smith, L. W., Liu, B., Degenhardt, L., Richters, J., Patton, G., Wand, H., Cross, D., Hocking, J. S., Skinner, S. R., Cooper, S., Lumby, C., Kaldor, J. M., & Guy, R. (2016). Is sexual content in new media linked to sexual risk behaviour in young people? A systematic review and meta-analysis. *Sexual Health, 13*(6), 501-515. https://doi.org/10.1071/SH16037

Smith, S. L., Choueiti, M., & Pieper, K. (2016). *Inequality in 800 popular films: Examining portrayals of gender, race/ethnicity, LGBT, and disability from 2007-2015.* USC Annenberg School for Communication and Journalism. https://annenberg.usc.edu/sites/default/files/2017/04/10/MDSCI_Inequality_in_800_Films_FINAL.pdf

Smith, S. L., Choueiti, M., & Pieper, K. (2020). *Inequality in 1,300 popular films: Examining portrayals of gender, race/ethnicity, LGBTQ & disability from 2007 to 2019.* USC Annenberg Inclusion Initiative. https://assets.uscannenberg.org/docs/aii-inequality_1300_popular_films_09-08-2020.pdf

Smith, S. L., Choueiti, M., Prescott, A., & Pieper, K. (2012). *Gender roles & occupations: A look at character attributes and job-related aspirations in film and television.* Geena Davis Institute on Gender in Media. https://seejane.org/wp-content/uploads/full-study-gender-roles-and-occupations-v2.pdf

Smith, S. L., & Cook, C. A. (2008). *Gender stereotypes: An analysis of popular films and TV.* Geena Davis Institute on Gender in Media. https://seejane.org/wp-content/uploads/GDIGM_Gender_Stereotypes.pdf

Smith, S. L., & Granados, A. D. (2009). Content patterns and effects surrounding sex-role stereotyping on television and film. In J. Bryant & M. B. Oliver (Eds.), *Media effects: Advances in theory and research* (3rd ed., pp. 342-361). Routledge.

Smith, S. L., Pieper, K. M., Granados, A., & Choueiti, M. (2010). Assessing gender-related portrayals in top-grossing G-rated films. *Sex Roles, 62,* 774-786. https://doi.org/10.1007/s11199-009-9736-z

Snider, M. (2019, July 28). Teens rule at $30 million Fortnite World Cup, game gets a season 10 teaser. *USA Today.* https://www.usatoday.com/story/tech/gaming/2019/07/28/fortnite-world-cup-teens-win-millions-video-game-competi-tion/1853236001/

Snow, D. A., & Benford, R. D. (1992). Master frames and cycles of protest. In A. D. Morris & C. McClurg Mueller (Eds.), *Frontiers in social movement theory* (pp. 133-155). Yale University Press.

Snyder, L. B., Anderson, K., & Young, D. (1989, May). *AIDS communication, risk, knowledge and behavior change: A preliminary investigation in Connecticut* [Paper presentation]. International Communication Association Conference, San Francisco, CA, United States.

Snyder, L. B., Hamilton, M. A., Mitchell, E. W., Kiwanuka-Tondo, J., Fleming-Milici, F., & Proctor, D. (2004). A meta-analysis of the effect of mediated health communication campaigns on behavior change in the United States. *Journal of Health Communication, 9* (Suppl 1), 71-96. https://doi.org/10.1080/10810730490271548

Soh, J. O. B., & Tan, B. C. Y. (2008). *Mobile gaming. Communications of the ACM, 51*(3), 35-39. https://doi.org/10.1145/1325555.1325563

Soley, L. (1983). The effect of black models on magazine ad readership. *Journalism Quarterly, 60*(4), 686-690. https://doi.org/10.1177/ 107769908306000415

Song, K. (2021, November 5). "Encanto" star John Leguizamo on why the film is so important: "I never thought I'd see this in my lifetime." Variety. https://variety.com/2021/scene/news/john-leguizamo-on-why-encanto-is-so-important-1235105235/?fbclid=IwAR2d_52knSA4tgECygbxx-3w9Pr8dOYq2 YsFNP2MtziaDdfh WoaNZOXDcKI

Song, Y., & Gao, J. (2020). Does telework stress employees out? A study on working at home and subjective well-being for wage/salary workers. *Journal of Happiness Studies, 21*, 2649-2668. https://doi.org/10.1007/s10902-019-00196-6

Soomro, K. A., Zai, S. A. Y., & Hina, Q. A. (2019). Investigating the impact of university students' smartphone addiction on their satisfaction with classroom connectedness. *Education and Information Technologies, 24*, 3523-3535. https://doi.org/10.1007/s10639-019-09947-7

Sorokowski, P., Sorokowska, A., Oleszkiewicz, A., Frackowiak, T., Huk, A, & Pisanski, K. (2015). Selfie posting behaviors are associated with narcissism among men. *Personality and Individual Differences, 85*, 123-127. https://doi.org/10.1016/j.paid.2015.05.004

Sotirovic, M. (2003). How individuals explain social problems: The influences of media use. *Journal of Communication, 53*(1), 122-137. https://doi.org/10.1111/j.1460-2466.2003.tb03009.x

Sparks, D. A., Coughlin, L. M., & Chase, D. M. (2011). Did too much Wii cause your patient's injury? *The Journal of Family Practice, 60*(7), 404-409.

Sparks, G. G. (1986). Developmental differences in children's reports of fear induced by mass media. *Child Study Journal, 16*(1), 55-66.

Sparks, G. G., & Cantor, J. (1986). Developmental differences in fright responses to a television programme depicting a character transformation. *Journal of Broadcasting & Electronic Media, 30*(3), 309-323. https://doi.org/10.1080/08838158609386626

Sparks, G. G., Sherry, J., & Lubsen, G. (2005). The appeal of media violence in a full-length motion picture: An experimental investigation. *Communication Reports, 18*(1-2), 21-30. https://doi.org/10.1080/08934210500084198

Sparks, G. G., & Sparks, C. W. (2002). Effects of media violence. In J. Bryant & D. Zillmann (Eds.), *Media effects: Advances in theory and research* (2nd ed., pp. 269-285). Lawrence Erlbaum Associates.

Sparks, G. G., Sparks, C. W., & Sparks, E. A. (2009). Media violence. In J. Bryant & M. B. Oliver (Eds.), *Media effects: Advances in theory and research* (3rd ed., pp. 269-286). Routledge.

Speer, I. (2017). Reframing the Iraq war: Official sources, dramatic events, and changes in media framing. *Journal of Communication, 67*(2), 282-302. https://doi.org/10.1111/jcom.12289

Spradlin, A., Cuttler, C., Bunce, J. P., & Carrier, L. M. (2017). #Connected: Facebook may facilitate face-to-face relationships for introverts. *Psychology of Popular Media Culture, 8*(1), 34-80.

https://doi.org/10.1037/ppm0000162

Stack, S. (2005). Suicide in the media: A quantitative review of studies based on non-fictional stories. *Suicide & Life-Threatening Behavior, 35*(2), 121-133. https://doi.org/10.1521/suli.35.2.121.62877

Stanmore, E., Stubbs, B., Vancampfort, D., de Bruin, E. D., & Firth, J. (2017). The effect of active video games on cognitive functioning in clinical and non-clinical populations: A meta-analysis of randomized controlled trials. *Neuroscience and Biobehavioral Reviews, 78*, 34-43. https://doi.org/10.1016/j.neubiorev.2017.04.011

Stein, J.-P., Krause, E., & Ohler, P. (2021). Every (Insta)gram counts? Applying cultivation theory to explore the effects of Instagram on young users' body image. *Psychology of Popular Media, 10*(1), 87-97. https://doi.org/10.1037/ppm0000268

Steinfield, C., Ellison, N. B., & Lampe, C. (2008). Social capital, self-esteem, and use of online social network sites: A longitudinal analysis. *Journal of Applied Developmental Psychology, 29*(6), 434-445. https://doi.org/10.1016/j.appdev.2008.07.002

Stempel, G. (1971). Visibility of blacks in news and news-picture magazines. *Journalism Quarterly, 48*(2), 337-339.

Stephenson, W. (1967). *The play theory of mass communication.* University of Chicago Press.

Stern, S., Livian, G., & Smith, R. E. (2020). A network perspective on intermedia agenda-setting. *Applied Network Science, 5*(31), Article 31. https://doi.org/10.1007/s41109-020-00272-4

Stern, S., & Mastro, D. E. (2004). Gender portrayals across the life span: A content analysis look at broadcast commercials. *Mass Communication & Society, 7*(2), 215-236. https://doi.org/10.1207/s15327825mcs0702_5

Stevens, E. M., & Garrett, K. P. (2016). Girls and sex: A content analysis of sexual health depictions in HBO's Girls. *Sexuality & Culture, 20*, 923-935. https://doi.org/10.1007/s12119-016-9365-y

Stever, G. S. (2017). Evolutionary theory and reactions to mass media: Understanding parasocial attachment. *Psychology of Popular Media Culture, 6*(2), 95-102. https://doi.org/10.1037/ppm0000116

Stieger, S. (2019). Facebook usage and life satisfaction. *Frontiers in Psychology, 10*, Article 2711. https://doi.org/10.3389/fpsyg.2019.02711

Stopera, D. (2020, February 19). *For everyone who's still scarred for life by the one scene in "Final Destination."* BuzzFeed. https://www.buzzfeed.com/daves4/wood-truck-final-destination

Stouffer, S. A. (1942). A sociologist looks at communications research. In D. Waples (Ed.), *Print, radio, and film in a democracy: Ten papers on the administration of mass communications in the public interest—Read before the Sixth Annual Institute of the Graduate Library School, The University of Chicago—August 4-9, 194*1 (pp. 133-146). University of Chicago Press.

Stoycheff, E., Pingree, R. J., Peifer, J. T., & Sui, M. (2018). Agenda cuing effects of news and social media. *Media Psychology, 21*(2), 182-201. https://doi.org/10.1080/15213269.2017.1311214

Strasburger, V., & Wilson, B. (2014). Television violence: 60 years of research. In D. Gentile (Ed.) *Media violence and children: A complete guide for parents and professionals* (2nd ed, pp. 134-178). Praeger.

Strasburger, V. C., Wilson, B. J., & Jordan, A. B. (2009). *Children, adolescents, and the media* (2nd ed.). Sage.

Strizhakova, Y., & Krcmar, M. (2003, May). *Do we have access to our viewing motives? Assumptions in and extensions of uses and gratifications* [Paper presentation]. International Communication Association, San Diego, CA, United States.

Stroud, N. J. (2010). Polarization and partisan selective exposure. *Journal of Communication, 60*(3), 556-576. https://doi.org/10.1111/j.1460-2466.2010.01497.x

Strouse, G. A., & Ganea, P. A. (2017a). Parent-toddler behavior and language differ when reading electronic and print picture books. *Frontiers in Psychology, 8,* Article 677. https://doi.org/10.3389/fpsyg.2017.00677

Strouse, G. A., & Ganea, P. A. (2017b). Toddlers' word learning and transfer from electronic and print books. *Journal of Experimental Child Psychology, 156,* 129-142. https://doi.org/10.1016/j.jecp.2016.12.001

Stryker, J. E. (2003). Media and marijuana: A longitudinal analysis of news media effects on adolescents' marijuana use and related outcomes, 1977-1999. *Journal of Health Communication, 8*(4), 305-328. https://doi.org/10.1080/10810730305724

Subervi-Vélez, F. A., & Necochea, J. (1990). Television viewing and self-concept among Hispanic children—A pilot study. *Howard Journal of Communications, 2*(3), 315-329. https://doi.org/10.1080/10646179009359723

Sujon, Z., Viney, L., & Toker-Turnalar, E. (2018). Domesticating Facebook: The shift from compulsive connection to personal service platform. *Social Media + Society, 4*(4). https://doi.org/10.1177/2056305118803895

Suler, J. (2004). The online disinhibition effect. *Cyber-Psychology & Behavior, 7*(3), 321-326. https://doi.org/10.1089/1094931041291295

Sullivan, C. (2003). What's in a name? Definitions and conceptualizations of teleworking and homeworking. *New Technology, Work & Employment, 18*(3), 158-165. https://doi.org/10.1111/1468-005X.00118

Sullivan, M. (2020, April 13). What it really means when Trump calls a story "fake news." *The Washington Post.* https://www.washingtonpost.com/lifestyle/media/what-it-really-means-when-trump-calls-a-story-fake-news/2020/04/13/56fbe2c0-7d8c-11ea-9040-68981f488eed_story.html

Sun, S., Rubin, A. M., & Haridakis, P. M. (2008). The role of motivation and media involvement in explaining internet dependency. *Journal of Broadcasting & Electronic Media, 52*(3), 408-431. https://doi.org/10.1080/08838150802205595

Sun, Y., Zhang, Y., Gwizdka, J., & Trace, C. B. (2019). Consumer evaluation of the quality of online health information: Systematic literature review of relevant criteria and indicators. *Journal of Medical Internet Research, 21*(5), Article e12522. https://doi.org/10.2196/12522

Sundar, S. S. (2008). The MAIN model: A heuristic approach to understanding technology effects on credibility. In M. J. Metzger & A. J. Flanagin (Eds.), *Digital media, youth, and credibility* (pp. 73-100). The MIT Press. https://www.issuelab.org/resources/875/875.pdf

Sundar, S. S., & Limperos, A. M. (2013). Uses and grats 2.0: New gratifications for new media. *Journal of Broadcasting & Electronic Media, 57*(4), 504-525. https://doi.org/10.1080/08838151.2013.845827

Sundar, S. S., & Oh, J. (2020) Psychologiccal effects of interactive media technologies: A human-computer interaction (HCI) perspective. In M. B. Oliver, A. A. Raney, & J. Bryant (Eds.), *Media effects: Advances in theory and research* (4th ed., pp. 357-372). Routledge.

Sung, Y. H., Kang, E. Y., Lee, W.-N. (2018). Why do we indulge? Exploring motivations for binge watching. *Journal of Broadcasting & Electronic Media, 62*(3), 408-426. https://doi.org/10.1080/08838151.2018.1451851

Sutton, S. R. (1982). Fear-arousing communication: A critical examination of theory and research. In J. R. Eiser (Ed.), *Social psychology and behavioral medicine* (pp. 303-337). John Wiley.

Swanson, D. L. (1977). The uses and misuses of uses and gratifications. *Human Communication Research, 3*(3), 214-221. https://doi.org/10.1111/j.1468-2958.1977.tb00519.x

Swanson, D. L. (1979). Political communication research and the uses and gratifications model: A critique. *Communication Research, 6*(1), 37-53. https://doi.org/10.1177/009365027900600103

Swasy, J. L., & Munch, J. M. (1985). Examining the target of receiver elaborations: Rhetorical question effects on source processing and persuasion. *Journal of Consumer Research, 11*(4), 877-886. https://doi.org/10.1086/209023

Taber, C. S., Cann, D., & Kucsova, S. (2009). The motivated processing of political arguments. *Political Behavior, 31*(2), 137-155. https://doi.org/10.1007/s11109-008-9075-8

Taber, C. S., & Lodge, M. (2006). Motivated skepticism in the evaluation of political beliefs. *American Journal of Political Science, 50*(3), 755-769. https://doi.org/10.1111/j.1540-5907.2006.00214.x

Takacs, Z. K., Swart, E. K., & Bus, A. G. (2015). Benefits and pitfalls of multimedia and interactive features in technology-enhanced storybooks: A meta-analysis. *Review of Educational Research, 85*(4), 698-739. https://doi.org/10.3102/0034654314566989

Takeshita, T., & Mikami, S. (1995). How did mass media influence the voters' choice in the 1993 general election in Japan? *Keio Communication Review, 17*, 27-41.

Tamborini, R., & Weaver, J. B., III. (1996). Frightening entertainment: A historical perspective of fictional horror. In J. B. Weaver III & R. Tamborini (Eds.), *Horror films: Current research on audience preferences and reactions* (pp. 1-13). Lawrence Erlbaum Associates.

Tamborini, R., Zillmann, D., & Bryant, J. (1984). Fear and victimization: Exposure to television and perceptions of crime and fear. In R. N. Bostrum (Ed.), *Communication yearbook 8* (pp. 492-513). Sage.

Tan, A., Fujioka, Y., & Tan, G. (2000). Television use, stereotypes of African Americans and opinions on affirmative action: An effective model of policy reasoning. *Communication Monographs, 67*(4), 362-371. https://doi.org/10.1080/03637750009376517

Tandoc, E. C., Jr., Lim, Z. W., & Ling, R. (2018). Defining "fake news": A typology of scholarly definitions. *Digital Journalism, 6*(2), 137-153. https://doi.org/10.1080/21670811.2017.1360143

Tannebaum, M. (2018). College students' use of technology to communicate with romantic partners about sexual health issues. *Journal of American College Health, 66*(5), 393-400. https://doi.org/10.1080/

07448481.2018.1440585

Tannenbaum, M. B., Hepler, J., Zimmerman, R. S., Saul, L., Jacobs, S., Wilson, K., & Albarracín, D. (2015). Appealing to fear: A meta-analysis of fear appeal effectiveness and theories. *Psychological Bulletin, 141*(6), 1178-1204. https://doi.org/10.1037/a0039729

Tannenbaum, P. H., & Zillmann, D. (1975). Emotional arousal in the facilitation of aggression through communication. In L. Berkowitz (Ed.), *Advances in experimental social psychology* (Vol. 8, pp. 149 -192). Academic Press.

Taylor, C., & Stern, B. (1997). Asian-Americans: Television advertising and the "model minority" stereotype. *Journal of Advertising, 26*(2), 47-61. https://doi.org/10.1080/00913367.1997.10673522

Taylor, C. B., Winzelberg, A., & Celio, A. (2001). Use of interactive media to prevent eating disorders. In R. Striegel-Moor & L. Smolak (Eds.), *Eating disorders: New direction for research and practice* (pp. 255-270). APA.

Taylor, L. D. (2005). Effects of visual and verbal sexual television content and perceived realism on attitudes and beliefs. *The Journal of Sex Research, 42*(2), 130-137. https://doi.org/10.1080/00224 490509552266

Taylor, L. D., Alexopoulos, C., & Ghaznavi, J. (2016). Touchy subjects: Sex in the workplace on broadcast, cable, and internet television. *Sex Roles: A Journal of Research, 75*(9-10), 476-489. https://doi.org/10.1007/s11199-016-0642-x

Taylor, M., & Gunby, K. (2016). Moving beyond the sound bite: Complicating the relationship between negative television news framing and in-depth reporting on activism. *Sociological Forum, 31*(3), 577-598. https://doi.org/10.1111/socf.12264

Teevan, J. J., & Hartnagel, T. F. (1976). The effect of television violence on the perception of crime by adolescents. *Sociology and Social Research, 60*, 337-348.

Tefertiller, A., & Sheehan, K. (2019). TV in the streaming age: Motivations, behaviors, and satisfaction of post-network television. *Journal of Broadcasting & Electronic Media, 63*(4), 595-616. https:// doi.org/10.1080/08838151.2019.1698233

Terlecki, M., Brown, J., Harner-Steciw, L., Irvin-Hannum, J., Marchetto-Ryan, N., Ruhl, L., & Wiggins, J. (2011). Sex differences and similarities in video game experience, preferences, and self-efficacy: Implications for the gaming industry. *Current Psychology, 30*, 22-33. https://doi.org/10.1007/ s12144-010-9095-5

Tewksbury, D. (2020). Accessibility-applicability model. In J. Van den Bulck (Ed.), *The international encyclopedia of media psychology.* Wiley. https://doi.org/10.1002/9781119011071.iemp0231

Tewksbury, D., Jones, J., Peske, M., Raymond, A., & Vig, W. (2000). The interaction of news and advocate frames: Manipulating audience perceptions of a local public policy issue. *Journalism & Mass Communication Quarterly, 77*(4), 804-829. https://doi.org/10.1177/1077699000077004

Tewksbury, D., & Riles, J. M. (2018). Framing in an interactive news environment. In P. D'Angelo (Ed.), *Doing news framing analysis II: Empirical and theoretical perspectives* (2nd ed., pp. 137-162). Routledge.

Tewksbury, D., & Rittenburg, J. (2012). *News on the internet: Information and citizenship in the 21st century*. Oxford University Press.

Tewksbury, D., & Scheufele, D. A. (2009). News framing theory and research. In J. Bryant & M. B. Oliver (Eds.), *Media effects: Advances in theory and research* (3rd ed., pp. 17-33). Routledge.

Tewksbury, D., & Scheufele, D. A. (2020). News framing theory and research. In M. B. Oliver, A. A. Raney, & J. Bryant (Eds.), *Media effects: Advances in theory and research* (4th ed., pp. 51-68). Routledge.

Thayer, J. F., & Levenson, R. W. (1983). Effects of music on psychophysiological responses to a stressful film. *Psychomusicology: A Journal of Research in Music Cognition, 3*(1), 44-52. https://doi.org/10.1037/h0094256

The Effect of Television Violence on Children: What Policymakers Need to Know: Subcommittee on Telecommunications and the Internet, 108th Cong. (2004). (Testimony of Ronald M. Davis). https://www.govinfo.gov/content/pkg/CHRG-108hhrg96095/html/CHRG-108hhrg96095.htm

The Magic School Bus TV Project. (1997, March). *The Magic School Bus* research findings: Executive summary. https://www.osti.gov/servlets/purl/451251

Thomas, M. H., Horton, R. W., Lippincott, E. C., & Drabman, R. S. (1977). Desensitization to portrayals of real-life aggression as a function of exposure to television violence. *Journal of Personality and Social Psychology, 35*(6), 450-458. https://doi.org/10.1037/0022-3514.35.6.450

Thompson, D., & Filik, R. (2016). Sarcasm in written communication: Emoticons are efficient markers of intention. *Journal of Computer-Mediated Communication, 21*(2), 105-120. https://doi.org/10.1111/jcc4.12156

Thompson, K. M., & Yokota, E. (2001). Depiction of alcohol, tobacco, and other substances in G-rated animated films. *Pediatrics, 107*(6), 1369-1374. https://doi.org/10.1542/peds.107.6.1369

Thompson, S. (1998). Origins of advertising, 1600-1833. In W. D. Sloan (Ed.), *The age of mass communication* (pp. 81-95). Vision Press.

Thompson, S., & Bryant, J. (2000, June). *Debunking the media effects gospel: A reexamination of media effects research history and directions for researchers of the twenty-first century* [Paper presentation]. International Communication Association 50th Annual Conference, Acapulco, Mexico.

Thomson, S., Kluftinger, E., & Wentland, J. (2018). Are you fluent in sexual emoji? Exploring the use of emoji in romantic and sexual contexts. *The Canadian Journal of Human Sexuality, 27*(3), 226-234. https://doi.org/10.3138/cjhs.2018-0020

Thorson, E. (2016). Belief echoes: The persistent effects of corrected misinformation. P*olitical Communication, 33*(3), 460-480. https://doi.org/10.1080/10584609.2015.1102187

Tichenor, P. J., Donohue, G. A., & Olien, C. N. (1970). Mass media flow and differential growth of knowledge. *Public Opinion Quarterly, 34*(2), 159-170. https://doi.org/10.1086/267786

Tiggemann, M., & Zaccardo, M. (2015). "Exercise to be fit, not skinny": The effect of fitspiration imagery on women's body image. *Body Image, 15*, 61-67. https://doi.org/10.1016/j.bodyim.2015.06.003

Timmermans, E., Coenen, L., & Van den Bulck, J. (2019). The Bridget Jones effect: The relationship between exposure to romantic media contents and fear of being single among emerging adults.

Psychology of Popular Media Culture, 8(2), 159-169. https://doi.org/10.1037/ppm0000175

Timmermans, E., & Van den Bulck, J. (2018). Casual sexual scripts on the screen: A quantitative content analysis. *Archives of Sexual Behavior, 47*(5), 1481-1496. https://doi.org/10.1007/s10508-018-1147-1

Tito, G. (2011a, February). Inside the sick mind of a School Shooter mod. The Escapist. https://www.escapistmagazine.com/news/view/108065-inside-the-sick-mind-of-a-school-shooter-mod

Tito, G. (2011b, March). ModDB shuts down School Shooter mod. The Escapist. http://www.escapistmagazine.com/news/view/108695-moddb-shuts-down-school-shooter-mod

Tiu, M., McCarthy, B., & Li, L. (2015). *OddSquad: Learning math with PBS KIDS transmedia content at school and home: A report to the CPB-PBS ReadytoLearnInitiative.* WestEd. https://www.wested.org/wp-content/uploads/2016/11/1459805907resourceoddsquadlearningmathwithpbskidstransmediacontentatschoolandhome-3.pdf

Tokunaga, R. S., Wright, P. J., & Roskos, J. E. (2019). Pornography and impersonal sex. *Human Communication Research, 45*(1), 78-118. https://doi.org/10.1093/hcr/hqy014

Tormala, Z. L., Briñol, P., & Petty, R. E. (2006). When credibility attacks: The reverse impact of source credibility on persuasion. *Journal of Experimental Social Psychology, 42*(5), 684-691. https://doi.org/10.1016/j.jesp.2005.10.005

Towbin, M. A., Haddock, S. A., Zimmerman, T. S., Lund, L., & Tanner, L. R. (2003). Images of gender, race, age, and sexual orientation in Disney feature-length animated films. *Journal of Feminist Family Therapy: An International Forum, 15*(4), 19-44. https://doi.org/10.1300/J086v15n04_02

Towner, T., & Muñoz, C. L. (2020). Instagramming issues: Agenda setting during the 2016 presidential campaign. *Social Media + Society, 6*(3). https://doi.org/10.1177/2056305120940803

Tromholt, M. (2016). The Facebook experiment: Quitting Facebook leads to higher levels of well-being. *Cyberpsychology, Behavior, and Social Networking, 19*(11), 661-666. https://doi.org/10.1089/cyber.2016.0259

Troseth, G. L. (2003). Getting a clear picture: Young children's understanding of a televised image. *Developmental Science, 6*(3), 247-253. https://doi.org/10.1111/1467-7687.00280

Troseth, G. L. & DeLoache, D. S. (1998). The medium can obscure the message: Young children's understanding of video. *Child Development, 69*(4), 950-965. https://doi.org/10.2307/1132355

Trussler, M., & Soroka, S. (2014). Consumer demand for cynical and negative news frames. *The International Journal of Press/Politics, 19*(3), 360-379. https://doi.org/10.1177/1940161214524832

Truth Initiative (2017, February 6). *What do tobacco advertising restrictions look like today?* https://truthinitiative.org/research-resources/tobacco-industry-marketing/what-do-tobacco-advertising-restrictions-look-today

Truth Initiative. (2019). *While you were streaming: Smoking on demand.* https://truthinitiative.org/research-resources/tobacco-pop-culture/while-you-were-streaming-smoking-demand

Tsay-Vogel, M., Shanahan, J., & Signorielli, N. (2018). Social media cultivating perceptions of privacy: A 5-year analysis of privacy attitudes and self-disclosure behaviors among Facebook users. *New Media & Society, 20*(1), 141-161. https://doi.org/10.1177/1461444816660731

Tseng-Putterman, M. (2018, August 23). One way that Crazy Rich Asians is a step backward. *The Atlantic*. https://www.theatlantic.com/entertainment/archive/2018/08/asian-americas-great-gatsby-moment/568213/

Tsfati, Y., & Nir, L. (2017). Frames and reasoning: Two pathways from selective exposure to affective polarization. *International Journal of Communication, 11*(22), 301-322.

Tsfati, Y., Stroud, N. J., & Chotiner, A. (2014). Exposure to ideological news and perceived opinion climate: Testing the media effects component of spiral-of-silence in a fragmented media landscape. *The International Journal of Press/Politics, 19*(1), 3-23. https://doi.org/10.1177/ 1940161213508206

Tsfati, Y., & Walter, N. (2020). The world of news and politics. In M. B. Oliver, A. A. Raney, & J. Bryant (Eds.), *Media effects: Advances in theory and research* (4th ed., pp. 36-50). Routledge.

Tuchman, G. (1978). *Making news: A study in the construction of reality*. Free Press.

Tudor, A. (1989). *Monsters and mad scientists: A cultural history of the horror movie*. Blackwell.

Tukachinsky, R., Mastro, D., & Yarchi, M. (2015). Documenting portrayals of race/ethnicity on primetime television over a 20-year span and their association with national-level racial/ethnic attitudes. *Journal of Social Issues, 71*(1), 17-38. https://doi.org/10.1111/josi.12094

Tukachinsky, R., Mastro, D., & Yarchi, M. (2017). The effect of prime time television ethnic/racial stereotypes on Latino and Black Americans: A longitudinal national level study. *Journal of Broadcasting & Electronic Media, 61*(3), 538-556. https://doi.org/10.1080/08838151.2017.1344669

Turcotte, J., York, C., Irving, J., Scholl, R. M., & Pingree, R. J. (2015). News recommendations from social media opinion leaders: Effects on media trust and information seeking. *Journal of Computer-Mediated Communication, 20*(5), 520-535. https://doi.org/10.1111/jcc4.12127

Turner, C., & Berkowitz, L. (1972). Identification with film aggressor (covert role taking) and reactions to film violence. Journal of Personality and Social Psychology, 21(2), 256-264. https://doi.org/10.1037/h0032267

Turner, J. S. (2011). Sex and the spectacle of music videos: An examination of the portrayal of race and sexuality in music videos. *Sex Roles: A Journal of Research, 64*, 173-191. https://doi.org/ 10.1007/s11199-010-9766-6

Twenge, J. M., Martin, G. N., & Spitzberg, B. H. (2019). Trends in U.S. adolescents' media use, 1976-2016: The rise of digital media, the decline of TV, and the (near) demise of print. *Psychology of Popular Media, 8*(4), 329-345. https://doi.org/10.1037/ppm0000203

Tyler, T. R. (1980). The impact of directly and indirectly experienced events: The origin of crime-related judgments and behaviors. *Journal of Personality and Social Psychology, 39*(1), 13-28. https://doi.org/10.1037/0022-3514.39.1.13

Tyler, T. R. (1984). Assessing the risk of crime victimization and socially-transmitted information. *Journal of Social Issues, 40*(1), 27-38. https://doi.org/10.1111/j.1540-4560.1984.tb01080.x

Tyler, T. R., & Cook, F. L. (1984). The mass media and judgments of risk: Distinguishing impact on personal and societal level judgments. *Journal of Personality and Social Psychology, 47*(4), 693-708. https://doi.org/10.1037/0022-3514.47.4.693

Ugwu, R. (2020, September 9). The hashtag that changed the Oscars: An oral history. *The New York Times*. https://www.nytimes.com/2020/02/06/movies/oscarssowhite-history.html

Uhlmann, E., & Swanson, J. (2004). Exposure to violent video games increases automatic aggressiveness. *Journal of Adolescence, 27*(1), 41-52. https://doi.org/10.1016/j.adolescence.2003.10.004

U.S. Department of Commerce. (1993). We the Americans: Blacks. https://www.census.gov/prod/cen1990/wepeople/we-1.pdf

U.S. Department of Health and Human Services. (1994). *Preventing tobacco use among young people: Report of the Surgeon General*. https://www.cdc.gov/mmwr/pdf/rr/rr4304.pdf

U.S. Department of Health and Human Services. (2012). *Preventing tobacco use among youth and young adults: A report from the Surgeon General*. https://www.ncbi.nlm.nih.gov/books/NBK99237/

U.S. Food and Drug Administration. (2021, March 9). *Cigarette labeling and health warning requirements*. https://www.fda.gov/tobacco-products/labeling-and-warning-statements-tobacco-products/cigarette-labeling-and-health-warning-requirements

U.S. Surgeon General's Scientific Advisory Committee on Television and Social Behavior. (1971). *Television and growing up: The impact of televised violence* (DHEW publication No. HSM 72-9086). https://www.ojp.gov/pdffiles1/Digitization/147171NCJRS.pdf

Ustjanauskas, A. E., Harris, J. L., & Schwartz, M. B. (2014). Food and beverage advertising on children's web sites. *Pediatric Obesity, 9*(5), 362-372. https://doi.org/10.1111/j.2047-6310.2013.00185.x

Vaghettie, C. A. O., Monteiro-Junior, R. S., Finco, M. D., Reategui, E., & Silva da Costa Botelho, S. (2018). Exergames experience in physical education: A review, Physical Culture and Sport. *Studies and Research, 78*(1), 23-32. https://doi.org/10.2478/pcssr-2018-0010

Valentino, N. A. (1999). Crime news and the priming of racial attitudes during evaluations of the president. *Public Opinion Quarterly, 63*(3), 293-320. https://doi.org/10.1086/297722

Valentino, N. A., Beckmann, M. N., & Buhr, T. A. (2001). A spiral of cynicism for some: The contingent effects of campaign news frames on participation and confidence in government. *Political Communication, 18*(4), 347-367. https://doi.org/10.1080/10584600152647083

Valentino, N. A., Neuner, F. G., & Vandenbroek, L. M. (2018). The changing norms of racial political rhetoric and the end of racial priming. *The Journal of Politics, 80*(3), 757-771. https://doi.org/10.1086/694845

Valenzuela, S., Park, N., & Kee, K. F. (2009). Is there social capital in a social network site?: Facebook use and college students' life satisfaction, trust, and participation. *Journal of Computer-Mediated Communication, 14*(4), 875-901. https://doi.org/10.1111/j.1083-6101.2009.01474.x

Valenzuela, S., Puente, S., & Flores, P. M. (2017). Comparing disaster news on Twitter and television: An intermedia agenda setting perspective. *Journal of Broadcasting & Electronic Media, 61*(4), 615-637. https://doi.org/10.1080/08838151.2017.1344673

Valkenburg, P. M. (2017). Understanding self-effects in social media. *Human Communication Research, 43*(4), 477-490. https://doi.org/10.1111/hcre.12113

Valkenburg, P. M., Cantor, J., & Peeters, A. L. (2000). Fright reactions to television: A child survey. *Communication Research, 27*(1), 82-97. https://doi.org/10.1177/009365000027001004

Valkenburg, P. M., & Oliver, M. B. (2020) Media effects theories: An Overview. In M. B. Oliver, A. A. Raney, & J. Bryant (Eds.), *Media effects: Advances in theory and research* (4th ed., pp. 16-33).

Valkenburg, P. M., & Peter, J. (2013). The differential susceptibility to media effects model. *Journal of Communication, 62*(2), 221-243. https://doi.org/10.1111/jcom.12024

Valkenburg, P. M., Peter, J., & Walther, J. B. (2016). Media effects: Theory and research. *Annual Review of Psychology, 67*, 315-338.

Valkenburg, P. M., & Piotrowski, J. T. (2017). *Plugged in: How media attract and affect youth*. Yale University Press.

Vandenbosch, L., & van Oosten, J. M. F. (2017). The relationship between online pornography and the sexual objectification of women: The attenuating role of porn literacy education. *Journal of Communication, 67*(6), 1015-1036. https://doi.org/10.1111/jcom.12341

Van den Bulck, J. (2004). Media use and dreaming: The relationship among television viewing, computer game play, and nightmares or pleasant dreams. *Dreaming, 14*(1), 43-49. https://doi.org/10.1037/1053-0797.14.1.43

Van den Bulck, J., Çetin, Y., Terzi, Ö., & Bushman, B. J. (2016). Violence, sex, and dreams: Violent and sexual media content infiltrate our dreams at night. *Dreaming, 26*(4), 271-279. https://doi.org/10.1037/drm0000036

Van Dijk, T. A., & Kintsch, W. (1983). *Strategies of discourse comprehension*. Academic Press.

van Doorn, B. W. (2015). Pre-and post-welfare reform media portrayals of poverty in the United States: The continuing importance of race and ethnicity. *Politics & Policy, 43*(1), 142-162. https://doi.org/10.1111/polp.12107

Van Duyn, E., & Collier, J. (2018). Priming and fake news: The effects of elite discourse on evaluations of news media. *Mass Communication and Society, 22*, 29-48. https://doi.org/10.1080/15205436.2018.1511807

Van Gorp, B. (2007). The constructionist approach to framing: Bringing culture back in. *Journal of Communication, 57*(1), 60-78. https://doi.org/10.1111/j.1460-2466.2006.00329.x

Van Laethem, M., van Vianen, A. E. M., & Derks, D. (2018). Daily fluctuations in smartphone use, psychological detachment, and work engagement: The role of workplace telepressure. *Frontiers in Psychology, 9*, Article 1808. https://doi.org/10.3389/fpsyg.2018.01808

Vanman, E. J., Baker, R., & Tobin, S. J. (2018). The burden of online friends: The effects of giving up Facebook on stress and well-being. *The Journal of Social Psychology, 158*(4), 496-507. https://doi.org/10.1080/00224545.2018.1453467

van Oosten, J. M., Peter, J., & Boot, I. (2015). Exploring associations between exposure to sexy online self-presentations and adolescents' sexual attitudes and behavior. *Journal of Youth and Adolescence, 44*(5), 1078-1091. https://doi.org/10.1007/s10964-014-0194-8

van Rooij, A. J., & Prause, N. (2014). A critical review of "internet addiction" criteria with suggestions for the future. *Journal of Behavioral Addictions, 3*(4), 203-213. https://doi.org/10.1556/JBA.3.2014.4.1

Vargo, C. J. (2018). Fifty years of agenda-setting research: New directions and challenges for the theory.

The Agenda Setting Journal, 2(2), 105-123. https://doi.org/10.1075/asj.18023.var

Vargo, C. J., Basilaia, E., & Shaw, D. L. (2015). Event versus issue: Twitter reflections of major news: A case study. In S. Cotton & L. Robinson (Eds.), *Studies in media and communications, vol. 9: Communication and information technologies annual* (pp. 215-239). Emerald Group. https://doi.org/10.1108/S2050-206020150000009009

Vargo, C. J., & Guo, L. (2017). Networks, big data, and intermedia agenda setting: An analysis of traditional, partisan, and emerging online U.S. news. *Journalism & Mass Communication Quarterly, 94*(4), 1031-1055. https://doi.org/10.1177/1077699016679976

Vargo, C. J., Guo, L., McCombs, M., & Shaw, D. L. (2014). Network issue agendas on Twittter during the 2012 U.S. presidential election. *Journal of Communication, 64*(2), 296-316. https://doi.org/10.1111/jcom.12089

Vega, R. P., Anderson, A. J., & Kaplan, S. A. (2015). A within-person examination of the effects of telework. *Journal of Business and Psychology, 30*(2), 313-323. https://doi.org/10.1007/s10869-014-9359-4

Velasquez, A., & LaRose, R. (2015). Social media for social change: Social media political efficacy and activism in student activist groups. *Journal of Broadcasting & Electronic Media, 59*(3), 456-474. https://doi.org/10.1080/08838151.2015.1054998

Velasquez, A., & Quenette, A. M. (2018). Facilitating social meidanad of fline political enagagement during electoral cycles: Using social cognitive theory to explain political action among Hispanics and Latinos. *Mass Communication and Society, 21*(6), 763-784. https://doi.org/10.1080/15205436.2018.1484489

Velten, E. (1968). A laboratory task for the induction of mood states. *Behavior Research and Therapy, 6*(4), 473-482. https://doi.org/10.1016/0005-7967(68)90028-4

Verto Analytics. (2018). *Consumer behavior in 2018: Three trends to watch.* https://insights.vertoanalytics.com/Verto-Report-Trend-Forecast-2018.pdf

Vilela, A. M., & Nelson, M. R. (2016). Testing the selectivity hypothesis in cause-related marketing among Generation Y: [When] does gender matter for short-and long-term persuasion? *Journal of Marketing Communications, 22*(1), 18-35. https://doi.org/10.1080/13527266.2013.841272

Vogel, E. A., Rose, J. P., Roberts, L. R., & Eckles, K. (2014). Social comparison, social media, and self-esteem. *Psychology of Popular Media Culture, 3*(4), 206-222. https://doi.org/10.1037/ppm0000047

Vogel, J. J., Vogel, D. S., Cannon-Bowers, J., Bowers, C. A., Muse, K., & Wright, M. (2006). Computer gaming and interactive simulations for learning: A meta-analysis. *Journal of Educational Computing Research, 34*(3), 229-243. https://doi.org/10.2190/FLHV-K4WA-WPVQ-H0YM

von Salisch, M., Vogelgesang, J., Kristen, A., & Oppl, C. (2011). Preference for violent electronic games and aggressive behavior among children: The beginning of the downward spiral? *Media Psychology, 14*(3), 233-258. https://doi.org/10.1080/15213269.2011.596468

Vorderer, P. (2001). It's all entertainment—sure. But what exactly is entertainment? Communication research, media psychology, and the explanation of entertainment experiences. *Poetics, 29*(4-5),

247-261. https://doi.org/10.1016/S0304-422X(01)00037-7

Vorderer, P., & Bryant, J. (Eds.) (2006). *Playing video games: Motives, responses, and consequences*. Lawrence Erlbaum Associates.

Vorderer, P., & Hartmann, T. (2009). Entertainment and enjoyment as media effects. In J. Bryant & M. B. Oliver (Eds.), *Media effects: Advances in theory and research* (3rd ed., pp. 532-550). Routledge

Vorderer, P., Hefner, D., Reinecke, L., & Klimmt, C. (Eds.). (2018). *Permanently online, permanently connected: Living and communicating in a POPC world*. Routledge.

Vorderer, P., Park, D. W., & Lutz, S. (2020). A history of media effects research traditions. In M. B. Oli-ver, A. A. Raney, & J. Bryant (Eds.), *Media effects: Advances in theory and research* (4th ed., pp. 1-15). Routledge.

Wagner, S. (1985). *Comprehensive evaluation of the fourth season of 3-2-1 Contact*. Children's Television Workshop.

Wakefield, M. A., Loken, B., & Hornik, R. C. (2010). Use of mass media campaigns to change health behaviour. *Lancet, 376*(9748), 1261-1271. https://doi.org/10.1016/S0140-6736(10)60809-4

Walden, J. A. (2016). Integrating social media into the workplace: A study of shifting technology use repertoires. *Journal of Broadcasting & Electronic Media, 60*(2), 347-363. https://doi.org/10.1080/08838151.2016.1164163

Wall, W. D., & Simson, W. A. (1950). The emotional responses of adolescent groups to certain films. *British Journal of Educational Psychology, 20*(3), 153-163. https://doi.org/10.1111/j.2044-8279.1950.tb01653.x

Wallack, L. (1989). Mass communication and health promotion: A critical perspective. In R. E. Rice & C. K. Atkin (Eds.), *Public communication campaigns* (2nd ed., pp. 353-367). Sage.

Walma van der Molen, J. H., & Bushman, B. J. (2008). Children's direct fright and worry reactions to violence in fiction and news television programs. *The Journal of Pediatrics, 153*(3), 420-424. https://doi.org/10.1016/j.jpeds.2008.03.036

Walsh-Childers, K. (1994a). Newspaper influence on health policy development: A case study investigation. *Newspaper Research Journal, 15*(3), 89-104. https://doi.org/10.1177/073953299401500308

Walsh-Childers, K. (1994b). "A death in the family": A case study of newspaper influence on health policy development. *Journalism Quarterly, 71*(4), 820-829. https://doi.org/10.1177/107769909407100406

Walsh-Childers, K., & Brown, J. D. (2009). Effects of media on personal and public health. In J. Bryant & M. B. Oliver (Eds.), *Media effects: Advances in theory and research* (3rd ed., pp. 469-489). Routledge.

Walt Disney Company. (2015). Smoking in movies. https://thewaltdisneycompany.com/app/uploads/Smoking-in-Movies.pdf

Walter, N., Cody, M. J., Xu, L. Z., & Murphy, S. T. (2018). A priest, a rabbi, and a minister walk into a bar: A meta-analysis of humor effects on persuasion. *Human Communication Research, 44*(4), 343-373. https://doi.org/10.1093/hcr/hqy005

Wang, T. L. (2000). Agenda-setting online: An experiment testing the effects of hyperlinks in online newspapers. *Southwestern Mass Communication Journal*, 15(2), 59-70.

Wang, T. W., Neff, L. J., Park-Lee, E., Ren, C., Cullen, K. A., & King, B. A. (2020). E-cigarette use among middle and high school students—United States, 2020. *Morbidity and Mortality Weekly Report*, 69(37), 1310-1312. http://doi.org/10.15585/mmwr.mm6937e1

Wang, Y., Monteiro, C., & Popkin, B. M. (2002). Trends of overweight and underweight in children and adolescents in the United States, Brazil, China, and Russia. *American Journal of Clinical Nutrition*, 75(6), 971-977. https://doi.org/10.1093/ajcn/75.6.971

Wanta, W. (1988). The effects of dominant photographs: An agenda-setting experiment. *Journalism Quarterly*, 65(1), 107-111. https://doi.org/10.1177/107769908806500114

Wanta, W., & Alkazemi, M. F. (2017). Agenda-setting: History and research tradition. In P. Rössler (Ed.), *International encyclopedia of media effects* (Vol. 1, pp. 12-25). Wiley-Blackwell. https://doi.org/10.1002/9781118783764.wbieme0030

Wanta, W., & Foote, J. (1994). The president-news media relationship: A time series analysis of agenda-setting. *Journal of Broadcasting & Electronic Media*, 38(4), 437-449. https://doi.org/10.1080/08838159409364277

Wanta, W., & Ghanem, S. (2000). Effects of agenda-setting. In J. Bryant & R. Carveth (Eds.), *Meta-analyses of media effects*. Lawrence Erlbaum Associates.

Wanta, W., Stephenson, M. A., Turk, J. V., & McCombs, M. E. (1989). How president's state of the union talk influenced news media agendas. *Journalism Quarterly*, 66(3), 537-541. https://doi.org/10.1177/107769908906600301

Waples, D. (1942a). Communications. *The American Journal of Sociology*, 47(6), 907-917. http://www.jstor.org/stable/2770096

Waples, D. (Ed.). (1942b). *Print, radio, and film in a democracy*. University of Chicago Press.

Waples, D., Berelson, B., & Bradshaw, F. R. (1940). *What reading does to people: A summary of evidence on the social effects of reading and a statement of problems for research*. University of Chicago Press.

Wartella, E. (1996). The history reconsidered. In E. E. Dennis & E. Wartella (Eds.), *American communication research—The remembered history* (pp. 169-180). Lawrence Erlbaum Associates.

Watt, J. G., Jr., & van den Berg, S. A. (1978). Time series analysis of alternative media effects theories. In R. D. Ruben (Ed.), *Communication yearbook 2* (pp. 215-224). Transaction Books.

Wawrzuta, D., Jaworski, M., Gotlib, J., & Panczyk, M. (2021). Characteristics of antivaccine messages on social media: Systematic review. *Journal of Medical Internet Research*, 23(6), Article e24564. https://doi.org/10.2196/24564

Weaver, A. J. (2011). A meta-analytical review of selective exposure to and the enjoyment of media violence. *Journal of Broadcasting & Electronic Media*, 55(2), 232-250. https://doi.org/10.1080/08838151.2011.570826

Weaver, A. J., Jenson, J. D., Martins, N., Hurley, R., & Wilson, B. J. (2011). Liking violence and action: An examination of gender differences in children's processing of animated content. *Media Psychology*, 14(1), 49-70. https://psycnet.apa.org/record/2011-05048-003

Weaver, D. H. (1977). Political issues and voter need for orientation. In D. L. Shaw & M. E. McCombs (Eds.), *The emergence of American political issues* (pp. 107-119). West.

Weaver, D. H. (2007). Thoughts on agenda setting, framing, and priming. *Journal of Communication, 57*(1), 142-147. https://doi.org/10.1111/j.1460-2466.2006.00333.x

Weaver, D. H., Graber, D. A., McCombs, M. E., & Eyal, C. H. (1981). *Media agenda-setting in a presidential election: Issues, images and interests.* Praeger.

Weaver, J. B., III, & Tamborini, R. (Eds.) (1996). *Horror films: Current research on audience preferences and reactions.* Lawrence Erlbaum Associates.

Weaver, J., & Wakshlag, J. (1986). Perceived vulnerability to crime, criminal victimization experience, and television viewing. *Journal of Broadcasting & Electronic Media, 30*(2), 141-158. https://doi.org/10.1080/08838158609386616

Webb, T., Martin, K., Afifi, A. A., & Kraus, J. (2010). Media literacy as a violence-prevention strategy: A pilot evaluation. *Health Promotion Practice, 11*(5), 714-722. https://doi.org/10.1177/1524839908328998

Weeks, B. E., Ardèvol-Abreu, A., & Gil de Zúñiga, H. (2017). Online influence? Social media use, opinion leadership, and political persuasion. *International Journal of Public Opinion Research, 29*(2), 214-239. https://doi.org/10.1093/ijpor/edv050

Weeks, B. E., Kim, D. H., Hahn, L. B., Diehl, T. H., & Kwak, N. (2019). Hostile media perceptions in the age of social media: Following politicians, emotions, and perceptions of media bias. *Journal of Broadcasting & Electronic Media, 63*(3), 374-392. https://doi.org/10.1080/08838151.2019.1653069

Weeks, K. R., Dixon, T. L., Tolbert, A. N., & Sevilla, M. (2020). Black stereotypes in the media: A continuing problem. In A. C. Billings & S. Parrott (Eds.), *Media stereotypes: From ageism to xenophobia* (pp. 93-111). Peter Lang.

Weinberger, M. (2016, September 3). This is what it's like to travel the world on a global Pokémon Go adventure. *Business Insider.* https://www.businessinsider.com/pokemon-go-nick-johnson-trip-2016-9

Weinstein, A. M. (2010). Computer and video game addiction—A comparison between game users and non-game users. *The American Journal of Drug and Alcohol Abuse, 36*(5), 268-276. https://doi.org/10.3109/00952990.2010.491879

Weiser, E. B., (2015). #Me: Narcissism and its facets as predictors of selfie-posting frequency. *Personality and Individual Differences, 86*, 477-481. https://doi.org/10.1016/j.paid.2015.07.007

Weiss, B. W., Katkin, E. S., & Rubin, B. M. (1968). Relationship between a factor analytically derived measure of a specific fear and performance after related fear induction. *Journal of Abnormal Psychology, 73*(5), 461-463. https://doi.org/10.1037/h0026153

Weld, H. P. (1912). An experimental study of musical enjoyment. *The American Journal of Psychology, 23*(2), 245-308. https://doi.org/10.2307/1412844

Wellman, A., Meitl, M. B., & Kinkade, P. (2021). Lady and the vamp: Roles, sexualization, and brutalization of women in slasher films. *Sexuality & Culture, 25*, 660-679. https://doi.org/10.1007/s12119-020-09788-4

Wells, C., Shah, D. V., Pevehouse, J. C., Yang, J., Pelled, A., Boehm, F., Lukito, J., Ghosh, S., & Schmidt, J. L. (2016). How Trump drove coverage to the nomination: Hybrid media campaigning. *Political Communication, 33*(4), 669-676. https://doi.org/10.1080/10584609.2016.1224416

Wells, G., Horwitz, J., & Seetharaman, D. (2021, September 14). Facebook knows Instagram is toxic for teen girls, company documents show. *Wall Street Journal.* https://www.wsj.com/articles/facebook-knows-instagram-is-toxic-for-teen-girls-company-documents-show-11631620739?mod=hp_lead_pos7

Welsh, A. (2010). On the perils of living dangerously in the slasher horror film: Gender differences in the association between sexual activity and survival. *Sex Roles, 62,* 762-773. https://doi.org/10.1007/s11199-010-9762-x

Wertham, F. (1954). *Seduction of the innocent.* Rinehart.

West, D. (1993). *Air wars.* Congressional Quarterly Press.

Westley, B. H., & MacLean, M. (1957). A conceptual model for mass communication research. *Journalism Quarterly, 34*(1), 31-38. https://doi.org/10.1177/107769905703400103

Wetterneck, C. T., Burgess, A. J., Short, M. B., Smith, A. H., & Cervantes, M. E. (2012). The role of sexual compulsivity, impulsivity, and experiential avoidance in internet pornography use. *The Psychological Record, 62*(1), 3-18. https://doi.org/10.1007/BF03395783

Wheeler, S. C., Petty, R. E., & Bizer, G. Y. (2005). Self-schema matching and attitude change: Situation and dispositional determinants of message elaboration. *Journal of Consumer Research, 31*(4), 787-797. https://doi.org/10.1086/426613

Whitehead, C. (2014). *The nobel hustle: Poker, beef jerky and death.* Anchor Books.

Wicke, P., & Bolognesi, M. M. (2020). Framing COVID-19: How we conceptualize and discuss the pandemic on Twitter. *PLOS ONE, 15*(9), Article e0240010. https://doi.org/10.1371/journal.pone.0240010

Widyanto, L., & Griffiths, M. D. (2011). A psychometric comparison of the internet addiction test, the internet-related problem scale, and self-diagnosis. *Cyberpsychology, Behavior, and Social Networking, 14*(3), 141-149. https://doi.org/10.1089/cyber.2010.0151

Wiersma, B. A. (2001). *The gendered world of Disney: A content analysis of gender themes in full-length animated Disney feature films* [Doctoral dissertation, South Dakota State University]. Open PRAIRIE. https://openprairie.sdstate.edu/cgi/viewcontent.cgi?article=2925&context=etd

Williams, D. (2006). Virtual cultivation: Online worlds, offline perceptions. *Journal of Communication, 56*(1), 69-87. https://doi.org/10.1111/j.1460-2466.2006.00004.x

Williams, D., & Skoric, M. (2005). Internet fantasy violence: A test of aggression in an online game. *Communication Monographs, 72*(2), 217-233. https://doi.org/10.1080/03637750500111781

Williams, R., & Slak-Valek, N. (2019). Pokémon Go is serious leisure that increases the touristic engagement, physical activity and sense of happiness of players. *Information Technology & Tourism, 21,* 515-533. https://doi.org/10.1007/s40558-019-00153-2

Williams, T. M. (1986). *The impact of television.* Academic.

Willis, M., Jozkowski, K. N., Canan, S. N., Rhoads, K. E., & Hunt, M. E. (2020). Models of sexual consent communication by film rating: A content analysis. *Sexuality & Culture, 24,* 1971-1986. https://doi.org/10.1007/s12119-020-09731-7

Willoughby, D., Evans, M. A., & Nowak, S. (2015). Do ABC eBooks boost engagement and learning in preschoolers? An experimental study comparing eBooks with paper ABC and storybook controls. *Computers & Education, 82,* 107-117. https://doi.org/10.1016/j.compedu.2014.11.008

Wilson, B. J. (1987). Reducing children's emotional reactions to mass media through rehearsed explanation and exposure to a replica of a fear object. *Human Communication Research, 14*(1), 3-26. https://doi.org/10.1111/j.1468-2958.1987.tb00119.x

Wilson, B. J. (1989). The effects of two control strategies on children's emotional reactions to a frightening movie scene. *Journal of Broadcasting & Electronic Media, 33*(4), 397-418.

Wilson, B. J., & Cantor, J. (1985). Developmental differences in empathy with a television protagonist's fear. *Journal of Experimental Child Psychology, 39*(2), 284-299. https://doi.org/10.1016/0022-0965(85)90042-6

Wilson, B. J., & Cantor, J. (1987). Reducing children's fear reactions to mass media: Effects of visual exposure and verbal explanation. In M. McLaughlin (Ed.), *Communication yearbook 10* (pp. 553-573). Sage.

Wilson, B. J., Hoffner, C., & Cantor, J. (1987). Children's perceptions of the effectiveness of techniques to reduce fear from mass media. *Journal of Applied Developmental Psychology, 8*(1), 39-52. https://doi.org/10.1016/0193-3973(87)90019-0

Wilson, B. J., Martins, N., & Marske, A. L. (2005). Children's and parents' fright reactions to kidnapping stories in the news. *Communication Monographs, 72*(1), 46-70. https://doi.org/10.1080/0363775052000342526

Wilson, C., & Gutierrez, F. (1995). *Race, multiculturalism, and the media: From mass to class communication.* Sage.

Wilson, T. D., Lindsey, S., & Schooler, T. Y. (2000). A model of dual attitudes. *Psychological Review, 107*(1), 101-126. https://doi.org/10.1037/0033-295X.107.1.101

Wimmer, R. D., & Dominick, J. R. (1994). *Mass media research: An introduction* (4th ed.). Wadsworth Publishing.

Winett, R. A., Leckliter, I. N., Chinn, D. E., Stahl, B. N., & Love, S. Q. (1985). The effects of television modeling on residential energy conservation. *Journal of Applied Behavior Analysis, 18*(1), 33-44. https://doi.org/10.1901/jaba.1985.18-33

Winn, M. (1977). *The plug-in drug.* Penguin.

Witte, K. (1992). Putting the fear back into fear appeals: The extended parallel process model. *Communication Monographs, 59*(4), 329-349. https://doi.org/10.1080/03637759209376276

Witte, K., & Allen, M. (2000). A meta-analysis of fear appeals: Implications for effective public health programs. *Health Education and Behavior, 27*(5), 591-615. https://doi.org/10.1177/109019810002700506

Wittenbrink, B., & Schwarz, N. (Eds.). (2007). *Implicit measures of attitudes.* Guilford Press.

Wober, J. M. (1978). Televised violence and paranoid perception: The view from Great Britain. *Public*

Opinion Quarterly, 42(3), 315-321. https://doi.org/10.1086/268455

Woo, H.-J., & Dominick, J. R. (2001). Daytime television talk shows and the cultivation effect among U.S. and international students. *Journal of Broadcasting & Electronic Media, 45*(4), 598-614. https://doi.org/10.1207/s15506878jobem4504_4

Wood, J. M., & Duke, N. K. (1997). "Reading rainbow": A spectrum of strategies for promoting literacy. *Language Arts, 74*(2), 95-106. https://www.jstor.org/stable/41482846

Wood, R. (1984). An introduction to the American horror film. In B. K. Grant (Ed.), *Planks of reason: Essays on the horror film* (pp. 164-200). Scarecrow Press.

Wood, W., Wong, F. Y., & Chachere, J. G. (1991). Effects of media violence on viewers' aggression in unconstrained social interaction. *Psychological Bulletin, 109*(3), 371-383. https://doi.org/10.1037/0033-2909.109.3.371

Woodruff, S., Agro, A., Wildey, M., & Conway, T. (1995). Point-of-purchase tobacco advertising: Prevalence, correlates, and brief intervention. *Health Values, 19*(5), 56-62.

World Health Organization. (2018, September 14). *What is gaming disorder?* https://www.who.int/news-room/q-a-detail/gaming-disorder

World Internet Project. (2018). *World internet project: International report ninth edition.* USC Annenberg School Center for the Digital Future. https://www.digitalcenter.org/wp-content/uploads/2019/01/World-Internet-Project-report-2018.pdf

Worley, J. R., Rogers, S. N., & Kraemer, R. R. (2011). Metabolic responses to Wii FitTM video games at different game levels. *Journal of Strength and Conditioning Research, 25*(3), 689-693. https://doi.org/10.1519/JSC.0b013e318207eae9

Wortham, J. (2010). Angry birds, flocking to cell phones everywhere. *New York Times.* https://www.nytimes.com/2010/12/12/technology/12birds.html

Wouters, P., van Nimwegen, C., van Oostendorp, H., & van der Spek, E. D. (2013). A meta-analysis of the cognitive and motivational effects of serious games. *Journal of Educational Psychology, 105*(2), 249-265. https://doi.org/10.1037/a0031311

Wright, C. R. (1960). Functional analysis and mass communication. *Public Opinion Quarterly, 24*(4), 605-620. https://doi.org/10.1086/266976

Wright, J. C., & Huston, A. C. (1995). *Effects of educational TV viewing of lower income preschoolers on academic skills, school readiness, and school adjustment one to three years later: A report to the Children's Television Workshop.* Center for Research on the Influences of Television on Children, The University of Kansas.

Wright, J. C., Huston, A. C., Scantlin, R., & Kotler, J. (2001). The Early Window project: Sesame Street prepares children for school. In S. M. Fisch & R. T. Truglio (Eds.), *"G" is for "growing": Thirty years of research on children and Sesame Street* (pp. 97-114). Lawrence Erlbaum Associates.

Wright, J., St. Peters, M., & Huston, A. (1990). Family television use and its relation to children's cognitive skills and social behavior. In J. Bryant (Ed.), *Television and the American family* (pp. 227-251). Lawrence Erlbaum Associates.

Wright, P. J. (2011). Mass media effects on youth sexual behavior assessing the claim for causality.

Annals of the International Communication Association, 35(1), 343-385. https://doi.org/10.1080/23808985.2011.11679121

Wright, P. J. (2013). Internet pornography exposure and women's attitude toward extramarital sex: An exploratory study. Communication Studies, 64(3), 315-336. https://doi.org/10.1080/10510974.2012.755643

Wright, P. J. (2018). Sex education, public opinion, and pornography: A conditional process analysis. Journal of Health Communication, 23(5), 495-502. https://doi.org/10.1080/10810730.2018.1472316

Wright, P. J. (2020a). Media and sexuality. In M. B. Oliver, A. A. Raney, & J. Bryant (Eds.), Media effects: Advances in theory and research (4th ed., pp. 227-242). Routledge.

Wright, P. J. (2020b). Pornography and sexual behavior: Do sexual attitudes mediate or confound? Communication Research, 47(3), 451-475. https://doi.org/10.1177/0093650218796363

Wright, P. J., & Arroyo, A. (2013). Internet pornography and U.S. women's sexual behavior: Results from a national sample. Mass Communication and Society, 16(5), 617-638. https://doi.org/10.1080/15205436.2012.754045

Wright, P. J., & Bae, S. (2013). Pornography consumption and attitudes toward homosexuality: A national longitudinal study. Human Communication Research, 39(4), 492-513. https://doi.org/10.1111/hcre.12009

Wright, P. J., & Bae, S. (2015). U.S. adults' pornography consumption and attitudes toward adolescents' access to birth control: A national panel study. International Journal of Sexual Health, 27(1), 69-82. https://doi.org/10.1080/19317611.2014.944294

Wright, P. J., Miezan, E., Sun, C., & Steffen, N. J. (2019). Relational monogamy, condomless sex, and perceptions of pornography as sexual information in an English sample. Sex Health, 16(1), 70-74. https://doi.org/10.1071/SH18050

Wright, P. J., Paul, B. Herbenick, D., & Tokunaga, R. S. (2021). Pornography and sexual dissatisfaction: The role of pornographic arousal, upward pornographic comparisons, and preference for pornographic masturbation. Human Communication Research, 47(2), 192-214. https://doi.org/10.1093/hcr/hqab001

Wright, P. J., & Randall, A. K. (2014). Pornography consumption, education, and support for same-sex marriage among adult U.S. males. Communication Research, 41(5), 665-689. https://doi.org/10.1177/0093650212471558

Wright, P. J., Randall, A. K., & Arroyo, A. (2013). Father-daughter communication about sex moderates the association between exposure to MTV's 16 and Pregnant/Teen Mom and female students' pregnancy-risk behavior. Sexuality & Culture, 17, 50-66. https://doi.org/10.1007/ s12119-012-9137-2

Wright, P. J., Sun, C., & Steffen, N. (2018). Pornography consumption, perceptions of pornography as sexual information, and condom use. Journal of Sex & Marital Therapy, 44(8), 800-805. https://doi.org/10.1080/0092623X.2018.1462278

Wright, P. J., Tokunaga, R. S., & Bae, S. (2014a). More than a dalliance? Pornography consumption and extramarital sex attitudes among married U.S. adults. Psychology of Popular Media Culture, 3(2), 97

-109. https://doi.org/10.1037/ppm0000024

Wright, P. J., Tokunaga, R. S., & Bae, S. (2014b). Pornography consumption and US adults' attitudes toward gay individuals' civil liberties, moral judgments of homosexuality, and support for same-sex marriage: Mediating and moderating factors. *Communication Monographs, 81*(1), 79-107. https://doi.org/10.1080/03637751.2013.871048

Wright, P. J., Tokunaga, R. S., & Kraus, A. (2016a). Consumption of pornography, perceived peer norms, and condomless sex. *Health Communication, 31*(8), 954-963. https://doi.org/10.1080/10410236.2015.1022936

Wright, P. J., Tokunaga, R. S., & Kraus, A. (2016b). A meta-analysis of pornography consumption and actual acts of sexual aggression in general population studies. *Journal of Communication, 66(1)*, 183-205. https://doi.org/10.1111/jcom.12201

Wroblewski, R., & Huston, A. C. (1987). Televised occupational stereotypes and their effects on early adolescents: Are they changing? *Journal of Early Adolescence, 7*(3), 283-297. https://doi.org/10.1177/0272431687073005

Wu, H. D., & Coleman, R. (2009). Advancing agenda-setting theory: The comparative strength and new contingent conditions of the two levels of agenda-setting effects. *Journalism & Mass Communication Quarterly, 86*(4), 775-789. https://doi.org/10.1177/107769900908600404

Wuang, Y.-P., Chiang, C.-S., Su, C.-Y., & Wang, C.-C. (2011). Effectiveness of virtual reality using Wii gaming technology in children with Down syndrome. *Research in Developmental Disabilities, 32*(1), 312-321. https://doi.org/10.1016/j.ridd.2010.10.002

Wyer, R. S., Jr. (2004). *Social comprehension and judgement: The role of situation models, narratives, and implicit theories.* Lawrence Earlbaum Associates.

Xie, G.-X., & Lee, M. J. (2008). Anticipated violence, arousal, and enjoyment of movies: Viewers' reactions to violent previews based on arousal-seeking tendency. *The Journal of Social Psychology, 148*(3), 277-292. https://doi.org/10.3200/ SOCP.148.3.277-292

Xu, H., Zhang, Z., Wu, L., & Wang, C. J. (2019). The Cinderella complex: Word embeddings reveal gender stereotypes in movies and books. *PloS One, 14*(11), Article e0225385. https://doi.org/10.1371/journal.pone.0225385

Xu, Q. (2017). Dual process models of persuasion. In P. Rössler (Ed.), *International encyclopedia of media effects* (Vol. 1, pp. 418-430). Wiley-Blackwell. https://doi.org/10.1002/9781118783764.wbieme0074

Yang, C.-C., & Brown, B. B. (2013). Motives for using Facebook, patterns of Facebook activities, and late adolescents' social adjustment to college. *Journal of Youth and Adolescence, 42*(3), 403-416. https://doi.org/10.1007/s10964-012-9836-x

Yang., C.-C., & Brown, B. B. (2016). Online self-presentation on Facebook and self development during college transition. *Journal of Youth and Adolescence, 45*, 402-416. https://doi.org/10.1007/s10964-015-0385-y

Yang, H., Ramasubramanian, S., & Oliver, M. B. (2008). Cultivation effects on quality of life indicators: Exploring the effects of American television consumption on feelings of relative deprivation in South Korea and India. *Journal of Broadcasting & Electronic Media, 52*(2), 247-267. https://doi.

org/10.1080/08838150801992060

Yang, N., & Linz, D. (1990). Movie ratings and the content of adult videos: The sex-violence ratio. *Journal of Communication, 40*(2), 28-42. https://doi.org/10.1111/j.1460-2466.1990.tb02260.x

Yang, Y. (2020). Are you emoji savvy? Exploring nonverbal communication through emojis. *Communication Teacher, 34*(1), 2-7. https://doi.org/10.1080/17404622.2019.1593472

Yao, Q., Liu, Z., & Stephens, L. F. (2020). Exploring the dynamics in the environmental discourse: the longitudinal interaction among public opinion, presidential opinion, media coverage, policy-making in 3 decades and an integrated model of media effects. *Environment Systems and Decisions, 40*, 14-28. https://doi.org/10.1007/s10669-019-09746-y

Yarros, V. S. (1899). The press and public opinion. *The American Journal of Sociology, 5*(3), 372-382. https://doi.org/10.1086/210898

Ybarra, M. L., Strasburger, V. C., & Mitchell, K. J. (2014). Sexual media exposure, sexual behavior, and sexual violence victimization in adolescence. *Clinical Pediatrics, 53*(13), 1239-1247. https://doi.org/10.1177/0009922814538700

Young, D. G. (2013). Laughter, learning, or enlightenment? Viewing and avoidance motivations behind The Daily Show and The Colbert Report. *Journal of Broadcasting & Electronic Media, 57*(2), 153-169. https://doi.org/10.1080/08838151.2013.787080

Young, K. S. (1996). Psychology of computer use: XL. Addictive use of the internet: A case that breaks the stereotype. *Psychological Reports, 79*(3, Pt 1), 899-902. https://doi.org/10.2466/pr0.1996.79.3.899

YouTube. (n.d.) YouTube for press. https://www.youtube.com/about/press/

Yuen, E. K., Koterba, E. A., Stasio, M. J., Patrick, R. B., Gangi, C., Ash, P., Barakat, K., Greene, V., Hamilton, W., & Mansour, B. (2019). The effects of Facebook on mood in emerging adults. *Psychology of Popular Media Culture, 8*(3), 198-206. https://doi.org/10.1037/ppm0000178

Yzer, M. (2017). Theory of reasoned action and theory of planned behavior. In P. Rössler (Ed.), *International encyclopedia of media effects* (Vol. 4, pp. 1955-1962). Wiley-Blackwell. https://doi.org/10.1002/9781118783764.wbieme0075

Zajac, K., Ginley, M. K., Chang, R., & Petry, N. M. (2017). Treatments for internet gaming disorder and internet addiction: A systematic review. *Psychology of Addictive Behaviors, 31*(8), 979-994. https://doi.org/10.1037/adb0000315

Zaller, J. (1996). The myth of massive media impact revived: New support for a discredited idea. In D. C. Mutz, P. M. Sniderman, & R. A. Brody (Eds.), *Political persuasion and attitude change* (pp. 17-78). University of Michigan Press.

Zeng, L. (2011). More than audio on the go: Uses and gratifications of MP3 players. *Communication Research Reports, 28*(1), 97-108. https://doi.org/10.1080/08824096.2011.541367

Zeng, S. (2020). The communication power of Chinese novel coronavirus pneumonia (COVID-19) news reports in light of the framing theory. *Theory and Practice in Language Studies, 10*(11), 1467-1470. https://doi.org/10.17507/tpls.1011.18

Zenith. (2021, May 24). *Business intelligence-Alcohol: Beer + spirits.* https://www.zenithmedia.com/

insights/business-intelligence-alcohol-beer-spirits/

Zhang, G., Wu, L., Zhou, L., Lu, W., & Mao, C. (2016). Television watching and risk of childhood obesity: A meta-analysis. *European Journal of Public Health, 26*(1), 13-18. https://doi.org/10.1093/eurpub/ckv213

Zhang, L., & Min, Y. (2013). Effects of entertainment media framing on support for gay rights in China: Mechanisms of attribution and value framing. *Asian Journal of Communication, 23*(3), 248-267. https://doi.org/10.1080/ 01292986.2012.739187

Zhao, X. (2020). Health communication campaigns: A brief introduction and call for dialogue. *International Journal of Nursing Sciences, 7*(Suppl 1), S11-S15. https://doi.org/10.1016/j.ijnss.2020.04.009

Zhao, Y., & Zhang, J. (2017). Consumer health information seeking in social media: A literature review. *Health Information and Libraries Journal, 34*(4), 268-283. https://doi.org/10.1111/ hir.12192

Zhong, B., Hardin, M., & Sun, T. (2011). Less effortful thinking leads to more social networking? The associations between the use of social network sites and personality traits. *Computers in Human Behavior, 27*(3), 1265-1271. https://doi.org/10.1016/j.chb.2011.01.008

Zhong, X., Zu, S., Sha, S., Tao, R., Zhao, C., & Yang, F. (2011). The effect of a family-based intervention model on internet-addicted Chinese adolescents. *Social Behavior and Personality: An International Journal, 39*(8), 1021-1034. https://doi.org/10.2224/sbp.2011.39.8.1021

Zhou, N., Cao, H., Li, X., Zhang, J., Yao, Y., Geng, X., Lin, X., Hou, S., Liu, F., Chen, X., & Fang, X. (2018). Internet addiction, problematic internet use, nonproblematic internet use among Chinese adolescents: Individual, parental, peer, and sociodemographic correlates. *Psychology of Addictive Behaviors, 32*(3), 365-372. https://doi.org/10.1037/adb0000358

Zhou, N., Cao, H., Liu, F., Wu, L., Liang, Y., Xu, J., Meng, H., Zang, N., Hao, R., An, Y. Ma, S., Fang, X., & Zhang, J. (2020). A four-wave, cross-lagged model of problematic internet use and mental health among Chinese college students: Disaggregation of within-person and between-person effects. *Developmental Psychology, 56*(5), 1009-1021. https://doi.org/10.1037/dev0000907

Zhou, S., Greer, A., & Finklea, B. W. (2010, April). *Discrimination, racist events, and their effects on behavioral and evaluative outcomes of movie posters with black and white protagonists* [Paper presentation]. Broadcast Education Association 55th Annual Meeting, Las Vegas, NV, United States.

Zill, N. (1977). *National survey of children: Summary of preliminary results.* Foundation for Child Development.

Zill, N. (2001). Does Sesame Street enhance school readiness? Evidence from a national survey of children. In S. M. Fisch & R. T. Truglio (Eds.), *"G" is for "growing": Thirty years of research on children and Sesame Street* (pp. 115-130). Lawrence Erlbaum Associates.

Zill, N., Davies, E., & Daly, M. (1994). *Viewing of Sesame Street by preschool children and its relationship to school readiness: Report prepared for the Children's Television Workshop.* Westat, Inc.

Zillmann, D. (1971). Excitation transfer in communication-mediated aggressive behavior. *Journal of Experimental Social Psychology, 7*(4), 419-434. https://doi.org/10.1016/0022-1031(71)90075-8

Zillmann, D. (1978). Attribution and misattribution of excitatory reactions. In J. H. Harvey, W. J. Ickes, & R. F. Kidd (Eds.), *New directions in attribution research* (Vol. 2, pp. 335-368). Lawrence Erlbaum Associates.

Zillmann, D. (1979). *Hostility and aggression.* Lawrence Erlbaum Associates.

Zillmann, D. (1980). Anatomy of suspense. In P. H. Tannenbaum (Ed.), *The entertainment functions of television* (pp. 133-163). Lawrence Erlbaum Associates.

Zillmann, D. (1982a). Television viewing and arousal. In D. Pearl, L. Bouthilet, & J. Lazar (Eds.), *Television and behavior: Ten years of scientific progress and implications for the eighties* (Vol. 2, pp. 53-67). U. S. Government Printing Office. https://files.eric.ed.gov/fulltext/ED228979.pdf

Zillmann, D. (1982b). Transfer of excitation in emotional behavior. In J. T. Cacioppo & R. E. Petty (Eds.), *Social psychophysiology.* Guilford Press.

Zillmann, D. (1988a). Cognition-excitation interdependencies in aggressive behavior. *Aggressive Behavior, 14*(1), 51-64. https://doi.org/10.1002/1098-2337(1988)14:1〈51::AID-AB2480140107〉3.0.CO;2-C

Zillmann, D. (1988b). Mood management through communication choices. *American Behavioral Scientist, 31*(3), 327-340. https://doi.org/10.1177/000276488031003005

Zillmann, D. (1991a). Empathy: Effect from bearing witness to the emotions of others. In J. Bryant & D. Zillmann (Eds.), *Responding to the screen: Reception and reaction processes* (pp. 135-167). Lawrence Erlbaum Associates.

Zillmann, D. (1991b). The logic of suspense and mystery. In J. Bryant & D. Zillmann (Eds.), *Responding to the screen: Reception and reaction processes* (pp. 281-303). Lawrence Erlbaum Associates.

Zillmann, D. (1996). Sequential dependencies in emotional experience and behavior. In R. D. Kavanaugh, B. Zimmerberg, & S. Fein (Eds.), *Emotion: Interdisciplinary perspectives* (pp. 243-272). Lawrence Erlbaum Associates.

Zillmann, D. (2000). Excitement. In A. E. Kazdin (Ed.), *Encyclopedia of psychology* (Vol. 3, pp. 283-285). American Psychological Association.

Zillmann, D., & Bryant, J. (1982). Pornography, sexual callousness, and the trivialization of rape. *Journal of Communication, 32*(4), 10-21. https://doi.org/10.1111/j.1460-2466.1982.tb02514.x

Zillmann, D., & Bryant, J. (1984). Effects of massive exposure to pornography. In N. M. Malamuth & E. Donnerstein (Eds.), *Pornography and sexual aggression* (pp. 115-138). Academic.

Zillmann, D., & Bryant, J. (1985). *Selective exposure to communication.* Lawrence Erlbaum Associates.

Zillmann, D., & Bryant, J. (1986). Shifting preferences in pornography consumption. *Communication Research, 13*(4), 560-578. https://doi.org/10.1177/009365086013004003

Zillmann, D., & Bryant, J. (1988). Pornography's impact on sexual satisfaction. *Journal of Applied Social Psychology, 18*(5), 438-453. https://doi.org/10.1111/j.1559-1816.1988.tb00027.x

Zillmann, D., Chen, L., Knobloch, S., & Callison, C. (2004). Effects of lead framing on selective exposure to internet news reports. *Communication Research, 31*(1), 58-81. https://doi.org/10.1177/0093650203260201

Zillmann, D., & Gibson, R. (1996). Evolution of the horror genre. In J. B. Weaver III & R. Tamborini (Eds.), *Horror films: Current research on audience preferences and reactions* (pp. 15-31). Lawrence

Erlbaum Associates.

Zillmann, D., Hay, T. A., & Bryant, J. (1975). The effect of suspense and its resolution on the appreciation of dramatic presentations. *Journal of Research in Personality, 9*(4), 307-323. https://doi.org/10.1016/0092-6566(75)90005-7

Zillmann, D., Mody, B., & Cantor, J. (1974). Empathetic perception of emotional displays in films as a function of hedonic and excitatory state prior to exposure. *Journal of Research in Personality, 8*(4), 335-349. https://doi.org/10.1016/ 0092-6566(74)90025-7

Zillmann, D., & Weaver, J. B., III. (1999). Effects of prolonged exposure to gratuitous media violence on provoked and unprovoked hostile behavior. *Journal of Applied Social Psychology, 29*(1), 145-165. https://doi.org/10.1111/j.1559-1816.1999.tb01379.x

Zillmann, D., Weaver, J. B., Mundorf, N., & Aust, C. F. (1986). Effects of an opposite-gender companion's affect to horror on distress, delight, and attraction. *Journal of Personality and Social Psychology, 51*(3), 586-594. https://doi.org/10.1037/0022-3514.51.3.586

Zimmerman, A. G., & Ybarra, G. J. (2016). Online aggression: The influences of anonymity and social modeling. *Psychology of Popular Media Culture, 5*(2), 181-193. https://doi.org/10.1037/ppm0000038

Zimmerman, F. J., & Bell, J. F. (2010). Associations of television content type and obesity in children. *American Journal of Public Health, 100*(2), 334-340. https://doi.org/10.2105/AJPH.2008.155119

Zimmerman, F. J., Christakis, D. A., Meltzoff, A. N. (2007). Television and DVD/video viewing in children younger than 2 years. *Archives of Pediatrics and Adolescent Medicine, 161*(5), 473-479. https://doi.org/10.1001/archpedi.161.5.473

Zoglin, R. (1984, June 25). Gremlins in the rating system: Two hit films raise new concerns about protecting children. *TIME.* https://content.time.com/time/subscriber/article/0,33009,926639,00.html

Zuckerman, M. (1994). *Behavioral expressions and biosocial bases of sensation seeking.* Cambridge University Press.

Zwarun, L., & Farrar, K. M. (2005). Doing what they say, saying what they mean: Self-regulatory compliance and depictions of drinking in alcohol commercials in televised sports. *Mass Communication and Society, 8*(4), 347-371. https://doi.org/10.1207/s15327825mcs0804_4

찾아보기

옮긴이의 말

    미디어 효과에 관한 서적들은 국내외적으로 그동안 많이 출간되었다. 그럼에도 역자가 이 책을 번역한 이유는 많은 미디어 효과 저·역서들이 오래되었거나 미디어 효과의 다양한 분야를 종합적으로 다루고 있지 못하다는 느낌을 항상 가지고 있었기 때문이다. 국내에도 훌륭한 미디어 효과 관련 서적들이 많이 소개되어 있다. 그러나 많은 선배 학자에게는 다소 외람되게 들릴지 모르나, 이 서적들을 통해 좀 더 최근의 균형 잡힌 이론적 업적을 언론학자와 학생 그리고 많은 언론 실무자에게 소개하기에는 부족한 감이 없지 않다. 따라서 오랫동안 사용되었던 과거의 접근방법과 비교적 오래된 연구 자료들을 이제 한 번쯤 업그레이드할 때가 되었다고 본다. 그래서 역자는 브라이언트와 질먼이 쓴 『미디어 효과: 이론 및 연구의 진전(*Media Effects: Advances in Theory and Research*)』이란 책을 공부하다가 이보다 쉽게 미디어 효과를 설명한 책이 있으면 좋겠다는 생각을 가지게 되었다. 그런 책을 찾던 끝에 2002~2003년 미국 교환교수 시절 브라이언트와 톰슨이 쓴 이 책의 첫 번째 판을 발견하고 번역하기로 결심했고, 2015년 개정판에 이어 2023년에 발행된 세 번째 개정판도 번역하게 되었다.

    저자들은 두 번째 판에서 초판에 소개되었던 어떤 이론은 제외하고 어떤 이론은 추가하고 또 어떤 이론은 더 강조하고 업데이트함으로써 미디어 효과 '이론'의 새로운 경향을 반영하고자 노력했음을 알 수 있다. 두 번째 판에서는 미디어 효과 이론의 새로운 추이를 반영하여, 초판에 포함되었던 혁신의 확산 이론은 제외하고 프레이밍 이론을 추가했으며, 의제 설정 이론 및 기폭 이론과의 차이점과 유사점에 대한 설명을 추가했다. 세 번째 판의 2부 '이론과 개념'에서는 큰 테두리 내에서 변화는 없으나 각 이론의 하부 이론들 가운데 일부 첨삭이 이루어졌고 관련 연구들이 최근 연구로 업데이트되어 보완되었다.

　3부에서는 미디어 연구 '분야'에서 새롭게 이루어지고 있거나 더 많이 연구되고 있는 토픽을 소개함으로써 미디어 효과 연구 분야의 새로운 추이를 반영하고자 하는 저자들의 노력은 계속된다. 두 번째 판에서는 초판에 포함되었던 미디어 폭력(11장), 성적 내용(12장), 두려움이나 불안감을 유발하는 미디어 내용(13장), 정치 커뮤니케이션 효과(14장), 건강에 미치는 매스 미디어의 효과(15장) 외에 '미디어 고정관념화의 효과'(16장), '어린이 교육 미디어의 효과'(17장), '비디오 게임의 효과'(18장), '인터넷과 소셜 미디어의 효과'(19장), '모바일 커뮤니케이션의 효과'(20장)를 새롭게 소개함으로써 미디어 효과 연구 분야의 새로운 연구 추이를 반영하려 노력했다. 세 번째 판에서는 두 번째 판과 비교해 큰 테두리 내에서는 변화가 없고, 두 번째 판이 발행된 후 10여 년간에 발표된 관련 최신 연구들로 더욱 보강되었다.

　최선을 다했다고 믿지만 사람이 하는 일이라 지나고 나면 늘 오류가 발견되는 것이 인간사인 것 같다. 역서 두 번째 판에서는 원서 두 번째 판의 업데이트된 내용을 추가했을 뿐만 아니라 역서 초판에서 발견된 오류와 실수도 바로잡았다. 앞으로도 역자는 오류나 실수에 대한 독자 여러분의 지적과 번역 내용에 대한 문의를 열린 마음으로 기다리고 있으니, baehyuhn@gmail.com으로 주저 없이 연락해 주시기를 당부 드린다.

　이 책의 초판 번역은 애초에 방송문화진흥회의 안목과 지원이 없었더라면 세상에 나올 수 없었거나 세상에 나왔다고 하더라도 더 힘든 과정을 거쳤을 것이다. 이 자리를 빌려 다시 한번 방송문화진흥회 측에 진정으로 감사한 마음을 전하고 싶다. 그리고 초판에 이어 개정판과 재개정판 출판도 맡아준 한울엠플러스(주)와 그 가족 여러분께도 고마움을 전한다.

　끝으로 이 책이 완성되기까지 늘 곁에서 격려하고 염려해 주는 사랑하는 아내 수정 씨 그리고 각자 목표를 향해 열심히 달린 결과, 아름답고 행복한 가정을 이룬 딸 은결 양과 사위 상병 군 그리고 아들 한결 군과 며느리 제원 양에게도 늘 응원해 줘서 정말 고맙다는 말을 전하고 싶다.

2024년 11월
영남대학교 제2인문관 현암 카페에서
배 현 석

지은이

제닝스 브라이언트 (Jennings Bryant, 인디애나 대학교 박사, 1974)

제닝스 브라이언트는 앨라배마 대학교(UA) 명예 석좌 교수를 지냈다. 2010년 은퇴하기 전에는 CIS 석좌 연구 교수, 레이건 방송 기부 석좌 교수(Reagan Endowed Chair of Broadcasting), UA 커뮤니케이션 및 정보과학대학 대학원 연구 및 조사 부학장을 역임했다. 2008년에는 대학의 버넘 공로 교수상(Burnum Distinguished Faculty Award)을, 2000년에는 블랙몬-무디 우수 교수상(Blackmon-Moody Outstanding Professor Award)을 수상했으며 2002~2003년에는 국제 커뮤니케이션 협회(ICA: International Communication Association) 회장을 역임했다. 2006년에는 방송교육협회(Broadcast Education Association)로부터 저명 학자상(Distinguished Scholar Award)을 수상했고, 국제 커뮤니케이션 협회 펠로우(Fellow)로 선출되었으며, 그를 기리는 연구 개척자 헌정 에세이(Research Pioneer Tribute Essay)가 《방송 및 전자 미디어 저널(*Journal of Broadcasting & Electronic Media*)》에 게재되었다("Jennings Bryant-The 'Complete' Scholar"). 2011년에는 ICA로부터 스티븐 채피 생애 생산성상(Steven Chaffee Career Productivity Award)을 수상했다. 브라이언트는 2018년 앨라배마 대학교 커뮤니케이션 및 정보과학 대학(College of Communication and Information Sciences) 명예의 전당(Hall of Fame)에 헌액되었다. 그는 12권으로 구성된 『국제 커뮤니케이션 백과사전(*International Encyclopedia of Communication*)』의 자문 편집자였다. 브라이언트는 커뮤니케이션 분야에서 20여 권의 학술 서적 또는 교재를 저술하거나 편집했다. 또한 160여 편의 학술지 논문과 250여 편의 학회 논문을 발표했다.

브루스 핀클리어 (Bruce W. Finklea, 앨라배마 대학교 박사, 2014)

브루스 W. 핀클리어는 몬테발로 대학교의 부교수 겸 매스 커뮤니케이션 코디네이터이다. 핀클리어는 방송 뉴스 제작, 미디어와 문화, 미디어 이론 및 효과와 관련된 다양한 과목을 가르치고 있다. 2021년에는 몬테발로 대학교 전국 동창회 교육에 대한 탁월한 헌신상(National Alumni Association Outstanding Commitment to Teaching Award)을 수상했다. 2022년에는 학위 취득 후 첫 15년 이내에 성공을 거둔 15명의 동문에게 수여하는 UMNNA의 '15 Within 15 Award' 수상자에 선정되었다. 핀클리어의 연구는 어린이 미디어, 특히 픽사 영화 속 성 묘사에 초점을 맞추고 있다. 『미디어 효과의 기초(*Fundamentals of Media Effects*)』 2판과 3판 외에도 『국제 미디어 효과 백과사전(*International Encyclopedia of Media Effects*)』, 『커뮤니케이션 이론 및 밀레니얼 대중문화: 에세이와 응용(*Communication Theory and Millennial Popular Culture: Essays and Applications*)』, 『전자 미디어의 인종과 젠더: 콘텐츠, 맥락, 문화(*Race and Gender in Electronic Media: Content, Context, Culture*)』에 기여했다.

옮긴이

배 현 석

1984년 연세대학교 사회과학대학 신문방송학과를 졸업하고, 1986년 연세대학교 동 대학원(신문방송학 전공)에서 석사 과정을 마쳤다. 1989년부터 1993년까지 방송위원회(현 방송통신위원회) 연구원을 거쳐, 1998년 미시건 주립대학교 텔레커뮤니케이션학과에서 박사 학위를 받았다. 1998년 영남대학교 미디어커뮤니케이션학과 객원교수를 지낸 후, 1999년부터 지금까지 동 대학에서 교수로 재직하고 있다. 주요 관심 분야는 미디어의 효과, 특히 교육적 오락물(Entertainment-Education)과 보건 커뮤니케이션이며, *Asian Journal of Communication* 편집자문위원으로 활동하고 있다.

• 주요 논문

Bae, H.-S., D. Lee, and R. E. Bae. 2014. "Emotional engagement with the plot and characters: A narrative film on hearing-impaired sexual assault victims." *Narrative Inquiry*, *24*(2), 309~327.

Bae, H.-S., W. J. Brown, and S. Kang. 2011. "Social influence of a religious hero: The late Cardinal Stephen Kim's impact on cornea donation and volunteerism." *Journal of Health Communication*, *16*(1), 62~78.

Kang, S., S. Gearhart, and H.-S. Bae. 2010. "Coverage of Alzheimer's disease from 1984 to 2008 in television news and information talk shows in the United States: An analysis of news framing." *American Journal of Alzheimer's Disease and Other Dementia*, *25*(8), 687~697.

Bae, H.-S. 2008. "Entertainment-education and recruitment of cornea donors: The role of emotion and issue involvement. *Journal of Health Communication*, *13*(1), 20~36.

Bae, H.-S. and S. Kang. 2008. "The influence of viewing an entertainment-education program on cornea donation intention: A test of the Theory of Planned Behavior." *Health Communication*, *23*(1), 87~95.

Lee, B. and H.-S. Bae. 2004. "The effect of screen quotas on the self-sufficiency ratio in recent domestic film markets." *The Journal of Media Economics*, *17*(3), 163~176.

Bae, H.-S. and B. Lee. 2004. "Audience involvement and its antecedents in entertainment-education: An analysis of bulletin board messages and drama episodes on divorce in Korea." *Asian Journal of Communication*, *14*(1), 6~21.

Bae, H.-S. 2000. "Product differentiation in national TV newscasts: A Comparison of the cable all-news networks and the broadcast networks." *Journal of Broadcasting & Electronic Media*, *44*(1), 62~77.

Bae, H.-S. 1999. "Product differentiation in cable programming: The case in cable all-news networks." *The Journal of Media Economics*, *12*(4), 265~277.

Bae, H.-S. and T. F. Baldwin. 1998. "Policy issues for cable startup in smaller countries: The case in South Korea." *Telecommunications Policy*, *22*(4/5), 371~381.

• 주요 역서

커밀, 케니스(Kenneth Cmiel)·피터스, 존 더럼(John Durham Peters). 2024. 『난잡한 지식(*Promiscuous Knowledge:Information, Image, and Other Truth Games in History*)』. 한울.

체니-리폴드, 존(John Cheney-Lippold). 2021. 『우리는 데이터다: 알고리즘이 만들어내는 우리의 디지털 자기(*We are data: Algorithms and the making of our digital selves*)』. 한울

뉴먼, W. 러셀(W. Russell Neuman). 2020. 『디지털 디퍼런스: 미디어 기술과 커뮤니케이션 효과 이론(*The digital difference: Media technology and the theory of communication effects*)』. 한울(뉴스통신진흥회 번역지원 서적).

키턴, 조앤(Joann Keyton). 2020. 『커뮤니케이션 연구방법: 질문하기와 답 찾기(*Communication research: Asking questions, finding answers*)』. 박영사.

존, 니컬러스 A.(Nicholas A. John). 2019. 『공유시대(*The age of sharing*)』. 한울.

차이코, 메리(Mary Chayko). 2018. 『초연결사회: 인터넷, 디지털 미디어, 그리고 기술-사회생활(*Superconnected: The internet, digital media, and techno-social life*)』. 한울(방송문화진흥회 번역지원 서적).

하우드, 제이크(Jake Harwood). 2018. 『노화와 커뮤니케이션 이해하기(*Understanding communication and aging*)』. 영남대학교 출판부(영남대학교 인문학육성기금 번역지원 서적).

자피, 로저 클레라(Clella Jaffe). 2017. 『퍼블릭 스피치: 대중 앞에서 말하기(*Public speaking: Concepts and skills for a diverse society*)』. 영남대학교 출판부.

한울아카데미 2570

미디어 효과의 기초 (제3판)

이론과 연구

지은이 **제닝스 브라이언트·브루스 핀클리어** | 옮긴이 **배현석** | 펴낸이 **김종수** | 펴낸곳 **한울엠플러스(주)** | 편집 **조인순**

초판 1쇄 발행 **2005년 7월 20일** | 개정판 1쇄 발행 **2016년 9월 9일**
3판 1쇄 인쇄 **2025년 3월 5일** | 3판 1쇄 발행 **2025년 3월 20일**

주소 **10881 경기도 파주시 광인사길 153 한울시소빌딩 3층**
전화 **031-955-0655** | 팩스 **031-955-0656**
홈페이지 **www.hanulmplus.kr** | 등록번호 **제406-2015-000143호**

Printed in Korea.
ISBN 978-89-460-7570-2 93070 (양장)
      978-89-460-8371-4 93070 (무선)

※ 책값은 겉표지에 표시되어 있습니다.
※ 무선제본 책을 교재로 사용하시려면 본사로 연락해 주시기 바랍니다.
※ 이 책에는 KoPubWorld체(한국출판인회의, 무료 글꼴), 나눔체(네이버, 무료 글꼴)가 사용되었습니다.